浙江大学『马克思主义理论和中国特色社会主义研究与建设』工程
中央高校基本科研业务费专项资金资助

权利、正义与责任

徐向东　著

图书在版编目(CIP)数据

权利、正义与责任 / 徐向东著. —杭州：浙江大学出版社，2021.10
ISBN 978-7-308-21595-4

Ⅰ.①权…　Ⅱ.①徐…　Ⅲ.①正义—研究　Ⅳ.①D081

中国版本图书馆 CIP 数据核字(2021)第 140942 号

权利、正义与责任
徐向东　著

策划编辑　吴伟伟
责任编辑　陈思佳(chensijia_ruc@163.com)
责任校对　许艺涛　邵吉辰
封面设计　周　灵
出版发行　浙江大学出版社
(杭州市天目山路 148 号　邮政编码 310007)
(网址:http://www.zjupress.com)
排　　版　浙江时代出版服务有限公司
印　　刷　浙江新华数码印务有限公司
开　　本　710mm×1000mm　1/16
印　　张　57.5
字　　数　925 千
版 印 次　2021 年 10 月第 1 版　2021 年 10 月第 1 次印刷
书　　号　ISBN 978-7-308-21595-4
定　　价　258.00 元

浙江大学出版社市场运营中心联系方式:(0571)88925591;http://zjdxcbs.tmall.com

谨以此书纪念我的父亲徐长烈(1928-10-23—2020-10-23)

他教会我正直、真诚、坚强与善良!

创新思想理论，迎接中华民族伟大复兴

余逊达

马克思主义是中国共产党的指导思想，也是中国宪法确认的国家的指导思想。作为一种科学理论，马克思主义最显著的特点在于它不但强调认识世界，而且强调改造世界。在当今的中国，人们认识世界和改造世界所面对的一项最重要的任务，就是通过不断深化改革和发展，实现中华民族的伟大复兴，同时推动整个人类社会的不断进步。中华民族在社会主义制度下的伟大复兴，既是全体中国人在可以预见的时间内对人类文明发展所做出的最大贡献，也是马克思主义本身在可以预见的时间内对世界历史发展所做出的最大贡献。

古代中国曾经在文明发展上长期处于世界先进的位置。十五世纪末十六世纪初，西方文明兴起，中国则在封闭状态下逐渐失去活力，直至 1840 年鸦片战争后在世界发展进程中被边缘化。但是中国人并未放弃，经过几代人不懈奋斗，中国又重新站立起来，开始在世界舞台上赢得新的尊重。

1949 年中华人民共和国的成立，是中国摆脱半殖民地半封建的处境，在政治上自立于世界民族之林的标志。此后，经过长期的艰苦努力，特别是改革开放以来的努力，中国实现了经济上的飞跃。现在，中国在国民生产总值、制造业、货物贸易、对外投资等领域，都处于世界领先行列。尽管人均国民生产总值还严重落后于发达国家，经济发展在结构、质量等方面也存在不少问题，然而已经取得的成绩仍使我们有理由、有信心说，只要不犯根本性错误，不出现不可抗力量，中国经济发展水平赶上发达国家是一件完全可以期待的事情。也就是说，中国的一只脚已经迈进了民族复兴的大门。

但是，生产力发展不是民族复兴的全部内容。一个民族要想走在世界发展的前列，除了生产力发展必须走在世界前列，它的政治制度、文化发展、社会建设和理论思维等也必须走在世界前列。人是在思想指导下行动的，人的思想的内涵决定了人的行动的内涵，在这个意义上可以说，理论思维能力及其追求对一个民族的发展具有决定性作用。近代以来西方国家在世界上的兴起，就是与西方在理论思维上的发展相伴而行的；而中国的衰败，则与中国在思想上的封闭、僵化、落后内在地关联在一起。思想解放和理论创新，是五四运动后现代中国奋起的先声，也是 1978 年中国改革开放方针政策的制定与执行的思想前提和基础。中国要继续前进，同样离不开思想解放和理论创新。特别是当前，在全球化和科学技术日新月异的带动下，人类社会的发展方式、组织方式、生活方式、治理方式都出现前所未有的大转型，包括中国在内，世界上的一切都在调整，都在变化，都在重构，需要我们用新的眼光去看待它，理解它，应对它，并在新的思想指导下把这场大转型导入能造福全人类的轨道。在这样的历史时刻，理论思维的作用尤其重要。对中国来说，没有在思想理论创新和建设上取得世界公认的进步和繁荣，中华民族的复兴是不完整的，也是难以持续的。

思想理论建设是一项系统工程，包含着非常丰富的内容。在中国特定的国情下，思想理论建设中的一项核心工作，是马克思主义理论的建设。中国共产党作为中国的执政党，一直高度重视马克思主义理论建设。党把马克思主义和中国实践及时代特征结合起来，经过反复探索并集中各方智慧，形成了中国特色社会主义理论体系。这一理论体系回答了发展道路、发展阶段、根本任务、发展动力、外部条件、政治保证、战略步骤、领导力量和依靠力量、国家统一的方式等一系列与建设中国特色社会主义相关的重大问题。按照这个理论，党确立了社会主义初级阶段的基本路线和基本纲领，并进一步提出了“三个代表”重要思想和科学发展观。习近平就任党的总书记以来，就“中国梦”和价值观、文化自信、全面建成小康社会的战略布局、全面深化改革的总目标与总体安排、全面依法治国、全面从严治党、经济发展新常态、协商民主、社会治理、城市治理、生态文明建设、腐败倡廉、军事变革、统筹国际国内两个大局、建设开放型经济新体制、建设新型大国关系、“一带一路”建设、总体安全观、体系绩效等问题，提出了一系列新的重要思想，对中国特色社会主义理论做出新的发展和创造。上述思想和理论的提出与确立，反映了党在思想理论建设上所做出的巨大努力和已经取得的巨大成效。正是在这些思想和理论的指导下，改革开放以来中国在经济、政治、社会、文化、生态和党的建设等各个方面都取得了历史性成就。

马克思主义是一个开放的系统。作为马克思主义和中国实践及时代特征相结合的产物，中国特色社会主义理论体系同样是一个开放的系统，它并未穷尽人们对中国社会、外部世界、人类自身及社会主义发展规律、共产党建设规律等问题的认识，更未封闭人们通向新的真理的道路。事实上，中国特色社会主义理论体系的效用不仅在于它能指导人们从事社会主义建设的实践，还在于它能指导人们根据实践和环境、条件的变化，去进行新的探讨，形成新的认识。我们今天所处的世界，仍然是一个充满矛盾的世界；摆在中国和世界面前等待回答的问题，仍然为数众多；把已经形成的正确的思想和理论成功地付诸实践，也远非触手可及之事。所有这一切都说明，进一步加强思想理论建设，仍然是一项意义深远的任务。

历史经验告诉我们，思想理论建设是一种只有依靠集体努力才能成功的公共事业。浙江大学作为一所以建成世界一流大学为目标的大学，对加强思想理论建设肩负着不可推卸的责任。为了有效履行这一重要责任，在学校领导的支持指导下，浙江大学社会科学研究院设立了“马克思主义理论和中国特色社会主义研究与建设工程”（简称“马工程”）。这一工程以促进中国和世界的进步为关怀，以理论和实际的结合为构架，重点放在当代问题的探讨，同时兼及经典著作的研究，鼓励思想理论创新，发前人之未发，成一家之言。“马工程”设立后，人文社科类教师反响热烈，也激起部分理工农医类教师研究兴趣；不仅一批充满朝气的青年学者踊跃参与，而且一些学富五车的资深教授也积极参与。几年下来，“马工程”已经设立了几十个研究计划，将出版一系列有水平、有创意的著作和研究报告。这些著作和研究报告，凝聚了作者的心血，体现了他们对中国与世界面对的问题的深入思考。我们相信，它们的出版，能够给思考同样问题的读者以启示，也能够给处理实际问题的读者以智慧。随着新的成果的不断出版，浙江大学的“马工程”最终将不负使命，在推动中国的思想理论建设走向世界前列、促进中华民族伟大复兴方面，做出自己应有的贡献。

序　言

本书旨在对全球正义领域所提出的一些核心问题和相关争论提出一个系统的阐述和理解，但我并不想要将它写成一部关于全球正义的论著，不仅因为这方面的论著已经有很多，也因为我更希望从一种元层次的角度来探究这些问题和争论——也就是说，在本书中，我尝试提出的理解和反思主要是基础性的和方法论的　因此，本书并不尝试探究与全球正义问题相关的政治、法律与公共政策问题，尽管在必要时我也会提及这方面的一些相关问题。此外，我也不会详细论述与政治正义相关的问题。为了切实理解全球正义的本质及其可行性，我们不仅需要深入思考一般而论的正义的本质，也需要将我们对正义的思考与对人性和人类条件的理解结合起来。我相信一种正义观不应该只是一种乌托邦式的理想，也应该能够引导实际的社会与政治实践，为实现人类真正的社会进步和道德进步做出贡献。因此，在把对每个人的平等尊重设想为道德和正义的根本原则的同时，在本书中，我也希望阐明正义的理论和实践不可避免会呈现出来的复杂性。

为了对本书核心论点提出合理的论证，我将按照如下秩序来组织本书。第一章概述全球正义问题的产生及其涉及的主要问题，这为本书的主要议程设立一个基本框架。对全球正义的不少探究都是从人权的概念入手，甚至是从国际上所采纳的某些人权文本（例如《世界人权宣言》）入手，但是既没有充分认识到人权文本中所列举的人权可能并未得到充分明确的阐述，也没有对人权本身提出某种哲学辩护。① 因此，为了恰当地探究全球正义，我将首先考察人权观念的历史来源，为理解人权在人类生活中的重要性提供一个必要背景，然后我将考察权利的本质，以便表明为什么人权仍然是一个有争议的概念，尽管它在道德和政治实践中已经占据一个不可或缺的地位。这产生了如何辩护人权的问题。通过考察辩护人权的主要策略，我将把人权的观念与人类尊严以及人的基本的理性能动性的思想联系起来，并阐明和捍卫如下主张：基本人权的实现是全人类（整个人类社会）应当为每一个人致力取得的目标。这个部分的论述也将为后面捍卫一种罗尔斯式的全球正义概念奠定一个基础。我对正义（包括全球正义）的探究是一种聚焦于（或立足于）权利和制度的探讨，因此必然会产生一个传统问题：如果每个人仅仅因为是人就享有基本人权，那么落实基本人权的责任或义务究竟应当由谁来承担？正如我们即将看到的，对全球正义的任何合理设想都取决于我们对这个问题的回答。这些内容构成了第三章的主题。不管关于国内正义的原则是否可以应用于国际层面（在关于全球正义的讨论中，这本身是一个有争议的问题），我相信我们对正义的核心观念的理解可以是一致的——实际上，我相信我们对全球正义或国际正义的理解本质上是立足于我们对国内社会正义的理解，或者是后者的一种类比应用。因此，为了恰当地处理本书所要关注的一个核心问题，即全球正义是否要求某种平等主义的分配正义，在第四章中，我把关注的焦点放在平等的观念及其与社会正义的复杂联系上，并在此基础上提出和发展一个责任分工的概念以及对“应得”的一种整体论解释。第五章将批判性地考察运气平等主义及其与所谓的“社会关系平等主义”的争论；我将尝试表明，尽管运气平等主义的倡导者提出了一些直观上合理的想法，但运气平等主义作为一种关于正义的理论是严重不完备的。

第四章和第五章也为本书剩余部分的议程提供一个背景和基础。第六

① 在早期对全球正义的研究中，唯一的例外大概是亨利·舒伊的《基本权利》，因为他确实试图在系统地阐明基本权利的基础上来设想国际义务；查尔斯·贝茨只是在他对全球正义领域产生重大影响的第一本论著出版后 30 年，才尝试对人权的观念提出一个系统论述。见 Charles Beitz, *The Idea of Human Rights* (Oxford: Oxford University Press, 2009)。

章将特别针对罗尔斯的差别原则来阐明他对正义的基本设想及其方法论考虑，以便为捍卫一种罗尔斯式的社会正义理论提供必要的基础和背景。第七章围绕杰里·柯亨对罗尔斯提出的著名批评来进一步澄清正义与制度的本质联系，并反对一种用正义的观念来统摄我们所能具有的一切道德关怀的观点。第八章旨在批判性地回应一些持有世界主义观念的理论家（例如阿玛蒂亚·森和玛莎·努斯鲍姆等）对罗尔斯的国际正义理论提出的批评。罗尔斯对待国际正义的态度在很大程度上取决于他对公共的政治文化在分配正义（或社会正义）中的重要地位的论述。尽管他在这方面的论述不够充分，容易招致误解或批评，但我将尝试表明罗尔斯的主张值得捍卫。因此，我将以世界主义者和民族主义者关于正义的界限的争论为关注焦点来阐明分配正义的本质和目的，并发展一种政治性的正义概念来回应世界主义者对罗尔斯以及戴维·米勒的批评。在第九章中，我将尝试从两个角度来探究平等主义分配正义的本质。一些学者已经试图按照国家的强制性特征来说明国内分配正义的特殊性。这是一条合理思路，但仍不足以充分表明国家内部的分配正义的特殊地位。我将表明，这种特殊地位最好是按照共同体成员之间所具有的一种紧密的互惠关系及其公共的政治文化的特点来说明。因此，接下来我将详细阐明特殊关系及其所产生的特殊义务的本质，并表明为什么二者都不能完全按照抽离于关系本身的一般价值来说明。但是这确实产生了在特殊义务与普遍义务发生冲突或存在张力时如何分派责任的问题。我将尝试表明，尽管我们仍然可以利用基本人权的观念来协调二者，但是二者的冲突仍然不能在一种先验的（或者预先假设的）框架内得到解决，而是要求使用实践理性来做出语境主义判断，其最终解决取决于人类道德意识的进步。然而，面对现实的人类状况以及仍然不够公正的全球秩序，我们仍然无法准确地预测人类所能取得的道德进步。康德正确地指出，人类进步不仅取决于生活在世界各地的人们普遍地拥有道德意识，特别是平等尊重的意识，也取决于人类自身究竟在多大程度上认真反思人类苦难的根源并从中吸取教训。

在本书写作和修订之际，我们正在经历一场全球性公共健康危机。我们深切地认识到政治偏见和政治利益如何妨碍人类有效地应对这场灾难。全球正义依赖于对世界主义道德观念的承诺；尽管我主要是在面对罗尔斯的某些世界主义批评者来捍卫一种罗尔斯式的全球正义理论，但我始终相信平等尊重在人类道德生活和政治实践中的根本重要性。因此,在本书最后一章,我将以康德对永久和平的论述为背景来阐明一种合理的世界主义观念,并利用共和主义的自由概念来进一步阐明我自己对全球正义的本质和目的的理解。

总的来说,在本书中我尝试论证支持如下结论:第一,我们应当竭力纠正导致目前全球贫困的背景不正义条件;第二,我们应当创造和维护一个公正的全球秩序,以保证每个人的基本人权都能得到有效保障;第三,只要一个主权国家将努力实现其公民的基本人权视为己任并遵循一个公正的全球秩序的基本原则,其自决权就值得尊重并应当得到尊重,或者换句话说,对全球正义的合理构想应当将具有主权独立的民族国家设想为全球正义的一个背景条件,将帮助每一个主权国家实现对其公民的基本人权看作全球正义的基本目标或主要任务。就此而论,我将表明,罗尔斯对国际正义的构想,只要恰当地加以解释,与上述结论是相一致的,因此值得捍卫和发展。因此,如果本书的论证是可靠的,它就为一种满足**温和的**世界主义理想的全球正义理论提供了必要的支持和论证。此外,本书也试图发展一种语境主义的、政治性的正义观。在我看来,在讨论全球正义的时候,我们需要区分两个根本问题:第一,**当前的**全球政治一经济秩序是不公平或不正义的,因此,就我们需要一个实施全球制度变革来满足纠正正义和补偿正义的要求,来致力创造一个更加公正的全球秩序而论,确实存在一个全球正义问题;第二,在全球背景正义的条件已经得到满足后,实际上并不存在一个全球分配正义的问题。当然,就实际的人类条件而论,后者也许只是一个我们要努力实现的理想,在这一理想得到实现之前,在全球层面上总是存在与人道主义援助和纠正正义/补偿正义相关的问题。未能明确地区分这两个问题,或者未能将罗尔斯所说的理想理论与非理想理论区分开来,在该领域产生了一些不必要的争论和困惑。

本书的生命开始于15年前我在北京大学为本科生讲授的"人权与社会正义"课程,其中的一些主要思想在国家社科基金支持的"全球正义研究"项目下得到发展,正式的研究和写作则得到浙江大学社会科学研究院规划项目"马克思主义与全球正义"的支持和资助,谨此致谢。感谢各位同事和朋友在写作过程中给予的支持和鼓励。"猫头鹰读书组"各位同学各种形式的交流和讨论产生了大量的思想激励,促进了我对相关问题的思考,感谢他们帮助营造了一个真正意义上的小型学术共同体。最后，衷心感谢我的妻子陈玮和家人对我一如既往的支持、关心和理解。

本书部分内容立足于我已经发表的几篇文章。当然，在将这些内容整合到本书时，我已经做了实质性的修改和充实。这些文章刊登在如下期刊或文集中：《中国学术》第31辑（2012年）；《道德与文明》2012年第1期；姚洋主编：《中国问题》（上海：上海人民出版社，2010年）；高全喜主编：《从古典思想到现代政制——西方法政思想演讲录》（北京：法律出版社，2008年）。

鉴于作者水平有限，书中若有不当之处，还望读者不吝赐教。

徐向东

2021年1月4日

ONTENTS 目 录

第一章　全球正义问题

一、全球贫困与全球正义

全球正义问题首先是随着全球层面上的贫苦和剥夺而出现的。当然，贫苦和剥夺不仅出现在全球层面上，也出现在国家内部。在这里，我们主要关心前者，因为国内社会正义已经是一个相对成熟的领域，与此相比，全球正义不论是在理论上还是在实践上都产生了更多有争议的问题。因此，通过关注全球正义及其所带来的问题，我们可以深入理解正义的本质以及全球正义与国内社会正义的关系，也可以对一个国家内部的社会正义形成更全面、更深入的理解。如果全球层面上确实存在着一个正义问题，那么，仅仅从纯粹现象的角度来看，我们首先就要问：世界上发达和富裕的国家及其人民，对全球贫困者负有什么责任，或者从根本上说，对造成全球贫困状况的原因到底有没有责任？这个根本的问题接着会产生一系列次一级的问题，例如，对全球贫困者的责任究竟是积极援助的**正面**责任，还是不要伤害他们的**负面**责任？如果是前者，那么这项责任的根据何在——比如说，它是严格意义上的正义责任，还是完全来自人道主义关怀？如果这项责任是正义的责任，那么人们究竟是因为什么而负有这项责任？如果这项责任仅仅是人道主义援助的责任，那么，当履行这项责任与人们所要承担的国内正义的责任发生冲突，或者甚至与人们在特殊关系中所负有的义务发生冲突时，我们应该如何协调和理解二者之间的关系？此外，如果这项责任是一项正义的责任，那么，既然在国内正义的情形中实施某种平等主义正义在某种意义上是一项道德要求，平等主义正义是否应当推广到全球正义的层面上？由此可见，就全球正义而论，我们所要处理的问题一方面涉及追溯贫困和剥夺的根源以及人们为此而需要承担的责任，另一方面关系到设想和理解有关的权利和义务。为了对全球贫困的状况有一个基本认识并感受到这个问题的迫切性，我们不妨首先引入一些关于全球贫困的基本事实。①

形式上说，贫困指的是人们的收入或支出水平达不到某个最低限度，以至于他们不仅在适当的营养上得不到保障，在与生存有关的其他生活条件方面也得不到保障（UNDP 1996，222 页）。② 世界银行根据 1993 年 2.15 美元在美国的购买力水平，将国际贫困线定义为“每天 2 美元”的生活标准。按照这个标准，在 2007 年的美国，只有当一个家庭每个人的年消费支出低于 1120 美元时，这个家庭才算贫困。③ 按照这个标准，在当今世界中，多于 40％的世界人口，即 27 亿 3500 万人，都生活在国际贫困线以下，而且其中很多人的生活远远低于这个贫困线，例如，10 亿 8900 万人维持生计的费用每天不到 1 美元。极度贫困造成了触目惊心的后果：据估计，8 亿 3000 万人有慢性营养不良，11 亿人无法获得安全饮用水，26 亿人无法获得基本的医疗卫生条件（UNDP 2006，174 页），大约 10 亿人没有适当住所，20 亿人还用不上电（UNDP 1998，49 页）。在发展中国家，5 个儿童当中就有两个发育不良，3 个当中就有一个体重不足，10 个当中就有一个严重偏瘦。在 5 至 14 岁的儿童中，四分之一儿童，即总数 2 亿 5000 万的儿童，要离家去挣取生计。他们生活在极其恶劣的环境中，从事农业、建筑、纺织等方面的工作，或者去当士兵、性工作者或保姆。这些儿童根本就得不到基础教育，而即便其中大多数人能够活下来，也很有可能会加入目前 10 亿成年文盲的大军（UNDP 2000，30 页）。

在当今世界，与其他原因相比，严重贫困可能是人类痛苦的最大原因。在全球范围内，在车臣、东帝汶、刚果、波斯尼亚、科索沃、埃塞俄比亚、厄立特里亚、卢旺达、索马里、伊拉克等国家和地区，直接的暴力冲突导致的死亡和伤害固然引人关注和令人叹息，但与贫困造成的死亡和伤害相比，都显得

① 参见 Thomas Pogge，“Priorities of Global Justice”，in Thomas Pogge（ed.），*Global Justice*（Oxford：Blackwell，2001）。

② 这里以及下面引用的相关数据来自联合国开发计划署（UNPD）发表的《人类发展报告》。我并未对数据进行更新，因为世界贫困到目前为止总体上并未得到显著缓解，个别数据的更新并不影响这里对世界贫困状况的估计。

③ www.bls.gov/cpi/home.htm.

微不足道。1998 年，大概有 55 万 8000 人死于战争，还有 73 万 6000 人死于其他暴力事件。与此对比，死于饥饿和可预防疾病的人数多达 1800 万，接近当年人类死亡人数的三分之一。在冷战结束后的数年内，与贫困相关的死亡人数有 2 亿人。此外，每天都有大约 5 万人死于饥饿、腹泻、肺结核、疟疾、囊尾蚴、围产期条件以及与贫困相关的原因，其中大多数是儿童、妇女和有色人。这种持续不断的全球死亡人数，每几天就与 2004 年 12 月印尼海啸所导致的死亡人数相当，每三年就与第二次世界大战期间全部死亡人数相当。这些人的死亡本来是可以避免的，例如，要是他们有了更好的营养和安全的饮用水，获得了为了预防某些疾病而需要的疫苗、抗生素以及其他医药，他们就不会早早死去。

这些事实足以引起我们对全球贫困的关注，由此也产生了两个根本问题。第一，人类总体上说究竟有没有能力和资源缓解乃至消除全球贫困？第二，如果缓解和消除全球贫困确实是一项责任，那么这是一项什么样的责任，又该由谁来承担？这两个问题不仅相互关联，也具有一种递进关系：如果人类总体上没有能力和资源缓解或消除全球贫困，那么，即使全球贫困是由人类的生存条件和人类社会的某些特点造成的，大概也不会有缓解或消除全球贫困的问题。例如，设想人类仍然生活在蒙昧时代，不仅对自然界缺乏系统的认识，也没有科学知识这样的东西，而且对于自身也缺乏充分的认识，因此医学知识和医疗资源都不发达。在这种情况下，如果一些人因为某种流行病而必然要死去，那么其他人也无能为力，因为人们缺乏必要的资源和手段来有效地治疗这种疾病。与此相比，如果人类不仅在总体上有能力和资源缓解或消除贫困，而且全球贫困事实上也是由某些制度性因素引起的，那么，当一些充分富裕的人过着花天酒地的生活，而其他人则处于基本的生存条件都得不到保障的状态时，有道德良知的人们就会觉得，我们所生活的世界不仅是不正义的，也是冷酷无情的。

因此，为了探究全球贫困及其所引起的问题，我们首先需要看看人类是否有能力和资源缓解全球贫困。在这里，一个相关的事实就是当今世界触目惊心的贫富差距。高收入国家的人口仅占世界人口的 15.7%，却拥有 79%的全球收入（世界银行 2006 年报告，289 页）；2000 年，在世界成年人口中，底层的 50%仅拥有 1.1%的全球财富，顶层的 10%却拥有 85.1%的全球财富，最顶端的 1% 甚至拥有 39.9%的全球财富。这项统计可能还低估了全球财富的不平等，因为巨富（占全球家庭财富1.7%的世界上少数几百个顶级亿万富翁）往往有办法逃避对其家庭收入的调查。自20世纪60年代以来，人类在物质财富和经济增长上取得了前所未有的成就，然而，这种增长不仅没有缩小世界范围内的贫富差距，反而让贫富悬殊愈演愈烈。按照世界银行的报告，在高收入的经济合作和发展组织国家，国民人均总收入和购买力平价，在1990—2001年的那个全球化时期，按现金支付来算上升了53.5%：从1990年的18740美元上升到2001年的28761美元，2005年则上升到33622美元。从历史上来看，生活在最富裕国家的全球五分之一人口与生活在最贫困国家的五分之一人口，其收入差距从1960年的30比1上升到1990年的60比1和1997年的74比1。与此相比，对较早年代的估计则是1913年的11比1，1870年的7比1和1820年的3比1（UNDP 1999）。按照消费能力来计算，全球贫困者每人只有100美元或200美元的年消费能力，而在富裕国家，人均收入却高出150到300倍。在贫困的非洲国家，26个国家的全部国民总收入（代表了4亿人）加起来也不及世界最大公司的年销售总额。2005年，国民人均总收入在撒哈拉以南的非洲国家是745美元，在高收入国家则是35131美元——比率为47∶1。

当然，有人或许会认为这些数字并没有在根本上说明问题，因为有可能的是，人们在经济收入和生活水平上的差距不仅与人们所生活的社会制度和生活条件有关，而且也与每个人自身的努力有关。这确实是一个重要问题，因为它涉及如何理解全球贫困的根源以及对全球贫困者可能负有的责任的本质。后面我们会处理这个问题。不过，按照全球正义的倡导者的说法，如果每个人都应该享有被称为“人权”的那种权利，那么严重的贫困和经济不平等不仅会严重地妨碍社会-经济人权的实现，也会严重妨碍与民主和法治相关的公民-政治权利的落实。从孩童时代起，严重贫困的人们在发展上就受到了很多因素的限制，例如在婴孩时期发育不良，在儿童时期得不到基础教育。即使他们能够长大成人，他们也不得不为了生计而四处奔波，始终处于社会底层，因此也没有能力抵抗对他们进行压迫和剥夺的力量。因此，在严重贫困和经济不平等的情况下，不仅贫困者的基本权利得不到有效保障，这种状况的持续也容易导致政治上腐败的政府和社会环境。各级政府很有可能在压迫贫困者的同时，去迎合有能力回报他们的机构和人员。统治者的利益和维系统治的权力所依靠的往往不是贫困的人民，而是少数精英人物以及能够对他们提供权力支持和经济利益的公司和机构。这样一来，贫困者就处于日益悲惨的境地。

出于两个主要考虑，我暂时不想声称侵犯贫困者基本人权是一个正义问题。第一，我还没有对人权的本质及其道德基础提出任何说明；第二，当某些人无助地处于极度贫困的境地时，即使他们的人权在某种意义上受到了违背，但这究竟是不是一个正义问题仍然是有争议的，尤其当我们在全球层面上来思考这个问题时。这两个方面都是本书要详细讨论的。不过，现在让我首先说明刚才提出的那个问题：人类总体上说是否有能力和资源缓解乃至消除全球贫困？世界各国的首脑们不是没有意识到消除世界贫困的重要性。严重的贫困不仅会导致社会动乱，也很容易导致国内或国家之间的政治敌对或暴力冲突，因此就会对世界和平与稳定造成严重威胁。1996年11月，在联合国食品与农业组织在罗马召开的“世界食品峰会”上，186个国家的政府提出了如下郑重宣言：

> 我们，各个国家和政府的首脑或代表，聚集于世界食品峰会……重申，每个人都有权获得安全和营养食品，这个权利与获得充足食物的权利和每个人免于饥饿的基本权利是一致的。我们有各国的承诺和共同的承诺，我们以自己的政治意愿发誓：要设法保障所有人的食品安全，要一直致力于消除所有国家的饥饿，要致力于达成这样一个近期目标：最晚不超过2015年，要把营养不良者的人数减少一半。我们认为如下事实是无法容忍的：全世界还有8亿人，特别是发展中国家的人，还没有足够的食物去满足自己的基本营养需求。这种情况是不能接受的。①

按照联合国食品与农业组织的计算，为了实现上述宣言，发达国家每年只需追加60亿美元，用来作为农业方面的政府发展援助。向高收入国家额外要求60亿美元实际上不算过分，只要想想如下事实就很容易明白这一点：在1998年，高收入国家的国民生产总值的总和已经达到22万亿美元；

① U. N. Food and Agricultural Organization (1996), “The Rome Declaration on World Food Security”, *Population and Development Review* 4: 807-809, quoted at p. 808; also quoted by Thomas Pogge at Pogge (2001), “Priorities of Global Justice”, p. 10.

按照联合国发展计划署的说法,“世界最富的 200 人的财富在 1994 年至 1998 年的四年间增长了一倍多,已经超过 1 万亿美元。最富有的 3 个亿万富翁的财富超过了所有最不发达国家 6 亿人的国民生产总值的总和”(UNDP 1999,3 页),因此,“只需增加不到世界上 225 个最富裕者总财富 4%的支出,……就可以让所有人在基础教育、基本保健、足够的食物、安全用水、卫生设施以及生育保健上得到有效保障”(UNDP 1998,30 页)。然而,实际情况是,即使富裕国家具有如此巨大的物质财富,它们对消除全球贫困所做的贡献却少得令人震惊。美国政府加入了上述宣誓,但随后就立即表明自己的态度,认为“对于充足食物的权利或免于饥饿的基本权利是要渐进实现的目标或理想,不构成任何国际义务”。① 于是,在 1998 年,美国政府所提供的发展援助的净值就不到 90 亿美元。这个数量低于联邦预算的 0.5%,也就是说,每个美国公民的平均援助不到 32 美元,这相当于美国国民生产总值的 0.1%,在经济合作和发展组织(OECD)成员中是最低的。与此同时,该组织也把其官方援助总额从国民生产总值总和的 0.33%削减到 0.24%,即 520 亿美元(UNDP 2000,218 页)。此外,对援助基金的配置也取决于政治考虑:仅有 21%给予最不发达的 43 个国家,而且,其中仅有 8.3%用于满足基本需求。经济合作和发展组织的成员国每年用于满足国外基本需求的支出总共只有 43 亿美元,相当于这些国家国民生产总值总和的 0.02%。换句话说,在最贫困的四分之一人口中,每人每天只得到 0.8 美分的援助。还有一个事实也有助于我们看到发达国家究竟有没有对缓解全球贫困做出实质性的贡献。冷战结束后,由于苏联阵营的消失,这些高收入国家大大削减了军费开支,将军费开支在国内生产总值(GDP)的比例,从 1985 年的 4.1%降到 1998 年的 2.2%,即下降了 46%(UNDP 1998,197 页;UNDP 2000,217 页)。这样,高收入国家每年收获的所谓“和平红利”就有大约 4200 亿美元。这笔资金本来可以在维持国内经济和技术的健康成长的同时,为消除全球贫困做出努力。但是,这些国家并没有为消除全球贫困做出积极贡献。

按照阿马蒂亚·森的一项经验研究,一些国家在 20 世纪发生的几次大饥荒,并不是因为食物短缺而发生的,而是因为很多人没有能力购买粮食而

① Quoted by Pogge(2001), p. 11.

发生的。[1] 如果森的研究结果是可靠的，那就意味着贫困是因为人们丧失了（或者更确切地说，被剥夺了）基本能力而发生的。当今世界并不缺乏为人们提供基本生存的食物供给，为基本健康提供保障的医疗资源也前所未有地得到了丰富。问题只是在于，全球贫困者缺乏得以生存的基本能力和资源，而只要社会制度和世界秩序得到公正合理的安排，他们的基本需要很可能并不难得到满足。事实上，只要将全球贫困者的平均收入从目前的100 美元增加两到三倍，其生存状况就会得到很大改善，而这样做并不会对高收入国家的国民生产总值及其人民的生活质量造成严重影响，因为这个数额在 1999 年就已经接近 23 万亿美元，平均每人 25730 美元。人类历史上首次出现了这种可能性：通过经济手段和制度安排，就可以消除饥饿和可防治的疾病，同时又不会让任何人遭受实质性损失。

全球正义的早期关注者主要关注制度、剥夺与贫困的关系，但是贫困也可以是由其他因素引起的。在这里，特别值得提及全球气候变化所导致的贫困以及全人类所面临的一项共同威胁。一个最近的例子足以说明这个问题的严重性以及通过全球合作来解决它的迫切性。2000 年以来，随着对全球贫困的日益关注以及国际社会的不懈努力，全球遭受饥饿的人数已经下降了 31%，但是，按照联合国在 2020 年初发布的一项公告，在非洲南部地区 16 个国家中，仍然有大约 4500 万人面临严重缺乏粮食的威胁。整个非洲有五分之三的土地属于干旱、半干旱气候区域，很多地区受到周期性干旱的长期困扰。按照联合国教科文组织的统计，非洲每年有 6000 人因为缺乏水资源而死去，约有 3 亿人因为缺水而生活在贫困中。最近几年来，一方面，由于全球变暖趋势的加强，非洲东、南部气温一直在升高，降雨延迟和雨量减少也频繁出现，干旱的加剧对这些地区本来就很脆弱的生态环境产生了严重影响，粮食产量大幅度下降。按照国际红十字和红新月会联合会的报告，2019 年，仅赞比亚和津巴布韦两国谷物产量就比上一年下降 30%。另一方面，随着全球变暖，海水温度升高，暖水层变厚，飓风也频繁发生。在非洲临海地区，飓风导致的灾难性洪水不仅破坏了同样脆弱的生态环境，也直接导致了大量人口死亡，让数百万人无家可归。由于气候变化所导致的

---

① Amartya Sen, *Poverty and Famines*: *An Essay on Entitlement and Deprivation* (Oxford: Clarendon Press, 1981).

极端干旱和洪灾，在南部非洲16个国家中，约有4500万人遭遇了前所未有的饥荒威胁。减低碳排放显然是缓解全球变暖的一种重要方式，但是，相比于大多数工业国家占全球碳排放总量的80%，非洲大陆产生的碳排放量仅为全球总量的4%，然而，非洲国家仍然不得不因为全球变暖导致的灾难而付出巨大代价。因此，单方面地要求非洲国家减少煤炭开采和燃料燃烧、降低工业化进程、增加植被，以便恢复或修复其脆弱的生态环境，在某种意义上说显然是不公正的。自然灾害同样会导致贫困和剥夺，而如果其发生的原因与人类活动具有因果联系，那么，通过全人类共同的努力来缓解人类共同面临的威胁，显然也应当是全球正义的一项重要议程。①

只要人类协同努力，我们所生活的世界其实有能力和资源消除全球贫困。然而，当人类已经迈入21世纪的时候，全球贫困状况仍然没有得到很大缓解。这当中当然涉及很多问题，但归结起来有两个层面的问题。在实践层面上，国际政治历来都是由对国家利益的现实主义考虑所支配的。一个国家的政府或许认为它只对自己公民的生存和福祉负责，没有缓解其他国家的人民的贫困状况的国际义务。此外，即使某些发达国家对贫困国家提供了某些很有限的援助，它们这样做，往往也是出于对政治利益的考虑。在理论层面上，正如前面所指出的，是否存在一个缓解和消除全球贫困的责任也是一个很有争议的问题。某些理论家认为，即使存在这样一项责任，它至多也只能被理解为一项人道主义责任，而不能被理解为一项正义的责任。人道主义责任是我们出于对人类同胞的关切而对于在基本需要方面陷入困境的人们所负有的责任。尽管这项责任的本质和来源目前仍然没有得到一致的认识，但尽自己所能帮助有所需要的人们大概是我们都能承认的一个道德要求。与此相比，正义的责任在其结构和来源上都显得更加复杂：帮助或援助他人的责任往往被看作一项不完全责任(imperfect duty)，正义的责

---

① 从伦理学和全球正义的角度对全球气候变化的讨论，参见：Stephen M. Gardiner, Simon Caney, Dale Jamieson, and Henry Shue(eds.), *Climate Ethics: Essential Readings* (Oxford: Oxford University Press, 2010)；Stephen M. Gardiner, *A Perfect Moral Storm: The Ethical Tragedy of Climate Change* (Oxford: Oxford University Press, 2011)；Clare Heyward and Dominic Roser (eds.), *Climate Justice in a Non-Ideal World* (Oxford: Oxford University Press, 2016)；Henry Shue, *Climate Justice Vulnerability and Protection* (Oxford: Oxford University Press, 2014)。

任则往往被认为是严格的,而且被认为与**制度性**因素具有本质联系。例如,某些形式的社会合作会产生与分配正义相联系的权利和义务,某些契约所规定的条款往往也被认为与正义有关。

这就产生了一个核心问题:如果存在着一个缓解或消除全球贫困的责任,那么这项责任究竟是不是正义的责任,若是的话,又在什么意义上是一项正义的责任?全球正义的观念及其可能性不仅假设这项责任是正义的责任,而且也预设了一种世界主义的道德观念。按照这种观念,个人是道德关怀的终极单元——不管一个人生活在什么国家,属于什么种族,具有什么文化背景,持有什么宗教信仰,他都应该得到同等的道德关怀。世界主义的道德观念或许来自如下主张:每个人,作为人,都具有平等的尊严,因此都应当得到平等尊重,都应当享有平等尊重的基本条件。如果人权的观念旨在保护一个人作为一个人类个体而具有的这种资格,那么从世界主义的观点来看,每个人的基本人权都应该得到尊重和保护。就此而论,世界主义的道德观念鼓舞了一种跨国界的普遍正义。在持有世界主义观念的理论家看来,人权的观念不仅为一个国家的政治合法性提供了根本的评价标准,也为我们评价和改革现存的全球秩序提供了基本的理论框架。不过,即使我们承认每个人仅仅因为是人就应当享有基本人权,仍然有三个基本问题需要处理:第一,如果缓解和消除全球贫困确实是一项责任,那么应当如何理解这项责任的本质?第二,全球正义的理论依据是什么,或者说,如何为全球正义的观念提供一个辩护?第三,如果确实存在着一个全球正义问题,那么我们所能设想的解决这个问题的最合理的方式是什么?在这里,我们首先来考察一下第一个问题。

二、对全球正义的初步设想

全球正义的观念实际上是由一些西方学者提出来的,在倡导全球正义的第一代理论家当中,最重要的是布莱恩·巴里(Brian Barry)、查尔斯·贝茨(Charles Beitz)、托马斯·博格(Thomas Pogge)以及亨利·舒伊(Henry Shue)。这些学者继承了西方传统的自我反思和自我批判的精神,认识到全球不平等并不只是一个人道主义关怀问题,而且在根本上说也是一个正义问题。那么,在什么意义上全球不平等是一个正义问题呢?我们至少可以鉴定出两个含义。第一,财富和收入上的严重不平等会让某些人觉得“低人一等”,对他们不得不忍受的生活状况感到羞愧,从而严重地削弱了他们作为人的尊严以及他们拥有和行使自己的能动性的能力。[①] 需要指出的是,在提出这个主张时,我不是在说一个合理的或者道德上可接受的社会必须让人们在任何方面都是平等的,例如提倡一个对资源或财富进行平均分配的社会制度。一个在各方面都要求**绝对**平等的社会不仅在动机上是不现实的,而且在道德上也是成问题的:如果社会可以被设想为一种合作体制[②],那么人们参与社会合作的动机是不同的,他们对社会做出的贡献也不尽相同。人们通过自己的勤奋努力而取得的成就不仅应该得到承认和尊重,这种成就也是推动社会发展的一个重要因素。但是,为了让公正有效的社会合作变得可能,在与人的基本尊严相关的那些方面,人们就应该被平等对待。这种平等不应该被认为只是具有工具价值(例如,仅仅是为了让人们具有参与社会合作的根本动机),也应该被认为具有内在价值,因为它不仅是自尊的前提,也是彼此尊重的基础。不管一个人在社会上占据什么地位,作为人,他都理应得到尊重。然而,不论是自尊,还是相互尊重,都需要恰当的物质基础和社会条件,因为只要一个人由于贫困而丧失了独立性,时刻都需要依靠他人来生活,甚至在决定如何行动时也不得不察言观色,他就很容易处于被支配的地位,也很难具有自我尊重的能力。[③] 这样,如果人权旨在保护人们由于具有理性能动性而具有的人格,那么剥夺一个人的基本人权就意味着剥夺其自我尊重的基础,从而剥夺相互尊重的条件。在这个意义上说,维护每个人的基本人权是正义的一个本质要求。第二,严重的不平等不仅会剥夺一些人赖以生存的基本手段,也会削弱他们的自由,从而导致严重的社会不公。财富和收入的不平等会严重影响人们对社会资源的控制和利

---

① 参见 Avishai Margalit (1997),“Decent Equality and Freedom: A Postscript”, *Social Research* 64: 147-160。

② 这样说并不是要否认社会还具有其他职能,例如为人们提供有价值的生活目标,或者是人们享有共同的文化身份的重要渠道。在这里,我只是为了便于论证而采取这个简单的说法。

③ 共和主义的自由理论很好地强调了这一点的重要性。参见 Philip Pettit, *Republicanism: A Theory of Freedom and Government* (Oxford: Clarendon Press, 1997)。

用。一般来说，一个人越贫困，他能够从社会上获得的选择空间就越小，因此就越没有能力通过改变自己所能得到的选择来开展自己生活。然而，对一个有意义、有价值的生活的追求要求适当的选择空间。此外，严重的不平等不仅会让某些人用道德上不可接受的方式来操纵或支配其他人，也会削弱或扰乱社会公正，而后者是与社会生活密切相关的很多重要过程所依赖的。严重的贫富差距不仅使得贫困者在市场竞争中处于弱势地位，在决策过程中受到排挤，而且也很容易滋生社会腐败和政治腐化，让有权势的人可以通过不公正的手段来谋求自己的利益，甚至在司法处理中为自己本来犯下的罪行开脱。

即使不平等确实会产生这些有悖于公平正义的结果，但是，假若不平等本身不是由任何不正义或不公正的过程产生出来的，我们似乎仍然不能认为缓解或消除全球贫困就是正义的要求。如果人权被认为是要由人们所生活的各种制度来落实，那么，在一国内部，不管贫困是如何产生的，政府都有责任缓解和消除贫困，让贫困者的基本人权逐步得到实现。然而，在全球层面上，我们实际上并不是特别清楚缓解和消除全球贫困究竟是谁的责任。如果某国政府和人民还没有做任何事情来剥夺其他国家人民的人权，那么，即使后者的人权并未得到充分落实，那好像也说不上是前者的责任。当然，如果一个国家有能力和资源帮助其他国家的人民落实其基本人权，那么它可以出于人道主义考虑而自愿援助后者。但是这项责任好像也不是正义的责任，正如只要某人要求帮助的状况并不是你所导致的，当你以某种方式帮助他时，你并不是在履行一项与正义有关的责任。约翰·罗尔斯持有一个相当合理、值得称赞的国内正义理论，不过，在国际正义问题上，他往往被认为持有刚才提到的那种观点，正如他自己所说：

> 一个民族富裕的原因及其所采取的形式，就在于其政治文化及其用来支持其政治制度和社会制度的宗教、哲学和道德传统，就在于其成员的辛勤劳动和合作才能，而所有这一切都得到了他们的政治美德的支持。……一个负担沉重的社会之所以负担沉重，政治文化的因素非

常重要，[此外]其人口政策也至关重要。①

在这里，罗尔斯似乎认为，一个国家，不论是富裕、繁荣和发展，还是贫困、腐败和落后，其**主要**原因都在于自身，因此，即便发达国家在某种意义上有责任缓解或消除国外贫困，这种责任充其量也只能被描述为一种“援助的责任”。② 值得指出的是，在上述引文中，罗尔斯是在做出一个**有条件**的主张：**如果**一个国家的发展和繁荣主要取决于国内因素，例如政治体制、经济制度以及法律制度，那么富裕国家的对外援助就不在于缓解或消除贫困国家的贫困，更重要的是在于通过援助来改进贫困国家的社会制度和经济基础。因此，罗尔斯似乎否认，除了援助的责任外，富裕国家还有责任**在分配正义的意义上**将其资源或财富重新分配给贫困国家。③ 罗尔斯的国内正义理论在某些重要的方面不同于他对国际正义的设想，本书会表明罗尔斯为什么有理由维护这种差别。在这里，值得提及的是，罗尔斯的观点得到了不少发达国家的认同，这些国家反对在全球层面上对资源和财富进行更加平等的分配。甚至联合国也倾向于赞成罗尔斯对全球贫困所做的判断。2000年9月，联合国提出了一个旨在消除极度贫困的“千禧年发展目标”，宣称要在2015年前将全球收入贫困、饥饿以及水资源匮乏削减一半。④ 然而，在两年后召开的一次关于发展援助的高峰论坛上，联合国形成的报告提出了如下建议：

每个发展中国家都需要恰当地安排自己的基本经济政策。没有任

① John Rawls, *The Law of Peoples* (Cambridge: Harvard University Press, 1999), p. 108.

② 参见 Rawls (1999), pp. 105-113。

③ 正如本书第八章中即将表明的，罗尔斯对全球正义的理解呈现出高度的复杂性。实际上，罗尔斯在这里提出的主张是否正确，关键取决于他所做出的假设是否可靠。在有关全球正义的争论中，一个核心问题就在于，全球层面上的贫困究竟是不是由不公正的全球性政治—经济秩序导致的。理论家们对这个**经验**问题持有不同的看法。

④ 对联合国“千禧年发展目标”及其与人权之关系的详细讨论，参见：Alberto D. Cimadamore, Gabriele Koehler and Thomas Pogge (eds.), *Poverty and the Millennium Development Goals: A Critical Look Forward* (London: Zed Books, 2016); Malcolm Langford, Andy Sumner, and Alicia Ely Yamin (eds.), *The Millennium Development Goals and Human Rights: Past, Present and Future* (Cambridge: Cambridge University Press, 2013)。

何国家能够期望获得同样的增长，或者满足国际发展目标，除非它将关注焦点放在建立有效的国内制度和采纳可靠的政策上。这些政策包括：一种以参与和法制为基础的管理模式，加上对反腐败的强烈关注；有条不紊的微观经济政策；优先考虑人力资本（尤其是基本教育和健康等）的公共开支；向投资有方的人们提供贷款的金融体制；某种形式的退休金保险制度，这种制度既能保证短期储蓄，又能保证长期生活稳定；一种能力建构，其焦点是逐渐发展积极的制度环境，以便最终能够更加有力地落实上述政策；对财产权的保护以及一种有效地保护工人的权利和环境的调节性环境。①

这份报告仍在强调国内因素对于经济增长的重要性。无须否认它所推荐的策略对于实现国内经济增长来说可能是重要的，例如，我们确实有理由相信，健全的民主和法制对于维护健康的经济发展来说是必要的，教育水平的提高不仅有助于加强经济竞争的实力，也能提高公民素质，从而促进经济发展的良性循环。问题只是在于，我们是否有理由认为，一个国家的发展和繁荣完全取决于国内的制度条件？在当今世界，全球化已经让各国的经济发展有了一种很强的相互依赖性。发展经济学家和历史学家就经济增长的原因提出了三个主要假说。② **地缘假说**：增长主要是由地理方面的因素来决定的，例如地理位置、环境气候、资源条件、疾病负担、农业生产率、人力资源的质量、交通费用。**整合假说**：增长主要是由世界市场的整合来决定的，只要一个国家能够更好地将自己整合到世界经济体制中，它就可以利用整合带来的某些好处，例如专业化和技术发展。**体制假说**：繁荣取决于有关体制的质量，例如稳定的财产权、法制、行政管理能力、某些恰当的管理结构

---

① http://www.un.org/reports/fanancing.

② 关于第一个假说，参见：Jared Diamond，*Guns，Germs and Steel：The Fates of Human Societies*（New York：Norton，1999）；John Gallup，Jeffery Sachs and Anthony Mellinger (2002)，“Geography and Economic Development”，*International Regional Science Review* 22：179-232。关于第二个假说，参见 Jeffery Frankel and David Roemer（1999），“Does Trade Cause Growth?”，*American Economic Review* 89：379-399。关于第三个假说，参见：Douglass North，*Institutions，Institution Change and Economic Performance*（Cambridge：Cambridge University Press，1990）；David Landes，*The Wealth and Poverty of Nations*（New York：Norton，1998）。

（例如防止严重欺诈和受贿行为的结构）、法院的质量和独立性、社会凝聚力、信任和社会合作的存在等。

这些假说中鉴定出来的因素实际上是可以相互影响的。例如，地理因素可以影响一个国家将自己整合进入世界经济市场的能力，具有良好的资源可以影响各种体制的质量。因此，每个假说都表达了对增长的一些正确看法，但各自可能都是不完备的。例如，一个国家的地理环境确实对其经济增长施加了某些重要约束，但可能并没有完全决定其经济发展；对于进出口在国民生产总值中占据很大比重的国家来说，世界市场的整合会对它们产生实质性影响，不过，只要国内的消费能力持久而强劲，这种影响就不足以完全决定其经济发展。体制因素在一个国家的经济发展中当然具有举足轻重的地位。例如，如果一个国家的各项制度促进了对法制的尊重，在教育、健康和基础设施等方面都创造了一种有益于创新和投资的环境，那么这些制度就会促进该国的经济增长。不过，在这里，特别值得指出的是，在当今世界，国外因素同样会对国内制度产生重要影响。全球正义的一些倡导者由此断言，没有理由认为贫困完全是由国内因素造成的。

托马斯·博格在某种程度上表达了这种立场。他论证说，大规模的全球极度贫困根本上是由当前全球秩序的某些特征造成的。[①] 第一，现存民族国家是通过一种渗透着奴役、殖民统治乃至种族屠杀的过程而达到其目前的社会、经济和文化发展水平。人类历史上的这些重大罪行，即便已经成为往事，仍然会在当今世界造成严重的不平等。尽管曾经受到奴役或殖民统治的国家现在已经通过民族解放或独立而成为自己发展的主人，但从正义的观点来看，历史上的不平等所导致的结果仍然是不可接受的。

第二，当今全球经济秩序是由一系列高度复杂的协议和条约构成的，其中涉及贸易、投资、贷款、专利、版权、商标、税收、劳务标准、环境保护、使用海底资源等方面。当贫困国家为了发展经济而尝试跻身于全球经济市场时，由于历史上遗留下来的严重不平等，它们在有关的谈判中总是处于被支

---

① 以下三点论述主要来自 Thomas Pogge, *World Poverty and Human Rights* (Cambridge: Polity Press, 2002), pp. 112-116, 162-166, 以及托马斯·博格，“国际法对全球贫困者人权的承认与违反”，载托马斯·博格：《康德、罗尔斯与全球正义》（上海译文出版社，2010 年）。

配地位，与此相比，富裕国家或强权国家则在很多问题上结成联盟，为了维护自身的利益而继续限制和压制贫困国家。富裕国家仅占世界人口的七分之一，却控制着世界上绝大多数产品以及最有利可图的市场，它们因此在控制谈判能力、信息和专业知识等方面都具有巨大优势。只要对自己有利，它们就能成功地推动市场开放，而在对自己不利的情况下，它们同样能够成功地阻止市场开放。一两个例子足以阐明这一点。一方面，当贫困国家试图将其产品出口到富裕国家时，它们受到了很大限制：按照联合国贸易发展会议 1999 年的报告，富裕国家的贸易保护主义使得贫困国家每年丧失 7000 亿美元的出口机会，在所有欠发达国家的国民总收入总和中，这个数目占据了 10%以上的比例。此外，在某些领域，为了进入世界市场，贫困国家就必须向富裕国家的公司支付数百亿美元的所谓“知识产权”费用。然而，要是它们有了自由出口的机会，不用支付此类费用，其贫困状况就会得到很大缓解。另一方面，在过去几十年中，富裕国家高速的经济增长也从外部对贫困国家造成了负面影响，例如，它们大量损耗自然资源，因此就严重地危害了贫困国家本来就很脆弱的生态环境，并由此而产生一系列后续效应。要是富裕国家因为其产生的负面影响而补偿贫困国家，后者的贫困状况也会得到很大改善。

第三，民主参与和健全的法制确实是实现国内经济发展的一个必要条件，然而，目前的全球秩序也有一个对全球贫困者极为不利的特点。按照现存的国际法准则，只要某个群体在一个社会中控制了占据优势的强迫手段，它就得到了国际承认，成为该国领土和人民的合法政府，不管它是如何掌权和行使权力的，也不管它是否得到了人民的支持。这意味着国际社会承认那个群体具有代表它所统治的人民来行动的权利，因此它就具有了国际资源特权和国际借贷特权。国际资源特权指的是，一个国家的统治者有资格合法地转让该国资源的所有权，随意处置通过出售国家资源而获得的收益。国际借贷特权所说的是，一个国家的统治者有资格以国家的名义借贷，并将还债义务施加于国家。只要具有这两个特权，在一个国家，不管一个人是如何掌权的，只要大权在握，他不仅可以靠出卖国家资源来换取钱财，也可以用出口自然资源所得的收入以及以出售未来资源为抵押借来的资金，来购买自己所需要的武装和士兵，从而可以维护自己的统治，甚至在受到人民广泛反对的情况下，还能继续维护统治。因此，国际资源特权就向内部人士提供了用暴力来夺取政权和行使政权的有力动机，因此就会频繁地导致政变和内战。这项特权也向外来人士提供了腐化该国官员的有力动机。尼日利亚是这方面的典型例子。尼日利亚每日出口大约200万桶原油，带来了大约100亿～400亿美元的年收入，在国内生产总值中占据了很大比重。无论是谁，只要成功地控制这个收入渠道，就供得起足够的武器和士兵，使自己稳坐权力的舞台。而只要成功地这样做，新的资金就会源源不断地滚入其腰包，这些资金又可以加强其统治。在这样一种强有力的刺激下，毫不奇怪的是，在过去28年的绝大部分时间里，尼日利亚一直是由军事强人来统治的，他们靠武力夺权，用武力实施统治。更令人匪夷所思的是，大多数发达国家不仅合法地授权其公司贿赂国外官员，甚至还允许它们从税收中扣除贿赂费用，因此就对贿赂贫困国家的政客和官员提供了金融刺激和道义支持。只是到了1999年，发达国家才最终同意采纳经济合作和发展组织制定的一项协议，即《反对国际贸易交易中贿赂国外政府官员的协议》，用这项协议来抑制其公司贿赂国外官员。[①] 然而，事实表明，在抑制跨国公司的贿赂方面，这项新协议仍然没有取得多大成效。富裕国家的银行继续帮助贫困国家腐败的统治者和官员将他们从贿赂和挪用中得到的资金转移到海外，在海外进行投资。由于这种非法转账，每年有5000亿美元资金从不发达国家流失到富裕国家。[②] 即便这项新协议是有效的，但由于很多欠发达国家在其形成时期已经广泛地受到了贿赂影响，在这些国家中清除目前已经根深蒂固的腐败文化也很不容易。

假如以上论证是可靠的，那就表明当前的全球秩序确实对全球贫困者造成了严重伤害。在当今世界，一个国家的命运并不完全是由自身来决定的，也受到了各种跨国机构和跨政府组织的塑造。在目前的全球政治经济秩序中，发达国家在很多方面都占据支配地位，在经济全球化进程中用各种方式来维护和发展自己的国家利益，在政治上和经济上将贫困国家置于不

---

① 这项协议在1999年2月开始生效，自那时起已经得到广泛批准，参见 www.oecd.org/home。

② Raymond Baker, *Capitalism's Achilles Heel* (New York: John Wiley and Sons, 2005).

利地位。[①] 如果我们认为，当一个人或一个国家应有的权益被挫败时，这个人或这个国家就受到了伤害，那么全球贫困者在这个意义上就受到了伤害。然而，即便这一点得到承认并被看作一个正义问题，对全球正义的合理构想仍然需要解决两个关键问题。第一，在什么意义上全球贫困者被认为具有他们应当享有的权益？第二，即使全球贫困是全球性的制度因素造成的，因此在这个意义上确实有一个全球正义问题，但是，在全球层面上实行某种平等主义分配正义仍然是一个有争议的问题。这个问题之所以有争议，本质上是因为它关系到如何理解平等主义的本质和分配正义的场域(sites)，正如我们在后面几章中将会看到的。

如何回答第一个问题显然会影响我们对全球正义及其可能性或可行性的设想。如果某个行动者(个人、机构或社会)A 没有权利或正当理由拥有某个东西，那么 A 在那个东西上的丧失就说不上是对 A 的伤害。如果 A 有权利或正当理由拥有某个东西，而 B 以某种方式剥夺了 A 对那个东西的拥有，或者削弱了 A 拥有那个东西的途径，那么 B 至少就必须对 A 做出某种补偿。有人或许由此认为，即使某些人在目前的全球秩序下处于极度贫困状况，但是，要是他们本来就没有权利或任何正当理由要求得到好一点的待遇，似乎也不能说目前的全球秩序对他们造成了伤害。在一个社会或者一个合作性的制度体制中，“一个人应该得到什么”是一个极为复杂的问题。不管我们如何具体地设想平等的要求，如果平等尊重的要求甚至在国内也不意味着人们在所有相关的方面都应当得到平等对待，那么就有理由怀疑在全球层面上实行平等主义分配正义的合理性或可行性。当然，这样说并不意味着在全球层面上并不存在正义问题。如果每个人仅仅因为是人就应当充分地享有人权，那么，只要贫困是对人们应当享有的基本人权的剥夺，参与施加目前的全球秩序的国家、机构和人员就有一个**消极的**责任对剥夺全球贫困者的人权负责。他们有责任改进目前的全球秩序或者重新设计全球秩序，以便让全球贫困者的基本人权能够得到有效保障。如果全球贫困

---

① 某些其他作者也提出了类似主张，例如，参见：Charles Beitz, *Political Theory and International Relations* (Princeton: Princeton University Press, 2nd, 1999); George DeMartino, *Global Economy, Global Justice: Theoretical Objections and Policy Alternatives to Neoliberalism* (London: Routledge, 2000)。

是由制度因素造成的，那么它就不是个人慈善问题，实际上也不是仅凭个人慈善就能**在根本上**解决的问题。如果每个人的基本人权都必须通过制度来落实，那么全球贫困就可以是一个正义问题，即使我们目前仍然不很清楚如何恰当地设想这项正义的要求。

不过，如果全球贫困确实是由不公正的全球秩序造成的（不管是在多大程度上造成的），那么参与制定和支持当前全球秩序的国家或社会对全球贫困者的责任，就不只是人道主义援助的责任，而是正义的责任。既然全球贫困的根源并非与它们无关，它们与全球贫困者的关系就不是局外人与局内人的关系。按照博格的说法，在当前全球秩序的制定者和维护者与全球贫困者之间，至少存在着三个道德上重要的联系。① 第一，在社会和经济发展的起点上，贫困国家与发达国家的差距是由同一个历史过程产生的，这个过程渗透着很多难以原谅的过失。历史上的不正义，包括种族灭绝、殖民统治和奴隶制，既造就了贫国的贫困，也造就了富国的富裕。第二，贫国和富国都依赖于地球上的自然资源，但贫困国家本来应该从中享有的权益，不仅在很大程度上受到了剥夺，而且也没有得到适当的补偿。富裕国家和发展中国家的精英们按照某些协议分割了这些资源，却没有为多数人留下"足够多同样好的"资源。第三，贫国和富国都共同生活在一个单一的全球经济秩序下，这个秩序不仅仍在延续，也让全球经济不平等变得更加恶化。因此，在博格看来，当今世界上的贫富差距和严重的经济不平等，是由本来就不平等的历史发展和目前仍然不公正的全球秩序造成的。从这种不平等中获得极大好处的国家因此就不能推卸责任：它们对全球贫困者所负有的责任不只是慈善的责任，甚至也不只是人道主义援助的责任，因为说 A 在某件事情上对 B 仁慈，实际上就是说，即使 B 的困境并不是 A 所造成的，A 也仍然出于同情或仁慈而帮助 B。而当 A 以某种方式对 B 造成伤害时，例如，当 A 通过采取某种不正当的手段剥夺了 B 应当享有的权益时，他们之间的关系就已经涉及正义问题。当然，这个说法取决于如下预设：人人都有权享有地球上的资源，或者有权享有通过自己的劳动从这种资源中获得的成果。这个预设需要在理论上得到说明或辩护。不过，在阐明它之前，我们首先需要考虑一个问题，即：如果缓解或消除全球贫困是正义的要求，那么这项任务

① 参见 Pogge (2002), pp. 15-20。

如何才能得到恰当实现？理论家们已经对如何实现全球正义提出了很多初步设想，在这里，我们将简要考察博格提出的一些基本想法，以便为随后的讨论提供一个必要背景。

前面已经指出，在全球范围内，严重的贫困和经济不平等主要是由两个因素造成的：一方面是历史上积累下来的不平等，包括经济不平等和政治力量不平等；另一方面是目前不公正的全球秩序。这两个因素其实是彼此联系的：历史上的不平等造就了目前不公正的全球秩序，目前不公正的全球秩序又加剧或强化了历史上的不平等。在社会正义理论中，如果A已经用某种方式损害了B的合法权益，或者错误地对待B，例如侵犯了B的权利，那么A就有义务对B提供某种补偿。因此，从历史维度来看，既然富裕国家在历史上采取的不正义行为危害了贫困国家的合法权益，他们就必须以某种方式补偿全球贫困者。当然，发达国家确实对贫困国家提供了一些经济援助，但这是不够的，不仅因为它们往往是在人道主义援助的旗号下实施这种援助，因此推卸了它们应当承担的正义责任，而且因为这种援助往往是出于政治考虑而采取的，因此就进一步强化了目前不公正的世界秩序。例如，按照联合国采购司2000年的报告，在经济合作和发展组织520亿美元（仅占这些国家国民生产总值总和的0.24%）的对外援助基金中，仅有21%给予了最不发达的43个国家，其中仅有8.3%用于满足基本需求，也就是说，在最贫困的四分之一人口中，每人每天仅仅得到0.8美分的援助。因此，切实有效并符合正义的做法是改革目前的全球秩序，因为这个秩序不仅仍然在加重全球经济不平等，也严重地影响贫困国家的国内制度的质量，从而就加剧了国内贫困状况和经济不平等。因此，富裕国家不仅有积极的责任向贫困国家提供经济援助，它们也必须立即停止施加不公正的全球秩序，以便缓解它们对全球贫困者造成的伤害。既然严重的不平等主要是由目前的全球秩序引起的，它们就不能被简单地归于遗传缺陷或自然灾难之类的因素。事实表明，在目前的全球秩序下，严重的不平等仍然在持续。假若这种不平等是道德上不可接受的，那么我们就需要改革目前的全球秩序。博格对如何改革目前的全球秩序提出了很多建议，其中一个建议就是所谓的“全球资源红利"①,其核心思想是:任何国家或政府在决定使用或出售资源时,必须从这些资源的价值中缴纳部分税收,这些税收可以由资源消费者来承担,不一定要由政府或普通公民来承担。这样就可以在资源利用方面建立一种全球税收体制,由此得到的资金可以优先用来缓解全球贫困,以保证每个人的基本需求都能得到满足。按照博格的估计,只要收取1%的资源使用税,每年就可以有约3000亿美元的收入,这笔资金可以用来有效地缓解当前的全球贫困状况。

当然,既然严重的贫困和经济不平等主要是由全球秩序中的某些制度因素引起的,缓解或消除全球贫困的最有效的措施就是改革相关制度,让目前的全球秩序不再成为全球贫困者的沉重负担。这种改革意味着,为了让国际贸易、贷款和投资、知识产权等制度对全球贫困者变得更加公平,富裕国家就需要承担一些机会成本。它们也需要为补偿自己所造成的伤害付出一些"代价",例如,帮助贫困国家建立基本健康设施和疫苗接种计划,发展基础教育,设立安全饮用水设施和污水处理系统,确立基本住房保障制度,建设发电厂和输电网以及基本的交通设施。制度上的改革不仅对于缓解和消除全球贫困更具持续性,而且也更切实可行。我们可以提出三个理由来说明这一点。首先,为了实施这种改革,富裕国家需要付出的成本实际上很小。例如,在这种改革下,富裕国家每个家庭的生活标准每年会降低900美元,但是数亿贫困家庭的生活标准每年就会提高300美元。相比较而论,如果采取慈善捐款的方式来缓解全球贫困,那么,同样数量的捐款每年将会使富裕国家每个家庭的生活标准降低900美元,却只能使三个贫困家庭的生活标准每年提高300美元。因此,关心缓解贫困的人们会更愿意支持制度改革而不是维持捐款。其次,为了让这种改革能够得到富裕国家公民和政府的支持,就必须用一种可靠的和透明的方式在他们当中公平地分配成本,向他们保证其竞争地位不会由于其他公民或政府的不配合而受到侵蚀。因此,这种制度改革本身是促进富裕国家人民的民主参与意识和国内社会正义的一种重要方式。最后,这种改革一旦付诸实施,就不再需要通过痛苦的个人决策年复一年地重复,因此就可以减轻人们在进行慈善捐助时必须承

① Thomas Pogge, "Eradicating Systematic Poverty: Brief for a Global Resources Dividend", in Pogge (2002), pp. 196-215.

受的心理负担。

除了这些建议外，一些理论家也提出了其他建议，例如在全球范围内实施机会平等原则，让每一个人都有平等的机会获得与生活标准相称的职位，或者在全球范围内实施资源的再分配，优先考虑改善贫困者的生活状况。[①]我们将在本书有关章节进一步讨论这些提议。

三、世界主义及其所面临的挑战

按照博格等全球正义理论家的论证，世界范围内的严重不平等和贫困主要是由目前的全球秩序造成的，因此，参与施加这个秩序的国家不仅有义务补偿全球贫困者，也有责任停止施加这个秩序，致力于寻求和建立一种对全球贫困者更加公正的世界秩序。不过，这个结论主要是根据经验研究做出的，而为了在道德上对全球正义提出一个理论辩护，我们还需要处理一个重要问题以及相关争论。这个问题就是，我们有什么理由相信全球正义？或者说，全球正义的道德基础究竟是什么？如前所述，全球正义乃是立足于世界主义的道德观念：每个人，不论属于什么国家或民族，具有什么具体身份，持有什么信仰，在道德上都应当得到平等尊重，值得平等对待，特别是应当享有人的尊严的基本条件。"世界主义"(cosmopolitanism)这个概念源自古希腊语"kosmopolites"，其字面含义是"世界公民"。世界主义观念早在希腊化时期就已经出现，并在斯多亚学派和伊壁鸠鲁学派那里得到了明确阐述。[②]"世界公民"这个说法在其原始意义上指的是这样一些人：他们相信

---

① 例如，参见：Simon Caney, *Justice Beyond Borders: A Global Political Theory* (Oxford: Oxford University Press, 2005); Darrel Morgenthau, *Cosmopolitan Justice* (Boulder CO: Westview Press, 2002)。

② 参见：Eric Brown, "Hellenistic Cosmopolitanism", in Mary Louise Gill and Pierre Pellegrin (eds.), *A Companion to Ancient Philosophy* (Oxford: Blackwell, 2006), pp. 549-560; A. A. Long (2008), "The Concept of the Cosmopolitan in Greek & Roman Thought", *Dædalus* 137: 50-58; Thomas L. Pangle (1998), "Socratic Cosmopolitanism: Cicero's Critique and Transformation of the Stoic Ideal", *Canadian Journal of Political Science* 2: 235-262; Malcolm Schofield, *The Stoic Idea of the City* (Chicago: University of Chicago Press, 1999)。

并追求一种生活方式，这种生活方式显示了对异域文化（其他城邦或国家的风尚、习惯、语言、社会习俗等）的了解并将异域文化纳入自己生活的能力。这个含义接近于现在所说的“文化的世界主义”。在当代，当世界主义被当作一个**规范的**观念来使用时，它被认为包含了如下四个基本承诺：①

> 第一，**规范个体主义**（normative individualism）：道德关怀的终极单元是个人，而不是家族、部落、种族、文化群体、宗教群体、民族或国家（这些东西只可以成为道德关怀的间接对象）。因此，在按照世界主义的道德标准来规定和评价各种制度和行为时，只需考虑与个人命运和遭遇有关的信息。
>
> 第二，**不偏不倚**（impartiality）：在处理这种信息时，世界主义的道德标准要对等考虑所要包含的每一个人：无论是谁，只要被包含进来，其命运或遭遇都要用同样的方式来评价。
>
> 第三，**完备性**（all-inclusiveness）：每个人都算作道德关怀的终极单元，因此，在做出评价和规定时，世界主义的道德标准要把每个人都考虑在内。
>
> 第四，**一般性**（generality）：每个人的这种特殊地位都具有全局分量。既然个人就是道德关怀的终极单元，世界主义的道德标准提出的评价和规定对所有个体行动者和集体行动者都具有权威。

这四个承诺实际上表达了一种将人类个体作为道德关怀的终极对象的道德普遍主义。在这种理解下，世界主义不仅排除了那种认为某些人没有道德价值或者不值得尊重的观点，也拒斥了那种按照种族、民族或国籍将人分为三六九等的做法。因此，它不仅表达了对人的平等尊重和平等关怀的理想，也把实现这个理想看作最高的道德义务。然而，正是因为这些承诺，同时也因为世界主义的倡导者所持有的一些其他立场，世界主义据说面临三个主要挑战。第一个挑战是相对主义挑战。相对主义者认为，任何道德标准都只有相对于特定的社会才有效，并不存在对全人类普遍适用的道德

---

① Thomas Pogge, “Cosmopolitanism”, in Robert E. Goodin, Philip Pettit and Thomas Pogge (eds.), *A Companion to Contemporary Political Philosophy* (Oxford: Blackwell, 2007), pp. 312-331, especially p. 316.

标准。第二个挑战所说的是，既然世界主义承诺了道德普遍主义，它就不能承认人们由于共同的公民身份或民族认同而彼此负有的特殊义务，例如，世界主义会否认同胞的利益应当得到优先考虑。第三个挑战所说的是，正义取决于人们由于享有共同的历史、生活在同一个地域而相互体验到的情感，因此，只有在一个国家内部才有正义可言，并不存在所谓的“全球正义”。[①]后面两个挑战可以被分别称为“爱国主义挑战”和“民族主义挑战”。这三个挑战旨在表明，世界主义和全球正义的观念是虚幻的和不连贯的。第一个挑战与如何设想和辩护人权具有本质联系，因此将在本书第二章加以讨论。不过，为了为随后的议程设定一个背景或框架，目前我们可以简要地考察一下后两个挑战。

为了初步理解为什么世界主义会面临这些挑战，首先需要注意的是，世界主义并不是一个单一的学说，而是具有一些不同的变种，或者说采取了一些不同的形态。大致说来，有三种不同的世界主义：按照道德或正义的要求来设想的世界主义，按照法律或制度的要求来设想的世界主义，以及按照文化的要求来设想的世界主义。[②] 第一种形式的世界主义（有时也被称为“道德意义上的世界主义”）的核心观念就是上面提到的那个主张，即：每个人的利益在道德上都应得到平等的关怀和考虑。第二种形式的世界主义（有时也被称为“制度意义上的世界主义”或者“法律世界主义”）倡导某种全球性的制度秩序，认为全人类应该构成一个将所有人包括在内（或者至少对所有人都开放）的世界国家。这种世界主义不仅否认个别的文化传统在个人生

---

① 例如，参见：Will Kymlicka, *Liberalism, Community and Culture* (Oxford: Oxford University Press, 1989); Yael Tamir, *Liberal Nationalism* (Princeton: Princeton University Press, 1992); David Miller, *On Nationality* (Oxford: Oxford University Press, 1995); David Miller, *Citizenship and National Identity* (Cambridge: Polity Press, 2000)。

② 关于道德意义上的世界主义与法律/制度意义的世界主义的区分，参见：Thomas Pogge, “Cosmopolitanism and Sovereignty”, in Pogge (2002), pp. 168-195; Charles Beitz (1999), “International Liberalism and Distributive Justice: A Survey of Recent Thought”, *World Politics* 51: 269-296；关于正义意义上的世界主义与文化意义上的世界主义的区分，见 Samuel Scheffler, “Conceptions of Cosmopolitanism”, in Scheffler, *Boundaries and Allegiance: Problems of Justice and Responsibility in Liberal Thought* (Oxford: Oxford University Press, 2001), pp. 111-130。对这三种世界主义的系统介绍，见 Angela Taraborrelli, *Contemporary Cosmopolitanism* (London: Bloomsbury, 2015)。

活和社会生活中的重要性，也强调全球治理要求一个世界政府或世界国家。如果我们将“民族”理解为一种为政治意义上的国家奠定基础并使之变得必要的“历史共同体”[①]，因此强调对共同的民族身份的忠诚以及相应的文化传统的重要性，那么我们就不难明白，制度意义上的世界主义为什么会与民族主义相冲突，或者至少会与后者产生某种张力。全球正义的实现或许需要一种全球层面上的治理，例如全球政治-经济秩序的适当安排，以保证每个人的基本需求都能得到满足，但是，这种治理未必要求一个世界政府或世界国家。例如，通过将有关责任下放到某些国际机构和国际组织，也可以实现某种形式的全球治理；就责任的落实而论，联合国也可以担当协调和监督的职能，而联合国并不是一种世界政府。此外，即使全球正义要求在全球层面上实施资源和财富的再分配，这种分配也未必就要用一种与主权国家类似的权力来落实。[②] 后面我们会表明，人们在特殊的历史和社会条件下形成和具有的特殊关系和承诺，不仅在他们对生活的意义和价值的设想中具有根本的重要性，而且在分配正义中也具有特殊的重要性。假若我们采纳了本书即将论证的**政治性**的正义观，那么我们就有理由拒斥制度意义上的世界主义。

按照正义来设想的世界主义同样承诺了道德普遍主义和规范个体主义的观念，因而认为人们的生活前景不应受到国界或民族之类的“偶然”因素的影响。这种观点强调对全球秩序的评价和规定应该立足于对所有人利益的平等考虑，或者用塞缪尔·谢弗勒的话说，“关于正义的世界主义所要反对的是任何这样的观点：正义的规范主要适用于由全球人口的某个子集构成的有界群体”，例如“分享某个共同的历史、文化、语言或种族”的群体。关于文化的世界主义所要反对的是任何这样的提议：“个人的福祉，或者他们的身份，又或者他们拥有有效的人类能动性的能力，依赖于他们在特定文化

① 参见 Michael Walzer (1980), “The Moral Standing of States”, *Philosophy and Public Affairs* 3: 209-229。

② 全球正义的倡导者已经提出了一些分配全球资源或财富的方案，例如对开采自然资源的国家征税或者按照碳排放量对国家征税，由此得到的基金可以用来缓解全球贫困或降低国际层面上的不平等。这种实施全球正义的方案显然并不要求一个世界政府或国家。关于这种提议，参见 Thomas Pogge (1994), “An Egalitarian Law of Peoples”, *Philosophy and Public Affairs* 3: 195-224。

群体中的成员身份。"[①]换句话说,关于文化的世界主义否认文化方面的成员身份的重要性。不过,我们其实并不清楚这种世界主义与关于正义的世界主义究竟有什么关系,因为后者所要关注的是全球正义的本质,特别是全球正义是否要求某种平等主义分配正义。此外,尽管关于正义的世界主义认为国界或民族身份之类的因素是道德上"任意的"或"偶然的",因此在全球(分配)正义中不应当加以考虑,但是,对于文化方面的成员身份的重要性或价值,它可以不进行表态。由此来看,关于正义的世界主义主要是与如下主张相对立:人们由于享有共同的文化或传统、属于某个特定的民族共同体而彼此负有特殊的义务。假若我们承认这种义务的存在,那么我们就需要看看,这种义务及其重要性是否可以在关于道德或正义的世界主义的框架内得到说明或容纳,抑或它们之间必然存在某种张力。总的来说,假若我们承认全球正义的思想基础就是这种形式的世界主义,我们就可以消除民族主义与其他形式的世界主义之间的张力或冲突,将关注焦点放到民族主义与关于道德或正义的世界主义的关系上。

道德普遍主义和规范个体主义构成了关于正义的世界主义的核心基础。因此,为了说明这种世界主义是否能够容纳或协调爱国主义挑战和民族主义挑战,我们首先就需要阐明这两个论点的本质和根据。对于全球正义的本质和目的,全球正义的倡导者仍然具有不同的设想,这实际上构成了全球正义领域中的一个内部争论。不过,他们都普遍同意,全球正义的一个核心目标是让每个人的基本人权都能得到有效保障。因此,假若我们必须为全球正义提供一个理论上的说明或辩护,而不只是满足于按照经验研究来展示全球贫困及其恶果,我们就需要首先探究三个问题:第一,如何设想基本人权的内容;第二,如何说明基本人权是每个人都应当享有的普遍权利;第三,如何合理地实现保障每个人的基本人权的目标。本书第二章将致力于探究前两个问题。我们将试图表明,人类个体是因为具有理性能动性而值得尊重,具有人特有的尊严。如果每个人原则上都有**潜力**发展充分的理性能动性,那么每个人都应当得到平等尊重,其正当利益在某些合理的限度内都应当得到平等考虑。因此,社会不仅不应当剥夺每个人所具有的这种潜力,而且应当提供必要的资源让这种潜力得到适当发展,还应当采取必

① Scheffler (2001), p. 112.

要手段来保护每个人对其理性能动性的行使。在我们对人权的理解中，我们将把人权设想为一种特殊的道德考虑，在这种考虑下，每个人的理性能动性都应当得到适当发展，每个人对理性能动性的行使都应当得到充分保护。在全球正义的情形中，我们可以将道德普遍主义理解为如下主张：每个人的基本人权都应当得到平等的尊重和保护。只要一个人是理性的，并认为自己的基本人权应当得到尊重和保护，他就不能合理地否认任何其他人的基本人权也是如此。当然，在理论上论证这个主张并非易事，但它似乎是直观上明显的，正如只要一个人承认自己的生命在某种意义上是有价值的，他就不能理性地否认其他人的生命在类似的意义上也是有价值的。因此，只要我们不想陷入一种实践意义上的唯我论，我们就必须承认关于基本人权的普遍主义。也就是说，只要我们接受了平等尊重和平等考虑的主张，我们就必须承认任何人的基本人权都应当得到平等的尊重和保护。

就全球正义而论，问题并非到此就结束了。按照目前的解释，全球正义的观念至少包含两个核心主张：第一，每个人的基本人权都应当得到尊重和保护；第二，从全球正义的观点来看，尊重和保护基本人权具有高度的优先性。这两个主张都会产生进一步的问题，激发进一步的争论。第一个主张表达了对平等主义的某种理解。然而，即使每个人在享有人类尊严的意义上都应当被处理为平等的，如何具体地理解平等也仍然是一个极具争议的问题。平等地享有一套法定的政治权利或许可以保证人们在政治地位上的平等，但这还是不够的，因为实质性的平等也要求考虑人们的社会-经济地位。在这个方面，就出现了按照什么标准或指标来衡量实质性平等的棘手问题。例如，社会是要人们在收入或财富上达到平等，还是在福祉水平上达到平等，抑或甚至在人们用来实现各种生活计划的能力方面达到平等？无论我们如何具体地设想平等，平等总是与正义具有本质联系，实际上可以被理解为正义的一个方面。例如，在实际的人类社会中，要求人们在物质财富上达到绝对平等不仅是不现实的，可能也是道德上不可取的，因为人们在物质财富上的成就不仅与社会的制度安排有关，也与人们的出身、才能和努力有关。因此，除非采取一种可能在道德上得不到接受的强制性方案来平均分配物质财富，否则就没有任何社会能够保证人们在物质财富上绝对平等，一个公正的社会可能也不需要保证人们拥有绝对平等的物质财富。

在全球正义的情形中，问题变得更加复杂。从以上论述中不难看出，全球正义至少包含了两方面的内容：一方面，既然某些富裕国家曾经在历史上奴役和剥夺其他国家，它们就因为自己在历史上所造就的不正义而有责任补偿全球贫困者；另一方面，既然它们继续施加和维护目前不公正的全球秩序并从中获益，它们就有责任改革目前的秩序，以便缓解或消除全球贫困。前一个方面涉及所谓的"补偿正义"：如果某个人或某个社会 A 以某种方式伤害了另一个人或另一个社会 B 的正当利益，那么 A 就有责任以某种方式补偿 B。假若一个国家确实是(至少在一定程度上)通过在历史上奴役和殖民其他国家、剥削和掠夺后者的资源而变得富裕，它对后者就有补偿的责任。这项责任并不只是人道主义责任，因为奴役和剥夺都是不公正的行为。不过，即使补偿的责任是明确无误的，我们也不太清楚要如何设想与后一个方面相联系的责任。例如，按照博格的说法，如果 A 参与设计和维护一个不公正的制度，那么，A 就要对这个制度对其他人或其他社会所造成的伤害负责，并承担纠正这个制度的责任。这项责任既是负面的也是正面的：之所以是负面的，是因为它涉及某种形式的补偿责任，即通过某种补偿来纠正历史不正义的责任；之所以是正面的，是因为它关系到积极地改革当前的制度，使之对各方都变得更加公平。不过，只要这项责任涉及一个正面的要素，它就会产生两个密切相关的问题：第一，即使人们有理由确立一个公正的秩序，这样一个秩序应该涵盖多大范围就是一个问题，例如，是限于某个特定的地域或民族国家，还是扩展到全人类？第二，即使目前的国际政治－经济秩序在某种意义上是不公正的，因此确实存在一个全球正义问题，但是，假若国际政治－经济秩序已经在某种意义上变得公正，是否还应该有一种全球性的平等主义分配正义？

正如我们即将看到的，正是这两个关键问题将强式的世界主义者与其批评者分离开来。[①] 后者无须否认一种普遍主义的道德关切，特别是"每个人的基本人权都应该得到实现"这一主张，但是，他们强调说，一旦与基本人权相对应的生活条件得到保证，各个国家或社会之间的不平等就不再是世界主义正义所要关注或应当关注的目标。之所以如此，不仅是因为我们需

① 戴维·米勒区分了强式世界主义与弱式世界主义，前者把不同国家人民之间的不平等看作正义的一项关切，后者只是要求尊重"人们为了过上最低限度的适当生活而普遍需要的条件"[Miller (2000), p. 174]。

要充分尊重某些合理的政治实践(例如,只要一个国家充分落实了其公民的基本人权,其国家主权以及在国内事务方面的自决权就应当得到尊重),只应该在此基础上逐渐实现正义的要求,更重要的是因为,在某些理论家看来,分配正义的观念与国家特有的政治文化具有内在联系。这两个主张都是本书要详细考察的,不过,在这里,为了大致了解强式的世界主义观念所受到的质疑,我们可以简要地介绍一下约翰·罗尔斯和戴维·米勒的相关见解。

罗尔斯提出了一个充分合理的国内社会正义理论。[①] 按照他的观点,分配正义无须要求在收入或财富上的平等,只要求在基本资源上的平等;只要人们具备了他所说的"社会基本善",只要社会制度严格履行背景正义的要求。人们的基本权利就可以得到有效保障,他们就可以理性地追求自己的生活计划,获得尊严的基本条件。罗尔斯提出了两个与正义有关的基本原则:基本自由原则和公平的机会平等原则——前者所说的是,每个公民都应该享有同等的基本自由;后者所说的是,社会职位应该向所有具有同样能力的人开放。罗尔斯也进一步认为,只有当不平等的分配能够最大限度地提高社会上处于最不利地位的人们的生活状况时,这种不平等才能得到辩护,这就是所谓的"差别原则"。然而,罗尔斯拒绝将其国内正义理论扩展到国际层面,实际上,他并不相信有全球正义这样的东西(他自己偏爱的说法是"国际正义")。罗尔斯提出了三个主要理由来支持其主张。首先,正义的概念仅仅适用于一个自足和封闭的社会,而且,在这样一个社会中,还要有某种形式的社会合作。其次,社会的基本结构是正义的首要主体,社会正义的使命是通过确立或调整社会的基本结构,以便落实一个社会自己所采纳的正义原则(在罗尔斯那里,他所设想的那两个正义原则)。最后,正义的实施要求一种强制性的社会制度,例如可以用法律手段来强制实行的制度。在罗尔斯看来,这三个要求在全球层面上都得不到满足,因此就不存在所谓"全球正义",而他所说的"国际正义"的根本目的就在于帮助贫困国家逐渐摆脱沉重负担,最终实现自我管理。

批评者论证说,罗尔斯就社会正义提出的这些条件在全球层面上大致

① John Rawls, *A Theory of Justice* (revised edition, Cambridge, MA: The Belknap Press of Harvard University Press, 1999).

都可以得到满足。首先，随着全球化进程，各个国家及其人民之间不论是在政治上、经济上和文化上都有了大规模的互动，而从全球的观点来看，全球化也产生了一个自足和封闭的全球社会。其次，在全球范围内，严重的经济不平等和贫困不仅体现了严重的不正义，也主要是由当前的全球秩序产生的，因此全球秩序实际上已经构成了罗尔斯在国内正义的情形中所说的"社会基本结构"，或者大致与之相当。然而，这个秩序是不公正的：它不能向不同社会的成员提供大致平等的机会，以便他们可以参与做出全球性的政治决定；它不能为具有同等天赋和动机的人提供大致平等的机会，以便他们可以获得自己想要追求的教育和职位；它在全球范围内产生了严重的社会-经济不平等，这种不平等不仅没有改善全球贫困者的状况，反而使之恶化。[①]既然当前的全球基本结构并不满足罗尔斯的两个正义原则，就需要对之进行改革。最后，当前的全球秩序在很多方面实际上已经是强制性的。世界贸易组织和许多双边协议所主导的知识产权的全球化被认为暗示了这一点。知识产权主要被富裕国家的公司所垄断，并在世界范围内得到有效保护。世贸组织成员国的公民被迫要求遵守国际知识产权制度，正如他们不得不遵守国内规则和制度。这种强制性因素不仅是全球知识产权制度的内在要素和明确规定，也是设计和维持这种制度的那些人的明确愿望。然而，这项制度的强制性实施对个人产生了重大影响。例如，禁止生产和销售同类药品的制度剥夺了大量贫困病人获得救命药物的机会。此外，即便每个国家内部的分配背景都能保证其公民的互动是自由和公平的，但是，由于不同国家在信息、谈判力量和控制力量方面不对等，它们之间的互动不仅不公平，而且充满了强制。如果当前的全球秩序确实就是导致全球范围内的严重不平等和贫困的背景，那么，按照罗尔斯对正义的理解，就没有理由不去调整或改革这个秩序，以便全球基本结构能够满足他所设想的正义原则的要求。

无须否认，确实有一些全球性的制度因素导致了全球范围的不平等和极度贫困。但是，这些因素是否构成了严格意义上的分配正义所要求的制度条件，仍然是一个有待于探究的问题。退一步说，即使在全球层面上确实出现了分配正义问题，也需要认真考虑所要分配的究竟是什么。在这里，我

---

① 参见 Pogge (1994)。

们不妨简要地考察一下罗尔斯在相关问题上的态度。尽管罗尔斯拒斥了全球正义的主张,但他仍然提出了一些超越国界的伦理观点——实际上,罗尔斯之所以拒斥某些世界主义倡导者所设想的全球正义,主要是出于自己对分配正义的理解、对国际关系的规范设想以及对国家主权的强调。他在《正义论》中提出的正义理论是建立在一种康德式的道德人格概念的基础上。在这部著作中,除了系统地阐述其国内正义理论外,罗尔斯也对国际正义提出了一些看法。然而,他的这一做法后来受到某些社群主义理论家的批评:他们认为罗尔斯的正义观本质上是自由主义的,因此很难得到跨文化的接受,而且,一旦罗尔斯将其国内正义理论推广到国际层面,他就犯了文化霸权主义的错误。① 罗尔斯在一定程度上接受了这种批评,在后来出版的《政治自由主义》中,他尝试修改自己原来提出的一些观点。简单地说,罗尔斯认为,即使一个自由主义社会同时也是一个充满了多元价值的社会,但这样一个社会的公民仍然可以在所谓"交叠共识"的基础上认同他对社会正义的基本设想。与此相比,在国际层面上,不同的国家或社会持有极为不同的价值观,因此它们就不太可能认同一种承诺了自由主义观念的正义理论。罗尔斯由此认为,一个国家有权选择和设计自己的社会制度,有能力的国家对全球贫困者所要承担的主要责任是人道主义援助的责任。在本书第八章中,我将试图表明,罗尔斯有充分的理由认为,全球正义(或者他所说的"国际正义")的根本目标在于让每个人的基本人权都能得到有效保障,他所设想的"援助的责任"旨在帮助贫困国家(或者负担沉重的国家)通过制度改革来实现这个目的。罗尔斯实际上并不否认,在国际层面上确实存在前面所说的补偿正义或纠正正义。他之所以反对全球分配正义的主张,根本上说,是因为他并不接受如下说法:各个国家在其中发生往来的全球背景制度,实际上已经构成一种与国内社会基本结构相似的东西,而在罗尔斯看来,后者是严格意义上的分配正义的条件和背景。

现在让我转到对强式世界主义的第二个主要质疑。具有社群主义倾向的理论家认为,一个人属于哪个国家、具有什么文化传统,在一个人的生活中具有至关重要的意义,因此,国家忠诚和文化依恋具有重要的伦理和政治

① 例如,参见 Michael Sandel, *Liberalism and the Limits of Justice* (Cambridge: Cambridge University Press, 2nd, 1999)。

含义。[①] 戴维·米勒指出：

> 国家是一种伦理共同体……我们对自己同胞负有的责任不仅不同于我们对一般人负有的责任，在范围上也比后者要广泛得多。……[因此]对伦理学的一种恰当说明就应该尊重国界，尤其是，假如[一个国家]在制度体制上的设计完全是为了让其公民得到好处，这种做法原则上就没有什么问题。……[此外]在一片特定领土上形成一个民族共同体的人民有权要求政治自决；一种制度结构也应该被确立起来，以便他们可以按照这种结构来集体地决定他们自己的共同体主要关心的问题。[②]

对于米勒来说，不管国家是如何形成的，它都是一种由某些共同的信念和承诺构成的伦理共同体，在历史上延续下来并与特定领土相联系，通过其独特的公共文化而与其他共同体区别开来。如果国家确实具有这些特征，那么生活在同一个国家的人们就会由于他们所分享的信念和承诺、历史和文化而具有一种特殊联系，因此也会形成各种特殊的义务或责任，宛如家人之间的责任不同于他们对其他人的责任。如果国家在某种意义或某种程度上就类似于家庭，那么，按照这些理论家的说法，即使一个人被认为对其他国家的成员负有某些责任，他对自己同胞的责任在某种意义上也要优先于那种责任。此外，一个国家也有权自行决定自己的内部事务，例如如何分配和利用国内资源。

当然，这两个主张本身并不足以构成对全球正义的挑战。全球正义的观念不仅承诺了一种道德普遍主义，也要求从一个不偏不倚的观点来评价人们的命运或遭遇。直观上说，道德的观点确实是一种不偏不倚的观点，或者至少包含对这样一个观点的承诺。假设有两个人同时申请同一个职位，其中一个人在该职位所要求的能力和才能上都远远不如另一个人，却因为与人力资源部主任具有特殊关系而得到了这个职位。在这种情况下，我们就会认为事情有点不对。道德似乎要求人们在行动和选择上采取一种不偏

---

① 例如，参见：Miller (1995)；Miller (2000)；Michael Walzer, *Spheres of Justice：A Defense of Pluralism and Equality* (New York：Basic Books, 1983)。

② Miller (2000), p. 27.

不倚的立场。不过，我们同时也承认，人们会因为进入了某些特殊关系而负有某些特殊义务，例如，父母对自己孩子的义务显然不同于他们在某些情况下对别人家孩子的责任。道德往往被认为表达了用来约束人们行为的一般规范，因此，按照某种理解，当特殊责任与道德义务发生冲突时，前者就必须让位于后者。例如，医生不应该为了挽救一个同胞的生命而将某个外国人活活杀死，以便利用其器官来救活前者。米勒自己承认，即使人们因为属于同一个国家而对同胞负有特殊责任，这种责任的落实也不应该涉及不正义的行为。① 但是，他强调说，假若我们对自己同胞所具有的那种偏倚态度并不违背正义，这种态度就不仅是道德上可允许的，也是值得赞扬的，因为同胞情谊能够促进社会团结，从而有利于国家的发展和繁荣。罗尔斯在其整个正义学说中对"互惠性"（reciprocity）的强调似乎也暗示了类似的主张——互惠性实际上可以被理解为其正义观的一个核心观念。

然而，当我们把注意力集中到全球正义的情形时，问题就会变得更加复杂。即使全球正义的目标只是让每个人的基本人权得到有效落实，但对基本人权的尊重涉及两个方面的责任：消极责任和积极责任。消极责任指的是不要通过自己的行动来剥夺其他人的基本人权，或者妨碍其他人对其基本人权的行使。积极责任可以被进一步划分为三项责任：第一，让我们有责任保护的那些人的基本人权得到保证，例如援助受到自然灾害影响的同胞；第二，阻止第三方侵犯其他人的基本人权，例如对种族清洗行为实施干预；第三，当某一方未能履行自己保护某些人的基本人权的责任时，保证后者的基本人权得到落实，例如，当一个国家的政府无法切实履行保护其公民基本人权的责任时，保证后者的基本人权得到落实。如前所述，我们有理由认为，人权主要是要通过制度性手段来落实。米勒并不否认一个国家的政府有义务落实其公民的基本人权，他也认为一个国家的公民有义务保护和尊重其他公民的基本人权。他所要反对的是将国内平等主义分配正义推广到全球层面，因此就对上述第三项积极责任持有一种怀疑态度。② 如果全球

---

① David Miller (2005), "Reasonably Partiality towards Compatriots", *Ethical Theory and Moral Practice* 1-2: 63-81, especially p. 66.

② 参见 David Miller (2005), "Against Global Egalitarianism", *The Journal of Ethics* 1-2: 55-79。

正义并不要求在全球层面实现人们在福祉或能力上的平等，甚至也不要求实行一种公平的机会平等，而只要求实现对每个人的基本人权的尊重，那么米勒的观点与他所说的"弱式世界主义"并不矛盾。不过，对于世界主义承诺与民族主义的关系，他持有一种更为复杂的理解。例如，在他看来，当某些人的基本人权受到威胁时，即使某些国家或人民具有可以用来保护那些人的基本人权的资源，他们的责任也至多是一种人道主义责任，这种责任的道德力量介于正义的责任和慈善的责任之间——"人道主义责任是这样的责任：不履行这样一项责任当然是错的，但是，也不能用履行正义责任的方式来要求履行这种责任。"因此，在他看来，"只要国家为了在公民当中实施一种社会正义体制（其中涉及教育和福利保障等）而需要利用资源，这项责任就应该优先于[上述第三项积极责任]"①。当然，我们仍然需要看看，米勒对特殊义务和特殊承诺的强调是否可以从世界主义立场得到说明或辩护。

在这里，我们之所以特别提到罗尔斯和米勒，是因为两人的立场很接近。罗尔斯认为贫困主要在于国内原因，米勒则按照自己对民族国家的分析论证说，一个国家不仅有权自行决定国内事务，也有责任承担它在过去和现在所采取的一切行动的后果，正如他所说："人是能够进行选择的行动者，必须对自己的生活负责。……人们[不仅]应该有权享受成功的结果，也必须承担失败的负担。"②然而，在提出这样一个主张时，米勒似乎未能充分正视一个重要事实：就像一个人的命运不可能完全由自己来决定一样，在当今世界，一个国家及其人民的命运也不可能完全由自己来决定。即使一个国家已经将实现国内正义看作一个要去争取的目标，但是，只要全球秩序必然会对其制度安排产生实质性影响，只要这个秩序本身是不公正的，在那个国家实现国内正义的可能性就会被削弱。如果博格提到的国际资源特权和国际借贷特权仍然在世界秩序中发挥作用，如果某些特权阶层总是能够利用这些特权来为自己牟取私利，那么就没有理由相信任何国家都能发展出充分健全的民主和法制来保障基本人权。必须承认，全球性的制度确实可以

---

① David Miller (2005), "Reasonably Partiality towards Compatriots", pp. 76-77.

② David Miller, *National Responsibility and Global Justice* (Oxford: Oxford University Press, 2007), p. 6.

对国内正义产生重大影响，而这显然是全球正义的倡导者的一个核心关注。即使国家就像米勒所说的那样是一种具有历史连续性的实体，但是，如果它目前遭受的沉重负担本身就是由它在历史上不能完全负责的因素造成的，那么要求它完全对其自身目前的状况负责显然也是不合理的。还有一点也很明显：在一个缺乏健全的民主和法制的国家，普通大众并没有能力支配政府对资源的利用和分配。这样一来，如果前任政府因为极度腐败，不仅让国家经济完全崩溃，还在国际上欠下巨债，那么将这种负担转嫁到人民头上就不仅是不合理的，也是道德上不可接受的。米勒正确地强调国家要对实现国内社会正义承担责任，但是他似乎忽视了一个重要事实：在当今世界，国内社会正义的实现也依赖于作为背景条件而出现的全球秩序。若不首先让全球秩序变得公正，这个世界就仍然会有严重的贫困、暴力冲突和流血战争。

全球正义要求我们跨越国界，让每个人的基本人权都能适当地得到保障。米勒认为，落实国内正义的责任要优先于这项责任。一般来说，假如每个国家都致力于保证其公民的基本人权，假如目前的全球秩序已经是公正的，我们的世界就已经是一个更加美好的世界，全球正义也不会成为一项迫切任务。然而，我们所生活的世界并不是这个样子。正如我们即将看到的(参见本书第九章)，米勒确实有理由强调国内正义的优先性。但是，他未能充分正视国内社会正义的落实与全球性制度背景的关系。一个国家占有哪片领土是一个历史上偶然的事实，但在米勒看来，通过生活在那片领土上，对其资源进行开发、利用和加工，一个国家所占有的资源就获得了一种经过强化的价值，因此它就可以声称自己对领土资源的权利，正如一个人可以声称自己有权拥有他从原始资源的利用中获得的成果。在这里，我们无法详细讨论这个论证，指出两点就够了。第一，米勒的论证显然是立足于洛克对财产权的论述，不管洛克的理论是否可靠①，他至少认为，在占有生活必需的基本资源时，一个人也应该留下“足够多同样好”的东西给其他人。第二，人类生存确实重要地依赖于对地球资源的开发和利用，但是，不管是原始资源，还是经过加工而获得的资源，在各国之间的分布都是不均衡的。人们固

① 对于洛克的财产权理论的一个相关讨论，参见 Gopal Sreenivasan, *The Limits of Lockean Rights in Property* (New York: Oxford University Press, 1995)。

然可以通过资源转让和交换来满足基本需要，但是制约这种转让和交换的规则必须首先是公平的，全球性制度则构成了这种公平的一个背景。因此，全球正义所面临的一个核心问题就是：如何设想和保证国内社会正义的全球性制度背景？这是一个关键问题，因为它涉及我们对全球正义的本质和目的的理解。

四、问题与展望

到此为止，我已经试图表明全球正义在如下意义上应该具有一种优先性：要首先保证每个人的基本人权都能得到保障。为了缓解和最终根除全球贫困，全球正义就要求跨越国界、采取积极行动来消除道德上不可辩护的不平等和严重剥夺的根源。为此，就需要采纳前面所说的规范个体主义，将每个人看作道德关怀的终极单元。但是，正如我将尝试表明的，接受这个主张并不意味着我们必须破除国界、在全球范围实施一种平等主义分配正义。实际上，假若我们承认人类行动者能够具有理性能动性，不仅在适当条件下可以对自己的行为和选择负责，在特定的社会和历史条件下也能够形成自己对生活的价值和意义的看法，那么我们就有理由认为，一个单一的世界政府或世界国家不可能是满足世界主义道德理念的最合理的方式。我们必须承认，对正义的任何合理设想都必须考虑人类生活的**偶然性**，这是我所说的“政治性的正义观”的一个核心要素。当然，从人类需求的层次来看，只有在基本需求已经得到保证、基本尊严的本质条件已经得到落实之后，一个人才有可能通过自己理性地接受的文化而过上一个繁盛的人类生活。我在这里所要倡导的全球正义观并不需要否认文化在人类生活中的重要性。文化可以向人们提供有价值的生活观念，但是，文化本质上也是一种不断发生变化的东西——人们不仅可以反思自己的文化，抛弃其中妨碍人类发展和社会进步的要素，也可以吸收外来文化中的先进要素，以便丰富自己的文化生活，开阔自己的文化视野。生活在一个国家中的人们在情感上认同的是他们所生活的文化传统，后者在很大程度上将他们所属的共同体与其他共同体区别开来，构成了他们的身份或性格的一个部分。然而，对传统文化的情感依恋并不直接等于对国家的忠诚：生活在他乡异国的人们可以深深依恋其传统文化，生活在本国的人们也可以在继续发展其传统文化的同时，对现行制度安排感到不满或焦虑。人们可以因为享有共同的文化而产生一种情感认同，形成某种社会凝聚力，但是这些东西不可能被直接转化为对国家的忠诚，正如一个社会可以不同于一个国家在制度上的实际安排。实际上，只要反思一下就不难发现，当一个国家将某群人鉴定为公民时，它往往也会排除外来者，在移民政策方面施加种种限制；而在一个国家内部，尤其是在传统上具有等级制度的社会中，各个群体之间往往也是不平等的，占据优势地位的群体可以掠夺和压迫其他群体。[①] 不管是国际层面上的民族主义，还是国家层面上的群体主义，在不受制于某些道德约束的情况下，都会严重妨碍正义的实现。因此，假若我们承认特殊关系所产生的义务和承诺具有某种特殊的重要性，我们就需要设法说明或理解这种重要性。例如，我们需要看看它是否能够从一种不偏不倚的道德观点得到说明。因此，在某些限定条件下，特殊义务和承诺毕竟可以与一种世界主义立场相吻合；抑或这种重要性根本就不可能被任何不偏不倚的观点承认，因此，无论是世界主义立场还是民族主义立场，都需要重新加以审视，全球正义的理论根据也会受到质疑。在本书后续部分，我将试图表明：一方面，我们需要面对特殊义务和特殊承诺的直观吸引力，来认真审视什么样的世界主义理念和对全球正义的设想是切实可行的；另一方面，我们也需要按照我们对某种“共同的”人类道德的理解来限制道德上可接受的民族主义。在我看来，不论是世界主义还是民族主义，都只是**部分地**把握了我们对人类自身的存在状况的认识，因为我们确实并不具有某个单一的身份：一方面，作为人类个体，我们都享有某些共同特征，例如给予我们以尊严的理性能动性；另一方面，我们也不是作为抽象的人类个体而存在的。一个合理的政治道德应该承认这一点，一个合情合理的正义理论也应该承认这一点。

因此，即使我自己承认全球正义的观念是有意义的和重要的，但我并不同意某些世界主义者对全球正义的本质和目的的设想。大致说来，在本书

---

① 对这一点的进一步论述，参见：Benedict Anderson, *Imagined Community* (London: Verso, revised edition, 1991), chapter 3; J. Donald Moon, *Constructing Community: Moral Pluralism and Tragic Conflict* (Princeton: Princeton University Press, 1993)。

中,我将试图发展和捍卫如下基本论点:任何国家都应当把尊重基本人权作为国家行动的正当性的一个根本原则,并确保其公民的基本人权得到有效落实,全球正义的根本目的在于通过制度性手段来促进每一个主权国家对这个目标的实现,并维护或调整全球制度背景,以确保这个目标能够得到有利实现。唯有如此,我们才有望在充分尊重人性和人类条件的情况下实现永久的和平和繁荣,同时维护人类生活的多样性并对满足人权原则的主权国家予以充分尊重。汉娜·阿伦特曾经意味深长地指出:“尊重人的尊严意味着承认所有人都是主体,都是一个共同世界的共同建造者。”[①]将所有人都看作主体不仅意味着尊重他们由于享有基本人权而拥有的人类尊严,也意味着尊重他们在彼此尊重基本人权的前提下而拥有的更加丰富的个性或人格。作为这个意义上的人,我们有责任创造一个共同的世界,但是,那不应该是一个让人类生活变得单调乏味的世界,例如奥威尔在《动物农庄》中所描绘的世界。在我看来,罗尔斯的正义理论之所以值得维护和发展,就是因为他充分认识到了一个问题的根本重要性,即在多元主义条件下,正义是如何可能的并能保持稳定?就此而论,本书也旨在表明,政治哲学究竟在什么意义上应当被设想为“现实主义的乌托邦”。

---

① Hannah Arendt, *Origins of Totalitarianism* (New York: Harcourt Inc. 1973), p. 458.

第二章　人权的观念

正如前一章所指出的，全球正义的最重要的理论依据就是世界主义的道德观。因此，如果我们要在根本上审视全球正义的伦理基础并恰当地考察有关争论，那么我们就必须回到源头，例如，我们必须追问，人究竟是因为什么而被认为具有尊严并值得平等尊重？对于全球正义的诸多倡导者来说，之所以存在一个全球正义问题，本质是因为当前全球的政治－经济秩序是不公正的，导致了世界各地很多人的基本权利受到剥夺，或者至少尚未得到充分落实。换句话说，他们认为，每个人都应当被给予一系列基本权利，以保护每个人作为人而具有的那种特殊地位或资格。因此，他们也倾向于按照权利的观念来评价社会、政治与经济制度。他们对全球正义的探究也是如此，只不过在全球正义的语境中，关注的焦点放在了人权（或基本人权）的概念上。对于在历史上曾经受到殖民统治的国家来说，人权的观念已经成为它们寻求民族解放、摆脱殖民统治的思想工具。与此类似，很多全球正义理论家也在某种意义上将人权设想为支持全球正义主张的核心根据。因此，阐明人权的本质和来源对于恰当地评价全球正义就极为重要，不论我们是将全球正义设想为一种政治理论还是一场政治运动。在本章中，我将首先从思想史的角度简要考察一下对权利或人权概念的诉求究竟是如何出现的，然后简要阐明权利的本质。我这样做是出于一个双重考虑：一方面要揭示“权利话语”（rights talk）的直观吸引力，另一方面要初步表明权利概念的复杂性。这将为恰当地理解关于全球正义的争论提供一个基础和背景。

一、权利概念的历史演变

在人类思想史上，权利的概念是在相对晚近的时期才出现的。不过，与之相似的某些思想与法律和正义具有密切联系，后者则具有古老的思想根源。[①] 按照历史学家赫伯特·缪勒的说法，尽管古代人很少相信自由和正义是不可分离的，这两个概念之间却有一种真实联系。这个联系的要点在于，法律对于切实有效的自由来说是必要的，法律准则在规定义务和惩罚的同时，也将权利赋予某些人。[②]换句话说，尽管法律准则主要是将某些约束施加于某些人，但在这样做时，它们也使得某些人免于受到武断的约束。在世界上最古老的文明中，我们都可以发现对正义和平等的某些论述，从中不难看到两个重要思想：第一，法律作为调节人类行为的观念是人类的共同遗产；第二，甚至在人类社会发展的早期，正义的理想就已经得到确认。与法律和正义的观念相比，人具有权利的观念出现得更晚，而且不应该与当今所说的"人权"混为一谈，因为人权的概念蕴含了一个核心主张，即每个人都是平等的。有些人认为，从法律上说，人权的观念是从 1215 年英国的《大宪章》(*Magna Carta*)中发展出来的。然而，这部章程只是英国封建大领主为了保障部分公民权利和政治权利而迫使英国国王约翰签署的一部文件，其本身只是一项政治协议，所要保障的是拥有财产的自由人的某些权利(例如不受拘留和监禁的权利)，但否认其他人也有这样的权利。因此，《大宪章》中所包含的权利根本就不能被称为人权。假如存在人权的话，这种权利属于所有人和每一个人，不能被限制在某个或某些特权阶层。实际上，《大宪章》中还包含了与当前的人权观念不相一致的条目。同样，1689 年的《英国权利议案》也不是一部关于人权的法典，而是国会和国王之间达成的一项政治协议，目的在于扭转受到国王滥用的新教徒的权利。甚至帮助创立美国宪法的亚历山大·汉密尔顿也认为，若没有君主，就没有必要列举权利。[③]

人权被认为是任何主体作为人而享有的权利，这个观念的出现要求承认人类个体作为人而具有**平等的**价值和尊严。按照某种流行的说法，人是因为享有共同的人性而被赋予某些根本的和不可转让的权利。因此，假如

---

① 例如，参见 Richard A. Bauman, *Human Rights in Ancient Rome* (London: Routledge, 2000)。

② Herbert J. Muller, *Freedom in the Ancient World* (New York: Harper, 1961).

③ 参见 Samuel Moyn, *The Last Utopia: Human Rights in History* (Cambridge, MA: Harvard University Press, 2010), p. 25。

人权被理解为一种普遍权利,人权的概念就需要得到某种形而上学支持,即寻求某种共同的或普遍的东西来说明人权,不管这种东西是植根于人被认为具有的本性之中,还是存在于某种形而上学关系(例如人与上帝的关系,或者人与其他事物相比在世上所占据的地位)中。从人权观念的**历史**发展来看,这个观念或者类似的思想(例如自然权利的概念)确实在西方传统中有其根源。但这并不意味着它只能是(或者完全是)西方传统的产物,因为在非西方传统中,我们也可以发现某些思想资源来支持人权的观念或者其中所蕴含的某些主张。[①] 例如,儒家传统和印度佛教传统都包含了与大众教育、自我实现、尊重他人、普遍慈善有关的原则。[②] 在 3000 多年前的印度教经文中,就有了对善恶、智慧以及道德的必要性的论述,从中我们可以发现这样的观点:尽管人与人是不同的,但所有人的生命都是神圣的,值得爱,值得无区别地尊重。佛教倡导普遍的手足之情与平等共处;儒家哲学强调伦理生活的重要性,倡导通过履行自己的职责来造就一个和谐的世界;犹太教、基督教通过诉诸上帝的观念及其与人类的关系来强调共同的人性和平等。**如果**人权的观念与我们对人性和人的尊严的某种理解具有任何联系[③],那么我们就可以认为,在这些宗教传统中,至少已经出现了某些与当代的人权观念相宜的东西,而且,在其形而上学信念及其对个人尊严的理解之间,也有一种更加复杂而深刻的联系。当然,大多数宗教传统都倾向于按照一种整体论秩序来设想人类个体,不过,在某种意义上说,它们也关注个体生命的价值。

然而,我们不能由此认为,权利或甚至人权的概念已经明确出现在这些宗教传统中。实际上,就哲学传统而论,甚至柏拉图和亚里士多德也没有明

---

① 关于世界上主要的宗教传统对于人权观念的贡献,参见 Michael J. Perry, *Toward a Theory of Human Rights: Religion, Law, Courts* (Cambridge: Cambridge University Press, 2007), pp. 7-13。

② 参见:Stephen C. Angle, *Human Rights and Chinese Thought: A Cross-Cultural Inquiry* (Cambridge: Cambridge University Press, 2002); Jack Donnelly, *Universal Human Rightsin Theory and Practice* (Third edition, Ithaca: Cornell University Press, 2013), chapters 9-10。

③ 需要指出的是,即便二者存在联系,这种联系的本质实际上也不是很清楚。参见本章第五部分的讨论。

确地提及权利的概念。假若人权的概念能够有一个"前史",那么与它最接近的大概就是欧洲启蒙运动思想家所说的"自然权利"。自然权利的概念以及 18 世纪所谓的"人的权利"(rights of man)的说法,在哲学谱系上都可以追溯到中世纪的自然法学说①,后者在亚里士多德、斯多亚主义以及犹太-基督教神学中有其思想根源。②在《尼各马可伦理学》第二卷中,亚里士多德论证说,某些行动本质上本身就是错误的或不公正的,因此,禁止采取这些行动的法律在任何时候、对于所有社会来说都是有效的。这个主张可以被理解为亚里士多德的自然目的论的一个自然结果,因为正是对这种目的论的承诺导致他认为,本质上公正的东西在任何地方都有同样力量,并不取决于我们是否将它们看作公正的。尽管某些法律是通过协议或习俗而存在,但是,既然人性是普遍的,就只有一种本质上在任何地方都是最好的政治形式。因此,我们至少可以认为,亚里士多德在《尼各马可伦理学》中提出的"自然正义"(physikon dikaion)概念为后来的自然法学说的发展提供了某些启示,特别是通过托马斯·阿奎那对亚里士多德哲学的解释。斯多亚主义者接下来提出了一个重要观念:法律和正义都是由神灵来设定的,因此有关的原则和行为标准对于所有人来说都有效。按照这个观点,社会生活所依靠的正义和法律是因为本性或自然而存在,而不是因为社会约定而存在,一种天然的社会冲动将人们联合起来,在这个意义上说,正义和律法(nomos)都是自然的。它们在如下更加重要的意义上也是自然的:理性是

---

① 关于自然法和自然权利学说的历史起源及其与人权观念的联系,参见 Costas Douzinas, *The End of Human Rights: Critical Legal Thought at the Turn of the Century* (Oxford: Hart Publishing, 2000),Part Ⅰ。林恩·亨特对 18 世纪的"人的权利"概念提出了有趣的论述,尽管他将自己的著作称为"人权的发明",见 Lynn Hunt, *Inventing Human Rights: A History* (New York: W. W. Norton & Company, 2007)。

② 自然法的观念与斯多亚主义以及犹太-基督教的道德神论具有明显的联系,但是,这个观念与亚里士多德的联系只是最近才开始得到关注。关于前者,参见 Malcolm Schofield, *The Stoic Idea of the City* (Chicago: University of Chicago Press, 1999); Jacob Klein, "Stoic Eudaimonism and the Natural Law Tradition", in Jonathan A. Jacobs (ed.), *Reason, Religion, and Natural Law: From Plato to Spinoza* (Oxford: Oxford University Press, 2012), pp. 57-82; Anver M. Emon, Matthew Levering, and David Novak, *Natural Law: A Jewish, Christian, and Islamic Trialogue* (Oxford: Oxford University Press, 2014)。关于后者,参见 Tony Burns, *Aristotle and Natural Law* (London: Continuum, 2011)。

人类特有的能力，其发展必然会导致一种合乎正义和律法的生活方式。斯多亚主义者由此认为，存在着一种对全人类都适用的普遍律法，这种律法不仅在自然中与理性相统一，在人性中也与理性相统一，因此就在一种共同的社会联系中将一切有理性的存在者联合起来。这个观点不仅成为自然法理论的一个根基，也是后来的世界主义观念的一个重要来源。①

从斯多亚学派开始，自然法的观念就对后来的思想家产生了重要影响。罗马人区分了三个法律概念：公民法(jus civile)、万民法(jus gentium)以及自然法(jus naturale)：公民法是规约一国公民的法律，万民法是对所有国家或民族来说都共同遵守的法律，自然法是自然所确立的法律。罗马自然法理论家也强调法律是由上帝来设定的。西塞罗认为，存在着一个对所有人、在任何时代都适用的永恒不变的法律，其根源就在于普遍的理性规范。②罗马人认为，某些不能通过查看法律条文来解决的法律问题，可以通过诉诸自然法来解决。在中世纪，天主教自然法学说取决于如下信念：有一个高于人类所制定的一切法律的上帝的律法。奥古斯丁论证说，一切违背上帝的律法而颁布出来的法律原则上都是无效的，因为我们在道德上有义务分有上帝的思想及其创世工作，而自然法就是这个道德秩序的基础。托马斯·阿奎那认为，只有在符合正确的神圣理性的条件下，社会的法律规则才有法律品质，因为其有效性是来自上帝颁布的永恒律法。人为制定出来的法律，只要偏离了正确理性的命令，就没有资格成为法律。在阿奎那看来，为了让人类能够正确地引导自己以及其他被造物，上帝已经赋予人类某些自然的能力和禀赋，后者以某种方式表达了上帝的永恒律法。他也由此而认为，自然法是每个人在适当条件下都能认识到的，而通过自然法，每个人自己都会意识到什么事情是对的、什么事情是错的。

威廉·奥卡姆(William Ockham)大概是第一位使用现代意义上的"权

① 关于后面这一点，参见 Martha C. Nusbaum, *The Cosmopolitan Tradition: A Noble but Flawed Ideal* (Cambridge, MA: The Belknap Press of Harvard University Press, 2019), pp. 64-96。

② 参见 Cicero, *On the Commonwealth and On the Laws* (edited by E. G. Zetzel, Cambridge: Cambridge University Press, 1999)。一个相关的讨论，参见 Jed W. Atkins, *Cicero on Politics and the Limits of Reason: The Republic and Laws* (Cambridge: Cambridge University Press, 2013)。

利"(ius)概念(或者某个类似概念)的哲学家。通过拒斥当时占据统治地位的新柏拉图主义,转而信奉唯名论,奥卡姆论证说,私人个体(private individual)对其生活所行使的控制是一种所有权(dominium),后者不是法律授予的,而是一个关于社会生活的基本事实。奥卡姆进一步将自然权利理解为人所具有的一种遵循正确理性的能力。"ius"这个术语原来与正义概念相联系,此前已被用来表示"公正的"或"正当的",例如,阿奎那将"ius"定义为"在特定情境中是公正的东西"。但是,苏亚雷斯后来改变了阿奎那的用法,将"ius"理解为"对一个人来说是有益的东西",或者更具体地说,"一个人所具有的一种支配自己财产的道德力量,或者对一个人应得的东西所具有的一种道德力量"[①]。文艺复兴时期的人文主义者,例如皮科·米兰多拉(Pico Della Mirandola),拒斥了人性是永恒不变的主张,转而认为人的本性就在于人是变化多端的,就在于某种"自我创造"。通过理性和自由意志的天赋,人就能塑造自己的本性和命运。这样,他们就把人的创造性和自我创造的理想与古老的自然法学说以及刚刚出现的"权利就是权力(power)"的主张结合起来,从而为个人自主性的现代信念奠定了一个基础。蕴含在这个信念中的一个核心思想是,个人有权摆脱社会的干扰、支配自己的生活。理查德·胡克(Richard Hooker)在其《教会政策的法律》一书中捍卫和发展了阿奎那的一个观点,即自然法是可以由人类理性来发现的。他进一步论证说,世俗国家只有通过遵循自然法才能具有权威。此后,荷兰法学家和人文主义者雨果·格劳秀斯(Hugo Grotius)在自然法传统中实现了一个变革:中世纪思想家普遍认为自然法是来自圣经和上帝的意志,而格劳秀斯则认为自然法完全是来自人类理性。对于格劳秀斯来说,自然法是不可更改的,甚至上帝也不能改变自然法——"就像上帝不能使得 2 加 2 不等于 4 一样,他也不能使得本来就邪恶的东西不是邪恶"。[②] 因此,到了格劳秀斯手中,自然法学说基本上脱离了它与神学传统的联系,返回斯多亚主义传统,即认为自然法就是理性自身的律令,被理性看作是自然地正当的东

① 参见 John Finnis, *Natural Law & Natural Rights* (second edition, Oxford: Oxford University Press, 2011), pp. 206-207。

② Hugo Grotius, *The Rights of War and Peace*, 3 Vols, (edited by Richard Tuck, Indianapolis: Liberty Fund, 2005) p. 155.

西就成为自然权利。[①]

尽管格劳秀斯在自然法传统中实现了一个突破，但是，只是在霍布斯、洛克、卢梭等17世纪启蒙运动思想家的著作中，自然权利的概念才得到广泛接受，并对政治实践产生了实际影响，例如影响了法国权利宣言和美国独立宣言的形成。当然，霍布斯和洛克仍不时提到上帝，不过，在这些思想家那里，自然权利和社会契约的观念表达了理性对于神权政治的反叛。对他们来说，政府的合法权力根本上是通过社会契约从自然权利中产生出来的，因此，自然权利就对国家对其公民所能采取的行为施加了约束。霍布斯首先明确地实现了从自然法到自然权利的转变，将自然权利界定为每个人都拥有的、为了维护自己生存而使用自己能力(power)的自由。[②]"自我保存"的自然权利不同于人们在自然状态中所具有的其他自然能力，甚至当人们已经生活在社会中，受到主权者的统治时，这项权利原则上说仍然是不可放弃的。不过，在自然状态中，一个人凭借自身的力量来维护自己生存，身强力壮的人可以为了自己的利益而掠夺他人，然而弱小的人们也可以联合起来，在他熟睡之际将他干掉。因此，在自然状态中，自我保存的权利就无法得到有效保障：人们朝不保夕、忧心积虑、彼此提防，生活在霍布斯所说的"人人彼此为敌"的状态。久而久之，他们就会认识到，为了让这项权利得到有效保障，他们可以彼此签订契约，决定将这项权利托付给某个主权者，授予他最高的和绝对的权威，以切实维护每个人的自我保存的权利。一旦人们通过社会契约确立了主权者，他们就进入了"公民社会"，就有了遵守相关法律的义务。[③] 社会契约的观念在洛克那里得到了进一步发展：他不但对自然权利提出了更加丰富的设想，将生命权、自由权和财产权都包含在自然

---

① 对格劳秀斯的自然权利理论的进一步论述，参见 Richard Tuck, *Natural Rights Theories: Their Origin and Development* (Cambridge: Cambridge University Press, 1979), pp. 58-81。

② Thomas Hobbes, *Leviathan* (edited by Richard Tuck, Cambridge: Cambridge University Press, 1996), p. 91.

③ 霍布斯对政治义务的论述，特别是，其义务理论是否要求设定一个具有绝对权威的主权者，是学界争论不休的一个问题。相关的讨论，参见：Luciano Venezia, *Hobbes on Legal Authority and Political Obligation* (London: Palgrave Macmillan, 2015); Howard Warrender, *The Political Philosophy of Hobbes: His Theory of Obligation* (Oxford: Clarendon Press, 1955)。

权利的概念中，而且也强调说，唯有得到被统治者的同意，主权者才能进行统治。[①] 一旦这种同意取消了，例如因为主权者不能切实保障人们在自然状态下所具有的自然权利而被取消，主权者就不再有合法的统治权，人民就有权推翻未能切实履行社会契约基本条款的政府，或者就有权反对暴力统治。从自然法到自然权利的转变，从传统自然法所依赖的一种目的论到人的本性的转变，在洛克那里得以完成。与霍布斯和洛克相比，卢梭对社会契约的观念提出了一种新的表述。卢梭认为，生活在自然状态中的人们本来就享有同等的权利，然而，他们也具有所谓的“个人意志”，一种虚荣心或者相互攀比的心态会随着社会的发展而出现，成为人类不平等和一切腐化的起源。卢梭论证说，为了解决这个问题，人们就需要让个人意志服从一个“普遍意志”，后者创造了一个让所有人的平等权利都得到保障的社会——“任何人，只要拒绝服从普遍意志，就会被全体人民强制到那个意志，但这其实只是强迫他变得自由”。这好像是一个似是而非的观点，而卢梭之所以持有这个观点，是因为他认为，“人通过社会契约而失去其自然自由，失去一种诱惑他试图攫取他所能得到的一切事物的无限制的权利”，不过，通过放弃自然自由，“他就获得了公民自由以及他所拥有的一切所有权”。[②]

在启蒙运动思想家手中发展起来的自然权利学说，对后来出现的一系列重要的权利宣言产生了深远影响。1776 年的美国独立宣言宣称“所有人生而平等，被其创造者赋予了某些不可转让的权利，其中包括生命、自由和对幸福的追求”。同一年发表的弗吉尼亚权利宣言也声称支持永恒的、不可

---

① John Locke, *Two Treatise of Government* (edited by Peter Laslett, Cambridge: Cambridge University Press, 2003).

② Jean-Jacques Rousseau, *The Social Contract and Other Later Political Writings* (edited and translated by Victor Gourevitch, Cambridge University Press, 1997), pp. 53-54。卢梭的自由概念及其与普遍意志的关系是一个有争议的论题，一些相关的讨论，参见：Christie McDonald and Stanley Hoffmann (eds.), *Rousseau and Freedom* (Cambridge: Cambridge University Press, 2010); David James, *Rousseau and German Idealism: Freedom, Dependency, and Necessity* (Cambridge: Cambridge University Press, 2013)。此外，值得指出的是，“普遍意志”的概念实际上不是卢梭的首创，他只是对这个概念实施了一种转变，将它与一种不诉求上帝的“共同善”的观念联系起来。参见 Patrick Riley, *The General Will before Rousseau: The Transformation of the Divine into the Civic* (Princeton: Princeton University Press, 1986)。

侵犯的人的权利的主张。1789年法国革命则产生了一份《人与公民的权利宣言》(*Declaration des Droits del'Homme et du Citoyen*),其中声称"人生而自由并具有平等的权利,而且仍然如此","每一个政治协会的目的都是维护人的自然的和不可转让的权利;这些权利是自由、财产、安全以及对压迫的抵抗"。① 这份宣言的重要性就在于,它将个人的自然权利推广到国际层面,声称不仅法国人应当具有这些权利,所有人也都应当具有这些权利。这份宣言确认了人民当家作主的原则和法制原则,即认为对公民自由的限制只能通过法律来确立。不过,美国人和法国人对自然权利的断言激发了重要的哲学争论,埃德蒙·柏克、托马斯·潘恩以及杰里米·边沁都是这场争论的积极参与者。② 在柏克看来,1789年的法国革命毫不顾及历史和传统,因此就演变为一场悲剧。在《对法国革命的反思》中,柏克将其保守主义转向建立在固有权利和新的自然权利的区别上,他指出:

> 我在理论上并不否认人的**真实**权利,在实践上也不会决意抵制这种权利。在否认他们对[自然]权利提出的错误主张时,我并不想损害真实的权利主张……如果"公民社会"是为了人的利益而设立的,那么其设立旨在取得的一切利益都可以成为人的权利。"公民社会"是一种慈善制度;法律本身只是由一种统治来代理的慈善。人有权通过这种统治来生活,有权享有正义……有权拥有自己辛勤劳作的成果,有权享有让这种劳作变得富有成效的手段,有权享有父母所得,有权享有对儿女的培养和教育,有权在生活上获得指导、在死亡之际获得安慰。不管每个人在不侵犯他人的情况下各自能够做什么,他有权为自己做事,有权公正地分享社会在对他有利的情况下所做的一切。③

很明显,柏克并不否认生活在"公民社会"中的人是有权利的,这种权利就是他所说的"真实权利"。他所要反对的是将历史上继承下来的权利称为

① 在本章中,对于重要的人权文本的引用都出现在如下文献的附录中,因此不再一一注明:David Robertson, *A Dictionary of Human Rights* (second edition, London: Europa Publications, 2004)。

② 参见 Jeremy Waldron, *Nonsense Upon Stilts: Bentham, Burke, and Marx on the Rights of Man* (London:Methuen, 1987)。

③ Waldron (1987), p. 104.

所谓“人的权利”的做法，因为在他看来，这种不顾历史和社会条件而对权利进行普遍抽象的做法掩盖了权利的真实来源，让人们错误地认为他们不依赖于任何社会生活或“公民社会”就能具有权利。在《人的权利》一书中，潘恩试图回应柏克对法国革命的抨击。他论证说，法国人在这场革命中是为他们的基本权利、为正义而浴血奋战。在捍卫这种做法时，潘恩指出，这场革命并不是针对任何拥有王权的人，而是反叛以压迫和专制为基础的政治体制。对于潘恩来说，人生来就有某些自然权利，是身怀这些权利而进入社会的：

> 自然权利是由于人的存在而属于人的权利。这种权利包括思想的权利，也包括个人为了自己的幸福而行动的权利，这种权利不会损害其他人的自然权利。公民权利是人由于成为社会成员而具有的权利。每一项公民权利都有在个人那里预先存在的某个自然权利作为基础，但这种权利的享有不是个人能力所能支配的，无论如何都会产生有力的竞争。这种权利包括与安全和保护有关的权利。①

由此可见，潘恩不仅将自然权利与公民权利区分开来，还认为公民权利必须植根于自然权利。潘恩声称，“甚至处于最佳状态的政府也不过是一种必然的恶，而在其最糟糕的状态下则是一种无法忍受的恶”②。这句话的言下之意很清楚：既然社会在潘恩所设定的意义上本质上是恶的，个人就必须有抵抗社会或政府的自然权利。然而，潘恩试图通过诉诸自然权利的主张、将社会从国家或政府中“解放出来”的做法，并不是没有在政治上产生可怕的后遗症。③ 就像柏克一样，边沁也对自然权利的概念提出了猛烈抨击，将之视为“高跷上的胡言乱语”。④ 就像柏克一样，边沁并没有在根本上否认

---

① Ian Shapiro and Jane E. Calvert(eds.), *Selected Writings of Thomas Paine* (New Haven: Yale University Press, 2014), pp. 198-199. 对于潘恩的权利概念的讨论，参见 Robert Lamb, *Thomas Paine and the Idea of Human Rights* (Cambridge: Cambridge University Press, 2015)。

② Shapiro and Calvert (2014), p. 8.

③ 例如，参见 Dan Edelstein, *The Terror of Natural Right: Republicanism, the Cult of Nature, and the French* (Chicago: The University of Chicago Press, 2009)。

④ 参见 Jeremy Bentham, “Anarchical Fallacies”, in Waldron (1987), pp. 46-76。这个说法出现在 53 页。

权利的概念——他之所以认为自然权利的观念是“无意义的”，是因为他相信在政府之外并没有权利，一切权利都应该在法律范围内来考虑。边沁把最大多数人的最大幸福确立为道德和立法的基础，认为社会改革应该按照这个原则来设想。他对自然权利的批评提出了一个特别值得关注的问题：既然任何权利都要求相关联的责任，那么究竟应当由谁来承担相应的责任？

马克思在《论犹太人问题》中也对权利概念提出批评。[①] 某些对权利概念进行批评的理论家或许认为，如果一个制度本身就是不公正的，那么人们（举个例说）通过契约关系而拥有的权利就不会反映人们在道德上应当具有的平等地位，例如，贫困者或社会地位低下的人们可能为了生计而不得不接受某个契约条款，因此表面上具有了获得一定报酬的权利。然而，在公共生活领域中所具有的平等地位实际上是一个幻觉，隐藏了决定政治生活和经济生活的社会力量。不过，这其实不是马克思自己对权利概念的批评的要旨，因为在他看来，甚至在《人和公民的权利宣言》之类的宣言中所主张的“人的权利”，实际上也是在表达个人对自我利益的关注，而不是让人从宗教、财产和法律制度中解放出来：

> 所谓人的权利都没有超越利己主义的人，存在于“公民社会”中的人，即在自己的私人利益和虚妄背后与世隔绝、与共同体分离开来的个体。人的权利远远不是将人设想为一种类存在(species-being)、类生命(species-life)本身，反而是社会表现为一种外在于个体的框架、对人原来的自足性的一种限制。将这些个体结为一体的唯一纽带就是自然必然性、需求和私人利益，以及对其财产和利己主义人身的保护。[②]

马克思的意思是说，18—19 世纪所宣言的“人的权利”的观念仍然将权利持有者设想为利己主义个体，权利持有者因此就会强调自己有资格获得

① 参见 Waldron (1987), pp. 137-150。马克思当然是在批评资本主义制度下的权利和正义，相关的讨论，参见：Marshall Cohen, Thomas Nagel and Thomas Scanlon (eds.), *Marx, Justice and History* (Princeton: Princeton University Press, 1980)；George E. McCarthy, *Marx and Social Justice: Ethics and Natural Law in the Critique of Political Economy* (Leiden: Brill, 2018)。

② Waldron (1987), p. 147. 关于马克思的权利批评的思想来源及其对理想的人类生活的设想，参见 David Leopold, *The Young Karl Marx: German Philosophy, Modern Politics and Human Flourishing* (Cambridge: Cambridge University Press, 2007)。

某些好处，并由此而忽视人们彼此负有的责任。权利概念是利己主义个体为了自身的利益而发明出来的，因此本身就会妨碍人们形成一个政治共同体，将人与人孤立开来，而权利又需要在政治共同体中来实现，因此这个概念本身就会产生一个悖论。与当时的“公民社会”相比，在马克思为人类未来所设想的共产主义社会中，人的一切需要都能得到满足，人们之间也不会有利益冲突，因此不论是权利概念本身还是权利的强制落实都没有任何地位。此外，马克思也指出一个难题：如果权利可以为了公共利益而受到限制，那么“政治生活旨在保护个人权利”这一主张就会变得错综复杂。由此可见，马克思明确地认识到权利之间的冲突以及个人权利与公共利益的冲突，而这也是任何合理的人权理论都必须考虑的问题。

二、普遍人权观念的确立

尽管人类历史上早就有了权利的观念（或者类似的观念），但是人权的观念只是到了 20 世纪才正式出现，与两次世界大战的爆发所导致的对“共同人性”(shared humanity)的认识和强调具有重要联系，而且一开始完全是被用于政治目的。“人性”(humanity)这个概念，正如科斯塔斯·杜兹纳所指出的，完全是现代性的产物：“雅典和罗马所具有的是公民，而不是作为人类成员意义上的‘人’”，而“当‘humanitas’这个词出现在罗马共和国那里时，它是对‘paideia’这个古希腊语的翻译，后者用来表示文化和教育”。[①]实际上，在西塞罗那里，这个词是用来表示一项研究，而不是指任何关于人类的共同人性的主张。在基督教神学中，“humanitas”这个词确实被用来指所有人都具有的一种精神属性，与宇宙中的神性和无生命的世界相并列。然而，即便如此，这个意义上的“人性”并不支持任何关于普遍权利的主张，因为“基督教的文化含义和政治含义在不同的时代和不同的地方都是不同的”。[②] 当然，在斯多亚普遍主义和基督教价值观的影响下，自然法和自然

① Costas Douzinas, *Human Rights and Empire: The Political Philosophy of Cosmopolitanism* (London: Routledge, 2007), p. 51.

② Moyn (2010), p. 16.

权利的观念确实出现了，但是，自然法和自然权利传统并没有鼓舞一种所有人都享有的普遍权利的观念：权利仍然是被限制到一国内部，而且实际上仍然是被不平等地享有的。换句话说，在20世纪上半叶之前的两百年中，即使在自然权利的观念下提出的权利宣言或权利议案宣称人生来就具有自由平等的权利，但这个主张在现实的社会和政治生活中并没有得到落实，因此我们也不能认为普遍人权的观念在那个时候就出现了。①

人类历史很大程度上本身就是一部充满了压迫和剥削的历史。在人类生活的任何时代，都有一些人出于各种原因而生活在社会底层，或者认为自己生活在社会底层。如果他们并不满足于现实命运，希望改变自己的生存状况，那么他们就会逐渐产生人生而平等的观念，用这个观念来要求平等对待。权利意识历来都是政治生活的产物，因此在一切政治社会中或多或少都会出现。换句话说，只要人类生活中仍然存在任何形式的支配关系，权利的概念就会突变为摆脱支配、争取平等地位的思想工具。然而，尽管潘恩在他那本捍卫法国革命的名著中使用了"人的权利"(droits de l'homme)这个标题，但他所呼吁的仍然不是那种所有人都普遍享有的人权，不论他们属于什么国家、出生于什么家庭、具有什么样的民族身份或宗教信仰。这个意义上的权利意识来自阿伦特所说的"要拥有权利的权利"：权利首先是作为具有国籍的公民的特权而诞生的，然而，随着第二次世界大战的爆发，某些人在根本上陷入了无法由任何国家或政治共同体来保护的状况，在被剥离了由于属于某个政治共同体而有望得到保护的身份后，他们就成为"裸人"(naked human)，萌发了作为"无身份的人"而要求权利的基本意识或关切。② 第二次世界大战的爆发及其所产生的灾难性后果直接产生了两个根本认识：第一，每个人的生命都值得尊重，值得享有平等尊重的基本条件；第二，应该有一些普遍认可的东西来制约国家行为和国际关系。普遍人权的观念实际上是从这两个认识中逐渐产生出来的，而且一开始就被派上了政

---

① 实际上，按照塞缪尔·莫恩的解释，权利概念在20世纪之前的历史与人权的观念毫无联系。见Moyn (2010)，第一章。

② 参见Hannah Arendt, *The Origins of Totalitarianism* (New York: Harcourt Inc, 1973), chapter 9。对于"要拥有权利的权利"的讨论，参见Stephanie DeGooyer, Alastair Hunt, Lida Maxwell, and Samuel Moyn, *The Right to Have Rights* (New York: Verso, 2018)。

治用场。作为人类历史上最黑暗的一个时期,20 世纪也是人权运动蓬勃发展的时代。这两个方面实际上是不可分离的:就人权观念的发展而论,20 世纪的一个显著特征就是普遍人权观念的明确出现及其在国际社会逐渐得到承认。①

当然,20 世纪的人权故事有很多层面,其中最重要的一个层面就是:人权的观念在政治上被用来作为抗击侵略战争的思想基础。早在 1915 年,在第一次世界大战爆发期间,弗朗西斯·杨格哈斯邦(Francis Younghusband),一位英国军官、探险家和作家,就确立了一个名为"权利斗争运动"的组织,其目的在于向英国同盟国表明,他们不只是在为了保卫自己的国家而战,也是在为了全人类而战,是为了维护人类后代的权利而战。1919 年,时任美国国际法研究所秘书长的智利学者阿尔瓦雷茨(Alejandro Alvarez)在学术层面上提议在国际上承认个人权利。1918 年 1 月,美国总统伍德罗·威尔逊(Woodrow Wilson)发表了著名的"十四点和平原则"的国会演讲,提出了通过建立国际联盟来建构一个正义和公平的世界秩序的想法,其中明确提到了各国自决权。威尔逊的提议随后成为 1919 年签订的《凡尔赛和平条约》的基础,该条约也确立了国际联盟和国际劳工组织。国际联盟要求其成员国采取集体行动来反抗任何诉求战争或战争威胁的国家,以此维护国际和平与安全。一些相关的组织和运动也蓬勃发展,例如保护东欧国家少数民族权利条约、国际工人权利运动以及废奴运动。然而,即使这些组织和运动得到了此起彼伏的发展,保护每一个人的国际权利或义务也并未得以确立。不过,第一次世界大战确实让人们开始意识到一项迫切需要,即扩展国际法范围以包含对个人权利的关注。阿尔伯特·拉普拉德利(Albert de Lapradelle),巴黎大学国际法研究所教授,为研究所起草了一份名为"国际人权宣言"的文稿,试图提出一份对各国都有吸引力、本质上

---

① 对于人权观念在 20 世纪的产生和发展的简要论述,参见:Andrew Clapham, *Human Rights: A Very Short Introduction* (second edition, Oxford: Oxford University Press, 2015), chapter 2。更加详细的论述,参见:Stefan-Ludwig Hoffmann (ed.), *Human Rights in the Twentieth Century* (Cambridge: Cambridge University Press, 2011), Hunt (2007); Micheline R. Ishay, *The History of Human Rights: From Ancient Times to the Globalization Era* (Berkeley, CA: The University of California Press, 2008); Moyn (2010)。

又具有普遍性的人权文本。经过协作努力，拉普拉德利最终提出的宣言1929年在纽约召开的一次会议上得到确认。这份文本并没有提到公民权，而是宣称生存权、自由权和财产权属于每一个人，这些权利应当得到普遍尊重。

然而，第一次世界大战的后遗症只是让人们产生了一个基本意识，即需要用国际公约来制约国际关系。普遍人权的观念是在第二次世界大战期间、在面临极权主义威胁的情况下才开始出现的。战争爆发之初，一些有道德良知的人士(主要是和平主义者和国际法律师)就开始援引人权的观念来讨论这场战争。早在1933年，纳粹德国宣传家约瑟夫·戈培尔就公开声称要将1789年从人类历史上抹除，实际上是要在根本上消除自然权利的概念。在回应这种极权主义的公然挑战时，教皇庇护十一世在其通谕中宣称，人作为人拥有从上帝那里获得的权利，这种权利是不容否认、废除或无视的。1939年，英国作家、社会主义者以及和平主义者赫伯特·威尔斯(Herbert Wells)给《泰晤士报》写了一篇文章，呼吁人们讨论这场战争的目的。威尔斯认为，在第一次世界大战期间确立的国际联盟未能有效落实它为自己规定的目的，即在世界上消除武力冲突、为人类创造一种新生活。威尔斯提出了一份新的权利议案，并在随后写给《泰晤士报》的一封信中附上了这份议案，呼吁人们用普遍人权的观念来抵抗极权主义暴政。这份议案后来发展为《世界人权宣言》，被分发给48个国家的300多位编辑，在世界上激发了广泛兴趣。① 第二次世界大战期间，纳粹德国的极权主义统治及其所制造的恐怖为现代人权运动提供了重要动力。1941年，美国总统富兰克林·罗斯福在国会演讲中宣称人有四项基本自由：言论自由、信仰自由以及摆脱贫困和恐惧的自由——最后那项自由被明确地界定为解除武装的和平。罗斯福还认为，自由意味着人权在任何地方都具有至高无上的地位。同年8月，他与英国首相丘吉尔签署了一份联合宣言(即《大西洋宪章》)，对战后世界重建提出了自己的看法，其中有这样一个说法："在最终摧毁了纳粹暴政之后，他们希望看到和平得以确立，这种和平将向所有国家提供他们在自己领土上安全生存的手段，将保证这些土地上的所有人都可以过上自

① 威尔斯的宣言也作为附录出现在他1940年出版的著作《人的权利：或者我们是在为什么而战?》中，因此也对普通读者产生了广泛影响。

己的生活，摆脱贫困和恐惧。"《大西洋宪章》是为了结成反对纳粹德国的政治联盟而签订的，罗斯福提到的那四项人权显然是出于这个目的而提出的口号。不过，1942 年 1 月，还是有 26 个同盟国代表签署了一份宣言，认同这份章程提出的目的和原则。1945 年，在联合国成立之际，其他 21 个国家也在同年 8 月签署了这份宣言。这份宣言在联合国的采纳意味着，联合国要鼓励对人权的尊重，有义务要求成员国与联合国合作，以促进对人权的普遍尊重。

联合国在 1945 年采纳的宣言并不包括一份具有法律约束力的权利议案，因为联合国当时正忙于起诉第二次世界大战期间用战争暴力来侵犯人性的战犯，没有精力关注这个问题。只是在完成战犯审判任务后，联合国才觉得有必要制定一份关于人权的国际议案，并成立了一个"人权委员会"来负责这项工作。1948 年 10 月 10 日，联合国确认和采纳了著名的《世界人权宣言》。[①] 在这份文本中，联合国成员国承诺要"促进对人权和基本自由的普遍尊重和遵守"。这些成员国认识到"对这些权利和自由的一种共同理解对于这项誓言来说至关重要"，因此他们就声称，不论是个人还是政府，都应该"通过教育来努力促进对这些权利和自由的尊重，通过逐渐确立的国家标准和国际标准来保证它们得到普遍而有效的承认和遵守"。《世界人权宣言》前 21 个条款类似于美国宪法修正案权利议案中的条款，主要涉及公民和政治权利，其中包括平等保护和不受歧视的权利、法律诉讼中得到应有处理的权利以及政治参与的权利。不过，第 22 条到 27 条则标志了一个新的起点，主张社会与经济权利，例如社会安全的权利、获得适当生活标准的权利以及接受教育的权利。这些权利断言，所有人都有权享受一个福利国家的服务。

《世界人权宣言》并不是联合国在 20 世纪采纳的唯一一份人权文本。联合国后来也制定和颁发了一系列国际人权公约，例如 1966 年采纳的《经济、社会和文化权利国际公约》和 1976 年采纳的《公民和政治权利国际公约》。从《世界人权宣言》以及其他人权文本中可以看出，人权被认为具有几

---

① 关于《普遍人权宣言》的形成以及对这份文本的解释，参见 Johannes Morsink，*The Universal Declaration of Human Rights：Origins，Drafting，and Intent*（Philadelphia：University of Pennsylvania Press，1999）。

个突出特征。第一，人权被认为是一种权利。这个主张立即就提出一个问题：权利究竟是什么？或者说，拥有一项权利意味着什么？直观上说，如果人权要具有《世界人权宣言》赋予它们的作用，它们就应该是确定的——被当作人权来考虑的东西（即人权的对象或内容）不仅需要具有某种规范的优先性，而且相应的规范也必须具有某种强制性特征。第二，人权被认为是普遍的：人权是任何一个人作为人而享有的基本权利。这个主张意味着，一个人属于什么种族、具有什么性别、属于哪个国家或民族、在社会上处于什么地位、信仰什么宗教，都与他是否应当具有人权无关。这个主张也意味着，人权的观念在世界上是普适的。尊重人权不仅是一个国家的政治合法性的基本要求，也是国际法的一个根本原则。第三，不管特定国家的习俗或法律体制是否承认人权，人权被认为是独立于这种习俗或体制而存在的。当然，在没有法律强制的情况下，人权可能得不到有效落实；不过，人权被认为不仅能够独立于法律强制而存在，而且为批评现实的政治制度或法律系统提供了标准。第四，人权被认为是重要的规范。尽管任何特定的人权或许不是绝对的和无例外的，但是，作为规范考虑，它们具有足够分量，在国家决策和国际冲突中应当被给予某种优先考虑。第五，正如权利蕴含相应的义务一样，人权也要求相应的义务，尤其是，这些义务的存在被认为并不依赖于个人和政府对人权的接受、承认和落实。各国政府和人民被认为有义务不要侵犯人权，而一国政府有更大的责任积极地保护和维护其公民的人权。

从人权文本中鉴定出来的这些特点基本上是描述性的。然而，为了让人权在政治实践中更好地得到落实，特别是，为了阐明全球正义的本质和目的[①]，我们就需要从哲学上来审视人权的概念，特别是界定和阐明人权的内

① 从人权观念的历史发展来看，尽管如今所说的“全球正义”一开始是作为对全球贫困问题的关注而出现的，但是显然也涉及建构一个公平合理的国际秩序的问题。由此我们不难理解人权实践为什么首先是一种国际实践，在国际法、全球制度和区域制度、国家的对外政策以及各种形式的非政府组织等领域中得到了关注，我们也不难理解人权问题为什么会成为当今所说的全球正义的一个关注焦点。

容及其根据。与此相关的哲学问题至少包括如下几个方面。[①] 第一，一般而论的权利是什么，尤其是，人权是什么？权利如何与目标、责任、利益、需要和诉求区分开来？与这些其他的道德概念相比，人权具有什么独有的特征和重要性？第二，人权被用来保护什么样的利益和需要？存在着什么具体的人权？《世界人权宣言》之类的人权文本中提到的人权是否都具有同等地位？当今所说的“社会-经济人权”与更加传统的人权是否具有同样的地位？第三，人权是否要求相关联的责任？若要求，责任主体是谁？例如，究竟只是政府才对人权的落实负责，还是所有人都有责任落实、强化和保护人权？什么样的条件才能充分保护或落实人权？谁要对未能落实、保护和强化人权负责？第四，人权被赋予的那种特殊“分量”究竟是什么？是否存在着任何绝对的权利？如果人权并不是绝对的，那么在什么条件下人权可以受到限制？在人权发生冲突的情况下，哪个权利应该采取优先性？当个人权利与一般意义上的社会效用发生冲突时，如何在二者之间做出取舍？第五，人权究竟是不是普遍的？若是，如何为普遍人权的观念提供一个理论说明或辩护？特别是，如果我们相信人是因为享有具有共同的人性而具有人权，那么人性中的哪些特点能够说明或辩护普遍人权的观念？

三、权利的本质

即使人权的观念在 20 世纪得到了广泛认同，各种人权运动也此起彼伏，但是，假若人权本质上是一种道德权利，就仍然有一些亟须在哲学上澄清、探究和解决的关键问题。例如，在追问“人权是什么”和“我们能够具有什么人权”这两个根本问题时，我们无法回避一系列与人的本性和人类尊严

---

① 参见 Morton E. Winston (ed.), *The Philosophy of Human Rights* (Belmont, CA: Wadsworth Publishing Company, 1989), pp. 6-7。当然，对人权的哲学探讨并不限于这些方面，在这里我们只是列举人权概念所涉及的核心哲学问题。相关的讨论，参见：Rowan Cruft, S. Matthew Liao and Massimo Renzo (eds.), *Philosophical Foundations of Human Rights* (Oxford: Oxford University Press, 2015); Costas Douzinas and Conor Gearty (eds.), *The Meanings of Rights: The Philosophy and Social Theory of Human Rights* (Cambridge: Cambridge University Press, 2014)。

的来源相关的哲学问题。此外，我们也需要说明人权究竟如何不同于一般而论的道德权利以及身为公民而可能具有的权利。实际上，从《世界人权宣言》中不难看出对这些问题提出一个**哲学**说明的必要性和迫切性。该宣言第1条断言，“所有人生来在尊严和权利上都是平等的”，第2条进一步声称，“每个人都有资格享有本宣言中提出的权利和自由”。这两条表明，人权不仅是普遍的，也是平等的。说人权是“普遍的”就是说，所有人都是人权的拥有者，不管他们具有什么特殊的地位、能力、属性或特征。就此而论，人权被认为是“无国界的”——人权超越或跨越了人们可能属于的任何政治共同体而具有有效性。说人权是“平等的”就是说，人权是每个人都同等地享有的权利，不管他们属于哪个民族、具有什么宗教信仰、出身于什么家庭、具有什么社会关系。简而言之，人权是一个人仅仅因为“是人”就享有的权利，人权的概念因此就标志着人所具有的一种特殊地位或资格。此外，人们**作为公民**被赋予了某些要由国家制定的法律来承认和保护的权利，即通常所说的“公民权”。然而，如果人权是每个人作为人都享有的，那么人权似乎就超越了单纯意义上的公民权，尽管一个得体的社会或国家也应当将人权看作一种要加以尊重或维护的权利，或者甚至通过立法将人权设定为公民权的一部分。如果人权与公民权或法定权利区分开来，但人权的主张又要被理解为一种权利，那么人权就只能被看作道德权利，即人们不依赖于任何政治性的制度框架而被认为具有的权利，例如18世纪所谓的“自然权利”。然而，人权似乎又不同于日常生活中得到承认的某些道德权利。例如，当我对某人做出许诺时，对方似乎有权要求我兑现许诺，或者，至少在我是否兑现许诺以及由此而引起的后果方面，他似乎对我具有某种支配权，比如说，假如我没有兑现许诺，他就可以责备我，或者以某种方式豁免我。此外，我们通常也认为，年迈的父母有权要求孩子抚养，或者孩子有义务抚养年迈的父母。但是，我们似乎并不把人们由于进入了某些特殊关系而拥有的权利称为“人权”，也不会把相应的义务看作是与人权相关联的义务。

人权的概念因此就产生或提出了一些令人困惑的问题，例如，为什么只要是人就应当享有人权宣言所主张的权利和自由？在什么意义上人权被认为是平等的？或者，如何理解“平等的人权”这一概念所要求的“平等资格”？进一步说，任何权利都总是针对某个东西的权利，例如，生存权至少是一个人在世界上能够生存下来的权利，自由权是充分享有自由的权利，财产权是拥有财产并让财产得到保护的权利。因此，如果一个人确实具有某些权利，那就意味着其他人或者某些制度有义务满足或实现其权利的内容，即在权利主张中所声称的东西。权利与义务总是相关联的。在法律权利的情形中，落实权利的主体是比较容易指定的。例如，购房人与房产商签订了一项协议，其中规定前者在支付了购房首付后，后者就必须在指定时间交房。这项协议的签署意味着购房者有权在指定时间得到住房，房产商有义务在指定时间交房。只要这项协议是法律上有效的，其中所涉及的权利和义务也是法律上可强制实行的。然而，尽管人权涉及一系列与人们的社会、政治与经济生活相关的权利，但是，从人权的历史根源及其在人类生活中被赋予的职能来看，人权本质上是一种**道德**权利，或者至少往往被看作道德权利的一个子类：人权的存在被认为不仅本质上不依赖于法律颁布，而且也充当了一种批判性的道德标准，可以用来批评现存的法律制度和社会实践，尽管道德上可接受的法律制度也可以成为强化人权的一种重要方式。[①] 从人权的历史来源来看，特别是从人权的观念与自然法和自然权利传统的历史联系来看，我们不难理解对人权的这种设想，正如西蒙斯所指出的：

> 自然权利……是处于“自然状态”中的人所能具有的权利（也就是说，不依赖于任何法律和政治制度的承认或强制实行）。……人权是那些天赋的、不能失去（也就是说，不能被放弃、没收或剥夺）的自然权利。因此，人权就有了这样的性质：人权是普遍的、独立的（不依赖于社会承认或法定承认）、自然的、不可转让的、不可没收的以及不受时效限制的。唯有如此理解人权，对人权的一个论述才能把握如下核心观念：人权是任何人都总是可以主张的权利。[②]

如果人权必须具有西蒙斯所说的这些特征，那么人权在理论上和实践上就会产生一个重要问题：与人权相关联的义务或责任究竟应当由谁来承担或落实？正如我们在下一章中即将看到，正是这个问题让人权理论家们

---

① 在这里，值得指出的是，人权应该被设想为道德权利还是政治权利，实际上是一个有争议的问题。对这个问题的相关讨论，参见 Adam Etinson（ed.），*Human Rights：Moral or Political？*（Oxford：Oxford University Press，2018）。下一章会部分地触及这个争论。

② A. John Simmons，*Justification and Legitimacy：Essays on Rights and Obligations*（Cambridge：Cambridge University Press，2001），p. 185.

在人权的本质和人权观念的实践应用上产生了重要分歧。

这个问题还不是人权概念(或者,任何合理的人权理论)所面临的唯一问题。从《世界人权宣言》中可以看出,它所指定的人权是五花八门的:不仅包括个人生命、自由和安全的权利以及某些相关联的次级权利,也不只是包括享有基本生活标准的权利,甚至还包括休闲娱乐的权利以及某些类型的文化权利。这些权利对于过上一个好的人类生活来说或许都是必要的,然而,我们似乎也不能按照"好的生活"、"繁盛的生活"或者"有价值的生活"之类的概念来设想和界定人权,正如下一章即将表明的。此外,一个人的权利不仅可以与其他人的利益发生冲突,或者与某些公共目标发生冲突,也可以与其他人的权利发生冲突,甚至可以与自己持有的其他权利发生冲突。这样,如果人权因为其高度的重要性而被认为具有某种优先性,那么看来并不是《世界人权宣言》(或者其他类似宣言,例如《公民与政治权利国际公约》)中提出的所有权利都有资格算作人权。假如我们不希望将所有权利都归结为或同化为人权(这种做法在理论上和实践上显然都是不合理的),那么被称为"人权"的那些权利就必定在某种意义上是最根本的。那么,如何鉴定和阐明这些权利呢?我们或许尝试按照"共同的人性"来理解人权,但是,人性中哪些特点可以为普遍人权观念提供辩护呢?这些问题是下一章的主题,不过,在这里,为了进一步阐明人权观念的复杂性或模糊性,我们不妨先来简要地讨论一下一般而论的权利的本质。

权利是20世纪政治理论和政治实践的一个核心标志。身处这个时代,我们或多或少都能明白拥有权利意味着什么。但是,这个概念在其出现的很长时间里一直未得到系统阐述,直到1919年,威斯利·霍菲尔德才特别针对法定权利提出了一个基本的分析框架。① 因此我们将首先利用他的一些说法来阐明权利的一般结构。霍菲尔德注意到,出现在司法推理中的权利概念具有多重模糊性。为了纠正这种概念上的混乱,他希望将权利与很

① Wesley N. Hohfeld, *Fundamental Legal Conceptions as Applied in Judicial Reasoning* (edited by Walter Wheeler Cook, Westport, CT: Greenwood Press, 1964). 霍菲尔德的工作之所以重要,是因为后来不少理论家也尝试直接按照他的基本框架来分析道德权利或人权,例如,见 Carl Wellman, *A Theory of Rights: Persons Under Laws, Institutions, and Morals* (Totowa, NJ: Rowman & Allanheld, 1985)。

容易被混为一谈的其他东西区分开来，并试图表明更加复杂的法律概念如何可以从更加简单的要素中构造出来。霍菲尔德认为，当我们说某人对某个东西拥有一项权利时，这个说法至少具有四个含义。首先，其他人或某个机构有义务向他提供他主张的东西。如果某人声称，“作为学校签约员工，我有权享受规定的工资待遇”，那么这个主张就意味着学校有义务向他支付相应的工资。霍菲尔德将这个意义上的权利称为“要求权”(claim right)，并认为这种权利是最严格意义上的权利。要求权直接与义务相对应，也就是说，若没有相关联的义务，这种权利就是空洞的。其次，“某人有权做某事”这个说法也可以意味着他没有义务不去做那件事。例如“史密斯有权保持沉默”意味着“史密斯没有义务说出别人要求他说出的事情”。这个意义上的权利就是霍菲尔德所说的“特权”(privilege)，其中最为典型的就是所谓的“自由权”(liberty)。再次，一个人对某个东西具有权利也意味着，他可以按照自己的意愿处置那个东西，而在这样做时，其他行动者不能随意干涉他，也就是说，只有他才有权力改变那个东西的法定安排。例如，如果我自己购买了一套《康德全集》，因此声称对它具有所有权，那么我就可以将它作为礼物送给朋友，或者学校图书馆就不能强制要求我把它作为公共资源来使用。这种权利就是霍菲尔德所说的“支配权”(power)，因为具有这样一项权利意味着权利拥有者能够合法地改变权利对象的状况。最后，一个人在某件事情上具有一个权利也意味着，没有任何人有权改变他在那件事情上的法律地位。举个例说，尽管法院有权改变一个被告原来被赋予的某些权利，例如自由活动的权利，但是，如果得到公正判决是任何人都享有的一项权利，那么甚至法院也不能改变这项权利。霍菲尔德将这个意义上的权利称为“豁免权”(immunity)。霍菲尔德认为，只要一个权利主张满足了上述任何一个含义，它都可以构成一项法定权利。当然，很多权利都不只包含一个含义，例如财产权至少包含自由权和支配权。

霍菲尔德对法定权利的分析并非无懈可击。我们只是为了强调从这个分析中得出的两个重要思想而介绍他的观点。第一，按照霍菲尔德的分析框架，权利与义务总是以某种方式相关联：如果某人被认为具有一项权利，那就意味着其他行动者(个人、机构或政府)具有一个相关义务。例如，拥有言论自由的权利意味着，政府不仅有消极的义务不要干涉这项权利，也有积极的责任阻止这项权利受到其他行动者的干涉。在要求权的情形中，必须有一个第二方来满足这样一个权利提出的要求。如果我在学术上具有自由研究的权利，那么其他行动者就不能阻止我去从事我自己感兴趣的学术工作，除非他们有理由表明我的研究成果对他们造成了伤害。在支配权的情形中，如果我有权支配某个东西，那么我也能够采取某些行为，这些行为在其他人那里可以产生具有法律含义的结果。只要我有权支配自己的合法收入，其他人在未经许可的情况下就有义务不要挪用我的收入。在豁免权的情形中，只要我满足了学校规定的要求，例如在英语国家工作 5 年以上的教师无须参加英语资格考试，学校人事部门在这件事情上对我就没有支配权。与权利相关联的义务可以是积极的，也就是说，责任方需要采取正面措施来促成一项权利的内容得到实现。这样一个义务也可以是消极的，例如，只要其他行动者不去干涉我的言论自由，他们就算履行了与这项权利相关的义务。因此，只要我们承认义务既可以是积极的又可以是消极的，权利就以某种方式与义务相关联。第二，拥有权利意味着拥有一种有权威的力量来控制权利主张的对象以及其他行动者与这样一个对象的关系。就此而论，权利也是一种权力。

不过，对权利的这种理解立即会产生一个重要问题：不管我们如何理解权利的来源，拥有权利如何能够在其他行动者那里产生相应的责任或义务？当我们转到道德权利或人权时，这个问题就会变得更加尖锐和紧迫，因为在**法定权利**的情形中，我们实际上不难理解与权利相关联的义务是如何产生的，例如，各种契约关系都能产生权利和相应的义务。我们甚至也不难理解许诺为什么会产生相应的权利和义务，因为人们彼此能够具有某些合理期望，满足这种期望不仅是相互信任的一个条件，对于个人生活来说也是必要的。然而，人权的概念不同于法定权利的概念：人权被认为是每个人仅仅因为是人（或者，因为享有共同的人性）而平等地拥有的权利。我们不可能与每个人都有明确的契约关系；我们大概也不会对每个人都做出许诺，尽管遵守许诺可以被看作每个人的道德义务；从人类生活的现实状况来看，我们显然也不是与每个人都生活在同一个政治社会中，受制于同一套社会与政治制度。因此，人权的概念确实产生了一个令人困惑的问题：究竟应该由谁来承担与人权相关联的义务？我们需要看看对一般意义上的权利的理解是否有助于我们回答这个问题。为此，我们首先需要大致了解一下权利的职能。

我们已经概述了权利概念的历史演变，从中可以看出，权利概念的提出与人们试图为政府行为提供一套普遍标准具有重要联系:人们逐渐认识到,一个正当的或道德上可接受的政府必须满足某些标准,这种标准必定与人们在社会生活中期望获得和维护的重大利益具有某些可设想的联系。当权利的概念作为保护和促进这些利益的一种方式而发展出来时,它就进入了对这种标准的界定中。这一点在古典社会契约论理论家那里是最明显不过的。这些理论家假设,人生来就有某些自然权利,但是这些权利在自然状态下无法得到有效保障,因此人们就决定通过社会契约将这些权利托付给主权者,在由此而确立的社会中,为了让这些权利得到有效保障,人们就设立了某些可以公共地强制实行的机制,例如各种法律制度以及与社会正义相关的其他制度。在从自然状态到社会的转变中,权利于是就被设想为一种思想工具。然而,有可能其他思想工具也可以发挥类似职能。因此我们就可以问:在试图为政府行为和社会行为表述和确立一套标准时,权利的语言是否具有某种独特优势?在哲学中,为了阐明一个困难的或者成问题的概念,我们往往可以采取将其独特功能鉴定出来的方式。例如,我们可以问,一个概念在有关领域或实践中扮演了什么角色?人们究竟是出于什么动机而决定接受一个包含它的信念系统?

通过对权利的概念提出类似问题,我们就可以对它获得一种更好的理解。显然,我们并不声称对任何东西都有权利,也不认为在任何时候、任何事情上都要使用权利语言。例如,假若没有谁禁止我阅读《动物农庄》,我就不能有意义地声称我**有权**阅读这部作品。在这种情况下,我大概是出于自己的个人兴趣而阅读这部作品,正如我可以出于自己的学术兴趣或个人偏好而选择阅读康德而不是德里达。因此,权利的观念必定与人们**普遍地**格外看重的东西具有某种联系。声称有权拥有或获得这些东西,就是说它们应该得到一种特别的保护或促进。例如,从人类的生物学构成上来看,人类生命有一种无助的脆弱性:我们的身体很容易遭受各种物理伤害;不管我们认为自己作为人具有什么特殊的地位或资格,我们首先是有身体的存在者,而作为生命有机体,我们的正常成长需要充足的食物和适当的营养;为了应付复杂多变的生活环境和社会生活的需要,我们的智力就需要得到适当发展。假若我们在这些方面的需求得不到满足,我们就无法享有一种完整的和健全的人类生活。可想而知,如果确实存在道德权利,那么这些权利首先是与人类生命的某些特点以及人类生活的某些本质条件相联系。换句话说，在我们对人类生命和人类生活的反思中，与这些特点和条件相联系的东西被认为具有某种特殊的重要性和优先性。

那么，我们可以将权利**仅仅**看作一种具有高度优先性的目标吗？一些理论家认为不能用这种方式来看待权利，并提出了一些理由来支持其主张。[①] 首先，如果权利旨在保护人们特别看重的东西，那么权利就必须具有某种确定性或明确性。比如说，权利规定了谁有资格得到某些东西或享有某种待遇，规定了谁必须在指定条件下让这些东西得到满足，让这种待遇得到实现。而目标是一个相对灵活的概念，甚至具有高度优先性的目标也可以用各种方式来追求，此外，当实现一个目标的希望变得渺茫，或者其他更加重要的机会出现时，人们也可以推迟实现或者甚至放弃那个目标。其次，不管我持有的某个目标对我来说多么重要，这个事实本身也很难说就可以在其他行动者那里产生义务或责任，因为蕴含在个人目标中的利益未必能够被普遍承认或分享——当然，除非我是通过某种契约或许诺关系而持有某个目标，在这种特殊的情形中，对方就对我负有责任或义务，后者的根据就可以让我拥有一项权利。在道德权利的情形中，义务的根据所提供的理由一般来说不仅是绝对的，而且也是排他性的：在相应义务的承担者那里，这种理由不仅具有特殊分量，而且也能排除某些竞争性理由。当义务的承担者未能履行义务时，他就受制于责备和愤恨之类的反应态度，或者自己具有自责和内疚之类的情感态度。[②] 与权利相关联的义务是康德意义上的"完全义务"(perfect duties)，不同于慈善和自我完善之类的不完全义务，违

---

① 例如，参见：Ronald Dworkin，"Rights as Trumps"，in Jeremy Waldron (ed.)，*Theories of Rights* (Oxford：Oxford University Press，1984)，pp. 153-167；Robert Nozick，*Anarchy，State and Utopia* (New York：Basic Books，2013)，chapter 3；Thomas M. Scanlon，"Rights，Goals，and Fairness"，in Waldron (1984)，pp. 137-152。这些理论家本质上是在批评或反对功利主义的权利概念。然而，也有一些作者试图表明，一种后果主义的道德理论不是不能说明和容纳权利的概念，例如，参见：L. W. Sumner，*The Moral Foundations of Rights* (Oxford：Clarendon Press，1987)；William J. Talbott，*Human Rights and Human Well-Being* (Oxford：Oxford University Press，2010)。

② 参见 Joseph Raz，*Practical Reason and Norms* (Oxford：Oxford University Press，1999)，pp. 35-45，178-199。

背完全义务是在不公正地对待权利拥有者，对后者做出道德上错误的事情。[①] 最后，对于持有道义论立场的理论家来说，权利是要用来保护个人的某种资格或地位，而且，这种保护是要在平等尊重的原则下来设想，例如，即使侵犯某人的某项权利可以最大限度地促进社会福祉，让大多数人的偏好得到满足，或者甚至使得同样的权利在更多的人那里不受侵犯，也不能这样做，因为这样做意味着为了其他人的利益而侵犯了一个人所具有的某种资格，例如他作为人的尊严或平等地位。因此，当功利主义者或后果主义者将道德行动的目标设想为一种要被最大限度地促进的客观上有价值的事态时，诺奇克将权利理解为对这种目标所施加的“边际约束”(side-constraint)，认为权利界定了实践慎思的界限，也就是说，权利的本质职能在于从行动者对“如何行动”的慎思中排除某些形式的关涉他人的行为。例如，具有不受酷刑折磨的权利意味着，甚至当其他人只是在**思考**对你施以酷刑时，他们就已经错了。德沃金将权利比作“政治王牌”，以此来把握权利所具有的那种特殊力量：“个人权利是个人具有的政治王牌。当某个集体目标不能充分地辩护对个人作为个体想要具有的东西或想要做的事情的否定时，或者当它不能充分地辩护将某种损失或伤害施加于个人时，个人就有了权利。”[②]

就像诺奇克一样，德沃金显然也将个人权利理解为其他人在寻求促进自己的利益(或者政府在以国家的名义寻求促进多数人的利益)时所要尊重的基本要求。对于德沃金来说，个人权利的根据显然在于人的平等尊严和平等尊重的思想，正如他进一步指出的，“权利制度之所以关键，就是因为它表达了多数人对少数人做出的一个承诺——他们的尊严和平等会得到尊重”，因此，“如果权利是言之有理的，那么其重要性程度就不可能是如此不同，以至于当其他人的权利得到考虑时，一些人的权利根本就不算数”。[③] 总而言之，在德沃金这里，认真对待权利就在于认真看待每个人作为人都具

---

① 关于康德对完全义务与不完全义务的区分以及他提出的论述，参见康德《道德形而上学》第二部分，即“美德学说的形而上学第一原则”。

② Ronald Dworkin, *Taking Rights Seriously* (Cambridge, MA: Harvard University Press, 1978), p. xi.

③ Dworkin (1978), pp. 205, 203-204.

有的独特地位。不管我们如何描述这种地位,它似乎在某种意义上都是不可侵犯的——哪怕是为了促进多数人的利益,或者促进某种意义上的“公共善”,也不能侵犯个人权利。

然而,这样说并不意味着德沃金将个人权利看作是**绝对的**——他对权利的看法实际上比那种强调个人权利的**绝对优先性**的观点要复杂得多。在按照平等资格和平等尊重的概念来理解个人权利的根据时,德沃金是在批评赫伯特·哈特在边沁学说的基础上发展出来的那种法律实证主义。这种观点认为,法律制度构成了一个体制,后者的总体目标是在个人当中促进最高的平均福祉,因此就允许为了这个目标而无视某个人或某些人的个人权利。然而,德沃金论证说,个人权利也可以推翻某些不是按照福利主义观念来设想的社会目标,例如为了多数人的信仰自由而压制或侵犯某人信仰自由的权利。这不是说政府无论如何都不能推翻任何个人权利;而是,在权利发生冲突的情况下,为了暂时悬搁或不考虑某个人的权利主张,政府就得寻求强有力的理由来支持其做法,正如德沃金自己所说:

> 即使有人声称公民有权对抗政府,但他无须极端地认为,国家在推翻这项权利上总是得不到辩护。例如,他可以说,虽然公民有言论自由的权利,但是,如果推翻这项权利对于保护其他人的权利是必要的,或者对于阻止一场灾难的发生是必要的,那么政府就可以这样做。不过,有一件事情是他不能做的,即认为政府在按照某些微不足道的理由来推翻一项权利时得到了辩护。他不能说,只要政府判断自己所采取的某个行为很可能给社会带来某种好处,政府就有权采取。因为假若他承认了这一点,那就意味着他尚未把握权利要求的要旨,就会表明他是在另一种意义上来使用“权利”这个概念,而不是在如下意义上来使用这个概念:正是因为有了权利,他的要求才具有通常被认为具有的那种政治重要性。①

在这里,德沃金提到了两个基本观点,其中一个观点很早以前就由康德提出来了,另一个观点则涉及权利与社会效用的关系。康德强调一个人对

① Dworkin(1978), pp. 191-192.

自由的行使要符合其他人对类似自由的行使。[①] 因此，就第一个观点而论，德沃金至少是在说，一个人对某个权利的行使要与其他人对类似权利的行使相容，例如，你对言论自由的行使不能妨碍其他人的言论自由。如果某些权利是每个人都平等地享有的，那么康德的原则至少在这种权利的情形中是成立的。此外，即使从权利被看作是具有特殊分量的规范考虑，不同类型的权利在重要程度上仍有差别。例如，一般来说，生命权肯定要比不受折磨的权利具有更大分量。如果唯有通过折磨某个恐怖分子，才能避免成千上万无辜者的生命受到威胁，那么，当政府决定采取这种做法时，它所采取的行为就不是道德上根本得不到辩护的。权利可以被理解为具有初步分量的道德主张，也就是说，一项权利一般来说应该得到尊重，除非它与某个具有更大分量的权利发生冲突，或者可以提出强有力的道德理由来表明，在某个特定情形中，这项权利的**行使**（而不是这项权利本身）应该受到限制。例如，按照德沃金自己的说法，一般来说人们具有言论自由的权利，然而，假如某个人在拥挤的电影院中恶作剧地高喊"放火吧"，那么其言论自由的权利就应该受到限制，因为在这种情况下，这项权利的实施与其他人维护自己生命安全的权利相冲突。因此，如果个人权利本质上是为了保护个人不被当作获得一般性的社会目的或政治目的的手段，那么，除非政府能够提出强有力的理由来表明在特定情形中悬置个人权利是正当的，否则它就不能为了促进一般意义上的社会目标而侵犯个人权利，甚至也不能为了维护多数人的权利而侵犯某个人或少数人的权利。

乔尔·芬伯格对权利的重要性提出了类似的论证。他要我们设想一个名叫"乌有乡"（Nowheresville）的社会，该社会的一个重要特征就在于：与我们所生活的社会相比，其中的人们并没有权利，除此之外，它在任何其他方面甚至好于我们的社会。例如，在那个社会中，人们不仅不乏慈善、怜悯、同情之类的情感以及为了培养和形成伦理美德而需要的道德敏感性，而且觉得自己在道德上有责任做某些事情，尽管这里所说的责任既不是我们所熟悉的那种对别人负有的责任，也不是权利的拥有者所声称的责任，可能只是

---

① 康德在不少地方都提出这个原则或者类似的说法，特别是在《道德形而上学》第一部分对外在自由的规定中。罗尔斯在《正义论》中提出的第一个正义原则也包含类似的要求。

一种出于道德良知而觉得自己必须做某些事情的感受,或者用芬伯格自己的话,一种"自发的慈善"。芬伯格认为,乌有乡中的人们所缺乏的是一种个人应得(personal desert)的概念。因此,"甚至当他们不公平地受到歧视,或者根本就得不到自己所需要的东西,或者为此而受到虐待的时候,他们不会想到彼此提出公正的要求,尽管他们可能也不会害怕使用武力和诡计来获得自己想要的东西。他们没有权利的概念,因此就不会有应得的概念"。① 乌有乡中的人们因此就缺乏霍菲尔德所说的"要求权",而在芬伯格看来,这种权利的根据就是个人应得的概念,即一个人因为具有某种资格而值得拥有某种东西的思想——"唯有那些有资质或资格拥有某个东西的人……才能对它提出一个权利主张"。② 因此,对芬伯格来说,为了具有一项权利,一个人就必须表明他满足了一个用来指定相关资质的所有权规则所规定的条件,声称权利的活动是一种规则制约的活动。例如,为了声称财产所有权,社会就得首先有一套制约财产的获得和转让的规则,一个人可以按照这些规则来声称自己对某个东西的所有权。类似地,芬伯格或许认为,假若一个社会存在着某些用来承认人的平等尊严的规则,那么生活在其中的人们就可以具有人权。

仅仅从权利的现象学来看,权利之所以不同于大多数目标,是因为权利具有某种确定性和规范约束力,因此就比一般意义上的目标更适于强制实行。那么,权利是否可以由此被看作目标的一个子集,即一种具有高度优先性和明确性的目标呢?答案似乎是否定的,因为具有这两个特征还不能将目标转化为权利。一个例子足以说明这一点。假设一个家庭明确承诺要供他们唯一的孩子上大学,因为这是摆脱家庭贫困的唯一方式,因此就把这个目标设想为近期的最高目标。提前为孩子上大学做好准备对这个家庭来说就成为一个具有高度优先性的目标。这个目标既是明确的又具有高度的优先性,但我们显然不能认为,这个家庭因此就有了让孩子上大学的权利,因

① Joel Feinberg (1970), "The Nature and Value of Rights", *The Journal of Value Inquiry* 4: 243-257, quoted at p. 249. 读者可能会觉得,芬伯格提出的这个主张不符合他自己对这个社会的设想。不过,我们可以认为,这个社会一开始(或者在其发展的早期阶段)可能就是芬伯格设想的那个样子,但是,随着生活资源开始变得相对欠缺,或者人们开始有了竞争意识(或者卢梭所说的虚荣心),其中的人们就变成了芬伯格目前所描述的那个样子。

② Feinberg (1970), p. 250.

为被看作权利的东西在某种意义上也必须具有强制性——权利是在适当条件下**必须**得到落实的东西。假设孩子的母亲突然身患重病，为了治病，这个家庭就不得不动用已经给孩子准备好的上学费用，那么它就还说不上对孩子做错了什么。相比较而论，假若权利就像德沃金所说的那样，对于保护个人尊严（或者更确切地说，一个人作为平等的个体而具有的平等尊重资格）来说是必要的，那么侵犯个人权利就是一种严重的不正义（除非这样做能够得到强有力的辩护）。直观上说，能够成为权利的主张必须是可强制实行的，不管一项权利是通过协议而确立的，还是一个人因为生活在某种政治制度下而被赋予的，抑或是来自某些关于人的平等地位的道德考虑。因此，具有高度优先性还不足以将一个目标转化为权利。实际上，正是因为权利具有高度的优先性、明确性以及规范的约束力，用权利的语言来表述一个得体的政府必须满足的基本要求才变得具有吸引力。

那么，被看作权利的主张为什么能够具有这些特征呢？此前我们指出，能够被称为“权利”的主张必定与人们最看重的某些东西具有联系。这些东西必须具有某种普遍性和可操作性。例如，如果你声称爱情是你在生活中最为看重的东西，由此认为你有权拥有爱情，那么你的主张就显得很古怪。我们不太清楚“有权拥有爱情”究竟意味着什么。当然，你可以说你有恋爱自由和婚姻自主的权利，正如《世界人权宣言》第16条所规定的那样。你能够有这项权利，因为它体现了对个人自主性的尊重，而自主性在人类生活中显然具有一种特殊的重要性。不过，尽管爱情是人们可以分享的价值，但它也体现了个人品味：不同的人对于爱情是什么可能会有不同的理解。此外，一个人是否真正地“拥有”爱情，有时候并不是他能够自由支配的事情，在某种意义上也不是其他人要负责任的事情（即在其他人那里产生了一项义务）。因此大概就不存在“拥有爱情的权利”这样的东西。这个事实表明，即使我们可以认为权利关系到人类生活中某些具有根本重要性的东西，但我们仍然需要进一步阐明或理解这些东西与权利主张的关系。

从前面的论述中可以看出，权利至少在两个方面不同于具有高度优先性的目标：第一，说一个人P对某个东西X拥有权利至少是在说，P相对于X来说具有某种特殊地位，例如在某些条件下能够自由地支配X，在这里，“自由支配”这个说法可以在霍菲尔德鉴定出来的某个意义（或者这些意义的某个组合）上来理解。第二，权利要求或蕴含了相关联的义务。为了阐明权利的本质,我们至少需要说明权利拥有者相对于权利主张的对象所具有的那种特殊地位以及权利和相应的义务之间的联系的本质。如果主张权利的活动确实是一种规则制约的活动,那么我们就不难理解权利主体为什么能够具有一种特殊地位。例如,财产权是由财产制度中的规则确立起来的,举个例说,按照一种洛克式的观点,如果一个社会中存在着关于财产的获得和转让的规则,那么一个人通过加工自己所占有的原始资源而获得的产物就是他可以正当地拥有的,也就是说,是他的个人财产,其他人不仅没有资格声称自己拥有那些产物,在未经他许可的情况下占有那些产物也会受到某种制裁或惩罚。各种形式的契约关系也可以确立某些权利和义务,只要相关的规则是各方都自愿承认的。我们大概也可以认为,个人是因为具有被称为"人的尊严"的那种特殊地位而具有人权或道德权利,即使我们目前仍然不太清楚尊严如何能够将某些**本质上**不依赖于任何社会约定的权利赋予个人。总而言之,如果具有权利本身就标志着一种资格,那么我们大概就不难理解权利主体何以能够对权利主张的对象具有一种特殊的支配力量。不过,对于权利拥有者与相关联的责任之间的关系,理论家们可以提出不同的说法。这些说法大体上可以总结为两种主要观点:权利的利益理论和选择理论。①

大致说来,利益理论按照利益来设想义务,然后按照义务来确立权利。边沁认为,"违法行为"之类的概念要求义务或强制性服务的思想,而具有后者就是要发明权利。更一般地说,如果其他人有责任履行(或不履行)属于某个人利益的行为,而且这些人是可以明确地指定的,那么后者就被认为具有了一项权利。这种理论之所以被称为"利益理论",是因为它将某个人的利益(或者其福祉的某个方面)设想为将其他人置于某个责任下的一个充分理由。② 利益理论声称,权利是为了服务于权利拥有者的相关利益而存在的:如果我们能够提前指出哪个人可以从某项责任的履行中获益,那么我们

---

① 利益理论主要是由具有功利主义思想倾向的理论家提出的,它在历史上的直接来源是边沁的权利理论,选择理论据说在康德的意志学说中有其根源,其当代的最重要的捍卫者是赫伯特·哈特。对于这两种观点以及二者之间争论的论述,参见:Sumner (1987), pp. 39-55; Matthew H. Kramer, N. E. Simmonds and Hillel Steiner, *A Debate over Rights: Philosophical Enquiries* (Oxford: Clarendon, 1998)。

② 例如,参见 Joseph Raz (1984), "On the Nature of Rights", *Mind* 93: 194-214。

就在权利和责任之间确立了一种联系。但是，利益理论必须进一步阐明这种联系的本质，因为显然并非受益于一项责任的履行的所有人都是权利的拥有者。假设我向你借两万块钱去买基金，答应在年底还钱。我对这项义务的履行可能会让你全家人都有好处，甚至也可以让某些其他人得到好处（只要他们可以从你对这笔钱的使用中获益）。然而，我们显然不能认为你的家人或其他人有权要求我还钱。当然，利益理论的倡导者并不是原则上不能解决这个问题。例如，他们可以认为，为了拥有一项权利，受益者的利益必须是相关义务的**直接**根据（或者至少接近于这种根据）。如果你被认为有权要求我还钱，那么正是你从这笔钱中获得的直接好处，而不是任何其他人从你对这笔钱的使用中获得的好处，才能构成那个权利的根据。

利益理论按照利益来确立责任和权利，并通过一种直接的"受益"关系将二者联系起来。不过，值得指出的是，也不是一个人有责任做的任何事情或其根据都能产生相应的权利，正如约瑟夫·拉兹所说："我有责任维护某些植物，因为我答应其拥有者在外出度假时这样做。我的园丁有责任照看我的花园，因为雇佣合同要求他这样做。一些科学家有责任维护某些稀有的植物物种，因为它们是用来治疗某种罕见的致命疾病的唯一资源。这些科学家之所以有责任对珍稀植物采取某种行动，是因为具有这些责任可以让植物受益。然而，我们显然不能说植物有权获得那些好处。"[①]之所以不能认为植物有权要求维护，不仅是因为只有具有利益观念的存在者才有可能具有权利，更重要的是因为植物的存在和繁荣在拉兹看来并不具有根本价值。在这里，说一个东西具有根本价值，就是说其价值并不依赖于它对一个人可能具有的工具价值。当然，如果一个东西并不只是具有工具价值，那么它或许就具有所谓的"内在价值"或"固有价值"。然而，也不是所有具有内在价值的东西都具有根本价值；例如，宠物爱好者可能会认为，他们对自己宠物的依恋至少在如下意义上是有内在价值的：对他们来说，这种依恋关系是好生活的一个内在构成要素。不过，对于拉兹来说，宠物被认为具有的这种内在价值仍然不是根本的，因为它是来自宠物对其爱好者的福祉所做出的贡献（尽管这种贡献是构成性的，而不只是工具性的），只有人的福祉才可以被看作一个根本价值。因此，通过限定可以成为责任根据的那些利益，

① Raz (1984), p. 205.

利益理论就可以说明为什么不是一切利益都能成为责任的根据,因此都能产生相应的权利。

利益理论基本上承袭了功利主义的思想框架。对于功利主义思想家来说,一切责任都是要促进个人利益,能够从某些责任中产生出来的权利亦是如此。当然,这不是说其他人的利益或社会的利益并不重要,而是,权利的利益理论首先要强调的是权利对其拥有者的利益的保护。利益理论还可以说明我们对权利的一个重要认识:即使每个人都具有权利,也不是每个人都有义务去做将会促进相关利益的事情。既然权利要求相应的义务,权利本质上就是面对某些人而持有的。但是,作为权利根据的利益在重要性程度或范围上可以有差别。许诺或契约产生的权利可以有明确的责任承担者;来自某些特殊关系(例如亲情和友谊)的权利和义务也有可以明确指定的对象。不过,如果每个人都有某些可以普遍分享的重要利益,那么从这些利益中产生出来的权利就是面对整个世界而持有的。例如,人身安全的权利向每个人都施加了不要恣意攻击和囚禁他人的责任,正如密尔所说,普遍的道德权利之所以能够得到辩护,本质上是因为它们保护了人们最根本的和共同的利益。因此,只要利益理论能够说明和界定那些可以构成责任根据的利益,它似乎就可以说明权利被赋予的那种特殊地位以及权利和义务之间的具体联系。尽管边沁反对自然权利的概念,强调权利只有在一个明确地规定了相关义务的法律系统中才有意义,但甚至某些批评者也认同他按照利益的观念对权利提出的说明。例如,托马斯·潘恩就认为,“人是通过恰当地关注自己的利益而认识到自己的权利”,与边沁站在同一阵营的柏克则认为,“人在政府那里具有的权利就是其利益”。①

当利益理论主要是从责任承担者的角度出发来理解权利时,权利的选择理论将关注焦点放在权利拥有者身上。这种理论的核心主张是,如果一个人有能力(power)支配某个义务或约束,例如通过强化或豁免那个义务或约束,那么他就有了一个权利。假设一个人 P 有义务做某事,而另一个人 Q 能够支配这项义务,那么这种支配性力量就使得 Q 成为一个权利拥有

---

① Shapiro and Calvert (2014), p. 309; Edmund Burke (1790), *Reflections on the Revolution in France* (edited by Frank M. Turner, New Haven: Yale University Press, 2003), p. 52.

者。例如,如果P对Q做出许诺,P因此就获得了履行许诺的义务;如果Q能够要求或豁免那个许诺,他就具有了相应的权利。选择理论的基本思想最早是由19世纪英国法学家约翰·奥斯丁提出来的。[①] 奥斯丁意识到了早期的利益理论面临的某些问题,例如,他指出,一项法定权利有可能让权利拥有者获得好处,也有可能不能让他获得好处。为了判断或确定一个人是否确实拥有一项法定权利,奥斯丁提出了如下检验:如果某人被认为有义务履行与某个权利相关联的责任,却没有履行,那么,只要另一个人能够要求他进行某种补偿,后者就被认为具有了一项权利。按照这种观点,只有当一个人被明确指定为权利拥有者,而且可以**自由地选择**是要强制实行还是要放弃与那项权利相关联的义务时,他才能被认为真正地拥有了一项权利。在这种解释下,对某个东西X拥有权利意味着具有对X实施**有效**控制的权力或权限。[②] 在某些情形中,我们不难理解"有效控制"这个概念与权利的关系。例如,当我对你做出一个许诺时,我的许诺就在你那里产生了一个理性期望——你指望我兑现我对你许诺的事情。如果人们彼此间的理性期望在人类生活中具有某种重要性,那么,当我未能兑现许诺时,你就可以对我提出批评或指责。这种批评或指责是合理的或有辩护的,而且,也只有你才有资格取消我兑现许诺的义务。对于契约关系所产生的权利,我们大体上也可以提出类似的分析。总之,按照选择理论,只要一个人能够选择放弃自己提出的主张(因此取消或废除对方负有的相应义务或责任),或者保持自己的主张的有效性,他就可以被认为有了一项权利。这就是说,权利的概念可以按照主张和有效控制权(power for effective control)来加以分析,正如哈特所说,如果我们想要表达"对个人的那种独特关切",那么我们所要利用的想法并不是"功利主义的利益概念",而是"'法律给予个人以某种完全的控制'这个思想……以至于在相应的责任所涵盖的行为领域,具有权利主张的个人对于负有责任的那人有一种小规模的最高统治权"。[③] 按照这种理

---

① John Austin (1832), *The Province of Jurisprudence Determined* (edited by Wilfred E. Rumble, Cambridge: Cambridge University Press, 1995).

② 对这个主张的详细论述,参见 H. L. A. Hart, *Essays on Bentham: Jurisprudence and Political Theory* (Oxford: Clarendon Press, 1982), especially chapter 10。

③ Hart (1982), p. 183.

论,权利让一个人具有了控制他人选择的特殊地位——如果A面对B持有一项权利,那么A就有权威或资格在某些方面控制B的选择。从选择理论的角度来看,权利旨在保护和促进个人自主性。

利益理论和选择理论其实都只是旨在分析**法定权利**的概念,本身并未对人权或道德权利的本质和内容提出任何说法。当然,利益理论显然能够具有更一般的应用。与此相比,如果哈特所说的那种"支配权"对于权利拥有者有效地控制相关的责任来说是必要的,那么,在缺乏制度来应用和强制执行规则的情况下,好像就没有实际上有效的权利。哈特确实承认他提出的分析甚至不能适当地说明所有法定权利①,更不用说道德权利或人权了。例如,我们普遍相信,我们有责任不要伤害和折磨他人。如果不受伤害和折磨是一项重要利益,例如因为受到伤害和折磨一般来说会对一个人的身体条件和心理状况产生不利影响,那么我们就可以设立一项权利来保护这个利益。然而,很少有人会认为,我们有充分的理由允许这种行为的潜在牺牲者(或者任何其他人)撤销我们不要这样对待他们的责任。然而,按照选择理论,只要潜在的牺牲者没有能力支配这项责任,他们就没有相应的权利。这个结论显然是荒谬的。② 选择理论将关注焦点放在权利拥有者与义务承担者的关系上。但是,在尝试按照这种关系的某些形式特征来分析权利时,它本身并未说明为什么人们首先具有权利和义务的概念所表征的那种关系,例如,为什么一个人可以对他人具有某种支配性力量或能力。实际上,作为权利拥有者,我所具有的那种"支配力量"可能本身就是来自我的权利主张所依据的那项利益。在试图按照个人自主性来理解这种支配关系时,个人自主性本身需要按照某些进一步的价值来说明。如果个人自主性是追

---

① 参见 H. L. A. Hart, "Bentham on Legal Rights", in *Oxford Essays in Jurisprudence*, second series (edited by A. W. B. Simpson, Oxford: Clarendon Press, 1973), pp. 171-191。

② 实际上,如果选择理论旨在对"权利"提出一种概念分析,那么它就没有满足任何令人满意的概念分析必须满足的一个基本要求:在"有能力在某些方面支配他人的选择"这个说法中,"能力"(power)这个概念显然是含糊的——如果它指的是"权力"或"权限",那么这个含义已经包含在我们对"权利"的直观认识中;如果它指的是一种物理力量,那么我们至少就不清楚上述说法对"权利"提出了恰当的分析,因为我们很难相信物理力量的行使本身就可以构成权利的一项根据。

求好生活的一个前提，就像密尔所认为的那样①，那么我们就有理由认为，选择理论根本上仍然是立足于对于某些重要利益的考虑。换句话说，即使个人自主性并不直接构成传统功利主义思想家所设想的“幸福”或“福祉”，但它可以是好生活的一个基本条件，因此可以被处理为一种高阶利益。在这里，我们没有必要在利益理论和选择理论之间做出取舍，因为它们有可能只是从不同的角度来理解权利的功能，这些理解无须在根本上是不相容的，正如萨姆纳所指出的：

> [这两个理论]都分享了对一个根本观念的承诺，即权利的职能是要充当对于社会目标的追求的约束。因此它们都分享了如下根深蒂固的信念：真实的权利必须通过对其他人施加规范约束来保护其拥有者，这些约束必须包括其他人所负有的责任。……利益理论将权利处理为促进个人福祉的设施。因此，它就主要将权利拥有者描绘为一种社会网络的消极受益者，这种网络是由其他人来分担的保护性责任和支持性责任构成的。从这种描述中可以得出如下结论：只有当一个存在者拥有利益时，他才能成为一个权利拥有者。另一方面，选择理论将权利看作促进自由或自主性的设施。因此，它就主要将权利拥有者描绘为将她与他人联系起来的一个规范网络的积极管理者。从这种描述中就可以得出如下结论：只有当一个存在者拥有这些管理能力时，他才能成为一个权利拥有者。……但是，既然利益理论可以将自由或自主性处理为一种特殊的(高阶)利益，对于其竞争对手接受为权利的任何东西，它就会将之作为一项权利来接受，但反过来并非如此。②

换句话说，选择理论的倡导者倾向于将权利的概念与道德人格中积极主动的方面联系起来。对他们来说，权利旨在保护与选择、自我决定、活动性和独立性特别相关的利益，而不是所有人类利益。在这种理解下，与权利相关联的义务主要是消极义务，即不要干预他人的行动和选择的义务，而不是积极援助的义务。这种理解与这些理论家对政治道德的某些考虑有关，

---

① 参见密尔，《论自由》，第三章。J. S. Mill, *Utilitarianism and On Liberty* (edited by Mary Warnock, Oxford: Blackwell, 2003).

② Sumner (1987), p. 47.

尤其是与自由市场原则和一种“最低限度国家”的概念有关。[①] 选择理论因此就暗示了如下主张：权利拥有者是作为行动者和选择者而出现的，而不是作为积极援助的潜在接受者而出现的。

相比较，利益理论一开始就是从功利主义的思想框架中发展出来的。传统功利主义者很关心促进人类福祉，因此就把关注焦点放在与人们的生存和生活质量有关的权利上，即通常所说的“社会-经济权利”，例如接受教育和享受基本医疗保障的权利。密尔认为，权利是社会应该加以保护的有效主张。但是，如果权利本质上就是这样的主张，那么权利或是必须受到保护，或是必须得到促进，取决于权利拥有者所持有的权利是什么样的权利。例如，如果具有言论自由的权利对于人们表达自己的思想和需求来说是必要的，那么这项权利就应该得到保护，这至少意味着政府或者其他行动者不能无故干涉我对这项权利的行使。在这个意义上说，政府或者其他行动者就对我负有一种消极责任。通过切实履行这项责任，他们就表达了对我的自主性的尊重。如果人有权让自己的基本需求得到满足，那么具有这项权利就意味着社会有积极的责任满足这项权利的要求。因此，我们确实无须认为利益理论和选择理论必定是相互排斥的。如果作为道德权利的人权关系到作为一个整体而存在的人的根本利益，而这个意义上的人是有理性的动物，或者说是有身体的理性存在者，那么我们就没有理由认为人权的根据仅仅在于其中某个方面，例如，或是“人类生活的积极的、实践性的、坚定而自信的方面”，或是“消极的、感受性的或者甚至病理性的方面”。[②] 这个主张对于我们理解人权的多样性以及设想人权的辩护都极为重要，正如我们在下一章中就会看到的。

四、相对主义挑战

我们之所以简要论述权利的本质，是为了传达两个基本思想：第一，权

---

① 例如，参见 Robert Nozick, *Anarchy, State and Utopia* (Oxford: Blackwell, 1980)。

② Waldron (1984), p. 11.

利总是以某种方式与义务或责任相关联——拥有一项权利意味着某个第三方有义务或责任落实这项权利的内容；第二，不管权利理论家们对权利的根据提出了什么说法，我们至少可以认为，权利旨在保护人类生活中某些具有根本重要性的利益。然而，人权的观念提出了新的问题。人权被认为是普遍的和平等的。这个主张至少具有两个基本含义：第一，假如确实存在着人权，那么一个人是因为享有人性的某些共同特点而具有人权；第二，如果每个人都是因为是人而具有这些特点，那么，只要存在着人权，人权就应当是每个人都平等地享有的。因此，如果人权旨在保护人类个体的某些根本利益，那么，在每一个人那里，这些利益都应当得到平等保护。对人权的这种理解于是就会产生两个核心问题：第一，是否确实存在着人权，或者换句话说，在我们称为“人性”的那种东西中，是否确实有某些共同的特点为人权的观念提供了思想基础？第二，如果人权是普遍的和平等的权利，而权利又要求相关联的责任或义务，那么这样的责任或义务究竟应当由谁来承担。这两个问题都涉及人权的**辩护**。为了便于论证，在探究人权的辩护之前，让我们先来处理对**普遍**人权观念的一个重要挑战：从相对主义立场提出的挑战。

当联合国教科文组织属下的人权委员会起草那份国际人权议案时，他们所面临的基本问题就是要发现对人权概念的一种表述，在这种表述下，人权能够被接受为真正普遍的，而不只是体现了西方国家的价值。当时，联合国的很多成员国才刚刚形成，其中不少国家在第二次世界大战爆发前都是西方列强的殖民地。因此，为了避免只有西方的文化价值和政治价值才会得到认同，该委员会请求美国人类学协会对议案的起草提出建议。美国人类学协会提交了一份名为“关于人权的陈述”的报告，其中有这样一个主张：个人权利必须建立在承认一个事实的基础上，即一个人只有按照其所生活的社会的文化才能发展自己的个性（personality）——“从[一个人]出生的那个时刻起，不仅他的行为，而且他的思想、希望、抱负以及引导他的行动、在他自己眼中为其生活提供意义的道德价值，都是由他作为成员的那个群体的习惯来塑造的”。① 既然一个人是通过自己所生活的文化而实现其个

① American Anthropological Association (1947), “Statement on Human Rights”, in Morton E. Winston (ed.), *The Philosophy of Human Rights* (Belmont, CA: Wadsworth Publishing Company, 1989), pp. 116-120, quoted at p. 117.

性的，尊重个体差异就要求尊重文化差异。这些人类学家由此强调说，在对人权提出一个系统表述时，应当将尊重文化差异看作一个指导原则。他们也进一步指出，一切标准和价值都是相对于将其产生出来的文化而论的，在一个社会中被认为是人权的东西，在另一个社会中或许被认为是反社会的，因此就不应该试图按照一个文化的价值来判断另一个文化的价值。他们由此引出的结论是明显的：既然我们无法用一个单一的、严格的标准来判断所有社会的伦理价值和政治价值，我们就应该把伦理相对主义、价值多元主义和宽容采纳为普遍标准。这个主张就是促使联合国教科文组织将文化权利写入那份人权议案的来源。

就普遍人权观念而论，美国人类学协会的报告提出了一些值得深思的问题。人权被认为是普遍的，是每个人由于享有人性的共同特征而具有的权利。但是，如果一个人的个性，他的全部生活计划以及他对生活的意义的理解都是由他所生活的社会的价值观塑造出来的，如果不同社会具有很不相同的价值观，不能按照某个单一的标准来衡量，那么人究竟在什么意义上被认为具有共同的人性呢？当然，从生物学角度来看，不管人们在习性、能力和兴趣上具有什么差异，所有人都属于智人（homo sapiens）。但是，我们仍然不太清楚这个事实与普遍人权观念具有什么联系，因为正如这份报告所说："不同文化在复杂性程度和内容的丰富性上是有差别的，这是由历史的力量而不是生物的力量造成的。"[①]如果人的个体差异主要是由文化因素造成的，而人权并不限于保护人作为生命有机体的基本需求，那么就有一个问题值得深思：究竟有没有共同的人性？假若有的话，其中的哪些特点能够为说明或辩护《世界人权宣言》中提出的人权提供一个基础？某些受到黑格尔影响的当代理论家，例如理查德·罗蒂，也对普遍人权的观念提出质疑：对于这些理论家来说，并不存在什么先于历史的东西，或者说，并不存在什么在"社会化"底层下的东西，可以成为"人的本质"的定义。[②] 如果人完全

---

① American Anthropological Association (1947), p. 118.

② 关于罗蒂的相关论述，参见：Richard Rorty, *Contingency, Irony, and Solidarity* (Cambridge: Cambridge University Press, 1989); Richard Rorty, *Objectivity, Relativism, and Truth* (Cambridge: Cambridge University Press, 1991); Richard Rorty, *Philosophy and Social Hope* (New York: Penguin, 1999)。

是由特定的文化传统和历史条件塑造出来的，而不同的文化传统具有不同的伦理观念和政治价值，那么似乎就不可能有“普遍人权”这样的东西。我们可以把这个挑战称为“相对主义挑战”。相对主义有很多变种，但它们都有一个核心主张：并不存在普遍的人类价值或者客观的道德标准。因此，如果人权的观念要求一种道德普遍主义（不管如何加以设想），那么对人权的辩护就需要首先反驳相对主义挑战。

让我们首先看看人权的观念为什么容易受到相对主义挑战。某些理论认为对人权的所有“世俗”辩护都必定会失败，因此就试图按照某种宗教世界观来辩护人权。① 对于这些理论家来说，人权的观念包含了两个核心主张：第一，每个人在某种意义上都是“神圣的”，具有内在价值和尊严；第二，既然每个人都是神圣的，有些事情就应当对每个人做，某些其他事情就不应当对每个人做。这两个主张加在一起就具有了如下含义：既然每个人都是神圣的，人所具有的那种内在价值和尊严就不应当受到侵犯，而是应当加以维护和促进。世界上主要的宗教传统几乎都包含了“人是神圣的”这一主张。例如，基督教认为人是上帝按照自己的形象创造出来的，因此不仅在某些方面继承了上帝的神圣性，而且也是平等的。犹太教也对人的神圣性提出了类似说法，认为人的生命的圣洁性与种族来源、宗教归属、社会地位之类的东西无关。不管“人是神圣的”这个主张是否可以从世俗的观念中得到辩护，否认普遍人权的一种方式显然就是否认上述第一个主张，即否认属于“人种”的某些成员具有“是人”的资格。

相对主义真的构成了对普遍人权观念的一个挑战吗？相对主义有很多变种，每一个变种都对我们理解和辩护普遍的道德规范具有不同含义。因

① 关于这种尝试，例如，参见：Michael J. Perry, *The Idea of Human Rights: Four Inquiries* (Oxford: Oxford University Press, 1998)；Michael J. Perry, *Toward a Theory of Human Rights: Religion, Law, Courts* (Cambridge: Cambridge University Press, 2007)。我将不讨论从宗教世界观的角度对人权的辩护，主要是因为用来辩护人权的某些宗教观念（例如，“所有人都是一个大家庭”）本身需要得到进一步的说明，因此这种辩护（如果说得上是一种辩护的话）是不彻底的。当然，这并不意味着人权的观念对于我们处理某些与宗教相关的社会和政治问题没有帮助，相反，这个观念在处理这些问题上极为重要，例如，参见 David Little, *Essays on Religion and Human Rights: Ground to Stand On* (Cambridge: Cambridge University Press, 2015)。

此，为了恰当地评价相对主义挑战，我们就需要将不同变种区分开来。人类学家通过对不同文化的经验研究得出的那个论点实际上是一个**描述性**主张，通常被称为“文化多样性论点”。它所说的是，不同的社会群体（例如部落、民族等）在道德规范、伦理价值以及相应的世界观上有一些根本差别。作为经验观察的总结，这个论点是描述性的。不过，人类学家确实试图提出一个假说（即所谓的“相对性假说”）来说明这种差别：对于不同的群体来说，道德规范和伦理价值在内容和特征之所以不一样，是因为它们具有不同的文化和生存需要，因此，道德规范和伦理价值只有相对于某个特定群体才具有有效性。这个假说不仅否认人类能够具有普遍的道德规范，也认为道德信念必须完全按照一个群体的文化和生存需要来说明。为了便于讨论，我们可以将文化多样性论点和相对性假说的组合称为“人类学相对主义”。相信人类学相对主义的人往往也会认为，并不存在任何理性的、道德上中立的方法，可以用来评价或选择不同社会的道德规范和伦理价值：如果每个社会的道德规范都只是相对于其文化和生存需要才有效，就不存在对一切社会都普遍有效的道德规范。因此，我们也无法表明任何特定的道德规范究竟是不是普遍真理。这个观点是一个认识论主张，可以称之为“认识论的相对主义”。

只要一个人接受了这两种相对主义，他就倾向于提出一个**规定性**论点，即我们**应当**按照不同社会的社会价值和伦理规范来确定用来判断和评价行为的道德标准，而且，道德标准只是相对于那些价值和规范才有效。这个论点具有这样一个含义：在不同的道德态度和道德实践之间存在的那种实质性差别是一件好事，应当得到尊重。这个观点本身是一个道德见解，它所说的是，如果不同群体具有不同的文化或生活环境，那么对这些群体来说，具有不同的道德标准不仅是恰当的，也是可取的。我们可以将这个观点称为“道德相对主义”。道德相对主义者认为，既然不存在任何普遍的和无例外的道德标准，我们就应该对每一个社会的文化实践和伦理价值采取一种普遍的宽容态度。对道德相对主义者来说，唯一具有普遍有效性的原则就是那个要求宽容的原则。值得注意的是，道德相对主义者无须是认识论的相对主义者，因为他无须否认一个社会的道德规范相对于这个社会来说可以具有客观有效性，对其成员具有规范权威，但是，他强调一个社会的道德规范只是对其社会成员才具有约束力。

除了这三种相对主义外，还有一种与相对主义有关的观点也值得注意。这种观点立足于如下观察：一个社会具有什么样的价值观，一个价值在一个社会中如何最好地得到实现，很大程度上受到了该社会的生活环境（尤其是文化）的特殊性的影响。例如，与西方主流文化传统不同，中国文化传统历来都很强调各种社会关系和社会联系在一个人生活中的重要性，甚至认为某些类型的人际关系是自我的核心构成要素。因此，一个价值若想在某个环境（例如某个社会）中得到恰当实现，就必须首先在其中用一种最有意义的方式体现出来，而这种体现必然取决于环境的特殊性。[①]这样，如果一项人权所表达的价值并非"本来"就存在于某个社会中，或者即便存在也不占据主导地位，那么，在设想它如何在社会中得到实现时，就必须考虑这个社会在文化或环境上本来就具有的特殊性。为了便于讨论，我们可以将这个观点称为"文化特殊性论点"。

现在，我们将尝试表明，上述三种相对主义都不可能构成对普遍人权观念的挑战，不过，在考虑跨文化的人权实践时，我们必须恰当尊重文化特殊性论点。首先来考虑人类学相对主义。这种相对主义之所以被认为对普遍人权观念提出了一个挑战，是因为它认为人类存在者并非在任何方面都是相似的：如果每个人对生活及其意义的看法都是来自他所生活的社会的文化，而每一个文化所包含的道德规范和伦理价值都不同于另一个文化的道德规范和伦理价值，那么，在不同的文化传统中，人们对生活及其意义的看法似乎也是不同的。人权的观念当然包含了对人类价值的一种理解。如果对人类价值的任何理解都必定与人们对生活及其意义的理解有关，那么对人权的理解显然就会涉及人们的生活观念和生活态度。试图用这个思想来

---

① 麦金泰尔通过他对美德的论述系统地发展了这个观点，参见 Alasdair MacIntyre, *After Virtue: A Study in Moral Theory* (third edition, Notre Dame, Indiana: University of Notre Dame Press, 2007)。在大陆哲学中，保罗·利科也按照他对叙事的理解提出所谓的"叙事身份"(narrative identity)概念，并将它应用于伦理学和政治理论。参见：Paul Ricoeur, *Time and Narrative*, 3 Volumes (translated by Kathleen McLaughlan and David Pellauer, Chicago: University of Chicago Press, 1984, 1988); Paul Ricoeur, "Narrative Identity", in David Wood (ed.), *On Paul Ricoeur: Narrative and Interpretation* (London: Routledge, 1991), pp. 188-200。关于叙事的概念在人权实践中的重要性，参见 Kay Schaffer and Sidonie Smith, *Human Rights and Narrated Lives: The Ethics of Recognition* (London: Palgrave Macmillan, 2004)。

否认普遍人权的理论家认为，对一个特定的人来说是好是坏的东西，对于另一个人来说未必如此。换句话说，既然价值判断是相对于特定的文化传统而论的，就没有普遍有效的价值判断。对于人类学相对主义者来说，这意味着跨文化的道德批评是不可能的。因此他们就否认普遍人权的观念可以用来充当跨文化的道德批评的一个共同标准。由此可见，这种相对主义提出了两个相关主张：第一，没有什么东西对于**每一个**人来说都是好的，也没有什么东西对于**每一个**人来说都是糟糕的；第二，跨文化的道德批评是不可能的。

然而，人类学相对主义过分夸大了人类学家在不同文化那里发现的多样性和差异性。人类学家发现，因纽特人将老年人留在户外活活冻死，某些社会采取了在宗教仪式上献祭婴儿的习俗。但是，面对这些现象，我们仍然需要追问一个问题：这些行为方式究竟是根本上缺乏尊重人类生命的意识，抑或只是社会生活的迫切需要而产生的例外？

人权的观念至少意味着尊重每一个人类生命，而后者至少意味着不去有意伤害维护一个生命的基本条件。然而，对人类生命的尊重确实与一个人对生命的价值和意义的看法有关，而在不同社会中，人们可能对此持有不同的看法，因此对于如何才算尊重人的生命可能也有不同的理解。之所以如此，是因为在做出道德判断的时候，我们不仅会使用严格意义上的道德信念，也不可避免地会使用一些其他信念，例如关于某些相关事实的信念以及与我们的世界观相联系的信念。在后面这种信念中，有一些信念或许并没有可靠的理性根据。例如，我们现在大概不会相信人有来生，或者灵魂在死后会转世。道德信念只是体现了我们对道德价值的理解，而与世界观相联系的信念可能也反映了我们对其他价值的看法。这样一来，我们对事情的判断或对行为的评价往往不是来自“纯粹的”道德信念。因此，如果人们在事实问题上持有正确的信念，能够将这种信念与道德信念严格区分开来，那么人们在道德观念上的分歧或许就没有那么严重。在上述引文中，按照尼尔森的解释，对古代挪威人来说，让一个人死后在神庙中有一个受尊敬的地位就是对其生命的尊重，或者是尊重生命的一种重要方式。因此，尽管古代挪威人对尊重生命的内涵的理解可能不同于我们的理解，但这并不意味着他们根本上缺乏尊重生命的基本意识。“尊重生命”不可能只是一个抽象说法，而是需要在某些行为方式和情感态度中表现出来，而古代挪威人碰巧认为，死后在神庙中有一个受尊敬的地位体现了对一个人生命的尊重，因此驱赶年迈的父辈在战场上死去就是对后者生命的尊重。这些例子至少表明，如果让自己的生命得到尊重是一项人权，那么在利用这项人权来做出跨文化的道德判断时，我们必须慎重考虑对方特有的文化背景。

因此，我们无须认为，文化多样性必定意味着并不存在人们可以分享的某些价值。尽管人类生活千差万别，但所有人都因为属于人类、享有某些根本的生活形式而在某些方面是相似的。例如，不管一个人持有什么样的生活理想，人类生命的有限性决定了一个人只能在有限的时间去实现自己的生活理想。人类的有限性也意味着人类个体一般来说不喜欢生活在孤独恐惧的环境中。人类个体在各种能力上的有限性也意味着，合理的社会合作对于人们追求其生活理想来说是必要的。进一步说，人类历史表明，基本资源的公平分配不仅是每个人都向往的，也是避免诸多社会冲突和政治冲突的必要手段。因此，只要人类开始深入认识和反省自己的本性和存在状况，他们想必就可以在根本的道德观念上达到某种程度的一致，或者至少认识到以某种方式来共同生活的重要性。当然，是否能够达成这种一致，不仅取决于我们对人类历史的认识和反思，也取决于我们能够通过这种反思而认识到每一个人类生命都值得尊重。① 对于人权的理论和实践来说，我们需要承认的是，在文化多样性和普遍的道德规范之间存在着错综复杂的联系，这种联系是不能用任何简单化的方式来处理的。每一种文化的形成都不可避免地会受到某些偶然因素的影响，在某种程度上也是非反思性的。很多时候我们只是被动地接受我们生活于其中的主流文化，但是，当我们所生活的文化产生了令人困惑的问题，对任何合理的社会生活的可能性造成重大障碍时，我们就会意识到对它进行反思的必要性。在这个时候，我们大概就会承认，“外来”文化中的某些要素以及相关的价值可能也具有借鉴意义。共同生活的可能性以及对一种合理地设想的好生活的向往，会让我们学会

① 人权的观念在20世纪的历史基本上就是认识和承认这一点的历史，例如，参见：Didier Fassin, *Humanitarian Reason: A Moral History of the Present* (Berkeley: University of California Press, 2012); Jonathan Glover, *Humanity: A Moral History of the Twentieth Century* (second edition, New Haven: Yale University Press, 2012); Robert Meister, *After Evil: A Politics of Human Rights* (New York: Columbia University Press, 2011)。

承认某些共同的人类价值,而这些价值可能也不是任何单一的文化传统的产物。

对人类生命的尊重预设了人是有尊严的。人是由于什么而具有尊严是一个复杂问题,在下一部分中会加以简要讨论。[①] 在这里我们可以指出的是,如果一个人认为自己具有人的尊严,那么,只要他是理性的,他就很难否认其他人也具有人的尊严。一个人必定是因为认识到自己身上有一些值得尊重或敬畏的东西而认为自己是有尊严的,例如,他可能认识到人的生活重要地不同于纯粹动物的生活。如果他逐渐认识到,人能够具有思想、可以用语言进行交流,因此不同于其他非人类动物,那么他大概也会承认人是**理性**动物,因此通过交流和对话来解决争端就应当成为人类生活的一个重要标志,而不是动辄诉诸武力。如果他认识到以这种方式来解决分歧或冲突能够避免对其他重要利益造成威胁或伤害,那么他就会看重在自己身上体现出来的理性力量,并承认其他人也有类似的理性能力。这个事实表明,在适当条件下,人能够对自己及其所生活的文化进行反思,因此我们就很难否认所有人都具有(或者原则上能够具有)某些共同特征。例如,没有任何理智健全的人会否认恐怖和残忍对所有人来说都很糟糕;大概也没有任何理智健全的人会否认有一些东西对每个人来说都是好的,例如仁慈、互助以及各种形式的社会合作。此外,既然人类个体并非在任何方面都是自足的,在任何正常社会中,爱情和友谊就可以成为好生活的一个构成要素。文化确实让人们产生了个体差异,但这并不意味着他们没有某些共同特征,文化差异也不意味着人类生活没有某些共同之处。历史原因和社会现状固然可以让人性在某些人或某些社会那里被扭曲,历史上的积怨和仇恨也可以让某些民族或国家开动相互杀戮的战争机器,但是,这些事情之所以发生,很大程度上是因为对人类的共同命运缺乏充分关注。

这样说并不是要否认文化差异应该是一个具有道德含义的事实,例如,承认这种差异不仅有助于不同文化之间的宽容和理解,也能够让我们看到

---

① 对人类尊严的一般论述,参见:Remy Debes (ed.), *Dignity: A History* (Oxford: Oxford University Press, 2017); George Kateb, *Human Dignity* (Cambridge, MA: Harvard University Press, 2011); Michael Rosen, *Dignity: Its History and Meaning* (Cambridge, MA: Harvard University Press, 2012)。

人权实践中必然会碰到的一些复杂性。然而，宽容不可能是唯一的道德规范，更不用说，不可能被看作最高的道德价值。宽容总是有限度的：直观上说，我们无法宽容一个动辄为了自己的个人利益就伤害他人的人，正如我们无法宽容希特勒对人类犯下的暴行。如果我们无法宽容这种行为，那就意味着有些事情是无论如何都不应当对任何人做的。因此，即使人性并不是固定不变的，它也不是完全由任何特定的文化或传统来规定的。如果我们确实能够认识到其他文化中的某些东西对我们来说也是同样有价值的，那就意味着有一些价值对于所有人来说都是共同的。因此，当一些人试图按照文化多样性论点来否认普遍人权观念时，他们似乎是在把对人性的任何特定理解直接等同于人性本身，或者至少夸大了文化对于人类的**根本**生活形式的决定作用。无须否认，对人性的任何特定理解都会受到某些因素的影响，特别是社会主流文化的影响，然而，否认不同文化中有一些共同的要素不仅不忠实于人类经验，也是在无视一个根本事实，即人本质上是能够具有反思能力的理性存在者，在适当条件下，自我意识能够帮助人认识到自己的生活处境究竟在哪里出了问题。

此外，值得指出的是，即使文化多样性论点是真的，那也不等于直接表明道德相对主义就是真的。文化多样性论点只是意味着人类价值是多种多样的：有些价值或许只是在某些特定的社会中得到承认和实践，一些其他的价值可能只是在另一些社会中得到承认和实践。一个人对好生活的看法与其教育背景、生活经历、个人兴趣及其对能力的自我评价有关，与此类似，不同的社会、文化或传统对于什么样的生活方式对他们来说是好的也有不同看法。但是，这并不意味着他们会否认有些事情是无论如何都不应当对任何人做的。在我们所生活的时代，大概没有任何理智健全的人会认为，酷刑折磨、对女性实施强暴、种族歧视、种族清洗、无故拘留、因为政见不和而让人“消失”对任何人来说都是好事。一种健康的价值多元论并不是不符合一种最低限度的道德普遍主义，也不会拒斥这种道德普遍主义，因为某些特殊的价值恰好需要用某些根本的道德规范（例如通过相应的人权）来保护。如果人类价值的多样性被认为是一种有价值的东西，那必定存在着某个根本的、得到一致认同的东西来说明这种多样性为什么是有价值的。否认存在着任何可以分享的价值，是要让整个世界陷入一种毫无价值标准的状况，因此是要使得人类生活在总体上变得不可能。在这种情况下，价值虚无主义者也不可能用任何东西来说服我们接受其主张。

由此来看,人类学相对主义不可能构成对普遍人权观念的挑战。现在让我们转向认识论的相对主义。这种相对主义并不是针对人权观念本身,而是针对跨文化的道德批评的可能性。它所说的是,不同的文化在价值判断上所发生的分歧是无法克服的。为了看清这个主张是否可靠,我们首先需要指出两点。第一,并不是每一个这样的分歧都是合理的。假设某个群体对生活在当地的某个少数族裔实施种族清洗,两个文化的代表在种族屠杀是否是道德上错的这一问题上发生分歧,那么其中一方的观点肯定是有问题的。例如,即使他不是出于本群体的政治利益或因为对本群体持有强烈的情感依附而断言种族屠杀不是道德上错的,他也很可能是因为相信受到屠杀的那个群体不属于人类而做出了错误判断。"人是什么"可以是一个极其复杂的问题,涉及我们对人种的生物学本性、人类文化的独特性以及文化与人性之关系的理解。[①] 不过,在目前讨论的例子中,不管实施种族屠杀的那一方的代表如何理解"人"这个概念,只要他能够承认对方跟他一样具有同样的生物学构成以及大致相同的情感态度和情感回应模式,当他认为自己(或自己所属的群体)是人的时候,他就不能否认对方也是人。第二,也不是任何这样的分歧都是原则上无法解决的。在美国关于人工流产的争论中,天主教徒认为,既然胎儿属于人类生命,而每一个生命都是上帝的产物,因此受孕母亲就无权自行处理腹中胎儿;相对地,具有自由主义倾向的人们则会认为,既然受孕母亲有权自由支配自己的身体,而胎儿可以被看作其身体的一部分,因此人工流产就是道德上可允许的。在这里,我们似乎面对一种道德分歧。如果双方都单方面地诉求权利的语言来处理分歧,而权利被认为是不可侵犯的或绝对的,那么这种分歧大概就会持续下去。然而,即使胎儿被认为已经具有了生命,假如我们可以认为胎儿并不是完整意义上的人,例如,早期胎儿缺乏意识和思想的能力,更说不上能够对自己的行为和选择负责,甚至也没有任何可辨别的情感回应能力,那么一位受孕母亲至少可以自行决定要不要做人工流产。

---

① 对这个问题的一个有趣探讨,参见 Christian Smith, *What Is a Person? Rethinking Humanity, Social Life, and the Moral Good from the Person Up* (Chicago: The University of Chicago Press, 2010)。

上面这两点旨在表明，在不同文化之间出现的分歧或许是在很多因素的影响下产生的，在这些因素中，并非所有因素都是道德上相关的。有些分歧或许本身就是文化偏见的结果，有些分歧是纯粹的利益冲突产生的，等等。当然，即便如此，在试图对其他文化提出道德批评时，我们首先必须确信自己已经充分地理解了其他文化的内涵及其历史发展。我们确实能够（至少在一定程度上）理解其他文化，即使我们不打算全盘加以接受。这个事实表明，在人类经验中确实有一些共同的东西使得跨文化的理解和交流成为可能，因为理解一个文化并不只是在于懂得它所包含的词汇的字面含义，更重要的是能够分享其中所表达的思想和经验。此外，值得注意的是，在一个具有一定历史的社会中，文化本身并不是单一的，而是多元的。很多时候，一个文化中的某些部分占据了支配地位，其他一些部分则被边缘化。在这种情况下，对一个文化的批评往往采取了内部批评的方式，即从一个文化的内部寻求某些资源来批评该文化中被认为不合理的东西。比如说，在某些传统社会中，女性在很多事情上仍然处于从属地位，例如没有离婚的权利，也没有拥有或继承财产的权利。由于某些历史原因，当其他社会试图批评这些传统社会时，他们往往会受到抵触。然而，在这些社会中，不乏内部的文化资源来根除或缓解女性的屈从地位。即使女性在历史上由于社会分工而被赋予了操持家务的主要职责，但是，她们为了繁衍和抚养后代、照顾家庭而做出的贡献同样值得尊重。只要已婚男性摆脱了社会习俗和偏见，他们就应当承认这一点。当然，任何文化都是经历了一个传统而发展下来的，不过，文化的一个本质特征就在于：文化并不是固定不变的，一种文化可以通过吸收其他文化中的一些要素而发展自身。这种可能性之所以存在，部分原因就在于人本来就是寻求自我理解的理性动物，而当外部世界对自己变得开放时，自我理解和自我反思就可以促使一个人在一定程度上超越当地文化。因此，只要一个文化的内部批评本身是可能的，跨文化的道德批评在某些条件下也不是不可能的，关键在于人们要有思想开明和自我改进的态度。

当然，强调跨文化的道德批评的可能性并不是要低估这种批评的复杂性，也不是要否认每一个文化都有自身的特殊性。人权是用来表达重要的人类价值的规范考虑，就像其他价值一样，人权所表达的价值是一种要被实现的事态。然而，在任何一个社会中，也有其他的价值需要实现。因此，尽管人权所表达的价值具有高度的优先性和普遍性，但价值的具体实现可以发生冲突，例如，在某些情形中，正义的价值可能会与家庭关系的价值发生冲突。此外，对于如何促进一个价值，或者甚至在价值排序上，不同的社会可能也有不同看法。比如说，在某些西方国家，自主性和个性被认为是健康成长的一个必要条件，而在某些传统社会中，与家庭和社群的联系被认为很重要，因此，对家庭利益或社群利益的考虑可能就会影响一个孩子的兴趣和发展。若不考虑这些特殊性，人权就很难在特定社会中得到有效落实。正如一位学者所指出的："政治历史、文化遗产、经济状况和人权问题不仅在第一世界、第二世界和第三世界之间各不相同，而且在每个世界中也各不相同。在对普遍人权的落实中，我们需要记住这一点。国际上公认的人权提供了一般指南，但并没有提供一个可以机械地加以运用而不顾及政治、经济和文化多样性的执行方案。"①环境或文化的特殊性可以对一个社会的制度安排产生重大影响，因此，假如人权只有依靠一种制度化的方式才能得到有效落实，人权的落实就需要考虑这种特殊性。

以上我们试图表明，在思考普遍人权观念时，相对主义实际上具有正反两方面的含义：一方面，相对主义不可能构成对这个观念的真正挑战；另一方面，在思考普遍人权的观念如何得到具体落实时，相对主义确实提供了一些有益启示。下面我们还会继续这项议程。现在，我们不妨看看道德相对主义是否对某种形式的道德普遍主义造成了真正威胁。道德相对主义者声称，并不存在普遍有效的道德规范，每一个社会的道德规范都只是相对于这个社会才具有有效性，因此我们就**绝不应该**把只是在一个社会中才有效的道德规范应用于其他社会，例如用它们来评价其他社会的伦理行为和政治实践。道德相对主义者由此认为，既然不存在普遍有效的道德规范，我们就**应当**对所有社会实践或文化实践采取一种普遍宽容的态度。通过使用"应当"这个说法，道德相对主义做出了一个道德意义上的规定，因此其本身表达了一种道德立场。道德相对主义是从人类学相对主义和认识论相对主义中产生出来的一个观点，但它超越了二者，提出了一个规范主张。然而，如果道德相对主义强调将宽容看作一个普遍价值，那么它就是逻辑上不一致

① Jack Donnelly (1994), "Post-Cold War Reflection on the Study of International Human Rights", *Ethics and International Affairs* 8: 97-117, quoted at p. 113.

的。实际上，作为一个规范学说，道德相对主义在其一般的理论结构上也是不一致的，因为它同时提出三个主张：第一，并不存在普遍的道德原则；第二，人们应当按照自己所生活的社会的道德原则来行动；第三，第二个主张是一个普遍的道德原则。假如道德相对主义强调所有道德原则都是相对的，它就不能断言第二个主张是普遍有效的。实际上，如果道德相对主义否认存在着任何普遍有效的道德原则，那么，就它本身表达了一个道德原则而论，为了在逻辑上保持一致，它就不能认为它自己是一个普遍有效的原则。在这个意义上，道德相对主义是自我挫败的，即否认了它自己所规定的东西。就此而论，道德相对主义者就不能断言宽容是一个**普遍的**道德原则。①

不过，一个逻辑上不一致的观点未必就缺乏根据。道德相对主义者认为其规范主张得到了文化多样性论点的支持。多样性论点只不过是人类学家提出的一个**经验**概括，因此，如果任何规范主张都不能只是从经验概括中得出，那么仅仅按照多样性论点来论证道德相对主义就是可疑的。在这里，我们无法探究这个元伦理学问题。② 然而，我们可以表明，即使道德相对主义者认为其主张为宽容提供了支持，宽容也不可能是无原则的：合理的宽容必须立足于某些道德考虑。不管我们如何具体理解宽容，其必要性大概来自两个基本认识：第一，多样性在人类生活中是一种有价值的东西，例如，文化多样性以及跨文化交流的可能性会让人类生活变得更加丰富多彩；第二，不同社会的人们在某些重要事情上可以形成某些根深蒂固的信念；假若这些信念及其形成必然会受到生活条件和文化传统之类的因素的影响，那就不能合理地指望人们在这些信念上总是能够达成一致，因此，**强求**人们接受或采纳在其社会中没有思想根源的信念不仅是道德上成问题的，往往也会导致冲突。在人类历史上，宽容的观念是经过一个极为复杂的历程才发展出来的，并首先出现在宗教环境中。在欧洲近代史上，宗教信仰的差异导致

---

① 道德相对主义者可以通过区分元伦理相对主义和规范的伦理相对主义来回应这个批评。在这里我主要是在讨论后面这种相对主义，因此将不处理这个回应。相关的讨论，参见 Paul K. Moser and Thomas L. Carson (eds.), *Moral Relativism: A Reader* (Oxford: Oxford University Press, 2001), Part Ⅲ。

② 有兴趣的读者可以参见：Gilbert Harman and Judith Thomson, *Moral Relativism and Moral Objectivity* (Oxford: Blackwell, 1996); J. David Velleman, *Foundations for Moral Relativism* (Open Book Publishers, 2016)。

了大规模暴力冲突和血腥战争，致使社会生活长期陷入动荡不安、停滞不前的状况。在对宗教冲突的反思中，一些思想家逐渐认识到了宗教宽容的必要性。例如，宽容是洛克终生关注的一个核心问题，在《一封关于宽容的信》中，他对宽容提出了两个主要论证：第一，宗教信仰本质上是不能强加的，强迫他人接受自己无法信仰的东西是一种非理性行为；第二，若想保持社会稳定，除了采用宽容的政策外，别无他法，采纳这项政策因此就符合每个统治者的利益。① 第二个论证显然是出于实用的考虑而提倡宽容，不过，在第一个论证中，洛克已经认识到，信仰自由本身就体现了对一种人类价值的尊重。当然，宗教信仰的冲突只是当时开始出现的价值多元主义的一个表现。如果人们对"什么样的生活值得追求"持有很不相同的看法，而这些看法不能用某个单一的、共同的标准来衡量，那么强求人们按照某种规定的方式去生活不仅是不合理的，也倾向于产生不必要的社会冲突。密尔进一步论证说，假若只有经过不断的摸索和尝试，人们才能认识到什么样的生活对他们来说是真正有价值的，那么社会就不仅需要宽容不同的生活观念，也需要给予人们尝试不同的生活方式的自由。这个意义上的宽容已经不同于洛克在第二个论证中提到的那种实用妥协，因为其根据就在于尊重人们对不同生活方式的自主选择。

由此可见，正是因为人们开始认识到不同的生活方式可能都同样有价值，但又可能因为其中所蕴含的价值观而发生冲突，人们才逐渐产生了对宽容的要求。在这个理解下，宽容的观念似乎就有点自相矛盾：宽容意味着宽容某些"对立的"东西，例如从进行宽容的主体的观点来看，在某种意义上不可接受的东西。② 一般来说，只要我经过理性反思能够接受或拒斥你的生活方式，我就无须对你采取宽容态度。但是，假若我不能理性地接受你的生

① 关于洛克自己对宽容的理解，参见 Richard Vernon (ed.), *Locke on Toleration* (Cambridge: Cambridge University Press, 2010)。相关的讨论，参见：G. Forster, *Locke's Politics of Moral Consensus* (Cambridge: Cambridge University Press, 2005); J. Horton and S. Mendus (eds.), *John Locke: A Letter Concerning Toleration in Focus* (London and New York: Routledge, 1991); Nicholas Jolley, *Toleration and Understanding in Locke* (Oxford: Oxford University Press, 2016)。

② 参见 Bernard Williams, "Toleration: An Impossible Virtue?", in David Heyd, *Toleration: An Elusive Virtue*, Princeton: Princeton University Press, 1998, pp. 18-27。

活方式，我为什么要对你宽容呢？一个可能的回答是：我需要尊重你对自己生活方式的自主选择。然而，这不可能是全部答案，因为就算你有自主地选择某种生活方式的权利，但只要你选择的生活方式严重地侵害我的生活，或者甚至其他大多数人的生活，我显然就不能对你采取宽容态度。例如，我们显然不能宽容希特勒在其价值观的支配下所采取的那种社会与政治政策。如果这个直觉是可靠的，那就意味着宽容本身是有限度的——理性的宽容取决于我们对某些根本的道德价值的认识和承诺。例如，当我不能理性地认同你的生活方式的时候，我之所以能够对你采取宽容态度，至少是因为，当你按照那种方式来生活时，你没有严重侵害我的重要利益，或者任何其他人的重要利益。这就是我们为什么不能宽容严重侵害他人重要利益的极端行为的主要理由。[①]并非对任何一种可能的生活方式，我们都能或者都应该采取宽容态度。

实际上，正是因为人类能够尝试各种不同的生活方式，但又不能完全确信（至少在任何特定的时期）某种生活方式是不是真正有价值的，我们才需要对某些生活方式采取宽容态度。换言之，宽容是在人类理性的限度下、我们为了尊重每个人对生活方式的自主选择而不得不采取的一种做法。我们宽容某些文化实践，至少是因为我们自己无法确信它们在根本上是否有价值。我们需要摆脱个人偏见和文化成见，尽可能从一种不偏不倚的观点来审视其他文化可能具有的价值。这体现了我们对其他人及其所生活的文化实践的尊重。因此，理性的宽容预设了对某些普遍价值的承认，特别是在价值多元论的背景下，对人们由于生活在特定的文化传统和历史条件下而具有或形成的特定身份的承认。[②] 由此可见，如果我们确实能够对某些事情、某些行为、某些实践采取宽容态度，那是因为我们相信某些东西在根本上是普遍有价值的。例如，即使我们自己对某些文化实践没有兴趣，我们可能也会相信文化多样性对人类来说是好事；即使我们自己不喜欢某些类型的行为艺术，我们可能也会认为，在各种艺术形式中表现出来的那种原创性对人

---

①　对这一点的详细论述，参见 Amos N. Guiora, *Tolerating Intolerance: The Price of Protecting Extremism* (Oxford: Oxford University Press, 2014)。

②　参见 Anna Elisabetta Galeotti, *Toleration as Recognition* (Cambridge: Cambridge University Press, 2002)。

类来说是件好事。因此,合理的宽容必定是立足于某些普遍的道德考虑,或者我们对人类价值达成的某些共识。[①] 道德相对主义者的错误就在于,即使宽容可以被理解为一个用来制约社会生活和政治实践的原则,它也不可能是**唯一**普遍的道德原则,更不可能是最高的原则。宽容需要某些普遍的道德考虑作为其根据,若没有这些考虑,宽容就会丧失其道德重要性,就会让人类生活在根本上迷失方向,因为我们将不知道究竟要宽容什么、为何宽容。

有了以上论述,我们现在可以简要地考察一下罗蒂对人权的看法,因为他对人权的看法与文化相对主义具有本质联系。罗蒂属于这样一类思想家:他们不仅认为人性是由历史条件塑造出来的,也相信真理是相对于文化传统而论的。不过,罗蒂自己也承认,我们可以鉴定为一个人或一个文化的每一样东西,也必定是一种与我们分享了很多信念的东西,否则我们就无法认识到那种东西是在说着一门语言、具有任何信念。[②] 这个说法表明,罗蒂其实承认人类有一些共同特点,例如具有语言和交流能力,能够对自己所生活的世界形成某些信念。他只是否认这些特点可以为辩护普遍人权的观念提供一个基础。实际上,从罗蒂的成名作《哲学与自然之镜》开始,他就反对一切基础主义辩护策略,即如下观点:我们能够为任何东西(哪怕是科学知识)寻求一个稳定可靠的基础。就人权的辩护而论,罗蒂认为,大多数试图为人权提供道德辩护的理论都有一个共同问题:它们都试图按照人的理性本质来说明人权,而不是按照人的情感本质来理解人权。西方传统长期以来就将理性视为人的本质特征,不少思想家甚至认为,我们必须在人的理性能力中寻求道德的根基。然而,罗蒂论证说,理性与普遍人权的观念毫无关系:

> 人权文化的出现好像与我们日益增长的道德知识无关,反而是与我们听到的悲惨凄凉的故事有关。……刻意强调人性是非历史性的似乎是一种徒劳无益的做法。因此,大概也不存在不受历史条件决定的人性,或者至少在那种非历史性的人性当中,没有什么东西与我们的道

① 从宽容的历史发展来看,这一点是最清楚不过的,参见 Rainer Forst, *Toleration in Conflict: Past and Present* (Cambridge: Cambridge University Press, 2003)。

② 参见 Rorty (1991)中的相关论述。

德选择有关。①

罗蒂是出于两个考虑而提出上述主张。第一，他很明确地将人权的观念看作所谓“欧洲人权文化”的产物，同时又认为一切真理都是相对于特定传统而论的。因此，对罗蒂来说，将人权的观念强制性地推行到其他传统无异于采取一种文化霸权主义的态度。第二，他认为理性的概念不仅无助于我们理解人权，反而妨碍了我们对人权的理解，其理由是，如果人是由于具有理性而享有人权，那么侵犯人权的人们就会辩解说，那些声称自己的人权受到侵犯的存在者其实并不具有理性，因此不配享有人权。于是，在他看来，人权运动的成功并不在于向侵犯人权的人们表明其做法是不合理的或无理性的，而在于让全世界的人们对他们的罪行感到愤怒。罗蒂论证说，人们主要是通过情感教育而相信人权及其重要性，因为在人这里，情感是比理性更普遍、更根本的属性——人与动物的主要区别并不在于人具有思想而动物只有感觉，而在于“人能够彼此表现出来的同情比动物要强得多”。因此，通过情感教育，“不同的民族就能相互了解，就不太容易把与自己不同的人看作并非真正的人”。②

罗蒂的反本质主义、他对偶然性的强调以及对历史主义的承诺，导致他否认我们能够从人性中发现某种共同的本质(特别是所谓“人的理性本质”)来辩护人权。当然，他并不否认人权的观念旨在表达的某些东西，例如对人类痛苦的关注。他只是认为我们不可能对**普遍**人权提出一个哲学辩护——对他来说，我们所能做的，就是通过情感教育来激发或巩固我们对人类同胞的同情和关怀。然而，只要罗蒂试图阐明人权观念中表达出来的某些东西，其尝试至少在两个方面是成问题的。第一，他的观点有点似是而非(假若不是自相矛盾的话)：罗蒂认为，人性是在特定的历史条件下塑造出来的，因此并不存在普遍的人性，或者至少在人性中没有任何本质的东西；然而，在否认理性是人的一个本质特征时，他却承认人是情感性的存在，这就等于承认人作为人还是有一些共同特征，即使这些特征不能在本质主义的意义上来

① Rorty (1993), p. 119.

② Rorty (1993), pp. 122-123.

理解。[①] 第二,只要我们能够通过罗蒂所说的"情感教育"承认,那些与我们具有不同文化的人类个体并非不是"真正的人",那就意味着他们毕竟在某种意义上与我们是同类,因此,只要我们认为自己作为人值得尊重或同情,我们就不能否认他们同样值得尊重或同情。事实上,如果我无论如何都不能把你"看作"人,那么大概也不会有任何情感教育能够让我发生转变,正如我们可以善待动物或者同情其生存环境,但是,我们大概不会将它们视为值得我们尊重的对象,除非我们在它们那里发现了某些东西,例如某种超越了纯粹动物本能的爱和同情,或者进行理性反思的能力,抑或某种基本的道德责任意识,而我们自己正是因为拥有这些东西(或者至少具有拥有它们的潜力)而值得尊重。实际上,我之所以能够通过情感教育将你看作人,首先是因为我已经对"人是什么"有了一种规范理解,例如认为人具有尊严因此值得尊重,而情感教育,作为一种需要行使道德想象力的活动,只是用一种更加生动的方式让我认识到其他人也能够具有尊严。通过阅读小说、看电影或者实际的情感体验,我们可以逐渐培养对人类的普遍同情心。当然,承认每个人的尊严要求一种历史进步;然而,为了让这种进步变得可能,我们首先就得承认,人确实是由于具有思想和情感、具有自我意识和反思能力而成为值得尊重的对象。

五、尊严、尊重与权利

道德相对主义者否认存在着普遍有效的道德规范,唯一的例外是所谓的"宽容原则",即如下主张:我们应当对其他社会的道德观念和文化实践采取宽容态度。如果道德相对主义是真的,那么我们就不能跨过不同的文化、传统或社会来使用人权的观念,特别是不能利用这个观念来进行跨文化批

① 当然,这里的问题在于:我们是否必须用一种本质主义的方式来辩护人权,例如通过将人设想为具有永恒的理性本质的存在者。我们可以承认人作为人具有某些共同特征,但无须由此认为,这些特征在每个人那里必定都是在同等的程度上被拥有的,正如人们在同一种能力方面存在着个体差异。但是,承认人类个体具有某些共同特征足以为辩护人权提供一个基础。

评。然而，在当今世界，人权的观念被广泛用来表达道德和法律方面的基本要求，这些要求不仅界定（或者参与界定）了国家的政治合法性的根本标准和国际法的根本原则，而且也是人们在日常生活中在对待彼此时必须遵循的基本准则。这就产生了一个问题：如果道德相对主义是真的，那么不论是人权的观念本身还是其实际应用似乎都变得很可疑。在上一部分中，我们已经试图表明，尽管文化多样性是我们需要承认和尊重的一个根本事实，因此在跨文化的道德批评中必须慎重加以考虑，但道德相对主义作为一个规范理论不可能是完全正确的。当然，这样说还不等于已经为普遍人权观念的应用提供了一个辩护。为了提供这样一个辩护，我们至少需要进一步阐明两个问题：第一，人权的观念究竟在什么意义上能够被认为是普遍的？第二，如果这个观念是普遍的，那么存在着什么人权，或者人权究竟具有什么内容？为了便于论证，我们先来探究第一个问题，将第二个问题留到下一章。

人权被认为是我们仅仅因为"是人"就有资格拥有的权利，因此不依赖于我们可能具有的任何具体身份。从这种理解中不难看出，如果我们试图说明或辩护普遍人权的观念，那么我们最好是通过表明人是因为具有某些共同的本质特征而享有人权。然而，从一种**基础主义和本质主义**的角度来辩护人权的尝试并不是没有碰到自己的问题：不论我们是从一种纯粹生物学的意义上来理解人，将人看作进化链条上的"智人"，还是像某些哲学家所说的那样，将"人"理解为理性动物或政治动物，我们似乎都不能对"人权"提出一个明确论述，或者说，我们由此提出的论述在某些方面都是成问题的。从进化的角度来看，某些非人类动物显然也享有人类具有的某些特征。因此，如果我们认为人类个体是因为属于生物学的意义上的"人类"而具有人权，那么某些非人类动物想必也会具有人权。但是这至少是一个有争议的主张，因为按照对"权利"的某种理解，为了具有权利，仅仅具有利益或利益的观念是不够的——权利主体也必须具有自我意识和自由意志之类的能力，或者至少具有理性慎思和自我控制的能力。如果具有这种能力是具有权利的一个先决条件，那么，即使某些个体属于生物学意义上的人类，他们也不会有严格意义上的权利。例如，婴儿以及并不具有（或者已经丧失了）这些能力的人类个体就不可能成为权利主体——实际上，在人类历史上，甚至女性也被认为不具有“与人相称的”权利。[①] 因此，在尝试从一种本质主义的观点来说明或辩护人权时，我们或是将某些人类个体排除在权利或人权概念的范畴外，或是将某些非人类动物也包括在权利或人权的范畴内。权利或人权的概念因此就有了一种不确定性，而这显然会严重妨碍我们对这个概念的有效利用，特别是因为这个概念在道德和政治实践中被赋予了一种独特地位，例如，权利拥有者被认为具有一种“不可侵犯”的地位。这个问题之所以会出现，显然是因为我们对“人是什么”（或者更确切地说，对于“什么使得人成为人”）缺乏充分明晰和一致的理解。如果人实际上并不具有一种固定不变的本质，那么从一种本质主义的观点来说明或辩护人权就不可能得出合理地可接受的结论。

那么，在放弃了本质主义的辩护策略的情况下，我们还能为普遍人权的观念提供一个辩护吗？从人权观念的**历史发展**来看，人类个体往往被认为是因为具有了一种与众不同的独特地位而具有人权，这个特殊地位就是所谓的“人的尊严”(human dignity)。几乎所有重要的人权文本都把人权与人的尊严的概念联系起来：或是认为尊严构成了人权的基础或根据，或者按照尊严来设想人权的内容。例如：在《公民与政治权利国际公约》中，我们可以发现这样的说法：人权是“来自人所具有的内在尊严”；同样，《经济、社会和文化权利国际公约》认为，“对人类大家庭所有成员的内在尊严以及平等的和不可转让的权利的承认，是世界上自由、正义与和平的基础”；而《世界人权宣言》则声称，“所有人生来在尊严和权利上是平等的。既然人们天性就被赋予了理性和良知，他们就应当本着兄弟情谊的精神来对待彼此”。对“人的尊严”的诉求也广泛地出现在国际法、生命伦理学、社会-政治哲学等相关领域。“人的尊严”这个概念被用来表明某些对待人的方式是道德上不可接受的，也就是说，对一切行动者（个体、国家或制度）能够对待人的方式施加了本质约束。由此不难看出，如果存在着普遍人权，那么人权必定与人所具有（或被赋予）的这种特殊地位具有某些可设想的联系。然而，就人权

① 例如，按照凯瑟琳·麦金农的说法，尽管男性和女性都可以受到暴力和折磨，但是，当女性受到强暴或家庭暴力时，她们往往被认为不是其人性受到了侵犯，而是她们**作为女性的权利**受到了侵犯。参见 Catharine A. MacKinnon, *Are Women Human*? (Cambridge, MA: Belknap Press of Harvard, 2007), p. 180。

的辩护而论，这种联系的**本质**正是我们需要阐明的。主要的人权文本似乎用两种方式来看待这种联系：一些文本明确声称人的尊严就是人权的基础或根据，另一些文本则将人权与尊严并列起来，好像是在暗示人权的根本要旨就在于保护和促进人的尊严。但是，赋予尊严概念的这两种职能显然是不同的：正如我们即将看到的，尊严本身是一个具有不确定的内涵的概念，在不同情境中可以指不同的东西，某些涉及尊严的行为或态度可能也与权利无关，而某些关于人权的主张也未必能够从尊严的概念中得到最好的说明。

从历史上看，主要的人权文本之所以笼统地将人权的观念与尊严的概念相联系，主要是因为它们并非旨在从哲学上来阐明人权的基础或根据，而是要制定一份国际通用的行为准则，用来规范和约束各种行动者能够对人采取的行为。实际上，从《世界人权宣言》的来源和形成来看，这份宣言的签约国来自世界各地，一些国家在历史上与自由主义传统具有思想渊源，因此更强调个体和个人权利（特别是公民-政治权利），一些国家刚刚从殖民统治中获得解放，因此就会强调民族自决权之类的“集体”权利，还有一些国家则认为社会与经济发展比政治权利更重要，因此就将社会-经济权利置于首要地位。这些国家具有极为不同的意识形态，因此不论是在人权的具体内容上，还是在人权的根据上，它们实际上都很难达成共识。而为了获得某种实用妥协，在具有天主教思想倾向的哲学家雅克·马利坦的建议下，它们就笼统地将“人的尊严”设想为它们所认定或强调的权利的根据。[①]在这种理解下，“尊严”这个概念既可以指人类个体的尊严，也可以指作为民族或人民而存在的群体的尊严，甚至可以指人类作为一个整体在宇宙秩序中所具有的某种特殊地位，例如一种被认为**本质上**将人类与宇宙中的其余部分区别开来的东西。因此我们就可以看到，在《世界人权宣言》确立起来后，在后来的一系列国际人权文本中，“尊严”这个概念几乎被用于人类生活中的任何重要方面，不仅与传统的公民和政治权利相联系，也不只是与后来所倡导的社会-经济权利相联系，而且也与很多其他领域相联系，例如奴隶制和强迫劳

① 参见 Christopher McCrudden (2008), “Human Dignity and the Juridical Interpretation of Human Rights”, *The European Journal of International Law* 4: 655-724, especially pp. 675-678。

动、残疾人、儿童待遇、性骚扰、监禁者的待遇、不受折磨的自由、教育、强迫失踪、针对女性的暴力行为、生物医学研究。尊严的概念已经与用各种方式来设想的人权发生了联系。当我们试图从这种联系中辨别出“人的尊严”的核心内容时，我们就会发现，这个概念大概包括了三个核心要素：第一，每一个人仅仅因为是人就具有一种内在价值；第二，这种内在价值应该得到其他人的承认和尊重，某些行为方式或是不符合对这种内在价值的尊重，或是这种尊重所要求的；第三，为了承认和尊重人类个体所具有的这种内在价值，国家就必须被看作是为了个人而存在的，而不是反过来——也就是说，尊重个人尊严是国家的正当行为的一个基本要求。[①]

然而尊严的观念不仅在历史上具有不同的来源，在不同情境中也可以具有不同的含义。因此，尊严是否能够成为人权的基础或根据就成为一个亟须说明的问题。为了阐明这一点，不妨考虑一下一些学者对美国小布什总统任期内的“总统生命伦理学委员会”所发布的一份报告的反应。[②]在西方国家，特别是在受到罗马天主教教义影响的国家，人的生命被认为具有一种不可侵犯的“圣洁性”[③]，新的生物医学技术的发展被认为严重威胁了人的生命所具有的这种特殊地位。例如，安乐死被认为剥夺了人们“有尊严地死去”的权利[④]，各种人类增强技术（包括人类克隆）的应用则被认为直接挑

① 参见 McCrudden (2008)，p. 679。

② President's Council on Bioethics, *Human Cloning and Human Dignity: An Ethical Inquiry* (Washington, DC, July 2002). 我将提到的两个反应是：Ruth Macklin (2003), "Editorial: Dignity Is a Useless Concept", *British Medical Journal* 327: 1419-1420; Steven Pinker (2008), "The Stupidity of Dignity", *New Republic*, May 28, 2008。

③ 对于“人类生命的圣洁性”及其对于生命伦理学的含义的讨论，参见 David Novak, *The Sanctity of Human Life* (Washington, DC: Georgetown University Press, 2007)。

④ 对于这项“权利”及其在美国法学界所引发的争论的讨论，参见：Scott Cutler Shershow, *Deconstructing Dignity: A Critique of the Right-to-Die Debate* (Chicago: The University of Chicago Press, 2014); Howard Ball, *At Liberty to Die: The Battle for Death with Dignity in America* (New York: New York University Press, 2012)。

战了人所固有的尊严。[①]是否如此不是我们目前要讨论的问题;目前我们要关心的是:为什么尊严的概念可以被当作一项根据,用来反对生物医学技术的应用? 如果尊严是人已被赋予的一种特殊地位,那么对这种地位的任何**人为**更改似乎都是对它的侵犯,是对上帝或大自然给予我们的本性的一种挑衅。[②] 如果人既无权终结自己的生命,也无权改变上帝或大自然给予人类生命的基本形态及其条件,那么我们就不难理解某些保守主义思想家为什么会反对新的生物医学技术的应用。然而,对于某些具有自由主义倾向的理论家来说,保守主义者用"含糊不清"的尊严概念来谈论的东西,实际上完全可以按照生物-医学伦理学中已经牢固地确立起来并得到富有成效的应用的概念和原则来谈论。例如,在所谓"有尊严地死去"的情形中,如果这里所说的"尊严"与忍受痛苦而不丧失自我控制的能力相联系,那么自愿安乐死实际上是"有尊严地死去"的一种方式,因为它意味着,当严重的疾病严重侵蚀一个人的自我控制能力时,在这个意义上的尊严消失之前,一个人自愿选择摆脱这样一种状态。因此,自愿安乐死实际上体现了一个人的自主性。按照露丝·麦克林的说法,在《世界人权宣言》等人权文本中,"'尊严'这个概念并不具有医学伦理学原则的含义之外的任何其他含义:得到自愿的知情同意的需要,保密要求,避免歧视和虐待的需要"。[③]斯蒂芬·平克赞同麦克林的观点,认为神学保守派人士之所以使用"尊严"这个概念,只不过是为了"谴责任何让人觉得毛骨悚然的东西",但是,这个概念"几乎不能胜任赋予它的那种特别厚重的道德要求"。因此,当麦克林声称尊严"是一个无用的概念,可以被排除而不丧失任何内容"时[④],平克同样认为,"只要你

---

① 例如,参见:Francis Fukuyama, *Our Posthuman Future: Consequences of the Biotechnology Revolution* (New York: Farrar, Straus and Giroux, 2002);Leon R. Kass, *Life, Liberty and the Defense of Dignity: The Challenge for Bioethics* (San Francisco, CA: Encounter Books, 2002)。相关的讨论,参见 President's Council on Bioethics, *Human Dignity and Bioethics: Essays Commissioned by the President's Council on Bioethics* (Washington, DC, March, 2008)。

② 这是迈克尔·桑德尔用来反对人类增强技术的一个主要根据。参见 Michael Sandel, *The Case Against Perfection: Ethics in the Age of Genetic Engineering* (Cambridge, MA: The Belknap Press of Harvard, 2007)。

③ Macklin (2003), p. 1419.

④ Macklin (2003), p. 1420.

承认了自主性原则，……‘尊严’就没有添加什么东西”。[①] 实际上，在麦克林和平克反对生命伦理学中对“尊严”概念的“滥用”之前，就已经有一些哲学家持有类似观点：在他们看来，尊严这个概念含有不必要的模糊性，而在强调这个概念的思想家那里，它被赋予的职能完全可以由其他更加明确的概念（例如个人自主性或尊重人的概念）来完成。例如，乔尔·芬伯格指出：“尊重人不过就是尊重其权利，不可能有其中的一个而没有另一个；所谓‘人的尊严’，可能只是对主张进行断言的可辨别能力。因此，尊重人，或者将他看作具有人的尊严，不外乎就是将他看作一个潜在地提出主张的人。”[②]

对于这些理论家来说，只要我们将模糊不清的宗教含义从“人的尊严”这个概念中剥离出来，谈论“人的尊严”不过是在谈论对人的尊重，而尊重人就在于尊重其自主性，尊重他们以某种方式获得的权利——或者用芬伯格的话说，尊重他们做出权利主张的潜在能力。那么，“人的尊严”这个概念完全可以用这种方式来理解吗？其他学者并不这样认为。对他们来说，当“人的尊严”这个概念可以为人权提供一个基础时，它也可以说明某些对待人的方式或实践为什么是道德上不可接受的，而这个事实不能完全按照尊重自主性或个人权利的思想来说明。换句话说，不论是在内涵上还是在道德重要性上，尊重个人自主性或尊重个人权利之类的想法都不能充分涵盖“人的尊严”这个概念。我们可以用两个例子来阐明这个主张：第一个例子旨在表明，在某些情形中，即使个人自主性条件得到满足，一个人也有可能缺乏人所特有的尊严；第二个例子旨在表明，尊严的概念可以帮助我们发现和界定道德上成问题的社会或政治实践。首先，考虑迈克尔·桑德尔的如下说法：

> 当我们决定某些东西可以买卖时，我们至少是在不言而喻地做出这样的决定：将它们看作商品、看作获利和使用的工具是合适的。然而，不是所有东西都是用这种方式来恰当地评价的。最明显的例子就

---

① Pinker (2008). 一些作者试图通过澄清“尊严”的各种含义和用法来反驳或限定麦克林和平克的主张，例如，参见：Suzy Killmister (2010), “Dignity: Not Such a Useless Concept”, *Journal of Medical Ethics* 36: 160-164; Alasdair Cochrane (2010), “Undignified Bioethics”, *Bioethics* 5: 234-241。

② Joel Feinberg (1970), “The Nature and Value of Rights”, *The Journal of Value Inquiry* 4: 243-257, quoted at pp. 252-253.

> 是人。奴隶制之所以令人震惊，是因为它将人处理为拍卖场上买卖的商品。这种处理未能用合适的方式来看重人类个体的价值——将他们看作值得具有尊严、值得尊重的人，而不是看作获利的工具和使用的对象。①

桑德尔特别指出，将性、人体器官、儿童作为商品来买卖涉及用一种与人的尊严不相称的方式来对待这些"东西"，因此是道德上成问题的，即使买卖双方是在某种知情同意的条件来从事买卖活动，因此似乎满足了个人自主性的条件。一对父母或许因为家庭贫困而决定将自己的孩子卖给某个经济条件更好的人，孩子自己也同意这样做。他们的买卖在某种意义上是公平的，而且，让因贫困而即将饿死的孩子获得更好的生活条件似乎也符合功利主义的要求。然而，桑德尔论证说，就像在类似条件下出售自己的肾脏一样，以这种方式"出卖"孩子也是道德上不可接受的，因为人及其身体完整性并不是一种可以按照市场价格来表征的东西，而是体现和象征了人的尊严。对桑德尔来说，我们的身体不能被看作我们可以随意处置的财产，甚至在知情同意的情况下出卖自己的身体器官或从事性交易，也是对我们自己的尊严的一种"自我贬低"。

然而，除了直接诉求那个并未加以进一步说明的"尊严"概念外，桑德尔实际上并没有表明，在**满足自主性条件**的情况下，为什么出售自己的身体器官或者从事性交易是道德上错的。我们或许认为，这些行为都不符合康德的"人性原则"的要求——人不能被仅仅当作手段来利用，同时也要被当作"目的本身"来对待。但是，桑德尔在这里对这个原则的诉求并没有在根本上解决问题，因为只要在满足自主性要求的情况下出售自己的肾脏是道德上不允许的，那么，按照桑德尔的论证逻辑，器官捐献也是道德上不允许的，因为这种做法同样侵犯了一个人自己的身体完整，而后者被认为是尊严的体现。如果这些行为是道德上成问题的，它们是因为它们所产生的背景条件而具有这个特征：我们可以设想一个人是在具有其他选择、充分知情的情况下决定出卖自己的肾脏或者从事性交易，而对方开出的价钱按照市场行

① 迈克尔·桑德尔著，邓正来译：《金钱不能买什么》，北京：中信出版社，2012 年，p. xvii。这里引用的译文参照该书英文版进行了修改：Michael Sandel, *What Money Can't Buy*: *The Moral Limits of Markets* (London: Allen Lane, 2012)。

情也是公平的,因此他/她决定从事的活动在某种意义上是自主的,但其背景条件可能是不正义的。例如,他/她仍然是生活在一个不得不屈从于他人的权力或权威的社会,因此整个交易就不是在**平等尊重**的条件下完成的。[①]如果这个分析是可靠的,那就意味着我们其实可以按照平等尊重原则来说明桑德尔含糊其辞地用"尊严"这个概念来把握的情形。不过,所谓"无痛苦的压迫"的情形或许表明,尊严的概念仍然可以充当评价社会实践或政治实践的一个基本原则:

> 有一个信念寄存在人类尊严的观念中,即个人的地位有时候可以无痛苦地遭受攻击——受到损害和侮辱。人们可以受到温柔的、巧妙的或者甚至无形的操纵、控制或制约,并不觉得自己受到了贬低或虐待,并不觉得自己的存在受到了伤害。他们甚至可以在其处境中发现快乐或很多实惠,感激那些按照家长式统治来统治他们的人……以至于向他们隐瞒了为了创造自尊的意识而需要的经验及其对比。……用一个不太好听的术语来说,人们可以生活在虚假意识中,而且是如此舒坦地生活在虚假意识中。人的尊严的观念对于人权理论的一个好处就在于提出了无痛苦的压迫的可能性,不管这种压迫是出现在貌似尊重人权的社会中,还是出现在成功地受到训练、其中并不存在人的尊严的观念以及相应权利的社会中。[②]

在某些反乌托邦式的小说中,不难发现这里所描述的那种"无痛苦的压迫"。例如,在赫胥黎的《勇敢的新世界》中,每个人似乎都很满意自己的生存状况,甚至不曾想过要去追求另一种生活。他们甚至可以被认为是生活在一位开明君主的统治下,因此,就像乔治·卡提布自己所说,他们不仅没有受到"有意招致的痛苦"(就此而论,举个例说,他们既不同于生活在暴政

① 卡罗尔·佩特曼对这一点提出了深入的分析,参见 Carole Pateman, *The Sexual Contract* (Stanford, CA: Stanford University Press, 1988)。不过,值得指出的是,我们正在探究的问题具有其自身的复杂性,例如,上述主张预设了对于正义、自由以及自主性之间的关系的一种理解,这是我在这里无法讨论的。相关的论述,参见:Cécile Fabre, *Whose Body Is It Anyway? Justice and the Integrity of the Person* (Oxford: Clarendon Press, 2006); Anne Phillips, *Our Bodies, Whose Property?* (Princeton: Princeton University Press, 2013)。

② Kateb (2011), pp. 19-20.

下的人们，也不同于被关押在纳粹死亡集中营中的人们)，而且当局也没有忽视"任何可弥补的痛苦或苦难"。如果他们的福祉(至少用功利主义的方式来加以设想)已经得到充分保障，而且，他们也能按照自己所生活的社会的价值观念来进行选择，因此至少在这个意义上是自主的，那么《勇敢的新世界》所描述的那个假想社会究竟在哪里出了错呢？卡提布声称，错误就在于"人的尊严受到了侵犯"。[1]说"人的尊严受到了侵犯"当然是在说，在那个假想社会中，人所特有的某种地位受到了剥夺。然而，卡提布并没有进一步说明这种地位究竟是什么或者意味着什么。在他接下来的论述中，他提到了极度的痛苦或苦难如何剥夺了人们对自己身份的意识或承认，如何让人们不再能够行使自己的自由能动性或道德能动性，因此如何忘记了自己是一个人。这些说法似乎表明，对于卡提布来说，"人的尊严"这个概念需要按照某些其他东西(例如对人权的尊重)来进一步加以阐明。因此，我们至少不清楚究竟是尊严为人权提供了根据，还是尊严本身就要按照对"尊重人"的某种特定理解来设想，抑或体现在对人的某种平等尊重中。

因此，我们需要寻求另一种方式来说明，尊严究竟在什么意义上超越了对个人自主性或个人权利的单纯尊重。有一种直观上容易设想的方式探究这个问题，即设想一种特殊的奴隶制——所谓"两相情愿的奴隶制"(consensual slavery)，即一种通过**自愿**契约而进入的主奴关系。[2]这种奴隶制有两个基本特征：第一，就任何契约都对选择的自由施加了某种限制而论，当一个人进入这种特殊的主奴关系时，那种限制是他自我施加的，也就是说，相关的契约不仅没有侵犯其个人自主性，反而以某种方式表达和促进了其个人自主性，例如，我们不是不能设想一个人恰好是为了发展和促进其个人自主性而决定进入这种关系；第二，甚至当一个人进入了这种主奴关系后，其个人选择仍然可以得到安全保障，例如，我们可以设想那位主人碰巧具有这样一种品格——他无论如何都不会违背他对自己的奴隶所采取的仁慈政策。在这些特设性假定下，身为奴隶的那人不仅其福祉得到了有效保障，其自主性似乎也没有受到侵犯，而自主性的丧失往往被看作奴隶制的本

---

① Kateb (2011), p. 84.

② 参见 Meir Dan-Cohen, *Harmful Thoughts: Essays on Law, Self, and Morality* (Princeton: Princeton University Press, 2002), pp. 154-157。

质。那么,在这种特殊的奴隶制中,身为奴隶的那人究竟丧失了什么呢?或者用丹-科恩自己的话说:"如果两个人事实上都能享有同样水平的福祉、都能在同等的程度上进行选择,但其中一个人是奴隶而另一个人不是,那么奴隶制的恶究竟在何处呢?"①假若我们认为身为奴隶的人不再是自由人,例如,一旦一个人卖身为奴,他就无法选择不再是奴隶,不管他身为奴隶过得多么幸福,不管他在自己自愿选择的关系中具有多大的自主性,那么我们就可以认为他所丧失的是自由,而自由确实可以被理解为人的尊严的一个本质标志。在设想这种特殊的奴隶制时,丹一科恩显然旨在表明,个人自主性和福祉对于他所设想的"尊严"来说并不充分:"一个人可以自愿过这样一种生活,在其中,一系列充分的选择对他来说是可得到的,但他被剥夺了自己的尊严。"②然而,只要略微反思一下,我们就不难发现,这里所说的"尊严"实际上指的是对人的平等尊重及其条件:在丹-科恩的思想实验中,那个过得幸福且具有个人自主性的奴隶所缺乏的,恰好是一种平等尊重——假若当他不想继续当奴隶的时候,他不能自由地选择这样做,那就意味着其主人并没有把他当作平等的个体来尊重,也就是说,不承认他与自己具有同等的地位,或者有权享有这种地位。

以上我已经试图表明,如果我们希望按照"人的尊严"这个概念来设想人权的基础或根据,那么我们就必须进一步说明人的尊严究竟在于什么。按照以上论述,人的尊严必定与平等尊重的观念具有某种联系,不管平等尊重是否意味着对个人自主性的尊重,抑或对作为权利拥有者的个人的尊重。然而,正如我们已经看到的,有些理论家认为尊严并不(只是)在于平等,也有一些理论家认为尊严超越了对个人自主性的尊重。他们之所以对"尊严"持有不同看法,是因为这个概念在历史上并不具有单一的含义,将人的尊严看作一种平等资格的想法也是很晚才出现的。理解这个概念的**历史演变**对于我们接下来的任务(即以某种方式辩护人权)至关重要。

如今,尊严往往被理解为一种据说平等地属于所有人、在道德上具有根本重要性的地位。这种地位是人所固有的,既与人们所能取得的社会地位无关,也与出身之类的因素无关。正是因为尊严被看作人生而具有的一种

---

① Dan-Cohen (2002), p. 157.

② Dan-Cohen (2002), p. 157.

独特地位，它才与普遍人权的观念产生了联系，甚至被设想为人权的根据或基础。但是这种理解在人类历史上并非由来已久，而是在19世纪上半叶才开始出现的。1776年发布的《美国独立宣言》并未明确使用“尊严”这个词语来支持它对权利提出的著名主张；在西方世界，1215年的《大宪章》大概是最早论述政治权利的文本，但其中也没有出现“尊严”之类的词。在正式的政治文本中，“尊严”这个术语首次在1917年出现在墨西哥宪法中，然后在1919年出现在《魏玛宪章》中。然而，甚至在这些文本中，这个概念大概也不是在当今的意义上来使用的。只是到了1948年颁布的《世界人权宣言》中，它才被赋予了我们今天所熟悉的含义（即每个人都因为是人而享有的一种不可侵犯的道德地位），因此才被设想为人权的根据或基础。①当然，这并不意味着这个概念并未出现在人类历史上的其他时期：它确实早就出现了，只不过不具有如今我们在谈论人权时赋予它的那个内涵。这就是说，在当代人权文本中，与普遍人权的观念相联系的“尊严”是一种道德化的产物，是从人们此前对这个概念的理解中发展出来的。因此，为了恰当地理解人的尊严与普遍人权的关系，特别是为了尝试对人权提供一个辩护，我们就需要看看这种发展是如何出现的。

从西方政治思想史的角度来看，**传统的**尊严概念历来都是一个“等级”(rank)概念：“尊严指的是与高贵、权力、绅士举止或教会内部的晋升相联系的**社会**地位，而不是人们自然而然地得到并平等地享有的一种根本的**道德**地位。”②在古希腊哲学家（特别是柏拉图和亚里士多德）那里，我们并未发现与后来被译为拉丁文的“尊严”(dignitas)相对应的词语或概念——古希腊语中与拉丁语的“尊严”最接近的词语是“axios”，词源学上与“agō”（领导、承载、持有）这个动词相联系，指的是人或物因为具有某种特征而**被赋予**的价值，例如，钻石由于可用于商品交易的目的而在社会上被认为是有价值的；赫克托耳在军事方面能力卓著，因此，对特洛伊来说，他就比其他同胞更有价值。“axios”这个古希腊词语因此就演变为一个与社会阶层或社会等级相联系的属性，到了公元前5世纪的时候获得了一个抽象含义，明确地用来指称个人荣誉或声望。因此，这个概念是与社会上某些具有“高尚”地位

① 参见Debes (2017), pp. 1-3。

② Debes (2017), p. 2.

的个人相联系，尽管在古希腊文献中，“对奴隶、动物、物质世界的对待表明，这个被扩展到贵族阶级的价值在很大程度上也被给予其他人”。[①]这个抽象含义后来在罗马得到了进一步的丰富和发展。在罗马时期，“dignitas”在一般的意义上仍然是指一个人在共同体中拥有的特定职位或地位以及由此而获得的尊重或荣誉。例如，西塞罗仍然将尊严一般地理解为一个人通过利用自己的权威和影响而把事情做好的能力。不过，罗马斯多亚主义者也在开始倡导和发展一种世界主义理念，因此就倾向于从按照我们的**本性**向我们施加的职责或义务（officia）来进行思考，认为只要切实履行这种职责或义务，我们就可以获得幸福。特别是，西塞罗扩展了传统的尊严概念，用它来指**人类**特有的一种地位——任何人作为人类的一员都会具有这个地位，不管他在社会生活中具有什么其他地位，正如他所指出的：

> 在对职责的每一项研究中，我们都需要记住，人的本性是如何大大地超越了家畜和其他野兽。它们只感受肉体快乐，其每一项本能都将它们推向这种快乐。然而，人的心灵是由学习和反思来培养的。人总是在不断地探究或行动，因观察和聆听而感到快乐。而且，即使任何人都很容易受到快乐的影响……但是，尽管他被快乐所迷惑，他也会因为一种羞耻感而隐瞒自己的冲动。由此可见，感性快乐并不是很配得上人类具有的那种优越地位。[②]

西塞罗用来表达英译本译为“优越地位”的那个词就是“dignitas”。对他来说，人显然是因为具有理性和反思能力而超越了非人类动物以及自然界其他成员，具有了后者所不具有的一种“优越地位”。然而，在西塞罗这里，“人的尊严”（dignitas hominis）仍然是一个等级概念，是人类**相对于**自然界其他成员而具有的一种特殊地位。换句话说，在罗马时期，“尊严”本质上仍然是一个用来表示“值当”（worthiness）或“功绩”（merit）的**比较性**概念——“一个宗族的 dignitas 意味着它比其他家族更优越。元老院的 dignitas 意味着它比骑士级别之类的其他级别更优越。骑士阶级的

① 参见 Patrice Rankine, “Dignity in Homer and Classical Greece”, in Debes (2017), pp. 19-45, quoted at p. 25。

② Cicero, *On Duties* (edited by M. T. Griffin and E. M. Atkins, Cambridge: Cambridge University Press), 1990), p. 41.

dignitas 意味着它比其他市民阶层更优越。罗马人的 dignitas 意味着它比其他民族更优越。在提到一般而论的人类尊严时，人类尊严是与动物以及宇宙中其他要素相比较而论的”。[①]由此可见，“尊严”这个概念并不只是应用于人，也应用于家族、国家之类的集体。在罗马法以及受其影响的法律制度中，这个概念为保护与地位、名望、特权相关的权利提供了一个基础。例如，在 1689 年的英国权利议案中，就出现了“王权和皇家尊严”这一说法。

尽管西塞罗所说的尊严仍然是一个等级概念，但他在这个概念的历史发展中实现了一种重要转变。西塞罗认为，人是因为其是人而具有了某种独特的价值或地位。这个主张自然地提出了一个重要问题：人究竟是因为什么而被认为具有那种不是通过社会地位或公民身份而具有的特殊地位？在上述引文中，西塞罗显然是在暗示，人是因为具有自然界其他成员所不具有的理性能力而占据一种优越地位。然而，对于“人究竟如何具有尊严”这个问题，还有其他可能的回答。在中世纪，随着当时的思想界对于人与上帝之关系的深入讨论，尊严的概念被用作一种将人与宇宙中其他被造物区分开来的方式。中世纪思想家是按照上帝的创世蓝图来设想人在宇宙中的地位的。在他们看来，既然人是上帝按照自己的形象创造出来的，人就多少分享了一点“神性”，因此就不仅将自己与宇宙中其他物种区分开来，在上帝创造的存在巨链中也占据更高的地位（或许仅次于上帝与天使）。在整个天主教教义中，“人是上帝按照自己的形象创造出来的”这一观念在其对“人的尊严”的理解中占据了核心地位。[②]托马斯·阿奎那试图按照亚里士多德形而上学来系统化天主教教义，在这样做时，他论证说，自然界中一切事物都因为在上帝创造的世界中占有合适地位而具有内在价值，也就是说，它们在其自然状态本身就是好的，尽管会因为偏离这种状态而变得堕落（例如，因为人也被赋予了自由意志）。因此，在阿奎那这里，尊严指的是一个事物自身所具有的内在价值。但是，对他来说，尊严仍然是一个相对的、比较性的概

---

① Miriam Griffin, “Dignity in Roman and Stoic Thought”, in Debes (2017), pp. 47-65, quoted at p. 50.

② 在当今的生物-医学伦理学中，不少保守主义者都信仰天主教，坚信人的尊严本质上是来自上帝，由此我们不难理解他们在堕胎、安乐死以及通过基因工程来增强人类能力等问题上所持有的态度。

念:不仅一个东西所具有的尊严是相对于上帝在宇宙中赋予它的地位而论的,而且上帝创造的一切事物在这个意义上都有自己的尊严,尽管人的尊严占据了更高的地位。

在文艺复兴时期的人文主义者那里,尊严的概念发生了另一个重要转变。在皮科·米兰多拉1486年发表的那篇著名演说中[①],他大体上继承了中世纪思想家对"人"的理解,呼吁人类通过自身的努力将自己转变为天使,这种可能性就在于上帝已经将一种特殊的能力赋予人类,让人可以选择成为自己想成为的东西:

> 人一出生,天父就将每一种生命的种子和萌芽置于其身。每个人培养的种子会在他那里成长和结果。如果他培养植物的种子,他就变成植物。如果他培养感觉的种子,他就会成长为野兽;如果他培养理性的种子,他就会成为天国的动物。如果他不满足于成为任何这样的创造物,而是开始将自己转变为其自身统一性的核心……他就会胜过一切事物。[②]

对于皮科来说,人的卓越和尊严就在于人能够通过理性能力而成为自己本性的作者。这样,在皮科那里,尊严的观念就与世俗的职位和等级的观念发生了分离,尽管我们也不能由此认为这个观念的道德化转变是在他那里实现的,因为皮科仍然是在诉求"人是上帝按照自己的形象创造出来的"这一学说来说明和捍卫人的尊严。[③]

皮科对人的尊严的理解暗示了尊严与人的自主的理性选择能力之间的

---

① Pico della Mirandola, *On the Dignity of Man* (translated by Charles Glenn Wallis, Paul J. W. Miller and Douglas Carmichael, Indianapolis: Hackett Publishing Company, 1998). 这篇演说《论人的尊严》(*Oratio de hominis dignitae*)的标题并不是作者自己起的,而是后人添加的。关于这个时期的人文主义者对人的尊严的理解,参见 Piet Steenbekkers, "Human Dignity in Renaissance Humanism", in Marcus Düwell, etal. (eds.), *The Cambridge Handbook of Human Dignity* (Cambridge: Cambridge University Press, 2014), pp. 85-94。

② Pico della Mirandola (1998), p. 5.

③ 关于这一点,参见:Bonnie Kent, "In the Image of God: Human Dignity after the Fall"; Brian Copenhaver, "Dignity, Vile Bodies, and Nakedness", both in Debes (2017), pp. 73-98,127-173。

联系。这种联系**据说**在康德那里得到了最明确的表述和发展[①]，因为他不仅将尊严理解为所有人（甚至一切理性存在者）都具有的一种内在价值，而且也认为这种价值根本上是来自人的自主性。在《道德形而上学基础》中，康德将两种类型的价值区分开来：一种价值是相对的、有条件的、在某种意义上是工具性的，另一种价值则被认为是绝对的、无条件的、在某种意义上是内在的。[②] 一切事物都只是具有前一种价值，例如，一本剑桥版的《道德形而上学基础》对我来说是有价值的，可能是因为我可以通过阅读这本书来了解康德的伦理思想，或者是因为我在写作时需要引用这本书。如果我丢失了这本书，那么，只要我还能得到一个副本，我就说不上有什么重大损失。因此，在康德看来，任何东西，只要其价值是有条件的，原则上都是可以取代的——它们只是具有价格。与此相比，"被提升到一切价格之上、因此不允许有任何等价物的东西才有尊严"[③]。尊严并不是相对于任何东西才有价值，就此而论，它被理解为一种内在的、无条件的、无可比拟的价值。康德接下来指出，"只有在道德条件下，一个理性存在者才能成为一个目的本身……因此，只有道德和人性——就人性能够具有道德而论——才有尊严"[④]。有尊严的东西是值得尊重的对象；因此，只要人有能力具有道德，人就可以成为尊重的对象，因此在这个意义上具有尊严，正如康德在《道德形而上学》中更明确地指出的：

> 人性本身是一个尊严；因为一个人不能被任何人（或是其他人，或者甚至是他自己）仅仅当作手段来使用，而必须总是在同时被作为目的来对待。他的尊严（人格）就在于此，由此他将自己提升到世界上所有其他不是人、但可以被使用的存在者之上，因此提升到一切事物

---

① 我强调"据说"，是因为康德往往被认为是早期现代的尊严概念的来源，但是，近来也有一些作者挑战这种解释，或者认为这种解释中有一些需要澄清的复杂性。参见下面的讨论。

② Kant, *Groundwork for the Metaphysics of Morals* (translated and edited by Mary Gregor, Cambridge: Cambridge University Press, 1997), 4: 434.

③ Kant (1997), 4: 434.

④ Kant (1997), 4: 434.

之上。①

人也必须被作为目的本身来对待，这当然就是康德的“绝对命令”对我们提出的要求。由此可见，对康德来说，我们是通过遵守道德法则、让自己变得具有道德意识而具有尊严。康德对“尊严”的理解，按照迈克尔·罗森的说法，类似于阿奎那对“尊严”的定义，即尊严是某个事物因其自身而具有的善。然而，既然康德认为只有道德和人性才能具有尊严，他显然并不认为尊严是我们已经内在地具有的一个属性——我们至多只是因为具有道德发展的潜力而有可能具有尊严。此外，正如罗森所指出的，康德的尊严概念仅限于人，而对于阿奎那来说，上帝创造出来的一切事物都有尊严，尽管是在不同的层次上具有尊严。②因此，按照罗森的解释，康德的“人的尊严”的概念不仅是平等主义的，也是世俗的，即完全摆脱了人与上帝的关系来设想人的尊严：

> 阿奎那的尊严概念依赖于上帝，而康德对尊严的看法并不以同样的方式依赖于上帝。为了将尊严赋予人类，没有必要提及他们是按照上帝的形象被创造出来的，或者也没有必要提及他们在神所规定的某种自然的等级秩序中占据了一个“适当”地位。康德说……我们的道德本性来自一个事实，即上帝已经将我们创造为自由的存在者。但是，无须依靠我们对上帝的信念，我们就可以知道那个道德本性，我们的尊严的根据就在于此。我们也无须认为自然界受制于某个神圣的意志——只要人类拥有道德，他们就具有尊严，不管外部实在最终可能是什么样子。因此，康德……开创了对人的尊严的一种世俗理解。③

如果道德确实就像康德所说的那样，是人类理性自我施加的结果，那么，就康德认为人的尊严就在于人能够具有道德而论，他确实提出了一个世俗的尊严概念。然而，这个尊严概念在某种程度上仍然不同于我们当今对“人的尊严”的理解，即人的尊严是每个人都平等地享有的一种固有的道德

---

① Kant, *Metaphysics of Morals* (translated by Mary Gregor, Cambridge: Cambridge University Press, 1991), 6: 462.

② 参见 Rosen (2012), pp. 22, 23。

③ Rosen (2012), pp. 24-25.

资格，是所有人都具有的一种内在的价值属性。当康德将人的尊严看作一种"被提升到一切事物之上"的东西时，他仍然是在把尊严理解为一种相对的或关系性的东西。在德语中，康德用来表示"尊严"的那个词是"würde"，其形容词形式"würdig"指的是"有价值的"或"应得的"，因此，"würde"这个词指的是"价值"或"值当"（worth）。[①]换句话说，康德仍然是在传统的西塞罗式的"尊严"的意义上来使用这个概念——用杰里米·沃尔德伦的话说，在人的尊严的情形中，康德只不过是将尊严的概念普遍化，将它升级为所有人都应当享有的一种**社会级别**（social rank）。[②]

实际上，正如一些学者指出的，在康德这里，"尊严"（würde）这个概念具有多种含义，在不同语境中具有不同的用法。我们至少可以在他那里发现这个概念的四种不同用法。[③]首先，这个概念指的是一个群体的某个成员在其他成员之上的某种崇高地位，例如，康德提到"教师的尊严"或"数学的尊严"，他也将一个国家的政治权力称为"公民尊严"。当在这个意义上来谈论"尊严"时，康德仍然是在古罗马的"dignitas"的意义上来使用这个概念，将尊严理解为某个东西所具有的特殊地位或权威。其次，在谈到"人的尊严"时，正如我们已经看到的，他是在一种西塞罗式的意义上来使用这个概念，将人的尊严归因于如下事实：人具有理性能力和自由意志，因此就将自己提升到自然界其余事物之上，在这个意义上具有尊严——实际上，具有一种极为崇高的、绝对的地位。再次，康德也在一种"现实的"意义上来谈论"人的尊严"，把人的尊严设想为人对道德能力的**实际**实现。人类作为一个总体的尊严在于自主性，即将道德法则施加于自身的潜在能力，但是，对于任何特定的人类个体来说，其尊严就在于他能够利用自由来实现人的道德能力。这个意义上的尊严显然并不是普遍的，甚至也不是绝对的，因为一个人是否具有这个意义上的尊严，取决于他是否严格按照康德所说的"责任的

---

① 罗森自己实际上意识到这一点，参见 Rosen (2012)，pp. 19-20。

② 参见 Jeremy Waldron，*Dignity*，*Rank*，*and Rights* (Oxford：Oxford University Press，2009)，pp. 23-27。夸梅·阿皮亚也对尊严提出了类似的理解，参见 Kwame A. Appiah，*The Honor Code*：*How Moral Revolution Happens* (New York：W. W. Norton & Company，2010)。

③ Oliver Sensen，"Dignity：Kant's Revolutionary Conception"，in Debes (2017)，pp. 237-261，especially pp. 246-251.

动机"来行动，并由此而充分实现自己作为人的道德潜力，正如康德自己指出的："我不能否认甚至一个邪恶的人**作为人**也应该得到尊重；我至少不能撤销在他**作为人的品质**中属于他的那份尊重，即使他通过自己的行为而让自己**不值得**尊重。"[①]康德想要说的是，我们**实际上**拥有的尊严是我们通过自己的道德努力而**挣得**的，也就是说，是通过我们对道德法则的尊重而获得的，但是，为了能够让人实际上具有尊严，我们首先就得假设人性本身就值得尊重，因为它包含了实现道德人格的潜力。最后，从对"尊严"的第三种用法的讨论中不难看出，当康德将尊严与尊重的概念联系起来时，他实际上区分了两种形式的尊重：一方面，人类个体因为具有人性——也就是说，因为原则上具有尊重道德法则的能力——而值得尊重；另一方面，人类个体因为充分实现了自己的道德能力、因此具有康德所说的"好的意志"而值得敬重(reverentia)。前一种意义上的尊重显然指的是对人性的尊重，即对人原则上所具有的一种资格或地位的尊重，后一种意义上的尊重指的是一个人所获得的某种成就，即对道德人格的实现。

总的来说，在康德这里，我们大致可以鉴定出两种意义上的尊严。在一种西塞罗式的意义上，康德仍然广泛地将尊严理解为一个人因为**在社会上**所占据的特殊地位或者被赋予的特殊资格而获得的荣誉和恭敬待遇。事实上，康德也把这个意义上的尊严赋予事物，例如，由于数学在科学领域中所占据的崇高地位而谈论"数学的尊严"。与这个意义上的尊严相对应的尊重就是斯蒂芬・达沃尔所说的"评估性尊重"(appraisal respect)，即一个人因为自己在行为或品格方面的表现而获得的尊重。[②]这种尊重是一个人以某种方式挣来的，例如，一个人因为在运动竞技方面表现卓越而受到尊重，或因为具有高尚的品格而受到尊重。这种尊重本质上与一个人通过自己的努力获得的优绩(merit)相联系。康德也谈到一个存在者因为具有人性而值得尊重，这种尊重是对人被赋予的一种地位或资格的尊重，被认为与人们在社会上得到承认的优绩无关。达沃尔将这种形式的尊重称为"承认性尊重"

---

① Kant (1991), 4: 463，强调是我给出的。

② Stephen Darwall (1977), "Two Kinds of Respect", *Ethics* 88: 36-49. 亦可参见 Stephen Darwall, *The Second-Person Standpoint: Morality, Respect, and Accountability* (Cambridge, MA: Harvard University Press, 2006), pp. 122-126, 130-138。

(recognition respect)。如果人被认为具有尊严,那么对人的尊严的尊重就是一种承认性尊重。前一种形式的尊重在社会生活的世界中很常见:除了前面提到的一些例子外,对长者或有智慧的人的尊重都属于这种尊重。然而,正如我们已经看到的,在康德那里,甚至与承认性尊重相联系的那种尊严也有一些复杂性。当康德在一种比较的意义上认为人类个体因为能够具有人性(也就是说,具有按照道德法则来行动和选择的能力)而值得平等尊重时,他也指出,实际上并非每一个人类个体都值得拥有人所具有的那种尊严。我们或许认为,康德是在把人类个体因为原则上具有人性而拥有的那种尊严赋予他所说的"本体自我",但他并不认为生活在现象世界中的个体总是具有尊严。下面这段话或许暗示了这种解释:

> 但是,一个被看作人格(person)——也就是说,一个道德上具有实践理性的主体——的人(human being)被提升到任何价格之上;因为作为一个人格(homo noumenon),他并不只是作为实现他人目的或甚至自己目的的手段而被看重,而且也是作为一个目的本身而被看重,也就是说,他具有一个尊严(一种绝对的内在价值),由于尊严,他从世界上所有其他理性存在者那里要求对他自己的尊重,他能够按照每一个这样的其他存在者来衡量自己,在一个与他们平等的基础上来看重自己。其人格中的人性就是他能够从每一个其他人那里所要求的那种尊重的对象,但是他也千万不要丧失这种尊重。因此,他既可以用低标准来看重自己,也可以用高标准来看重自己,而且也会这样做,取决于他是把自己看作一个感性存在者(按照其动物本性来看待自己),还是看作一个知性存在者(按照其道德禀赋来看待自己)。既然他必定不仅将自己看作一个一般而论的人格,而且也看作一个人,即一个按照自己的理性将责任施加于自己的人类个体,他在作为一个**人类动物**方面的无关紧要的事情,可能就不会妨碍他意识到自己作为一个**理性人**的尊严,他不应该否认这样一个存在者的道德自尊,……而这种自尊就是人对自己的一项责任。①

我们充分地引用这段话,是因为它对于我们恰当地理解康德的尊严概

① Kant (1991), 6: 434-435.

念极为重要。对于康德来说,人是具有双重本性的存在者,能够从感性的观点和知性的观点来看待自己。在从纯粹感性的观点来看待自己时,人并未摆脱自己的动物本性,仍然将自己看作自然界当中的一员,而在从知性的观点来看待自己时,人就超越了现象世界对其自身的限制,将自己提升到所有其他事物之上,因此就具有了康德所说的"人的尊严"。然而,在这里我们碰到了一个动机问题:既然人同时具有双重本性,人何以能够超越其自身的感性存在,将自己提升到康德所说的"知性世界"或"目的王国"?简单地说,康德认为,正是自由将我们召唤到知性世界,而按照所谓"绝对命令"来行动就是实现自由的途径,因此,道德与自由在这个意义上是"互惠的"。由此我们不难理解康德的一个核心主张,即道德才是唯一值得尊重的对象,人性之所以值得尊重,只是因为其中蕴含了按照道德来行动的能力或潜力。因此,人类个体实际上只是在一种引申的意义上值得尊重,也就是说,由于具有按照道德法则来行动的能力而值得尊重。由此来看,就像在西塞罗那里一样,在康德这里,尊严本质上仍然是一个抱负性的概念,是一个人在某种意义上应该努力争取的东西,不管是争取某种社会地位,还是某种道德成就。

但是,假若我们必须在上述意义上来理解康德的尊严概念,我们就不甚清楚这个概念**本身**如何能够为普遍人权的观念提供一个基础。任何权利都要求相应的责任或义务,否则权利就是空洞的。因此,我们的问题就变为:尊重一个人作为人的尊严何以能够对其他行动者施加相关的责任或义务?康德基本上是在一种西塞罗式的意义上来理解尊严。这个意义上的尊严表达了一个人应该努力达成的某个标准或理想,因此一般来说并不具有一种平等主义含义,而且主要属于一种**伦理生活**理想,也就是说,不是一种要强制性地施加于自己或他人的要求。事实上,如果尊严只是社会上构造出来的事实,与人们在社会生活中所占据的特定职位相联系,那么显然没有**普遍的**理由要求所有人在相关职位上都表现卓越并因此而得到尊重。康德确实通过其人性概念将"人的尊严"普遍化,认为每个人都因为原则上分享了人性而具有尊严。但这只是一个很一般的说法,因为他实际上所强调的是,一个人是因为尊重道德法则而具有尊严——或者更确切地说,是因为原则上能够具有将尊严体现出来的人格而值得尊重。就此而论,对康德来说,尊严显然并不是在任何实际的人类个体那里已经存在的一种内在属性或固有价值。它是一种要通过道德活动来取得的成就,而为了具有或产生道德动机,一个人首先需要认识到自由在其生活中的重要性，需要明白为什么超越纯粹的感性本质是“人之为人”的一个基本要求。只有当一个人已经具有这个基本的道德意识后，自我尊重的要求，作为一个人对自己负有的一项责任或义务，才能对其他人提出尊重其尊严的要求，正如康德自己所说：“只有当我同时将自己置于义务下时，我才能承认我对他人是有义务的，因为我由此认为自己具有义务的那个法则[即绝对命令]无论如何都是来自我自己的实践理性；而在受到自己的实践理性所约束时，我也是在约束自己。”①

然而，即使我由于认识到超验自由的重要性而决定服从绝对命令，但是，在康德那里，仍然有一个问题是不清楚的：这种自我立法如何能够在其他人那里产生尊重我的尊严的义务，因此转而将自我尊重的责任转变为我的一项权利？康德确实指出，“只有通过这个道德律令[即绝对命令]，我们才知道自己的自由(一切道德法则——因此一切责任和权利——都是来自我们的自由)，这个律令是一个管辖责任的命题，而将其他人置于义务之下的能力，即权利的概念，后来就可以从这个命题中得到阐明”②。在这里，康德是要强调责任先于权利——在通过道德行动变得自由的同时，至少在我们由此而超越了感性本质对我们的束缚的意义上，我们也意识到了自己的尊严。现在，即便我们同意康德的说法，即只要我们已经有了道德意识，我们就有责任维护自己的尊严，但我们仍然不清楚其他人为何就有义务支持和维护我们的尊严，更不清楚其他人被认为具有的那项义务如何将自我尊重的责任转变为一项权利。为了回答这个问题，康德显然就必须假设每个人的尊严都值得尊重，而且是值得**平等**尊重。然而，这个假设是康德自己从未清楚地阐明的——也许他只是把这个假设当作其伦理学的一个**实践**预设。但是，如果他是在声称我们是因为具有理性本质而具有实现自己的道德人格的能力，因此在这个意义上具有尊严，那么这个意义上的尊严不仅仍然是一项成就(因此不是我们作为人类个体已经具有的一个内在属性)；而且，只要这个意义上的尊严是通过康德所设想的那种超验自由来实现的，那么，只有通过具体地阐明这种自由的条件，我们才能说明和界定与这种尊严相关的权利和义务。换句话说，甚至当我们在康德的意义上来理解“人的尊

① Kant (1991), 6: 417-418.

② Kant (1991), 6: 239.

严"这个概念时,它**本身**也得不出任何明确的权利和义务。康德所说的尊严仍然是一种经过改进的西塞罗式的尊严,就此而论,达沃尔在后者那里鉴定出来的一个两难困境仍然适用于康德:

> 一方面,一种西塞罗式的尊严概念,即把尊严看作我们应该努力达到的一个标准,看来甚至不能对权利问题产生影响,即使这个标准就像康德所说的那样包括了一项责任,即用我们相信符合人权的方式来对待他人。假若这个标准要包括这样的责任,那么尊严为履行这些责任所提供的辩护就是,不用所要求的方式来对待人就是在贬低**我们的**尊严;这种辩护并不是,**他们的**尊严为**他们**对我们所提出的正当主张(即我们应当遵守这些责任)提供了根据。然而,另一方面,即使那些被我们看作基本人权的权利是要包装某个受尊敬的地位,在这个地位中所包含的任何尊严都仍然只是一个社会事实,只是意味着其他人事实上与自己有关联,**就好像**自己具有这些权利。因此,这种尊严就不可能为如下规范主张提供基础,即任何人都在法理上具有这些权利。作为一种社会构造的尊严只能产生事实上的权利。①

正如我们已经指出的,为了摆脱达沃尔提出的困境,康德就需要**表明**(而不是假设或预设),我们有充分的理由将**平等尊重**的权利赋予每一个人。当然,康德确实认为每个人都因为原则上具有理性本质而具有尊严,因为人的尊严就在于通过自己的理性能力来实现能够在自己的人身中体现出来的道德人格。但是,如果我们将理性能力(实际上,在康德这里,自由)设想为尊严的根据,并进一步尝试将这个意义上的尊严理解为普遍人权的基础,那么我们就会碰到前面提出的一些问题,例如否定某些人类个体能够具有人权。当然,康德只是对"人究竟是因为什么而具有尊严"这个问题提出了**一种**回答。尽管康德的回答在西方道德和政治思想史上占据了一个显赫地位,但是对上述问题也有其他可能的回答。为了进一步阐明普遍人权的观念,我们不妨简要考察一下西方思想史上对"人的尊严"提出的另一种主要

---

① Stephen Darwall, "Equal Dignity and Rights", in Debes (2017), pp. 181-201, quoted at pp. 188-189.

理解。[①]

不管我们是否可以从一种本质主义的角度来阐明或辩护人权，人权的观念确实与人性的概念具有某些可理解的联系，具有不同思想倾向的哲学家则可以对这种联系提出不同的说法。只要人们开始在自我反思中追问人在宇宙中的地位和命运，他们就会认识到，人在世界上确实占据了一种与众不同的地位。在荷马所描述的古希腊城邦社会中，尽管希腊人不断从事残酷的战争和野蛮的掠夺行为，将人作为奴隶在市场上随意买卖，但是他们不仅敬畏敌军阵营中的英雄人物，而且当所爱的人在战争中丧生时，也会聚集在一起共同悲伤和相互安慰。这意味着他们认识到人享有某些共同的东西，正是这些东西使得他们不同于世上其他事物。[②]人们固然会因为生活条件而彼此争斗或者甚至发动战争，但他们也有共同生活的愿望，渴望某种归属，希望自己在某种意义上得到尊重，与此同时，他们一度拥有的归属也会丧失，他们曾经占有的地位也会受到降级或贬低。人类正是生活在这种极其脆弱的条件下，与这种脆弱性相联系的各种情感，例如怜悯、同情、羞耻等，实际上是人性的内在构成要素，而既然每个人至少在某些时期都会无助地变得脆弱，其生活状况和命运都会受到自己无法控制的因素的摆布，人就可以因为自己的脆弱性而彼此产生重要的情感联系。尽管人类情感看似表达了人性中消极或被动的方面，但一旦形成，它们就可以在人们对人类生活和人类自我的设想中占据重要地位，正如一位学者在特别论及古希腊的尊严概念时所指出的，“尽管理性在某些情境中可能被赋予了特权，但在古代世界中，理性和羞耻之间的相互作用对于古希腊人的人格来说至关重要。……在荷马文本中，羞耻和怜悯是与理性相联系的”[③]。这个基本观念在欧洲启蒙运动时期得到了进一步的强调和发展。康德明确声称，正是卢梭对其成熟时期的道德与政治思想的形成产生了重要影响；然而，卢梭自己却认为：

---

① 以下论述主要受益于如下文章：Remy Debes，“Human Dignity Before Kant：Denis Diderot's Passionate Person”，in Debes (2017)，pp. 203-236。

② 参见 Jasper Griffin，*Homer on Life and Death* (Oxford：Clarendon Press，1980)。

③ Patrice Rankine，“Dignity in Homer and Classical Greece”，in Debes (2017)，quoted at p. 32.

> 我们没有义务在一个人成为人之前将他变为哲学家。他的义务不只是由理智的迟钝的声音向他规定的；只要他不抵制激情的内在冲动，他就绝不会伤害他人，甚至也不会伤害任何有感情的存在者，除了在需要自我维护的法定情形中外。而在这种情况下，让自己具有优先权当然就是自己的责任。但是，这也意味着我们可以结束那场关于动物是否分有自然法的古老争论；因为很明显，既然动物缺乏理性和自由意志，它们就不可能了解自然法；然而，只要它们凭借自己被赋予的感受性而在某种程度上分享了我们的本性，我们就可以想象它们同样应该分享自然法的好处，人类对它们就负有某种责任。看来，假若我有义务不伤害任何像我自己那样的存在者，那与其说是因为他是一个有理性的存在者，不如说是因为他是一个有感受性的存在者。①

卢梭的要点很清楚：假如我们在自然法的观念下被赋予了权利和义务，那么我们并不是因为自己的理性本质而具有权利和义务，而是因为我们是具有感受性和情感能力的存在者而具有权利和义务。这样一来，如果权利和义务与我们作为人的尊严具有任何联系，那么我们很想知道为什么具有感受性和情感能力可以为尊严提供一个基础，或者甚至是尊严的一个方面。如果尊严标志着一种独特的价值，因此要求某些形式的对待、禁止某些类型的对待，那么我们就很想知道为什么情感能力是人所特有的价值的一个方面。

格劳秀斯和普芬多夫都格外强调人的社会性在自然法学说中的作用，普芬多夫更进一步论证说，为了具有尊严所要求的那种地位，人就必须具有一种特殊的能力，即进入一种彼此声称的社会关系的能力。②普芬多夫仍然将这种能力看作人的理性能力的一个方面。然而，在西方思想史上，哲学家们对于理性与情感在人性中的地位以及二者关系的论述，从来都不具有一

---

① Jean-Jacques Rousseau, *Discourse on the Origin and Foundations of Inequality Among Mankind*, in Jean-Jacques Rousseau, *The Social Contract and The First and Second Discourses* (edited by Susan Dunn, New Haven: Yale University Press, 2002), quoted at pp. 84-85.

② 参见 Stephen Darwall (2012), "Pufendorf on Morality, Sociability, and Moral Powers", *Journal of the History of Philosophy* 2: 213-238。

个单一的谱系。以柏拉图和康德为代表的理性主义传统强调理性是人的根本标志。不过，尽管亚里士多德典型地声称人是理性动物，但是，不仅情感在他对美德的理解中具有重要地位，而且人类生活中重要的情感联系也是他所设想的好生活的一个构成要素；而对康德伦理学的深入研究则表明，康德自己也从未忽视情感在道德生活中的重要性。[①]斯多亚主义者认为，不加控制的情感扰乱了他们所设想的幸福生活，但是，该学派的主要思想家也并未将情感从好生活中完全驱逐出去，只是将情感理解为正确理性的女仆。对情感的彻底贬抑是在中世纪才开始出现的，在基督教和新教的人性概念中，情感被看作恶的来源。然而，到了启蒙运动时期，在狄德罗、卢梭、亚当·斯密以及大卫·休谟等思想家那里，情感的地位被再次扭转。苏格兰启蒙运动的思想家普遍认为道德能动性与情感具有本质联系；而在前面所引用的那段话中，我们可以看出，对卢梭来说，人的自然情感本身并没有什么错，反而是理性的出现所导致的虚荣心腐化了人性的本来面目。[②] 卢梭强调说，尊重人不仅要求尊重其他人的情感，也要求承认他人是根本上具有激情的人。大多数法国启蒙运动思想家，例如赫尔巴赫、拉美特利、狄德罗，基本上都是唯物论者或自然主义者，并不相信人在存在之链上占据了一个与其他动物绝对分离的地位，因此他们就格外强调人的感性和情感的方面。[③]狄德罗自己对人性的理解深受苏格兰情感主义哲学家沙夫茨伯里的影响，对他来说，尽管我们的能动性有时候会因为激情的影响而变得“被动”，但我们首先也是通过欲望和厌恶、快乐和痛苦之类的情感而学会辨别

---

① 例如，参见：Alix Cohen (ed.), *Kant on Emotion and Value* (London: Palgrave Macmillan, 2014); Diane Williamson, *Kant's Theory of Emotion: Emotional Universalism* (London: Palgrave Macmillan, 2015)。关于康德伦理学与亚里士多德伦理学的契合之处，参见 Nancy Sherman, *Making a Necessity of Virtue: Aristotle and Kant on Virtue* (Cambridge: Cambridge University Press, 1997)。

② 当然，这不是否认卢梭自己对于本性与文化的关系的理解是复杂的。例如，参见：Laurence D. Cooper, *Rousseau, Nature, and the Problem of the Good Life* (University Park, Pennsylvania: The Pennsylvania State University Press, 1999); Anne Deneys-Tunney and Yves Charles Zarka (eds.), *Rousseau Between Nature and Culture* (Boston: Walter de Gruyter, 2016)。

③ 参见 Jonathan I. Israel, *Radical Enlightenment: Philosophy and the Making of Modernity* 1650-1750 (Oxford: Oxford University Press, 2001), pp. 704-709。

善恶。狄德罗也认为，我们对人类有一种“原始的”敏感性，在自然条件下很容易感受到其他人遭受的痛苦，并可以因此而对他们深表同情。当然，这种原始的同情心未必意味着我们已经在“平等尊重”的意义上有了尊重他人的意识，但它显然有助于促进人们之间的情感联系，因此在适当条件下就可以成为相互承认的一个基础。在《百科全书》“自然权利”词条中，在探究自然权利的本质和来源时，狄德罗写道：

> 对一个人来说，为了知道自己在多大程度上应当成为一个人、一个公民、一位父亲或一个孩子，为了知道生或死什么时候对他来说是适当的，他就必须设法具有一个一般意志(the general will)。正是这个意志决定了一切责任的限度。对于全人类并不抵抗的一切东西，你都拥有最神圣的自然权利。正是一般意志在你的思想和欲望的本质方面开导你。你所设想的一切，你所沉思的一切，只要符合一般的和共同的利益，都将是好的、伟大的、高尚的、崇高的。离开了你从自己同胞那里所要求的东西，在你所属的物种中，就没有什么本质属性可以保证你的幸福和他们的幸福。正是你们之间的相互一致决定了你何时僭越了你所属的物种的界限，你何时仍然在界限内。因此，永远都不要无视这一点，否则你就会发现自己对善、正义、人性、美德这些概念的把握变得日益暗淡。请经常对自己说，“我是一个人，除了人性的自然权利外，我没有任何其他不可转让的自然权利”。①

就像卢梭一样，狄德罗显然认为，为了在根本上解决人们在私人利益方面的分歧和冲突，我们就需要让自己的个人意志服从一个代表所有人根本的共同利益的“一般意志”。在这里，我们感兴趣的问题是：对于狄德罗来说，这样一个意志究竟是如何可能的？如果人人都声称无论如何都不会放弃自己的私人利益，都不会为了任何其他东西而妥协，那么这样一个意志显然就不可能形成。因此，承认我们有共同的人性(或者至少承认人性中有一些可以分享的东西)就是形成这样一个意志的一个先决条件。这就是说，为了形成这样一个意志，我们首先需要意识到每个人都分享了人性(或者至少

① Denis Diderot, *Political Writings* (edited by John Hope Mason and Robert Wokler, Cambridge: Cambridge University Press, 1992), p. 20.

其中的某些根本要素)并由此而承认彼此具有平等的地位，我们也需要承认某种形式的社会生活对于个人幸福来说是不可或缺的。当然，这个共识或许需要经历一个极为复杂的过程才能形成，但它必定以人性中某些情感性的要素作为起点和中介，正如狄德罗在上述引文的前一段话中所说：

> 如果动物具有与我们大致同样的地位，如果在它们和我们之间存在着可靠的交流方式，如果它们能够将其情感和思想清晰地传递给我们，而且最终同样确定地理解了我们的情感和思想……那么自然权利的案件就不再是在**人类**法庭面前来辩护的，而是在**所有动物**的法庭面前来辩护的。[①]

就像卢梭一样，狄德罗明确认为，除了思想外，情感也是我们作为人的地位的一个本质方面，因此，只要其他动物在这个方面与我们具有同样的地位，它们也可以具有自然权利。对于狄德罗来说，情感不仅是人类能动性的构成要素，实际上也是人类尊严的一个本质方面或来源，因为它是使得权利和义务在人类这里变得可能的一个条件。理性和情感都同样是人类社会生活的基础或前提。尤其是，情感不只是表达了我们对外部世界(包括他人)的“消极”回应，而且也是社会联系的纽带，而不管我们如何设想社会，社会的存在是人们具有权利和义务的基本条件。因此，只要人的尊严与人们具有的权利和义务具有任何联系，社会性就是人的尊严的一个重要方面。人的尊严是人在**人类**条件下所具有的尊严，涉及人类能动性中被认为具有积极性和消极性的方面。

在这一部分中，我的目的不是全面论述尊严的概念在人类历史上的发展和演变，而是要指出这个概念的复杂性及其含义的多样性。正如我们已经看到的，如果我们能够将这个概念从其在历史上所具有的宗教内涵中剥离出来，那么谈论“人的尊严”本质上是在谈论某种意义上的平等地位和平等尊重，在某些情形中也是在谈论人的自由或自主性。此外，我们也将尊严的概念与人的情感和脆弱性联系起来，或者与保护人的脆弱性的某些基本条件联系起来，正如我们在下一章将看到的。当我们在这些意义上来理解人的尊严时，这个概念可以与普遍人权的观念发生某种联系。然而，如果尊

---

① Diderot (1992), p. 20.

严的概念也与某些类型的社会地位相联系,那么它就不能被笼统地视为普遍人权的根据。实际上,我们无须认为人权的根据就在于某个**单一的**尊严概念。[①]

① 沃尔德伦提出了类似的主张。参见 Jeremy Waldron, "Is Dignity the Foundation of Human Rights?", in Cruft, etal. (2015), pp. 117-137。

第三章　人权的辩护

在人类历史上的不同时期，人们对于人性都有不同的看法；此外，也必须承认，人们对生活的意义和生命的价值的理解与他们所生活的环境、文化和传统确实具有紧密联系。这个事实为说明或辩护普遍人权的观念带来了进一步的问题。为了应对这个挑战，在尝试为普遍人权提供一个辩护时，我们将采取如下策略。首先，我们将考察一种试图通过诉诸自主性(autonomy)概念来辩护普遍人权的做法，这是不少具有自由主义倾向的理论家都会采取的尝试。[①]不过，我们随后会表明这种尝试是不全面的，并没有为人权提供正确的内涵。其次，我们将考察一个重要论证，该论证旨在表明，如果存在着任何权利，那么就必定就有人身安全和基本生存的权利。这个论证在预设权利的基础上，对所谓"基本权利"提供了一种有力的辩护，并进一步说明了与基本权利相关联的义务。因此，如果它是可靠的，那么任何权利实践都不能无视基本权利。最后，我们将考察对人权的一种更加全面的论述，即试图从"人格"的概念入手，将自主性、自由和福祉(well-being)确立为三个高层次人权，并在此基础上阐明其他的权利。[②]在我看来，最后这种探讨不仅最有希望获得成功，而且也是最合理的，因此将得到较为详细的讨论。

---

① 例如，Jack Donnelly, *Universal Human Rights in Theory and Practice* (third edition, Ithaca: Cornell University Press, 2013)。

② James Griffin, *On Human Rights* (New York: Oxford University Press, 2008).

一、为什么人权需要辩护?

在当今的社会生活和政治实践中,人们诉求很多不同的权利,例如享受医疗保健、教育以及社会安全的权利,要求相应薪酬的权利,拥有健康环境的权利,生病休假的权利,甚至堕胎的权利。人们也不时谈到穷人有权反对富人,父母有权得到孩子照顾,有宗教信仰的人有权反对无神论者,女性有权反抗男性,发展中国家有权反对发达国家,等等。如果从权利是具有足够分量的规范考虑,如果存在着众多的权利,那么权利之间很可能就会发生冲突。当我们试图解决冲突时,我们至少就会面临一个问题:如何判定哪些利益值得在一个人所生活的社会中用权利来保护?与此相关还有一个更困难的问题:如何判定哪些权利要被包含在所有人和每一个人都有资格享有的人权清单中?

《世界人权宣言》的倡议者面临权利观念的发展史上未曾出现的一个问题。① 此前,当某些权利议案(例如美国宪法第一修正案)被提出来时,其目的是表达一个国家或社会所要尊重的根本的政治价值和道德原则,并将这些价值和原则设想为一个单一的主权国家的主导原则。然而,在 1947 年,当新成立的联合国教科文组织授命起草一份国际人权议案时,他们碰到了一个前所未有的问题,因为这份议案旨在对人权提出一种理解,这种理解能够容纳联合国各成员国所持有的不同的政治信念、经济制度和文化。为了回应这个挑战,联合国教科文组织确立了所谓"人权的哲学原则委员会",由天主教哲学家雅克·马利坦负责,旨在考察 18 世纪关于人的权利的经典宣

---

① 对《普遍人权宣言》起草、相关背景以及后续效应的详细论述,参见:Johannes Morsink, *The Universal Declaration of Human Rights: Origins, Drafting, and Intent* (Philadelphia, PENN: University of Pennsylvania Press, 1999), pp. 1-35; Wiktor Osiatyński, *Human Rights and Their Limits* (Cambridge: Cambridge University Press, 2009), pp. 14-40。

言以及当时提出的各种权利议案在不同的思想环境和历史环境中的变化。[①] 该委员会试图在历史上对人的权利的理解和当今对人权的理解之间寻求某些共同的根据。在联合国教科文组织第一任总干事朱利安·赫胥黎的支持和协助下,该委员会准备了一份问卷,分发给一些著名学者和外交官。在1947年6月26日至7月4日期间,他们在分析答卷的基础上最终起草了一份报告,即"一份国际人权宣言的基础"。[②]

这份报告一开始就提出了这样一个说法:一份国际人权宣言必须表达一个需要维护的信仰和一个需要执行的行动纲领。也就是说,它不仅要表达人权信仰,也要让人权变得切实可行。因此,哲学原则委员会就决定不去追问人们在人权问题上的哲学分歧,而仅仅是要尝试发现一些思想方式,以保证人们能够在根本的人权上达成共识,并消除思想分歧对人权的落实中可能造成的困难。用马利坦自己的话说,"我们必须对人权达成一致,只要没有谁问我们为什么"[③]。为了遵循赫胥黎的指示,该委员会就提出了如下建议:不要去考虑如何精确地定义"权利"、"自由"和"民主"之类的概念。作为一位具有天主教背景的思想家,马利坦倾向于用"人的尊严"这个概念来涵盖即将提出的所有人权的根据,而不去深究每项人权的哲学基础。该委员会接受了马利坦的提议,认为人们可以在人的尊严的重要性方面达成某些基本共识,于是他们就提出15项具体权利,并将它们归结在三个标题下:第一,生活的权利;第二,生活得好的权利;第三,社会参与的权利。这种历史妥协是建立在如下共识的基础上:人权所要保护的主张来自"人的尊严"

① 对于马利坦在人权观念的产生中所发挥的作用的详细论述,参见 Samuel Moyn, "Jacques Maritain, Christian New Order, and the Birth of Human Rights", in Luigi Bonanante, Roberto Papini, and William Sweet (eds.), *Intercultural Dialogue and Human Rights* (Washington, DC: Council for Research in Values and Philosophy, 2013), pp. 55-77。关于马利坦自己对于"人"或"人性"及其政治含义的思考,参见 Jacques Maritain, *The Person and the Common Good* (Notre Dame, Indiana: The University of Notre Dame Press, 1966)。

② 对这个事件的详细论述,参见 Mark Goodale (ed.), *Letters to the Contrary: A Curated History of the UNESCO Human Rights Survey* (Stanford: Stanford University Press, 2018)。

③ 转引自 Samuel Moyn, *The Last Utopia: Human Rights in History* (Cambridge, MA: The Belknap Press of Harvard, 2010), p. 67。

的要求。然而，这种做法也留下了一个当时并未解决的重要问题：人的尊严在于什么或者说要求什么？

在《世界人权宣言》被正式采纳后，联合国人权委员会开始起草一份国际公约，旨在将该宣言中提到的人权提高到国际法的地位。但是，他们又再次碰到了困难。一个问题是，一些国家的代表认为国际法的观念是对国家主权的一种恣意侵犯，因此并不赞成或反对这个观念。不同国家信奉不同的政治意识形态，对于历史上继承下来的权利范畴会自然而然地提出不同的强调。这个事实让问题变得更加复杂。人权观念在20世纪的发展被认为经历了三代。[①]“第一代人权”强调公民与政治权利，这些权利旨在保护个人的自主选择免受政府干涉，其中，言论自由和信仰自由之类的权利被赋予了很大分量，而社会-经济权利或是不受重视，或是被认为根本就不是权利。与此相比，“第二代人权”则强调社会-经济权利，这种权利旨在保护个人的基本需求及其条件不被剥夺。这种观点的倡导者不仅认为社会-经济权利比传统的第一代权利更重要，而且也经常声称，当公民的自由权与社会的一般经济福祉发生冲突时，前者就可以被合理地悬搁。这两代权利的基本思想其实在17—18世纪都或多或少地有所体现，例如，尽管生存、健康和教育的权利并没有出现在美国权利议案和法国《人和公民的权利宣言》中，但是洛克已经声称私有财产权受制于一个条件——要留下足够多同样好的东西给他人[②]，1793年颁布的法国宣言也包含一个类似的说法。所谓“第三代权利”随后也被补充到人权清单上，这种权利主要是某些类型的集体权利以及政治上的自我决定、文化参与和经济发展的权利。

将权利划分为第一代、第二代和第三代大致对应于将国家划分为第一世界国家（所谓“自由、民主、发达的国家”）、第二世界国家（所谓“社会主义或威权主义以及相对发达的国家”）以及第三世界国家（具有混合经济制度和意识形态的发展中国家）。第一世界的人权观念大概源自18世纪的自然

---

① 参见 Karel Vasek（1977），“A 30-Year Struggle：The Sustained Effort to Give Force of Law to the Universal Declaration of Human Rights”，*Unesco Courier* 10：29-30。

② John Locke，*The First Treatise of Government*，section 42．杰里米·沃尔德伦论证说，洛克的这一主张在基督教思想中有其来源。参见 Jeremy Waldron，*God，Lock，and Equality：Christian Foundations in Locke's Political Thought*（Cambridge：Cambridge University Press，2002）。

权利学说，这种学说将人设想为具有个人权利的自主的个体，从而鼓舞了自由主义的政治制度。第二世界国家在很大程度上受到了社会主义或社群主义思想的影响，它们对人权的基本设想或是来自马克思主义对人性和社会的理解[①]，或是来自一种强调社会关系和共同体意识的文化传统。对于这些国家或社会来说，自主的个体的思想纯属神话，因为人的本质是由一个人所生活的社会、经济和历史条件塑造的。当然，从柏克和边沁对“自然权利”概念的批评中，我们也可以看到这个主张的一个思想来源：对于柏克和边沁来说，独立于或先于“公民社会”与政治制度的所谓“自然权利”毫无意义，因为权利本质上要求相关联的义务或责任，后者只有通过法律制度之类的规范制度才能确立。最终，在现代历史上，第三世界国家差不多都遭受过殖民统治，在从殖民统治中解放出来后，它们就会自然地强调各种形式的集体权利，例如国家或民族自决权。但是，如果存在着集体权利，那么权利就不可能被合理地理解为个人自然地拥有的东西，也不能被看作是一种由国家来赋予的、具有历史形态的东西。集体权利的概念在某些社会中的出现主要得益于两个因素：第一，这些社会在历史上往往是按照民族共同体、部落群体或者语言共同体来界定自己，因此就格外强调个人与传统上规定的社群的关系以及群体在文化上的自决权[②]；第二，它们在历史上曾遭受其他国家或社会的压制、掠夺或剥夺，因此在获得了独立和解放后就会强调自己有民族自决权和处理内部事务的权利。由此可见，对人权的理解和接受受到了某些历史原因和文化因素的重要影响。一个国家或民族认同和采纳什么样

① 马克思对“人的本性”的理解及其对社会正义的设想被认为与亚里士多德和伊壁鸠鲁的思想具有重要联系。一些相关的论述，参见 George E. McCarthy, *Marx and the Ancients: Classical Ethics, Social Justice, and Nineteenth-Century Political Economics* (Rowman & Littlefield Publishers, 1990); George E. McCarthy (ed.), *Marx and Aristotle: Nineteenth-Century German Social Theory and Classical Antiquity* (Rowman & Littlefield Publishers, 1992)。

② 后来所说的“社群主义者”或者具有类似倾向的理论家也极为强调文化身份与民族自决权的本质联系。相关的讨论，参见 Charles Taylor, *Multiculturalism: Examining the Politics of Recognition* (Princeton: Princeton University Press, 1994); Paul Gilbert, *Cultural Identity and Political Ethics* (Edinburgh: Edinburgh University Press, 2010); Will Kymlicka, *Multicultural Citizenship: A Liberal Theory of Minority Rights* (Oxford: Oxford University Press, 1995)。

的人权，也与其现实的社会需要和政治需要有关。人权问题上的争执也就成为国际社会和国际关系中的一个显著特点。当某些西方国家指责其他国家严重侵犯了其公民的自由权（特别是言论自由和信仰自由的权利）时，后者可以反击说，西方国家所强调的权利只是其文化传统的产物，对于具有不同文化的国家并不具有普适性。

如果这三种权利都被看作人权，并在某种意义上被认为具有同等重要性，那么人权的说明或辩护就会面临严重挑战。首先，《世界人权宣言》以及随后颁布的一系列国际人权公约都约定俗成地将权利划分为两个一般范畴：一方面是公民与政治权利，另一方面是经济、社会与文化权利。从权利的**历史来源**来看，公民与政治权利主要是西方自由主义传统的产物，该传统假设个人本来就具有某些自由权和所有权，并按照这个观念来限制政府对权力的正当行使。强调社会与经济权利的国家出于某些历史原因而不太重视公民与政治权利。《世界人权宣言》不仅将这两种权利组合起来，后来也补充了文化权利。然而，在某些情形中，这三种权利确实会发生冲突。每个国家对其国家利益的考虑是发生冲突的一个重要原因，但是，甚至在同一个社会中，各种权利的冲突也时有发生。如何协调或解决这些冲突不仅是任何社会和国际社会都会面临的一个现实问题，也是任何人权理论都必须正视和考虑的一个核心问题。

其次，如果人权被设想为与人们为了追求和过上好生活而需要的条件相联系，那么人权就会在数量上急剧膨胀，因为任何与追求和实现好生活相关的东西都可以用人权的语言来提出，以便得到保证或受到保护。这种做法不仅贬低了人权的含义或者人权本应具有的重要地位，而且也为决定具体权利的分量和范围制造了障碍。此外，在将社会-经济权利设想为人权时，也会产生人权究竟应当由谁来落实的问题。这并不是说传统的公民-政治权利不会面临类似问题，但是，在这两种权利之间确实有一些重要差别。传统的公民-政治权利往往是公民向国家或政府要求的权利，相关联的义务也被认为主要是由国家或政府来落实，而即便其他公民有相关的义务，这种义务往往也是被**消极地**设想的。例如，只要其他人不侵犯我的言论自由或信仰自由的权利，我的权利就算得到了保证。与此相比，社会-经济权利本质上要求**积极的**义务。这种权利当然也可以被认为要由一个人所属的国家或社会来落实。然而，甚至在当今世界上，仍然有一些国家或社会或是没有能力或资源落实与社会-经济权利相关联的义务,或是严重侵犯了其公民的基本人权。在前一种情况下,假若生存、健康和教育的权利都被看作人权,那么,对于在这些方面得不到有效保障的人来说,其权利要由富裕国家的政府来实现,或者甚至要由有能力提供那些条件的其他人来实现吗?如果一个人认为,与公民-政治权利不同,社会-经济权利应当被理解为要由国家或政府逐渐实现的目标,那么他很可能就会怀疑社会-经济权利是“真正的”权利,即法律上具有约束力的权利。[①] 在后一种情况下,假如某个国家因为政治腐败而未能实现其公民的权利,国际社会应该对其进行某种制裁或干预吗?如果可以的话,这种制裁或干预的正当根据又是什么?特别是,制裁或干预是否符合国际人权公约对国家自决权的承认和承诺?这些问题或许不是原则上无法解决的,但它们亟须在理论上加以探究,例如,人权理论家需要考虑人权实践中的责任配置问题以及解决可能冲突的根据。

最后,从权利概念的来源来看,权利首先是被赋予人类个体,旨在保护某些重要的**个人**利益,包括自主性和自由之类的高阶利益。当然,这不是否认能够有集体人权之类的东西,问题只是在于如何说明这种人权的本质或来源。人权是人类个体因为具有某种特殊地位而具有的,因此,假若存在着集体人权,相应的集体好像也必须具有某种特殊地位。在人权实践中,大致说来有两种主要的集体人权:一种就是此前提到的国家或民族自决权,另一种是个人作为某个特殊群体的成员而被认为具有的人权,例如作为儿童或女性,或者作为某个少数族裔的成员。这些群体都认为自己在社会中处于弱势地位或受到支配而要求某种特殊的保护。然而,这产生了一个问题:一个人作为儿童、女性或某个受到压制的少数群体的成员而声称具有的那种特殊权利,在什么意义上可以被看作是所有人都普遍拥有的权利?如果他们声称自己具有的权利实际上可以按照某个普遍人权(或者用来说明或辩护某个普遍人权的根据)来说明,那么所谓“群体人权”似乎就不是一种自成一体的权利,而是从被赋予个人的普遍人权中派生出来的,正如韦尔曼所说,“虽然集体是由人构成的,但没有任何集体能够**作为一个人**而具有任何权利。不过,集体权利可以是一种派生意义上的人权——由国际法授予集

① 参见 Carl Wellman, *The Moral Dimensions of Human Rights* (Oxford: Oxford University Press, 2011), p. 71。

体的权利"[1]。按照这种理解,在根本上说,集体人权仍然是为了保护福祉或自主性之类的个人利益而被特别赋予某个群体的权利——这个"集体权利"之所以存在,只是因为那个群体整体上仍然处于在社会上受到压制或忽视的地位,其成员由于特别的身份而不能充分享有个人被赋予的人权。但是,对集体人权的这种还原主义理解也会受到挑战,正如我们在第九章中将会看到的。如果我们不能用还原主义的方式来理解集体人权,那么这种权利就不仅会与个人权利相冲突,也会与某些社会目标相冲突,正如个人权利可以与某些社会目标发生冲突。[2]

由此我们不难理解为什么会有各种关于人权的怀疑论。这些怀疑论大致可以分为两类:第一类针对的是人权的普适性,第二类针对的是权利与义务的关联性论点。在前一章中,我们已经考察了从相对主义立场对普遍人权观念提出的挑战。尽管我们已经表明道德相对主义是有限度的,人权实践应该充分重视文化多样性,但是国际人权公约中所列举的人权仍然倾向于导致关于普遍人权的怀疑论。人权被认为是人类个体仅仅因为"是人"(或者说分享了共同的人性)而具有的权利。然而,如果"人性"或"人的本质"这一概念并不只是用来描述生物学意义上的"智人",也用于描述经过文化进化而产生的人类,如果生活在不同社会中的人们并不具有"同质的"文化形式,那么我们是否能够按照"人性"来说明人权就成为一个问题,或者我们至少需要从渗透着文化的人性概念中去寻找某些共同的要素。但是,即便我们能够在人性中发现某些本质的或共同的东西,我们实际上也不是很清楚人性中的哪些因素是在偶然的历史与社会环境下形成的,因为人类生活本来就受到了各种偶然因素的影响和塑造,以至于不少理论家倾向于认为,人的本质特征就在于人没有固定不变的本性。如果人们对好生活的理解不仅受到了他们所生活的社会的文化和价值的影响,而且也与个人兴趣和选择具有重要联系,那么上述问题就变得更加严重或紧迫,因为不少国际人权文本也将人权与好生活的条件联系起来。

---

① Wellman (2011), p. 68.

② 对于集体权利的本质和来源的讨论,参见:Judith Baker (ed.), *Group Rights* (Toronto: University of Toronto Press, 1994); Neus Torbisco Casals (ed.), *Group Rights as Human Rights: A Liberal Approach to Multiculturalism* (Springer, 2006)。

此外，如果权利在人类生活中具有任何根本的重要性，那么被看作权利的东西就必须得到有效落实。因此，不仅权利本质上要求相关联的义务或责任，而且后者也应该加以强制实行。但是，正如在论述社会-经济权利的时候我们已经看到的那样，一个国家或社会可能会因为缺乏必要的资源而不能落实这种权利，或者其中某些权利只有在某些制度条件或文化条件下才能得到保证。例如，某些传统社会仍然不承认女性具有公平的工作机会。如果享有这种机会是一项人权，那么我们至多只能认为，只有当那些社会已经恰当地改变了其制度条件或文化环境时，女性享有公平的工作机会的人权才能得到落实，因为若非如此，那些社会中就没有任何行动者能被认为有义务落实这项权利。人权是否必须有可以明确地指定的落实者是我们后面要讨论的问题，不过，如果人权必须得到有效落实，那么上述问题的存在就为批评者提供了一个理由，让他们可以声称国际人权公约中规定的某些人权并不是真正的权利，至多只能被理解为一种值得追求的目标，因此不可能产生**在目前**采取行动的理由。但是，当我们以这种方式来设想人权（或者至少人权文本中列举的某些人权）时，人权的观念就会丧失它被赋予的那种重要性，正如雷蒙德·戈伊斯所指出的：

> 如果并不存在强制执行人权的机制，那么将人权称为“权利”似乎就只是意味着，要是人权得到强制执行，我们就会认为那（在道德上）是一个好主意，尽管人权实际上并未得到实施。[在这种情况下]“人权”就是一个内在地空洞的概念，“人权”话语只不过是一种吹捧，或者说是一种善意的魔术。也许，如果我们足够持久、足够响亮地重复关于自然权利的主张，通过足够多的决议，那么人们就会停止彼此做可怕之事。事实上，他们可能停止这样做，也可能不会停止这样做。[①]

戈伊斯在这里提出的说法有点类似于罗蒂从反本质主义立场得出的主张：罗蒂认为，历史的偶然性（实际上，人性的内容的偶然性）使得人权的观念至少在其应用上不可能是普遍主义的，我们对这个观念的接受取决于情感教育，而戈伊斯则认为，既然人权不可能得到普遍落实，人权的观念充其

① Raymond Geuss, *History and Illusion in Politics* (Cambridge: Cambridge University Press, 2001), p. 144.

量只能被看作一个理想，但是，从现实政治的角度来看，这个理想的实现是没有保证的——“权利话语是一种试图将社会固定住的方式，将社会凝固在这种话语的目前形式的一种理想化版本中，当然不是在其目前的真实形式上，因为甚至得到承认的权利也很难在任何社会中、在任何时候得到充分落实”。[①]

二、辩护人权的基本策略

由此可见，人权的观念若要变得切实可行，被指定为人权的东西就需要满足一些可以明确界定的条件，例如，除了范围上的普遍性外，人权也应该具有充分明晰的内容，与其落实相关的责任也应该明确地规定。不管人权话语在政治上多么有价值[②]，它都不应该**只是**被用来传达某种理想或抱负。因此，如果人权是普遍的道德权利，那么任何恰当的人权理论都必须尝试说明哪些根本的人类利益需要用人权的观念来保护，或者人性中的哪些要素能够辩护对人权的设定。也就是说，我们需要从哲学上说明为什么存在着人权以及人权在什么意义上是普遍的和平等的。不论是当今人权公约中对人权的设置，还是人权实践（特别是人权观念的国际应用），都提出了人权的辩护问题。一般来说，只要我们能够从某个观点来辩护人权，我们就可以对存在着什么人权提出一个说明，也就是说，可以确定人权的基本内容。因此，在以下论述中，我们将主要关注人权的辩护。对某个东西提供一个辩护至少是要确立和阐明其存在的正当根据。既然人权被一般地理解为人类个

① Geuss (2001), p. 154. 不过，一些学者认为，我们确实不应该将人权固定化，而是应该从一种渐进发展的观点来看待人权，但这并不意味着人权的观念在根本上是无意义的。参见 Makau Mutua，*Human Rights*：*A Political and Cultural Critique*（Philadelphia，PENN：University of Pennsylvania Press，2002）。

② 作为衡量国家的政治合法性的一个标准和恰当地处理国际关系的一个基本原则，人权（或者人权的观念）显然在政治生活和政治事务中具有很重要的地位，但是，过分地使用权利的语言（特别是在强调权利的绝对性的同时）来处理政治问题也会导致某些不可接受的结果，例如忽视对责任的担当以及人的社会属性。对这一点的相关讨论，参见 Mary Ann Glendon，*Rights Talk*：*The Impoverishment of Political Discourse*（New York：The Free Press，1991）。

体因为具有共同的人性而享有的权利，辩护人权的最直接的策略就是在人性中去寻找某些共同的、具有根本重要性的东西。大致说来，我们可以鉴定出四种主要的辩护策略：后果主义辩护、道义论辩护、超验辩护以及实践辩护。[①]

后果主义辩护和道义论辩护的区分大致对应于前一章在权利的利益理论和选择理论之间的区分，这两对区分实际上表达了对于人权在人类生活中的重要性及其根据的不同理解。对于后果主义者理论家来说，人权旨在保护某些具有根本重要性的人类利益，特别是人的福祉，不管人的福祉是要按照基本需求的概念来说明，还是要按照好的人类生活必须满足的基本条件来说明，抑或按照对"好生活"的某种更加丰富的设想来说明。后果主义的辩护策略需要解决的一个核心问题是如何鉴定人类个体能够分享的根本利益。正如我们已经看到的，如果我们将一个好的人类生活必须满足的一切条件都包含在人权概念中，那么不仅人权会在数量上急剧膨胀，而且我们也不太可能就具体人权达成共识，因为人们对好生活及其条件的设想可以是各式各样的，不仅在不同社会之间具有很大差别，甚至在不同个体之间也有所不同。这不仅会妨碍人权的有效落实，也会使得人权观念的国际应用变得很成问题。[②] 因此，不少倡导后果主义辩护策略的理论家认为，人权的目标不是好的人类生活及其条件，而是为了过一个**基本上得体**的人类生活而必须满足的条件，例如基本的人类需求。然而，对于哪些需求属于基本的人类需求，理论家们仍然各执一词。

从人权观念的历史来源来看，保护或维护人类个体为了过上得体的人类生活而必须满足的基本条件是人权概念的基本内涵。这是后果主义策略

① 对这些辩护策略的总结性论述，参见 Rowan Cruft, S. Matthew Liao, and Massimo Renzo (eds.), *Philosophical Foundations of Human Rights* (Oxford: Oxford University Press, 2015), pp. 11-23。在这里，我用"后果主义辩护"和"道义论辩护"来取代这些作者所说的"工具性辩护"和"非工具性辩护"，因为按照我的理解，这两个概念更好地把握了他们所使用的概念的实质——我之所以使用"后果主义辩护"而不是"工具性辩护"这个说法，是因为：只要我们恰当地理解了后果主义，后果主义者同样可以认为人权是有内在价值的，不仅值得促进（尽管不一定是用行为后果主义所设想的那种最大化指定目标的方式），而且也值得尊重。

② 这个事实是驱使某些理论家对人权采取一种"实践探讨"的主要原因。

和道义论策略都共同认可的。二者的根本差别在于，它们用不同的方式来设想人权所要保护的对象，因此就对人权的**规范**地位提出了不同的理解。后果主义策略将人权与广泛地设想的人类福祉及其条件联系起来，与此相比，道义论策略，就像权利的选择理论一样，则强调人权所要保护的是人作为人所具有的一种平等的道德地位。对于这种策略的倡导者来说，人权所要保护的那种道德地位具有“内在”价值，不管相应的人权是否也可以促进或保护其他人类价值，例如基本需求。实际上，他们往往将用来保护这种道德地位的人权设想为**绝对的**，在任何情况下都不允许与社会目标做交易，甚至不允许与狭窄地设想的福利权做交易。二者的分歧实际上是传统功利主义和绝对主义道义论之间的争论在人权领域中的表现。弗朗西斯·卡姆典型地表达了道义论者对权利的这种理解：

> 有一种善已经存在，但是，要是为了拯救很多人的生命就可以允许僭越一个人的权利，这种善就不会存在。这种善就在于，某人是作为一个人而存在的，他所具有的价值(worth)让他变得高度不可侵犯，也让他成为其他人有义务不要侵犯的某个人。这种善意味着无论如何都不应当牺牲一个人的某些利益，但是不可侵犯的地位之所以重要，并不只是因为它有助于促进那些利益。总体上而且从事先来说，不可侵犯的地位甚至可以不促进那些利益……这种地位是人的价值的一种反映。按照这种观点，我绝不能为了拯救一场事故中的很多人而伤害某人，因为这样做不符合如下事实：他具有这种地位。假若我伤害了他，我当然是通过自己的行为对他造成伤害，但是，那是我的行为这个事实并不是让我有理由避免造成伤害的东西。我之所以应当避免伤害他，是因为伤害他不符合他所具有的那个地位。而且，只有当不允许僭越任何一个人的权利时，不可侵犯才能成为每个人都具有的一个地位。①

---

① F. M. Kamm, *Intricate Ethics: Rights, Responsibilities, and Permissible Harm* (Oxford: Oxford University Press, 2007), p. 254. 其他持有类似观点的理论家包括罗纳德·德沃金和托马斯·内格尔，尽管德沃金实际上并不认为权利必定是绝对的。关于内格尔的观点，参见 Thomas Nagel, “Personal Rights and Public Space”, in Nagel, *Concealment and Exposure* (Oxford: Oxford University Press, 2002), 31-52。内格尔的观点当然与他早期对于“行动者相对的理由”的理解有关，见 Thomas Nagel, *The View from Nowhere* (Oxford: Oxford University Press, 1986), pp. 153-159。

这段话有点令人费解，不过，其要点是很清楚的：每个人作为人而具有的那种道德地位无论如何都不应当受到侵犯，哪怕是为了拯救多数人的生命。当然，卡姆并未说明，在现实世界中，当其他人的地位同样受到威胁时，为什么不能为了维护多数人的道德地位而伤害某人。假如每个人都能严格遵守绝对的道义论约束，世上当然就不会有伤害他人的事情发生。然而，人类从一开始就没有生活在这种理想的状况。卡姆所诉求的那种"道德地位"(或者"人作为人的价值")，就像一般而论的"人的尊严"一样，实际上是一个含糊的概念，充其量只能得到某种直观的理解。退一步说，即使我们认为，尊重自主性之类的人权表达了对人具有的某种特殊地位的尊重，因此这些人权应当得到某种优先考虑，我们也无须就此认为，某些其他的根本利益不可能成为人权的根据。实际上，稍后我们就会表明，自主性或自由也可以被理解为一种高阶利益，例如在如下意义上：它们是人类行动者为了行使理性能动性来追求其他利益的基本前提。换句话说，我们无须认为人权的根据只能(或者，甚至必须)是人性中某个单一的要素。实际上，正如前一章已经初步表明的，既然人具有双重本性，既是有理性的存在者，又是具有各种情感和需要的存在者，而且这两个方面在人性中具有错综复杂的关系，我们最好对人权的根据采取一种多元主义的理解。

既然人性的概念并不具有可以明确界定的内涵，当我们将人权与"人作为人"被认为具有的某种特殊地位联系起来时，无论是按照某些根本利益来设想人权，还是按照理性能动性来设想人权，都是有争议的。一方面，如果权利只能被赋予具有理性能力的存在者，那么缺乏这种能力的人类个体就会被排除在权利或人权的范围外，其中就包括婴儿、阿尔茨海默症患者以及失去意识的人类个体。另一方面，假若所有能够具有利益的存在者都可以成为权利主体，那么某些非人类动物也可以具有权利。这里的根本问题在于，"人权是人类存在者因为具有共同的人性而享有的"这一说法实际上极为含糊——尽管它表面上将人权赋予所有人类存在者，但我们并不清楚究竟是人性中的哪些要素让我们具有人权。"只要 A 是一个人，A 就具有人权"这个主张既不是直观上明显的，也不是一个分析命题。我们甚至也不能有意义地说，只要 A 具有需要或利益，A 就具有人权，因为只要权利要求相关联的义务，"A 具有需要或利益"这个主张本身仍然不能说明为什么其他个体有义务满足 A 的需要或者维护或促进 A 的利益。如果我们认为权利是由某种制度确立起来的，那么我们就得说明产生权利的制度如何能够得到辩护，因为显然不是一切制度都能产生人权，实际上，奴隶制就否定了某些人具有人权。但是，当我们试图为产生权利的制度提供辩护时，这种辩护很可能就会涉及权利本身的辩护，正如我们需要按照某些道德考虑来辩护某个制度。当然，理论家们并没有一般地声称只要是人就具有人权——他们通常认为，人是由于具有一种特殊的道德地位（例如通常所说的"人的尊严"）而具有人权。然而，正如我们在前一章中已经看到的，不仅尊严的概念本身需要得到说明，而且也不是所有与尊严有关的东西都能产生人权，或者为人权提供辩护根据。

在将人性的概念与人权的观念联系起来时，前一个概念的模糊性恰好是使得人权实践变得格外艰难的一个主要原因。不过，有一种关于人权的辩护策略据说可以避免这个困境，即所谓"超验辩护策略"。这种策略试图表明，为了在根本上成为一个行动者，一个人就必须将自己设想为拥有人权，正如康德试图表明，道德是自由的理性能动性的一个本质要求或根本预设。这种策略在康德那里有其来源，其当代的主要代表就是艾伦·格维茨。[①] 格维茨认为，上面概述的那些辩护人权的策略都有自身的缺陷。他进一步指出，对人权提出的任何辩护性论证，若要取得成功，其论证前提至少必须包含一个规范要素，因为权利所要求的责任包含了"应当"的观念，而（按照格维茨的说法）我们不能从纯粹事实前提中得出一个包含"应当"的结论，此外，与义务相关联的那个"应当""必须表达绝对的义务或具有某种规范必然性，因为任何实际的或预期的行动者就不能正当地回避权利的要求，不管他们具有什么自我利益的倾向或可变的理想，也不管他们与什么样的制度相联系或者具有什么社会约定"。[②] 对于格维茨来说，人权是一种形式的道德权利，而为了确立道德权利特有的那种规范必然性，我们就只能诉诸人类行动的概念。这里的核心思想是，如果人权是所有实际的、预期的或潜

① Alan Gewirth, *The Community of Rights* (Chicago: The University of Chicago Press, 1996). 亦可参见 Alan Gewirth (1984), "The Epistemology of Human Rights", *Social Philosophy and Policy* 2: 1-24。格维茨对人权的辩护来自他辩护道德的一般策略，参见 Alan Gewirth, *Reason and Morality* (Chicago: The University of Chicago Press, 1978)。

② Gewirth (1996), p. 12.

在的行动者都享有的权利，那么用来辩护人权的东西也必须具有这个普遍特点，而行动是任何人都无法避免的。

那么，对人类行动的分析如何能够得出关于人权的结论呢？为了探究这个问题，格维茨假设道德行动（即道德准则所规定的行动）有两个切近的(proximate)一般特点：一个特点是自愿或自由，另一个特点是目的性或意向性。一般来说，只要行动者对行动的相关情境有所了解，他就能够通过非强迫性的选择来控制自己行为。当行动者有目的地或有意采取某个行动时，他旨在取得的目标或目的就构成了他行动的理由。作为行动者，我们想要自己的行动取得成功，以便实现自己希望取得的目的。但是，一方面，若没有自由，我们就无法行动；另一方面，若没有采取行动的一般条件（例如能力和资源），我们就不可能成功地履行拟定的行动。为了在根本上行动，或者在通过行动来实现拟定目的时具有一般的成功机会，我们就需要具有各种实质性的条件和能力。格维茨将这些条件和能力统称为“福祉”(well-being)。因此，自由和福祉都是成功的行动需要满足的切近条件和一般特点，二者的差别仅仅在于前者是程序性的，后者是实质性的。在分析了人类行动的基本特点后，格维茨对人权提出了如下辩护性论证：①

(1) 在出于某个目的而行动时，我只能将自己的目的设想为在某种意义上是好的。

(2) 我的自由和福祉是我成功地采取行动的必要条件。

(3) 因此，只要我希望成功地实现拟定的行动，我就必须具有自由和福祉。

(4) 我有权拥有自由和福祉。

(5) 权利要求相关联的义务。

(6) 因此，所有其他人至少应当不采取消除或干涉我的自由和福祉的行为。

(7) 如果我只能将自己设想为拥有自由和福祉，那么，为了避免自相矛盾，我也只能设想任何与我一样的行动者都有权拥有自由和福祉。

---

① 参见 Gewirth (1996), pp. 16-20。在如下论述中，我已经简化了格维茨原来提出的论证，但保留了其论证要点。

假若格维茨的论证就是以这种方式提出的，它说不上是一个**形式上**有效的论证。这个论证的前三个步骤比较容易理解，其中所涉及的推理主要关系到工具合理性原则，即康德所说的“假言命令”：如果我理性地欲求 A（例如，某个行动的目的），而 B 是实现 A 的必要手段，那么我理性地欲求 B。因此，在格维茨的思想框架中，如果某种最低限度的自由和福祉都是成功的行动的必要条件，那么，只要我在根本上行动，或者想要成功地取得通过拟定行动来实现的目标，我就只能设想自己拥有自由和福祉。然而，如何从这个结论推出“我**有权**拥有自由和福祉”呢？即使我设想自己**必须**拥有自由和福祉，那也不意味着我确实有权拥有它们。格维茨的回答是，如果我拒斥(4)，那么，按照权利和义务的关联性论点，我也必须拒斥(6)，然而，假若我拒斥(6)，我就必须承认其他人可以消除或干涉我的自由和福祉，而这与(3)相矛盾。格维茨希望进一步表明，如果我只能设想自己必须有权拥有自由和福祉，那么每一个像我那样的行动者也必须承认这一点。在这里，他诉诸了一个可普遍化的逻辑原则，即：如果某个谓词 P 是因为某个主体 S 具有某个性质 Q 而属于 S，那么 P 在逻辑上必定属于也具有性质 Q 的所有主体。因此，“如果任何行动者认为，他之所以具有这些一般权利，是因为他自己是一个有目的的预期行动者，那么他在逻辑上就必须承认，每一个预期的行动者也都具有这些一般权利”。[①]然而，即使这个原则在理论领域中是成立的，它在实践领域中也未必成立，因为逻辑必然性并不是实践必然性。为了将这步论证中所涉及的逻辑必然性转变为一种实践意义上的必然性，我们就必须**承认**每一个人的平等地位。但是，这显然不是可以通过逻辑论证来表明的事情，正如即使我们可以在理论上表明利己主义者是逻辑上不一致的，但这样一个论证本身未必能够说服一个利己主义者放弃自己的利己主义行为。

我在这里介绍格维茨的超验辩护策略，并不是为了对其论证提出一个全面评价[②]，而是为了暗示两个基本要点。第一，前面介绍的三种辩护策略

---

① Gewirth (1996), p. 18.

② 也有作者捍卫格维茨的论证，例如，参见 Deryck Beyleveld, *The Dialectical Necessity of Morality: An Analysis and Defense of Alan Gerwith's Argument for the Principle of Generic Consistency* (Chicago: The University of Chicago Press, 1991)。

多少都有点问题，这个事实让一些理论家对人权的辩护采取了一种转向，即不再寻求对人权的道德辩护，而是转向一种实践辩护。这种策略试图按照人权在全球实践（例如国际法与国际关系、全球正义）中所发挥的作用来探究人权[1]，例如，不是（或者不仅仅是）将人权看作人们仅仅因为是人就享有的权利，而是将人权理解为道德上得到辩护的**法定**权利，并进一步按照人类所面对的某些全球性问题（例如全球贫困和气候变化）来设想相关的法律规则。我们将在本章第八部分中讨论这种策略。第二，尽管不同的理论家对人权提出了不同的辩护策略，对人权的本质和内容提出了不同的设想或者做出了不同的强调，但他们都普遍地将三个东西设想为人权的根据，即自由、自主性以及对人的福祉或者好的人类生活的基本条件的某种理解。我们无须认为这三个主要根据都可以被统一在某个单一的观念（例如人类尊严）下，因为不仅从不同的根据中得出的人权可以发生冲突，而且我们实际上没有解决冲突的一般方案（或者得到一致认可的方案）。因此，我们最好认为人权具有一种多元基础。不过，假如人权要具有根本的重要性并且在某种意义上是切实可行的，那么我们显然就不能将好的人类生活的一切条件都包括在人权的范畴内。我们可以认为人权在人性的某些要素中有其根据，但无须就此认为我们必须对人权寻求一种本质主义的辩护，这一点对于我们恰当地理解人权实践具有至关重要的意义。以下我将主要按照自主性、好的人类生活的基本条件以及自由这三个基本要素来考察对人权的辩护。

三、自主性作为“自我创造”

在前一章中，我已经表明，道德相对主义作为一个规范理论并不合理，

---

① 实践辩护策略的主要倡导者包括：Charles Beitz, *The Idea of Human Rights* (Oxford: Oxford University Press, 2009); Allen Buchanan, *The Heart of Human Rights* (Oxford: Oxford University Press, 2013)。罗尔斯有时候也被认为对人权采取了这种理解，但我对此持保留态度，因为罗尔斯最好被理解为从一种关于人权和正义的**政治**概念入手来探究国际正义，但他仍然是在一种道德意义上来设想基本人权。参见本书第八章。

尽管文化多样性(道德相对主义的一个主要来源)是我们在人权实践中需要慎重考虑的。不过,即使道德相对主义被表明是有缺陷的,那还不等于表明存在着普遍的道德规范,也不等于证明了普遍人权的存在。为了辩护普遍人权观念,一种容易设想的方式就是通过假设人类有一个本质,这个本质让人类具有了某种特殊的地位或资格,人权是为了保护这个地位或资格而被赋予人类的。然而,在人类历史上不同时期,或者在不同的社会中,人们对于"人是什么"都有不同的看法。人们对于人生的价值和意义的理解,也与他们所生活的环境、文化和传统具有重要联系。这个事实为人权的辩护带来了进一步的困难,因为人权被认为是平等的、不可转让的和普遍的。在这里,说人权是平等的就是说,如果某些权利能够被赋予人,那么每个人都有同等的资格享有这些权利;说人权是不可转让的就是说,不管一个人表现如何,只要他在某种意义上仍然是人,他就有资格享有人权;说人权是普遍的就是说,一切属于人种的成员都有资格享有人权。我们也倾向于相信,人性不仅不是固定不变的,反而不断受到环境和文化的影响和塑造。假若我们同时持有这两个假设,那么我们如何为普遍人权观念寻求一个辩护呢?这个问题之所以产生,是因为:如果人权被认为具有上述三个特征,而人性在某种意义上并不是固定不变的,那么我们就需要在人那里发现某种普遍的东西来辩护人权。这个说法似乎有点自相矛盾——假若人性本身不是固定不变的,我们何以可能从被称为"人"的那种存在者那里发现某种普遍的东西?

不过,某些理论家相信他们能够发现这种东西,其基本想法可以概述如下。他们首先承认人性并不是固定不变的——不论是上帝或自然,还是与人类生命有关的物理事实,都没有赋予我们一种固定不变的人性。因此,如果确实存在着人权,那么人权也不能来自这些东西。不过,就像每个人的"本质"或"特征"来自自然天赋、环境条件和个人行为之间的相互作用一样,人性也是用类似的方式塑造出来的:一个人的本质至少在一定程度上是其个人行为和社会活动的产物。因此,在某种意义上说,我们具有什么样的本质取决于我们自己,正如萨特所说,人的本质是由自己的选择活动创造出来的,而不是天赋的和固定的。这样一来,如果人性既不是上帝赋予的,也不是由大自然来确定的,或者甚至也不是由某些与人类生命有关的物理事实来决定的,那么,对于人类能够获得或应该获得的东西,就不应该存在任何限制，至少不应该预先设置任何限制。这个事实意味着，即使在人类这里并不存在一种固定不变的本质，但是人有潜力在各种形式的生活中来实现自己的“本质”。为了充分实现自己的本质，一个人就需要具有某些权利，以便自己在这种自我实现过程中不会受到他人的恣意侵犯或干扰，而社会也需要建立恰当的制度来保证权利得到有效落实。因此，与其说人权关系到人“本来的样子”，倒不如说人权关系到人“可能会成为的样子”。按照这种理解，在人权、人性和政治社会之间就有了一种“辩证”关系：一方面，人权塑造了政治社会，因此也塑造了人，以便最终实现人性的各种可能潜力；另一方面，人性的各种可能性也为人权提供了一个基础。这个主张的实际含义是，既然人性不是固定不变的，人性就有了各种发展的可能，进一步说，既然每个人在生活环境、文化传统以及个人禀赋上都有所不同，每个人都有可能在自己身上实现一个不同的人格，因此，人就应当被赋予某些权利，以便实现自己想要实现的人性。

这不是一个不可理解的主张。然而，我们仍然不太清楚这种思路如何能够为辩护人权提供一个基础。说人的“真正本质”就在于某种形式的自我创造，并不等于表明人就必须具有与这种自我创造相关的权利，正如我们不能**直接**认为，仅仅因为每个人都具有自身的利益，他就有一个要求自我利益的权利。[①] 这些倡导一种萨特式的自主性概念的理论家似乎认同了文化多样性论点和价值多元论，因此就强调人性并不是固定不变的。与此同时，他们似乎也认为，人性中包含了一种自我发展的潜力，正是因为有了这种潜力，即使人性是由历史进程塑造出来的，好像也没有完全被这种进程所决定。因此，他们似乎只是在断言，人类个体的自我发展要求人被赋予一种普遍权利。然而，为了用一种实质性的方式确立这个主张，他们至少需要做出两个进一步的假定：第一，**所有**社会都应该承认，一个人对其本质的实现是一项基本权利；第二，假如一个社会剥夺了一个人的这项权利，它就是在把那个人“非人化”，即否定他作为人的本质，或者让他变成某种“低人一等”的东西。若没有这两个假定，他们所设想的那项权利就不可能是一项普遍

① 请注意，我不是在说人们的自我利益不应当得到某种保护，但是我们需要对此提出进一步的说明，例如，我们或许可以用一种霍布斯式的方式表明，对自我利益的理性考虑如何能够产生某些道德规范，并进一步将权利和责任与这些规范联系起来。

权利。

然而，即便我们同意这两个假定，他们的推理也仍然存在两个问题：第一，他们似乎已经预设了对人性的某种理解，比如说，人性是一种本来就没有本质的东西——一种无定形的存在，等待一个人去塑造；第二，如果人性本来就是无定形的，存在着无限多的可能发展，那么一个人也可以向作恶多端的方向去发展或实现自己的“人性”。我们显然不能认为一个人具有危害他人的“人权”。对于这些理论家来说，既然人性在其**实质性内容**上不是固定不变的，因此就只有一个形式上的东西才是普遍的，即人有潜力实现自己的“人性”。然而，这个主张并不是充分明晰，以至于可以被用来作为辩护人权的根据，因为只要我们采取了一种自然目的论的立场，自然界中任何类型的事物至少也具有一个形式上的本质，但我们并不认为这些东西自身就具有权利。说人性不是固定不变的，其具体内容是由环境因素和历史条件来决定的，至少是在说，人们可以对生活的价值和意义形成不同看法。如果甚至在一个特定社会中也不存在可以用来衡量这些看法的某个统一标准，那么允许人们自主地选择自己的生活方式就变得很重要。由此看来，这些理论家所声称的那项权利只能是一个人自主地选择生活方式的权利。实际上，他们认为，除了自主的“自我创造”外，人没有什么更高的目的，因此个人自主性就必须被看作**最根本**的人权。当然，正如我们稍后就会看到的，自主性确实可以被理解为人们应当具有的**一项**权利。问题只是在于：它果真是“最根本的人权”吗？

为了回答这个问题，我们需要了解一下自主性概念的思想渊源。从中世纪晚期开始，西方伦理思想发生了一个重要转变。[①]此前，人类被认为在知识和能力方面都与上帝有天壤之别，因此人类基本上是与上帝相分离的。不过，上帝出于善良而制定了让人们得到拯救的律法，人的使命就在于遵从上帝的律法，服从上帝的意志。不过，到了中世纪晚期，人被认为是上帝按照自己的形象创造出来的，因此人不仅获得了一种更高的地位，也被认为在上帝面前是平等的，因为上帝按照自己的形象中平等地创造了所有人。在这个观念的鼓舞下，人的道德使命就从服从上帝规定的律法转向服从自己

① 对这个转变的详细论述，参见 J. B. Schneewind, *The Invention of Autonomy: A History of Modern Moral Philosophy* (Cambridge: Cambridge University Press, 1998)。

制定的律法，由此产生了“自我决定”的观念。16 世纪以来，欧洲国家的社会现状和历史发展也让人们进一步认识到自我决定的重要性。假若你生活在一个不同的信仰受到压制或迫害、不同的思想观念被斥为“异端邪说”的时代，你就会逐渐意识到自我决定的重要性。与此同时，在启蒙运动人文主义精神的感召下，人们也开始认识到，人有一种自我管理能力，这种能力不依赖于一个人在某种形而上学秩序（例如中世纪神学所设想的那种秩序）中的地位，也不依赖于一个人在社会-政治制度中所扮演的角色。自我决定和自我管理的思想于是构成了自主性概念的基本内涵，这个概念也很快成为自由主义的一个思想基础。实际上，自由主义的思想萌芽和自主性的观念几乎是在同一个历史时期的社会环境中产生出来的。自 16 世纪以来，欧洲社会在价值观上开始呈现一种多元主义局面，人们开始认识到不同的生活方式可能都具有同样价值，但其价值又不能用某个统一的或单一的标准来衡量。在这种情况下，人们有权自主地选择自己生活方式的思想就开始出现了。①

尽管自主性的重要性已逐步得到承认，但是，不管是自主性概念本身，还是自主性的价值，实际上都是有争议的。②我们可以从自主性的价值和自主性的条件这两个方面来阐明这一点。自主性的观念确实构成了自由主义的一个思想来源，不过，自主性的价值不同于自由主义者强调和提倡的另一个重要价值，即自由（liberty）。在自主性概念的原始意义上，说一个人是自主的，就是说他是自己的法人——在他的整个生活中，一切行动和选择都要由他自己的考虑、欲望、处境和品格来引导，这些东西不是从外面强加给他的，而是其真实自我的一部分。就此而论，“自主性的敌人是灌输、洗脑、支

① 这个思想是自由主义的一个核心观念，就此而论，自由主义的兴起确实与对价值多元论的认识和承诺具有某种历史联系，尽管二者是否具有逻辑联系仍然是一个有争议的问题。一个相关的讨论，参见 Richard Bellamy, *Liberalism and Pluralism: Towards a Politics of Compromise* (London: Routledge, 1999)。

② 对这一点的相关讨论，参见：John Christman, *The Politics of Persons: Individual Autonomy and Socio-historical Selves* (Cambridge: Cambridge University Press, 2009); John Christman and Joel Anderson (eds.), *Autonomy and the Challenges to Liberalism: New Essays* (Cambridge: Cambridge University Press, 2005); James Stacey Taylor (ed.), *Personal Autonomy: New Essays on Personal Autonomy and Its Role in Contemporary Moral Philosophy* (Cambridge: Cambridge University Press, 2005)。

配、操纵、顺从、习俗以及某些形式的幼稚,而自由的对立面则是强迫、约束以及在生活中缺乏足够的选择空间"①。这两个价值具有明显的差别。一方面,如果一个社会只允许人们有一种生活方式,或者用某种占据统治地位的生活方式来压制其他可能的生活方式,那么人们在生活上就说不上有自由。另一方面,即便一个人完全是按照其所生活的社会提供的价值来生活,但是,只要这些价值是他能够理性地选择的,例如不是被迫采纳的,他就仍然是自由的。然而,如果自主性所要求的是某种自我创造,即一种完全不受任何东西所决定的自我塑造,那么按照社会所提供的价值来生活的人就没有自主性。②当然,我们无须用这种极端的方式来理解个人自主性,而是可以将自主性理解为按照一个人自己理性地认同的价值来生活的能力。在这种解释下,只要一个人仍然能够有一个选择空间,那么,当他经过自己的慎重考虑决定采纳某些价值观,也可以自由地追求他所选择的价值观时,他就既是自主的又是自由的。一个开明的传统社会或许仍然向人们提供了某些可供选择的生活方式,也允许人们自由地追求自己所选择的生活方式,只不过与这些生活方式相关的价值已经被规定好,因此就不是**自主**选择的对象。在这种情况下,自由与自主性就发生了分离。因此,一般来说,自主性与自由是两种不同的价值。

此外,我们也需要将个人自主性与道德自主性区分开来。一般意义的自主性指的是一种自我管理能力:在最基本的意义上说,只要一个人采取行动的动机或做出选择的根据是他自己理性地认同的,例如,他将这些动机或根据认定为来自自己的真实自我,而不是来自他自己并不认同的外在因素,他就是自主的,在行动或选择的时候就具有个人自主性。与此相比,道德自主性指的是将道德法则施加于自己的能力:如果一个人能够自觉地接受道德法则,将它们采纳为制约自己行为的规范,那么他就可以被认为是道德上自主的。在康德那里,道德自主性是一切道德的组织原则。相比较而言,个

---

① James Griffin, *On Human Rights* (New York: Oxford University Press, 2008), p. 151.

② 关于对个人自主性的这种理解以及相关的讨论,参见 Robert Noggle, "Autonomy and the Paradox of Self-Creation: Infinite Regresses, Finite Selves, and the Limits of Authenticity", in Taylor (2005), pp. 87-108。

人自主性则是一个更加广泛的概念，并非特别针对道德行为，而是针对一个人生活的各个方面。因此，即使一个人觉得自己没有理由认同他所生活的社会的道德规范，他仍然可以具有个人自主性。例如，一位艺术家或许认为，追求艺术原创性就是其最深层的动机，就是其个性的真实表现。这样，如果他认为服从社会的道德规范不符合这个动机的要求，但仍然决定追求自己的艺术原创性，那么他在这个意义上就是自主的。由此可见，如果个人自主性指的是从一个人认定为其真实自我的动机来选择和行动的能力，那么他就可以具有个人自主性，但是，他可能并不把任何道德考虑认定为其真实自我的一部分，正如我们可以在某些类型的人格那里看到的。①

一些作者或许认为，如果个人自主性不能被理解为一种完全不受决定的自我创造能力，那么我们就只能将它理解为按照一个人自己最深的欲望和动机来选择和行动的能力。但是，在这个解释下，我们就很难明白个人自主性究竟具有什么价值。在这一部分一开始我们就指出，某些理论家之所以将自主性看作最根本的人权，是因为他们相信人性并没有任何固定不变的本质——退一步说，如果说人性有一个本质的话，那就是不断的自我创造和自我重塑。然而，即使这种活动要求自主性，也不清楚如此设想的自主性在什么意义上是有价值的。当一个人从自己最强烈的欲望来行动时，我们不仅不会认为他是真正自主的，反而会认为他成为自己的欲望或激情的奴隶。② 在任何欲望的驱使下采取行动说不上是一种"自我创造"，因为不管那些采纳萨特式的人性概念的理论家如何理解"自我创造"，自我创造的概念至少预设了要被创造出来的东西，即行动者为自己设想的某个目标。就算我们尝试按照艺术创作的概念来理解这种自我创造，艺术创作也不是一

① 这当然涉及我们在这里无法讨论的一个问题，即一个具有个人自主性的人如何能够在其各个心理要素之间实现一种整合。例如，我们或许很难设想一个生活在社会世界中的人能够完全没有道德意识。一些人或许只是具有虚假的道德意识。对个人整合问题及其与自主性的关系的讨论，参见如下文章以及其中所涉及的文献：Laura Waddell Ekstrom, "Autonomy and Personal Integration", in Taylor (2005), pp. 143-161。

② 这样一个人就是法兰克福所说的"wanton"，他放任自己去满足出现在其身上的每一个最强的欲望，不仅不做出任何价值判断，也没有任何反思能力。参见 Harry Frankfurt, "Freedom of the Will and the Concept of a Person", reprinted in Frankfurt, *The Importance of What We Care About* (Cambridge: Cambridge University Press, 1998), pp. 80-94。

种无目的的活动——它只是一种没有固定章法的活动，但是仍然需要围绕一个目的来行使想象力。一个具有自我创造能力的行动者不仅要对其创作目标具有明确的意识，在这样一个目标与其心理结构中的其他要素发生冲突时，也能有思想资源反思这种冲突。由此来看，不管一个人如何选择和行动，说他是自主的至少是在说，他是按照自己**反思性地认同**的动机来选择和行动。社会或其他人或许声称某个目标值得追求，但是，如果一个人在经过理性反思后并不认可这个说法，那么，当他被迫去追求那个目标时，他就不是自主的。因此，为了具有个人自主性，一个人不仅需要摆脱社会或其他人对他的操纵或控制，也必须具有按照自己的独立思考来为自己做出选择和决定的能力，以及反思性地评价和认同自己的欲望和价值观的能力。前一种能力包含很多方面，例如理性思维能力、自我控制能力以及摆脱大规模的自我欺骗的能力；而在后面那种能力中，有一种能力至关重要，即批判性地反思自己的欲望，在此基础上形成某些相对稳定的价值观，并将自己所认同的价值观整合为一种具有统一结构的东西。这种能力对自主性来说是不可或缺的，因为只要一个人仍然在价值观上处于极端分裂的状态，他就不可能有一个统一的自我，因此说不上具有一个真实自我（不管我们如何理解这个概念）。在这种情况下，其选择或决定就不太可能是自主的。例如，如果一个人对于是否要吸毒仍然处于三心二意的状态，不仅不能做出决定性的选择，反而任凭自己被相关欲望所支配，那么他就说不上是自主的。因此，自主性本身必定首先是一种涉及价值引导和价值认同的活动。

自主性所要求的这些能力显然不是我们生而具有的：就像我们所能具有的任何其他重要能力一样，这些能力首先也是通过教育、学习和训练获得的。我们甚至可以认为，正是社会生活首先使得自主性变得必要和可能：一方面，人们需要自主性，不仅是因为他们需要选择一种与其能力、兴趣以及生活条件相适应的生活方式，也是因为他们需要对自己的选择及其直接后果负责；另一方面，就自主性要求一系列相关的能力而论，人们也是在社会生活中获得这些能力的。能力本身是一个程度问题，因此，除非一个人已经适当地具有这些能力，否则他就不可能是充分自主的。然而，一旦自主性被看作**最高的**人类价值，并与所谓的“自我创造”相联系，它可能就会鼓舞一种极端的个体主义，导致不必要的社会张力①，正如一个单方面地强调权利而无视责任的社会必然会产生严重的社会张力。实际上，在我们所做出的决定中，并非每一个决定都是自主的，也并非每一个决定都需要在一种极端的意义上是自主的，即体现了我们在完全不被任何东西所决定的情况下、出于自己的自由意志做出的选择。我们的选择可以是由我们在社会上不知不觉地（也就是说，没有经过有意识的批判性反思）形成的动机来决定的，甚至可以是由某些遗传因素来决定的，当然也可以是由某些错误的观念或理解来决定的。既然我们不可能“无中生有”地将自己的个性或自我创造出来，自我决定就只能是这样一个观念：通过行使自己的理性能力，将真正有价值的东西与我们错误地认为有价值的东西区分开来，将好的行动理由与坏的行动理由区分开来，并在此基础上形成自己的决定。如果自主性只能被理解为在不受任意支配的条件下、通过自己的独立思考为自己做出选择和决定的能力，那么自主性的行使就已经预设了一个事实，即存在着真正有价值的东西。要是根本就没有什么东西**值得**人们去选择，人们就不需要具有和行使自主性了。

由此可见，自主性对我们来说之所以有价值，是因为我们想要过一种对自己来说**真正**有意义、值得追求的生活，不愿受到生活环境的盲目操纵和控制。然而，我们之所以决定追求这样一种生活，是因为我们作为人的价值和尊严很大程度上是通过这种生活体现出来的。就此而论，自主性无论如何都不可能被看作最高价值，更不可能成为所有价值的源泉，因为自主的选择预设了客观价值的存在，而自主性也只是部分地体现了人的价值和尊严。一般来说，价值并不是任何特定个体自由地创造出来的，很多时候我们都只是按照自己的兴趣、能力和抱负去**发现**对我们来说有价值的东西。如果我们经过理性反思而认为那些东西对我们来说是真正有价值的，那么，在决定追求或实现那些东西时，我们就是自主的。但是，为了用这种方式让自己变得自主，我们首先就得具有思想和选择的自由——要是没有这种自由，我们就无法抵制灌输、洗脑、支配、操纵之类的社会行为，大概也不会形成反思和

① 这一点最重要地体现在自主性与所谓“家长式统治”的关系上。一个相关的讨论，参见 Sarah Conly, *Against Autonomy: Justifying Coercive Paternalism* (Cambridge: Cambridge University Press, 2013)。

批评社会习俗的能力。在这个意义上说，自由的价值至少比自主性的价值更为根本，自由的权利也比自主性的权利更加重要。

这样说并不是要否认，就自主性在一定程度上体现了人的尊严而论，自主性的权利可以被看作一项基本权利。然而，它显然不可能是人权的全部基础或来源。试图按照自主性概念来辩护人权的理论家正确地认识到，人性在某种意义上不是固定不变的，而是受到了历史条件和社会条件的塑造。但是，他们错误地认为，除了自我创造，人并没有什么更高的目的。因此他们就做出了一个错误的推断，即认为只有通过生活在自由主义社会中，人才能充分地"成为人"，因为"自由主义者将个人自主性置于政治实践的核心地位，而不是将社会、国家或者其他法人行动者（corporate actor）置于政治实践的核心地位"。[①] 如果自主性就是最根本的人权，其价值只有在自由主义社会中才能得到维护，那么，在其他类型的社会中，似乎就不需要人权，也没有谈论和实践人权的合理根据。因此，这种通过**单纯**诉诸个人自主性概念来辩护人权的做法，看来就会将某些社会中的人们先验地排除在人权关怀的范围外，或者就只能认为，只有当所有社会都变成自由主义社会时，人权才能得到落实。这个结论显然是不合理的，因为即使人权的有效落实要求某些类型的政治制度，例如某种民主制，也并不意味着人权的实现必定要求一个社会将自己转变为一个西方式的自由社会。正如我们已经强调的，不管我们如何设想具体的人权，人权并不具有一个单一的根据或基础。人权实践确实要求考虑一个社会的核心关注和文化传统，只要后者得到了人民的基本认同。单纯按照自主性概念来辩护人权的做法还会面临一个更严重的问题：如果采取这种做法的理论家认为自主性是最高的人类价值，因此在某种意义上表达了人权的全部内涵，如果他们进一步认为这个价值只有在西方自由主义社会中才能得到维护和实现，那么，在单纯按照自主性的价值来评价其他社会的人权状况时，他们就是在推行一种文化霸权主义。然而，如前所述，我们不太可能独立于某些更加根本的价值来设想自主性的价值。甚至当自主性的观念出现在欧洲社会的时候，人们也是为了获得某些进一步的目的（例如思想和信仰的自由）而认识到自主性的重要性。若不假设某些更高的人类目的，个人自主性不仅会遭受滥用，也会迷失方向，正如一些

---

① Donnelly (2013), p. 65.

批评者所说：

> 如果人作为权利主体仅仅是不断变化的历史条件和文化条件的产物，只不过是一种无穷无尽的转变过程的原材料，那么，在人这里，就没有什么东西能够充当“人权”的归宿，就不可能有任何永恒的或理性的标准，可以用来引导我们的那种自我转变和自我毁灭的潜力；而在我们这里，也没有什么东西能够要求我们从社会工程和社会操纵中解放出来。①

实际上，无论我们是生活在什么历史与文化条件下，我们确实并不认为生活仅仅在于一系列毫无目的的自我转变。在任何时代，都有人对自己的生存状况感到不满，都会觉得自己没有得到公正对待，也总有人能够意识到自己的生活目标与占据主导地位的思想观念的差距。这个事实表明，每个人在适当条件下都有得到承认和尊重的要求。只要这个要求尚未得到满足，只要一个人还没有完全屈从于对自己不利的社会状况，将自己交到盲目命运的手中，他就会为了这种承认和尊重而继续斗争。②因此，我们可以认为，人权的观念大概是从两个东西中产生出来的：一个东西是对平等尊重的意识，尽管这种意识很多时候可能只是模模糊糊地出现；另一个东西就是让平等尊重不能得到充分实现的社会条件。如果在任何一个实际的人类社会中，我们都可以发现这两个东西，那么人权的观念就会由于人性和人类条件而呈现出一种历史必然性。当然，权利意识确实是在特定的历史条件下出现的，而且，也只有在普遍具有这种意识的社会中，权利才有可能得到落实。但是，这并不意味着人权的观念所要保护的东西完全是由一个人所生活的社会条件和历史条件来决定的，尽管人权的有效落实在某种程度上取决于这些条件，或者受到了这些条件的影响。

现在我们可以看到，将自主性看作最高的价值并按照自主性概念来辩护人权的策略，实际上与文化相对主义具有某些本质联系。说“人性不是固

① Clifford Orwin and Thomas Pangle, “The Philosophical Foundation of Human Rights”, in Mark F. Plattner (ed.), *Human Rights in Our Time: Essays in Memory of Victor Baras* (Boulder, CO: Westview Press, 1984), p. 2.

② 对这一点的一个有趣论述，参见 Axel Honneth, *The Struggle for Recognition: The Moral Grammar of Social Conflicts* (Cambridge, MA: The MIT Press, 1995)。

定不变的"当然就是说,人性是在特定的文化条件和历史条件下塑造出来的,因此每一个社会或文化传统对人性的理解都是不一样的。这个说法意味着,即使每一个社会都有一套在其中具有有效性的伦理价值和道德规范,但不可能存在跨过不同社会或传统而普遍有效的道德标准。这个结论当然就是道德相对主义的核心主张。相对主义者由此认为,每个社会在价值问题上都有自我决定的权利。试图按照自主性概念来辩护人权的理论家或许也承认价值多元论,大致说来即如下观点:甚至在同一个社会中,理性的个体也可以持有不同的价值观,后者不仅个别地看是合理的,彼此间在某种意义上也是不可通约的——并不存在某个用来评价和权衡这些价值观的共同标准。因此,这些理论家就认为,在一个多元主义社会中,我们只能将自主性看作最高价值,因为选择是让每个人的生活具有意义的先决条件。[①] 尽管价值多元论可能是关于现代社会的一个事实,但有一个问题仍然是不清楚的:对价值多元论的承诺如何能够让我们得出"自主性就是**最高的**人类价值"这一结论。一方面,如果我们将"最高的人类价值"理解为在人类生活中占据根本地位的价值,那么自主性显然还不是这样一个价值,因为自主的选择活动本身就需要价值来引导,因此就预设了一些更加重要的价值的存在。另一方面,如果我们将"最高的人类价值"理解为在人类生活中具有统摄作用的价值,那么自主性显然也不是这样一个价值,因为若不存在任何有价值的目标,我们就不知道究竟要通过行使自主性来做什么。因此,自主的选择活动本身不可能是人类生活的最高目的,同样,自主性也不能被看作权利乃至人权的唯一根据。

以上我已经试图表明,假若自主性被看作一种完全不受任何东西所决定的自我创造能力,一种不依赖于任何其他东西而自身就具有价值的东西[②],那么我们就不能将自主性理解为最高的人类价值,更不能将它设想为人权的唯一根据或基础。这样说并不意味着,只要我们恰当地理解了自主

---

① Robert D. Slone (2001), "Outrelativizing Relativism: A Liberal Defense of the Universality of International Human Rights", *Vanderbilt Journal of Transnational Law* 34: 527-595.

② 正如我们即将看到的,这样说并不意味着否认自主性可以具有内在价值——当我们将自主性与人的平等尊严的概念相联系,并将自主性设想为平等尊重的一个内在要求时,自主性在这个意义上是有内在价值的。

性概念,自主性就可以被看作某些次一级的人权的根据。例如,思想自由和言论自由的权利都可以通过诉诸某个恰当地理解的自主性概念来辩护。自主性之所以重要,主要是因为它有助于保护和促进某些重要的人类利益。然而,为了从一种后果主义的角度来说明自主性为什么可以被看作一个高阶人权,我们首先需要表明哪些人类利益值得用权利来保护或促进。我即将采取的论证路线是一种以人类福祉(或者说好的人类生活的基本要素)为核心、广泛地设想的后果主义路线。为了便于论证,在下一部分中,我将首先破除传统权利理论的一个内在障碍,即如下观点:生存的基本条件不能被理解为一项权利,或者更确切地说,不能被理解为一个权利主张。

四、生存的基本权利

某些理论家之所以将自主性看作最根本的人权,甚至将它设想为人权的唯一基础,是因为他们相信人性并不是固定不变的,因此就把自我创造看作人的最根本的特征,并以此来理解个人自主性。当然,既然文化在人类演化过程中发挥了重要作用[①],我们就必须承认人性的具体面目也会受到历史条件的塑造。然而,这并不意味着,在人这里,没有什么东西可以超越任何特定的历史条件和社会状况。换句话说,说人性是通过文化被塑造出来的,并不是说我们不可能在人类文化中发现任何共同的东西。文化无疑丰富了人类生活,或者说满足了人们的某些高层次需要,但是,不论文化在不同社会中或者在不同历史时期具有什么差别,它们归根结底是人类的基本生活形式在适当条件下的发展,因此在底层就会呈现出某些共同特征。古往今来,我们都不难从外来文化的作家那里发现一些能够让自己产生共鸣的东西。这个事实表明,生活在不同的社会环境和文化传统中的人们能够分享某些感受或认识,因此,人性中不仅有一些共同的东西,而且这些东西也具有某种程度的超越性。对于人类的发展和进步来说,这种超越性既是必要的又是重要的,正如乔姆斯基所说:

---

① 参见 Peter J. Richerson and Robert Boyd, *Not by Genes Alone: How Culture Transformed Human Evolution* (Chicago: The University of Chicago Press, 2005)。

> 对未来社会秩序的设想……取决于一个人性概念。如果人事实上是一种无限可塑、变幻不定的存在者，既没有天赋的心灵结构，也没有对一种文化品格或社会品格的内在需要，那么他就是国家权威、公司经理、技术官僚或者中央委员会“塑造行为”的合适对象。对人类还有一点信心的人们……会努力确定人所固有的特征，这些特征为智识发展、道德意识的成长、文化成就以及参与自由社会提供了一个框架。[①]

乔姆斯基的意思是说，如果人性并不具有任何内在特征，只是一种无限可塑、变幻不定的东西，那么我们就无法合理地设计人类社会，人类的发展和进步也会变得不可能，因为用这种方式来理解人性实际上是在把人看作一种**完全**由外在环境来决定的东西，只是在完全消极地适应环境，而不会对这种适应进行反思并由此形成任何文化品格或社会品格，因此就不能有任何形式的自我导向。但是，如果人实际上不是这个样子，那就表明人性中有某些东西让人具有了一种与众不同的生活形式。

因此，假若我们确认人权的观念，我们想必就应该按照人类生活形式的某些根本要素来说明这个观念。这当然不是说，仅仅通过描述人实际上是什么样子，我们就能表明人具有人权，尽管这方面的信息也是相关的，并且对于人权实践具有根本的重要性。声称人具有权利是在提出一个规范主张，即断言人**应当**具有某些被称为“权利”的东西。我们需要表明的是，人为什么应当被赋予某些权利。因此，在尝试按照人性的概念来设想人权时，我们或是必须补充某个或某些具有规范含义的前提，或是必须表明我们对“人性”的理解在某种意义上已经内在地是规范的，不管我们如何设想这种规范根据的来源，例如，是像康德那样认为人是由于具有理性本质而**值得尊重**，还是更一般地表明人具有一种特殊地位，因此值得尊重。这是下一部分要探究的一个论题。在这里，为了便于论证，让我首先考察一种说明和辩护基本人权的策略[②]，其优点在于：它没有过多地涉及关于人性的哲学争论，而是试图表明，假若存在着任何权利，那必定就有一些基本人权。因此，只要

---

① 转引自 Michael J. Perry, *The Idea of Human Rights: Four Inquiries* (New York: Oxford University Press, 1998), p. 57。

② Henry Shue, *Basic Rights: Subsistence, Affluence, and U. S. Foreign Policy* (second edition, Princeton: Princeton University Press, 1996).

我们承认人拥有权利，这个策略就对某些基本人权的存在提出了一个有力的辩护。

这个策略部分地立足于对"权利"的一个基本认识：说某人拥有一项权利，至少是在说他能够对其他行动者提出一个要求，在这里，"行动者"被广泛地解释为包括人类个体和社会制度。当然，能够作为权利的要求并不是一般而论的要求，而是得到了某些强有力的理由支持的要求，因为权利涉及人类生活中某些特别重要的一般利益，而人权往往也被看作一种道德权利。道德权利具有两个基本特征：第一，一个道德权利为一个得到辩护的要求提供了合理根据，也就是说，它提出了强有力的理由来表明为什么这样一个要求是正当的；第二，对这个要求的内容的实际享有应该在社会上得到有效保障。我们可以用一个例子来说明这两个基本特征。如果言论自由是一项人权，那么这项权利是由某些道德考虑来支持的，例如，思想自由和言论自由不仅对于人们实现其生活理想来说是必要的，对于社会进步来说也是必要的。[①]此外，言论自由也是民主参与的一个先决条件，而民主参与对于人们伸张和维护自己的正当利益来说是必不可少的。这些说法都旨在为言论自由的权利提供某些道德支持。进一步说，任何权利都不是要享有某个权利的权利（"我有权享有言论自由的权利"之类的说法只是强调一个人应当享有言论自由的权利），而是要享有某个其他东西的权利，后者构成了一项权利的内容，即由权利来提供或保护的东西。换句话说，一项权利的内容就是权利拥有者在这项权利上应得的东西。言论自由的权利在内容上包括在各种媒体上表达自己思想的自由，尽管这项自由需要以不侵犯他人的同样自由为前提。因此，如果言论自由是一项人权，那么其内容就应该在社会上得到保障，除非这项权利的具体行使与其他人的言论自由的权利相冲突，或者与某些更加根本的权利的落实相冲突。在社会上得到保障是权利的一个重要方面，因此就使得相关的责任变得必然。当一个人具有一项权利时，其他人或社会就得做出某些安排，以便他能够有效地享有这项权利的内容。例

① 密尔在《论自由》中对自由的捍卫就是立足于这个基本思想。相关的讨论，参见：John Gray, *Mill on Liberty*: *A Defence* (second edition, London: Routledge, 1996); C. L. Ten (ed.), *Mill's On Liberty*: *A Critical Guide* (Cambridge: Cambridge University Press 2008)。

如，如果儿童有权享受基础教育，那么政府或社会就应该做出某些安排，以保证这项权利得到落实。这种安排不仅包括建立学校，可能也包括安排或募集免费教育的资金。

很容易看出，如果权利要求相关联的责任，而责任的有效落实要求做出某些安排，那么这种安排至少就必须发挥三个重要作用：第一，避免剥夺人们所享有的权利的内容；第二，保护人们所享有的权利的内容不被剥夺；第三，在人们的权利的内容受到剥夺时，向他们提供必要援助。[①] 任何一项权利都要求这三项相关责任。然而，在传统的思想框架中，权利通常被划分为积极权利和消极权利。例如，生存权，假若存在的话，就是一项积极权利，因为具有这项权利意味着其他行动者要向权利拥有者提供必要的生存手段，包括充足的食物和干净的饮用水，或者必要的工作机会。与此相比，传统的观点将人身安全处理为一项消极权利，因为具有这项权利仅仅意味着其他行动者不要去伤害权利拥有者。责任也相应地分为积极责任和消极责任。因此，消极权利只是意味着其他行动者不要对权利拥有者采取某种行动，例如不要去干涉其自由，而积极权利则意味着其他行动者必须对权利拥有者采取某些正面措施，例如提供教育资源。在大多数西方社会，至少在早期阶段，人们被认为只有消极权利而没有积极权利。这样，当亨利·舒伊宣称任何权利都要求他鉴定出来的那三项责任时，他就是在挑战传统的思想框架，特别是旨在表明，假若在所谓的"消极权利"（例如自由权）和"积极权利"（例如生存权）之间并不存在根本区别，那么我们就不能认为只有前一种权利才是"真正的"人权——二者至少都处于同一个档次上。

舒伊的主张实际上是正确的。为了明白这一点，不妨考虑一下人身安全的权利。这项权利往往被视为消极权利的典型代表：为了尊重你的人身安全的权利，我只需要**不去**侵犯你的这项权利就行了，例如不去采取伤害你身体的行为。然而，若不采取某些积极行动，人身安全的权利就得不到有效保障。举个例说，为了有效地保证这项权利，社会就需要设立警察部门、刑事法庭、监狱或教养所，就需要开设警察学院和法学院，就需要确立用来支

---

① 对这三项职能的详细分析，参见 Shue (1980), pp. 35-64。相关的讨论，参见 Thomas Pogge, "Shue on Rights and Duties", in Charles R. Beitz and Robert E. Goodin (eds.), *Global Basic Rights* (Oxford: Oxford University Press, 2009), pp. 113-130。

持相关机构的税收制度。这些活动、机构和制度都是保障人身安全的必要手段。由此可见，即使人身安全被认为是一项“消极”权利，但其有效落实要求采取很多积极措施。即使生存权确实涉及采取一系列积极措施，但是，只要一个社会在保证这项权利上组织得当，它需要付出的成本（资源、时间、精力等）可能还不及为了保证人身安全的权利而需要付出的成本。例如，为了保障生存权，社会可以采取常规手段来保证每个人的基本需求都能得到满足，也可以向人们提供公平合理的工作机会，让他们能够维护自己的生存需求。因此，将权利和责任绝对地区分为“积极的”和“消极的”至少是一种简单化的做法，因为任何权利都要求相关的责任，而其中一些责任必定是积极的。如果生存权应该由个人所生活的社会来落实，那么社会首先就不要剥夺这项权利，例如不向他提供基本生活保障，或者无故剥夺其工作机会。社会也应该保证他的这项权利不被剥夺，或者在受到剥夺的情况下向他提供必要援助。比如说，如果一个公民并不是因为自身的过错而失业，那么，只要他所生活的社会是合理公正的，社会就应该适当地调整就业市场及其竞争机制，或者通过基本的福利保障制度向他提供生存的基本条件。

现在让我们转向舒伊对基本权利的论证。舒伊对基本权利的思考部分地来自尼采对道德的理解。尼采对传统基督教道德提出的大多数说法都是负面的，不过，他也提出了一个正面主张，尽管仍然是用一种批评的态度，即道德旨在为过于弱小而不能保护自己的人提供某种最低限度的保护，以避免他们落入全然无助的境地。这个主张与权利意识的来源具有某些联系，因为权利意识往往是在受到压制和剥夺的情况下产生的。舒伊认为，基本权利也是要发挥类似的作用：

> 基本权利是孤独无助的人们用来抵抗至少某些更具破坏性、更常见的生命威胁的盾牌，这些威胁包括……人身安全和生存的丧失。基本权利是对某些经济力量和政治力量的一种约束，而要是没有这种约束，那些力量就会强大得无法抵抗。基本权利是抵制对至少某些基本需求的实际剥夺和潜在剥夺的社会保障。基本权利……让没有权力的人们可以否决某些要不然就会对他们造成最严重的伤害的力量。[①]

---

① Shue (1996), p. 18.

对于舒伊来说，基本权利的概念表达了一种有深度的道德，为人类生活规定了一个底线，凡是落在底线下的生活都是无法承受和道德上不允许的。如果人类实际上有能力和资源为生活在世上的所有人提供基本生活保障，那么，当一些人过着花天酒地的生活，另一些人则由于贫困而挣扎在死亡线上时，这个世界不仅不够公平，也显得冷漠无情。当然，无须否认一个人的生存状况可能也与自身的努力有关，但是，正如本书第一章所指出的，大规模的贫困是由各种制度性因素引起的。倘若如此，基本权利很可能就是每个人对人类的其余部分(至少那些参与维护相关制度并从中获益的人)提出的一个合理要求。基本权利至少在两个意义上是基本的。[①]第一，基本权利可以被理解为一种有尊严的人类生活的基本条件：只要一个人已经对自己作为人的尊严有了基本意识，对他来说，剥夺基本权利所规定的东西就是剥夺自我尊重的核心基础。第二，拥有基本权利对于拥有所有其他权利来说是必不可少的：只要基本权利得不到优先保障，其他权利就得不到有效保障，因此，当基本权利与非基本权利发生冲突时，就可以为了保证前者而暂时“悬置”后者，而不是反其道而为之。

为了理解基本权利的特征，我们需要看看究竟存在着什么基本权利。舒伊认为，有两种权利必须被看作基本的：人身安全的权利和基本生存的权利。对于一个人来说，人身安全意味着身体完整不受威胁，例如不被谋杀、折磨、残害、强暴或攻击。[②]身体完整对于一个人从事任何有意义的活动来说显然是本质的：假若一个人被杀害，其生命将不复存在；假若一个人在身体上受到残害，其活动就会受到严重限制；折磨和强暴不仅会产生身体伤害，也会导致心理摧残。当然，对于任何动物来说，身体完善实际上都是重要的。但是，身体完整对于人来说之所以特别重要，不仅因为它是人们追求任何有价值、有意义的生活的一个先决条件，也是因为人的自我意识与其对自己身体的意识不可分离——身体在某种意义上是人类自我的构成要素。这些事实足以表明人身安全应该被设想为一项基本权利。不过，舒伊也对这项权利的基础地位提出如下说明：在人身安全得不到保障的情况下，即便社会向一个人提供了其他权利，那些权利也得不到保障，因为只要自己的人

---

① Shue (1996), pp. 18-19.

② Shue (1996), p. 20.

身安全时刻受到威胁，一个人就不能有效地行使其他权利，或者必须冒着很大危险才能行使其他权利。因此，人身安全得到保障是行使其他权利的一个前提。当然，舒伊并没有证明这项权利必定存在，但他提出了一个论证来表明，如果任何人有资格将任何东西当作一项权利，那么他也有资格将人身安全当作一项基本权利。我们可以将他的论证简要表述如下：[①]

(1) 每个人有资格将某个东西作为一项权利来享有。

(2) 为了能够有效地行使这项权利，就必须消除严重地妨碍其行使的最一般的条件。

(3) 如果每个人有资格把某个东西作为一项权利来享有，那么他有权要求其他人或社会消除那些条件。

(4) 对人身安全的威胁构成了行使一项权利的最严重、最一般的障碍。

(5) 因此，如果每个人有资格将某个东西作为一项权利来享有，那么他就应该具有人身安全的权利。

(6) 因此，人身安全是一项基本权利。

该论证的第一个前提属于论证预设——舒伊的论证只是旨在表明，**如果**存在着任何权利，那么人身安全就必须被设定为一项基本权利。只要做出这个预设，上述论证的关键就在于舒伊对权利与责任的关联所提出的“三部分”分析。正如我们已经看到的，舒伊认为，每一个基本权利都对应着三项责任：第一，**避免**剥夺的责任；第二，免受剥夺的责任；第三，**援助**被剥夺者的责任。[②] 举个例说，假如叶芝享有人身安全的权利，我们首先就要避免剥夺叶芝的人身安全；此外，只要能够做到，我们也有责任阻止其他人威胁叶芝的人身安全；最终，如果叶芝的人身安全受到伤害，例如出了车祸，那么，只要能够做到，我们就应当尽快将他送到医院，或者用其他方式帮助他。如果权利确实要求相关的责任，如果舒伊对责任的分析是可靠的，那就意味着

---

① 参见 Shue (1996), pp. 29-34。这个论证在结构上类似于赫伯特·哈特对自由的自然权利提出的论证，参见 H. L. A. Hart, “Are There Any Natural Rights?”, reprinted in Jeremy Waldron (ed.), *Theories of Rights* (Oxford: Oxford University Press, 1984), pp. 77-90。

② Shue (1996), pp. 52-53.

责任方必须消除落实一项权利的障碍。

舒伊试图进一步表明，生存权在类似意义上也应当被处理为一项基本权利。这项权利实际上也是一种安全的权利，只不过不是针对一般而论的人身安全，而是特别针对某种基本的经济安全，例如不受空气污染，具有干净的饮用水和充足的食物，拥有适当的衣物和住所，得到基本的预防医疗保健。这些东西都涉及一个好的人类生活必须满足的基本条件。我们是否拥有生存的基本权利，这项权利又要求哪些进一步的权利，这些问题将在下一部分讨论。在这里，我们只需注意，舒伊对生存权的论证也是有条件的：他所要说的是，**如果**人具有任何其他权利，例如在西方社会中普遍得到认可的自由权、财产权和民主参与权，那么人也应当具有生存权。这个主张并不难理解：假若一个人不能以适当地满足基本需求（至少与身体机能的正常运作相关的需求）的方式生存下来，他当然就没有能力或机会充分享受其他权利。因此，就像一般而论的人身安全的权利一样，生存权也是一项基本人权。不过，值得指出的是，说人们有基本的生存权并不是说，既然死亡和严重的疾病妨碍了人们对权利的享有，每个人都有不被允许死去或者不患严重疾病的基本权利。即使社会可以采取措施来预防某些疾病发生，延长人们的平均寿命，但疾病和死亡的某些原因并不是社会所能控制的，一个人的健康状况也部分地取决于自己，例如取决于生活习惯。因此，**完全**健康是否可以被设想为一项**基本人权**实际上是有争议的。①不管怎样，一个得体的社会有责任消除危害人们生存的最一般、最严重的障碍，②例如维护自然环

① 如果我们可以明确地界定"基本健康"的概念，例如按照人类基本功能的正常发挥需要满足的最低条件来界定这个概念，那么基本健康或许可以被设想为一项人权。但是，在人类生活的任何条件下，医疗资源都属于稀缺资源，其分配不可避免地会涉及正义问题。就此而论，一般意义上的健康权利或许可以被设想为一项公民权利，即一个人作为某国公民而具有的权利。对这个问题的一些相关讨论，参见：Norman Daniels, *Just Health: Meeting Health Needs Fairly* (New York: Cambridge University Press, 2008)；Thérèse Murphy, *Health and Human Rights* (Oxford: Hart Publishing, 2013)；Shlomi Segall, *Health, Luck, and Justice* (Princeton: Princeton University Press, 2009)。

② 在政治哲学中，"得体的社会"这个概念大概最早是由马格利特提出来的，指的是一个其社会和政治制度不会对公民造成羞辱的社会。马格利特以罗尔斯的正义理论为例论证说，一个得体的社会也应该是一个公正的社会，但反过来未必如此。参见 Avishai Margalit, *The Decent Society* (Cambridge, MA: Harvard University Press, 1996)。

境，保证清新的空气和洁净的水源，努力为每个人提供生活必需品和基本医疗保健。

就像人身安全的要求一样，生存要求也不应该只是偶然得到满足，例如，一个得体的社会不应该仅仅因为公民碰巧都很富裕而无视这项要求，因为只要生存要求不被看作一项基本权利，一个人在这方面的要求就很容易被剥夺。不难设想这样一个社会，其中并不存在与生存的基本要求相关的权利，但是这个社会碰巧也是一个巧取豪夺、弱肉强食的社会。在这种情况下，尽管一个人一开始可能在生存方面没有问题，但其生存条件很快就会被剥夺，例如被某些有权有势的人所剥夺。因此，基本权利及其实现不仅与平等尊严的思想相联系，也与社会正义相联系。此外，说人身安全和生存的权利对于享有其他权利来说是本质的，并不是说这两种权利只是享有其他权利的工具。这两项权利的落实不仅是充分享有其他权利的条件，也是人的尊严的一个根本标志和必然要求。在人权观念的早期发展阶段，某些西方国家所强调的是公民与政治权利，对社会与经济权利采取了相对忽视的态度。但是，只要这两项基本权利得不到有效落实，公民与政治权利就不能得到有效保障。在很多发展中国家，公民的法定权利之所以得不到有效保障，一方面是因为这些国家处于极度贫困的状况，无法提供适当的有效手段（例如训练有素的法官和充足的警力）来保证公民的法定权利得到落实，另一方面是因为贫困让很多公民承受了很大的经济压力，过分依赖他人，从而就产生了政治腐败的可能性，或者因为自己得不到良好教育，因此就无法有效地行使自己的公民与政治权利，抑或二者兼有。

值得强调的是，人身安全和生存的权利之所以基本，是因为充分享有这两项权利对于人之为人来说是不可或缺的。① 一般来说，人是能够具有自尊心的存在者。从一个人自己的观点来看，在生命安全和生存的基本需求得不到有效保障的情况下，一个人往往会丧失自我尊重的社会基础，其社会地位就倾向于被忽视或被边缘化。而无故侵犯他人的人身安全、恣意剥夺其生存条件，显然是对他作为一个人的地位的冒犯。在人类存在者这里，对人身安全和基本生存的保障超越了我们仅仅作为生命有机体而存在的含义。人是能够具有自我意识和理性反思的存在者，可以通过观察他人的生

① 参见下面第五部分中的讨论。

活和处境来反思自己，也可以通过移情而在某种程度上理解他人。就此而论，人确实具有一种其他非人类动物并不具有的地位，因此至少从人类自身的观点来看就特别值得关注。[①] 一旦人具有了这种地位，他就有了一种与众不同的伦理维度，对自身的存在状况的关注就可以具有伦理含义。例如，只要一个人对人类生活的悲惨状况具有切身体验，他往往也能同情处于类似状况的人；某些类型的人身侵犯也不仅仅是对他人身体的强行占有，也是对其个人尊严的冒犯。人身安全和基本生存的权利可以被认为表达了对人的尊严的基本尊重。由此来看，尽管舒伊并未证明这两项权利的存在，但他对其基础地位提出了一个辩护。这个辩护旨在表明，只要一个社会根本上承认人们具有任何权利，它就必须承认人们具有人身安全和基本生存的权利。

五、能动性、自主性与自由

人权被认为是每个人仅仅因为"是人"或"具有人性"而平等地享有的权利，这种权利既不依赖于社会承认，也不取决于法律颁布，甚至也与人们在社会上所具有的成员身份或可能进入的社会关系无关。这种理解给人权的辩护带来了一系列令人困惑的问题。我们大致可以鉴定出两个层面的问题：一个层面关系到人权被认为具有的普遍性，另一个层面涉及人权的内容。在这两个层面上产生的问题都需要澄清和说明。

正如我们已经看到的，由于两个主要原因，普遍人权的观念需要在哲学上得到说明和辩护。第一，即使与权利概念有关的一些思想可能也出现在其他文化传统中，但严格意义上的权利概念不仅只是明确地出现在西方社

① 关于这一点，例如，参见 Bernard Williams, "The Human Prejudice", in Williams, *Philosophy as a Humanistic Discipline* (Princeton: Princeton University Press, 2006), pp. 135-154。

会，而且是随着启蒙运动而兴起的。[①] 因此，为了表明人权的观念具有普遍有效性，就需要说明为什么非西方社会也应该接受这个观念。为了回答这个问题，我们或许认为，人权是每个人仅仅因为享有人性而具有的。然而，这个一般的主张并没有在根本上解决问题：为了回答上述问题，我们不仅需要回应各种相对主义挑战，也需要进一步表明人性中的哪些要素为人权提供了根据。一旦我们尝试这样做，我们就会碰到进一步的问题。当然，我们或许认为，尽管不同社会具有很不相同的价值观，但它们也可以在某些根本的价值观上达成某种交叠共识，而人权就可以建立在这种共识的基础上。[②] 不过，这种尝试在如下意义上仍然是不彻底的：即使我们能够从人性（或者对人性的观察和反思）中鉴定出某些核心要素，例如后面要提到的基本需求或基本能力，我们仍然需要进一步说明这些东西如何能够为人权提供一个**规范**根据。在试图探究这个问题时，我们或许诉诸人的尊严的概念，将基本需求或基本能力看作尊严的一个基本条件或前提。但是，在这里，我们又会碰到另一个问题：人究竟是因为什么而具有尊严、值得平等尊重？换句话说，为了表明基本需求或基本能力的主张可以辩护某些人权，我们首先需要说明人的尊严的来源或根据。而在试图回答这个问题时，我们就碰到了与人权的**范围**相关的问题。假若人被认为是因为具有理性能力而具有尊严，人权是为了保护人的尊严而被赋予人的，那么尚不具备理性能力的人类婴儿或已经失去理性能力的人类个体就会被排除在人权的范围外。为了处理这个问题，假若我们认为人原则上具有理性能力，或者说潜在地具有理性能力，那么人权的概念就会变得很模糊，因为只要理性能力是一个程度问题，某些理论家就会声称某些非人类动物也可以具有人权。这就提出了一个问题：如果属于智人的每一个个体都被认为是因为具有某种特殊的资格而具有人权，那么这种资格能够是什么呢——若不是理性能力的话？也许我们必须寻求对这种资格的某种更为广泛的理解。

---

① 实际上，甚至在西方社会中，所谓"启蒙运动的人权规划"也会受到抨击。例如，麦金泰尔声称，既然自然法的观念在神学背景中有其来源，一旦我们抛弃了对自然法的神学解释，人权就成为一种"几乎毫无标准"的东西。参见 Alasdair MacIntyre, *After Virtue: A Study in Moral Theory* (third edition, Notre Dame, Indiana: University of Notre Dame Press, 2007), pp. 51-61。

② 对这种探讨的简要论述，参见 Beitz (2009), pp. 73-95。

第二,《世界人权宣言》和其他国际人权公约把很多权利都规定为人权,例如,不仅包括前面提到的基本权利和西方社会公认的公民与政治权利,也包括文化权利和民族自决权,甚至包括休闲娱乐的权利。我们或许认为,所有这些权利对于人们过一个充分繁盛的生活来说都是必要的。然而,这些文本不仅没有阐明这些权利之间的关系,也没有明确说明其根据或基础。于是,当它们所规定的某些权利发生冲突时,就很容易产生争执和纠纷。这些争论和纠纷不仅出现在一国内部,也出现在国际层面上。例如,西方国家政治家经常指责某些非西方国家侵犯了其公民的民主参与权。即使民主参与权可以被看作一项人权,很多相关的问题实际上都是有争议的,其中包括民主如何才能得到有效实现,民主的目的是什么。为了解决这些争议,我们至少需要澄清这项权利与其他人权的关系。此外,福利权究竟是人权还是公民权,实际上也是一个有争议的问题。不管我们如何设想福利权,这些权利的内容至少与人们所设想的好生活的条件有关。但是,在不同社会中,人们对好生活的理解可能很不一样。而且,如果我们采纳了这一部分一开始对人权提出的那种理解,那么,只要福利权被看作人权,只要权利要求相关联的责任,与福利权相关联的责任就会变得很令人困惑。例如,如下主张似乎有点不可理喻:每个人都对任何其他人的福祉负有责任,不管他们之间的关系如何,甚至不管他们根本上有没有关系。当然,我们或许有责任帮助那些与我们没有特殊关系的贫困者,但这种责任或许是来自我们的同情心,又或许只是人道主义援助的责任。

既然国际人权文本中所说的"人权"不论在概念上和内涵上都极不明确,人权的理论和实践就要求在哲学上对人权提出一个充分说明,其中至少涉及三个问题:第一,人权的根据究竟是什么?第二,存在着什么人权?第三,如何理解这些权利之间的关系?一般来说,我们可以采取两种方式来探讨这些问题,即所谓的"自上而下"(top-down)的进路和"自下而上"(bottom-up)的进路。[①] 自上而下的进路开始于一个主导原则或者某些这样的原则,试图从那个原则或那些原则中将人权推导出来。前面介绍的格维茨的超验辩护策略就属于这种进路。功利主义哲学家也试图按照效用原则来说明权利,尽管边沁断然否认自然权利的概念是有意义的,强调权利必

① Griffin (2008), pp. 29-30.

须出现在明确地设立的规范制度中并与其中的其他要素具有重要联系。这种进路的一个主要缺陷就在于,如果所使用的高层次原则过于抽象,那么从中就得不出富有成效或切实可行的结果,特别是在国际人权实践中。自然权利理论将自然权利的要求设想为跨过不同时代和地点而保持不变,但是,就人权的观念在逻辑上与自然权利的概念具有任何联系而论,正如贝茨所指出的,"国际人权甚至不是预期地无时间性的"——"它们适合于现代社会或现代化的社会,这种社会是围绕共同存在于一种全球性政治体制中的政治国家组织起来的,而人们在这种体制中面临一系列可预测的威胁"。[①] 回想一下,甚至当康德试图说明某些行动为什么通不过他所说的"可普遍化检验",因此试图确立某些道德义务时,他也不得不诉诸某些关于人性或人类条件的**经验**考虑。[②] 相比较而论,自下而上的进路首先考察实际的社会生活中所使用的人权,然后去探究这样一些问题:我们必须诉求什么高层次原则来说明这些人权所具有的道德分量?在它们发生冲突的时候,又可以用什么原则来解决冲突?比如说,我们首先观察到社会生活中有生存权、自由权、财产权和福利权之类的权利,我们也发现在某些情形中生存权可以与自由权发生冲突,自由权可以与福利权发生冲突,然后我们再寻求某个或某些原则来说明为什么人们具有这些权利,进一步思考我们可以用什么原则来解决它们之间发生的冲突。一旦我们将这些原则鉴定出来,我们就对人权提出了一个初步说明,然后通过进一步的哲学反思来改进我们的说明。这种进路符合罗尔斯所说的"反思平衡方法"。

詹姆斯·格里芬就对人权采取了一种自下而上的探讨。我们已经看到权利和人权的思想在西方世界中的起源和发展,我们也看到人的尊严的思想如何开始与自主性和自由之类的观念发生联系。当然,人权观念的历史发展并没有自动向我们提供一个对人权的实质性说明。不过,在试图寻求这样一个说明时,我们至少可以从该传统中发现一个重要思想,即人的生命

① Beitz (2009), p. 58.

② 参见 Kant, *Groundwork for the Metaphysics of Morals* (translated and edited by Mary Gregor, Cambridge: Cambridge University Press, 1998), 4: 421-424。关于康德的道德形而上学与其人性学说的关系,参见 Robert B. Louden, *Kant's Impure Ethics: From Rational Beings to Human Beings* (Oxford: Oxford University Press, 2000)。

不同于其他动物的生命。比如说，人不仅能够对自己形成某种理解，也能思考人类的历史和未来。这就是说，人是能够反思和评价自己行为的存在者。人不仅可以对一个好生活是什么样子形成某些初步想法，也能采取行动来实现这些想法。人的一个重要特征就在于，人能够对一种**值得过**的生活形成某种理解并按照这种理解去行动。这个事实意味着，人并不只是消极地接受外部世界所产生的影响和冲击，也不只是消极地回应这些影响和冲击，反而能够通过慎思、评价和行动之类的活动，将一个值得过的生活**为自己**制作出来。正是因为人有能力思考和反思自身的存在状况，人不仅将自己与其他动物区分开来，也因此而具有唯有人才具有的特殊地位。格里芬将这种特殊地位称为"人格"(personhood)，并进一步按照"规范能动性"(normative agency)的概念来理解人格。在格里芬看来，人权的职能就是要保护我们的人格：

> 人权可以被看作对我们作为人的地位即人格的保护。通过将人格的概念进一步分析为能动性(agency)的概念，我们就可以把它分解为一些更加清楚的要素。为了在我们所能具有的最完整的意义上成为行动者，一个人就必须(第一)选择自己在生活中的途径——也就是说，不受其他人或其他东西的支配或控制(将这称为"自主性")。(第二)一个人的选择必须是真实的；一个人至少必须具有某种最低限度的教育和信息。在做出选择后，一个人必须能够行动，换句话说，一个人至少必须具有行动所需的最低限度的资源和能力储备(将这称为"基本必需品"[minimum provision])。[但是，]若有人从中阻挠，这些东西就派不上用场；因此，(第三)其他人必须不要强行阻挠一个人去追求自己认为值得过的生活(将这称为"自由")。既然我们将如此之高的价值赋予我们作为个体而具有的人格，我们就会认为人格的活动领域享有特权、需要保护。①

在这里，格里芬论述了他对人权的本质和内容的基本理解：人权来自他所说的"规范能动性"，后者包含三个基本要素：第一，自主选择的能力；第二，成功的行动必需的基本资源和能力；第三，在某些合法限度内行动的自

① Griffin (2008), p. 33.

由。不难看出，格里芬对人权的构想在基本起点上并非本质上不同于格维茨对人权的设想，二者实际上都采纳一种康德式的思路，即按照能动性的基本要求来设想人权。在格里芬的思想框架中，人本质上是因为具有理性能动性而具有人格。但是，为了恰当地理解和评价格里芬的观点，我们需要弄清楚，在他所设想的人权根据中，究竟哪一个根据具有最根本的地位。对于格里芬来说，人权是要保护人所特有的一种资格。如果这种资格不被赋予某种**规范**地位，那么，就人权是一种**道德**权利而论，我们就不能从对这种资格的考虑中得出人权。理由很简单：如果我们将“资格”理解为事物在大千世界中所占据的一种地位，那么任何事物都具有一种资格，因为它们各自都在宇宙中占据了一种独特地位，但我们显然并不认为，在我们具有人权的意义上，它们具有自身的权利。如果人格中的某些要素为人权提供了根据，那么至少某个要素必须具有一种特殊的规范地位，例如能够在某种意义上表明人或者人类生活是一种特别有价值的东西，因此值得尊重。

格里芬对“人格”的理解立足于两个基本思想：第一，人格是将人类与其他动物区分开来的东西，是人特有的一种理性反思和理性选择能力；第二，人是因为具有人格而具有尊严，或者至少是因为具有将完整的人格发展出来的潜力而具有尊严。正是因为人具有理性反思和理性选择能力，人才能对什么样的生活值得过形成自己的看法，并由此而将自己提升到与自然界中其他事物都不相同的特殊地位。如果每个人类个体原则上都具有发展完整人格的潜力，而人权旨在保护我们的人格及其行使，那么人权就应该是普遍的，属于每一个实际上具有或潜在地具有那种能力的人类个体。这个主张确实有点含糊，我们不太清楚它究竟是用来**描述**实际的或可能的人类个体，还是针对人类对“人权”做出的一个规定。若是在前一种意义上来使用，那么“人权”概念中所说的“人”就不可能只是指“智人”这个生物学物种的一个成员。婴儿、智力严重残缺的人、植物人都是生物学意义上的人类成员，但他们并不具有理性行为能力。这些生物学意义上的人类个体不能有效地照顾自己，因此在这个意义上是脆弱的，需要其他有能力的人来保护。但是，我们似乎不能就此认为脆弱性(vulnerability)本身可以成为人权的一个根据，因为若是那样，一切脆弱的东西都具有人权，而这显然是荒谬的。

那么，基本需求**本身**能够成为人权的一项根据吗？按照亨利·舒伊的假设性论证，如果我们在根本上具有任何权利，那么我们必定具有人身安全和基本生存的权利，因为人身安全和基本生存是我们享有任何其他权利的先决条件。人身安全和生存确实属于人类生活的基本需要。不过，出于两个主要考虑，我们不能**仅仅**按照基本需求的概念来说明人权。第一，凡是有生命的东西都具有基本需求，但是，假若我们并不希望扩大人权或甚至权利的范围，我们就不能认为凡是有生命的东西都具有权利——正如我们已经指出的，权利或人权的概念必须与人类生活中某些具有根本重要性的东西相联系，而且，这种联系是通过将一种特殊的地位赋予人类而产生的，不管我们是把那种地位称为“尊严”，还是用什么其他的名字来命名它。第二，当我们将基本需求的概念应用于人类时，正如我们在下一部分即将看到的，这个概念或是不必要的，或是具有很大的模糊性或不确定性。如果基本需求指的是人为了维护正常的生命机能而需要的东西，那么这个概念已经作为一个要素包含在格里芬的“人格”概念中。在格里芬那里，某种最低限度的能力和资源已经被设想为行使理性能力的一个前提。① 如果基本需求的概念超出了为了维护正常的生命机能而需要的东西的范围，那么什么需求是“基本的”大概就是相对于个人兴趣而论的，例如反映了个人偏好或者在需求方面的迫切性。在这种情况下，只要人权必须是普遍的和平等的权利，我们就不能按照基本需求的概念来设想人权。此外，假若自由在某种意义上可以与采取行动的机会和内在能力区分开来，那么，在格里芬对规范能动性的设想中，自由在根本的意义上也只是一个**形式**条件——只要已经有了适当的能力和资源并自主地选择了某个目标，自由就被理解为摆脱行动的实际障碍的能力。至少在这个意义上说，自由是工具性的——自由是追求和实现有价值的目标的自由。② 由此来看，如果格里芬确实试图将人格进一步分析为能动性，并按照他所理解的能动性的构成要素来设想人权的根据，那么自主性显然就是我们所要寻求的那个最根本的要素。

格里芬将自主性设想为人权的核心根据。但是，假若这个概念要充当

---

① 这实际上也是一个康德式的主张，因为康德认为，我们之所以有义务促进他人幸福，是因为幸福的某些条件也是理性能动性的条件，而我们有责任发展自己的理性能动性，而且，生活幸福的人们更有可能产生道德动机，尽管并不必然如此。

② 当然，这样说并不意味着自由在某种更加丰富的意义上不可能是内在有价值的，或者是人的尊严的一个标志。后面在讨论自由权的时候，我会回到这个问题。

这项职能，它就不得不具有某些道德内涵，或者说需要输入某些道德内容。例如，我们必须表明，不仅自主性的行使是价值引导的，而且自主性在某种有待阐明的意义上本身也是有价值的。当然，在道德哲学和政治哲学中，自主性都被认为是一个重要价值。然而，理论家们可以对其确切内涵提出不同的理解。例如，某些理论家认为，自主性要求一个人成为自己的一切决定和选择的主人——为了是自主的，一个人所具有的任何价值观念既不能来自他所生活的社会，也不能来自其他人的意见和劝告，甚至不能来自他自己对人类历史经验的反思，而必须是他自己"创造出来的"。如果人实际上不是(或者不可能是)完全离群索居的个体，不仅与社会生活毫无联系，也与人类文化和人类历史毫无联系，那么我们就可以怀疑对自主性的这种理解。即便这种自主性被设想为一个理想，我们也有理由认为它不仅是一个无法实现的理想，也是一个不值得采纳的理想，因为人类生活本质上必定是一种社会生活。人不仅不是自我充分的，在很多方面需要其他人的帮助和合作，而且也具有亲情、友情和爱情之类的情感需求，能够对他人和某些东西形成依恋。因此，我们无须认为，实际上也不能认为，自主性必定要求我们拒斥人因为具有某些重要属性而自然地具有的某些社会关系和相互依赖。我们同样没有理由假设，听从他人的理性劝告必定意味着自主性的丧失。实际上，既然自主性并不是我们生而具有的能力，一般来说，我们通过有意识的学习、通过对自己生活经验的反思，形成和发展我们的自主思维能力。自主性是我们在生活中需要取得的一项**成就**，而在这个过程中，只要我们不是在盲目遵循和消极接受他人的观点和意见，那么，向有经验、有学识的人们学习和请教，不仅不会妨碍我们的自主性，反而是发展自主性的一种重要方式。当然，有各种外在因素会妨碍我们发展和行使自主性，其中包括操纵和支配、奴役和屈从以及强制性的洗脑和宣传。不过，从内在的方面来看，自主性的最大障碍其实就是我们自己在智识和理智上的无知和不成熟，而以各种可能的方式消除这种无知和不成熟，恰好是培养和发展自主性的一条重要途径。

由此可见，即使自主性是由个人来拥有和行使的，我们也无须用一种极端个人主义的方式来理解它。人们对生活目标的选择是多种多样的，他们决定要承诺的价值也可以是多种多样的。一个人既可以把成为著名的小提琴演奏家确立为自己的生活目标，也可以把消除全球贫困确立为自己的生活目标；一个人既可以选择一种相对独立的生活方式，也可以将培养和发展某种特殊关系看作生活中最重要的事情。只要这些目标是他经过自己的理性反思认同的，而不是社会或其他人强加给他的，或者不是他在某种心理强制下具有的，那么他就是自主的。因此，如果具有某些类型的社会关系或者生活在某种共同体中对于人们来说是普遍有价值的，那么我们在这里对自主性提出的理解就不会要求我们拒斥这种价值，也不会要求我们承诺一种彻底个人主义的价值观。不管一个人决定如何生活，只要他是经过自己的理性反思而确认他所采取的生活方式的价值，他在那种生活上做出的选择和决定就是自主的。这并不意味着一个人所采取的无论什么生活方式都能得到其他人的接受和认同。既然一个人必须生活在社会中，他所采取的生活方式就必须符合社会生活的本质要求，例如不能侵害其他人对自己生活的正当追求，正如诺奇克所指出的，一个自主的存在者是这样一个存在者：

> [他]能够表述自己的长期生活计划，能够按照他为自己表述的抽象原则或考虑来进行思考和做出决定，因此就不只是直接刺激的玩物；他能够对一种恰当的生活对自己和他人来说是什么持有某些原则或设想，并按照这些原则或设想来限制自己的行为。①

诺奇克显然也把自主的选择看作一种价值导向活动。但是，现在我们必须转到一个进一步的问题：为什么自主性本身能够是有价值的？密尔对这个问题提供了最直接的回答。正如诺奇克进一步指出的："一个人按照某个总体计划来塑造自己的生活，这是他给予自己的生活以意义的一种方式；只有一个有能力用这种方式塑造自己生活的存在者才能有或者才能去争取一个有意义的生活。"②人之所以能够将自己与自然界中其他成员区分开来，特别是与其他非人类动物区分开来，并不只是因为人具有理性慎思能力，因此并不只是消极地回应外部世界，也是因为人能够使自己的存在和生活具有一种意义感，能够为自己设想和设计一个值得过的生活。人们对这样一种生活的设想与他们所生活的文化传统和生存环境、个人兴趣和能力具有重要联系。不同的人在这方面都可能有不同的设想，他们用来实现一

① Robert Nozick, *Anarchy, State and Utopia* (Oxford: Blackwell, 1980), p. 49.

② Nozick (1980), p. 50.

个有价值的生活目标的途径也可能都不一样。如果他们生活在一个多元主义社会，那么，为了过上一个有意义的生活，他们就需要思考哪个理想值得追求，哪个价值值得认同。有意义的生活要求密尔所说的“生活实验”：

> 人类并不是一贯正确的；他们所说的真理多半只是半真半假的；意见的统一，除非是来自对于对立意见的最完整、最自由的比较，否则并不可取，多样性不是一种恶，而是一种善，直到人类比目前更有能力承认真理的各个方面。这些原则也适用于人们的行为方式，正如它们适用于人们的意见。只要人类是不完美的，就应当会有不同的意见，因此也应当有不同的生活实验，以便在不伤害他人的情况下，各种品格都有自由发展的余地，不同生活方式的价值都应当在实践上得到证明，只要任何人都认为对它们加以尝试是合适的。①

既然一个人并不是一开始就知道什么样的生活对他来说是有意义、有价值的，他就需要不断尝试，因此就需要自主性和自由，就需要具有与此相关的基本条件，例如，正常的生命所需的基本营养和健康，为了恰当地理解复杂多变的生活环境并做出恰当回应而需要的教育和相关信息。此外，他还必须摆脱受到奴役或支配、遭受迫害或压迫以及陷入难以忍受的贫困的状况。只要一个人决定追求一个值得过的生活，他就必须具备这些能力和条件，因此就必须被赋予一定程度的自主性。

具有自主的行为能力和相应的条件显然也是一个人能够对其行为负责的一个先决条件。就此而论，自主性不仅是一个人用来为自己决定一个有价值的生活的能力，也是他用来塑造和追求这样一种生活的能力。在最基本的意义上说，自主的行动者必须具有这样一些特征：他有充分的理解力，因此可以理性地确立与其选择的生活相关的目标和信念；他有足够的信心，因此可以采取行动来追求自己所选择的生活方式；他能够与他人进行平等的交流，因此在必要时可以修改自己的目标和信念；他将自己采纳的行动认定为自己的，而不是由其他人来完成的；他能够理解自己的行动为了取得成功而必须接受的约束，其中包括道德约束和某些经验约束，例如，他必须能

---

① Mill, *On Liberty*, in J. S. Mill, *Utilitarianism and On Liberty* (edited by Mary Warnock, second edition, Oxford: Blackwell, 2003), pp. 131-132.

够认识到其他人就像他一样也有权追求自己的生活，必须能够反思自己的能力和环境条件，并按照这种反思来设想如何追求自己所设定的目标；最终，他能够宣称对自己的行为及其直接后果负责。当自主性的概念被赋予这些内涵时，我们就不难看到，一个人如何能够因为具有自主性而具有尊严，因此可以成为尊重的对象。只要我们能够在上述意义上来理解自主性，我们就不难明白为什么自主性可以成为人权的一个核心根据：假若过一个有意义、有价值的生活就是人们最重要的利益，而自主性对于追求这种生活来说不仅是工具上有价值的，而且也是这种生活的构成要素，那么与自主性相关的能力和条件就可以成为需要用权利来保护的东西，因为这个意义上的自主性是人的尊严的一个重要方面，或者换句话说，尊重一个人的自主选择活动就是尊重他的一种重要方式，正如拉茨所指出的：

> 自主的行动者就是这样一个人：他有能力在某种基本的程度上具有意义深远的自主性，或者逐渐具有这种自主性。这种自主性是一个程度问题。一个人可以多少具有自主能力。具有这种自主能力的人就是这样一个人：他能够塑造自己的生活并决定其进程。他是一个理性行动者，能够在评价有关信息的基础上在各种选择之间做出判断，他也能够采纳某些个人计划、发展某些关系、接受对某些目的的承诺。正是通过这些东西，他的个人完整性、尊严感和自尊感才得以体现出来。总之，具有意义深远的自主性的行动者是自己的道德世界的部分创造者。这种行动者承诺了某些计划、关系和目的，而这种承诺就影响了对他来说值得过的那种生活。①

不过，正是在康德这里，自主性概念被赋予最为丰富的道德内涵并具有了明确的政治含义。康德论证说，理性行动者能够为自己设定目的，因此就摆脱了感性欲望对自己的必然决定。这种不受“外在”原因所决定的能力就是康德所说的“消极自由”，积极自由则是一种与意志自由相联系、将某个法则施加于自身的能力，或者通常所说的“自我立法”。对康德来说，自主性就在于这种自我立法。在从事这项活动时，我们施加于自身的法则并不只是我们用来评价自己行动的主观标准，也是我们能够通过自己的意志设想为

① Joseph Raz, *The Morality of Freedom* (Oxford: Clarendon Press, 1988), p. 154.

普遍法则的东西。康德如何论证这一点，或者其论证是否可靠，不是我们目前要关心的问题[①]，我们感兴趣的是其主张的含义。只要一个行动的准则通过了康德所说的“可普遍化检验”，相应的行动就不仅是道德上可允许的，在康德的意义上也是自由的。康德指出：“我们自己的意志只是通过其准则在普遍立法的条件下行动，就此而论，它是尊重的恰当对象，人性的尊严就在于这种普遍立法能力，即使那个意志本身同时也受制于这种立法。”[②]正是因为理性意志能够按照可以普遍地自我施加的原则来行动并将自身认同为这种原则，理性意志就可以既是立法者又是守法者。在康德看来，这种能力就是人的尊严的来源，自主性及其条件也就顺理成章地成为尊重的对象。只要一个行动者具有了康德意义上的自主性，他就不仅能够掌控自己的生活，而且是在与其他类似行动者共同创建“目的王国”的过程中来掌控自己的生活。这意味着他们有义务维护一个自由的共同体的条件，其中包括尊重彼此的权利和维护公正的制度。

一旦我们按照上述思路来理解自主性，将道德内涵注入这个概念中，我们就可以明白自主性何以能够成为人权的一个核心基础。不管是按照密尔的思路来解释，还是按照康德的思路来解释，自主性都可以是一种具有内在价值的东西。在密尔这里，正是对生活意义的寻求赋予自主的选择活动以价值，这种价值显然是一种高层次的价值；在康德那里，自主性则是人的尊严的一个来源和标志。如果每个人都是因为能够具有自主性而具有特殊的地位和值得尊重，那么，只要自主性能够产生人权，人权就是能够具有自主性的人们平等地享有的。[③] 然而，自主性不是一种天生的能力，而是需要培养和发展的一项成就，其形成和行使需要一些必要条件，这些条件同样需要

---

① 对康德的自主性概念的详细解说，参见：Katerina Deligiorgi, *The Scope of Autonomy: Kant and the Morality of Freedom* (Oxford: Oxford University Press, 2012); Andrews Reath, *Agency and Autonomy in Kant's Moral Theory: Selected Essays* (Oxford: Oxford University Press, 2006)。对于康德的自主性概念及其与当代的自主性概念的关系的讨论，参见 Oliver Sensen (ed.), *Kant on Moral Autonomy* (Cambridge: Cambridge University Press, 2013)。

② Kant (2002), 4: 440.

③ 这当然留下了我们后面要探讨的一个问题：自主性是否是人权的唯一根据，特别是，没有自主性的存在者是否能够具有人权？

得到尊重和保护。一方面,如果一个人被剥夺了生命机能的正常发展和维护必需的东西,他就丧失了形成和发展自主性的资源和能力条件;另一方面,即使一个人已经拥有这些基本条件,但是,在采取行动来追求自己自主地选择的生活目标的时候,假若他受到他人的恣意侵犯和阻挠,他就不能有效地或成功地行使自己的自主性。因此,如果人权旨在保护格里芬所说的人格,那么基本的生存资源、基本能力以及自由就应该成为人权保护的对象。格里芬由此鉴定出三个高层次人权:自主性的权利、基本福祉(即自主性的拥有和行使所需的某些最低限度的资源和能力)的权利以及自由的权利。当我们将某些具体的社会和历史条件结合起来时,我们就可以从这三个高层次人权中推导出次一级的人权。鉴于我们已经对自主性提出了较为充分的讨论,并将在下一部分中阐述关于福祉的权利,接下来我们将重点论述自由权。

人权所要保护的是人类生活中某些具有根本重要性的一般利益。人类生活之所以不同于其他非人类动物的生活,本质上是因为人能够思考生活的价值和意义,能够选择各种有价值的目标并由此形成和塑造自己的生活。以这种方式来生活对于密尔所说的"个性"和自我发展来说是关键的,而后者是密尔所理解的幸福或福祉的构成要素。[①]而且,人并不是一劳永逸地选择和决定了自己的生活目标:人能够按照某种自我认识以及对周围世界的认识去反思自己在任何特定阶段确立的目标,必要时加以修改,或者发展新的目标。即使人并不具有某些理论家所声称的那种"绝对的自我创造"能力,人确实具有某种程度的自我创造能力,能够通过理性反思来引导和塑造自己的生活。一个人的生活是由自己来过的,生活的价值和意义在一定程度上就在于,他决定要过的生活是他自己选择的生活——他认为对他自己来说是有价值或值得过的生活。对于一个有价值的人类生活来说,自主性之所以重要,就是因为:若没有自主性,一个人就无法形成什么样的生活对他来说是一个值得过的生活的思想。当然,为了能够通过行使自主性来发现一个对自己**真正**有价值的生活,一个人也需要具有良好的判断力。这种能力的形成显然要求教育、训练以及自由思考的社会环境,因此就对一个尽

① 参见 J. S. Mill, *On Liberty*, chapter 3, in Mill, *Utilitarianism and On Liberty* (edited by Mary Warnock, Oxford: Blackwell, 2003)。

心尽责、为人民谋取福祉的政府提出了要求，例如要求政府给予公民以教育的权利以及言论自由和思想自由的权利。[①]这些次一级的权利显然是拥有和行使自主性的必要条件：若没有言论自由，一个人就无法充分表达自己的诉求；若没有思想自由，一个人对有价值的生活目标的追寻就会受到很大限制。[②]更不用说，为了能够拥有和行使自主性，一个人首先必须生存下来，具有生命机能的正常发展和维护所需的基本必需品。通过以这种方式来理解自主性在人类生活中的重要性，我们现在就可以表明人身安全和基本生存为什么可以被设想为基本人权。我们所理解的自主性还能产生一些相应的权利，例如不受折磨的权利，因为折磨会摧毁一个人做出和坚持自己决定的能力。

进一步说，如果一个人已经对一种值得过的生活有了某些深思熟虑的想法，那么他就应该有追求和实现这样一种生活的自由——每一个人生命的价值都是通过一个人自己所选择的生活体现出来的，因此，在追求自己自主地选择的生活目标时，只要不妨碍其他人对他们自己类似地设定的生活目标的追求，他不应该受到武断的干涉和阻挠。如果我们在这里所设想的自主性能够产生人权，那么自由想必就是其中的一项权利。不过，为了恰当地理解这项权利，我们需要对它提出一些必要说明。这里所说的"自由"绝不是那种随心所欲地想要做任何事情的自由。自由通常被理解为一种与约束和强制相对立的东西：一方面，一个人可以通过物理手段来妨碍和限制他人自由，独裁者可以用各种威胁来限制人们的自由，社会也可以用某种方式来压制某些人的自由。另一方面，通过强迫一个人去过自己不想过的生活，某些权威部门也会压制或剥夺他的自由；通过有意缩小或削减人们在生活方式上应该得到的选择，社会或政府也会严重地妨碍人们对自由的行使。

---

① 塔尔博特实际上将自主性理解为良好判断与自我决定的结合，并由此提出了一些构成自主性的社会基础的权利，例如言论自由和新闻自由的权利。参见 William J. Talbott, *Which Rights Should Be Universal?* (Oxford: Oxford University Press, 2005), pp. 113-138。

② 需要指出的是，我不是在声称这些权利是绝对的：尽管我已经将权利理解为旨在保护具有根本重要性的人类利益，但是，既然这些利益在某些情形中也能发生冲突，就没有任何权利具有无条件的绝对性。我在本书中所倡导的对权利和正义的政治性探讨旨在表明这一点。

一般来说，约束和强制都是自由的对立面。不过，自由也必须受制于一种形式约束：如果自由必须被理解为一种平等的权利，那么一个人对自由权利的行使就必须符合其他人对其自由权利的行使。比如说，在某个社会中，如果某些极端主义者否认其他人有信仰自由的权利，压制或迫害持有其他信仰的人，那么他们信仰自由的权利就应该受到限制。自由权利是要保证每个人都能**合法地**追求自己理性地认同的生活理想。

然而，自由权利所要保证的是一个人对自己所认定的生活理想的**追求**，而不是对这样一个理想的**实现**——自由权利是要保证一个人在追求其生活理想的时候没有受到非法阻挠和约束，而不是保证其生活理想成功地得到实现。这个区分很重要(尽管也有点令人困惑)，因为有人可能会说，一个人对生活理想的追求与他对那个理想的实现其实是不可分离的。为了消除这种困惑，我们需要进一步阐明自由的本质。能够采取行动来追求一个生活理想当然是实现它的前提。如果一个人在追求某个生活理想的时候受到了干扰和妨碍，不管这种干扰和妨碍是来自其他人，还是来自社会或者某些权威部门，那么他实现那个理想的能力就受到了严重限制，有时候甚至会被完全剥夺。但是，一个人是否能够成功实现其生活理想往往也取决于很多其他因素，例如其内在能力和相关的资源，他为了实现理想而努力的程度，甚至某些外在的环境条件。假若一个人冻伤了自己的手指，因而无法实现自己成为钢琴演奏家的理想，那么我们就不能有意义地说大自然侵犯了他的自由。我们显然也不能合理地认为，不管一个人持有什么生活理想，社会都应该保证他能够实现自己的理想。人们所能持有的生活目标是多种多样的，其中有些目标是道德上不可接受的，有些目标的实现则要求昂贵的社会资源。如果生活目标的实现涉及社会资源的利用和分配，而后者涉及社会正义，那么有一件事情就很明显：并非一个人想要实现什么生活理想，社会都应该向他提供必要的资源并保证他能够实现自己的理想。[①]甚至在一个资源相对充分的社会中，人们对其生活理想的实现也主要地取决于自己。自由权所要保证的只是人们对其生活理想的设想、塑造和追求，而不是对一个理想的成功实现。实际上，自主性之所以重要，部分原因就在于它是人们

① 这涉及我们对平等主义正义之要求的理解，相关的讨论，参见本书第四章和第五章。

对自己的选择和行为负责的一个必要条件。[①]

有人或许认为，将约束和强制理解为自由的对立面意味着自由是消极的，也就是说，只要其他人约束自己不去干涉和妨碍一个人的自由，后者的自由权就可以得到保证。然而，至少在两个意义上，自由也具有一个积极的方面。第一，任何权利都要求相关联的责任，因此，只要自由是一项基本人权，它也要求相应的责任。原则上说，每个人都可以通过约束自己不去干涉和妨碍他人自由来尊重这项权利。然而，我们还没有生活在一个理想社会中：即使某些人愿意约束自己，某些其他人可能会为了自我利益而侵犯他人自由。因此，为了让每个公民的自由权都能得到保障，社会就需要设立某些强制性体制，包括各种司法制度。第二，即使自由权只是旨在保护人们对生活理想的追求，而不是对理想的成功实现，但是，为了让人们能够形成有价值的生活目标，社会就需要提供足够的选择空间。如果人权旨在保护人们的规范能动性，那么社会就需要向人们提供某些“通用手段”，例如基本健康的条件、基础教育以及物质生活的基本保障，以便他们能够追求自己理性地选择的生活理想。在缺乏适当的选择空间时，自由就会受到很大限制。一个对绘画感兴趣的人，可能会因为其所生活的社会限制某些艺术作品而失去发展自己兴趣的机会。在这种情况下，社会就侵犯了（或者至少严重地削减了）他发展自己兴趣的自由。一般来说，如果一个社会有意阻止人们去追求他们本来可以得到的生活目标，如果持有和发展这些目标既不会严重妨碍他人自由，也不会危害大多数人所认同的社会目标，那么这个社会就侵犯了人们的自由。一个得体的社会应当尽量向人们提供有价值的生活目标。当然，这并不意味着社会必须保证每个人的生活目标都能得到实现。同样，即使社会必须保证每个人都有平等的机会**追求**自己的生活理想，它也没有义务保证每个人都有**实现**自己的理想的同等机会。[②] 人权及其实现固然可以被看作正义的一个核心方面，但是正义也涵盖更多的东西，例如对于实质性的平等以及公平和应得的考虑。就自主性和自由而论，社会所能做而且

---

① 这个主张也是罗尔斯的正义理论的一个核心论题：对于罗尔斯来说，一旦背景正义已经得到保证，人们已经被给予了社会基本善，他们就要对选择和形成自己的生活计划负责。

② 关于这一点，参见第四章和第五章中的相关论述。

应当做的，就是尽量提供有价值的生活目标。就此而论，自由或自由权确实有一个积极的方面。

为了对人权提供一个辩护，我们首先需要表明人具有一种特殊地位，与这个地位相关的利益（在这里，“利益”这个概念要在广泛的意义上来理解）必须得到保护。理论家们往往用“人的尊严”这个概念来笼统地指称人所特有的这种地位。不过，正如我们已经看到的，不仅“人的尊严”是一个模糊的概念，而且人为什么具有尊严也需要得到说明。从这个概念的历史演变来看，假若我们要将尊严赋予所有人，我们就需要把这个概念从人**在社会上**占据的地位、资格、特权、等级之类的观念中分离出来，将尊严看作人们平等地享有的东西。这种尝试显然是有争议的，因为只要人并不具有一种本质主义意义上的“本质”，我们就很难明确地鉴定出与“平等尊严”的概念具有某种联系的“人的本质”。而且，即使人被认为具有某些独一无二的特征，但是，只要我们对这些特征及其相对重要性缺乏共识，我们对人权**内容**的设想也会存在争议。在以上论述中，我之所以借助“规范能动性”的概念来理解人权，主要是因为：与其他可能用来辩护人权的概念相比，这个概念在我看来是争议最少的。人的尊严是人相比于自然界中其他事物而具有的一种特殊地位。直观上说，与世上所有其他东西相比，人是有思想、有意识的存在者，不仅能够形成自我的观念，也能设想或理解自己的存在和生活的意义。当然，人所具有的这些能力在程度上都有差别，但是，也正是因为有了这些能力，人才能将自己与自然界中其他事物区分开来，因此有了某种独特地位。人很可能是因为拥有（或者原则上能够拥有）这些能力而有了自主性意识并赋予自主性以独特的价值。更重要的是，自主性是人类行动者对其行为和选择负责的一个基本条件，而在整个世界中，能够在道德上对自己的行为负责不仅是人类所特有的，也是人类尊严的一个主要来源——实际上，康德认为人的尊严的根据就在于他所理解的自主性。此外，如果权利必定要求相关的责任，那么权利的概念也必定要求某种意义上的自主性。自主性的行使不仅要求自由，也要求必要的资源和能力。很难设想，一个不具备这些条件的人能够成为与权利相对应的责任的承担者——哪怕只是为了履行不干涉的消极义务，一个人也需要首先活着。

因此，只要我们恰当地理解了自主性及其在人类生活中的价值，这个概念就可以被设想为人权的**一个**主要根据。[①]而且，如果在这里所设想的自主性能够成为人的尊严的一个基本来源，那么，当我们将自主性理解为人格的一个构成要素时，我们就可以认为，对人格的平等尊重构成了人权的核心基础。“平等尊重”意味着，每个人都是因为具有人格（不管是实际上具有还是潜在地具有）而具有尊严，因此都同样值得尊重。在这个意义上说，平等尊重应该被理解为人权的组织原则，而不是任何特定的人权。即使某些理论家将平等尊重设想为一个人权[②]，我们也不能认为它与其他人权处于同样地位，因为平等尊重的观念实际上充当了协调不同权利的职能。例如，如果人身安全和基本生存可以被理解为基本人权，而这两个权利在某些人那里尚未得到落实，那么，当落实这些人的基本人权与尊重其他人的不太基本的权利（例如财产权）发生冲突时，平等尊重的主张就要求优先考虑前者，因为只有在这两项基本权利得到落实后，一个人才能有效地享有和行使其他权利。如果我们希望寻求一个基础来解决某些关于人权的核心问题，例如存在着什么人权、人权具有什么内容等，那么平等尊重的观念就向我们提供了这样一个基础。当然，有人或许会说，他作为人有权得到平等尊重。但是，这个说法只是被用来强调如下主张：如果人权旨在保护人的尊严，而每个人都是由于具有人格而值得尊重，那么他作为一个人也应该享有平等的人权。在“尊重”这个概念的**道德**意义上，对一个人的尊重**主要**是通过对其人权的尊重体现出来的。[③] 平等尊重是一个高层次原则，因此不能被理解为一个具体的人权。此外，平等尊重是对每个人的人格的尊重，人权则涉及与人格

---

① 正如我在下一部分中即将表明的，我并不认为，国际人权文本中提到的所有人权都可以用某个单一的、占据支配地位的根据来说明。既然人性具有多个维度，或者说，既然人们的利益是多方面的，我们就不能合理地指望用一种一元论的价值观来说明或辩护人权。自主性的概念实际上表达了人性中积极的一面，但是人性也有“消极的”一面，例如作为生命有机体而有所需求。自主性的有效行使当然要求某些物质条件，因此，按照自主性概念对人权的探讨也可以说明我们为什么具有某些与物质生活相关联的人权。不过，必须承认，某些被认为是人权的东西很可能不能**完全**按照自主性及其要求来理解。

② 例如，参见 John Mackie, “Rights, Utility and Universalization”, in R. G. Frey (ed.), *Utility and Rights* (Minneapolis: University of Minnesota Press, 1984), p. 87。

③ 我强调“主要”这个说法，是因为人的尊严可以有很多方面，正如前一章讨论尊严的时候我们已经看到的，因此，并非一切与“尊严”相联系的尊重都可以（或者都适合于）用“尊重权利”的观念来表达。

的尊重和维护的基本条件相关的东西。因此,平等尊重的主张既不意味着人在任何方面都是平等的,也不要求人在任何方面都是平等的。我们需要把对人格的平等尊重与人们在社会生活的其他方面所能具有的地位区分开来。[①]

六、人权与规范能动性

在当今对人权的哲学论述中,格里芬的《论人权》"被广泛地认为对于我们理解人权的本质和辩护做出了主要的哲学贡献"。[②]我相信这个评价是准确的和公正的。然而,格里芬的人权理论并不是没有受到批评,批评的一般要点是,他所理解的人格对于说明或辩护人权来说既不充分也不必要。实际上,正如我们即将看到的,所有设定某个**单一的**根据来辩护人权的尝试都会面临同样问题,尽管是以不同的方式或者在不同的程度上。因此,假若格里芬的理论(或者其他结构上类似的理论)确实存在某些不可克服的内在困难,那就表明我们需要用一种多元主义的方式来设想人权的根据——将人权的根据理解为多元的,不能被归结在某个单一的标准下。不过,如果为人权设定多元根据的理论不仅需要说明我们直观上所承认的人权(或者主要的国际人权文本中我们认为合理的大多数人权),而且也需要说明人为什么能够具有人权,那么,从理论选择的标准来看,格里芬对人权的探讨似乎更为合理。因此,我将尝试在考察相关批评的基础上捍卫和发展一种格里芬式的理论。为了用一种对比的方式完成这项任务,下面我将首先考察对格

① 这个区分及其重要性将在下一章中讨论,尽管我们稍后就会看到,在讨论人权的内容(即我们能够具有什么人权)时,这个区分为什么很重要。

② Roger Crisp (ed.), *Griffin on Human Rights* (Oxford: Oxford University Press, 2014), p. v.

里芬的理论提出的主要批评①，然后考察对这种理论（或者任何其他试图按照能动性来说明人权的理论，例如格维茨的理论）提出的两个有影响的“取舍”：一个试图按照基本需求的概念来设想和辩护人权，另一个试图按照人类核心能力的概念来设想和辩护人权。

对格里芬理论的批评可以总结为三个主要方面：首先，格里芬的人格概念主要是按照西方自由主义社会所强调的核心价值（例如自主性和自由）来设想的，因此从这个概念中引出的人权就不能满足一个基本要求，即人权是每个人都仅仅因为“是人”或者享有人性而具有的；其次，格里芬对人权的设想无法容纳某些直观上被看作人权的东西，例如基本健康的权利或不受折磨的权利；最后，即使人格确实可以被设想为人权的一个根据，但是，从这个概念中引出的人权，若要具有确定性（即得出了具有明确内容的具体人权），就必须诉求其他的根据，例如基本需求或者好的人类生活的某些其他构成要素，而后者不是格里芬的人格概念所能涵盖的。

为了恰当地评价格里芬的理论及其所面临的批评，我们首先需要简要说明一下任何恰当的人权理论都必须满足的一些基本要求。一般来说，如果人权是人由于具有某种特殊的地位而平等地享有的权利，那么人权的辩护就必须完成三项基本任务：第一，发现或鉴定这个特殊地位；第二，说明这个地位在什么意义上是人普遍拥有的；第三，表明拥有这个地位为什么能够产生权利。与此相关，如果人权的概念不仅需要表达一种具有普遍性的要求，也需要表达一种具有特殊的道德分量的要求，那么能够成为人权内容的东西就必须具有两个基本特点：其一，它们必须与人所具有的某种特殊的道德地位相联系；其二，它们必须具有充分的明确性，以便可以明确地规定与人权相对应的义务并设法加以落实。在前一章讨论一般意义上的权利时，

---

① 关于这些批评，参见：Allen Buchanan，“The Egalitarianism of Human Rights’，in Crisp (2014)，pp. 78-113；David Miler，“Personhood versus Human Needs as Grounds for Human Rights”，in Crisp (2014)，pp. 152-169；S. Matthew Liao (2010)，“Agency and Human Rights”，*Journal of Applied Philosophy* 1：15-25；Joseph Raz，“Human Rights Without Foundations”，in Cruft，Liao and Renzo (2015)，pp. 321-337；John Tasioulas (2002)，“Human Rights，Universality and the Values of Personhood：Retracting Griffin's Steps”，*European Journal of Philosophy* 1：79-100；John Tasioulas (2010)，“Taking Rights out of Human Rights”，*Ethics* 120：647-678。

我们已经看到，一些理论家将权利设想为具有高度优先性的道德考虑。这种考虑不仅被用来约束其他人的行为和某些社会行为，而且在与其他类型的考虑发生冲突时，也必须占据某种规范的优先地位。人权表达了一种特殊的道德考虑，这种考虑比我们可能具有的其他权利都要重要。这是我们对人权的一个直观认识，它具有如下含义：人权的观念必须与我们在人类那里所能发现的某种特殊地位相联系，任何一个人类个体都只是因为具有(或者原则上能够具有)这种地位而成为值得尊重的对象。直观上说，尽管人类也是具有身体、因此具有与身体机能相联系的各种需求的存在者，但是，人类是因为具有理性能动性而与自然界中其他成员区分开来的。正是因为具有或能够具有理性能动性，每个人类个体不仅能够为自己设想值得追求的生活目标，形成相应的生活计划，也能通过自我意识将自己设想为独特的个体——甚至当他与其他人分享了人类具有的某些共同特征时，他也能够把一个生活计划认定为自己的计划，并赋予这样一个计划以某种特殊的重要性。人类个体所能具有的这种独特个性不仅让人类生活变得丰富多彩，总体上说也是促进人类进步的一个重要因素。在格里芬对人权的构想中，他不仅充分地认识到了这一点，而且也将它理解为辩护人权的一个根本前提，正如他所说：

> 人类生活不同于其他动物的生活。我们人类对于自己、对于我们的过去和未来具有某种设想。我们进行反思和评估。我们对于一个好生活会是什么样的有自己的想法……并试图实现这些想法。在谈论“与众不同的**人类**存在”时，我们所要说的就是这个意思——就我们所知，人类确实与众不同。也许类人猿比我们通常所认为的更多地分享了我们的本性，尽管我们没有证据表明，除了智人外，任何其他物种还能形成和追求一种有价值的生活的观念。……我们特别看重自己作为人的地位，甚至经常认为这种地位高于我们的幸福。这种地位的核心就在于我们是作为行动者而存在的——慎思、评估、选择并采取行动来为自己制作我们所设想的好生活。①

假若我们确实需要把“人的尊严”看作人权的核心基础，那么上述说法就表

① Griffin (2008), p. 32.

达了格里芬从一种世俗的意义上对“人的尊严”的理解——这种理解至少在如下意义上是“世俗的”：人的尊严不再是按照“上帝造人”的观念来设想的。不管格里芬按照规范能动性的三个要素（自主性、自由以及某种最低限度的生活保障）对人格的分析是否充分恰当，他正确地鉴定出人的尊严的一个来源。[①] 当他按照规范能动性的概念来分析人格时，人格的概念在他那里就有了相对明确的内涵，不仅能够对“人的尊严”提出一个部分说明，也能说明我们在人权文本中发现的不少人权。人所具有的那种特殊地位至少部分地在于，人能够持有一个有价值的生活的观念，能够理性地规划和追求这样一个生活，能够对自己采取的行动和做出的选择负责。当我们把这些能力广泛地称为“理性能动性”时，我们就不难看到，某种恰当地设想的自主性就是理性能动性的一个构成要素。当我们将自主性理解为人的尊严的一个标志时，自主性就可以被视为一种具有内在价值的东西——自主的生活是好的人类生活的一个核心内涵。这符合如下直观认识：即使一个仁慈的主人向其奴隶提供了基本的物质保障，让他们在物质生活方面甚至比很多自由人都要好，奴隶也说不上就过上了一个好的人类生活，至少因为他们无法追求自己想要追求的其他生活方式。自主性在如下意义上也具有工具价值：拥有和行使自主性对于追求一个好的人类生活来说是必要的。[②]在我们对“好的人类生活”的各种设想中，如果我们能够鉴定出一种“最低限度的好生活”，以至于自主性对于追求一种生活来说是必要的，那么我们不仅为人权提供了一个**规范**基础，也能说明人权为什么是**平等的**权利。

不管我们如何设想人性的来源及其构成，只要我们试图将人权的观念建立在对人性的某种理解的基础上，这种理解就不得不是规范的，或者至少必须包含规范要素。不仅因为在引出人权的时候，我们需要避免摩尔所说

---

① 正如前一章所指出的，在人这里，尊严是一个极为复杂的概念：在最简单的意义上说，人据说是因为在整个世界中占据了一种特殊的地位而具有尊严，但是，尊严也有其他的方面，例如与人们的社会地位相联系。前一个意义上的尊严显然是一个模糊的概念，后一个意义上的尊严并不会产生人权所要求的平等尊重的观念。

② 不过，这个主张可能会受到质疑，正如我们下面即将看到的。

的“自然主义谬误”[①]，更重要的是因为我们需要寻求某种东西来说明一个关键问题——我们称为“人权”的那些东西为什么能够对其他行动者（不管是个人还是政府之类的集体行动者）施加义务或责任。任何恰当的人权理论都需要首先假设人具有一种特殊地位，然后将人权的观念与对这种地位以及相关利益的保护联系起来。当然，假若存在着人权的话，人权是人作为一个整体（即一种具有人格的存在者）而拥有的权利，而不（比如说）仅仅是作为单纯的生命有机体或纯粹的理性存在者而具有的权利。然而，不管我们如何理解作为一个整体而存在的人，在寻求人权的根据时，我们首先需要尝试理解人所具有的那种特殊地位的规范来源。到目前为止，我们已经初步表明，只要我们能够对自主性提出一种恰当理解，自主性就可以被看作人所具有的那种特殊地位的一个根据或来源。

现在我们可以转到对格里芬提出的第一个批评。按照格里芬的说法，人有能力形成和努力实现自己对好生活的设想，我们很看重自己作为行动者的这种地位，即所谓的“规范能动性”，而人权就旨在保护这种能动性。然而，按照能动性概念对人权的探讨一方面太弱，不足以得出我们认识到的某些重要权利，另一方面又太强，会要求很多权利，从而导致人权的急剧膨胀。这是格里芬自己在采取这种探讨时所要避免的。这两方面的问题其实都是来自格里芬的能动性概念及其所说的“人格”。在把我们所能具有的能动性称为“**规范**能动性”时，格里芬显然是想强调这种能动性的规范含义，即认为它是有规范内容的。一般来说，任何能够采取行动（或者至少能够利用身体运动）来获得某些东西的存在者都具有能动性。格里芬之所以特别将人所具有的能动性称为“规范能动性”，显然是因为我们往往是通过行使能动性来追求我们所设想的好生活——我们不仅能够对“如何生活对我们来说才是好的”形成某些认识，也能反思和评估这种认识，因此就能在我们对好生活的观念的追求中将我们特有的价值和尊严体现出来。因此，对格里芬来

---

① 如何理解摩尔所说的“自然主义谬误”以及摩尔自己的论证是否反驳了伦理自然主义，这些问题都是有争议的。我提到这一点，是因为除了格里芬自己的理论外，接下来要考察的其他两种人权理论，在后面要指出的意义上，都被认为是“自然主义”理论。而我所要强调的是，在尝试按照对“人性”的某种理解来构想一个人权理论时，我们需要首先说明人为什么能够被认为具有尊严。对于自然主义谬误的新近讨论，参见 Neil Sinclair (ed.)，*The Naturalistic Fallacy* (Cambridge：Cambridge University Press，2019)。

说，人类能动性具有一种特别高的价值，不同于纯粹的动物能动性，值得尊重和保护。也正是因为这个缘故，人类能动性就可以被设想为人权的**规范**基础。格里芬之所以将这种规范能动性称为“人格”，是因为这种能动性体现了人所特有的某些东西。然而，假若我们不是在格里芬的意义上来理解“人格”，那么人格的概念显然就含有比格里芬所说的“规范能动性”更多的内容，这些内容对于我们恰当地理解人的地位和人权的可能根据来说也是相关的。

格里芬的理论所面临的问题不只是出现在这个一般的层面上，而是更多地体现在他对人格的理解中。在尝试按照规范能动性来分析人格时，他鉴定出规范能动性的三个构成要素：自主性、自由以及资源和能力方面的某种最低限度供给（不妨称之为“基本福祉”）。在格里芬这里，自主性显然是规范能动性概念的核心——“为了在我们能够具有的最完整的意义上成为行动者，一个人就必须选择自己的生活途径——也就是说，不受其他人或其他东西的支配或控制”。[①]其他两个要素其实都只是能动性的成功行使必须满足的基本条件，因此在这个意义上只具有工具价值。这种理解立即产生了两个问题。第一，如果自主性就是拥有或被赋予人权的**唯一**根据，那么不具有自主性（或者已经丧失自主性）的存在者就会被排除在人权的范围外，其中包括婴儿、智障者、阿尔兹海默症患者以及永久失去意识的人类个体。如果具有人的尊严就在于能够在生活中做出选择并成功地追求拟定的生活计划，那么这些人类个体就不能被认为具有尊严；如果具有这个意义上的尊严就是具有人权的唯一根据，那么他们就没有人权。这个结论显然不太符合我们对人权的直观认识，因为我们直观上相信人权旨在保护人类个体所具有的某些具有根本重要性的利益，不管一个人有没有格里芬所说的自主性。[②] 第二，与此相关，如果人的尊严（或者人性的根本标志）仅仅在于自主的选择能力，那么，就自主性概念以及相关的自由概念都被认为是西方自由主义社会的核心价值而论，格里芬对人权的探讨就有了狭隘主义嫌疑，因为

① Griffin (2008), p. 32.

② 玛莎·努斯鲍姆在其对契约论道德的批评中提出了类似的主张，参见 Martha M. Nussbaum, *Frontiers of Justice: Disability, Nationality, Species Membership* (Cambridge, MA: The Belknap Press of Harvard University Press, 2006), chapter 2。

这种探讨只是将人权建立在对“好生活”的某种特定理解的基础上，属于罗蒂所说的“西方文化帝国主义”的一种表现形式，因此就不能有效地履行人权的观念被认为要发挥的一项主要职能，即作为一种**普遍的**道德标准应用于国际人权实践。

格里芬自己不是没有意识到这两个问题。为了便于论证，在考察他提出的回应之前，让我们先来看看与上述批评密切相关的一个批评。这个批评旨在表明，格里芬按照其规范能动性概念对人权的理解既不充分，也不必要。拉兹将这个批评总结为一个两难困境。[①]一方面，如果我们将规范能动性仅仅理解为单纯的意向行动能力加上成功地行使这种能力的某个标准，那么甚至一个奴隶的生活也能满足格里芬所说的规范能动性要求；另一方面，假若格里芬为了处理这个批评而不得不扩展其规范能动性概念，例如使其包括一系列有价值的选项以及充分的自由和丰裕的物质条件，以便行动者能够做出真正有效的选择，那么他的理论就得不出充分明确的人权——不能恰当地说明哪些利益或关切可以被看作人权所要保护的对象(这往往被称为“人权的门槛[threshold]”问题)。如果我们采取一种“简朴的”解释，也就是说，将格里芬的规范能动性解释为单纯的意向行动能力加上某些最低限度的成功条件，那么，只要一个奴隶仍然具有正常的行动能力，可以成功地完成主人所要求的工作，在他那里，格里芬所说的“人格”就没有受到侵犯或危害——“他们仍然能够行使正常的能动性：在他们所受到的约束内，能够对一种值得过的生活形成某个设想，并采取有效步骤来追求这样一个设想。奴隶制无须使得一个值得过的生活变得不可能”。[②]实际上，要是奴隶并不具有这种最低限度的能动性，他们对于奴隶主来说就没有什么用处。然而，对“规范能动性”的这种解释显然无法说明反对奴隶制的权利，而这项权利在国际人权文本中被看作是无可争议的。在这里，值得指出的是，如果自由在格里芬那里仅仅意味着在追求某个目标时未受“强行阻挠”，那么奴隶主显然就必须向奴隶提供这种自由，或者保证这种自由不被妨碍或剥夺。奴隶主也必须保证奴隶有必要的能力和资源实现他为奴隶规定的目标。奴

① Raz (2015), pp. 324-328. 亦可参见 Buchanan (2014), pp. 94-96, Tasioulas (2010), pp. 659-600。

② Buchanan (2014), p. 95.

隶所缺乏的显然是某些**其他的**有价值的目标以及追求这些目标的自由和条件(包括相应的能力和资源)。为了回应这个案例所产生的批评,格里芬就必须在一种更广泛的意义上来解释规范能动性,正如他所说,我们需要“在我们所能具有的最完整的意义上”成为行动者。然而,只要他尝试扩展规范能动性的范围和条件,他就会面临一个关键问题:为了能够形成并有效地追求一个值得过的生活的观念,一个人必须在多大范围或多大程度上具有规范能动性?这个问题的严重性或重要性就在于,格里芬是要按照规范能动性的拥有和行使来设想人权,但是,我们显然不能说,为了成功地或有效地行使能动性来追求**任何**目标所要求的一切条件都是人权所要保护的对象。当然,格里芬会对这个问题提出一个回答,不过,正如我们即将看到的,他所提出的回答并不能令人满意,或者更确切地说,为了提出一个充分合理的回答,他就不能仅仅按照其规范能动性概念来设想为人权。

按照规范能动性来设想为人权的尝试被认为也是不必要的或多余的。如果我们具有不受酷刑的人权,那么这项人权被认为就说明了这一点。[①]为了说明我们为什么具有这项人权时,格里芬明确地将酷刑与对能动性的损害或破坏联系起来:

> 酷刑有其特有的目的,它被用来让某人取消某个信念、揭露某个秘密,不论是否有罪都“坦白”一项罪行,放弃一项事业,或者听命于他人。所有这些特有的目的都涉及破坏他人意志,让他们去做自己不想做的事情,或者甚至决定去做自己不想做的事情。[②]

按照这种理解,对他人施以酷刑就在于让他遭受极大痛苦(不论是身体痛苦还是精神痛苦,抑或二者),从而让他屈从于采取这种手段的人的意志,在康德的意义上将他人作为单纯的手段来利用,因此不仅是在摧毁其完整人格,也是在不尊重他作为人的尊严。由此来看,格里芬确实可以按照规范能动性概念来说明不受酷刑的人权。为了进一步说明为什么酷刑折磨不可能是因为引起巨大痛苦而成为一个人权问题,格里芬还设想了两个案例。第一,在一场失败的婚姻中,一方可能会冷酷无情地对待对方,使后者深受

① 参见 Liao (2010), Tasuoulas (2002), p. 93。

② Griffin (2008), p. 52.

痛苦，这些痛苦长年累月就会成为一种比短期的身体折磨还要糟糕的东西，但是，我们似乎并不认为前者侵犯了后者的人权。第二，随着技术的发展，某些人也可以使用无痛苦的方式让其他人屈从于自己的意志。例如，通过让某人服用某种不会导致痛苦的药物，就可以让他说出他要不然就不会说出的真话。格里芬明确指出，这种操纵人的方式"的确提出了人权问题，……因为无痛苦的支配仍然是对人格的一种严重破坏"①。倘若如此，引起巨大痛苦这个事实本身就不足以确立不受酷刑折磨的人权。

然而，批评者有不同的说法。他们首先指出，无痛苦药物的例子只是表明破坏能动性有时涉及侵犯某个人权，但并未表明破坏能动性**总是**涉及侵犯人权。我们完全可以设想，一个人可以用某种"令人愉快"的方式破坏他人的能动性，例如向他提供一大笔钱，以便让他去吃大量蠕虫，从而就破坏了他做出和坚持自己决定的能力；一个人也可以用一种不知不觉的方式破坏他人的能动性，例如在后者居住的小区张贴大量"动人的"垃圾食物广告，当后者由此而吃下大量垃圾食物时，其身体的能动性（例如身体健康）就会受到损坏。这些案例表明，破坏能动性并不总是涉及侵犯人权。倘若如此，格里芬就需要说明，通过引起巨大痛苦而破坏能动性**如何**不同于用后面这些方式来破坏能动性，或者换句话说，为什么让某人遭受巨大痛苦可以被看作对一项人权的侵犯？批评者的回答是，痛苦本身就是坏事情：不管痛苦是否会对一个人的能动性产生破坏性影响，它都是一种恶。如果避免痛苦是我们的一项重大利益，那么这个事实就足以表明不受酷刑折磨为什么可以被看作一项人权，而无须诉诸痛苦与能动性的关系。这就是说，我们可以**直接**诉诸关于某个重大利益的考虑来确立一项人权，而不必**间接地**按照这个利益与能动性的关系来确立一项人权。就此而论，至少在某些情形中，关于能动性的考虑对于确立人权来说也是不必要的。即使婴儿或残障人士缺乏格里芬所说的自主性，他们也不应当受到酷刑折磨——残酷地对待他们本身就是道德上严重错误的。倘若如此，我们就不能认为，格里芬所说的人格或规范能动性构成了人权的唯一根据。

这个批评及其结论是合理的。不过，为了公正对待格里芬的观点，我们也需要指出，不受酷刑折磨的人权就其根据来说并不像批评者所设想的那

① Griffin (2008), p. 53.

么简单。首先,让我们来思考一下:为什么格里芬会对酷刑折磨的情形和无情的婚姻的情形提出不同的判断——在一种情形中,一个人的人权受到了侵犯,在另一种情形中则不然。按照批评者的解释,这两种情形的根本差别在于,在前一种情形中,受折磨者通常无法离开酷刑室,而在后一种情形中,遭受无情对待的那一方往往能够离婚,因此,即使他/她在心理上遭受痛苦,其人权仍然说不上受到了侵犯。然而,是否能够选择离开不可能是对二者差别的完备说明(甚至不可能是正确的说明)。如果一个人确实具有反对严刑拷打的人权,那么并非仅仅因为他能够选择不被如此对待,他的这项人权就没有受到侵犯。我相信格里芬的对比例子(无痛苦药物的例子)旨在说明这一点。换句话说,反对严刑拷打之所以可以被看作一项人权,本质上确实是因为:用这种方式迫使一个人去做自己不想做的事情违背了其个人意志,因此侵犯了其人格完整,不管这样做让他遭受了多大痛苦。对能动性的这种破坏不只是体现在身体层面上,在某些情形中也体现在心理层面上,而这一点更加重要:"折磨涉及对一个人有意施加极度的身心痛苦,以便诱使他背叛某项事业或某个知己,恐吓实际的或潜在的对手,或者为了对某人实行支配,甚至只是为了获得施虐的快感。"[①]因此,尽管折磨涉及某种形式的强制和操纵,因此破坏了一个人的自主性,但它并不只是停留在这个方面上,因为它也"强迫牺牲者进入一种他通过自己的情感和情绪来串通的、反对他自身的境地,因此他就同时觉得自己一方面无能为力,另一方面又积极串通起来侵害自己"[②]。简言之,受到酷刑折磨的人一方面不想让自己的意志屈从于他人,另一方面又因为极度痛苦而不得不让自己的意志屈从于他人。因此,酷刑折磨并不只是残酷地对待他人,而且也是用一种特殊的方式来瓦解一个**有身体的**行动者的意志,从而就破坏了其完整的人格或能动性。因此,酷刑折磨也是对一个人的尊严的严重侵害。正是因为这个缘故,我们就不能仅仅用"身体上的极度痛苦"(或者甚至用"避免痛苦是我们的一项重大利益")这个说法来说明不受酷刑折磨的人权。不管我们如何具体理解人类尊严的来源,酷刑折磨涉及侵犯一个人的尊严,或者用康德的话说,涉及用

---

① David Sussman (2005), "What's Wrong with Torture?", *Philosophy & Public Affairs* 1: 1-33, quoted at p. 2.

② Sussman (2005), p. 4.

一个人自己不能理性地认同的方式把他当作手段来利用,用他去实现自己原则上并不认同的目的。

假如以上论述是可靠的,那就意味着不受酷刑的人权仍然与我们对能动性的某种理解相联系。格里芬之所以将人格设想为人权的主要根据,显然是因为他认为自己所理解的"人格"包含了尊严的根据,正如他所说:"对人权的一种令人满意的论述必须包含'人的尊严'这个极度模糊的概念的某种轮廓。"他进一步声称,"正是我们选择和追求一个值得过的生活的观念的能力赋予人类生活以尊严"①。既然"人的尊严"是一个高度模糊的概念,我们就不能指望格里芬自己已经完备地理解了这个概念。不过,在对自主性概念的某种解释下,人的尊严确实与我们作为自主的行动者的**资格**——如果说不是拥有和行使自主性的**能力**——具有某种联系。按照上一部分中对自主性提出的解释,自主性的观念本质上源自如下基本事实:我们是有思想、有意识的存在者,能够通过理性反思形成一个有价值的生活的观念并由此而赋予自己的生活以某种特殊的价值或意义。这个事实是一个关于人类存在者的基本事实,而且,我们也正是因为有了这些能力才有可能成为道德上负责任的行动者。因此,不论是自主性的观念,还是自主性的价值,都无须是西方社会所特有的——二者在历史上只是偶然产生了联系。实际上,酷刑折磨之所以侵犯了一项人权,很大程度上是因为受到折磨的人无法做出有效的选择,因此在这种情况下就被剥夺了自主的和自由的行为能力。如果人类总体上具有自主的行为能力,如果这种能力是人类道德生活以及道德上可接受的政治生活的一个根本前提,那么我们就有理由将自主性看作人的一个重要特征,把培养和促进自主性视为道德生活和政治生活的一个核心目标。尊重自主性并不只是尊重人所特有的一种资格,也是尊重个体生活的价值以及一个人需要通过行使自主的行为能力来实现的正当目的。一旦我们承认正是自主性的**资格**产生了某些人权,我们就无须否认,人类婴儿原则上也能有这些人权,已经丧失了自主行为能力的人类个体曾经拥有这些人权。因此,就自主性的拥有和行使要求某些条件而论,我们也无须否认这些个体有权享有这些条件,即使他们无法有效地行使自主行为能力。总之,只要我们恰当地理解了自主性概念及其本质来源,我们就无须得

① Griffin (2008), pp. 21, 44.

出某些批评者从他们对格里芬的批评中引出的一个结论，即将（某些人权）建立在自主性的基础上意味着否认那些特殊的人类个体有权获得基本营养和教育之类的东西。

我不是在声称自主性概念提供了我们所认识到的一切人权的基础。实际上，正如下面即将表明的，我们最好认为人权具有多元的根据，因为人性本身并不是由某个单一的本质构成的。然而，如果我们试图为人权提供一个**规范**基础，那么我们就必须设法表明，人是因为具有一种特殊的道德地位而具有人权，特别是，我们不能认为，人**仅仅**是因为像其他动物那样具有基本需求而具有人权。除了自主性外，基本需求的主张也能为人权提供根据，但是，除非我们已经表明基本需求在**人类**生活中的道德重要性，否则按照基本需求来辩护人权仍然是不充分的。在我看来，上面对于不受酷刑的人权的分析就暗示了这一点。因此，在回应对格里芬的另一个主要批评（即那个涉及"门槛问题"的批评）之前，让我首先探究两个问题：第一个问题涉及对人的脆弱性的理解，第二个关系到如何理解基本需求在道德上的相关性。我之所以要探究这两个问题，不仅是为了进一步阐明格里芬的理论框架中自主性与所谓"基本福祉"的关系（未能明确阐明这一点是其人权理论遭受批评的一个主要原因），更重要的是为了说明和强调权利与责任的本质联系。这两个方面对于我们恰当地评价格里芬的理论以及我们所要考察的其他理论都极为重要。

七、脆弱性、需求与能力

脆弱性是我们在生活中所具有的一种最为深切的体验：不论是人类个体，还是整个人类，在一种根本的意义上都是脆弱的。我们首先是作为生命有机体而存在于世上，作为这样一种存在者，我们的生命机能的维护、发展和运作都需要一系列相关的条件，其中不仅包括生存和繁衍的基本条件，也包括我们作为社会性和情感性的存在者而产生的各种情感需求。我们的身体在毫无防护的情况下会受到外部世界侵害。在一生的各个阶段，疾病都能对我们的健康状况产生负面影响，而我们的身体机能以及相关的能力不仅有一个发展和成熟的阶段，也会随着生命的自然进程而变得衰弱和退化。

我们在心理上承受的痛苦和焦虑很大程度上也与我们的身体存在具有某种联系:我们会由于所爱之人的离去而悲伤,而在社会生活的世界中,我们不仅(至少有时候)会遭受忽视、辱骂、羞辱,也会为此而感到愤怒或不满。在社会与政治生活中,我们可能会受到剥夺、操纵和压迫,这些行为所采取的某些形式显然与我们的身体存在及其条件有关。无须否认我们能够具有理性能力,但我们同时也是有身体的存在者。与身体存在密切相关的脆弱性是我们作为人类存在者无法摆脱的。事实上,不仅人类个体是脆弱的,人类总体上也是脆弱的——在面对某些全球性威胁(例如,全球贫困所导致的社会与政治问题,全球气候变暖,大规模的自然灾害,全球流行性疾病)的时候,我们就会深切地感受到人类的脆弱与无助。

"脆弱性"(vulnerability)这个概念在词源学上来自拉丁词"vulnus",在其原来的意义上指的是身体遭受的创伤或伤害,因此它所描述的是有感受性、有身体的生物的一种存在状况,即在面对外部世界时由于身体的特定构成而可能遭受的伤害和威胁。因此,只要我们本质上是有身体的存在者而且不得不面对外部世界来生活,我们本质上就是脆弱的。然而,脆弱性并不只是体现在我们的存在的身体方面,或者说与我们的身体相关的物理方面,因为我们在其他方面的存在状况也与身体存在具有本质联系,正如皮埃尔·布迪厄所指出的,我们对身体的日常使用最终会导致我们获得实践理性,并采取一种将我们对各种善的趣味或偏好表达出来的习惯(habitus)。这意味着,在人类生活中,某些更加"高级"的形式实际上也是通过身体存在而发展和表现出来的,例如,我们的反思性自我总是通过具身化(embodiment)表现出来的,我们的个性也是通过与身体相关的习惯和实践而形成的。① 因此,尽管痛苦和快乐在其原始形式上是与身体自然机能的缺失和满足相联系,但它们在人类生活中可以具有更加丰富的含义,例如,苦难或许暗示了尊严的缺失,痛苦揭示了对安全感和自信心的需要。就此而论,脆弱性是人类在身心方面的一种本质的存在状况,正如前面对酷刑折

---

① 参见 Pierre Bourdieu, *Pascalian Meditations* (Stanford: Stanford University Press, 2000)。

磨的分析所表明的。[①]

如果我们必然要面对外部世界来生活，如果我们根本上无法摆脱自己的身体存在，那么人类注定是脆弱的。生老病死是人类无法挣脱的存在条件，有限性则构成了人类生活的基本屏障。然而，大自然并未向我们提供在某种程度上弥补这些缺陷的本能，实际上，就大自然已经给予我们的本能而论，我们其实比自然界中很多其他生物都要脆弱。为了摆脱我们自身面临的困境，我们大概就需要建立广泛意义上被称为“社会”的那种制度（包括家庭、政治和文化方面的制度），并设法建立能够提供支持和信任的纽带，例如各种亲情、友情或友爱，因为脆弱性必然会产生依赖性，而这种依赖性不仅体现在物质需求方面，也体现在情感或心理需求方面，正如麦金泰尔所说：

> 我们人类在很多种苦难面前都很脆弱，我们大多数人在某些时候都会受到严重疾病的折磨。如何应对这件事情只是在很小的程度上取决于我们自己。在很多情况下，我们的生存，更不用说，我们的幸福，都依赖于他人，正如当我们面对身体疾病和伤害、营养不良、精神缺陷和困扰以及彼此间的攻击与无视的时候。这种为了寻求保护和维持生计而对某些其他人的依赖，在幼年和老年时期是最明显的。不过，在这两个时期的中间阶段，长期的或短期的伤害、疾病以及其他形式的残疾也是人类生活的一个典型特征，而且，一些人还会终生残疾。[②]

麦金泰尔旨在表明，我们由于身体存在而无法摆脱的脆弱性是有伦理含义或规范含义的，脆弱性必然让我们成为有依赖的存在者，正是这个事实产生了人类生活中某些不可或缺的美德——正如他进一步指出的，“我们为了从起初的动物状况发展为独立的理性行动者的状况而需要的美德，与我们为了面对和回应自己身上和他人身上的脆弱和残疾所需要的美德，属于同一组美德，即有依赖的理性动物特有的美德，这种理性动物的依赖性、合

---

① 当我们将身体痛苦放在人类生活的语境中来分析时，甚至这种痛苦也能具有重要的伦理和政治含义。参见 Elaine Scarry, *The Body in Pain: The Making and Unmaking of the World* (New York: Oxford University Press, 1985)。

② Alasdair MacIntyre, *Dependent Rational Animals: Why Human Beings Need Virtues* (Chicago: Open Court, 1999), p. 1.

理性和动物性都不得不在彼此的关系中来理解”[1]。麦金泰尔并不否认人类能够具有理性能力，他想强调的是，如果我们本质上是作为理性**动物**而存在的，那么人类在获得理性能力的过程中所需要的身体条件就变得具有道德重要性，因为人类理性能力归根结底是来自我们的依赖性本质、我们的社会性以及我们的身体存在。换句话说，在人类这里，理性本身是为了在某种程度上弥补脆弱性而产生出来的。由此我们不难理解，为什么理性与人类社会生活得以可能的基本条件相联系。既然脆弱性是人的境况的一个本质方面，它就具有重要的伦理含义；既然所有人类个体在根本的意义上都是同样脆弱的，我们如何彼此回应就具有重要的道德和政治含义——正如我们已经看到的，在人类生活的世界中，脆弱性不只是意味着在身体方面容易受到伤害，而且也与剥夺、支配、操纵、暴力、侵犯之类的概念具有重要联系，实际上是使得这些概念变得可理解的一个主要来源。

承认脆弱性具有重要的伦理和政治含义，并不意味着将人性仅仅鉴定为动物性。动物性是人的存在的一个本质方面，但是人性也包含了人类社会生活所要求的理性能力以及更加丰富的情感能力。将动物性看作人性的一个构成要素仅仅意味着我们需要认真看待人的脆弱性的道德含义，例如人作为社会**动物**而需要的东西，有时也被称为“基本需求”。基本需求不仅是人类存在的基本条件，也是人类理性能力得以可能的基本前提，因此就具有根本的道德重要性。麦金泰尔自己对这一点有很明确的认识：

> 现代道德哲学已经可理解地和正确地强调个人自主性，强调做出独立选择的能力。[但是]独立的理性能动性的美德，若要得到恰当行使，就需要由……依赖性的美德来实现，未能理解这一点很容易让理性能动性的某些美德变得模糊不清。而且，为了实现人类理性动物特有的潜力，这两套美德都是需要的。弄清楚如何需要以及为什么需要它们，是理解它们在人类生活中的本质地位的一个前提，人的幸福是通过行使这些美德来实现的。[2]

玛莎·努斯鲍姆同样论证说，在人类这里，合理性和道德是与动物性、

---

① MacIntyre (1999), p. 5.

② MacIntyre (1999), pp. 8-9.

脆弱性以及身体需求相互缠绕的,因此,“我们的尊严只是某种动物的尊严……不朽的和不脆弱的存在者是不能拥有这种尊严的”。①古希腊神话中的诸神或许也有自己的尊严,但他们并不具有人类特有的尊严。努斯鲍姆的意思是说,人的尊严本质上也是通过尊重人的脆弱性以及由此产生的身体需求和情感联系而呈现出来的。当我们这样来看待与脆弱性相关的人类需求时,这些需求就具有重要的伦理和政治含义,而且必定是包嵌在特定的社会环境中。例如,它们体现在我们对好的人类生活的理解中,构成了这种生活的一个基本条件,正如马克思所说,“人只是觉得自己是自由地在其动物功能中来活动……;在其动物功能中,他不再觉得自己只是一个动物……饮食和生殖等肯定也是真正的人类功能。但是,在被抽象地看待,在从所有其他人类活动领域中被分离出来并被转变为唯一的终极目的时,它们就是动物的功能”②。如果基本需求也是一种社会需求,或者至少是一种具有社会含义的需求,那么这个概念在具有道德与政治含义的同时也会变得格外复杂。

脆弱性让人类产生了彼此依赖、相互合作以及互惠互利的期望和要求。这些期望和要求能够产生相应的义务,而如果我们认为权利的根据是由相关联的责任来界定的,那么它们也会产生权利。脆弱性是一个相对的概念:说某个东西 X 是脆弱的,就是说 X 因为 Y 而脆弱于 Z,例如,某种动物因为其生存的自然条件受到严重破坏而脆弱于灭绝。如果这种破坏是人类所导致的,那么人类对于这种动物的脆弱性就负有责任。人类首先是作为动物而存在的,而即便人类已经发展出理性能力,他们本质上仍然无法摆脱自己的身体存在。这个事实是人的脆弱性的根本来源。但是,在人类这里,脆弱性并不只是与身体存在的物质条件相联系,也与人的社会属性和情感能力相联系。当我们说脆弱性产生了依赖性时,这种依赖性并不只是我们作为单纯的动物而在物质需求方面的依赖性,也是情感依恋和其他重要的社会关系方面的依赖性。我不是在否认某些非人类动物也有后面这种依赖性;我想强调的是,在人类这里,情感依恋和社会关系方面的依赖性是以一种更

① Nussbaum (2006), p. 132.

② Karl Marx, “Economic and Philosophical Manuscripts of 1844”, in Jon Elster (ed.), *Karl Marx: A Reader* (Cambridge: Cambridge University Press, 1986), p. 40.

加复杂、更为微妙的形式出现的——它本质上与人的尊严以及自尊的概念相联系，因此就使得人的脆弱性并不限于物质需求方面。因此，只要我们试图将基本需求设想为人权的一项根据，我们就必须从作为一个整体的人的角度来看待基本需求，例如按照我们对“人是理性动物”这一主张的某种理解。唯有如此，我们才能恰当地确定与人相联系的基本需求的概念，才能适当地说明与基本需求相关的人权的内容。下面我将借助于康德对互助的责任的论述来简要阐明这一点。①

康德出于自己对道德的特定理解而强调道德要求必须是普遍的和绝对的，其根据和动机都只能在他所说的“纯粹实践理性”中来寻求。不过，他只是出于某种“学科分工”而将两项任务区分开来：一项任务是为道德形而上学提供一个基础，另一项任务是说明他所说的“绝对命令”的应用。绝对命令是为所有理性行动者提出的根本的道德原则，但是，在将绝对命令应用于人类时，我们必须考虑人的“经验本性”。②甚至在《道德形而上学基础》中，我们也不难发现，当康德试图按照他所设想的四个著名案例来说明哪些准则能够通过可普遍化检验时，他也明确地诉求了某些关于人性的经验事实。例如，做出虚假许诺的准则之所以不能通过可普遍化检验，不仅是因为相互信任是人类生活的一个基本要求（或者甚至是人类生活的一种基本形式），也是因为我们至少有时候需要依靠诚实可靠的许诺来实现自己的目的。不帮助他人的准则不能通过可普遍化检验的缘由更为复杂。康德说，我们完全可以设想这样一个世界，其中任何人都不会从其他人那里拿走什么东西，不会嫉妒其他人，但他们也不关心帮助其他人。不过，他进一步指出：

> 尽管符合这样一个准则的某个普遍的自然法则有可能可以很好地

---

① 以下论述得益于赫尔曼的分析：Barbara Herman，“Mutual Aid and Respect for Persons”，in Herman，*The Practice of Moral Judgment*（Cambridge，MA：Harvard University Press，1996），pp. 45-72。

② 在《道德形而上学》中，康德指出：“在自然的形而上学中，必须存在将那些关于自然的最高的普遍原则应用于经验对象的原则，同样，一门道德形而上学也不能免除应用原则，在很多时候，我们都必须把唯有通过经验才能认识到的人的某种特定本性看作我们的研究对象，以便表明在这样一个本性中什么东西可以从普遍的道德原则中推导出来。”参见Kant，*Metaphysics of Morals*（translated by Mary Gregor，Cambridge：Cambridge University Press，1991），6：216-217。

> 持续下去，但仍然不可能意愿这样一个原则成为一个普遍有效的自然法则，因为做出这个决定的意志会与自身相矛盾——很多这样的情况有可能会出现，在其中，一个人需要他人的爱和同情，而通过这样一个来自他自己意志的自然法则，他就会剥夺他为自己所期求的一切帮助的希望。①

如何解释康德在这里提出的说法是一个有争议的问题。一个最直接的解释是，不帮助他人的准则之所以不能通过可普遍化检验，是因为：只要一个人将这个准则设想为一个普遍的自然法则，他在需要帮助的时候就得不到他人帮助。在这种解释下，意愿的自相矛盾是按照审慎的考虑来说明的。为了消除这个矛盾，一个人或是放弃不帮助他人的一般准则，或是对其未来的欲望或需求采取这样一种态度：即使这样一个欲望或需求在得不到他人帮助的情况下就不能满足或无法实现，对自己来说这也是一种可以忍受的状况。换句话说，一个人可以把这些若得不到他人帮助就不能满足或无法实现的欲望或需求看作在某种意义上无关紧要的或可有可无的。他可以像斯多亚主义者所倡导的那样只持有某些“自足的”欲望，即根本上无须求助于他人就能满足的欲望，或者像一个“浪荡子”那样对自己的生活毫无规划，只是随心所欲地满足自己所能满足的一切欲望。然而，即便是在这两种极为特殊的情形中，只要一个人决定通过行使自己的能动性来满足欲望，他就必须具备能动性的拥有和行使必需的条件。他至少受制于工具理性原则的约束，也就是说，在意愿某个目的时，必然承诺要采纳实现该目的的有效手段；因此，即使他认为自己不需要他人帮助，仅凭自己就能实现目的，为此他也必须意愿其个人能动性的基本条件，例如为了满足任何欲望而必需的能力或技能。甚至在一个信奉斯多亚主义生活方式的行动者那里，为了抵制其他欲望所产生的诱惑，他首先就需要接受某种训诫，培养意志的力量。然而，意志的力量本身并不是他能够完全支配的事情，而在试图抵抗诱惑时，他很可能也需要他人帮助，比如说，他需要某人在那时不去打扰他，让他分心。进一步说，即使一个人已经预先规划好自己要满足的欲望，在相关的能力或技能上做好了准备，但是，只要这些欲望是要在未来去满足或实现的，

① Kant (1998), 4: 423.

他自认为自己已经准备好的能力或技能是否适于满足或实现某个欲望，一般来说，不仅是他无法提前理性地预料到的，而且很可能也是他无法完全控制的。因此，如果我们不能完全控制自己采取行动的境况，那么提前"冻结"我们的能力或技能就是不合理的。在赫尔曼看来，不帮助他人的准则之所以不能通过可普遍化检验，本质上是因为意愿这个准则成为一个普遍法则与人类能动性和合理性的条件的实践含义相冲突。

能动性对我们来说本身是一项成就，而不是我们生而具有的——甚至当我们在某种最低限度的意义上来行使能动性时，所要求的能力也是我们需要在他人的帮助下才能具有的。例如，为了具有正常的身体运动能力，我们在生长发育的阶段就需要获得适当的营养和基本健康。但是，人类合理性不仅格外有限(例如，我们作为个体收集和处理信息的能力都极为有限，我们的推理和判断能力也往往是可错的)，而且也是面对世界的各种不确定性来行使的，正如赫尔曼所说："我们无法保证在得不到帮助的情况下总是能够实现自己的目的，这是一个关于我们的本性的事实，正如我们需要事物和技能来追求自己的目的，这也是一个关于我们的本性的事实。"[①]因此，在康德这里，帮助他人对我们来说之所以能够成为一项责任，根本上是因为我们是脆弱的、有依赖的理性存在者。在《道德形而上学》中，康德对很多责任的论述都是立足于如下事实：人本质上是脆弱的和有依赖的。正是因为我们的理性能力依赖于身体，我们才不应当采取自杀或自残之类的行为，甚至不应当暴食暴饮。[②] 假若我们取消了身体与理性能动性的这种联系，我们就不太容易理解为什么不采取上述行为是我们的义务。康德在其伦理学讲座中更明确地指出：

> 存在着关心自己生命的权利。让我们从一开始就指出，如果身体以一种偶然的方式属于生命，不是作为生命的一个条件而属于生命，而是作为生命的一种状态而属于生命，以至于只要我们想脱离生命，我们就可以这样做；如果我们能够从一个身体中溜出，进入另一个身体，就像进入一个国家那样，那么我们就能随意处置身体……尽管在这种情

① Herman (1996), p. 55.

② 参见 Kant (1991), 6: 422-423, 427。

况下，我们就不会是在处置我们的生命，而只是在处置……从属于生命的状态。但是，身体是生命的总体条件，因此，除了以身体为媒介而存在外，我们对自己的存在并没有其他的概念，而且，既然只有通过身体才能运用我们的自由，我们就明白身体构成了我们的自我的一部分。只要任何人摧毁自己的身体，因此夺走自己的生命，他就是在使用自己的选择来摧毁选择能力本身；在这种情况下，自由选择就与自身发生冲突。如果自由是生命的条件，那么它就不能被用来取消生命，因为这样一来它就摧毁和废除了自身。①

在这段话至少暗示了两个重要主张：第一，身体不仅是我们存在的基本前提，也是使得我们的自由（或自由选择）变得可能的一个条件；第二，既然我们不能随意处置自己的身体，身体作为我们存在的总体条件就有了独特的重要性。对康德来说，这种重要性不只是体现在身体是生命的存在根据这个事实上，而且（这一点更为重要）也体现在它是理性能动性的基础这个事实上。实际上，正是因为幸福的某些条件也是理性能动性的条件，康德才认为我们不仅有责任发展自己才能，也有责任促进他人幸福。当然，这些责任的根据从根本上说都是来自对理性能动性的尊重，然而，尊重理性能动性不仅意味着尊重理性能动性得以可能的基本条件，也要求遵从这些条件。我们所能具有的尊严是我们作为有身体的理性存在者（即作为理性动物）而具有的尊严；正是因为我们作为理性动物本质上是脆弱的，作为理性能动性（记住，这是我们的尊严的根据或来源）之条件的东西（例如各种意义上的身体完整）才因其脆弱而值得尊重和保护。甚至当康德将自爱理解为一种本能、因此将它看作一种相对不成问题的东西时，他也明确地承认我们的自爱是脆弱的，因为它“无法与我们对被爱的需要分离开来”②。自爱的脆弱性是在依赖性中体现出来的。

对康德来说，人的尊严由于人性的本质构成而截然不同于其他类型的理性存在者（例如天使或诸神）的尊严。天使或诸神不像我们那样具有易受伤害的身体，因此他们也不具有这种脆弱性所产生的依赖性以及相关的物

① Kant, *Lectures on Ethics* (edited by Peter Heath and J. B. Schneewind, Cambridge: Cambridge University Press, 1997), 27: 369.

② Kant (1991), 6: 393.

质需求和情感需求。正如我们已经初步表明的,对康德来说,我们所能具有的责任的**内容**来自某些关于人性和人类境况的经验事实。因此,即使康德声称绝对命令是一切理性存在者都要服从的根本法则,人类存在者所具有的责任显然也不同于具有另一种本性的存在者(例如天使或诸神)所具有的责任。例如,康德之所以认为我们并不具有促进自己幸福的责任,是因为在他看来,我们每个人都自然地欲求自己的幸福。对于没有这种自然欲望的理性存在者来说,促进自己的幸福或许就是一项责任,例如因为自我牺牲恰好是这种理性存在者的自然欲望。因此,在赫尔曼看来,当我们按照脆弱性和依赖性来说明不帮助他人的准则为什么不能通过可普遍化检验时,由此提出的论证不仅得出了一项帮助他人的责任,也为有依赖性的存在者界定了一个伦理共同体——该共同体中的成员身份是由脆弱性和依赖性来表征的。因此,一个人有责任帮助他人,并不只是因为他碰巧有资源或能力这样做,而是因为:既然他同样是脆弱的、有依赖的理性存在者,他就能意识到自己至少在某些时候需要他人帮助,而只要他意识到这一点,他就能回应其他像他那样的存在者就某些需求而提出的主张或要求。正如赫尔曼所指出的,"他人的帮助之所以不只是一种偶然可得的资源,是因为:只有另一个人在回应我的需求、回答我要求帮助的呼声时才能为我行动。事物和动物不能回应这种需求,也不能将我的目的看作它们自己的目的。我们不能理性地放弃的,正是其他人为我的需求而行动的潜力"[①]。因此,我们之所以有互助的责任,本质上是因为我们是脆弱的、有依赖的理性存在者——脆弱性和依赖性提供了这项责任的内容,"我们是有理性的存在者"这个事实则提供了这项责任的根据,或者说为这项责任提供了一个辩护。

康德对互助的责任的论述也为"真实需求"提供了一个说明,从而帮助界定了慈善的限度。一个人在人类共同体中的成员身份可以让其需求成为一个有效主张,也就是说,当他自己无力满足某些至关重要的需求时,他可以对共同体的资源提出一个有效主张。这个主张的有效性仅仅取决于他的成员身份,并不取决于他在具有需求的时候对其他人是否有用——只要他在某个时候原则上能够提供帮助就行了。因此,即使婴儿或失去能力的成年人没有实际能力提供帮助,他们对共同体的帮助资源持有同样有效的主

① Herman (1996), p. 57.

张，因为他们在人类共同体中的成员身份仅仅在于他们作为有依赖的理性存在者的地位。康德显然将身体的存在及其完整性设想为拥有和行使理性能动性的一个基本前提，与此相关的需求就是他所说的“真实需求”。互助作为一项**责任**仅限于帮助他人满足真实需求，尽管慈善作为康德意义上的一项“不完全”责任在范围上大于互助的责任。对于我们这种有依赖性的理性存在者来说，互助的责任旨在维护我们的理性能动性及其行使的必要条件，而不是触及个人生活中一切有所需求的方面。因此，严格地说，我们既没有义务帮助我们所能帮助的每个人，我们对他人的帮助也不需要以严重损坏自己的理性能动性乃至失去自己的生命为代价，尽管康德也不会否认这种值得高度赞扬的行为——他只是不将这种行为看作一项义务。慈善行为更不应该以损毁他人的理性能动性为代价，或者以干涉他人继续过一个人类生活的必要条件为代价。康德并没有明确指出如何解决责任的冲突，不过，在他那里，有一点是清楚的：如果真实需求界定了互助的责任的内容，那么并不是一切帮助行为都属于互助的范围。此外，康德也有理由反对如下主张：只要一个人在其生活的任何方面有所需求，其他人就应当给予帮助。这个理由并不在于某些需求是道德上成问题的，或者在某种意义上属于特殊的个人偏好，而是在于康德对自主性在人类生活中的重要性的强调：每个人都应当成为有理性的、自主的、在某种程度上能够对其选择和行动负责的行动者，而只要我们对一个人的任何需求都有所回应、给予帮助，那么我们不仅是在将其福祉理解为他对自己的欲望或偏好的**消极**满足，也是在将他看作一个并不具有自己尊严的存在者，因为自主性是人的尊严的一个来源。我们应当做的，是在一个人自己不能满足其真实需求的情况下，设法帮助他满足真实需求。就此而论，互助的责任既表达了人因为脆弱性而产生的相互依赖的需要，也表达了彼此间的平等尊重。

我是出于两个基本考虑而引入康德对互助责任的论述。第一，我相信格里芬对人权的探讨，尽管并不完备，但基本上处于正确的轨道上；第二，正如我已经多次强调的，人权的辩护需要一个规范基础，这个基础至少部分地在于对人所具有的那种特殊地位（被笼统地称为“人的尊严”的那种东西）给出一个说明，但单纯的基本需求理论和努斯鲍姆的能力进路都不足以满足这个规范要求。格里芬的基本框架显然是康德式的。他按照我们所理解的自主性概念来说明人的尊严，或者至少说明了人在什么意义上是特殊的、值得尊重的；他也表明自主性的拥有和行使要求某种最低限度的资源和能力。我们现在需要考察的是他对能动性概念的扩展所引起的批评。正如我们已经看到的，拉兹用一个两难困境来呈现这类批评的基本形式。一方面，格里芬所说的“规范能动性”显然不能仅仅被理解为单纯的意向行动能力加上成功地行使这种能力的条件，因为这种“质朴的”解释排除了某些被认为属于人权的权利，例如自由权。另一方面，如果格里芬试图通过扩展规范能动性的范围来处理质朴的解释所产生的问题，那么，按照批评者的说法，他又会碰到他本来旨在解决的一个重要问题，即由于无法明确地界定人权的存在条件而导致的人权的“任意增殖”问题。在格里芬看来，公认的国际人权文本在人权的根据上是含糊不清的，其中所主张的某些权利不能被看作真正的人权。这种状况不仅会导致人权的“任意增殖”，也会使得人权概念失去其应有的价值或意义。为了纠正这种错误，格里芬建议说，我们最好是为规范行动者保留“人权”这个术语。正如他自己意识到的，这个主张必然会产生所谓的“界限争论”，即一个人类存在者在什么时候是一个规范行动者。[①] 格里芬并不否认规范能动性是一个程度问题，例如，他承认儿童可以具有某种程度的能动性，并且有望在几年后发展自主的行为能力。但是，他否认人权应该被扩展到婴儿、植物人、阿尔兹海默症晚期患者或者精神上严重残疾的个人，因为他们并不具有他所设想的“人格”。

这些特殊的人类个体是否具有权利，显然取决于如何理解权利的根据以及潜在的权利拥有者需要满足的条件。这些个体显然并不具有**自己**有效地行使和落实权利的能力。批评者指出，格里芬按照人格的概念对人权的探讨将会导致一个荒谬的结论，即这些特殊的人类个体甚至无权声称他们应当享有营养和健康方面的基本供给。不过，为了尝试维护格里芬的理论的基本精神，我们可以对这个指责提出两个回应。[②]

---

① 参见 Griffin (2008)，pp. 94-95。

② 在这里，我们将不考虑解决这个问题的一个“实用”方案（生命伦理学中经常使用的一个方案），即认为某些有正常能动性的行动者可以“代替”这些特殊的个体行使和落实其权利。我们之所以不考虑这个方案，主要是因为它并未在根本上解决权利的本质和来源问题。例如，如果这些个体的权利被认为是可以“代理的”，那么我们大概也可以用类似的方式来处理某些非人类动物被认为具有的“权利”，但非人类动物是否“真正地”具有权利至少是一个有争议的问题。

第一,我们可以将原则上有资格拥有权利和有能力或机会行使和落实权利区分开来。从格里芬的理论的结构来看,不管他对"人格"的理解是否充分恰当,就他尝试将人格的概念与人的尊严联系起来而论,他显然是在把人所具有的某种特殊地位设想为人权的主要根据,而且,这种地位是从人类总体来看待的。因此,格里芬确实可以认为,所有人类个体原则上都有资格享有人权。此外,他也明确指出,规范能动性的有效行使至少要求摆脱阻挠或干涉、具有某些最低限度的能力和资源。婴儿在适当条件下会发展为规范行动者,因此他们原则上有权享有能动性所需的基本条件,特别是身体机能的正常发展所需的基本营养和健康。植物人、阿尔兹海默症晚期患者或者精神上严重残疾的个体显然曾经拥有人权(假如任何人根本上拥有人权的话),因此我们就不能认为,当他们丧失了某些规范的行为能力时,他们就失去了他们作为人应当享有的一切权利。如果人权是相对于人类的成员身份来断言的,那么他们还没有失去他们作为人的资格——在他们具有正常能动性的那些岁月里,他们与我们形成了各种能够将人类生活的基本形式体现出来的联系,例如情感和需求方面的联系,这种联系在以往的存在足以让我们将他们作为人来对待和尊重。因此,只要格里芬将人类存在者原则上能够具有的那种特殊地位设想为人权的主要根据,他就不应该否认那些特殊的人类个体实际上也有资格享有人权。

第二,即使格里芬确实坚持将"人权"这个措辞保留给规范行动者,但他正确地指出,并非所有道德上重要的关切都需要纳入人权范畴——我们无须认为,人作为人应当得到的所有关切都需要用人权的语言来表述。按照目前的解释,人权旨在尊重和保护与人所具有的那种特殊地位相联系、具有根本的重要性和普遍性的利益。在这里,我们需要在一种广泛的意义上来理解"利益"这个概念,例如不是按照传统功利主义思想家用来界定"福祉"(well-being)的那种方式来理解"利益",而是也将它扩展到一个人对自己作为人的地位的关切,这种关切似乎不能仅仅按照与身体状况相关的"活得好"的观念来把握。一个人可以衣食无忧,甚至享有相对富裕的物质生活,但他也有可能处于在社会上受歧视或支配的状况。他所缺乏的并不是规范能动性的基本能力,而是平等尊重的条件或者有效地行使规范能动性的合理机会。为了处理这个问题,格里芬就需要扩展其规范能动性概念,把一个人在形成和追求一个值得过的生活时应当具有的机会和条件包含其中。但是,格里芬由此也会碰到一个棘手的问题:究竟应该将规范能动性的行使扩展到多大范围?

回答这个问题的关键显然在于如何理解"一个值得过的生活"这个概念以及平等尊重的要求和条件。在这里我们将集中探讨第一个问题,把第二个问题留到下一章。格里芬并不认为人权所要关心的是一个充分繁盛的人类生活,或者通常所说的"幸福"。对他来说,假如我们希望赋予人权的观念以一种根本的重要性,我们就需要把它限制到任何好的人类生活必须满足的最低限度条件。正如他在提到"生存权"的时候所说,这项权利"不是对那个根本的人类目标即一个好的、令人满足的、繁盛的生活的权利。一个充分繁盛的人类生活这一根本目标会对其他人施加巨大的要求,它不是**任何**人权的主题。生存权只是作为行动者而生存的权利"。人权所要保护的"不是一个充分繁盛的生活,而只是规范行动者的那种更加简朴的生活"。[①] 人权的内容或存在条件是由恰当地设想的规范能动性的概念来提供的,而不是由繁盛生活或幸福的概念来提供的。我们可以从三个方面来阐明这个主张。

第一个方面关系到权利与责任的关联。人权产生了相关的责任或义务。从康德对互助的责任的论述中,我们已经可以看到,这些责任或义务不应当对人们施加过于严厉而无法合理地满足的要求:即使每个人原则上都有义务尊重或维护其他人的人权,每个人也都有自己的生活要过。因此,不管我们如何界定人权的内容,与人权相关的责任或义务都不可能扩展到人类生活或个人生活的方方面面,涉及一个人生活的总体。人权的存在,正如格里芬所说:"必定在某种程度上取决于这个概念在含义上要足够确定,以便产生具有恰当内容的人权,让它们成为对他人提出的一种有效的、社会上易于管理的主张。"[②]如果这个要求是合理的,那么,甚至在一个社会内部,人权的观念也不可能被扩展到社会生活的所有方面。人权的观念只是旨在为人类生活设定某个底线——只要一个生活不能满足这个观念所规定的基本要求,它就不能被恰当地称为"人类生活"。这个说法当然预设了我们对于"何谓一个人类生活"的某种基本理解。这个问题不可能从任何外在的或

① Griffin (2008), p. 53,98.

② Griffin (2008), p. 38.

“超验的”观点来回答，因为对“人何以为人”的任何理解都只能是一种内在理解，即一种从人类自身的观点来获得的理解。如果所谓“人类观点”不仅本身是复杂的，也不可避免地含有价值取向或价值承诺，那么我们就不可能对“人何以为人”这个问题提出一个能够取得共识的答案。在这个问题上，我们只能提出两个基本主张：第一，从人类自身的观点来看，人类在自然界中确实占据了一种极为特殊的地位并因此而具有尊严（当然，二者之间的确切联系仍然是一个需要阐明的复杂问题），人所具有的这种特殊地位至少在人类共同体中应当得到平等尊重；第二，不管各个人类社会（或者处于不同历史时期的某个社会）在其他方面如何千差万别，它们都可以被认为分享了人类生活的根本形式，例如在人类特有的活动中反复出现的核心要素，正如戴维·米勒所说：“并不存在任何这样的[人类]社会，在其中人们并不参与（比如说）生产劳动、养家糊口、玩游戏、唱歌跳舞、从事宗教仪式之类的活动。”[①]当然，在“生活”这个概念的广泛意义上，每一个物种也都具有自己特有的生活形式，不过，从人类自身的观点来看，人类的根本生活形式以及将它体现出来的活动对人类来说具有特殊的意义和价值，是他们作为人而生活的存在感的一个主要来源。因此，只要我们可以鉴定出这些活动所要求的基本条件，我们就可以确定人权的部分内容，因为这些条件是每个人类个体在作为人来生活时必须具备的——用米勒的话说，它们是“人们为了能够在某种基本上得体的层面上过一个人类生活而必须满足的条件”。[②]

第二个方面涉及人权的普遍性及其在人类的规范生活中的特殊地位。只要人权必须具有普遍性，人权的内容就必须被限制到人类能够普遍分享、在人类生活中具有根本重要性的东西。人权所要保护的确实只是人作为人的基本资格以及与此相关的核心利益。人权无须被认为对于成就一个充分繁盛的人类生活来说必须是充分的。实际上，假如这样一个生活必需的一切都可以成为人权的内容，人权的观念就会变得多余，因为在这种情况下，它就丧失了自己的特殊地位和特殊职能。人权是要保证每个人都有资格和条件**追求**一个基本上得体的人类生活，但是，我们显然不能合理地指望人权

① David Miller, “Personhood versus Human Needs as Grounds for Human Rights”, in Crisp (2014), p. 160.

② Miller (2014), p. 160.

要保证每个人在追求这样一个生活上**取得成功**，尽管正义的社会也应当致力于消除妨碍这种追求的主要障碍，例如各种形式的歧视与支配关系。每个人都有权**追求**幸福，但认为每个人都有权**拥有**或**获得**幸福显然是不合理的，不仅因为每个人对幸福的设想可能都是不一样的，也因为一个人是否能够成功地获得幸福很大程度上取决于其个人努力。甚至在基本人权得到充分保障的社会中，也不是所有人都成功地获得了自己的幸福。此外，如果权利总是与义务相关联，如果获得幸福被看作一项人权，那么，当一个无所事事或全然不对自己生活负责的人抱怨自己享受不到幸福时，谁要对这件事情负责呢？没有任何人能够保证他人幸福。关心孩子的父母至多只能向孩子提供追求幸福的条件和机会，但无法保证他们就能获得幸福，因为一个人是否过得幸福也取决于很多外在因素，其中至少有一些因素不是他所能控制的，也不是其父母所能控制的。实际上，甚至某些更有节制的需求也不能被设想为人权的目标。身心健康对我们来说显然是一项最重要的利益，因为它是拥有和行使理性能动性的一个基本条件。很多国际人权文本都将健康看作一项基本人权，正如《世界人权宣言》第 24 条所说："每个人都有权享有对于自己和家庭成员的健康和福祉来说适当的生活标准，其中包括食物、衣服、住房供给、医疗护理以及必要的社会服务。"但是，将所能得到的最高健康标准看作一项人权可能是不合适的，正如一位作者所说：

> 如果所能得到的最高健康标准被解释为一个绝对标准，那么让所有人（不管其个体遗传体质如何）都达到这个很高的健康水平可能就是经验上不可能的。有人或许回答说，我们可以把这个标准相对化，将之视为从每个人特定的遗传体质来看、对每个人所能得到的最高健康标准。但是，甚至这样一项权利也可以被排除，因为一项实现其目标的责任将不符合权利拥有者对自主性的兴趣——这样一项责任会确认对权利拥有者生活的不断干涉，践踏他在影响健康的选择方面的意志，例如在饮食、职业、闲暇活动等方面的选择，而这种干涉构成了对其自主性的一种不可接受的破坏。①

---

① John Tasioulas, "On the Foundations of Human Rights", in Cruft, Liao and Renzo (2015), p. 59.

只要我们对疾病的本质和机制以及人类与疾病抗争的历史有所了解，我们就不难明白医疗资源为什么在任何时候都是一种稀缺资源。不仅这种资源的分配涉及社会正义，而且人们的健康状况也与其生活方式有关。因此，甚至在医疗资源相对丰富、但仍说不上富裕的社会，让每个人都享有所能得到的最高健康标准也是不合适的。我们至多只能说，人们有权享有身体机能的正常运作所需的基本条件，有权有同等的机会享有一个社会所能提供的最高健康标准。如果我们是在纯粹身体健康的意义上来理解最高的健康标准，那么责成每个人都达到这样一个标准实际上是在削弱他们的自主选择。

这个问题帮助引入了我们所要考虑的第三个方面，即人权与规范领域中其他要素的关系。权利并未穷尽整个道德关怀领域：除了与权利相关联的义务外，我们也有其他理由关心他人福祉。将所有道德关怀都同化为权利实际上是不可取的，因为这种做法未能正视人类伦理生活的多样性和复杂性。例如，用权利的语言来设想和处理爱情和友谊之类的个人关系并不恰当，这种做法扭曲了情感联系在人类生活中的重要性。此外，即使一个社会能够向公民提供追求幸福的充分资源，但是，只要这些资源是社会成员通过社会合作产生出来的，就有一个如何公正地分配资源的问题——我们不能合理地认为，不管一个人为社会合作做出了什么贡献，或者甚至是否为社会合作做出了贡献，他都有权获得追求自己幸福的一切资源。当格里芬将其所理解的人格设想为人权的根据，并由此认为婴儿、植物人或者阿尔兹海默症晚期患者不具有人权时，他的主张可能会引起非议，但是，他显然不是在否认我们有道德上的理由关心这些特殊的人类个体——我们仍然有理由关心和爱护他们，向他们提供生命的维护必需的基本条件。既然每个人都有可能陷入这种生存状况，既然人本质上是有依赖的理性动物，我们就有理由关心每一个身陷这种处境的人。这种关心表达了人类生活中的情感方面，因此不适合用契约或权利之类的语言来理解。当然，人权与正义确实具有（或者应当具有）紧密关系，但是人权的领域也不完全是正义和公平的领域。公交车上逃票的人是在不公正地行动，但是，除非我们滥用人权的概念，否则这种搭便车行为还说不上侵犯了任何人的人权。假若我们将司法程序正义理解为保护我们的生命、财产和自由的一种方式，那么这种正义就可以被看作一个人权问题。然而，某些形式的分配正义似乎与保护格里芬意义上的人格无关。当然,某些关于平等和公正的考虑确实是人权固有的。例如,性别歧视否认了人作为人的平等资格,因此,这种实践既不公正,也是对一项人权的侵犯。人权的领域可以与正义或公平的领域有所重叠,但二者并不完全吻合。就像人权一样,正义同样是好的人类生活的一个必要条件,但二者对于过一个充分繁盛的人类生活来说也都不充分。将这样一个生活所需要的一切条件都划归在人权范围内,不仅是对“人权”这个概念的滥用,实际上也是对这样一个生活的侵害,不仅因为最重要的人权必须尽可能共存,也因为任何充分繁盛的人类生活都是相对于拥有它的个体而显现出独特的价值和意义。

在这里,我不是在否认一个充分繁盛的人类生活的观念能够引导我们去探究人类生活中最重要的价值和最根本的利益,因此有助于我们界定人权的具体内容——只要这样一个观念对我们来说是可得到的,并且在某种意义上能够取得共识。实际上,从人权观念的历史发展来看,人权的内容本身就随着社会与历史条件而发生变化。格里芬自己意识到这一点。因此,当他鉴定出那三个高层次人权(自主性、自由以及能力和资源方面的基本供给)时,他也强调说,为了能够从高层次人权中得出具有确定内容的次一级人权,就需要考虑他所说的“实用性”(practicality)。格里芬并没有对这个概念提出充分明确的论述,只是指出实用性涉及“关于人的本性和人类社会的经验信息,特别是关于人类理解力和人类动机的限度的经验信息”。[①]不过,我们可以尝试结合他提出的另一个主张来理解这个概念。格里芬指出,人权必须是充分确定的,以便它们可以构成“对他人提出的一种有效的、社会上易于管理的主张”。这个说法意味着,为了能够引导法律和社会政策的制定,人权就必须具有充分明确的内容。由此来看,格里芬所说的“实用性”大概指的是可以用来约束人权内容的经验信息。通过部分地参考这种信息而确立的次一级人权不仅具有确定的内容,而且在某种意义上也是切实可行的。例如,如果人类在动机上不太可能通过牺牲自己的能动性的本质条件来成全他人幸福,那么人们就不可能具有对于一个充分繁盛的生活的人权。

为了满足人权的普遍性要求,格里芬强调实用性“不是附着于特定的时

---

① Griffin (2008), p. 38.

间或地点，而是普遍的，因为一个人仅仅由于是人而具有的权利的任何存在条件也必须是普遍的”①。不过，格里芬实际上无须持有如此强的主张。他在这里提出的想法不是本质上不同于康德的想法——为了从绝对命令推出责任，我们就需要某些关于人的本性和人类条件的一般考虑。如果责任的根据产生了相应的权利，正如格里芬自己所承认的，那么某些至关重要的责任就可以产生人权。举个例说，不受酷刑折磨之所以能够成为一项人权，不仅是因为人碰巧具有脆弱和易于感受痛苦的身体，也是因为人的意志与其身体条件具有一定联系，严刑拷打可能会破坏一个人的意志，因此影响其自主行为能力。对康德来说，用这种方式来获得自己否则就无法获得的目的显然是不尊重他人的人格，因此是道德上错的。当格里芬试图从其所设想的三个高层次人权推出次一级的人权时，他明确引入了与好生活的观念相联系的价值，而为了鉴定和确认这种价值，我们就需要利用他所说的“实用性”。例如，在讨论痛苦的时候，他指出：

> 我很痛苦是一个事实；人人都会同意这一点。但是，痛苦既有一个现象学的方面（我们对痛苦经验的内在感受），同样重要的是也有一个积极的方面（回避和缓和之类的反应）。人们是通过具有某些体验、通过理解痛苦在何处融入了人类生活而学会“痛苦”这个词——人们明白痛苦往往（尽管未必是普遍地）要避免或缓和。这个反应性要素是不能与那个识别性要素截然分离开来的。就痛苦而论，我们并没有识别到我们也在独立地做出反应的某个东西。反应就是识别的一个构成要素。痛苦融入人类生活的那种方式就是将它判断为痛苦的部分标准。②

格里芬显然想指出，当他试图按照他所说的人格、通过考虑人的本性和人类社会的某些特点来推出次一级的人权时，那些特点并不只是描述性的（或者并不只是涉及物理事实），而是已经不可避免地含有评价性要素。正是因为这个缘故，“理解‘痛苦’这个词已经涉及将它看作一种负面价值。我们往往负面地回应痛苦，痛苦在我们的生活中占有地位，而这个事实往往会

① Griffin (2008), p. 38.

② Griffin (2008), p. 123.

向我提供一个避免让你痛苦、因此避免残忍地对待你的理由”[①]。只要再次回想一下格里芬对免于酷刑折磨的人权及其根据的说明，我们就不难看到他对人权的探讨在如下重要的意义上是整体论的：他所设想的人权的主要根据，例如自主性和自由，不仅不是与好生活的其他要素没有构成性关系的“原子”价值，其本质和范围反而在很大程度是由它们在一个价值网络中的地位来决定的，这样一个网络与好生活相联系。[②] 那么，格里芬对人权的探讨会导致前面提到的一个批评吗？回想一下，这个批评所说的是，通过将实用性引入人权的存在条件中，格里芬使得人权在内容上变得极不确定，因此未能满足人权的普遍性要求。现在，我将尝试从两个方面来回应这个批评：第一，我将表明，假若人权的观念要具有任何实践应用，我们就需要将人权的内容与人权的目标区分开来；第二，我将表明，对人权的其他两个主要探讨，即各自按照“基本需求”和“人类核心能力”对人权的探讨，其实也会面临类似问题。

作为具有根本重要性的道德权利，人权必须是切实可行的。例如，与人权相关联的责任不仅必须在某种意义上是可强制实行的，对于责任的承担者来说也必须在某种意义上是合理的。在人权实践中，可行性要求必须得到慎重考虑，不仅因为人权被认为具有特殊重要性，也因为甚至基本人权在某些情况下也会发生冲突，这种冲突导致了如何恰当地解决冲突的问题。如果人权确实构成了好的人类生活的追求必须满足的基本条件，那么我们就很容易设想一种解决冲突的方式——按照社会对“好的人类生活”的理解来思考哪个或哪些人权在发生冲突的情况下应当被给予某种优先性。[③] 这种思考或慎思不仅是整体论的，显然也受制于特定的社会和历史条件。为了说明这一点，不妨考虑一下拉兹对《世界人权宣言》第 26 条中所说的“教育权”的评论：“如果人们仅仅是由于其人性而具有《世界人权宣言》所认定

---

① Griffin (2008), p. 125.

② 关于格里芬自己对价值判断的整体论的论述，参见 James Griffin, *Value Judgement: Improving Our Ethical Beliefs* (Oxford: Oxford University Press, 1998)。

③ 我不是在声称所有权利或人权的冲突都是可以解决的——假若每个人都强调自己被赋予的权利是绝对的，我们显然就无法解决权利冲突问题。然而，从我们对人性和人类条件的理解来看，对于任何人来说，将自己设想为完全由个人权利来界定的个体，不仅是一种不忠实于自己的存在状况的做法，而且在道德上也是狭隘的。

的受教育的权利，那就表明石器时代中的洞穴居民也有这项权利。这有意义吗？……基础教育、技术和职业教育以及高等教育之间的区分在那个时代根本就没有什么意义，在很多其他的时代也是如此。"①拉兹在这里是论证下一部分要讨论的人权的政治理论。对他来说，只有当一个社会具备了现代社会的某些规定性特点时，《世界人权宣言》所规定的这项人权才有意义，因此，人权并不具有历时的普遍性——人权不能被合理地看作跨过不同历史时期而具有普遍性，它们充其量只是在处于同一个时代的社会中才具有普遍性。而且，甚至在所谓"共时普遍性"的情况下，人权的实践应用也必须考虑特定的社会与历史条件，例如，在义务性的基础教育尚未得到全面落实的社会中，职业教育和高等教育，正如第 26 条所承认的，也只能被看作一个要逐渐实现的目标，因此，生活在这样一个社会中的人们就不能合理地声称，在他们所生活的社会中，得不到职业教育或高等教育是对他们的一项人权的侵犯。我们只能说，作为有效地应对自己所生活的世界的一个基本条件，人们对接受教育持有普遍的兴趣。但是，这种兴趣是否应当被转化为人权的要求，确实取决于特定的社会与历史条件。鉴于教育在人类生活中具有根本的重要性，接受适当的教育（或者更确切地说，具有接受适当教育的机会）确实可以被设想为一项人权，但这项权利的目标（即对适当教育的实现）并不是无条件地可实现的。人权的普遍性只是一种形式上的普遍性，正如游戏是一项形式上普遍的人类活动，其实质性内容在不同社会中是不同的，甚至在同一个社会的不同历史时期也可以是不同的。只要将人权的内容和目标区分开来，我们就可以明白，就人权实践而论，目标能够是可变的或不确定的，对人权的具体落实也与实现目标的条件相联系，而不只是与一项人权的内容相联系。当格里芬将其所说的"实用性"引入他对人权的存在条件的考虑中时，他不只是在谈论人权的内容，也是在谈论其实现条件。因此，只要我们不是在抽象地谈论人权，我们就可以按照与具体情境相关的考虑来消除批评者所指出的那种不确定性，而无须放弃如下主张：人权关系到人们在适当条件下能够普遍地承认和分享的根本利益。

格里芬将自主性概念置于其理论的核心。对于生活在自由主义社会中

---

① Joseph Raz (2010), "Human Rights in the Emerging World Order", *Transnational Legal Theory* 1:31-47.

的人们来说，对人权的这种理解无疑具有明显的吸引力。按照我对自主性概念提出的解释，自主性最好被理解为人所特有的地位或者人的尊严的一个来源，而且，只要我们恰当地理解了人类价值的来源，我们就无须认为自主的生活必定是一种极端个人主义的生活。然而，格里芬基于自主性概念对人权的探讨仍被认为具有文化霸权主义的嫌疑，他所设想的人权被认为并不具有充分的“普适性”。例如，按照米勒的说法，格里芬的人权图景“似乎否认了人类存在者可以按照某个继承下来的模式来过完全好的生活，这样一个模式不是他们为自己选择的，而是他们视为理所当然的”[①]。米勒并不否认人们有时候确实做出选择，但他想要强调的是，在大多数时候，人们都是生活在他们所关心的诸多“重大问题”(例如，要接受什么宗教信仰，要与哪个社会群体发生联系，要从事什么职业等)都已经具有现存答案的环境中。米勒的说法有点言过其实，因为尽管人们一生下来就生活在具有某些根本的生活形式和价值观的社会中，但这并不意味着理性的人们不可能对生活形式和价值观进行反思认同，或者不应该尝试这样做，而仅仅是被动地接受社会以某种方式向他们灌输的东西。不过，米勒之类的批评者确实相信，按照“基本需求”的概念对人权的探讨不仅摆脱了文化霸权主义或狭隘主义的嫌疑，而且在某些方面也优越于格里芬按照规范能动性概念提出的探讨。

“基本需求”进路实际上是立足于“一个基本上得体的人类生活”的观念。格里芬自己并不拒斥这个观念：这个观念不仅体现在他所设想的第三个高层次人权中，在他对具体人权的推导中也发挥了重要作用，例如当他利用实用性考虑来确定次一级人权的内容时。因此，我们就很想知道，“基本需求”进路究竟在什么意义上构成了对格里芬的理论(或者我所发展的一种格里芬式的理论)的一个“取舍”。为了处理这个问题，我们首先需要看看所谓“基本需求”究竟意味着什么。按照“基本需求”的概念对人权的探讨其实

① Miller (2014), p. 157.

是所谓“基于需求的道德理论”的一种应用。[①]前面在讨论人的脆弱性和依赖性的时候，我们已经指出人是有所需求的理性动物。例如，为了维护我们作为生命有机体的正常功能，我们需要适当的食物、干净的饮用水以及基本的住宿条件；为了维护生命的正常功能，我们需要某种最低限度的健康水平；为了适应社会生活，我们需要某种程度的教育水平，甚至也需要他人陪伴。这些需求显然是我们在最根本的意义上得以存在的基本条件，将它们称为“基本需求”是为了强调满足这些条件的迫切性。对于非人类动物来说，生存和安全显然也是基本需求。因此，在试图按照“**人类**基本需求”的概念提出一份人权清单时，基本需求理论家必须表明，除了生存和安全外，哪些需求是人类特有并能普遍分享的。只要这个问题是有意义的，“基本需求”的概念**本身**就不足以为人权提供一个充分令人满意的辩护，因为为了提出这样一个辩护，基本需求理论家就不得不回到对人性的某种**规范**理解，不能仅仅停留在对人性的某种描述性分析的基础上。

格里芬其实指出了“基本需求”进路所面临的一个类似问题。如果我们是在纯粹生物学（或者甚至生物学加心理学）的意义上来谈论人类需求，那么“一个基本的人类需求……就是人类存在者为了避免疾病、伤害或功能紊乱而需要的东西，或者正面地说，就是他们为了在功能上正常运作而需要的东西”[②]。“功能的正常运作”这个概念显然预设了我们对身心健康的某种理解。如果我们在一种狭窄的意义上来理解身心健康，例如将身体健康理

---

① 关于这种道德理论，参见：David Braybrooke, *Meeting Needs* (Princeton: Princeton University Press, 1987); Gillian Brock (1998), “Morally Important Needs”, *Philosophia* 26: 165-178; Garret Thomson, *Needs* (London: Routledge, 1987); David Wiggins, *Needs, Values and Truth* (third edition, Oxford: Oxford University Press, 2002)。对需求的道德和政治含义的分析，参见：Gillian Brock (ed.), *Necessary Goods: Our Responsibilities to Meet Other's Needs* (Lanham, Maryland: Rowman & Littlefield, 1998); Lawrence A. Hamilton, *The Political Philosophy of Needs* (Cambridge: Cambridge University Press, 2003); Sarah C. Miller, *The Ethics of Need: Agency, Dignity and Obligation* (London: Routledge, 2012); Soran Reader, *Needs and Moral Necessity* (London: Routledge, 2007)。关于基本需求的主张如何在 20 世纪政治实践中作为一个重要论题而凸显出来，参见 Samuel Moyn, *Not Enough: Human Rights in an Unequal World* (Cambridge, MA: The Belknap Press of Harvard University Press, 2018), pp. 119-145。

② Griffin (2008), p. 88.

解为身体机能没有发生本质上的功能紊乱，将心理健康理解为摆脱了身体疾苦所导致的痛苦、焦虑或不安，那么基本需求的概念就不能得出我们所认识到的某些人权，例如格里芬所提到的信仰自由的权利。假若基本需求理论家为了处理这个问题而试图丰富基本需求的内涵，那么他们提出的理论同样会碰到格里芬的理论曾经面临的一个批评，即不能得出具有**确定**内容的人权。例如，他们或许将基本需求理解为“为了避免**伤害**而需要的东西”。这里所说的“伤害”不可能只是指身体因为受到了物理损坏或疾病侵扰（抑或二者）而受到的伤害。那么，“伤害”的概念要包括（举个例说）由于遭受流言蜚语或者没有得到父母的公平对待而蒙受的伤害吗？这些情形似乎说不上侵犯了一个人的人权。与此相比，如果我们认为有辱人格的待遇造成了严重伤害，因此不受这种对待应该成为一项人权，那么这项人权的根据显然就不在于日常意义上的“需求”，而在于平等尊严和平等尊重的概念。当然，对于基本需求理论家来说，“一个基本上得体的人类生活”的观念仍然是我们在设想人权时需要使用的一个指导原则。然而，正如米勒自己所承认的，我们无法精确地指定“在某个基本上得体的水平上过一个人类生活”这个概念。[①]如果人们不得不生活在某个社会中，那么“基本上得体”显然是相对于一个社会的社会、历史和经济条件而论的。在我们当前所生活的社会中，假若某些人由于营养不良或缺乏基本的医疗条件而活不到40岁，那么他们显然不是在某个基本上得体的水平上过一个人类生活。但是，在早期人类社会中，能够活到40岁已经算是一种充分得体的人类生活了。因此，基本需求理论家或是同样会面临他们对格里芬的理论提出的一个主要批评，或是需要按照与格里芬所说的实用性考虑相似的某些考虑来消除不确定性，从而对人权的内容和目标采取一种整体论或语境主义的探讨，就像前面我在回应这个批评时所指出的。[②]

我之所以对“基本需求”进路提出上述简要批评，只是为了表明对人权

---

① Miller (2014), pp. 160-161.

② 基本需求理论家认为，他们对人权所采取的探讨至少在两个主要的方面优越于格里芬的探讨：第一，基本需求探讨避免了宗派主义，例如避免使用自由主义的标准价值观；第二，这种探讨可以更“直接地”说明某些人权，例如免于酷刑的人权。前面我已经针对格里芬所受到的批评讨论了这两个方面，因此在这里不再加以讨论。

的这种探讨不可能是充分自足的,而不是要否认人类基本需求的概念确实为某些人权提供了根据。假如以上论述是可靠的,那么基本需求最好被看作人类理性能动性的一个前提或构成要素:一方面,只要基本需求得不到满足,人就不可能在一种基本的意义上拥有和行使理性能动性;另一方面,只有通过假设理性能动性值得尊重和维护,基本需求的概念才能有意义地产生人权。当然,我们还可以从另一个方面来看待基本需求在人类生活中的重要性。在根本的意义上说,需求实际上是一种动机力量,或者至少参与构成了一种动机力量——需求感是由某些东西的欠缺或不足在身体内部产生的某种不平衡或紧张状态造成的。例如,饥饿产生了对食物的自然需求,睡眠不足产生了对睡眠的自然需求,疾病产生了对健康的自然需求。就此而论,满足基本需求是我们作为有身体的存在者的一项自然要求。如果社会合作有助于让人们的基本需求更容易得到满足,那么基本需求所提供的动机力量也是人们进入社会、选择社会生活的一个根本原因。就此而论,基本需求就构成了人类行动和社会参与的一个前提。倘若如此,人们对于在社会生活中来满足基本需求就会抱有更高的期望。只要这种期望得不到合理满足,一个人就会觉得自己受到了他所生活的社会的伤害。可想而知,在一个社会中,如果大多数人的基本需求都得不到满足,那么这个社会就会失去其存在的意义。因此,当我们用基本需求的概念来表征一种基本上得体的人类生活必须满足的基本条件时,这个概念就可以具有规范含义,能够对社会正义或全球正义提出某些基本要求。

努斯鲍姆正是按照类似的观念提出和发展其能力理论,并将它应用于社会正义和人权领域。① 她按照"人类核心能力"对人权的探讨与"基本需

---

① 关于努斯鲍姆的相关思想,参见如下论著:Martha C. Nussbaum (1997), "Capabilities and Human Rights," *Fordham Law Review* 2: 273-300; Martha C. Nussbaum (2003), "Capabilities as Fundamental Entitlements: Sen and Social Justice", *Feminist Economics* 2-3: 33-59; Martha C. Nussbaum, *Frontiers of Justice: Disability, Nationality, Species Membership* (Cambridge, MA: The Belknap Press of Harvard University Press, 2006); Martha C. Nussbaum, *Creating Capabilities: The Human Development Approach* (Cambridge, MA: The Belknap Press of Harvard University Press, 2011)。努斯鲍姆主要是将其能力理论设想为一种关于社会正义的理论,只是出于某种对比才将它应用于人权领域。在下一章中,我会进一步讨论能力理论作为一个社会正义理论的恰当性。在这里,我只是简要考察努斯鲍姆按照人类核心能力对人权的理解。

求”进路具有紧密的相似性。不过，与大多数基本需求理论家不同，努斯鲍姆的理论有一个“形而上学”基础——她试图按照对人的本质的某种理解来设想对人类生活具有根本重要性的能力。[①] 她如此阐明人的三个典型特征：

> 人是一种能够从事伦理推理、具有与他人共同生活的愿望和需要的存在者。人也是具有一个共同目的的存在者，寻求一种按照[自己的]智力水平来组织的共同生活。这种智力是一种道德上的智力，它抓住了关于人的三个基本事实：[第一，]人作为一种伦理存在者而具有的尊严，这种尊严是充分平等的，不管人们在其他方面的地位如何；[第二，]人的社会交往，这意味着一种有尊严的人类生活部分地就在于与他人共同生活，后面这种生活应该用一种尊重平等尊严的方式来组织；[第三，]人的多方面需求，这种需求表明，这种共同生活必须为所有人做某些事情，让[每个人的基本需求]得到恰如其分的实现，以便人的尊严不会由于饥饿、暴力攻击、在政治领域中受到不平等对待之类的事情而遭受破坏。[将这三个事实结合起来，]我们就得到了如下思想：每个人的善的一个核心部分……就是要造就一个道德上得体的世界并生活于其中，在这样一个世界中，所有人都具有为了过上一个与人的尊严相称的生活而需要的东西。[②]

在这里，努斯鲍姆首先将具有基本的伦理意识设想为人的尊严的基础，以此来确立人的平等尊严。因此，如果格里芬的批评者认为，他将规范能动性设想为人权根据的做法会导致将某些特殊的人类个体排除在人权关怀的范围外，那么努斯鲍姆也会遭受类似异议，除非她将“具有基本的伦理能力”理解为人类存在者原则上能够具有的一种**资格**，而不是一种现实能力，正如

---

① 能力理论的这个形而上学方面主要是来自亚里士多德。参见：Martha C. Nussbaum (1988), “Nature, Function, and Capability”, *Oxford Studies in Ancient Philosophy*, suppl. vol. 1: 145-184; Martha C. Nussbaum, “Aristotle on Human Nature and the Foundations of Ethics”, in J. E. J. Altham and Ross Harrison (eds.), *World, Mind, and Ethics: Essays on the Philosophy of Bernard Williams* (Cambridge: Cambridge University Press, 1995), pp. 86-131。

② Nussbaum (2006), pp. 274-275.

我们在回应对格里芬的批评时所做的。努斯鲍姆接下来认为，社会生活或共同生活是人类存在者的一个基本特征，而人具有多方面的需求这个事实就为设想或设计一个满足平等尊重要求的社会施加了本质约束。她所提出的人类核心能力，作为与人的本质功能及其运作密切相关的能力，就可以充当社会正义的标准，因此也可以为某些人权提供根据。

努斯鲍姆列举了人被认为必须具有的10项核心能力：生命，身体健康，身体完整，感觉、想象与思维能力，情感，实践理性，友好的人际关系，人与自然界其他成员（包括自然本身）的关系，玩耍，对自己所生活的环境的控制。[①] 这份能力清单提供了比任何基本需求理论所设想的基本需求都要丰富得多的内容，因此我们就很想知道她如何辩护自己所设想的这些能力。之所以如此，不仅是因为人权必须在某种意义上是普遍的，也是因为人权的实现必须具有一定的可行性——与人类个体为了追求一个充分繁盛的生活而需要的任何其他东西相比，人权的主张不论是在道德分量上还是在实际落实上都必须具有某种优先性。正如努斯鲍姆自己所说："政治参与的权利、信仰自由的权利、言论自由的权利，所有这些权利以及其他权利，都只有在相关的功能能力出现的时候，才能被恰当地认为为人们提供了安全保障。换句话说，在这些领域中为公民保障一项权利，就是将公民置于在该领域中能够具有可行能力的状况中。就权利被用来界定社会正义而论，除非这些能力已经被有效地获得，否则我们就不应该认为社会是公正的。"[②]按照这个说法，具有这些核心能力不仅是具有人类尊严的一个基础，也是用来衡量一个社会是否正义的根本标准。

那么，这些能力在什么意义上是一个人在**作为人**来生活时所需要的基本能力呢？按照努斯鲍姆对"人"的理解，在人类存在者这里，需求和能力、合理性和动物性是彻底交织在一起的。她对人类核心能力的鉴定实际上体现了她自己对人性的理解。生命、身体健康和身体完整基本上包含了人作为生命有机体来生活时需要满足的基本条件，尽管身体完整也暗示了人身安全的需求。感觉、想象、思维、情感以及良好的人际关系可以被认为涉及人在精神能力方面的健康，是一个人为了过正常的社会生活必须满足的条

---

① 努斯鲍姆在很多地方表述了这个清单，例如 Nussbaum (2011), pp. 33-34。

② Nussbaum (2003), p. 37.

件。例如，假若一个人没有相对健全的理智和情感，他就不能很好地适应社会生活的需要，而社会生活是人的一种自然需求。实践理性是人为了设想和追求一个值得过的生活不可缺少的，实际上也是人的尊严的一个主要来源。能够与自然界中其他物种和谐相处并表现出对它们的关心，就像玩要一样，不仅表明人在某种意义上仍然是自然界的成员，而且也可以对人的精神健康产生重要影响。最终，有能力控制与自己生活密切相关的环境条件是人的自主性的一个必然要求，也是人的尊严的另一项主要根据。既然这些能力对于过一个有尊严的人类生活来说都是必不可少的，一个道德上得体的社会就应该努力保证每个人都具有这些基本能力。努斯鲍姆相信，她对人类核心能力的鉴定可以在罗尔斯所说的“交叠共识”的基础上得到不同社会的认同。因此，尽管其能力理论显然整合了能动性理论和基本需求理论的要素，但她相信自己的理论具有与众不同的优越性。[①] 例如，通过使用能力的语言来讨论社会正义，能力理论避免了启蒙运动的人权计划不可避免地含有的文化霸权主义或狭隘主义倾向，也很容易认同社会与经济权利之类的“积极权利”，而美国宪法基本上是用负面的方式来设想自由权。

不过，对努斯鲍姆来说，能力理论的最大优势就在于，它一开始就把关注焦点放在人们能够做和能够成为的事情上。她对性别不平等的探讨也主要是立足于这个主张。[②] 能力不只是在一个人那里作为一种内在状态而存在的东西，即努斯鲍姆所说的“内在能力”，也包括行使这种能力的机会或自由，后者是由个人的内在能力以及政治、社会与经济环境的组合创造出来的。[③] 一个人通过内在能力获得的各种状态和活动就是努斯鲍姆所说的“功能性活动”。这种活动是人们可以通过自己的组合能力(即内在能力加上政治/社会/经济条件)来选择的东西。人们可以从事同一个功能性活动，但其组合能力可能是不一样的。例如，一个人可能是因为受到了强迫而交

① 努斯鲍姆的能力理论部分地是在阿玛蒂亚·森的类似思想的基础上发展起来的，而森则明确地将自己的能力学说看作是对关于“平等在于什么”的其他理论(例如功利主义思想家的福祉理论以及罗尔斯和德沃金的资源理论)的一个取舍。关于这一点，参见我在下一章中的讨论。

② 特别参见 Martha Nussbaum, *Women and Human Development: The Capabilities Approach* (Cambridge: Cambridge University Press, 2000)。

③ Nussbaum (2011), p. 20.

出钱包，另一个人则是为了公益事业而自愿捐出同等数量的钱。他们具有不同的组合能力，差别只是在于，后者拥有实质性的选择自由，前者并没有这种自由。在努斯鲍姆对社会正义的探讨中，内在能力与组合能力的区分极为重要。即使努斯鲍姆鉴定出来的人类核心能力对于过一个得体的人类生活来说是必要的，不过，从正义的目的来看，仅仅让人们具有这些方面的**内在**能力是远远不够的——一个人可以在某个方面具有内在能力，但是，只要他处于不利的政治、社会或经济条件下，他就无法有效地行使这种能力。例如，一位在国外学习艺术的女性回国后，发现社会不允许女性从事艺术创作，在这种情况下，她就不能有效地行使自己的艺术才能，正如努斯鲍姆所说："如果能力决不被使用，人们一生都在睡大觉，那么能力就是无意义和闲置的。……但是，作为自由和选择的领域，能力本身是有价值的。促进能力是要促进自由的领域，这不等于使得人们以某种方式活动。"[①]为了让人们能够通过有效地行使能力来成就某项活动，一个正义的社会不仅要向人们提供摆脱行动障碍的消极自由，不仅要向人们提供由一系列相当丰富的有价值的目标构成的选择空间，也要消除各种不公正的背景条件，例如压迫、剥夺以及包括性别歧视在内的支配。

由此来看，努斯鲍姆的能力进路不仅旨在保障她在内在能力的意义上提到的核心能力，也要充分保障行使这些能力的**成功**条件。我们可以认为，能力理论确立了一个社会应当致力争取的发展目标；我们甚至也可以认为，人类核心能力的落实为社会正义确立了一个重要标准。但是，假若我们是在可行能力的意义上来理解能力，那么保障核心能力得到落实无疑是在保障一种相当繁盛的人类生活的条件。在这里，能力进路就碰到了批评者针对格里芬的规范能动性概念的扩展解释而提出的"门槛问题"。如果人权要求相应的义务，如果这些义务不完全是由制度来承担的，那么努斯鲍姆的能力理论是否也可以充当对人权的一种恰当论述就很可疑了。这不是否认其能力清单中的某些要素确实可以为人权提供根据，例如，与生命、身体健康以及身体完整相联系的能力显然是任何合理的人权理论都不能否认的，即使所能得到的最高健康标准不可能被设想为一项人权。然而，这份能力清单中的某些能力不太可能是人权的对象或目标。考虑努斯鲍姆所说的"友

① Nussbaum (2011), p. 25.

好的人际关系”。对于努斯鲍姆来说，这项能力主要包括两个方面：第一，能够与他人一道生活，能够承认他人并表现出对他们的关怀，能够从事各种形式的社会互动，能够想象他人处境；第二，具有自尊和不受羞辱的社会基础，能够被当作与其他人具有平等价值、具有尊严的存在者来对待。第一个方面显然表达了一种理想的社会生活所需的能力，这方面的能力大致对应于康德所说的“自我完善”的责任。然而，在康德这里，自我完善是一项不完全责任，这至少意味着它是一项不可以强制实行的责任。若将这项能力看作一项人权的根据，那就意味着其他人有责任设法让某人能够与他人一道生活，承认和关怀他人，想象他人处境。然而，我们很难把这项责任设想为一个普遍责任。第二个方面根本上表达了平等尊严和平等尊重的思想，后者确实可以产生一些重要人权，例如不受歧视的权利。但是，如果这项权利本身就是立足于对人的**平等资格**的承认，那么它似乎与一个人是否具有某种能力无关。因此，即使努斯鲍姆鉴定出来的某些核心能力可以用来说明某些人权，但其说明作用实际上是由其他理论来充当的；如果所有核心能力都被认为与人权具有某种联系，那么人权的概念就会丧失它被赋予的那种重要性或优先性。总的来说，与能动性理论和基本需求理论相比，努斯鲍姆的能力理论至多与人权具有一种**间接**联系。

在本部分，通过回应格里芬的人权理论所受到的某些主要批评，我试图进一步阐明人权的根据以及与人权观念的实践应用相关的一些问题。值得指出的是，我的目的不是捍卫格里芬的观点，更不是对人权的哲学基础提出一个完整的阐述。我旨在表明三个主张。首先，为了为人权提供一个**规范**基础，任何恰当的人权理论都必须对人所特有的地位提出一个说明，格里芬对人权的探讨在我看来之所以有吸引力，就在于（按照我的解释）他将自主性理解为人的尊严的一个来源并在一定程度上说明了何以如此，其他理论或是直接地预设了人的尊严的概念，或是根本就没有对这个概念提出任何论述。其次，即使我强调任何合适的人权理论都必须首先说明人被认为具有的那种特殊地位，我也并不相信我们目前认识到的所有人权都可以（或者甚至都应该）按照这种地位来说明，这倒不是因为“人的尊严”是一个本质上模糊的概念或者具有多个含义，而是因为人本身是一种“复合的”存在者——人是理性动物，但是，人所能具有的理性并不是天生就被赋予的；从发生学的角度来看，人类理性反而与我们的动物性本质、与人类社会生活的可能性和必要性具有重要联系。因此，如果人权旨在保护人类生活中具有根本重要性的一般利益，那么人权的根据就必定是多元的。我们本质上无法挣脱的脆弱性产生了依赖性，依赖性接着产生了各种需求和联系，其中包括物质或资源、能力或机会以及情感方面的需求和联系。必须承认，人在根本的意义上是相互依赖、彼此需要的存在者，是一种真正意义上的社会动物。不过，依赖和需求有时候又与人同样无法挣脱的自主意识处于某种张力中。正是人性的多样性或多元性使得我们不可能（在某种意义上说，也不应当）为人权寻求一个单一的、具有统一作用的根据，承认这一点对于恰当地理解人权实践具有根本的重要性。实际上，正如我们已经可以看到的，即使格里芬的理论为我们认识到的很多人权提供了相对合理的说明，但它很难说明平等资格的观念所要求的一些人权，例如在法律面前平等的权利和不受歧视的权利，因为在某些情形中，对这种权利的侵犯并不在于破坏或削弱格里芬所说的规范能动性。[①] 最后，尽管人权的内容必须具有充分的明确性或确定性，以便我们不仅可以利用这个观念来引导法律和社会政策，也可以界定相应的责任及其承担者，但是，只要我们试图利用“一个基本上得体的人类生活”的观念来确定人权的内容，消除在人权界定上的不确定性，或者尝试解决人权方面的某些冲突，我们就需要从一种整体论或语境主义的角度来思考或探究有关问题。这个主张意味着，我们不可能具有一个“纯粹的”人权理论——人权的理论和实践都必然与格里芬所说的“实用性”相联系。

八、权利、义务与政治

按照以上理解，人权的观念与两个东西具有本质联系：人作为人所特有的一种地位以及一个基本上得体的人类生活的观念。后者产生了某些具有实质性内容的人权，例如生存的权利、人身安全的权利、身体完整的权利、基础教育的权利、享有基本健康之机会的权利，以及某些与自主性相关的权利（例如言论自由和信仰自由的权利），前者则产生了与平等尊严和平等尊重

① 这是布坎南对格里芬的理论提出的主要批评，参见 Buchanan (2014)。

相联系的权利,例如,在法律面前平等的权利,得到公平判决的权利,不因性别、种族、国籍、信仰而受到歧视的权利,政治参与的权利。这些权利旨在保护人们对其他人权的享有,防止其他权利受到各种威胁,就此而论,它们可以被看作一种高层次的权利,而且显然并不与能动性或需求具有很直接的联系。与平等资格相联系的权利大致对应于所谓的"第一代人权",包含了我们认识到的大多数公民与政治权利,与一个基本上得体的人类生活的基本条件相联系的权利则对应于所谓的"第二代人权",属于典型的社会与经济权利。我们现在倾向于认为,这两类权利对于人作为人过一个基本上得体的人类生活来说都是必要的。然而,在人权的实践应用中,它们产生了两个必须加以正视的问题。

第一个问题其实是我们在上一部分中一直在讨论的,即人权的"门槛问题":哪些人类利益值得特别关注,因此需要用人权来保证和维护?格里芬的能动性进路和努斯鲍姆的能力进路都面临这个问题。如前所述,格里芬不能将他所说的"规范能动性"限制到单纯的意向能动性,但是,如果他试图扩展规范能动性概念,使之包括对一系列广泛地设想的有价值的目标的选择以及追求拟定目标的成功条件,那么他就会面临他本来打算消除的一个问题,即权利的"任意增殖"。这种扩展会让人权的观念丧失其应有的价值或重要性,即人权旨在保护具有根本重要性的人类利益,而不是保障人们享有一个好生活的条件。在努斯鲍姆那里,这个问题就更明显了,因为只要她将正义和权利的观念与那 10 项核心能力相联系,正义或人权实际上就是要保障一个充分繁盛的人类生活。[①] 格里芬已经试图通过诉诸所谓"实用性考虑"来缓解这个问题,而按照我们的解释,这意味着,在思考人权的内容和目标时,我们必须考虑人性和人类境况的一般特点及其在特定社会中的表现,必须考虑一个社会特有的社会、历史与经济条件。

第二个问题涉及权利与义务的关联。我们之所以讨论康德对互助的责

---

① 当然,如果我们不是在谈论一般而论的人权,而是在谈论一个人作为某国公民而享有的权利(这些权利当然可以包含被普遍地承认为人权的那些权利,但显然不限于人权),那么努斯鲍姆的能力理论或许可以被理解为一个关于国内社会正义的理论。但是,她显然并不想以这种方式来限制其能力理论的应用。实际上,正如下一章中即将表明的,努斯鲍姆的能力理论,甚至在被当作一个社会正义理论时,在某些方面也是成问题的。

任的论述，主要是为了表明需求**本身**并不产生互助的**责任**——这项责任的根据在于人的脆弱性必然产生的相互依赖性以及如下事实：具有这种依赖性的人们形成（或者能够形成）一个伦理共同体并生活于其中，而且对于需求的根据具有明确的理性认识。互助的范围和程度可以与人们在这样一个共同体中的身份及其相互依赖和相互联系的本质具有重要联系。[①] 在人们需要采取**积极**手段（例如以某种方式满足他人需求）来承担与权利相关的责任的情形中，这种联系将具有本质的重要性。由此我们不难理解，在西方社会中，权利的概念早在12世纪就开始出现了，但现在所说的"社会与经济权利"为什么长期并未得到普遍承认。在权利概念出现的时候，福利权的观念已蕴含于其中（尽管并未明确地使用"福利权"这个说法），但是，关于基本福祉的主张是在神学背景下出现的——当时的观点认为，既然上帝已经将一切东西给予人类，有迫切需要的人就有权从富人那里要求他们所需的东西。然而，西方思想在历史上也发生了一些重要转变，例如，格劳秀斯提出了一个对后来产生重要影响的区分——将所谓"完全的权利"和"不完全的权利"区分开来。前者是一个人能够合法地拥有某个东西或者合法地做某事的权利，相当于现在所说的法定权利，后者则是一个人出于慷慨、同情和慈善之类的美德对其他人行善的"权利"。格劳秀斯认为，一方面，社会秩序必须按照完全的权利和相应的义务来构想，社会生活的可能性要求人严格遵守完全的权利和义务；另一方面，尽管丰富的社会生活也要求人们培养慈善和友爱之类的美德，但是，与这些美德相关的权利和义务并不要求人们严格服从。按照这种观点，即使一个人的基本需求尚未得到满足，严格地说，他也无权要求他人或社会向他提供基本的生活资源，至多只能指望富有同情心的人们的帮助。然而，慈善本质上是一种自愿行为，不可强制实行，尽管它也可以被看作一种道德意义上的责任。当基本福祉的主张后来作为一项权利提出来时，它实际上也依赖于如下观点：只有当一个人是一个共同体的成员时，尤其是，只有当他作为共同体的成员参与了社会合作时，他才有权享受基本福祉。隐含在这个观点背后的核心观念显然是，一个人有权获得的是他在社会合作中所享有的公平份额，例如部分社会产品，或者相应的劳动报酬。不过，既然共同体或社会是一种持续存在的东西，一个人在其中的成

---

① 我将在本书第九章中探究这一点及其对于责任指派的含义。

员身份也会以各种方式得到维持，因此，即使一个人由于某种原因而不能维持自己的生计，他仍然可以适当地要求共同体或社会的帮助。

假若我们接受了对福祉权的这种理解，那就意味着一个人在某个社会或共同体中的成员资格是有权享受基本福祉的一个必要条件。然而，如果人权被设想为一种普遍的**道德**权利，那么与人权相关的责任的落实在理论上和实践上都会成为一个亟待解决的问题。在所谓"社会与经济人权"的情形中，这个问题变得特别紧迫，不仅因为我们在理论上很难对这种权利的内容及其落实提出一般说明，而且也因为在涉及国际人权实践的情形中，如果某些其他社会的成员不能满足自己的基本需求，那么我们很难理解他们对基本需求的主张及其落实。只要这些主张属于严格意义上的基本人权，它们就会产生跨国义务或责任——这些主张向每一个有能力满足他人基本需求的人提出了要求，不管他们之间具有什么联系，或者是否存在着任何联系。在某些情形中，这个论点或是会得出直观上不可接受的结果，或是会受到抵制。假设某个社会中的人们之所以陷入不能满足自己需求的状况，是因为他们恣意挥霍资源，完全不为未来着想，或者根本上不对自己的生活方式负责。在这种情况下，说其他社会或其他人**有义务**满足他们的基本需求就有点怪异。其他社会或其他人可以出于某种同情心而对他们提供人道主义援助。但是，即使人道主义援助可以被看作一种道德意义上的责任，这种责任在道德分量上显然弱于与人权直接相关的义务以及由于直接侵犯人权而负有的某些义务，例如纠正或补偿的义务。

在某些理论家看来，传统的人权理论对这两个问题的探讨显然是不能令人满意的，因此他们就倡导对人权采取一种"政治性"的理解，即从一种**基于实践**的观点来说明人权及其应用。[①] 这种探讨对于我们恰当地理解人权与相应义务的关系具有一些重要含义，因此有必要加以简要考察。查尔斯·贝茨把按照启蒙运动的人权计划的精神来探讨人权的理论统称为"自

---

① 这种探讨的主要倡导者包括：Beitz（2009）；Allen Buchanan，*The Heart of Human Rights*（Oxford：Oxford University Press，2013）；John Rawls，*The Law of Peoples*（Cambridge，MA：Harvard University Press，1999）；Raz（2010）。这种探讨存在一些内部分歧，但在这里，我将主要集中讨论贝茨的观点，因为他对人权的政治性概念提出了最为明确和系统的论述。对这种探讨的一个总结性论述，参见 Cruft，Liao and Renzo（2015），pp. 18-23。

然主义”理论，因为这些理论都是按照对人性(human nature)的某种理解来设想人权，并认为人类个体普遍地分享了人性的某些特征。自然主义理论家持有两个核心主张：第一，人权是人类个体仅仅因为是人而拥有的权利，更确切地说，是人类个体由于分享了共同的人性而对所有其他个体持有的有效主张；第二，这些主张不仅是人类个体先于任何制度而持有的，而且对任何合理的制度设计施加了规范约束，例如充当了任何社会/政治制度的正当性标准。用贝茨的话说，“自然主义观念认为，人权具有一种无须提及人权在任何公共学说或公共实践中的具体体现和作用，就能被完整地把握的特征和基础”①。如果自然主义理论家完全是按照自然权利的概念来设想人权，那么他们所理解的人权就具有四个基本特点：②第一，人权是一种其规范力量并不取决于社会约定和制定法的要求；第二，人权在逻辑上先于制度而存在，也就是说，即使不提及制度的结构性特点，也可以设想人权的内容；第三，人权为“所有时代、所有地方”的人所拥有——不管一个人所生活的社会具有什么社会、历史与经济条件，一个人都拥有人权；第四，人权的根据就在于对所有人都适用的考虑，不管他们生活在何处、具有什么社会关系。

启蒙运动思想家所倡导的这种抽象的“人权”概念，正如我们此前看到的，已经受到杰里米·边沁、爱德蒙·柏克以及马克思等人的批评。人权的政治性概念的倡导者在很大程度上分享了这种批评的要旨。我们已经看到，甚至在自然主义阵营内部，理论家们对于人权的根据也都有不同的设想，对于人权的内容也有不同的理解：格里芬说人权旨在保护人的规范能动性的条件，基本需求理论家说人权旨在保护人们过一个基本上得体的生活的条件或机会，努斯鲍姆说人权旨在保护人们为了有尊严地生活而必需的核心能力。当然，这种分歧的存在并不意味着人权的观念根本上是不可应用的。然而，正如我们已经看到的，为了让人权的主张具有某种现实可行性，在确立人权的内容和目标时，我们不仅需要考虑人性和人类条件的一般特点，即在人类的基本生活形式中呈现出来的某些东西，而且也需要考虑人权的观念所要应用的社会的具体条件。政治性概念的倡导者指出，甚至国

① Beitz (2009), pp. 49-50.

② 参见 Beitz (2009), pp. 52-53.

际人权公约中提出的某些人权也不是“无时间性的”，而是取决于现代社会的某些规定性特点。例如，政治庇护、参与国家治理以及义务教育之类的人权，本质上都是在描述一个可接受的制度环境的特点，因此我们就很难在任何明确的意义上说，它们甚至在一种前社会的自然状态中也可以存在。国际人权文本中公认的大多数人权也预设了“一种基本的法律制度（包括一种强制实行的能力），一种将某种形式的雇佣劳动包括在内的经济体制，对全球性文化生活与经济生活的某种参与，以及一种提高收入和提供重要的公共善的公共制度能力”[①]。总而言之，在贝茨看来，我们**不能**合理地认为，人权的内容是不依赖于任何特定社会的道德约定和法律规则而确定下来的——人权不可能存在于某个分离的规范秩序中。

政治性概念的倡导者的一个关注焦点是当代人权实践的一个重要领域，即国际人权。古典自然权利理论家之所以将自然权利看作是先于制度而存在的，主要是因为他们希望用自然权利的概念来限制未来政府的政治行为，因此，对他们来说，自然权利必须被理解为表达了人们有资格强调的道德保护，不论他们在社会制度中的地位或身份如何。自然主义的人权理论大体上继承了这个主张。然而，贝茨论证说，当今国际人权实践的目标是根本上不同的：尽管人权的观念仍不时被用来作为判断某个国家是否应当受到某种干预的根据，例如当某个国家大规模地侵犯其公民的人权，或者对某个少数族裔实施种族清洗的时候；但是国际人权实践也有其他重要目标，例如旨在处理或应对人类共同面临的一系列现实的或可预测的威胁，其中包括各种人道主义危机、全球气候变暖、国际恐怖主义等。因此，人权的国际实践所要关注的东西，不论是在范围上还是在细节上，都比当代大多数社会正义理论的核心关注要广泛和复杂得多。[②] 因此，如果自然权利的概念仍然是自然主义人权理论的核心，那么将这种理论直接应用于国际人权领域就是成问题的。

当罗尔斯试图将其正义概念扩展到国际层面时，他明确地意识到了这个问题。罗尔斯的社会正义学说，正如在其《正义论》中表达出来的，是建立

---

① Beitz (2009), pp. 57-58. 我们可以对照一下拉兹对于“洞穴人接受教育的人权”提出的说法。

② 参见 Charles Beitz (2003), “What Human Rights Mean”, *Daedalus* 1: 36-46。

在对“人”的一种康德式理解的基础上：社会正义原则是自由、平等的个体为了互惠互利的社会合作而确立和采纳的原则。这种对“人”的特定理解后来被认为体现了一种“全面性的”形而上学观念，只有在西方自由主义社会中才有可能被接受和采纳。因此，若直接将《正义论》中提出的正义原则扩展到万民社会，这些原则可能就得不到具有极为不同的价值观(例如不同的宗教信仰和道德信念)的社会的认同和接受。不过，罗尔斯认为，即使在制度上具有良好秩序的人民或社会仍有可能在人权的内容上存在分歧，但他们都可以承认人权在国际实践中的作用。例如，只要一个国家充分尊重其公民的基本人权，它就可以正当地维护其内部自治、有理由抵制实际的或潜在的外部干涉，而基本人权的内容可以通过所谓的“交叠共识”得以确立。[①]就像罗尔斯一样，约瑟夫·拉兹仍然将人权理解为对国家主权设定了限度的权利。不过，拉兹论证说，罗尔斯对国际人权实践的理解仍然过于简单。不管罗尔斯如何设想其万民法中的人权，他笼统地认为，只要一个国家履行了人权，其他国家都不能或不应当干涉其内部事务，或者对它采取某种制裁。然而，对于拉兹来说，在国际领域中，人权实践比这个笼统的主张所说的要复杂得多：一方面，并非未能尊重罗尔斯所设想的人权的一切社会都受制于外部干涉或制裁，例如，某些社会并不承认个人的私人财产(这是罗尔斯所列举的一项人权)，对这种社会进行干涉很可能就没有正当根据；另一方面，也不是所有超越了国家的合法权威的行动都是其他国家对其进行干涉的理由，正如并非一个人做出的任何道德上错误的行为都为其他人提供了制止或惩罚这个行为的理由。对拉兹来说，罗尔斯的国际正义理论的根本问题，就在于他仍然将国际正义紧密地比作国内社会正义。但是，“应当制约国际关系的原则不可能只是制约任何个别社会的原则的一种推广”。[②]在国际人权实践中，我们应该充分认识到，人权的精确内容和范围在应用于不同的政治社会时都具有某种程度的可变性。

对于贝茨来说，拉兹所说的这种可变性构成了将自然主义的人权理论应用于国际人权实践的原则性障碍。如前所述，贝茨认为，人权文本中的很多人权的内容实际上与现代社会的某些规定性特点具有重要联系。当然，

① 关于罗尔斯的国际正义理论及其对“交叠共识”的论述，参见本书第八章。

② Raz (2010), p. 331.

至少在格里芬那里，次一级的人权是从高层次的人权以及某些关于人类状况和社会条件的考虑中推导出来的，这意味着这些人权的内容至少部分地是由他所说的“实用性考虑”来决定的。因此，我们或许认为，如此推导出来的人权就其内容而论也与某些关于社会环境和制度环境的考虑有关。然而，贝茨论证说，这种探讨面临一个两难困境：

> 为了仍然貌似合理地属于自然权利观点，任何这样的理论必须从一开始就嵌入某些规范内容，这些内容是用[高层次]权利的形式来表示的，而这些权利具有一个并不依赖于社会或制度方面的偶然性的基础。这个要求为限制规范内容的范围施加了压力。但是，这个核心的内容越受限制，可以从它推出的次一级权利(即制度性权利)的目录就越不广泛。另一方面，只要我们想达到一个具有一定广度的次一级权利的目录，使之接近当代人权学说的目录，这个愿望就会对扩展那个核心内容施加压力。没有理由怀疑一种有效的推导是可以通过引入合适的中间前提而得出的，但是任何这样的策略都有可能超越“自然性”(naturalness)这个根本观念将承载的东西的范围。因此，只要一个人尝试提出一个观点，其基础足以辩护一个与当代人权相似的权利目录，他就会冒险放弃那种与“一般而论”的人类状况在种类上相关的东西。①

从我们迄今就人权的辩护提出的论述来看，我们不难理解这个批评的要点。任何自然主义的人权理论都是按照对人性的某种一般理解来设想人权，由此得出的人权在这个意义上是抽象的。而为了容纳我们在人权文本中所承认的人权(即贝茨所说的“当代人权”)，在尝试从抽象的人权中推出次一级的人权(或者在确定人权的具体内容)时，自然主义理论家就不得不考虑某些关于制度或社会的偶然因素——这些因素相较于“无时间性的”抽象人权来说是偶然的。抽象的人权的规范基础就其内容来说必定是高度有限的，因为它被认为要满足普遍性和自然性的要求。因此，这个规范基础本身并不足以产生能够有效地引导人权实践的原则，甚至也不能解决人权在内容上的不确定性问题。为了通过引入贝茨所说的“中间前提”(即关于社

---

① Beitz (2009), p. 56.

会或制度的考虑)、从高层次的抽象人权中推出与当代人权相当的人权，自然主义理论家就不得不偏离抽象人权所依据的那个极为有限的核心基础。

因此，对贝茨来说，只要我们确实相信人权(特别是人权的内容)是跨过不同时代、在不同地方发生变化的，我们就必须抛弃对人权的自然主义探讨，转而采纳一种"政治性"的探讨。尽管罗尔斯在这种转向中发挥了一个重要作用，但他对国际正义的设想仍然是立足于各个社会在"好生活"的观念之间所能形成的交叠共识，就此而论，他的探讨至少部分地仍然是立足于道德考虑——他对古典社会契约论的承诺和继承是显而易见的。与罗尔斯相比，其他一些采取政治性概念的理论家则更为彻底。例如，布坎南声称，国际人权法在全球人权实践中扮演了一个关键角色，但是，法定权利是通过诉诸一些目标和考虑而产生出来的规范，在这些考虑和目标中，只有一部分才与保护某些道德权利的需要有关。因此，对他来说，国际法定人权"既无须被看作相应的道德权利的体现，也无须通过诉诸道德权利来辩护。法定权利，作为工具性的人类创造，能够服务于一系列不同的目的，能够通过诉诸一系列不同类型的道德考虑来加以辩护，而道德权利只是其中的一种考虑"①。布坎南提出了三个论证来支持一种国际法定人权体制：第一，这样一个体制有益地补充了国内人权或权利实践，例如，可以鼓励和补充国内权利议案，为国内权利保护的失败提供后备，强化国家的合法性，为更好地理解国内"宪政"权利做出贡献等；第二，这样一个体制为合理地设计和规划国际秩序提供了一个基础，例如，它可以有效地纠正传统的国际秩序所承认的一些特权和豁免权，比如第一章中提到的国际资源特权和国际借贷特权，这些特权是造成大规模人权侵犯和极度贫困的一个主要因素；第三，这样一个体制也合理地说明了为什么国家在道德上有义务彼此合作，以纠正让国际秩序在道德上变得不可接受的缺陷。② 人类共同面临的某些全球性问题，例如全球贫困、气候变化、国际恐怖主义、全球性流行疾病等，是不能在传统的人权框架(即本质上按照自然权利的概念来设想的框架)内得到有效处理或解决的。因此，对布坎南来说，正确的做法是超越传统的人权框架，从一

① Buchanan (2013), p. 11.

② 参见 Allen Buchanan, "Why International Legal Human Rights?" in Cruft, Liao, and Renzo (2015), pp. 244-262。

种多元主义观点来设想或思考人权的根据。

人权的政治性概念的一个根本特征就在于如下主张:我们不可能脱离某个制度框架来认定具体权利和判断权利主张的有效性。正如我们即将看到的,这个主张对于我们恰当地理解权利与义务的关系极为重要。然而,值得指出的是,我们实际上无须将政治性概念看作对人权的自然主义概念的取舍。[①] 如果任何道德考虑在适当条件下都可以成为人权的根据,那么政治性探讨就会面临传统理论旨在避免的一个问题,即格里芬所说的"人权增殖问题"。既然人权旨在保护人类生活中具有根本重要性的一般利益,我们显然就不能将一切道德上重要的考虑都同化为人权的对象,因此我们就需要有某些标准来判断哪些考虑在根本上更加重要、哪些考虑相对来说不太重要,即使我们也必须用一种语境主义的方式来做出判断。在这里,我们不妨首先考虑一下拉兹对一个批评提出的回应。[②] 有人或许认为,如果人权取决于制度承认,或者更确定地说,如果人权的内容至少部分地是由某些关于制度或社会的偶然因素来决定的,那么我们就会陷入一种关于人权的相对主义。对此,拉兹回答说,只有当我们认为一个人是否具有任何人权**完全**取决于偶然的非评价性事实时,才会产生一些不合理的道德相对主义。但是,拉兹论证说,人权无须陷入这种相对主义——与政治性概念相关的是一种良性的社会相对主义,例如,尽管不同国家对驾驶方向做出了不同的规定,但这些规定都是立足于一个普遍的道德规则,即人们应当安全驾驶。因此,按照拉兹的说法,"人权的政治性概念能够而且应当承认道德的普遍性,它作为政治性概念的本质仅仅在于,它将人权看作是一种要得到制度承认的权利,一种超越了私人道德的权利"。我们可以将人权看作是个人所拥有的道德权利,但是,"只有当政府在适当的条件下有责任保护人权所要保护的利益时,个人才拥有人权"[③]。举个例说,人们不可能普遍地具有受教育的人权,因为这项权利的存在取决于人们所生活的社会已经具有相关的社会和政治组织,可以让国家承担提供教育的责任。然而,从拉兹的回答的本

---

① 类似的观点,参见 Pablo Gilabert (2011), "Humanist and Political Perspectives on Human Rights", *Political Theory* 4: 439-467。

② 参见 Raz (2010), pp. 335-336。

③ Raz (2010), p. 335.

质要点来看，我们毋宁说，个人确实是因为具有某些根本上重要的一般利益而享有人权，但是，不仅人权的内容，而且人权的实现，都与人们所生活的社会、历史、经济条件有关。换句话说，人权具有形式上的普遍性——某些根本的或核心的人权与人类生活的基本形式相联系；然而，人权的内容和目标至少部分地取决于人类生活中的某些偶然因素。这个观点并不是自然主义理论家原则上无法接受的，实际上，它已经体现在康德对道德义务的探讨中。人们维护某些根本利益的兴趣是权利概念的一个主要来源，但是，人们对自己所要维护的利益的**具体内容**的设想可以随着他们所生活的条件而发生变化，正如尽管人们可以对“充分繁盛的人类生活”持有很不相同的看法，但我们也不难从中发现某些在形式上具有普遍性的核心要素，例如生存、安全、理性能力以及重要的个人关系。这些要素显然构成了任何一种好的人类生活的核心内容，为保护相关的利益提供了至此为止（pro tanto）的理由。[①] 不过，这些核心要素所具有的内容不仅可以随着人们的生活条件而发生变化，而且相关目标的实现也取决于某种制度性框架。按照这种理解，制度对于权利或人权并不只是具有工具性的含义，即被当作实现权利或人权所设定的目标的工具或手段，而且也部分地提供了权利或人权的存在条件。若没有抽象地设想的人权，或者更确切地说，若不考虑与人类的基本生活形式相联系的一般利益，我们就不可能在条件具备的情况下合理地设计制度，因为正是对这些利益的考虑为制度的合理设计提供了基本指南，为在道德上评价和改革现存制度提供了根本原则。

因此，从人权的真正本质来看，我们需要将自然主义概念和政治性概念看作是相互补充而不是彼此排斥的。这个论点有助于我们看到贝茨对人权的“纯粹”政治性探讨所面临的一个困境（至少与罗尔斯按照交叠共识和公共理性的观念对人权的探讨相比，贝茨对人权的政治性探讨是纯粹的）。为了恰当地评价其观点，让我们先看看他对自己所说的“人权的实践观”的描述：

> 一种实践的观念把我们在国际政治生活中所发现的人权学说和人权实践看作构造一种人权观的原材料。它将关于人权的本质和内容的

① 一个“至此为止”的理由是采取某个行动的真正理由，也就是说，它为采取某个行动提供了正当根据，但它并不必然推翻在特定情境中可能也在发挥作用的其他理由——这样一个理由不一定是采取行动的结论性理由或者拉兹所说的“排他性理由”。

> 问题理解为指的是在国际实践中被称为“人权”的那种对象。它并不假设存在着一个先前的或独立的基础权利的层面，这些基础权利的本质和内容是无须考虑人权在国际领域及其规范话语中的地位就能发现的，然后被用来解释和批评国际学说。同样，它也不假设人权试图描述一切政治性的道德准则实际上所分享的东西，或者试图阐述通过从这些准则中进行推理而可以得到的共同标准。而是，我们把人权在国际话语和国际实践中的功能作用看作基本的：这种作用从一开始就约束了我们对人权的设想。[①]

这段话对人权的政治性概念提出了一个负面描述和一个正面描述：负面描述将政治性探讨与自然主义探讨和一种罗尔斯式的探讨区分开来；正面描述则声称，人权完全是按照它们在国际话语和国际实践中所能发挥的功能作用来设想和鉴定的。由此可见，理解贝茨的政治性概念的关键就在于弄清一个问题：人权在国际实践和国际话语中究竟发挥了什么作用？政治性探讨是要通过理解我们用人权的概念来表达的东西在实践中的作用来理解人权的概念——它是要按照某个东西的功能作用来界定其概念，同时又不将人权理解为对任何公认的哲学观念的表达（就这种观念并不诉诸任何关于制度或社会条件的考虑而言）。政治性探讨将人权看作一种全球性实践，而在贝茨看来，“实践既是话语性的又是政治性的。……它是由一套调节国家行为的规范以及一套行动方案或策略构成的——对这些规范的违背可以算作支持采取某种行动的理由”[②]。例如，在国际人权实践中，当某个国家大规模地侵犯了其公民的人权时，国际社会就有理由对它采取某种干涉或制裁。然而，人权的政治性概念不可能将人权理解为先于任何制度性框架而存在的权利，因此它就不得不用某种其他的方式来界定被称为“人权”的那些东西。贝茨由此认为，“人权的主张要被认为提供了各种政治行动的理由。通过追问人权的主张可以被理解为在哪些类型的情境中、为哪些行动提供了理由，我们就理解了一个人权的概念”[③]。因此，人权大致可以被理解为这样一个东西：一旦与之相联系的利益受到了某个行动者（国

① Beitz (2009), p. 103.

② Beitz (2009), p. 8.

③ Beitz (2009), pp. 8-9.

家、政府、机构或者甚至个别行动者)的严重侵犯,对该行动者采取某种干涉就是正当的或适当的——“对人权的诉求……能够为世界共同体或其行动者提供以各种方式行动的理由,以便在人权得不到保障的社会中,降低对人权的侵犯或者促进人权的实现”。[①] 政治性概念之所以将实践看作根本的,主要是因为它认为人权要按照它们在(国际)实践中的职能来设想和鉴定。

然而,不管我们如何理解人权实践中要采取相关行动的主体,显然并非一切行动的理由都向我们即将界定的人权提供了根据。贝茨明确指出,我们不可能仅仅通过观察某个群体的人们在行为和信念方面的规律性来界定人权,也就是说,将对某个东西的人权理解为对这些规律性的总结性描述,因为人权毕竟是具有规范性的东西。[②] 因此,贝茨不得不诉求“迫切利益”这个概念来设想人权领域中采取相关行动的理由。对他来说,一个“迫切”利益就是这样一个利益:“在当代社会中所出现的诸多典型生活中,它可以被认为是重要的,例如,在人身安全和自由、充足的营养、面对国家权力的武断使用而得到某种程度的保护等方面的利益。”[③]尽管贝茨强调一项迫切利益无须是所有人拥有或渴求的利益,因此“迫切利益”这个观念不同于自然主义理论家所说的“普遍利益”的观念,即任何人仅仅因为“是人”而必然享有的利益,但是,我们也无须认为贝茨在这一点上与自然主义理论家有着本质分歧。第一,正如我们已经看到的,尽管自然主义理论家是通过诉诸对“人性”的某种理解来设想和界定人权,但他们都普遍地将人权的观念与“人类生活中具有根本重要性的一般利益”这个思想联系起来,认为人权旨在保护这些利益。第二,正如我们在上一部分中已经看到的,自然主义理论家并不否认,在解决所谓的“门槛问题”(即确定人权的具体内容)时,我们需要诉求某些关于人类处境和社会条件的考虑。因此,只要自然主义理论家能够采取我所捍卫的那种整体论的或语境主义的探讨,他们就可以承认贝茨的一个重要主张,即在判断某个利益是否有资格作为一项人权来加以保护时,我们“不仅需要考虑这个利益的迫切性,也需要考虑各种其他的考虑,例如,对这个利益的威胁实际上发生的可能性,在典型情况下落实这种保护的可

---

① Beitz (2009), p. 106.

② 参见 Beitz (2009), p. 104。

③ Beitz (2009), p. 110.

行性，让这种保护变得切实有效需要付出的成本”。[①] 如果我们并不希望人权成为空头支票，那么对人权的**落实**确实需要考虑贝茨提到的这些因素。换句话说，在任何特定情境中，人权的内容或目标必定是相对于这些因素(以及其他类似因素)来指定的。例如，在某个特定社会中，人们能够对健康持有什么样的人权，显然取决于这个社会所能具有的健康资源以及相关的社会-经济条件。同样，人们能够具有什么程度的自由，也取决于这项权利在特定条件下的行使与某些其他考虑的关系。然而，为了能够合理地指定一项有资格成为人权的利益在特定的制度背景和社会条件下所能具有的内容或目标，我们首先就需要确认这项利益在人类生活中的根本重要性。生存、健康和自由显然都是一个基本上得体的人类生活不可或缺的条件，尽管它们作为人权的内容(或者作为一个社会将它们作为人权来追求的目标)是可变的。因此，如果被称为“人权”的那些东西必定具有某种规范的重要性，那么，在最根本的意义上说，我们仍然不得不按照我们对“好的人类生活”的基本条件的理解来设想人权。换言之，我们既不能、也不应当将贝茨所说的“自然主义”的人权概念与他所倡导的政治性概念截然对立和分离开来，而是应当将二者理解为在某种意义上是互补的。

为了进一步阐明这一点，不妨简要地考察一下贝茨对“女性的人权”的分析。[②] 严格地说，女性作为人也享有人所具有的一切人权，特别是平等尊严和平等尊重的人权。然而，女性的性别特征及其特殊境况使她们格外脆弱于人权的观念旨在抵制的标准威胁，这些威胁不仅包括家庭暴力、对家庭劳动的剥削、对财产的任意剥夺、因为接受了传统的家庭分工观念而对女性意志的支配以及对其选择的限制，而且也出现在某些公共领域中，例如职业方面的性别歧视，雇佣关系中的性骚扰，以及在刑事判决上无法有效地起诉强奸行为。不管贝茨如何思考人权的根据或来源，他仍然继承了传统人权理论的一个核心主张，即人权旨在“保护个人的迫切利益免受它们在典型的情况下很容易遭受的某些可预测的威胁”[③]，即所谓“标准威胁”。女性的人权之所以特别值得关注，主要是因为她们的某些重要利益会遭受各种与其

---

① Beitz (2009), p. 110.

② Beitz (2009), Chapter 27.

③ Beitz (2009), p. 109.

性别特别相关的滥用。然而,女性的人权之所以不能得到充分尊重,按照贝茨的分析,很大程度上是因为女性的人权在如下意义上并不是"文化上中立的":导致女性的人权得不到充分尊重的一些因素,在她们所生活的社会的传统规范和习俗中具有根深蒂固的根源。在一个按照这些规范和习俗来确认对男性和女性的区别对待的社会中,社会成员更有可能在这些规范和习俗的辩护上产生重大分歧,而不是达成一致。因此,"如果女性的人权不仅要寻求否决国家所采取的某些形式的行为,在法律和政策方面要求某些变化,而且也要改变周围社会和文化中的信念和行为模式",那么,只要这些模式顽固地抵制改变,以至于无法在政治行动中用切实可行的方式来表达对女性人权的关注,"女性人权的学说在某种程度上就走过头了"。[①] 当然,贝茨不是在声称女性所遭受的歧视或者其他形式的不公正待遇不应当成为一项关注:强制性地采取某种国际行动来干涉一个严重侵害女性人权的社会"可能会威胁其自决能力,让个人遭受强制性制裁的威胁"[②],但是,某些非正式组织仍然可以用提供信息和进行说服之类的方式来影响那个社会的行为模式。

贝茨在女性人权问题上所做的判断可以说是审慎的,但是,他的分析也产生了一定的模糊性和内在张力。人权的政治性概念实际上是要强调人权的内容和目标都取决于某些"偶然的"因素或条件。这个主张在某种意义上是合理的,不过,我们显然也不能认为,人权的内容和目标**完全**是由这些因素或条件来决定的。在贝茨这里,"标准威胁"指的是,在典型的情况下对某个迫切利益造成的威胁。当这样一个利益受到威胁时,这个事实就为采取行动来抵抗威胁(即保护那个利益)提供了一个"至此为止"的理由。这样一个理由之所以只是"至此为止的",是因为是否确实有**结论性的**理由采取行动并不只是取决于对那个利益本身的考虑,也取决于威胁实际上发生的可能性、采取适当手段来保护那个利益的可行性以及相关的成本,甚至也取决于迫切利益是否存在冲突。因此,除非我们能够明确指出,在什么情境中,我们有一个"至此为止"的理由采取行动来阻止对某个迫切利益的威胁,否则我们就不能在政治性探讨的框架中鉴定出人权。如果贝茨声称这样一个

① Beitz (2009), pp. 194, 195.

② Beitz (2009), p. 196.

理由是在“正常的”或某种“理想化”的情境中鉴定出来的，那么他至少必须把关于某个迫切利益的考虑看作决定这样一个理由的**核心**考虑，否则就无法说明什么情境是“正常的”或“理想化的”。在这种情况下，他仍然是在把一个抽象地考虑的迫切利益设想为某个拟定人权的主要根据，即使这个人权的内容或目标也可以取决于某些相对偶然的因素或条件，例如一个社会的经济条件或健康资源。

如果贝茨拒绝承认抽象地考虑的迫切利益是人权存在的核心条件，转而认为一项人权的存在很大程度上取决于各种不断变化的偶然因素或条件，那么他大概就无法在根本上指定一个“至此为止”的理由，因此也无法在其理论框架中鉴定出任何人权。在这种情况下，所谓“人权”至多只能算作具有某种重要性的目标。但是，只要我们将一项人权的**根据**与其**目标**区分开来，我们就可以避免这个两难困境。人权的根据仍然是人类生活中具有根本重要性的一般利益，这样一个利益不仅为一项人权提供了根据，也为采取相应的行动提供了一个“至此为止”的理由。与此相比，一项人权的具体内容或目标则可以取决于某个制度性框架和社会条件。这个区分是贝茨所说的自然主义理论所能接受的，而且完全可以在这种理论的框架中做出。因此，没有理由认为对人权的自然主义探讨与政治性探讨是绝对对立的或彼此排斥的。假若人权的观念要具有**切实有效地**引导实践的**规范**职能，这两种探讨都是必不可少的：一方面，我们需要按照对人类基本生活形式以及人的尊严的基本条件的哲学考察来确立我们对好的人类生活的理解；另一方面，我们需要按照人权实践（包括国内实践和国际实践）得以开展的历史、社会和经济条件以及人类共同面临的威胁来思考人权的具体落实。二者之间的关系可以按照罗尔斯所说的“宽泛的反思平衡方法”来设想。

政治性探讨的主要吸引力在于它避免了自然主义探讨所面临的一个难题——实际上，这个难题是启动某些理论家采取政治性探讨的一个根本动机。自然主义理论继承了自然权利学说的基本精神，认为人权是人类个体仅仅因为“是人”就享有的权利。正如我们已经看到的，“人何以为人”或者“人是否具有某种固定不变的本质”都是有争议的问题。然而，困难并不只是出现在“人是由于什么而必然地和普遍地具有人权”这个问题上；如果任何权利都要求相关联的义务或责任，那么一个问题就会自然地产生：这些义务或责任究竟应该由谁来承担或落实？更具体地说，如果人权旨在保护人类个体的根本利益，那么，即使一个人（或任何人）具有这样的利益，这个事实本身如何能够表明其他人有义务尊重其利益，甚至在其利益得不到满足的情况下设法满足他的利益？任何利益的满足都需要某种资源，因此，任何合理的人权理论都需要说明资源从何而来，为什么任何人有理由提供这些资源。假如在权利主张的持有者和相应义务的承担者之间并不存在某种特殊联系，我们似乎就很难设想为什么任何人有理由或义务满足任何其他人的需求主张。只是声称人们都分享了共同的人性似乎不能有效地解决这个问题，不仅因为"分享了共同的人性"这个说法不足以确立强的规范要求①，而且也因为除了分享共同的人性外，人们彼此还能进入某些重要的关系，这些关系在人们对"好生活"的设想中也具有根本的重要性。人们因为对他人做出许诺、与他人签订契约、成为某个政治社会的成员而进入某种特殊关系中，他们由此招致的特殊权利和义务可以从这些关系中得到说明。相比较而论，人权作为一种一般性的权利似乎不能以这种方式来说明。我们或许可以像哈特那样论证说，只要一个人具有选择能力，选择的有效性就意味着其他人不能对他进行强迫或约束，因此人们至少具有一个自然权利，即自由权。② 但是，哈特的论证策略无法表明人们也普遍地具有人权文本中提到的其他权利，特别是经济与社会权利。

如果人权必须是普遍的，那么自然主义理论就很难令人满意地说明承担相应义务或责任的根据。由此我们不难明白，在人权观念发展的早期阶段，为什么人们倾向于用一种负面的方式来设想人权，将相应的义务或责任设想为负面的或消极的。甚至在很长一段时间，在西方国家，人权通常被限制到公民与政治权利，社会与经济权利则往往被忽视——因为前一种权利只要求负面责任，后一种权利则要求正面责任，例如向人们提供实质性援助的责任。负面责任是**不要**采取做某事（例如伤害他人）的行动的责任。在人权的情形中，具有一项负面责任意味着不要剥夺他人权利的对象。一般来说，为了满足负面责任的要求，人们只需要约束自己不要采取某种行动。满

① 例如，如果人类具有人性，那么任何一种非人类动物也可以被认为分享了其本性，但我们似乎不能认为它们彼此持有类似于人权的主张。

② H. L. A. Hart, "Are There Any Natural Rights?", reprinted in Jeremy Waldron (ed.), *Theories of Rights* (Oxford: Oxford: Oxford University Press, 1984), pp. 77-90.

足这个要求被认为并不需要付出很大代价。负面责任也被认为是普遍的,例如,不要伤害他人的责任并不限于生活在我们周围的人,也适用于陌生人。正面责任是对他人福祉做出积极贡献的责任,其对象被限制到特定的范围,例如与我们具有特殊关系的人们。

亨利·舒伊的名著《基本权利》的重要性就在于,他试图颠覆对权利的这种传统理解,表明任何权利都要求相应的义务,这种义务包含了正面的和负面的两个方面。按照舒伊的分析,与一项权利相关的责任涉及三个方面:第一,避免剥夺权利对象;第二,保护权利对象不被剥夺;第三,在权利对象受到剥夺的时候,向被剥夺者提供必要援助。简而言之,只要存在权利,就有尊重、保护和落实权利的责任或义务。舒伊对权利的理解不仅适用于传统意义上的负面权利,也适用于正面权利。如果你有言论自由的权利,那么,其他人不仅有义务不要妨碍或干扰你对这项权利的行使,也有义务保护你对这项权利的行使(例如阻止某些人试图侵犯你的权利),此外,假若某个权威部门恣意剥夺你对这项权利的行使,其他人就需要采取措施(例如向最高法院提出上诉),让你能够重新行使这项权利。同样,任何一项正面权利也要求类似的责任。如果你有权获得生活必需品,其他人就有责任不要剥夺你所具有的生活必需品,保护你对生活必需品的拥有,在你拥有的生活必需品受到剥夺(不管是由于自然原因还是由于人为因素而受到剥夺)的时候,帮助你重新获得生活必需品,例如通过直接向你提供生活必需品,或者以某种方式改善市场经济机制。如果每个人都有这些责任落实任何其他人的人权,那么人权的落实就会给每个人造成极为沉重的负担——我们时刻都要提防不要剥夺其他人的人权,保护其人权不被剥夺,在受到剥夺的情况下向他们提供必要的支持或援助。

如果与人权相关的责任不仅要由个人来承担,也要用舒伊所设想的方式来履行,那么人权的落实就会严重妨碍人们的正常生活。为了保护一个人对生活必需品的权利,我们首先不要去剥夺其生活必需品,但这样做还是不够的,因为我们是生活在一个非理想的世界中,而在这样一个世界中,无法指望每个人都会自觉履行与人权相关联的负面责任——自然灾害会剥夺一个人对某项人权的享有,不合理的制度安排同样如此。在这种情况下,假若一个人需要花费时间、精力和资源去阻止这种剥夺,或者设法帮助受到剥夺的人们,他就会背上沉重负担。人权的普遍性意味着每个人的基本人权都要得到落实。然而，如果落实每个人的基本人权是个人所要承担的责任，那么人权就很难得到有效保障。第一，个人的时间、精力和资源都极为有限，因此，如果人权必须是一种可以强制实行的东西，那么相应的责任想必也具有类似特征。但是，要求时间、精力和资源的**强制性**转让不仅是对个人完整性的严重侵犯，在某种意义上也有悖于正义或公平的要求。第二，某些剥夺或侵犯人权的方式实际上不是任何人通过其个人努力就能避免的，例如，个人努力既不能避免自然灾害的发生，也不能避免某个群体通过国家授权的力量来剥夺其他人的人权。请注意，我不是在声称个人没有义务尊重和维护人权。个人至少有义务不要侵害或剥夺其他人的人权，有义务支持和维护一个充分尊重人权的制度及其条件。[①] 这些义务不仅体现在人们的日常交往中，也体现他们与自己所生活的社会的政治联系中。我只是在反对如下观点：**每个人**都要对尊重和维护人权担责（responsibility）。这个观点显然不甚合理，因为对人权的大规模侵犯或剥夺并不是任何人所能负责的——甚至在个人所导致的严重侵犯人权的情形中，制度性因素也是造成这种状况的首要原因。因此，将个人看作与人权相关联的责任的**主要**承担者并不是一种具有合理辩护的观念。只要我们以这种方式来看待人权的落实，人权主张就会对我们施加过分严厉的要求。

一个例子足以说明这个忧虑。回想一下，舒伊对基本权利的论证是假设性的：他所要说的是，如果人们根本上具有权利，他们必定具有生存和人身安全这两项基本权利，因为后者是人们能够享有任何其他权利的基础或条件。现在，假设鲁宾孙独自生活在一个与世隔绝的荒岛上，他具有某些道德权利，例如古典社会契约理论家所设想的某些自然权利。按照舒伊的论证，鲁宾孙必定具有基本生存和人身安全的权利。然而，鲁宾孙其实并未生活在任何基本意义的社会中，因此就没有其他人承担与其权利相关的责任，也没有制度来保证其权利的落实。当然，有人或许认为，即便如此，鲁宾孙仍然具有舒伊所说的那两项基本权利，只不过其权利的内容得不到保障。既然鲁宾孙的权利没有得到满足，我们或许认为他的权利被剥夺了。被谁

---

① 这两项义务都属于罗尔斯所说的“自然义务”。参见 John Rawls, *A Theory of Justice* (Cambridge, MA: The Belknap Press of Harvard University Press, revised edition, 1999)，第 19 节和第 51 节。

剥夺了呢？他的权利显然不是因为其他人或任何制度性因素而受到剥夺。那么，是自然环境剥夺了他的基本权利吗？这个说法看来也不太合理，因为只要权利确实要求相关联的责任，承担责任的一方原则上就应该能够认识到并承认其责任的根据，即采取相应行动来满足权利主张的理由。然而，大自然显然并不具有这种能力，正如其他非人类动物也没有这种能力。因此，看来就只有在一个由理性行动者构成的社会世界中，权利的概念才有意义。我们也可以用这个例子表明，当一个人的基本权利受到剥夺的时候，对他提供援助的责任也取决于其他人的能力条件。假设鲁宾孙并不是独自生活在岛上，而是与船只失事后幸存下来的其他四个人一道生活在孤岛上。由于鲁宾孙的聪明才智和勤奋努力，他生产出来的粮食略有富余，但仍不足以解决其他四个人的饥饿问题。在这种情况下，他可能就没有责任向所有四个人提供援助。

鲁宾孙的例子表明，我们不能合理地指望与人权相关的积极责任要由个人来落实。当然，舒伊并没有用这种方式来设想人权的落实。在他看来，人权的落实需要一种道德分工。每个人都有负面责任不要剥夺其他人的人权的内容。这项责任是普遍的，也就是说，每个人都有义务针对任何人来履行这项责任。即使人权被认为是普遍的，但是，相对于与人权相关联的**正面**责任来说，普遍的权利并不蕴含普遍的正面责任，只是要求人权在每个人那里都要得到落实。与人权相关联的**正面**责任是舒伊所说的"间接责任"：这些责任不是直接落到个人头上，而是要由有关的**制度**来落实，正如他所说，"所有负面责任都落到每个人头上，而正面责任就需要用某种合理的方式来划分和指派"①。说人权是"普遍的"，并不只是在说人权是每个人由于"分享了共同的人性"而具有的(尽管这也是"普遍人权"的一个基本含义)，也是在说世上任何人都可以或多或少地提出人权主张。一项要求的根据不是不能与满足它的方式区分开来。如果政治社会是为了让人们有机会和条件追求好生活而确立的，那么，在一个政治社会中，人权的主张和要求就可以由各种制度来落实，尽管人们也有普遍的义务不要剥夺其他人的人权。政治社会可以采取很多不同措施来有效地满足人权的要求，例如提供基本供给

① 参见 Henry Shue (1988), "Mediating Duties", *Ethics* 4: 687-704, quoted at p. 690。

和工作机会，保障基础教育和基本保健，设置避免权利剥夺的相关制度等。

托马斯·博格也对人权的落实采取了一种类似的理解，即认为人权主要要由制度安排来实现。[①] 他将这种理解追溯到《世界人权宣言》第28条："每个人都有权要求这样一种社会秩序和国际秩序，以便本宣言中提出的权利和自由在其中能够得到充分实现。"当然，说人权**主要**要由制度来落实并不意味着人权不对公民提出任何要求。权威对人权的侵犯固然更为严重，但是，在日常生活中，侵犯人权的个人行为也可以发生。出于个人目的残酷地折磨他人显然是对后者人权的侵犯。任何人都有义务不要采取类似行为，也有义务尽量阻止其他人采取类似行为。不过，值得指出的是，博格对个人侵权行为的理解是立足于他的一个认识，即公民要**集体地**对其社会组织及其所产生的人权记录负责。就像舒伊一样，对博格来说，与人权相关的正面责任主要要由制度来承担和实现。但是，他也强调公民应该对其所生活的社会制度的设计承担集体责任。这个主张意味着，如果人权对国家的政治合法性施加了约束，那么公民就有责任参与维护一种促进人权的社会安排，参与改革一种不尊重人权的社会安排，或者抵制维护这样一种社会秩序。反过来说，假若某个社会秩序剥夺了某些人的人权，那么参与维护这个秩序并从中获益的人们就有责任补偿那些人，或者采取行动来纠正他们正在参与维护的社会秩序。这种责任可以被理解为**不要**参与维护不公正的社会秩序并对后者造成的伤害进行补偿的责任，因此在广泛意义上仍然是一种负面责任。博格对全球正义的探讨也是立足于类似的思想：虽然全球秩序致使其他国家人民的基本人权受到剥夺，但是，一方面，只要某个国家及其公民并没有参与维护这个秩序，他们就不对人权的剥夺负有正面责任；另一方面，如果他们参与维护对他国人民的基本人权造成严重侵害的全球秩序，他们就有责任进行补偿，或者采取行动来纠正目前的全球秩序。在博格看来，他对人权所采取的这种制度性探讨具有如下优点：

> 通过[按照制度]来设想人权，我们就转变了[关于人权的传统争论]。对一个人的人权承担责任落到了与他一道参与同一个社会制度

① Thomas Pogge, "How Should Human Rights be Conceived?" in Pogge, *World Poverty and Human Rights* (Cambridge: Polity Press, 2002), pp. 52-70.

的那些人头上，而且只落到他们头上。集体地组织他们所生活的制度，以便让所有参与者都可以稳妥地满足自己的人权，就是他们所要承担的责任。在我们所生活的世界中，国民社会是有关的社会制度的典范，因此，落实你的人权的责任就落到你的政府和同胞头上。[对人权的]这种制度性理解因此就占据了一个有吸引力的中间地带：它超越了（最低限度的互动性）右翼自由主义，这种观点将我们与我们并未直接导致的剥夺分离开来，但又没有陷入一种关于权利的（最大限度的互动性）功利主义，这种观点认为，我们每个人都要对人权的剥夺负责，不管剥夺在本质上与我们有没有因果联系。①

在这里，博格鉴定出两种与其制度性探讨形成对比的"互动性"探讨：一种探讨将人权以及相关的责任理解为人们通过一种"准契约论"的方式而具有的权利和义务，因此，一个人并不需要对与自己并不具有这种关系的人们的人权状况负责；另一种探讨则用一种功利主义的方式来理解与人权相关的责任，将这种责任看作每个人都应当履行的道德要求。这两种探讨之所以不恰当，本质上是因为它们都未能充分把握一个关于人权的基本事实，即人权主要是人们对制度提出的要求，与人权相关的积极责任根本上要在制度上来落实。舒伊和博格所采取的这种制度性探讨因此就避免了此前提到的一个重要批评或忧虑：如果落实普遍人权是每个人的责任，那么人权不仅向人们施加了沉重的负担，而且也不可能得到有效保障，因为每个人所能支配的资源都极为有限，而且，人们彼此负有的特殊义务在他们对生活的意义的理解中也具有某种重要性，因此我们就不能合理地认为，比如说，为了帮助基本人权尚未得到落实的人们，一个人必须在根本上放弃自己的特殊义务。②

然而，这种探讨也产生了一个值得关注的问题：为什么制度被认为要对落实人权负有主要的正面责任？用制度化的方式来落实人权显然更加有效，但仅仅表明这一点并不足以说明制度就是与人权相关的正面责任的主

---

① Pogge (2002), p. 66.

② 当然，就人权被设想为一种一般的义务而论，特殊义务和一般义务之间的关系是复杂的。如何处理二者之间的关系对于恰当地理解全球正义的本质和目的具有根本的重要性。我将在本书第九章中探究这个问题。

要承担者。为了回答这个问题，我们需要进一步考察权利的一些本质特征。[①] 霍布斯的契约理论比较容易说明政府或制度为什么有责任落实人们的**消极**权利，例如自己的人身安全不受侵犯的权利。对于霍布斯来说，人们所具有的这项自然权利在自然状态中得不到有效保障。洛克对自然状态提出了比霍布斯的论述更加丰富的理解：在自然状态中，人们不仅拥有维护人身安全的权利，也具有某种意义上的财产权。[②] 就像霍布斯一样，洛克也认识到这些权利在自然状态中得不到有效保障。人们之所以决定通过社会契约来设立政治社会，就是为了让自己的权利能够得到充分保障。一旦政治社会得以确立，人们的自然权利就转变为公民权利。

古典社会契约论的探讨意味着权利的有效落实与制度具有本质联系。那么，为什么应该存在这种联系呢？如果根本上存在着权利这样的东西，那么权利必定是道德上高度重要的主张或要求。具有一项权利不仅意味着权利拥有者能够自由地支配某个东西，也意味着他能够对其他人如何行动提出合理的要求。一项权利，若要得到有效保障，其所具有的道德分量及其所提出的要求就必须得到**公共的**认识和承认。因此，当权利受到侵犯时，就必须有可以公共地强制实行的手段来惩罚侵权者，或者有效地避免对权利的潜在侵犯。自然状态的主要缺陷就在于其中并不存在支持、强化和落实权利的制度安排。在这里，我们可以在两个相关的意义上来理解“制度”这个概念。在一个意义上，制度指的是一系列稳定的规则、规范和原则，它们在塑造社会关系方面发挥两个职能：第一，它们构成了我们称为“社会行动者”的那种行为主体；第二，它们调节人们彼此间的行为。生活在社会世界中的人并不是孤立的原子，而是需要服从合理的社会规则的行动者。日常的道德原则就充当了这种职能。在另一个意义上，制度指的是在功能上严格地组织起来的社会机构，例如各种法律机构。不论是在哪一个意义上来理解，确立一个制度意味着确立人们彼此间能够理解和承认的社会规范和行为规

① 我对这个问题的论述受益于如下讨论：Christian Reus-Smit，“On Rights and Institutions”，in Charles Beitz and Robert Goodin (eds.)，*Global Basic Rights* (Oxford University Press，2009)，pp. 25-48，especially Sections 2 and 3。

② 参见 John Locke，*Two Treatises of Government* (Cambridge University Press，1988)，p. 271。不过，我们并不是很清楚，在洛克这里，财产权在自然状态中是如何可能的。

则，设立一系列能够支持和强化这些规范和规则的制度性安排。就权利而论，为了让权利能够得到有效保障，人们首先需要认识到一个人有资格得到什么，将这种认识转化为某种共识，然后通过某种强制性制度来维护和落实这种共识。因此，如果人权表达了具有高度优先性的道德考虑，那么不仅每个人都有义务尊重其他人的人权，政治社会也有责任落实公民的人权，而这样做的一种重要方式就是设立各种相关的制度。

然而，在古典社会契约论的思想框架中，制度对于强化和保障权利来说仍然只是工具性的。自然权利理论的核心目的是为国家或政府的政治合法性施加本质约束，因此自然权利被看作是先于制度而存在的——正是因为自然权利具有这个特征，通过社会契约而确立的制度才必须充分尊重人们的自然权利。如果自然权利本质上是先于任何制度而存在的，那么它们就必定可以被设想为是完全独立于任何制度性框架而存在的。但是，正如我们已经看到的，人权的政治性概念挑战了这个假定。对于倡导这个概念的理论家来说，人权文本中所提出的某些权利，特别是社会与经济权利，并非本质上独立于任何制度性框架而存在，其可能性反而取决于制度性框架。换言之，制度不仅使得某些道德权利变为现实，实际上也创造了某些权利。因此，如果任何权利都要求某种公共承认或认可，那么制度对于权利来说就不只是工具性的，也是构成性的。在一种广泛的意义上说，甚至某些道德权利和相应的责任也是在某种社会关系的网络中才变得可能。从一个负面的角度来说，女性的人权之所以特别值得关注，并在某种程度上成为人权的一个专门领域，并不是因为女性在根本的意义上"不是人"，而是因为：由于社会生活的偶然结构，在某些情况下，女性的利益会遭受男性的利益不曾碰到的威胁。如果我们无法脱离人们所生活的社会、历史、经济条件来设想人权可能采取的形式和可能具有的内容，那么我们就不能有意义地声称人权是先于任何制度性框架而存在的——这种主张不仅会使得人权变成空头口号，也会因为过分强调权利和忽视责任而在社会生活中制造不必要的乃至有害的张力。这不是否认人权的观念可以为设想和设计公平合理的社会制度提供重要指南，因此为国家或政府的政治合法性提供一个基本标准。对人权的任何合理的探讨都不能无视人权的观念所要充当的这个核心职能。但是，如果博格提到的那两种"互动性"探讨并不足以履行这项职能，那么制度性探讨在人权的理论和实践中就仍然具有根本的重要性。

人类生活的偶然性已经使得人们生活在特定的地域，具有与众不同的文化并通过文化传承形成了特定的历史联系，并对好的人类生活形成了不同的理解。这些看似偶然的因素在社会和政治实践(特别是人权实践)中具有规范的重要性。因此，人们也只能按照其所生活的特定的社会、历史、经济条件来构想什么样的制度最有益于促进他们所设想的好生活的核心要素，并因此而合理地设想人权的目标以及实现人权的恰当方式。这不是说实践本身缺乏任何程度的超越性。就像文化一样，实践确实具有某种超越性——文化本身其实就是实践的一个内在要素。然而，任何重要的实践都必定既是话语性的又是政治性的：它是由一套调节社会生活的规范构成的，这些规范必须在社会生活中得到明确承认，这种承认为社会成员提供了以某种方式行动的理由，而对理由的彼此承认是社会成员能够以合情合理的方式共同生活的一个基础或前提。正是因为这个缘故，生活在一个共同体中的人们才对形成和塑造自己所生活的制度负有集体责任。也正是因为这个缘故，人权首先适用于国家的政治制度，不只是因为人权的观念为制度建设提供了基本指南，也是因为人权根本上要通过制度体现出来并得到落实，正如贝茨正确地指出的，“国家对于确保其居民人权的满足负有首要的或‘第一级’的责任”[①]。只有当一个政府未能履行这种“第一级”的责任时，人权才会成为国际关注的对象。当然，国际社会对于人权所要承担的“第二级”的责任也不只是监管的责任，因为当我们在广泛的意义上将人权的观念与全人类的发展和繁荣的观念联系起来时，国际人权实践也需要处理人类面临的某些具有根本重要性的问题。对这些问题的恰当处理需要人类共同体在彼此尊重和相互理解的基础上形成某些基本共识，在国际社会中公平合理地分配和指派责任，并最终将这些责任落实到主权国家的制度建设上。

在当今世界，不论是在国内政治实践还是在国际政治实践中，人权的观念都具有根本的重要性。我之所以讨论这个观念的历史演变以及人权的辩护问题，并不是为了对人权提出一个完备的论述，而是为了阐明人权概念的复杂性及其可能遭受的误解或滥用，以便为接下来探讨社会正义和全球正义领域中的某些核心论题提供一个必要准备。

---

① Beitz (2009), p. 114.

第四章　平等、应得与责任

人权的观念旨在传达如下主张：每个人作为人都应该过上一个基本上得体的生活。这个主张为任何道德上可接受的制度施加了一个本质约束，为制度的设计和实施提出了基本要求。人权的观念是建立在“人本来就具有尊严”这一思想的基础上。正如我们已经看到的，如何理解这个思想，或者更确切地说，如何理解人的尊严的本质和来源，本身是一个有争议的问题：一方面，人不可能只是由于人类特有的生活形式而值得尊重，因为任何物种也都有其自身的生活形式；另一方面，当我们寻求在人性中来理解人的尊严的来源时，我们仍然不可能在这个问题上达成共识。例如，如果我们强调人的尊严根本上在于人的理性本质，并由此将理性本质设想为人权的根据，那么某些人类个体就会被排除在人权的范围外，但是，若将基本需求看作人权的根据，我们可能就会将权利赋予其他非人类动物。[①]这个问题上的模糊性一方面使得人权的内容变得不太清晰，另一方面也使得对人权的根据采取一种多元的探讨变得必要，并在一定程度上支持前一章所说的人权的政治性概念。因此，我们最好是从一种**实践的**角度来看待“人具有内在尊严”这个主张，将它理解为对人类社会和人类生活实行自我管理的基本要求，其核心要素在于平等尊重每个人在追求一个好的人类生活方面的基本权益，促进人类的共同发展和繁荣。这其实是主要的人权文本就人权提出的基本主张，正如《世界人权宣言》所说：“尊重人类大家庭所有成员的内在尊严及其平等的、不可转让的权利，乃是世界上自由、正义与和平的基础。”

① 在这里，值得指出的是，我不是在否认人类在某种意义上有责任保护非人类动物，正如人类有责任保护生态环境。我的主张是，为了拥有权利，一个存在者至少需要具有（或潜在地具有）基本的理性能力和道德观念，例如能够在某种意义上彼此**承认**对方的资格、具有对自己行为负责的基本意识和能力。

如果人根本上具有尊严,那么人的尊严就应当是人类个体平等地享有的:平等尊严本质上产生了平等尊重的思想。为了真正地作为人而得到尊重,一个人不仅需要在其作为人类共同体成员的资格上得到尊重,也需要在一个基本上得体的人类生活所需的基本条件上得到尊重。前一个意义上的尊重要求不要按照一个人的出身、性别、种族、信仰等来区别对待一个人,后一个意义上的尊重则要求某些实质性的条件。不过,这两种意义上的尊重能够具有重要联系,因为任何人都不是抽象地存在的个体,而是生活在社会世界中、具有深厚身份(thick identity)的个体,正如亚当·斯密所说,一个"声誉好的"工人,若没有一件亚麻衬衫,就不可能"无羞耻地"出现在公共场合。[①] 一个人若被剥夺了基本的生活条件(哪怕不是在绝对的意义上被剥夺,即完全缺乏这些条件,只是在相对的意义被剥夺,即与某些其他人相比,缺乏较为充分的生活条件),也会因为自己的生活远远低于社会上普遍接受的标准而觉得丢脸。严重贫困不仅会削弱人们的能动性及其行使的基本条件,也会破坏自尊的社会基础。然而,并非所有形式的不平等都是道德上成问题的或不公正的。就平等尊严要求平等尊重而论,我们必须弄清楚平等尊重究竟要求什么。本章旨在通过考察这个问题来澄清社会正义的核心要求,以便恰当地理解全球正义和社会正义之间的关系和差别。

一、平等的观念

人权的观念取决于假设每个人都拥有同等的尊严,因此值得同样尊重。这个主张关系到所有人都被认为具有的一种特殊地位,它所暗示的是人在道德资格上的平等。道德平等的观念只是表明,在彼此间的社会交往和政治实践中,人不能被当作"非人"来对待。然而,这个略微抽象的主张并没有明确指出平等尊重意味着什么或要求什么。在人类思想史上,道德平等的

---

① 参见 Adam Smith, *An Inquiry into the Nature and Causes of the Wealth of Nations* (Indianapolis: Liberty Fund, 1979), Vol. 1, p. 348, note 43。亦可参见斯密对贫困者心理状况的描述:Adam Smith, *The Theory of Moral Sentiments* (edited by Knud Haakonssen, Cambridge: Cambridge University Press, 2004), pp. 60-62。

观念很早就出现了:古希腊斯多亚学派哲学家认为,每个人都具有同样的理性能力,在这个意义上都是平等的——所有理性存在者都有一种自然的平等;早期基督教也持有类似观点,认为每个人在上帝面前都是平等的。在现代时期,从 17 世纪开始,自然平等的观念用一种更加明确的形式出现在自然法和社会契约论传统中,并多少获得了一点实质性内容。例如,霍布斯认为,每个人在自然条件下都拥有平等的自然权利,因为在这种条件下他们具有差不多平等的自然能力。洛克论证说,所有人都有平等的自然权利拥有自己的人身和自由。在卢梭看来,理性和文明的发展让人们产生了相互攀比的心理,从而导致了严重的社会不平等,他们原来在自然状态中享有的自然平等也就消失了,不过,通过重新设计社会,人们可以再次获得一种道德上的平等。康德提出了道德上的自我立法的思想,认为人是因为能够服从道德法则而具有平等的道德价值和自由。启蒙运动的思想观念,正如我们已经看到的,不仅鼓舞和推进了各种追求平等的社会运动,在 20 世纪特殊的社会和政治条件下,也最终导致了普遍人权观念的确立。因此我们可以说,至少从 18 世纪以来,平等尊重的观念就已经得到广泛接受,并成为用来评价社会制度的一个最低标准。平等也成为社会政治理论中的一个核心概念:所有主要的理论都站在金里卡所说的“平等主义的制高点”上,都试图按照平等的观念来界定社会、经济与政治条件,尽管不同的理论家会出于不同的立场或承诺而对平等提出不同的理解。平等的观念也成为我们理解当代政治哲学的多样性和统一性的一个关键。①

这种状况不难理解。平等尊严和平等尊重实际上是一个极为抽象的观念,它只是说人是由于具有了某种特殊的地位而具有尊严,值得尊重。如果这个特殊的地位是人类普遍分享的,那么人的尊严就只能是一个很单薄的概念,尽管它也能够在社会和政治生活中具有一些实践含义。这个特殊的地位可以被认为是任何人都拥有或者原则上能够拥有的。然而,除了这个地位外,人类个体在其他方面也有差别,具有各种各样的特异性。例如,人们不仅在外部特征上不同,在个性特征上也不同;前者包括人们从出身背景中继承下来的财富和机会、他们所生活的自然环境和社会环境等,后者包括

① Will Kymlicka, *Contemporary Political Philosophy*: *An Introduction* (second edition, Oxford: Oxford University Press, 2002), p. 5.

年龄、性别、体质、天资、才能等。人们在这些方面的差别，再加上他们在社会生活中所做出的选择和努力，都可以对其生活前景产生极为不同的影响，因此使得他们在很多方面实际上并不平等。如果我们将平等理解为一个规范主张，即认为人**应当**是平等的，那么我们就需要追问一个问题：实际的不平等如何能够得到辩护，或者是否根本上得不到辩护？为了处理这个问题，我们或许认为，人是由于具有共同的人性而值得尊重，并在这个意义上具有平等的尊严。假若我们采取这条思路，我们或许寻求从人性中发现某些共同的要素，进而认为平等尊重就在于尊重与这些要素相关的条件，例如通过让每个人都拥有这些条件并在社会生活中彼此尊重这些条件。如果人类在生物学上属于具有语言、使用工具、生活在社会中的“智人”，那么我们或许认为，每个人原则上都应当具有与这些特征相应的能力，否则就说不上是一个人类个体。当然，我们也可以对“人性”提出更加丰富的理解，例如像康德那样将道德自主性看作人的本质特征，或者像努斯鲍姆那样将某些核心能力赋予人类个体。只要我们能够合理地鉴定出人性的核心要素，我们大概就可以认为，平等尊重就在于尊重在每个人那里与这些要素相联系的能力或条件。在这里，“尊重”要在两个意义上来理解：在负面的意义上，尊重意味着不要在任何人那里剥夺这些能力或条件；在正面的意义上，尊重意味着在每个人那里维护和促进这些能力或条件。

然而，这条思路也会碰到两个重要问题。第一，正如在讨论人权的辩护时我们已经看到的，我们很难在“人是什么”或者“人性在于什么”这个问题上取得共识——实际上，某些理论家声称，人的“本质特征”就在于人并不具有固定不变的本质。与其他非人类动物相比，人的最重要的特征大概就在于，人是具有道德能力的存在者，而不仅仅是像其他动物那样能够感受痛苦，具有各种基本需求。康德已经将人的道德能力与人的尊严紧密联系起来，对他来说，尊严实际上是一种要通过在行动和选择中尊重道德法则来取得的成就。如果这种成就取决于人们的自然能力，如果人们的自然能力本身就是不平等的，那么并不是每一个人类个体都能具有康德所说的尊严。当然，为了拯救人们具有平等的道德价值这个观念，因此至少在道德领域中为人的平等留下余地，康德强调说，道德价值不可能取决于任何外在的或偶然的因素。然而，行动和选择都是在经验世界中展开的，对于评价人们做出的道德行动或道德选择来说，经验考虑显然是相关的。例如，一个行动者是否能够对其行为负责，很大程度上取决于他是否能够理性地控制自己的行动，而对行动的控制不仅要求经验信息，也会受到人们无法预料的因素的影响。如果康德只能用一种超验的方式来设想或保证人们的道德平等，那么他就只能留给我们一个过于单薄的平等尊重概念，我们仍然不得不通过诉诸关于人性和人类条件的经验考虑来充实"平等尊重"的内容。这样一来，我们又回到了一开始碰到的问题，即如何设想人们在实质性意义上的平等。

第二，就实质性平等而论，大概最没有争议的是人们在基本需求方面的平等(只要我们可以明确地界定基本需求)。亨利·舒伊已经令人信服地表明，如果人们具有任何权利，那么人们必定具有生存和人身安全的权利。我们还可以像哈特那样论证说，自由在类似的意义上也是一项基本权利。因此，我们或许由此认为，平等尊重就在于平等地尊重人们在生存、人身安全以及自由方面的基本条件。但是，甚至这个一般的主张也有自身的问题，其中一个问题是，在这些方面，什么条件是"基本的"或者说具有某种"最低限度"？这也是一个极为困难的问题。[①]基本需求并不只是在于提供资源，也涉及培养和维护相关能力。对人来说，满足基本需求并不只是为了满足我们作为动物而存在所需要的基本条件，更重要的是为了在满足基本需求的基础上追求自己所认定的好生活——用能力理论家的语言来说，满足基本需求是有效地行使可行能力的一个条件。因此，人们需要什么基本资源，或者将什么资源看作基本的，与他们对于一个值得过的生活的设想和规划具有重要联系。因此，即使社会具有丰富的资源，似乎也不能用一种绝对的方式来分配基本资源，例如让任何人在任何方面都具有同样的或同等的资源。既然人有个体差别，对资源的任何一次绝对的、平等的分配都会导致不平等的结果；而为了纠正这种结果，对资源的任何一次再分配不仅同样会产生不平等的结果，从而使得平等的目标成为无底洞，而且也不符合一个直观认识，即人们应该对其自愿选择的结果负责。当然，我们可以追问：个体差异所导致的不平等是否可以在道德上得到辩护？在这种不平等中，某些形式的不平等显然是道德上不可接受的。例如，我们明确反对以权谋私以及由此导致的不平等，而对于家庭出身所导致的不平等，我们可能也会持有异

① 对这个问题的一个系统探讨，参见 Dale Dorsey, *The Basic Minimum: A Welfarist Approach* (Cambridge: Cambridge University Press, 2012)。

议。不过,我们或许认可在公正的机会平等原则下、个人努力的差别所导致的不平等。①

由此可见,就平等尊重表达了一个重要的道德理想而论,对这个概念的任何实质性理解都必定与正义或公平的观念具有重要联系。实际上,正是因为理论家们对这三个概念的相对重要性及其关系持有不同看法,平等才变成了一个错综复杂的问题。例如,不管左翼自由主义理论家如何理解平等主义分配的目标(比如说,罗尔斯所说的"社会基本善品",罗纳德·德沃金所说的"资源",或者某种恰当地设想的福祉),他们都强调平等在制度的设计和评价中的根本地位,而右翼自由主义理论家则强调个人自由权和自我所有权的至高地位;马克思主义思想家批评自由主义者只是强调"形式"平等(即机会平等以及在公民与政治权利方面的平等),忽视或无视了资源的私人占有所导致的"实质性"不平等;女性主义理论家不仅强调所谓"关怀伦理",也呼吁将平等的观念扩展到家庭之类的私人领域;社群主义理论家在指责自由主义的正义理论并未充分重视共同体价值的同时,强调将自由和平等的观念赋予具有伦理意义的共同体,因此,他们至少针对两种重要价值对个人与共同体的关系提出了一种独特理解。简而言之,在当代政治哲学中,尽管主要的理论家都站在所谓"平等主义制高点"上,但在"平等在于什么"(equality of what)这个问题上,他们有着极为不同的回答。

一旦我们接受了"人具有尊严,因此值得平等尊重"这个观念,它就可以成为设计合理的制度,评价和改善现存制度的一个根本标准。② 换句话说,这个观念或者相应的主张是任何道德上可接受的社会-政治生活的一个组织原则。"一种值得过的人类生活"这个观念无须体现任何形而上学上特别深奥的东西,毋宁说,它只是表达了具有自我意识、能够认识到自身具有某种独特性的人类存在者的一个自然愿望。平等尊重也意味着将每个人都作

① 这个主张及其所包含的原则实际上也是有争议的,参见下面的讨论。

② 我之所以说"一个根本标准",是因为人类生活中也存在其他重要的价值,例如,除了自由和平等外,经济效益和对共同体的依存也都是重要的人类价值。此外,对人的平等尊重也可以在很多方面体现出来,例如,不仅体现在对他们作为人的资格的尊重上,也可以体现在对其自主性的尊重上。因此,我们没有理由认为,一个合理的社会必须将某个特定价值提升到绝对的或至高无上的地位——它只是需要将一组核心的价值看作具有根本的重要性。

为在某种意义上与自己平等的个体来看待——平等尊重是对每个人作为人的地位及其基本条件的相互承认,因此就不仅预设了某种共同体的概念,也可以具有更加丰富的内涵(只要人们在共同体中能够具有更加丰富的身份)。例如,我们不能只按照一般而论的"人类平等"的观念来理解平等,也需要将平等置于特定的社会环境中,用一种关系性的或比较性方式来看待平等或不平等:平等或不平等不仅涉及一些人有什么、其他人有什么,也涉及在某个特定的方面一些人有多少、其他人有多少。平等的**规范**含义往往是在比较的情境中、在制度框架下呈现出来的。就人类预期寿命而论,相对发达的国家与极度贫困的国家有很大差别,例如,在美国,预期寿命是 74.2 岁,而在马拉维只有 37.1 岁。我们可以假设这种差别在于人们的生活状况,特别是相对富裕或贫困的程度。但是,只要马拉维人民的生存状况与美国(或任何其他社会)并不存在任何有意义的联系,我们大概就不能认为这两个社会在预期寿命上的不平等产生了正义问题,尽管马拉维人民不能活到人类正常的平均寿命确实是一件在道德上令人担忧的事情,我们或许有人道主义责任帮助他们缓解这种状况。与此相比,在美国,出生和生活在同一地区的白人和黑人在预期寿命方面也有重要差别:按照 1999—2001 年的一项统计分析,在预期寿命最高的地方,黑人活到 70 岁的比例仍然低于白人 9 个百分点,而在预期寿命最低的地方,黑人活到 70 岁的比例低于白人 16 个百分点。[①]如果寿命与人们的生活标准、健康状况以及所能得到医疗保健等因素具有重要联系,那么美国白人和黑人在寿命上的差别就提出了值得关注的平等问题,因为这种差别暗示了黑人在医疗保健和公共健康等方面并没有得到与白人一样的关照,但是二者都生活在同一个制度下。在我们对平等或不平等的思考中,制度之所以具有根本的重要性,不仅是因为任何合理的制度都必须按照某种平等观来平等地对待人们,也是因为"应得(desert)"的观念与制度(或者至少与社会约定)具有本质联系。然而,这个主张似乎又让我们回到"平等在于什么"这个核心问题,而为了恰当地处理这个问题,我们最好是从两个相对容易处理的问题入手:第一,为什么平等是一个错综复杂的概念,或者换句话说,为什么平等作为一个价值具有一定

---

① 参见 Thomas M. Scanlon, *Why Does Inequality Matters* (Oxford: Oxford University Press, 2018), pp. 11-13。

的复杂性？第二，哪些因素妨碍人们过上一个基本上得体的人类生活，或者换句话说，哪些形式的不平等直观上说是不可接受的？

一些例子足以说明“平等”这个概念的复杂性。不平等是我们所生活的世界的一个显著特征。在美国，1%的美国人拥有至少三分之一的国内财富，而生活在底层40%的人口仅拥有1%的财富；1998年，世界上385个亿万富翁的资产大于全世界45%的人口(即25亿人)所具有的资产。诺奇克之类的理论家或许认为，就这种不平等体现了所谓“个人应得”、满足了程序公正的要求而论，它并不是不可辩护的。然而，我们仍然会觉得这种不平等的存在暗示了我们所生活的世界在某个地方不对劲，因为严重的不平等会导致某些社会恶果，正如下面即将看到的。又如，生来患有某种遗传性疾病的婴儿通常在5岁以前就会死去，其平均寿命低于没有这种疾病的婴儿的平均寿命。这也是一种形式的不平等，不过，我们可能不会认为这种不平等是道德上不可接受的，特别是因为这种疾病目前仍然无法有效地加以治疗。如果一个政府(例如布什任期的美国政府)为了维护富人的地位而采取大幅度减税的政策，我们就倾向于认为这样做是道德上错的，因为它会扩大财富和收入的不平等；与此相比，如果一个政府(例如奥巴马任期的美国政府)在金融危机下削减企业高管的工资，我们会倾向于赞同这种做法，因为这样做是为了造就一个更加平等的社会，以便每个人在面对经济困境时都能保障自己的基本生活条件。这些例子表明，我们有一些道德直觉支持某些形式的不平等，反对某些形式的不平等。我们或许并不认为自然条件产生的不平等在道德上特别不可接受，尽管一个得体的社会也应当努力缓解这种条件对人们生活前景的影响，例如，在具有充足的社会资源的条件下，向地震灾区的人民提供某种补偿，或者在社会政策方面适当地优先考虑他们的利益。但是，如果严重的不平等是由制度性因素造成的，那么这种形式的不平等可能就会引起非议，因为我们假设一个合理地公正的社会应当平等地对待其公民——之所以如此，不仅因为国家需要辩护它对公民自由所施加的限制，更重要的是因为：有平等的机会追求一个值得过的生活，就是人们生活在政治社会中的一个主要目的。

一个例子有助于阐明这里所要表达的观点。美国在财富、收入和社会服务方面的不平等造就了成千上万无家可归的人。这些人大体上可以被分为三个群体：第一，因为(比如说)失业而在经济上失去立足之地的人们；第二，精神上或身体上有残疾的人们，这些人由于缺乏居住待遇、医疗保健或者没有能力再次就业而无家可归；第三，没有任何残疾、仅仅因为与劳动力市场偶然脱节而无家可归的人们。第一群人并非因为自己的过错而失去工作，第二群人因为残疾而找不到工作，第三群人可能包括出于懒惰而不愿意工作的人们。如果一个人并非因为自己的过错而失去自己本来享有的基本生活条件，那么社会就应该设法为他提供基本生活保障。与此相比，有些人是因为天生的遗传缺陷而残疾，说不上对自己的残疾负有责任；有些人是因为自己本来就能控制的因素而残疾，例如因为飙车所造成的交通事故而残疾。直观上说，如果不平等是由人们无论如何都不能负责的因素造成的，那么社会就需要纠正这种不平等。因此，天生的残疾人有权享有基本生活条件，或者至少有权获得工作机会。相比较，如果不平等是一个人的自愿选择的结果，那么社会一般来说就不能以牺牲其他人的生活质量为代价来改变这种不平等。在第三群人那里，如果某些人既有正常的工作能力，也有工作机会，只是出于懒散而不愿工作，那么其处境大概就不是社会正义应当关注的，即使他们可以要求其他人的帮助，或者要求某种最低限度的社会救助。

作为一个重要的人类价值，平等不仅可以具有多种含义，也可以与其他重要价值（例如正义和公平）具有错综复杂的联系，甚至在某些情况下能够与其他价值相冲突。正是这些因素使得这个概念变得格外复杂。不过，平等的最根本的含义显然来自人们在道德地位上的平等。我们相信，人是因为具有某种特殊地位而具有尊严，是因为具有尊严而值得平等尊重。既然每个人在这个特殊的地位上都是相似的，每个人都值得平等尊重。然而，不管我们如何理解这个特殊地位的本质和来源，实际的人类个体并不只是具有这个特殊地位，更不用说，某些实际的**人类**个体被认为并不具有这个地位——例如，假若我们将这个地位鉴定为理性能力的话。进一步说，即使所有人都被认为具有这个特殊地位，但是，在实际的人类生活中，这个地位并不是独立存在的，而是在人们所具有的各种社会关系及其所从事的各项活动中体现出来的，因为人们所具有的**深厚**身份不仅是这些关系和活动的载体，而且在一定程度上也是由这些关系和活动构成的。既然人们能够具有极为不同的深厚身份，说人们在某种根本的意义上是平等的，并不是说他们是同样的，而是说在这种差异下面仍然有某些共同的东西，正是这些东西使得人**在本质上**是平等的。本质上的平等只是意味着人们在与这个本质（即所有人被认为都具有的那个特殊地位及其根据）相关联的某些重要方面是相似的，而不是意味着人们在任何一个方面都是同样的，或者都应该得到同等的对待。我们对平等的日常理解其实已经蕴含了这一点。例如，我们通常认为，社会职位的拥有应当与能力、资质和经验之类的条件相联系，只有最好地满足这些条件的人才有资格获得某个职位。如果两个人竞争同一个教授职位，他们在教学和科研能力、社会服务等相关方面有很大差距，那么我们显然不能认为两人都有资格获得那个职位，即使他们可以有公平的机会获得那个职位。资格平等只是意味着人们在相关的方面应该得到平等的关切和尊重，而不是在任何方面都要被处理为平等的。[①]由此我们可以提出一个关于平等的形式原则：假若两个人在相关的方面具有平等的资格，他们在这些方面就应当被处理为平等的。这就是通常所说的"类似情形，类似处理"原则。

资格平等在道德平等和实质性平等之间占据了一个中间地位。[②] 道德平等是人们作为人在道德地位上的平等，是一种最一般意义上的平等，实质性平等则涉及人们为了追求一个值得过的生活而需要的条件，特别是资源、能力和机会。道德平等其实也是一种特殊意义上的资格平等，但它为狭义的资格平等以及实质性平等提供了基础。"每个人都具有平等尊严"这一主张既是道德平等的根据，也是其核心内容。然而，正如我们在前一章中已经看到的，"人的尊严"同样是一个具有复杂内涵的概念——当它在"尊重人"的主张中体现出来时，无论是对于"人"这个概念本身，还是对于"如何才算尊重人"，我们都可以有不同的理解。我们可以通过尊重一个人的智慧、见识或意见来尊重他，也可以通过尊重一个人在某个方面具有的地位或资质（例如作为长辈或者某个方面的权威）来尊重他，还可以通过尊重一个人的

---

① 参见 Ronald Dworkin, *Taking Rights Seriously* (Cambridge: Harvard University Press, 1977), p. 370。

② 在这里，我对"实质性平等"这个概念的使用大体上类似于斯坎伦的使用：对他来说，实质性平等指的是如下观念："人们的生活或命运应该以某种实质性的方式是平等的，例如，在收入或者在总体福祉上是平等的。"他将实质性平等对比于他所说的"平等考虑的形式概念"，例如"每个人都值得平等尊重，应该被给予平等的分量"这一主张。参见 T. M. Scanlon, "The Diversity of Objections to Inequality", in Matthew Clayton and Andrew Williams (eds.), *The Ideal of Equality* (London: Macmillan, 2000), p. 41。

自主性来尊重他。如果一个人在某个方面确实具有他应有的地位或资格，那么在这个方面不给予他应有的地位或资格，就是在对他表现出一种不尊重的态度[①]，他自己可能会因为得不到平等对待而感到耻辱。在这个意义上说，不尊重他人不仅会对他人造成心理伤害，也意味着否认他人应有的资源或机会，从而剥夺他人的自尊的社会基础。

就此而论，平等尊重的失败就可以与各种形式的社会歧视相联系，而且实际上经常成为歧视的主要原因。[②]在社会生活中，我们不难看到在种族、性别、信仰等方面的歧视。受歧视的人们被认为在某种意义上低人一等，或者甚至"不是人"，例如在某些种族屠杀的情形中。歧视并不是(或者不只是)一种一般而论的偏见，而是在人际关系或社会关系中体现出来的一种在道德上缺乏辩护的区别对待的态度，其本质在于某个群体的人们因其成员身份而被认为处于某种"低劣"地位，并因此而成为社会排斥的对象。因此，歧视首先意味着贬低受歧视者的道德人格，将对方处理为不太值得关怀和尊重，进行歧视的人也必定在社会上占据某种优势地位，能够对他人进行支配。在这个意义上说，歧视之所以是道德上错的，是因为这种做法或态度与"人们具有平等的道德价值"这一根本原则相冲突。[③]但是，歧视并不只是表现在受歧视者的自尊在心理上受到了伤害这个方面。只要歧视所针对的是某个或某些特定的社会群体，它就不是个别行为或态度，而是一种能够产生广泛的社会影响和社会后果的实践。受歧视者会因为社会排除而失去某些重要的资源和机会，例如在工作市场上因为自己是女性或属于某个少数族

---

① 值得指出的是，当我们将尊重与应得的观念联系起来时，关于应得的主张只是向我们提供了一个"至此为止"的理由来表达我们在某方面对某人的尊重。

② 歧视是一个多层次的问题，不仅涉及歧视为什么在道德上是错的或不正义的，也涉及社会、政治以及历史等层面。在哲学上对这个问题的讨论，参见：David Edmonds，*Caste Wars：A Philosophy of Discrimination*（London：Routledge，2006）；Benjamin Eidelson，*Discrimination and Disrespect*（Oxford：Oxford University Press，2015）；Kasper Lippert-Rasmussen，*Born Free and Equal?：A Philosophical Inquiry into the Nature of Discrimination*（Oxford：Oxford University Press，2014）。

③ 参见 Deborah Hellman，*When Is Discrimination Wrong?*（Cambridge，MA：Harvard University Press，2008）。

裔而得不到公平考虑[1]，既然在社会上占据“优越”地位的群体是出于错误的理由或信念而歧视其他人或其他群体，他们的生活和活动也会变得不真实。就此而论，歧视实际上会对双方都造成伤害，并通过加剧社会张力或社会冲突而破坏公平合理的社会合作的基本条件，从而使得每个人在生活上都变得越来越差。[2]歧视所产生的社会恶果还不只是体现在无视人的平等尊严和对人们普遍造成伤害这两个方面，甚至也会削弱乃至剥夺受歧视者的自由。如果一个人知道自己身为女性会在某些方面受到歧视，那么，她不仅在思考职业选择时被剥夺了不考虑自己性别的自由，在职业选择的范围上也会受到很大限制，因此其积极自由或自主性就会受到削弱。[3]因此，歧视不仅是对人的平等尊严的直接侵犯，也会因为否认人的平等的道德资格而削弱或剥夺人们应有的资源、机会和自由，从而导致一种在道德上不可接受的不平等。

社会歧视只是从一个侧面揭示了平等尊重的失败所导致的恶果：它表明不尊重人们的平等资格如何导致侮辱和羞耻，相关的社会排除如何削弱或剥夺了人们应有的资源、机会和自由。不过，我们也可以从其他方面来说明实质性的严重不平等如何能够产生一些道德上不可接受的结果。在本书第一章中，我们已经列举了严重的贫困所产生的一些触目惊心的结果。不管我们如何思考贫困的根源，严重贫困剥夺了人们追求和享有一个基本上得体的生活的条件和机会：它不仅剥夺了人们最为基本的生存条件（例如基本的营养和健康），也剥夺了人们参与市场竞争的机会和能力（例如因为缺乏教育和必要的职业训练）；贫困者不仅无法有效地参与决定其生活和命运的政治决策，而且，就像亚当·斯密所说的那样，也会在社会上蒙受羞辱和遭受歧视。在国际层面上，贫困国家或社会往往没有能力和条件参与塑造能够对其命运产生影响的全球性秩序，甚至因为在国际合作或协商中缺乏

---

① 对这一点的进一步说明，参见 Andres Moles, “Discrimination and Desert”, in Kasper Lippert-Rasmussen (ed.), *The Routledge Handbook of the Ethics of Discrimination* (London: Routledge, 2018), pp. 119-131。

② 参见 Richard Arneson, “Discrimination and Harm”, in Lippert-Rasmussen (2018), pp. 151-163。

③ 参见 Sophia Moreau, “Discrimination and Freedom”, in Lippert-Rasmussen (2018), pp. 164-173。

必要的谈判能力和公平的机会而继续受到压制或剥夺。财富和收入方面的严重不平等也会产生类似效应。即使经济不平等可能并不是道德上绝对成问题的，但是，由于人类心理的某些特点，严重的经济不平等会转变为政治权力的不平等[①]，从而就会让在经济上占据优势地位的人们用一种道德上不可接受的方式控制或支配其他人（例如通过控制其他人所能工作的地点和方式，他们在市场上所能买到的东西，或者通过控制主流的生活方式而让其他人感到羞辱），也会让他们按照自己的利益来影响政治平等和法律公正以及在教育、医疗、经济等方面的机会平等。[②]严重的不平等甚至会影响整个社会的健康状况。我们不难理解社会地位、经济状况、工作方面的不安全感和失业、教育水平、社会流动性之类的因素为什么会影响个人健康状况；不过，按照一项经验研究的结果，有趣的是，医疗服务和遗传因素并不能说明一个社会为什么总体上比另一个社会更健康，各个社会在健康方面的相对差异是由社会生活和经济生活方面的因素来说明的，其中特别值得指出的是，相对平等的社会具有较高的健康水平。[③]

有人或许认为，既然严重不平等能够产生这些道德上不可接受的结果，这个事实就向我们提供了一个消除所有不平等的理由。然而，问题并不是这么简单。第一，正如斯坎伦正确地指出的，我们是按照某些更加根本的价值观念来判断这些形式的不平等应当被消除，例如，我们不仅使用了平等尊重的思想，也使用了公平和正义的概念。换句话说，只有通过利用其他更加具体的价值，我们才能从平等考虑的思想中得出具有实质性平等主义含义的结果。[④]当然，公平和正义的观念也是立足于对人的平等价值的某种理解，这就是为什么当代主流的政治哲学都是站在平等主义的制高点上。不过，至少在某些情形中，正义或公平能够与简单的平等主义主张（即每个人和所有人在任何方面都应当得到平等对待）处于某种张力中，或者甚至发生

---

① 以美国社会为例对这一点的一般论述，参见 Martin Gilens, *Affluence and Influence: Economic Inequality and Political Power in America* (Princeton: Princeton University Press, 2012)。

② 参见 Scanlon (2018), pp. 4-9。

③ Richard Wilkinson, *Unhealthy Societies: The Afflictions of Inequality* (London: Routledge, 1996).

④ 参见 Scanlon (2000), pp. 41-47。

冲突。第二，尽管平等的形式原则构成了程序正义的一个基础，例如在司法正义中具有明显的重要性，但是，这个原则只是为我们理解平等提供了一个基本起点。为了在具体情形中将人们处理为平等的，我们就需要鉴定道德上相关的特点，为此就需要援引其他实质性的道德考虑。例如，为了恰当地处理社会是否应当纠正残疾所导致的不平等，我们不仅需要鉴定残疾的原因，也需要说明人们无法控制的因素所导致的不平等为什么是道德上相关的。这个问题也关系到平等为什么重要或者在什么意义上重要。如果我们可以有意义地追问这个问题，那就表明实质性的平等需要考虑某些进一步的价值，而不能只是立足于"人具有平等尊严"这个抽象主张。就实质性的平等而言，平等的观念至少预设了这样一个观点：适合于公共分配的物品要平等地分配，除非有强有力的理由表明某种不平等的分配是道德上可接受的，或者反过来说，假若不存在这样的理由，那么每个人都应该在某些物品的分配中获得一个平等份额，不管他们在其他方面有什么差别。这个观点可以被看作平等主义的核心观念，为我们恰当地构想一个分配正义理论提供了基本程序。不过，为了提出这样一个理论，我们也需要考虑某些根本问题，例如下面几个问题：第一，如果社会生活总是意味着人们要获得某些利益、承担某些负担，那么什么利益和负担要公正地分配？第二，如果不平等在某种意义上是无法根除的，那么什么样的不平等在道德上可以得到辩护？第三，对平等主义分配正义的哪种理解是总体上最好的？这些问题之所以重要，是因为它们是回答"平等在于什么"这个重要问题的关键。

在公共的政治分配领域，要被分配的利益和负担可以划分为各种范畴。这种划分之所以必要，是因为：即使在某个领域中有理由对人们进行不平等的处理，在另一个领域中，按照这些理由来辩护不平等的处理可能就行不通。举个例说，按照罗尔斯的说法，假如某种不平等能够让社会上处于最不利地位的人们获得最大好处，它就可以在道德上得到辩护。然而，在政治领域中，即使只向某个阶层的人们提供政治参与的机会可以有效地促进政治管理，这种做法也是道德上成问题的，因为平等的政治参与机会并不只是具有工具价值，也是道德平等的一个重要标志和自我尊重的一个基础。无须否认良好的政治决策需要广博的知识、政治经验和实践智慧，但这不是倡导一种精英主义政治的决定性理由：只要政治能够对人们的生活和命运产生广泛影响，每个人都应当具有政治参与的机会和条件，而这本身就是平等地尊重人的一个构成要素。因此,好的政治社会应该恰当地兼顾政治决策的有效性和民主参与的广泛性。

公民自由、政治参与的机会、社会职位以及经济报酬都是平等主义分配正义必须考虑的重要范畴。在将社会物品划分为有关范畴后,接下来就要考虑,在每个范畴中,什么东西能够辩护不平等的对待或分配。一般来说,属于法律领域的公民自由应该是严格平等的,所有公民都必须平等地享有法定权利和义务。此外,每个人都应该有同样的自由设想和追求自己的生活,只要这样做不违背其他人的类似自由。政治参与的机会也应该平等分配:所有公民都有同样的权利参与形成公共意见,参与政治权力的分配、控制和行使。为了保证公民在政治参与上具有平等机会,在设计相关制度时,就必须保证社会上处于不利地位的人们有平等的机会让别人了解其观点,能够充分地参与公共政策的制定和实施。在社会领域,不管人们处于什么经济地位,属于什么社会阶层,具有怎样的自然禀赋,只要他们有大致相同的能力和动机追求某个社会职位,他们就应该有公平的机会获得那个职位。社会背景或社会环境不应该影响他们对这种机会的拥有。

我们已经初步看到,平等是一个具有多重内涵的复杂概念,其中至少包括人们在道德地位上的平等、狭义上的资格平等(例如在程序公平的概念中体现出来的平等)以及与分配正义相关的平等。甚至只是就分配正义而论,平等的观念也是复杂的,因为并不存在一个可以普遍地应用于所有分配领域的单一标准,正如迈克尔·瓦尔泽所说,"应得、资格、出生与血统、需求、自由兑换、政治忠诚、民主决策,在这些东西中,每一个都有自己的领域,在与很多其他东西放在一起的时候很难共存"①。人们应该得到他们所生活的社会或政府的平等考虑,这是平等主义的核心理念。但是,既然人们不可能(或许也不应当)在所有的方面都得到平等考虑,人们应当在哪个或哪些方面得到平等考虑就成为平等主义政治哲学的一个关键问题,对这个问题的回答也是将不同形式的平等主义区分开来的东西:一些理论家声称,当每

① Michael Walzer, *Spheres of Justice: A Defense of Pluralism and Equality* (New York: Basic Books, 1983), p. 4. 对于瓦尔泽的"复杂平等"观念的讨论,参见 David Miller and Michael Walzer (eds.), *Pluralism, Justice, and Equality* (Oxford: Oxford University Press, 1995)。

个人都不多不少地得到了其应得的东西时，人们就得到了平等的或公平的对待；另一些理论家则认为，正义根本上只要求尊重每个人的不可转让的权利，例如生命权、自由权和财产权；还有一些理论家强调说，唯有基本需求的主张才需要得到平等考虑。每一个主张单独来看都足够合理，然而，一旦我们考虑实际的社会生活以及人类心理的某些特点，我们就会发现每一个主张都不具有充分的说服力。例如，正如我们即将看到的，一个人应当得到什么其实是一个极为复杂的问题，不仅取决于其自身的努力，也取决于人们所生活的制度及其条件。如果人们在起点上本来就是不平等的，那么，甚至在程序公平和"不可转让"的权利得到保障的情况下，社会也可以产生严重不平等的结果，这种结果转而会对程序公平造成威胁，甚至会削弱或剥夺某些人的自尊的基础。如果我们必须坚持平等主义的基本理念，那么这些问题和争论就会产生进一步的问题，例如，平等究竟只是具有工具价值（比如说，因为与某些其他价值的关系而变得有价值），抑或也具有内在价值——也就是说，不管平等与其他价值的关系如何，它本身就是有价值的。接下来我们就来探究这个重要问题。

二、平等、充足与优先

如果我们将人的道德地位的平等理解为人所能具有的尊严的一个构成要素，那么，就人的尊严具有内在价值而论，道德地位的平等显然也具有内在价值。狭义上的资格平等，正如我们已经看到的，不仅与道德平等的概念具有直接联系，也与实质性平等具有某些联系——剥夺人们本应具有的某些资格不仅有辱于他们作为人的地位，也会使得他们失去享有某些重要的善的机会或条件。然而，在后面这个意义上，平等似乎并不具有内在价值，特别是，某种形式的不平等是因为其所产生的后果而被认为是道德上不可接受的。由此来看，"为何要平等？"(why be equal)有时候就会成为一个令人困惑的问题：在某些情形中，我们并不认为不平等需要引起道德关注，在另一些情形中，我们则认为不平等事关重大。人们并非都有同样的身高，也并非具有同样流畅或有力的语言表达能力。这种差异可能反映了人们在营养或教育方面的差异，可能也会让一些人产生道德疑虑，但其本身或许不是不公正的。实际上，对我们很多人来说，一个具有多样性的世界显然比一个整齐划一的世界要好。当然，平等主义者的目的不是消除一切差异所导致的不平等，而是缓解或消除道德上有异议的不平等，例如那些导致剥夺、支配、压迫、羞辱的不平等。[①] 有些差异显然是道德上成问题的，例如出身所导致的生活前景的差异。对于哪些不平等是道德上可允许的，哪些不平等是道德上不可接受的，我们似乎有一些道德直觉。然而，道德直觉或许并不完全可靠，因为直觉总是取决于将直觉诱发出来的特定情境，更不用说，直觉可以发生冲突。不过，为了进一步阐明平等的价值，不妨首先看看一些相关的道德直觉。

人们的生活前景受到了他们无法控制的诸多因素的影响。假若某些人并非因为自己的过错而过得越来越差，我们就会觉得这种不平等是道德上成问题的。之所以如此，是因为我们有这样一个直观认识：一个人不应因为自己无法负责的因素而过得比别人差。在一个社会中，如果少数有特权的人控制了自然资源和社会物品的利用和分配，采取强制性手段让其他人失去利用自然资源和获得社会物品的机会，从而使得后者的生活水平直线下降，那么这样一个社会显然是不正义的。其他人之所以在社会上处于不平等的地位，很大程度上是因为他们无法有效地控制对其生活产生重大影响的因素，因此就不能认为其悲惨状况是他们自己造成的。相比较而言，假设在另一个社会中，每个人都有平等的机会接受基础教育、利用自然资源以及获得社会物品，社会职位对他们来说也是平等地开放的，但是，其中一些人却因为懒散而不愿利用这些机会，于是就过得越来越差，而其他人不仅利用了这些机会，也很努力，这两个群体之间结果就有了一种不平等。直观上说，这种不平等并不是道德上不可接受的。

这两个例子表明，社会不平等是否在道德上可接受，至少取决于不平等的状况是不是由人们（至少在很大程度上）能够负责的因素造成的。在社会

① 这个论题是所谓的"承认的政治"或"差异的政治"所要讨论的。相关的论述，参见 Axel Honneth, *The Struggle for Recognition: The Moral Grammar of Social Conflicts* (Cambridge, MA: The MIT Press, 1995); Iris M. Young, *Justice and the Politics of Difference* (Princeton: Princeton University Press, 1990); Charles Taylor, etal., *Multiculturalism: Examining the Politics of Recognition* (Princeton: Princeton University Press, 1994)。

生活中，有些人生来就具有某些有利条件，例如出身富裕、身体健康、天赋很高，但也有一些人生来就承受某些不利条件，例如出身贫困、身体残疾、智力低下。假如社会任由他们自然发展，他们在生活质量和生活前景上就会产生越来越大的差距。但是，只要这些条件不是他们自己能够自愿选择的，我们就会觉得他们之间不应该有这种不平等——社会应该补偿那些由于自己不能选择的条件而过得越来越差的人。如果不平等是由人们不能自愿选择和控制的因素造成的，那么，一般来说，就没有任何人愿意承受这种不平等。因此，按照运气平等主义者的说法，平等主义的目的是消除人们不能自愿选择和控制的不利条件。[①] 如果没有任何人愿意承受这种不利条件，平等就有了一种内在价值：不管人们的生活状况如何，这种不利条件所产生的不平等都不应该存在。假若我们把人们无法自愿选择和控制、但又会对其生活或命运产生重大影响的因素称为“原生运气”(brutal luck)，那么，按照运气平等主义的观点，平等的目的就是消除这种运气对人们的生活前景的影响，甚至在某种意义上让这种影响变得“中立”，例如通过设法补偿由于受到这种影响而在生活上处于不利地位的人们。这些人应当得到某种补偿，因为影响其生活前景的不利条件不仅是他们在起点上就背负的，而且也会对其一生产生影响。

当我们用这种方式来看待平等主义的目的时，我们就会对平等有一些其他的理解。在当今世界，我们主要是通过触目惊心的不平等而感受到平等的重要性和迫切性。严重的不平等导致某些人陷入极为悲惨的生活状况，他们遭受的苦难为反对这种不平等提供了强有力的道德理由。按照2019年的一项统计资料，日本人具有最高的平均寿命83.5岁，塞拉利昂人则具有最低的平均寿命50.1岁，二者大约相差33岁。假若瑞士人的平均寿命是123.5岁，他们与日本人平均寿命就会有40岁的差距。不过，我们可能不会认为这种差距是道德上成问题的。与此相比，塞拉利昂人的平均寿命之所以令人震惊，主要是因为他们生活在极度贫困的条件下，而极度贫困引发了营养不良、疾病缠身、缺乏教育、血腥内战等一系列在道德上值得关注的问题。不管极度贫困一开始是如何产生的，只要它能够被消除或缓

① 参见 G. A. Cohen (1989), “On the Currency of Egalitarian Justice”, *Ethics* 99: 906-944, especially p. 916。我将在下一章中讨论运气平等主义。

解，贫困者就不会陷入如此悲惨的状况。因此，在道德上具有根本重要性的东西，并不是一个人（或一些人）与其他人相比具有什么或拥有多少，而是人们是否满足了某个道德上可接受的标准。一些理论家由此认为，我们无须用一种关系性的方式来设想平等的观念，即认为平等或不平等都总是要与某个东西相比较，例如在提到经济不平等时，总是将穷人与富人做比较。对于这些理论家来说，有尊严的人类生活的核心标准不是关系性的，而是绝对的：一个人是否应该享有这种生活标准，并不取决于其他人已经享有什么生活标准，这就是说，不管人们的生活标准从比较的角度来看是怎样的，每个人都应当享有一个有尊严的人类生活的标准。[①] 由此产生了其他两种理解平等或不平等的观点——充足主义（sufficientarianism）和优先主义（prioritarianism）。

充足主义生动地体现在乔治·奥威尔的一句名言中："当孩子在乞讨面包，大腹便便的富人却在吃飞禽走兽时，这种景象就很令人厌恶。"之所以如此，不在于穷人和富人之间有如此大的差距，而在于穷人没有得到他们作为人应有的东西。我们或许可以这样来理解这个主张：如果不平等本身就很糟糕，或者本来就没有价值，那么穷人和富人之间的差距与百万富翁和亿万富翁在生活前景上的差距好像就没有什么两样，因为这两种不平等都很糟糕。然而，假若我们觉得后一种不平等在道德上无关紧要，我们就很想知道前一种不平等是不是道德上成问题的。如果我们给出肯定的答案并试图提出一种解释，那么这种解释的核心观念很可能就是：问题不在于穷人不如富人富足，而在于他们没有足够的东西，例如为了过上一个基本上得体的生活而需要的基本资源或能力。按照这个观点，根本上重要的不是平等，而是充足：一个人的生活状况与其他人相比是什么样子，这本身并不重要，从道德的观点来说，重要的是人们有充足的资源过上一种基本上得体的生活，或者具有合理的生活前景。因此，对于充足主义者来说，正义就在于让尽可能多的人享有充足的生活条件，正如充足主义的一位早期倡导者所说，"从道德的观点来看，重要的不是每个人都应该拥有同样的东西，而是每个人都应该拥有足够的东西；如果人人都有了足够的东西，那么某些人是否比其他人拥

① 参见 Harry Frankfurt (1987), "Equality as a Moral Ideal", *Ethics* 98: 21-42。

有更多的东西在道德上就无关紧要”①。

充足主义者显然认同了如下合理的主张：任何人都应当享有一个基本上得体的生活。就此而论，社会世界中所存在的各种绝对剥夺的情形就为充足主义提供了一个论证。在一个社会中，如果很多人普遍缺乏基本生活条件，例如食不果腹、衣不遮体、居无定所，更不用说在健康方面得不到基本保障了，那么我们就会觉得这个社会很糟糕。相比较而论，在另一个社会中，如果人们的基本需求普遍地得到了满足，只是有些人享有比其他人更高的生活水平，那么，仅仅从他们的生活状况来说（例如不考虑不平等可能带来的其他社会或政治问题），我们直观上并不认为这个社会在道德上特别令人忧虑。换言之，如果所有人都满足了某个恰当地指定的生活标准，例如某种意义上的“小康生活”，那么，即使一些人与其他人相比更“贫困”，这大概也不会成为一个道德上特别令人担忧的问题。也许在每个人都享有充足的生活资源后，一些人确实有理由比其他人过得更好。充足主义的主张实际上有两个部分：正面的部分强调人们都应当拥有某个恰当地指定的生活标准（生活状况方面的某个临界标准），低于该标准的生活就是道德上不可接受的；负面的部分否认在临界标准之上的分配是道德上相关的或重要的。在这个意义上说，充足主义不是一种严格意义上的平等主义理论，因为它否认平等本身具有内在价值。不过，对充足主义者来说，贫困确实在道德上向贫困者提供了要求帮助的理由。因此，只要将资源或物品从生活得很好的人们转移到生活得不太好的人们可以提高有望过上一个得体的生活的人们的数量，这种转移就是道德上有辩护的。这样做显然有助于促进平等，但是，对于充足主义者来说，这样做的动机不是来自不平等，而是来自生活得越来越差的人们的迫切要求。

绝对剥夺构成了对充足主义的主要的正面论证。不过，充足主义者也试图通过揭示平等主义所存在的某些“问题”来论证其观点，特别是试图表明平等主义具有一些直观上不可接受的含义，其中一个批评涉及下面要讨论的“拉平（levelling down）异议”。按照对平等主义的某种解释，平等主义者相信平等本身就是有价值的。现在，假设医院只有足够的资源救助10个病人当中的5个，他们在健康状况上各不相同：有些人患病较轻，有些人若

① Frankfurt (1987), p. 21.

得不到治疗就会死去。[①] 如果平等主义者认为要在10个病人当中平等地分配不充分的医疗资源,那么平等主义就会得出直观上荒谬的结果,因为在这种情况下,平等分配资源不会让每个病人的健康状况都得到改进,因此对每个病人来说都不会有好处。因此,平等主义不仅是直观上不合理的,也会导致毫无成效的结果。相比较,按照充足主义者的说法,在医疗资源不充分的情况下,资源应该被给予在这方面最为欠缺的病人。然而,我们并不清楚究竟应该如何理解这个主张。从生活前景上来看,如果医疗资源只够拯救两个若得不到治疗就会死去的病人,那么似乎应该将资源完全给予他们。就此而论,资源最为欠缺的人就是在这方面最有需求的人。然而,在这种情况下,充足主义就与下面要考虑的优先主义不可区分开来。如果充足主义者是按照10个病人在患病前已经享有的医疗资源状况来决定资源配置,那么或许正是那些患病较轻的人满足了这个标准。在这种情况下,充足主义其实也会导致直观上不可接受的结果。充足主义本身似乎缺乏一个根本原则来处理在某些复杂情形中应当如何分配资源的问题。进一步说,假设10个病人都面临死亡威胁,医疗资源只够拯救其中5人,那么医生就会面临如何在他们当中分配资源的问题。即使医生承诺了平等主义观念,他大概也不会像法兰克福所设想的那样选择将资源销毁。他可以通过某种公平的程序让病人决定自己的命运,例如让他们抽签以决定谁会得到治疗。在将5个能够得到医治的病人选择出来后,医生还可以进一步设想如何在他们当中分配资源。即使这5个病人都有机会和条件得到拯救,但从他们各自的总体健康状况来看,他们并没有同等的概率能够活下来,或者并没有同等的概率能够活同样长时间。医生可以按照这些进一步的考虑来决定要重点救助哪些病人。例如,如果其中两个病人在治疗后有同样的概率活同样长时间,但一个病人只有15岁,另一个已经75岁了,那么重点救助前者就不是道德上不允许的,甚至也不是不公正的。因此,只要平等主义者能够将某些相关考虑整合到他们对平等的要求的考虑中,他们似乎就可以避免充足主义者赋予平等主义的某些"荒谬"结果。换句话说,不管社会资源总体上是否充足,在所有社会成员都已经达到某个充足标准的情况下,仍然存在资源分配是否合理或是否公平的问题——充足主义者很难合理地持有其负面

① 关于这个案例以及法兰克福就此对平等主义的批评,参见 Frankfurt (1987)。

主张。

我们也可以从其他方面来揭示充足主义所存在的一些问题。首先,我们可以问:只要每个人都有了充足的东西,某些人比其他人拥有更多的东西真的在道德上无关紧要吗?设想这样一个社会,其中每个人都具有基本的物质生活保障,但某些人具有比其他人高得多的生活质量。假设我们可以对生活质量进行量化,我们就可以设想,在这个社会中,90%的人拥有100个单位的生活质量,其余10%的人却拥有50000个单位的生活质量。按照假设,这个社会向大多数人提供了基本生活保障,例如让他们免于饥饿,能够治疗日常疾病。然而,如果其余10%的人恰好是在社会上占据统治地位的群体,我们就有理由怀疑这个社会是不公正的。如果该群体是因为控制了生产手段和权力机器而强制占有其他社会成员的劳动成果,那么,要求他们对其所占据的资源或财富实施某种更加平等的再分配,大概就不是道德上不合理的。因此,充足主义仍然没有充分揭示导致不平等的不公正条件,也没有正视这些条件的道德含义。

充足主义者或许回答说,通过确立某个充足底线,我们就可以解决这个问题:低于这个底线的生活都是道德上不可接受的,而在底线之上,人们有什么样的生活就不再具有道德重要性。如何确立这样一个底线呢?如果充足标准被定义为基本的生活标准,即一个得体的生活所要求的最低限度条件,那么我们就可以继续追问:为什么人们应该满足于这样一个标准?为什么在贫困线以上如何分配资源或财富就不应该是一个正义问题?充足主义者或许转而认为,当人们对自己拥有的资源或财富感到很满足,不再积极地争取更多的东西时,充足就算达到了。然而,这个定义仍然面临类似问题:为了决定人们在什么程度上已经感到很满足,不再对要求更多的资源感兴趣,就必须按照所有其他人的主张和所有可得到的资源来判断一个人的主张。例如,假设我问你"你是否对自己目前的生活感到很满足",你会说,在基本的物质生活方面,你已经差不多了,但与有车有房的人们相比,你仍然感到不满足。与另外一些人相比,有车有房的人们可能在其他方面仍然觉得不满足。这样说并不是要暗示欲望是无限的;人们的欲望有可能是无底洞,但这不是要点。我想强调的是,人们是否对自己的生活感到满足是一个需要通过比较才能解决的问题。诚然,要是人们没有适当的食物和营养,在身体受到日常疾病侵害的时候得不到治疗,那么他们就失去了过一个好生活的基本条件，甚至不会享有正常的平均寿命。如果人仅仅被看作纯粹的生命有机体，那么与生命机能的正常运作相关的基本条件就可以相对明确地界定出来，因此我们也可以在这方面确定某个充足底线。但是，人显然并不只是单纯的生物，我们至少是生活在社会世界中的有理性的动物，因此对于"如何才算有尊严地生活"具有某些明确的或模糊的认识。我们也会按照自己所生活的环境或条件来理性地调整自己的生活目标或机会，例如，在物质资源极为欠缺、生产力不发达的社会，人们会接受较低的生活前景，而在物质资源相对丰富、生产力发达的社会中，即使很多人已经摆脱了贫困，他们当中还是有一些人不会对自己的生活感到满足——他们或是有更高的目标要追求，或是觉得自己仍然生活在受到相对剥夺的状况下。"感到满足"这个说法不仅过于模糊，而且，人们会因为错误的信念、不充分的信息乃至自我欺骗之类的因素而满足于自己目前的生活状况。[①] 充足主义因此就不太可能为评价和衡量社会正义提供一个切实可行的标准，更不可能充当制度建设的指南。实际上，即使一个社会已经基本上消除贫困，但是，只要仍然有一些人生活在不公正的社会条件下，正义问题就仍然存在，不管这些人是否对自己的生活状况感到满足。对于平等主义者来说，分配正义总是比较性的，充足主义却试图否认这一点，因此就丧失了恰当地处理正义问题的一个基础。

当然，充足主义的问题并不在于不能指定一个恰当的充足标准，而是在于我们无法脱离某些其他考虑来设想这样一个标准的应用。正如本章一开始就指出的，对平等的承诺是当代主流的道德与政治哲学的一个基本特征。理论家们固然可以对平等的内容以及实现平等的最佳方式持有不同看法，不过，其中不少理论家也相信，平等尊严和平等尊重要求向所有人提供某种最低限度的生活保障，不管这种保障是按照收入或资源来设想的，还是按照能力或福祉来设想的。一个有尊严的人类生活至少需要满足两方面的条件：一方面是基本需求，另一方面是某种最低限度的理性能动性，前者是我

---

① 这个批评本质上类似于某些理论家对福祉的欲望满足或偏好满足理论提出的批评。与此相关的讨论，参见：James Griffin，*Well-Being：Its Meaning，Measurement and Moral Importance*（Oxford：Clarendon Press，1986）；L. W. Sumner，*Welfare，Happiness，and Ethics*（Oxford：Oxford University Press，1999）。

们作为生命有机体必须满足的，后者是我们为了适应社会生活而必须具备的。这两个方面的条件当然也可以随着社会条件而变化，但是，在一个社会中，这些条件是可以相对明确地界定出来的。一方面，如果充足主义者试图按照这些条件来确定某个最低限度的充足标准，那么他们就会面临两个问题：假若他们强调所有人都应当**绝对地**满足这样一个标准，他们的观点就会退化为某种优先主义立场；[①]另一方面，如果他们并不满足于一个最低限度的绝对标准，而是试图通过提高充足标准来使得其正面论点变得有吸引力，那么他们就不得不付出一个代价——他们不可能合理地持有其负面论点。充足主义者并不是结果平等主义者，因为他们对其主张的捍卫本来就是来自（至少在一定程度上）他们对结果平等主义提出的一种批评，即下面要讨论的"拉平"异议。在设定一个比较高的充足标准时，充足主义者希望最大限度地提高生活在这个标准之上的人们的数量。然而，即使社会资源相对丰富，我们也不是很清楚如何为这个最大化方案辩护。让人们的生活尽可能足够好当然是一个有吸引力的主张。倘若如此，让**所有人**的生活都**同样**足够好为什么不是一个更合理的主张呢？如果充足主义者反对结果平等，同时又持有一个较高的充足标准，那么哪些人应当成为这个标准所要考虑的对象呢？不管充足主义者如何设定其充足标准，答案显然是：尚未满足这样一个标准的那些人。在上述医疗案例中，假设充足主义者将充足标准定得较高，例如将拯救生命而不只是缓解人们因病遭受的一般痛苦设定为标准。进一步假设医疗资源只够拯救五个病人的生命。在这种情况下，正如前面所指出的，充足主义者不仅需要考虑如何决定哪些人应当得到治疗，而且，在将应当治疗的病人选择出来后，假若这些病人并不具有同样的生存概率，他们也需要考虑如何恰当地分配医疗资源。在前一种情形中，他们至少需要处理那些并未"入选"的病人可能提出的抱怨，而在后一种情形中，他们就需要处理并未得到充分资源的病人所提出的抱怨。因此，若不首先对正

① 某些充足主义者已经明确地承认，在我们所生活的世界中，优先主义会为设计和评价社会制度提供更适当的指南。例如，参见 Roger Crisp (2004), "Egalitarianism and Compassion", *Ethics* 114: 119-126, especially pp. 121-122。关于克里斯普自己对充足主义的捍卫，见 Roger Crisp (2003), "Equality, Priority, and Compassion," *Ethics* 113: 745-763。

义或公平有某些预先考虑，充足主义就派不上实际用场。实际上，在设定了一个较高的充足标准的情况下，我们可以设想的是，若不以某种方式重新分配社会资源，例如将在这个标准之上的某些人的资源"转移"到目前低于该标准的人们，就无法将后者提升到那个标准。但是，充足主义者如何辩护这种再分配呢？由此看来，假若充足主义者否认某些其他的分配要求具有相关性，他们就不可能合理地持有其正面主张，理由很简单：即使充足主义者将充足的概念与绝对剥夺的概念联系起来，相对剥夺本身也可能带来正义问题，举个例说，并非只要所有人都摆脱了绝对贫困，社会正义问题就不会再出现。

充足主义否认平等本身是有价值的，因为它所主张的是，只要人们具有了足够的东西，不平等在道德上就无关紧要。还有另一种方式否认平等具有内在价值。设想这样一种状况，世界上最贫困的人们生活在痛苦不堪的条件下，最富裕的人们则享受着奢侈豪华的生活。赞成充足主义的理论家会对这种状况提出如下说法：这种状况之所以很糟糕，并不在于穷人和富人之间存在着巨大差距，而在于穷人没有足够的东西。不过，我们也可以对这种状况提出另一个说法。经济学家经常认为，人们生活得如何是可以按照其福利水平来衡量的。如何测度福利水平是一个有争议的难题。不过，为了便于论证，不妨假设一个人的福利水平可以按照其生活中所包含的那些对他有利或有益的东西来衡量，例如按照其工资水平来衡量，或者按照其工资水平能够给他带来的物质生活标准来衡量。从这个角度来看，说人们生活得有多好或多坏，就是说他们一生的福利水平有多高或多低。例如，在目前的生活条件下，如果年收入 12 万元的人还能过上一个基本上得体的生活，那么年收入低于 5 万元的人可能就有很低的福利水平，年收入 100 万元以上的人就有很高的福利水平。经济收入或者物质生活水平之类的东西具有所谓"衰减的边际效用"。如果 12 万元的年收入可以让一个人过上较好的生活，那么，适当地提高年收入低于 5 万元的人们的工资就很重要，而对于年收入在 100 万元以上的人来说，缺少几万元大概不会严重影响其生活质量。如果某些人在物质生活方面已经相对富足，例如，不仅在营养和医疗保健方面得到了有效保障，而且也拥有多套住房，那么他们占有的部分资源对于保证充分好的物质生活来说就不是必要的。因此，将年收入在 100 万元以上的人们所拥有的部分资源转移给年收入不足 5 万元的人们，从缓解后者的生活困境的角度来看，似乎就是一件很好的事情。[①] 如果某些人缺乏维持生活的基本条件，另一些人的生活上则大大地超出了日常的平均生活标准，那么直观上说，前面那些人的生活状况就应该在道德上得到某种优先关注和考虑。这就是优先主义的基本思想。

优先主义并不假设任何类型的平等本身就是好的，也没有设定某个“充分好”的生活标准。它所依据的核心观念是，从道德的观点来看，根本上重要的不是不平等，而是有些人生活在无法忍受的生活条件下，这些人的处境应该得到优先考虑，以便其生活状况能够得到改善。按照约瑟夫·拉兹的说法[②]，不平等之所以令人关注，不是因为不平等本身就值得关注，而是因为挨饿者正在忍受饥饿，贫困者正在忍受贫困，患病者正在忍受苦难等。与其他人相比，他们的生活状况正在不断恶化，这个事实向我们提供了关心他们的道德理由，但不是首先因为不平等本身就很糟糕，而是因为他们的饥饿比任何其他人的饥饿都更严重，他们的需求比任何其他人的需求都要迫切，他们的苦难比任何其他人的苦难都更有伤害性。因此，我们并不是出于对平等本身的关注，而是出于对饥饿、贫困和苦难的关注而认为他们应当得到优先考虑。对于优先主义者来说，不平等本身或许并不是道德上糟糕的事情——只有当不平等使得一些人并非因为自己的过错而陷入悲惨境地时，不平等才是道德上成问题的。因此，道德上像样的社会首先应该致力于消除饥饿、贫困和苦难之类的悲惨状况。只要这种生活状况不再存在，即使人与人之间仍然有不平等，不平等也是道德上可接受的。当然，优先考虑过得越来越差的人们往往有助于促进平等，因为通过提高其生活标准，他们的悲惨状况就可以得到改善。不过，优先主义者强调说，平等和优先是两个不同的价值：平等是一个关系性价值，优先考虑则不是——说人们是否平等，就是说，在某个相关的方面（例如人们的福利水平或生活质量），一些人与其他人相比，是否处于平等的状况；与此相比，优先性论点所关注的是每个人的

① 右翼自由主义者肯定会反对这种做法，但是，在这里我将暂不考虑这样做是否符合正义或公平的要求。

② Joseph Raz, *The Morality of Freedom* (Oxford: Clarendon Press, 1988), p. 240.

绝对生活水平。[①] 对于平等主义者来说,即使所有人在基本的生活条件方面都得到了保障,有些不平等仍然是道德上不可接受的,优先主义者则可以认为,只要每个人在基本的生活条件方面都得到了保障,就不再有道德上不可接受的不平等。优先主义者认为,他们的观点与平等主义相比具有一些明显的优点,其中一个优点据说就在于优先主义能够避免平等主义经常受到的一个批评,即所谓的"拉平异议"。这个异议旨在表明平等主义会产生一些荒谬的结果。为了对这两种观点提出一个比较评价,让我们首先看看这个批评是如何产生的。

充足主义和优先主义都强调人们应当享有某个适当的生活标准。假若享有这样一个标准是人的尊严的一个基本条件,这两个论点就可以被认为在广泛的意义上都是平等主义的。[②] 它们与严格意义上的平等主义的差别仅仅在于:它们强调这样一个标准是绝对的,而一旦这个标准得到满足,人们在其他方面的不平等就不再是道德上值得关注的事情。然而,严格而论的平等主义被认为将平等本身看作是有价值的——对于平等主义者来说,平等是一个根本预设,任何形式的不平等都需要在道德上得到辩护。如果平等主义者不能对平等的"基线"(baseline)提出一个明确说明,那么平等主义就很容易招致批评。这种批评实际上与将平等主义简单地理解为"平均分配"的做法相联系。正如我们在下一部分即将看到的,平等主义理论家可能会否认所谓的"自然应得"(natural desert)在分配正义中具有任何地位,但是,一般来说,他们不会否认与制度相联系的"公平应得"(just desert)。因此,平等主义并不意味着在任何方面都要让人们变得平等。实际上,甚至在"类似情形、类似考虑"的形式平等的概念中,我们也需要按照某些道德上

① 参见 Derek Parfit (1991), *Equality or Priority*? The Lindley Lecture (Lawrence: University of Kansas), pp. 22-24。

② 就此而论,我将把这两个论点与严格意义上的平等主义之间的争论理解为一个内部争论,并出于篇幅方面的考虑而不详细处理这个争论。一些相关的讨论,参见:Crisp (2003); K. K. Jensen (2003), "What Is the Difference Between (Moderate) Egalitarianism and Prioritarianism", *Economics and Philosophy* 1: 89-109; Nils Holtug (2007), "Prioritarianism", in Nils Holtug and K. Lippert-Rasmussen (eds.), *Egalitarianism: New Essays on the Nature and Value of Equality* (Oxford: Clarendon Press, 2007), pp. 125-156; L. S. Temkin (2003), "Equality, Priority or What?" *Economics and Philosophy* 1: 61-87。

相关的考虑来确定哪些情形是类似的。正义在一般的意义上是要让人们得到其应得的东西，而对于平等主义者来说，平等是实现正义的一种方式。当然，我们不是不能设想这样一个社会，在其中，对所有社会物品和公共资源实施平均分配是其文化传统和伦理风尚的一个方面。然而，在这个社会中，即使所有成员都同意实施这种分配，这也说不上是正义的一个要求。只有当所有成员都正当地占有同等份额的资源，对任何一种社会物品的生产都做出了同等程度的贡献时，那种分配才有可能是正义的一个要求。然而，这些假定显然都是高度理想化的：即使人们有可能获得同等份额的资源，不同个体在生产能力和生产技能上也是有差别的，在生产一种社会物品方面所付出的努力也可以有所不同，甚至他们参与社会合作的动机可能也是不一样的。在这种情况下，只要社会合作的起点对他们来说已经是公平的，实施平均分配至少对某些人来说就不公正。这种不公正可以影响社会合作的稳定性以及人们参与社会合作的动机。这种考虑并不只是实用的，因为社会生活的必要性和可能性都取决于一个基本事实：人类个体并不是自我充分的，只有通过参与某种形式的社会合作，人们在生活中所需要的很多东西才会变得可能。而且，人们参与社会合作的动机往往各不相同，例如，有些人参与社会合作，可能不只是为了获得生活必需品，而是为了通过自己的努力在社会上得到某种承认。在这种情况下，平均分配的做法就没有充分考虑人们之间在道德上应该得到承认的差别。如果人们本来就希望在社会合作和社会生活中获得不同的东西，那么为什么每个人都应该得到同样的东西呢？相对于需求来说，社会资源一般来说总是有限的，而人们的需求在超越了基本需求（即与生存相联系的需求）的范围后就与偏好或兴趣相关，因此，让人们的无论什么需求都得到满足不仅在实践上行不通，也是道德上可疑的，因为这样做意味着将人们处理为只是被动的接受者（patient），而不是能够对自己的行动和选择负责、能够合理地规划自己生活的行动者（agent）。只要平等主义者能够将平等与正义或公平联系起来，他们就无须在实质性的平等方面倡导一种平均分配的观念，尽管他们仍然强调与平等尊重和平等资格相联系的东西（例如政治权利和自由）应该严格地平等分配。

如果平等本质上是正义的要求，例如被设想为实现正义的一种方式，那么平均分配的观念显然就是道德上不可取的。不过，这个观念有时候与结果平等的思想相联系，后者所说的是，不管人们具有什么个人特征，也不管他们在社会合作中表现如何,他们都应该在结果上是平等的,例如享有同等的生活条件,或者甚至同等的福祉水平。结果平等的观念否认应得、选择和责任之类的因素在分配正义中具有任何地位。一个人应该得到什么,个人选择会对其生活产生什么影响,他在多大程度上能够对自己的选择及其结果负责,正如我们即将看到的,都不是很容易解决的问题。但是,说一个问题很难得到解决,并不是说它不应当得到解决。除非我们已经表明道德责任(moral responsibility)是根本上不可能的,否则我们就没有理由认为分配正义不应该考虑应得、选择和责任之类的因素。因此,在社会正义领域,如果结果平等指的是,相对于分配正义的某个对象来说,所有人在享有那个对象方面都是平等的,那么争取结果平等不仅并不具有充分的可行性,**从正义的观点来看**可能也是有非议的。为了具有和维护良好的生活质量,人们必须具有基本健康。然而,人们的健康水平并不只是取决于社会所能提供的健康资源,也取决于人们在健康方面的天资以及他们的生活方式和生活条件。只要人们的生活方式是他们在某种意义或某种程度上能够自愿选择的,要求社会在人们的健康状况上实现结果平等在双重的意义上是不合理的:一方面,为了保证所有人在健康状况方面的结果平等,社会就需要动用大量的医疗资源、花费大量的时间成本,因为社会不仅需要治疗一个人(或任何人)在任何方面的疾病,也需要让其总体健康状况与任何其他人的总体健康状况达到同样水平,即使不考虑医疗资源和时间成本方面的问题,个体差别(包括遗传方面的个体差异)也会使得在健康方面实现结果平等变得不可能;另一方面,如果健康情况至少部分地取决于个人选择及其结果,那么,在医疗资源有限的情况下,动用公共的医疗资源去医治一个人因为不审慎的个人选择(例如有意选择吸毒)而变得恶化的健康状况,对于那些并非因为自己的过错而需要得到治疗的人来说,显然是不公正的。[①] 一个得体的社会或许只能帮助人们获得足够好的健康状况,而不是让他们最终享有同

① 当然,这并不是说社会不应当考虑人们因为不审慎的选择而导致的状况。但是,这个问题有其自身的复杂性,参见后面的讨论。

样好的健康状况。[1]

为了进一步阐明这一点，不妨考虑一个单一的行动及其所导致的结果。我们可以按照一个行动所导致的结果的道德性质来评价它，不过，直观上说，在评价一个行动时，行动者采取行动的意图以及行动所发生的情景也是相关的。比如说，当你在我脸上打我一拳时，你就用这种方式伤害了我。我由此感到的痛苦可以被认为本身是一件很糟糕的事情，但是你的行动的道德地位也取决于你采取行动的意图，或者取决于你是否必须（或者被允许）这样做。假如你是为了阻止我去伤害他人而对我采取这样的行动，你的行动可能就是道德上有辩护的。因此，对行动的道德地位的判断不只是与结果有关，也与行动者采取行动的意图及其道德性质有关。对于社会制度和集体行动，我们也可以提出类似的说法。比如说，在对某个社会机构做出道德评价时，我们不仅需要考虑它对人们的生活前景所产生的影响（结果），也需要考虑这种影响是如何产生的（意图）。[2] 在一个社会中，如果不少人流落街头、受冻挨饿，另一些人却过着豪华奢侈的生活，那么我们肯定会认为这个社会是不平等的。不过，它是否不公正也取决于前者遭受苦难、后者享受生活的原因。如果它已经实施了某种公正的分配制度，前面那些人所遭受的苦难并不是这种制度有意产生的结果，只是一种可以容忍的边际效应，那么它也许并不是不公正的，尽管它也应当对前面那些人采取人道主义援助。但是，假若这个社会有意把前面那些人的苦难当作一种“社会进化”的手段，它显然就是不正义的。如果它确实采取了一些措施来防止这种苦难发生，但出于经济效益方面的考虑并未采取充分有力的措施，那么问题就会变得更加复杂。比如说，一个本来就很贫困的社会在寻求经济发展的过程中，在初始阶段可能会把经济效益放在首要地位。在这种情况下，它可能会优先使用能够有效地促进经济发展的人们，而且，为了进一步刺激他们的积

---

① 甚至这个适度的主张也是有争议的，因为其可靠性取决于如何理解和界定“充足的健康”这个概念。对这个问题的相关讨论，参见 Carina Fourieand Annette Rid (eds.), *What Is Enough?: Sufficiency, Justice, and Health* (New York: Oxford University Press, 2016)。

② 对这一点的强调和进一步说明，参见 Thomas Pogge (1999), “Human Flourishing and Universal Justice”, reprinted in Pogge, *World Poverty and Human Rights* (Cambridge: Polity Press, 2002), especially pp. 44-47。

极性和创造力,它可能也会提高他们的工资报酬,而流落街头的人们通常并不满足这个要求。这种策略在经济发展的初期或许是可接受的,但是,只要社会财富积累到了可以为流落街头的人们提供基本生活保障的地步,让他们继续流落街头就是道德上不可接受的。不管是评价个人行动还是社会制度,如果我们不仅需要考虑一个行动或一项政策的结果,也需要考虑采取这个行动或这项政策的意图,那么我们就不应该仅仅按照结果平等来设想平等和正义。只要平均分配的观念旨在强调结果平等,它就还没有充分把握平等的本质及其与社会正义的关系。甚至对于平等主义者来说,结果平等的观念不仅过分狭隘,而且也忽视了平等的目的——平等至少要消除或缓解人们无法控制或不能自愿选择的东西对其生活前景的影响。

三、"拉平"异议

以上论述有助于我们看到"拉平"异议为什么并不构成对平等主义的反驳。这个异议的基本精神可以被表述如下。假设世界上有两个可能的状态 S1 和 S2:在 S1 中,每个人都同等地富有,而在 S2 中,每个人都比在 S1 中更富有,但某些人比其他人更加富有。如果平等主义者认为平等本身是有价值的,那么,既然 S1 维护了平等主义标准,而 S2 偏离了平等主义标准,于是,从平等主义的观点来看,S2 就不如 S1 好,因此平等主义者应该选择 S1 而不是 S2。如果 S2 是现实状态,那么,为了维护平等,似乎就应该将 S2 转变为 S1,但这意味着,与 S2 相比,每一个人都会生活得更差。这显然有悖于直观。我们也可以用一个具体的例子来说明这一点。假设在某个地方有些农民比较富裕,有一些则比较贫困,但又没有办法改善后者的生活状况。如果平等**本身**就是有价值的,我们就可以烧毁比较富裕的农民的一些粮仓,让他们不如原来富有,从而拉平这两个群体的生活水平。这种做法当然很荒谬。优先主义的支持者认为,其观点可以避免如此荒谬的结论,因为优先考虑生活处境较差的人不一定要求降低生活较好的人的生活水平。比如说,如果一个社会在不增加税收的情况下,同意用 5%的外汇储备来改进前者的生活状况,那么其他人的生活水平就不会因此而受到影响。

平等主义者无须接受上面设想的"拉平"异议。假设与 S1 相比,在 S2

中，某些人之所以比其他人更加富有，是因为他们“值得”比其他人更加富有，例如，他们通过个人努力获得了比其他人更多的收入，或者为社会创造了更多的财富。如果他们并不只是因为运气好而比其他人富有，如果在他们所生活的社会中，每个人在初始时刻（即开始进入社会的时刻）的不平等已被纠正（或者，即便无法在根本上被纠正，原来处于不利地位的人们已经得到了合理补偿），那么，按照我们目前对平等的理解，平等并不要求我们把更加富有的人们所拥有的部分财富转移给其他人，以便让所有社会成员都具有同样的财富。实际上，人们生活水平的提高至少部分地取决于整个社会所能创造的物质财富和精神财富。因此，如果一个社会决定把提高所有成员的生活水平看作它要争取的一个目标，那么经济效益就是它必须考虑的一个重要因素。在这种情况下，只要一些人是通过自己的正当努力为社会创造了更多的财富，我们就没有理由认为他们不应得到比其他人更高的报酬，尽管这种报酬也必须控制在合理范围内，例如不至于导致严重的经济不平等，从而产生社会控制和社会压迫之类的不利影响。合理的社会应该尽可能让每个成员的基本需求都首先得到满足。而只要人们在这个方面已经得到满足，他们就可以通过自己的选择和行动来追求更高的生活目标。与优先主义或充足主义相比，平等主义显然有一个道德上更重要的优点：平等主义者并不认为，只要每个人的基本需求都得到满足，就不再有平等和正义问题，因为在这个基线上面，收入和财富的分配仍然受制于正义的要求。例如，某些人可能是通过不公正的手段获得了自己占有的物质财富。此外，在一些很特殊的情形中，对财富进行再分配可能也不是不公正的，甚至是道德上所要求的。设想在某个社会中，每个人都达到了每月 1000 元的基本生活标准，不过，碰巧只是月收入 1000 元的家庭感染了某种致命传染病，而且不是因为他们自己的过错而感染。为了尽快医治这种传染病并防止蔓延，社会就需要筹集 100 亿元资金。社会并没有那么多的公共资金，不过，大量财富聚集在个人手中。在这种特殊的情况下，为了防止传染病因得不到治疗而迅速蔓延，要求年收入 100 万元以上的家庭多缴纳 5%的收入税，以便弥补资金不足的状况，可能并不是不公正的。之所以如此，不仅因为这种传染病若得不到有效控制就会严重威胁所有人的生命和生活质量，而且也因为个人财富的集聚离不开社会合作及其基本条件（其中包括社会团结和共同体意识），更不用说，经济收入到了某个点上就具有衰减的边际效用。平等主义者当然强调平等,但他们可以承认那种在道德上得到辩护、可以为所有人(尤其是社会上处于不利地位的人们)带来好处的不平等。

因此,平等主义者不是不能接受一种帕累托式改进。设想有两个状态S1和S2,就这两个状态而言,如果没有任何人偏好S1,但有人偏好S2,那么S2与S1相比就是一种帕累托式改进。举个例说,假设有四个人打算一起去进行体育锻炼,其中任何人都不想去打网球,但至少有一个人想去游泳,那么游泳与打网球相比就算一种帕累托式改进。现在,假设我们可以用福祉来衡量人们的生活水平,也假设福祉是可以量化的。设想在一个社会中,每个人都具有100个单位的福祉水平,这是该社会的实际状态。通过某种努力,社会可以提高人们的福祉水平,但不是同等地提高,比如说,有些人仍然只有100个单位的福祉水平,有些人的福祉水平则高于100个单位,但没有任何人低于100个单位。与前一种状态相比,后一种状态是一种帕累托式改进。当然,如果社会能够将所有人的福祉水平都统一提高到150个单位,那么从平等主义的观点来看,第三种状态显然就好于第二种状态。然而,由于个体差异,第三种状态可能比第二种状态更难实现。例如,假设我们所设想的那个社会偶然发现了一个新油田,决定将开发权交给某个外国公司,从中获得一大笔资金,从这笔资金中拿出部分资金平均分给每个成员。这个社会因此就在原来福祉平等的基础上实施了一种金钱分配上的平等。然而,不同的社会成员或许将多出来的这笔钱用于不同的目的,因此其福祉水平最终就变得不平等:有些人拿这笔钱去赌博,结果就全盘输掉;有些人拿这笔钱去投资,结果就盈利了;有些人拿这笔钱去购置房屋,结果就提高了生活质量,等等。如果这个社会不仅要提高人们的福祉水平,也要保证他们在福祉水平上的平等,那么它不仅需要调查每个人对这笔钱的使用情况,也要补偿因用钱不当而不能提高福祉水平的那些人。这种做法不仅需要耗费额外资源,实际上也是不公正的,因为人们应当对自己自愿做出的选择及其结果负责。这个事实表明,即使一个社会承诺了平等主义观念,但是实现福祉方面平等或许不是一种值得推荐的做法。因此,如果这个社会只是平均分配那笔资金,那么,即使由此得到的状态与原来的状态相比是一种不平等的状态,这种状态也是平等主义者原则上能够接受的。

实际上,不管这种不平等是不是由人们能够负责的因素引起的,平等主义者都能够接受任何帕累托式改进,即使改进前的状态是一种平等状态。

假设通过某种改进，任何一个人的福祉水平都不低于他们在初始状态的福祉水平，那么这种改进就是一种帕累托式改进。那么，平等主义者为什么原则上能够接受这种改进呢？为了回答这个问题，不妨考虑一个简单例子。假设我们关心的是在人们之间分配面包，例如在野外旅行的场合。我们所具有的面包多于人们所需要的。在这种情况下，我们很容易确定每个人吃多少面包就够了——当面包充足的时候，人们并不在乎其他人得到了多少更多的面包。当然，如果没有足够多的面包分给每个人，我们可能就很关心平等分配。例如，假设原来通过平摊买了足够多的面包，但部分面包在晚上露营的时候被野兔吃掉了。在这种情况下，一般来说，每个人都不会反对平等分配。因此，如果有足够的面包能够让每个人暂时生存下来，但又不能充分满足每个人的需要，那么我们就很关心正确的分配——之所以如此，是因为在这种情况下，对于每个人来说，得到更多的面包总是好于得到更少的面包。换句话说，如果有什么东西应该成为平等分配的对象，那么平等的重要性就在于，在这种东西上，多总是比少要好。对平等的正确说明因此就应该包含如下思想：不管一种分配是不是平等的，与人们原来的生活状况相比，让每个人都过得更好的分配好于让每个人都过得更差的分配。因此，平等主义者无须认为，为了让每个人都具有同样的生活水平，平等必定要求降低至少某些人的生活水平。总而言之，平等既不要求平均分配，大概也不要求结果平等。

充足主义和优先主义都将关注焦点放在人们为了过上一个基本上得体的生活而必须满足的基本条件上，也就是说，它们基本上关注的是需求的主张。不过，广泛地设想的平等主义首先也关心平等尊重的基本条件，就此而论，平等主义显然能够容纳充足主义和优先主义的核心主张。当然，优先主义者正确地认识到，一个人的生活水平越低，向他提供某种补贴的价值就越高。这一点很容易理解，比如说，假设一个饥饿的人无钱购买食品，而每个月 1000 元可以满足一个人在食品方面的基本需求，那么每月向他提供 1000 元就可以满足他在这方面的基本需求。当然，可能有很多人都需要 1000 元的生活补助。现在，设想政府采取另一种做法：为了刺激消费，它把用来补助那些人的那笔资金作为购物券平均分给每个人，每个社会成员都得到了 50 元购物券。这种做法显然没有太大价值，因为对于年收入很高的人来说，多出 50 元根本就算不了什么。因此，优先改善极度贫困的人们的生活状况，一般来说有助于提高总体福祉水平。当然，优先主义者也可以将提高社会总体福祉与优先考虑基本需求没有得到满足的人们结合起来。然而，为了让二者能够稳定地结合，优先主义就需要对福祉提出一个明确说明。例如，它对“福祉”的定义必须满足这样一个要求：在对社会总体福祉的考虑中，基本需求的满足具有最大权重，其他方面的满足则具有较小权重。如果优先主义想要保留它在这方面具有的吸引力，它就必须包含一个福利主义承诺。就此而论，福利主义所面临的问题也是优先主义所面临的。

如前所述，平等主义者并不认为平等要求人们在每一个方面都要享受同等待遇，只要求人们在某个或某些相关的方面是平等的。如果对平等主义的这种理解是正确的，那么，只要优先主义者承认人们至少在基本福祉方面应该是平等的，优先主义就仍然是一种狭窄地设想的平等主义。当然，优先主义者会强调说，优先考虑是一个绝对价值，而不是一个关系性价值。如果优先主义者把他们所设想的那个绝对标准定义为“没有任何人应该挨饿”，那么他们当然可以在这个方面实现一种平等。然而，就像充足主义一样，优先主义也面临一个类似问题：优先主义者有什么理由把“没有任何人应该挨饿”定义为一个绝对标准？进一步说，他们有什么理由认为，只要这个标准已经得到满足，其他方面的不平等在道德上就不重要？当然，优先主义者或许并不否认人们在某些其他方面（例如在政治自由和政治参与的机会方面）也应该是平等的。但是，我们仍然需要追问，为什么只要那个绝对标准得到了满足，经济不平等就必定是道德上可忍受的？这个问题涉及我们接下来要讨论的一系列问题，例如与应得和选择相关的问题。对这些问题的分析会表明，尽管充足主义和优先主义抓住了一些重要的道德直觉，但它们仍然没有充分把握平等或不平等与正义和公正的本质联系。正如上一部分中所指出的，即使人们在基本需求方面已经达到平等，但收入和财富的严重不平等仍然会导致支配、压迫、屈从以及羞辱。严重的经济不平等往往也会破坏社会团结，在人们之间产生敌对情绪，妨碍人们去实现友谊和爱之类的有价值的关系。[①] 在平等旨在实现的目标中，有很多目标并不是外在于我们对平等的关注的。公正、自尊、友爱和不受支配在某种意义上都具有

① 参见 David Miller（1982），“Arguments for Equality”，*Midwest Studies in Philosophy* 7：73-88。

内在价值，它们与平等的关系也不仅仅是因果联系——在很多情形中，平等分配并不是促进那些东西的手段，而是反映了它们的内在价值。按照这种理解，平等是在分配中排除无情的运气所产生的影响的一种方式。[①] 当然，对平等的这种理解并不构成对平等主义的一个论证，因为它预设了如下思想：在社会生活和政治生活中，平等总是应该被设想为起点，任何形式的不平等在道德上都需要辩护。为了对平等主义提出一个论证，我们不能只是将平等**预设**为一个起点，而是需要说明它**为什么**应当被设想为一个起点。这样一个论证不仅要求我们将平等与正义和公平联系起来，也会进一步表明平等何以是一个极为复杂的价值。

四、应得与制度

如果平等并不意味着任何人在任何方面或所有方面与其他任何人相比都要得到同等对待，也不意味着平均分配，那么，对平等主义者来说，平等的观念就必定与更加具体地设想的正义或公平的观念具有本质联系。由此产生了两个密切相关的问题：第一，人们究竟是因为什么而值得平等对待？第二，在哪个或哪些方面人们应当被处理为平等的？当平等主义作为社会-政治运动而出现时，它所要反对的是种族、性别、阶级、种姓的不平等以及由此导致的压迫、奴役、剥夺和屈从；它首先要强调的是人们在道德地位以及追求一个好生活的机会和条件上的平等。在当今世界，人们应当具有平等的尊严、得到平等的尊重已经是一个相对来说不成问题的主张。但是，平等尊重并不是一个抽象主张，而是一个需要在实际生活中实现的理想，这个理想的实现不仅取决于人们普遍地认识到其重要性，也取决于对其要求的具体理解。就此而论，上述两个问题显然具有根本的重要性，特别是因为平等不仅不是人类生活中唯一重要的价值，在某些情形中也可以与其他价值产生张力。平等主义，若要变得合理，就必须恰当地设想和处理平等的价值与其

① 例如，参见：Richard Arneson (1989), "Equality and Equal Opportunity for Welfare", *Philosophical Studies* 56: 77-93; G. A. Cohen (1989), "The Currency of Egalitarian Justice", *Ethics* 4: 906-944。

他价值的关系。对上述两个问题的探究因此就具有关键的重要性。

前面已经指出对平等的**条件**的一些直观认识,例如:一方面,如果一些人并不是由于自身的过错而过得比其他人差,那么这种状况就是正义所不允许的;另一方面,如果所有社会成员在起点上都是平等的(例如拥有平等的资源和大致相同的能力),而且在社会生活中具有大致平等的机会,那么,人们能够完全负责的因素所造成的不平等大概就不是**正义**所要关心的,即使某些社会成员会因为自己的个人选择而致使生活质量下降。自愿选择是一个人在具有一系列广泛的可行选项、既没有受到外在强迫也没有受到内在强制的情况下做出的,因此,一般来说,一个人就应该对这样一个选择及其切近(proximate)结果负责——就这种结果是他能够理性地预料和控制的而论。与此相比,当我们在一般的意义上将运气理解为人们无法控制的随机事件时,运气对生活所产生的影响好像就不是我们所能负责的。然而,运气确实可以对我们的生活产生各种各样的影响。一些人生来就很富有且天资很高,一些人生来就很贫困且缺乏天资。当他们进入社会生活时,前者可能就比后者具有更高的生活前景。即使二者在社会生活中都付出了同样努力,我们仍然会觉得他们之间的差距在道德上有点成问题。假若你因为出身贫寒而失去了受教育的机会,在社会生活中丧失了竞争力,结果就在生活上处于很糟糕的状况,那么你就会自然地问道:"为什么正是我处于如此悲惨的境地?"这个问题显然是具有道德含义的——出身于什么家庭显然不是一个人能够自愿选择和控制的,这种因素所导致的生活状况好像也不是一个人"应受的"。与此相比,如果一个人的生活状况无论好坏都是他自己所导致的,那么这样一个生活似乎就是他"应受的"。例如,我们说一个人因为作恶多端而应受惩罚,另一个人因为乐于助人而值得赞扬。在做出这种评价时,我们假设其行为不仅是他们自己自愿选择的,在某种意义上也是他们自己所能控制的。

不管我们如何具体地理解正义,我们对正义持有一个最古老、最流行的认识,即正义就在于让每个人得到其应得的东西,正如亚里士多德所说,"所有人都同意,公正的分配必定是按照功过(merit)来进行的"[①]。亚里士多德

① Aristotle, *Nicomachean Ethics* (translated by Terence Irwin, Indianapolis: Hackett Publishing Company, 1999), 1131a25.

所说的“功过”，当然就是指人们由于个人行为而应当得到或应当承受的事情，即所谓的“正面应得”和“负面应得”。一个人在森林中闲逛时偶然发现的一堆金银财宝不是他应得的；相比较而论，如果一位物理学在经过长达30年的研究后在宇宙早期演化方面取得了重大突破，因此被授予诺贝尔奖，那么这个奖项就可以被认为是他应得的。在评价行动者（不仅包括个别行动者，也包括具有行为能力的制度）的行为表现时，“应得”是我们经常使用的一个概念：在日常的道德领域中，我们说某人因为恶意中伤他人而应受责备，某人因为慷慨相助他人而值得感激；在惩戒正义（retributive justice）领域，我们说某人因为伤害他人而应受惩罚；在分配正义领域中，我们说某人因为在营销方面表现突出而值得奖励，或者因为加班工作而值得额外报酬；在按照某些明确的规则来规定的活动领域中，我们说某人因为在马拉松比赛中跑得最快而值得获得金牌。假如人们普遍地并没有得到他们应当得到或应当承受的东西，我们就会认为他们所生活的社会是不正义或不公正的。正义或公正的概念似乎与应得的观念具有本质联系。

应得的观念在某种意义上表达了我们对正义的日常理解。在日常生活中，我们经常用这个概念来提出主张。例如，我们说“某个老师因为在学术和教学方面表现卓越而值得晋升为教授”，“某个同学因为刻苦学习而值得赞扬”，“地震中失去家园的人们值得获得住房补贴”。由此不难看出，我们可以一般地将应得理解为一种三元关系，其构成要素分别是应得的主体（某个人）、应得的对象（晋升、赞扬、补贴等）以及应得的根据或基础（贡献、努力、所遭受的苦难等）。一般来说，应得的主体应该是具有理性能动性的行动者。尽管我们有时候也将某些东西看作应得的主体，但我们只是在一种派生的意义上这样做。例如，当我们说梵·高的某幅作品在拍卖中值得卖个好价钱时，这幅作品是因为它所具有的某些特征而值得这个价格，而人们对这幅作品的评价是由梵·高在艺术史上的成就、创作背景和具体构想来决定的。提出一个应得的主张首先是要对自己或他人的某些内在特征或行为表现做出某种评价——用乔尔·芬伯格的话说，“说一个人值得某个东西,就是说他在具有那个东西方面存在某种合宜(propriety)"[①],也就是说,他由于具有某个特征或某种表现而适宜于具有那个东西。

应得表达了人们对一个人在某个方面的"值当"(worthiness)的承认,因此首先是体现在人们彼此具有的"应答态度"(responsive attitude)或者彼得·斯特劳森所说的"反应态度"(reactive attitude)上[②],例如赞扬或责备、义愤或感激之类的态度。假如某人有意伤害你,他就值得你对他表示义愤;假如某人在某个方面帮助你,他就值得你对他表示感激。在芬伯格看来,这些态度有一个共同特点:它们并不只是表达了我们在现象学上对他人的某种正面或负面感受,而是,我们是因为在他人身上体现出来的某种东西而对他们具有这些情感回应或反应——"例如,对某人表示义愤并不只是不喜欢他,而是由于他所做的某件事情而对他持有一种负面感受"。[③] 奖励和惩罚,或者我们用来承认应得的其他方式,仅仅是表达了我们用来表示这些态度的约定手段。因此,对芬伯格来说,应得的概念在如下意义上是一个"道德"概念:"它在逻辑上先于和独立于公共制度及其规则。"[④]对斯特劳森来说,人们彼此表现出来的反应态度构成了道德责任的基础,能够具有这些态度对于参与我们最为看重的大多数人际关系是必不可少的,而一旦某些个体因为心理异常不能具有反应态度,他们就只能被看作社会控制或社会管理的对象。因此,应得的主体应该是具有某种基本的理性能力的行动者。当然,我们日常对"应得"的理解是否要求一个道德责任概念,也就是说,一个人应得的东西是否必定在他能够在道德上负责任的,仍然是一个有待于

① Joel Feinberg, "Justice and Personal Desert", reprinted in Louis P. Pojman and Owen McLeod (eds.), *What Do We Deserve?: A Reader on Justice and Desert* (New York: Oxford University Press, 1999), pp. 70-83, quoted at p. 71.

② Peter Strawson, "Freedom and Resentment", in P. F. Strawson, *Freedom and Resentment and Other Essays* (London: Routledge, 2008), pp. 1-28.

③ Feinberg (1999), p. 77.

④ Feinberg (1999), p. 83.

进一步探究的问题,正如我们即将看到的。①

在芬伯格这里,说应得是一个“道德”概念,并不只是说应得是“前制度性的”(pre-institutional),也是在说应得的基础是具有道德含义的东西,或者至少是道德上相关的考虑。在我们对应得的日常理解中,一个人被认为是因为某些个人特质而值得某种对待。芬伯格将这些应得的对待分为五类:第一,奖品方面的奖励;第二,级别的分配;第三,奖励和惩处;第四,赞扬、责备以及其他非正式回应;第五,赔偿、债务以及其他形式的补偿。这些应得的对待尽管渗透在人类生活的各个方面,但其基础显然是不同的。前两种应得显然是我们为了承认人们在某个方面的突出表现、通过有意制定的规则确立的。例如,我们设立运动竞赛规则来承认人们在运动竞技方面的表现,设立评分制度来承认学生在学习方面的表现。这些应得的对待取决于相关的制度及其规则。相比较而论,当我们在道德意义上来谈论赞扬和责备之类的“非正式”回应时,一个人是否值得用这些态度来加以回应,并不取决于任何正式的制度,至多取决于人们所生活的社会实践,而社会实践无须在强的意义上是制度性的。② 进一步说,如果我们是在惩戒正义领域来谈论奖惩,那么该领域中的奖惩显然也有一个“自然的”基础。不管是否存在落实奖惩的正式制度,我们往往会认为,一个人由于受到他人虐待或伤害而值得补偿,实施虐待或伤害的人应受惩罚。当然,某些形式的补偿或许是制度上确立起来的,例如,从事繁重工作或危险工作的人们应该得到补偿性的额外津贴,尽管这种应得的**根据**是什么仍然是一个有待探究的问题。不过,就应得在于人们由于某个方面的表现而值得被给予某种正面评价或负面评价而论,应得在广泛的意义上可以被认为是立足于道德上相关的考

① 对某些理论家来说,能够对某事负责必定是一个人在这件事情上值得某种对待的一个必要条件。例如,参见:Geoffrey Cupit (1996), “Desert and Responsibility”, *Canadian Journal of Philosophy* 26: 83-100; Fred Feldman (1995), “Desert: Reconsideration of Some Received Wisdom”, *Mind* 104: 63-77; Fred Feldman (1996), “Responsibility as a Condition for Desert”, *Mind* 105: 165-168。但是,某些形式的应得似乎并不需要满足这个条件。

② 即使芬伯格倾向于用一种个体主义的方式来设想应得的基础,但应得的观念必定是在某种形式的社会实践中存在的,实际上取决于社会实践。我们不是不可以设想一个并不存在这些反应态度的社会,例如,如果某个遥远星球上的存在者根本上不同于人类,那么他们大概就不会有美德和恶习之类的东西,因此也不会有这方面的应得对待。

虑。不管人们应得的对待是由反应态度之类的社会实践来授予的，还是由某种制度来授予的，对应得的承认显然具有社会效用，正如密尔所说，“社会应该同样好地对待值得如此对待的所有人，……这是社会正义和分配正义的最高的抽象标准”①。

社会可以通过建立某个制度或确立某些规则来承认人们在某些方面的表现，并用适当的方式给予人们应得的对待。然而，这并不意味着应得必定是制度性的，要完全按照人们在某个制度下所具有的正当期望来鉴定。因此，如果应得确实是一个前制度性的概念，那么将应得与所谓“资格权”(entitlement)区分开来就具有根本的重要性。资格权关系到人们在某个制度下由于满足了有关规则所指定的条件而可以合理地期望的益处(benefit)。例如，为了促进高校教师从事高水平学术研究的积极性，某高校规定在某个权威期刊发表论文将获得2万元奖励。只要一个教师满足了这条规则的要求，他就有权要求这个奖励。应得与资格权在概念上具有类似结构：二者都被用来表述一个人由于具有某个特点而“值得”拥有的对待。此外，当我们通过某种制度来落实人们应得的对待时，如果制度在某种意义上是公正的，那么人们应得的东西与他们在制度下所具有的合法期望就可能是吻合的。不过，直观上说二者仍有一些重要差别。在某些情形中，即使一个人值得某种对待，却没有资格拥有这种对待。设想奥运赛场上一位跑200米的选手在即将首先跨过终点线时，一阵风突然将塑料袋吹到他脸上，紧跟其后的选手结果就抢先冲刺。按照比赛规则，他失去了获得金牌的资格，尽管他“值得”获得金牌。权威期刊发表上的某些文章也可能是“暗箱操作”的结果，作者实际上不值得拥有他们得到的奖励。假若一个衣食无忧、游手好闲的家伙偶然购买了一次体育彩票就中了100万元，而家境贫困的邻居却屡次不中，我们当中至少一些人就会认为那家伙不值得有那么多钱，即使他确有资格要求获得那笔钱——如果当地彩票管理部门不兑现他中奖的结果，他就可以采取法律上诉来维护自己的资格。资格权是社会为了某些目的而在制度上确立的。例如，学校为了评价学生的学业表现而设立考评体制，只要学生满足了考评规则的要求，他们就应当被给予相应的分数或

① J. S. Mill, *Utilitarianism*, in Mill, *Utilitarianism and On Liberty* (edited by Mary Warnock, Oxford: Blackwell, 2003), p. 233.

成绩。即使某个学生向来在考试方面成绩优异，却因为感冒而在期末考试中表现不佳，教师也不应该在这次考试中给他高分。因此，应得和资格权直观上说仍然是两个不同的概念——至少我们不能仅仅按照制度的规则和目的来理解应得。

某些理论家之所以将应得看作一个“前制度性”概念，除了是出于对应得的某些直观理解外，也是出于如下考虑：只要应得被看作一种“前制度性”的东西，这个概念就可以被用来批评现行制度。如果应得的标准并不是独立于制度规则和实践而存在的，那么人们在制度下所能合法地期望的任何东西都是人们应得的。然而，这不仅有悖于我们对应得的某些直观认识，也剥夺了我们用来批评不公正的制度的思想工具。正如社会契约理论家按照自然权利的概念来设想政治社会的合法性一样，对于强调应得不依赖于制度的理论家来说，应得的概念为设计公正的制度、批评不公正的制度提供了基本依据。他们论证说，不管我们是按照制度规则还是按照制度的目的来理解应得，应得的制度理论都会导致道德上令人厌恶的结论。[①] 一种遗产继承制度或许规定，如果一位立遗嘱者按照法律上有约束力的意志将某人确定为财产受益人，那么那人就应当得到那笔财产。现在，假设一位年迈的富豪自己没有子嗣，只要一个侄儿和侄女，前者游手好闲、穷凶极恶，后者则聪慧善良，将其叔叔的家产管理得井井有条。不过，出于某种传统观念，富豪将侄子指定为遗产继承人，在他死后，侄子获得了那笔财富。然而，不少人会认为，应当获得那笔财富的不是他的侄子，而是他的侄女。因此，我们不应当将应得与资格权混为一谈。又如，纳粹德国的法律规定其官员有资格获得他们从犹太人那里没收来的部分财产，但我们显然不能由此认为那些财产是他们应得的。一个人**有资格**得到什么，至少部分地是由他**应当**得到什么来决定的。节假日加班的人们有资格得到补助，不仅因为工作要求相应报酬，也因为他们是在法定休息日工作。制度的确立可以让人们拥有获得某个东西的正式资格，但是，人们是否确实有资格得到某个东西，至少部分地取决于他们是否值得拥有那个东西。同样，如果制度的目的并不受制于任何道德约束，那么仅仅按照这种目的来理解应得也会得出道德上不

① 参见 Owen McLeod, “Desert and Institutions”, in Pojman and McLeod (1999), pp. 186-195。

可接受的结论。前面提到的奥运赛场的例子暗示了进一步的复杂性，例如程序公正未必能够保证实质正义。如果应得**完全**是由制度的规则和目的来决定的，而规则和目的在某种意义上是道德上不可接受的，那么制度就不能让人们得到他们真正应得的东西，应得的概念也不能被用来评价和改革制度。制度理论的倡导者或许回答说，只要制度本身在某种意义上是正义的或公正的，我们就可以避免得出道德上不可接受的结论。但是，批评者会进一步指出这种尝试是行不通的。如果制度理论仍然不得不(至少部分地)按照应得来设想正义，正如在"正义就在于让人们获得其应得的东西"这个通常的说法中，那么纯粹制度理论就会陷入循环。因此，看来我们不能**完全**从制度的观点来理解应得，也不应该这样来理解应得。

然而，我们也不能由此认为应得的制度理论全然不可接受。我们或许确实需要(至少在一定程度上)按照日常所说的应得来界定一个正义的制度。但是，这样一个制度可能不仅需要考虑个人应得(特别是按照一种**个体主义**方式来设想的个人应得)，也需要考虑其他东西。在这种情况下，一种**制度化**的应得概念就无须涉及循环定义。不过，在探究这种可能性之前，我们需要进一步考察一下应得的基础，因为一个制度是否正义或公正确实取决于如何理解应得的本质和基础。传统的应得理论往往认为，一个有效的应得主张的基础必定总是应得的主体的某个内在品质或特征，或者是某个关于他的事实。就此而论，这种理论是个体主义的，因为在决定一个人是否值得某个利益时，它并不考虑利益和负担在社会上的总体分配，而是将个人应得理解为一种**非比较性**的东西。① 但是，正如我们即将表明的，至少相当一部分应得主张是比较性的，甚至在个体主义的应得概念被认为最不成问题的领域(即惩戒正义的领域)，也是如此。

实际上，"一个人的应得必定与关于他的某个事实相联系"是一个含糊

---

① 在个体主义的应得概念和整体论的应得概念之间的区分，有时与比较性的应得和非比较性的应得之间的区分交替使用，尽管在某些情形中这两个区分并不是完全等价的。对这些区分的相关讨论，参见：David Miller，"Comparative Desert and Noncomparative Desert"，in Serena Olsaretti (ed.)，*Desert and Justice* (Oxford：Clarendon Press，2003)，pp. 25-44；Thomas Hurka，"Desert：Individualistic and Holistic"，in Olsaretti (2003)，pp. 45-68；Shelly Kagan，*The Geometry of Desert* (Oxford：Oxford University Press，2012)，Part I and Part Ⅲ。

的主张。假如我们觉得传统的遗产继承制度成问题，那是因为我们认为血缘关系**本身**不应该成为一个人应得一笔遗产的根据，而血缘关系当然是关于一个人的事实。一个人做某事的动机显然是一个关于他的内在事实，但动机本身也不太可能构成应得的基础。当然，康德声称行动的道德价值(moral worth)仅仅取决于行动者采取行动的意图——只要一个人是出于"道德上好的意志"采取行动，不论成功与否，其行动都具有道德价值。康德之所以将道德善(moral goodness)设想为至高无上的价值，显然是为了在人们无法控制的世界中为道德地位的平等保留一个地位。然而，如果运气也可以影响我们对行动的道德评价，那么康德的观点就不可能是完全正确的。当康德将"值得幸福"与道德价值联系起来时，他显然假设了一种只能由上帝来保证的宇宙正义(cosmic justice)。但是，如果我们放弃这个神学预设，并假设道德行动也是在真实世界中展开的，因此受到人们无法控制的因素的影响，那么康德对"道德应得"的理解就变得更加可疑。

即使康德就"道德价值"提出的说法是正确的，他也因此将应得的概念限制到一个极为狭小的领域(即他所设想的道德领域)，让我们不再能够谈论日常生活中认识到的很多"应得"。例如，父母因为抚养孩子而值得孩子感激，士兵因为在战场上浴血奋战而值得某种军事荣誉，医护人员因为面对疫情逆行而值得格外尊重和爱护，人们因为辛勤工作而值得享有相应报酬。这些主张似乎表明，应得的基础在于某些更加具体的个人品质——一个人必定是因为自己所具有的某些个人特征或先前所做的某些事情而应当得到某种对待。直观上说，一个人确实是由于其内在品质让他具有的某个行为表现而值得某种对待。当我们说某个生物学家应该当选为院士时，我们不只是在说学术成就远不如他的某些人已经当选为院士，我们也是在说，他迄今在生物学领域做出的重要成就使他有资格被选为院士。我们需要提出理由来支持一个应得主张，而应得的根据或基础被认为提供了这样的理由。当我们说"索菲因为在教学中付出了艰辛努力而值得好好放松一下"时，我们是在将放松理解为她应得的某种补偿。这个主张的合理性在于如下直观认识：艰苦努力值得某种奖励或补偿。当我们说"史密斯因为虐待他人而应受谴责"时，我们是在表达我们对某些对待他人的方式的不认可，例如因为这种方式显示了不尊重他人的态度，或者显示了对无辜者的伤害。假若这些日常的应得主张是可靠的，它们就暗示了两个基本观念：第一，应得的基础应该是一个人的某些可以评价的内在品质或特征，或者必须与这些品质或特征相联系；第二，一个人应得的东西必定是他在某种意义上能够宣称为自己业绩(credit)的东西。这两个方面无须是相互排斥的，因为一个人能够宣称为自己业绩的东西，必定与他具有的某些内在品质或特征相联系。但是，如果我们将“一个人能够宣称为自己业绩的东西”完全理解为“一个人在道德上能够负责的东西”，那么在某些应得主张的情形中，这两个观念就可以发生分歧。

五、运气与应得

让我们首先指出，并非一切应得主张都与“道德上负责”的概念(或者对这个概念的某种理解)具有明确联系。我们使用应得的概念，主要是为了确定人们究竟是因为什么而值得某种对待，例如享有某些利益或承受某些负担，值得某种奖励或应受某种处罚。我们希望通过将应得的基础与人们所具有的某些内在特征相联系来解决这个问题。但是，这些内在特征可以是多种多样的：人们可能会因为做出了不审慎的选择而应当承受某种损失，会因为付出了辛勤努力而值得某种奖励或报酬，会因为犯罪而应受惩罚，会因为受到伤害而值得某种补偿，甚至(按照康德的说法)会因为具有美德而值得享有更加幸福的生活(与不具有美德或者邪恶的人相比)。我们也经常认为，所有人都因为享有共同的人性而值得平等尊重，有所需求的人们值得帮助，被不正义的制度所伤害的人们值得补偿。不过，即使应得的基础可以是多种多样的，但其范围据说与欣赏、感激、厌恶、义愤之类的评价性态度(即斯特劳森所说的“反应态度”)的基础的范围相吻合。[①] 这些态度与其他态度(例如焦虑或喜悦)的差别并不仅仅在于它们具有明确的对象(例如某个人)，而其他态度似乎并不要求特定的对象(尽管我们也可以说一个人对某事感到焦虑，或者对自己的学生被哈佛大学录取感到喜悦)，而是在于它们具有明确的道德含义。例如，当我们说某人因为在道德上做了错事而应受惩罚时，在道德上了错事也是我们对他表示愤怒的根据。当然，我们无须将

① David Miler, “Deserts”, in Pojman and McLeod (1999), pp. 93-100.

应得的基础限制到纯粹的道德行为。我们也会认为某个雇员因为技能娴熟、尽责尽职、勤奋努力而值得拥有更高的工资。在这种情况下，应得的基础并不是狭义上的道德品格，而是一种在广泛意义上具有道德含义的东西。如果我们对这个雇员表示欣赏，那么我们的欣赏也是因为那些东西而变得适当。由此来看，应得的概念之所以与评价性态度具有重要联系，是因为"当我们对应得做出判断时，我们是在判断具有某些品质和过去行为的特定个体在接受某个东西方面的合适性，而通过考虑我们对这个人采取的评价性态度，这种合适性就变得可理解"①。在这个解释下，只要需求主张既不取决于人们的任何具有道德含义的内在品质，也不取决于人们在过去的行为表现，需求就不是评价性态度的恰当对象，因此就不可能成为应得的基础。

应得的概念之所以能够与评价性态度产生重要联系，显然是因为这种态度的主要职能就在于维护人类生活中某些重要的人际关系或社会关系。我们对在道德上做了错事的人们表示谴责或愤怒，认为他们应受责备或惩罚，是因为这样做有助于加强人们对其行为负责的意识，从而有助于维护良好的社会生活的基本条件。但是，如果我们只是在这种一般性的意义上来理解应得与评价性态度的关系，即认为评价性态度的基础也就是应得的基础（或者二者至少是相吻合的），那么我们就还没有充分地理解应得的本质和根据。我们显然不能认为，只是因为某个东西碰巧是某个评价性态度的对象，它就成为应得的基础。我们对某人的欣赏可能是错误的，我们对某人的责备可能是不恰当的。实际上得到欣赏或受到责备与应当得到欣赏或受到责备并不是同一回事。假若我们转而认为，某个东西是应得的基础，当且仅当它是评价性态度的恰当基础，例如某个行为或某个品质本来就值得欣赏或受到责备，那么用评价性态度来界定应得就变成了一种循环的做法，因为说某个东西本来就值得欣赏或受到责备已经是在使用应得的概念。实际上，评价性态度的基础并不足以为应得的基础提供明确的界定。即使应得的主张和需求的主张被认为具有不同的道德地位，但是，如果满足基本需求是享有平等尊严的一个基本条件，而人作为人值得拥有尊严，那么基本需求在这个意义上也可以被认为是人们应得的。如果我们可以有意义地说人们

① Miller (1999), p. 98.

因为在道德上做了错事而应受责备或惩罚，那么我们同样可以有意义地说，并非因为自己的过错而不能满足基本需求的人们值得同情或怜悯。同情显然是良好的社会生活的一个基本条件。一个根本上缺乏同情的社会，就像一个完全缺乏对道德上错误的行为进行责备或惩罚的社会一样，同样是不可取的。

当然，就评价性态度的核心对象是人们的内在特征或行为表现而论，我们可以认为，当某些理论家将应得的概念与评价性态度联系起来时，他们旨在按照人们的内在特征或行为表现来界定应得的基础。不过，二者之间的联系能够是复杂的。在前面提到的运动竞赛例子中，那个因运气不佳而与金牌失之交臂的选手具有获得金牌的内在特征——他只是因为自己既无法预料、也无法控制的某个偶然事件而错失了他本来应得的东西。我们可以因为他具备了获得金牌的内在品质而赞扬他，或者对他未能获得金牌感到惋惜。但是，我们也可以设想一个天资聪颖、曾经斩获数次奥林匹克数学竞赛奖牌的人后来因为懒散而一事无成。一个人过去的行为表现可以为判断他所具有的内在品质提供证据，使我们可以预期他在未来的表现。但是，只要我们按照其内在特征和过去的表现做出的判断不符合我们对其未来表现的预期，我们就不能说菲尔茨奖是他应得的。由此来看，我们似乎应该将应得与人们**实际上取得的成就**（或者在某个方面的成功）联系起来。然而，对应得的这种理解将会使得应得成为一个格外令人困惑的概念，因为成就或成功取决于一个人不能控制的某些随机事件，即通常所说的“运气”。

行动是要通过行使能动性在世界中导致某种变化，以便得到我们想要追求的目标。就此而论，行动是在世界中发生的事件或者一系列事件。比如说，为了在家中喝上一杯现磨咖啡，我首先需要取出咖啡豆，将咖啡豆磨成粉放入咖啡机过滤装置中，注入适量的水，等待咖啡机预热，等等。只要其中任何一个环节出了问题，我就不能实现喝咖啡的目标。在为了实现目标而做的一系列事情中，有些事情是我能够控制的，有些事情是我预想不到或不能控制的。假若咖啡机出了我无法修理的故障，我的目标就得不到实现。可以设想，在某些比较复杂的行动中，行动是否能够成功地取得预定结果取决于行动者无法控制的一些因素。本来有望获得金牌的运动员会因为偶然发生的事件而未能获得金牌，恶贯满盈的家伙会由于好运而一下子中了大奖。如果我们相信人们是因为具有某些内在特征（例如能力、技能、努力等)并通过在行动中将这些特征表现出来而值得某种对待,那么运气的存在及其对行为所产生的影响就会削弱我们对应得的直观理解,甚至在某些情形中会完全取消应得的概念。为了阐明这一点,我们不妨首先看看究竟存在着哪些运气。

托马斯·内格尔鉴定出四种运气。[①] 第一种运气是所谓的“结果运气”(resultant luck),即在行动的结果上显示出来的运气。假设两个司机在开车时都采取小心谨慎的措施,都服从交通规则;在一种情形中,一个小孩不知道从什么地方突然间跑了出来,一下子冲到汽车前面,结果就被撞死了,在另一种情形中则没有这样的事情发生。如果这种事情既不是司机能够理性地预料到的,也不是他所能控制的,那么碰到这种事情的司机就倒了霉运,而没有碰到这种事情的司机就很幸运。不管撞死小孩的司机是否值得责备,只要我们确实对这两个司机做出了不同的评价,我们就有了结果运气的一个例子。第二种运气可以被称为“境遇运气”(circumstantial luck),即在人们所生活的环境上显示出来的运气。在纳粹统治德国期间,与纳粹进行合作的人们会因为犯下了罪行而受到谴责,不过,他们或许只是碰巧生活在纳粹德国。即便他们具有同流合污的内在倾向,但是,只要他们不是生活在当时的德国,而是(比如说)生活在瑞士,他们就没有机会犯下那些罪行,因此也不会受到谴责或惩罚。他们是否值得某种对待,看来至少部分地是由他们所生活的环境条件决定的,而这种条件可能不是他们自己所能控制的。第三种运气是所谓的“构成运气”(constitutive luck),即在一个人是什么样的人或者具有什么样的个性或品格方面显示出来的运气。遗传因素、早期的成长和教育环境都会对个性或品格的形成产生影响。如果这些因素和条件并不是人们能够自愿选择的,因此也不是人们所能控制的,那么人们具有什么样的个性或品格在某种程度上就是一个运气问题。进一步说,如果行动部分地取决于个性或品格,而人们的生活状况部分地取决于行动,那么人们生活得如何也部分地取决于运气。第四种运气可以被称为“因果运气”(causal luck),即在一个人的品格或行动的先前条件上显示出来的运气。如果品格或行动是由某些先前条件来决定的,如果这些条件既不是人

---

① 参见 Thomas Nagel, “Moral Luck”, in Nagel, *Mortal Questions* (New York: Cambridge University Press, 1979), pp. 24-38。

们自愿选择，也不是人们所能控制的，那么人们具有什么品格、采取什么行动或者具有怎样的行为表现也是一个运气问题。例如，在工作机会方面，先天不足的人可能不如天资优越的人；在教育水平上，出身贫困的人可能不如出身富裕的人；在某些社会中，根本上缺乏社会关系的人在生活前景和社会地位上可能不如具有强有力的社交网络的人。

现在让我们来考虑一下运气如何影响应得，或者更确切地说，如何影响我们对应得的判断。① 直观上说，只有当一个人的行为取决于他所能控制的因素时，针对其行为对他采取某种评价性态度才是合适的。例如，一般来说，假若一个人精神失常，我们就不会因为他对别人造成了伤害而谴责他。之所以如此，是因为我们假设他不仅不能理解自己做的事情，也不能有效地控制其行为。能够在某种最低的限度上控制自己的行动是行动者受制于道德评价的一个基本条件。假若我们把这个主张称为"控制原则"，那么我们就可以由此得出一个推论：对于任何两个人来说，如果二者的唯一差别来自他们无法控制的因素，那么我们就不应该在同一件事情上对他们提出不同的评价。例如，在上述驾驶的例子中，只要我们没有责备那个没有出事故的司机，我们好像也没有理由责备那个出了事故的司机。我们之所以对评价人们的行为感兴趣，是因为我们假设行为以某种方式体现或表示了行动者的品格。因此，如果两个行动者具有**完全一样**的内在特征（包括相对稳定的品格、相对动态的思想状态以及他们在采取行动时所做出的内在努力），那么，只要他们在行为表现上的差别完全是由运气引起的，我们就不应该对他们做出不同的评价。

这一点并不难理解，因为当我们把某件事情称为"运气"时，我们指的是那件事情的发生并不是行动者所能负责的，而说行动者不对某件事情的发生负责，大概就是说那件事情是他不论是在过去还是在现在都不能控制的，

① 因果运气是通过其他三种运气发挥作用的，说不上构成了一个独立范畴。因此，在这里我们将不单独考虑因果运气与应得的关系。

也不是他自愿选择的结果。[①] 地震或海啸之类的自然灾难的发生显然不是我们所能控制的。有些事情的发生或许是我们在过去能够控制的，但是，只要其进一步的发展超出了我们所能控制的范围，它们最终导致的结果就不是我们能够控制的，在这个意义上也不是我们所能负责的。举个例说，科学家为了医治某种疾病发明了某种抗生素，他们当时能够控制这种抗生素产生的副作用。然而，随着病毒的演化，服用这种抗生素会产生致命威胁，这件事情是科学家无论如何都未曾想到的。因此，当某个需要长期服用这种抗生素的病人因为病毒突变而死去时，我们大概就不能说科学家要对此负责。此外，如果某个选择不是行动者自愿做出的，那么，不论这个选择导致了什么结果，我们大概也不能认为他要对这些结果负责。例如，一个人不可能被认为要对其遗传缺陷所导致的结果负责。当一个人是因为受到强迫、威胁或操纵而做出某个选择时，即使他在某种意义上仍然能够控制他在这个选择下采取的行动，但是，一般来说，我们也不能认为他要对那个行动及其后果负责。直观上说，一个人不能自愿选择的东西也不是他能够控制的。不过，一个人此时不能控制的东西或许与他以前自愿做出的选择有关，因为在他做出选择的那个时刻，他完全预料不到未来的事件会对其选择结果产生的影响。例如，一个学生在入学时自愿选择金融专业，但根本就想不到四年后会爆发全球金融危机。在这种情况下，我们大概就不应该认为他要对自己失业负责。在很多情形中，为了判断某人是否要对某件事情负责，我们只需看看他是否能够控制这件事情的发生，或者这件事情是否是他自愿选择的结果。不过，在某些特殊的或复杂的情形中，我们需要同时按照这两个因素来做出判断。

以上论述为我们恰当地理解运气与应得的关系提供了一个基础。最为明显的一点是，一个人不可能因为纯粹的运气而值得某种对待。如果一个射箭选手在历次正式比赛中从未进入前 10 名，在最近各项预赛中也表现不

---

① 对运气的这种理解组合了关于运气的两种观点。关于其中一种观点，参见：M. Otsuka (2002), "Luck, Insurance and Equality", *Ethics* 113: 40-54, quoted at p. 40; M. J. Zimmerman (1993), "Luck and Moral Responsibility", in D. Statman (ed.), *Moral Luck* (Albany: State University of New York Press, 1993), pp. 217-234, quoted at p. 219。关于另一种观点，参见 G. A. Cohen (1989), "On the Currency of Egalitarian Justice", *Ethics* 99: 906-944, quoted at p. 916。

佳，但在正式比赛中，却因为某种机缘巧合每次都射中靶心，那么我们就可以怀疑射箭金牌是他应得的。类似地，如果一位口罩生产商因为对市场行情估计不足而积压了大量口罩，却因为突然爆发了大规模的传染病而从高价抛售口罩中获得了大笔利润，那么我们也不能说他值得拥有那笔利润。直观上说，一个人应得的东西至少是他通过"利用"自己的内在特征（例如才能和努力）而对之做出贡献的东西。[①] 因此，在我们对应得的考虑或判断中，我们应该排除纯粹运气的因素。不过，境遇运气所产生的影响并不能用这种方式来处理。在这种运气的情形中，人们的行为表现本质上是立足于其内在特征，但环境条件影响了他们对内在特征的行使或执行，这种影响既不是他们所能控制的，也不是其自愿选择的结果。假设两位杰出的实验物理学家吉姆和米歇尔都在研究同一个问题。他们拥有同样的天赋和才能，对于所研究的问题领域具有同样敏锐的意识，在研究上具有同样的动机并付出了同等的努力。他们的研究工作也正好到了最后冲刺阶段，只等第二天去观察最终实验结果。很不幸，吉姆在第二天去实验室的路上发生了车祸，因此未能获得最终研究结果，而米歇尔就住在学校附近，他漫步到实验室，获得了最终结果。结果是突破性的，他因此而获得诺贝尔物理学奖。按照某些理论家的说法，运气所影响的是我们对应得进行判断的根据，而不是应得本身。[②] 按照规定，运气是我们无法理性地预测的偶然事件（除非我们像上帝那样无所不知），因此，不充分的或错误的信息会导致我们对人们的行为表现做出错误判断。在这种情况下，我们会认为一个人值得得到某种对待，例如赞扬或责备。但这并不意味着他**本来**就应当被如此对待。倘若如此，按照我们对上述案例的规定，吉姆和米歇尔都值得被授予诺贝尔奖——要是吉姆没有出车祸，诺贝尔奖可能就是他的了。

戴维·米勒并不接受这种解释。[③] 对他来说，应得的概念所要追踪的是实际的行为表现，而不是假设性的行为表现。我们当然可以设想，要是那

---

① 需要指出的是，这个主张有其复杂性。某些理论家认为，如果一个人要声称自己值得拥有通过利用某些内在特征而产生出来的东西，那么这些内在特征也必须是他应得的。下面我们会讨论这种复杂性。

② 参见 Norvin Richards (1986), "Luck and Desert", *Mind* 378: 198-209。

③ 参见 David Miller, *Principles of Social Justice* (Cambridge, MA: Harvard University Press, 1999), pp. 144-145。

些与纳粹合作的人不是生活在当时的德国，他们就不会因为与纳粹同流合污而值得受到谴责或惩罚。一些人经常说，“只要给我机会，我也会做出像他那样的成就”。然而，在米勒看来，这种主张是成问题的。第一，我们实际上不可能知道当机会来临时一个人可能会做什么。即使一位士兵历来都很勇敢，但在下一次恶战中他可能临阵脱逃。正是因为我们不能确切地知道一个人的内在特征在未来会如何表现，我们才应该按照实际行为表现来判断应得。第二，在上述例子中，即使我们可以相对确信吉姆只要碰到好运就会做什么，我们仍然不太愿意说他值得像米歇尔那样获得诺贝尔奖。当然，既然吉姆遭受的厄运不是他所能控制的（他往往六点半离家出门去实验室，这个时候去学校的路上往往没有其他车辆；他像往常那样驾驶，一路上都头脑清醒；然而，这个时候突然发生了地震，而这是他不可能预先知道的），因此我们就不能说他要对厄运对他产生的影响负责。我们或许由此认为，运气不应该影响他应得的对待，例如诺贝尔奖。假如我们觉得这个说法有点道理，我们就需要调整对应得的传统理解。米勒的建议是，只要我们确信几位其他物理学家在米歇尔所处的状况下也能做出有望获得诺贝尔奖的发现，我们就会认为，与他们相比，米歇尔并不是**更值得**获得诺贝尔奖。当然，米歇尔仍然很值得获得诺贝尔奖，因为并不是谁都能做出如此重要的发现。我们之所以认为，与吉姆相比，米歇尔应得诺贝尔奖，只是因为诺贝尔奖是授予**实际上**做出了重要成就的科学家。相比较而论，如果我们了解到吉姆在最后阶段的失败是来自他本来就能负责的因素，例如他没有像以往那样仔细检查实验仪器的运行状况，并以此而功亏一篑，那么我们就会认为他不值得获得诺贝尔奖，尽管我们同时也会为他感到遗憾。米勒指出：“境遇运气总是处于人们的实际行为的背景中，只有当它用一种相当明确的和直接的方式干扰了不同的人们相比较而论所取得的成就时，我们才允许它修改我们对应得的判断。”①

现在让我们转到构成运气与应得的关系。这是该领域中最有争议的一个问题。个体差异显然是导致社会不平等的一个重要原因，而在产生个体差异的要素中，显然有一些要素既不是人们所能控制的，也不是人们自愿选择的结果，例如出身和天资。既然这些因素是运气的产物，人们就不应该因

① Miller, *Principles of Social Justice*, p. 146.

为具有它们而值得某种对待。不过，这个问题比我们预想的要复杂得多。每一代人都无法避免出身和天资方面的个体差异——除非第一代人在这方面的差异已被消除，因此在人类历史的起点上人们已经在这方面变得平等，后面每一代人在这方面的差异也被类似地消除或纠正，否则我们就无法避免出身和天资方面的个体差异对人们的生活机会和生活前景所产生的影响。但是，只有通过实际选择和努力，出身和天资才能为人们带来好处。一个人可能天生就有敏锐的听觉和对音律的敏感性，能够随意就哼出美妙的旋律，但是，只要他还没有选择成为音乐家并继续努力，这些天资对他来说就派不上用场，正如一个身体强壮、个头高大的年轻人若不选择成为篮球运动员并继续努力，就不能获得职业篮球明星所能获得的好处。如果应得取决于人们通过设法"利用"自己的内在特征而做出的成就，那么只是拥有这些特征而不加以利用或行使并不足以使人们值得某种对待。然而，即使我们对应得的判断应该更多地取决于关于选择和努力的考虑，构成运气的存在及其所产生的影响也会带来一些关于运气与正义之关系的复杂问题。为了便于论证，其中一些问题将在下一部分予以讨论，在这里我们只考虑一个相关的论点：甚至个人努力本身也受制于运气。[①] 如果这个论点是可靠的，它就会对传统的应得概念造成严重威胁，因为努力往往被看作应得的一个主要根据。

我们已经看到，完全按照成就（即实际行为所产生的结果）来判断应得有时候会产生不符合直觉的结果，甚至当我们按照一个人的内在特征来看待或评价其行为表现时，也是如此。如果两个人在某个方面具有同样的内在才能，那么他们在行为表现上的差异似乎就只是在于他们各自做出的努力。实际上，如果人们在其他方面都是同等的，那么我们往往按照他们付出的努力来评价他们，例如，我们赞扬或奖励同一个精英班级中更加努力的学生，而当两个具有同样才能的学生在软件设计大赛中都失败时，我们可能会更多地责备那个不太努力的学生。在按照努力来评价人们的行为表现时，我们显然在假设努力是人们能够控制的东西。如果努力指的是一个人通过行使自己的意志在身体能力或精神能力（抑或二者）方面进行尝试的程度，

---

① George Sher, "Effort and Imagination", in Pojman and McLeod (1999), pp. 205-217.

例如运动员刻苦训练，或者计件工人在每个小时内尽力生产更多的配件，那么努力似乎是人们所能控制的。然而，在乔治·谢尔看来，对努力的这种理解忽视了一个重要事实——想象力在引导人们的意志方面所发挥的作用。假设哲学系两位年轻教师麦克和拉里都在撰写自己的专著，两人都知道，对写作活动进行规划和监控并在必要时进行调整，对于完成预定目标来说很重要。在这种情况下，如果拉里有意识地选择不去规划、监控和调整自己的写作活动，麦克则决定这样做，那么我们就可以说拉里在写作上不如麦克努力，这种差别可以追溯到他们一开始自愿做出的选择。因此，如果拉里的专著在出版后因为质量不佳而得不到好评，结果未能获得终身教职，而麦克则大获成功并顺利晋升为副教授，那么这个比较性的结果就可以被认为是他们应得的。不过，尽管两人都决定规划、监控和调整自己的写作活动，但他们在有关方面的表现是有差别的，例如，拉里在如何获得这些目标方面缺乏想象力，也不是特别关心如何通过参考其他作者的做法来进行规划和调整，而且，在论证的构思和组织方面，他也缺乏良好的判断，而麦克在这些方面都做得相当不错。由于缺乏充分的想象力，尽管拉里在其他方面比麦克付出了更多的努力，其专著仍然写得很糟糕。那么，我们能够说这是一个运气问题吗——更具体地说，我们能够认为想象力的获得或行使是一个运气问题吗？想象力的行使似乎不是我们可以通过自己的意志来控制的，就此而论，它确实不同于我们通过施加意志而做出的努力。想象力的行使是否能够获得预期的结果似乎也是一件随机的事情，或者至少具有很大的不确定性。我们甚至可以认为，拉里正是因为缺乏想象力而未曾想到，要是他决定规划、监控和调整自己的写作活动，他就会做得更好。如果想象力的获得和行使本身就是人们不能有意识地控制的，或者至少部分地取决于某些属于运气的因素或条件，那么，只要实际成就或成功不只是取决于人们通过施加意志而做出的努力，也取决于想象力的拥有和行使，实际成就或成功就部分地受制于运气。如果这个论证可靠，那么应得好像也不是（或者不仅仅是）按照实际的行为表现或努力来衡量的，即使我们将行为表现或努力与人们的内在特征联系起来。

因此，即使我们可以在关于应得的判断中排除纯粹运气（即与人们的内在特征毫无关系的运气），我们似乎也无法排除其他形式的运气，特别是构成运气和境遇运气。而且，正如我们已经看到的，我们可以对运气与应得的关系做出不同的判断。在这种情况下，如果我们试图按照应得来理解正义，例如将正义理解为让人们得到其应得的东西，那么正义的概念及其与应得的关系就会呈现出一些复杂性。为了恰当地理解或处理这种复杂性，我们还需要考察一个重要问题：应得的根据只能用（或者甚至必须用）一种**个体主义**的方式来设想吗？

假若我们就像芬伯格那样认为，一个人“必定是因为自己所具有的某个特征或先前的活动”而值得某种对待①，那么应得的基础在这个意义上是个体主义的——应得的主张仅仅取决于在一个单一个体的生活中发生的事情。然而，即使一个人必然是因为自己具有的内在特征或者（以及）在此基础上的行为表现而值得某种对待，这也不意味着一个人是独立于关于他人的考虑而值得某种对待。如果我们认为一个人是否值得某种对待也取决于其他人如何被对待，那么我们就是在一种比较的意义上来谈论应得。从前面的讨论中不难看出，很多应得都是比较性的，不管是在明确的意义上，还是在隐含的意义上。在前面所讨论的一个例子中，“米歇尔应得诺贝尔奖”这个主张在隐含的意义上是比较性的，与分配正义相关的应得则在明显的意义上是比较性的，因为在这种情形中，一个人应当得到什么或得到多少，是相对于其他人应当得到什么或得到多少而论的。如果两个人共同生产一件产品，但二者做出了不同的贡献，比如说，一个人投入了三分之二的时间或精力，另一个人只投入了三分之一的时间或精力，那么，在其余条件同等的情况下，假如产品在扣除成本后卖了 99 元，前者就应当获得 66 元，后者就应当获得 33 元。如果产品需要缴纳 10 元销售税，那么，当前者仍然获得 66 元的时候，后者只获得 20 元就是不公正的。在我们刚刚讨论的例子中，如果高校的终身教职名额有限（不管这是出于学术卓越方面的考虑，还是出于经济效益方面的考虑，抑或二者），而在牛津大学出版社出版专著是获得终身教职的一项指标，那么，“麦克因为在牛津大学出版社出版了专著而值得获得终身教职”这个主张，在相对明显的意义上也是比较性的——如果哲学系当年只有一个终身教职名额，那么，为了决定麦克或拉里是否值得被授予终身教职，聘任委员会不仅需要将二者做比较，为了学术卓越的传统，也需要将他们每一个与该系已经获得终身教职的人员做比较（在这种情况下，

① Feinberg (1999), p. 72.

有可能二者都不值得被授予终身教职)。在惩戒正义领域,我们通常认为应得是绝对的或非比较性的:如果惩罚的一项核心职能就在于表达社会对错误行为的谴责,那么我们就会指望类似的犯罪行为受到类似惩罚,也会指望惩罚的严厉程度要与犯罪者所犯下的罪行的严重性相称;因此,一个人因为犯罪而应当受到什么惩罚,似乎与其他犯罪分子犯下了什么罪行无关。若要用权利的语言来表述这个主张,我们就可以说,就权利是用一种个体主义的方式来设想和分配的而论,只要一个人以某种方式侵犯了他人权利,他就应当受到相应惩罚——他应当受到的惩罚与其他犯罪分子应当受到的惩罚无关。不过,在某些特殊情形中,甚至惩罚也可以是比较性的。某个小孩因为破坏公交设施而值得某种惩罚,但是,如果我们发现该地区很多小孩都在破坏公交设施,那么那个小孩或许就不值得遭受他实际上受到的惩罚。严重犯罪的人是否应被处以死刑,可能也是一个比较判断的问题,特别是因为在某些国家(例如美国),法官对于死刑惩罚具有某种程度的自由裁量权。

在这里,我的目的不是论证,在惩戒正义领域,对应得的判断必定是比较性的——正如不少作者指出的,惩戒正义与其他形式的正义(例如分配正义和补偿正义)具有重要差别。我的目的在于指出,如果应得在某些情形或领域中是比较性的,那么这个事实对于我们理解社会正义能够具有什么一般含义。为此,我们首先需要弄清楚应得究竟是因为什么而可以是比较性的。不管我们如何理解应得的基础,也不管应得是否受到运气的影响,应得与一个人凭借自己的内在特征而做出的努力、贡献或者所取得的实际成就有关。就此而论,应得确实具有一个个体主义的方面。然而,只要我们将人们置于他们获得那些与应得相关的内在特征并通过利用这些特征来做出努力或贡献的场景中,我们就会发现应得并不完全取决于关于个人的"内在"事实。[①] 按照米勒的说法,在社会正义领域,关于应得的判断至少在两种意

---

① 芬伯格在其文章的一个注释中指出:"应得的基础可以是一个复杂的关系事实,但是,在这种情况下,[应得的]主体必定是关系的一方。应得的基础不可能完全与应得的主体分离开来。假设二者可以分离开来,大概是将应得的基础与其任何充分条件混淆起来。"但是,这个主张至少假设,作为应得的基础的那些东西本来就是独立于一个人与他人的关系而存在的。这显然是一个简单化的假定,如果说不是一个错误假定的话。参见 Joel Feinberg, *Doing and Deserving*: *Essays on the Theory of Responsibility* (Princeton: Princeton University Press, 1970), p. 59, note 6。

义上是整体论的:第一,除非我们已经确定**每一个人**有资格获得什么,否则我们就不能指定任何人在某个方面(例如广泛地理解的社会资源)应得什么;第二,若不考虑其他人目前正在得到什么,我们就不能指定任何人应当得到什么。[①] 塞缪尔·谢弗勒对这种整体论根据提出了如下说明:

> 按照整体论的方式来设想分配正义的理由部分地是道德的、部分地是经验性的。这个理由部分地来自我们对人的平等价值的一种强烈感受,来自如下根深蒂固的信念:在一个正义的社会中,所有公民都必须享有平等的资格。这个理由也来自如下根深蒂固的信念:在资源适度稀缺的环境(这是人类社会的一个典型特征)中,公民们在物质生活方面的前景具有深刻的相互联系,是由他们对一套根本的实践和制度的不可避免的共同参与联系起来的,这些制度和实践,例如经济体制、法律系统和政治框架,确立了社会合作的根本规则并加以强制实行。[②]

谢弗勒进一步指出,人们的生活前景至少以三种方式相互联系:第一,每个人做出贡献的能力取决于其他人的贡献,因此人们的生产贡献是相互依赖的;第二,人们的才能的经济价值既依赖于具有类似才能的人们的数量,也依赖于其他人的需要、偏好和选择,因此这种价值本质上是由社会来决定的;第三,将经济利益赋予某个人或某个阶层的任何决定,对其他人和其他阶层来说实际上都具有经济含义,因此人们在物质利益方面的期望是相互联系的。这三个主张或观察其实都不难理解。首先,如前所述,即使一个人具有某些天资,但天资不仅不是一个人应得的(例如在如下意义上:一个人具有的天资并不是其自愿选择的结果),而且,只有通过选择和努力以及对天资的实际运用,天资才能给一个人带来某些利益。即便天资被认为不依赖于其他人的贡献(如果父母的天资在类似的意义上不是其自愿选择的结果,那么我们好像也不能认为一个人对自己的遗传天资做出了"应有的"贡献),一个人对天资的**选择**和**运用**至少部分地取决于其他人的贡献。例如,当一个具有音乐天赋的孩子决定发展自己天资时,他对音乐的兴趣很

① Miller (2003), pp. 38-39.

② Samuel Scheffler, *Boundaries and Allegiance: Problems of Justice and Responsibility in Liberal Thought* (Oxford: Oxford University Press, 2001), p. 191.

可能是通过教育和训练获得的。其次，当他在进入音乐学院后决定在音乐剧方面发展自己天赋时，他能够通过利用其才能为自己获得的利益或做出的贡献，不仅取决于音乐剧在他所生活的社会中存在且有一定需求，也取决于有多少人在从事音乐剧创作。如果音乐剧只是少数人的兴趣或偏好（例如与流行音乐相比），那么他在这方面的应得就是相对于从事同一行业的其他人的应得来决定的。假如只有少数人从事音乐剧创作，他可能就会因为自己的才能和努力而获得格莱美奖，或者获得丰厚报酬；但是，在有不少人都从事音乐剧创作的情况下，格莱美奖或某种丰厚报酬可能就不是他应得的。最后，很容易设想，在资源并不富足的社会中，当大部分社会成员都生活在贫困状况下时，按照纯粹自由市场经济模式或者某种等级制来决定社会资源的分配，显然会削弱或剥夺那些成员应当拥有的资源。也可以设想，在一个普遍具有平等主义意识的社会中，只要基本需求已经得到满足，人们可能就不会在经济报酬方面就自己的努力或贡献提出与他们彼此的合理期望很不相称的要求。从这些考虑来看，我们就不可能在规范的意义上假设，在根本原则的层面上，能够存在着某个只按照个人特征来评价利益和负担的标准。

这不是要否认个人是应得的主体，也不是要否认应得与个人的内在特征（或者关于个人的相关事实）具有某种联系。个体主义的应得概念的问题并不在这个方面，而在于它对“个人”的理解忽视了一个根本事实：人本质上是具有社会关系的存在者。也许人生来就有了某些天资或潜力，但是，不仅这些天资或潜力是在社会生活的世界中变得成熟和得到发展的，而且人们在自己才能的基础上做出的努力或取得的成就也是在这样一个世界中来实现的。惩戒正义与分配正义的主要差别，并不在于前者不需要耗费社会资源而后者需要——确立和维护与惩罚相联系的制度（法院、警察、监狱等）需要耗费的社会资源，可能并不亚于为了有效地缓解国内贫困所需的资源。二者的主要差别在于，惩戒正义是社会对于**不可忍受**的个人能动性的行使做出的回应，分配正义则关系到社会如何用一种道德上可接受的方式来分配或配置有限的利益供给以及人们通过社会合作获得这些利益所要承受的负担。[①] 只要一个行为侵害了能动性的基本条件，采取该行为的个人就应

---

① 参见 Scheffler (2001)，pp. 192-193。

受惩罚。这种行为往往是可以个别地鉴定出来的，而且，甚至在没有正式司法制度的情况下，人们个别地对这种行为的惩罚也可以是有辩护的。然而，如果人们发现，在资源适度稀缺的情况下，一个人不可能仅凭自己的努力就能充分满足需求，从而产生通过社会合作来满足需求的愿望，那么，只要社会合作被正式确立，分配正义的问题就会出现，而且只有在这种情况下才会出现，不管社会合作采取什么形式或者具有多大规模。在两个人合作生产某种产品的简单情形中，他们各自的应得不仅取决于他们为了生产而各自投入的原始资源、各自的能力或技能以及做出的努力，也取决于社会对其产品的需求程度。在生产和推销过程中，他们之间互动的本质也很重要，例如，他们可以相互鼓励、共度难关，也可以在出了问题的时候相互推诿、彼此指责，而在一个人独自生产某种东西的情形中，这些只有在某种关系中才会出现的东西是不存在的。关系可以是**构成性的**，而不仅仅是互动性的。人们可以因为共同目标而进入某种关系(例如爱情或友谊)，这样一个目标不仅是他们在分离存在的情况下不可能拥有或实现的，而且也是这种关系的内在构成要素。[①]

在现代社会中，人们所能做出的努力或贡献、所能取得的成就以及所能得到的机会，都是在一系列复杂的制度背景下通过相关制度来实现的。假若我们可以用自然状态的故事来说明政治社会的确立，那么人们在自然状态下对应得的理解仍然为后来确立的社会的正义状况施加了一个本质约束。不过，政治社会的确立也改变或重塑了人们在自然状态下的应得，不仅因为社会合作产生了某些新东西，也因为社会合作的某些本质条件(例如稳定性、持续性以及有效性)不再能够仅仅按照前制度意义上的应得来设想。举个例说，如果一个合理地公正的政治社会必须保证和维护每个公民的平等尊严，那么它就必须保证每个公民具有平等的政治参与权以及平等尊严所要求的某些最低限度的实质性条件，例如一个基本上得体的人类生活所需的物质条件。平等尊重要求这些条件必须在绝对的意义上得到优先满足。如果满足这些条件所需的资源本身就是通过社会合作创造出来的，那么一个合理地公正的社会在其经济安排上就不能完全采取一种自由竞争模式，就好像社会只不过是向人们提供了一种“自由地”发挥自己才能的竞技

---

① 第九章会将详细讨论特殊的个人关系的伦理含义。

场，因为这样一种竞技场其实与自然状态没有本质区别。但是，如果平等尊重的条件必须得到绝对的优先考虑，而相应资源必须来自社会合作，那么人们在社会合作中"应得"的东西就不可能是他们**在前制度的意义上**声称自己应得的东西。例如，在某些社会成员的基本尊严的条件尚未得到满足的情况下，在这方面已经得到满足且生活极为富足的其他成员就不能合情合理地声称，甚至在不考虑他们与其他社会成员的关系以及社会合作的背景条件的情况下，他们也应当得到他们凭借自己的才能和努力创造或生产出来的东西。即使他们所生活的社会在经济安排上包含了一种自由竞争机制，而他们自己也认为他们是在与这种机制相联系的市场经济中做出努力或贡献的，他们也不能合理地提出上述主张，因为只有在一种公正的制度背景下，自由市场经济才能恰当地发挥作用。例如，自由竞争是否能够产生公平或正义的结果不仅取决于某些程序公平原则，也取决于一个具有实质性内容的原则，即公平的机会平等原则，此外，就人们在自由竞争中不仅需要消极自由、也需要积极自由而论，人们也需要具有积极自由的拥有和行使需要满足的某些实质性条件，例如必要的教育以及合理地规划自己生活的能力。某些程序正义原则，例如"类似情形、类似处理"的原则，只是在表面上是程序性的，因为为了判断哪些情形是类似的，我们就需要实质性考虑。更不用说，我们不能像诺奇克那样认为，只要人们有权拥有他们当下持有的财物，正义就只要求满足财产权的自由交易和转让原则。[①] 对社会正义的这种理解不仅很狭隘，因为它排除了包括公共教育、公共保健、公共交通在内的一系列重要的公共善，而且本质上也是错误的，因为诺奇克的自我所有权理论是立足于对人的本质以及人类条件的错误理解，或者至少是一种片面的理解。

关于应得的整体论不仅将应得理解为一种比较性的东西，而且也提倡按照应得与一系列相关概念（例如公平、正义和平等）的关系来理解和鉴定个人应得。以上我已经试图表明，至少在分配正义领域，我们应该对应得采取一种整体论的理解。之所以如此，本质上是分配正义必然与各种制度及其条件相联系。不过，我还没有声称，甚至在分配正义领域，应得必定是制度性的，或者更确切地说，在这个领域中只有制度性应得。正如我们已经表

① Robert Nozick, *Anarchy, State and Utopia* (Oxford: Blackwell, 1980).

明的，日常的应得概念不仅是模糊的，而且也是多元的——在人类生活的不同领域中，我们对应得的理解可能都是不一样的，不能用某种单一的标准来衡量。不过，不管日常的应得概念多么模糊，就应得的基础必定是来自某些道德考虑(或者道德上相关的考虑)而论，我们需要利用一种前制度性的应得概念来引导制度设计和评价现行制度。但是，前制度性的应得概念在这方面所能发挥的功能很有限，因为不论是设计制度还是批评制度，我们都还需要其他一些同样重要的东西，例如平等尊重的概念。我们不可能认为，正义就在于(或仅仅在于)让人们获得他们在前制度的意义上应得的东西——在现实世界中，只要正义要求给予某些人以优先考虑(不管这种考虑是按照某种最低限度的生活标准来设想，还是按照充足性要求来设想，抑或按照某种其他要求来设想)，以便保证和维护平等尊重的基本条件，正义就不可能只是在于给予人们以前制度意义上的、按照纯粹个体主义的方式来设想的应得。实际上，只要应得必然会受到运气的影响，缓解运气对人们的生活前景所产生的影响的一种重要方式，就像罗尔斯暗示的那样，就是通过将才能和努力看作社会合作的一项"公共资产"，然后按照人们在公正的制度框架和背景正义的条件下做出的贡献或付出的努力来决定他们在分配中应当得到的份额。罗尔斯并不否认我们可以谈论这个意义上的应得，但他相信我们不可能脱离正义来谈论"应得"——只有在公平的背景制度已经就位的时候，才会有应得。因此，对他来说，真正有意义的应得既不是日常意义上的前制度性应得，也不是单纯由制度确立的资格权，而是在某种意义上由正义所要求的公平主张，有时被称为"合乎正义的应得"(justicial desert)。不过，为了理解罗尔斯的主张的合理性，我们还需要进一步思考责任与运气的关系，以便为下一章处理运气平等主义提供一个必要的背景和基础。

六、应得与责任

应得的观念必定与人们具有的某些内在特征相联系——人们是因为具有这些特征或者通过对它们的恰当利用而值得拥有某些东西或得到某种对待。然而，这是一个较为笼统的主张。一个人不可能只是因为与某人具有血缘关系就应当继承后者的遗产；一个人也不可能只是因为具有音乐天赋就值得某种对待，假若他从不利用或行使自己的天赋的话。即使应得必定与人们的内在特征或行为表现相联系，这种联系也必须在某种意义上是正确的或恰当的。因此，我们或许认为，说一个人值得某个东西X，就是说他能够在X方面（或者与X相联系的某个方面）宣称自己的“业绩”（call credit for X）。

这个主张至少可以在两个意义上来理解。第一，在广泛的意义上说，一个人是因为具有某个评价性特征而值得某种对待，例如，有美德的人值得赞扬，内心邪恶的人值得谴责。第二，在一种相对狭窄的意义上说，一个人是因为对某个东西负有责任（responsible for something）而在与这个东西相关的方面值得某种对待。例如，只要我们发现某人对他人造成的伤害实际上是在精神失常的情况下做出的，一般来说我们就不会谴责或惩罚他，因为精神失常的人不能对其所作所为负责。我们认为安德鲁·怀尔斯因为证明了费马大定理而应得阿贝尔奖，不仅因为他在这方面展现出来的聪明才智以及所做出的持久努力，也因为他能够声称对证明结果负责，而结果是正确的。与此相比，如果另一位数学家威尔斯是通过“利用”其博士后导师菲利普的前期成果而证明了费马大定理，而菲利普突然去世，生前从未向其他人透露自己对费马问题的研究（威尔斯是不经意间了解到菲利普的研究并在他去世后偷偷拿走其研究手稿），那么我们就会认为威尔斯不值得获得阿贝尔奖，因为证明结果至少不是他能够完全“负责的”。由此来看，能够对某个东西负责至少是应得的一个必要条件，正如一位作者所说，“在对应得做出判断时，我们必然是在对我们认为要其对行动负责的个人做出判断。由于人们不能控制的行动或事实而将应得（不管是正面应得还是负面应得）赋予人们，这种做法毫无意义”①。

然而，即使我们确认应得与责任之间的联系，这个联系的本质以及对道德责任的条件的某种理解也都会使得应得的概念再次变得成问题。首先，如果我们履行的一切行为，我们所具有的一切内在特征，都是由我们不能负责的因素来决定的，例如我们的基因组成，我们早期接受的教育或训练，我们所生活的环境，那么，就这些行为和特征构成了应得的基础而论，我们就

---

① Wojciech Sadurski, *Giving Desert Its Due: Social Justice and Legal Theory* (Boston: D. Reidel Publishing Company, 1985), p. 117.

绝不会值得拥有任何东西,值得获得任何对待。亨利·西季威克早就明确地指出决定论对应得概念提出的挑战:

> 有人可能会说,任何服务的实际效用必定在很大程度上取决于有利的环境和偶然发生的幸运事件,而不是来自行动者的任何应得,或者说来自先天的或者由有利的生活条件或良好的教育所发展的才能和技能,既然如此,我们为什么要因为这些东西而奖励他呢?肯定只是在道德卓越在人类成就中展现出来的时候,它们往往才会被认为值得上帝奖励。但是,划出这条界限还不会让我们摆脱困境。因为人们仍然可以说,良好的行动或是应该完全归于良好的性情和习惯,或是应该在很大程度上归于良好的性情和习惯,而后者部分地是遗传来的,部分地应归于父母和老师的照料;因此在奖励这些东西时,我们是在奖励自然的和偶然的优势的结果,而且,将这些东西与技能和知识之类的其他东西区分开来,认为奖励其中一种东西而不是另一种东西符合理想正义,这是不合理的。那么,我们可以说奖励应该相称于[一个人]为了某个目的而做出的自愿努力的程度吗?但是决定论者会说,甚至自愿努力根本上也是外在于一个人的原因的结果。①

我们之所以充分引用这段话,是因为西季威克在这里几乎指出了运气对应得提出的挑战的所有方面(熟悉罗尔斯的读者不难看到西季威克的分析对罗尔斯的影响):不论是把成就(即米勒所说的"实际行为表现"或其结果)还是把自愿努力看作应得的对象,应得似乎都是无根基的或"不应得的",因为成就的获得受到了人们可能无法负责的外在条件的影响,自愿努力则至少部分地取决于天资、教育或训练,这些东西似乎也不能完全归功于个人,而且,甚至道德应得(人们由于道德表现而应当得到的某种对待,例如赞扬或责备)也部分地取决于性情和习惯,后者可能也不完全是人们自愿选择的结果。因此,在西季威克看来,如果日常所说的"理想正义"就在于让人们获得其应得的东西,这种正义看来就是虚幻的,因为只要我们承诺了决定论,似乎就不存在人们"应得"的东西。

---

① Henry Sidgwick, *The Methods of Ethics* (seventh edition, Indianapolis: Hackett Publishing Company, 1981), pp. 283-284.

有人或许认为，假若人们有不受任何东西所决定的自由选择，那么应得也许仍然是可能的。但是，西季威克也明确指出，对意志自由论(libertarianism)的诉求不可能让我们摆脱困境，因为“在一个人所取得的成就中，我们实际上不可能把严格来自自由选择的那个部分与来自原始的天资和有利的环境条件的那个部分分离开来”[①]。实际上，当我们将应得和责任的概念与自由意志的概念联系起来时，对意志自由论的诉求只会让事情变得更糟。例如，按照一种意志自由论的观点[②]，道德责任不仅要求行动者在采取行动的时候能够具有“真正开放”的取舍(例如，不仅本来就可以不采取实际上采取的行动，也可以采取其他行动)，也要求行动者要在“根本上”对其采取的**一切行动**和**任何**行动及其根据负责，例如，为了能够对某个行动负责，行动者就需要对采取或选择该行动的根据负责，需要对自己具有或形成那个根据的根据负责，如此等等——也就是说，需要满足所谓“终极责任”(ultimate responsibility)要求。假设一个邪恶的神经科学家为了操控史密斯，在史密斯不知不觉的情况下对其大脑实施了某种手术，以便让史密斯无论如何都只能采取他希望史密斯履行的行动。在这种情况下，我们似乎就很难认为史密斯要对“自己”所做的任何事情负责，因为他已经成为神经科学家手下的玩偶或傀儡。这种思想实验似乎暗示了终极责任要求必须被理解为道德责任的一个条件。我们也可以假设，即使一个行动者在某种特定情形中只能采取某个行动，例如受到胁迫的银行保安人员只能交出保险柜钥匙，但是，他可能是出于某些考虑(例如为了保全性命)而决定这样做。在这种情况下，假若我们认为他能够对其决定的根据负责，那么我们也可以认为他应该对自己实际上采取的行动(交出保险柜钥匙)及其直接后果负责(或者至少负有部分责任)。然而，如果其实际选择的根据(在我们所讨论的情形中，保全自己性命的动机)不是他自己所能负责的，例如是在生物学上被决定的，那么他似乎也不能对自己实际上采取的行动及其直接后果负责。如果道德责任必须满足终极责任要求，那么，当我们不断追问任何行动或选择的根据时，我们就会发现，行动者要在根本上对自己如何成为他所成为的

---

① Sidgwick (1981), p. 285.

② 罗伯特·凯恩捍卫和发展了这种观点，参见 Robert Kane, *The Significance of Free Will* (Oxford: Oxford University Press, 1998)。

那种人这件事情负责。如果一个人的个性或品格归根结底是由遗传结构、早期训练和生活环境来决定的，而这些因素或条件并不是他所能负责的，那么道德责任似乎就变成了一件不可能的事情。[①] 意志自由论者或许认为，为了摆脱这个困境，我们就必须假设，行动者采取行动或做出选择的根据至少在某些时候必须是在非决定论条件下形成的，以便他能够具有"真正的"自由意志。然而，就应得和责任而论，诉求非决定论也不会好到哪里去，非决定论确有可能向我们提供了"真正开放"的可能性，即完全不被任何先前条件所决定的事态或事件，但是，既然非决定论事件的发生是人们在根本上无法预测的，在这个意义上也不是人们所能控制的，我们就很难设想人们在非决定论条件下如何能够对其行为和选择负责。[②]

由此来看，当我们**从纯粹形而上学的角度**来探究道德责任的条件时，无论是在决定论条件下，还是在非决定论条件下，道德责任似乎都变得不可能。因此，如果应得要求道德责任，那么应得看来也是不可能的。如果应得没有任何合理根据，那么看来就没有任何人值得任何东西。这个结论来自对应得与责任的关系以及对道德责任的某种特定理解。因此，为了避免这个显然不可接受的结果，我们就不得不放弃"责任是应得的一个必要条件"这一主张，或者采纳对道德责任的某种其他理解。某些理论家认为，应得并不必然要求责任：即使有些事情不是一个人所能负责的，一个人仍然可以因为这些事情而值得某种对待。例如，人们可能因为在地震中受到伤害而值得某种补偿，即使地震的发生不是他们所能负责的；人们可能因为感染了病毒而值得治疗和同情，即使没有任何人对病毒的发生负责；甚至人们可能因为是一个人而值得尊重，即使"是一个人"（或者作为一个人而存在这件事情）并不是一个人选择的结果。假如我们觉得这些关于应得的主张是有争

---

① 关于这样一个论证，参见 Galen Strawson，"The Impossibility of Moral Responsibility"，reprinted in Pojman and McLeod (1999)，pp. 114-124。

② 这是自由意志和道德责任领域中的一个难题。鉴于我们在这里不是在专门讨论这个问题，我们将只是满足于一般地揭示从纯粹形而上学的角度来处理道德责任问题的困境。对这个问题感兴趣的读者可以参见如下两个文献，二者都对这个领域做了一般性的介绍但又具有一定深度：John Martin Fischer，Robert Kane，Derk Pereboom，and Manuel Vargas，*Four Views on Free Will* (Oxford：Blackwell，2007)；Michael McKenna and Derk Pereboom，*Free Will*：*A Contemporary Introduction* (London：Routledge，2016)。

议的，并坚持认为一个人应得的东西至少应该是他在某种意义上能够负责的东西，那么我们就需要对道德责任及其条件采取某种其他理解。例如，我们需要表明，道德责任并不要求一种非决定论的自由意志，或者并非任何形式的决定论都会对自由意志或道德责任造成威胁。为了对道德责任及其条件提出某种直观上合理的理解，然后利用这种理解来探究应得、运气和责任之间的关系，我们不妨采取一种"实践"转向，也就是说，不是以自由意志的形而上学为出发点（或者在自由意志的形而上学下）来探究应得和责任，而是去追问应得和责任这两个概念在人类生活中究竟有什么作用。唯有如此，我们才能充分阐明应得与责任的关系并对道德责任提出一种恰当理解。

这种实践探讨在古典功利主义思想家那里得到了明确阐述。密尔和西季威克都明确地意识到，从形而上学观点来看待责任和应得是不恰当的——不管我们所生活的世界在形而上学意义上是决定论的还是非决定论的，我们对应得和责任的理解都不应当受到这个问题的影响，应得和责任应当被处理为与人类生活的某些根本要求（或者说与某些重要的人类实践）相联系的东西。在《功利主义》中，密尔对正义的论述开始于如下问题：什么品质（或者是否存在任何这样的品质）可以被赋予我们用"公正"或"不公正"这个概念来称呼的一切行为？我们或许认为，凡是剥夺了一个人的自由、其财产或者法定属于他的任何其他东西的行为都是不正义或不公正的。然而，密尔指出，这个判断有一些例外，例如，受到剥夺的那人可能已经丧失自己对被剥夺的东西的权利——他被剥夺的法定权利可能是不应当属于他的权利，或者赋予他以权利的法律本身就是不公正的。如果我们需要按照某些进一步的东西来判断法律及其规定的权利的正当性，那么我们大概就可以利用"应得"这个概念。密尔指出："人们普遍认为，正义就在于每个人都应当获得其应得的东西（无论是善是恶），不正义就在于他竟然得到了自己不应得到的善，或者承受了自己不应遭受的恶。"[①]那么，为什么我们应当将正义的观念与应得的观念如此紧密地联系起来呢？换句话说，用"正义"这个概念来描述和评价行动者（包括个人、实践或制度）的行为表现究竟意味着什么？

密尔的答案是，正义的根本依据在于效用——如果正义就在于让人们

---

① Mill (2003), p. 218.

获得其应得的东西，那么采纳这种实践一般来说有利于促进人类福祉。不过，密尔强调说，正义在道德体系中占据了一个特殊地位："正义是用来描述某些类型的道德规则的一个名称，与引导生活的任何其他规则相比，这些规则更紧密地关系到人类福祉的根本要素，因此就会产生更加绝对的义务。"例如，"与只是指出如何最好地管理人类事务的某个部门的任何其他准则相比，禁止互相伤害的规则（包括禁止不正当地干涉他人自由的规则）对人类福祉来说更加至关重要，而且也具有一种特殊性——它们在决定人类的整个社会情感方面发挥了主要作用"。[①] 只要人们普遍服从这些规则，个人的基本能动性就能得到保障，和平就可以得到维护，二者都是个人生活得以开展的根本前提。因此，对于那些侵害基本能动性及其条件的行为，例如有意伤害他人、不正当地剥夺他人生存的基本资源以及妨碍他人自由地追求自己的正当目标，我们就会感到义愤。要求我们服从正义规则的有力动机，也要求我们惩罚违背这些规则的人。以恶报恶的观念因此就与正义的情感发生了紧密联系。由此我们就不难理解惩戒正义在人类生活中的基础地位，因为这种正义关系到人类生活得以可能的基本条件。密尔指出，"以德报德也是正义的一条命令"，因为"获得好处、但在别人有需要时否认回报的人会造成一种真正的伤害，这种做法会让一种最自然、最合理的期望破灭，而这种期望必定是他至少会暗中鼓励的，否则他就不可能得到好处"。[②] 既然个人不是充分自足的，物质方面的相互支持和精神方面的相互信任就会在人类生活中占据一个特殊地位——它们是人们在其基本能动性得到保障的情况下追求和实现更高的生活目标的一个必要条件；而一旦人们已经对"以德报德"形成了稳定的相互期望，那么违背这种期望就会产生密尔所说的"真正的伤害"。

人们应当得到什么确实是相对于其行为表现与善恶（或者一般地说，与人类福祉）的关系来确定和界定的，但是，应得的观念是通过反应态度的语境——通过人们在人类生活的某些重要方面彼此形成的相互期望——而发挥作用的，正如密尔所说，"给予每个人应得的东西——也就是说，以德报德、以恶报恶——这一原则，不仅被包括在正义的观念中，也是这种情感力

① Mill (2003), p. 231.

② Mill (2003), p. 232.

量的一个恰当对象”①。西季威克也提出了类似说法。在他看来，我们有一种自然的冲动回报我们所受到的伤害，有一种自然的冲动回报自己获得的好处。这种冲动是“自然的”，因为它们本来就是（或者根本上来自）我们在社会生活中、作为具有社会关系或社会属性的人而自然地形成的情感。如果我们将前一种态度称为“感激”，后一种态度称为“义愤”，那么，对西季威克来说，广泛意义上的正义（惩戒正义以及社会正义的其他领域，例如矫正正义、补偿正义以及分配正义）都可以被看作是这两种态度的普遍化。② 这不是说正义的根据就在于这两种主要的反应态度；而是说，只要我们日常所理解的正义与应得具有任何本质联系，我们对应得的判断就是直接通过反应态度呈现出来的，因此，如果反应态度在某种意义上是准确的，它们就表达了我们对正义的判断。

这个主张为我们摆脱那个关于自由意志的形而上学框架来理解应得、责任与正义之间的关系提供了一个背景，但它同时也引入了一些复杂性。密尔和西季威克不仅观察到了这些复杂性，他们在这方面提出的分析对于恰当地理解“应得”也具有一些重要含义。密尔指出，公平（impartiality）在正义的义务中占据了一个重要地位，因为它是履行其他正义义务的一个必要条件。因此，在思考如何在社会上对应得进行分配时，公平就成为一个必要约束——“如果按照一个人的应得来对待他——以德报德，以恶制恶——是一项责任，那么我们必然就会得出如下结论：我们应该同样好地对待所有人（当没有更高的责任加以禁止时），社会应该同样好地对待值得如此对待的所有人，即一切绝对地值得同样好的人。这是社会正义和分配正义的最高原则，是一切制度和一切有美德的公民应当尽量争取的目标”③。不过，密尔立即指出，这个原则并不是立足于程序公平的概念，而是来自一个实质

---

① Mill (2003), p. 232.

② 参见 Sidgwick (1981), pp. 281-283。亚当·斯密则更为明确地指出：“最直接地促使我们进行报答的情感就是感激；最直接地促使我们进行惩罚的情感就是愤恨。因此，对我们来说，只要一个行动似乎是感激的得到认可的恰当对象，它看来就必定值得报答；另一方面，只要一个行动似乎是愤恨的得到认可的恰当对象，它看来就必定值得惩罚。”参见 Adam Smith, *The Theory of Moral Sentiments* (edited by Knud Haakonssen, Cambridge: Cambridge University Press, 2002), p. 79。

③ Mill (2003), p. 233.

性原则，即每个人的想法或主张都值得同样考虑。因此，从社会的观点来看，每个人对幸福的平等主张都涉及对幸福的一切手段的平等主张，除非人类生活的不可避免的条件对这个准则施加了限制。例如，如果在制度背景中存在的社会不平等已经到了让一些人可以恣意支配和掠夺他人的地步，那么就不能按照人们的"自然"应得来进行分配。此外，既然"一个人只是对自己已经自愿做出或者本来可以自愿避免的事情负责"[①]，社会就应该以某种方式限制或缓解不可控制的因素对应得分配的影响。在最根本的意义上说，正义是要保证每个人的基本生活条件以及对应得实施公平分配。正是因为正义在社会生活占据了这个根本地位，它才比任何其他效用都更绝对、更紧迫，但它不是独立于密尔所说的"最根本意义上的效用"来设想的。换句话说，即使应得是正义的一个核心要素，对应得的分配也需要考虑与社会正义相关的其他要素。由此来看，密尔不仅不赞同一种前制度意义上的应得，而且也对应得提出了一种整体论理解。

西季威克也提出了本质上类似的观点。他不赞成对正义的一种特定理解，即正义的完备实现就在于(或者仅仅在于)完备地和普遍地确立自由的权利，或者说就在于实现人们的平等自由。第一，如果在某些情形中限制人们的自由是道德上有辩护的，那就意味着自由并不是绝对的。第二，西季威克指出，我们很难将自由界定为一个要在纯粹个人关系中来实现的理想。如果我们只是在行动自由的意义上理解自由，那么自由的原则就允许除了约束之外的任何相互打扰。但是，假若我们把摆脱其他人所导致的痛苦和打扰也包含在自由的概念中，那么我们就只能通过约束行动的自由来禁止这种打扰。如果我们认为某些相互打扰是可允许的，并希望将它们与必须禁止的打扰区分开来，那么我们就需要从一种全面的角度来思考哪些打扰构成了对自由的真正约束。我们好像也不能把通过契约来限制个人自由的权利包含在自由的权利中，因为契约限制了相关行动者的意愿活动，而只有当一个人的意愿活动没有受到任何限制时，他似乎才是最自由的。第三，如果我们用一种正面的方式来设想自由，例如认为自由权包括占有某些物质资源的权利，那么问题就会变得更加复杂。假若我们持有一种平等主义立场，例如认为人们应该平等地享有一个得体的人类生活的基本条件，那么我

① Mill (2003), p. 232.

们就不应该允许对资源的任何不加限制的占有。在基本资源已被不平等地占有的情况下，为了正义而对资源进行任何再分配或补偿的做法都会被认为侵犯了人们的自然自由。在这种情况下，对自然自由的平等分配就会与平等分配基本资源的要求发生冲突。因此，在西季威克看来，对自然自由的平等分配并未穷尽正义的概念——“我们日常所设想的理想正义看来不仅要求对自由、也要求对所有其他利益和负担实施尽可能公平的分配，如果说不是平等的分配的话——分配正义不应该被认为[仅仅]在于平等，而是要排除任意的不平等”①。

这种整体论的思想方式也体现在西季威克对现在所说的“经济应得”的考虑中。为了理解他在这方面的想法，我们首先需要注意他提出的一个区分：在“适宜”(fitness)和“应得”之间的区分。之所以需要将这两个概念区分开来，是因为它们都进入了我们日常对于“理想的或完全合理的社会秩序”的思考中。“适宜”大致可以被理解为对某个东西的利用与一个人在某个方面的能力或才能是最相称的，例如在如下说法中：“器具应当被给予能够最好地利用它们的人”，“功能应当被配置给最有能力履行它们的人”。②当我们在这个意义上来理解“适宜”时，我们就不难看到，至少在某些情形中，这个概念可以与应得的概念发生冲突。我们或许认为，一件乐器不应该分配给将它演奏得最好的人，而是应该分配给最需要它的人。如果我们将“适宜”的观念放入经济领域中，特别是所谓的“自由市场经济”中，那么至少从经济效益的角度来看，相关的职位似乎就应该按照这个观念来分配或配置，而人们在理想状况下的应得就取决于他们在指定职位上做出的贡献或努力。然而，西季威克并不认为这个主张从道德或正义的角度来看是可接受的。第一，即使人们在自由市场中做出了自愿的努力或贡献，我们也需要按照某些原则来合理地估计他们做出的努力或贡献。例如，我们需要确定他们做出的努力或贡献在什么意义上是公平的。在现代商业社会中，人们做出的努力或贡献往往是按照市场价格来衡量的，但是供需关系会影响产品价格，因此也会影响对人们的努力或贡献的“定价”。因此，市场价值很难说准确地反映了人们的“公平应得”或者我们对这种应得的理解。第二，有

---

① Sidgwick (1981), pp. 278-279.

② Sidgwick (1981), p. 283.

一些高度重要的社会服务可能与经济效益没有直接的或明确的联系，因此就没有所谓"市场价值"，或者至少没有被赋予其应有的价值。第三，正如我们现在可以看到的，一种完全不受调控的自由市场经济会受到各种运气的影响并因此面临极大的不确定性。在这种情况下，应得可能就会变得极不确定，甚至会变成一种道德上任意的东西，因此就不可能在我们对正义的考量中发挥有效作用。西季威克由此认为，如果一种"理想地公正的社会秩序"就是这样一种社会秩序，"其中所有服务都是用一种与其内在价值严格相称的方式来奖励的"，那么"我们就不得不将这样一种秩序看作是行不通的而加以放弃"。[①] 在这里，西季威克所说的"内在价值"大概指的是按照"适宜"和"自然应得"（即一种先于正义的应得）的观念来衡量的价值。假如西季威克并不认为这个意义上的"理想正义"是切实可行的，那就意味着我们对应得的判断必须立足于人们在社会生活中彼此持有的合理期望，而这种期望必须进一步按照我们对正义或公平的某种理解来分析和评估。因此，就像密尔一样，西季威克并不认为我们应当接受一种先于正义的应得概念。

密尔和西季威克旨在表明，不论是应得概念本身，还是应得的分配，都与一种广义上的效用概念相联系。二者显然都将道德应得与普遍化的义愤和感激的态度联系起来，这两种态度及其应用表达了人类社会生活的一个基本条件，即人们应当对有害于他人的行为表示愤怒并加以谴责或惩罚，对有益于他人的行为表示感激并加以赞扬或奖励。更为重要的是，这些态度（以及其他类似的态度）是道德责任的实践得以可能的媒介和环境——让某人对其行为负责的社会实践不仅是通过反应态度来实现的，而且也取决于部分地由这种态度构成的社会环境。因此，在彼得·斯特劳森看来，能够具有反应态度不仅是一个存在者作为一个主体（而不是一个单纯的"客体"）的根本标志，也是道德上负责任的能动性的一个基本条件。反应态度是人们在各种人际关系中对他人的态度和意图所做的情感性反应，这种态度既可

① Sidgwick (1981), p. 289. 需要指出的是，应得与市场的关系是一个极为复杂的论题，例如不仅涉及经济动机，也涉及自我所有权之类的有争议的问题。对这些问题的一个有益讨论，参见 Serena Olsaretti, *Liberty, Desert and the Market* (Cambridge: Cambridge University Press, 2004)。

以指向他人,例如在表达感激或义愤的情形中,也可以指向自己,例如在觉得自豪或内疚的情形中。因此,具有反应态度意味着一个人已经意识到,在社会生活中,某些类型的行为或态度是恰当的,某些类型的行为或态度是不恰当的。能够具有这种态度也意味着一个人认识到了自我的界限以及自己与他人的区分。当我们对一个人做出负面的情感反应时,我们是在对其行为或态度表达某种不满,例如因为其行为或态度伤害或侵害了他人;当我们对一个人做出正面的情感反应时,我们是在表达我们对其行为或态度的认可或肯定,并因此给予他某种鼓励或奖励,例如因为他对其他人表现出善意或者做了对他人有益的事情。反应态度的彼此表达可以强化人们对自己行为负责的意识,因此有助于维护社会生活的基本条件。不能具有反应态度的存在者只能被当作客体而不是主体来看待或对待,因为他们根本上缺乏道德责任意识以及承担道德责任的基本条件。因此,在斯特劳森看来,让人们彼此负责的社会实践并不要求一种意志自由论的自由意志,只要求行动者具有回应理由和按照理由来行动的能力,并因此而能够控制自己行为。①

在简要地阐明这一点之前,让我首先考察一个密切相关的问题:反应态度的概念是否能够恰当地把握我们对"应得"的理解?正如我们已经初步看到的,决定论至少对道德应得以及某些其他的个人应得造成了严重威胁,如果非决定论事件本质上是我们无法理性地预测和控制的,那么对非决定论的诉求就会在根本上消除应得的概念。斯特劳森之所以在道德责任领域做出了一个重要贡献,就是因为他试图表明,决定论问题与道德责任并没有本质联系,也就是说,道德责任的实践并不需要从任何形而上学的角度来说明或辩护。在同情古典相容论观点(霍布斯和休谟等人发展起来的那种观点)的同时,斯特劳森也特别提出了两个论证来反对不相容论,将意志自由论称

---

① 如何捍卫和发展这种道德责任概念不是我在这里要关心的问题。一些学者已经按照斯特劳森的基本框架系统地发展了一种相容论的道德责任理论,例如,参见:R. Jay Wallace, *Responsibility and the Moral Sentiments* (Cambridge, MA: Harvard University Press, 1994);John Martin Fischer and Mark Ravizza, *Responsibility and Control: A Theory of Moral Responsibility* (Cambridge: Cambridge University Press, 1998); John Martin Fischer, *Deep Control: A Theory of Moral Responsibility* (Oxford: Oxford University Press, 2011)。

为一种“含糊不清、惊慌失措的形而上学”[①]。第一个论证试图表明，反应态度是人类社会生活的一个基本条件，是我们不可避免地具有的，因此，就像归纳推理一样，我们并不需要为其寻求任何形而上学基础。在后来的一部论著中，斯特劳森更明确地指出：

> 我们具有这些态度和反应的一般倾向与我们对个人关系和社会关系的参与是不可分离地相联系的，正是这种参与开启了我们的生活，在我们的一生中以各种方式得到发展并让我们的生活变得错综复杂，因此就可以被看作我们的人性的一个条件。在我们对这些态度和情感的不可避免的承诺中，我们所具有的是一个自然事实，一种在我们的本性中就像我们作为社会存在者的存在那样根深蒂固的东西。……对[这些态度、情感和判断的]自然承诺，是与对我们的社会存在的自然承诺一道被赋予我们的。我们持有这种态度和判断的自然倾向自然地免于某些论证的侵害，这些论证暗示这种态度和判断是原则上无根据的或不正当的，正如我们相信物体存在的自然倾向自然地免于某些论证的侵害，这些论证暗示那个信念原则上是不确定的。[②]

对斯特劳森来说，我们彼此做出反应态度和相应判断的倾向，是我们作为社会存在者无法避免的一种自然倾向，就像我们不可避免地要相信外部世界存在以及要自然地进行归纳一样，不管怀疑论者如何表明那个信念以及我们进行归纳推理的倾向没有“理性保证”。这些东西之所以不受制于各种形而上学论证的诋毁，是因为它们本质上是人类生活实践的内在构成要素——若放弃了它们，人类生活实践就会变得不可能，或者就不再是人类特有的生活实践。斯特劳森所说的“反应态度”本质上不同于我们可能具有的其他情感或情感性态度，因为它们本质上表达了人们彼此所能具有的正当期望，这种期望之所以是正当的，是因为彼此满足这种期望是社会生活得以可能的根本前提。与反应态度相联系的情感表达了人们的品格或者其意志的质量(就人们可以通过意图来表达其品格而论)，因此其本身就是一种具

① Strawson (2008), p. 27.

② P. F. Strawson, *Skepticism and Naturalism: Some Varieties* (London: Routledge, 1985), pp. 34, 41.

有道德内涵的东西。生活在社会世界中的人们逐渐认识到某些行为或态度是正当的,某些行为或态度是不正当的,最终通过某些情感性态度来表达他们对这些行为或态度的认可或不认可。在斯特劳森看来,正是这种反应态度构成了让人们彼此对其行为负责的媒介和基础。如果反应态度本身就是人们作为社会存在者而不可避免地具有和采纳的态度,那么道德责任及其实践也具有类似特征,无论是其存在还是其根据都不取决于任何玄妙的形而上学假设,尤其是一种形而上学决定论论点。用斯特劳森的话说,我们不可能从一种客观的或"超然的"观点来看待反应态度和道德责任,而只能从一种内在的或参与性的观点来看待它们。意志自由论之所以是错误的或误导性的,是因为它试图从一种纯粹**外在的**观点来挑战让人们彼此负责的社会实践。然而,假若这种实践是我们必然参与的,我们就不需要为它寻求一种外在辩护,或者不需要通过这种辩护将它转变为一种实践。

斯特劳森也从另一个角度来驳斥意志自由论。假设我们承认不相容论者的主张,即决定论剥夺了自由意志以及道德责任的可能性,那么我们可能就会追问,在这种情况下,日常的反应态度究竟有没有合理辩护。然而,在斯特劳森看来,提出这个问题意味着我们未能把握我们对反应态度的自然承诺的含义:

> 这个承诺是人类生活的总体框架的一部分,而不是可以被重新检视的东西,就像具体情况可以在这个框架内部被重新检视那样。……如果我们能够想象我们不可能有什么,即在这件事情上的一个选择,那么我们就只能按照对人类生活的得失的评估——人类生活的丰富或贫乏——来合理地选择;一般的决定论论点,不论是否为真,都不会对这个选择的合理性产生影响。①

斯特劳森在这里提出的说法实际上类似于他对待归纳推理的态度。休谟自己表明归纳推理不可能理性地得到辩护,也就是说,理性论证不仅无法表明归纳推理是合理的,反而会产生关于归纳的怀疑论;但是,休谟论证说,归纳推理是我们不可能不采纳的东西,因为放弃归纳推理的实践将使得人类生活变得格外贫乏,无异于剥夺人类生活实践的一个重要部分。对斯特

① Strawson (2008), p. 14.

劳森来说，反应态度在人类生活中的重要性并不亚于归纳推理对我们的重要性：我们本质上是社会存在者，社会关系和个人关系对于我们的存在来说是构成性的，而反应态度不只是维护个人关系和社会关系的手段，对于这些关系来说实际上也是构成性的。因此，假若我们放弃了反应态度，我们实际上就放弃了我们作为社会存在者的本质，将我们转变为就像物理事物一样的对象或客体，因为反应态度"本质上是对其他人对待我们的意志的品质的反应……是对他们的善意或恶意或者漠不关心或缺乏关心的反应"[①]。例如，义愤是对其他人对我们造成的伤害或者对我们表现出来的漠不关心的反应，感激是对其他人对我们提供的帮助或者对我们表现出来的关心的反应。这些态度是与尊重他人和自我尊重的意识相联系的具有道德内涵的东西，因此就与我们所能具有的其他情感性态度区分开来。实际上，正是因为反应态度具有这个特征，它们才能成为让彼此在道德上负责这一重要实践的载体，因为反应态度本质上与我们对重要的人际关系的参与相联系。如果反应态度确实具有斯特劳森所说的这项重要职能，那么放弃让人们彼此负责的实践就无异于放弃所有重要的人际关系，从而放弃人类生活的一个核心要素。由此来看，我们不可能从一种**外在的**观点来辩护反应态度以及道德责任实践（如果它们根本上需要辩护的话），而按照决定论论点来设想这种辩护恰好是在采取一种外在的观点。

斯特劳森旨在表明，我们应该寻求一种**内在于**人类生活的观点来说明和辩护道德责任实践。然而，即使我们确认反应态度与道德责任实践的本质联系，不相容论者仍然有一个自然的忧虑：假若道德责任要求行动者具有一种强的意义上的自由意志，也就是说，行动者本来就可以不采取他实际上采取的行动，或者本来就可以采取其他行动，那么，在决定论条件下，让人们对其行为负责就是不公正的。[②] 不相容论者的主张是否可靠，显然取决于他们所说的"公正"是否只能按照他们所设想的条件来分析，特别是按照他们所设想的自由意志来分析，即为了具有自由意志，行动者就必须具有所谓"可供取舍的可能性"，后者在决定论条件下是得不到的。实际上，按照不相容论者的说法，如果一切选择的根据或者一切行动的前提（包括动机之类的

---

① Strawson (2008), p. 15.

② 以下论述部分地受益于华莱士的讨论，参见 Wallace (1994), pp. 103-117。

精神状态)都是由我们在强的自由意志的意义上不能自由地选择的因素或条件来决定的,那么就没有任何人能够对其行动或选择负责,因此我们也不能因为某人履行了道德上好的行动而赞扬他,履行了道德上坏的行动而责备他。斯特劳森的论证旨在表明这个主张是不可接受的——反应态度和道德责任的实践及其辩护与决定论论点是否为真无关。不相容论者的主张意味着,假若我们碰巧生活在一个总体上是决定论的世界中,那么就没有责任和应得这样的东西,或者至少我们不能有意义地谈论这些东西。但是,这个结论显然不符合日常的道德直觉。在我们日常对道德责任的判断中,我们实际上有一些标准将行动者能够在道德上负责的行动与不能负责的行动区分开来。例如,我们对谅解(excuse)和免责(exemption)有一些明确认识:我们认为不应当让一个人在受到物理约束、外在强迫或内在强制的情况下不得已而采取的行动负责,我们也认为遭受精神错乱或受到行为操控的人不能对其行为负责,我们甚至会认为小孩子不能对其行为承担充分责任。我们对谅解条件和免责条件的直观认识暗示了两个重要论点:第一,人们不能对其行为在道德上担责的条件不同于一般而论的决定论条件;第二,道德责任取决于一些具有规范含义的能力。

先来考虑第一个论点。一般而论的决定论显然不同于约束、强迫或强制之类的东西:当我们受到物理约束或者强迫而只能以某种方式行动时,我们的意志受到了限制——我们不能按照自己的意志或意愿来行动;但是,一般而论的决定论不一定违反我们的意志,也不是在任何情况下都会妨碍我们去做我们想做的事情。此外,受到强迫或威胁意味着我们的意志受到了其他行动者的控制或操控,但是一般而论的决定论并不具有这个含义——即使大自然确实受制于决定论的物理规律,我们似乎也不能将它看作一种能够以某种方式有意控制或操控我们的行动者。正如丹尼尔·丹尼特所指出的,受到控制或操控之所以是一件道德上有非议的事情,是因为它意味着其他行动者蓄意将我们用作实现其目的的手段,而我们自己并不认可他们的目的。[①] 受到控制或操控确实意味着我们的行为在某种意义上是被决定的,然而,只是被决定并不意味着任何其他的行动者是在用这种方式干涉我

① Daniel Dennett, *Elbow Room: The Varieties of Free Will Worth Wanting* (Cambridge, MA: MIT Press, 1984), p. 61.

们，或者将我们用作实现其目的的手段。实际上，如果我们的行动是来自我们自己认同的品格和倾向，那么这种决定恰好是我们能够对自己行为负责的一个条件——假若我们的行为是由我们自己都无法理解的因素引起的，那么就很难说这种行为是我们能够在道德上负责的。如果这些直觉是可靠的，那么不相容论者就不能认为一般而论的决定论剥夺了我们对自己行动和选择负责的条件。当然，不相容论者也有一个特别针对"道德上应受责备"的概念提出的直觉：当一个人由于"别无选择"而做了一件道德上错误的事情时，他似乎不应当受到责备。例如，某人或许在拥挤的人群中因为被其他人推挤而踩了我一脚，或者在某个暴君的胁迫下不得不去做一件道德上错误的事情。但是，这种情形是否暗示了道德上应受责备必定要求行动者具有非决定论意义上的"可供取舍的可能性"实际上是有争议的。我们固然可以说，为了避免由于做了道德上错误的事情而受到责备，行动者必须**本来就可以**不做这样的事情。但是，不管我们是否从形而上学的意义上来理解"可供取舍的可能性"，行动者所能具有的其他行动方案很可能与他实际上采取的行动没有关系，因此也与我们对其实际行动的道德地位的评价无关。假设艾伦因为史密斯在某个聚会上让他感到难堪而决意伤害史密斯。如果他对史密斯造成的伤害远远重于史密斯让他感到的难堪，那么，直观上说，我们并不会因为他自己认为他**只能**这样做就免除了对他的道德责备；我们显然也不是因为他认为自己本来可以不去伤害史密斯(或者可以采取某个其他行动，例如去看电影或旅游)而认为他应受责备。他应受责备，是因为他做了一件道德上错误的事情但又提不出充分的理由为自己辩解。相比较，当你在拥挤的人群中不小心踩了我一脚时，我之所以不责备你，也不追究你的责任，是因为你踩了我一脚这件事情不仅不是你对我有意采取的伤害行为，而且也是你在那种状况下无法有效地控制的事情。尽管这样一个行为对我造成了伤害，但是，它既不是你自愿选择的，实际上也不是你能够有意识地控制的。我对你表示谅解，根本上是因为(用斯特劳森的话说)这样一个行为并没有表示你的意志的品质。在你那里所发生的那个行为(踩我一脚)毋宁说是由一种你无法控制的外在力量推动的，在某种意义上就像是在一种物理必然性的驱使下发生的事件。在日常的道德实践中，我们显然能够将强迫、强制和必然性与一般而论的决定论区分开来；我们认为，行动者在这些情况下做出的行为，尽管表面上是一种产生伤害的行为，但也不应当受到责备，因为它们并不是来自我们的自愿选择，因此也说不上表达了我们的意志或意图。

不相容论者或许反驳说，在决定论条件下我们无法做出任何选择。然而，这个主张并不是一个自明的真理。有一件事情至少是不清楚的：为了按照价值观念来做出选择，我们就必须生活在一个非决定论的世界中。此外，我们也不是很清楚是否只要我们是生活在决定论的世界中，我们就绝不会按照那些违背公认的道德义务的选择来行动。[①] 不管决定论论点在我们所生活的世界中是否成立，按照我们对道德责备的日常理解，一个人是因为做了道德上错误的事情而又提不出强有力的理由为自己辩护而应受责备。当某人是在受到强迫或强制的情况下做出了一个道德上错误的行为时，我们免除其道德责任，并不认为他应受责备，是因为强迫或强制压缩了他能够有效地发挥自己能动性的空间；当某人是在隐蔽操控的情况下做出了一个道德上错误的行为时，我们免除其道德责任，并不认为他应受责备，是因为这种操纵剥夺了他为了恰当地做出自己的选择而需要的决策信息。总而言之，与道德责备相联系的谅解条件和免责条件所暗示的是行动者不能正常地行使自己的理性能动性的情形，因此与不相容论者所强调的“可供取舍的可能性”原则并不具有直接和明确的联系。倘若如此，道德责任并不要求满足这个原则的自由意志。

实际上，从道德责任的概念在社会生活中旨在发挥的功能来看，道德责任与不相容论的自由意志概念显然并不具有直接联系。就道德责任而论，强调这种自由意志实际上是在强调行动者要对自己做出的一切选择的根据或者一切行动的先决条件负责。这种只有上帝才有的**自我制作**能力显然不是人类行动者所能拥有的，因为具有这种能力不仅意味着一个人必须成为其一切行动的本源，也意味着一个人必须成为他用来做出选择的价值的原创者。然而，对人的能动性的这种理解不仅不符合我们对人性的一般认识，而且我们也不需要将它设想为人类尊严的根据或来源，正如我们在前面第三章第二部分已经表明的。人本质上是具有脆弱性的存在者，这个关于人性的基本事实揭示了互不伤害和相互支持在人类生活中的重要性。反应态度和让人们彼此负责的实践只不过是表达了我们对这个事实的承认，并因

---

① 参见 Wallace (1994), p. 135。

此而成为我们用来实现我们对上述重要性的认识的载体或环境。我们之所以要让人们彼此对其行为负责,是为了维护人类生活的基本条件,特别是各种有价值的人类关系。反应态度是维护这种关系的一种重要方式,由此我们不难理解反应态度与让人们彼此负责的实践之间的内在联系。一旦人们进入了某些重要的人际关系,他们就会产生合理的相互期望,例如不受伤害的期望、相互信任的期望以及得到公平对待的期望。只要这种期望足够重要,它们就会产生相应的责任或义务。就反应态度与这种相互期望具有本质联系而论,只要一个人因为另一个人的行动对后者做出的反应态度是合适的,我们就可以认为这个事实暗示了后者要对其行动负责。当然,我们可能会错误地表达我们的反应态度。例如,当我在公交车上昏昏欲睡的时候,我觉得邻座踢了我一下,我可能会由此而对他表示愤慨。然而,一旦我了解到他是因为自己的腿不自主地发生了抽筋而踢到我,那么我就会收回我的反应态度,或者对他表示歉意。因此,反应态度是否合适必定取决于一些道德上相关的事实,换句话说,当我们按照反应态度来判断人们的道德责任时,我们做出的判断是否合适必定取决于一些道德上相关的理由。反应态度不只是一种单纯的情感性反应,例如在一种相对直接的和自发的意义上对某个东西的厌恶或喜欢(当然,严格地说,对某个东西感到厌恶或喜欢也要求首先知觉到它的某些令人厌恶或讨人喜欢的特点),而是一种伴随情感反应的评价性态度。为了恰当地具有一个反应态度,一个人必须认识到或相信其反应态度的对象(通常是另一个行动者)确实具有与这样一个态度相称的评价性特点。如果他的认识或信念是错误的,那么他由此表达出来的反应态度就是不适当的,甚至在某种意义上得不到辩护。但是,一个反应态度的恰当性不可能仅仅在于相关的认识**在认知的意义上**是正确的或可靠的,或者相关的信念**在认知的意义上**是真的,因为具有一个反应态度实际上是在对反应态度的对象做出一种**规范**评价,这种评价必然是立足于某个或某些高层次的道德原则。

正是在这个问题上,就道德责任的本质和功能而论,在相容论者和不相容论者之间出现了一个分歧。功利主义者往往是相容论者,对他们来说,我们之所以让人们彼此对其行为负责,是因为这样做有助于促进社会效用(不管他们如何具体地设想社会效用),因此他们就倾向于从一种“向前看”的观点来看待责任与应得。社会之所以责备或惩罚道德上错误的行为,赞扬或奖励道德上正确的行为(包括道德上所要求的或所允许的行为),是因为这样做有助于促进社会效用,甚至当社会惩罚人们**在过去**犯下的错误行为时,这样做也是为了防止类似行为在未来发生,也就是说,惩罚的本质在于其威慑作用。我们当然无须认为功利主义者不会考虑一个人是否应受惩罚或值得某种奖励。但是,他们不仅倾向于对"应得"采取一种制度意义上的理解(或者至少是一种基于社会实践的理解),而且也不会用意志自由论者所设想的那种方式去理解应得及其根据。[①] 相比较而论,意志自由论者则倾向于从一种"向后看"的观点来看待应得和责任:对他们来说,如果人们在决定论条件下根本上不能对其所采取的任何行为负责,那么不论是奖励人们还是处罚人们都是不公正的——简而言之,决定论"注销"了应得。然而,是否如此不仅取决于如何理解"公正性",也取决于如何理解"应得"。正如我们在前面一再强调的,应得是一个复杂概念:不仅应得的基础是多方面的(人们因为做了道德上错误的事情而应受惩罚,因为对社会合作做出贡献而值得某种奖励,因为自己在某个方面的才能或天赋而值得赞扬等),而且不同领域中的应得可能也有不同的标准。在应得这个概念所要应用的某些领域中,公正显然并不取决于不相容论者对其所设想的那种自由意志的预设。例如,如果制度背景已经大体上是公正的,那么,当人们参与某种合作实践时,其应得就主要取决于他们做出的努力,或者,如果某种游戏的规则已经是程序上公平的,那么,当人们参与这种游戏时,其应得就主要取决于他们实际上取得的成功。[②] 如果不相容论者确实希望将"公正"与他们所设想的那种自由意志联系起来,那么这个概念最有可能出现在人们由于其行为而应受惩罚或责备的情形中,因为按照他们的观点,决定论剥夺了人们对其行动负责的条件,因此就剥夺了任何"真正的"应得。然而,我们至少已经表明,道德责任实践并没有受到一般而论的决定论的威胁,而在某些决定论的情形中,人们是因为根本上不能形成基本的理性能动性而不能对其行为负

---

① 关于这一点,参见 J. J. C. Smart (1961), "Free-Will, Praise and Blame", *Mind* 70: 291-306。对斯马特的观点的一个讨论,参见 Richard J. Arneson, "The Smart Theory of Moral Responsibility and Desert", in Olsaretti (2003), pp. 233-258。

② 当然,有人可能会说,如果人们做出努力或取得成功的**根据**本身是他们不应得的,那么他们就不值得自己付出的努力或取得的成功。我们将在下一章中考虑这个问题。

责，或者是因为其能动性临时受到了限制或剥夺而被免于对其行为负责。

这两种特殊的情形显然不能被扩展到一般而论的决定论，即由此认为一般而论的决定论使得道德责任在根本上变得不可能。一个人可能因为天生的遗传缺陷而不能形成基本的理性能动性——他不具有正常的成年人所具有的精神能力，因此一般来说也不能形成价值观并按照自己对价值的理解和承诺来做出选择和判断。他甚至没有"有意伤害"的概念，因此也不能认识到有意伤害他人是道德上错的。因此，他不仅缺乏正常的成年人所具有的反应态度，也缺乏回应理由并按照理由来行动的能力。但是，这种能力是一种规范能力，并不仅仅在于一种在形而上学的意义上开放的机会，因为具有这种能力意味着一个人已经具有了道德承诺，能够认识到重要的人际关系所产生的期望或义务可以对其行为施加约束，在违背了这种期望或义务而又没有强有力的理由为自己辩解的情况下可以受到责备或惩罚。一旦人们具有了这种能力，充分地了解自己所处的情境的相关事实，摆脱了个人偏见，他所具有的反应态度及其所做出的判断只不过是针对某些具有评价含义的客观事实，例如与我们对行动的道德地位的认识或判断相联系的特点。正是因为有这些客观事实作为规范判断的根据，反应态度才有可能是恰当的或不恰当的，我们也才有可能通过反应态度来让人们彼此对其行为负责。若不首先具有这种能力，即使一个人面对某些在形而上学的意义上对他开放的机会，他也未必能够对自己可能做出的行为负责。因此，我们至少可以认为，具有意志自由论者所说的那种"可供取舍的可能性"对于道德责任来说并不充分，甚至可能也不必要。

当一个人受到了其他行动者的强迫或者受到了某种物理约束（例如，在亚里士多德的著名例子中，船长因为暴风雨而不得不决定抛弃托运的货物）时，他是因为其能动性的行使受到了严重限制而被免责，或者至少可以被认为不能对其实际上采取的行动承担完全的责任。在这种情况下，他所做出的选择或决定可以被认为是不自愿的——他不是按照自己的意志（或者出于自己的意志）而采取他实际上做出的选择或决定。但是，不自愿的行动未必是完全被动的行为，甚至也未必是行动者在某种意义上不能控制的，例如，决定抛弃货物的船长不是不能控制自己实际上采取的行动。当然，不自愿的行动可以被认为是不自由的，但这里所说的"自由"只能被理解为与自然必然性或强制相对立的东西，无须总是被理解为任何"可供取舍的可能性”。为了阐明这一点，不妨考虑一下人们出于义务而采取的行动。[①] 假若我已经答应帮助你修改论文，那么，就承诺产生了义务而论，这项义务就约束了我的自由，例如不帮助你去修改论文的自由，或者在预定时间去做其他事情的自由。但是，当义务限制了我的选择自由时，它并没有限制或剥夺我帮助你修改论文的能力。如果我违背了许诺而且不能为自己提出合理辩解，那么你仍然可以对我表示不满或甚至责备我。当我答应帮助你修改论文时，我就有了一项义务，而义务在某种意义上是一种具有强制性约束力的东西，但是，当我按照义务的要求采取相应的行动时，我的行动可以是自愿的，因为我有可能是出于某些我完全认同的考虑而答应帮你修改论文——既然这些考虑是我理性地采纳和认同的，当我在没有冲突考虑的情况下采取相应的行动（即满足我所招致的义务的要求）时，我的行动就是自愿的。当然，与受到外在强迫的情形不同，我的行动在另一个意义上也是自愿的，即我可以自愿解除义务。在目前设想的情形中，我履行义务的能力只是取决于我在有关方面的技能和资源，因此，只要不存在某些我无法控制的外在条件（例如某人强行阻止我出门，或者某个突发性事件导致交通系统封闭）阻止我去履行义务，兑现对你的承诺对我来说就仍然是一个有效义务，换句话说，你仍然可以因为我未能履行义务而正当地抱怨或责备我。只要我仍然有内在能力履行义务，那么，当我因为缺乏机会而不能履行义务时，我就可以获得谅解或者被免责。但是，我们是否有机会做某事或者有机会做什么取决于我们的境况。正是因为这个缘故，如果履行某个义务的机会不是我们所能控制的，那么我们就可以获得谅解或者被免责。自然必然性或外在强制都可以使我们丧失做某事或做出某种选择的机会，不过，它们显然是因为剥夺或破坏了我们有效地行使能动性的条件而在道德上变得相关。它们属于我们行使能动性的外在条件。直观上说，当我因为自己无法控制的外在条件而未能履行某个义务时，我不应该因此而受到责备——在这种情况下责备我是不公正的。

以上我已经试图表明反应态度和道德责任实践在如下意义上是内在的：我们的反应态度以及我们对责任归属的判断是否恰当，根本上是取决于

---

① 参见 John Hyman, *Action*, *Knowledge and Will* (Oxford: Oxford University Press, 2015), chapter 4。

行动的道德上相关的特点以及我们对行动者的能动性条件的认识。能动性条件当然包括行动者采取行动的外在条件，即行动者在具有相关的内在能力的情况下为了成功地履行一个行动或做出一个选择而必须具备的条件。如果外在条件不是行动者能够有效地控制的，那么他或是不能采取自己本来打算采取的行动，或是不能对自己实际上采取的行动负责（至少不能承担完全的责任）。在这种理解下，道德责任似乎与自由意志的形而上学并没有明确联系，或者至少不是一种若离开了这种形而上学就得不到恰当理解的实践。一方面，如果决定论是真的，那么我们所做出的一切选择或者我们所采取的一切行动都是被决定的，而这意味着没有任何人**值得**拥有任何东西；另一方面，如果我们是生活在一个完全非决定论的世界中，那么，就我们的一切行动或选择都不是我们所能控制的而论，也没有任何人**值得**拥有任何东西。因此，如果拥有形而上学意义上的自由意志是道德责任的一个条件，那么无论是决定论还是非决定论都不会使得道德责任变得可能。

然而，如果斯特劳森是正确的，也就是说，如果让人们彼此对其行为负责的实践是人类生活的一个本质的构成要素，那么它就不可能依赖于任何一种如此脆弱的形而上学。直观上说，只要一个人自愿决定做某事 A，而且在其能力和知识的范围内能够控制其行为，我们就可以认为他要对做 A 负责。在这里，说他自愿地决定做 A 大概就是说：第一，他是按照自己的某些考虑或理由决定做 A；第二，他不是在受到强迫、威胁或操纵（或者某种自然必然性）的情况下做 A，特别是，他做 A 的考虑或理由不是他由于受到强迫、威胁或操纵而具有或不得不采纳的。在这种情况下，即使 A 是他发现自己必须做的（例如作为他所承诺的一项义务），这也不意味着他不能或不应当对做 A 负责。不过，即使他已经在这个意义上自愿决定做 A，但是，只要在其能力和知识的范围内他不能控制自己对相应行动的执行，他也不能对行动的**实际**展现及其结果负责。假设你自愿决定将一车物资送到某个地方，但途中突然发生了地震，你驾驶的车辆因为地震而失去控制冲入河中，你幸免于难，但运送的物资完全受到损毁。我们并不认为你要对这个结果负责，因为地震并不是你在自己的知识范围内能够理性地预测到的，地震所导致的突发情况也超出了你所能控制的正常范围。知识和能力（或技能）显然是控制的一个必要条件，而在不同领域，为了能够对行动实施有效控制，知识和能力方面的要求显然也是不一样的。基本的理性能动性和一般的道德知识显然是对行动实施控制并能够在道德上对行动负责的最低限度条件，在这种条件之外，我们就只能按照我们对“平均”能力和知识的期望来判断行动者对其行动的责任。例如，我们不能合理地指望一个小学生要对一台精密仪器的操作失误负责，正如我们不能合理地指望一个初入政坛的年轻人具有西塞罗那样的政治智慧。因此，除了公正性，理性期望也是我们彼此就责任做出的判断的恰当性的一个根据。总的来说，为了能够对一个行动负责，行动者就必须满足两个基本条件：第一，该行动是他自愿选择的，第二，该行动的实施是他在我们可以合理地指望的能力和知识的限度内所能控制的。如果我们关于责任的判断是恰当的，那么我们仍然可以把一个人应得的东西理解为他能够在道德上负责的东西，换句话说，一个人能够对某件事情 A 在道德上负责，是他在与 A 相关的方面值得某种正面评价或负面评价的一个必要条件。

按照对正义的传统理解，正义就在于让每个人得到其应得的东西。一个人应该得到什么与他所具有的内在品质(或者基于这些品质的行为表现，抑或二者)具有紧密联系。这是我们对“个人应得”的日常理解。然而，大概除了在惩戒正义的情形中外，纯粹个体主义的应得概念不可能总是正确的：如果人们本质上是生活在社会世界中，而应得的概念本来就旨在维护社会生活(特别是具有根本重要性的人际关系以及社会合作)的基本条件，那么应得不仅可以是比较性的或者甚至是整体论的，而且对应得的考虑也必须与对某些其他价值的考虑相联系。以上论述旨在强化这个主张。赞扬或奖励、责备或惩罚之类的实践之所以存在，本质上是人们需要在社会生活中将彼此处理为道德上负责任的行动者。如果让人们彼此对自己行为负责的实践，就像斯特劳森所论证的那样，是内在于人类生活的，那么应得的概念及其实践亦是如此，因此就必然会与社会正义发生紧密联系。我们已经尝试将自愿和控制理解为道德责任的基本条件。因此，对于一个行动者来说，如果能够对某件事情 A 在道德上负责是他在与 A 相关的方面值得某种对待的必要条件，那么自愿和控制也就成为应得的必要条件。就应得与正义的传统联系而论，这个主张对于我们理解社会正义以及平等的本质和要求将具有根本的重要性。下面我们就来处理这个重要论题。

第五章　运气、选择与平等

在前一章中，我已经试图表明平等在什么意义上是一个复杂概念，对平等的要求的合理实现为什么需要考虑责任和应得之类的因素。运气平等主义在某种程度上很好地把握了我们对平等的这些认识。然而，它有其自身的缺陷。本章旨在表明运气平等主义究竟在什么意义或什么程度上是合理的，我将考察对运气平等主义的两个原则性挑战，即形而上学挑战和实践挑战，然后，我将对比关系平等主义来阐明运气平等主义的限度。我的主要论点是，标准的运气平等主义的根本原则会导致一些直观上不可接受的结果，为了避免这些结果，运气平等主义就需要采纳某些其他原则，而这些原则是运气平等主义本身没有思想资源提供的。因此，不管运气平等主义的根本原则直观上具有多大吸引力，这种平等主义本身不可能为正义（哪怕只是分配正义）提供一个基本的理论框架，因此就说不上是对正义的一种系统论述。假若运气平等主义为了变得合理而不得不引入或补充某些原则，它与关系平等主义的差距就不如后者的倡导者所设想的那么大。针对形而上学挑战，我将表明我们没有理由对选择与运气（或者环境）的区分采取一种形而上学理解：这个区分，若要在平等主义分配正义的领域中派上用场，就不得不从一种规范的观点来加以看待。在这些论述的基础上，我将对平等的要求提出一个基本设想。

一、选择、责任与平等

在前一章最后一部分中，我之所以讨论责任及其与应得的关系，并不是为了在根本上解决一个至今仍无定论的问题，即道德责任是否要求一种不相容论的自由意志，而是旨在消除某种关于责任和应得的怀疑论。假若我们从**纯粹形而上学**的角度来探讨责任和应得，这种怀疑论看来就不可避免。但是，它可以产生具有实践含义的后果。例如，如果不论是在决定论条件下，还是在非决定论条件下，人们都无法“真正地”对其行为负责，那么看来就没有任何人应当得到任何东西。这无须使得平等主义变得不可能，但会迫使平等主义者采取结果平等的主张——如果应得没有任何真正可靠的根据或基础，那么在社会生活的领域中实施结果平等似乎就是唯一公正的做法，不管什么东西被设想为平等所要取得或促进的目标，例如，不管平等是按照资源来设想的，还是按照福祉或能力来设想的。然而，正如我们已经看到的，结果平等的观念不仅会使得平等主义招致所谓“拉平异议”，而且直观上也是不合理的，因为我们不仅相信人们应当在某种意义和一定程度上对其生活前景负责，也相信公平合理是社会正义的一个本质要素。下面即将考虑的运气平等主义就旨在把握这个直观认识及其对于分配正义的含义。这种怀疑论以及与之相关的某些东西也会在社会-政治生活的更一般的层面上表现出来。例如，罗尔斯认为天资是道德上任意的，因此就倾向于从公平的制度的观点来理解“应得”。① 在批评罗尔斯的主张时，诺奇克论证说，即使人们并不值得其天资，这也不意味着人们并不值得其天资能够让他们集聚的财富，因为人们“有权”拥有自己的天资。② 尽管应得的概念在诺奇克对分配正义的设想中并不发挥任何作用，但是，通过倡导自我所有权的观念，他发展了一种与罗尔斯的理论截然不同的分配正义理论。与此相比，迈克尔·桑德尔则从一个不同的角度来批评罗尔斯，指责罗尔斯将其正义理论建立在对“自我”的一种错误理解的基础上，这种自我的身份是不依赖于它碰巧具有的任何目的、属性和依恋（attachment）来确定的，因此就“过于单薄而不能具有日常意义上的应得”。③ 由此可见，如何理解道德责任的条件和应得的根据，不仅会影响我们对分配正义（特别是其本质和范围）的设

---

① 参见 John Rawls, *A Theory of Justice* (revised edition, Cambridge, MA: Harvard University Press, 1999)，第 17 节。当然，如何解释罗尔斯的主张是一个有争议的问题，将在下一章加以讨论。

② 关于这一点以及诺奇克对罗尔斯的批评，参见 Nozick, *Anarchy, State and Utopia* (Oxford: Blackwell, 1980), pp. 183-231。

③ Michel Sandel, *Liberalism and the Limits of Justice* (second edition, Cambridge: Cambridge University Press, 1998), p. 178.

想，也会在根本上影响我们对平等的目的或目标的理解。

不论是运气平等主义①，还是对这种观点的一个主要批评，即所谓“关系平等”(relational equality)②，都可以被看作是在罗尔斯对应得的处理及其所引发的争论的背景下出现的。假若一个人因为自己无法控制的因素而过得越来越差，我们会认为这是一件道德上糟糕或令人惋惜的事情：既然这些因素不是他所能控制的，我们就会自然地认为他所遭受的境况不是他应得的——我们会觉得他所遭受的状况对他有点不公平。如果一个人是出于自己的自愿选择而陷入某种悲惨境地，例如，一个朋友不听从劝告仍然决定炒股，结果弄得倾家荡产，那么我们大概就不会对其处境感到不公平，即使我们仍然可以对他表示同情或怜悯。环境条件和个人选择都会对人们的生活前景产生影响，但是，一般来说，我们对这两种影响的评价可以是不一样的：如果环境条件是一个人无法控制的，那么当环境条件对其生活产生了不利影响时，我们会将这归于厄运，而当环境条件对其生活产生了有利影响时，我们会将这归于好运。不论是好运还是厄运，我们都不认为一个人要对

① 关于运气平等主义的早期代表性论著，参见：Richard J. Arneson (1989), "Equality and Equal Opportunity for Welfare", *Philosophical Studies* 56: 77-93; Richard J. Arneson (1999), "Egalitarianism and Responsibility", *The Journal of Ethics* 3: 225-247; Richard J. Arneson (2004), "Luck Egalitarianism Interpreted and Defended", *Philosophical Topic* 10: 1-20; G. A. Cohen (1989), "On the Currency of Egalitarian Justice", *Ethics* 99: 906-944, reprinted in Cohen, *On the Currency of Egalitarian Justice, and Other Essays in Political Philosophy* (edited by M. Otsuka, Princeton: Princeton University Press, 2011), pp. 3-43; Ronald Dworkin, *Sovereign Virtue: The Theory of Practice of Equality* (Cambridge, MA: Harvard University Press, 2000); John E. Roemer (1993), "A Pragmatic Theory of Responsibility for the Egalitarian Planer", *Philosophy and Public Affairs* 22: 146-166。值得指出的是，我在这里的目的不是对运气平等主义提出一个全面论述和评价，而是通过讨论运气平等主义及其所面临的主要问题来阐明平等主义的目的和分配正义的范围。

② 关系平等有时也被称为“社会平等”或“民主平等”。在本章中，我将避免使用“民主平等”这个说法，因为这个说法很容易产生一个错误联想，即认为关系平等的理想只适用于某种特定制度(例如民主制)，但是无须如此，因为这个理想本质上是立足于对社会合作的条件的一种广泛设想，特别是强调相互尊重和互惠合作的重要性，其实现并不必然要求西方意义上的民主制。这一点很重要，因为某些批评者会按照这种联想来限制关系平等主义的应用范围，例如认为这种观点不可能在民主社会之外得到应用。但是，它是否能够得到应用首先取决于人们之间的关系的本质以及他们对平等的承诺，而不是取决于某种特定制度。

运气所产生的结果负责，因为运气按照定义本来就是人们无法控制的东西，因此运气对一个人产生的影响似乎也不是他所能负责的；相比较而言，如果自愿选择被理解为一个人在某种意义上自由地做出的选择，那么他至少就应该对其选择所产生的直接结果负责——只要这些结果是他能够理性地预料和控制的。因此，就我们对责任的判断而论，环境和选择的区分似乎具有本质的重要性，“对于我们的个人伦理——也就是说，对于我们对自己应该如何生活、什么时候我们生活得好或生活得差的认识——来说是必不可少的”[①]。

将运气（或环境）与选择区分开来是运气平等主义的基本出发点。但是，这个区分本身仍不足以启动运气平等主义。如果除了一个人自己外，没有任何人应当对其他人的生活条件或生活处境负责，那么不管一个人的生活如何受到运气或环境的影响，其生活前景或生活状况都不可能成为**正义**所要关注的事情，至多是人们**在道德上**所要关心的事情。例如，我们可能出于人类情谊而对陷入困境的人们表示同情，或者给予他们某种力所能及的帮助。在这种情况下，即使一个人是由于自己的自愿选择而将自己生活弄得一团糟，我们仍然可以对他表示同情或者设法帮助他，尽管我们也可以批评或指责他。运气平等主义者实际上将其观点设想为一种正义理论，因此，为了利用我们对运气和选择的区分的直观认识来发展一种关于正义的理论，他们就需要引入某些其他考虑。例如，他们必须假设每个人都应当得到平等的对待或关切，这种对待或关切是由人们所生活的制度（尤其是他们所生活的社会及其政府）体现出来的，而且实际上构成了对国家的政治合法性的一个本质约束。也就是说，运气平等主义者假设人们在某种意义上必须被处理为平等的，正是在这个假定下，其直观吸引力得以明确地呈现出来。

现在，假设一个社会按照人们在资源方面的平等来平等地对待其成员，在社会合作的起点上，阿尔贝特和贝茨都获得了平等的资源份额；此外，假设该社会在经济运作上采取了一种纯粹自由市场体制，制约经济活动的规则在某种意义上也是公平的。阿尔伯特将自己获得的资源用于某项商业投资，并从中获利，贝茨则将自己获得的资源用来兑换毒品，成天除了吸毒外无所事事，两人因此就在生活质量或生活前景上产生了重要差别。如果我们假设他们两人在资源利用方面做出的选择是自愿的，他们各自的选择及

---

① Dworkin (2000), p. 323.

其可能产生的结果都没有受到他们无法控制的环境因素的影响[①]，那么，直观上说，当贝茨的生活变得越来越差时，社会似乎没有义务对他进行额外补偿，例如，在社会仅仅是由他们两人构成的情况下，要求将阿尔伯特的部分商业盈利"转让给"贝茨。我们之所以具有这个直觉，显然是因为我们假设人们要对其自愿选择的结果负责。假设他们两人都需要某种治疗，否则就会死去，但医疗资源只允许其中一人得救。阿尔伯特是由于某种遗传缺陷需要治疗，贝茨是因为深夜在高速路上飙车受伤而需要治疗。为了便于论证，假设他们两人在痊愈前景、治疗成本等相关方面是相似的。在这种情况下，如果我们认为正是阿尔贝特而不是贝茨应当得到治疗，那么我们就是在采纳一种运气平等主义观点。总的来说，除了假设某种形式的平等是正义的要求外，运气平等主义还持有两个基本假定：第一，如果某些人由于自己无法控制的因素（"坏运气"）而过得不如其他人，那么这件事情就是不公平的；第二，如果一个人的不利条件（disadvantage）是自己所导致的，例如是其自愿选择的结果，那么这种状况就与平等是相一致的，在这个意义上是可接受的。在前一种情况下，遭受不利条件的人或许有权要求某种补偿，而在后一种情况下则无权要求某种补偿。简单地说，按照运气平等主义，如果人们在有利条件（advantage）上所享有的不平等是来自他们自愿做出的选择，那么这种不平等就是可接受的；如果不平等是来自人们所生活的环境的不能选择的特点，那么这种不平等就是不可接受的。[②]

---

① 正如我们即将看到的，这是一个高度理想化的假定，而且会招致一个重要批评。不过，为了说明运气平等主义的直观吸引力及其所依据的假定，目前我们可以不考虑这一点。

② 在这里，我对"有利条件"和"不利条件"这两个概念的使用不同于柯亨在一种更加专门的意义上对这个概念的使用。柯亨所说的"有利条件"其实是一个很难界定的概念。一方面，柯亨相信罗尔斯和德沃金所设想的资源平等的观点具有严重缺陷，例如，即使一个人在工作后就会定期感到身体很疼痛，但这种疼痛并不妨碍其工作能力，因此，从资源主义的观点来看，即使他缺乏控制疼痛的药物，这也不会构成一种他为了追求其生活计划而要求的资源，不过，这种情况确实是平等主义应当关注的；另一方面，柯亨也不认为平等主义分配正义所要考虑的是福祉平等——在他看来，平等主义直觉并不要求我们区分在某个方面患有残疾的人们所具有的不同福祉水平并对他们提供有差别的补偿，只是要求补偿那种一般而论的残疾。柯亨所说的"有利条件"是一种介于资源和福祉之间的东西。他进一步认为，平等主义所要关心的是对有利条件的获取。参见 Cohen(1989)，"On the Currency of Egalitarian Justice"。

如此理解，运气平等主义的吸引力就在于如下直观上合理的主张：在人们的生活中，如果某些有利条件或不利条件是由他们无法控制的因素引起的，因此不是其自愿选择的结果，那么，让人们享有他们不能负责的有利条件、承受他们不能负责的不利条件就是道德上错误的，或者在某种意义上是不公平的。只要一个社会承诺要平等地尊重和对待其成员，正义就要求纠正这种错误，以某种方式消除或缓解运气对人们的生活前景所产生的影响。如果一个人**只是**因为出身富裕就过上令人羡慕的生活，另一个人则因为出身贫困，无论怎么努力都贫困潦倒、让人羞辱，那么我们就会觉得他们所生活的社会是不公正的：假若出身和天资之类的因素并不是人们能够自愿选择的，人们凭什么要享有或承受这种差别对其生活前景产生的影响？运气平等主义者由此认为，其观点说明了平等为什么重要——平等之所以重要，是因为人们不应当承受他们无法控制的因素对其生活前景造成的影响的结果，因此，由此产生的一切不平等都是不可辩护的，应当设法予以消除。当然，从另一个角度来看，人们也不值得享有好的运气给他们带来的好结果。对运气平等主义者来说，正义旨在消除（或者“中立化”）人们无法控制的因素对其生活前景的影响，但是，对于他们“真正”做出的选择所导致的不平等，他们要在道德上负责。如果运气指的是人们在道德上无法负责的因素或条件，那么运气平等主义就可以被看作一种敏于责任（responsibility-sensitive）的平等主义。然而，上述主张之所以在直观上合理，只是因为运气平等主义者做出了两个假设：第一，我们可以有意义地将选择与环境（或者选择与运气）区分开来；第二，个人选择及其结果是一个人在某种意义上能够“真正”负责的。然而，只要我们开始审视这两个假设，我们就可以发现它们都是成问题的，或者至少蕴含一些有待于澄清的复杂性，特别是在相关的道德责任概念上。为了便于论证，我们将从罗纳德·德沃金的观点入手来考察这两个假设，不仅因为德沃金为运气平等主义设定了基本议程，而且因为他其实并不是纯粹的运气平等主义者，因此，对其观点的简要考察就有助于我们恰当地理解和评价运气平等主义。

德沃金对运气与分配正义之关系的论述，与他对平等的目标的看法具有本质联系，实际上是他在批评福祉平等的基础上发展出来的。[①] 按照德沃金对平等的一般理解，既然国家对其公民强制执行法律，特别是由此而限制了公民的自由，国家就必须对公民予以平等的关怀和尊重。福祉平等的理想不符合这个基本要求。“福祉”主要与一个人生活得好坏的观念相联系，一般来说指的是一个人在个人生活方面所处的状态。不过，这种理解也会让这个概念变得很模糊，例如，一个人生活的好坏可以是他自己的一种主观感受，但这种感受也与一些“客观的”东西相联系，比如说，他是否得到了自己想要的东西，或者是否实现了自己想要追求的目标。如果我们将生活得好的状态理解为一个人在欲望或偏好(至少他在某些条件下认可的欲望或偏好)方面的满足或满足感，那么我们就可以看到，为了享有这种状态，一个人就需要某些能力和资源。不过，在尝试批评福祉平等的主张时，德沃金针对的是一种按照快乐主义来设想的福祉，即将福祉理解为一个人在欲望或偏好的满足方面总体上具有的快乐感。在这种理解下，实现福祉平等就意味着让人们在欲望或偏好的满足方面具有同样的主观水平，即大致同样的主观满足。现在，假设路易斯决定有意培养他此时并不具有的某种昂贵品味或志向，一旦这种品味或志向被培养起来，若不获得更多的资源(例如财富)，路易斯就不可能具有他以往享有的福祉水平。在德沃金看来，为了让路易斯继续享有同样的福祉水平，要求从其他人那里将某些资源转移给他显然是不公正的，因为这样做意味着以牺牲他人为代价来让路易斯过上一种比其他人的生活更加昂贵的生活，而他自己并未牺牲自己所享受的乐趣。[②] 为了满足路易斯的昂贵偏好而补偿他的做法，侵犯了其他人在资源方面所具有的公平份额。与此相比，如果某些人由于遗传缺陷而过得越来越差，那么国家就应当以某种方式补偿他们。[③] 德沃金由此认为，为了满足

---

① 这两篇文章首次发表于 1981 年：Ronald Dworkin，“What is Equality? Part 1：Equality of Welfare”，*Philosophy & Public Affairs* 10：185-246；Ronald Dworkin，“What is Equality? Part 2：Equality of Resources”，*Philosophy & Public Affairs* 10：283-345.

② 关于这个例子以及德沃金的讨论，参见 Dworkin (2000)，pp. 48-59。

③ 目前我们仍然不太清楚德沃金如何理解这种补偿的根据。正如德沃金自己所承认的(Dworkin，2000)，福祉平等的主张显然要求对这些人进行补偿，而这也暗示了这个主张的吸引力。如果德沃金拒斥了福祉平等的主张，那么看来他就只能按照对机会的初始平等的某种理解来设想这种补偿的根据。参见后面的论述。

平等关切和平等尊重的要求，分配正义不应该对人们在志向（ambition）方面的差异保持敏感，只应该对人们在天资（endowment）方面的差异保持敏感。但是，德沃金在志向和天资之间做出的区分仍然不等于后来的运气平等主义者在选择与环境（或者选择与运气）之间做出的区分。德沃金对自己做出的区分提出了如下论述：

> 人们的命运是由其选择和环境来决定的。他们的选择反映了他们的个性，后者本身取决于两个要素，即志向和品格。志向要在一种广泛的意义上来理解。一个人的志向包括他的一切品味、偏好、根深蒂固的信念以及整个生活计划：他的志向为他提供了做出某个选择的动机或理由。一个人的品格是由其个性的某些品质构成的，这些品质并不向他提供动机，但是会影响他对志向的追求：这些品质包括他的投入、精力、勤奋、顽强、此时为模糊的报酬而工作的能力，对任何人来说，其中每一个品质都可以是正面的或负面的。一个人的环境是由其个人资源和非个人资源构成的。个人资源是他的身体健康和精神健康以及这两方面的能力——他的一般的健康和能力，包括才能，也就是说，他产生其他人需要用钱来购买的商品或服务的天赋能力。非个人资源是可以在人与人之间重新分派的资源，例如一个人的财富、他所支配的其他财产以及使用这些财产的法定机会。①

按照德沃金的说法，人们是面对自己所能具有的某个资源背景来做出选择的，他们的选择反映了他们对应当如何生活的理解。例如，人们选择从事某项职业，生活在某个共同体中，与某些人成为朋友，与某个人缔结婚姻或建立家庭，发展某些兴趣或爱好，培养某些能力或技能。就此而论，人们的选择以一种最重要或最深刻的方式表达或反映了其个性：一方面，选择是来自人们在最广泛的意义上持有的价值或承诺，其中包括德沃金所说的品味、偏好、根深蒂固的信念以及各种形式的生活计划，即所有能够对他们产生动机影响的东西；另一方面，选择也可以反映他们的品格的其他特点，例如勤奋或懒散，厌恶冒险或喜欢冒险。在这个意义上，选择属于一个人的“内在”方面，与其能动性相联系。一个人的环境是相对于其理性能动性来

① Dworkin (2000), pp. 322-323.

界定的，大致可以被理解为处于其理性能动性“空间”之外的所有东西。[①]选择涉及在理性能动性的空间内发生的事情，在这个空间之外发生的事情则属于环境(包括一个人生活的自然环境和社会环境)。这种解释让我们可以明白德沃金为什么将个人资源和非个人资源包括在他所说的“环境”中。人们并不选择自己具有的天资，尽管他们可以选择利用自己的天资；人们也不选择利用财产的法定机会——这种机会按照定义是当前的法律系统已经规定好并给予他们的，因此就像天资一样是“非选择性的”(unchosen)。相比较而论，选择可以是一种自由的或自愿的活动。

德沃金自己意识到选择与环境的区分在很多方面是成问题的。例如，在某些情形中，我们并不清楚，一个人究竟是由于缺乏才能，还是因为缺乏勤奋和努力，而未能获得某个报酬不错的职位。他也明确指出：“很多人的个人资源在很大程度上受到了他们过去在医疗保健、身体风险、教育和训练等方面做出的选择和持有的态度的影响，而这些选择和态度本身在很大程度上受到了非选择性的家庭影响和文化影响的影响。”[②]这个说法表明，德沃金承认品味、偏好或志向的形成可以受到环境的影响。一个儿童或许生来就有很好的韵律感，在并未接受任何正式的音乐训练的时候就可以在钢琴上弹出美妙旋律。但是，他可能并未进一步发展这些天赋，或者其音乐天赋的进一步发展受到了家庭环境的影响。如果他在十来岁的时候决定成为职业音乐家并最终取得成功，那么，在他这里，我们就很难将天资与环境影响分离开来。实际上，有理由认为人们的个性大体上都是这样形成的：我们在身体能力和精神能力方面的遗传天资本身就是进化的产物，进化在很大程度上取决于人类所生活的环境，就任何个体而论，个性也是继承下来的遗传天资和教育或训练共同作用的结果，而教育或训练取决于我们所生活的自然环境和各种社会条件。如果选择的根据部分地是在环境影响下形成的，那么我们就很难将选择与环境截然区分开来。倘若如此，当我们按照品

① 在这里，“空间”这个说法无须是指一种严格意义上的物理空间，正如我们无须将自我设限为一种在物理意义上被限定的个体。此外，正如我在后面即将表明的，如果运气平等主义要具有根本的合理性，例如能够抵制某些重要批评，那么我们就需要按照德沃金所设想的方式(或者一种本质上类似的方式)来理解选择与环境的区分。

② Dworkin (2000), p. 324.

味、偏好或志向做出选择时，我们究竟在什么意义上能够对自己做出的选择负责呢？这是运气平等主义者不得不正视并必须处理的一个核心问题，因为对他们来说，正义并不需要考虑人们所能做出的负责任的选择对其生活前景产生的影响，也不需要补偿或纠正人们在这方面的差别。德沃金有自己解决这个问题的方案，但是，为了阐明其方案的合理性并加以推广，我们首先需要看看运气平等主义者如何处理这个问题。

我们通常会在两种意义上来理解“运气”：第一，如果某个东西（事件、事态、个人品质、行动或行动的结果等）不是一个人在道德上所能负责的，那么我们就可以说它对那个人来说是一个运气问题；第二，如果某个东西不是一个人应得的，那么我们也可以说它对那个人来说是一个运气问题。在大多数情形中，我们关于责任和应得的日常判断是相吻合的，不过，在某些情形中，二者可以不相一致。例如，一个人可能为了他人而自愿牺牲自己的生命，他在某种意义上对自己采取的牺牲行为负责，但我们并不认为其生命的丧失是他应得的，尽管他的行为值得高度赞扬；如果一个贫困的好人在河中无意间捞出了金块，那么，就他向来尽自己所能帮助他人而论，我们可能会认为他由此得到的财富是他应得的，尽管他显然不对拥有财富在道德上负责。运气平等主义者将选择与运气区别开来并将选择理解为行动者能够在道德上负责的东西，就此而论，他们主要是按照责任来理解运气——运气往往被看作我们无法控制的环境因素或条件，因此至少在这个意义上不是我们所能负责的。然而，如果运气平等主义者旨在将选择和运气的概念应用于分配正义领域，特别是说明在什么情况下或什么时候对人们进行某种补偿是正义所要求的（或者至少是道德上可允许的），那么他们就不能简单地将运气设想为责任的对立面，而是需要用一种**实质性**的方式说明“对某个东西在道德上负责"究竟是怎么回事,并由此将选择与运气区分开来。[①] 这种说明不能是循环的,例如已经按照运气的概念来说明一个人的选择在什么意义上是他所能负责的。

直观上说,出于纯粹的运气而发生的事情当然就是我们不能在道德上负责的事情。因此,只要我们能够对道德责任的条件提出一个令人满意的说明,我们就可以对运气提出一个明确的说法。在前一章最后一部分中,我们已经对道德责任提出了如下理解:对于任何行动者 A 和任何行动 X 来说,如果 X 是 A 自愿选择的,而且 X 的实施是 A 在其合理地指望的能力和知识的限度内所能控制的,那么 A 就对采取 X 在道德上负责。这个理解将行动者在意志和能力方面的条件结合起来,但它并未明确地指出自愿和自由之间的联系,而如果自由是自愿的一个必要条件,那么它也没有说明自愿选择要求什么样的自由。我有意留下这些问题,是为了在这里揭示运气平等主义所面临的某些困难。杰里·柯亨指出:"对于平等主义者来说,根本的区分是在选择和运气之间的区分。"这个说法表明柯亨是按照选择来设想责任,然后再将运气理解为与责任相对立的东西,正如他接下来所说,平等主义的目的"是排除不自愿的不利条件,承受者不能被认为要负责的不利条件,因为这种不利条件并没有恰当地反映他已经做出或者正在做出或将要做出的选择"[②]。换句话说,在柯亨看来,某个东西 X 对行动者 A 来说是一个运气问题,当且仅当 A 不对 X 在道德上负责,而 A 不对 X 在道德上负责,当且仅当 X 并没有恰当地来自 A 或反映 A 所做出的选择。

那么,如何理解"恰当地来自或反映一个人所做出的选择"这个说法呢?柯亨在这个问题上往往含糊其辞。在很多地方,他都提到了"真正的选择"

---

① 用苏珊·赫尔利的话来说,他们应该对"运气"采取一种"厚实的"而不是"单薄的"理解,前者将运气简单地看作一种以对立的方式与责任相关联的东西,后者则对"运气"提出某些进一步的说明,例如将这个概念与彩票运气或者缺乏选择或控制的观念相联系。关于这个区分,参见 Susan Hurley, *Justice, Luck and Knowledge* (Cambridge, MA: Harvard University Press, 2003), pp. 113-115。运气实际上是一个不太容易阐明的概念:对运气提出的任何定义可能都会碰到反例。对运气的一个一般论述,参见 E. J. Coffman, *Luck: Its Nature and Significance for Human Knowledge and Agency* (London: Palgrave, 2005)。关于目前对运气问题的讨论,参见 Duncan Pritchard and Lee John Whittington (eds.), *The Philosophy of Luck* (Oxford: Blackwell, 2015)。

② Cohen (2011), pp. 4, 13.

(genuine choice)这个说法,并将它与德沃金所说的"原生运气"(brute luck)相对立。柯亨强调人们应该承受自己自愿选择的结果,只有当某个负担并未恰当地反映选择的时候,一个人才可以因为承受这个负担而正当地提出补偿的要求。托马斯·斯坎伦已经构想了一个例子来反驳柯亨的主张。斯坎伦论证说,大多数人既没有控制也没有选择他们所信仰的宗教,他们或许将自己具有宗教信仰这件事情归因于坏运气,因此,当他们由于自己的宗教信仰而产生了某种有罪感时,他们就可以要求某种补偿,而这显然是荒谬的。[①] 柯亨承认,对这样一个人来说,要求对其痛苦的有罪感进行补偿确实很怪异,"因为他相信自己**应当**感到有罪";但是,他补充说,"虽然他从未选择具有这种感受,但是,**要是他本来就能选择不具有这种感受,他就不会选择不具有这种感受**"。[②] 柯亨提出的反事实分析意味着,他是在从一种意志自由论的立场来设想"真正的选择",也就是说,一个选择对于行动者来说是"真正的",当且仅当它是行动者本来就可以不做出的选择,或者说,在实际上做出这个选择时,他本来就能做出其他选择。在另一篇文章中,他更明确地指出:"运气所要对比的是……对与真正的选择一道出现的结果的责任。……与'运气'相关的对比是'选择',其他对比,例如'被自然地决定',是完全无关的(在某些情形中,与运气相对比的是反事实选择)。"[③]

然而,从纯粹形而上学的观点来理解"真正的选择"这个概念不可能是一种恰当的做法,因为道德责任的概念以及自愿和选择之类的相关概念都是规范的,或者至少是具有规范含义的概念。在上述例子中,按照柯亨的说法,既然那个具有宗教信仰的人相信自己**应当**感到有罪,他就不应该要求补偿。柯亨提出的那个反事实分析实际上依赖于这个事实:如果不是因为他相信自己应当感到有罪,那么,当他本来可以选择不具有宗教信仰时,他何以**不会**选择不具有宗教信仰呢?答案想必是,具有宗教信仰对他来说在某种意义上是好的,即使他不得不因此而承受某种有罪感。因此,柯亨提出的反事实分析,就其有效性而论,显然已经取决于某些规范认识。柯亨自己

① T. M. Scanlon (1986), "Equality of Resources and Equality of Welfare: A Forced Marriage?", *Ethics* 97: 111-118. 参见 Cohen (2011), pp. 34-37。

② Cohen (2011), p. 35. 柯亨自己的强调。

③ Cohen (2011), p. 119.

指出：

> 让选择在分配正义问题上占据核心地位，就等于将政治哲学置于自由意志问题的泥潭中。……鉴定什么东西表达了真正的选择是一个令人畏惧的难题。用我所推荐的区分[即在选择和运气之间的区分]来取代德沃金在偏好和资源之间所做的区分，这种做法是让政治哲学屈从于可能无法回答的形而上学问题。对于这种焦虑态度，我有两件事情要说，一件事情令人担忧，另一件事情则令人宽慰。令人担忧的事情是，自由意志问题实际上可能淹到了我们头上，但这碰巧是坏运气，不是我们不遵循[我所提出的]论证的一个理由。令人宽慰的是，我们不是在寻求一个绝对的界限来区分真正的选择的在场和不在场。一个选择究竟有多真实是一个程度问题。平等主义补偿要按照一个不利条件并未反映真正的选择的程度来提出。这种程度取决于几个东西，而且，在一个人的处境中，没有哪个方面是完全来自其真正的选择。[①]

在这段话中，柯亨的模棱两可的态度得以清楚地展现出来。一方面，他显然相信我们需要诉诸自由意志的形而上学来解决什么算作真正的选择这一问题，事实上倾向于按照意志自由论的立场来理解“真正的选择”。但是，如果我们无法在根本上解决自由意志的形而上学问题，或者至少不能对“意志何时是自由的”或者“意志在什么条件下是自由的”之类的问题提出一个取得共识的解决方案，那么政治哲学就像他所说的那样受到了形而上学的绑架。如果我们只能按照一种形而上学意义上的自由意志来理解“真正的选择”，那么，正如此前所指出的，不论是按照强硬的决定论，还是按照意志自由论，都没有什么东西是我们能够在道德上负责的，因此大概也没有什么东西是我们应得或不应得的。强硬的决定论从定义上排除了责任——也就是说，如果决定论是真的，那么就没有谁要对任何事情负责。意志自由论的理论大概可以分为两种形式：一种认为自由意志要求本体论上的可供取舍的可能性，因此要求非决定论；另一种认为道德责任必须满足所谓“终极责任”要求，即为了在根本上对某个东西 X 负责，一个人就必须对 X 得以产生的原因负责，对这样一个原因的原因负责，如此继续以至无穷。

---

① Cohen (2011), p. 32.

第一种形式的意志自由论碰到了著名的“运气”问题，即无法合理地说明我们为什么做出一个选择而不是另一个选择，更不能合理地说明我们如何能够控制自己的选择。[①] 第二种形式的意志自由论看来也是不可接受的，因为它要求一种唯有上帝才有的自我原创能力，任何个别的人类行动者显然都不能将作为任何选择之根据的价值创造出来。假设为了对某个行动负责，我就必须对该行动所发生的原因负责，由此我们就可以推出如下结论：只要我不能对某件事情发生的原因负责，我也不能对那件事情负责。如果我们将运气定义为我们不能负责的东西，那么道德责任的终极责任要求就意味着我们事实上不能对任何事情负责——一切对我们来说都是运气。[②] 因此，采纳意志自由论的形而上学似乎就会导致一个对运气平等主义者来说极为不利的结论：我们无法有效地将选择与运气区分开来。另一方面，柯亨又论证说，在做出一个选择时，我们所能得到的相关信息的数量可以对我们的选择究竟有多么真实产生影响：一个人所具有的相关信息越多，他就越少有理由抱怨其选择所导致的不利条件。这个事实“降低了政治哲学对于心灵的形而上学依赖性”[③]。且不说柯亨做出的观察是否正确（我们的选择是否“真实”真的取决于我们所能得到的相关信息的多少吗？），不过，他的说法似乎意味着，一个选择是否真实，或者行动者是否能够真正地对其行为负责，是由某些与理性能动性相关的考虑来决定的，因此至少不完全是一个形而上学问题。

在柯亨后来（2006 年）发表的一篇文章中，他指出，“是否确实存在真正的责任是运气平等主义者可以保持中立的一个问题”[④]。但是，我们并不清

---

① 关于这个问题，参见：Alfred R. Mele, *Free Will and Luck* (Oxford: Oxford University Press, 2006)；Neil Levy, *Hard Luck: How Luck Undermines Free Will and Moral Responsibility* (Oxford: Oxford University Press, 2011)。

② 一些作者已经将这个结果看作对这个原则的一个归谬论证。例如，参见：Susan Hurley (2001), “Luck and Equality”, *Proceedings of the Aristotelian Society, supplementary volume* 75: 51-72；George Sher, *Approximate Justice: Justice in Non-Ideal Theory* (Lanham, Maryland: Rowman & Littlefield, 1997), pp. 67-69；Alan Zaithik (1977), “On Deserving to Deserve”, *Philosophy and Public Affairs* 6: 370-388, especially pp. 371-373。

③ Cohen (2011), p. 32.

④ Cohen (2011), p. 119. 柯亨的上述观点来自他在 1989 年发表的文章。

楚**运气**平等主义者如何能够在这个问题上保持中立;诚然,如果运气平等主义者不能设法将选择与运气区分开来,那么,作为平等主义者,他们就只能采取结果平等的主张——如果我们不清楚哪些有利条件或不利条件是选择的结果,哪些有利条件或不利条件是运气所导致的,那么,作为平等主义者,我们就只能统一消除任何人所遭受的不利条件,并以某种方式中立化或平等化人们享有的有利条件。然而,这也表明,当运气平等主义被看作一个分配正义理论时,它将不再具有任何独立地位——它至多只是为实施结果平等提供了一个理由。但是,如果平等主义者确实相信选择与运气的区分在"塑造人们的命运"方面是根本的,那么他们就必须设法阐明这个区分的根据。我的感觉是,我们必须从一种**规范的**而不是形而上学的角度来理解这个区分及其根据,因为责任的概念本质上是一个规范概念。德沃金原来提出的观点在这方面对我们仍有重要启示,他指出:

> 选择和环境之间的区分不仅在我们个人的伦理生活中是熟悉的,而且对于这种生活来说也是必不可少的。我们有可能认为我们自己在理智上被如下哲学论点所说服:人们没有自由意志,因此,不管我们的命运是我们的选择的结果,还是来自某种不利条件或者社会对财富的分配,我们都同样不对我们的命运在因果上负有责任。但是我们不能按照这个哲学信念来生活。只有通过把我们因为选择而要承担责任的东西与我们因为无法控制而不能承担责任的东西区分开来,我们才能对自己的生活做出规划或判断。[①]

德沃金的说法意味着,对于选择和运气之间的区分及其根据,我们大概只能提出某些直观上合理的判断。这些判断是因为立足于某些规范考虑而变得合理,正如我们稍后就会看到的。实际上,德沃金指出,一个人可以被正当地认为要对自己的个性负责,即使他不可能选择这样做,因为让我们对自己的个性负责只是我们在做的一件事情(用斯特劳森的话说,一个"自然"事实)——"我们所有人都约定俗成地将环境与个性区分开来,这个区分并不假设我们已经选择自己的个性,因此就不会被[任何一般的心理决定论]

---

① Dworkin (2000), p. 323.

削弱”。[①] 当然,在很多情形中,被我们看作个人选择的东西实际上是由个人的特点和世界的特点的某种组合来支配的,前者包括一个人的个性或品格的某些方面,后者包括我们所能得到的选项或机会、其他人做出的选择、环境中某些相关的物理事实等,而这些东西本身都不是个人选择的结果。例如,当我决定去上海听一场音乐会而不是去本地电影院看电影时,我的选择当然首先取决于个人偏好,但它也取决于我所喜欢的某个演奏家正好来上海举办音乐会,取决于这场音乐会正好安排在周末,甚至取决于碰巧有一位朋友答应陪我去上海听音乐会。我的决定很大程度上是由这些偶然事实促成的,而不是单方面地由我的个人偏好促成的。当然,要是我自己还不具有那个偏好,这些外在的偶然事实也不可能对我产生影响。就此而论,环境能够对我产生的影响是通过我自己的理性能动性发挥作用的,在这个意义上说,我们还是能够将选择与环境或运气区分开来。

然而,在某些复杂的或极端的情形,这个区分就会变得格外模糊。这种模糊性特别体现在我们对道德责任(特别是道德责备)的判断中。为了阐明这一点,不妨考虑一下罗伯特·哈里斯的例子。[②] 哈里斯出生于一个不幸的家庭:父亲是一个毫无责任感的家伙,经常酗酒并殴打妻子,母亲也变成一个酒鬼,几次受到逮捕,其中一次是因为抢劫银行。青少年时期的哈里斯不仅没有感受到家庭温暖,也没有得到任何良好教育。在 14 岁那年,他就因为盗窃汽车被拘留,在拘留所期间又受到惨无人道的折磨。1978 年 7 月 5 日,时年 25 岁的哈里斯与弟弟谋划抢劫银行,为此残酷地杀害两个 16 岁的男孩,以便利用他们的汽车去实施抢劫。哈里斯因此而入狱,以谋杀罪被起诉并被判以死刑。对于哈里斯的残暴行径,人们显然可以提出不同的道德评价。从他一贯的表现来看,不少人肯定会把他看作一个冷酷无情、卑鄙无耻的家伙,因此也会认为他不仅在道德上应受责备,在法律上也应当接受应有的惩罚,因为其种种罪恶行径都是来自他的品格,而且,在采取伤害他

---

① Dworkin (2000), p. 294.

② 这个例子及其对于道德责任的含义在如下文章中得到了详细讨论:Gary Watson, “Responsibility and the Limits of Evil: Variations on a Strawsonian Theme’, in Ferdinand Schoeman (ed.), *Responsibility, Character and the Emotions* (Cambridge: Cambridge University Press, 198), pp. 256-286。

人的行为时，他好像也不是别无选择(至少在日常的意义上说)。假若我们了解到哈里斯的成长历程、他所生活的环境及其遭受的虐待和剥夺，在我们当中，至少就有一些人会改变自己的态度，认为哈里斯不应受到惩罚，甚至会对他表示些许同情，因为我们可以设想，假若我们每个人都生活在哈里斯所生活的环境中，我们很可能也会成为像他那样的人。如果我们采取了后一种态度，那么一个可能的解释就是，哈里斯实际上并没有**真正地**选择其行动——即使他的行动看似来自他的品格，但他的品格是用一种他自己不能负责的方式形成的，也就是说，是其生活环境的不可避免的产物。既然哈里斯不能对自己所生活的环境负责，我们也不能认为他要对其罪恶行径负责。

最后这个主张的根据显然就是前面所说的"道德责任的终极责任要求"。然而，如果实际的人类行动者不可能满足这个要求，如果我们在了解到哈里斯的成长经历后仍然不会改变原来对他的看法，例如仍然认为他应受责备和惩罚(我相信这是大多数普通人持有的态度)，那就意味着我们对道德责任或道德责备采取了一种不同的理解，特别是一种与意志自由论不同的理解。我们或许会认为，道德责任并不在于某些关于行动者和某个评价对象之间的关系的道德事实，而在于如下事实：出于某些道德上重要的(或者至少道德上相关的)考虑，例如关于社会稳定性或社会合作的基本条件的考虑，我们可以正当地或合情合理地让某人对其行为负责。如果我们发现一个人在意志自由论者所设想的意义上不能对其选择的根据负责(不管我们把这种根据向后追溯多远)，但又认为他应当受制于某种道德评价(不论是正面的还是负面的)，那么我们就需要用另一种方式来说明我们为什么仍然可以对他做出这种评价。① 例如，即使哈里斯是因为在儿童时期受到剥夺而被认为(按照意志自由论的观点)不能对枪杀那两个男孩负责，但是，只要我们认为他仍然应受责备或惩罚，我们就需要说明行动的某些因果背景为什么并未剥夺行动者的选择能力，或者并未严重削弱他对自己行为的控制。

我们都很熟悉如下事实：即使某些欲望或品味并不是我们有意识地培养的，或者甚至是在环境的影响下形成的，这也不意味着我们不能改变这样

① 参见 Thomas Nagel, *Mortal Questions* (Cambridge: Cambridge University Press, 1979), pp. 26-27。

的欲望或品味，更不意味着我们不能采取步骤来改变这样的欲望或品味。倘若如此，我们就可以指望一个人要对自己在任何特定时刻**自愿**形成的生活计划负责。[①] 当然，他用来形成一个生活计划的价值观或偏好可能本身不是其自愿选择的结果，但是，如果他因为形成了这样一个生活计划而不得不承受后者所导致的结果，那么社会是否应当以某种方式补偿他所承受的负担（当个人选择让他遭受某种不利条件的时候）或者调整他所享有的好处（当个人选择让他享有某种有利条件的时候）就取决于两件事情：其一，他的个人选择的根据的本质，其二，他所生活的社会对社会正义的设想。这个问题可能并不具有通用的解决方案，但也不是根本上不可解决的。例如，如果他的个人选择的根据是某种昂贵的偏好，而且他本来就可以采取步骤来避免培养或发展这种偏好（他可以理性地反思一下自己，或者其他人已经向他提出强有力的理由表明他为什么不应该形成这样一个偏好），那么，当他由于做出了这样一个选择而陷入某种不利状况时，只要他的生活计划远远超出了社会为一个基本上得体的生活所提供的条件，他似乎就没有**正义**的理由要求社会对他进行某种补偿。如果他是因为遗传缺陷而不能形成（比如说）社会生活必不可少的某些根本的价值观，因此实际上无法真正地开展自己的生活，那么，只要他所生活的社会是合理地公正的，社会就有义务向他提供某种补偿，或者以某种方式让他所承受的不利条件对其生活产生的影响变得中立。由此来看，即使个人选择的根据是在环境的影响下形成的，但是，只要我们对社会正义的目的以及公平合作的条件有了基本设想，我们就不缺乏用来评价个人选择及其与社会正义之关系的规范考虑，尽管这也意味着运气平等主义不可能是独立自主的，正如我们稍后会详细说明的。与此类似，即使一个人做出某个选择或采取某个行动的根据并不满足意志自由论者所设想的要求，我们也不是不能对其责任做出判断。在前一章最后一部分中，我们提到了一些属于谅解条件或免责条件的东西。例如，如果一个人受到操控，因此对自己行动的情境并不具有充分的知识，甚至在这方面完全无知，那么我们并不认为他要对其行为负责。受到外在强迫或某种自然必然性的人也是如此。我们也可以设想一位安全检查员在其能力和知识

① 这是罗尔斯的正义理论的一个基本主张。在下一章中，我们将探讨这个主张的根据以及罗尔斯自己如何处理天资的分配问题。

的限度内对一部极为复杂、高度敏感的机器做了全面检查，以防止发生事故而造成的伤害，但是，他未能理性地预料到的某个问题还是导致事故发生了。如果绝大多数具有专业知识和实践技能的人都无法预料到这个问题，那么我们就不应该认为他要对事故的发生及其所导致的伤害负责，或者，即使他负有因果意义上的责任，我们也未必会责备他。

按照以上论述，选择与环境或运气的区分并不在于选择是一个人**在意志自由论的意义上**所能负责的，环境或运气则不是。对于运气平等主义者来说，如果正义就在于消除环境对人们的生活前景所产生的差异影响，而人们做出的不同选择所导致的不平等在某种意义上是可允许的，那么选择必定还是行动者在道德上能够负责的东西。然而，为了将运气平等主义从意志自由论的承诺所导致的某些不合理的含义中拯救出来，我们并不需要按照意志自由论的路线来设想道德责任。这一点具有根本的重要性，因为责任的概念本质上是一个道德概念，而不是一个形而上学概念。我们是按照一个人的选择是否满足某些合理性要求、是否符合人们彼此持有的某些合理期望来评价其选择，也就是说，我们是按照一个人的选择是否回应了其他人期望他具有的某些理由来评价其选择。当一个人不是在标准的谅解条件或免责条件下采取行动时，我们是按照他被指望具有的知识(或信息)、能力(或技能)及其所处的环境条件来判断他是否能够控制自己行为，因此是否能够对其行动负责。同样，只要一个人的欲望或偏好用正确的方式回应理由以及他在有关理由的基础上做出的推理，其欲望或偏好就可以被恰当地看作是他自己的判断的产物。①

在某些情形中，一个人之所以不能对其行动或选择负责，或者只负有所谓"衰减的责任"，并不是因为他未能满足意志自由论者所设想的"可供取舍的可能性"要求或"终极责任"要求，而是因为他根本上缺乏回应理由的能力(例如在做错事情的小孩的情形中)，或是因为他并不具有正确的理由回应机制(例如在受到错误教育情况下)，抑或是因为其特定处境使得他所具有的理由回应机制不能正常地发挥作用(例如因为受到了强迫或胁迫)。即使哈里斯在孩童时代生活在缺乏适当道德教育的环境中，但他并不缺乏开始

① 对这一点的详细论述，参见 T. M. Scanlon, *What We Owe to Each Other* (Cambridge, MA: Harvard University Press, third printing, 2000), pp. 251-267。

对自己的行动承担责任的机会和条件[1]，尽管这样做对他来说可能有点艰难。如果我们可以按照“回应理由”的概念来说明道德责任和道德评价，那么，只要“一个人对理由的力量、对有关理由之间的区分及其关系保持敏感，而且他对这些理由的回应一般来说决定了他后来的态度和行动”[2]，他就可以被认为是自我管理的。对于一个具有适当的自我管理能力的行动者来说，要求他承受其选择付出的代价就是合理的或公正的。然而，如果一个人并非因为自身的过错而不具有自我管理能力，例如因天生残疾而缺乏这种能力，那么要求他承受其行动或选择给他带来的不利条件就是不合理或不公正的。不过，也有一些介于二者之间的情形：一个人只是在某种程度上具有相关能力，而不是充分地具有这些能力，或者，他具有一般而论的相关能力，但是，相对于某一类特殊的理由来说，他并不具有相关能力。例如，哈里斯可能具有一般的理性能力，但并不具有回应道德理由的充分能力。这种情形确实为我们判断道德责任或做出道德评价提出了一些困难。也许我们仍然可以在道德上谴责哈里斯，但是，要求他为自己的行动或选择的后果承担全部责任，可能就不太公平了——如果其生活环境和生活条件在一定程度上是社会所导致的，比如说，他（以及他的家庭）所遭受的贫困和剥夺具有某些社会根源，那么要求他对自己的行为承担全部责任就会涉及某种不正义感。

二、选择的规范概念

以上我已经试图表明，如果运气平等主义者希望将选择与运气或环境区分开来，那么他们最好是按照某种理由回应理论来理解道德责任的条件，并按照这种理解来区分二者。当然，我在这里对这种理论的论述不可能是

① 关于“承担责任”（taking responsibility）这个概念，参见 J. M. Fischer and M. Ravizza, *Responsibility and Control* (Cambridge: Cambridge University Press, 1998), chapter 8。

② Scanlon (2000), p. 281.

完备的[①],但我想要表明的要点应该是清楚的:道德责任是一个具有规范内容和规范含义的实践性概念,因此我们就不应该让道德责任理论过分依赖于任何一种关于自由意志或心灵的形而上学。这个认识将有助于我们恰当地评价运气平等主义,例如,我们会看到,对运气平等主义的某些批评并不具有充分合理的根据;如果运气平等主义要具有基本的合理性,它就不可能是一种独立自主的观点,尤其是,我们不可能指望它构成一个正义理论的基本框架。为了阐明这一点,让我首先考虑对运气平等主义的一个重要批评,然后看看德沃金的观点是否(以及在什么意义上)可以被理解为对批评的一种回应。

选择与运气的区分对运气平等主义者具有根本的重要性:如果选择与运气不能被有效地区分开来,那么运气平等主义就丧失了要点,尽管在某些平等主义者看来,这为支持结果平等提供了一个理由。运气平等主义者承诺了布莱恩·巴里所说的"责任原则",即如下观点:如果不平等的结果是来自个人可以被认为要恰当地负责的因素,那么这种结果就是公正的,否则就是不公正的。按照塞缪尔·谢弗勒的说法,运气平等主义者可以赋予这个原则两种作用:一种很有限的防御作用和一种更具雄心的积极作用。[②] 运气平等主义一开始是为了反驳对经济平等主义的保守主义批评而提出来的:保守主义者认为平等主义政策奖励由于懒惰而不愿工作的人们,惩处勤奋努力、辛勤工作的人们,因此就违背了责任原则,而平等主义者则指出,人们在个性或品格方面的差别不应该被视为现存不平等的主要原因,某些现存的不平等是由人们不能被恰当地认为要负责的因素(例如遗传因素、家庭背景、社会地位等)造成的,此外,即使个性或品格方面的某些因素确实促成

① 对这种理论的详细论述,参见:Hurley (2003), especially pp. 32-85; Fischer and Ravizza (1998); J. M. Fischer, *My Way: Essays on Moral Responsibility* (Oxford: Oxford University Press, 2006); Scanlon (2000)。与这种理论密切相关的论述(通常被称为"新相容论"),参见 Harry Frankfurt, *The Importance of What We Care About* (Cambridge: Cambridge University Press, 1988)。另一种类似的观点认为,假若社会不可能合理地指望行动者避免某个结果,就不能认为行动者要对这个结果负责,参见 Shlomi Segall, *Luck, Health, and Justice* (Princeton: Princeton University Press, 2010), pp. 19-24。

② Samuel Scheffler, "Choice, Circumstance, and the Value of Equality", in Scheffler, *Equality and Tradition: Questions of Value in Moral and Political Philosophy* (Oxford: Oxford University Press, 2010), pp. 208-235.

了经济不平等，但是，就像我们不能让人们对其天资负责一样，我们也不能让人们对其个性或品格负责。通过表明责任原则并不支持保守主义结论，平等主义者就可以回应保守主义者对平等主义政策的批评。在这样做时，平等主义者并不需要说明让一个人对某个因素负责究竟是怎么回事。不过，当平等主义者试图将这个原则应用于正义领域，特别是按照选择与运气的区分来确定公平分配及其原则时，他们就需要解决上述问题。谢弗勒旨在表明，对责任原则的这种积极运用不可能成功，因此运气平等主义并不像其倡导者所设想的那样具有强有力的吸引力。他提出了两个论证来支持其主张：第一，选择和环境之间的界限是含糊的或不确定的；第二，从形而上学的角度来看，这个区分面临严重困难。让我简要地考察一下他的论证。

按照谢弗勒的说法，当我们说一个人对某个因素负责时，我们至少是在说，其他人没有义务缓解这个因素对其处境造成的影响。换句话说，如果一个人处境的某个方面是由他被认为能够负责的因素引起的，那么这个事实就表明他在这个方面陷入那种状况在某种意义上是有“正当根据的”或“恰当的”。我们的一些直观认识或许确认这个主张。例如，如果某人在充分知情、不受强迫的情况下自愿选择吸毒，那么大概就没有任何人有义务缓解他因为吸毒而陷入的悲惨状况。[①] 假若我们将这里所说的“义务”理解为与**正义**相关的义务，那么上述说法大概是合理的。谢弗勒由此认为，在这个解释下，责任原则只不过是在说，如果不平等的结果是来自能够对其进行辩护的因素，那么这种结果就是公正的。在这个几乎是同义反复的解释下，责任原则确实具有广泛的吸引力；然而，在这个解释下，责任原则也不可能为任何**实质性**的正义观提供支持，因为它还没有考虑哪些不平等事实上得到了辩护的问题。为了对责任原则提出一个实质性解释，就必须具体说明哪些因素是人们可以被恰当地看作要负责的。正是这个问题驱使运气平等主义者将自愿选择与非选择性的环境特点区分开来，进而认为来自前者的不平等是可接受的，后者导致的不平等则是不可接受的。谢弗勒指出，我们实际上不可能将选择与环境截然区分开来。在运气平等主义内部，人们对于如何确定选择与环境之间的界限存在分歧。例如，对德沃金来说，天生的才能和

① 如果运气平等主义者持有这样的说法，那么他们就很容易招致批评，正如我们稍后会看到的。

能力属于非选择性的个人环境，但其他运气平等主义者并不接受他的说法；而当德沃金将偏好和品格特点列入选择的范围时，某些偏好和品格特点显然是非选择性的。即使自愿选择被认为是人们所能负责的，天资被认为是非选择性的，就此而论是人们不能负责的，但我们也不能一般地认为，一切由自愿选择导致的不平等都是正当的，人们由于具有不同的天资而在生活前景上表现出来的所有差别都必定是不公正的。如果选择和环境之间并不存在截然分明的或绝对的界限，如果这个区分不太符合我们对正义的直观判断，那么，只要运气平等主义者需要对这个区分提出一个实质性论述，以便将责任原则应用于正义领域，他们就无望发展一种基于责任的正义观，这种尝试也不应成为平等主义政治哲学的关注焦点。

谢弗勒试图进一步按照选择的形而上学来强化其论证。人们的价值观和偏好可以是他们在环境影响下持有或形成的，就此而论是非选择性的。不过，德沃金并没有将它们归入个人环境，其主要理由是，这些东西是个人所能认定的：个人不仅可以将这些东西认定为其个性或品格的一部分，而且也不是原则上不能采取步骤来调整、修改或改变它们。然而，在谢弗勒看来，一个人不仅可以将自己认定为其选择、价值观和偏好，也可以将自己认定为其非选择性的天资、能力以及身体特征。也就是说，一个人可以将自己认定为他认为构成自己身份的一切东西。因此，不管自我认定与责任的关系如何[①]，我们不能按照二者之间存在某种联系的观念来说明为什么人们应被认为要对其选择负责，但不是对其环境负责。当然，运气平等主义者可以尝试进一步说明人们为什么可以对其选择负责。谢弗勒自己认为，运气平等主义的合理性取决于一种意志自由论的选择概念。尽管他并没有明确地阐明这一点，但其本质要点想必是：如果选择或责任并不满足意志自由论者所设想的条件，那么就没有什么东西是任何人所能负责的，因此也没有什么东西是人们应得的。当然，既然意志自由论与任何相容论立场都是对立的，谢弗勒也必须表明相容论者对选择或责任提出的说明是不可接受的。很不幸，他也没有详细论证这一点，而只是指出，就相容论者将选择与慎思联系起来而论，人们的慎思能力“可以随着选择的本质以及社会环境或制度

① 对二者关系的一个详细讨论，参见 Kasper Lippert-Rasmussen (2003), “Identification and Responsibility”, *Ethical Theory and Moral Practice* 6: 349-376。

环境的特点而发生变化”[1]。即使一个人擅于在某个方面或某个领域做出选择，他也未必善于在其他方面或其他领域做出选择；甚至在同一个方面或同一个领域中，人们针对某件事情做出的选择的“质量”也各不相同：具有实践智慧的人可能做出好的选择，缺乏经验或智慧的人则可能做出糟糕的选择。因此，如果选择不能用一种在形而上学上“享有特权”的方式反映人们的“真实身份”或“根本价值”，选择就不可能具有运气平等主义者赋予它们的那种全面的、“不成则败”的重要性。

谢弗勒针对选择与环境的区分对运气平等主义提出的批评产生了一些值得正视的问题。这些问题显然不只是运气平等主义者才需要关注的。不过，他提出的论证并非无懈可击，与此相关的批评也不是无法回应的。下面我将试图表明，只要我们能够对社会正义的目的提出某种合理构想，我们就可以回应其中一些批评，尽管为此我们就需要利用某些思想资源，而在正统的运气平等主义那里，这些资源是无法得到的。由此我们也可以表明，当运气平等主义被设想为一种关于社会正义的理论时，它本身既不是完备的，也不是独立自主的。

谢弗勒的批评旨在表明，既然我们无法将选择与环境截然区分开来，运气平等主义者就不可能将责任原则理解为一个引导我们设计一个社会的社会、政治与经济制度的根本规范。正如我们即将看到的，运气平等主义确实无法承担如此厚重、如此根本的规范任务。不过，原因并不在于选择与环境的区分是根本上不可靠的。这个区分的根据（或者部分根据）至少是直观上清楚的：选择是一种可以或多或少地将我们的理性能动性体现出来的活动，而我们是面对某个生活环境来进行选择的；选择的根据在某种意义上是内在于我们的，环境只是向我们提供了选择的对象或机会，后者在某种意义上是外在于我们的；当我们能够在某种程度上控制选择活动及其构成要素时，选择活动的对象或者做出选择的机会并不总是我们能够控制的。即使我们做出选择的根据（价值观、偏好、品味等）是在环境影响下形成的，或者可以受到环境的塑造或重塑，这也不意味着它们不是我们的——只要我们能够理性地认同它们，它们就可以成为我们的“自我”的一部分，或者成为我们的能动性的构成要素。假如我们并不相信选择的根据（例如我们所能持有的

---

① Scheffler (2010), p. 291.

一切价值)必须是我们的自我自行创造出来的,那么我们的自我或理性能动性就必须被设想为是以某种方式构成的。[①] 对于任何个体来说,选择的根据或是经过反思认同获得的,例如在大多数价值的情形中,或是因为已经被赋予了某种特定的生物-心理构成而具有的,例如在某些欲望或需求的情形中。但是,甚至在本性赋予我们的欲望或需求的情形中,作为理性行动者,我们也不总是在它们的直接驱使下采取行动,反而往往是按照关于它们的理性考虑来行动,因此在一种基本的意义上是有选择地行动。由此来看,根本的问题并不在于我们是否能够将选择与环境(或运气)区分开来,而在于我们的选择在什么条件下是我们所能负责的。后面这个问题会进一步涉及两个相关问题:第一,让人们彼此对其行为负责的实践,正如我们已经看到的,在人类生活中具有根本的重要性,因此我们就可以问:什么是道德上负责任的能动性的基本条件?第二,即使人们的选择是在合理地设想的自由或自愿的条件下做出的,但选择的**结果**并不总是人们所能控制的,因此我们就可以问:对于人们不能控制的选择结果对其生活前景所产生的影响,一个合理的社会正义理论(更确切地说,一个满足对正义的合理设想的社会)应该做点什么?第一个问题与第三章中所讨论的基本人权的概念相联系,第二个问题则与基本人权已经得到有效保障后、对正义(特别是分配正义)的**目的**和**范围**的某种设想相联系。一旦我们从这两个问题出发来思考选择与环境(或运气)的区分,我们就可以发现,这个区分实际上具有规范含义,因此也只有从规范的原则或考虑出发才能合理地加以探究。实际上,从德沃金的正义理论的基本框架中,特别是,从他对原生运气和选择运气(option luck)的区分以及相关论述中,我们不难看到这一点,正如他自己后来明确指出的:

> 伦理学和分配平等之间的相互影响是本书(即《至高无上的美德》)的一个特别重要的主题。资源平等特别强调人们对自己所做出的选择的责任,不是因为它荒谬地假设人们的选择因果地独立于他们的文化、

---

① 价值的"自我创造"实际上是一个悖论性概念:为了能够将价值创造出来,那个自我必须是一个已经能够对价值进行认知和承诺的自我,但是,这样一个自我又如何将自己创造出来呢?如果它必须依赖于一个类似的自我才能将价值创造出来,那么我们就会陷入无穷后退。实际上,甚至康德也不会用这种方式来设想道德自主性的根据和来源。

> 历史和环境，或者人们选择了对其选择产生的影响的信念、志向和品味，而是因为它志在追求一种政治道德，这种政治道德一方面因为每个公民内在的道德和伦理批评（包括自我批评）实践而变得有意义，另一方面又让这些实践变得可理解。这些实践假设（若不如此假设就变得毫无意义）我们都有选择要做出，我们不可能避免对自己如何做出选择承担道德和伦理责任，哪怕我们已经注意到我们实际上是在复杂的文化、心理、生物因素的影响下做出选择的。资源平等拒斥严格的形而上学决定论。但是我们一直都在拒斥决定论，若非如此，我们就无法想象我们将如何生活。①

德沃金在这里所说的“形而上学决定论”大概表达了普通人对决定论的理解，即按照某种宿命论来理解决定论，因此，我们就可以按照斯特劳森对“意志自由论者的惊慌失措的形而上学”的诊断来理解德沃金在最后一句话中的说法：假若我们认为我们的一切努力都是被决定的，我们就无从开展自己的生活；反过来说，正是因为我们相信我们可以通过自己的努力（包括我们的选择）对世界、对自己产生影响，我们才会认为生活对我们来说是有意义的或值得追求的。因此，拒斥形而上学决定论是生活的一个实践预设，正如自由是行动的一个实践预设，即使我们无法在理论上证明康德所说的“超验自由”的可能性。同样，我们相信我们可以通过选择来塑造自己生活，即使我们进行选择的根据，就像德沃金所承认的那样，受到了环境因素的影响，甚至在某些情况下并不是我们所选择的。例如，天资和基本需求大概是非选择性的，但它们不仅会影响我们的选择，而且在某种意义上也是我们做出选择的一个基础。

进一步说，如果我们相信我们可以通过选择来塑造自己的生活，那么我们必定会把选择看作是我们所能负责的，至少在选择是我们自愿做出和能够控制的意义上，否则我们既不需要、也不能将选择与我们无法支配的外在环境区分开来。换句话说，就选择表达了我们的理性能动性而论，选择的概念本身就与责任的概念具有本质联系，或者更确切地说，责任概念是内在于

---

① Ronald Dworkin (2002), “Sovereign Virtue Revisited”, *Ethics* 1: 106-143, quoted at p. 107.

选择概念的。从实践慎思的观点来看,我们**必然**以这种方式来设想选择。只要我们是出于选择而行动,而不是因为受到外在力量的驱使而被动地做出反应,我们必然就会将选择**看作**我们在道德上所要负责的。这是选择与环境的区分的一个根本来源。不过,将某个东西看作具有某个特征并不意味着它必定就具有这个特征:我们的自我判断受到了我们所能具有的知识或信息的影响,我们已经做出的选择,作为一种在世界上展开的特殊行动,也会受到我们无法理性地预测或控制的外在条件的影响,因此就会产生与我们的理性期望不相一致的结果。然而,假若我们迄今为止对道德责任提出的论述是可靠的,我们就可以按照某些规范考虑来判断人们在一般的情况下是否可以对其行为或选择负责(即使鉴定或确定人们能够承担责任的"标准条件"并非易事)。例如,我们不仅有各种免责条件和谅解条件,也有关于公正性和彼此间的合理期望的考虑。正是因为道德责任实践本质上是一种社会实践,正是因为选择与责任具有内在联系,我们的选择活动才必须被理解为一种具有道德含义的社会实践。因此,如果正义根本上涉及政治共同体如何用道德上可接受的方式来对待人们,那么,当选择对人们的生活前景产生影响时,选择及其结果就可以成为正义所要关心的事情。这意味着,在正义领域中,对"选择"的任何恰当理解都不得不从某个规范观点来看待:不仅选择的重要性需要从道德的观点来理解和看待,选择所产生的影响或结果也需要按照某些规范标准或考虑来评价。

现在我将试图表明,唯有以这种方式来理解选择,我们才能恰当地把握选择与运气的区分的要旨及其对于分配正义的含义。对罗尔斯来说,天资和环境中发生的偶然事件对人们的生活前景产生的影响,从道德的观点来看是任意的:这些因素不应该影响一个正义理论(或者一个公正的社会-政治体制)对于人们在社会合作中被给予的公平份额的考虑。① 这些因素之所以是道德上任意的,不仅是因为其出现与否并不是人们所能控制的,更重要的是因为我们在直观上相信,让人们的生活前景受制于他们本来就无法控制的因素是不公平的。换句话说,罗尔斯已经是在利用某些道德直觉来区分选择与环境或运气,而不是从某种形而上学的角度来区分二者,例如通

---

① 在下一章中我将表明,即使罗尔斯持有这个主张,他也不是运气平等主义者,这一点对于正确地理解其正义理论来说至关重要。

过将选择理解为我们在某个选择空间中能够具有取舍的东西，将运气定义为与选择相对立的东西。有效的选择确实取决于一系列相关选项的存在，但是，就道德或正义而论，我们所具有的选项是由**我们所生活的世界**来提供的，而不是某种根本上不依赖于人类而存在的形而上学可能性。实际上，对我们来说具有重要性的很多选择，或是由我们所生活的社会来提供的，或是需要由这样一个社会来创造的。只要社会向我们提供了足够多有价值的目标，我们就可以按照自己对一个有价值或有意义的生活的设想和规划来进行选择。

德沃金也是在类似的意义上来理解选择与运气的区分及其根据。[①] 对他来说，一种分配体制应该对人们在目标、志向和生活计划方面做出的自愿选择保持敏感，这种选择所导致的不平等并不是道德或正义所要关心的，而人们在自然天资和社会天资方面的差别所导致的不平等则是道德或正义所要关心的，特别是，一种分配体制应该"补偿"人们由于这种差别而承受的不利条件。让运气对人们的生活前景所产生的差别影响变得"中立"无须意味着消除这种影响的**原因**。例如，性别差异可能是无法消除的，试图消除这种差别可能也是不合理的。当这种差别对人们的生活前景产生影响时，一个正义的社会所要做的，是设法消除或纠正这种影响，例如致力于消除性别歧视的社会基础，在制度上切实保证男性和女性在教育和就业等方面的公平机会。如果某些遗传缺陷在当前的医疗条件下是无法治愈的，社会就需要向遭受这种缺陷的人们提供某种补偿，以保证他们享有一个基本上得体的生活。社会能够向有遗传缺陷的人们提供什么形式或多大程度的补偿，显然取决于它所具有的资源及其公民在民主协商的基础上形成的社会正义概念。例如，向盲人提供专用盲道可能是任何得体的社会都应当做的；然而，如果一个社会没有充分的资源**同时**消除人们由于遗传缺陷而遭受的不利条件和人们由于社会条件而遭受的不利条件，例如出身所导致的不平等，那么消除后者可能就具有某种优先性，不仅因为人们在出身方面的差异会对社

① 当然，德沃金的正义理论在某些重要的方面仍然不同于罗尔斯的理论，主要体现在二者对"政治共同体"的理解上。对德沃金的理论的一个详细论述，参见 Alexander Brown, *Dworkin's Theory of Equality: Domestic and Global Perspectives* (London: Palgrave Macmillan, 2009)。

会生活产生更广泛和深入的影响，而且也因为允许这种差异影响人们的生活前景显然是不公正的。

德沃金旨在将其资源平等理论发展为对分配正义的一个全面论述：它不仅包含德沃金对于平等在于什么的理解，也涉及他对分配正义原则的论述，而运气平等主义的观念，正如我们即将看到的，其实只是其资源平等理论的一个要素。[①] 德沃金自己认为，资源平等的核心观念可以按照我们对正义持有的两个直观认识来理解：第一，如果收入和财富的分配反映了体质以及原生运气的其他特点在分配上的不平等，那么这种分配就是不公平的；第二，一种公平的分配**在任何时候**都要对人们在目标、志向和生活计划方面做出的选择保持敏感，在这个意义上是动态的。这两个直观认识体现了德沃金对“如何才算平等地对待人们”的理解：将人们作为平等的个体来对待，就在于确保资源的分配在任何时刻都要对德沃金所说的志向保持敏感，而不是对他所说的天资保持敏感。然而，志向和天资之间的相互影响让德沃金对资源平等提出的那个抽象主张变得格外复杂。回想一下，德沃金将资源分为个人资源和非个人资源；从他对这两种资源的描述来看，前者大概包括一个人的才能、技能、身体的各个部分、劳动力、身体属性以及精神努力，后者大概包括一个人所拥有的、在某种意义上可以转让的资源，例如土地、天然材料、人工制品、商品以及收入和财富。假若我们需要在这个广泛的意义上来理解资源，那么要实现这个意义上的资源平等既是不可能的也是不必要的：不可能，因为人们在个人资源方面的个体差异妨碍人们在这方面取得平等；不必要，因为人们在个人志向方面的差异意味着他们并不需要同样的资源来实现其个人生活计划。此外，某些属于个人资源的东西显然与人们的选择有关：一些能力和技能的发展显然与人们的天资有关，其培养也与人们已经持有的兴趣、偏好或价值观具有重要联系，而后者也有可能是人们自愿选择的结果。德沃金需要寻求一种方式来说明在这些复杂的情况下如

① 任何分配正义理论都需要处理三个核心问题：第一，什么样的东西（例如福祉、资源或能力）是要公正地分配的？第二，什么样的东西（例如规则、制度或集体实践、个人行为）是要由分配正义原则来恰当地管理的？第三，分配正义的原则或内容是什么，例如平等原则、充足原则或优先原则？我的主要目的是讨论运气平等主义的合理性，因此，我将不处理德沃金在第一个问题上与其他平等主义者之间的争论或分歧。第三个问题在前一章中已有所触及，第二个问题将在下面予以讨论。

何实现资源平等。为此,他引入了两个**假设性**思想实验:孤岛拍卖与保险市场。

孤岛拍卖的思想实验旨在表明具有个体差异的人们如何实现资源的平等分配。这个思想实验的核心观念并不难理解:人们需要资源来实现自己的生活计划,但是,由于个体差异,人们对资源的需求可以各不相同,因此就不能简单地采取均等地分配资源的做法。实际上,对德沃金来说,将人们作为平等的个体来对待并不要求(或者并不意味着)在任何方面都用同等的方式来对待他们(在这里需要记住,德沃金并不认为正义需要纠正人们的自愿选择所导致的不平等的结果),而在于平等地尊重他们作为个体而拥有的道德资格和政治地位以及相关条件。如果人们持有的生活计划是社会所确认的,例如符合道德和正义的要求,那么社会就有义务满足人们对资源的需求,不管是通过直接向人们提供必要的资源,还是让人们拥有获得资源的公平机会,抑或通过某种其他方式。在某些限定条件下(下面会考虑其中一些条件),资源的公平分配应该通过德沃金所说的"嫉妒测试"(envy test)。参与分配资源的人们或许提出一系列可行的分配方案,每个参与者都按照自己的偏好来决定每一个方案对自己来说是否合适,并思考其他参与者在这个方案下具有的资源是否是他所嫉妒的;如果至少有一些人嫉妒其他人在某个分配方案下具有的资源,那么就需要考虑其他分配方案,直到每个人都不会嫉妒其他人所拥有的资源。为了按照这个思想提出一个理想化模型,德沃金假设资源是在海难中流落到一个荒岛上的人们之间进行分配的,因此他们此前都没有资格拥有岛上的资源,例如水源、原生水果、可耕种的土地、矿产等。他们确实具有自己的个人偏好,然而,由于生活环境突然发生了变故,他们需要面对当前的生活环境来调整或修改自己的品味、偏好和志向。举个例说,他们意识到吃住问题现在对他们来说才是最重要的,尽管可能也有人会降低这方面的需求而满足某些其他方面的需求,例如,某人可能会要求得到某个风景最好的地方,尽管他由此就会失去相对富饶的土地。此外,为了让这种通过拍卖来分配资源的做法变得公平合理和相对简单,还必须做出三个假设:第一,人们在德沃金所说的"个人资源"方面已经大致是平等的,换句话说,他们现在关心的是非个人资源的分配;第二,当人们按照自己的偏好来竞价所要拍卖的资源时,他们的偏好必须是真实的,例如是他们在充分知情的情况下具有或形成的;第三,人们之间并不存在强迫、支配或操控之类的关系。

在孤岛拍卖模型中，资源的平等分配被假设是由人们一开始得到的平等收入表现出来的，例如，每个人一开始都得到了 200 枚贝币。为了能够开始拍卖资源，拍卖方（从流落到孤岛上的人们当中选出来的资源管理者）必须对孤岛上可利用的资源进行分类，对每一类资源的价值进行评估。在正式拍卖资源之前，拍卖方也需要预留部分公共资源，以便他们可以收集与资源拍卖相关的信息并提供给参与者，以某种方式帮助参与者确立真实偏好，甚至在有必要时设法消除参与者之间可能存在的强迫、支配或操纵关系。换句话说，他们需要确保拍卖背景在某种意义上已经是相对公平的。假若他们需要建立一个小型社会，他们就需要对**初始时刻**（社会活动开始的那个时刻）的平等或公平有一种理解。德沃金已经假设人们在初始时刻具有大致平等的个人资源，但是这个假设在真实世界中很难成立，因为人们的天资（例如体力和精神能力）很可能一开始就是不平等的。如果这种自然的不平等需要以某种方式被纠正或被中立化，那么运气平等主义者就不能回避“什么东西要被平等地分配”这一问题，因为背景正义必须考虑这个问题。[①] 此外，若要通过拍卖获得一种摆脱嫉妒的有效分配，人们就不可能是道德上无知的（innocent）：他们至少需要按照他们对社会环境及其所能得到的资源的理解来确定自己的哪些偏好可以对资源分配提出正当要求，他们还需要意识到其他人对有待分配的资源也有同等的要求[②]，或者用托马斯·斯坎伦的话说，如果他们最终确实获得了摆脱嫉妒的有效分配，那么进行这种分配的原则必定是他们每个人都不能合情合理地拒斥的。

从建构**理想**理论的角度来看，我们当然可以假设一个社会有一个起点。

---

① 就此而论，谭浩矽的主张是错误的：他论证说，运气平等主义者既不需要考虑这个问题，也不需要缓解自然的偶然性所导致的一切不平等，而只需考虑自然的偶然性**通过制度**导致的不平等。但是，正如我们已经看到的，若不考虑自然的不平等，运气平等主义就不能解决自然的不平等所导致的一系列后续问题，因此也无法将选择与环境（运气）的区分真正地派上用场；如果运气平等主义者将关注焦点限制到自然的偶然性通过制度产生的不平等，那么他们就不能声称运气平等主义为分配正义提供了根本的原则或框架，其作为一种分配正义理论的价值因此就会受到限制。关于谭浩矽的观点，参见 Kok-Chor Tan (2008), “A Defense of Luck Egalitarianism”, *Journal of Philosophy* 11：665-690。

② 这大概对应于罗尔斯所说的“两种道德能力”。参见下一章的讨论。

然而，社会并非只是停留在每个人对他们在初始时刻获得的公平份额的静态拥有上。为了满足更多的需要，人们可能开始进行资源或产品(通过个人劳动从自己拥有的资源中生产出来的东西)的交易和从事各种形式的社会合作。因此他们可以引入某种市场体制。不管他们引入的市场体制采取何种形式，市场运作都至少部分地取决于人们的投入和消费。人们的投入可以是他们所拥有的个人资源和非个人资源，人们的消费则取决于其品味、偏好和志向。二者都会对市场运作的结果产生影响，市场运作的结果反过来也会影响人们的生活前景。就人们与市场的关系而论，有些人天资较高或能力较强，有些人天资或技能较低；有些人喜欢冒险，有些人厌恶冒险。如果人们是生活在一种以自由市场经济为主体的社会中，他们的生活就会充满很大的不确定性，因为完全放任的自由市场经济本身就充满了各种不确定性。按照德沃金的说法，在任何时候我们都不应该让资源的分配过于受到志向的影响，因为人们被假设要对其自愿选择的结果负责。然而，正如我们此前已经看到的，人们的选择的根据很可能是在环境影响下形成的，而且，即使一个选择是自愿做出的，但它所产生的结果可能既不是人们能够理性地预料到的，也不是他们所能控制的。这提出了德沃金所说的“选择运气”问题。①

原生运气指的是人们事先既不能理性地预测、也无法控制的随机事件。这种运气的发生并不取决于选择。假如我突然因为某种遗传缺陷而失明，我就碰到了很糟糕的原生运气。相比较而言，选择运气指的是人们在做出选择后所面临的不确定风险。任何精心设计的赌博游戏都有风险，比如说，当你投入 1 万元钱的时候，假若赢了，你就能获得 50 万元钱，若输了，你一分钱也拿不到。这种风险是一个人事先可以预料到的，因此他可以自由地选择是否要参与赌博。假设你决定接受风险、参与赌博，最终结果如何对你来说就是一个选择运气问题。一般来说，你只知道某种赌博的风险，但不能控制**最终结果**。当然，你可以进行风险评估，这种评估可能取决于很多因素，例如首先取决于你是喜欢冒险还是厌恶冒险。假设你喜欢冒险，你可能会考虑冒险可能带来的收益和需要付出的代价，这又会涉及你对自己所具有的资源的评估。如果体育彩票头奖是 100 万元，每张彩票只需花费 5 元，

① 参见 Dworkin (2000)，pp. 73-83，287-292。

那么很多人都愿意购买彩票;与此相比,如果头奖是2000万元,但购买每张彩票需要花费2万元,中奖率只有十万分之一,那么有些人可能就不愿购买彩票。不过,如果你手头有100万元闲钱并喜欢冒险,你可能愿意购买彩票。假如你在做出这种理性评估后仍然决定参与赌博,那就意味着你愿意接受最终的结果(不管结果如何)。既然你的选择是在理性评估的基础上自愿做出的,直观上说,你就需要对选择结果负责,不管你的运气是好是坏。我们在日常生活中做出的很多选择都具有选择运气的特征。股票和投资是最典型的例子,某些职业选择也是如此。例如,在经济状况看好的时候,你可能决定从银行贷款40万元去读工商管理学位,你的决定在当时看来是理性的,然而,三年后爆发的金融危机是你无论如何都想不到的,于是,毕业后你就失去了在金融行业就职的可能性。标准的运气平等主义者认为[①],正义至少允许选择运气对人们的生活前景所产生的影响——只要你是在理性评估的基础上自愿做出选择,不论选择的最终结果如何,你的生活状况由此受到的影响对你来说都不是不公平的。

这个结论显然取决于如下主张:与原生运气不同,选择运气是一个人自愿选择的结果,而且,在做出选择时,一个人已经决定承担选择的风险。然而,问题不是这么简单。第一,当德沃金利用赌博的概念来说明选择运气时,他已经假设游戏规则在某种意义上是公平的,例如至少满足了程序公平的要求。但是,在我们面临的很多选择运气的情形中,并非如此——不仅任

---

① 倡导运气平等的理论家在某些其他问题上可以持有不同观点,例如,他们可以对"不利条件"以及平等主义分配的对象提出不同的理解,对运气平等主义原则的应用范围也可以有不同看法。他们的共同点在于他们都承诺或分享了如下论点:一方面,如果一个人承受的不利条件不是他自愿地或自由地要冒险承担的结果,那么他承受这样的状况就是不公正的;另一方面,如果他承受的不利条件是他自愿地或自由地决定要冒险承担的结果,那么他承受那个不利条件对他来说就仍然是公正的。下面我将用"标准的运气平等主义"这个说法来指称这个论点。尽管运气平等主义者对该论点可以提出略有不同的表述,但他们都接受一种本质上类似的观点。关于标准的运气主义立场,参见:Cohen (1989), "On the Currency of Egalitarian Justice"; Richard Arenson (1989), "Equality and Equality of Opportunity for Welfare", *Philosophical Studies* 56: 77-93; Richard Arenson (2000), "Luck Egalitarianism and Prioritatianism", *Ethics* 110: 228-241; John E. Roemer (1993), "A Pragmatic Theory of Responsibility for the Egalitarian Planner", *Philosophy and Public Affairs* 22: 146-166; Kasper Lippert-Rasmussen (2001), "Egalitarianism, Option Luck and Responsibility", *Ethics* 111: 548-579。

何实际的人类行动者都不可能具有为了做出完全理性的决策而需要的完备信息(理性决策只是一个程度问题),而且社会本身就充满了各种风险或不确定性。第二,在选择运气和原生运气之间可以存在某种联系。假设史密斯在体检时发现自己有导致失明的遗传缺陷,但失明的概率只有0.55。为了防止失明,史密斯就需要采取基因技术治疗,这种治疗将花费20万元。如果史密斯购买了医疗保险,他就只需缴纳10%的治疗费用,其余费用由保险公司承担。史密斯可以做出两种选择:其一,忍受无情的厄运,不去治疗,因此就失明了,在这种情况下,与其他人相比,他在生活上就过得越来越差;其二,决定采取基因治疗并事先购买医疗保险。后一个选择对史密斯来说总是可得到的,但是,假若他放弃了这种可能性,而另一个与史密斯处于同样状况的人没有放弃这种可能性,那么他们两人之间最终就会出现某种不平等,这种不平等反映了二者在选择运气上的差别。在这种情况下,按照运气平等主义者的说法,正义并不要求对史密斯进行某种补偿。假设这种保险机制是不可得到的,或者即便可得到也昂贵得很不合理,因此令大多数人无法承受。在这种情况下,如果史密斯由于无法承受医疗费用而失明,因此与其他人相比就过得很糟糕,那么这种结果至少在某种程度上就体现了原生运气的影响。运气平等主义者会认为,在这种情形中,正义并不要求对史密斯直接进行补偿。然而,直观上说,缺乏这种保险机制的社会在如下意义上是不公正的:它让一些人无法通过采取合理措施来缓解或消除运气对其生活前景的影响。

这个思想可以被用来思考医疗保健中的正义问题。人们患病的可能性是由很多因素决定的,例如遗传倾向、生活习惯、自然环境和工作环境等。其中某些因素显然不是人们自愿选择的,也不是人们个别地能够控制的。基本的健康状况不仅是人们开展和追求自己生活的一个必要条件,也是有效的社会合作的一个必要条件。因此,在导致疾病的因素中,只要有些因素不是人们自愿选择的,一个合理地公正的社会就应该设立某种医疗保障制度。例如,假若社会有能力和资源向所有公民提供基本医疗保障,它就应当这样做。退一步说,即使社会不能做到全民免费医疗,它也应当按照人们的收入水平,通过利用公共资金来承担部分医疗费用。在开发和生产用于治疗常见疾病的药物上,它也应当提供某种支持,例如通过补助研发机构和生产商来降低常用药品的市场价格。但是,为了恰当地评价运气对人们的生活前景所产生的影响并落实责任分工,社会首先需要考虑哪些基本生活条件是它应当尽力向公民提供的,并把尽可能满足这些条件设立为社会正义的一个基本要求。

德沃金确实提出了一种假设性的市场保险机制来处理选择运气问题。当然,他提出这样一个机制,首先是因为他认识到满足"嫉妒测试"要求只是平等地对待人们的一个必要条件,但仍然是不充分的。在孤岛拍卖的情形中,我们可以设想所有人都拥有了满足"嫉妒测试"要求的资源份额,然而,当其中一些人满足于自己得到的资源时,另一些人可能并不满足——他们需要某些其他资源来发展自己的兴趣或志向,而只要他们所生活的社会不允许他们这样做,他们就没有得到平等对待,例如与那些满足自己所得到的资源的人相比。但是,市场体制的引入不仅带来了选择运气问题,而且也将选择运气与原生运气联系起来。人们可能在德沃金所说的个人资源方面差强人意,例如,严重残疾或突如其来的疾病都会影响人们获得像样的收入,因此他们可能就希望通过买保险来降低运气对生活前景产生的不利影响。假设两个人 A 和 B 都有某种遗传缺陷,若得不到及时治疗,他们都有同样的概率在未来某个时期失明,他们也都知道这一点。假设两个人都买了保险,在失明症状出现的时候都通过自己购买的保险而得到治疗、免于失明;如果两人都没有发生失明症状,那么他们就很幸运,尽管要是他们知道这种情况不会发生,他们就会把买保险的资源花费在其他方面。进一步假设 A 买了保险,B 则没有,在这种情况下,假若 A 并未发生失明症状,那么他在上述意义上就"浪费"了自己的部分资源,而 B 则发生了失明症状,却因为没有买保险而无法治疗,因此他就碰到了坏运气;假若 A 发生了失明症状,他就可以因为自己买了保险而得到治疗,而如果 B 并没有发生失明症状,那么他就算碰到了好运。不管两人的选择结果如何,他们似乎都要承担自己选择的结果,因为买保险的机会对他们两人都是同等地开放的,他们也可以自愿决定是否要买保险。由此来看,保险机制似乎可以通过选择行为而排除或降低原生运气对人们的生活前景的影响。

三、资源、能力与机会平等

德沃金为处理原生运气而提出的想法在直观上很有吸引力。然而，在真实世界中，这个想法的落实会变得格外复杂。首先，最为明显的是，在真实世界中，并非每个人都有能力或资源为自己买保险。在现代商业社会，人们的收入水平至少部分地取决于其能力或天资。如果某些人在能力或天资上本来就处于不利地位，他们可能就无法支付某些保险，甚至无法支付任何保险。在保险市场完全私有化的社会中，这种情况会变得更加严重，因为私人保险公司是按照一个人的家族病史或遗传倾向来收取保险费或支付保险金额，例如，精明的保险公司会在投保人投保的某种遗传疾病发生之前收取更高的保险费。因此，如果一个人无法确信某个遗传缺陷是否会发展为可以对其生活前景(包括预期收入)产生严重危害的疾病或残疾，那么，在保险费与他当前的收入相比高得离谱的情况下，他可能就不会决定买保险。其次，有些人可能具有极为昂贵的偏好(例如喜欢某种葡萄酒)并视之为其生活的价值或意义的一个重要来源。但是，市场波动可能会使得他们本来就昂贵的偏好变得更加昂贵，例如，那种葡萄酒可能会因为奇货难求而变得无比昂贵，因此，为了稳定地满足自己的偏好，他们可能会买保险。假如我们觉得为昂贵的偏好投保是不合理的，那必定是因为(正如德沃金所指出的)我们对社会资源的公平分配已经有了某种初步理解。例如，我们认为昂贵偏好的满足要求一种比社会资源的某种公平份额更多的资源，因此是不公正的。最后，在可以正当地要求资源以获得满足的偏好的范围内，偏好也可以是各式各样的，而且一个人也可以对其偏好做出某种价值排序(就他不能同时或同等地满足所有偏好而论)。钢琴家可能很看重自己的双手，哲学家或许很担心发生阿尔茨海默症的可能性。如果他们的个人资源很有限，那么他们可能只是对自己最关心的事情投保，因此其生活前景仍然会受到其他方面的运气的影响。

对德沃金来说，假设性保险市场的观念旨在解决这样一个问题：在真实世界中，在很多人都没有充足机会为了应对自己可能面临的风险而提前买保险的情况下，平等对待的要求应当如何得到实现？为了解决这个问题，德沃金假设,在一个政治共同体中,所有人在适当年纪都有同样的风险在未来发展出身体残疾或精神残疾。这个假设在如下意义上是反事实的:在人们决定买保险之前,还没有谁发展出这些残疾。这个理想化的假设显然是为了避免刚才提出的问题。在这个假设下,如果所有人都为自己可能遭受的不利条件投保,那么,当某些人实际上遭受这种不利条件时,与其他人相比,他们就有了更多的资源供自己支配,但并未违背资源的公平分配要求,因为他们所获得的额外资源来自所有人共同支付的保险金额,而每个人不仅(按照德沃金的假设)都购买了保险资金的平均量,而且都有平等的机会获得这种资源上的额外支持。当然,德沃金自己意识到,如何确定这个平均量的"门槛"(threshold)是一个极为困难的实际问题:

> 为了能够决定要将多少资源用来买保险,以防止某个特定灾难的发生,人们就必须对自己希望过的生活具有某些想法,因为唯有如此,他们才能决定那个灾难将是多么严重、额外的资源将在多大程度上缓解悲剧的发生等。但是,天生就有某种残疾或者在童年时期会发展出某种残疾的人们,当然会在他们制定的生活计划中考虑到这种情况。因此,为了决定这样一个人为了避免残疾会买多少保险,我们就必须决定他在那种情况下会如何规划自己的生活。但是,这个问题甚至原则上说可能也没有答案。①

假设性保险市场表达了德沃金将其资源平等理论从理论转化为实践的尝试。如果德沃金承认上述"门槛"问题甚至原则上也是无法解决的,这是否意味着其尝试就全面失败了呢?德沃金自己并不这样认为。为了明白这一点,不妨考虑一下他所受到的一个批评。② 在德沃金所设想的那种假设性保险市场中,与罗尔斯不同,他并未采取一种"无知之幕"来排除理想投保者的所有偏好,不过,他仍然对偏好做出了限制,例如排除了昂贵的偏好。因此,从标准运气平等主义的观点来看,他的保险市场其实并未充分满足"对志向保持敏感、对天资不保持敏感"的要求。在资源(例如保险资金)有

① Dworkin (2000), p. 78.

② Marc Fleurbaey (2002), "Equality of Resources Revisited", *Ethics* 1: 82-105, especially p. 90.

限的情况下，如果一个人为了满足大多数人共同持有的偏好而被要求放弃对自己的某个偏好投保，但这个偏好的满足对他来说又极为重要，那么，当人们（包括那个人自己）在德沃金所限定的那些偏好上的差别通过保险机制最终达到某个“平均”状态时，他们就获得了某种事前（en ante）平等，但不是一种事后平等（ex post）平等（这两个概念稍后将予以说明），因为至少那个人的那个偏好并未得到满足。就此而论，德沃金的保险机制未能充分尊重所谓的“个人分离性”，大致说来即如下观点：每个人作为独立存在的个体的利益都应当得到平等考虑。

若在德沃金的资源平等的框架下来理解这个批评，那么满足个人分离性要求就意味着要使得每个人的偏好都得到满足。如果我们将一个人的福祉理解为偏好或欲望的总体满足，那么强调人们的偏好都要在平等的基础上得到满足至少是在倡导一种福祉平等的观念。而且，如果人们缺乏必要的或足够的能力满足自己偏好，那么，为了满足个人分离性要求，社会首先就需要让每个公民具备满足偏好的可行能力或综合能力——不仅要让他们具有满足偏好的内在能力，也要具有实现偏好的机会或外在条件，从而在福祉方面实现一种结果平等。但是，德沃金自己并不接受这些关于平等的主张。① 他对上述批评的回答关键地取决于他对福祉平等的主张的拒斥。因此，为了弄清楚德沃金的回答的要点，我们不妨首先看看那个主张为什么是不合理的。

在社会哲学和政治伦理中，长期以来就有这样一个认识：人们进入社会，是为了让自己的福祉能够得到保障和发展，因此，一个合理的社会应该致力于促进人们的福祉。这个主张显然是直观上合理的。我们不难设想，如果社会具有充分丰富的资源满足人们的偏好，那么，只要一个人自己在这方面的满足不会对其他人造成伤害，尽可能让人们的偏好得到满足就是一件好事。然而，问题在于，在任何时候，社会都不会具有充分丰富的资源让任何人的无论什么偏好都得到满足。这是一个关于人类生活的基本事实，实际上也是正义问题得以产生的一个必要条件，当然，更不用提一个同样合理的观念：至少在某些情形中或者在某种程度上，人们应该对其自愿选择及

① 德沃金自己的资源平等理论本质上是在批评福祉平等和能力平等的基础上发展起来的。关于德沃金自己对这两种理论的批评，参见 Dworkin (2000), pp. 11-64, 285-306。

其直接后果负责。实际上,“福祉平等”本身就是一个极为模糊的概念。“福祉”(well-being/welfare)这个概念既可以指一种生活得好的客观状态,也可以指一个人对其生活状况感到满足的主观状态。当然,这两个方面无须是分离的或毫不相干的:一个人对自己生活得如何的主观感受也可以与一些“客观的”事情相联系,例如,快乐或痛苦的感受在最基本的意义上与我们的身体状况相联系,医疗保健、住房补贴、工休制度之类的公共服务也有助于促进我们的福祉。如果我们对自己存在状况的满足感至少在很大程度上是通过资源的拥有和消耗来实现的,那么我们至少就不清楚福祉本身**必定**应当被设想为平等主义分配的根本目标,即使人们对自己的生活是否感到满意可以成为衡量社会正义的一项指标。在前一章中,我们已经表明结果平等不应当被设想为社会正义的恰当目标,不仅因为结果平等的观念在应用于福祉平等时是一个很难实现的社会理想,更重要的是因为实现结果平等可能并不符合我们对正义的某种深思熟虑的认识。如果资源在德沃金的意义上已经得到了公平分配,如果人们已经被给予了从事他们所选择的各种活动、尝试他们愿意尝试的各种体验的有效自由(包括公平的机会),那么他们就可以被认为实现了一种符合正义要求的福祉平等。

尽管人们主要是为了获得更好的生活条件和生活机遇而寻求合作和缔造社会,但社会合作的稳定性和持续性必定要求人们遵守某些根本的规则,用这些规则来约束他们对自我利益的追求。当其中一些规则被看作社会正义的原则时,它们必须是人们彼此能够理性地(或者更恰当地说,合情合理地)认同的,在这个意义上必须满足公共性标准。[①] 一个正义的社会不太可能允许一个人无限制地追求自我利益,或者以损害他人的正当利益为代价来追求自我利益。换句话说,正义界定了人们可以正当地追求的利益的范围。如果福祉的概念本身得不到明确的或清晰的界定,那么在将福祉平等设想为分配正义的根本目标时,实现福祉平等可能就会在根本上违背正义的要求(假若正义就像休谟所说的那样,是在物质资源适度欠缺,人们并不具有普遍的慈善或同情心的情况下出现的)。当然,如果我们采纳了关于福祉的所谓“客观清单理论”,即认为好生活就在于追求和实现某些客观上有价值的东西,那么我们或许可以避免一些困难。然而,客观清单理论会碰到

① 关于“合情合理”和“公共性”这两个概念,参见我在下一章中对罗尔斯的讨论。

两个主要问题：第一，对于那些反对完善论或家长式统治的理论家来说，一旦超越了基本需求的范围，客观清单理论就是不可接受的；第二，人们是否生活得好不只是取决于他们对某些客观价值的追求或实现，也与他们对生活状况的感受有关，而这意味着福祉必定有一个主观维度。① 实际上，我们往往会觉得，某个东西对于某个人来说是否是好的，并不只是取决于他拥有那个东西，也取决于其性格、能力和环境。对于一个饱受饥饿的人来说，获得食物比获得（比如说）一台笔记本电脑更重要；对于一个科研人员来说，向他提供他最新的学术资料比安排他去某地旅游更重要。如果好的生活取决于人们的需要以及在这方面的满足程度，那么，要提出一个得到普遍认可的标准来衡量和比较人们在福祉方面的平等，其实是一个很难的问题。② 我们至多只能粗略地比较人们在基本需求方面的满足。但是，对人来说，基本需求的满足仅仅是生活得好的一个基本方面。就此而论，福祉平等的观念至少依赖于资源平等的观念。

福祉理论的倡导者认为有一种方式解决上述问题，即按照偏好满足来界定福祉。这个提议有一个直观的吸引力：不管人们持有什么价值观，追求什么生活目标，只要他们在总体上满足了自己的偏好，他们就会觉得自己生活得好，而当偏好没有得到满足或者受挫时，他们就会觉得自己过得不幸福。偏好满足理论的倡导者并不否认福祉要求资源和能力之类的东西，但他们强调偏好满足本身就具有内在价值，因此，凡是能够促进偏好满足的东西，例如收入、各种形式的社会服务、自由或机会，都是在工具意义上有价值的。如果福祉就在于偏好满足，那么，只要每个人的偏好都得到了满足，福祉平等的目标就算得到了实现。这似乎避免了按照某个客观标准来衡量和

---

① 克劳特对这一点提出了很好的说明，尽管他仍然相信某些核心的客观价值（例如正义、诚实和自主性）对于好的生活来说既是必要的又是构成性的。参见 Richard Kraut, *What Is Good and Why: The Ethics of Well-Being* (Cambridge, MA: Harvard University Press, 2007)。

② 对这个问题的一些相关讨论，参见：Jon Elster and John E. Roemer (eds.), *Interpersonal Comparisons of Well-Being* (Cambridge: Cambridge University Press, 1993); Ruth Chang (ed.), *Incommensurability, Incomparability, and Practical Reason* (Cambridge, MA: Harvard University Press, 1997); John Broome, *Weighing Lives* (Oxford: Oxford University Press, 2004)。

比较福祉的问题。然而，社会显然并不具有充分的资源让人们所具有的无论什么偏好都得到满足。如果正义所要实现的是某种意义上的基本福祉平等，那么正义理论家或社会政策的制定者就需要探究偏好的本质和来源，而一旦我们开始深究这个问题，我们就会发现偏好满足理论同样不能令人满意。

让我们先来看看偏好满足的概念本身是否足以把握我们对福祉的直观理解。有很多东西会影响偏好的形成，例如兴趣、环境、知识和能力。一个人或许在中学时期很想成为宇航员，但上大学后又想成为作家。如果此时他仍想成为宇航员，他就需要对自己目前具有的偏好进行排列，例如，他或许认为成为作家的欲望要优先于成为宇航员的欲望。如果前一个欲望确实强于后一个欲望，那么这个排列大概就是正确的。然而，假设他目前不想成为宇航员，而且这个欲望很强，那么他就必须按照其他理由来说明他为何要优先满足成为作家的欲望。他或许认为作家的生活更加丰富多彩，而生活的价值和意义就在于感受和体验人类生活的多样性；当然，宇航员的生活也能给他带来某种新奇体验，但总体上仍然不够丰富多彩。假若他确实这样认为，那就表明，对他来说，福祉并不只是在于偏好满足，也取决于他自己对什么样的生活值得过的理解。若不首先具有这样一种理解，当一个人具有冲突的偏好或欲望时，他就不知道如何满足自己的偏好或欲望，而一个好的生活不可能在于随机地满足自己的偏好或欲望——一个人之所以具有某个偏好，必定是因为作为偏好对象的那个东西在某种意义上对他来说是好的，他的偏好的根据必定在于某个直接感受到的需求，或者在于某种情感，抑或在于他理性地认同的某个价值。[①] 因此，即使福祉的偏好满足概念抓住了福祉的主观维度，它也似乎并未把握生活得好的真正本质。

偏好满足理论也会面临一些其他的问题。生活环境不仅会系统地影响偏好的形成，也会严重地影响偏好的排列。各种媒体和广告会影响人们在消费方面的偏好，社会政策和社会制度会影响人们在职业兴趣和职业选择上的偏好，家庭环境可能也会影响人们在个性发展方面的偏好。不仅偏好的形成会受到这些因素的影响，偏好的满足也会受到这些因素的影响，因为

---

① 参见 Daniel M. Hausman, *Preference, Value, Choice, and Welfare* (Cambridge: Cambridge University Press, 2011)。

满足一个偏好是要让它得到实现。然而,我们可以设想这样一个社会,其中某些人的某些偏好很难得到实现。例如,在某些传统社会中,女性很难满足她们在事业发展方面的偏好,因为她们"应当"做的事情是通过在家庭内部来定义的。在某些社会中,人们也很难满足他们在思想自由和言论自由方面的偏好。假若我们认为这种偏好应该得到满足,我们就已经把正义或公正的观念引入偏好满足的概念中,不再认为福祉就在于任何偏好的满足。因此,只要平等必须被理解为正义的一项要求,偏好满足本身就不能被看作社会正义的基础,正如康德认为我们不应当把幸福设想为道德的根据或来源,因为我们需要按照某种正义观来解决这样一个问题:什么偏好应该得到满足?事实上,如果福祉就在于偏好满足,如果偏好满足要求某些条件或资源,例如社会环境和个人能力,那么一个人的偏好越容易得到满足,其福祉水平应该就越高。这显然是一个不可接受的结论,因为若是这样,社会就应该教育人们只具有那些容易得到满足的偏好。人们当然可以按照其能力和兴趣来决定要发展和满足哪些偏好,但是社会不应当强制要求人们在这方面做出选择,或者甚至让人们只能满足符合社会习俗的偏好。为了合理地满足自己的偏好,一个人应该理性地评价自己的兴趣、能力以及生活环境,在必要时修改自己的偏好。[①] 但是,如果人们发现其合理偏好总是得不到满足,而且不是因为自身的缘故而得不到满足,那么他们就有权要求社会在制度上实施某种改革。这个事实表明,就算我们认为福祉就在于偏好满足,一个合理的偏好满足理论也必须建立在一个正义理论的基础上。

我们用"偏好"这个概念来表示人们想要得到某个东西的愿望,就此而论,偏好在某些方面就类似于欲望。不过,二者仍有一些重要差别。一般来说,欲望是自发地或消极地出现的,在得到满足后就会消失,直到下一个欲望出现。与此相比,偏好不仅具有持续性,也可以表示一个人对欲望进行选择的倾向。如果一个人喜欢吃苹果,不太喜欢吃香蕉,那么当有人向他提供苹果和香蕉的时候,他就倾向于选择苹果。如果一个人倾向于当大学教师而不是出版社编辑,那么这种倾向也体现了其偏好。他倾向于选择当大学教师,或许是因为他相信这个职业不仅具有更大的自由度,也有助于保持积

① 对这个问题及相关问题的进一步讨论,参见 Serena Olsaretti(ed.), *Preferences and Well-Being* (Cambridge: Cambridge University Press, 2006)。

极向上的心态。大多数偏好都是在某些信念的基础上形成的，只有少数偏好(例如在基本的意义上与身体需求相关的偏好)的形成不依赖于信念。[①]不过，我们可以具有错误信念。在这种信念的基础上形成的偏好不会正确地表达我们真正关心的事情，其满足也不会让我们的生活真正地变得更好。当然，偏好理论的捍卫者可以回答说，并非任何实际偏好的满足都能促进一个人的福祉；为了将福祉与偏好满足可靠地联系起来，我们就应该将偏好限制为人们在充分知情或充分理性的条件下形成的偏好。因此，福祉应该被理解为理性偏好的满足，而不是任何实际偏好的满足。

这个策略解决了上面提到的问题，但也会产生新的问题。指出两个问题就足够了。第一，假若一个社会采纳了这种观点，它实际上就很难制定出切实可行的社会政策。例如，在任何社会中，总是有一些人坚定地相信迷信，拒绝接受启蒙教育。如果一个社会认为平等就在于让人们的偏好平等地得到满足，那么它就应该让这些人满足他们的那种偏好。假若一个身患重病的人偏爱于去神庙而不是去医院治病，那么这样一个偏好的满足很可能就不会促进其福祉(就身体健康是福祉的一个构成要素而论)。如果这个社会将福祉定义为理性偏好的满足，并把促进这个意义上的福祉确立为一个社会目标，那么它看来就不会关心完全具有非理性偏好的人们。这个结论似乎也不甚合理。第二，说一个人是充分知情或充分理性就是说，他在有利条件下会正确地相信某件事情，因此形成正确的偏好。我们的一些信念可以被证明是正确的，不过，在某些极为特殊或格外复杂的情形中，我们很难完备地列举一个信念形成的条件，因此就无法判断我们的信念是否正确。例如，有信仰的人相信神灵的存在，在他们对生活的价值和意义的理解中，这种信念占据了一个重要地位。然而，我们很难证明上帝确实存在，实际上并不知道这个信念是不是真的。因此，即使福祉在理论上可以被定义为理性偏好的满足，但这个提议几乎并不具有实际可行性。人们的生活状况如何在道德上确实值得关注，但是，让人们的无论什么偏好都平等地得到满足，显然不可能是一个恰当的**社会正义**理论以及相应的政治实践的目标。

---

① 森由此把偏好区分为"基本偏好"和"非基本偏好"，前者指的是不依赖于信念的偏好，后者指的是依赖于信念的偏好。参见 Amartya Sen, *Collective Welfare and Social Choice* (San Francisco: Holden-Day, 1970), chapter 5。

能力进路的倡导者正确地认识到，我们需要按照某种更加客观的标准来看待和衡量人们的福祉。他们提出和发展这种理论的动机主要是来自他们对资源理论的批评。在能力理论家看来，如果平等的目的是让人们在包括基本需求在内的某些方面得到满足，那么仅仅是实现资源(例如收入或财富)平等仍然是不充分的。例如，如果人们并不具有将同等份额的资源转化为相当的福祉水平的同等内在能力，或者即便具有这种能力也缺乏实现这种转化的同等机会或外在条件，那么他们仍未得到平等对待。阿玛蒂亚·森指出：

> 人们具有与残疾、疾病、年龄或性别相联系的相异的身体特征，这些特征使得其需求各不相同。例如，患者为了战胜疾病可能需要更多的收入，即没有患病的人不会需要的收入。即便得到了治疗，患者可能也不会享有某个特定的收入水平给其他人带来的同样的生活质量。残疾者可能需要某种假体，老年人可能需要更多的支持和帮助，怀孕的女性可能需要更多的营养，等等。不利条件所需要的“补偿”会发生变化，而且，甚至在进行收入转移后，某些不利条件可能也得不到充分“矫正”。①

森进一步指出，除了个人异质性外，自然环境的多样性、社会气候的变化、不同的社会习惯和习俗、家庭内部的分配，都会对个人生活质量产生重大影响。因此，即使人们具有同样的收入或同等的资源份额，他们可能也不会享有同样的生活质量或者拥有相当的生活前景。森论证说，这个事实构成了对资源理论(德沃金和罗尔斯所持有的那种分配正义理论)的一个重要挑战——资源理论无法调节和容纳这些因素对人们的生活质量或生活前景造成的差别，而其中一些差别可能是不公正的。这显然是一个值得关注的问题。

---

① Amartya Sen, *Development as Freedom* (New York: Alfred A. Knopf, 1999), p. 70.

不过，资源理论的倡导者并不是原则上不能回答这个问题。[①] 他们是否能够回应森(以及玛莎·努斯鲍姆)提出的挑战显然取决于两个进一步的问题：第一，资源理论是否有必要处理森提到的那些因素所产生的**一切**差别？第二，在这些差别中，那些直观上被认为不公正的差别是否是资源理论能够恰当地说明的？个体差异是人类生活的一个基本事实，它们所产生的多样性一般来说并不是坏事，因为多样性是丰富多彩的人类生活的一个重要来源。如果生物医学工程的发展已经到了可以让人们变得完全一样的地步，例如具有同样的身高、智力、长相、肤色，甚至可以让人们具有同样的行为方式和幽默感，那么我们才真是生活在一个无趣的世界中。并非一切个体差异都是不公正的或者在道德上应当消除。德沃金和罗尔斯都承认**横向上**的个体差别，即在社会正义所要关注的任何时刻人们之间的差别。但是，能力理论的倡导者要强调的是个人在**纵向上**的差别，即在每个人的个人生活史中其个人特征(加上他们所生活的自然环境和社会环境)使得他们与其他人相比而具有的差别。全然抹除人们之间的自然差别既是实际上不可能的又是道德上不可取的：一方面，即使某种技术在未来的发展能够消除人们的自然差别，这种做法也可能会导致社会资源崩溃，从而使得任何人都无法享受一种合理地设想的好生活；另一方面，多样性是人类生活的价值和意义的一个主要来源。就前一个方面而论，举个例说，如果怀孕期的女性由于需要充分的营养而需要得到某种补偿，那么，既然男性在平均寿命上低于女性，他们似乎也有权要求某种补偿；或者，如果新陈代谢率较高的人们要求得到更多食物，那么具有昂贵偏好的人们同样也可以因为自己资源不足而要求补偿。这些结论显然都是不合理的。正义并不要求人们在需求或偏好方面持有的一切主张都要得到满足，也不应当提出这样的要求。在社会资源相对欠缺的情况下，通过资源转移来补偿一些人必然会使得另一些人在生活前景方面受到影响，这种做法并非在任何情况下都是公正的。

---

① 例如，参见：Thomas Pogge (2002), "Can the Capacity Approach be Justified?", *Philosophical Topics* 2: 167-228; Thomas Pogge, "A Critique of the Capability Approach", in Harry Brighouse and Ingrid Robeyns (eds.), *Measuring Justice: Primary Goods and Capacities* (Cambridge: Cambridge University Press, 2010), pp. 17-60。相关的讨论，参见该文集和如下文集：Alexander Kaufman (ed.), *Capacities Equality: Basic Issues and Problems* (London: Routledge, 2006)。

当然，这不是否认正义应当关心怀孕期和哺乳期女性的营养状况，或者更一般地说，应当关心在基本需求方面尚未充分得到满足的人们。在德沃金那里，人们通过拍卖市场而获得的资源份额应当通过他所说“嫉妒测试”。不管德沃金用“嫉妒”这个概念来描述资源的平等分配的做法是否恰当，他旨在表明，资源的平等分配应当致力于满足人们的合理偏好，并排除从正义的观点来看不合理的偏好。因此，德沃金有理由认为人们在基本需求方面的主张应当得到满足，他甚至也可以认为身处怀孕期和哺乳期的女性在资源需求方面应当得到某种补偿。罗尔斯的理论不仅不会否认这一点，反而会强调这一点，因为对他来说，社会合作不仅需要满足稳定性和持续性要求，而且在满足基本的正义原则的情况下也要重视社会团结和经济效益；假若所有生育期的女性都因为营养不良而让人类后代普遍残疾，那对人类来说才是真正的灾难。德沃金已经通过其假设性保险市场的观念来缓解原生运气对人们的生活前景产生的不利影响。当然，他并没有进一步说明这样一个保险市场所能采取的形式及其运行机制。但是，我们不是不能合理地假设，一个合理地正义的社会应当把保证人们的基本需求看作一项公共事业，一种有别于纯粹自由市场经济的东西，而且，用某种有差别的方式来对待具有特殊需要的社会群体也不是不公正的，只要这种对待从社会合作的观点来看是必要的。如果人们在生活前景上的个体差异是由制度所产生的，而且其中一些差异至少在直观上是不公正的，那么社会（特别是从当前的社会制度中获益的社会成员）就应当补偿受到不公正的差别对待的人们，并采取措施来纠正目前不公正的社会秩序。退一步说，即使某些道德上不可接受的有差别的生活条件不是通过制度产生出来的，一个具有公民友爱精神的社会仍然应该设法救助在生活上陷入困境的社会成员。在这里只需记住的是，正义并不是缓解人们因为个体差异而陷入不利条件的唯一方式，实际上也不可能成为唯一的方式，否则我们所生活的社会就会变得极为贫乏和无趣。正义所要考虑的是不公正的因素或条件对人们的生活前景所产生的差别影响，为此，它就需要考虑特殊需要和残疾的因果来源。让人们有基本的能力和公平的机会去追求自己理性地认定的生活理想不仅是道德上重要的，而且也是正义的基本要求。一个让人们普遍地丧失基本能力的社会肯定在某个地方出了错。但是，如果能力理论旨在消除人们在横向上的个人特异性和个体差别，那么它就既不是道德上可取的，也因为未能充分尊重正义理论需要满足的公共性要求而不足以成为严格意义上的正义学说，因此也不可能构成对资源理论的“有力取舍”。实际上，如果能力平等只能被合理地限制到基本能力的平等，而不是人们在任何方面的可行能力的平等，那么资源平等加上某种实质性的机会平等不仅足以满足能力平等的要求，而且可以更好地满足任何恰当的正义理论都必须满足的公共性要求。

人们应当对其自愿选择的结果负责，应当采取步骤来修改或调整不合理的偏好，这是德沃金和罗尔斯的正义理论共同持有的一个核心主张。因此，德沃金可以对“个人分离性”批评提出两方面的回答。[①] 从实践性的方面来看，权威部门(例如社会正义的实施者)确实无法用一种完全对每个人的每一个反事实选择的方式保持敏感来实现分配正义，因为“确定个别的人们在与他们实际上面对的情境极为不同的情境中会做什么，这是极为困难的，甚至是原则上不可能的”[②]。即使能够做到这一点，那也会要求社会付出难以承受的成本，因此可能会使得整个社会崩溃，或者在资源并不充足的情况下会严重降低人们的生活质量。然而，对德沃金来说，在一个合理的分配正义体制中，除了平等之外，效益也具有一定的重要性，有时候需要对二者加以权衡。[③] 社会在正义的要求下应当做的，是要让人们有平等的机会获得基本生活资源，以便人们可以利用这些资源去开展自己的生活。由此我们不难理解德沃金为什么将其保险机制需要处理的风险限制到“大多数人将会以一般的方式采取保险措施来抵制或缓解”的风险。[④] 批评者或许进一步论证说，人们只应承担他们**实际上**自由地做出的选择的代价，因此，在那个反事实的保险体制中，让人们去承担社会要求他们做出的选择的代价(例如因此而不得不放弃某些偏好)就是不公正的。德沃金对这个异议的回答是，“让人们去承受强迫性选择的代价是否公平，取决于强迫这些选择

---

① 这两个回答实际上已经隐含在他早期讨论资源平等的那篇文章中，参见 Dworkin (2000), pp. 78-83。

② Ronald Dworkin (2002), “Sovereign Virtue Revisited”, *Ethics* 1: 106-143, quoted at p. 111.

③ 在德沃金对批评者的回应中，他在一个注释中指出，他自己坚信“拉平是对真正平等的诅咒”。见 Dworkin (2002), note 29。

④ Dworkin (2000), p. 78.

的理由”。[①] 例如，要求化工厂安装废水处理设施并不是不公正的，因为只要市场对化工厂施加污染的成本，它们就会自行安装这些设施。同样，只要人们意识到他们可能会因为没有购买常见灾难的保险而遭受重大损失，他们就有理由事先购买保险。只要保险市场足够公平合理，比如说，国民税收构成了保险基金的一个重要来源，那么，不管灾难是否实际上落到一个人头上，他都有平等的机会受益于保险体制。

从理论性的方面来看，德沃金确实认为事前平等优于事后平等。[②] 在一个社会中，如果人们在财富方面的差别一直都可以按照他们在就业和消费等方面做出的选择来充分地说明，如果他们拥有什么仅仅取决于这些选择，并未受到他们在才能方面的差别以及他们在投资和健康方面的运气的影响，那么这个社会就做到了事后平等。换句话说，事后平等是在对人们实际上做出的选择和遭受的运气恰当地加以考虑后的平等。一个人可能因为缺乏才能而得不到高报酬的工作，或因为生病而不能工作，从而使得其财富远远低于社会上其他人的财富。在这种情况下，一个承诺了事后平等的政府就应当尽可能对他进行补偿。相比较而言，如果一个政府尽其所能在人们遭受厄运、因此陷入不平等的生活状况之前就让人们处于某种平等地位，那么它就是在倡导一种事前平等。换言之，事前平等是要让人们在那些算作运气（无论好坏）的环境条件和事件对他们产生影响之前处于某种平等地位。在这种理解下，事前平等显然优于事后平等，因为它不仅实现了某种恰当地设想的机会平等，而且也可以让人们在一定程度上对自己的自愿选择负责。那个假设性保险机制旨在让人们合理地避免坏的原生运气对其生活前景可能产生的影响，因此就以这种方式让这种影响变得中立（即便不是完全消除），从而实现了一种机会平等。[③]

我们对德沃金的讨论并不是要全面地论述其正义理论[④]，而是要为恰

---

① Dworkin (2002), p. 112.

② 参见 Ronald Dworkin, *Is Democracy Possible Here?* (Princeton: Princeton University Press, 2006), pp. 106-111。

③ 德沃金并未说明如何处理好的运气对人们的生活前景产生的影响。但是，罗尔斯确实对天资在分配正义中的作用提出了一个富有启示的说明。参见下一章。

④ 对德沃金的平等理论的全面论述，参见 Brown (2009); Colin Macleod, *Liberalism, Justice, and Markets* (Oxford: Oxford University Press, 1998)。

当地评价运气平等主义提供一个必要的基础或背景。标准的运气平等主义者认为,正义要求消除原生运气对人们的生活前景所产生的差别影响,但可以不考虑人们做出的自愿选择在其生活前景上导致的差别。然而,按照前面提出的论证,没有形而上学上可靠的根据将二者截然区分开来——这个区分在更恰当的意义上应当被理解为一个规范区分,即按照某些规范考虑做出的区分。当德沃金通过其假设性的拍卖机制和保险体制来巧妙地说明如何合理地避免运气对人们的生活前景所产生的影响时,他不仅预设了对资源平等的一种实质性理解,而且最终也将某种机会平等原则设想为他所理解的平等的一个构成要素。二者都可以被看作为平等提供了一个基准,若没有这样一个基准,就无法合理地说明,在分配正义中,对平等的哪些偏离是道德上不可接受的,哪些偏离是道德上可允许的。运气平等主义确实立足于一个重要直觉:如果人们**仅仅**因为自己不能负责的因素或条件而过得越来越差,那么这种状况就不可能是公正的。对于运气平等主义者来说,这个直觉也具有如下含义:如果人们在生活前景上的差别完全是其自愿选择的产物,那么这种差别就不是正义所要关心的。然而,这两个观点并非总是成立。我们可以设想一些情形,其中,人们无法控制的因素在其生活前景上所导致的差别并不是正义所要关心的,例如,两个人在开始尝试吸毒时都被规劝不要采取这种尝试,其中一个人听从规劝果断地停止了这种尝试,另一个人则不听劝告,最终导致无法控制的毒瘾,他们在生活前景上的差别可能就不是正义所要关心的;我们也可以设想一些情形,其中,人们的自愿选择所导致的差别是正义所要关心的,例如当一个人出于对道德或正义的考虑而自愿选择一个对自己产生不利影响的行动时。[①] 为了处理这些情形,运动平等主义者就需要进一步说明哪些选择导致的结果(或者人们在这种结果上的差别)是正义所要关心的——这就是说,他们只能**在某些限度内**来说明选择如何能够辩护人们所承受的不利条件。对德沃金来说,即使人们所承受的不利条件都是其自愿选择的结果,在这个意义上也是他们所能负责的,这也不意味着其中一些人所承受的不利条件总是道德上可辩护的。一个明显的事实是,即使人们都面临同样的选项,但是,假如他们并不具有初始的公平机会,他们的自愿选择所导致的有差异的结果就说不上是公正

① 参见本章下一部分的论述。

的。当德沃金的拍卖机制充当了如何平等地分配资源的一个理想模型时，其保险机制旨在保证人们在生活的初始时刻享有平等的机会。[①] 只有当人们已经享有平等机会的时候，他们的自愿选择所导致的结果上的差别才能被看作公正的。

在这里，我们可以简要地说明一下初始机会平等的重要性。如果有些人天生就具有某种遗传缺陷，或者生活环境让他们在早期发展阶段产生了某种有害的基因突变，突变的原因并不是他们所能负责的，那么这种缺陷就会限制他们的发展机会。与并未承受这种不利条件的其他人相比，他们就说不上有平等的机会开展自己的生活，例如，他们在身体上或精神上的残疾很可能会使得他们缺乏适应市场竞争的能力或机会。假若社会不向他们提供某种补偿，或者用德沃金所设想的那种方式来消除原生运气对其生活前景所产生的不利影响，他们就不可能过上一种基本上得体的生活。消除或中立化运气所产生的影响并不意味着消除人们承受不利条件的**原因**。例如，如果某些人天生的失明不能得到恢复，社会就应当开设专门的盲人学校，在各种公共场合为他们设立专用盲道，向他们提供他们在自己的能力范围内愿意从事的工作机会，消除对待盲人的社会偏见。只有在这些事情（当然，可能不仅仅限于这些事情）都已经做到的情况下，才能有意义地谈论一个盲人是否要对自己自愿选择的结果负责，由此导致的差异影响是否是分配正义所要关注的。按照罗尔斯的说法，在自由市场经济能够变得公正之前，一个正义的社会必须首先消除人们在初始机会上的不平等，或者至少以某种方式中立化这种不平等对人们的生活前景可能产生的影响。[②] 因此，**单纯**对于选择和运气的考虑并不足以让我们对分配正义得出任何实质性的理解，更不能向我们提供一个关于分配正义的基本框架，正如布莱恩·巴里所指出的：

> 没有任何细微的迹象表明，[运气平等主义者所设想的那两个]原则[即社会制度应该致力于反击运气所产生的影响以及个人应该对其

---

① 对这一点的进一步说明，参见 Peter Vallentyne (2002), "Brute Luck, Option Luck, and Equality of Initial Opportunities", *Ethics* 3: 529-557。

② 出于对初始机会平等原则的强调，德沃金自己也不赞成纯粹自由放任的市场经济。参见 Dworkin (2006), pp. 98-102。

> 选择结果负责]构成了关于社会内部对利益和负担进行分配的原则的某种完备说明。事实上,极为明显的是,若没有其他原则奠定基础,那两个原则就不可能有出发点。第一个原则就其应用而论取决于将某个观念……设想为补偿坏运气的牺牲者的基准。第二个原则预设了将权利赋予行为,以便提供一个正当的选择领域。[①]

在这里,对于运气平等主义需要什么原则作为基础,巴里提出了一种与德沃金的观点不同的说法。不过,他们两人都一致认为运气平等主义不可能是独立自足的。在德沃金的理论中,选择与运气的区分确实占据了一个重要地位。但是,正如我们已经看到的,无论是他做出这个区分的根据,还是他对其应用的说明,都与标准的运气平等主义有所不同。如果运气平等主义要求充分补偿人们所遭受的任何坏运气(在坏运气发生后),那么德沃金并不是这个意义上的运气平等主义者,因为他所要强调的是,要在坏运气发生前就让人们在保险的机会上变得平等,只有当做不到这一点的时候,才应该补偿人们在本来就有机会买保险的情况下应当得到的东西。[②] 简而言之,标准的运气平等主义者强调的是事后平等,德沃金强调的是事前平等。然而,这个差别很重要,因为德沃金通过他所设想的那两个机制对资源平等和初始机会平等提出了一个实质性论述,而标准的运气平等主义者似乎没有能力对补偿提出具有充分说服力的说明。尽管如此,当德沃金声称正义可以允许选择运气造成的不平等时,他所受到的批评本质上仍然类似于标准的运气平等主义者所遭受的批评。下面我们就来考察对运气平等主义的主要批评。

四、运气平等与关系平等

德沃金的平等理论包含了运气平等主义者用来作为其思想基础的那个

---

① Brian Barry, "Chance, Choice and Luck", in Barry, *Liberty and Justice: Essays on Political Theory* (Oxford: Clarendon Press, 1991), pp. 142-159, quoted at p. 142。

② 参见 Dworkin (2003), "Equality, Luck and Hierarchy", *Philosophy and Public Affairs* 31: 190-198, especially p. 191。

直觉,但他并不认为自己是运气平等主义者。我之所以讨论德沃金的某些重要主张,主要是为了表明,运气平等主义不可能是一个关于正义(哪怕只是分配正义)的全面学说,其合理性取决于它自身并不具有或不能提供的某些原则。不过,即使运气平等主义不可能为正义提供一个基本框架,它也或许可以被看作分配正义理论的一个要素。这种理解将有助于我们恰当地评价运气平等主义所遭受的批评,特别是所谓"民主平等"或"关系平等"的倡导者提出的批评。[①] 我将首先概述关系平等理论的基本动机及其倡导者对运气平等主义的核心批评,然后考察运气平等主义的捍卫者对批评的回应。在此基础上,我希望最终能够对平等的要求提出一个初步设想。

在前面的论述中,我们已经看到平等涉及很多方面。平等可以在道德、社会以及政治的意义上来理解,因此并不是一个简单观念。这就提出了一个问题:这个观念是否可以在某个**单一的**理论框架下得到充分说明或理解?运气平等主义者和关系平等的倡导者之间的争论恰好与这个问题具有重要联系。某些运气平等主义者可能具有一个雄心勃勃的计划,希望利用这种观点来说明与平等或不平等相关的一切现象,更有节制的运气平等主义者则认为,这种观点只适用于社会与经济领域,特别是该领域中的分配正义,而不涉及(比如说)政治平等及其条件。然而,社会与经济领域中的平等或不平等也是具有政治含义的,例如,经济不平等可能会导致政治权力的不平等,后者反过来会对前者产生影响。直观上说,一个合理地公平的社会应该

---

① 运气平等主义遭受的批评是多方面的,在上一部分中,我们其实已经考察了它所受到的一些批评,并将德沃金的平等理论解释为避免其中某些批评的一种尝试。"民主平等"与"关系平等"这两个概念在文献中往往被交替使用。尽管二者在含义上可能仍然有一些差别,但这两个观念的倡导者在批评运气平等主义方面是一致的。因此,为了便于叙述,下面我将统一使用"社会关系平等主义"(简称"关系平等主义")这个说法。对运气平等主义的最重要的批评来自两位倡导社会关系平等主义的理论家:伊丽莎白·安德森和塞缪尔·谢弗勒。参见:Elizabeth Anderson (1999), "What Is the Point of Equality", *Ethics* 109: 287-337; Samuel Scheffler (1995), "What is Egalitarianism", reprinted in Scheffler (2010), pp. 175-208; Samuel Scheffler, "The Practice of Equality", in C. Fourie, F. Schuppert and I. Walliman-Helmer (eds.), *Social Equality* (Oxford: Oxford University Press, 2015), pp. 21-44。倡导民主平等观念的其他主要理论家包括戴维·米勒、托马斯·斯坎伦以及艾利斯·马瑞恩·杨(Iris Marion Young)。对于关系平等主义的一个系统论述,参见 Kasper Lippert-Rasmussen, *Relational Egalitarianism: Living as Equals* (Cambridge: Cambridge University Press, 2018)。

首先让人们在政治上平等，例如通过给予人们以平等的政治权利，并将政治平等设想为对其他方面的不平等的一个本质约束。但是，这种做法首先取决于如何理解道德平等（即人们在道德地位上的平等），如何确定其他方面的不平等是否是道德上可接受的。因此，在道德平等、政治平等和社会平等之间可以存在错综复杂的联系。理论家们往往会选择从某个特定的角度出发来考察平等的主张及其在社会生活中的含义。就正义的观念或原则所要应用的领域（即所谓“正义的场域”[sites]）而论，分配显然是运气平等主义者的关注焦点。与此相比，关系平等主义者则强调正义的场域应当是社会，而不是分配，尽管他们承认社会关系的平等可以具有分配含义，也就是说，分配可以是实现社会平等的一种方式或手段。不过，关系平等主义者强调说，分配绝不应该成为正义的根本目的，正如伊丽莎白·安德森所说，“平等主义的恰当的负面目的不是从人类事务中消除原生运气的影响，而是要终止社会上所施加的压迫；其恰当的正面目的不是确保每个人都得到他们在道德上应得的东西，而是创造一个人们在其中彼此平等的社会”①。

关系平等主义者认识到，在现实世界中，人们处于各种不平等的、等级性的社会关系中，其中最典型的表现是各种形式的社会等级制度（例如奴隶制、父权制、种姓制度以及封建制和政治专制之类的权力结构）和社会歧视（例如种族主义、殖民主义、性别歧视等）。在社会中，人们会因为出身、种族、信仰、性别或性取向之类的因素，甚至会因为经济收入低于社会平均水平，而在社会上处于不利地位，受到排斥或者被迫处于某种边缘地位。不平等的社会关系导致了各种形式的压迫、强制、支配以及屈从。② 正是这个令人叹息的事实导致关系平等主义者认为，人们在社会关系方面应当是彼此

① Anderson (1999), pp. 288-289.

② 就此而论，关系平等主义者显然是在有意识地继承早期平等主义者（例如卢梭和托马斯·潘恩）的一个基本关注，即一个正义的社会应该致力于消除所有道德上任意的差别。安德森为《牛津政治哲学手册》所撰写的文章强烈地暗示了这一点：Elizabeth Anderson, “Equality”, in David Estlund (ed.), *The Oxford Handbook of Political Philosophy* (Oxford: Oxford University Press, 2012)。但是，如果关系平等主义者将消除道德上任意的差别作为一个核心关注，那么他们显然就不应该将运气平等主义设想为**对立面**来加以批评，尽管他们可以指出运气平等的观念的缺陷，因为运气平等主义者也是在致力消除道德上任意的差别，只不过是用一种特殊的方式。

平等的。然而，除了我们所熟悉的那些社会等级制度以及明显地涉及不可接受的支配或操控的个人关系外，我们并不是很清楚在社会关系中应当如何确切地理解“彼此平等”这个概念，例如在师生关系、父子关系、婚姻关系或者某种形式的友谊中。即使我们排除这些关系中可能存在的支配或操控的要素，我们仍然会觉得，在前面两种关系中，地位较高的那一方值得尊重，而后面两种关系中，某一方值得关心、爱护或同情。在这些关系中恰当地表达出来的态度在某种意义上本来就是不对等的，或者甚至应当具有这个特征。我们固然可以认为，在这些关系中人们应当彼此尊重，例如父母应当尊重孩子在职业或婚姻方面的自主选择，孩子应当尊重父母的退休计划，或者教师应当尊重学生的专业兴趣，学生应当尊重教师在学术研究方面提出的建议，又或者配偶双方应当尊重彼此的职业选择或兴趣爱好。即便如此，我们仍然无法消除在这些关系中必然存在的一些重要区别，例如在给予和接受、权威和服从之间的区别。实际上，就“权威”这个概念本身就蕴含或要求一种社会关系而论，并非所有权威都是道德上不可接受的：只要我们承认道德对我们所具有的规范约束力，道德对我们来说就有权威；只要我们承认自己是某国公民并生活在这个国家，该国法律对我们来说就有权威；狱警在很多方面也对囚犯具有权威。如果某些人代表道德或法律对我们说话，他们对我们来说也是有权威的。受制于权威未必意味着人们必定是生活在不可辩护的社会关系下。只要关系平等主义者不想否认这一点，他们就需要对平等尊重及其条件提出一个明确说法。关系平等主义者往往对比运气平等主义来提出其主张，就此而论，对这种观点的最明确的表述无疑体现在下面这段话中：

> 平等……首先不是一个分配理想，其目的不是补偿[人们所承受的]灾难。毋宁说，平等是一个制约人们彼此关系的道德理想。这个理想所要关注的不是每个人的品性、能力以及其他环境因素所产生的有差别的意外事件，而是从人们之间不可否认的差别中摘取要点。它主张按照如下假定来处理人类关系：每个人的生活都同样重要，所有社会成员都有平等的资格。……如此理解的平等不是要与运气相对立，而是要与压迫、继承下来的社会等级制度、种姓观念、阶级特权、僵硬的阶级分层以及权力的不民主分配相对立。与运气平等主义的向内看的视

角相对比，关系平等强调个体差异对于根本的社会和政治目的来说是无关的。作为一个道德理想，它断言所有人都具有平等价值，有一些主张是人们仅凭自己作为人的资格就有权彼此做出的。作为一个社会理想，它认为一个人类社会必须被设想为平等个体之间的一种合作安排，其中每个人都有同样的社会地位。作为一个政治理想，它强调公民们由于其公民资格而尊重彼此提出的主张，而不需要对他们所处的特定环境的细节提出一种道德化的解释。实际上，它强调作为公民的权利的重要性，强调一个人因此而有权享有在此基础上所决定的根本权利和特权，而无须考虑一个人的才能、智力、智慧、决策技能、性格、社会阶级、宗教归属、种族归属或者某种被赋予的身份。[①]

在这里，谢弗勒仍然没有正面说明究竟应该如何理解社会关系中的平等尊重，例如狱警和囚犯之间的平等尊重——假若囚犯仍然被保留了其公民身份的话。不过，如果这段话准确地表述了关系平等主义的核心观念，那么我们就不难明白关系平等主义者为什么将运气平等主义作为对立面来加以批评，即使某些批评的要点（例如关于“道德化”的说法）稍后才会呈现出来。对关系平等主义者来说，公民身份本身就向一个人提供了获得平等尊重和平等对待的权利，他们在这方面应当得到的尊重和对待，不仅与他们可能具有的任何特殊身份无关，实际上也与他们的天资、能力或才能无关，甚至在某种意义上也与他们的道德品质或道德表现无关。平等尊重和平等对待因此被设想为人们仅凭其**公民身份**就有权享有的东西。[②] 关系平等主义者似乎认为，甚至在一个社会内部，人们所具有的任何深厚身份（thick identity）从平等尊重的角度来看也是无关的。正是这个主张构成了他们批评运气平等主义的基本动机，因为运气平等主义被认为采取了一种“向内

① Scheffler (2010), p. 191.

② 这个主张产生了一个关于关系平等的范围的问题：如果人们只是因为拥有共同的公民身份（例如通过属于某国公民）而有资格要求关系平等主义者所设想的那种尊重和对待，那么这个事实就排除了一个国家的公民有义务以某种方式尊重和对待其他国家的人民。正如我们在接下来的几章中将会看到的，即使平等主义分配正义可以被限制到一个国家内部，这也不意味着不存在跨国道德义务或责任。关于对关系平等主义提出的这一质疑，参见 Rekha Nath (2011), “Equal Standing in the Global Community”, *Monist* 4: 539-614。

看"的视角——为了判断一个人遭受的不利条件是否应当用平等的名义来补偿,就需要看看这个不利条件与他的自我的不同方面的联系,例如,这个不利条件究竟是由他自己自愿做出的选择造成的,还是由他的才能和个人环境中非选择性的特点造成的。[①] 然而,即使关系平等主义者按照一种广泛地设想的平等尊重的观念来理解平等的价值,并由此认为一般而论的社会平等(而不是任何特定分配)才是平等主义的核心关注,一个单薄或抽象的公民身份概念是否能够向他们提供用来设想平等尊重或平等对待的适当资源,仍然是一个有待于探究的问题。

当然,关系平等主义者往往强调平等和正义是两种不同的价值:实质性分配正义的要求未必与社会平等的一般要求相吻合,二者在某些情形中甚至可以发生冲突。[②] 这个主张是否正确显然取决于我们对平等尊重或平等对待的具体理解,例如,除了通过用平等的政治权利(包括与程序正义相关的权利)来界定的政治地位的平等外,我们其实很难独立于关于分配正义的考虑来设想平等究竟意味着什么或要求什么。在广泛的意义上说,政治地位的平等其实也可以被理解为一种分配平等,即所有公民都应当被给予同等的政治权利以及行使这些权利的平等机会和条件。当然,关系平等主义者会指出,某些形式的不平等是在个人关系中体现出来的,而且往往是通过某些表示性态度(expressive attitude)表现出来的,例如在各种形式的社会歧视中表现出来的态度,因此社会关系的平等未必可以按照分配正义的观念来把握。这个说法提出了一个问题和一个忧虑。问题是:如果个人关系中体现出来的不平等实际上是表达了道德平等方面的失败,即未能充分尊重人们在道德地位上的平等,那么我们是否应当将一般而论的道德关切也纳入正义或政治的领域?任何平等主义者都会把道德平等的观念设定为基本出发点,即认为每个人作为人都值得平等尊重,关键在于如何在社会上和政治上实现道德平等。忧虑是:很多社会关系的不平等实际上是因为未能满足某种恰当地设想的分配正义要求而产生的,例如,在大多数传统社会

① 参见 Anderson (1999), p. 310; Jonathan Wolff (1998), "Fairness, Respect and the Egalitarian Ethos", *Philosophy and Public Affairs* 2: 97-122, especially pp. 113-118。

② 例如,参见 David Miller, "Equality and Justice", in Andrew Mason (ed.), *Ideals of Equality* (Oxford: Blackwell, 1998), pp. 21-36。

中，两性关系的不平等显然是由社会和经济条件产生的；倘若如此，关系平等主义者就不可能将平等与分配截然区分开来。就像运气平等主义一样，关系平等主义无法脱离对平等尊重及其条件的某种理解而将其主张应用于社会与政治实践。关系平等主义者分享了政治哲学中的某些其他观点（例如承认与差异的政治、古典共和主义的“无支配”的自由概念以及某些女性主义立场）的共同关注。然而，不甚清楚他们是否能够为其主张提出一种**独立**支持，因此也不清楚他们是否能够将其主张发展为（比如说）对运气平等主义的一个有力取舍。关系平等主义的主要倡导者都是通过批评运气平等主义来展示其主张的合理性，由此对这种观点提供一个“负面”论证。因此我们就需要考察一下他们提出的批评，一方面是为了进一步澄清运气平等主义，另一方面是为了界定关系平等主义的合理限度，进而为我们设想平等的基本要求铺平道路。

运气平等主义会受到什么批评取决于它如何被理解。平等主义理论家可以利用如下直观上合理的主张：人们的生活前景不应当受到**道德上任意**的因素的影响。这里，“道德上任意的因素”不仅是指人们无法自愿选择也不能有效地控制的因素，也是指这些因素中能够具有道德含义的因素。[①]然而，为了说明正义如何处理这些因素，就需要引入某些其他原则，正如我们已经在德沃金那里看到的。标准的运气平等主义者持有如下核心观念：假若某些人是因为自己遭受的坏运气而过得比其他人差，这种状况就是不公正的。一般来说，运气平等主义者并不对**不是**由运气（特别是坏运气）所产生的不平等持有异议。标准的运气平等主义者主要是利用运气与选择的区分来说明哪些不平等是正义所要关心的，哪些不平等是正义所允许的或者是道德上可接受的。对他们来说，正义旨在以某种方式消除（或者中立化）坏运气产生的不平等，但平等并不要求消除人们的选择所导致的不利条件。运气平等主义因此也被称为“敏于选择（或敏于责任）的平等主义”。在这个标准解释下，不难设想运气平等主义可能会受到的批评：假若我们能够发现某些情形，在其中，即使人们承受的某些不利条件符合运气平等主义者

---

① 罗尔斯的准确说法是“**从道德的观点来看**是任意的因素”。参见 Rawls, *A Theory of Justice* (Cambridge, MA: The Belknap Press of Harvard University Press, 1999)，第48节。

在运气与选择之间做出的区分，但它们在直观上说并不是可接受的，或者甚至是不公正的，那就表明运气平等主义是成问题的。这是关系平等主义者用来批评运气平等主义的基本策略，他们由此提出的批评大致可以分为三类。[①]

第一类批评旨在表明接受运气平等主义会产生羞辱性的结果。运气平等主义要求以某种方式补偿坏的原生运气的牺牲者，例如天生残疾的人们，或者由于自己不能负责的其他因素而变得残疾的人们。安德森论证说，运气平等主义者决定援助这些人的理由对他们自己来说是“极为无理的”，因为他们将这些人看作“怜悯”的对象，用一种高高在上的态度来看待这些人，因此就没有表现出对这些人的平等尊重——用一种符合其尊严的方式来看待这些人。这个批评是否合理显然取决于如何理解运气平等主义对原生运气的看法。在一个“以貌取人”的社会中，残疾人或“长相不好”的人确有可能受到排斥或歧视，有道德良知的人们也可以对他们表示同情。但是，从运气平等主义的观点来看，这些人并非因为是怜悯或同情的对象而应当得到某种补偿——他们值得补偿，首先是因为他们遭受的不利条件并不是他们“应得的”。他们固然是因为自己不能负责的条件而在某些方面有所欠缺，因此在社会上处于某种不利地位。如果运气平等主义者能够将某种初始机会平等原则整合到其核心主张中，就像我们在德沃金的理论中所看到的那样，那么他们就可以认为，补偿遭受坏的原生运气的牺牲者是为了满足机会平等的要求。安德森声称，为了恰当地处理残疾人面临的困境，我们最好是转变对待他们的社会态度，而不是用一种直接的和定向的方式来补偿他们。这个主张的前半部分显然是合理的：就残疾人受到了社会歧视或社会排斥而论，为了将他们作为同样具有尊严的人类个体来看待，社会首先就需要消除对他们的传统偏见。但是，安德森的后半部分主张，若被理解为对运气平等主义的一个批评，就不具有充分的合理性了：第一，直接地和定向地补偿坏的原生运气的牺牲者未必意味着用一种令他们感到羞辱的方式来对待他

① Anderson (1999). 不过，已经有作者指出，安德森的批评主要是针对运气平等主义的某些倡导者的观点，因此说不上是对**一般而论**的运气平等主义的批评，因为运气平等主义可以有不同变种。参见 Kasper Lippert-Rasmussen, *Luck Egalitarianism* (London: Bloomsbury, 2016), pp. 179-208。

们；第二，如果补偿是为了满足机会平等的要求，那么它实际上无须采取安德森所设想的那种方式。例如，对于一个已经设法向全体公民提供了基本福利保障的社会来说，补偿那些牺牲者的一种方式就是向他们提供特殊教育和特殊就业市场，并保证他们在自己愿意尝试的其他职业方面具有实质上公平的机会。[①] 由此来看，第一类批评是出于对运气平等主义的某种误解。

第二类批评所说的是，运气平等主义强调一个人应该对自己自愿选择的结果负责，因此在某些情形中就会产生极为苛刻地对待公民的结果。[②] 假设史密斯在高速公路上开车时用手机给朋友打电话，结果就发生了交通事故，目击者给交警打了电话，并告知事故究竟是谁的错。当交警和医务人员赶到现场时，他们发现史密斯没有上保险，在登记了其驾驶执照后就把他留在路边等死。某些运气平等主义者认为[③]，既然史密斯既没有给车上保险，也没有给自己买人身保险，交警和医务人员就没有义务对史密斯实施紧急护理——也就是说，史密斯自己遭受的处境对他来说不是不公平的。德沃金的观点似乎允许这种做法，因为重大的人身伤害属于他所说的"日常灾难"，而人人都有理由为这种灾难的可能发生买保险，而且，买保险的机会对史密斯来说始终是可得到的，他也不是没有能力买保险。史密斯确实是因为自己不审慎而导致了自我伤害，但是，既然这个结果是他本来就可以理性地避免的，运气平等主义似乎就允许交警和医务人员对他采取的做法。而且，假如史密斯侥幸活下来但变得残疾，社会也没有义务去管他的残疾状况。安德森论证说，如果运气平等主义允许遗弃由于自己的粗心大意而招致伤害的人们，那么这种观点就是不可接受的。

安德森的案例允许多种解释的可能性。将史密斯留在路边等死显然是一种道德上冷漠的行为，实际上是一种道德上不负责任的行为——不管史密斯有没有给自己上任何保险，他都不应该被留在路边等死。这暗示了运

① 关于对这个机会概念的理解，参见下一章中的有关论述。

② 这种批评更早地是由福勒贝提出来的，参见 Marc Fleurbaey (1995), "Equal Opportunity or Equal Social Outcome", *Economics and Philosophy* 11: 22-55。

③ 安德森提到了拉科夫斯基(一位倡导运气平等主义的理论家)的观点，参见 Eric Rakowski, *Equal Justice* (Oxford: Clarendon Press, 1993), pp. 73-87。

气平等主义者回应批评的一种方式:运气平等主义者可以争辩说,他们的理论关注的是**分配正义**的根据,而不是一种无所不包的道德理论,因此,从运气平等主义的观点来看,即使将史密斯留在路边等死对他来说**不是**不公平的,但运气平等主义者无须否认有其他的道德理由援助史密斯。[①] 这个回应策略提倡在道德领域中实施一种分工,为了维护运气平等主义的直观吸引力而限制其应用范围,也就是说,将它限制到**分配**平等的领域。不过,并非一切运气平等主义者都愿意采取这种做法。德沃金并不是标准的运气平等主义者,但他可以对安德森的批评提出一个回答:为了避免坏的选择运气将人们置于贫困潦倒或者丧失基本能力的境地,我们可以在那种自愿的假设性保险的基础上补充一种强制性的社会保险。[②] 只要人们能够认识到加入这种社会保险对他们来说是合理的,要求他们加入这种保险就无须是一种"家长制"做法。德沃金将这种保险所针对的对象设想为一个基本上得体的生活的基本条件,就此而论,一个合理地公正的社会至少应该为这种保险提供部分公共资金,例如,目前的住房公积金制度就可以被理解为这种保险制度的一个要素。当然,即使一个社会已经采取了这种强制性的补充保险制度,由于做出了不审慎的选择而导致自我伤害的人仍然可以**在道德上**受到责备,只要这样做可以帮助他们改进自己行为。不过,我们确实需要弄清楚不审慎行为是否是行动者能够真正负责的。作为一种形式的实践合理性,审慎不仅取决于行动者对短期目标与自己设想的长远利益的关系的理解,也取决于行动者动态地规划行动和资源的能力,因此就要求某些能力条件和认知条件。如果一个人是因为未能满足这些条件而做出不审慎的选择,而且并不是出于其自身的过错,那么,就他不能充分地对自己做出的选择负责而论,人们就不应该在道德上批评或责备他;在社会资源相对富足的情况下,只要他所导致的自我伤害让他丧失了基本能力或者陷入贫困潦倒的境地,社会就可以适当地补偿他。因此,只要运气平等主义者能够将**基本需求**纳入他们对分配正义的考虑中,他们就可以回答安德森的批评,即使基

---

① 关于这种回应,参见 Kok-Chor Tan, *Justice, Institutions, and Luck* (Oxford: Oxford University Press, 2012), pp. 119-126。

② 参见 Dworkin (2000), chapter 9; Dworkin (2002), p. 114; Dworkin (2003), p. 192。

本需求的满足不是他们所设想的分配正义的目标。然而，这个提议会碰到两个困难。

第一，它要求了解每一个不审慎的选择的本质和来源，而这个要求似乎并不具有现实的可行性。这个困难本质上类似于德沃金所说的“门槛问题”。麦克劳德对德沃金的假设性保险市场提出了一个两难困境：一方面，如果我们不可能知道一个人的生活前景究竟在多大程度上受到才能的影响，又在多大程度上受到志向的影响，那么我们就不可能知道德沃金设想的那个平均保险水平是否追踪了志向方面的敏感性和天资方面的敏感性；另一方面，只要我们能够做出这种判断，我们就没有必要诉求那个假设性的保险市场。[①] 不过，德沃金可以抵制这个批评，因为他无须认为自己设想的那个假设性保险机制必须严格追踪敏于志向和不敏于天资的要求——对他来说，那个保险机制只是要在他所规定的偏好的范围内中立化运气的影响并确立某种机会平等。但是，只要运气平等主义者认为关于分配平等的考虑必须严格遵守上述要求，他们就会面临上述困难。

第二，假如运气平等主义者确实能够将审慎的选择与不审慎的选择区分开来，并要求补偿原生运气所导致的不审慎选择的结果，这就会导致一个直观上不可接受的结论——每当一个人做出的不审慎选择根本上是原生运气的结果时，他总是可以正当地要求补偿。这个主张其实是一个观点的特例，即机会平等要求在一个人**一生的各个阶段**都要平等化其生活前景。[②] 例如，假若一个人做出了不审慎的或愚蠢的选择并由此陷入困境，为此感到遗憾并希望重新开始，那么社会就需要向他提供某种补偿，以便让他能够重新开始自己的生活。即使社会有资源向每一个要求重新开始生活的人提供补偿，这种做法在直观上说也是不公平的。假设史密斯是由于在高速公路上飙车而发生车祸，他之所以经常这样做，是因为他希望成为职业赛车手，但他其实知道自己在这方面不可能取得成功，或者成功的希望很渺茫。在遭受多次失败后，他放弃成为职业赛车手的梦想，决定去音乐学院学习以便成为摇滚歌星，但再次遭受失败，因为他自己实际上是一个在任何方面都不

① Macleod (1998), pp. 148-149.

② 关于这个观点，参见 Fleurbaey (1995); Marc Fleurbaey, *Fairness, Responsibility, and Welfare* (Oxford: Oxford University Press, 2008), pp. 177-198。

愿意下苦工夫的人。标准的运气平等主义者并不认为需要重新分配资源以便补偿史密斯，但是“重新开始”的观点要求这种再分配。如果史密斯**总是**做出不审慎的选择并要求补偿，那么，只要这种补偿是通过从其他人（他们对自己的生活采取了高度负责的态度，尽可能在重要事情上做出审慎的选择）那里转移部分资源来实现的，这种做法就会涉及某种不公平。实际上，即使对史密斯的补偿来自某种公共资源，例如公共税收，不断补偿一个人做出的不审慎选择的结果也说不上公平。

当然，不是不可以假设所有做出不审慎选择的人都有同等的权利或机会要求补偿，但是这个假设会产生两个不可接受的结果：其一，它会鼓励人们随意做出选择，因此滋长不负责任的态度；其二，它有可能会使得社会资源崩溃，因此破坏社会在其他方面（例如教育、健康以及其他公共设施）的有效投入。实际上，如果我们采纳“重新开始”的提议来回答安德森对运气平等主义的批评，那么甚至安德森自己对关系平等的设想也会面临她所提出的批评，因为按照她的说法，在分配正义方面，关系平等只需满足某种充足主义要求：只要社会成员已经在资源或收入方面获得了某种充足份额，就没有必要再关心他们在这方面的不平等；然而，如果一个人在某个阶段获得的充足份额不足以弥补其不审慎的选择给他带来的不利条件，那么安德森的观点就意味着“遗弃”他并不是不公平的。[①] 将史密斯留在路边等死确实是道德上不可接受的，但这并不意味着，除了关于公平的考虑外，没有其他道德上重要的考虑帮助史密斯——社会可以出于团结友爱的精神帮助他，亲朋好友也可以因为与他具有特殊关系而帮助他。

由此来看，安德森的批评就涉及如何理解平等主义正义的场域。如果运气平等主义者强调平等主义正义所关心的是分配意义上的平等、正义或公平，那么，通过将其观点限制到严格意义上的分配正义（不管他们如何具体理解分配平等），他们就可以声称安德森提出的批评并不适用于他们。正如我们已经看到的，标准的运气平等主义者是按照他们对公平的某种特定理解来设想平等主义正义的，他们甚至并不希望将其观点看作一种全面的

---

① 下面我会讨论关系平等的分配含义。

分配正义理论。[①] 安德森的批评显然意味着，即使史密斯的情形并不满足标准运气平等主义的分配正义要求，但平等主义者应当关心这种情形或者类似情形。如果安德森相信平等主义者也应该关心社会的团结、友爱和互助之类的并不具有明显的分配正义含义的问题，那么她显然就极大地扩展了平等主义正义的场域。这种做法是否合理取决于是否应当将一切道德要求都同化为正义的要求。假若我们承认正义的价值可能会与其他价值发生冲突，并认为正义在人类生活中占据了一个极为独特的地位[②]，那么将一切道德要求都同化为正义的要求看来就不具有充分的合理性，正如将一切利益都转变为权利并不具有充分的合理性。实际上，甚至在安德森这里，这个提议也是成问题的，因为她反对家长式统治。她对运气平等主义的批评本身就是立足于对这种统治的担忧，正如她自己所说，运气平等主义者"按照如下欺骗性的理由剥夺了某些公民享有自由的社会条件：丧失这些条件是他们自己的过错。只有通过以家长式统治为代价，[他们]才能避免这个难题"。[③] 这个指责显然是针对德沃金所设想的那个强制保险策略：假若史密斯希望自己做出的不审慎选择得到补偿，那么从社会公正的角度来看，他就必须在有关方面为自己买保险，正如社会可以强行要求骑电动车的人们戴头盔，或者禁止人们在有鲨鱼出没的海域游泳。但是，如果正义的要求在某种意义上也需要强制实行，那么将一切道德要求同化为正义的要求就是不合适的——一个人不可能因为未能对史密斯采取慈善行为而被强制要求采取这种行为。反过来说，假如史密斯并不希望在个人生活中受到某种家长式干预，他就需要在个人选择上采取负责任的和审慎的态度；如果他的某些有意识的选择是有风险的，那么他就需要理性地考虑自己是否准备承担风

① 如前所述，谭浩硚通过限制运气平等主义的场域来回应对这种观点的批评；柯亨同样将运气平等主义看作只是正义的一个组成原则，并明确承认正义或平等可以与其他价值发生冲突。参见 G. A. Cohen, *Rescuing Justice and Equality* (Cambridge, MA: Harvard University Press, 2008)。对柯亨的运气平等主义承诺的批判性讨论，参见如下文集：Alexander Kaufman (ed.), *Distributive Justice and Access to Advantage: G. A. Cohen's egalitarianism* (Cambridge: Cambridge University Press, 2015), especially chapters 2 and 7。在下一章中我将讨论柯亨对罗尔斯(往往被看作一位民主平等理论家)的批评。

② 在西方道德与政治思想传统中，将正义与道德的其他部分(特别是慈善)区分开来实际上是一种根深蒂固的做法。

③ Anderson (1999), p. 289.

险并采取必要措施来降低风险的发生。并非社会对其公民提出的一切强制性要求都是不可接受的——这些要求是否可接受，取决于它们有没有道德上可靠的根据。无论是从机会平等的角度来看，还是从社会效益的角度来看，一个社会不是不能在与人们的基本能力（特别是对这种能力的自我招致的伤害）相关的方面对其公民提出强制性要求。[①] 对于一个**完全无视**这方面要求的公民来说，要求他承担其自愿选择可能招致的风险并不是不公正的，尽管这并不意味着，当他因为自己的选择而陷入某种不利条件时，社会不应当出于其他考虑关心他。例如，假如社会具有充裕的救济资源，他的自我招致的不利条件就应当设法得到缓解。但是，我们显然也有如下直觉：如果史密斯和施密特都陷入同样的不利条件，社会资源只够救助其中一人，而史密斯是由于自己有意识地做出的不审慎的选择而陷入那种状况，施密特则是因为原生运气而陷入那种状况，那么正是施密特应当得到优先考虑。运气平等主义者显然利用了这样的直觉。

通过再次考察一下德沃金的观点，我们可以进一步说明，在某些情形中，补偿人们由于自己的选择所招致的不利条件为什么可以是**正义**的一个要求。[②] 德沃金相信，他所设想的假设性保险机制将原生运气与选择运气联系起来。按照此前对德沃金的分析，我们最好这样来解释他对选择运气与责任的关系提出的主张：在满足初始机会平等（包括与此相关的资源份额的平等）的情况下，人们应该对自己做出的有风险的自愿选择的结果负责，因此，国家并不要求把具有好的选择运气的人们所拥有的部分资源转移给具有坏的选择运气的人们，以便对后者实施某种补偿，例如通过对赌博中的赢家增税来补偿输家。换句话说，在机会平等已经得到保证的情况下，那个假设性保险机制在选择运气方面实现了某种公平。如果德沃金的观点会导致某些有悖于直观的结果，那是因为：即使初始机会的平等已经得到满足，

---

① 对这个问题的进一步讨论，参见：Sarah Conly, *Against Autonomy: Justifying Coercive Paternalism* (Cambridge: Cambridge University Press, 2013); Cass R. Sunstein, *Why Nudge?: The Politics of Libertarian Paternalism* (New Haven: Yale University Press, 2014)。

② 拉斯玛森提出了类似的论证，不过，我目前提出的论证更直接地来自前面对德沃金的分析。参见 Kasper Lippert-Rasmussen (2001), "Egalitarianism, Option Luck, and Responsibility", *Ethics* 3: 548-579, especially pp. 557-562。

但在某些情形中，人们似乎不应当承受自己的自愿选择所导致的不利条件。假设两个人A和B都通过资源拍卖市场获得了满足嫉妒测试的平等的资源份额，因此在这个意义上可以被认为具有平等的初始机会。A利用自己的资源决定去读厨师学校并由此而成为一名优秀厨师，B看好金融业在未来的发展，因此选择去攻读金融方面的学位，他当时做出的决定对他自己来说是理性的和充分合理的。他刻苦学习，毕业时被授予优等生。然而，由于突如其来的全球金融危机，他失去了在金融行业就业的机会——他遭遇了坏的选择运气。为了生活，他不得不考虑做出其他职业选择。由于无法控制的环境条件（包括某些他自己无法选择的体力和智力方面的条件），他只能在两种职业之间进行选择：一种职业让他能够满足吃饭方面的需求，但有90%的机会取得成功，另一种职业让他能够过上丰裕的生活，但只有10%的机会取得成功。他选择了后者，但不幸并未取得成功，而且在某种意义上不是因为自身的过错而未能取得成功，就像他当初选择金融专业的情形一样。为了便于对比，不妨假设A也面临与B一样的选择状况（假设金融危机导致消费水平大幅度下降，大多数餐馆不得不关闭），也做出了与B一样的选择并侥幸取得成功。我们对二者在选择运气方面的差异可能具有一种复杂态度：一方面，我们可能会认为，利用A（或者与A类似的人们）的部分资源来补偿B（或者与B类似的人们）是不公平的，因为二者之间的差别确实是他们自愿选择的结果，尽管他们都知道自己的选择是有风险的；另一方面，我们显然对B不断遭受的坏运气感到同情——我们持有这种态度，因为我们知道，一个人的生活前景究竟如何，并不是他自己能够充分支配的，个人选择总有可能受制于一个人自己无法控制的因素。

人类生活的各个方面都可能会受到运气影响，普通人也不可能在生活中的任何方面都为自己买私人保险。即使人们对冒险的态度各不相同，但是，只要人们的选择总有可能会受到运气的影响，他们面对风险的概率总体上是相等的，正如每个人都能理性地设想自己有可能在社会上陷入最不利的地位——尽管这件事情未必实际上发生，但没谁能够确定无疑地事先保证这一点。[①] 我们不难设想，在某些情形中，人们做出的选择都涉及以某种

① 当然，这不是说人们不应该以某种方式拥有自己的好运给自己带来的有利条件。在下一章中，我将讨论罗尔斯对这个问题的处理。

几率遭受不可接受的坏结果,因为他们所能做出的选择对他们来说是不可避免的——也就是说,他们并不具有可能产生好结果的选项。如果他们确实遭受了这种坏结果并因此让自己的基本能力受到严重削弱,例如基本需求在根本上得不到满足,那么,只要社会仍然有资源补偿他们,社会就应当这样做。至少有两个理由对他们进行补偿:其一,不可避免的选择运气其实是一种原生运气,因为人们没有机会或条件选择有可能会产生好结果的选项——这样的选项对他们来说是不可得的;其二,一个合理的正义的社会应该让人们在基本需求方面得到满足,不管我们如何界定基本需求的门槛,也不管社会如何让人们的基本需求得到满足。换句话说,并非一切选择运气所产生的差别影响都不属于正义所要关注的范围。正义是否应当关注这种影响,取决于人们所能得到的选择的**本质**和**范围**,例如一个人做出的选择是自愿的还是不自愿的(或者是自由的还是被迫的),他在多大程度上能够控制其行为选项以及理性地预测选择的切近后果(或者甚至他在这方面做出了多大努力),他所能得到的选择在多大程度上是他理性地期望的,等等。这些问题都是技术性问题。但是,不管我们如何解决这些问题,我们在这里得出的结论将运气平等主义的核心主张与对基本需求的考虑结合起来。如果我们可以将满足基本需求理解为实质性机会平等的一个必要条件,那么我们提出的观点在广泛的意义上仍然是平等主义的。不过,不管我们是按照充足主义还是按照优先主义来设想基本需求的满足,就这两种观点在严格的意义上并不属于平等主义立场而论,对基本需求的考虑在这个意义上也是非平等主义的。此外,我们提出的观点也不同于前面所说的"重新开始"的观点,因为它将补偿坏运气所导致的不利条件限制到基本需求的范围,并且考虑到了人们所做出的特定选择的本质和环境。

第三类批评其实说不上是特别针对运气平等主义提出来的,而是表达了某些具有女性主义倾向的理论家对某些社会实践的批评,实际上是社会批判理论长期的一个关注焦点。[①] 安德森指出，很多人(几乎是女性)在家庭中照顾孩子以及老弱病残的家庭成员，她们不仅在履行自己的义务方面得不到市场工资，而且也缺乏时间或机动时间去挣像样的工资，因此就往往在财政方面依靠家庭内部有工资的成员，或者变得极度贫困，因此就经常处于遭受剥削、暴力侵犯以及支配的状况。她们的生活状况确实在道德上令人担忧，然而，我们并不清楚这种情况**必定**就是运气平等主义的基本原则和社会实践的结果。实际上，这种情况主要是由传统的社会分工和性别歧视造成的。运气平等主义者完全有理由要求改变这种社会实践，因为他们可以指出，假若照看孩子和父母的义务是配偶双方都应当共同承担的，那么，当女性成员承担了义务，在外工作的男性成员没有承担(或者没有充分承担)义务时，前者就应当得到某种补偿，不管补偿是由家庭自身提供的，还是由社会提供的，也不管补偿是采取福利金的形式，还是采取某种其他的形式。社会分工本身并不必然剥夺平等尊重的条件，例如，如果女性在有机会或条件获得家庭外部的工作的情况下，仍然自愿选择留在家中照顾孩子和父母，那么，不论是在家庭内部还是在社会上，她们都应当得到平等尊重，她们为家庭和社会付出的努力应当得到承认——在家庭内部，她们应当获得实质性的平等对待，或者至少在这方面享有平等的机会或条件，而只要她们愿意外出工作，她们也不应该受到家庭成员的强行阻挠。

这个问题当然有其复杂性：一方面，虽然家庭内部的责任分工确实存在一个公正与否的问题，但是私人领域的一切事情是否都应当用正义的标准来衡量至少是有争议的[②]；另一方面，家庭是社会生活的一个本质方面，家庭内部可能出现的支配或剥夺很大程度上与人们所生活的社会环境有关，因此就可以构成社会的背景正义的一部分，而背景正义及其条件是社会在实施更加具体的分配正义之前必须设法确立的。运气平等主义者在这个问题上往往采取含糊其辞的说法。假若他们试图按照运气与选择的区分来说

① 这个批评在所谓的"承认的政治"和"差异的政治"中有其经典来源，例如参见：Nancy Fraser, *Justice Interruptus: Critical Reflections on the "Postsocialist" Condition* (London: Routledge, 1997); Nancy Fraser and Axel Honneth, *Redistribution or Recognition?* (New York: Verso, 2003); Iris Marion Young, *Justice and the Politics of Difference* (Princeton: Princeton University Press, 1990)。

② 参见下一章中的相关讨论。

明平等为什么重要，那么他们就应当处理**任何**社会生活领域（包括家庭领域）中的运气对人们的生活前景所造成的差别影响。然而，在特殊的个人关系领域中出现的支配、压迫和剥夺确实不是运气平等主义很容易解决的问题。运气平等主义者显然不能将这些不合理或不公正的社会现象都归结为个人运气，因为这会使得他们的主张不再具有独特性，例如，不仅不再能够与其他平等主义观点区分开来，也会导致他们旨在利用运气与选择的区分来抵制的结果平等的主张。此外，正如谢弗勒所指出的①，当运气平等主义者利用保守主义者同样利用的责任原则来反击后者时②，他们倾向于对个人关系采取一种“道德主义”（moralism）解释，即用一种简单化的、僵硬的方式将道德范畴应用于不适于做出道德判断或道德评价的情境，从而忽视了人类所面临的困境的复杂性和微妙性，因此就未能恰当地理解或把握个人关系的本质。例如，当特殊的个人关系产生了相应的义务和权利时，它们也不是完全按照义务和权利的语言来表征的，特别是在爱情和友谊之类的亲密关系中。但是，如果运气平等主义者强调说，甚至在特殊的个人关系中，一个人也要对自愿选择及其所导致的结果或者所要付出的成本承担完全的责任，那么，当一个人做出了一个糟糕的选择时，他就丧失了一切援助的主张。从个人关系的本质来看，这个结论显然是不合理的或不可接受的。即使一个家庭成员或一个朋友因为做出了糟糕的职业选择而失业，他也不会因此就失去了要求家人或朋友帮助的资格；而假若后者认为他没有资格要求某种帮助，那么他们实际上已经不再处于亲情、爱情或友情之类的特殊关系中。

对运气平等主义者来说，回应这个批评的一种方式就是限制运气平等主义原则的应用范围，例如声称运气平等主义并不是要反对一切非选择性因素所导致的不平等，而只是反对这些因素**通过社会和政治制度**所产生的不平等——或者更简单地说，运气平等主义只是关系到**制度**如何处理人们

---

① Scheffler (2010), pp. 220-224.

② 保守主义者利用责任原则来批评相当一部分社会福利政策，运气平等主义的反击就在于表明，人们所处的某些不利状况是由他们不能负责的因素造成的，因此值得补偿。

无法选择或控制的环境因素对其生活前景的影响。[①] 然而，正如此前已经表明的，为了恰当地处理这个问题，运气平等主义者就需要引入一个**实质性**的机会平等原则，并且将基本需求的平等满足设定为背景正义的一个基本条件。运气平等主义者也需要利用某种类似于假设性保险机制的东西来处理选择运气。合理的运气平等主义者当然可以补充这些东西，但这也意味着，为了让运气平等主义变得充分合理，运气平等主义者就不可能仅仅利用"敏于责任或选择、不敏于环境或运气"这一抽象原则。标准的运气平等主义原则**本身**不太可能为一个实质性的分配正义理论提供基本框架，即使它确实在如下意义上为平等分配（假若不是平等本身的话）提供了一个辩护：人们无法选择或控制的因素所导致的一切不平等都是道德上不可接受的。制度性运气平等主义应对批评的方式实际上利用了罗尔斯提出的两个基本主张：第一，正义应当被看作制度的首要美德；第二，在正义的领域和一般而论的道德领域之间应当实施一种分工。正如下一章中即将表明的，在罗尔斯的正义理论框架中，这两个主张都可以得到恰当辩护。然而，当运气平等主义者为了回应上述批评而采纳这两个主张时，他们的理论就有可能变得不一致，或者他们就必须承认运气平等主义不可能是对正义（哪怕只是分配正义）的一个全面论述。例如，为了处理前面提到的后两类批评，运气平等主义者可以假设基本需求的主张必须绝对地或无条件地得到满足，不管人们是由于什么原因而未能满足基本需求，例如，不管是由于坏的原生运气，还是因为做出了糟糕的选择。

这个举措实际上等于否认标准的运气平等主义原则能够贯穿到底。不管采纳这个举动的运气平等主义者在基本需求方面是采取优先主义观点还是充足主义观点，他们在某些方面都会变得与关系平等主义者不可区分，因为后者（例如在安德森那里）也承诺了某种充足主义观点。当然，在基本需求的领域外，运气平等主义者仍然可以利用其基本原则来处理不平等。但是，如果关系平等主义者能够对基本需求层面上的平等或不平等提出更有说服力的说明，那么运气平等主义就不再具有优势，因为（比如说）某些形式的不平等可能并不是由标准的运气平等主义来说明的。实际上，如果运气

① 参见：Tan (2008)；Tan (2012)，pp. 116-148。制度性运气平等主义可能是到目前为止回应关系平等主义者的批评的一种最有力的方式。

平等主义者认为，正义只需关心人们无法选择或控制的因素**通过制度**而产生的影响，那么他们就将自然的不平等排除在正义所要关注的领域外。这个观点不可能是合理的。当然，运气平等主义者或许转而认为，在正式的制度确立之前，需要通过某种机会平等原则来消除人们之间存在的自然不平等。但是，标准的运气平等主义似乎不能为社会合作开始之前初始的机会平等提供一个**独立**辩护，因为有可能的是，在社会合作开始之前，并非一切机会不平等都是运气产生的。因此，假若平等主义者需要为消除这种不平等提供辩护，他们就需要寻求其他原则，例如不是由标准的运气平等主义来提供的原则。①

与通过**限制**运气平等主义的范围来回应批评的尝试相比，也有一些理论家采取了对立的尝试，即试图通过**扩展**运气平等主义的范围来回应批评。为了进一步澄清运气平等主义的限度及其与关系平等主义的关系，不妨考察一下其中的一种尝试。② 这种尝试其实与上述第三类批评具有重要联系。回想一下，这种批评所说的是，在某些情形中，不以某种方式补偿人们自愿选择的结果是直观上不合理的或不公正的。人们的自愿选择也可以扩展到**道德**选择的情形。当人们自愿做出道德上重大的牺牲而得不到某种补偿时，这种状况似乎就是不公正的。当然，当一个人自愿决定采取慈善行为或利他主义行为时，道德上正常的社会通常会给予他某种奖励，这种奖励或是采取赞扬或表彰的形式，或者通过某些非正式组织（例如某些城市设立的“见义勇为基金”）采取物质奖励的方式，以鼓励人们相互支持和互相帮助。在其余条件都同等的情况下，道德上受到表彰或奖励的人们也会在（比如说）职业晋升方面得到优先考虑。道德上合理的社会确实应该设法让人们恰当地获得其道德应得。问题只是在于，**道德**应得的公平分配是否应当成为平等主义分配正义所要关心的一个领域？答案显然取决于两个进一步的问题：第一，如何设想平等主义分配正义的目的？第二，如何恰当地理解正

① 对于制度性运气平等主义的其他批评，参见：Sagar Sanyal (2012), “A Defense of Democratic Egalitarianism”, *Journal of Philosophy* 7: 413-434; Christian Schemmel (2012), “Luck Egalitarianism as Democratic Reciprocity: A Response to Tan”, *Journal of Philosophy* 7: 435-448。

② Nir Eyal (2007), “Egalitarian Justice and Innocent Choice”, *Journal of Ethics and Social Philosophy* 2: 1-18.

义与道德的关系？这两个问题当然都是“大问题”；但是，若不对二者有任何基本认识，就无法合理地回答刚才提出的问题。记住这一点，我们就可以来看看那种通过扩展运气平等主义来回应批评的尝试。这种尝试首先试图表明标准的运气平等主义不符合直觉，然后对其做出某种改进。

论证的第一阶段取决于两个反例，它们被认为表明标准的运气平等主义会产生直观上不可接受的结论。假设史密斯有一天去自己刚买不久的联排别墅看看要如何装修，就在他在自己的房子中四处打量时，隔壁突然失火，他听见了小孩哭喊的声音，而且，火势眼看就要蔓延到他自己的房子中了。要是他首先处理自己的空房子，他就无法去救小孩。不过，史密斯自由地决定去救小孩，他自己的房子结果就被烧得只剩下几根柱子。施密特生活在与失火房屋相邻的另一栋房屋中，他同样听见了小孩的哭喊声，却无动于衷，首先去救自己房屋中的火，然而，由于火势太猛，他并未取得成功，其房屋最终也遭受了跟史密斯一样的损失。当地保险公司不对房屋失火投保，一方面是因为这种保险费太昂贵，另一方面是因为无法提前阻止火灾发生。在政府的补偿政策中则有这样一个规定：如果一个公民切实采取行动来尝试扑灭自己房屋中发生的火灾，那么他就可以得到某种补偿，否则就得不到补偿。因此，施密特得到了补偿，而史密斯则没有。运气平等主义者或许这样来解释这种状况：施密特因失火而遭受的损失是原生坏运气的结果，史密斯因失火而遭受的损失则是选择运气的结果。如果运气平等主义者确实提出了这样的解释，那么运气平等主义就是直观上不合理的，因为史密斯直观上更值得补偿。

接下来考虑第二个反例。[①] 假设史密斯自愿选择定居在一个可能会发生地震的小镇(例如，该地区每1000年会发生一次地震)，尽管他也可以选

---

① 这个反例本质上类似于拉科夫斯基用来说明运气平等主义如何处理自然灾难的例子。拉科夫斯基认为，地震的发生可以被看作一种坏的原生运气，因此，只要社会资源足够丰富，社会就应当补偿人们因为地震而在财产方面遭受的损失，因为财产对于人们过一个“适度地令人满意”的生活来说是必不可少的。但是，他也强调说，自然灾难的情形在某种程度上也可以涉及选择运气，例如，生活在小岛上的居民都很了解热带风暴的危险，因此，即使他们不愿意迁居到其他地方，他们也应该选择在小岛的背风面而不是迎风面建造住房，也应该使用结实的材料而不是脆弱的材料。因此，在他看来，德沃金的保险机制也可以处理这种情形。参见 Rakowski (1991), pp. 79-81。

择迁居到另一个发生地震的概率更小的小镇，或者历史上从未发生过地震的小镇。鉴于生活习惯或偏好，很多人不会仅仅因为自己喜欢生活的地方可能会发生地震就决定迁居到其他地方。不过，在史密斯生活的那个小镇，施密特是一个例外：他因为该地区可能发生地震而迁居到其他地方。在史密斯居住的地方，保险公司并不对地震灾害所导致的损失进行保险，因为这样做会让保险公司得不偿失。不过，联邦政府事先做出了这样一个规定：出于对人们生命财产的考虑，政府鼓励人们不要定居在有可能发生地震的地方，因此，如果有人迁居到其他地区，那么，即使他们在家乡仍保有房产，但只要地震确实发生了，这些人就会得到完整的补偿，而其他人只能得到部分补偿。几年后，史密斯生活的地方突然发生了地震，地震摧毁了他们的家园，史密斯和其他当地居民并未得到充分补偿，施密特则得到了充分补偿。这被认为有悖于直觉，而且似乎也不太符合标准运气平等主义的观点：在这种情形中，史密斯因为坏的原生运气而得不到充分补偿，施密特则因为选择运气而得到了充分补偿。

既然标准的运气平等主义被认为产生了荒谬的、政治上反平等主义的结果，那么，若要维护运气平等主义的合理内核，就需要对标准观点进行修改，以适应我们的直观认识或判断。基本的想法是：我们不能简单地认为，只要一个人承受的不利条件是其自由选择的结果，他陷入这种状况就是公正的；为了判断人们的自由选择所导致的不利条件对他们来说是否公正，我们还需要考虑选择的**道德品质**。在上述例子中，假如我们认为史密斯不应承受其选择让他承受的不利条件，那是因为他的选择是道德上值得赞扬的，或者至少是道德上可允许的。只有当一个人由于做出了道德上应受责备的选择而让自己陷入某种不利条件时，他所承受的不利条件对他来说才是公正的。完全可允许的选择，不论多么自由或自愿，都不应受到责备。标准运气平等主义的批评者由此提出了如下“经过修正”的运气平等主义：如果某人用一种不应受责备的方式冒险招致某种不利条件，那么他所承受的不利条件对他来说就是不公正的；如果不利条件是他自己用一种应受责备的方式选择做出那种冒险的结果，那么他所承受的不利条件对他来说就是公正的。[①]

---

① Eyal (2007), p. 6.

这种“经过修正”的运气平等主义确实避免了上述两个例子所产生的有悖于直观的结果,并通过对无辜的不利条件采取一种“道德化”的解释而缓和了运气平等主义和结果平等主义之间的差别。然而,除了是一种关于**道德应得**之分配的主张外,我们不清楚这种“经过修正”的运气平等主义在什么意义上是一种从运气平等主义立场来思考分配正义的理论。如果一个人自愿地或自由地做出一个应受责备的选择,那么,在其余条件都等同的情况下,他当然要因为自己做出的选择而受责备:假如选择对他人造成了伤害,他就应受惩罚或责备;假如其选择对自己造成了伤害,他可以说是咎由自取。这几乎是一个关于道德责备的概念真理。同样,如果一个人做出了道德上值得赞扬的选择,那么他就会由于其选择给他人带来的好处而值得某种正面评价,甚至值得某种实质性奖励。这也几乎是一个关于道德赞扬的概念真理。[①] 这种“经过修正”的运气平等主义仅仅是因为涉及不确定性条件下做出的自由选择而含有“运气”成分。然而,即使一个人是在不确定性条件下做出选择,只要其选择是自愿的或自由的,我们就不太清楚他为什么不应当承受其选择可能招致的风险,不管他是不是用一种应受责备的方式做出选择。如果一个人已经自由地决定赌博,那么,不管是赢是输,他似乎都应该承受最终结果,因为只要赌博的主导动机是赢,当一个人决定参与赌博时,他实际上就已经放弃了在输了的情况下要求补偿的主张,否则参与赌博这件事对他来说就说不上是理性的。同样,在上述例子中,如果史密斯是因为喜欢生活在从小长大的地方而自愿选择在家乡定居,那么,就其选择是自愿的或自由的而论,他并非**只是**因为做出了一个有风险的、不应受责备的选择而有权要求补偿。[②] 他值得某种补偿,或者有权要求补偿,是因为一个合理地公正的社会或政府应当对遭受地震灾难的公民提供某种补偿。补偿的根据可以是:第一,地震是一种很难预测的天灾,因此就不能指望普通人可以理性地预测地震的发生;第二,地震之类的自然灾难可以对人们的生活

---

① 如果一个人的选择是道德上中立的或可允许的,例如没有造成任何实质性的伤害(不论是对自己还是对他人,抑或二者),那么他就说不上**值得**承受某种不利条件或有利条件。

② 史密斯的选择至少在如下意义上不应受责备:他不仅有权决定在何处定居,而且是在综合考虑各个相关因素后理性地决定在家乡生活;也就是说,至少从他自己的观点来看,其选择是无可非议的。

前景产生极具破坏性的影响，例如不仅会严重损害人们的基本能力，也会因此而影响人们之间的机会平等。如果我们可以用这种方式来设想史密斯应当得到的补偿，那么有一件事情就是显而易见的：史密斯是否应当得到补偿与他做出的任何选择的道德地位无关——实际上，在史密斯所生活的小镇上，即使有些居民道德败坏，但只要他们仍被看作公民，他们同样应当得到补偿。换句话说，我们不应该"道德化"人们遭受的不利条件——我们应该将人们的道德表现（或者对他们的选择和行为的道德评价）与他们所能提出的正义的主张区分开来。①

那么，如何理解上述第一个例子中人们对史密斯的状况所持有的道德直觉呢？史密斯救助小孩的行为是一种"超出义务"的行为，一个道德上得体的社会确实应该以某种方式补偿他。例如，社区居民可以为了修复他的房屋而自愿捐款，那个小孩的家长也可以用某种实质性的方式向他表达感激，慈善基金会可以给他提供部分资金援助，社会为了鼓励这种英雄行为也可以对他实施某种表彰。这些都是一个道德上得体的社会应当采取的常规活动。但是，除了在道德应得的意义上外，我们确实不甚清楚不补偿他所遭受的损失**在正义的意义上**是不公正的，除非我们把道德应得的公平分配本身看作一个正义问题。在日常的意义上，我们确实把"善有善报、恶有恶报"看作是正义的体现。在惩戒正义领域对应得采取一种个体主义的理解是合理的，然而，在分配正义领域，对应得的概念采取一种制度性的或整体论的理解可能更加合理。我们或许将史密斯看作一个乐于助人的好人，但是他只生活在道德行为的领域中，在任何其他方面无所作为。就道德是社会得以存在的一个必要条件（因此也是社会合作的一个必要条件）而论，当史密斯采取有风险的利他主义行为而让自己承受某种不利条件时，社会确实应当给予他某种补偿。道德生活的良性运作必须是**互惠性**的。然而，假若一个做善行的人总是要求从对方或其他人那里得到某种补偿，他就不仅歪曲了慈善的动机，实际上也不是在真正行善。换句话说，如果正义所要表达的是一种可以强制实行的要求，未能满足这种要求将会对社会合作造成严重

① 值得指出的是，我们也需要把这个主张与罗尔斯的差别原则区分开来：在社会上处于不利地位的人们应当在道德上得到某种优先考虑。差别原则是一个关于社会正义的主张，而不是一个就人们的道德表现提出的主张。

威胁，在极端情况下甚至会导致社会解体，那么我们最好不要将正义与一般而论的道德混为一谈。我们有其他方式处理人们的道德应得。因此，那种“经过修改”的运气平等主义说不上是一种关于正义的理论，更说不上是一种“拯救”运气平等主义的尝试，因此就构成了对标准运气平等主义的一种“改进”。

五、关系平等与分配要求

运气平等主义的基本出发点是一个直观上合理的主张，即人们不应该因为自己无法控制或选择的因素（即所谓运气）而陷入不利状况，更确切地说，假若一个人完全是因为运气而在生活前景上不如其他人，这种状况就是不正义的。但是，这个直觉需要在理论上加以磨炼。为了进一步阐明这个直觉，标准的运气平等主义引入了选择与运气的区分，并由此提出这种观点的核心原则：平等主义分配正义应该敏于选择，而不是敏于运气或者某种恰当地设想的环境。然而，正如我们已经看到的，标准的运气平等主义面临两个方面的问题，或者说需要在这两个方面加以调整：第一，如何恰当地将选择与运气区分开来（这涉及这个区分的合理根据）？第二，就标准的运气平等主义会产生一些有悖于直觉的结果而论，如何处理这些批评或异议？前面我已经尝试表明：第一，我们最好从一种规范的观点来看待区分运气与选择的根据；第二，运气平等主义，若要变得充分合理，就需要引入或补充某些其他原则，例如机会平等以及对基本需求的绝对保证。这些原则（或者类似原则）显然不是运气平等主义的那个核心直觉本身就能提供的。当然，运气平等确实蕴含了某种机会平等的概念，但是，这种蕴含关系并不是直接的，机会平等的概念也需要得到一种实质性说明，例如，它可能不仅包括政治参与的机会平等，也包括在分配某些实质性的善方面的机会平等，而这些平等的基础和条件都需要进一步说明。此外，在批判性地分析某些挽救运气平等主义的尝试时，我也暗示我们需要将正义的领域与一般而论的道德领域区分开来。如果运气平等主义能够以这种方式得到改进，从而成为一个分配正义理论的**一个要素**，那么我们就可以缩小包含这个要素的正义理论与关系平等主义之间被认为存在的差距。

实际上，尽管关系平等主义者声称其关注焦点是社会关系的平等，即对处于各种社会关系（包括特殊的个人关系）中的人们的平等对待，而不是按照分配的概念来设想的社会正义，但是，社会关系中的彼此平等不仅具有分配含义，也要求平等地分配某些实质性的善（例如收入、资源或能力），以此作为关系平等的社会基础。安德森自己承认这一点。[①] 她首先指出，平等主义**政治**运动的根本目的是消除社会压迫的各个方面，例如边缘化、资格等级、支配、剥夺以及文化帝国主义。然后，她大致按照一种罗尔斯式的观点来设想平等的目的：

> 平等主义政治运动反对这样的等级制度，主张人在道德上具有的平等的价值。这个主张并不意味着所有人都有同等的美德或才能。负面地说，这个主张抛弃了按照出身或社会身份（家庭成员身份、继承下来的社会地位、种族、民族、性别或者基因）在道德价值方面做出的各种区分。……正面地说，这个主张断言一切有能力的成年人都是道德行动者：每个人都平等地有能力发展和行使道德责任，按照正义的原则与他人合作，形成和实现自己对好生活的某种设想。平等主义者将社会与政治平等的主张建立在普遍的道德平等的基础上。……负面地说，平等主义者致力于废除压迫，即一些人用来支配、剥夺、边缘化、贬低、暴力对待其他人的各种社会关系。……正面地说，平等主义者寻求一种让人们处于平等关系的社会秩序，寻求共同生活在一个民主社会中，而不是一个具有等级制度的社会中。[②]

对安德森来说，民主平等的根本目的就在于废除社会上创造出来的各种形式的压迫，进而在社会关系中实现人们彼此间的道德平等。运气平等主义者首先按照人们在某种可以分配的善方面是否拥有平等份额来设想平等，并试图消除运气对平等分配的影响。安德森论证说，运气平等主义并未充分把握平等的真正要旨。她试图按照阿玛蒂亚·森的能力理论来说明这

① 尽管谢弗勒并没有对关系平等的分配要求提出任何明确论述，但他显然赞成罗尔斯对这个问题的探讨，参见 Samuel Scheffler, "Justice and Desert in Liberal Theory", in Scheffler, *Boundaries and Allegiance* (Oxford: Oxford University Press, 2001), pp. 173-196。在下一章中，我将讨论罗尔斯在这方面的论述。

② Anderson (1999), pp. 312-313.

一点,因为在森的思想框架中,能力——更确切地说,内在能力的拥有及其行使,即森所说的可行能力或者玛莎·努斯鲍姆所说的"组合能力"——被认为与自由具有紧密联系。[①] 我们通常认为,能力与我们的存在状态和活动相联系:一个人生活得好坏与其能力相关,其生存状况或存在状态则是由一系列活动或行为构成的,能力就体现在人们所从事的活动或行为中。森的能力概念很接近我们对能力的日常理解——对他来说,在某个方面具有能力意味着能够成就这方面的功能活动,而能力就是一个人能够成就的功能活动的各种可能组合。对人来说,功能活动不仅包括营养、预期寿命、健康和教育之类的基本功能活动,也包括自尊、社会承认、政治参与之类的复杂功能活动。能力是在活动或行为中体现出来的,因此能力的实际行使就要求外在的机会或条件。比如,一个人可以有演奏钢琴的内在能力,但是,要是他得不到钢琴,或者受到了外在强迫,他将不能演奏钢琴——其内在能力得不到实际显现。对森来说,能力涉及两个相互关联的要素:内在能力以及培养和行使内在能力的机会。就此而论,能力构成了个人自由的一个重要部分。[②]

安德森同样认为:"一个人的能力不仅取决于其固定特性和可划分的资源,也取决于其可变的特性、社会关系和社会规范以及机会、公共物品和公共空间的结构。"[③]例如,假如残疾人得不到与其基本的内在能力相适应的社会环境,他们就说不上在这方面具有完整的能力;假如社会环境使得某些人缺乏自信或者自尊心较低,这些人就无法行使他们原本具有的某些能力;假如传统的社会观念不能容忍具有不同性取向的人们,这些人就无法公开自己的关系。在安德森看来,这些人在社会关系中都没有得到平等的尊重

① 例如,参见:Amartya Sen (1985), "Well-being, Agency and Freedom", *Journal of Philosophy* 4: 169-221; *Commodities and Capabilities* (New Delhi: Oxford University Press, 1987); *Development as Freedom* (Oxford: Oxford University Pres, 1999)。关于努斯鲍姆的组合能力的概念,参见 Martha Nussbaum, *Creating Capabilities: The Human Development Approach* (Cambridge, MA: Belknap Press of Harvard University Press, 2011), pp. 20-23。

② 参见 Amartya Sen, "Capability and Well-being", in Martha Nussbaum and Amartya Sen (eds.), *The Quality of Life* (Oxford: Oxford University Press, 2003), pp. 30-53, especially p. 32。

③ Anderson (1999), p. 319.

和对待。但是,为了让他们得到平等的尊重和对待,关键在于改变社会观念和重塑社会环境,而不在于(或仅仅在于)对可划分的资源进行某种分配。运气平等主义不足以处理平等的社会关系,因为其倡导者只是将社会关系处理为产生他们所设想的平等分配模式的工具。与此相比,民主平等则要求"每个人都承认自己有义务按照对方所能接受的原则来辩护自己行为,并在这样做时将相互商榷、回应和承认看作是理所当然的"[①]。换句话说,关系平等要求在彼此尊重对方道德人格的基础上满足斯坎伦所提议的原则,即一个行动准则或社会政策是道德上可接受的,当且仅当没有任何相关的个体能够合情合理地拒斥它。[②] 关系平等也意味着,人们已经摆脱在社会关系中可能受到的压迫,能够自由地"分有和享有各种社会善,参与民主的自我管理"[③]。对于关系平等主义者来说,平等和自由并不是冲突的理想,因为彼此平等要求消除人与人之间的压迫或支配关系。因此,不管我们是在传统的意义上将自由理解为压迫的对立面,还是在古典共和主义的意义上将自由理解为不受权力结构所导致的支配,平等与自由都是相容的——实际上,自由就是关系平等的核心内涵。为了实现关系平等的理想,公民(或者未来的公民)们不仅首先需要具有平等尊重的意识,也需要具有在社会生活中摆脱压迫或支配的能力。对于关系平等所需的能力条件,安德森提出了如下说法:"负面地说,人们有资格拥有为了能够避免压迫性的社会关系或者摆脱这些关系的纠缠所需的一切能力。正面地说,他们有资格拥有为了作为一个民主国家的平等公民而发挥作用所需的能力。"[④]

因此,在安德森看来,平等的目的不是实现某种平等主义的分配模式,而是消除各种形式的社会压迫。当然,关系平等主义者并不否认分配对于消除社会压迫来说是必要的(尽管在他们看来绝不是充分的),但他们认为分配至多只是消除社会压迫的工具或手段,其本身并不具有内在价值。安德森声称关系平等并不要求在能力空间中实现一种全面的平等,例如,参与

① Anderson (1999), p. 313.

② 参见 T. M. Scanlon, *What We Owe to Each Other* (Cambridge, MA: Harvard University Press, 1998), chapters 4-5。

③ Anderson (1999), p. 315.

④ Anderson (1999), p. 316.

某些娱乐活动的能力与摆脱压迫并没有本质联系，因此关系平等主义无须实现这方面的能力平等。不过，从她对关系平等的本质要求的理解来看，为了实现关系平等，人们就需要具有一系列重要能力。她从三个方面来设想这些能力：第一，作为一般意义上的人而发挥功能所需的能力；第二，作为合作性生产体制的参与者而发挥功能所需的能力；第三，作为民主国家的公民而发挥功能所需的能力。就第一个方面而论，为了拥有和行使一般意义上的人的功能活动，一个人不仅需要具有适当的营养和基本的健康，也需要具有发挥理性能动性的基本条件，例如认识和理解环境的能力、理性慎思能力以及自主性的心理条件等。就第二个方面而论，一个人需要有效地获取生产手段，需要接受教育以便培养和发展相关的能力或才能，享有职业选择的自由，具有与他人签订契约和达成协议的权利，具有获得公平报酬的权利，在生产活动中能够得到他人承认。就第三个方面而论，一个人需要具有政治参与的权利以及某些辅助性权利(例如言论自由的权利)，也需要有效地获取社会所提供的各种善和社会关系。

第一个方面的能力要求是显而易见的，第三个方面的能力要求也不难理解，因为这些能力旨在保证政治参与的基本条件。特别值得说明的是第二个方面的能力要求，不仅因为安德森的关系平等理论主要是在这个方面体现出来的，更重要的是因为她对社会合作的能力条件的论述，在她看来，体现了关系平等主义与运气平等主义的根本分歧。对安德森来说，经济体制应当被理解为一种合作性的联合生产制度：经济体制首先是一种形式的社会合作，通过这种合作生产出来的每项产品都是人们联合生产的结果，因此，每个人的生产贡献都取决于任何其他人的行为，而不只是取决于自己付出的努力，甚至在消费和生产关系中，也是如此。安德森由此认为，经济体制的正常运作要求满足杰里·柯亨所说的"人际辩护"要求，即制约经济活动(特别是分工以及社会合作中利益和负担的分配)的原则必须是参与这种活动的每个人都可以接受的。[①] 按照安德森的说法，假若社会合作(特别是

① 参见 G. A. Cohen，"Incentives，Inequality，and Community"，in G. B. Petersen (ed.)，*The Tanner Lectures on Human Values* (Salt Lake City：University of Utah Press，1992)，13：pp. 262-329。这个要求实际上类似于斯坎伦对用来制约人们彼此间的个人行为的道德原则所提出的要求。

经济合作)必须满足这个要求,运气平等主义就不可能是正确的。运气平等主义者声称,选择运气导致的不利条件不应当得到补偿。[①] 如果某些人自愿选择从事危险工作(例如成为采矿工人或消防队员),而且明确地意识到自己即将从事的工作有一定风险,那么,当他们由于坏的选择运气而变得残疾时,他们就不应该要求补偿。但是,假若没有任何人从事(或者愿意从事)危险职业,我们就不可能享有某些消费品,也不可能顺利开展个人生活。因此,甚至从我们自己的角度来看,拒绝对他们进行补偿的原则也是不能合理地接受的。

当然,运气平等主义者可以反驳说,自愿选择危险职业的人们应该事先买保险。但是,合理的主张显然是,从社会合作的观点来看,他们不仅应当获得某种额外报酬(例如与不具危险性的职业相比),也应当由相关企业提供保险,而不是由个人来承担保险。类似的观点也可以扩展到家庭工作的情形。家庭不仅是社会生活的一个重要部分,也是社会合作得以顺利开展和延续下去的一个基本条件。不难设想,假若没有任何人愿意承担抚养小孩和照顾老人的家庭重任,承担打扫家庭卫生和洗衣做饭之类的职责,在外工作的家庭成员就不能顺利开展自己的工作,社会经济就不可能得到有效发展。就此而论,自愿选择留在家中承担这些责任的家庭成员有资格获得适当报酬,以便能够摆脱由于经济不平等而容易遭受的支配或剥夺。当然,在物质资源(例如收入)方面实施某种再分配对于摆脱剥夺或支配来说可能仍然是不充分的,整个社会也需要有意识地改变传统的社会规范,例如让人们意识到所有成年家庭成员都有义务分担家庭内部的责任或负担。[②] 安德森论证说,运气平等主义之所以不能恰当地处理这些问题,本质上是因为这种观点未能正确地认识到,在现代社会中,不仅社会生活的各个领域能够产生相互影响,而且人们在某种深厚的意义上也是相互依存的。运气平等主义者正确地指出,人们不应当承受坏的原生运气对其生活前景产生的不利影响;但是,他们夸大了人们所能**自愿地**做出的选择的程度,无视或忽视了

---

① 在这里,安德森针对的是拉科夫斯基的观点,参见 Rakowski (1993), p. 79。

② 对这个问题的进一步讨论,参见:Susan Okin, *Justice, Gender and Family* (New York: Basic Books, 1989), especially pp. 110-133; James S. Fishkin, *Justice, Equal Opportunity and the Family* (New Haven: Yale University Press, 1984)。

人们做出的选择其实受到了整个社会关系网络的影响。因此，当一个人做出不审慎的选择时，我们就不能简单地认为，其选择完全是由个人因素决定的，与他所生活的社会环境或社会条件无关。

安德森的主张提出了个人责任问题。有些自愿选择确实会因为一个人无法理性地预测的因素而使他陷入某种不利状况，但是，也有一些自愿选择并不具有这个特点，因此，让行动者对其选择负责并不是不合理或不公正的。此外，即使社会确实需要某些人去从事危险职业，但某些冒险活动（例如登山或蹦极）也是自愿选择的对象。直观上说，如果一个人理性地认识到自己所要选择的职业或活动是有风险的，但仍然自愿选择从事这种职业或活动，那么他就应当对其选择负有一定责任。安德森实际上并不认为个人由于采取了不审慎的行为而招致的一切损失都应当得到赔偿。对她来说，关系平等“只是保证[人们]作为自由的和平等的公民而发挥作用、避免压迫所需的能力”，“个人必须自己承受很多其他损失”。[①] 例如，不管吸烟者在多大程度上要对自己吸烟负责，他都有资格要求治疗因吸烟而导致的肺癌，相比较而言，如果一个人为了降低患肺癌的风险而自愿将自己关在医院中，那么他就没有资格要求补偿由此失去的生活乐趣。二者的差别在于，身体健康和享受乐趣在重要性上是不对称的。关系平等所要保证的是人们行使负责任的能动性的基本条件。因此，对安德森来说，关系平等不是要保证人们在整个能力空间中获得**全面的**平等。关系平等不是要保证人们具有**实际的**功能水平，而是要保证他们有效地获取这些功能水平。在这里，有效地获取某个功能水平意味着，通过采取自己所能支配的手段，一个人就能获得这个功能；而不是意味着，在自己不做出任何努力的情况下，那个功能对他来说也可以无条件地得到保证。这个规定旨在为现代经济体制中的激励机制留下余地。此外，关系平等也不是要保证人们有效地获取**平等的**功能水平，只是要保证人们有效地获取为了成为自由平等的公民而需要的**足够的**功能水平。[②] 就前一个方面来说，即使社会向人们提供了政治参与的机会和条件，一个人也可以选择加入某个不鼓励政治参与的宗教组织。就第二个方面而论，举个例说，为了成为彼此平等的公民，人们就需要具有基本的读写

---

① Anderson (1999), p. 327.

② 参见 Anderson (1999), pp. 318-319。

能力，但并不需要具有熟练地掌握某种外语的能力，更不需要具有解释晦涩的文论作品的能力。关系平等只是旨在保证人们有充足的能力在社会和政治生活中成为平等的公民，但是，安德森强调说，政治能力必须在一个人的一生中都得到保证。就此而论，她明确地持有一种充足主义观点，即认为只要每个公民在一生中任何时刻都具有某些充足能力，超出这个临界标准的**分配不平等**就不再是社会正义的内在关注，正如她所说，"只要所有公民都享有一套得体的自由，在社会上足以作为平等的个人而发挥作用，超出了那个点的收入不平等看来本身就不会如此令人不安"①。

然而，如果安德森确实将充足主义设想为关系平等的分配要求的基础，那么其关系平等理论就会面临充足主义所面临的某些问题。为了明白这些问题是如何出现的，不妨首先看看关系平等的根本目的。关系平等旨在消除在社会关系中存在的各种形式的支配或压迫，因此似乎要求一种严格的资格平等。但是，除了通过权力结构（包括对生产资料和生产手段的绝对占有）而导致的明显的剥夺或支配外，我们不是特别清楚如何设想人们在资格方面的平等及其条件，至少因为"资格"本身就是一个很模糊的概念。并非人们在社会生活中所具有的一切资格都是道德上有非议的。实际上，社会生活的一个重要方面就是由各种资格构成的，例如，人们因为自己的资质被授予的资格本身就是社会组织或社会结构的一个方面。谢弗勒（关系平等主义的另一位重要倡导者）自己实际上意识到了这一点。他首先指出，在那种不是由等级、权力或资格的差异来塑造的人类关系中，确实有一些有价值的东西。但是，他随后立即指出资格平等"在某些方面是一个令人困惑、难以解释的价值"，因为"等级、权力和资格的差异是人类社会生活特有的"。②大多数社会角色都会在资格方面做出某些区别，这些区别转而塑造了各种人类关系，例如医患关系、师生关系、父子关系、雇佣关系等。即使这些关系具有某种非平等主义的特征，但它们至少是工具上有价值的，而且碰巧是因为具有这个特征而有价值。处理这个问题的一种方式当然就是在承认这些关系的同时维护平等尊重的基本条件。资格的概念本身表达了社会在权威和劳动方面实施的分工。生活在一种一方具有权威的关系中未必意味着双

① Anderson (1999), p. 326.

② Scheffler (2010), p. 225.

方就不再作为自由平等的个体而存在。举个例说，当病人依赖于医生在医疗方面的权威时，医生对病人的尊重体现在尊重病人在健康状况方面的知情权、提供对病人最有利的医疗方案、关心病人的病情和心理状况等方面。我们不是不能在各种具体的社会关系中界定出人们应当彼此负有的平等尊重的基本条件，正如谢弗勒自己所说，“一个由平等的个体构成的社会支持其成员的相互尊重和自我尊重，鼓励人们之间的自由往来，不对自我理解或人们之间的真诚关系施加特殊障碍。它也让人们能够发展一种团结一致、分享共同命运的意识”。[①] 因此，为了在社会关系中实现彼此平等，我们就需要考虑什么样的政治权威符合彼此平等的要求，一个彼此平等的社会要求什么样的自由和权利体制，如何合理地协调人们所持有的不同的目的、价值观、具体身份以及群体归属。谢弗勒认为，我们最好将一个平等主义的分配正义方案理解为回答这些问题的一种尝试。很明显，即使运气平等主义者能够可靠地将选择与环境（或运气）区分开来，这个区分本身也不足以解决这些问题——为了解决这些问题，我们不仅需要对平等主义的社会关系的本质提出一种更加广泛的理解，也需要用一种更加复杂的方式来设想人与社会的关系。[②]

关系平等主义者并不否认关系平等具有分配含义。他们承认，若将平等的理想理解为一个制约人们之间的社会关系的理想，这个理想的实现就要求某些类型的分配，不管所要分配的东西是物质资源，还是权力或资格，抑或所有这些东西。不过，关系平等主义者强调说，平等的根本目的是实现社会关系的平等，成就一个由平等的个体构成的社会，分配只是实现这个目的的必要手段或方式，其本身并不具有内在价值。所有平等主义者都将人的道德平等设想为平等主义的思想基础，他们之间的分歧主要体现如下问题上：平等，特别是平等尊重和平等对待，究竟要求什么？运气平等主义者相信人们不应承受自己不能选择或控制的因素所导致的不利状况。但是，正如我们已经看到的，仅仅将选择与环境的区分开来并不能在根本上解决平等尊重和平等对待究竟要求什么这一问题——运气平等主义若要变得合理，至少就需要对机会平等提出某种实质性理解，并对如何消除社会合作背

① Scheffler (2010), pp. 226-227.

② 在下一章中，我将把罗尔斯的社会正义理论理解为这样一种尝试。

景中的不正义或不公平提出某种设想。尽管关系平等主义者承认关系平等要求实施某种分配平等，但他们并不认为在可划分的善（例如资源、机会、权力）方面实施某种平等分配对于实现关系平等来说是充分的。因此，对他们来说，如此设想的分配平等并不构成、也不可能构成对关系平等的一个取舍。为了恰当地评价和回应某些理论家对关系平等主义提出的批评，让我首先考察一下谢弗勒对关系平等的要求的理解。①

谢弗勒是从个人关系的平等出发来探究关系平等的本质和要求。友谊和婚姻之类的个人关系构成了社会生活的一个重要部分。假如我们是平等主义者，我们就会自然地具有这样一个指望：在这些关系中，双方都应当被当作平等的个体来对待——也就是说，这样一个关系的参与者彼此承诺要将对方作为平等的个体来对待。这种承诺在如下意义上是互惠性的："各方都将对方看作有充分资格的行动者，具有与这种能动性资格相联系的能力。各方都指望对方承担由于这种资格而被赋予的责任，同样，各方都将对方看作有资格做出由于这种资格而可以提出的主张。每一方都不会认为对方在关系内部拥有比自己更多的权威，都将对方看作有资格充分地和平等地参与决定关系的未来发展及其特性。"②任何重要的个人关系都会在双方产生某些合理期望（尽管会产生哪些期望、哪些期望又是合理的取决于这个关系的本质），因此也会产生相应的责任和正当要求（在契约之类的关系中，相应的义务和权利）。在一个平等主义的关系中，各方都将对方看作具有自己独立人格的自由而平等的个体，怀着平等尊重的态度来对待对方，在如何维护和发展这种关系上进行民主协商。当然，尽管个人关系的确立和维护要求双方在构成关系的核心利益（在这里，利益被广泛地解释为包括需求、价值观和偏好）方面具有一致性，但是，一般来说，关系的维护和发展并不排除双方具有自己的个人兴趣或偏好。重要的是，当各方尝试做出与关系的维护和发展相关的决定时，他们应当将对方的利益看作具有平等的重要性，用这个观念来约束自己可能做出的选择或决定——对于双方来说，各方的每一

---

① 参见 Samuel Scheffler, "The Nature of Social Equality", in Carina Fourie, Fabian Schuppert, and Ivo Wallimann-Helmer (eds.), *Social Equality: On What It Means to Be Equals* (Oxford: Oxford University Press 2015), pp. 21-44。

② Scheffler (2015), p. 24.

项同样重要的利益都应当在同等程度上约束他们的共同决定。谢弗勒将这个要求称为“平等主义的慎思约束”。在一个平等主义的关系中,双方都应当具有满足这个要求的稳定倾向。

当然,正如谢弗勒自己意识到的,满足这个要求并非易事。如果双方在如何实现某个共同的目标方面存在分歧,他们就需要设法解决分歧。他们可以用一种**满足共同约束**的方式来解决分歧,例如在不能同时满足各自偏好的情况下采取第二好的方案。举个例说,假设一对情侣爱丽丝和贝尔打算在学期结束后去欧洲旅行,他们只有一周时间可以利用。如果爱丽丝的第一选择是巴黎,第二选择是佛罗伦萨,但无论如何都不是伦敦,贝尔的第一选择是伦敦,第二选择是佛罗伦萨,但无论如何都不是巴黎,那么他们可以决定去佛罗伦萨。谢弗勒的慎思约束本质上类似于斯坎伦提出的原则(实际上可以被理解为该原则的一个特例):在一个平等主义的关系中,双方能够或应当共同接受的决定,是任何一方都不能合情合理地拒斥的决定。当然,在个人关系的情形中,那种面对面的关系使得双方彼此具有更加深入的理解,关系的亲密本质使得他们在平等尊重的基础上更容易达成共识、妥协或谅解。例如,如果贝尔从未去过伦敦,但爱丽丝已经去过佛罗伦萨,而贝尔之所以决定去伦敦,不仅是因为他就是想去伦敦看看,也是因为大英博物馆中一些馆藏文献与其博士论文相关(尽管并不是特别必要),那么爱丽丝就可以做出让步,决定一道去伦敦。就他们各自的第一偏好而论,这个决定显然并没有让他们两人享有同样的福祉水平,但也没有违背平等尊重原则。通过满足谢弗勒所说的慎思约束,关系平等就实现了一种更加灵活的平等,而不是由某个固定模式来规定的平等。总的来说,平等主义的个人关系首先是一种建立在平等尊重基础上的关系,这样一个关系既是由满足这个要求的态度、动机、行为倾向以及慎思能力来构成的,同时也是通过这些东西体现出来的。

在这种解释下,关系平等确实不同于传统意义的分配平等。关系平等并不是首先去追问正义要求对什么东西实施平等分配,其核心关注毋宁说是如下问题:为了造就一个由平等的个体构成的社会,应当采取什么样的社会实践、建立什么样的社会制度。因此,对关系平等主义者来说,分配平等的重要性只是体现在它对于造就一个彼此平等的社会来说是必要的。某些现存的社会实践显然不符合关系平等的要求,其中一些是可以通过分配平等来消除或缓解的，另一些则不能用这种方式来消除或缓解。例如，家庭暴力或性别歧视未必会随着女性获得了与男性一样的经济收入就得到消除或缓解，两性之间的某些支配或操控也未必与经济收入有关。消除或缓解这些不平等的个人关系（或者蕴含在这些关系中的不平等的要素）要求转变传统观念或重塑社会实践，例如在各种形式的教育中培养和强调平等尊重的重要性，帮助人们认识到某些东西（例如人类个体的尊严，或者甚至人的身体）并不是市场交易的对象。[①] 即使关系平等主义者承认关系平等具有重要的分配含义，他们对平等分配的理解也不同于将分配正义置于首要地位的平等主义者的理解，因为对他们来说，在平等的基础上维护个人关系是一项极为复杂的实践任务，对于参与者的态度、动机、倾向以及慎思能力提出了实质性的要求。

从前面的论述中不难看出，即使我们可以有意义地谈论一个关系中的平等分配问题，但是，在一个平等主义的关系中，平等分配并不在于（实际上，不可能在于）在参与者之间平等地分配态度、动机和倾向。为了实现彼此平等，一个关系的参与者当然需要具有某些相关能力，例如基本的理性慎思能力以及认识到平等尊重的重要性的能力。关系平等要求双方在慎思中平等地考虑对方具有相当重要性的利益，这些态度和倾向必然是互惠性的。但是，这未必要求双方具有与这些态度和倾向相关的同等能力（只要他们都在相关的能力上满足了某种最低限度的要求），只是要求他们在最充分的程度上将这些态度和倾向展现出来。举个例说，如果夫妻双方在专业知识和技能上具有很大差距，但是，只要双方怀着平等尊重的态度来处理婚姻中的一切问题，这种差距就不会妨碍他们在这种关系中实现彼此平等。他们确实需要用某种方式来分配他们共同拥有的资源以及这种关系所产生的责任或义务，但是，他们无须用一种固定的或者简单化的模式来进行分配，因为在平等尊重的基础上的互惠关系无须用这种方式来设想。如果你的富人朋友总是要求去你不能承受的高级餐馆进行消费并坚持为你们两人付账，那么这种做法不仅会削弱你的自尊心，也会侵蚀你们的友谊的平等主义特征，最终有可能会使得你们之间的关系不再是真正的友谊。为了在一个关系中

① 关于这一点，参见 Debra Satz, *Why Some Things Should not be For Sale: The Moral Limits of Markets* (Oxford: Oxford University Press, 2010)。

实现彼此平等,参与者首先需要做的,不是按照某个外在标准来决定如何平等地分配共同具有的资源,或者在关系中需要承担的责任或负担,而是要平等地考虑对方具有同等重要性的利益,并用这种考虑来约束自己的慎思,在这个基础上达成彼此都能合理地接受的决定。简言之,他们必须用平等尊重的态度来制约自己的慎思和决定。

谢弗勒自己认为慎思约束也可以被扩展到一个追求关系平等的社会中。在这样一个社会中,"每个成员都承认,每一个其他成员的同等重要的利益,在影响以社会的名义而做出的决定方面,都应该发挥同样重要的作用"①。如果每个社会成员都将任何其他成员看作平等的个体来尊重,如果他们每个人都承诺这一点,那么他们就希望达成没有任何人能够合情合理地拒斥的正义原则,并利用这些原则来引导制度设计或政策制定。平等尊重的态度支配他们在自己的慎思中平等地考虑每个成员同等重要的利益,从整个社会的观点来看,每个成员在这种慎思的基础上做出的决定也都应该得到平等考虑。社会政策或者制度设计的原则是在这种两层次的慎思的基础上制定出来的。当然,就像在个人关系的情形中一样,为了能够达成彼此都能接受的决定或协议,他们有时候需要求同存异。当然,哪些利益或诉求应当暂时悬搁,也需要在平等尊重的基础上通过民主协商来解决。不过,在一个政治社会中,社会成员之间的关系在某些重要的方面不同于面对面的个人关系。例如,在一个具有一定规模的政治社会中,显然不能指望每个社会成员对其他成员的需求、价值观和偏好都有所了解;虽然人们都由于生活在同一个社会中而具有某种共同的认同感或归属感,但共同的公民身份所能产生的亲密程度仍然有别于特殊的个体关系内在地具有的那种亲密程度。此外,一个政治社会所持有的社会目标也不同于个人目标或者人们在个人关系中所持有的共同目标,尽管社会目标的合理制定也需要考虑后者。因此,为了在社会决策方面满足慎思约束,社会成员在很大程度上就只能依靠某些"标准化"的假设,即在他们能够被认为具有的典型需求和利益方面做出的假设。因此,社会平等至多只是接近于个人关系中所能实现的平等;不过,就个人关系构成了社会生活的一个重要部分而论,在个人关系中实现的平等也为促进社会平等做出了一个重要贡献,而这是从宏观的角度来设

① Scheffler (2015), p. 35.

想的分配平等不能做到的。

很明显，关系平等主义者并不是用分配的措辞来描述社会平等的理想。这个理想是按照平等尊重的态度以及相应的慎思要求来描述的，因此其实现也没有预设某种分配模式，而是更多地体现在社会成员对“彼此平等究竟要求什么”这个问题的理解上。不过，在一个承诺了彼此平等的社会中，分配要求确实会用一种更加明确的方式呈现出来：在一个社会中，既然人们是通过参与一个共同的社会框架而彼此发生紧密联系的，“他们就会特别关心那个框架如何构造他们为了繁荣发展而需要的资源的分配”①。按照谢弗勒的慎思约束，在对构成制度和实践的社会框架进行慎思时，社会成员同样应当平等地看待每个其他成员同等重要的利益，承认这样一个利益应该对其决定施加同等的影响。既然他们已经承诺将彼此作为平等的个体来看待，平等主义的慎思约束就会让他们倾向于采取平等主义的分配方案。就像在平等主义的个人关系的情形中一样，什么样的分配方案最适合于一个承诺了彼此平等的社会，并不是一个预先就能解决的问题——对这个问题的解决不仅取决于在满足慎思约束的情况下社会成员对平等对待的具体理解，也取决于他们所生活的社会在政治文化和经济发展方面的状况。在这个意义上说，关系平等主义的分配体制将不得不是语境化的(contextualized)。不过，彼此平等的要求可以预先排除某些分配方案。例如，一种维护社会等级制度的分配方案显然是不合理的；从社会合作的目的及其广度和深度来看，一种纯粹自由放任的市场体制也是不合理的。选择与责任确实是平等主义的分配需要考虑的一个因素，但是，它只是需要考虑的众多因素中的一个，因为只有在社会实践和社会合作的语境中，我们才能对应得、选择和责任做出恰当判断。这意味着我们不能脱离其他方面的考虑来判断应得、选择和责任，正如德沃金认为我们不能绝对独立于效益方面的考虑来看待平等的价值。就此而论，标准的运气平等主义也不可能是一种完全合理的分配方案。此外，与个人关系中的平等分配不同，用来制约整个社会的分配原则必须满足罗尔斯所说的公共性标准，例如，这些原则必须是社会成员在其一般的心理条件下所能接受的，因此就不仅需要认真考虑社会合作的公平或公正(更确切地说，社会成员对公平或公正所达成的某种

① Scheffler (2015), p. 38.

深思熟虑的理解），也不能对人们之间可能具有的慈善和同情抱有太高期望。

关系平等主义者将平等设想为一个制约人类关系的规范理想。这个理想是一个复杂的理想，是不能脱离尊重和互惠之类的其他价值来恰当地设想和追求的。彼此平等的观念本身就预设了人是自由而平等的个体，要求在各种个人关系和社会关系中用一种平等尊重的态度来对待他人。因此，关系平等的观念从一开始就没有假设分配平等主义者所要关心的核心问题，即什么样的分配能够使得人们是平等的。分配平等主义者首先是通过处理这个问题来对"平等"提出一种理解，然后来看看自由、公平、社会合作之类的其他被认为是竞争性的价值如何与平等的价值相协调。但是，对关系平等主义者来说，这是一种错误探讨，或者至少是一种误导性的探讨，因为不仅平等本质上是一个社会观念（或者至少是一个关系性或比较性的观念），预设了社会生活的环境，而且，将人作为平等的个体来看待也意味着用一种公平的方式将他们看作具有自己独立人格和能动性的个体。换句话说，平等是与尊重、互惠、自由、合作之类的概念处于同一范畴的互惠性概念，其中任何一个概念都不能脱离其他概念来理解。这个事实也表明，平等本身是一个复杂的规范概念，作为一个社会理想，平等并不是用任何单一的分配模型就能充分实现的。用谢弗勒的话说，为了生活在一个真正彼此平等的社会中，我们就需要思考"什么样的制度是我们不得不创造出来的，什么样的态度和倾向是我们不得不具有的"①。同样，我们大概也不能指望用一套单一的原则来制约平等的概念所要应用的各个领域。

以上我已经尝试澄清关系平等的本质，在这个基础上，我们就可以处理某些批评者对安德森提出的批评。就像运气平等的概念一样，关系平等的概念本身也没有直接提出和回答究竟要分配什么以及如何分配的问题，尽管关系平等主义者承认其主张能够具有重要的分配含义。谢弗勒认为这恰好是关系平等主义的一个优点，因为他否认关系平等要求某个单一的和固定的分配模式。不过，在这个问题上，安德森比谢弗勒更加明确一点，试图按照充足主义观点并通过结合能力进路来设想关系平等的分配要求。就此而论，她在分配问题上的观点就不可避免地含有充足主义本身具有的某些

① Scheffler (2015), p. 44.

模糊性，而这进一步影响了她对如何实现关系平等的设想。不管我们如何界定基本能力的内容，拥有一套恰当地界定的基本能力对于实现关系平等来说显然是必要的。安德森有时候认为，只要身体健全的公民具有工作机会，他们就可以获得为了过一个基本上得体的生活而需要的基本工资。[①]但是，“一个基本上得体的生活”是所有平等主义政治理论都会认同的一个概念，因此不足以表征关系平等主义的分配要求。在其他地方，安德森则指出，关系平等要求限制高收入，将大部分社会成员的收入集中到中产阶级水平。[②]安德森是出于两个考虑而提出这个主张：一方面，她论证说，运气平等主义者对应得的诉求未能充分考虑市场效益、自由和尊严之类的重要价值，他们对责任的诉求则未能充分考虑选择运气通过不加调控的市场而产生的风险；另一方面，她又相信，与任何其他经济安排相比，市场价格可以为解决如何有效地分配社会物品提供更加可靠的指南。正是她对关系平等的承诺和对（某种恰当地设想的）市场机制的信奉将她最终引向充足主义立场，正如她自己所说，“平等主义根本上关心社会关系的平等。平等主义者支持一种阻止将财富不平等转化为不公正的社会等级制度的分配约束，确保每个社会成员都有足够的东西与其他人处于平等的关系中。从平等主义观点来看，只要一种分配导致了不平等的社会关系，它就会招致反对”[③]。因此，她不赞成罗尔斯在其差别原则中提出的主张，其理由是，这个原则的应用会要求收入水平较低的中产阶级做出很大牺牲。[④]但是，不管安德森如何设想其市场机制，市场机制与充足主义标准的组合仍不足以保证关系平等的要求，特别是，在安德森所设想的用来实现关系平等的方式中，某些方式最好是通过一种更加平等的分配来实现。

关系平等本身是立足于“每个人都应当得到平等尊重”这一观念，尽管关系平等主义者主要是在社会合作的语境中来考虑关系平等。平等尊重显

---

① 参见 Anderson (1999), p. 325。

② Elizabeth Anderson (2008), “How Should Egalitarians Cope with Market Risks?”, *Theoretic Economics* 1: 239-270.

③ Anderson (2008), p. 263.

④ 这个批评对罗尔斯来说实际上并不公平：在罗尔斯的正义理论框架中，差别原则的应用未必会导致安德森提到的这个结果；此外，这个批评在很大程度上也是出于对差别原则的动机和根据的误解。参见下一章的讨论。

然要求将自我尊重设定为一个构成要素：平等尊重是在社会生活中展开和实现的，不平等的社会关系不仅会严重妨碍这个理想的实现，也会摧毁自尊的社会基础。人们是由于某种不平等的社会关系而在社会上受到压迫和支配，或者被边缘化，因此得不到应有的承认。因此，就关系平等旨在设法实现公民之间的平等尊重和平等对待而论，关系平等主义者首先有理由关心一种非关系性的平等资格及其社会条件，也就是说，他们有一个内在的理由关心自尊的基本条件。不管安德森如何设想其充足主义的最低标准，这个标准应该被理解为旨在满足人们的自尊的基本要求，即一种保证人的平等尊严的基本条件。但是，他们应当也有一个工具性的理由关心在自尊的基本条件已经得到满足后的社会不平等，因为这种不平等可能会进一步导致社会压迫、社会支配或社会屈从，例如通过将财富不平等转化为权力不平等。实际上，这两个方面的理由是相互联系的，因为自尊实际上也取决于人们之间的相互尊重。有三种方式可以阻止（或者至少缓解）某些形式的不平等所导致的压迫和支配：[①]第一，用某些程序来防范社会上处于优越地位的人们滥用他们占有的财富和拥有的权力；第二，通过各种社会教育向社会成员灌输平等尊重的基本意识，因此削弱或减少社会上处于优越地位的人们滥用其财富和权力的机会；第三，通过限制物质财富方面的不平等来阻止权力滥用。安德森自己认为，某种收入不平等是否是道德上可接受的，部分地取决于它是否容易被转化为社会地位的不平等，因此，将某种收入不平等转化为社会地位和政治影响力的屏障越强，这种不平等就越容易得到接受。由此可见，她对充足主义和市场机制的承诺让她倾向于采纳前两种方式来阻止收入不平等可能导致的压迫和支配；她进一步认为，只有在这两种策略失败的时候，才需要约束分配的范围或程度。[②]

然而，程序策略和社会心理策略不仅不具有充分的有效性，实际上也不符合安德森自己的某些自由主义承诺，因此就在其理论框架中产生了某些张力。这两个策略的优点在于，只要应用得当，它们就可以直接地促进关系平等。与此相比，只有通过补充某些经验信息，例如关于人们实际上如何使

---

① 参见 Christian Schemmel (2011), "Why Relational Egalitarians Should Care About Distribution", *Social Theory and Practice* 3: 365-390, especially pp. 376-380。

② Anderson (2008), p. 266.

用他们具有的分配份额的信息，更加平等的分配方案才能促进关系平等。但是，程序策略要求按照某种程序来不时监控人们对财富和权力的使用，因此不仅会侵犯个人隐私权，也会过分干扰人们的日常生活，而且只是在事后才能纠正对财富和权力的滥用。为了恰当地利用社会心理策略，社会就需要制定正确的公民教育政策，而这需要在社会学和社会心理学方面进行大量经验研究。一旦相关政策制定不当，个人追求自己所设想的好生活的能力可能就会受到严重妨碍，社会可能就不能公平地对待人们所持有的全面性生活计划。更为严重的是，这两个策略可能并未在根本上切断经济不平等对关系平等的实现所产生的影响。在一个社会中，如果并非所有人都具有平等尊重的意识，那么社会就不能保证某些人不会利用自己的财富来"购买"权力，进而实现对其他人的压迫和支配，特别是在少数人绝对地控制生产资源和生产手段以及其他社会财富的情况下。正如前一章中所指出的，并非只要人们在某种基本生活标准方面得到了保障，或者甚至满足了充足主义者所设想的某种充足标准，就不会再有社会正义问题。关系平等主义者本来就打算在一种更加广泛的意义上来理解平等以及社会合作的基本条件，关系平等的充分实现需要满足谢弗勒所说的慎思约束。就此而论，他们有理由考虑和追求更加强健的分配要求，对机会平等提出更具实质性的说明。①

六、平等的要求

人们的生活不可避免地会受到他们自己无法控制的因素的影响，而为了提高生存机遇和改善生活前景，他们必然会形成社会（无论社会的规模如何）、开展社会合作，而社会合作迟早会产生公平分配和平等对待的问题。这是关于人类生活的一些基本事实。我之所以集中讨论运气平等主义和关系平等主义，不仅是因为这两种对平等的探讨很好地抓住了这些事实，也是因为它们之间的争论有助于我们更好地理解平等的本质和要求，理解平等

① 对机会平等及其重要性的一个新近探讨，参见 Joseph Fishkin, *Bottlenecks: A New Theory of Equal Opportunity* (Oxford: Oxford University Press, 2014)。

主义分配正义原则所要应用的领域。在本章结束之前,通过总结性地回顾一下这两种平等主义的核心主张及其所面临的问题,我们希望对平等主义正义提出一些初步设想。

正如我们已经看到的,所有平等主义者都把道德平等设想为基本出发点,但是,对于平等究竟要求什么或者在于什么,他们持有不同看法。这个事实一方面揭示了平等主义的复杂性,另一方面也表明我们其实无法脱离对于平等在于什么的思考来探究平等的本质和价值。运气平等主义开始于一个直观上合理的主张,即人们不应承受自己不能选择或无法控制的因素对其生活前景产生的不利影响,假若这种状况发生了,那就是道德上不可接受的,甚至在某种意义上是不公正的。关系平等主义同样开始于一个直观上合理的认识,即某种形式的不平等所导致的压迫、支配和剥夺是道德上不可接受的。然而,这些抽象的主张仍不足以帮助运气平等主义者或关系平等主义者回答要分配什么和如何分配的问题。[①] 实际上,当运气平等主义者明确地将其理论设想为一个关于分配正义的理论时,关系平等主义者否认分配是平等的首要关注,尽管他们承认关系平等能够具有分配含义。运气平等主义面临两个重要挑战,即所谓"形而上学挑战"和"实践挑战"——前者质疑我们可以合理地将选择与运气区分开来,后者旨在表明运气平等主义会导致一些实践上不合理的结果。在前一章的论述中,我已经尝试表明,通过从一种**规范的**而不是(单纯)形而上学的观点来理解责任和选择,我们可以回应第一个挑战。不过,这种回应挑战的方式也表明,我们需要在社会实践和社会制度的框架内来理解责任和选择,正如我们需要在类似框架内来理解应得,因此,标准的运气平等主义若要变得合理,就必须引入或补充其核心主张本身不能提供的某些考虑或原则。虽然德沃金声称他所设想的保险机制可以将原生运气与选择运气联系起来,因此就提供了一种处理原生运气的方式,但是,在某些特殊情形中,比如说,当人们所能得到的选择并不是他们所期望的选择时,选择运气就不是本质上不同于原生运气。让

① 正如谭浩砺自己指出的:"运气/选择原则本身不是一个分配原则……,它与民主互惠的理想属于同一个范畴。就像[这个理想]本身并不表达一个实质性的分配原则一样,运气/选择原则也不(而且不应当被认为)表达了一个实质性的分配原则。"参见 Tan (2012), p. 107。

人们对其选择负责的实践本身就具有规范的社会功能，因此我们也不能脱离人们彼此持有的合理期望以及对公平或公正的考虑来判断责任。我们对第一个挑战的回应可以帮助我们设想如何回应第二个挑战。对于运气平等主义者的捍卫者来说，有两种主要的方式回应实践挑战：一种方式是限制运气平等主义原则所要应用的范围，另一种方式是采纳一种多元主义观点，大致说来即如下观点：只有通过补充某些其他的道德考虑，运气平等主义才能逃避实践挑战。[①]这两种方式都旨在限定运气平等主义的应用范围，因此使之不可能像某些捍卫者所声称的那样构成了对关系平等主义的一个"取舍"——实际上，正如我将表明的，这种限制使得二者在某些方面更加接近。

我们先来考察运气平等主义者回应实践挑战的第一个策略。谭浩砺论证说，为了回应安德森对运气平等主义提出的实践批评，我们最好将运气平等主义理解为一种要应用于**制度**的**分配正义**观点。谭浩砺并不否认关系平等主义者所关心的某些论题（例如种族、性别、民族等）可以提出重要的政治正义问题，这些问题可以独立于关于经济分配的考虑而对人们生活产生影响。但是，他强调说，运气平等主义所要反对的不是所有社会不平等，甚至也不是一般而论的原生运气所导致的不平等，而只是某些自然事实通过社会与政治制度产生的不平等。换句话说，对他来说，非选择性的自然条件（例如人们的出身和天资）所导致的自然不平等不是运气平等主义所要关心的，只有当这些条件通过影响制度而导致不平等时，这种不平等才是运气平等主义者所设想的正义要关心的，正如他明确指出的：

> 运气平等主义不应当将缓解人们所面对的一切（由运气所导致的）自然的偶发事件视为己任。作为社会正义的一个方面，运气平等主义只关心制度如何处理这些自然的偶发事件。其目标是确保制度安排不要将一个自然特性（一种取决于运气的东西）转化为人们在社会上实际拥有的有利条件或承受的不利条件。[②]

① 关于第一种方式，参见：Tan (2008)；Tan (2012)，pp. 87-148。关于第二种方式，参见 Nicholas Barry (2006)，"Defending Luck Egalitarianism"，*Journal of Applied Philosophy* 1：89-107；Shlomi Segall (2007)，"In Solidarity with the Imprudent：A Defense of Luck Egalitarianism"，*Social Theory and Practice* 2：177-198。

② Tan (2008)，p. 671.

通过限定运气平等主义原则所要应用的场域，谭浩砾认为他就可以回应安德森的批评。我们可以用两个例子来说明其制度性运气平等主义的要点。为了处理不审慎的选择所导致的异议，谭浩砾声称，运气平等主义并不排除利用其他道德考虑来支持援助或救助陷入困境的人们，尽管他们是由于做出了糟糕的选择而陷入困境。换句话说，他确认正义应当保证所有人的基本需求（包括相应的基本权利）都要得到满足，这一点无关于他们做出了什么选择或者是否能够对自己的选择负责。只是在基本需求的底线上面，运气平等主义的核心原则（即运气/选择原则）才为如何进行分配提供指南。因此，在安德森的例子中，由于做出了不审慎的选择而发生车祸的那个人仍然有权要求救助，因为尽管他所遭受的伤害是自己造成的，但这种伤害若得不到治疗就会危及其能动性的基本条件，因此属于基本需求的范围。在这种解释下，运气平等主义不是“一个无所不包的道德原则或者一个关于如何进行分配的一般性原则”①。谭浩砾对运气平等主义原则的应用范围所做出的限定实际上利用了罗尔斯所说的“道德分工”的观念，因此他就允许用其他道德考虑来说明满足基本需求或迫切需求的义务。与此相比，他并不认为所有自然的不幸都应当得到补偿或矫正：假如某种自然的不幸（例如近视或弱视）不属于基本需求范围，又没有通过制度对人们产生进一步的影响（不论是正面影响还是负面影响），它就不是运气平等主义者设想的正义所要关心的。当然，这种不幸仍然是坏运气所导致的，但是，它之所以不能构成对运气平等主义的挑战，是因为它既不是在制度的影响下产生的结果，“对于遭受不幸的人来说也不是如此具有毁灭性，以至于属于基本需求领域”②。即使一个人天生盲目，但是，只要他所遭受的不幸并没有通过制度而让他陷入进一步的不利状况（例如因为天生盲目而失去平等的工作机会），这种不幸就只能是人道主义关怀的对象，而不是运气平等主义者要利用运气/选择原则来补偿或纠正的目标。通过限定运气平等主义原则的应用范围并利用关于基本需求和人道主义援助的考虑来回应批评，运气平等主义者确实可以让其主张变得相对合理。然而，这种做法也表明，运气/选

① Tan (2012), p. 120.

② Tan (2012), p. 142.

择原则本身不可能为一个实质性的正义理论提供一个基本框架[①]，而且，若离开了对选择和责任的某种恰当论述，我们就不知道如何利用那个原则。

虽然谭浩砀用基本需求的主张和人道主义原则来补充其经过限定的制度性运气平等主义，但其理论仍然不是充分合理的。运气/选择原则实际上是要将分配主义建立在对**公平**的某种理解的基础上：按照标准的运气平等主义观点，正义并不补偿或纠正人们所能负责的因素对其生活前景所产生的影响，不管这种影响是有利的还是不利的，而只是要补偿或纠正坏的原生运气给人们带来的不利条件；此外，这种理论也允许人们享有好运气给自己带来的有利条件（就此而论，它对运气的处理完全不同于罗尔斯的处理）。谭浩砀声称，与视力正常的人相比，略微近视的人只是承受某种很轻的不利条件；假若这种不利条件既不是制度输出的结果（即通过制度而发生的），也没有严重到要求人道主义援助的地步，那么他们就只能自己承受这种状况。[②]但是，如果其中一些人没有能力为自己购买眼镜，或者通过某种治疗改善自己的近视状况，那么他们所遭受的不幸确实是社会（或者至少是生活在他们周围的人们）需要关心的。只要略微近视的人们没有必要手段改进视力状况，他们就不仅会在生活上遭受诸多不便，而且在所能做出的选择或所能得到的机会方面也会受到限制，而后者显然与制度（或者与制度相关的社会生活）有关。当然，谭浩砀可以回答说，如果略微近视的人们由于视力得不到有效矫正或治疗而不能满足基本需求，那么这种状况就触发了基本需求或者人道主义援助方面的考虑。然而，这条界限实际上很难明确划定：如果人们根本上具有基本需求的主张，而且这种主张应当得到社会的承认和考虑，那么人们由于自然因素而承受的轻微不幸为什么就不应当得到考虑？将运气/选择原则限制到原生运气**通过制度**而产生的影响，这种做法不仅未能将这个原则贯彻到底，显然也不具有充分的合理性。

这个问题将我们引向运气平等主义的捍卫者回应批评的第二种主要方式，即明确地引入其他价值来处理批评。关系平等主义者对“平等”提出了一种更加广泛也更为厚实的理解。对他们来说，平等尊重和平等对待是关系平等的核心，平等尊重意味着将对方作为自由平等的个体来看待，平等对

① 关于一个本质上类似的批评，参见 Schemmel (2008)。

② 参见 Tan (2012), pp. 142-143。

待则暗含了关系平等的分配含义。在谢弗勒看来，在某种关系中，只要双方满足了他所说的慎思约束，关系平等也就同时实现了平等自由和平等分配。关系平等主义的另一个核心观念是民主互惠的理想，这个理想要求公民们只是彼此施加他们每个人都能合情合理地接受的社会安排，在广泛的意义上也意味着他们决定按照每个人都能合情合理地彼此接受的原则(包括道德原则)来共同生活。因此，关系平等的理想明确地预设了一个共同生活的社会。在一个承诺要实现该理想的社会中，社会成员或关系双方并不只是按照一种狭义上的公平或正义来设想平等，更不是只按照权利或资格之类的东西来设想平等；而是，对于如何才算"彼此平等"，他们具有更加丰富或复杂的考虑。例如，如果经济收入的巨大差距导致了不可接受的社会支配，那么他们可能会愿意调整对于经济效益的追求，或者就像罗尔斯那样，通过让人们普遍具有平等主义意识而将才能和天资看作"公共资产"。在某些特殊情形中，某些社会成员甚至会为了让其他成员拥有更好的生活条件而愿意放弃公平分配的主张。一个普遍具有这些思想观念的社会将拥有一种可以被称为"公民友爱"的精神，在社会成员当中实现互助互爱并决定共同承担共同体的命运。①当然，在现实的社会条件以及人们的一般心理条件下，实现彼此平等的理想并非易事。在人类生活的一般条件下，平等的价值很可能会与公平、效益之类的价值发生冲突，有时候也会与自由的价值发生冲突，尽管这取决于我们如何理解平等及其价值。例如，如果平等要求对社会资源实施某种再分配，那么，在右翼自由主义的理论框架中，平等可能就会与自由权发生冲突。不过，运气平等主义的捍卫者指出，通过引入某些"非平等主义"的考虑(即那些并不属于狭义上的分配平等的考虑)，例如公民友爱原则，就可以消除运气平等主义所面临的实践批评，因为这个原则要求我们在某些情况下用一种**与责任无关**的方式来看待公民所遭受的伤害或所陷入的不利状况。实际上，正如我们已经看到的，运气/选择原则的应用往往是不确定的——为了恰当地利用这个原则，我们就需要审视运气的本质或来源及其对人们生活前景产生影响的程度，我们也需要对责任的概念提出

① 对这一点的详细论述，参见 Andrew Mason, *Community, Solidarity and Belonging: Levels of Community and Their Normative Significance* (Cambridge: Cambridge University Press, 2000)。相关的讨论，参见本书第九章。

一种规范理解。甚至在把运气/选择原则限制到分配正义领域时，为了消除这个原则在应用上的不确定性，我们往往也需要诉求一系列相关的道德与政治价值，例如自由、自主性、经济效益、社会团结或公民友爱、文化多样性等。社会决策者或政策制定者在这方面做出的实践判断，就像在应得的情形中一样，也不得不在某种程度上满足整体论约束，例如通过权衡各个相关价值在具体情形中的相对分量来做出判断，尽管有时候可能做不出理想条件下最好的判断。

由此可见，为了让其核心主张变得合理，运气平等主义者就不得不用某些道德考虑和政治价值来充实其根本原则。他们需要对平等尊重和平等对待提出某种**实质性**论述，否则他们就无法合理地应用运气/选择原则。这同样是关系平等主义者要做的工作，虽然他们超越了运气平等主义者，将平等关怀扩展到个人关系的平等和政治平等的领域，而不限于分配平等。我们有理由相信平等的这些方面具有重要的内在联系，例如，物质利益（包括经济收入）方面的不平等可以通过经济利益和政治利益之间的复杂关系而转化为政治权力的不平等，而个人关系中的平等或不平等不仅构成了社会平等或不平等的一个重要部分，也会通过社会心理以及其他社会机制对后者产生实质性影响。就此而论，运气平等主义与关系平等主义无须是彼此排斥的，因为即使运气平等主义者将运气/选择原则限制到分配领域，他们也需要按照其他道德考虑或政治价值来决定如何应用这个原则，或者判断在哪些情况下可以利用这个原则来决定分配；即使关系平等主义者对平等持有更加丰富或更为广泛的理解，但在某些情形中，为了提出合适的分配原则，他们也需要利用运气与选择的区分。从思想渊源上说，关系平等主义者与让-雅克·卢梭、玛丽·沃斯通克拉夫特以及托马斯·潘恩之类的早期平等主义倡导者享有某些共同的关注，后者明确地关心出身、阶级和性别之类的道德上任意的因素所产生的社会不平等；就此而论，运气对人们生活前景的差别影响本来就应当成为他们所要关心的问题。压迫性、掠夺性或支配性的社会关系都是在特定的社会和制度条件下产生出来的，因此关系平等主义者就很自然地将其关注焦点集中到一个特定社会，强调平等、尊重或承认在各种形式的个人关系和社会关系中的重要性，并且在一种更加广泛的意义上来设想社会合作及其条件。[①]因此，大多数关系平等主义者都会把民主互惠或者某种形式的公民友爱原则包含在其理论主张中。但是，这并不意味着（举个例说）他们可以无条件地容忍公民所做出的一切不审慎的选择，或者根本上否认选择和责任与分配平等具有任何关联。他们可以声称，当某个社会成员由于做出了不审慎的选择而变得穷困潦倒或者失去能动性的基本条件时，社会有义务救助他，特别是在这样做不会严重损害其他成员的生活前景或者他们正当地拥有的资源的情况下；但是，与此同时，他们仍然可以声称这样一个成员应当在道德上受到批评，甚至应当受到某种处罚。

平等是一个具有复杂内涵、在人类生活的各个重要层面上都能体现出来的概念。因此，如果人类生活的不同领域具有不同的目的或功能，那么我们就不能合理地指望存在着某个关于平等的单一原则，可以跨过各个领域而得到应用并能完备地说明或处理相关现象。当然，我们现在都相信人是道德上平等的，在这个意义上值得平等尊重。这个观念确实是一切平等主义理论的基本出发点。不过，道德平等的概念本身不可能为一个实质性的正义理论提供完备内容，不仅因为（比如说）对人的道德地位的平等尊重并不要求实现人们在各方面的平等，也因为（这一点更加重要）平等并不是人类社会生活中唯一重要的价值。戴维·米勒明确地将社会平等和分配平等区分开来，认为只有后者才与分配正义具有直接联系，而前者则关系到人们将彼此作为平等的个体来看待和对待的方式。在这种理解下，社会平等不仅可以提出分配正义无须关心的道德主张，而且，在某些情形中，它所提出的道德主张甚至可以与一个正义理论提出的主张发生冲突。[②]平等的价值也可以与自由或效益之类的价值发生冲突。这个事实表明，如果重要的人类价值可以发生冲突，那么一个广泛地设想的正义理论就必须认真考虑价

① 运气平等主义者经常声称其核心主张可以应用于全球层面，因为这种理论并不要求预设任何特定的社会与政治制度。然而，这个说法显然有点夸张，因为虽然我们可以抽象地考虑运气/选择原则，但是，正如我们已经看到的，为了具体地或恰当地应用这个原则，我们就需要考虑某些其他的道德、社会与政治价值。相比较而论，关系平等主义的核心观念是否可以应用于全球层面，仍然是一个有待探究的问题。参见本书第九章中的讨论。

② 参见 David Miller (1997), "Equality and Justice", *Ratio* 3: 222-237。亦可参见 David Miller, *Principles of Social Justice* (Cambridge, MA: Harvard University Press, 1997), pp. 230-244。

值冲突的可能性,在保证人的尊严的基本条件的前提下尽可能实现社会平等。

按照我们迄今为止提出的论述,我们大概可以设想一个充分合理的正义理论(或者满足这样一个理论之要求的社会)应当包括如下几个要素:第一,满足人们的基本需求以及保证理性能动性的基本条件,这是人类个体应当享有的平等尊严的一个最低限度要求;第二,实现某种恰当地设想的实质性机会平等;第三,动态地调整经济不平等,以便消除或缓解这种不平等在社会上可能导致的压迫、支配与剥夺;第四,通过各种形式的教育培养和强化平等尊重的基本意识,并在社会上提倡公民友爱精神。在我看来,正是罗尔斯对这些要求及其相互联系提出了最为明确的阐述和最为系统的论证。因此,接下来我将按照对罗尔斯的正义理论的一些主要批评来批判性地考察其理论的一些核心方面,以便捍卫和发展一种罗尔斯式的正义观。

第六章　差别原则与制度正义

在前两章中，我已经试图表明平等是一个复杂观念。其复杂性还不只是在于，在社会生活的不同领域中，平等的观念可能会提出不同的要求，要求不同的原则，正如迈克尔·瓦尔泽已经令人信服地表明的。对于平等主义者来说，道德平等的理想既是平等主义的基本出发点，也是平等主义正义的根本目的。这个理想既需要由平等尊重和平等对待的观念来体现，也需要通过这个观念的落实来实现。在平等主义阵营内部，一系列重要分歧都是体现在如何理解和实现这个观念上，也就是说，体现在平等究竟要求什么以及如何最好地满足或实现这个要求这个问题上。然而，即使在最广泛的意义上来看待平等，例如将实现某种意义上的平等理解为正义的一个内在要求，平等也不是人类生活中唯一重要的价值。

大多数平等主义理论家都会同意（正如本书前面几章已经充分表明的），人的基本尊严要求每个人的基本需求都得到满足（或者用阿玛蒂亚·森所引用的亚当·斯密的一句名言来说，要求“无羞耻地出现在公众面前”），要求给予人们以平等的政治资格。然而，甚至这个基本意义上的平等尊重要求也可以与公平、自由或自主性、效益之类的价值发生冲突。任何恰当地组织的社会都不太可能只信奉某个单一价值，或者在任何情况下都将某个单一价值置于支配地位，因为这样做既不符合人们对生活的价值和意义的追求，也没有充分尊重人类道德心理的一般条件。如果正义旨在维护和促进社会生活（特别是社会合作）的基本条件，那么任何适当的正义理论就必须充分容纳价值的多元性，充分尊重人类一般的道德心理。实际上，这本身就是在广泛的意义上所设想的正义的一个基本要求，因此不仅是构想正义原则的背景，也是拟定应用于社会生活的正义原则能够得到辩护的一个前提。如果正义原则本质上是制约社会合作（特别是罗尔斯所说的“社会基本结构”）的公共规则，那么正义原则的建构本身不仅需要考虑和承认价值的多样性，也需要考虑社会合作的稳定性和持续性。对这些东西予以考虑并不意味着正义原则的建构输入了“道德上无关的”因素，因为关于价值多样性及其可能发生的冲突、社会合作的稳定性和持续性的考虑至少是道德上相关的考虑（若不是严格意义上的道德考虑的话）。正是通过考虑这些因素，正义原则本质上不同于道德的其他部分，正义的要求也不同于人们在社会生活需要遵循的一般的道德要求。

在我看来，正是罗尔斯的理论充分地考虑到了一个恰当的正义理论的建构需要满足的这些基本要求。本章的目的不是全面地论述罗尔斯的正义学说，而是特别关注他对正义的本质的理解及其建构正义理论的方法论，特别是他就正义原则的**辩护**所提出的基本考虑。对正义的理解本质上是对正义的本质和目的的理解。因此，“为何要正义?”和“正义作为一种社会与政治实践要应用于什么对象?”等问题就成为一个正义理论必须处理的核心问题。罗尔斯一生都致力于发展和提炼一种平等主义正义理论，试图按照“正义作为公平”的核心观念来阐明他自己对一个道德上可接受的政治社会的构想。不过，不论是罗尔斯的社会正义理论，还是其国际正义学说，都受到了大量的批评和攻击。我将通过详细考察两个密切相关的批评来阐明和捍卫罗尔斯在正义问题上的核心观念和主张。[①] 一个批评是杰里·柯亨按照其对罗尔斯的差别原则的解释［即他所说的“激励论证”（incentive

---

① 我将在第八章中处理对罗尔斯的国际正义学说的主要批评。

argument)]对罗尔斯提出的批评。[①] 柯亨的批评旨在表明，正义原则不只是要应用于社会基本结构，也要应用于个人选择。因此柯亨就倡导一种"一元论"的正义观，反对罗尔斯对基本结构和道德分工的强调。柯亨和罗尔斯之间的争论涉及分配正义的"场域"问题，即分配正义原则要应用于什么领域或范围。我将尝试表明，柯亨对罗尔斯的批评基本上是立足于对罗尔斯的某些误解之上，特别上，他严重误解了罗尔斯对差别原则的论证以及对政治辩护的考虑。[②] 另一个批评主要是由玛莎·努斯鲍姆以及(在某些方面)阿马蒂亚·森提出的。这个批评同样与正义的范围问题相关，旨在表明罗尔斯那种基于契约论思想框架对正义的探讨严重地限制了正义的范围。我将表明，这种批评同样是立足于对罗尔斯的正义理论的结构的某些误解，特别是误解了罗尔斯对契约论观念的利用及其康德式建构主义。这两个批评都有一个共同点：它们都旨在表明，在一个罗尔斯式的社会中，正义的制度未必会导致正义的社会。因此，通过尝试反驳这两种主要批评，我将澄清和捍卫罗尔斯的理论的一个核心主张——社会的基本结构应当被设想为正义的主体。

---

① 柯亨认为罗尔斯对差别原则的论证完全是立足于对所谓"经济激励"的考虑，并据此在一系列文章中批评罗尔斯。这些文章包括：G. A. Cohen (1992), "Incentives, Inequality and Community", in G. Peterson (ed.), *The Tanner Lectures on Human Values*, vol. 13 (Salt Lake City: University of Utah Press, 1992), pp. 263-329; G. A. Cohen (1995), "The Pareto Argument for Inequality", *Social Philosophy and Policy* 12: 160-180; G. A. Cohen (1998), "Where the Action is: On the Site of Distributive Justice", *Philosophy and Publics Affairs* 1: 3-30。在1996年发表的吉福德演讲以及去世前出版的一部专著中，柯亨再次重述他对罗尔斯的批评。参见：G. A. Cohen, *If You're an Egalitarian, How Come You're So Rich* (Cambridge: Harvard University Press, 2000), especially lectures 8-10 (pp. 117-179); G. A. Cohen, *Recusing Justice and Equality* (Cambridge, MA: Harvard University Press, 2008)。这两部著作的主要内容和核心论证其实已经出现在那三篇论文中。利亚姆·墨菲也对罗尔斯提出了一个本质上类似的批评：Liam Murphy (1998), "Institutions and the Demands of Justice", *Philosophy and Public Affairs* 4: 251-291。

② 这些特点早在《正义论》中就已经表达出来，并在《政治自由主义》中得到进一步的修改和发展。参见：John Rawls, *A Theory of Justice* (revised edition, Cambridge, MA: The Belknap Press of Harvard University Press, 1999); John Rawls, *Political Liberalism* (New York: Columbia University Press, 1993)。在本章正文中引用罗尔斯的《正义论》时，我将简称为"TJ"，例如"TJ 53"指的是该书第53页。

为此，在本章中，我将首先考察罗尔斯对于应得和运气在一个正义理论中的地位或作用的处理。这样做不仅是为了与前两章的讨论保持连续，更重要的是要揭示罗尔斯自己对正义之本质的思考，特别是其公平正义观(justice as fairness)。尽管罗尔斯在其理论中认真考虑了运气和责任问题，但他不是运气平等主义者。他对运气和责任的处理在某些方面更接近前一章所说的关系平等主义，不过，与伊丽莎白·安德森和塞缪尔·谢弗勒不同，罗尔斯对于如何实现以平等尊重为基础的社会正义提出了一套完整的构想，差别原则在其中占据了一个核心地位，而其根据和辩护则很容易遭受误解。为了恰当地理解罗尔斯的理论，特别是他对差别原则的辩护，在第二部分，我将考察罗尔斯对正义与应得的关系的理解，并试图表明他并未在根本上否认"应得"的概念，而是将它转化为一种基于制度正义的正当期望的概念。第三部分将集中审视罗尔斯对差别原则的解释和辩护，第四部分进一步说明为什么我们应当按照罗尔斯对互惠性(reciprocity)的某种理解来设想差别原则的根据。在第五部分，我将转向柯亨对罗尔斯提出的著名批评，表明其批评如何严重误解了罗尔斯自己对差别原则的论证和辩护。为了适当地平衡各章篇幅，我将在下一章中再来讨论一个罗尔斯主义者应当如何回应柯亨对罗尔斯提出的批评。

一、运气平等主义的困境

在前一章中，我主要是从一个相对中立的立场来呈现运气平等主义和关系平等主义之间的主要争论，尽管我更为同情关系平等主义的基本观念。运气平等主义开始于如下直观上合理的主张：人们的生活前景不应当受到他们无法控制或不能选择的因素的影响。罗尔斯也认为："[人们]最初具有的天资(natural asset)及其在早年生活中的生长和发展的偶然条件，从道德的观点来看是任意的"(TJ 274)。罗尔斯也强调说，人们应该对自己在生活中所选择的目的负责。虽然罗尔斯是在特定的语境中提出这两个主张的(参见下面的说明)，仍有不少评论者就此认为罗尔斯持有一个运气平等主义承诺，特别是，罗尔斯之所以否认个人应得在分配正义中具有任何作用，是因为他持有运气平等主义的核心观念。然而，有点诡异的是，运气平等主义的某些主要倡导者恰好是通过批评罗尔斯而提出和发展这种主张。例如，柯亨声称，罗尔斯的差别原则并未充分尊重自愿选择所导致的不平等和坏的原生运气所导致的不平等之间的区分。在这些批评者看来，罗尔斯的理论存在着某种内在张力，甚至是根本上不一致的。一方面，柯亨明确希望将运气平等主义发展为对罗尔斯的理论的一个取舍；另一方面，尽管德沃金对运气平等主义做出了重要限制，认为正义并不要求消除或缓解**一切**非自愿的不平等（例如，对德沃金来说，昂贵的偏好不可能产生要求额外资源或寻求补偿的正当主张），但他也将其理论视为罗尔斯的理论的一个竞争对手。

实际上，罗尔斯自己极为明确地指出，差别原则不应该被等同于补偿原则，而至少在坏的原生运气的情形中，补偿原则是运气平等主义的一个核心承诺。因此，为了消除运气平等主义者对罗尔斯的批评或误解，我们就需要澄清他自己对个人应得的看法及其对差别原则的辩护，因为二者在罗尔斯这里是紧密联系的：若不恰当地理解差别原则的根据以及罗尔斯用来建构正义理论的一套完整考虑（特别是他对正义的本质以及正义原则的辩护的思考），我们很可能就会误解他对个人应得的看法；若不正确地理解罗尔斯关于应得的观点，我们也不能完整地把握他对差别原则的辩护。在我看来，对罗尔斯的某些批评之所以会发生，或者之所以是误导性的，就是因为批评者未能恰当地把握他对个人应得的理解和他对差别原则的辩护之间的关系。在柯亨对罗尔斯提出的著名批评中，这一点是最明显的。为了便于分析，下面我将首先回顾一下运气平等主义面临的主要困难，以便阐明两个观点：第一，罗尔斯不可能被理解为承诺了运气平等主义的核心观念；第二，恰恰相反，他对正义的设想**旨在避免**运气平等主义的某些根本错误。① 在这个基础上，我们就可以恰当地理解罗尔斯对个人应得的论述，由此就可以更好地回应柯亨针对差别原则对罗尔斯提出的批评。

运气平等主义者相信平等的根本目的是补偿遭受不应得的坏运气的人们，因此他们就把从人类事务中消除坏运气看作正义的核心关注。但是，在

① 当然，这样说可能被认为犯了"时代误置"的错误，因为运气平等主义很大程度上是某些理论家在批评罗尔斯理论的基础上发展出来的。不过，从逻辑上说，罗尔斯的理论确实成功地处理了后来的关系平等主义者在运气平等主义那里鉴定出来的某些根本困难。

政治领域中，特别是在正义领域中，并非任何直观上合理的主张都能发展为一个充分合理的学说。运气平等主义正是这种情形。在我看来，它有两个根本缺陷：第一，它的某些核心观念是高度模糊的，而一旦我们（或者运气平等主义的倡导者）试图利用某些其他的思想资源来澄清这些模糊性，我们就会发现，运气平等主义至多只能被设想为一个充分完整的正义理论的一个要素；第二，甚至当运气平等主义被看作一个只是要应用于分配正义的观点时，它对分配正义的设想也过于狭隘，特别是，它无法合理地满足任何恰当的正义原则都必须满足的一个基本要求，即罗尔斯所说的"公共性要求"。为了用一种对比的方式来展现罗尔斯的理论的相对合理性，让我再简要地阐明一下这两个缺陷。

运气平等主义者相信平等是一个重要的政治价值，他们也认为如下主张表达了他们对平等的价值的一种恰当理解：当某些人并非因为自己的过错而过得比其他人差时，这种状况就是不正义的。然而，若不首先假设一种"宇宙正义"的观念，我们就不是很清楚这种状况究竟在什么意义上是"不正义的"。假设世上只有两个人，他们独自生活在地球上两个相距甚远的地方，一生都不会发生任何联系，而且，他们都为了自己的生计而付出同样的努力。在这种情况下，当天资方面的差别使得一个人过得比另一个人更差时，我们可能会认为上天对他们不公，但也只能如此认为。然而，如果天资方面的差别只是让他们在生活条件或生活前景上有所不同，但两人在生活上都很富足，那么这种状况似乎就仍然是道德上可接受的。这个思想实验为充足主义提供了一个直观支持；但是，正如我们已经看到的，充足主义的一个根本问题就在于，在满足了某个指定的充足标准后，不平等仍然可以是一个道德上值得关心的问题。不过，这个问题出现，显然是因为我们已经假设人们是生活在**社会**世界中，他们因此就能形成某些合理的相互期望，例如，他们要求社会将人们处理为彼此平等的，要求平等尊重的基本条件，而严重的经济不平等可能会破坏这方面的条件。因此，尽管某些运气平等主义者（典型如杰里·柯亨）并不认为运气平等主义的主张要通过制度来实现，但这个主张的应用至少预设了对社会生活和社会实践的一种丰富理解。若没有这样一个预设，我们就不清楚对坏运气的牺牲者进行补偿的义务要由谁来承担，也不知道补偿的负担究竟应当如何在人们之间进行分配。换句话说，运气平等主义的可应用性预设了我们对公平或正义的某种理解，因此，自然应得的概念本身就不可能为一个恰当的正义理论提供根本原则，正如我们即将看到的。从运气平等主义者对实践批评的回应中，我们其实已经可以看到这一点：为了回应关系平等主义者提出的批评，运气平等主义者或是需要援引基本需求的主张，或是必须强调公民友爱的重要性，或者转而认为运气平等主义的核心观念只是要应用于原生运气通过制度而产生的差别影响。但是，这些补充或限定只是表明，运气平等主义本身不可能为一个**完整的**正义理论提供基本框架或实质性内容。

从德沃金的理论呈现出来的一些问题中，我们也可以清楚地看到这一点。尽管德沃金不希望自己被贴上运气平等主义者的标签，但他在原生运气和选择运气之间做出的区分已经成为运气平等主义的标准定义的核心要素，正如柯亨所说，"德沃金实际上为平等主义做出了一项主要贡献——他把选择和责任这个最有力的观念纳入平等主义中"[①]。不过，德沃金并不认为正义应当消除或补偿所有坏的原生运气对人们的生活前景产生的差别影响——实际上，就像罗尔斯一样，他认为这是不可能的；正义至多在于设法让这种影响变得"中立"。对他来说，平等就在于让人们有平等的机会免除原生运气导致的影响。他相信大多数不平等都可以通过他引入的那两个假设性的思想工具（即资源拍卖和保险市场的观念）转变为选择运气。当这两个观念在社会上得到了具体实现时，它们就产生了一种机会平等，而在满足如此设想的机会平等的情况下，人们就应当对自己做出的选择及其可能面临的风险负责。德沃金似乎认为，只要资源拍卖通过了他所说的嫉妒测试，资源拍卖在实现了资源的等价分配的同时也实现了机会平等：当人们满足于自己所获得的资源份额而互不嫉妒的时候，他们具有的资源不仅在某种意义上补偿或纠正了原生运气对他们所产生的差别影响，他们也由此而获得了追求或发展自己选择的生活计划的平等机会。他们此后的命运就完全取决于个人选择。当然，他们的选择可能会面临各种风险，但是，通过买保险，他们至少可以有效地缓解坏的选择运气给自己带来的损失，当然，要是运气不错，那就更好了。

---

① G. A. Cohen, *On the Currency of Egalitarian Justice and Other Essays in Political Philosophy* (edited by Michael Otsuka, Princeton: Princeton University Press, 2011), p. 32.

就德沃金将选择与运气的区分贯穿到底而论，他实际上是更为彻底的运气平等主义者。然而，如果他是完全按照市场机制来设想机会平等，那么其理论就会招致一些在罗尔斯的理论中可以避免的非议。德沃金正确地指出，具有昂贵偏好的人们不能正当地提出资源补偿的要求——为了满足自己的昂贵偏好而从其他人那里要求资源转移对后者来说是不公平的。但是，我们也可以设想，即使某些人在初始时刻具有等价的资源份额，他们在后来的生活中也可能**并非**因为持有不合理的偏好而陷入困境。德沃金固然可以回答说，提前为自己买保险是避免陷入困境的一种重要方式，买保险的机会对所有人来说也都是同等地开放的。但是，正如前一章所指出的，如果人们所面临的选择并不是他们合理地指望的，那么选择运气就会变得与原生运气没有本质上重要的差别。

这个问题当然不是原则上不可回答的，然而，回答它的两种可能方式或是德沃金不能接受的，或是会使得运气平等主义变得格外含糊。一种直截了当的方式是假设社会必须合理地提供某些机会，例如满足基本需求的机会。举个例说，社会可以规定某种满足基本需求的最低工资，并向那些甚至没有能力寻求这种工作机会的人们提供某种最低限度的福利保障。正如我们即将看到的，罗尔斯的差别原则旨在发挥这种作用（尽管不限于这个作用）。然而，这个提议不是德沃金所能接受的，因为他明确批评罗尔斯的差别原则，指责这个原则“对于那些本身并不构成穷苦群体、但又在身心方面患有残疾的人们并不是充分敏感”①。实际上，接受这个提议意味着将基本需求的满足设想为一种根本上不依赖于个人选择或责任的东西。如果德沃金并不接受这个提议，那么，为了处理上述问题，他或许转而认为，在按照资源拍卖来设想机会平等时，我们可以适当地提高平等机会的初始基线。然而，如何设想这样一个基线呢？它应当包括对所有机会的平等供给，以至于甚至可以缓解人们因为做出轻率的或不审慎的选择而导致的一切后果吗？抑或只是缓解对基本需求的满足造成严重威胁的后果？假若这个基线充分高或者极为慷慨，它看来就要保证一种运气平等主义者所不接受的结果平等；如果它旨在保证基本需求的满足，那么它就不应当对选择与运气的区分

① Ronald Dworkin, *Sovereign Virtue* (Cambridge, MA: Harvard University Press, 2000), p. 113.

保持敏感，而这意味着运气平等主义者将不得不放弃其核心主张。假如运气平等主义者为了恰当地确立这个基线而不得不利用其他思想资源，那就意味着运气平等主义丧失了其倡导者赋予它的独特性。实际上，如果运气平等主义者不能合理地说明人们在一开始就**应当**具有的机会，那么，仅仅是指出哪些不利条件是运气产生的、哪些不利条件是自愿选择的结果，无助于说明我们应当如何处理不利条件。换句话说，为了让人们承担其选择所导致的后果，运气平等主义者需要首先预设一种机会结构，以便告诉我们哪些后果应当被归于个人选择以及为什么。①

看来，不管德沃金如何设想其"理想化的市场"，他对利用市场机制来处理运气问题所持有的乐观态度实际上并不具有充分保障，从好的方面来说也只是一个过于天真的想法。德沃金不仅相信市场为分配收入和财富提供了一个假定标准，也相信市场及其价格系统可以衡量个人选择给其他人造成的机会成本，因此可以决定一个人对其目的承担责任的成本。简而言之，他相信市场价格决定了人们要为其选择承担的成本。但是，说市场及其价格系统决定了人们在收入和财富方面的市场分配，并不是说这种分配本身就是公正的，产生了人们可以正当地要求的东西。市场价值很难说准确地反映了人们的公平应得，而某些东西也不可能按照市场价值来衡量——或者更准确地说，其分配不应当（完全）由人们在市场上的行为表现来决定。实际上，市场本身往往受到个人无法控制的因素或条件的影响，而当人们在市场上做出选择时，市场选择所产生的价格和分配经常也受制于社会阶级和自然彩票之类的偶然因素。例如，直观上说，我们并不认为某个流行歌星由于拥有大量粉丝就"值得"拥有"明星般的收入"，其收入甚至比对人类的生存和发展做出杰出贡献的科学家高出万倍。当然，德沃金承认，"从某个平等的起点开始、由自由放任的生产和交易产生的现状并不具有自然的地位或者某种有特权的地位"。但是，他强调说，如果这样一个科学家要求改

---

① 不少平等主义的倡导者在回应批评时都意识到了这一点。例如，参见：M. Hild and A. Voorhoeve (2004), "Equal Opportunity and Opportunity Dominance", *Economics and Philosophy* 1: 117-145; S. Olsaretti (2009), "Responsibility and the Consequences of Choice", *Proceedings of the Aristotelian Society* 109: 165-188; Zofia Stemplowska (2013), "Rescuing Luck Egalitarianism", *Journal of Social Philosophy* 4: 402-419。

变现状，他就需要“提出一个论证”来支持其诉求。德沃金并没有进一步说明究竟需要什么样的论证，只是指出这样一个论证必须“不依赖于他自己[在社会上]的相对位置”①。如果这样一个位置完全是由市场来决定的，那么这样一个科学家能够提出的论证想必就会涉及某些其他方面的考虑。他或许并不认为其贡献具有可以用市场价格来衡量的价值，但他肯定会认为，他为人类创造的价值远远高于一个流行歌星给某些人带来的价值，他在科研方面付出的努力或承受的负担也是后者无法比拟的。正是这些东西让他觉得自己受到了不公正对待，因此，假若不存在适当地调控市场的正义原则，任由市场来决定利益和负担的分配的做法就不可能是正义的。②

假若德沃金认为，作为背景正义的一个条件，市场对收入和财富的分配应当受制于某些约束，或者更简单地说，市场必须受制于某些本身不是由市场机制来支配的调控，那么他就必须放弃如下主张：选择运气对人们生活前景所产生的差别影响应当完全交由市场机制来解决。当然，德沃金或许回答说，他所设想的是“理想化”的市场，只是在这种市场体制下，正义才不要求补偿选择运气让人们遭受的不利条件。然而，对他来说，理想化的市场似乎只是满足了初始机会平等原则的自由竞争市场，在某种意义上就类似于诺奇克所设想的自由市场，除了二者对初始平等条件采取了不一样的理解外。实际上，在罗尔斯看来，诺奇克的理论和德沃金的理论都是他所说的“洛克式的理想历史过程理论”的实例，也就是说，它们表达了如下观点：“当每个人都尊重人的权利和责任以及财产的获得和转让原则时，接下来得到的状态，无论在时间上[与初始状态]多么遥远，都是正义的。”③按照罗尔斯的说法，这种理论的根本缺陷就在于，即使对资产的早期分配在这种理论所指定的意义上是公正的，这也不会保证后来的分配也是公正的，因为个人(或者由个人构成的社团)之间的个别交易受到了各种偶然因素的影响，因

---

① 参见 Dworkin (2000), pp. 104-106。上述引文出现在第 105 和第 106 页。此外，为了便于对比，我已经略微改变了德沃金的例子，但并未改变其实质。

② 一个相关的论述，参见 Bernard E. Harcourt, *The Illusion of Free Markets: Punishment and the Myth of Natural Order* (Cambridge, MA: Harvard University Press, 2011)。

③ John Rawls, *Justice as Fairness: A Restatement* (Cambridge, MA: The Belknap Press of Harvard University Press, 2001), pp. 52-53.

此最终就会导致不公正的累积效应。罗尔斯认为，一个合理地正义的社会不仅需要用维护背景正义的原则来调整和纠正这种效应，也需要**无条件地**向公民提供某种最低限度的社会供给。与此相比，德沃金则明确反对为了补偿选择运气导致的差别影响而重新分配资源，就此而论，他的理论似乎缺乏对市场失序进行适当调控的因素。但是，即使资源拍卖产生了某种机会平等，由此指定的机会平等加上假设性的保险市场，也很难说充分把握了我们对正义的深思熟虑的理解。

这将我们引向运气平等主义所面临的另一个主要问题。德沃金相信他对正义理论的构想优越于罗尔斯的构想，因为他并未使用原初状态和无知之幕之类的思想设施，因此就更加尊重人们的实际心理条件。对德沃金来说，资源拍卖旨在通过让人们拥有等价的资源份额来实现某种机会平等。他为此而引入嫉妒测试。这种测试本质上在于通过人际辩护让人们获得自己满意的资源配置。然而，若不假设人们已经具有基本的道德意识，认识到社会合作的必要性，就很难设想他们能够通过人际辩护的要求，从而获得"互不嫉妒"的资源份额，正如在罗尔斯那里，若不假设人们已经具有他所设想的那两种道德能力，就不能合理指望他们能够将适当的正义原则选择出来。实际上，正如前一章所指出的，为了让人们通过嫉妒测试，德沃金就不得不限定人们的偏好——嫉妒测试所要考虑的是某些特定偏好，而不是所有偏好。为此，德沃金就需要对如何限定偏好提出一个说法——他需要按照自己对正义的某种初步理解来说明哪些偏好从正义的观点来看是合理的，哪些是不合理的。因此，运气平等主义若要变得合理，就不可能充分尊重其"敏于天资、不敏于选择"的基本原则。

这个问题产生的深层根源实际上来自运气平等主义者在选择和运气之间所做的区分。正如我们已经多次指出的，运气平等主义的基本出发点是，假若某些人并非因为自己的过错而过得比其他人差，这种状况就很糟糕。这个主张或许暗示了平等和一种比较性的公平之间的某种联系。然而，除了这个主张外，我们其实并不清楚如何解释和利用选择和运气（或环境）之间的区分。柯亨声称平等主义的目的"是消除非自愿的不利条件"，并将"非自愿"设想为选择的对立面——假若一个不利条件并没有恰当地反映遭受它的那个人"已经做出、正在做出或将要做出的选择"，那么它就是非自愿的。[①] 剥夺、压迫或支配之类的关系让人们承受的不利条件显然是道德上不可接受的，这种关系本身可能并不是人们自愿选择的。但是，这个认识本身不足以将运气平等主义转变为一种独特的平等主义观点，因为其他平等主义立场(例如关系平等主义)能够更好地说明这个认识。这一点不难理解，因为当"自愿"这个概念被用来描述选择时，它应该被理解为一个**道德**概念，而不是一个形而上学概念——它所暗示的是做出选择的行动者的意志的道德属性，而不是做出选择的形而上学条件(或者至多只是与这种条件具有间接联系)。此外，如果我们不是在一种**比较性**语境中来看待运气对人们的生活前景产生的影响，那么，不管运气是被理解为人们无法有效控制的东西，还是被理解为一种随机地发生、因此无法理性地预测的东西，我们都不是很清楚运气对人们产生的影响(无论好坏)如何能够成为一件值得道德上关心的事情。如果所有人的生活都在同样的意义上受到了运气的影响，那么，就我们需要关心这种影响而论，结果平等似乎是一个更加合理或更为自然的想法。倘若如此，为什么要关心人们的选择并在某种意义上将选择与运气对立起来呢？在提出这个问题时，我不是在说我们不可能在形而上学的意义来理解这个区分。当运气平等主义者做出这个区分时，他们显然是要把选择理解为**自由的**选择。在这种理解下，如果通过运气发生的事情并不是人们自由选择的结果，那么这个区分当然在形而上学上是成立的。问题在于，我们不可能仅仅依靠一个形而上学的区分来引出具有重要的道德或政治含义的结果。

在这个方面，柯亨的运气平等主义观点往往含糊其辞。他有时候认为，他是从德沃金那里借用"偶然的不平等是不正义的"这个说法来描述运气平等主义。[②] 尽管我们仍然可以把"偶然的不平等"理解为一种与自愿选择所导致的不平等相对立的东西，因此突出运气平等主义的另一个核心主张(正义不应当敏感于人们的自愿选择的结果)，但是德沃金自己否认消除这种不平等是其平等主义的目标——对他来说，正义并不要求消除或缓解所有类型的非自愿的不平等。即使正义只应该关心原生运气对人们的生活前景所

① Cohen (2011), p. 14.

② Cohen (2008), p. 8.

产生的差别影响，但也没有任何实际的人类社会能够完全消除这种影响。实际上，正如我们在前一章中评价能力理论的时候已经指出的，根除一切自然差别并不是一件道德上可取的事情。一个合理地公正的社会至多只能设法“中立化”坏的原生运气对人们产生的差别影响，例如通过实现某种实质性的机会平等。然而，当我们回到选择运气的时候，事情就会变得更加复杂。德沃金自己相信，只要人们在他设想的初始机会方面已经是平等的，只要参与保险的机会对所有人来说都一直是开放的，人们就应当承担他们的选择可能遭受的风险，承受坏的选择运气的代价，他们之间在结果上的不平等就可以是公平的。前面我已经指出德沃金的提议所面临的一个主要问题：初始机会的平等加上市场保险机制不足以把握我们就选择运气的结果是否公平所做的判断，不管判断的根据是来自某些关于公平或正义的直觉，还是来自某些深思熟虑的考虑，抑或二者。但是，运气平等主义者也会面临另一个方面的问题：只要他们需要按照关于个人责任的判断来确定选择运气所产生的差别影响是否公平，他们的理论就不能充分满足罗尔斯对正义原则提出的公共性要求。

对罗尔斯来说，分配正义原则是要制约人们在社会合作中对利益和负担的分配，为此，人们就需要对社会合作的条款具有某种相互理解，而只有当每一个人都理解了制约他们的联合活动(joint activity)的正义观及其辩护根据时，这种相互理解才是可能的。这接着要求这种正义观必须是公共可知的和明确地表达出来的。[①] 稍后在讨论罗尔斯的辩护概念时，我们会进一步讨论公共性要求在其理论中的地位和作用。目前只需注意的是，运气平等主义的根本原则未能充分满足这个要求。运气平等主义面临此前所说的形而上学挑战：只要运气平等主义者试图从形而上学的角度来阐明道德责任的条件，他们就会陷入自由意志问题的泥潭。在前面两章中，我已经试图表明，我们无须对道德责任概念采取一种形而上学理解——如果道德责任实践，就像彼得·斯特劳森所说的那样，是人类生活不可避免的，那么我们最好是按照人们彼此间持有的合理期望来说明让人们彼此对其行为负责的实践，在这个基础上再来阐明道德责任的本质和要求。因此，不管人们

① 参见：Rawls (1999), p. 115; Rawls (2001), pp. 121-122。罗尔斯实际上将公共性要求理解为他所说的“良序社会”的一个构成要素，参见 Rawls (1999), pp. 397-405。

在意志自由论者所说的“终极的”意义上是否能够对自己的选择负责，我们仍然可以在一种能够对行为和选择提供规范引导的意义上来使用道德责任概念。

实际上，罗尔斯正是在这个意义上来谈论“人们对其目的的责任”的。如果运气平等主义者可以采纳这个意义上的道德责任概念，那么他们就可以认为，只要一个人由于自己做出的选择而可以成为评价性态度的合适主体，他就应该承担选择的代价。在这里，我将不讨论运气平等主义者如何对责任做出判断，尽管他们在这个问题上往往语焉不详。[①] 然而，即使运气平等主义者能够对责任提出一致的判断，例如在某人是否能够对某个选择负责方面达成一致，但是，对于那个人是否**应当**承担选择的代价，人们有可能仍然存在分歧。当然，在某些简单的情形中，人们在这两个问题上都可以达成一致，例如，我们普遍承认，先天精神残疾的人在某些相关的方面不能对其行为负责，因此就不应当要求他承担其行为对他人或自己产生的后果。然而，在一些复杂的情形中，我们的判断可能就会有分歧，特别是，我们对责任的判断可能不符合我们对“是否应当承担选择的代价”所做的判断。关系平等主义者用来批评运气平等主义的某些案例就属于这种情形。按照柯亨的说法，只要一个人能够控制自己的偏好，他就可以被认为要对基于偏好的选择负责。正常的成年人可能知道“控制”大概意味着什么；但是，为了控制某件事情的发生，行动者不仅需要具有某些内在能力（包括认知能力和执行能力），也需要满足某些外在条件，可能还需要用意志来克服自己的心理障碍。此外，即使一个人可以控制其偏好的动机作用，某些偏好的**形成**可能也不是他自愿选择的结果。在这种情况下，当这样一个偏好产生了某个选择时，我们就不太清楚行动者究竟在什么意义上可以被认为控制了其选择，特别是当我们从一种“向后看”的观点来看待责任与应得时。当然，这些问题

---

① 在前一章，我们已经看到柯亨在这个问题上的态度是极为模糊的。谭浩砾声称，运气平等主义者可以利用一些在社会上得到接受的“切实可行”的标准来决定什么算作个人选择、什么不算；罗默则认为，我们可以按照人们在克服环境方面的意志努力来决定一种精神活动是算作个人选择，还是算作对外部环境的消极回应。参见：Kok-Chor Tan, *Justice, Institutions, and Luck* (Oxford: Oxford University Press, 2012), p. 93; John Roemer (1993), “A Pragmatic Theory of Responsibility for the Egalitarian Planner”, *Philosophy and Public Affairs* 2: 146-166, at p. 166。

无须是原则上无法解决的。问题只是在于，如果运气平等主义不得不按照关于个人选择和责任的判断来决定如何进行分配、如何提供补偿或者是否要提供补偿，那么其根本原则就不能满足公共性要求，因此就不能作为一个制约公共生活的有效原则来加以利用。

当然，公共性或有效性本身并不是我们用来选择正义原则的唯一标准。正义原则的选择肯定还需要考虑其他标准，特别是需要将关注焦点集中到我们对于正义在社会生活中的作用的理解。一种恰当的正义观也必须考虑人的社会本性以及人类生活的基本目的。运气平等主义似乎将正义完全理解为一个补偿问题，虽然这个问题确实对制度设计有一些重要含义，正义也确实需要考虑道德上任意的因素对人们的生活前景所产生的差别影响，然而，这只是一个充分合理的正义理论的一个方面。从我们对运气平等主义的批判性分析中，不难看出它所面临的一个困境：一方面，如果运气平等主义者声称其核心观念（特别是选择与运气的区分）为正义（或者我们对正义的思考）提供了一个基本框架，那么其主张显然是错误的；另一方面，为了让自己具有基本的合理性，运气平等主义就必须利用它自身无法提供的思想资源。假如对运气平等主义的这些评价是可靠的，那么，通过对比运气平等主义（包括德沃金的观点），我们不仅可以澄清对罗尔斯的一些重要误解（特别是在差别原则的辩护和应用方面），也可以明白他对正义的构想为什么更加可取。

二、罗尔斯论应得与正义

罗尔斯对个人应得的看法不仅引起了很多争议，也很容易遭受误解。按照对正义的日常理解，正义就在于让人们得到其应得的东西。这个观点不仅典型地体现在人们日常对惩戒正义的理解中，而且也在分配正义的领域中产生了重要影响。运气平等主义者实际上是将这个观点与他们对公平的特定理解结合起来。然而，罗尔斯往往被认为根本上否认个人应得在分配正义中的地位。在《正义论》中，罗尔斯观察到，“在日常生活中，人们往往假设，收入和财富，以及一般来说生活中的好东西，都应该按照道德应得来分配。正义就是与美德相称的幸福”（TJ 273）。不过，他进一步指出，“说公平的分配份额就在于按照个人的道德价值来奖励他们是不正确的"(TJ 275),因为"天资的初始赠予及其在早年生活中形成和培养的偶然条件从道德的观点来看是任意的……[此外],一个人愿意做出的努力受到了其自然能力和技能以及他所能得到的机会的影响"(TJ 274,参见 TJ 64)。[①] 如果分配正义就在于按照对"公平"的某种理解来分配社会合作中的利益和负担,那么,对罗尔斯来说,否定**道德**应得在分配正义的地位并不是根本上不合理的,至少因为他所设想的正义并不是要把成就人们的幸福当作目标,尽管正义可以向人们提供追求个人幸福的基本条件。不过,在《正义论》第17节中,当罗尔斯试图表明差别原则如何符合我们的直觉时,他也提出了一个貌似与运气平等主义相宜的主张:"我们在天资的分配中的地位并不是我们应得的,正如我们在社会上的初始地位并不是我们应得的。我们也不能说让我们能够做出努力来培养自己才能的优越品格是我们应得的,因为这种品格在很大程度上取决于早年生活中幸运的家庭和社会环境,而这些东西并不归功于我们。"(TJ 89)

批评者论证说,罗尔斯做出的这些主张意味着他完全拒斥了个人应得的概念,与此同时,当他似乎认同运气平等主义的一个核心要素(即正义要求我们"均等化"或"中立化"原生运气对人们的生活前景所产生的差别影响)时,其差别原则并不敏感于在两种不平等之间的区分——自愿选择产生的不平等和坏的原生运气导致的不平等;就此而论,其正义理论是不一致的,或者至少存在某种内在张力。下面我将尝试表明,这两个主张都是不正确的。罗尔斯所要否认的并不是个人应得本身,而是与原生运气相联系的天资的不公平分配,而且,通过用正当期望(legitimate expectation)的概念来取代前制度意义上的个人应得概念,他转化了我们对个人应得的传统理解,并对一个与日常意义上的应得相对应的概念提出了一种基于正义的整体论解释;只要我们恰当地理解了罗尔斯对正义的构想,我们就可以看到,他的理论并不存在批评者赋予它的那种张力,因为他对正义的设想根本上不同于运气平等主义。为了更好地阐明这一点,让我首先考察一下批评者就罗尔斯对应得的论述提出的两个典型批评。第一个批评是形而上学导向

---

① 值得指出的是,这句引文出现在《正义论》第48节,在这里,罗尔斯旨在表明分配正义与惩戒正义是不对称的,因此就特别提到"道德应得"的概念。

的，它所说的是，罗尔斯对应得的“拒斥”立足于一个不可接受的原则，即一个人的应得的基础或根据也应该是一个人应得的。第二个批评是实践哲学导向的，实际上在某些方面立足于第一个批评，它所要说的是，罗尔斯对应得的理解并没有为自主性和道德责任留下任何余地。

按照批评者的说法，罗尔斯否认人们天赋的才能或品格是他们应得的，他由此断言人们也不应当得到这些天资所导致的有利条件。[1] 如果罗尔斯的推理是可靠的，那必定是因为他认同了如下原则：如果某人不值得拥有某个东西X，如果正是X使得Y成为可能，那么他并不值得拥有Y。举个例说，如果一个人通过自己的基本能力为他获得了某个好处，如果（按照假设）其基本能力是天生的，因此不是他应得的，那么他也不值得拥有那个好处。如果一个人值得拥有的任何东西的基础都必须是他应得的，那么实际上就没有任何东西是一个人应得的，因为当我们将这样一个基础不断地追溯下去时，我们就会追溯到人们在根本上无法负责的东西，比如说在如下意义上：这样一个东西既不是他自己所能选择的，也不是“他自己”的任何东西的结果。因此，接受上述原则似乎意味着对应得提出一个归谬论证：假若这个原则成立，就没有什么东西是人们应得的，也没有任何应得理论是真的。不过，有人也许会认为未必如此，因为即使一个人通过行动来获得某个东西的基本能力是天生的，或者就像罗尔斯所说的那样，是道德上任意的，但他为此而付出的**努力**并不具有这个特点。两个人可以在音乐方面具有同样的天赋，但是，其中一个人根本就不利用其天赋，或者只是在这方面做出了一点努力（例如在父母的要求下每天勉强练琴一小时），另一个人则充分利用其天赋，或者在这方面付出了很大努力（例如，不仅每天刻苦训练，而且也有意识地提高演奏技能和培养欣赏能力）。在这种情况下，若后者成为著名的钢琴演奏家，那似乎就是他应得的。乔治·谢尔就试图用这种方式来抵制上述原则所产生的荒谬结果。在他看来，人们在运用和发展能力方面做出的努力可以是不同的，因此，只是人们的不平等的天赋能力，而不是他们在运用和发展能力方面做出的努力，才会对个人应得造成威胁。但是，人们做出

---

① George Sher, “Rawls's Attack on Desert”, in Sher, *Desert* (Princeton: Princeton University Press, 1989), pp. 22-36; Alan Zaitchik (1977), “On Deserving to Deserve”, *Philosophy and Public Affairs* 4: 370-388.

努力的程度显然也会受到其天资和生活环境的影响。即使两个人在某方面具有同样的**内在**能力，在意志方面也做出同样的努力，但是，心理条件或环境方面的其他差别可能会妨碍他们取得同样成就，而导致这种差别的因素在罗尔斯的意义上可能是道德上任意的。在这种情况下，若其中一人取得成功，另一人则失败了，那么成功或失败好像也不是他们应得的。

罗尔斯对个人应得提出的说法确实暗示了这个结论。因此，不接受这个结论的人们或许认为，这个结论本身就构成了一个归谬论证，表明罗尔斯对个人应得的论述是成问题的。然而，罗尔斯恰好要表明的是，我们不应该用一种个体主义的、独立于制度安排的方式来看待个人应得。罗尔斯确实声称，人们一开始被赋予的天资及其早期发展的条件"从道德的观点来看是任意的"，然而，在提出这个主张时，他不是在说人们对这些天资和条件根本上缺乏控制，也不是在否认人们应当利用其自然能力和才能。一个人不是不能选择是否要利用其天资，或者要在多大程度上利用。罗尔斯不太可能否认这个直观上合理的主张。进一步说，即使人们所能取得的**成就**会受到他们不能选择或无法控制的因素的影响，罗尔斯也不太可能否认人们在社会合作中做出的**努力**。他想强调的是，正义要求以某种方式调节天资的分配和利用。因此，确切地说，他并没有在根本上否认或完全拒斥个人应得，而是要限制道德上任意的因素对人们生活前景的影响，并通过恰当的制度安排让这种影响变得公平。在他对所谓"自然自由体制"及其缺陷的分析中，这个思想首先得以呈现出来。

我们首先需要弄清楚的是，为什么罗尔斯否认分配正义应当考虑**前制度意义上**的应得，即人们不依赖于任何制度规则而被认为应当获得或拥有的东西。罗尔斯的回答当然是，人们的自然能力和品质并不是他们应得的。但是，对于那些将应得看作一个"自然"概念的理论家（例如乔尔·芬伯格）来说，**直接**否认前制度意义上的应得显然是不能令人满意的。不过，罗尔斯确实提出了两个理由来支持其主张。正如我们已经看到的，他指出天资并不是我们能够用任何方式负责的东西。这个说法似乎意味着，人们应得的东西必定在某种意义上是他们所能负责的。虽然这个主张是可理解的，但仍然说不上很令人满意：**如果**罗尔斯采取了一种不相容论的自由意志和道德责任概念，那么，就人们的一切努力和成就都可以追溯到他们在根本上无法负责的东西而论，他就必须否认人们实际上应得任何东西。这不仅是罗尔斯的批评者所要反对的，而且也不符合日常的应得概念（尽管罗尔斯在某种意义上拒斥这个概念），实际上也不太符合他对差别原则及其应用的论述，正如我们即将看到的。所幸的是，罗尔斯有一个更强的理由支持其主张，这个理由来自他对自然自由体制之缺陷的分析。在罗尔斯这里，自然自由体制是一种用来解释其机会平等原则的方式（其他两种方式是自由平等和民主平等）。（参见 TJ 57-65）大致说来，在一个自然自由体制中，人们可以自由地行使自己的才能，或者在其能力限度内利用各种机会，而且，也没有任何法律的、制度的或者习惯性的障碍限制他们获得某个职位，他们对机会的采纳也不会受到任何形式上的限制。在理想情况下，一个自然自由体制倾向于在物品和服务的交易方面产生一种帕累托式的最优结果。在一个满足帕累托优化原则和形式上的机会平等原则的经济系统中，所有相关人员的经济福祉都会得到提高。然而，罗尔斯论证说，自然自由体制有两个主要缺陷。首先，它过分看重人们**现存的**社会联系和社会地位，而这些东西是人们生而具有的，并不是一个人自身所能负责的，因此就不应成为一个人在生活中所取得的成就的决定因素，也不应该完全决定人们对其才能的发展和利用。罗尔斯更明确地指出：

> [在一个自然自由体制中]，资产在任何特定时期的初始分配受到了自然和社会的偶然因素的强烈影响。比如说，随着自然资产（即自然才能和能力）以前已经得到发展或者尚未得到实现，收入和财富的现存分配就成为自然资产的先前分配的累计结果，而自然资产的利用会因为社会环境以及突如其来的好运之类的偶然因素而变得有利或不利。直观上说，自然自由体制的最明显的不正义就在于，它允许分配份额**不恰当地**受到这些从道德的观点来看如此任意的因素的影响。（TJ 62-63，强调是我添加的）

换句话说，自然自由体制的根本问题就在于，虽然它允许人们自由地利用自己的自然能力和才能，并把某种形式上平等的机会赋予人们，但是人们对天资的拥有和利用从道德的观点来看是任意的；如果人们在物品和服务方面的交易在起点上就是不公平的，那么我们就不能指望结果是公平的。值得指出的是，在这段话中，“不恰当地”这个说法表明，罗尔斯实际上并不想要否认自然的能力和才能在分配中的作用——他只是要以某种方式限制或纠正它们所产生的影响。

在罗尔斯接下来对所谓“自由主义解释”(liberal interpretation)提出的评论中,我们的猜测得到了确认。形式上的机会平等只是意味着,当人们试图凭借自己的自然资产获得某个职位时,他们在法律或制度方面并未受到任何约束。自然自由体制就类似于纯粹自由放任的市场经济,人们的命运完全取决于其个人才能以及他们在物品和服务方面进行自由交易的需要。对两个正义原则的自由主义解释试图用公平的机会平等的概念来取代形式平等的概念,以便“缓解在社会上发生的偶然事件和自然运气对分配份额的影响”。公平的机会平等原则所说的是,“所有人都应该有公平的机会获得[在形式的意义上对他们开放的]职位。……具有同等水平的才能和能力、在同等程度上愿意使用这些才能和能力的人们,应该具有同样的成功前景,不管他们在社会系统中的初始地位如何”(TJ 63)。为了满足这个原则的要求,社会不仅需要采取手段来弥补人们在天资方面的差别(例如通过发展不需要付出特殊成本的公共教育,对继承下来的财富进行征税),而且也需要将自由市场安排置于一个政治和法律制度的框架中,用后者来调节经济事件发展的总体趋向、维护公平的机会平等的必要条件。自由主义解释引入了公平的机会平等的观念,但它“仍然允许收入和财富的分配要由能力和才能的自然分布来决定”(TJ 64)(这是罗尔斯所说的自然自由体制的第二个缺陷)。之所以如此,是因为尽管公平的机会平等原则在很大程度上排除了偶然的社会因素对人们生活前景的影响,但它并未在根本上解决天资方面的初始差别所产生的累积效应问题,正如罗尔斯所说,“自然能力得到发展和变得成熟的程度受到了各种社会条件和阶级态度的影响。甚至[人们]做出努力或尝试、因此在日常意义上值得拥有某个东西的意愿(willingness),本身也取决于幸运的家庭和社会环境”(TJ 64)。罗尔斯的差别原则,正如我们即将看到的,旨在动态地调整和缓解天资和初始的社会环境所产生的任意影响。

由此来看,罗尔斯确实拒斥了传统意义上的正义概念,即正义就在于给予每个人**在前制度的意义上**应得的东西。对他来说,这种意义上的应得是由人们在自由市场中通过自然能力和才能方面的公平交易来决定的。但是,这种应得的基础本身就是道德上任意的,交易结果因此也是不公平的。不过,罗尔斯并没有由此而完全放弃应得的概念;他想强调的是,只有在正义原则以及自然责任和义务的原则得到承认后,我们才能有意义地引入应得的概念。换句话说,他将与分配正义有关的应得概念转变为制度框架下的正当期望概念,认为人们在这方面应得的东西是**公平的制度**分配给他们的东西:

> 在公平正义观中,社会被解释为一种为了互利而确立的合作企业。基本结构是由对某个活动体制进行规定的规则构成的公共体系,这个体制引导人们为了产生一个更大的利益总和而共同行动,并在这个过程中把人们对某个份额的某些公认主张分配给每个人。一个人的贡献取决于公共规则认为他有资格得到的东西,一个人有资格得到的东西取决于其贡献。最终的分配是通过尊重某些主张而达成的,这些主张是由人们按照这些正当期望而设法做出的贡献来决定的。(TJ 73-74)

罗尔斯在其他地方指出,只要愿意改进自己生活条件的人们满足了一个公平的社会合作体系的要求,"更加幸运的人们就可以要求更好的处境,[因为]他们的主张是由社会制度所确立的正当期望,社会有义务满足这些主张"(TJ 88)。尽管这个进一步的说法产生了差别原则的解释问题(下面会讨论),但有一点也是明显的:罗尔斯并不否认人们的自然能力和才能对于分配正义来说是相关的。更确切地说,在罗尔斯这里,道德上任意的东西并不是人们的自然能力和才能本身,而是它们在自然自由体制下的**分配**。倘若如此,罗尔斯实际上并不持有批评者赋予他的那个观点——人们并不值得拥有任何东西,除非他们所拥有的东西的**基础**本身就是他们应得的。实际上,就社会合作本身部分地取决于人们的自然能力和才能而论,彻底否认这些能力和才能无异于在根本上放弃公平的社会合作的可能性。进一步说,如果一位理论家认为,自然能力和才能以及初始的社会环境完全是道德上任意的,它们对人们生活前景所产生的差别影响也无法在根本上消除,那么他想必就应当采取一种结果平等的观念。然而,罗尔斯并不这样认为。这个事实就表明,他只是把这些能力和才能在自然自由体制下的分配看作是道德上任意的。

罗尔斯主要是出于两个考虑而拒斥前制度意义上的应得概念:第一个考虑来自他对制度与正义之关系的理解,第二个考虑来自他对社会合作的本质及其基本条件的分析。为了便于论证,我将把第一个考虑留到后面来分析。不过,第二个考虑已经足以阐明罗尔斯拒斥前制度意义上的应得的基本理由。当罗尔斯声称公平正义观应该拒斥“按照道德应得”来分配收入和财富以及一般来说生活中的好东西时(TJ 273),他实际上是在一种更加狭窄的意义上来使用“应得”这个概念——他所说的是“道德应得”,但是,正如我们在第四章中已经看到的,日常意义上的应得是多种多样的:人们既可以具有与制度无关的应得(例如,史密斯因为刻苦练琴而值得鼓励),也可以具有由制度来规定或颁布的应得(例如,史密斯因为在研究生论文竞赛中名列前茅而值得奖励),还可以具有与严格意义上的道德评价相关的应得(例如,史密斯因为乐于助人而值得赞扬,或因为错误地对待他人而应受责备)。如果我们在广泛的意义上来理解“正当期望”这个概念,例如不是特别将它与任何正式的制度相联系,而是将人们在日常生活中彼此形成和持有的合理期望也包括在其内涵中(就此而论,至少正当期望的概念已经蕴含在道德责任实践中),那么很多日常意义上的应得都属于罗尔斯所说的正当期望。

在《正义论》第48节,当罗尔斯再次讨论应得的概念时,他已经完成了自己对正义原则的主要论证,现在旨在表明其正义观究竟在多大程度上符合我们对正义的各种日常理解。[①] 在这个部分,他所要否认的是,就分配正义而论,人们要求某个分配份额的资格(entitlement)应该是由道德应得来决定的,也就是说,由人们拥有和行使道德美德的程度来决定的。罗尔斯之所以拒斥这个主张,一方面是因为他承诺民主平等的理想、拒斥自然的贵族政制[②],另一方面是因为他相信,人们在正义的制度下所具有的正当期望反映了我们对经济应得的理解。公平原则所说的是,只要制度满足他的两个正义原则,只要一个人自愿接受参与公正的制度所带来的利益(benefit),他就必须服从制度规则所规定的要求,包括公平的社会合作要求承担的负担(TJ 96)。对他来说,正当期望“只不过是公平原则和正义的自然义务的另一面”(TJ 275),也就是说,只要一个人服从公平制度的要求并切实履行相应的义务和责任,他就可以正当地期望制度规则所指定的利益。因此,“这

① 参见 Samuel Scheffler, *Boundaries and Allegiances* (Oxford: Oxford University Press, 2001), pp. 182-183。

② 关于罗尔斯对自然的贵族政制的拒斥,参见 Rawls(1999),pp. 64-65。实际上,对罗尔斯来说,道德美德的拥有、培养和行使也部分地取决于人们的天资。

样说是不正确的:公平的分配份额就在于按照人们的道德价值来奖励他们。但是,我们可以用传统措辞来说,一个公平的体制给予每个人应得的东西——它把该体制本身规定每个人有资格获得的东西分配给他"(TJ 276)。因此,罗尔斯实际上保留了传统的正义概念,即正义要求给予人们应得的东西;但是,这里所说的"应得"不再是前制度意义上的应得——一旦正义的制度得以确立,人们应得的东西就不再只是取决于他们对能力或才能的个别行使,也取决于这种行使在其中所发生的制度性体制。[①] 不难设想,当一套单一的自然能力和才能在不同的制度环境中得到发展与行使时,它会产生不同的结果。因此,只要社会合作已经确立和启动,人们在社会合作体制下有资格要求的东西,就不可能只是由其自然能力和才能来决定的。罗尔斯实际上对人们在社会合作体制下有资格要求的东西采取了一种整体论解释。[②] 而且,他恰好是出于自己对社会合作和分配正义之本质的理解而采取这种观点,正如谢弗勒所说:

> 分配正义在如下意义上是整体论的:将某个经济利益分配给某人是否正义,直接地或间接地取决于在社会上对利益的更大规模的分配是否正义。在罗尔斯的正义论中,这个坚定信念就体现在如下主张中:分配份额应该被处理为一个纯粹程序正义问题,只要基本结构是公正的,由此产生的对善的任何分配也是公正的。这意味着,对罗尔斯来说,分配正义原则并不应用于"一项孤立地看待的单独交易"。将某个经济利益分配给某人是否公正,将总是取决于该分配是不是一种由符合罗尔斯的正义原则的基本结构所产生的总体分配的一部分。[③]

在罗尔斯这里,正义原则是要用来设计和评价社会制度,这些原则及其

---

① 在后来出版的《作为公平的正义》中,罗尔斯更明确地指出,在日常生活中,人们往往在三种意义上来谈论"道德应得":第一,严格意义的道德应得,即由某个全面性道德学说来确定的道德品格或特定行动的道德价值;第二,由制约基本结构的正义原则来确定的正当期望;第三,由某些更加具体的公共规则来确定的应得之物(deserving),这些规则是为了某些特定目的而设立的。罗尔斯现在否认第一个意义上的应得要被整合在正义的政治概念中,因为在理性多元主义条件下,人们无法对道德价值做出一致判断;对他来说,其正义概念只使用后两种意义上的应得。参见 Rawls (2001), pp. 73-74。

② 参见以下第四部分。

③ Scheffler (2001), pp. 190-191.

衍生出来的次级规则制约着社会合作的各个方面。因此，一旦公正的制度得以确立，分配份额就是由符合正义原则以及有关规则的正当期望来决定的。罗尔斯确实认为，我们并不值得拥有我们的自然能力或者我们在社会上占据的初始地位。然而，他**从未**声称我们因此也没有资格要求从这些东西中以某种方式产生出来的东西。公平合理的制度安排不仅可以让人们拥有实质上平等的机会，从而有效地缓解自然的不平等，也可以产生人们能够正当地期望和要求的分配份额。而且，正是因为公正的制度决定了公平的分配份额，制度设计的标准就不可能是由前制度意义上的应得来决定的。在罗尔斯的理想理论框架中，这个意义上的应得确实不具有任何地位。批评者或许认为，前制度意义上的应得具有一种批判性功能——假若我们发现现存制度在某种意义上是不公平或不正义的，我们就可以利用这个意义上的应得来批评制度并要求实施某种制度变革。这产生了一个复杂问题：如何理解罗尔斯的理想理论和非理想理论之间的关系？这个问题将在下一章中加以探究。不过，在罗尔斯对正义的构想中，正如我们即将看到的，通过用一种康德式的方式来理解“人”，他已经假设人们应当拥有平等尊重的基本条件——换言之，这些条件不仅是人们“应得的”，也是一个合理的正义理论的基本出发点。我们仍然可以按照我们对平等尊重的基本条件的某种理解以及反思平衡方法来批评任何现实的制度安排。罗尔斯所要反对的是，我们可以不依赖于任何道德考虑或关于正义的考虑来确定什么东西是好的，什么东西是人们应得的。就此而论，他确实拒斥了如下主张：我们可以独立于我们对任何公正制度的设想来有意义地谈论个人应得。

现在我们可以更明确地看到，罗尔斯为什么否认人们往往持有的一个主张，即“收入和财富，以及一般来说生活中的好东西，都应该按照道德应得来加以分配”(TJ 273)。日常意义上的道德应得取决于人们在道德美德方面的表现，就此而论，它至少与人们愿意做出的努力有关。但是，罗尔斯指出，“一个人愿意做出的努力受到了其自然能力和才能及其所能得到的机会的影响”(TJ 274)。举个例说，假若一个声称自己慈悲为怀的人从未展现其慈善或仁爱，我们就很难判断他是否应当在道德上值得赞扬。我们不知道他是因为缺乏机会还是因为没有做出努力而不能展现其美德行为。如果一个人为了获得赞扬而有意让他人陷入困境，以便为自己创造帮助他人的机会，而我们并不知道其心思，那么我们可能就会错误地认为他值得赞扬。因此，按照道德应得的观念来奖励人们是实践上行不通的。不过，这还不是罗尔斯反对按照道德应得来决定分配份额的主要理由。对他来说，一个人的道德美德或道德价值既不等同于其自然能力和才能，实际上也与后者没有直接联系——并非一个人的自然能力和才能越高，他在道德上就越卓越或越有价值。有些人或许认为，道德品格是由一个人在道德上愿意做出的努力反映出来的，因此，通过观察他在这方面的努力，我们就可以确定其道德应得。罗尔斯并不接受这个主张，因为"只有在正义原则以及自然责任和义务的原则得到承认后，我们才能引入道德价值的概念。一旦这些原则准备就绪，道德价值就可以被定义为具有一种正义感"。因此"道德价值的概念从属于道德正确性和正义的概念，它在分配份额的定义中不发挥任何作用"(TJ 275)。[①] 在罗尔斯看来，人们之所以忍不住按照应得来界定正义，大概是因为他们认为分配正义在某种意义上可以被看作与惩戒正义相对的东西。但是二者本质上是不同的：惩戒正义的原则是为了回应人们对各种伦理标准或法律标准的侵犯而设立的，旨在维护基本的自然责任，例如禁止伤害他人或者剥夺他人的财产和自由；与此相比，甚至在人们完全遵守伦理标准或法律标准的情况下，分配正义的原则也是必要的，因为甚至合情合理的人们也可以持有能够发生冲突的目的或生活理想，分配正义原则旨在公平地调解这种冲突。我们不可能合理地指望，只要人们具有了道德美德，他们就能解决这种冲突。分配正义是要给予人们在公正的制度框架下他们可以正当地期望和要求的东西。因此，就其目的或使命来说，分配正义既不同于惩戒正义，也不同于一般而论的道德。

我们已经澄清了罗尔斯对应得的论述及其所遭受的误解。现在我们可以表明，在这方面，对他提出的第二个主要批评也是不成立的。罗尔斯声称，从道德的观点来看，人们的天资及其在社会上所占据的初始地位是任意的。这往往被理解为罗尔斯持有一个运气平等主义承诺。然而，如果运气平等主义所说的是，正义要求补偿原生运气对人们的生活前景所产生的差别影响，或者设法"中立化"这种影响，那么罗尔斯其实并不认同运气平等主义，他也不认为正义不应该考虑人们的选择对其生活前景产生的**任何**影响。

---

① 罗尔斯在这里所说的"自然责任"指的是正义的自然责任，即支持和遵守公正制度的责任。关于罗尔斯对这项责任的论述，参见 Rawls(1999)，pp. 98-101。

他承认“差别原则将某些分量给予补偿原则挑选出来的考虑”——“既然出身和天资的不平等是不应得的，这些不平等就要设法加以补偿”(TJ 86)。罗尔斯确实也将实现机会公平设想为补偿这种不平等的一种方式。但是，他并不认为补偿原则应该被看作正义的唯一标准或者社会秩序的唯一目的，反而强调要按照其他原则来权衡该原则的应用。为此，他特意指出：

> 差别原则当然不是补偿原则。它并不要求社会要尝试拉平各种不利条件，就好像所有不利条件都被指望在公平的基础上、在同一场竞赛中竞争似的。但是，差别原则会(比如说)分配教育资源，以便改进处于最不利地位的人们的长期期望。假若这个目的是通过给予天资更好的人以更多的关注而获得的，那么它就是可允许的，否则就是不允许的。在做出这个决定时，教育的目的不应该只是按照经济效益和社会福祉来评估。教育还有一个同样重要(若不是更加重要的话)的作用，即让一个人能够享有他所生活的社会的文化，能够参与其中的事情，并由此让每个人对自己的价值都有一种安全感。因此，尽管差别原则与补偿原则并不是同一回事，但它实现了补偿原则的某些意图。它转变了基本结构的目的，让制度的总体框架不再强调社会效率和技术专家政制的(technocratic)价值。差别原则实际上表达了一种协议，即同意将自然才能的分配在某些方面看作共同资产，同意分享由于补充了这种分配而可能产生的更大的社会与经济利益。(TJ 86-87)

这段话既暗示了罗尔斯与运气平等主义者的差别或分歧，也为后者批评罗尔斯提供了一个契机。罗尔斯将天资看作共同资产，这个想法可能会让运气平等主义者觉得他的差异原则不太敏感于他们所强调的一个区分，即自愿选择产生的不平等和原生运气导致的不平等之间的区分，尽管罗尔斯有强有力的理由弱化这个区分，正如我们下面即将看到的。不过，与此相关，有一个更为极端的批评，它所说的是，通过强调社会偶然性和自然机遇，罗尔斯低估乃至诋毁了个人责任和个人自主性的重要性。[①] 然而，不甚清

---

① 参见：Robert Nozick, *Anarchy, State and Utopia* (Oxford: Blackwell, 1980), pp. 213-216; Michael J. Sandel, *Liberalism and the Limits of Justice* (Cambridge: Cambridge University Press, 1982), pp. 85-95。

楚这个批评的要点究竟是什么。罗尔斯确实明确地否认天资和偶然的社会环境所导致的不平等是不公正的或者应当予以排除。对他来说,这些东西所产生的自然分布“既说不上是公正的,也说不上是不公正的;人们生来就在社会上处于某个特定位置[这个事实]也不是不公正的。这些都只是自然事实。只有制度处理这些事实的方式才说得上是公正的或不公正的”(TJ 87)。事实上,罗尔斯也是出于同样的理由而否认前制度意义上的应得与分配正义具有直接关联——在正义原则或公正的制度确立之前,自然能力和才能给人们带来的东西说不上是公正的或不公正的。但是,一旦公正的制度得以确立,人们的自然能力和才能就可以通过他们在制度框架下的正当期望而与分配份额发生联系,因此我们就可以有意义上地谈论人们有资格拥有或要求什么。然而,上述批评旨在表明,通过将人们自愿选择的行动描述为“任意的”,即把它们看作完全取决于偶然因素,罗尔斯就没有为自主的行动留下任何余地。这个指责好像是在说,通过将通常被认为是自愿行动的东西看作完全是由外在因素决定的,罗尔斯就否认了人们的自由意志或自主性。① 迈克尔·桑德尔同意诺奇克的忧虑,但他进一步论证说,一旦罗尔斯只是将**纯粹偶然**的属性赋予个体,也就不存在任何在严格的意义上可以被称为“我”、能够对其行为负责、因此能够具有应得的东西。用桑德尔自己的话说,在罗尔斯的理论框架中,“不仅我的品格,甚至我的价值和根深蒂固的信念,都被降低到偶然的东西,即我的处境的偶然特点,而不是我的人格的内在构成要素”。②

诺奇克和桑德尔的批评都将罗尔斯理解为持有如下论点:除非一个人拥有任何东西的**基础**是他自身应得的,否认就不能说那个东西是他应得的。正如我们已经看到的,罗尔斯并不接受这个主张。此外,只有当罗尔斯持有一种意志自由论的自由意志和道德责任概念时,诺奇克的指责才有可能成立。然而,我们至少不清楚罗尔斯是在用诺奇克自己所偏爱的那种方式来理解道德责任。正如我们此前指出的,罗尔斯并没有将他所说的“道德上任意的”因素直接理解为行动者无法控制的因素。反过来说,罗尔斯也不会认为,只要一个人对其品格的某个特点有所控制,来自这个特点的东西就是他

① Nozick (1980), p. 214.

② Sandel (1982), p. 94.

应得的。罗尔斯只是说优越的品格**"在很大程度上**取决于早年生活中幸运的家庭和社会环境,而这些东西并不归功于我们"(TJ 89,强调是我加的)。但是,他从来就没有说我们的品格**完全**取决于这些偶然因素。[①] 在批评贵族社会和种姓社会按照这些偶然因素来决定分配时,罗尔斯指出,"人们没有必要让自己听命于这些偶然因素",因为"社会体制并不是一种超越了人类控制的不可改变的秩序,而是一种人类活动模式",而在其正义理论框架中,"只有当人们是为了共同的利益而利用自然和社会环境中的偶然因素时,他们才同意利用这些因素"(TJ 88)。在某个东西不是一个人自己以某种方式制作出来的东西的意义上,说一个人只是偶然地具有那个东西,并不是说他在日常的意义上不能控制那个东西,也不意味着他无法以某种方式利用那个东西。即使自然能力和才能在罗尔斯的意义上是道德上任意的,但人们不是不能控制和利用自己的能力和才能。罗尔斯所要强调的是,天资和初始社会地位的自然分布是不公正的,而正义旨在转变这种状况,一方面通过实质性的机会平等来缓解人们在初始地位方面的不平等,另一方面将人们对自然能力和才能的利用转变为一种符合正义要求的东西。

罗尔斯的正义原则要求给予人们以平等尊重的基本条件,让人们具有基本的正义感以及按照正义的要求来规划和调整自己生活的能力。对他来说,只有在这些条件得到满足后,我们才能有意义地谈论人们对其选择的责任,因此也才能有意义地谈论人们的自主性。因此,他更有可能是对道德责任采取了一种我们在前两章中所捍卫的那种规范理解,而不是诺奇克自己所偏爱的那种形而上学理解。此外,只要一个人开始按照道德考虑和正义原则来塑造自己的品格、调整自己的个性结构,他就是在用一种积极的方式来**构成**自己,而不是像桑德尔所说的那样,其自我只是一堆被偶然给予的属性的聚集体。因此,这样说并不是不恰当的:在罗尔斯这里,人们正是通过一个正义的共同体来构成和塑造自己的道德个性,并用一种公平的方式来

---

① 莫里亚蒂已经论证说,罗尔斯认为我们的品格**也**取决于我们的自主选择。不过,我并不认同他所得出的结论,即罗尔斯之所以否认前制度意义上的应得,是因为我们实际上无法确定,在一个人所做出的努力中,哪些是来自他自主地做出的选择,哪些是来自他无法负责的因素。罗尔斯有可能会这样认为,但是,按照目前提出的解释,这不是他拒斥前制度意义上的应得的根本理由。参见 Jeffrey Moriarty (2002), "Desert and Justice in *A Theory of Justice*", *Journal of Social Philosophy* 1: 131-143。

共同承担各种偶然因素对人们的生活状况和生活前景所产生的影响。这个观念不仅体现在罗尔斯的互惠概念中,也更具体地体现在他对差别原则及其应用的构想中。罗尔斯之所以不太可能接受诺奇克和桑德尔对他提出的批评,本质上是因为他持有一种更加复杂的平等主义观念,这个观念既不是诺奇克所信奉的那种强调自我所有权(self-ownership)的右翼自由主义所能把握的,也有别于桑德尔所主张的那种社群主义立场。

三、差别原则的解释与辩护

在政治哲学中乃至在整个政治思想史上,罗尔斯的差别原则是为数不多的能够超越职业哲学家的关注,对社会生活产生广泛影响的一个哲学观念。差别原则不仅体现了罗尔斯对社会与经济不平等的思考,也与他对正义的本质和目的的设想以及他对公共辩护和公共理性的思考具有重要联系,因此就在其正义学说中占据了一个极为独特的地位。罗尔斯对差别原则的解释和应用也使得其正义理论显著地不同于当代其他主要的正义学说,例如罗伯特·诺奇克、罗纳德·德沃金以及杰里·柯亨等重要思想家持有的观点。然而,差别原则在激发了一系列广泛而深入的讨论的同时也备受误解。在这里,我并不旨在全面讨论差异原则及其应用;我的目的极为有限——澄清对差别原则的某些可能误解,以便回应柯亨、玛莎·努斯鲍姆以及阿玛蒂亚·森对罗尔斯提出的某些批评①,这些批评或是直接针对差别原则,或是间接地与对差别原则的解释相联系。具体地说,我将尝试捍卫两个主张:第一,罗尔斯的第二个正义原则中的两个要素(即公平的机会平等原则和差别原则)实际上都是立足于一个核心主张,即正义应当致力于纠正或缓解道德上任意的因素对人们的生活前景所产生的差别影响,因此,罗尔

① 在杰里·柯亨、玛莎·努斯鲍姆以及阿玛蒂亚·森对罗尔斯提出的批评中,他们都在一定程度上误解了差别原则及其应用。参见:Cohen (2008); Martha C. Nussbaum, *Frontiers of Justice: Disability, Nationality, Species Membership* (Cambridge, MA: Belknap Press of Harvard University Press, 2007), especially chapter 2; Amartya Sen, *The Idea of Justice* (Cambridge, MA: Belknap Press of Harvard University Press, 2009), pp. 52-74。

斯不应当过于强调公平的机会平等原则优先于差别原则；第二，差别原则首先不是立足于关于效率的考虑。如果对这两个主张的论证是可靠的，那么我们就可以在一定程度上抵制柯亨和努斯鲍姆对罗尔斯提出的批评。为了便于论证，我将在下一章中再来处理森对罗尔斯的批评。

罗尔斯对正义的基本理解体现在他所说的"对正义的一般设想"中，这个设想所说的是，"所有社会价值——自由与机会、收入与财富以及自尊的社会基础——要平等地加以分配，除非对任何或所有这些价值的某种不平等的分配对每个人来说都有好处"(TJ 54)。在罗尔斯看来，不管人们在生活中想要什么，他们对生活计划的理性追求都要求他所说的"基本善"。这些东西被分为两类：社会基本善包括权利、自由、机会、收入和财富以及自尊的社会条件，自然的基本善包括健康和精力、智力和想象力等。后者与前者的主要差别在于，其拥有尽管会受到社会基本结构的影响，但并不是基本结构所能直接控制的(参见 TJ 78-81)。对罗尔斯来说，这两种善对于过一个基本上得体的生活来说都是必要的。在罗尔斯后来的著作中，他更明确地将基本善与两种道德能力的发展和行使联系起来：

> [基本善]是公民们为了能够适当发展和充分行使两种道德能力、追求自己明确地持有的善观念而往往需要的各种社会条件和通用手段。……关于人的政治观念将人看作能够充分地进行社会合作的公民，而不只是脱离任何规范观念来看待的人类存在者，基本善是从这个观念来看待的人们所需要和要求的东西。基本善是公民们作为自由平等的人过完自己的一生而需要的东西，而不只是可以理性地欲求、偏爱或渴望的东西。①

一般来说，只要一个社会承诺了平等主义观念，它就应当尽可能平等地分配社会基本善。不过，自然的基本善至少在起点上取决于人们的自然能力和才能。如果社会不可能完全消除人们在天资上的初始差别，例如让他们在进入社会时就具有同等的能力和才能，那么社会就需要通过某种实质性的机会平等来缓解人们在这方面的差别。不过，甚至这种机会平等也不足以保证**结果**平等：即使两个人都被给予同样的机会，天资方面的差别也会

① Rawls (2001), pp. 57-58. 亦可参见 Rawls (1993), pp. 178-190。

使得他们最终会具有不同的生活前景。在真实世界中，不平等似乎是不可避免的，正义必须设法应对这种不平等。对于罗尔斯来说，这就是差别原则要做的工作——差别原则旨在缓解或抵消道德上任意的因素对人们的生活前景所产生的差别影响。罗尔斯由此提出两个正义原则来具体地表述他对正义的一般设想：

> 首先，每个人都要有平等的权利享有平等的基本自由的某个最为广泛的组合，这样一个组合必须能与其他人所享有的自由的类似组合相容。
>
> 其次，社会与经济不平等要如此来加以安排，以至于：第一，它们可以被合理地指望对所有人都有好处；第二，它们附属于对所有人都开放的职位和职责。(TJ 53)

简单地说，第一个原则(即平等自由原则)旨在保证每个人都有平等的权利行使基本自由，只要这样做不侵犯其他人对类似自由的平等行使。第二个原则实际上包含了两个进一步的原则：对差别原则的一般表述和罗尔斯所说的“公平的机会平等原则”。对正义的这种更加具体的设想在一个重要的方面不同于那个一般设想：罗尔斯按照他所说的“词序式顺序”(lexical order)来排列这些原则：基本自由权的平等分配具有严格的优先性，公平的机会平等要优先于“其他社会价值的分配要让每个人获益”这一要求。

罗尔斯对其正义原则之间的关系提出的这种理解产生了一些问题，其中一些问题后面会讨论。目前我们可以认为，对他来说，强调平等自由原则的绝对地位就相当于强调人们在基本尊严方面的平等地位——人们不仅应当被赋予平等的政治权利，也应当有平等的自由行使自己的理性能动性，因为这是他们平等地追求自己的生活计划的一个前提。正如他在《正义论》修订版序言中明确地指出的，“基本权利和自由以及其优先性是要保证所有公民平等地享有他们为了适当地发展以及充分地和知情地行使两种道德能力所需的社会条件”(TJ xiii)。其中一种能力是具有基本的正义感的能力，另一种能力是形成、修改和理性地追求自己所认同的生活观念的能力。公平的机会平等原则和差别原则只是旨在进一步说明制度安排如何实现罗尔斯所设想的平等尊严和平等尊重的目标，正如他所说，“社会基本结构要用符合[平等自由原则]所要求的平等自由的方式来安排财富和权威方面的不平等”(TJ 38)。公平的机会平等原则旨在调整或弥补人们在初始社会地位上的不平等。例如，出身于富裕家庭并不是一个人应得的，因此人们就不应当因为出身而在社会上或经济上占据某种有利条件。但是，公平的机会平等并没有矫正人们在自然才能或动机方面的差别，差别原则旨在设法弥补这个缺陷。

在罗尔斯这里，正义原则是要应用于他所说的“社会的基本结构”——用他自己的话说，基本结构是正义的首要主体。他将社会设想为在人们之间展开的一种相对独立的、闭合的、自足的合作体制，一个人可以在其中度过自己的一生。一个社会的基本结构是由一系列相关的制度构成的系统或网络，这些制度彼此具有动态联系，形成了个人和社团在其中发生互动的制度背景。在大多数人类社会中，基本结构包括政治与法律结构、社会、家庭等重要体制。因此，应用于基本结构的正义概念是一种社会正义概念，而社会正义的一个主要方面就关系到物品和服务的生产和分配，因为人们是为了获得某些物品、享受某些服务而决定开展和参与合作，合作是在社会基本结构中展开并通过基本结构来实现的。罗尔斯的正义原则中提到的权利和自由是由基本结构的公共规则来规定的。因此，人们是否自由取决于主要的社会制度所确立的权利和责任，也就是说，权利赋予了人们在某些方面的自由，责任则以某种方式限制了他们在某些方面的自由。一般来说，一个正义的社会应当让人们享有尽可能多的自由，只有当一个人对自由的行使妨碍了其他人对类似自由的行使时，社会或其他人才能正当地对他进行限制。正义原则旨在系统地管理和调节基本的制度安排，而不是直接应用于人与人之间的非制度性关系(例如友谊)，也不是直接应用于人们的个别行为(例如是否要培养自己的才能)。因此，社会正义的原则也不会直接决定特定权益或义务对特定个体的分配。举个例说，人们在特殊的个人关系中享有的权利和所要承担的责任不是直接由社会正义的原则来规定的。尽管罗尔斯把家庭看作社会基本结构的一部分，但他认为社会正义原则并不是独立于基本结构的其余部分而直接应用于家庭的内部结构。在他所设想的基本结构中，政治与法律制度占据了一个特殊地位，因为社会是通过这些制度、在基本结构的原则和设计方面做出有约束力的明确规定。在一个大体上正义的基本结构中，特定制度的规则加上个人的自愿行为就可以在人们之间产生正当期望。例如，只要经济市场满足了罗尔斯的正义原则的要求，当两个人在市场机制下自愿签订一项契约时，他们都共同接受的契约规则就决定了他们彼此负有的正当期望，他们之间会产生特定权益和义务的配置问题。其中所涉及的正义就是罗尔斯所说的“配置正义”(allocative justice)。罗尔斯将这种正义与由制度来实施或落实的分配正义区别开来。配置正义会涉及人们在个人生活方面的具体细节以及他们之间的特殊联系的本质，因此，在罗尔斯看来，配置正义问题不可能用一般的方式得到解决。

罗尔斯对其正义原则之间的关系的设想与他对功利主义的批评具有直接联系。在他看来，功利主义最大化集聚效用的做法违背了个人分离性要求，特别是，功利主义者可以为了最大化社会福祉而要求一些人放弃或牺牲自己正当的生活计划(参见 TJ 19-24)。为了抵制这种可能性，罗尔斯声称“对第一原则[即平等自由原则]所保护的基本的平等自由的侵犯，是不可能由更大的社会与经济利益来辩护的，也不可能由后者来补偿”(TJ 54)；而且，“人们也不应该用如下理由来辩护在收入或者在权威和责任的地位上的差异：处于某个地位的人们的不利条件被处于另一个地位的人们的更大的有利条件抵消了”(TJ 56)。罗尔斯与功利主义者之间的分歧不是我们现在要讨论的问题[①]；我们指出这一点，只是为了表明罗尔斯对正义的设想实际上兼顾了对于平等和效益的考虑，而这也是其理论遭受批评的一个主要原因。

对罗尔斯来说，一个正义理论是要以对公平的某种理解为出发点、通过考察人们一般的道德心理以及社会的基本条件来选择一套用来设计和制约基本结构的根本原则。正义原则主要用于管理和调节公共生活，因此，除了要满足他所说的公共性和稳定性要求外，一套合理的正义原则也必须是合情合理的人们彼此能够同意、接受和采纳的——这三个要求实际上具有内在联系。在罗尔斯的晚期著作中，“合情合理”(reasonableness)这个概念主要是用来描述人，然后才是用来描述正义原则。说一个人是合情合理的大概就是说，他渴望认同和提议某些原则并按照这些原则来行动，而这些原则

① 对这一点的相关讨论，参见：Jonathan Riley, “Rawls, Mill and Utilitarianism”, in Jon Mandle and David A. Reidy (eds.), *A Companion to Rawls* (Oxford: Blackwell, 2014), pp. 397-412; Samuel Scheffler, “Rawls and Utilitarianism”, in Scheffler, *Boundaries and Allegiances* (Oxford: Oxford University Press, 2001), pp. 149-173。

是所有像他那样的人都能接受的。合情合理的政治原则就是所有这些人都能接受的原则。用罗尔斯自己的话说:"合情合理的人们不是被一般而论的善所驱动,而是本身就渴望这样一个社会世界,在其中他们都能作为自由平等的个体,按照所有人都接受的条款相互合作。"(TJ 50)因此,合情合理的人们不仅将彼此看作自由平等的个体,也愿意在这个认识或承诺下按照他们共同接受的正义原则来行动和生活。因此,合情合理的人们承认和接受罗尔斯所说的"互惠性(reciprocity)标准",大致说来即如下思想:当他们"在一个跨代社会合作系统中将彼此看作自由平等的个体"时,"他们准备按照自己认为最合情合理的政治正义观向彼此提供公平的合作条款"。[①] 若将互惠性要求应用于差别原则,这个原则就可以被理解为罗尔斯对如下问题提出的一个部分回答:什么样的社会与经济不平等是自由平等的公民能够合情合理地接受的,或者对他们来说是道德上可允许的?罗尔斯对这个问题的回答**基本上**构成了他对差别原则的辩护。[②]

罗尔斯提出了两个主要理由来支持差别原则,其中一个理由出现在他对自然自由体制的批评中。这种体制在制度安排上预设了由第一个正义原则来规定的平等自由以及某种自由市场经济,这种制度安排要求一个机会的**形式**平等原则。罗尔斯论证说,机会的形式平等仍然是不公平的,因为它允许人们的生活前景仍然受制于自然资产的累积效应,而自然资产的初始分配从道德的观点来看是任意的。为了弥补这个缺陷,对正义原则的自由主义解释引入了公平的机会平等原则。一旦这种机会平等得到充分落实,偶然的社会因素和自然运气所产生的影响就可以得到有效缓解,因为这个原则可以保证具有类似天资和动机的人们有大致同等的机会获得文化知识

---

① John Rawls, *Collected Papers* (edited by Samuel Freeman, Cambridge, MA: Harvard University Press, 1999), p. 578.

② 我说"基本上",是因为一些评论者认为罗尔斯也通过其原初状态设施来辩护差别原则,但是,在《正义论》第 12 节中,他只是旨在对差别原则提出一个"直观"解释,目的在于表明这个原则如何符合我们对正义的直观认识。但是,即使罗尔斯被认为在其原初状态设施中采纳了一种"最大化最小值"(maximin)的推理方法,他后来明确地否认最大化最小值原则就是他所说的差别原则,他也不认为对差别原则的论证取决于对不确定性的极端厌恶[参见 Rawls (2001),p. 43, note 3]。这一点对于我们在下一部分回应柯亨的批评也很重要,因为柯亨(错误地)认为,在罗尔斯这里,差别原则反映了在正义和自我利益的最大化之间的一种"实用妥协"。

和技能。然而,即使如此解释的自然自由体制"在排除偶然的社会因素的影响方面做得几乎完美,它也仍然允许财富和收入的分配由能力和才能的自然分布来决定。……这个结果从道德的观点来看是任意的"(TJ 64)。如果出身影响了人们的自然能力,如果后者的发展和成熟仍然受制于各种社会条件和阶级态度,那么公平的机会平等原则在缓解自然不平等方面所能发挥的作用就极为有限。差别原则旨在弥补公平的机会平等原则在这方面表现出来的不足,与其他原则一道致力于消除道德上任意的因素对人们的生活前景所产生的差别影响,特别是其中的不利影响。

罗尔斯进一步论证说,差别原则满足了互惠性理想。这是他用来支持该原则的另一个主要理由。对他来说,不仅我们的自然能力和才能以及我们愿意努力工作的程度受到了我们自己不能支配的因素的影响,我们将这些才能和努力转化为经济利益和社会利益的能力也受到了这种影响。当然,一旦人们获得了公平的机会,他们就可以发展和提高其自然能力。但是,既然他们在社会合作的初始时刻就承受了自然不平等,他们通过获得和利用公平的机会而发展出来的才能也在一定程度上继承了这种不平等。而且,自由市场经济可能给予人们的才能以不同的价值,市场价格未必能够公平地反映人们可以正当地要求的东西。在罗尔斯看来,即使自然自由体制在其背景制度中预设了机会的形式平等和自由市场经济,它对效率原则的应用也是不稳定或不确定的[①],因为它根本上仍然是按照人们的社会命运或者他们在自然彩票中的运气来决定社会合作的利益和负担的分配,而这就使得效率原则的应用仍然具有不公正的色彩。按照罗尔斯对差别原则的设想:

> 这个原则是要挑选出一种用来判断基本结构的社会与经济不平等的特殊地位,以此来消除效率原则的不确定性。在满足平等自由和公平的机会平等之要求的制度框架内,当且仅当境遇较好者的较高期望是作为改进最少获利者的期望的计划的一部分而发挥作用时,它们才是正义的。这里的直观想法是,社会秩序不是要确立和保证境遇较好

---

① 这个原则所说的是,对于经济体制的某种构型(configuration)来说,"当为了让某些人的状况变好而改变它但又不可能不使得其他人的状况变坏时,它就是有效率的"(TJ 58)。

的人们的更有吸引力的前景，除非这样做有利于不太幸运的人们。(TJ 65)

那么，究竟是什么东西辩护了对差别原则的这种解释呢？差别原则不是严格意义上的平等原则，而是要表明对平等的偏离在什么意义上可以得到辩护。在《正义论》第13节中，当罗尔斯试图按照所谓"民主平等"的观念来解释差别原则时，他还没有考虑通过原初状态设施对其正义原则的论证。不过，他已经假设了休谟所说的"正义的环境"并提出了自己对社会或社会合作的理解。社会正义的可能性和必要性根本上来说在于三个因素：第一，资源的适度欠缺；第二，人们并不具有普遍的同情心；第三，人们有普遍的愿望通过公平的社会合作来理性地发展和追求自我利益。因此，若要将用来制约制度安排的正义原则选择出来，人们不可能是道德上无知的，而是必须具有按照社会合作的公平条款来行动和生活的愿望，而且每个人都指望其他人知道这一点——这个愿望必须是他们的共同知识，而且最好能够成为他们的共同承诺。罗尔斯旨在表明人们在社会合作方面能够接受什么样的公平条款——其正义理论的核心使命在于通过假设对"人"的一种康德式理解来寻求根本的正义原则。

现在，为了对差别原则提出一个辩护，我们需要假设某种平等分配的基线，然后考虑对平等的什么样的偏离是人们可以接受的，或者至少是他们不能合情合理地拒斥的。为了便于处理这个问题，罗尔斯做出了三个假设：首先，社会基本善一般来说要平等地分配，对平等分配的任何偏离都需要得到辩护；第二，生活在一个社会中的人们大体上可以被分为两个群体，即更加幸运的群体和不太幸运的群体；第三，社会在如下意义上是紧密结合的(close-knit)：境遇较好的人们的期望的变化总是会影响境遇较差的人们的期望，不管这种影响是正面的还是负面的(参见 TJ 71-72)。如果社会资源是恒定不变的，那么，在这两个群体所构成的社会中，任何一方状况的改善都会降低另一方目前的状况。不过，社会无须是这种情形——如果人们的生产能力和动机能够得到促进，那么社会资源就可以得到有效提高，与人们的初始状况相比，不太幸运的人们就可以享有更好的生活前景。由此我们可以设想对初始状况的三种可能改变①：

> 第一，要是更加幸运的人们的生活前景变得更差，不太幸运的人们的生活前景与他们目前的状况相比有可能就会变得更好。
>
> 第二，要是更加幸运的人们的生活前景变得更差，不太幸运的人们的生活前景与他们目前的状况相比也会变得更差，但是，要是更加幸运的人们的生活前景变得更好，不太幸运的人们的生活前景有可能就会变得更好。
>
> 第三，要是更加幸运的人们的生活前景变得更差，而不太幸运的人们的生活前景变得更好，那么不太幸运的人们的生活前景与他们目前的状况相比就会变得更差。

罗尔斯是通过设想三种**假设性**情形来说明如何辩护差别原则。在他看来，第一种情形是不公正的，因为它要求以牺牲更加幸运的人们的生活前景来改善不太幸运的人们的生活前景。值得注意的是，罗尔斯不是在说更加幸运的人们**值得**拥有其幸运，例如他们由于天资或出身而在社会上所占据的更加优越的地位。他所反对的是道德上任意的因素的**自然分布**。但是，他并不否认，人们可以正当地要求公平的制度规则由于他们对才能的协同利用而向他们提供的报酬。可想而知，彻底否认人们通过利用自己的自然能力和才能而应当得到相应报酬，不仅会使得社会合作失去效率，可能也无助于改善不太幸运的人们的生活前景。大概正是在这个意义上，罗尔斯说"更大的能力是要作为一种社会资产用来服务于共同利益"(TJ 92)。罗尔斯将第二种情形称为"始终公正的"(just throughout)，因为它具有如下含义：改变更加幸运的人们的生活前景也会使得不太幸运的人们的生活前景发生相应变化，不管这种改变是正面的还是负面的。但是，他并不认为这种体制是"最好的公正安排"(TJ 68)，因为可以设想的是，更加幸运的人们可能持有很过分的期望，因此，即使他们的边际贡献可以略微改善不太幸运的人们的生活前景，但让他们的期望得到满足可能会侵犯其他正义原则，例如

---

① 罗尔斯实际上提出了更加复杂的论述(参见 TJ 68-73)，不过，目前提出的说明足以阐明他用来辩护差别原则的根据。相关的讨论，参见 Philippe van Parijs, "Difference Principle", in Samuel Freeman (ed.), *The Cambridge Companion to Rawls* (Cambridge: Cambridge University Press, 2003), pp. 200-240, especially pp. 202-210。

会破坏公平的机会平等。第三种情形在罗尔斯看来是“完全公正的”(perfectly just),因为与这种情形相对应的制度安排不仅会让每一个人获益,而且也符合效率原则。正是这种制度安排产生了罗尔斯对第二个正义原则的如下表述:“社会与经济制度是要如此安排,以至于:第一,它们适合于处于最不利地位的人们的最大期望利益;第二,它们附属于在公平的机会平等的条件下向所有人开放的职务和职位。”(TJ 72)

那么,究竟是什么东西辩护了对社会与经济制度的这种安排呢?或者,在目前的语境中,究竟是什么东西辩护了对差别原则的这种解释?形式上说,完全公正的制度安排也是满足帕累托优化原则的安排,而这意味着,在任何其他的制度安排下,不太幸运的人们的期望都无法再加以改进。现在的问题当然是,更加幸运的人们有什么理由接受这种制度安排?诚然,罗尔斯已经限定了他目前对差别原则的解释,即只有在平等自由原则和公平的机会平等原则都已经得到满足的情况下,才应该用一种让社会上处于最不利地位的人们获得最大期望利益的方式来安排社会与经济制度。按照罗尔斯对平等自由原则的解释,基本权利和自由是人们在公共生活中享有平等的公民资格的必要条件(参见 TJ §82);罗尔斯后来更明确地指出,基本权利和自由旨在保证人们享有发展和行使两种道德能力的社会条件。由此我们不难理解他为什么会认为平等自由原则在其正义理论中具有某种绝对优先性。然而,他并没有明确告诉我们公平的机会平等原则为什么应当优先于差别原则,他在这方面的论述至少不是很清楚(参见 TJ §82)。

正如我们已经看到的,这两个原则实际上都旨在缓解或抵消道德上任意的因素对人们的生活前景所产生的差别影响,只不过二者具有不同的关注点:公平的机会平等原则主要关心偶然的社会环境所产生的差别影响,而差别原则旨在限制和调整自然能力及其累积效应所产生的差别影响。当然,公平的机会平等原则旨在保证具有大致同等的能力和类似动机的人们具有大致平等的生活前景。然而,这个原则在实际应用上会碰到一些困难:为了能够运用这个原则,我们就需要一个标准来衡量人们是否具有公平平等的机会。我们或许可以通过某些程序性原则来决定某个机会对人们来说是否公平,但是,为了确定人们是否具有实质上平等的机会,我们就需要看看其实际能力或技能。能力或技能的形成和发展,正如罗尔斯所强调的,受到了人们所生活的社会环境的影响。例如,出生在不同家庭的人们可能具有不同的天资或才能，甚至女性在怀孕期间的健康状况和心理条件也会对即将出生的孩子产生影响。如果我们需要将人们在社会环境方面的差别追溯到其父母的状况，那么公平的机会平等原则就很难得到切实应用；如果我们将正常的成年人作为比较起点（这实际上是罗尔斯所建议的），那么人们在这个起点上已经继承了自然的不平等。当然，罗尔斯认为，对所有人都开放的公共教育可以在一定程度上缓解社会环境所产生的影响，但是不可能消除人们在初始时刻的不平等，正如他所说，“至少在家庭制度仍然存在的情况下，公平的机会平等原则只能被不完美地实现”（TJ 64）。假若家庭之类的背景制度所产生的影响不可能在根本上消除，那么公平的机会平等原则至多只能保证人们有平等的机会获取罗尔斯所设想的社会与经济利益，而不是实际上**拥有**这些利益。在这种情况下，有一个问题就会自然地产生：让人们有平等的机会获取社会上有利的职位，为什么比尽可能改善境遇较差的人们的状况更重要？实际上，在境遇较差的人当中，某些人甚至未能满足公平的机会平等的要求。对罗尔斯来说，公平的机会平等原则之所以应当优先于差别原则，大概是因为这个原则旨在实现机会**公平**，正如他所说：

> 要求职位对所有人开放的理由不完全是效率方面的理由，甚至基本上不是这方面的理由。……[职位对所有人开放的原则]要表达的是如下信念：如果某些职位不是在公平的基础上对所有人开放，受到排除的人们就会正确地觉得自己受到了不公正对待，即使他们可以受益于获准持有那些职位的人们所做出的更大努力。他们有理由抱怨，不仅因为他们被排除在职位的某些外在报酬之外，而且因为他们被阻止去体验一种自我实现，即通过熟练而热忱地行使社会职责而获得的自我实现。他们因此就被剥夺了一种主要的人类善。（TJ 73）

在机会方面受到不公平对待当然是对自尊心的一种攻击。不过，对于一个由于在社会上处于不利地位而受到排斥的人来说，我们也可以提出同样的说法。在某些情形中，其处境甚至更糟。一个人或许会由于机会不公而未能进入美术学院深造，而他本来就把成为艺术家视为自我实现的一种重要方式。他因此有理由抱怨那个不公正的社会。但是，假若一个人并非出于自身的过错而陷入贫困潦倒的境地，他能够持有的合理抱怨似乎并不亚于那个本来有望成为艺术家的人的抱怨。二者所遭受的境遇都是社会不公的表现。那么，罗尔斯何以认为，只有在公平的机会平等原则得到满足的情况下，才能满足差别原则的要求？

为了回答这个问题，我们必须探究一下这两个原则的根据以及罗尔斯对其职能的论述。公平的机会平等原则和差别原则**共同**构成了罗尔斯对正义原则提出的民主解释，而不是他所批评的"自由主义解释"。机会的形式平等原则仅仅要求所有人至少都有平等的法定权利获取一切有利的社会职位。这种平等并不是**实质上**公平的，因为它仍然允许自然资产和偶然的环境条件不恰当地影响人们对职位的获取。为了实现公平的机会平等，仅仅要求人们不要按照种族、性别之类的因素来区别对待他人(或者对他人采取歧视态度)仍然是不够的，还需要切实缓解或抵消这些因素对人们的生活前景所产生的影响。例如，同样具有天资的孩子可能会因为出生在不同家庭，或者生活在不同的社会环境中，而具有很不相同的生活前景，做出极为不同的选择。为了让他们具有实质上更加平等的机会，社会就需要投入大量资金来开办各类学校，并在教育措施方面向不太幸运的家庭适当倾斜。对罗尔斯来说，实现公平的机会平等意味着让具有类似动机和才能的人们在文化和成就方面获得大致平等的前景，不管他们原来的社会地位如何。"职位对所有人开放"意味着对所有具有类似才能且有兴趣追求某个职位的人开放。这个要求可以在程序公平的原则下得到满足。然而，为了保证人们拥有实质上平等的机会，公平的机会平等原则就要求缓解偶然的环境因素对人们获取自己有兴趣追求的机会的影响，或者设法让这种影响变得"中立"。罗尔斯之所以强调这一点，显然是因为他认识到财富不平等在超过了一定限度后就可以造成机会不平等，政治自由也会丧失其价值(参见 TJ 245-246)。为了让人们具有实质上平等的机会竞争有利职位，一个正义的社会就要确保人们可以获得教育、训练以及医疗保健方面的服务，因为这些服务对于每个人获得文化知识和技能来说是必要的，而后者对于确保公平的机会平等来说是不可或缺的。[1]

---

① 关于教育和技能训练，参见 Rawls (1999), pp. 63,243,270。在《正义论》中，罗尔斯并未明确提及医疗保健，不过，在 Rawls (2001), pp. 173-175 中，他讨论了医疗保健，并明确指出"医疗保健的供给，就像一般而论的基本善一样，是要满足自由平等的公民的需求和要求。这种保健属于为了支撑机会的公平平等而需要的一般手段"。

不难看出，甚至在罗尔斯所设想的良序社会中，实现公平的机会平等不仅要求投入大量社会资源，而且其本身也具有分配含义。罗尔斯相信，极度的财富不平等会对机会平等造成严重威胁。为了避免这种可能性发生或者至少降低其发生的概率，一个正义的社会就需要“逐渐地、持续地纠正财富分配”(TJ 245)，例如通过某种累进税制度。当然，罗尔斯承认“财富遗产的不平等，就像智力遗传的不平等一样，并非本来就是不正义的”，但他也强调说，“只有当财富的继承所导致的不平等有利于最不幸运的人们，而且与自由和公平的机会平等相一致时，财富的继承才是可允许的”(TJ 245)。在这里，罗尔斯似乎将差别原则看作实现公平的机会平等的一种手段或方式，换句话说，实现公平的机会平等要求利用差别原则来调整背景制度。倘若如此，至少就这两个原则的**实际应用**而论，我们就不清楚公平的机会平等原则为什么必定要优先于差别原则。实际上，满足公平的机会平等的要求需要社会投入大量资源，而假如公平的机会平等原则必须优先于差别原则，它所要求的资源可能就会抢占乃至腾空差别原则的落实所需的资源，从而使得差别原则失去用武之地。[1] 这显然是一个不受欢迎的结果，因为按照罗尔斯自己对这两个原则的目的的设想，差别原则旨在调整人们在天资方面的初始不平等对社会与经济不平等的影响，公平的机会平等原则旨在确保人们有实质上平等的机会获取自己感兴趣的社会职位。前者所要反击的是人们在天资方面的运气，后者所要反击的是偶然的环境因素对机会的获取造成的差别影响。但是，在人们的生活中，天资和偶然的环境因素是耦合地发挥作用的，它们对人们的生活前景所产生的影响是不可分离的。实际上，一旦人们已经开始进入社会合作体制，经济利益的分配对人们的命运所产生的影响，无论是在广度上还是在深度上，都是根本性的。与此相比，尽管获取自己感兴趣的职位是自我实现的一种重要方式，但这不仅取决于个人兴趣或偏好，而且并非所有社会职位对人们的生活来说都具有同等的重要性。罗尔斯自己认为，人们应当按照他们能够正当地指望的资源(包括个人能力或才能)来理性地调整自己的生活计划。机会平等原则确实旨在保证具有类似才能和动机的人们有平等的机会获得大致同样的生活展望。但是，如果实现公平的机会平等要求一定的社会资源，而差别原则的满足也需要一

[1] 参见 Parijs (2003), pp. 224-226。

定资源，那么当二者在资源要求方面发生冲突时，一个正义的社会大概需要按照具体情境来思考如何解决冲突，如何评估二者在**应用**方面的相对权重。既然公平的机会平等原则和差别原则都旨在缓解道德上任意的因素对人们的生活前景所产生的不利影响，它们在实际应用上似乎就应当具有同样地位。

实际上，就罗尔斯认为第一个正义原则要优先于第二个原则而论，在这两个原则的关系中，抢占资源的可能性也会出现。平等自由原则要求包括政治自由在内的平等的基本自由，这种权利旨在反映公民在政治地位上的平等，例如普遍的选举权、担任公职并进行投票的权利、言论自由与集会自由的权利等。这些权利不只是要在形式上得到保证，更重要的是要在**实质上**得到保证——用罗尔斯自己的话说，第一原则所要保证的是“政治自由的公平价值”，后者要求“具有类似才能和动机的公民有大致平等的机会影响政府的政策和获得权威位置，不管他们的经济与社会地位如何”。[①] 然而，在大多数现实社会中，甚至在法定政治平等得到保护的情况下，经济不平等可能也会威胁或破坏真正的政治平等并使得后者丧失价值。为了确保政治平等，就需要适当限制经济不平等，以防止经济优势转变为政治优势，例如巨富为了谋取更大利益而利用财富来影响政治选举或社会政策的制定。极度贫困不仅会破坏自尊的社会基础，也有可能让贫困者屈从于金钱方面的诱惑，因而很容易受到在经济上占据优势地位的人们的支配，这样一来，权力就越加集中在经济上极具影响力的少数人手中，各种形式的政治腐败就更容易发生。罗尔斯自己认为，为了切实落实政治自由的公平价值，就需要在经济上实现某种更加平等的分配，以便让人们首先摆脱受到压迫或支配的状况。就像公平的机会平等的实现一样，政治平等的有效实现也需要社会投入大量资源。为了有效地行使政治权利，公民们就得首先具有基本的理性能动性。实际上，平等自由原则对经济不平等所施加的限制可能就比差别原则所施加的限制还要严厉，例如，假若差别原则并不要求最大化社会上处于最不利地位的人们的期望利益。如果平等自由原则应当具有绝对优先性，那么，为了充分满足这个原则的要求，差别原则的满足所需的资源可能就会受到挤压。但是，就平等自由原则的满足要求适当限制经济不平等

① Rawls (1993), p. 358.

而论，在这个原则的实际应用中，差别原则就可以成为调节经济不平等的一种重要方式。

罗尔斯所设想的正义原则旨在实现“正义作为公平”的理想。他自己认为，他的正义观的力量来自差别原则和自由的优先性原则——正是对这两个原则的承诺使得他对正义的设想不同于直觉主义和功利主义(TJ 220)。我们已经看到，在保证背景制度的正义方面，差别原则和公平的机会平等原则具有根本的重要性。因此，这两个原则以及平等自由原则就应该在实现罗尔斯所设想的正义理想上发挥**协同**作用——它们应当用一种**整体论**的方式来满足人们在社会合作中可以正当地持有的期望，而这其实是罗尔斯的反思平衡方法本身所要求的。罗尔斯提出了三个论证来捍卫自由的优先性：第一个论证旨在表明平等的基本自由是平等的公民身份的保障，而后者是自尊的基本前提；第二个论证旨在表明良心自由(因此才有其他的基本自由)对于保证人格完整来说是不可或缺的；第三个论证将基本自由理解为人们自主地选择或决定其生活计划的前提。① 总的来说，在罗尔斯这里，基本自由之所以应当占据优先地位，是因为它们是平等尊重的基本条件以及人们自主地追求自己生活的前提。

然而，在《正义论》第一版中，罗尔斯对自由的优先性的论述并不是没有受到严厉批评。② 尽管这些批评并未导致罗尔斯放弃自由的优先性论点，不过，在《正义论》修订版以及《政治自由主义》中，他确实对这个论点做出了限定，承认只有在某些条件得到满足的情况下，自由的优先性才能开始生

---

① 关于这三个论证，参见 TJ §67、82，以及 Rawls (1993), pp. 318-320；关于第二个论证，参见 TJ §33 以及 Rawls (1993), pp. 310-312；关于第三个论证，参见 TJ §63-64 以及 Rawls (1993), pp. 72-77。对于自由的优先性论点的一个有益解释，参见 Robert S. Taylor, “The Priority of Liberty”, in Jon Mandle and David A. Reidy (eds.), *A Companion to Rawls* (Oxford: Blackwell, 2014), pp. 147-163。

② 最重要的批评包括：Brian Barry (1973), “John Rawls and the Priority of Liberty”, *Philosophy and Public Affairs* 3: 274-290; Norman Daniels, “Equal Liberty and Unequal Worth of Liberty”, in Norman Daniels (ed.), *Reading Rawls* (New York: Basic Books, 1989), pp. 253-282; H. L. A. Hart (1989), “Rawls on Liberty and Its Priority”, reprinted in Daniels (1989), pp. 230-252; Henry Shue (1975), “Liberty and Self-Respect”, *Ethics* 3: 195-203。

效。[①] 罗尔斯依然认为基本自由属于人们的"高阶利益"——它们是平等尊重和自主性的根本前提;但是,他现在也承认,人们对自由的根本兴趣"并不总是主导性的。这些兴趣的实现可能必然要求某些社会条件,要求在某种程度上得满足基本需要和物质需求,而这就说明了基本自由有时候为什么可以受到限制"(TJ 476)。假若大部分社会成员都属于罗尔斯所说的"处于不利地位"的群体,那么,出于类似的考虑,机会的公正平等原则也可以受到限制——对于已经在社会上和经济上占据有利地位的人们来说,并非对其**任何**机会的公平实现都比改进处于不利地位的人们的期望利益更加重要。

罗尔斯对优先性原则的限制确认了我们刚才提出的整体论论点:在他对正义的设想中,平等自由原则、公平的机会平等原则以及差别原则都旨在保证平等尊重的基本条件,保证公平地分配社会合作中的利益和负担;它们都旨在通过面对道德上任意的因素对人们的生活前景所产生的影响来实现一个更加平等或公平的社会。然而,正如我们已经看到的,这些原则的具体落实不仅都需要社会资源,而且也都具有明显的分配含义:一方面,自由的行使要满足罗尔斯所说的"平等自由的相互相容原则",而这个原则本身就规定了个人能够正当地行使其自由的条件;另一方面,公平的机会平等原则和差别原则都旨在通过分配手段来保证基本的背景正义。既然这三个原则的落实都涉及资源的利用和分配,为了设法保证罗尔斯所说的那种"词序优先性"并缓解在资源的利用和分配上可能产生的冲突,一种可以设想的方式就是引入某种最低限度的社会供给,而这其实是罗尔斯在《正义论》原版中就已经提出的一个想法。[②] 他指出:

> 一个竞争的价格体系并未考虑任何[关于需求的主张],因此就不可能是分配的唯一手段。……适当调节的竞争市场保证职业的自由选择,并导致资源的有效使用和对家庭的商品配给。它们将某种重要性赋予与工资和收入相联系的传统准则,而转让部门则确保一定的福利

① 参见 TJ §82 以及 Rawls (1993), Lecture 8。

② John Rawls, *A Theory of Justice* (Cambridge, MA: Harvard University Press, 1971), p. 276-277。本质上类似的思想在《正义论》修订版中得以保留,参见 Rawls (1999), pp. 244-245。

水平并尊重需求的主张。[①]

在这里，罗尔斯仍然将最低限度的社会供给的思想与基本需求的概念联系起来，而基本需求则被理解为一个得体的人类生活的基本条件。在罗尔斯后来的著作中，他进一步充实和扩展了这个思想。在《政治自由主义》中，他指出，某种最低限度的社会供给要**无条件地**给予所有社会成员（他甚至将这个要求看作“宪政”的一个本质要素），以便他们具备发展和行使两种道德能力的基本条件。[②] 而为了回应赫伯特·哈特的批评，他现在承认，要求公民的基本需求得到满足的原则应该在词序上优先于平等自由原则，“至少就基本需求的满足对于公民们理解并能够富有成效地行使那些权利和自由来说是必要的而论”[③]。在《作为公平的正义》中，罗尔斯将最低限度的社会供给与公民们作为自由平等的人应当获得的**平等的公民身份**联系起来，因此实际上将它与一个政治性的正义概念联系起来。他指出，如果公民们不能被当作彼此自由平等的人来对待，那么至少其中一些公民就会对他们所生活的社会采取两种可能的态度：他们可能会变得愤世嫉俗，因此就会采取暴力行为来抗议其生活状况；他们也可能会变得对政治社会冷漠并退入他们自己的社会世界，而这意味着他们将自己与其他社会成员隔离开来。无论哪一种情况发生，他们都不可能在自己的思想和行为中确认正义原则，因此就会变得缺失正义感。[④] 为了避免这种情况发生，最低限度的社会供给就应该高于为了满足基本需求而需要的东西。这就是说，这样一种供给不能仅仅是由“在心理学上或生物学上来看待的人类的基本需求”来界定的，而且也必须认真考虑“社会是在自由平等的公民之间展开的公平合作体制”这一观念——“不管最低限度的社会供给在超越了必不可少的人类需求之后可以提供什么，它必须来自一个与政治社会相适应的互惠性观念”。[⑤] 罗尔斯认为，他现在对最低限度的社会供给的理解要求的是一种拥有财产的民主制或者对自由的价值有所承诺的社会主义，而不是一种福利资本主

① Rawls (1971), p. 276.

② 参见 Rawls (1993), pp. 228-229。

③ Rawls (1993), p. 7.

④ Rawls (2001), p. 128.

⑤ Rawls (2001), pp. 129, 130.

义，因为只有前者才能避免少数人对经济体制和政治生活的控制，而且可以避免后者的一个主要缺陷，即某些社会成员由于长期依赖福利供给而不参与公共政治文化。[①] 按照这种理解，最低限度的社会供给“并不只是为了援助那些由于偶然的变故或不幸而遭受失败的人（尽管这也是它必须做的），而是为了让所有公民都能在某种适当程度的社会与经济平等的基础上管理自己的事务”[②]。

最低限度的社会供给从其目的或职能来看并不属于罗尔斯的两个正义原则的范畴。由此我们可以看到罗尔斯为什么不是运气平等主义者，尽管他激发了这个观点中的诸多争论或者对它的外部批评。公平的机会平等原则和差别原则，正如我们已经看到的，确实旨在缓解或抵消道德上任意的因素对人们生活前景的影响。不过，与标准的运气平等主义者不同，罗尔斯并不是按照“补偿”来设想原生运气对人们的生活前景所产生的差别影响。对于在社会上处于最不利地位的人们来说，对待他们的恰当态度并不是把他们当作怜悯和同情的对象来看待，而是要将其处境看作一个需要关注的政治正义问题，采取各种可能措施让他们像其他成员一样成为自由平等的公民。[③] 这是罗尔斯所说的互惠性的一个本质方面。罗尔斯之所以强调最低限度的社会供给要无条件地给予所有公民（不管他们承受的不利条件是不是自己所能负责的），并不只是因为他认为人们对待冒险或风险的态度本身就受到了遗传或环境之类的因素的影响，更重要的是因为他认为两种道德能力的基本条件原则上必须绝对地得到保证。因此他也否认运气平等主义的一个核心主张，即正义并不要求关心选择运气对人们生活前景的影响。

当然，有人或许会说，罗尔斯在差别原则中整合了关于效率的考虑，而公平的机会平等原则似乎并不要求这方面的考虑，因此，假若（就像罗尔斯所说的那样）“正义是优先于效率的，要求某些在这个意义上并非有效率的改变”（TJ 69），那么公平的机会平等原则仍然应当优先于差别原则。然而，在罗尔斯对差别原则最终提出的解释中，他相信差别原则和效率原则在完美地得到实现的时候是相容的，正如他所说，在这种情况下，“正义就被规定

---

① 参见 Rawls (2001), pp. 139-140。

② Rawls (2001), p. 139.

③ 参见 Rawls (2001), p. 139。

为与效率保持一致”(TJ 69)。罗尔斯的意思是说,如果并不存在任何其他的制度安排,它使得社会能够最大化不太幸运的人们的期望利益,但又不会因此而恶化更加幸运的人们目前的生活状况,那么满足他对差别原则最终提出的解释的制度安排就被**规定**为正义的。这种安排符合帕累托优化原则的要求,就此而论是有效率的,而且也只是在这个意义上才被认为是有效率的。在罗尔斯对正义的一般设想中,他只是指出,道德上可接受的社会与经济不平等,除了要满足职位对所有人开放的原则外,要对所有人都有好处。在这个一般设想下,差别原则可以采取很多可能的形式。不过,罗尔斯最终把满足帕累托优化原则以及他对差别原则的一般设想的制度安排规定为正义的,并将二者整合起来,得出了他对差别原则的最终表述,即不平等的社会与经济安排要最大限度地提高处于最不利地位的人们的期望利益。因此,不论是从罗尔斯提出差别原则的动机来看,还是从他对该原则的最终解释来看,差别原则**首先**都不是立足于关于效率的考虑。不过,有人或许会进一步论证说,获得实质上公平的机会是人们应有的一项**权利**,而差别原则只是关系到如何公平地分配社会基本善,因此,既然罗尔斯认为权利(或正当)应当优先于善,他想必也会认为公平的机会平等原则应当优先于差别原则。然而,这个主张实际上是出于对“权利(或正当)应当优先于善”这个论点的误解。[①] 在罗尔斯这里,正义原则是要应用于社会基本结构——这两个原则一方面是我们用来评价和设计社会制度的标准,另一方面也是通过社会基本结构而发挥作用的,人们有权要求的是他们在公正的社会制度下能够合情合理地指望的东西,其中包括公平的机会以及公平地分配的利益份额。当差别原则进入分配正义的领域时,它与其他正义原则一道产生的利益份额同样是人们可以正当地要求的东西,正如相应的负担也是他们必须承担的。

---

① 对这个论点的说明和澄清,参见 Samuel Freeman (1994), “Utilitarianism, Deontology, and the Priority of Right”, *Philosophy and Public Affairs* 4: 313-349。

四、互惠性与差别原则

罗尔斯对其第二正义原则的解释构成了他所说的“民主平等”的核心内容，而互惠性概念对于这个解释来说则是关键的。罗尔斯相信互惠性概念已经隐含在他对“良序社会”(well-ordered society)的定义中。一个良序社会是一个旨在发展其成员的善、由一个公共的正义观来规定和管理的社会。在这样一个社会中，每个人都接受同样的正义原则，彼此也都知道这一点，而且，基本的社会制度普遍地满足这些原则的要求，他们彼此也都知道这一点(参见 TJ 4)。因此，一个良序社会要求人们按照他们彼此都能合情合理地接受的社会合作条款来行动。而且，“当这些条款作为公平合作的最合情合理的条件被提出来时，提出它们的那些人至少必须认为其他人接受它们是合情合理的，而且，他们是作为自由平等的公民接受这些条款，而不是在受到支配或操纵的情况下接受它们，也不是因为自己处于某种‘低级的’社会或政治地位而被迫接受它们”。[①] 这就是罗尔斯所说的“互惠性标准”。对他来说，互惠既不同于纯粹的利他主义，也不同于霍布斯式的理性互利(mutual advantage)，或者通常所说的“理性利己主义”。互惠性在内涵上更接近于传统意义上的“博爱”(fraternity)，即一种公民友谊和社会团结的精神。差别仅仅在于，当传统意义上的友爱“涉及一种在更广泛地设想的社会的成员之间不能被现实地指望的情感纽带”时，罗尔斯所说的“互惠”表达了人们在公正的制度框架下彼此持有的一种理性期望，即如下观念：“除非有益于境遇较差的其他人，否则就不欲求自己占有更大利益”(TJ 90)。罗尔斯自己认为，他所设想的正义原则能够与自由、平等和博爱这三个传统价值相联系：自由对应于自由平等原则，平等对应于第一个原则中的平等观念以及公平的机会平等，博爱对应于差别原则。

不过，按照前面对公平的机会平等原则与差别原则的关系提出的解释，尽管罗尔斯所说的“互惠”与传统意义上的“博爱”在概念上具有某些联系，互惠性实际上充当了这两个原则的共同根据——这两个原则都在一种强的

① Rawls (1999), *Collected Papers*, p. 578.

意义上表达了将彼此作为自由平等的公民来看待的要求或理想。罗尔斯对自然自由体制的批评明确表明，将人们作为自由平等的公民来对待，并不只是在于让他们享有平等的基本权利和自由以及具有形式上平等的机会。假若道德上任意的因素对人们的生活前景产生的差别影响并未得到缓解或纠正，他们仍然不是被当作自由平等的公民来对待。对罗尔斯来说，社会合作条款在他所要阐明的意义上必须是公平的，而一切自然不平等都会妨碍公平理想的实现，它们进一步导致的社会与经济不平等很可能会让某些人受到剥夺、压迫或支配，因此就会严重威胁自尊的社会基础。既然自然不平等本来就是由人们不能自愿选择或控制的因素造成的，每个人可想而知在其一生中都可能会遭受自然不平等的侵害。只要一个人是合情合理的，他就应该承认这个事实。而在人类生活的自然条件下，比如说，在资源适度稀缺且人们并不具有普遍同情心的情况下，每个人都有可能因为能力方面的欠缺或者突如其来的坏运气而陷入糟糕的境地并得不到救助。这其实就是古典契约论理论家想要用自然状态的故事来表达的一个要点，而对罗尔斯来说，社会合作的一个主要目的就是弥补自然状态的缺陷。人们的自然才能在某种意义上要被当作公共资产来利用，用来促进他们在公平合理的制度安排下合情合理地认同的共同目的或利益。之所以如此，并不只是因为一个合理地正义的社会可以有效地缓解人们由于天资的差别和坏运气而遭受的不利条件，也是因为这样一个社会为自尊的社会基础提供了充分保障，还可以为人们的自我实现提供更有价值、更加丰富的目标。罗尔斯对所谓“精英政制”(meritocracy)的批评从一个侧面暗示了他对一个更加平等的社会的设想以及他对两个正义原则提出的所谓“民主解释”的要点：

> 这种形式的社会秩序遵循“前途向才能开放”的原则，将机会平等用作一种在追求经济繁荣和政治统治的过程中将人们的精力释放出来的手段。在这种社会秩序中，在生活手段以及组织权威的权利和特权方面，上层阶级和下层阶级之间有一种显著偏差。比较贫困的阶层的文化枯萎凋零，进行统治的技术精英的文化则牢固地建立在服务于权力和财富的国家目的的基础上。机会平等只不过意味着在对实力和社会地位的个人追求中，把不太幸运的人们抛在后面的平等机遇。(TJ 91)

精英政制在某些方面可能是有效率的。但是，正如罗尔斯立即指出的，其危险就在于，它无视了平等地尊重每个人的要求，并通过它必然含有的那种等级制度造就了进一步的不平等，因此可能就会剥夺不太幸运的人们平等地追求其生活计划的机会。

在罗尔斯这里，公平的机会平等原则和差别原则都旨在用一种公平合理的方式来实现一个更加公平或平等的社会。但是，社会合作的公平条款甚至不是在理性互利的基础上确立的，因为理性互利的要求并未充分考虑人们在社会合作的初始时刻的自然不平等，而这种不平等是道德上任意的。罗尔斯对其正义原则的民主解释要求以某种方式缓解道德上任意的因素造成的不平等。因此，我们就需要在全盘的利他主义和全盘的利己主义之间寻求一条中间出路，也就是说，在罗尔斯对如何选择用来制约基本结构的正义原则的构想中，原初状态中的各方既不是彻底的利他主义者，也不是彻底的利己主义者——前一种情形会使得正义基本上变得不必要，后一种情形则会使得正义在根本上变得不可能。这条中间出路的核心观念就是互惠性概念。当罗尔斯将互惠性与传统意义上的博爱联系起来时，互惠性显然要求一种"深厚的"平等尊重：它不仅要求缓解一切道德上任意的因素对人们的生活前景所产生的不利影响，还要求人们具有实质上平等的机会追求自己理性地认同的生活计划。在罗尔斯所设想的良序社会中，人们必须对这两个要求具有明确的认识和承诺，而且彼此具有这项知识。唯有如此，罗尔斯为社会合作的公平条款所设想的那个公共辩护要求才有可能得到满足。

为了阐明这一点，不妨设想一下更加幸运的人们可能会对差别原则的应用提出的异议或抱怨。就差别原则的应用而论，理想的情形无疑是这样的：对某个指定的初始状况的改变不仅会受益于每一个人，还可以最大限度地提高处于最不利地位的人们的期望利益。现在，假设某人在初始状况已经处于某种有利地位（即属于社会上更加幸运的群体），他可能就会问："为什么我应该接受这种改变？"这个问题不是根本上不可理解的，因为可以设想的是，在某种其他的制度安排下，他的生活前景可以得到更大的提高，不太幸运的人们的生活前景则只是略微得到改善。例如，充足主义者显然并不要求用罗尔斯所设想的那种方式来应用差别原则，只是要求制度安排向所有人都提供某个适当的充足标准或者相应资源。充足主义至少在如下意义上是不合理的：它仍然允许有可能会导致社会剥夺或社会压迫的不平等。[①] 而按照罗尔斯对差别原则的解释，这个原则旨在**动态地**调节道德上任意的因素对所有人的生活前景产生的不利影响，以满足平等尊重的深厚要求，例如尽可能消除社会剥夺或社会压迫得以产生的潜在因素或条件。[②] 如果我们可以用这种方式来解释差别原则，那么我们就可以对一个在社会上处于最不利地位的人说，“与一个满足差别原则的制度安排相比，在任何其他的制度安排下，有些人甚至会变得比你目前的处境更糟”；另一方面，对于在社会上本来就占据有利地位（例如由于具有很高的才能或天资）的人，我们就可以说，“不错，如果你是生活在一个完全由自由放任的市场经济来主导的社会中，而且被给予了基本权利和自由，那么你就能利用你自己的才能获得更大的社会与经济利益，但是，你的才能的成熟和发展本身就得益于道德上任意的因素，因此至少在一定程度上不是你应得的，此外，假若你是合情合理的，你就可以想象自己也有可能陷入不利状况，因为说某个东西是道德上任意的就是说，它不是你自己能够自愿选择或控制的；因此，只要你是合情合理的，你就应该考虑到自己有可能也会陷入这种状况，这样一来，选择一种满足差别原则的制度安排对你来说并不是不合理的，而且，在这样一个社会中，你的生活前景会比其他人更好”。对罗尔斯来说，在一个满足差别原则的社会中，有才能的人们的生活前景之所以会比其他人更好，或者与任何其他可能的制度安排相比会更好，是因为：一方面，假若他们的才能获得了公平合理的利用，他们就可以提高自己的生活前景；另一方面，即使他们的才能由于坏运气而受到损害或剥夺，他们仍然可以享有一个基本上得体的生活的条件以及自尊的社会基础。无论是否幸运，他们都有权要求或获得一个公正的合作体制及其社会必须让他们满足的正当期望（参见 TJ 88-89）。

因此，罗尔斯对差别原则的解释似乎满足了他所设想的公共辩护要求，却是在互惠性标准下满足这个要求：合情合理的人们并不希望通过将他人

---

① 关于这一点，参见本书第四章相关部分。

② 就此而论，罗尔斯对社会正义（或者一个理想社会）的设想在某些方面不是不同于一种马克思主义的自由主义。对这一点的相关论述，参见 Jeffrey Reiman, *As Free and as Just as Possible: The Theory of Marxian Liberalism* (Oxford: Blackwell, 2012)。

置于受到剥夺或压迫的境地来为自己谋求更大利益。换言之，对罗尔斯来说，公平的机会平等原则和差别原则都旨在实现一个实质上更加公平的社会，二者根本上说都是立足于如下主张：正义要求用一种公平合理的方式缓解道德上任意的因素对人们的生活前景所产生的影响。这两个原则旨在保证社会合作的制度背景在罗尔斯的意义上是正义的，而为了让人们具有两种道德能力所要求的基本条件，以便他们能够参与公平合理的社会合作，罗尔斯引入了最低限度的社会供给的思想。只有当这种供给在所有社会成员那里都得到保障时，罗尔斯为其正义原则所设想的那种“词序式优先性”才变得有意义，尽管我们也需要从一种整体论立场来看待它们在实际社会中的具体落实。

差别原则整合了罗尔斯自己对于“公平正义”的实质性考虑，因此它确实不是运气平等主义者所设想的补偿原则。这一点对于回应对罗尔斯的有关批评来说极为重要，因此有必要进一步加以讨论。

罗尔斯对正义的设想本质上开始于如下认识：在任何社会中，人们的生活前景都会受到三种偶然因素的影响——出身，天资和发展天资的机会，以及人们在一生中可能会碰到的运气（无论好坏）。当罗尔斯将社会基本结构设想为正义的首要主体时，他实际上要说的是，基本结构会对人们的生活前景产生广泛而深入的影响，因此保证基本结构以及社会合作的背景条件是正义的就具有至关重要的意义。但是，罗尔斯也明确地意识到，“任何现代社会，甚至一个良序社会，都必须依靠某些不平等，以便获得良好的设计和有效的管理”，因此“我们就[需要]追问一个良序社会将会允许什么不平等，或者要特别关心避免哪些类型的不平等”。[①] 罗尔斯确认多样性，认为它对人类生活来说是件好事，因为只要一个合理地正义的社会能够恰当地协调和利用人们在各方面的才能和兴趣，社会合作就可以满足人们多方面的需求，正如他所说，“这种多样性可以被看作一种共同资产，因为在为了利用人们的不同才能而将它们恰当地组织起来时，就可以实现才能之间的取长补短”。[②] 多样性与人们的自然差异显然具有重要联系，因此，如果多样性从道德的观点来看是重要的，那么彻底抹除人们的自然差异就是道德上不可

① Rawls (2001), p. 55.

② Rawls (2001), p. 76.

取的。由此我们可以理解罗尔斯的上述说法，即人们在天资或兴趣方面的差别是一个正义的社会需要（或者甚至应当）恰当地利用的东西。实际上，罗尔斯强调说，自然才能和偶然的社会因素的分布“既说不上是正义的，也说不上是不正义的。这些东西只是自然事实。只有制度处理这些事实的方式才说得上是正义的或不正义的”（TJ 87）。我们需要把道德上任意的因素所造就的差别看作一个自然事实，而一个恰当的正义理论既需要充分利用这个事实，也需要用一种公平的方式来调整或纠正自然不平等对人们生活前景所产生的差别影响（当然，从一个正义理论的目的来看，这一点更加重要）。在这里，值得指出的是，对罗尔斯来说，要被看作共同资产的是天资的**分布**（即人们在天资方面的差异），而不是天资本身。罗尔斯并不否认人们在某种意义上**拥有**自己的天资，但是，既然天资方面的**差别**是道德上任意的，一旦人们决定参与社会合作，这种差别就要被当作共同资产来利用。

如何用一种合乎正义的方式利用这种差别，这就是差别原则所要解决的问题。在罗尔斯的理论框架中，分配正义问题总是这样一个问题：“要如何将基本结构调整为一个统一的制度体制，以便一种公平、有效率且富有成效的社会合作可以随着时间的流逝而得到维护。”[①]对罗尔斯来说，人们之所以决定参与社会合作，本来就是为了能够有效地改善自己的生活前景，这个主张因此也应当成为用来设计社会制度或者评价现存制度的一个标准。罗尔斯指出：“‘共同资产’这个说法[是要被看作]表达了人们对天资的分布所采取的一种态度或观点”，“就好像他们同意将天资的分布看作一种共同资产”[②]。差别原则的应用之所以能够得到辩护，是因为相对于他所指定的基本善的分配而论，一旦某个分配基准已经确立，与任何其他可能的制度安排相比，满足差别原则的制度安排能够改善每一个社会成员的生活前景。为此，社会成员（或者他们在原初状态中的代表）首先必须同意接受差别原

① Rawls (2001), p. 50.

② Rawls (2001), pp. 75-76.

则，用它所蕴含的观念来引导社会合作。[①] 罗尔斯认为差别原则本身就包含了一个互惠性观念："只要天资较好的人们是用有助于天资较差的人们的利益的方式来训练和利用其天资……他们就被鼓励获得更进一步的利益。"[②]从这句话的语法结构来看，罗尔斯似乎明确地将受益于不太幸运的人们看作天资较好的人们利用自己才能来为自己获得进一步的利益的一个先决条件。换句话说，就分配正义而论，只有当有才能的人们对其能力或技能的运用可以让不太幸运的人们获益时，他们才能正当地要求进一步的利益。这个利益之所以是进一步的，是因为天资较好的人们已经得益于他们在天资的分布中所占据的幸运地位，因此，当他们进入了社会合作体制并开始利用自己才能（不管是原始的天资，还是在天资的基础上通过教育或训练获得的能力或技能）时，他们所能正当地指望的东西就不可能是他们在（比如说）自然自由体制下所指望的东西。例如，他们所获得的进一步的利益既要满足公平的机会平等的要求，又不能以降低境遇较差的人们的生活条件为代价。由此来看，差别原则本身就蕴含了一个互惠性要求："当占据更加有利地位的人们从一个一般的观点来看问题时，他们就会认识到，每个人的福祉都依赖于这样一个社会合作体制，若没有这个体制，任何人都不可能有一个满意的生活；他们也会认识到，只有当这个体制的条款是合情合理的时，他们才能指望所有人的自愿合作。"（TJ 88）差别原则，或者更确切地说，对这个原则的承认和接受，当然属于合情合理的社会合作条款。因此，只要社会成员已经具有了罗尔斯所说的正义感，在公平合理的社会合作体制中，他们就不可能将自己看作自我利益的最大化者，即完全无视罗尔斯的正义原则的要求，把最大限度地追求自我利益看作根本目标。

尽管罗尔斯相信合情合理的人们在原初状态下能够同意接受差别原则，但是，就差别原则在社会中的实际应用而论，他仍然留下了一些有待澄清的模糊性。罗尔斯断言，差别原则要求"当且仅当境遇较好者的较高期望

---

① 在这里，我有意使用"引导社会合作"这个笼统的说法。这个说法既可以指引导人们设计符合（在罗尔斯的原初状态中选择出来的）正义原则的社会制度，或者按照正义原则来评价现存的社会制度并在必要时要求制度改革，也可以指具有正义感的社会成员对正义原则以及更加具体的制度规则的自觉遵守。但是，差别原则所蕴含的核心观念是否也要引导人们在个人生活中的选择，这确实是一个有争议的问题。

② Rawls (2001), p. 76.

是作为一个改进最少获利者的期望的计划的一部分而发挥作用时，它们才是正义的”（TJ 65）。这个说法符合我们刚才提出的一个解释，即改进社会上处于最不利地位的人们的期望，是有才能的人们为自己获得进一步的利益的一个先决条件。罗尔斯否认前制度意义上的应得，认为只要社会合作体制已经确立，人们就能正当地要求社会合作规则许诺要给予他们的东西（参见 TJ §14）。这一点对于有才能的人们来说同样适用。既然他们承认原初状态中选择出来的正义原则对他们来说是公平的，一般来说，他们就应该用一种符合正义原则的方式来期望或要求他们在社会合作所能得到的报酬，因为一切正当期望或要求“都是在公平的社会合作的背景制度内出现的”①。一个人的期望是否正当，取决于它是否符合公平的公共规则决定给予他的分配份额。在所有人都是身怀自己的自然天赋进入社会合作体制的情况下，这个主张显然是可理解的或合理的。但是，罗尔斯也要求社会合作体制要具有效率和富有成效，否则人们就不太可能通过参与合作而获得更大利益：

> 一个合作体制很大程度上是由其公共规则如何组织生产活动、安排分工、指派参与者所要承担的角色等来决定的。这些体制包括按照参与者的产出来安排所要支付的工资和薪酬。通过给予不同的工资和薪酬，就可以生产出更多的东西，因为更有优势的人们得到的更大收益……可以用来支付训练和教育的成本，标明需要承担责任的职位，鼓励人们履行职责以及充当激励。②

假设人们需要通过教育或训练来改进自己的才能，而某些职位要求人们付出更大努力或者承担特殊风险。在这种情况下，只要普遍地改善所有人的生活前景要求某些人改进自己才能或者承担危险职业，对整个社会来说，恰当地提高这些人的报酬就不是不合理的。然而，除了在这个意义上给予他们以某种“额外”报酬外，“激励”这个说法提出了一个解释问题。“激励”显然不是指一种“事后”补偿，而是与“吸引”人们以某种方式参与社会合作相联系，正如罗尔斯稍后指出的，“[不平等]的作用是要将人们吸引到从

---

① Rawls (2001), p. 72.

② Rawls (2001), p. 63.

社会的观点来看迫切需要他们的职位,是要支付获得技能和教育能力的成本,是要鼓励他们接受特定责任的负担,是要用一种与对职业的自由选择和公平的机会平等相一致的方式来做这一切"[①]。在这里,罗尔斯并未明确提到差别原则的作用,不过,就差别原则旨在调节人们在能力或技能上的差别对其生活前景的影响而论,激励被认为要发挥的作用想必也属于差别原则的范畴。罗尔斯并不否认人们可以要求他们通过利用自己得到实现的能力或者经过改进的技能而获得的东西,尽管他也强调这种应得要"被理解为在公平的条件下挣得的权益(entitlement)"[②]。如果人们可以用这种方式在社会合作中做出更大贡献,从而让每个人都获益,特别是首先受益于境遇最不好的人们,那么,就能力或技能的提高要求适当的教育和训练而论,一个公平的社会就应当补偿他们这方面付出的成本(不只是物质成本,也包括他们做出的相关努力),正如罗尔斯明确地指出的:

> 先天有利的人们……不是仅仅因为他们天分较高就获益,而只是为了弥补训练和教育的成本以及他们用有益于较不利者的方式来利用自己的天资而获益。任何人都不能说他的较高天资是他应得的,也不能说他值得在社会上占据一个更有利的初始地位。不过,当然没有理由忽视这些差别,更不用说消除它们了。而是,基本结构要如此加以安排,以便这些偶然因素可以被用来为最不利者谋利。因此,如果我们希望建立一个社会体系,以至于在不给出或得到补偿性的利益作为回报的情况下,就没有任何人会因为自己在自然资质分布中的任意地位或者在社会上的初始地位而获益或受损,那么我们就被导向差别原则。(TJ 87)

在这里,罗尔斯仍然强调自然资质的分布要作为公共资产来利用,而且,这看来就是他用来处理自然不平等的方式。差别原则被设想对人们通过利用自己的资质(不论是自然资质,还是在此基础上通过训练或教育获得的能力或技能)而所能获得的利益份额施加了约束。当差别原则以这种方式得到应用时,它确实是一个正义原则,而不是一个关于如何最大限度地促

---

① Rawls (2001), p. 78. 参见 TJ §47。

② Rawls (2001), p. 78.

进自我利益的原则，甚至也不是简单意义上的补偿原则，因为在这种情况下，“满足差别原则的基本结构之所以奖励人们，并不是因为他们在天资分布上的地位，而是为了训练和教育他们的才能，是为了让他们发挥作用来促进其他人以及他们自己的利益”①。如果差别原则是要应用于社会基本结构，那么，在满足其他正义原则的情况下，一个合理地正义的社会就需要按照差别原则来决定人们可以正当地要求的分配份额。例如，如果社会采纳了一种由罗尔斯的正义原则来调节的自由市场经济，那么它就可以设立一种合理的税收制度，以保证低收入群体在社会合作中可以获得较大利益。当然，有才能的人们可以获得不平等的收入，但这样做是为了激励他们为提高低收入群体的利益而努力工作。② 既然差别原则本身就蕴含了一个互惠性要求，当它以这种方式得到应用时，它就已经在制度框架下禁止人们采取无视正义要求的最大化自我利益行为。

然而，这里确实留下了一个问题。作为旨在应用于基本结构的原则，差别原则与其他原则一道决定了公平分配的份额。因此，只要有才能的人们已经按照它所蕴含的那个互惠性要求来行动，他们仍然可以得到较高报酬，因为他们已经承诺在正义原则的框架内来行动。罗尔斯确实是在理想理论的框架中来处理差别原则的这种应用，也就是说，他假设人们都能接受差别原则，人们的正当期望也是由正义原则以及相关的公共规则来确定的。然而，在实际社会中，并非每个社会成员都承诺要按照差别原则所蕴含的那个互惠性要求来行动。而且，如果正义原则**在某种意义上**并不应用于人们在个人生活中的选择③，那么罗尔斯关于“激励”的说法就会产生一些模糊不清的问题。罗尔斯强调说，当有才能的人们利用自己的才能来参与社会合作时，他们所能获得(或者可以正当地指望)的利益必须以促进不太幸运的

---

① Rawls (2001), p. 75.

② 参见 Thomas Pogge (2000), “On the Site of Distributive Justice: Reflections on Cohen and Murphy”, *Philosophy and Public Affairs* 2: 137-169, especially pp. 138-141。柯亨自己实际上同意对差别原则的**制度**应用的这一解释[参见 Cohen (1998), pp. 9-10],他与罗尔斯的分歧出现在其他地方。

③ 我之所以强调“在某种意义上”，是因为在柯亨与罗尔斯(或者罗尔斯的捍卫者)的争论中，双方对于如下问题持有不同的看法：旨在应用于基本结构的正义原则究竟在什么意义上也要塑造和影响人们的个人行为？

人们的利益为前提。这种促进无须意味着最大化，不过，罗尔斯使用了"吸引"之类的说法来描述差别原则的应用。就此而论，就仍然存在一个问题：有才能的人们是否确实需要某种激励才能去促进不太幸运的群体的利益？假设他们认为，"若得不到更高的报酬，我就不愿意接受社会为了受益于境遇最不好的人们而鼓励我去承担的职位或职责"。在这种情况下，差别原则似乎就不能有效地发挥作用。进一步说，如果有才能的人们本身并不承诺差别原则所蕴含的那个互惠性要求，而是要求更高的报酬，将此作为他们决定承担社会为了受益于不太幸运的群体而鼓励他们去承担的职位或职责的根本动机，那么，即使基本结构在罗尔斯的意义上是正义的，整个社会在某种意义上可能也不是正义的。杰里·柯亨正是按照他对这个可能性的认识来批评罗尔斯。[①]

五、差别原则与激励论证

柯亨对罗尔斯的批评可以被理解为开始于一个反问：假若你是一位平等主义者，你怎么可能如此富有？这个看似简单的问题实际上有一些复杂的方面。假设人们已经生活在一个罗尔斯式的正义社会中（也就是说，他们所生活的社会的基本结构是正义的），而且都严格遵守正义原则以及相关的公共规则。在这种情况下，人们的收入或财富就表达或反映了他们在制度下具有的正当期望，因此，即使某些人具有比其他人更高的收入或财富，但是，只要这些收入或财富是在公平的制度规则下获得的，他们对这些收入或财富的拥有就不是不正义的，除非这种状况导致了道德上不可接受的压迫或支配——不过，在这种情况下，罗尔斯就有理由按照差别原则来调节他们的收入或财富。因此，在罗尔斯的理想理论的情形中，柯亨提出的问题似乎不太可能出现。当然，我们并不是生活在理想理论所描述的情形中。在实

① 在以下论述中，我仍然维护我 2001 年 5 月在哥伦比亚大学为"独立研究"课程提交的论文"制度、正义与共同体"中提出的基本观点（该文中文版收录在 2005 年出版的《自由主义、社会契约与政治辩护》中）。不过，此后出现了大量讨论柯亨对罗尔斯的批评的文献，因此，我也将借助其中某些文献来充实我原来提出的论证。

际社会中，如果并非所有人都具有罗尔斯所要求的正义感，特别是严格遵守差别原则所蕴含的那个互惠性要求，那么柯亨提出的问题就会出现。[①]

在一个（柯亨所设想的）不平等的社会中，柯亨提出的问题似乎有两个方面：第一，富人可以问"我**为什么**应当成为平等主义者？"第二，假如你确实信奉平等主义，你也可以问"我**如何**才能成为平等主义者？"在柯亨与罗尔斯的争论的语境中，第一个问题似乎并不出现，因为他们两人都具有平等主义承诺，都反对他们自己所设想的极度不平等。不过，他们不仅对平等的本质或目的持有不同观点，对于平等主义分配的目标也有不同看法。柯亨在批评罗尔斯的时候已经皈依运气平等主义，尽管我们仍然可以在其批评中看到他的早期观点的痕迹；而尽管罗尔斯相信正义的一项主要职能就在于消除或缓解道德上任意的因素对人们的生活前景所产生的差别影响，但是，他对平等主义正义持有一种比运气平等主义更加复杂的观点。[②] 此外，对罗尔斯来说，平等主义分配正义所要分配的是他所说的"社会基本善"，这是一种可以**客观地**指定的东西（罗尔斯由此避免了效用或福祉的人际比较问题），而对柯亨来说，平等主义分配正义所要分配的是他所说的"有利条件"（advantage），这是一种介于资源和福祉之间的东西，而不是资源或福祉本身。[③] 这两个主要差别不仅在某种意义上激发了柯亨对罗尔斯的批评，而且也使得他们对如何回答第二个问题提出了极为不同的设想。就此而论，柯亨对罗尔斯的批评并不像他所说的那样只是一种"内部"批评[④]，因为这个批评不仅涉及他们两人对分配正义的本质和场域的实质性理解，在根本上也关系到他们两人对平等与正义的关系所持有的不同看法。罗尔斯明确

---

① 柯亨确实是在非理想理论的情形中来批评罗尔斯，因为正如他明确指出的，他是追问在一个不平等的社会中富人究竟应该做什么。参见 Cohen (2000), Lecture 10。

② 关于这一点，参见：Normal Daniels, "Democratic Equality: Rawls's Complex Egalitarianism", in Freeman (2003), pp. 241-276; Samuel Freeman, "Rawls and Luck Egalitarianism", in Freeman, *Justice and Social Contract: Essays on Rawlsian Political Philosophy* (Oxford: Oxford University Press, 2007), pp. 111-142。

③ G. A. Cohen, "On the Currency of Egalitarian Justice", reprinted in Cohen (2011), pp. 3-43.

④ 除非他所说的"内部批评"指的是从平等主义阵营内部提出的批评，但是，这会让他的批评变得并不具有特别的针对性，因为当代几乎所有主要的政治哲学都对平等有所承诺，它们之间的主要分歧恰好是体现在它们对平等的要求的具体理解上。

地限定了正义概念所要应用的领域，即限制到他所说的“社会基本结构”；此外，罗尔斯不仅将正义的要求与一般而论的道德要求区分开来，而且也将两种社会规则区分开来——一种规则是为了确保背景正义所要求的规则，另一种规则是直接调控人们之间个别的经济交易的规则。这两个区分暗示了罗尔斯在实践领域中采取了一种“二元论立场”。与此相比，柯亨则信奉“个人的就是政治的”这一口号，认为从正义的目的来看，正义原则不能仅仅应用于社会基本结构，也应当应用于非强制性的社会结构（例如家庭）、塑造人们彼此间的态度的社会风尚以及个人选择（例如个人在职业目标或消费方面做出的决定）。[①] 在柯亨这里，分配正义具有一种比基本结构更宽广的场域。

柯亨对罗尔斯的批评大致可以总结为如下两个要点：第一，罗尔斯按照所谓“激励论证”对差别原则提出的解释表达了对这个原则的一种“歪曲”利用（柯亨并不反对差别原则本身）；第二，罗尔斯的基本结构概念是模糊的，正是这种模糊性使得罗尔斯的正义理论呈现出一些内在张力。柯亨希望通过这两个论证来确立他对分配正义所采取的一种“一元论”立场。以下我将试图表明：第一，柯亨对激励论证的批评实际上是立足于对罗尔斯的某些误解，特别是误解了罗尔斯对差别原则的根据和应用提出的解释；第二，罗尔斯的正义理论，一旦得到了恰当的澄清，并不受制于柯亨所说的“不一致性”指责；第三，在罗尔斯自己对正义理论的构想中，他有强有力的理由维护他所提出的那些重要区分。柯亨与罗尔斯之间的分歧根本上涉及他们两人对社会正义的本质和功能的不同设想。举个例说，柯亨仍然是按照他所承诺的运气平等主义观点来看待分配正义，正如他自己所说，“我坚信，只要利益的不平等既不是反映不同的人在劳动方面的努力，也不是反映人们在收入和闲暇方面的偏好和选择，而是反映种种幸运的和不幸运的环境因素，就会有分配上的不正义”[②]。与此相比，尽管罗尔斯激发了关于运气平等主义的诸多讨论，但他并不接受这种观点，而且出于自己的考虑坚定不移地将基本结构设想为正义的首要主体。因此，柯亨对罗尔斯的批评不仅不是一种“内部”批评，反而提出了一些从罗尔斯理论的观点来看令人担忧的问题。

---

① 参见 Cohen (1998), pp. 11-12, 19-20。

② Cohen (1998), p. 12.

柯亨的批评是围绕对差别原则的所谓"激励论证"展开的。这个论证的基本要点是,假若有才能的或者富有成效的人们只是拿到适度的税后工资,他们的生产积极性就不会太高,因此,与他们对自己才能的利用得到丰厚报酬的情形相比,相对贫困或境遇较差的人们的生活条件就得不到改善。这个论证往往被认为对差别原则提供了一个直接支持,因为这个原则可以被理解为具有如下含义:与实施平等的分配相比,假若实施某种不平等的分配对于改善在社会上处于不利地位的人们的生活前景来说是必要的,这种分配就可以得到辩护。① 在这个解释下,不平等的分配被理解为对于**激励**有才能的人们为社会合作做出更大贡献来说是**必要的**。在柯亨对激励论证的解释下,差别原则意味着,"当且仅当有才能的人们得到了比日常工资更高的工资,而且他们在这种情况下额外生产出来的东西的一部分可以被用来服务于境况更差的人们时,他们才会生产他们否则就不会生产出来的更多东西"。② 不难看出,柯亨按照激励论证对差别原则的解释实际上不同于罗尔斯自己的解释:第一,尽管罗尔斯和柯亨都同意差别原则旨在调节道德上可允许的不平等,但是,与柯亨不同,罗尔斯并没有将获得额外报酬看作有才能的人们决定按照差别原则来行动的**充分必要**条件;第二,罗尔斯确实强调不平等的分配必须受益于每一个人,特别是首先受益于境遇较差的人们,换句话说,任何能够得到辩护的不平等都必须满足差别原则的要求,但是,他并没有**明确地**认为,要求额外报酬是有才能的人们按照差别原则来行动的意图或动机——他只是明确指出,当人们用有益于不利地位的人们的方式来训练和利用自己才能时,他们应当得到某种补偿,以此弥补他们在教育和训练付出的成本和努力;第三,这种补偿是正义的制度决定给予他们的,而不是他们为了让不太幸运的人们获益而提出的"要挟",就好像他们是在说,"若不给我额外报酬,我就不会为不太幸运的人们做贡献"。③ 这产生了下面要讨论的一个问题:在柯亨对差别原则的解释下,差别原则的应用如何符合罗尔斯提出的一个主张,即差别原则体现了传统意义上的"博爱"或者

---

① 参见 Cohen (2008), pp. 28-29。

② Cohen (1998), p. 6.

③ 柯亨很认真地把按照激励机制来论证差别原则比作一种"绑架"。参见 Cohen (2008), pp. 38-41。

罗尔斯所说的"互惠性要求"？柯亨认为罗尔斯的理论在这里显示出某种不一致。然而，问题在于罗尔斯自己是否能够接受柯亨对差别原则提出的解释。为了公正地对待柯亨，我们不妨先来看看他对激励论证进一步提出的论述。

按照柯亨的说法，导致不平等的激励之所以必要，是因为只有在这种激励下，有才能的人们才会努力工作，他们通过利用自己才能在社会生产活动中产生的盈余才会改善处于不利地位的人们的生活条件。这个论证所隐含的核心主张是，一旦这种激励被取消，有才能的人们就不会努力工作，甚至不会接受社会迫切需要他们去承担的职责。柯亨论证说，在这种解释下，对差别原则的激励论证就会导致罗尔斯陷入一个困境。[①] 为了便于分析，我们需要引用柯亨自己对这个困境的表述：

> 有才能的人们或是确认差别原则，或是不确认这个原则。也就是说，他们或是相信，如果不平等对于改善境况不佳的人们的状况不是必要的，那么不平等就是不正义的；或是不相信改善境况不佳的人们的状况是正义的一个要求。假若他们不相信这一点，他们所生活的社会在罗尔斯的意义上就不是正义的，因为在罗尔斯看来，只有当社会成员自己确认和维护正确的正义原则时，社会才是正义的。在有才能的人们自己并不接受差别原则的社会中，差别原则可以被用来辩护政府对其中的不平等的宽容或促进，然而，这样一来，它是在某些社会成员（那些有才能的成员）并不与其他成员分享同一个共同体的社会中来辩护一项不平等的公共政策。……这不是差别原则在一个正义的社会中[应当]发挥作用的方式，因为按照罗尔斯对"正义的社会"提出的说法，我们可以将正义的社会和正义的政府区别开来，后者将正义的原则应用于这样一个社会，在其中，社会成员本身可能并不接受那些原则。[②]

柯亨所说的"困境"大概是这样的。一方面，如果有才能的人们自己确认差别原则，即认为只有当不平等能够改善境遇较差的人们的生活条件时，不平等才能得到辩护，那么他们就不需要这种激励了。他们之所以不需要

① Cohen (1998), pp. 7-12; Cohen (2000), pp. 124-128.

② Cohen (1998), p. 8.

用额外的报酬或高工资来激励自己按照差别原则的要求来行动，大概是因为他们已经“内化”了这个要求，因此就把满足这个要求看作他们**在某种意义上**自然而然地应当做的事情。[①] 柯亨声称，在这种情况下，按照激励的观念来论证差别原则不仅是多余的，而且也是误导性的，因为只要人们已经承诺了差别原则，他们似乎就不需要按照激励来辩护差别原则的应用。另一方面，如果有才能的人们并不相信差别原则表达了正义的要求，那么他们所生活的**社会**在罗尔斯的意义上就不是正义的，因为按照柯亨对罗尔斯意义上的“正义社会”的解释，只有当所有社会成员都确认正义原则并按照这些原则来行动时，社会才是正义的。但是，如果至少某些有才能的人不相信差别原则，那么他们所要求的激励就只是表达了在正义和自我利益之间的一种妥协。在这种情况下，差别原则的应用就受到了“歪曲”。柯亨进一步指出：“只有当有才能的人们的态度与差别原则本身的精神背道而驰时，这个原则才能被用来辩护那种诱导不平等的绩效奖金：假若他们自己旗帜鲜明地承诺了差别原则，他们就不会需要特殊激励。”[②]

按照激励论证，高工资或者某种额外补偿对于有才能的人们满足差别原则的要求来说是必要的。但是，正如我们已经看到的，罗尔斯似乎并没有用这种方式来辩护差别原则或设想差别原则的应用。罗尔斯引入差别原则，是为了更明确地阐述他对正义的“一般设想”。按照这个设想，社会与经济不平等“要被合理地指望对所有人都有好处”，差别原则只是更明确地指出，“当且仅当境遇较好者的较高期望是作为一个改进最少获利者的期望的计划的一部分而发挥作用时，它们才是正义的”(TJ 65)。罗尔斯对差别原则的最终表述(TJ 72)也表达了类似观念。这两个表述都没有明确断言差别原则所允许的不平等对于受益于境遇较差的人们来说是必要的。罗尔斯反而强调说，至少在如下意义上，差别原则是“一个正义原则，而不是对任何特定群体的自我利益的诉求”[③]：差别原则旨在调节人们在天资(以及他们在此基础上发展出来的能力)上的不平等对他们的生活前景所产生的影响，

---

① 我之所以强调“在某种意义上”，因为我们目前仍然不清楚这个要求是应该被理解为正义的要求还是一般而论的道德要求，例如慈善的要求。我将在后面处理这个问题。

② Cohen (2008), p. 32.

③ Rawls (2001), p. 72.

正是因为这种影响是由道德上任意的因素产生的,它们才需要用正义来纠正或缓解,或者以某种方式变得“中立”,例如通过将自然资质的分布作为共同资产来利用。在罗尔斯看来,人们对天资的拥有只是一个自然事实,既说不上是正义的,也说不上是不正义的。但是,社会合作可以改变这个事实的地位。既然天资的分布是道德上任意的,在社会合作的情境中,自然资质的利用就要受益于所有人,特别是而且首先是那些境遇最差的人。罗尔斯显然将这个主张看作是自然资质**在正义的制度下**能够被正当使用的一个必要条件。而且,也主要是出于这个考虑,罗尔斯才认为差别原则包含了一个互惠性要求。当他偶然提到“补偿”之类的说法时,他实际上指的是弥补人们为了适当地利用自己才能而在教育和训练方面付出的成本(参见 TJ 277),或者弥补他们在特定职位上所承受的特殊负担。在这种情况下,有才能的人指望获得这种弥补并不是不合理的或不正当的,因为这种期望本身就属于罗尔斯所说的“正当期望”,是公共规则承诺要给予他们的。实际上,这个期望适用于一切有兴趣利用自己才能或者决定承担特殊职责的人们,正如他后来所说:

> 在公平正义观中,分配是按照正当的主张和应享的权益发生的。这些期望和权益是由社会合作体制的公共规则来明确规定的。……在工资和薪酬上达成协议并遵守协议的人们,按照规定,可以正当地指望在协议时间内通过协议达成的份额。个人所获取决于规则和协议说他们有资格获得的东西;个人有资格获得的东西取决于其所作所为。……离开了对合作体制进行明确规定的公共规则,就没有正当期望和权益的标准。正当期望和权益总是立足于这些规则。在这里,我们当然假设这些规则符合两个正义原则。只要基本结构满足了这些原则的要求,只要一切正当期望和权益都得到兑现,结果得到的分配就是正义的,无论它是什么。①

因此,至少从**制度**的观点来看,罗尔斯并未声称,高工资或额外报酬对于“激励”有才能的人们按照差别原则来提高境遇较差的人们的生活前景来说是必要的。

---

① Rawls (2001), p. 72.

不管罗尔斯自己是否按照激励机制来论证差别原则，柯亨通过激励论证对罗尔斯的批评很大程度上是来自他对罗尔斯的一个主张的理解，即关于个人应得的主张在分配正义中没有地位。但是，我们已经看到，罗尔斯实际上并没有简单地否认广泛意义上的应得概念，而是将它转变为一种符合正义要求的正当权益的概念。如果给予人们高报酬是为了弥补训练和教育的成本或者补偿他们所承受的特殊负担，那么补偿性激励未必会产生道德上不允许的不平等。只有当要求高工资或额外报酬的激励措施不符合差别原则的要求时，柯亨对罗尔斯提出的问题才会出现。如果一个人一方面承诺要**为了**改善境遇较差的人们的生活条件而努力工作或承担某个职责，另一方面又把**要求**高报酬作为努力工作或决定承担职责的前提，那么其行为就不符合他自己对差别原则的承诺。[①] 但是，对罗尔斯来说，给予有才能的人们以柯亨所说的额外报酬本身就是**制度正义**的一个要求，也就是说，这种报酬本来就是满足罗尔斯的正义原则的制度决定给予他们的公平份额。然而，柯亨指责说，罗尔斯对差别原则的表述跳跃在对该原则的两种解释之间，但他自己并未意识到这两种解释是不相容的：

> 罗尔斯说，如果不平等对于改进最不利地位者的状况来说是必要的，那么不平等就是正义的。在提出这个主张时，他究竟只是在支持那种不需要考虑人们的意图、对于获得指定目的来说必要的不平等，还是（或者也是）在支持有才能的人们在缺乏对平等的承诺并由此决定行动的时候所需的不平等？在这里，我们面临对差别原则的两种解释：按照**严格的**解释，假若不平等严格地说是必要的，也就是说，在不考虑人们的选择意图的情况下是必要的，差别原则才把不平等看作是必要的。按照**宽松的**解释，差别原则也认可与意图相关的必要性。因此，举个例说，如果为了改善境遇较差的人们的生活状况就需要某种不平等，但前提是，有才能的生产者就像自我利益的市场最大化者那样发挥作用，那

① 参见 Cohen (2001), pp. 155-158，在这里，柯亨以一个声称自己具有平等主义承诺的富人为例来说明这一点。

么这种不平等就得到了对差别原则的宽松解释而不是严格解释的认可。[①]

简单地说，在所谓“严格解释”下，额外报酬被理解为**客观上**必要的，也就是说，对于补偿特殊负担或辛勤劳动来说是必要的。即使罗尔斯并没有明确地将激励的概念与差别原则的应用联系起来，但他可以确认额外报酬在如下意义上是“必要的”：这种报酬反映了有才能的人们在公平的社会合作中做出的努力，以及他们为了培养或训练自己的才能而付出的成本。在这种情况下，从**制度**的观点来看，我们就没有理由认为，向有才能的人支付高工资必定会导致道德上不可接受的不平等，因为他们获得的额外报酬被认为符合正义原则以及更加具体的公共规则。柯亨自己也不反对差别原则在“严格解释”下的应用，因为在这种解释下，在一个由差别原则来制约的社会中，所有人都全心全意地遵守这个原则，确保自己的行为在差别原则（以及其他正义原则）所规定的意义上是正义的。换句话说，在柯亨所说的“严格解释”下，差别原则不只是要用于社会基本结构，也要用于人们的日常生活（包括他们的个人选择）。[②] 柯亨所要批评的是差别原则在所谓“宽松解释”下的应用。在这种解释下，高工资被认为是**主观上**必要的，即对于激励有才能的人们努力工作来说是必要的，不管他们是不是**为了**改进境遇较差的人们的生活状况而要求高工资。如果他们强调自己应当获得高工资，但又不认为这样做是为了改善境遇较差的人们的生活状况，那么不可辩护的不平等就会产生。柯亨想要表明的是，“罗尔斯[也]把那种相对于有才能的人们的意图来说才是必要的不平等看作对于差别原则来说是可接受的”，因此“他就确认了宽松解释下的差别原则”。[③] 在柯亨看来，这是对差别原则的一种“歪曲”利用。下面我将试图表明，罗尔斯**并没有**在柯亨所说的“宽松解释”下来应用差别原则，因此他对差别原则的辩护和应用实际上都是一

---

① Cohen (2008), pp. 68-69. 但是，我不明白为什么严格解释必定排除按照意图来理解行为和选择的必要性。这个区分显然不是取决于一个人在应用差别原则时**是否**有一个意图，而是取决于他在这样做时有**什么**意图。

② 实际上，在柯亨看来，当差别原则以他所设想的这种方式得到应用时，正义的制度与正义的社会就是一致的。然而，罗尔斯并不认为正义原则应当以柯亨所设想的这种方式得到应用。稍后我将讨论这个问题。

③ Cohen (2008), p. 69.

致的。

对罗尔斯来说，只要在柯亨所说的激励机制下产生的不平等分配满足了差别原则的要求，这种分配就可以得到辩护。然而，在柯亨看来，这个想法“比罗尔斯主义者所假设的更成问题”。[①] 柯亨论证说，既然罗尔斯拒绝按照日常意义上的个人应得或者诺奇克所说的“应得权”(entitlement)之类的东西来辩护不平等，他就只能依靠激励机制来辩护不平等[②]；在这种情况下，当差别原则被用来辩护不平等时，它就不能满足柯亨所说的“全面辩护”(comprehensive justification)要求，或者用柯亨自己的话说，“只有在人际关系缺乏某种共同体特征的社会中，激励论证才能辩护不平等”。[③] 因此，按照激励论证对差别原则及其应用的辩护就只能以牺牲一个“具有辩护作用的共同体”为代价。为了恰当地评价柯亨在这方面对罗尔斯的批评，我们需要简要地考察一下他的论证。

与罗尔斯对“社会”或“社会合作”提出的论述相比，柯亨其实并没有对“共同体”这个概念本身提出任何令人满意的说法。[④] 但是，他按照所谓“人际检验”(interpersonal test)对一个“具有辩护作用的共同体”的论述则暗示了他对“共同体”的某种过于理想化的设想。柯亨声称，用来辩护公共政策或正义原则的论证必须满足全面辩护的要求。大致说来，当社会成员按照社会推行的某项政策或某个正义原则来行动时，只有当每一个成员的行为实际上都得到辩护时，这项政策或这个原则才能得到全面辩护。当每一个成员相对于这项政策或这个原则所采取的行为彼此得到辩护时，这项政策或这个原则就通过了人际检验。换句话说，通过人际检验是一项政策或一个原则得到全面辩护的必要条件，而一个具有辩护作用的共同体就是满足了全面辩护要求的共同体。

---

① Cohen (2008), p. 32.

② 对于罗尔斯来说，柯亨提出的这个说法在双重的意义上是错误的：第一，罗尔斯并不否认一种符合正义要求的应得，即他所说的“正当期望”，因此他实际上无须按照柯亨所说的激励来辩护不平等，正如我们已经看到的；第二，罗尔斯并没有将有才能的人们设想为自我利益最大化者，而柯亨在他对罗尔斯的批评中做出了这个假设，因此其批评并不忠实于罗尔斯自己对差异原则及其应用的论述，正如我们即将看到的。

③ Cohen (2008), p. 47.

④ 参见 Cohen (2008), pp. 43-46。

现在，柯亨试图表明，如果罗尔斯必须按照激励机制来设想差别原则的应用，那么差别原则就不能满足全面辩护的要求。假设有才能的人对境遇较差的人说，“若将个人所得税从目前的40%提高到60%，我肯定就不会像以往那样努力工作，这样一来，你的生活状况就会变得更糟”。为了维护目前的生活状况或者改进未来的生活条件，境遇较差的人可能就不得不接受有才能的人提出的要求——按照柯亨的类比论证，这就类似于孩子受到绑架的父母为了拯救孩子而不得不答应绑匪的要求。柯亨承认：“激励论证的确向贫困者提供了一个理由来接受该论证所推荐的不平等，因为贫困者可以将如下说法看作是既定的：富人决心维持让激励论证起作用的意图。”[①]换句话说，只要富人决意维护他们对高工资的要求，只要满足他们的要求对于改善贫困者的生活状况来说是必要的，贫困者就只能答应他们的要求。不过，富人需要为施加激励论证所捍卫的那种不平等提供一个辩护。柯亨现在承认，假若有才能的人们是因为他们所承担的特殊负担或者因为教育或训练方面的成本而要求额外补偿，那么这种补偿就是道德上无可非议的。实际上，他承认补偿人们所承担的特殊负担本身就是平等的一个要求，“因为当我们比较人们的物质生活状况时，我们不仅需要考虑他们得到的收入，也需要考虑他们为了得到这份收入而必须做的事情”。[②] 然而，如果有才能的富人不是按照他们所承担的特殊负担来辩护不平等，那么他们是按照什么来辩护他们所施加的那种不平等呢？有才能的富人或许坚持认为，“只要个人所得税从目前的40%提高到60%，我们就**不愿意**继续工作”。既然他们并不认为他们是由于付出了巨大努力而应该得到高收入，也不是因为他们对社会生产力做出了更大贡献而值得拥有更多的收入，他们可以用什么来辩护他们在所得税提高的情况下决定干得更少的意图呢？除了以“若不向我们提供高工资，你们这些贫困者的生活状况就会变得更差”作为要挟外，他们似乎无法辩护他们所提出的主张。正如柯亨正确地指出的，这确实

---

① Cohen (2008), p. 60.

② Cohen (2008), p. 56；亦可参见 Cohen (2008), p. 103。值得指出的是，这个观点实际上符合罗尔斯在所谓“严格解释”下对差别原则的应用，因为罗尔斯并不否认，在差别原则本身就体现了正义的要求的意义上，差别原则的应用是**客观上必要的**(尽管他并未使用这个说法)。

是对差别原则的一种歪曲利用。柯亨在其论证中假设，对有才能的富人多征收20%的个人所得税实际上并不会严重削弱他们的生活条件，例如，他们至多只是在奢侈消费方面受到一点限制。当他们声称“若将个人所得税提高20%，我们就不愿像以往那样工作”时，这里所说的“不愿意”大概只是相对于他们已经形成了奢侈消费习惯而论的——也就是说，他们只是不愿意放弃自己的奢侈消费习惯。柯亨进一步论证说，习惯并不是不可改变的，而且，虽然每一个人都有权在某种合理的程度上追求自我利益，但是，有才能的富人在提出那个主张时，他们对自己利益的极度关注“似乎不可能辩护在奢华和贫困之间的现存对比”①。

柯亨由此认为，在他所设想的情形中，激励论证通不过他所说的人际检验，而只要差别原则的应用必须依靠激励论证，差别原则就不可能得到全面辩护。在这种情况下，差别原则的应用至多只是表达了“正义和个人利益之间的一种可理解的妥协”②，而不是反映了平等的真正要求，因为说一个人是平等主义者就是说，“只要存在着境遇不好的人，他就会应用差别原则，并相信在这种情况下差别原则要求平等本身”③。对柯亨来说，当有才能的人们按照激励论证来应用差别原则时，他们实际上是抱着不平等的态度来应用这个原则。正是在这个意义上，对不平等的激励论证表达了对差别原则的歪曲利用——这种应用不仅不会导致一个平等的社会，反而会产生社会分裂，或者至少会在两个群体(有才能的人们构成的群体和境遇较差的人们构成的群体)之间产生对立，并由此使得整个社会丧失共同体意识，因为“当差别原则被用来辩护有才能的人们的激励性报酬时，他们必须被认为不属于维护这个原则的共同体”④。

柯亨的论证提出了一个重要问题：正义原则或公共政策为什么必须满足柯亨所说的全面辩护要求？在处理这个问题之前，我们需要看看罗尔斯自己是否确认柯亨赋予他的那种对差别原则的“宽松解释”。很明显，假如柯亨想要利用激励论证来批评罗尔斯，他就必须表明罗尔斯也在他所说的

① Cohen (2008), p. 62.

② Cohen (2008), p. 71.

③ Cohen (2008), p. 34.

④ Cohen (1992), p. 269.

"宽松解释"下来应用差别原则，也就是说，罗尔斯认为激励的观念对于差别原则的辩护和应用来说也是**主观上**必要的。这样一来，柯亨的批评是否成功就取决于如何理解"主观上必要"这个说法。一方面，如果有才能的人们承诺了差别原则，那么，就像柯亨所强调的那样，他们就没有理由面对面地要求激励性报酬；另一方面，假若他们是由于自己从事的工作的性质而获得额外报酬，那么给予他们额外报酬（实际上，对罗尔斯来说，某种补偿）本身就是罗尔斯的正义原则所规定的一个要求。罗尔斯有时候确实提到高工资对于"吸引"有才能的人们承担某些职责来说是必要的，不仅因为人们在职业选择上可以有自己的偏好，更重要的是因为：人们除了从事职业工作外还有自己的个人兴趣，或者具有其他方面的生活计划，而为了承担社会迫切需要的某些职位或职责，一个人可能就需要在其他方面做出牺牲。因此，从制度的观点来看，罗尔斯所说的这种"吸引"很难说就是有才能的人们**从自己的个人观点**提出的要求，即表达了柯亨所说的"相对于意图而论的必要性"。当然，假如这种"吸引"是通过某种形式的激励来实行的，激励当然可以在人们那里形成一种心理期望。这种期望实际上很难与制度对差别原则的应用区分开来，因为任何政策的实施都是以人们的心理为中介的，特别是在这样一项政策需要得到社会成员认可的情况下。在罗尔斯这里，差别原则产生了一种特定的制度安排，即在满足平等自由原则和公平的机会平等原则的情况下，对各种社会职位的安排要让每个社会成员获益，特别是要让境遇最差的人们获得最大的期望利益。在这种制度安排下，公共规则按照人们对社会合作做出的贡献给予他们可以正当地期望的东西，例如各种薪酬。如果薪酬安排本身就反映了人们在职业方面的期望，那么柯亨所说的激励就很难与人们对薪酬的期望区分开来。① 实际上，只要制度安排在罗尔斯的意义上是正义的，柯亨称为"激励"的那种东西不外乎就是人们**在心理上**所持有的正当期望。真正的问题并不在于有才能的人们是否要求激励性报酬，而在于他们这样做是否符合正义的要求。

---

① 在这里，值得指出的是，我不是在说薪酬安排与人们的期望之间的联系总是满足正义的要求。很多人都不会认为影视明星动辄要求几千万的片酬是正义的，或者，他们至少认为支配影视业的市场体制本身在道德上是成问题的。我在这里只是在描述一个心理事实。

罗尔斯其实想要表明的是，差别原则的应用对于改进境遇较差的人们的生活前景是客观上必要的。如果罗尔斯所说的"补偿"或者柯亨所说的"激励"对于改进境遇较差的人们的生活前景是必要的，那么它们在罗尔斯的意义上也是客观上必要的。如前所述，柯亨并不否认将差别原则应用于特殊负担的情形，这就是说，只要有才能的人们承受了特殊负担，他们对"激励"或"补偿"的适当要求不仅不是不正当的，反而体现了平等的要求。然而，在讨论差别原则在"宽松解释"下的应用时，柯亨之所以认为有才能的富人不能向贫困者辩护其主张，显然是因为他将前者设想为自我利益最大化者——按照他的描述，只要有才能的富人能够**成功地**要挟贫困者，他们就绝不会在提高个人所得税方面做出妥协。正是在这个意义上，他们并不与贫困者分享同一个"具有辩护作用的共同体"。为了能够分享这样一个共同体，社会成员必须按照能够获得全面辩护的原则来引导自己的生活。实际上，在柯亨看来，"没有任何其成员本身明确地承诺了差别原则的社会，需要利用特殊激励来激发有才能的人们"[①]。如果对特殊负担的补偿(或者为了"吸引"人们承担特殊负担而提供的激励)本身就反映了平等的要求，那么柯亨所说的"特殊激励"必定是指一种相对于个人意图的激励，例如境遇较差的社会成员由于害怕有才能的人们不再像以往那样努力工作而被迫答应给予他们的高工资。对柯亨来说，有才能的富人就是这样一些人：只要可能，他们就会抓住一切机会最大化自己的自我利益。当然，他们可以是理性的利己主义者，比如说，只要他们发现他们作为一个群体提出的要求不可能取得成功，例如会被境遇较差的人们所拒斥、从而拒绝与他们合作[②]，他们就会做出必要的妥协或让步。但是，这不会改变他们是自我利益的最大化者这个事实。

很不幸，当柯亨按照"自我利益最大化者"这一概念来批评差别原则在"宽松解释"下的应用时，这种解释并不是罗尔斯自己所采取的。正如前面

① Cohen (2008), p. 68.

② 内格尔已经表明，如果穷人发现，富人向他们提出的一个原则尽管可以在某种程度上让他们受益，但根本上说仍然是不公正的，那么他们就可以拒绝接受这个原则。参见 Thomas Nagel, *Equality and Partiality* (New York: Oxford University Press, 1995), chapter 7。

所表明的，罗尔斯明确认为差别原则本身就体现了一个互惠性要求，甚至用制度正义的方式体现了传统意义上的“博爱”。至少在理想理论的情形中，罗尔斯从来就没有说差别原则允许有才能的人们采取“自私自利的最大化”行为。从上一部分的分析中不难看出，罗尔斯的正义原则以及他所设想的最低限度的社会供给旨在引导制度设计和调节制度运作。当然，罗尔斯很可能依靠一种市场经济体制来决定人们在经济利益方面的分配，但是，这种体制本身应该满足其正义原则的要求。例如，差别原则并不是被静态地使用的，也就是说，在社会合作一开始的时候，就用一种固定不变的方式来制约经济制度的运行，而且也是动态地调节经济制度的运行。只要差别原则运用得当并满足公共辩护要求，它就可以阻止或防止纯粹自由市场经济可能导致的严重不平等。由此看来，在罗尔斯那里也不存在柯亨所说的那个问题：“如果罗尔斯所设想的公民在‘日常生活’中是‘根据’一个将主要关注焦点指向境遇较差的人们的原则来行动，他们怎么可能会像最大化激励的寻求者那样行动呢？”[①]不管差别原则在实际世界中如何得到应用，它本来就旨在**通过制度**来约束人们对自我利益的无限制的追求。这其实也是罗尔斯在按照原初状态设施来辩护差别原则时旨在表明的。事实上，甚至从霍布斯式的契约论程序中得出的任何原则，也不会允许人们无限制地追求自我利益，更不用说罗尔斯的差别原则了。因此，柯亨的批评至多只能适用于非理想理论的情形。倘若如此，他就应该更加关注罗尔斯在《正义论》第三部分中提出的论述，但他似乎有意忽视了这个部分。

在罗尔斯对正义的建构中，他明确地认识到人们持有不同的利益，具有不同的价值观——对他来说，这是人类生活的一个基本事实。正义的一个主要目的就是在承认这个事实的基础上来维护社会合作的稳定性和持续性。因此，不论是在罗尔斯那里还是在斯坎伦那里，为了通过柯亨所说的“人际检验”或者某种类似检验，人们都必须已经具有基本的道德意识或者罗尔斯所说的正义感，否则他们甚至无法意识到利益或价值的冲突是需要调解的。我们无法设想，在一个人人都强调自我利益或者坚持自己价值观而毫不妥协的社会中，他们能够满足柯亨的全面辩护要求。在罗尔斯用来选择正义原则的原初状态设施中，人们（或者他们在原初状态中的代表）并

① Cohen (2008), p. 75.

不是追问在对某个原则的服从是否可以成为获得其目的的有效手段，而是在追问接受或拒斥那个原则是不是合情合理的。[①] 在原初状态设施中，人们不会选择无限制地最大化自我利益的原则。这意味着，只要人们已经具有罗尔斯所说的正义感，任何自我利益最大化者（包括柯亨所设想的有才能的富人）提出的要求都不会通过罗尔斯意义上的公共辩护。在这种情况下，并不存在柯亨所说的差别原则"受到歪曲利用"的问题，因为差别原则并不像他所说的那样体现了"在正义和自我利益之间的一种可理解的妥协"，反而是要用一种与正义相一致的方式来规定不平等补偿的要求必须满足的条件。实际上，按照我们到目前为止对差异原则提出的解释，罗尔斯**自始至终**都是这样来设想和应用差别原则的，因此他无须接受柯亨提出的批评：激励论证表达了罗尔斯对差别原则的歪曲利用。

当然，这不是要否认差别原则确有可能会受到柯亨所说的那种"歪曲利用"：**如果**差别原则的根据就在于他所说的"相对于意图而论的激励"，那么有才能的富人就可以利用差别原则来辩护他们对高报酬的要求。然而，我们已经看到，罗尔斯自己并没有用这种方式来设想差别原则的辩护和应用。在我看来，柯亨与罗尔斯的根本分歧，并不是体现在差别原则可能得到应用的方式上，而是体现在他们对平等主义正义的根本目标或要求的理解上。柯亨要求一个更加"平等"的社会，例如有才能的社会成员并不要求按照激励来应用差别原则的社会——实际上，按照他自己的说法，"当差别原则被用来调节一个其成员本身就接受该原则的社会的事务时，几乎就没有任何严重的不平等。……[所有社会成员]对差别原则的确认意味着正义要求（实际上）无限制的平等本身"[②]。与此相比，罗尔斯则强调一个更加"公平"的社会（尽管在罗尔斯这里，公平并非与平等无关），认为差别原则的制度应用本身就体现了他所说的"公平正义"的要求。如果所有社会成员都全心全意地承诺了差别原则（或者任何用来界定平等主义理想的其他原则），他们当然就已经生活在同一个"具有辩护作用"的共同体中。在这种情况下，不

① 对这一点的进一步论述，参见 Joshua Cohen, "The Original Position and Scanlon's Contractualism", in Timothy Hinton (ed.), *The Original Position* (Cambridge: Cambridge University Press, 2015), pp. 179-200。

② Cohen (2008), p. 119.

平等是否能够得到辩护的问题根本就不会出现，因为他们被假设已经生活在一个平等主义社会中，不管我们如何具体地设想这样一个社会。

只有在一个实际上并不平等的社会中，才会出现某种形式的不平等是否可以得到辩护的问题。但是，这种辩护取决于一个预置的平等主义基准，也就是说，取决于我们对"平等究竟在于什么或要求什么"的某种理解。尽管罗尔斯相信平等的价值，但他并不认为，在构想一套用来制约政治生活的正义原则时，平等是我们需要考虑的唯一价值。在上一部分中我们已经看到，罗尔斯对差别原则的最终表述整合了帕累托优化原则，而后者是一个关于效率的原则。罗尔斯对正义原则的建构其实也整合了其他方面的考虑，例如关于社会合作的稳定性和持续性的考虑。与此相比，柯亨则至少将平等的价值置于首要地位，以至于认为只要所有社会成员都承诺了差别原则，有才能的人们就无须通过诉诸任何特殊的激励来满足这个原则的要求。如果这里所说的"特殊激励"并不包括人们在公共规则下所持有的正当期望，那么罗尔斯当然会接受柯亨的主张。然而，在柯亨看来，差别原则的**制度**应用对于缓解不平等做出的贡献，对于实现一个平等主义的社会来说远远是不够的。只要有才能的人们仍然是按照他所说的"特殊激励"来应用差别原则，这种应用就绝不可能导致一个平等的社会，因为用这种方式来应用差别原则意味着那些人仍然是抱着一种**不平等**的态度来应用这个原则，而这个事实就表明他们本身缺乏一种共同体意识。柯亨由此认为，为了切实生活在一个具有平等主义观念的社会中，人们就需要用他所说的"平等主义社会风尚"(egalitarian ethos)来教育、训练和引导他们在日常生活中的个人选择。柯亨所说的"社会风尚"大致可以被理解为一套在社会上流行的偏好和态度，这些偏好和态度与人们对一种有价值或有吸引力的生活方式的看法有关，因此就可以对人们的行为或选择产生影响。因此，当柯亨说社会正义要求人们具有一种平等主义社会风尚时，他的意思是说，为了充分地实现他所设想的那种平等，整个社会就需要具有一种绝对平等的意识和动机。

柯亨与罗尔斯之间的真正分歧因此就归结为如下问题：在非理想的社会条件下，正义究竟要求什么？例如，正义是否要求人们将正义原则贯穿到生活中的各个层面或所有方面，包括日常生活中的个人选择？正如我们即将表明的，罗尔斯有强有力的理由抵制这种设想社会正义的方式。不过，在阐明这一点之前，让我首先指出，罗尔斯并不否认正义原则至少在一种意义上与个人选择有关或者说能够影响个人选择:作为应用于制度的规则,差别原则要用来设计社会制度并通过恰当的制度安排调节背景正义,而只要一个人具有基本的正义感,他当然就要在个人生活中遵守这个原则以及相关的公共规则,例如严格遵守差别原则规定的税收要求,不在这方面弄虚作假。他所要承担的**正义**的责任首先是支持和维护正义的制度安排的责任。尽管这是一种针对制度的责任,但它确确实实是在个人生活中、通过个人行为体现出来的。然而,柯亨论证说,在一个本来就不平等的社会中,差别原则在他所说的"宽松解释"下的应用会导致一个不受欢迎的结果——正义的**制度**未必会导致正义的**社会**。这是一个看似有点古怪的结论,因为如果正义要求社会基本结构的设计必须保证相关的制度安排能够有效地促进指定目标,例如确保境遇最差的社会成员具有最大的期望利益,那么正义同样要求人们在个人生活中至少不要采取任何有害于这个目标的行为,即使正义不要求人们在日常生活中通过**个人选择**来最大化这个目标。这其实就是罗尔斯自己的观点。然而,柯亨试图进一步表明,在一个正义的结构**内部**,个人既可以做出正义行为,也可以做出不正义行为,因此"仅凭纯粹结构性手段是不可能获得分配正义的"[①]。更确切地说,"一个社会的正义并不是完全取决于其立法结构及其法律上所要求的规则,而且也取决于人们在这些规则中做出的选择"[②]。虽然柯亨错误地将所谓"宽松解释"赋予罗尔斯,但是,他现在提出的主张值得认真对待——假如他在这方面的论证成立,罗尔斯的正义理论就会受到严重挑战。在下一章中,我希望表明罗尔斯同样有思想资源回应和拒斥柯亨的挑战。

---

① Cohen (1998), p. 13.

② Cohen (2008), p. 123.

第七章　基本结构与责任分工

在前一章，我们已经考察了罗尔斯对正义的一般设想及其对差别原则的解释和辩护，我们也由此引入杰里·柯亨针对差别原则的应用对罗尔斯提出的批评。为了充分地回应柯亨的批评，我们还需要进一步审视罗尔斯对基本结构的重要性及其与背景正义的关系的论述。罗尔斯与柯亨的主要分歧不仅在于他们两人对平等的本质持有不同的理解，也在于他们对实现平等主义分配正义的方式具有截然不同的设想。大致说来，柯亨相信平等应当被设想为一个支配全部社会正义领域的单一目标，而罗尔斯则持有一种责任分工的观念，反对对平等采取一种简单化或同质化的理解。本章将进一步阐明罗尔斯对基本结构与背景正义之关系的论述，在此基础上表明制度分工和道德分工的观念在罗尔斯的理论中的根本重要性，并尝试将互惠性概念解释为罗尔斯的辩护理论的核心基础。我相信，对罗尔斯的理论的这些阐释和发展足以反驳柯亨所倡导的那种一元论的正义观并澄清他对罗尔斯的某些重要误解。

一、基本结构与背景正义

柯亨将“正义的社会”与“正义的分配”区分开来。对他来说，一个正义的社会就是其成员确认正确的正义原则并切实按照这些原则来行动的社会，而正义的分配（即在分配上的正义）则在于在利益和负担方面实现一种大体上满足平等主义要求的分配。[①] 柯亨对平等主义正义的目标的设想确

① G. A. Cohen, *Recusing Justice and Equality* (Cambridge, MA: Harvard University Press, 2008), pp. 127-128.

实不同于罗尔斯的设想。不过，若不考虑两人在这个问题上的分歧，柯亨通过利用激励论证对罗尔斯的批评旨在表明，分配正义既要考虑结构性手段又要考虑个人选择。柯亨由此论证说，只有通过用一种平等主义的社会风尚来教育、训练和引导个人选择，才能实现一个真正平等的社会，也就是说，制度正义与柯亨所设想的社会正义才会保持一致。[①] 柯亨自己预测到，罗尔斯的捍卫者可能会论证说（这就是柯亨所说的"基本结构异议"）："将关注焦点放在有才能的生产者在日常经济生活中的姿态上是不合适的，因为他们的行为是在社会基本结构内部出现的，并不决定社会基本结构，而差别原则只是应用于社会基本结构。"[②]罗尔斯自己相当明确地指出，差别原则"是要应用于正式公布的公共法律和章程体系，而不是特殊的交易或分配，也不是个人和社团的决定，而是这些交易和决定所发生的制度背景"（TJ 283）[③]。当柯亨说到人们在基本结构内部做出的选择时，他并不包括人们在是否要遵守基本结构的规则方面所做的选择，而是指在人们这些规则所规定的范围外可能做出的选择。如果人们做出了不符合这些规则的选择，那么他们的选择（或者相应行为）从制度的观点来看当然是不正义的。不过，按照柯亨对激励论证提出的说法，即使所有社会成员都严格遵守差别原则**在制度上**提出的要求，例如严格按照差别原则所规定的收入税制交税，但是，只要有才能的富人自身并不承诺某种平等主义社会风尚，他们最大化自己利益的行为仍然会导致道德上不可接受的不平等，从而严重地破坏了与制度正义相比较的**社会**正义。如果罗尔斯本来就旨在将差别原则应用于基本结构，那么，按照假定，既然有才能的富人做出的选择不可能影响基本结构本身，这种选择就不是差别原则打算谴责的对象。由此来看，按照激励论证来批评罗尔斯实际上是出于一种误解，即错误地认为差别原则也要应用于人们在日常生活中的个人选择。

只要我们恰当地理解了罗尔斯对其正义原则的建构（特别是对基本结构及其重要性的论述）以及他在理想理论和非理想理论之间所做的区分，我

① 当然，正如我们在下一部分即将看到的，罗尔斯可以同意这一点，尽管他对这样一种伦理风尚的设想不同于柯亨自己的设想。

② Cohen (2008), p. 124.

③ 就像在前一章中一样，正文中引用《正义论》时，我将简称为"TJ"。

们就可以在罗尔斯的相关文本中找到用来支持“基本结构异议”的证据。实际上，正如第六章最后一部分所表明的，不管差别原则在实际世界中如何得到应用，当它应用于基本结构时，它确实禁止不加限制地最大化自我利益的行为[①]，而且，罗尔斯所设想的正义也不允许一种完全自由放任的市场经济——从他对自然自由体制的批评中，我们不难看出这一点。[②] 不过，有趣的是，柯亨试图对自己所设想的“基本结构异议”提出两个回答：第一个回答旨在表明，罗尔斯对基本结构的强调不符合他在其正义理论中提出的某些其他论述，因此其整个正义理论是不一致的，或者至少存在内在张力；第二个回答旨在表明罗尔斯的基本结构概念含有一个“致命的模糊性”，因此其正义理论面临一个两难困境。下面我们就来讨论这两个回答。

按照柯亨自己的说法，他与罗尔斯的分歧主要是体现在分配正义的**场域**上。两人都可以同意，只有当社会成员确认正确的正义原则并按照这种原则来行动时，一个社会才是正义的。不过，罗尔斯提出了一个限制：正义

① 当然，柯亨可能会说，即使罗尔斯通过差别原则的制度应用**限制了**在制度层面上出现的最大化自我利益行为，但是，只要人们在其个人选择中并不是出于平等主义伦理风尚来行动，就无法避免最大化自我利益的可能性发生。我将在适当的时候讨论这种情形。

② 在 Cohen (2008), p. 129, note 27 中，柯亨指出，罗尔斯不可能接受他所提出的主张，即差别原则应该谴责激励，其理由是，假若罗尔斯承认这个主张，他就会变成一位(柯亨所说的)“具有激进平等主义承诺的社会主义者”，而这会危及罗尔斯的自由主义。但是，柯亨只是按照一个文本证据将罗尔斯理解为他所说的“自由主义者”，即自由主义者认为“深刻的不平等在任何社会的基本结构中都是不可避免的”。但这本身不足以表明罗尔斯就是一位诺奇克意义上的自由主义者(就这个意义上的自由主义者与柯亨心目中的社会主义者形成了鲜明对比而论)，因为那句话出现的语境明确地表明，罗尔斯是在说基本结构应该被设想为正义的首要主体，因为它们能够对人们的生活期望产生广泛而深刻的影响。罗尔斯接下来实际上说的是，“正是这些[由道德上任意的因素所导致的]不平等——大概在任何社会的基本结构中都是不可避免的——是社会正义的原则首先要应用的”(TJ 7)。换言之，罗尔斯首先是在**描述**在任何实际社会的基本结构中所存在的那种深刻的不平等，然后将这种不平等看作正义原则所要纠正的对象，而不是在规范的意义上认可这种不平等。实际上，某些评论者认为罗尔斯是一位“有节制的社会主义者”，参见 William A. Edmundson, *John Rawls: Reticent Socialist* (Cambridge: Cambridge University Press, 2017)。不管这个说法是否准确，罗尔斯至少并不信奉那种以“占有式个人主义”为基础的自由主义，而在按照激励论证来批评罗尔斯时，柯亨似乎将“有才能的富人”设想为这种个人主义者。

原则首先是而且主要是用来管理社会基本结构。① 与此相比，柯亨则认为，就分配正义涉及利益和负担对于个人的分配而论，分配正义应当被理解为基本结构与个人选择的共同结果。柯亨论证说，在提出上述限制的同时，罗尔斯"也表述了三个不利于该限制的东西"②。首先，罗尔斯指出：

> 差别原则……看来确实对应于博爱的一种自然含义：[社会成员]并不欲求占有更大利益，除非这样做有益于境遇较差的其他人。在家庭的理想观念中，而且经常在实践中，家庭就是一个拒绝最大化利益总额原则的地方。家庭成员通常并不希望自己获利，除非他们这样做可以促进其他成员的利益。想要按照差别原则来行动正好具有同样的结果。对于境遇较好的人们来说，只是在一个自己具有较大利益有利于不太幸运的人们的利益的体制下，他们才愿意具有较大利益。(TJ 90)

在这里，罗尔斯用家庭作为类比来说明差别原则所蕴含的那种博爱。这个类比旨在表明，一旦差别原则得到满足，社会就会展现出一种团结友爱的精神。其次，罗尔斯说，在一个由差别原则来管理的社会中，既然境遇较差的人们知道自己的生活条件无法得到改善，他们就可以有尊严地承受自己的不利状况。最后，罗尔斯说，在一个正义的社会中，人们在日常生活中是怀着一种尊严感、按照正义的原则来行动的——他们努力在个人选择中运用这些原则。那么，这三个主张如何"不利于"罗尔斯在其正义理论中所持有的那个核心观念(即基本结构必须被看作正义的首要对象和主体)呢？

就第一个主张而论，柯亨声称，罗尔斯按照博爱的概念对差别原则提出的解释"不符合市场最大化者的自我利益动机，而这个动机是差别原则在其纯粹结构的解释下并不谴责的"③。然而，按照第六章第五部分中提出的论述，当差别原则被用来设计和调节社会与经济制度时，它本身就已经禁止(或旨在禁止)制度层面上的最大化自我利益行为，否则罗尔斯就不可能声称差别原则"对应于博爱的一种自然含义"。差别原则本质上蕴含了罗尔斯

---

① 柯亨自己的表述是，"正义原则只是用来管理基本结构中的正义"[Cohen (2008), p. 129]。但是，这个表述并不完全忠实于罗尔斯自己的观点，因为罗尔斯也认为我们具有支持和维护正义制度的自然责任，而这是一个应用于个人的要求。

② Cohen (2008), p. 129.

③ Cohen (2008), p. 130.

所说的“互惠性要求”，而从罗尔斯对其正义理论的契约论建构来看，互惠性要求本身就被设想为公平合理的社会合作的必要条件。而且，值得指出的是，在罗尔斯这里，互惠性要求并不是按照霍布斯式的“理性互利”的观念来设想的——这个要求并不等同于有约束的自我利益最大化要求[①]，因为罗尔斯对正义的**目的**的设想根本上不同于一种霍布斯式的设想。对他来说，社会正义的根本目的是保证公民们在持续稳定的社会合作条件下拥有自尊的基本条件，以便他们原则上能够终生参与公平的社会合作。[②] 为此，罗尔斯将具有他所说的两种道德能力设想为人们参与社会合作的先决条件；而且，正如我们已经看到的，他也设定了一种无条件的、最低限度的社会供给来保证社会成员享有满足这两种能力的基本条件，并通过两个正义原则的制度实现来保证公民们能够将彼此作为自由平等的个体来看待，以此进一步充实和加强自尊的社会基础。实际上，罗尔斯极为明确地指出，公平合理的社会合作所要求的互惠性观念“不是互利的观念”。[③] 因此，虽然他只是在理想理论的框架中来设想互惠性要求，即认为这个要求是具有基本正义感的社会成员**应当**遵守的，但他显然并不认为最大化自我利益的行为符合他对理想正义的设想，因此，理想的制度设计首先就应该排除这种行为发生的可能性。这确实产生了人们是否应该用差别原则来引导**个人选择**的问题。为了探究这个问题，我们还需要看看柯亨对他在罗尔斯那里鉴定出来的其他两个主张提出的说法。

柯亨认为第二个主张是错误的，其理由是“境遇较差的人们之所以需要占据相对低下的地位，只是因为境遇较好的人们的选择倾向于强烈地反对平等”。[④] 换句话说，只要境遇较好的人们持有他所说的平等主义风尚，因此将差别原则的要求自觉地落实到其个人选择中，境遇较差的人们**本来**就不必处于相对低下的地位。柯亨的说法提出了一些有待于探究的复杂问

---

① 关于“有约束的最大化”这个概念，参见 David Gauthier, *Morals by Agreement* (Oxford: Oxford University Press, 1987), chapter 6。

② 参见 John Rawls, *Collected Papers* (edited by Samuel Freeman, Cambridge, MA: Harvard University Press, 1999), pp, 15-22。在这里，罗尔斯阐述了他对社会合作及其条件的理解。

③ Rawls (1999), p. 17.

④ Cohen (2008), p. 130.

题。不过,我们首先需要注意的是罗尔斯提出这个主张的语境。在罗尔斯对差别原则的最终表述中,他已经将帕累托优化原则整合到他一开始对正义提出的"一般设想"中,而这意味着,与实施某种平等分配的方案相比,任何其他可能的制度安排都不太可能既提高境遇较差的人们的期望利益而又不削弱境遇较好的人们目前的生活条件。柯亨不可能指责罗尔斯只是从"现状"(status quo)出发来考虑境遇较差的人们的生活状况,因为在罗尔斯的正义体制中,差别原则并不是孤立地应用的——按照他对其正义原则的"词序式排列",只是在平等自由原则和公平的机会平等原则已经得到保证、某种最低限度的社会供给已经被无条件地给予所有社会成员的条件下,差别原则才得以应用。罗尔斯假设,在这些条件得到满足的情况下,人们已经具有自尊的基本条件,正如他在讨论其正义原则与效用原则的差别时所说:

> 当人人都知道社会基本结构在很长一段时间里满足了[制约它的]原则时,服从这些安排的人们就倾向于发展按照这些原则来行动、在体现这些原则的制度中履行自己职责的欲望。当一种正义观通过社会体制的实现得到了公共承认,而后者倾向于导致一种相应的正义感时,这种正义观就是稳定的。……与两个正义原则相比,效用原则似乎对一个人将他人利益认同为自己的利益提出了更高的要求。只要这种认同难以获得,两个正义原则就是一种更加稳定的正义观。当两个原则得到满足时,每个人的基本自由都得到保障,并有了一种由差别原则来定义的意义,在这种意义上,每个人都受益于社会合作。因此我们就可以用如下心理法则来说明对这种社会体制以及它所满足的原则的接受:人们倾向于热爱、珍惜和支持一切肯定他们自己的善的东西。既然每个人的善都得到肯定,所有人都获得了维护这个体制的倾向。
>
> 然而,当效用原则得到满足时,就没有这种让每个人都获益的保障了。对社会体制的忠诚可能要求某些人(特别是处于不利地位的人们)为了整体的更大利益而放弃自己利益。这种体制因此就不是稳定的,除非必须做出牺牲的那些人强烈地认同比他们自己的利益更宽广的利益。但是,这并不容易发生。……正义原则是要应用于社会体制的基本结构以及对生活前景的决定。效用原则恰好要求牺牲这些前景。甚至当我们不太幸运的时候,我们也要将其他人的更大利益接受为在自

己的一生中持有更低的生活期望的一个充分理由。这确实是一个极端要求。事实上，在社会被设想为一种旨在促进其成员利益的合作体制时，下面这种情况看来就难以置信：一些公民竟然被指望为了他人而接受较低的生活前景。由此不难理解功利主义者为什么会强调同情在道德教育中的作用以及慈善在道德美德中的核心地位。他们的正义观会受到不稳定性的威胁，除非同情和慈善都可以被普遍而深入地培养。在从原初状态立场来看问题时，各方都会拒绝效用原则，采纳一个更加现实的想法，即按照互惠互利原则来设计社会秩序。(TJ 154-155)

我之所以充分引用这段话，是因为它至少对目前的讨论具有两个重要含义：第一，它说明了罗尔斯为什么强调社会合作的稳定性；第二，它暗示了罗尔斯在什么意义上能够具有一种与柯亨所说的“平等主义社会风尚”相似或相对应的东西。这两个含义都有助于回应柯亨对罗尔斯的批评。对罗尔斯来说，效用原则之所以不能被当作一个公共的正义原则来利用，不仅是因为要求一些人为了其他人的更大利益而无条件地牺牲自己的利益是不合理的，或者甚至是不正义的，更重要的是因为这个原则的**公共**应用无法满足罗尔斯对社会合作提出的一个本质要求，即社会合作应当在时间上是持续稳定的。罗尔斯并不否认，在某些特殊的或罕见的情形中，一个人可以为了他人而牺牲自己。但是，从人类一般的道德心理来看，**总是**要求人们做出这种牺牲既不合理，也不能被合理地指望。[①] 如果正义因其特殊的重要性而与强制性要求具有某种联系，那么将功利主义的效用原则当作正义原则来使用就会导致社会合作的不稳定。换言之，应用于公共领域的正义原则必须是合情合理的人们在一般的心理条件下能够接受的——人们必须能够在适当条件下**内化**他们按照正义原则来行动的倾向，从罗尔斯所说的正义感来行动，而不仅仅是(举个例说)因为害怕违背正义原则会受到惩罚而采取**符合**正义要求的行动。

从上述引文中也不难看出，在罗尔斯这里，稳定性要求与互惠性要求具有本质联系——实际上，互惠互利是社会合作得以持续稳定地发展的一个先决条件。与不存在任何社会合作的情形相比，社会合作的稳定性和持续

---

① 在下一部分讨论罗尔斯的“道德分工”概念时，我会进一步阐明这一点。

性要求每一个社会成员都能以某种方式从中获益，否则他们就会丧失参与合作的根本动机。在上述引文之后，罗尔斯接着指出：

> 对两个正义原则的公共承认为人们的自尊提供了更大支持，这转而提高了社会合作的有效性。这两个结果都是认同这两个原则的理由。人们维护自己的自尊显然是合理的。假若人们要满意地追求自己对善的设想、喜欢它的实现，那么一种自我价值感就是必要的。自尊与其说是任何理性生活计划的一部分，倒不如说是对自己的计划值得执行的一种感受。我们的自尊通常依赖于他人的尊重。除非我们觉得自己的努力得到了他人尊重，否则我们就很难（若不是不可能的话）维护我们的目的值得发展这一信念。正是因为这个缘故，[原初状态中的]各方承认相互尊重的自然责任，而这项责任要求他们善待彼此、愿意说明自己行动的根据，特别是在其他人的主张被否决的时候。……因此，一种正义观的一个可取的特点就是，它应当公开表示人们的相互尊重。这样他们就确保了一种自我价值感。（TJ 155）

罗尔斯对"社会基本善"的设想也包括自尊的**社会**基础，我们现在可以理解为何如此。自尊实际上是一个人对自己的生活或者某个生活计划所采取的一种自我确认态度，这种态度具有两个方面：一方面是确信自己的生活或生活计划值得执行，另一方面是确信自己有能力成功地追求自己的生活计划。缺乏自尊会使得一个人"陷入冷漠和玩世不恭"（TJ 386），因此自尊是一种可以具有社会含义的东西。人们渴望在社会世界中来追求自己理性地认同的生活计划，在生活计划的实现中彰显自己的价值。因此，人们对自尊的追求本质上就会与他们参与社会合作的动机发生联系。然而，在一个由效用原则来管理的社会中，个人（特别是处于不利地位的人们）很难对自己的价值保持某种自信心，因为他们都知道，在这样一个社会中，不平等的安排并不是要让每一个人获益（TJ 158）；为了其他人的更大利益而被要求牺牲或放弃自己利益的人就不会觉得自己受到了尊重，因此就会丧失自尊。既然自尊和他人的尊重是互惠性地彼此支持的，不仅人们在他们的互动中必须愿意向对方说明自己行动的根据（这实际上是要满足一种相互辩护要求），而且正义原则也必须考虑互惠性要求。因此，为了在基本结构中将相互尊重的要求表达出来，"不平等的安排就要适合于互惠的目的"，以"避免在平等自由的框架内利用自然的和社会环境中的偶然因素”(TJ 156)。由此可见,罗尔斯对差别原则的设想已经内在地嵌入了与自尊的社会基础相联系的互惠性要求。

因此,从罗尔斯对差别原则的**总体**设想来看,只要境遇较差的人们认识到,在他们所生活的社会中,或者在他们目前所生活的社会条件下,与任何其他可能的制度安排相比,满足差别原则的制度安排已经让他们享有最大的期望利益(至少在物质生活方面),他们当然就可以有尊严地承受自己相对不利的状况。实际上,这本身就是互惠性要求的一个方面——如果境遇较好的人们遵循“若不是有利于境遇较差的人们,就不愿欲求更大利益”的要求,那么境遇较差的人们同样应该遵循相应的要求——不要以牺牲境遇较好的人们**正当地**拥有的生活条件(即在满足正义原则的要求的情况下拥有的生活条件)为代价来提高自己的生活条件。

罗尔斯的公平正义观并不要求实现物质利益方面的**绝对**平等,不仅因为这种平等不符合效率原则的要求(从人类一般的心理条件来看,实现这种平等可能会让整个社会合作变得毫无效率或效率低下,从而使得每个人的生活前景都会受到不利影响),更重要的是因为它不符合公平正义的要求——正如罗尔斯所强调的,人们的正当期望取决于他们在公平的社会合作条款下的所作所为。如果实现人们在物质利益方面的绝对平等是不可取的,那么就只剩下一种可能性:为了显著地提高**目前**处于相对不利地位的人们的生活前景,就只能大幅度地降低目前处于相对有利地位的人们的生活条件,从而使得后者变成处于相对不利地位的群体。这会产生两个问题:第一,如果社会成员目的的生活状况已经满足罗尔斯设想的所有正义原则的要求,那么这种调整本身就是不公平的;第二,这种调整要求**不断地**利用差别原则,然而,在这种情况下,对差别原则的利用不仅缺乏正当根据,也会对社会合作的稳定性和持续性产生严重的负面影响。只有在一种极为特殊的条件下,这种调整才有可能行得通,即所有社会成员都已经全心全意地信奉绝对平等的要求。但是,我们并不清楚如何理解这种绝对平等,正如我们并不清楚如何理解人们在可行能力或综合能力方面的平等。[①] 多样性是人类生活的一个根本事实,实际上也是价值的一个重要来源。如果绝对平等意

① 参见前一章中的相关讨论。

味着在任何方面都要让人们变得严格同质和绝对均等，那么它肯定不是人类生活应当追求的一个目标。即使绝对平等被理解为人们在物质利益方面的平等（这大概是柯亨在批评罗尔斯的第二个主张时所能想到的），这种平等的实现也会变得很成问题——人们并不只是满足于拥有或占有物质资源，而是要通过利用和消费物质资源来满足自己的欲望或偏好，实现自己所设想的生活计划。因此，他们应该看重的是欲望/偏好满足方面的平等，是在实现个人生活计划方面的平等。然而，没有任何社会能够允许人们**无条件地**满足自己的欲望或偏好；而且，就像柯亨和罗尔斯都承认并强调的，正义不是要保证人们对其生活计划的**实现**（例如在如下意义上：向他们提供实现任何生活计划所需的资源和能力），只是要保证人们有基本的资源和公平的机会**追求**其生活计划。由此来看，罗尔斯自己不是没有理由拒斥柯亨在上述第二个主张下对他提出的指责，因为就差别原则本身就蕴含了一个互惠性要求而论，在其他正义原则已经得到满足的条件下，差别原则的应用就可以保证境遇较差的人们享有自尊的基本条件。①

柯亨赋予罗尔斯的第三个主张接近于他自己想要表达的观点，因此本来可以表明罗尔斯在某种有待于阐明的意义上能够持有一种与所谓"平等主义风尚"相似的东西。为了恰当地评价柯亨对这个主张提出的说法，我们不妨首先看看罗尔斯的相关论述（柯亨部分地引用了这段话）：

> 一旦社会联合（social union）的观念被应用于基本结构总体，社会的根本制度，即正义的宪法以及法律秩序的主要部分，就有各种方式被看作本身就是好的。因此，康德式解释首先让我们可以说，每个人之所以采取行动来维护正义的制度，乃是为了每个人和所有人的利益。人有一种欲望将其本性表现为自由平等的道德人，而通过按照他们在原初状态中将会承认的原则来行动，他们就最充分地表现了这种本性。

① 在《作为公平的正义》中，罗尔斯更明确地表明，自尊的社会基础不仅包括平等的基本权利和自由、政治自由的公平价值以及按照差别原则对物质生活手段的获取，也包括持有并使用个人财产的基本权利以及有效地行使这项权利的能力[参见 John Rawls, *Justice as Fairness: A Restatement* (Cambridge, MA: The Belknap Press of Harvard University Press, 2001). pp. 114-115]。这个论述确认了我们在回应柯亨的批评时对差别原则提出的解释。

当每个人都努力遵守这些原则并都取得成功时，他们个别地和集体地作为道德人的本性就最完整地得到了实现，他们的个人善和集体善也随之而得到实现。(TJ 462-463)

假若我们要用一句话来概括《正义论》的核心目标，我们就可以说，在罗尔斯这里，正义就在于用一种公平合理的方式来实现每一个人作为自由平等的道德人的本性。对罗尔斯来说，两种道德能力不仅是一个正义的社会得以可能的条件，实际上也是这样一个社会要致力争取的一个目标，因为这两种能力的培养和发展所需的条件都要通过社会正义来提供。罗尔斯所设想的正义自始至终都是道德导向的——其目的并不在于用一种简单的方式满足人们的基本需求，或者为社会成员提供实现其任何生活计划的必要资源，而是让他们作为**彼此**自由而平等的人生活在社会中。就此而论，互惠性要求是内在于罗尔斯对其正义理论的建构的。"社会联合"的概念实际上表达了他对"人的社会性"(human sociability)的一种理解，他旨在利用这个概念来表明，他的契约论学说如何能够为理解共同体的价值提供一个令人满意的框架(参见 TJ §79)。为此，他将社会联合的观念对比于"私人社会"(private society)的概念。在一个私人社会中，个人所具有的目的完全是竞争性的或彼此独立的，而且，他们将社会关系和社会制度看作实现自己私人目的的手段。私人社会的观念因此就与经济学中的竞争市场理论产生了重要联系。与此相比，在罗尔斯所说的"社会联合"中，人们具有共享的最终目的，将社会关系和共同活动作为目的本身来看待，他们之间因此就会有一种获得一致认同的行为体制，在这种体制下，他们就会将每个人的利益看作他们共同从事的复杂活动的一个要素(TJ 459)。当然，罗尔斯意识到，在一个多元主义现代社会中，不能合理地指望在各个社会联合体之间形成一种强健的社会统一(social unity)；但是，"一个良序社会的成员[仍然]具有一个共同目的，即用正义原则所允许的方式来协作实现他自己和他人[作为自由而平等的道德人]的本性"(TJ 462)。在《作为公平的正义》中，罗尔斯也强调说，良序社会的成员必须"具有一种通常有效的正义感，[以便他们能够]理解和应用正义原则，按照其生活环境的要求在很大程度上根据这些原则行动"[①]。很明显,如果按照罗尔斯所设想的正义原则来行动就是人们对其道德本性的完整实现,那么,只要人们决定生活在一个正义社会中,渴望实现他们作为自由而平等的道德人的本性,他们就必须首先具有一种正义感并将之贯穿到个人生活中。

现在,柯亨针对他赋予罗尔斯的第三个主张问道:"如果正义只要求人们在一种旨在实现正义原则的结构内部随意选择,那么他们为什么需要根据这些原则行动,并'按照其生活环境的要求'来'应用'这些原则?当他们知道自己力图得到他们在市场上所能得到的最大利益时,他们怎能祝贺自己完整地实现了他们作为道德人的本性?"[②]这个反问的前半部分旨在指出罗尔斯是不一致的:按照柯亨的说法,假如罗尔斯认为制度正义对于社会正义来说已经是充分的,他就不应当要求人们在个人生活中要按照正义原则来思考如何行动或选择。然而,柯亨在整个这句话中对罗尔斯提出的指责,实际上是立足于对罗尔斯的误解,或者至少是一种不准确的理解。正如前面已经表明的,在罗尔斯所设想的良序社会中,至少从理想理论的观点来看,人们确实不可能在无条件地追求自我利益的同时实现自己的道德本性——互惠性要求在根本上排除了这种可能性。只有当柯亨是用一种与罗尔斯完全不同的方式来设想社会或社会合作时,其指责才有可能成立。然而,在这种情况下,他就是在攻击一个稻草人。此外,柯亨所说的"在基本结构**内部**选择"的说法本身很含糊。当罗尔斯强调正义原则主要是要应用于社会基本结构时,他不是在否认人们需要或应当按照正义原则来行动——实际上,正如我们已经看到的,按照正义原则来行动本身就是人们实现其道德本性的方式。当然,在基本结构内部,一个人既可以选择按照正义原则来行动,也可以选择不这样做。如果其个人行为违背了正义原则的制度实现所要求的公共规则,例如偷税漏税,那么他显然就应该受到批评或指责。换句话说,在基本结构内部,并非一个人做出的任何个人选择都是正义所允许的。但是,只要一个人在基本结构内部做出的个人选择不违背正义的要求,其选择从制度的观点来看就是可允许的,即使相应的行为**在其他方面**可能是道德上有非议的。例如,制度并不谴责人们在个人生活中的某些瑕疵,只

① Rawls (2001), p. 199.

② Cohen (2008), p. 131.

要相应的行为既没有违背正义原则，也没有侵害正义的制度。

《正义论》本身包含了罗尔斯对道德心理提出的大量丰富论述，因此我们很难相信他会断然否认人们也应当将正义原则贯穿到个人生活中。柯亨自己承认，他对自己赋予罗尔斯的那三个主张所提出的评论并不足以“决定性”地反驳罗尔斯的正义理论。实际上，我们已经看到，在罗尔斯的理论中，这些主张完全是一致的，本质上符合他自己对正义的总体设想。然而，柯亨认为，他还可以对罗尔斯的理论提出一个“决定性异议”，即通过表明“在罗尔斯对基本结构的规定上有一种致命的模糊性”。[①] 他对自己设想的基本结构异议提出的第二个回答直接针对这种模糊性。下面我将首先概述柯亨在这方面对罗尔斯的批评，然后再来讨论罗尔斯是否有思想资源回应这种批评。

罗尔斯声称，在正义的社会制度中，既然人们自觉遵守制度规则，正义原则就不对他们的行为做出任何判断。但是，正义原则并不是不对人们的**任何**行为做出判断——假若一个人的行为不符合正义原则的要求，正义原则显然要谴责这种行为。正义原则只是不对人们**在其他方面**的行为做出判断。例如，只要人们是在满足正义原则以及相关公共规则的前提下获得他们所具有的收入或财富，只要他们在个人生活中对收入或财富的利用也符合这个要求，正义原则就不对他们如何利用自己的收入或财富做出判断。一个人或许将其收入或财富用于奢侈消费，而不是利用它们（或者其中的一部分）去支持处于不利地位的人们，但是，只要他满足了上述要求，正义原则就不会谴责其行为，即使他可以在其他方面受到批评。[②] 罗尔斯并不否认人们可以在**个人**生活中采取功利主义原则所要求的行动，他只是反对将这个原则用作公共的正义原则。因此，为了恰当地评价柯亨的批评，我们首先需要澄清的是，当罗尔斯声称基本结构是正义的首要主体或对象时，他不是在说人们的个人行为并不受制于正义原则的判断。在罗尔斯这里，一个社会的基本结构是由一系列动态地相互联系的制度构成的一个系统或网络，它构成了个人和团体在其中发生互动的制度背景。按照罗尔斯对基本结构的一般描述，只要一个东西能够对人们的生活产生广泛而深入的影响并构

① Cohen (2008), p. 132.

② 在后面讨论罗尔斯所说的“道德分工”时，我会进一步阐明这一点。

成了人们发生互动的制度性背景，它就可以是基本结构的一部分。因此，基本结构不仅可以包括政治制度、法律结构和经济体制，也可以包括社会和家庭之类的东西。各种**强制性**社会制度（特别是在法律上具有约束力的制度）显然都满足罗尔斯对基本结构的描述。不过，一些不太正式的制度（例如家庭）似乎也满足这个描述，尽管它们在法律上并不具有强制性。原则上说，罗尔斯并不需要将基本结构规定为**仅仅**是由强制性制度构成的——他对基本结构的理解始终都集中在两个要点：第一，基本结构与分配社会合作中的利益和负担、通过指派基本权利和自由来调节社会合作具有本质联系；第二，基本结构是个人和团体的活动在其中发生的背景框架，一个正义的基本结构保证了罗尔斯所说的“背景正义”。[①] 他对基本结构的“强制性”特征的强调可能只是旨在表明，基本结构对于利益和负担的分配、对于基本权利和自由的指定应当具有某种权威。

同样值得指出的是，对罗尔斯来说，用于基本结构的正义概念是一个**社会正义**概念，即特别针对社会基本善的生产和分配而提出的正义观。获得某些在没有社会合作的情况下就得不到的基本善，是人们决定参与社会合作的基本动机，也是他们参与社会合作的一个主要目的。对社会基本善的生产和分配是在一个社会的基本结构中发生并通过基本结构而发生的。因此，如何公平地分配社会合作中的利益和负担对于维护长期稳定的社会合作就至关重要，实际上对于整个社会来说也极为重要。这是罗尔斯强调制度正义的优先性的一个主要理由。为此，他也将他所说的“社会正义”与所谓的“交易正义”（transactional justice）区分开来，后者是针对人们在社会上所从事的个人交易而论的。[②] 对罗尔斯来说，用来规定一种社会正义观的原则并不直接应用于个人之间的非制度性关系（例如友谊），也不直接应用于人们所采取的个人行为，例如用来判断一个人要不要发展自己才能。而且，社会正义原则也不直接应用于基本结构中在特定时刻来看待的要素或成分，而是要直接应用于作为一个动态系统、在时间上持续发展的整个结

① 参见：John Rawls, *Political Liberalism* (New York: Columbia University Press, 1993), pp. 6-7; Rawls (2001), p. 10。

② 当然，罗尔斯也将他所说的社会正义与处理不同社会之间关系的国际正义区分开来，这是我们在下一章中要处理的论题。

构。例如，虽然罗尔斯将家庭看作基本结构的一个要素，但他并不认为社会正义原则要**直接**应用于从基本结构的其他部分中被孤立出来的家庭及其内部结构。只是就家庭与基本结构的其余部分具有制度联系而论，社会正义原则才间接地应用于家庭。

这两点澄清有助于我们看到柯亨的批评的要点及其问题。柯亨坚持认为，社会正义要求人们将一种平等主义风尚贯穿到其个人选择中。柯亨对这个主张提出的核心论证是，只有当一个社会呈现出一种平等主义风尚时，人们(特别是处于有利地位的人们，或者柯亨所说的"有才能的富人")才会放弃按照激励来应用差别原则的尝试，社会(而不仅仅是制度)才会因此而变得正义，或者在柯亨的意义上变得更加平等；然而，在一个罗尔斯式的社会中，即使基本结构是正义的，在缺乏这样一个风尚来塑造和引导人们的个人选择的情况下，社会也未必是正义的。按照柯亨自己所设想的基本结构异议，罗尔斯的捍卫者可以回答说，在一个罗尔斯式的社会中，正义原则本来就只是应用于基本结构，柯亨按照激励论证对罗尔斯的批评因此错失了要点。

为了回应基本结构异议，柯亨现在试图表明，罗尔斯对基本结构的界定完全是任意的：基本结构包括在社会上具有强制性的制度以及只是由公认的社会实践的规则和约定来制约的非强迫性制度，但是，"一旦跨越这条界限，……正义的范围就不再可以将人们所选择的行为排除出去，因为至少在某些情形中，构成非正式结构(例如家庭)的规定与人们习惯做出的选择密切相关"。[①] 柯亨并不认为家庭之类的非正式结构就等同于人们在这种结构内部习惯于做出的选择。但是，维护这种结构的约束和压力就存在于人们的行为倾向中，因此就可以在他们实际上做出的选择中体现出来。因此，假若正义原则是要应用于将家庭之类的非正式结构包括在内的社会基本结构，那么它们也应当应用于人们在非正式的结构内部做出的选择，因为这种选择，就像人们在强制性的正式结构中做出的选择一样，同样受到了维护非正式结构的惯例或习俗的影响。特别是，基本结构的某个非正式部分也适宜于按照差别原则来评价。柯亨进而指出："唯有通过坚持对基本结构采取一种完全强制性的规定，才能面对我的主张(即差别原则谴责最大化经济利

① Cohen(2008), p. 134.

益行为)来维护基本结构异议。"①柯亨认为,这条出路对罗尔斯来说是不可得到的,因为罗尔斯是按照某个东西是否一开始就对人们的生活前景产生持久而深刻的影响来界定基本结构,但是,并非只有强制性结构才会产生这种影响。柯亨反问道:"如果人们主要是因为强制性结构对其生活造成的影响而关心这种结构,而这个理由也是他们关心非正式的结构以及个人选择模式的一个理由,那么我们为什么要如此不相称地关心强制性结构呢?"假如我们都是出于同样的理由而关心构成基本结构的那些东西,"我们就必须同样关心维护性别不平等和不平等的激励的那种社会风尚"②。柯亨由此认为,如果罗尔斯对基本结构的规定在他所说的意义上有一种"致命的模糊性",那么罗尔斯的理论就面临一个两难困境:一方面,罗尔斯认为正义原则是要应用于社会基本结构,并按照某个东西是否能够对人们的生活产生意义深远的影响来界定基本结构,这样一来,如果非强制性的制度和实践,就像具有强制性的正式制度那样,同样满足他对基本结构的描述,那么,当他将自己的关注仅仅限制到强制性结构时,他所采取的做法就是任意的;另一方面,如果基本结构也包括非强制性的制度和实践,那么,既然个人行为也可以是由非强制性的制度和实践构成的,将个人行为从正义领域中排除出去就是站不住脚的。③

柯亨为罗尔斯制造的"两难困境"旨在反驳他自己所设想的基本结构异议。罗尔斯本人是否会用这个异议来回应柯亨的批评,这是一个有待于探

① Cohen (2008), p. 136.

② Cohen (2008), p. 138.墨菲对罗尔斯的探讨提出了类似的批评:"如果平等或福祉就是产生一个正义理论的根本关注,那为什么人们不去直接关心这些东西呢?如果人们有责任促进公正的社会机构,那为什么他们没有责任去促进那些机构**旨在取得**的这些东西呢?"[Liam Murphy (1998), "Institutions and the Demands of Justice", *Philosophy and Public Affairs* 4: 251-291, quoted at p. 280.]

③ Cohen (2008), p. 137.

究的问题。[①] 不过，在指责罗尔斯对基本结构的规定具有“致命的模糊性”、因此其理论发生了故障时，柯亨不仅误解了罗尔斯对基本结构的强制性特征的理解，实际上也无视了基本结构在罗尔斯对社会正义的构想中所占据的重要地位。在柯亨后来对其批评提出的一个补充说明中[②]，他指出，罗尔斯之所以将基本结构设想为强制性的，是因为他倾向于用强制来界定正义的界限，这样，一旦国家已经履行了自己的职责，一旦人们都服从国家的法律，在社会中，个人就可以从正义的要求中解放出来。尽管这个说法将罗尔斯理解为一位与诺奇克更加接近的自由主义者，但它大体上仍然符合罗尔斯一贯坚持的“责任的社会分工”的观点，而这个观点是可以得到捍卫的，正如我们即将表明的。不过，柯亨也指出，罗尔斯是按照某个东西是否会对人们的生活产生意义深远的影响来界定基本结构，因此界定正义的领域，而某个东西是否具有强制性特征与这一点并没有本质联系。在《政治自由主义》中，罗尔斯为自己提出的问题是，在一个多元主义的现代社会中，由自由平等的公民构成的一个社会如何既是正义的又是稳定的。他试图按照交叠共识的概念来回答这个问题。然而，柯亨认为，如果正义原则是在交叠共识的基础上形成的，而在一个良序社会中，每个人都接受并知道其他人接受同样的正义原则，那么强制对于人们按照正义原则来行动就不是必要的，因为罗

---

① 谢弗勒论证说，罗尔斯自己不会用这种方式来回应柯亨的批评，柯亨按照激励论证对罗尔斯的批评也没有成功地削弱罗尔斯的核心主张，即基本结构是正义的首要主体或对象。参见 Samuel Scheffler，“Is the Basic Structure Basic?”，in Scheffler，*Equality and Tradition：Questions of Value in Moral and Political Philosophy*（Oxford：Oxford University Press，2010），pp. 129-159。我同意谢弗勒在这篇文章中对柯亨提出的大多数回应，但是，我对柯亨的回应在一个本质的方面不同于谢弗勒的回应。谢弗勒认为，罗尔斯始终是在柯亨所说的“严格解释”下来应用差别原则，而柯亨对罗尔斯的批评本质上是立足于所谓“宽松解释”，因此，既然罗尔斯并不接受差别原则在宽松解释下的应用，柯亨基于这种解释对罗尔斯提出的批评就是误导性的，差别原则在严格解释下的应用也不需要柯亨所说的“平等主义风尚”。我同意谢弗勒的核心主张，即罗尔斯本来就打算在严格解释下来应用差别原则，但是，对差别原则的宽松解释确实表达了该原则在非理想条件下的应用，因此，尽管柯亨在某些关键的要点上误解或误读了罗尔斯，但他所提出的问题仍然是有意义的。我想表明的是，甚至在对差别原则的宽松解释下，罗尔斯仍然有理由捍卫或维护其核心主张。

② 《拯救平等与正义》第三章基本上是柯亨 1998 年发表的那篇文章，他只是补充了一些注释以及两个附录，其中第一个附录是我目前要考虑的。

尔斯所说的“接受”本来就是指按照正义原则来行动的倾向。[1] 如果每个人都倾向于按照正义原则来行动，每个人都知道其他人倾向于按照正义原则来行动，那么似乎并不需要使用任何强迫性手段来“驱使”他们按照正义原则来行动。当然，罗尔斯认为，甚至在一个良序社会中，正义原则也不可能得到充分服从，在这种情况下，就需要利用某种强制性力量来保证人们服从正义原则的决心并由此而保证社会合作的稳定性。[2]

罗尔斯的主张并不难理解，因为甚至在日常生活中，我们也经常用批评、责备或谴责之类的态度来约束那些尽管接受了日常道德原则但并不自觉地按照这些原则来行动的人们。不论是在道德领域中，还是在正义领域中，自我利益的诱惑都有可能存在。正是因为这个缘故，任何用来制约人们行为的原则或规则都必须具有**规范权威**，虽然在不同领域中，这种权威对人们具有的约束力可以具有程度上的差别。柯亨论证说，既然“所有人都知道所有人都真正地是在正义的激发下行动，但他们也知道所有人都会受到诱惑”，“这确实会使得强制变得更加重要，但似乎仍不足以使得[人们]对[政府]可能会采取的预期强制变得对于正义来说是必不可少的”。[3] 换句话说，在柯亨看来，强制至多只是罗尔斯为了保证正义原则在实际世界中尽可能得到服从而提出的实用考虑，这种考虑与正义的本质(即正义究竟是什么或要求什么)无关。然而，至少从罗尔斯自己的观点来看，这是一个错误：罗尔斯历来强调，甚至从**理想**理论的观点来看，正义原则的建构也必须考虑关于人类道德心理的一般事实(人们总有可能屈从于自我利益的诱惑就是这样一个事实)，因为正义原则是要用来管理和调节社会基本结构，以便社会合作具有稳定性和持续性，因此，关于这些事实的考虑本身就是(或者本身

---

① 当然，柯亨对“接受”提出的这种解释未必是罗尔斯自己的解释，参见后面的讨论。

② 这也是罗尔斯自始至终坚持的一个观点，参见 TJ pp. 211，237，277，296。

③ Cohen (2008), p. 148.

就可以成为)正义原则的部分**内容**;[①]而在正义原则的充分服从得不到保障的社会中,自觉遵守正义原则的人们会承受过分严重的负担("搭便车"的一种情形),而如果他们不得不一直承受这种负担,那么,从一种二阶的观点来看,他们其实就是受到了不公正对待,而且,这种二阶不正义,若得不到纠正,同样会严重威胁社会合作的稳定性。因此,不管用来保证正义原则在非理想的情况下尽可能得到服从的机制,在"强制"这个概念的**法律**意义上是不是强制性的,这样一种机制都必须存在,而且应当成为一个**公共的**正义概念的一部分。

罗尔斯确实是在"基本结构必须具有某种正式的规范权威"的意义上来理解基本结构及其所谓"强制性特征"。他将基本结构理解为"主要的社会制度彼此嵌合成为一个系统,对基本权利和责任进行分配,并塑造从社会合作中产生出来的利益[和负担]的划分的那种方式"[②]。尽管这个表述并未明确提及或强调"强制"这个概念[③],但我们从中不难看到基本结构被赋予的规范职能,而所谓"强制性特征"就是与这种职能相联系,而且只有按照这种职能才能得到恰当理解。在罗尔斯这里,主要的社会制度包括政治制度、法定的财产制度、经济组织以及家庭的本质,正如他所说,"对思想自由和良心自由的法律保护、竞争性市场、生产手段方面的私人财产以及一夫一妻制家庭都是主要的社会制度的例子"(TJ 6)。这些制度从一开始就可以对人们的生活前景产生意义深远的影响。例如,出身于不同家庭的人们可以具有不同天资,甚至具有不同的社会地位,这种不平等会影响他们在未来的生活做出的选择以及所能得到的机会,因此也会影响他们在经济市场中的表现。政治地位的不平等同样会影响人们的社会与经济地位,从而以某种方

---

① 这涉及柯亨和罗尔斯之间的另一个核心争论。限于篇幅,在这里我无法详细处理这个争论。关于柯亨自己的相关论述,参见:Cohen (2003), "Facts and Principles", *Philosophy and Public Affairs* 3: 211-145; Cohen (2008), chapter 6。对这个争论的一些相关讨论,参见:Alexander Kaufman, *Rawls's Egalitarianism* (Cambridge: Cambridge University Press, 2018), pp. 86-95; A. Faik Kurtulmus (2009), "Rawls and Cohen on Facts and Principles", *Utilitas* 4: 489-505; Lea Ypi, "Facts, Principles, and the Third Man", in Kaufman (2015), pp. 95-116。

② Rawls (1993), p. 258. 参见 TJ, pp. 6-7。

③ 柯亨自己注意到这一点,参见 Cohen (2008), p. 148。

式影响他们的生活前景及其自尊的社会条件。若不受制于任何正义原则，这些制度当中就会有深刻的不平等，而且，当它们以一种结构化的方式发生相互作用时，这种不平等就会加剧。从罗尔斯所说的“自然自由体制”中，我们不难看出这一点，尽管这种体制还不是完全不受正义原则管控的体制。既然人们的自然命运受到了道德上任意的因素的影响，社会合作首先就需要设计一套正义原则来调节这些因素**通过制度**对人们生活前景产生的影响，满足正义要求的制度也旨在消除或缓解这种影响。正是因为正义或不正义都与制度具有本质联系，罗尔斯才将基本结构设想为正义的首要主体，并明确指出“一个社会体制的正义本质上取决于如何分配根本的权利和责任，取决于社会各部门中存在的经济机会和社会条件”(TJ 7)。

基本结构应当被设想为社会正义的首要主体，这是罗尔斯的一个核心主张。他至少提出了三个理由来支持这个主张。第一个理由就是我们刚才描述的那个理由，即构成基本结构的制度以及社会与经济安排能够对人们的生活产生意义深远的影响。政治制度对人们的生活的影响是显而易见的；税收制度、财产制度、福利制度、市场调节、货币规章之类的社会与经济制度确实会对人们的日常生活产生持久而深远的影响。当这些制度用某种方式嵌合起来构成社会的基本结构时，它们就形成了一个能够对社会成员的命运产生重大影响的系统，而这种影响无法归结为任何个人行为。由此可见，制度是否正义是人类社会生活中最重要的事情。我们甚至可以说，只要制度正义已经得到保证，人们所生活的**社会**至少在很大程度上就是正义的。当然，制度正义或许并不保证人们的生活**在任何方面**都是正义的。这是柯亨在其批评中旨在强调的一个要点。甚至在只是将正义原则应用于基本结构时，我们也可以提出用来制约和调节基本结构的不同原则。罗尔斯明确地认为，哪些原则更加合理取决于一系列考虑，包括对社会合作的稳定性以及人类道德心理的一般特点的考虑。罗尔斯同样有理由维护下面即将讨论的责任分工论点，也就是说，他并不相信我们应当将一套单一的正义原则同时应用于基本结构**以及**人们在日常生活中的个人行为。其他两个理由实际上与此相关。①

第一，尽管罗尔斯将他所说的“社会正义”与个别的个人交易(包括私人

① 在前面的讨论中，我们实际上已经触及这两个理由，因此在这里只是简要论述。

团体之间的交易)中所涉及的正义区分开来,但他明确地认识到,“即使这种交易一开始可能是公正的,随后的社会条件在某些时候可能也是公正的,但个人或团体所进入的很多分离的、看似公正的协议的累积结果,在某个较长时期可能会破坏自由而公平的协议所要求的背景条件”,因为“这些交易的结果总体上看受到了各种偶然因素和不可预测的后果的影响”。[①] 个人交易所产生的不公正的累积效应并不是通过任何个人行为就能纠正的——为了纠正或消除这种影响,我们不仅需要完备地把握个人交易的发展历史,也必须拥有能够要求纠正这种影响的公共权威。就前一个方面而论,罗尔斯指出:

> 个人和团体不可能把握其具体行动在从集体的观点来看待时所产生的影响,也不能指望他们预料到那些能够塑造和改变当前趋势的未来状况。只要我们考虑一下地产买卖及其通过遗产的跨代传递,这一切就很明显。我们显然不可能合理地要求父母(或家庭首脑)去承担这样一项责任——按照他们自己对于实际遗产对后代所产生的总体影响的估计来调整自己的遗产。[②]

这个例子也从一个侧面表明了洛克或诺奇克对正义所采取的那种“历史过程”观点为什么是错误的。按照这种观点,只要财产的原始获取是公正的,制约财产交易和转让的规则在某种意义上也是公正的,从自由交易和转让的历史过程中产生的任何结果也是公正的。在罗尔斯看来,这种观点的根本问题就在于,它不仅完全是按照个人(或者个人构成的私人团体)之间的协议来设想正义,而且基本上也是按照准备签订协议的各方所具有的议价能力来设想协议,因此,即使他们的初始地位在某种意义上是公平的,一系列相关因素产生的累积效应也会导致严重不平等的结果。例如,各方的社会与经济地位及其可能具有或不具有的特权都会影响他们的议价能力,从而会影响协议本身的正义或公平,且不说一系列历史交易的结果可能并不是人们能够准确地预测的。“历史过程”观点本质上缺乏的是一种用来维护和保证个人交易的背景正义的东西,正如罗尔斯所说,“若不随时调节基

① Rawls (2001), p. 53.

② Rawls (1993), p. 268.

本结构,各种资产在早期的公平分配就不会保证后来的分配是正义的,不管在个人或团体之间的自由而公平的特定交易,在离开背景制度来局部地看待的时候,是多么自由和公平"。[①] 确保背景正义就是构成基本结构的那些制度的一项主要任务,这项任务也**只能**由制度来落实,因为唯有制度才有能力和权威"通过法律系统来强化另一套制约个人或团体之间的交易和协议的规则",才能"连续地调整和补偿偏离背景正义的不可避免的趋势",例如通过恰当的收入税和遗产税来缓和财产所有权可能导致的极度不平等。[②] 正是因为个人行为是在基本结构中展开的,而个人(或者个人构成的私人团体)一般来说并没有能力和权威来调整他们在个人交易方面累积导致的不正义状况,**通过制度**来维护和调整背景正义才变得如此重要。

第二,罗尔斯也在另一个相关的意义上来说明基本结构为什么应当被设想为正义的首要主体。柯亨深信:"当利益的不平等不是反映不同的人们在劳动方面付出的不同努力,或者他们在收入和闲暇方面的不同偏好和选择,而是反映各种形式的幸运的和不幸的环境条件时,就会存在分配不正义。"[③]这确实是一个重要论点,但是,在如何理解或看待这个论点上,罗尔斯显著地不同于柯亨。作为运气平等主义者,柯亨相信正义就在于补偿坏的原生运气对人们所造成的不利条件,就在于奖励人们通过其自愿选择付出的努力;不论是在个人选择中还是在制度层面上,这就是正义所要做和应当的一切。这种观点完全是从一种"自然人"的角度来看待社会正义,就好像正义仅仅在于作为一种工具性手段来弥补或修复人们在"自然"状态下的缺陷。由此我们不难理解,作为运气平等主义者的柯亨为什么并没有**真正地**认识到制度在正义中的重要性,尽管他出于自己的信仰坚决抵制一种最大限度地追求自我利益的经济体制,呼吁取消这种体制所要求(或者与之相伴随)的激励措施。与此相比,罗尔斯则认为,根本上说,正义并不在于补偿坏的原生运气对人们所产生的影响(就好像进行这种补偿就是确立正义以及相关制度的唯一目的),甚至也不只是在于让这种影响在某种意义上变得"中立",例如通过将天资的自然分布作为一项"共同资产"来利用。除了缓

① Rawls (2001), p. 53;参见 Rawls (1993), p. 266。

② Rawls (1993), p. 268.

③ Cohen (2008), p. 126.

解运气对人们生活前景所产生的影响以及保证背景正义外，正义也要用某种方式来塑造人们的欲望和抱负，引导人们培养和发展罗尔斯所指定的那两种道德能力。从自然状态到政治社会的转变并不只是为了让人们的生活变得更加便利，这种转变实际上也是对人性的重塑。对于罗尔斯来说更是如此，因为他是通过采纳一种康德式契约论来建构其正义学说。对他来说，"自由平等的道德人"的观念既是其理论的基本出发点，也是其最终归宿：我们要根据这个观念来设想一个合理的正义理论，与此同时，当我们把从这个观念以及某些相关考虑中建构出来的正义原则应用于社会基本结构时，我们的目的也是实现自由平等的道德人的理想。因此，罗尔斯指出：

> [个人的品格和兴趣]并不是固定不变的或既定的。一个正义理论必须考虑人们究竟要如何形成其目的和抱负。……现在，每一个人都承认社会的制度形式影响其成员，并在很大程度上决定了他们是什么样的人。社会结构也会用不同的方式来限制人们的志向和希望，因为他们部分地是按照他们在社会结构中的地位来理性地看待自己，来考虑自己能够现实地期望的手段和机会。因此，举个例说，一种经济体制不只是一种用来满足现存欲望和抱负的制度规划，也是一种塑造未来的欲望和抱负的方式。更一般地说，基本结构塑造了社会体制在时间上产生和改造某种文化形式的方式，而这种文化形式是对自己的利益持有某些想法的人们所享有的。①

在正义体制下，人们不可能再像生活在自然状态中那样随心所欲地追求自我利益，否则他们就会重新回到自然状态。对罗尔斯来说，社会本质上是人们为了能够合情合理地追求自己的利益而开展的一种合作体制，因此他们就必须遵循罗尔斯所说的互惠性要求，并由此用一种负责任的方式来形成自己的欲望和抱负。② 在这里，我们需要记住的是，罗尔斯对"社会"提出了一种强健的理解：社会合作不只是在彼此没有利害关系的人们之间所进行的单纯的行为协调，而是要求人们在社会合作的条款上形成一种相互

① Rawls (1993), p. 269.

② 罗尔斯对人类关系的社会本质的理解是一种卢梭式的理解，而不是一种洛克式的理解。在下一章考察罗尔斯的契约论承诺时，我将探究这一点的含义。

理解,而只有当每个人都理解了用来制约他们的联合活动的正义观及其根据时,这种相互理解才是可能的。但是,为了让这种理解在根本上变得可能,社会就必须首先培养和发展公民的两种道德能力,以便他们能够对形成自己的目的负责,并按照他们已经具有的正义感来安排和调整自己的生活。具有两种道德能力本身就是罗尔斯的社会合作概念所蕴含的互惠性要求的一个本质方面。人们所生活的主要制度能够对其生活前景和机会产生意义深远的影响。正是因为这个缘故,由这些制度构成的基本结构是否正义对人们来说就具有根本的重要性。一旦人们充分地认识到这一点,他们就有罗尔斯所说的"自然义务"参与建立、支持和维护正义的制度,而这对于实现他们作为自由平等的道德人的理想至关重要。因此,尽管罗尔斯强调他所设想的正义原则首先是要应用于基本结构,而不是**直接**应用于个人及其在日常生活中的选择,但这并不意味着正义原则不应当对人们的动机产生任何冲击或影响。实际上,假若大多数社会成员并不具有那两种道德能力,我们就很难设想基本结构的正义如何能够有效地得到实现。对罗尔斯来说,问题显然并不在于一个正义的社会是否需要某种平等主义风尚[①];真正有意义的问题是,在罗尔斯所设想的那种社会中,什么样的平等主义风尚才是恰当的,或者是可以为人们合理地指望的?柯亨在回答所谓"基本结构异议"时对罗尔斯提出的批评,在很大程度上是来自他对罗尔斯的理论(特别是罗尔斯所设想的正义的目的)的一些误解。只要考察一下罗尔斯对正义的建构,就不难看到这些误解是如何产生的。

罗尔斯是通过一种契约论程序来说明如何选择正确的正义原则。[②] 在这里,我们无须详述罗尔斯对正义原则的构造。不过,他对原初状态提出的"康德式解释"特别值得关注,因为这个解释对于我们正确地理解其正义概念是关键的。首先,对罗尔斯来说,原初状态是一种纯粹假设性设施,其目

---

① 罗尔斯所说的正义感在某些方面就类似于柯亨所强调的那种平等主义风尚。参见Michael G. Titelbaum (2008), "What Would a Rawlsian Ethos of Justice Look Like?", *Philosophy and Public Affairs* 3: 290-322。值得指出的是,我并不完全同意该文的解释,因为在我看来,在罗尔斯这里,互惠性要求才是与柯亨所说的"平等主义风尚"相对应的东西。参见我在下一部分中的讨论。

② 在这里,正确性概念要在罗尔斯的建构主义的意义上来理解。大体上说,如果一个原则满足了反思平衡的要求,那么它就是正确的。

的是帮助我们发现自由平等的道德人的观念以及社会合作的理想条件。[①]因此，原初状态和社会契约本身不应当被看作某种历史假定，或者甚至被看作某种根本的辩护设施。罗尔斯的一些批评者往往忽视这一点，因此就会对其观点产生误解。例如，利亚姆·墨菲将其对罗尔斯的批评与如下主张联系起来：罗尔斯的正义理论基本上是一种理想的程序性理论。罗尔斯确实认为其正义概念在如下意义上是纯粹程序性的：并不存在用来判断正确结果的**独立**标准，但是，只要恰当地遵循已经确立的程序，就可以得到正确的或公平的结果（TJ 75）。例如，如果人们是在一个由公平的制度的要求构成的背景下来自由地从事经济活动，而且其活动满足这些要求，那么最终得到的结果在纯粹程序正义的意义上就是正义的。因此，罗尔斯所说的"纯粹程序正义"不应当被理解为一种由纯粹**形式**原则（例如抓阄原则或随机抽取原则）来指定或规定的正义。而是，在他这里，纯粹程序正义与他所说的"社会过程理论"具有本质联系。[②] 与洛克或诺奇克的"历史过程理论"相比，一个社会过程理论强调的是社会基本结构的运作，这种制度结构就是受制于分配正义规范的程序。当罗尔斯将基本结构的正义描述为"纯粹程序正义"时，他实际上所要说的是，只要基本结构的运作满足了用来制约它的正义原则的要求，它所产生的结果就是正义的，不管个人在基本结构的框架内**在其他方面**做出了什么选择，彼此签订了什么个人协议。因此，在罗尔斯看来，虽然其正义理论要求社会合作要让境遇最差的人们获得最大期望利益，但分配正义并不在于**直接**让这个群体拥有尽可能多的社会基本善（柯亨或功利主义导向的思想家往往如此认为），而在于让制度结构来产生和分配本来就需要用正义原则来有效地调节的基本善，在这个过程中，境遇最差的人们应当得到尽可能多的社会基本善。这种正义观是纯粹程序性的，因为决定一个分配程序的结果是否正义的东西并不是**实际**结果，而是关于那个结果的理性期望，而理性期望是由正义原则以及相关的公共规则来决定的。对罗尔斯来说，如果社会的制度结构本来就是按照满足其正义观的理性期望来设计并得到接受的，那么它所产生的结果无论如何都是正义的。

---

① John Rawls, "Kantian Constructivism in Moral Theory", reprinted in Rawls, *Collected Papers*, pp. 303-358, especially pp. 310-312.

② 参见 Rawls (2001), pp. 51-55。

因此,罗尔斯所说的"纯粹程序正义"只是指由程序本身而不是由实际结果来决定的正义。而且,正如他自己所强调的,一个公平的程序本身包含了一系列内在于它的价值,例如政治平等和公平的机会平等的价值。[①] 更重要的是,罗尔斯对纯粹程序正义的强调与他对原初状态的康德式解释具有重要联系,因此与他对正义的**目的**的理解具有重要联系。[②] 他对原初状态的设计本来就旨在把握和反映"自由平等的理性行动者"这个康德式观念:为了在道德立法上达成一致,就需要将社会成员理解为自由平等的理性行动者。作为自由平等的理性行动者,"[人们的]行动原则并不取决于各种偶然的社会条件或自然条件,也不反映他们在生活计划的细节或者激发他们的抱负方面所持有的成见"(TJ 222)。为了表达这个思想,罗尔斯假设,应该将原初状态中的各方置于一种"无知之幕"背后,以便从其实际身份中"过滤掉"那些从正义的观点来看无关的要素,由此选择出来的原则就可以反映"自由平等的道德人"这个概念。值得指出的是,罗尔斯用来构造和选择正义原则的程序并不是循环的:他确实预设了对"人"的一种康德式理解,不过,最终得到的正义原则是从这个预设以及他输入该程序的某些相关考虑(例如关于两种道德能力以及自尊的社会基础的考虑)中产生出来的,这些原则的**制度落实**旨在实现自由平等的道德人的理想。结果,每个人都有同等的权利享有一切平等自由,只要这样做并不违背所有其他人的类似自由。"平等的自由意味着,某些基本的自由和机会是平等的,社会与经济不平等是由某些经过合适调整的原则来调节的,以便维护这些自由的公平价值。"[③]这种康德式的平等自由观表明,社会基本善要平等地分配,除非"现存的不平等是为了促进境遇得到最少改进的人们的利益"[④]。

与此相关,罗尔斯并不接受洛克或诺奇克的正义观,甚至也不认为一种充足主义观点对于实现那个康德式的理想来说是充分合理的,即足以维护

① 参见 Rawls (1993), pp. 421-424。

② 对这一点的一个详细论述,参见 Andrew Reath, "The 'Kantian' Root of the Original Position", in Hinton (2015), pp. 201-223。

③ Rawls (1993), p. 280.

④ Rawls (1993), p. 284.

他所设想的社会正义。[①] 罗尔斯之所以决定将差别原则应用于背景制度，乃是出于两个主要考虑。第一，即使国家决定采纳一个关于基本生活标准的政策，我们仍然需要利用差别原则来决定一个**合理的**基本生活标准究竟是什么；第二，这样一个政策甚至不可能被合理地设想为一个正义原则，因为个人交易所产生的累积效应可能会变得很极端，从而严重威胁社会稳定和社会统一。背景制度的必要性就在于，通过调整和校正人们之间日常的市场交易结果，它就可以维护社会正义——"那些属于基本结构的社会制度所要发挥的作用，是为正义的背景条件提供保障，而个人和团体的行为是在这些背景条件下发生的"。[②] 这种必要性并不意味着个人选择不会对制度正义产生任何影响——实际上，这种影响随时随地都在发生。罗尔斯是出于两个考虑而强调背景正义的必要性和首要地位。第一，仅凭孤立的个人行为来维护正义、纠正不正义既不现实又很昂贵。[③] 即使一个良序社会中的人们都普遍地具有正义感，但一般来说他们并不完全了解背景正义的实现所要满足的条件。例如，为了决定某个特定的分配是否正义，或者某人的需求主张是否已经恰当地得到满足，就需要立即考察个人和团体的行为，也需要审视背景制度的特点。这些要求是普通人很难满足的，将这些要求强加于他们往往会对他们施加过度负担(即便不是根本上无法承受的负担)，因为这种做法意味着，为了维护整个正义体制，人们**在任何时候**都需要考虑如何行动才是正当的——不仅仅是在遵守制度规则、支持或维护正义制度的意义上是正当的，而且，在让**一切**个人选择都要满足本来只用于制度的正义原则的要求方面，也是正当的。第二，罗尔斯指出，"只有当基本结构满足

---

① 罗尔斯自己说明了为什么他偏爱差别原则，而不是一个关于最低限度的生活标准的政策(参见 TJ, pp. 251-252、277-279)，尽管为了回应哈特的批评，他后来认为，某种最低限度的社会供给必须**先于**其正义原则的应用而无条件地给予所有社会成员。

② Rawls (1993), p. 266.

③ 这是安德鲁·威廉斯在回答柯亨的批评时的核心关注。在一个简要的评论中，柯恩论证说，公共性概念"可以被表明不是正义的一个要求"。然而，在这点上柯亨错了：即使公共性概念在严格的意义上不是正义的一个要求，它也对一种切实可行的正义观施加了约束。罗尔斯刻意将其正义理论与功利主义作对比，并认为其正义原则满足了公共性要求，其目的就是说明这一点。参见 Andrew Williams (1998), "Incentives, Inequality and Publicity", *Philosophy and Public Affairs* 3: 225-247; Cohen (2000), pp. 212-213, note 26。

了背景正义要求时，一个社会才将其成员作为平等的道德人来对待”。[①] 回想一下，按照罗尔斯对原初状态的康德式解释，人们在某种基本的意义上具有两种道德能力，是他们作为道德人的平等的一个必要条件。罗尔斯的两个正义原则完全是按照或围绕这个观念来设计的：第一原则旨在保证人们具有平等的基本自由和权利，从而保证人们在道德资格或政治地位上的平等，第二原则旨在让人们获得更加实质性的平等，即社会与经济地位方面的平等，这种平等同样是人们拥有和发展两种道德能力、享有自尊的社会基础的先决条件。背景正义是由制度来保证的，它的一项主要职能就是要反击或抵消个人交易的累积效应对经济权力以及收入和财富的分配所产生的歪曲影响。罗尔斯并不否认**由正义原则来调节**的市场具有一个重要优点——它可以更有效地满足人们的需求、配置生产手段和生产资料，因此就可以潜在地促进每个人的利益(参见 TJ 239-242)。但是，他也明确指出，完全自由放任的市场体制不利于实现那个康德式的理想。在他看来，差别原则更倾向于支持或要求一种拥有财产的民主制或者一种“联合式的”社会主义(associational socialism)。[②]

总的来说，正是因为构成基本结构的主要制度能够对人们的生活或命运产生意义深远的影响，罗尔斯才把基本结构看作正义的首要主体。正如我们已经看到的，罗尔斯提出了三个理由来支持其主张：第一，严重的不正义往往是由制度性因素或者结构化手段产生出来的；第二，我们需要通过基本结构来校正原始的不正义，即在社会合作开始时存在的不正义——假若初始的不正义尚未得到纠正，就无法解决“什么是一个公平分配”或者“如何公平地分配”这个问题；第三，甚至在社会合作已经开始、在**局部**领域中已经存在某些原则来决定个人之间的公平交易的情况下，背景制度仍然是必要的——实际上，即使人们严格服从所有合理的实践规则(包括本来只是用来评价制度的规则)，社会过程的发展所产生的累积效应也可能会使得人们之间的个人交易在结果上是不正义的。基本结构主要是要对**背景**正义负责。这个主张的重要性至少体现在两个方面。第一，有一些道德上任意的因素对社会与经济不平等的形成产生了重大影响，因此，在按照原初状态来构想

① Rawls (1999), p. 317.

② Rawls (1999), p. 277. 参见 Rawls (2001), pp. 135-140。

正义原则时，为了保证社会合作是公平的，首先就需要设法消除或缓解这些因素所产生的影响。如前所述，这并不意味着，在决定什么是公平的分配份额时，我们并不需要考虑某些与个人的选择、能力或努力相关的东西。实际上，罗尔斯承认，"我们有权享有我们的自然能力以及我们通过参与一个公平的社会过程而有资格得到的东西"[①]。他对日常意义上的个人应得的拒斥只是意味着，在开始社会合作、探究它如何公平之前，首先需要纠正自然运气所产生的不正义。如果制度性因素进一步促成了这种不正义，那么首先就必须采取结构性手段来保证社会合作背景是正义的或公平的。其次，基本结构的正义也是实现罗尔斯所强调的那个康德式理想(即每个社会成员都应当被当作自由而平等的道德人来对待)的前提。实际上，用一种实质性的方式来实现这个理想，不仅是罗尔斯所设想的社会正义的根本目的，也是将其正义观与运气平等主义区分开来的一个重要标志。

如果我们到目前为止对罗尔斯的核心主张提出的解释是正确的，那么柯亨至少在一定程度上误解了基本结构的所谓"强制性特征"。罗尔斯首先是按照某种制度或实践是否能够对人们的生活产生意义深远的影响来判断它是否应该算作基本结构的一部分。柯亨实际上承认这一点，并据此指责罗尔斯的基本结构概念具有一种"致命的模糊性"。不过，有趣的是，罗尔斯自己并不认为基本结构的概念**从一开始**就可以得到明确界定。他反而认为，只有在正义原则得以确立并得到明确阐述后，我们才会对基本的社会制度具有明确的想法，因为哪些制度属于基本结构也部分地取决于正义原则的**具体内容**。[②] 除了能够对人们的生活产生意义深远的影响这一点外，罗尔斯也把基本结构描述为"团体和个人的活动在其中所发生的背景社会框架"。这个说法旨在表明，基本结构是要保证这些活动所发生的背景正义，

---

① Rawls (1993), p. 284.

② 参见 Rawls (2001), p. 12。不难设想，如果某种集体实践逐渐变得对人们的生活产生意义深远的影响，并与罗尔斯所设想的正义原则发生了某种联系，那么它就可以被考虑为基本结构的一部分，即使它一开始并不具有明显的法律强制特征。一些评论者由此认为，我们应该将基本结构理解为由塑造个人行为的某些相互作用特点构成的，因此对基本结构的形成采取一种"发展"的观点。在某种意义上说，这是罗尔斯可以接受的一种观点。参见 A. J. Julius (2003), "Basic Structure and the Value of Equality", *Philosophy and Public Affairs* 4: 321-355。

也就是说，应用于基本结构的正义原则是要调节制度性的结构，而不是直接应用于在社会中发生的个人或团体的行为。但是，罗尔斯从来就不认为基本结构的正义穷尽了整个正义领域。他之所以强调基本结构是正义的首要主体，只是为了表明基本结构的核心使命就在于实现他所说的那个康德式理想。基本结构的首要性意味着，用于基本结构的原则不仅发挥了对**局部**正义的原则进行调节的作用，而且为个人服从正义原则的自然义务提供了具体内容。因此，只要背景正义不仅是实现那个康德式理想的前提，同时也是个人自由地追求其生活计划的必要条件，**社会**正义原则相对于个人行为来说就具有一种规范的优先性，因此也具有一种规范权威。这种权威当然可以用法律强迫的方式表现出来，但无须总是如此——我们并不总是需要按照立法模型来理解规范权威，正如我们无须按照这种模型来设想道德对我们所具有的权威。规范权威至少在一种弱的意义上相对于个人欲望或意愿来说是强制性的；但是，基本结构在一种强的意义上也是强制性的：强制要求辩护，因此，当罗尔斯将社会设想为在自由平等的人们之间所开展的一种公平合作体制时，只要这样一种体制要求强制性地落实社会合作的基本条款，它就需要辩护。正是这种辩护要求使得基本结构相对于个人行为来说是强制性的：在一个良序社会中，政府需要向其公民说明它将制度规则施加于他们的理由，公民们有时候也需要彼此说明他们采取行动的理由，只要按照这些规范性的理由来行动表现为一种要求，这些理由就可以具有强制性特征。用谢弗勒的话说，“强制性制度的正义，只要能够得到保障，就为这些制度的强制性特征所提出的辩护问题提供了一个解决方案”。[①] 由此来看，柯亨其实并未充分把握罗尔斯所说的“强制性”的含义，因为他根本就没有像罗尔斯那样去考虑制度的本质及其对于正义的重要性。因此我们就不难理解，他对罗尔斯的批评为什么严重地错失了罗尔斯对制度正义的首要地位以及责任分工的强调。为了公正地对待柯亨以及受到其批评的罗尔

① Scheffler (2010), p. 154. 谢弗勒也指出，当柯亨将家庭看作他所说的能够对个人行为产生深远影响的“非强制性”制度的典型代表时，柯亨不仅忽视了家庭本身也受制于一系列法规，而且他也没有明确地将“强制性的”和“非强制性的”这两个概念区分开来。我部分同意谢弗勒在这方面对柯亨的批评，不过，我自己对柯亨的批评并不取决于如下主张：他对“强制性结构”和“非强制性结构”的区分是不清楚的[Scheffler (2010), pp. 150-157]。

斯，我们还需要看看分工的观念在罗尔斯的理论中的重要性。

二、制度分工与个人责任

说基本结构是正义的首要主体，并不是说制度正义穷尽了整个正义领域。罗尔斯明确指出，他对基本结构正义的关注在两个方面是有限制的：第一，用于基本结构的正义原则"可能并不适用于私人团体的规则和实践，或者并不适用于不太广泛的社会群体的规则和实践"(TJ 7)；第二，在特别关注用来调节一个良序社会的正义原则时，罗尔斯主要关心的是严格服从正义原则的情形，而不是部分服从的情形——他首先要关心的是建构一个理想理论，然后来考虑这样一个理论在实际世界中的应用。① 这两个限制对于我们回应柯亨的批评来说特别重要：柯亨对"基本结构异议"的回答之所以基本上是误导性的，主要就是因为他未能正视这两个限制以及罗尔斯对其根据的阐述。让我们首先考察罗尔斯对第一个限制的论述。

我们已经看到，对罗尔斯来说，应用于基本结构的原则之所以必须与用来调节个人生活的原则区分开来并对后者具有一种规范优先性，是因为基本结构是要对背景正义负责，而且，只有通过在正义的制度框架内行动，人们才能充分地实现自己作为自由平等的道德人的本质——不仅如此，这个理想必须**平等地**实现，这意味着每个社会成员对于实现这个理想的基本条件都有平等的权利，而只有正义的制度框架才能为此提供充分保证。通过把应用于基本结构的制度原则和正义规则与用来调节个人或团体之间的个别交易行为的道德原则和制度规则区分开来，罗尔斯在两种社会规则之间实现了一种"制度分工"(institutional division of labor)：

> 我们在两种社会规则以及这些规则在其中得以实现的不同制度形式之间达到了一种分工的观念。基本结构首先是由规定社会背景的制度构成的，它也包括一些操作，例如旨在让财产所有权变得均等的收入

① 参见 Rawls (2001)，pp. 12-14。罗尔斯实际上提到了三个限制，第三个限制涉及罗尔斯对国际正义的看法，他认为这个问题需要单独处理。

> 税和继承税，这些操作不断地调节和补偿某些必然偏离背景正义的趋势。基本结构也通过法制系统而强制实行另一套规则，即制约个人或团体之间的交易和协议的规则（契约法等）。有关欺骗和强迫之类的东西的规则就属于这些规则，……它们旨在让个人和团体在追求其目的时可以自由地采取有效行动而不受到过度限制。……我们实际上是在寻求一种制度分工，即在基本结构和直接应用于个人和团体、在特定交易中要遵循的规则之间的分工。如果这种分工能够得以确立，个人和团体就可以在基本结构的框架内更有效地发展其目的，只要他们知道，在社会体制的其他地方，为了维护背景正义就需要做出必要的矫正。[①]

我们大致可以认为，这个区分是立足于在严格而论的基本结构和更广泛地设想的社会之间的区分。罗尔斯已经强调基本结构在社会正义的实现中应当具有绝对的优先性。公民具有罗尔斯所说的“正义的自然义务”，即服从正义制度的原则以及相关的公共规则，在正义的制度并不存在的时候参与确立正义的制度安排。如果一个社会的基本结构已经是正义的，或者大体上是正义的，那么公民所具有的这项自然义务就在于遵守制度规则并按照制度的要求来塑造自己的兴趣和志向，按照自己能够合理地指望的资源来调整自己的生活计划。因此，制度规则能够对个人选择产生影响而且应当产生这种影响——公民们不仅需要有意识地培养公平的社会合作所要求的正义感，也需要按照这种正义感来塑造自己的品格和行为。罗尔斯从未否认基本结构应当影响个人选择。实际上，这种影响在他看来是不可避免的，不仅因为人们的自然能力和才能“离开了社会条件就不可能得到成熟发展”[②]，更重要的是因为公平的社会合作要求人们发展两种道德能力。但是，社会生活并不限于参与维护和支持正义的制度，尽管背景正义是人们在其他方面能够顺利地和合理地开展社会生活的基本条件。当人们在局部的领域中从事经济交易、建立个人关系、参与某些非正式的团体或协会时，他们也直接受制于相关的社会规则。只要人们满足了制度的基本要求，在社会生活的其他领域中，他们就可以自由地进行选择。比如说，他们不被要求

---

① Rawls (1993), pp. 268-269.

② Rawls (1993), p. 270.

通过个人选择来直接促进制度规定的目标，例如差别原则所规定的目标。这样做并不属于正义的自然义务；他们所要做的是切实履行差别原则的**制度要求**所规定的职责，例如严格遵守一种满足差别原则的税收制度。正是在这个意义上，制度分工允许人们用一种更有成效的方式自由地追求自己的生活计划。

因此，罗尔斯并不否认，从某个其他的观点来看（若不是从其正义原则希望传达的那个观点来看），我们可以用正义的措辞来评价个人行为。[①] 存在着各种各样的局部正义，例如人们在日常交往中通过契约关系确立的正义；甚至当一个人无故打破自己对他人的许诺时，只要作为一种社会实践的许诺在某种意义上（例如在休谟所说的意义上）可以被理解为正义的一种形式，我们也可以把他说成是不正义的。更不用说，我们可以用道德语言来评价人们在各种个人关系和社会关系中的行为。然而，罗尔斯强调说，“我们千万不要把用于制度的正义原则与在具体情形中应用于个人及其行为的原则混淆起来。这两种原则应用于不同的主体，必须各自讨论”（TJ 47）。这个主张暗示了罗尔斯对“分工”所提出的一种更加广泛的理解，即谢弗勒所说的“道德分工”——在正义的要求和其他价值之间做出的一种分工，或者在道德义务和人们彼此负有的特殊义务或承诺之间做出的一种分工。[②] 道德分工的观念可以被认为表达了在基本结构的正义和一般而论的道德之间的区分。当然，这个区分并不意味着基本结构的正义不是建立在任何道德考虑的基础上——罗尔斯的正义理论当然在康德伦理学中有一个坚实基础。[③] 制度分工的观念表达了罗尔斯自己对制度正义的规范优先性的强

---

① 柯亨实际上承认这一点，参见 Cohen (1998), p. 11。

② 参见 Samuel Scheffler, “The Division of Moral Labor”, in Scheffler (2010), pp. 107-128, especially p. 116。罗尔斯自己并未明确使用“道德分工”这个说法。谢弗勒按照他在个人观点和不偏不倚的道德观点之间所做的区分提出了本质上相似的思想，而内格尔则进一步阐明了道德分工的观念（尽管他也指出这个观念存在的问题）。参见：Samuel Scheffler, *The Rejection of Consequentialism* (Oxford: Oxford University Press, 1982; revised edition, 1994); Thomas Nagel, *Equality and Partiality* (New York: Oxford University Press, 1995), especially chapter 6 and 9。

③ 即使罗尔斯在后来的“政治自由主义转向”中不再将其正义观建立在一种康德式的道德形而上学的基础上，但其政治建构主义本质上仍然是康德式的，而且不乏深厚的道德考虑。在下一章中我们就会看到这一点。

调。与此相比，尽管道德分工的观念早在《正义论》中就出现了，但其核心根据与罗尔斯后来对“价值多元论”(或者他自己所说的“合情合理的多元论”)的承诺相联系。制度分工的观念已经暗示了如下思想：假若个人被要求**直接**促进分配正义的目的，在自由地追求自己的生活计划、履行特殊义务或承诺方面，他们就会受到过度限制。罗尔斯对功利主义的批评旨在部分地表明这一点。

不过，道德分工的观念更直接地来自罗尔斯对如下问题的思考：在一个多元主义现代社会中，如何发展一个能够得到所有社会成员理性地认同的正义观？一个多元主义社会是人们能够持有各种“全面性”道德学说和宗教学说的社会。在这样一个社会中，社会正义的根本目的仍然是实现平等自由和平等尊重的理想，基本结构的首要使命仍然是维护背景正义。但是，价值的多元性或多样性为设计一个满足社会合作的稳定性要求的正义观提出了挑战。一方面，我们显然不能将任何一种全面性学说设定为正义的基础或根据。另一方面，罗尔斯自己认为，当人们在社会正义和个人道德所施加的约束内来形成或塑造自己的理性生活计划时，他们必须具有决定自己的价值观和承诺的自由——在这种约束所构成的框架内，他们必须能够自由地决定和追求自己对好生活的设想。为了满足稳定性要求，用于公共领域(特别是社会基本结构)的正义原则就必须得到所有社会成员(或者至少所有合情合理的社会成员)的一致认可。罗尔斯论证说，一个用于多元主义现代社会的正义观可以建立在他所说的“交叠共识”的基础上。倘若如此，道德分工对于一种**政治性**的正义观来说就是必要的：在正义的领域和一般而论的道德领域之间之所以需要实施一种“分工”，是因为多元主义的现代社会不允许直接将一种正义观建立在任何全面性学说的基础上，与此同时，人们也必须被给予发展和追求自己理性地认同的生活计划的自由。

不论是在制度分工的情形中，还是在道德分工的情形中，“分工”这个说法只是意味着人们在社会生活的不同领域中具有不同的职责或使命，这些职责或使命表达了人类生活的不同方面，并不意味着它们之间不存在任何联系。实际上，正如我们现在可以看到的，在罗尔斯这里，制度正义的首要地位意味着用于基本结构的原则以某种方式**调节**社会成员在其他生活领域中需要履行的义务或责任，或者他们需要满足的合理期望或要求。罗尔斯之所以将基本结构定义为“团体和个人的活动在其中所发生的背景社会框架”,并认为“一个正义的基本结构保证了我们可以称为‘背景正义’的那种东西”[1],就是为了强调如下这一点:制度正义不仅为人们实现自己作为自由平等的道德人的本质提供了必要的基础或保障,也是他们**平等地**追求更加丰富的个人生活计划的先决条件。从这个角度来看,假若我们用“责任分工”(division of labor for responsibility)这个概念来涵盖罗尔斯所提到的那两种分工,那么责任分工并不只是为了将人们**从全方位地**履行正义的要求(或者与正义的目标相联系的要求)的沉重负担中“解放出来”;而是,它本身就是(或者至少体现了)正义的一个要求——在罗尔斯的理论框架中,正义不仅被赋予了实现那个康德式理想的道德内涵,而且也旨在保证每个人都能用一种自由平等的方式来追求一种更加美好的生活。假如正义本身反而妨碍了人们对这两个重要目标的有效实现,它就是自我挫败的。责任分工是要让构成基本结构的制度主要承担维护背景正义的职责,特别是保证公平分配的职责在社会上能够得到有效落实,让人们只是对正义的自然义务及其在日常生活中所要履行的其他责任、义务以及承诺负责。责任分工旨在避免不适当地将人们的生活“道德化”,就好像尽力促进正义所设定的目标就是生活中唯一重要且具有支配地位的事情。

因此,在罗尔斯这里,实际上并不存在“个人在日常生活中是否应该公正地行动”这一问题,因为无论是他对“社会”或“社会合作”的设想,还是他对一个正义的社会得以可能的条件的理解,都充分表明答案是肯定的。说基本结构是正义的首要主体或者正义是制度的首要美德,并不是说正义与个人行为或个人选择无关。我们对正义的制度的自然义务当然首先意味着**不要**采取任何危害这种制度的行为;但是,在正义的制度并不存在的情况下,参与确立正义的制度安排的义务显然是一个积极义务。如果制度在实际社会中的运行与理想的正义发生了偏差,我们可能也有义务帮助纠正我们周围出现的不正义状况,例如提供与侵害制度规则的行为相关的信息,特别是当我们持有相关职位并充分知情时。[2] 但是,就我们与正义的关系而

---

① Rawls (2001), p. 10.

② 罗尔斯确实认为担任公职的人们有直接的责任维护与其公职相关的制度正义。不过,他也认为普通人不被**要求**这样做——他们只需遵守制度所规定的一般规则,例如按照规定要求交税。

论，更为重要的是，我们需要将正义感转变为一种个人美德，以便更有效地维护和支持社会正义。问题只是在于，我们是否也应当用一个**单一的**原则来贯穿人类生活的所有方面，并要求人们在公共生活和私人生活的领域都严格地用这样一个原则来**引导**自己的行为和选择，而不只是服从正义原则以及相关的公共规则的要求？换句话说，我们是否也应当接受和采纳柯亨和墨菲所倡导的那种一元论立场——“一切应用于制度设计的根本的规范原则也应用于个人行为”？[①]

为了回答这个问题，我们需要考察一下墨菲和柯亨对于他们赋予罗尔斯的那种“二元论”立场的批评。如何理解这种“二元论”本身就是一个复杂问题。按照墨菲的说法，罗尔斯所持有的那种二元论立场就体现在“分工”的概念中。但是，在罗尔斯这里，我们大致可以鉴定出两个“分工”概念：制度分工的观念所说的是，应用于基本结构的原则不同于应用于个人行为的原则；道德分工的观念则更一般地将正义的领域与一般意义上的道德领域区分开来，或者简单地说，将政治与道德区分开来。正如我们已经看到的，制度分工的观念并不意味着制度规则不可能或者甚至不应当对人们的个人行为产生影响，而道德分工的观念也不意味着正义或政治并不受制于任何道德考虑。就前一个方面而论，罗尔斯已经明确地阐述了制度对于塑造人们的品格和动机的重要性，他甚至认为“经济体制[本身也]不只是一种用来满足[人们的]现存欲望和志向的制度规划，而是一种塑造[人们的]未来欲望和志向的方式”[②]。就后一个方面而论，罗尔斯的理论本质上是立足于一系列康德式的道德考虑。既然如此，我们就很想知道他为何不干脆持有一种一元论立场。对柯亨来说，正义要求“平等化”运气的结果，然后按照人们付出的努力来奖励人们。如果这就是正义应当做的一切，而正义的根本目的就在于实现柯亨所设想的那种平等，那么应用于法律上具有强制性的结构的正义原则也应当“应用于人们在这种结构内做出的选择”。[③] 墨菲在类似的意义上认为，“如果我们按照加权慈善(weighted beneficence)来思考分配正义，我们就看不出在制约制度设计的原则和制约个人行为的原则之间

① Murphy (1998), p. 251.

② Rawls (1993), p. 269.

③ Cohen (2008), p. 116.

有什么区别。在我们所承认的任何权利所施加的限制内，应该用一种最大化加权集聚福祉的方式来设计制度；同样，在同一种限制内，人们也应该采取行动来促进同一个东西，即集聚性的加权福祉"[①]。很明显，墨菲是在尝试将一种经过修改的功利主义原则同时应用于制度和个人。对他来说，道德和政治的核心目的都在于促进人们的福祉，特别是要以某种方式优先考虑境遇最差的人们的福祉。同样，柯亨论证说，接受和承诺了他所说的平等主义风尚的人们没有理由要求更高的经济激励，以此作为他们满足差别原则所规定的要求的先决条件。既然制度和个人都旨在促进平等，他们就应该受制于同一个根本的规范原则。柯亨和墨菲的立场之所以是一元论的，本质上是二者都将正义或不正义理解为主要是世界中的状态的一个性质，因此就倾向于从一种纯粹后果主义的观点来看问题。

墨菲认为，责任分工的观念不可能为罗尔斯被认为持有的那种二元论立场提供任何论证，因为一元论立场也可以容纳这个观念。例如，一元论者可以承认存在着一种并不具有基础地位但特别具有政治含义的原则，比如说如下原则：征税应该按照纳税人的支付能力来征收。"一元论所要拒斥的是通过诉诸一个同时不直接应用于个人行为的根本原则来捍卫这样一个原则"，换言之，一元论者之所以是一元论者，就是因为他们拒斥了如下观点："可能存在着一个用来评价法律制度和其他制度的根本的规范原则，但它并不适用于个人行为领域。"[②]然而，如前所述，罗尔斯并不否认用来设计和评价制度的规则在一种限制性的意义上可以应用于(或者甚至应当应用于)个人行为——至少正义的自然义务要求人们在个人生活中遵守这些规则。责任分工的观念并不具有这个含义。如果人类社会只有一个占据支配地位的单一目标，例如用一切方式让人们的生活在某种意义上变得更好，那么制度设计和个人行为似乎都应当按照(或者围绕)这个目标来组织。但是，我们仍然可以在人类生活的各个领域之间实施一种责任分工。因此，不论是一

① Murphy (1998), p. 263. 帕菲特所说的"加权慈善原则"指的是，在促进福祉时，我们应当优先考虑促进境遇最差的人们的福祉。"促进聚集性的福祉"所说的是，我们是在总体上促进某个特定群体(例如境遇最差的群体)的福祉，而不是分离地考虑促进他们当中每个人的福祉。

② Murphy (1998), p. 254.

元论还是二元论都允许责任分工的观念，正如墨菲自己所承认的。不过，即使应用于各个领域的原则都可以按照某个根本的规范原则来辩护，这也不直接意味着责任分工从规范的观点来看并不具有根本的重要性。为了能够成功地反驳罗尔斯被认为持有的那种二元论立场，墨菲必须进一步表明责任分工何以并不具有根本的重要性。他其实并未正面回答这个问题；就像柯亨一样，墨菲主要是通过采取一种负面策略来批评罗尔斯——当柯亨试图表明基本结构的概念存在着一种“致命的模糊性”时，墨菲则指责说，罗尔斯对基本结构的理解并不支持责任分工的观点（这个观点被认为表达了罗尔斯的“二元论”立场）。现在我们就来考察一下墨菲的论证。

墨菲认为，罗尔斯实际上对“基本结构”提出了两种解释：在《正义论》中，罗尔斯是按照某个东西是否从一开始就对人们的生活产生了意义深远的影响来判断它是否应被看作基本结构的一个要素；但是，在《政治自由主义》中，他把基本结构定义为“主要的社会制度用来分配基本权利和责任、决定划分社会合作所产生的利益的方式”。[①] 墨菲由此认为，罗尔斯后来“缩小”了他在《正义论》中对基本结构的理解，将基本结构限制到“在不直接妨碍人们日常生活的情况下维护背景正义的制度”[②]。因此，在对“基本结构”的所谓“狭义”解释下，契约法之类的制度就不能算作基本结构的一部分，尽管这种制度排除了契约关系中的强迫与欺骗，因此确实对人们的日常生活产生了冲击和影响，而在所谓的“广义”解释下，这种制度似乎就是基本结构的一部分。现在，墨菲试图表明，无论我们对“基本结构”采取哪一种理解，罗尔斯都不可能合理地维护所谓的“二元论”立场。一方面，按照墨菲的说法，在对基本结构的“狭义”解释下，征税和失业救济之类的制度属于基本结构，但是，构成这些制度的法定规则显然直接应用于个人和团体。按照墨菲对“责任分工”的理解，制度设计之所以特别值得关注，是因为它们被认为具有两个优点：一是与在没有制度的情况下人们各自行动相比，制度可以为正义提供更有效的保障；二是制度可以最大限度地降低人们为了维护正义而

① Rawls (1993), p. 258.

② Murphy (1998), p. 258. 稍后我将表明墨菲的判断是错误的，因为罗尔斯对“基本结构”的理解始终是一致的。不过，为了便于论证，我需要首先介绍他的论证。

需要付出的成本。[1] 但是，墨菲论证说，尽管税收规则似乎并没有频繁地侵扰人们的日常生活（例如在如下意义上：人们只需每年申报一次收入税），但这只是税收体制的一个方面，因为（举个例说）人们的日常交易每天都会涉及销售税。因此，我们就没有一般的理由认为，罗尔斯归结到狭义上的基本结构的东西总是不会侵扰人们的日常生活。一方面，墨菲由此断言，狭义上的基本结构概念并没有为罗尔斯按照"分工"的观念对二元论的论证提供任何支持，因为二元论意味着"我们可以轻而易举地鉴定正义原则得以应用的领域"，但是，狭义上的基本结构概念"让我们不可能知道法律系统的哪些部分应当由正义原则来调节，哪些部分不应当如此调节"。[2] 另一方面，墨菲论证说，返回广义上的基本结构概念也不会为按照"分工"的概念来论证二元论提供任何帮助，其理由是，"如果分配正义的恰当场域就是一种至少将所有法律都包含在内的基本结构，那么我们可能就已经发现了一种与分工相对应的结构划分，即在法律与非法律之间的划分。但是，事实上没有理由认为，正义原则对法律制度的应用本身就[可以]让人们摆脱为正义提供保障的负担"。[3] 墨菲的意思是说，即使罗尔斯将基本结构限制到能够对人们的生活产生意义深远的影响的强制性制度，这种限制仍然不可能实现罗尔斯希望按照分工的观念来实现的一个目的，即"让个人和团体可以用一种更富有成效的方式来自由地发展其目的"。因此，在他看来，分工的观念并没有为将正义原则完全应用于制度设计的观点提供任何支持。

很不幸，墨菲的批评是建立在对罗尔斯的两个严重误解的基础上：第一，他误解了罗尔斯通过基本结构而赋予背景正义的那种重要作用；第二，在罗尔斯这里，分工的观念实际上与一元论和二元论的区分并没有本质联系。罗尔斯对"基本结构"的表征无须像墨菲所说的那样是不一致的：将基本结构理解为能够对人们的生活产生意义深远的影响的制度或实践，并不是不符合也将它看作是对基本权利和责任、社会合作中的利益和负担进行分配的方式——实际上，后一种表述（即墨菲所说的"狭义解释"）只是对前一种表述（即墨菲所说的"广义解释"）的进一步规定。在《政治自由主义》中

---

① Murphy (1998), p. 259.

② Murphy (1998), p. 261.

③ Murphy (1998), p. 262.

论述基本结构的那个部分，在提出墨菲提到的那个定义并立即指出基本结构包括政治宪法、各种法定财产、经济组织以及家庭的本质后[①]，罗尔斯接下来指出，“属于基本结构的制度旨在保证个人和团体的行动所发生的正义的背景条件。除非这个结构适当地得到调节和调整，否则一种一开始是正义的社会过程最终就不再是正义的，不管特定的交易本身看起来可能是多么自由和公平”。[②] 罗尔斯对基本结构的职能的描述明确地表明，对他来说，基本结构的核心使命就在于维护背景正义，而按照平等自由的原则来分配基本权利和责任，利用机会平等原则来调节不可接受的社会不平等，运用差别原则来调节经济制度的运行，就是维护背景正义的主要方式。正是因为构成基本结构的主要制度能够对人们的生活产生深远的影响，它们才特别需要按照正义原则来设计和评估。而且，在《政治自由主义》中，罗尔斯实际上并没有“缩小”他对基本结构的理解，反而将基本结构看作“决定背景正义的无所不包的社会系统”[③]。他现在提出的理解并非本质上不符合他在《正义论》对“基本结构”的界定；唯一的差别可能是，罗尔斯现在意识到他称为“基本结构”的那些东西本质上没有固定的界限，因为我们不可能**先验地**确定什么东西能够对人们的生活产生意义深远的影响。既然这个问题要按照相关的经验考虑以及正义原则的具体内容来解决，我们就可以允许基本结构没有明确的或固定的界限。这符合罗尔斯一贯采纳的反思平衡方法。

然而，值得指出的是，说基本结构并不具有明确的或固定的界限，并不是说应用于基本结构的原则并不具有某种独特的和根本的重要性。我们无须再次重申背景正义的重要性，此外，在我们已经澄清的意义上，构成基本结构的制度或实践仍然是强制性的。现在需要说明的是，为什么罗尔斯坚持认为，应用于基本结构的原则不是要**直接**应用于人们在日常生活中的个人选择。罗尔斯用“直接”这个说法来限定他提出的主张，而这一点具有意味深长的含义。首先，正如我们已经看到的，罗尔斯不仅没有否认、反而强调制度规则能够且应当影响人们的品格和选择：人们不仅有他所说的“正义

---

① 实际上，罗尔斯在这里对基本结构及其构成要素的描述并不是不同于他在《正义论》中的描述，参见 Rawls (1999), pp. 6-7。

② Rawls (1993), p. 266.

③ Rawls (1993), pp. 271-272.

的自然义务”,也应当按照正义感来塑造自己的品格和引导自己的选择。人们在日常生活中对自由权的行使必须符合平等自由原则,差别原则也可以通过某些制度(例如纳税制度)而应用于每一个适合于该原则的个人或团体(例如公司或企业)。当罗尔斯强调他的两个原则特别适用于社会制度时,他不只是在说,既然制度就是产生背景正义或不正义的首要原因,按照这些原则来设计和评价制度就特别合适;他也是在说,背景正义需要通过结构化手段才能得到有效保障,不可能仅凭个人行为就能实现。制度构成了个人和团体在其中开展活动和从事交易的背景,因此,用来实现背景正义的东西就必须或多或少是结构性的。例如,个人和团体所从事的活动以及他们之间的具体交易所产生的累积效应可以有意义地削弱背景正义,因此就需要**制度化**手段来“不断调整和补偿那些必然偏离背景正义的趋势”。[①] 确保人们具有平等的基本自由和公平机会是背景正义的一个主要方面。但是,我们很难设想个人行为能够为此提供充分保障。平等的基本自由显然需要通过宪法以及相关制度来保证。实现公平的机会平等要求提供普遍教育和基本医疗保障,要求以某种方式(例如通过满足差别原则的税收制度)限制人们在收入、财富以及经济权力方面的不平等。[②] 这一切显然都不是通过任何个人行为就能做到的,甚至也不是通过任何私人团体(例如各种形式的慈善组织)的努力就能做到的。这些要求只能在制度上得到满足——实际上,其制度实现本身就是社会成员对制度正义提出的一个基本要求或正当期望。当然,罗尔斯并不否认,只要我们具有正义感,我们就应该在个人生活中抵制任人唯亲或性别歧视之类的不正义行为。然而,个人努力的有效性取决于存在着纠正社会不正义的制度性手段。若没有保证背景正义的制度,那么,不管人们如何努力,**个人行为**显然也不能保证每个人都享有平等的基本自由或者公平的机会。因此,说制度正义具有规范的优先性,并不是要否认应用于基本结构的原则可以影响日常生活中的个人选择,而是要强调背景正义的首要地位。

我们也可以对柯亨的类似主张提出同样的说法。柯亨相信应用于基本结构的原则也应当应用于人们在基本结构内部做出的选择。他特意指出,

① Rawls (1993), p. 268.

② 参见 TJ §13,§17,§43。

他所说的"个人选择"并不包括人们在是否要服从制度规则方面做出的选择,也就是说,在论及个体选择时,他并不考虑罗尔斯所说的正义的自然义务。人们当然可以按照制度的要求履行自己职责,例如严格遵守差别原则所规定的纳税要求。然而,柯亨并不考虑人们在这方面的选择,因此其主张就只能意味着,除了满足制度的要求外,人们也应当通过个人行为来促进正义制度所规定的目标,例如尽自己所能促进境遇最差的人们的期望利益。因此,对柯亨来说,如果他所设想的平等就是正义的目标,那么无论是制度还是个人都应当努力实现这个目标——二者都应当服从同一个根本原则。如果柯亨所设想的平等就是人类生活中**唯一**重要的价值,那么罗尔斯就可以同意他的说法,尽管罗尔斯实际上并不相信这一点(正如我们初步已经看到的,罗尔斯对社会正义具有比柯亨要复杂得多的设想)。不过,即便做出这个让步,我们也不难看到,柯亨的主张,若要具有根本的合理性,就必须采纳分工的观念。[①] 直观上说,假若我已经具有平等主义承诺或者柯亨所说的"平等主义风尚",我就不可能认为,只是因为帮助境遇较差的人们无助于缓解整个不平等状况,我就不应该帮助他们。[②] 然而,指望通过个人努力来**根除**现实世界中的不平等不仅很不现实,而且,无论是从不平等的因果来源的角度来看,还是从规范的观点来看,都是误导性的,因为大规模的不平等往往是通过制度化的方式产生的,因此也必须通过制度设计和制度改革来加以消除。当然,制度和个人之间确实应该有某种合理的互动和整合,但是分工仍然是必要的,正如罗尔斯所说:

> 即使每个有理性的人都相信自己是在公平地行动,是在一丝不苟地尊重制约协议的规范,但这个事实并不足以维护背景正义。……当奸诈和欺骗遍及我们所生活的社会世界时,我们忍不住会认为,法律和政府只是因为个人倾向于行为不公而变得必要。然而,恰恰相反,甚至当个人公平地行动时,背景正义往往也会受到侵蚀:各种互不相关的交易的总体结果会偏离背景正义,而不是趋向背景正义。……因此,我们

① 墨菲自己明确承认一元论立场允许罗尔斯所说的"分工",尽管他未能看到承认这一点实际上对于坚持一元论立场极为不利,正如我们待会儿就会看到的。

② 参见 G. A. Cohen (2000), *If You're an Egalitarian, How Come You're So Rich* (Cambridge: Harvard University Press, 2000), pp. 161-163。

就需要专门的制度来维护背景正义。……[此外],没有任何切实可行的规则既能合理地施加于个人,又能避免侵蚀背景正义,因为制约协议和个人交易的规则不能太复杂,或者不能为了得到正确使用而要求太多的信息;它们也不应该吩咐个人去跟很多散布在各处的第三方进行交易,因为这会施加过度的交易成本。[①]

在这里,罗尔斯提出了支持制度分工的其他两个理由。其中一个理由其实已经提到过,即基本结构规定了个人和团体从事各种个人交易的制度框架,因此就有责任维护背景正义,即一方面提供个人和团体的行为在制度框架内必须遵守的规则,另一方面纠正个人交易的累积结果对背景正义的偏离。另一个理由在如下意义上是实用的,但仍然具有根本的重要性:用来制约个人交易和协议的规则必须是人们在一般的人类理性能力的限度内能够把握的,但是,用来制约基本结构的规则往往超越了个人的一般理性能力。在这两种规则之间因此就应该实施一种分工。这种分工的重要性就在于,它可以**在确保背景正义的条件下**让个人和团体更有效地发展其目的。然而,柯亨和墨菲都忽视了罗尔斯在谈到制度分工时提到的一个重要主张,即制约个人(包括个人构成的私人团体)交易和协议的规则也是基本结构通过法律体制来强制实行的。[②] 这两套规则之间只是要实现一种分工,但二者在根本上都是关于正义的规则。因此,将背景正义提交给基本结构不是不符合如下要求:在日常生活中,人们应当按照他们对正义的深思熟虑的判断来行动。罗尔斯的分工观念,并不像柯亨和墨菲所认为的那样,意味着在正义问题上的道德断裂。相反,分工的必要性就体现在大规模的不平等所产生的方式中,体现在正义如何最好地得到实现的要求中。

罗尔斯明确认为,背景正义的一个目的就是以某种方式调节个人/团体在个人交易和协议中所采取的**与正义相关**的行为,制约这些行为的规则也要通过基本结构来强制实行。因此,将某种“二元论”立场赋予他就是误导性的。如果所谓“二元论”指的是“制度设计和个人行为这两个实践问题根本上要求两种不同的实践原则”[③],那么罗尔斯的分工观念既不要求、也不

① Rawls (1993), p. 267.

② Rawls (1993), p. 268.

③ Murphy (1998), p. 254.

会导致这种二元论，因为至少在制度分工的情形中，其正义观要求用两个正义原则来**直接**制约基本结构，而在背景正义的要求下，这些原则以及相关的公共规则调节个人协议和交易的累积效应。因此，制约个人协议和交易的规则并非与用来制约基本结构的正义原则毫无关系。我们可以说，在罗尔斯这里，如果公平正义观属于墨菲所说的"根本的规范原则"，那么制度分工实际上并未要求"两种不同的实践原则"。但是，罗尔斯对"根本的实践原则"的作用的设想确实不同于柯亨和墨菲的设想：在他那里，这样一个原则（或者相应的观念）主要是用于**辩护**正义体制中制度和个人所要遵守的规则（即使这些规则分属不同的层面），因此他就可以按照规则被赋予的功能以及某些"实用"考虑来实施一种制度分工[①]，而柯亨和墨菲则要求这样一个原则要**直接**用于制度和个人——无论是制度还是个人都要直接遵循这些原则，在制度的情形中，这些原则是要用来设计和评价制度，在个人的情形中，这些原则是要用来引导个人选择。我们或许可以说，在罗尔斯这里，根本的规范原则旨在发挥辩护性作用，即充当一种正义观的核心根据，而哪些正义原则是社会应当采纳的则取决于某些进一步的考虑，例如关于人类一般的道德心理和社会条件的考虑，而在柯亨和墨菲那里，根本的规范原则所要发挥的作用是**控制性**的——它们要直接支配制度和个人在不同层面上或不同领域中的行为。实际上，正是在这个意义上，柯亨和墨菲将其立场说成是一元论的：在他们看来，没有任何应用于制度的规则不可以或不应当直接应用于个人及其选择。不难理解他们为什么会持有这种观点：对他们来说，正义或不正义都可以被看作是世界中的事态的一个性质，这样一个性质随附在人们的某些性质（例如某人是奴隶）或者他们之间的某些比较性关系（例如某人生来就承受了某种不利条件）之上，制度只是在一种**派生的**意义上才被认为是正义的或不正义的，即它们促成了一个被称为"正义"或"不正义"的事态，因此，正义就只能有一个单一目标，即尽可能让世界变得更加正义。[②]

---

① 正如我在前面已经指出的，说这些考虑是"实用的"并不是说它们在根本上与关于正义的考虑无关。例如，社会合作的稳定性是罗尔斯的正义观的一个本质要求，因此某些关于稳定性的考虑就可以成为罗尔斯的正义原则的部分内容。

② Thomas Pogge, "Cosmopolitanism", in Robert E. Goodin, Philip Pettit and Thomas Pogge (eds.), *A Companion to Political Philosophy* (Oxford: Blackwell, 2007), pp. 312-331, especially p. 321.

因此，柯亨和墨菲在政治哲学中持有的一元论立场在结构上就类似于行为功利主义观点：对于行为功利主义者来说，让世界变得更好就是我们**根本的**道德职责，因此，无论是制度还是个人都应当致力于直接促进这个目标。[①]墨菲所倡导的"加权慈善"的观点本质上是一种改头换面的行为功利主义，而当柯亨要求人们按照一种平等主义风尚来引导行为、在个人生活中也要按照差别原则来行动时，他其实也是在将行为功利主义的基本观念应用于政治领域。但是，这种立场并不是罗尔斯所能接受的，正如他在《正义论》中已经明确地指出的：

> 有人或许认为，一旦正义原则已被给予优先地位，就有一个组织我们生活的支配性目的。但是这个观点是立足于一个误解。不错，正义原则在词序上优先于效率原则，第一原则要优先于第二原则。由此可见，对社会秩序的一种理想设想是要确立变革的方向和改革的努力应该由哪种秩序来调节。但是，正是个人责任和义务的原则规定了这个理想对人们提出的要求，这些原则并不使得那个理想具有控制一切的地位。……人们所倡议的那个支配性目的属于一种目的论理论，在这种理论中，按照定义，善是独立于正当而被指定的。……在公平正义观中，不可能存在这个意义上的支配性目的，也不需要用这种目的来派上这种用场。……正义原则表达了多少具有确定性的社会目的和限制。一旦我们实现了某种制度结构，我们就可以在其安排所允许的限度内来自由地决定和追求我们的善。(TJ 495-496)

罗尔斯在这里将其理论与目的论理论(例如功利主义)作对比。目的论理论设置一个用来组织我们的一切活动的最高目的，并按照行动与这个目的的关系来定义其道德地位。但是，在罗尔斯看来，这样做是本末倒置，因为只有当基本的道德原则或正义原则已经确立后，我们才能确定什么东西是好的，什么行动是正确的，且不说目的论所设定的那个支配性目的往往本身就很含糊，不能被用来充当一个合理的正义观的根据。柯亨和墨菲都为社会正义设想了一个单一目标：在柯亨那里是他所设想的平等，在墨菲那里

---

① 就此而论，行为功利主义所遭受的批评或所承受的缺陷也可以直接应用于这种一元论立场，尽管我在这里将不讨论这一点。

是他所说的某种"加权慈善"。但是,只要想想我们究竟应当如何实现平等的价值,或者如何优先考虑境遇最差的人们的期望利益,我们就可以明白罗尔斯在上述引文中提出的说法的重要性。如果平等并不是人类生活中唯一重要的价值,或者境遇最差的人们的生活状况并不是社会正义需要考虑的唯一事情,那么一个合理的正义理论显然就需要考虑更多的东西。只有在一个更广泛的概念框架中,我们才能富有成效地思考如何设想一个恰当的正义理论(或者对正义制度的恰当设计)。对罗尔斯来说,一个充分合理的分配正义理论不仅需要考虑利益和负担的公平分配,也需要考虑其他相关问题,例如社会合作的稳定性以及多元主义背景下的社会统一等。正是对这些问题的考虑使得罗尔斯对社会正义的设想本质上不同于柯亨或墨菲的那种相对简单化的设想。

对罗尔斯来说,柯亨和墨菲所倡导的那种一元论立场之所以不可接受,其中的一个理由是,他本来就旨在将其正义理论发展为对功利主义(或者任何目的论理论)的一个取舍。① 简单地说,罗尔斯刻意表明,功利主义并不直接地或内在地关心不同个体所能享有的总体福祉的平均水平,它对个人的关注至多只是工具性的。因此,尽管功利主义看似持有一个平等关怀的观念,但它要求最大化平均福祉或总体福祉,因此就有可能在对个人的实际处理方面允许最严重的不平等。功利主义在理论上的根本缺陷,就在于它将时间中立性原则从单个个体的情形扩展到共同体或社会的情形,但是,社会并不是一个能够体验到其成员的总体集聚快乐或痛苦的个体,因此这种扩展本质上是不合理的。② 罗尔斯确实认为,我们需要按照个人交易的累积效应来调整背景制度,或者按照主要社会制度实际运行的结果来判断是

① 参见 TJ §5。

② 参见 TJ §30。时间中立性原则是一个实践合理性原则,大概是说,假如一个人看重自己的长远利益,他就应该按照某个生活计划来规划自己当下的欲望,按照这些欲望与其生活计划的关系来决定是否应该在目前满足这些欲望,在这个意义上,一个欲望的满足并没有时间上的重要性。这个原则是任何理性利己主义者都决定采纳的一个原则。亨利·西季威克论证说,功利主义实际上是将理性利己主义从个体之内的选择扩展到人际选择的结果。参见 Henry Sidgwick, *Methods of Ethics* (Indianapolis: Hackett Publishing Company, seventh edition, 1981)。帕菲特讨论了这个原则与功利主义的关系:Derek Parfit, *Reasons and Persons* (Oxford: Clarendon Press, 1984), Part Ⅱ。

否要对制度进行必要的调整或改革。但是，他不是传统意义上的后果主义者。

实际上，正如我们已经看到的，尽管罗尔斯对正义的设想兼顾了关于效益的考虑，但他对基本结构以及用来制约基本结构的原则的设想明确表明，他既不接受功利主义在政治领域中的应用，也不接受诺奇克所倡导的那种“最低限度的国家”(minimal state)的观念。[①] 甚至当我们在自由平等原则和公平的机会平等原则的限制下来应用差别原则时，罗尔斯也不认为差别原则**必定**要求在任何情况下都要**最大化**境遇最差的人们的期望利益——差别原则要与应用于基本结构的其他原则一道维护背景正义，并在必要时调整经济制度和经济安排，而如何用一种符合背景正义的方式来改进境遇最差的人们的状况，这是一个需要从整体论的角度、按照反思平衡方法来解决的问题。就此而论，我们也不应该简单地按照帕菲特所说的“优先主义”来理解差别原则的应用。[②] 按照这种优先主义，我们应当无条件地最大化境遇最差的人们的期望利益(当这些人被当作一个群体来看待时，这实际上也是墨菲采取的观点)，或者采纳满足这个要求的制度安排。罗尔斯当然会同意，当人们并非出于自己的过错或者因为自己做出的自愿选择而过得越来越差时，他们的处境值得同情，他们对自尊的社会基础的丧失是一件值得正义关注的事情。不过，他也强调说，差别原则“并不要求为了无限制地最大化境遇最差的人们的利益而跨代实现连续的经济增长”，只要求“在某个合适的时间区段内，在社会产品的生产中所挣得的收入和财富方面的差别应当具有这样一个特征：如果更为有利的人们的正当期望变小，不太有利的人们的正当期望也会变小”。[③] 罗尔斯并不只是出于经济效益和生产动机方面的考虑而提出这个主张；他提出这个主张，主要是因为平等自由原则要求适当地尊重人们在如何利用自己的才能或发展自己的兴趣方面所做的选择。当然，为了让富有才能或具有较高生产能力的人们可以通过社会合作来改善境遇较差的人们的生活状况，社会就需要提供恰当的激励机制。因

---

① 参见 Rawls (1993), pp. 257-264。

② 关于帕菲特的优先主义，参见 Derek Parfit (1995), “Equality or Priority?”, The Lindley Lecture delivered at University of Kansas。

③ Rawls (2001), p. 64.

此，在罗尔斯看来，“差别原则所要求的是，不管一般的财富水平如何，无论是高是低，现存的不平等都要满足自己获益的同时也要让其他人获益这一条件。而这个条件表明，虽然差别原则使用了最大化境遇最差的人们的期望利益的观念，但它本质上是一个互惠性原则”[①]。我们并不只是因为同情境遇较差的人们的处境而尽力帮助他们；就差别原则旨在通过经济安排来促进他们的期望利益而论，我们遵守差别原则的制度要求，是因为这样做不仅是公平合作的一个基本条件，而且也体现了我们作为自由平等的公民需要满足的相互尊重要求。

三、基本结构的重要性

以上论述部分地表明罗尔斯为什么不可能接受柯亨和墨菲所倡导的那种一元论。为了进一步阐明这一点，我们还需要表明，在罗尔斯那里，制度为什么能够具有一种相对独立的重要性，因此应用于制度的原则必定在某种根本的意义上不同于用来制约人们在日常生活中的个人行为的原则。按照墨菲的说法，道德分工旨在“让背景制度从事在社会上保障公正分配的职责，让人们只是对一套有限的消极义务负责”，因此，就差别原则的应用而论，道德分工就可以避免如下毫无吸引力的想法：“人们必须不断地思考其他人的处境究竟有多好并据此来调整自己行为。”[②]换言之，道德分工的根本目的就在于将人们从为了满足正义的要求而不得不承受的沉重负担中“解放出来”，让他们可以自由地追求个人生活计划。在内格尔对“道德分工”的阐述中，他确实是用这种方式来理解道德分工的职能，但是他也指出这个观念存在严重问题，例如(按照墨菲的总结)，“一旦道德分工得以就位，一旦人们在大多数时候都主要是关心自己的利益，就很难看到他们怎么能够被指望继续支持背景制度，因为背景制度的运作至少有时候对他们极为不利”[③]。柯亨甚至进一步认为，罗尔斯的道德分工是要让人们在基本结构

① Rawls (2001), p. 64.

② Murphy (1998), p. 258.

③ Murphy (1998), p. 259.

的框架内自由地从事对**自我利益**的"无限制的自我寻求"[①]。罗尔斯确实说道,制度分工可以让个人和团体在追求其目的的时候不至于受到过度限制。他更明确地指出:"一旦制度分工得以确立,个人和团体就可以在基本结构的框架内自由地发展他们的(可允许的)目的,只要他们知道,在社会体制的其他地方,维护背景正义的规程正在发挥作用。"[②]

在这里,值得指出的是,罗尔斯对制度分工所能给予人们的那种自由提出了三个限制(这三个限制无须是彼此独立的):第一,他们必须遵守用来制定基本结构的原则以及相关的公共规则;第二,他们能够自由地追求的目的必须是可允许的;第三,他们知道背景正义在正常地发挥作用。这些限制表明,罗尔斯明确地否认,制度分工允许人们具有的那种自由是"无限制地追求自我利益"的自由。实际上,从他对公平正义观的总体设想中,特别是从他对差别原则的论述中,不难看出那种自由根本就不是最大化自我利益的自由。差别原则并不是为了用一种后果主义的方式来简单地最大化境遇最差的人们的期望利益,而是要通过恰当地设计经济制度、调整经济安排,以便让人们对自己才能的运用不仅能够让自己获益,也要让境遇最差的人们获益。这样,差别原则就可以和其他正义原则一道为实现自我尊重和相互尊重提供条件,进而推进人们实现自己作为自由平等的道德人的理想。正如罗尔斯所说,差别原则"不是对任何特定群体的自我利益的诉求",而是本身"就是一个正义原则",表达了"一种形式的互惠性"。[③]

事实上,罗尔斯在其正义理论的框架中解决或消除了内格尔对"道德分工"提出的那个忧虑:如果人们是在充分尊重制度规则的条件下来追求自己可允许的目的,那么他们对自己目的的自由追求就不会对背景正义造成威胁。当然,我们仍然需要看到这个忧虑在非理想理论的情形中(也就是说,在正义原则得不到充分服从的情形中)是否会再次出现。不过,为了恰当地处理这个问题以及进一步理解罗尔斯所说的"分工"的真正含义,我们还需要看看罗尔斯究竟如何理解谢弗勒所说的"道德分工"。制度分工是在两套规则之间的分工:一套规则应用于构成基本结构的主要制度并通过它们来

---

① Cohen (2008), p. 130.

② Rawls (2001), p. 54.

③ Rawls (2001), pp. 60, 72.

保证背景正义，另一套规则直接调节人们之间的经济交易和协议。与此相比，道德分工是在应用于基本结构的正义原则和应用于其他地方的价值、规范和承诺之间的分工。[①] 按照我们目前对制度分工提出的解释，这两套规则之间实际上具有重要联系——前一套规则的一个重要职能就是通过背景正义来纠正在后一套规则的应用中由于累积效应而产生的不符合正义要求的结果。人们之间的经济交易和协议其实也是通过结构化手段来实现的，因此，这两套规则的应用都涉及结构化的方式，只不过在程度上有所差别。道德分工则大致对应于在正义和一般而论的道德之间的区分，特别是在正义的公共领域和个人生活领域之间的区分。当墨菲将罗尔斯的观点理解为一种"二元论"时，他声称自己所要拒斥的是"罗尔斯在政治和道德之间所做的区分"。[②] 由此来看，这个区分大概就是他在提到罗尔斯的"分工"观念时所想到的东西。如果他所说的"分工"不只是指罗尔斯明确提及的"制度分工"，而是对应于他所说的"政治和道德之间的区分"，那么我们就很难理解他提出的一个主张："罗尔斯的《政治自由主义》的核心问题——在由持有一系列道德、哲学以及宗教观点的人们组成的社会中，一种正义观如何能够得到辩护而且是稳定的——在一元论和二元论之间事实上似乎是中立的。"[③] 即使道德分工确实是在政治（或正义）和道德之间做出的，"分工"这个说法也不意味着二者之间不存在任何联系，正如两个人分工做某事并不意味着他们之间没有任何联系。"分工"只是暗示了"各尽其职"，但是人们可以是为了他们共同承诺的目标而履行各自职责。

在罗尔斯这里，道德分工亦是如此。如前所述，不论是在《正义论》中，还是在晚期的著作中，罗尔斯都始终把实现自由平等的道德人的理想设想为正义的核心目的。为了实现这个理想，社会不仅需要向其成员提供具有和发展两种道德能力的基本条件，也需要向他们提供自尊的社会基础。在任何一个社会，除了具有罗尔斯所说的"自然义务"以及某些一般的道德义

---

① 参见 Scheffler (2010), p. 116。

② Murphy (1998), p. 254.

③ Murphy (1998), p. 255. 值得顺便指出的是，将罗尔斯在《政治自由主义》中对其正义观的辩护与稳定性问题并列起来是错误的，因为稳定性本来就是罗尔斯为一个多元主义现代社会所设想的正义观的一个核心内容。

务外，人们都具有一些对自己来说特别重要的个人关系，并由此而具有某些特殊的义务或责任，他们也可以对自己的生活计划形成某种特殊承诺——这些东西唯有从行动者自己的个人观点来看才具有特殊的重要性，而且一般来说不能完全按照一种严格不偏不倚的观点来衡量。在罗尔斯所设想的多元主义现代社会中，人们可能还持有很不相同的价值观，对"好生活究竟是什么"可以形成不同的认识或理解。因此，如果我们承认个人生活本身就具有一种独特的重要性，承认每个人的生活都具有平等的重要性，那么，不论是在一般而论的社会中，还是在罗尔斯后来特别提到的多元主义社会中，我们就应当在正义的领域和特别涉及个人生活的道德领域之间实行一种分工。正义是要维护社会生活的基本条件——对罗尔斯来说，是要维护社会合作的公平条款并为人们实现自由平等的道德人的理想提供基本保障。彼此平等当然是罗尔斯自己所认同的民主平等观念的一项核心内容。但是，这种平等的实现不仅首先取决于人们对各自做出的自主选择的尊重，也取决于人们所生活的社会的资源以及其他相关条件，当然还取决于公平合作的基本意识。

罗尔斯已经将其正义观建立在一系列康德式考虑的基础上。就此而论，用来制约公共生活的正义原则（或者罗尔斯自己所说的"正义的政治性观念"）并没有将其自身与道德分离开来。这种分离对于任何合理的正义理论来说也是不合理的。我们需要承认的是，我们不可能将任何一个单一的道德原则应用到任何一个特定的道德领域而不考虑该领域的具体特征。罗尔斯只是要反对用一种公共的正义观来统辖全部道德生活领域的做法——从他早期对功利主义的反对中，我们已经可以看到这一点。假若他有任何"二元论"承诺的话，这才是他持有这种承诺的真正根据。罗尔斯并不只是出于信息约束方面的考虑而认为用于基本结构的原则并不直接用于个人行为；他的主张的更深层的根据是，一个正义的社会本来就应当让人们在正义原则所规定的框架内可以自由地追求他们自己合情合理地认同的生活观念。在其理论框架中，个人被给予的这种自由显然不是最大化自我利益的自由。正义只是要求人们严格服从正义规则、参与建设正义的制度；正义并不要求人们**不断地**通过个人选择来最大化境遇最差的人们的期望利益，因为要求人们这样做不仅是在要求他们用一个单一的目标（即正义的目标）来统辖或支配自己的生活，也是在将正义简单地设想为一个可以完全由个人行为来实现的目标，从而忽视了制度的根本重要性，当然也忽视了罗尔斯自己对功利主义的批评的力量。如果分工的观念本身就体现了对正义及其合理的实现方式的考虑，那么一元论立场反而是不可接受的。

任何规范原则的应用都会对行动者提出要求，因此相对于他们的自然自由来说对他们施加了"负担"。然而，问题并不在于这个事实，而在于所施加的负担究竟是不是合理的。罗尔斯所说的分工旨在允许人们在遵守制度规则的条件下可以自由地追求自己的目的。但是，我们已经指出，在一个罗尔斯式的社会中，这种自由不是无条件地追求自我利益的自由，因为这样一个社会本质上必须满足罗尔斯所说的"互惠性要求"。对于罗尔斯来说，之所以要给予人们这种自由，是为了让他们在满足平等尊重原则的基础上可以有效地追求他们理性地认同的生活计划。因此，这种自由就表达了对于人们的更加完整或更为丰富的道德个性的尊重。由此来看，仅仅按照制度分工是否显著地缓解了人们的负担来评论罗尔斯的所谓"二元论"，不仅不是结论性的，反而是误导性的。在谈到差别原则的制度应用时，罗尔斯指出：

> 既然差别原则是要应用于作为公共规则体系的制度，这些制度的要求就是可预测的。制度并不涉及（比如说）用一种超出我们所熟悉的各种税收的方式来连续地或者有规律地干扰个人生活或行动。既然这些规则的效应是预测得到的，公民们一开始在制定自己的计划时就会考虑到这些效应。他们明白，当他们参加社会合作时，他们的财产和财富，他们对自己参与产生的东西的分享，都受制于（举个例说）他们知道背景制度所要施加的税收。而且，差别原则（以及平等自由原则和公平的机会平等原则）尊重他们在公共认可的规则的基础上具有的正当期望以及他们所挣得的津贴。两个正义原则所要求的背景制度的规则乃是旨在获得公平的社会合作的目标和目的。①

罗尔斯并不否认甚至差别原则的制度应用也会给人们施加负担，但他指出这种应用不会**不断地**干扰人们的日常生活。确实，正如墨菲特意指出

① Rawls (2001), pp. 51-52.

的,"很多个体经营户都会或多或少不断地考虑课税"①。如何制定合理的税收政策部分地是一个经验问题。举个例说,如果对于个体经营户实施的税收是合理的(例如考虑到他们并不具有稳定的收入和工作),如果他们都能诚实地按规定交税,他们其实就没有必要不断地考虑课税问题。我们的每次消费行为确实都涉及上税,但是,只要消费税是我们明白无误地知道的,我们就可以按照这项知识以及我们的经济状况来调整消费行为——假若我知道奢侈品涉及很高的消费税,在收入有限的情况下,我就不会考虑购买奢侈品。遵守合理的制度规则可以让我用一种更有效的方式来发展和追求自己的生活计划。但是,假若我必须将差别原则应用于个人选择,而且要按照行为功利主义的精神来利用,我就需要收集相关信息,就需要不时监控和调整个人行为。这种做法很难说不是对个人生活的一种严重侵扰。②

因此,不论是从基本结构在维护背景正义中的重要性来看,还是从责任分工的合理性来看,罗尔斯都有强有力的理由将基本结构看作正义的首要主体。基本结构要对背景正义负责,而这意味着,只要个人/团体之间的交易和协议产生了不符合正义原则的累积效应,基本结构也要纠正由此产生的不正义。因此,在罗尔斯这里,分工并不意味着个人和制度之间没有(或者甚至不应该有)合理互动。他之所以强调基本结构在社会正义中的首要地位,不仅是因为构成基本结构的主要制度就是能够对人们的生活产生深远影响的东西,也是因为社会正义是一个**集体责任**问题——正义或不正义产生的主要方式明确地表明了这一点。当然,用这种方式来看待正义的本质来源及其实现并不是要否认个人对一个社会的正义状况是负有责任的:说"某个东西是从一种相互作用的情景中产生出来的",与说"个人选择和行为能够以某种方式影响这种相互作用的结果"并不矛盾,即使个人选择和行为不可能完全支配那个结果。墨菲声称:"我们可以承认正义根本上说是一

① Murphy (1998), p. 260.

② 注意,我不是在说一个人不应该在个人生活中尽自己所能帮助境遇较差的人们。这实际上是日常道德的一个要求(经常被称为"慈善原则")。罗尔斯的道德分工观念只是意味着,我们不应当将这个要求同化为一个**正义**的要求。正如我在后面即将表明的,就像罗尔斯所设想的其他正义原则一样,差别原则的制度实现已经表达了一个互惠性要求,为自我尊重和相互尊重的社会基础提供了基本保障。但是,这并不意味着我们不应当**自愿**选择将互惠性要求也贯穿到我们的个人生活中。

个集体责任问题，但无须承认正义根本上说是一个制度设计问题。”[①]从我们目前的论证来看，这显然是一个很怪异的主张，因为至少在罗尔斯这里，公平合理的制度设计就是保证一项集体义务得到有效落实的最佳方式。柯亨和墨菲意在表明，如果制度的设计本来就是为了促进正义原则指定的目标，那么这样一个目标就不仅应当由制度安排来促进，也应当由人们（包括个人所构成的团体）在个人生活中来促进。罗尔斯其实并不否认这一点；他的分工观念所要强调的是，在促进或实现社会正义的目标的过程中，制度和个人所要担当的职责是不一样的。分配正义当然是要解决如何公平合理地分配社会合作中的利益和负担的问题。但是，柯亨声称，他的根本关注“既不是任何意义上的社会基本结构，也不是人们的个人选择，而是利益和负担在社会中的模式……即结构和选择的共同结果”[②]。在如下意义上说，罗尔斯当然能够同意柯亨的主张：如果人们并不选择服从制度规则，那么，即使存在着用来制约制度的正义原则，制度也不可能实现正义所规定的目标。这就类似于（借用亚里士多德的说法）我们不能把一个从来就不行使美德的人称为是“有美德的”，即使他被认为“内在地”具有美德。罗尔斯所要拒斥的是柯亨在这个主张中表达出来的那种一元论立场，即除了遵守正义原则以及相关的公共规则外，正义所规定的目标也应该全面支配人们所做出的**一切**选择。

如果罗尔斯并不否认人们在基本结构框架内做出的选择应当受到正义原则的约束（正如他不会否认人们在**个人**生活中做出的选择应当受到道德原则的约束），那么他对一元论立场的拒斥就必定意味着，就正义而论，制度本身具有**独立的**重要性。实际上这就是罗尔斯一贯的观点。正如我们已经看到的，在将基本结构设想为正义的首要主体时，罗尔斯至少是在表达两个主张：第一，基本结构要对背景正义负责，而背景正义是人们实现自己作为自由平等的道德人的理想的先决条件；第二，必须存在着**结构性**手段来调整和纠正人们之间自由交易或协议的累积效应。罗尔斯赋予基本结构的这两项主要使命显然不是通过任何个人努力就能实现的。此外，尽管个人行为也可以被评价为正义的或不正义的，但是，若离开了对背景制度的考虑，就

① Murphy (1998), p. 257.

② Cohen (2008), p. 126.

无法解决"个人如何对其正义的或不正义的行为负责"这个问题,因为个人是在背景制度内来选择和行动的。为了能够评价人们之间的自由交易的结果或其累计效应,我们至少就必须考虑社会在政治上和经济上组织起来的方式。相对于个人行为的正义问题是在制度性的体制确立起来后才出现的。这也说明了背景制度为什么应当具有一种规范优先性。罗尔斯对这种优先性的强调并非像墨菲所说的那样意味着,对人们来说,正义的根本目的就在于确立旨在实现某个目标的**制度**,而不是这样一个目标本身。[①] 持有这种观点(也就是说,将所谓的"二元论"赋予罗尔斯)实际上是立足于对罗尔斯的误解,特别是误解了他对**正义的制度**和责任分工的论述。对罗尔斯来说,构成基本结构的制度并不只是人们用来实现正义的**手段**,因为只要政治制度是正义的,它们对于实现人们的道德人格来说就是**构成性**的——正义的制度塑造和成就人们的道德人格。既然罗尔斯从来就没有把正义看作仅仅是工具性的,用来实现正义的制度对他来说也绝不只是手段。罗尔斯并未简单地声称人们对正义的责任"是以制度为中介的"。[②] 他只是说基本结构是正义的**首要**主体,而按照目前提出的解释,这个主张是要按照他赋予制度的那种规范优先性来理解。人们并不是被动地服从制度规则,而是,人们参与建设正义的制度,他们的道德人格部分地也是在这种参与中并通过这种参与来实现的。个人与制度之间的关系是一种以公共的政治文化为中介的相互作用和彼此塑造的关系。正是因为这个缘故,罗尔斯才认为基本结构塑造了社会体制生产和改造人们所享有的某种文化形式的方式。[③]

实际上,正是对这种优先性的强调使得罗尔斯的理论截然不同于柯亨或墨菲所设想的那种理论,从而导致他们对正义的责任采取判然有别的态度。柯亨和墨菲认为,既然正义旨在实现某个指定目的,我们就不能合理地认为,人们对正义的责任乃是关系到制度,而不是直接关系到正义的制度所要关心的东西,即它们所设定的目标。我们已经看到,当柯亨和墨菲用这种方式来解释罗尔斯(因此将某种"二元论"赋予他)时,他们误解了罗尔斯的一些重要论点。制度是由于与背景正义的本质联系而具有罗尔斯赋予它们

① 参见 Murphy (1998), p. 271。

② Murphy (1998), p. 271.

③ 参见 Rawls (1993), p. 269。

的那种规范优先性，而背景正义并不只是在于用一种独立于人们的现存欲望和志向的方式来促进或实现某个目标。对罗尔斯来说，道德分工之所以具有根本的重要性，是因为人们在满足制度所规定的正义要求的条件下有权追求自己合理地认同的生活计划，而且，这种分工并不只是出于某些实用考虑[①]，反而本身就是（或者说体现了）正义的一个要求，尽管可以被看作一个元层次或高层次的要求。

罗尔斯本质上是按照互惠性概念来设想其公平正义观，他也明确指出“互惠性是一个处于不偏不倚（这是利他主义的）和互利之间的道德观念”[②]。对他来说，正义既不是为了用一种霍布斯式的理性互利的方式来追求和发展自我利益，也不是为了用一种完全无视个人生活计划和特殊关系的方式来促进他人利益。我们无法合理地指望所有父母都放弃对自己孩子的特殊关怀，从完全不偏不倚的立场来关心所有孩子；我们也不能强求一位数学天才放弃自己对数学研究的兴趣，去华尔街当投资银行家，只是因为这样做可以让他获得大把财富，从而可以利用这笔财富去支持非洲贫困人民。必须承认，人们有理由追求和发展自己的生活计划和特殊的个人关系，这些理由不能归结为不偏不倚的道德理由。[③] 无论是一个合理的道德理论，还是一种合理的正义观，都不应当将人们的生活彻底“道德化”。这一点对正义来说更为重要，因为正义原则是要用来制约和调节人们的公共生活，因此原则上就必须得到所有合情合理的人的一致认同。如果制度已经得到了充分合理的设计，其运行满足一种强健的正义观（例如一种罗尔斯式的正义观）的要求，那么人们就可以通过严格遵守制度规则来履行自己对正义的责任，与此同时获得了发展和追求自己的生活计划的自由。他们可以通过遵守宪法来尊重人们被赋予的基本权利和自由，从而实现对政治地位的平等尊重；他们可以通过遵守一种满足差别原则要求的税收制度来实现自己对平等的承诺，或者限制道德上不可接受的不平等；他们可以将机会平等原则

---

① 在制度分工的情形中，正如我们已经表明的，就用于基本结构的根本原则也以某种方式制约和调节个人协议和交易的规则而论，制度分工可以被认为是出自某些实用考虑，尽管罗尔斯也确实是出于某些道德考虑来说明制度分工的必要性。

② Rawls (2001), p. 77.

③ 参见第九章中的相关论述。

落实到自己的行动和选择中,以此促进平等的理想。当然,这一切都首先要求制度及其运行充分符合他们共同决定的正义原则的要求。但是,参与确立和维护正义的制度、在必要时推动制度改革,同样是他们需要承担的责任。因此,在正义问题上将制度作为首要关注并不意味着不关心(或者,用墨菲的话说,不是**直接**关心)正义的制度所要促进或实现的目标。要点在于,我们应当用合理的方式来关心正义所要实现的目标,而道德分工就是一种合理的方式。相比较而论,正是柯亨和墨菲所倡导的那种一元论立场过分侵扰了人们的个人生活,因为这种立场不仅否认了责任分工的观念本身就是道德上重要的,而且也因为它对行为后果主义的承诺而倾向于忽视制度本身能够具有一种规范优先性。

为了进一步阐明这一点,不妨简要地考察一下平等尊重的理想与一个"宪政"民主国家的政治合法性的关系。[①] 任何平等主义者都不会否认平等尊重是一个重要的道德原则。不过,就这个理想的实现而论,个人与国家(或者政府)对待它的态度是有本质差别的。当一个人未能将其他人作为平等的个体来对待时,这种失败至多表明他是道德上有缺陷的。相比较而论,当国家未能将其公民处理为平等的个体时,这种失败就很严重了,因为对一个"宪政"民主国家来说,平等尊重的理想构成了其政治合法性的主要根据。既然如此,政府就应当努力把政治合法性要求与"尊重公民的人性"这个根本原则联系起来,通过一系列措施来落实平等尊重的理想。例如,如果一个政府声称要实现平等尊重的理想,但是,当它对资源的分配使得很多人失去了基本的生活条件,而它又拒绝采取必要措施来纠正或弥补这种过失时,那么它很可能就会丧失其政治合法性。因此,一旦平等被看作一种主要应当由制度来落实的集体责任,我们就可以提出一些可以用来辩护公民不服从的条件。

因此,尽管柯亨攻击那种"以国家为中心的"(statocentric)平等观[②],但我们仍然应该相信,就对待平等尊重原则的态度而言,个人和国家之间有一

---

① 我之所以简要地讨论这个问题,是因为墨菲自己对一元论的捍卫直接触及这个问题。参见 Murphy (1998), pp. 275-278。墨菲和柯亨都是特别针对德沃金的观点而提出这个问题。

② 参见 Cohen (2000), pp. 163-166。

种**道德上**很重要的不对称性。当然,柯亨可能会反问道:"如果强制实行平等的义务来自对统治权的要求,那么,既然人民可能根本上不会要求任何这样的权利,那个义务为什么还是应该落到他们头上?"[①]这确实是一个尖锐的问题,不过,罗尔斯有一个现存的答案。实际的统治权未必是一项合法权利。认为人民只是因为已经将权利转让给主权者,因此就无法撤销他们服从国家的义务(不论国家如何对待他们),这是一个错误观念。参与制民主保证人民能够对国家的行为发表言论,而这意味着,就落实平等尊重的责任而论,个人选择仍然发挥一个重要作用,即使这项责任主要应当由制度来落实。但是,不管这项责任主要是要依靠制度来落实,还是也可以体现在个人选择中,必要时它都可以被公共地强制实行,因为只要基本结构被看作正义的首要主体,人民就有权对主要社会制度的设计和运行提出相应要求。例如,如果人们发现制度并未按照正义的原则来制定和落实各项政策,他们就可以提出正当抱怨,因为这些原则本来就构成了用来判断国家行为是否合法的标准。我们可以合理地假设,个人对平等的责任在如下意义上是**引申的**:假若人们尚未参与某种有可能会产生不平等的社会合作体制,他们就无须彼此承担这项责任。特别是,只有当一个人认识到平等尊重为互惠性的社会合作提供了保障并因此而承诺了平等尊重的理想时,他才会认为自己具有这项责任。为了让一个社会变得充分正义,人们不能仅仅用**顺应**正义原则而不是**服从**正义原则的方式来行动。[②] 简单地说,就差别原则的应用而论,如果社会成员是通过他们自己对差别原则的**承诺**而行动,就好像改进境遇最差的人们的生活前景是一件**客观上**必要的事情,除了要求公平的社会合作条款承诺给予他们的报酬外,他们并不要求任何额外的激励,那么他们所生活的社会就是充分正义的。因此,一个充分正义的社会必定要求社会成员在社会合作中切实承担平等尊重的责任。而且,一旦社会合作产生

---

① Cohen (2000), p. 166.

② 在这里,我是在借用约瑟夫·拉兹在"服从理由"与"顺应理由"之间的区分。简单地说,前者意味着在某个理由的激发下采取行动,也就是说,是因为认识到一个理由所具有的"提供理由的力量"而行动;后者意味着只是用一种满足理由所提出的要求的方式行动,但行动的真正动机是来自某种其他东西,例如对自我利益的考虑,或者害怕若不如此行动就会受到谴责或惩罚。参见 Joseph Raz, *Practical Reason and Norms* (New York: Oxford University Press, 1999), pp. 178-182。

了道德上不可接受的不平等，人们就应该通过相应的结构性手段来消除这种不平等。

由此可见，罗尔斯的正义理论并没有免除人们在个人选择中对正义的责任的考虑，反而是通过一种合理的责任分工要求人们承担这项责任。实际上，正是因为平等的责任本质上是一种集体责任，分配正义问题就特别适合于从一种以制度为基础的角度来探讨。在强调背景正义与基本结构的本质联系时，罗尔斯不是要否认个人选择在分配正义中的作用；他对责任分工的强调也与一个实际上有争议的主张无关，即正义的责任根本上说是“负面的”。实际上，罗尔斯自己认为，人们有援助他人的**正面**责任，只要这样做并不要求他们付出很大代价。[①] 正义的责任之所以特别适合于用强制性手段来实行，一个重要的原因就在于，当人们有权享有某些重要利益时，个人行为无法为这些利益的落实提供安全保障。例如，任何现代社会都不可避免地会出现“搭便车”问题，而即使我们可以设法避免这个问题，**个人**也不得不付出不可承受的代价。通过制度性手段来保障基本权益的实现，不仅是人们对政治社会提出的一个本质要求，实际上也更加可取。

因此，罗尔斯对制度的规范优先性提出的主张以及他对责任分工的强调都具有充分合理的根据，并不受制于柯亨和墨菲从不同角度提出的批评。不过，柯亨和墨菲显然是出于一个看似自然的忧虑而强调他们所坚持的那种一元论立场：在现实世界中，当相对贫困的人们和比较富裕的人们之间的差距超出了合理限度而不可扭转地变得越来越大时，我们所生活的社会怎么可能是充分正义的？如果我们承认这个忧虑是合理的，那么，只要我们具有平等主义承诺，我们似乎就应当努力消除一切不可接受的不平等。当然，正如我们已经看到的，这个忧虑其实也是罗尔斯的一个核心关注。按照他自己的设想，只要其正义原则在实际社会中能够得到切实有效的落实，一个公平合理的社会就可以得到实现。除了通过“宪政”权利来保证人们在政治地位上的平等外，罗尔斯也建议要向所有社会成员提供某种最低限度的社会供给，以保证他们无条件地具有自尊的社会基础，其中至少包括一个基本

---

①　参见 TJ §19。康德明确指出，慈善是一项积极义务，尽管这项义务的履行允许行动者具有自行考量的自由。参见 Kant，*The Metaphysics of Morals*（translated by Mary Gregor，Cambridge：Cambridge University Press，1991），6：393。

上体面的人类生活所需的条件，例如基本需求的满足以及某种恰当地指定的基本医疗保障。[①] 此外，公平的机会平等原则和差别原则旨在缓解道德上不可接受的社会与经济不平等。当柯亨将经济平等作为其关注焦点时，他声称，除非人们已经用一种平等主义风尚来教育、训练和引导个人选择，否则他所设想的那种平等就不可能在社会上得到实现，即使制度在罗尔斯的意义上是正义的。尽管柯亨错误地将罗尔斯所说的社会成员设想为自我利益的最大化者，但他确实正确地指出一个重要问题：一种罗尔斯式的正义在实际世界中应当如何实现？以下我将试图表明，罗尔斯其实能够同意柯亨的主张，即平等主义正义的实现要求一种相应的社会风尚，而且，我们确实可以在罗尔斯那里发现一种与柯亨所说的"平等主义风尚"相对应的东西，即互惠性观念。不过，值得首先指出的是，罗尔斯有关责任分工的观点不仅符合互惠性观念，实际上也是这个观念所要求的。因此，他有理由拒斥柯亨所设想的那种平等主义风尚。

四、稳定性问题与互惠性要求

为了充分阐明这一点，我们需要回到罗尔斯的建构主义的某些相关特点。罗尔斯将原初状态看作一种分析设施。对他来说，通过原初状态达成的原始协议是假设性的而非历史性的——"原初状态中的协议表达了在理想的和非历史的条件下的一种理性慎思过程的结果"。[②] 在罗尔斯对原初状态的构想中，他引入了"无知之幕"的设施，以便"过滤掉"与正义原则的选择无关的因素。因此，对他来说，在原初状态中选择出来的正义观对各方来说就可以是公平的。他假设参与决定和选择正义原则的各方"只是被表达为自由平等的人"，他们被认为"在某种基本的意义上具有两种道德能力以及在一生中可以成为社会合作的正常成员的其他能力"。[③] 罗尔斯还在道德心理方面做出了一个重要假设：他们并不具有嫉妒和恶意的倾向以及支

① 参见 Rawls (2001), pp. 127-130, 173-176。

② Rawls (1993), p. 273.

③ Rawls (2001), p. 87.

配他人的强烈愿望，也厌恶冒险和不确定性。这个假设旨在进一步表明他们**愿意**将彼此看作自由平等的人，从而保证其正义感不会由于嫉妒、恶意以及支配他人的意愿之类的态度而受到削弱。不管罗尔斯是否确实就像他所认为的那样从这些假定中"推导出"两个正义原则，他显然已经将一种康德式的道德人格概念以及互惠性要求嵌入他对原初状态的设定中。在这种解释下，当自由平等的人的观念被设想为从原初状态推出正义原则的基本出发点时，它也是罗尔斯所设想的社会旨在实现的理想——正义原则在实际社会中的落实不仅要让人们具有两种道德能力，也要让人们实现自己作为自由平等的道德人的本质。

因此，从原初状态中建构出来的理论本质上是一种**理想**理论。在罗尔斯这里，我们大致可以鉴定出"理想理论"这一概念的两个基本含义。[①] 第一，理想理论是要探究用于调节一个完全正义（或几乎完全正义）的社会的正义原则。因此，说一个正义理论是理想的，首先是要说其正义原则在有利条件下能够得到**严格**服从，即每一个人（或者几乎每一个人）都服从正义原则。[②] 在严格服从的条件下，公民们就会分享一个正义观并有动机加以服从。在《正义论》中，罗尔斯并没有明确地论述严格服从的有利条件，不过，他后来指出，有利条件就是能够维护一个"宪政"民主制的条件，其中包括"经济手段、教育或者民主制的运行所需的主要技能"。[③] 在《政治自由主义》中，他更明确地指出，有利条件"是由一个社会的政治文化及其传统、制度运行中所获得的技能以及这个社会的经济发展水平等因素决定的"。[④] 不管罗尔斯如何具体地设想严格服从需要满足的条件，他都旨在表明，一个合理的正义观必须能够保证社会合作是持续稳定的。正如我们即将看到的，这一点对于我们进一步评价柯亨和墨菲的批评极为重要。第二，罗尔斯也在一种"规范引导"的意义上来探讨理想理论——理想理论应该能够引导实际生活中的正义实践，不仅要为设计正义制度提供基本指南，也要为合理

---

① 罗尔斯对理想理论及其与非理想理论的关系的论述会产生一些争论，我将在下一章中加以讨论。

② Rawls (2001), p. 13. 参见 Rawls (1999), p. 216。

③ Rawls (2001), pp. 47, 187.

④ Rawls (1993), p. 297.

地改革现存制度提供基本导向,正如他自己所说:

> 一种正义观必须规定它所要求的结构原则,必须为政治行动指出一个完整方向。在背景制度缺乏这样一种理想形式的情况下,就没有为了维护背景正义而连续地调整社会过程的理性根据,也没有消除不正义的理性基础。因此,既然理想理论规定了一种完全正义的基本结构,它就成为对非理想理论的必要补充,要是没有理想理论,要求变化的欲望就会缺乏一个目的。[①]

基本结构旨在表达和实现这样一个正义理想,现实社会中的不正义也应该按照这个理想来纠正。非理想理论需要考虑的是,在不太有利的条件下,究竟要采纳哪些正义原则,或者如何将理想理论提供的正义原则应用于实际社会。这两种理论实际上都关注正义的要求及其所要实现的理想,差别仅仅在于正义原则得以应用的条件是不同的。在实际社会中,没有任何原则能够得到**充分**服从,因此我们就需要考虑理想理论在实际世界中如何得到应用的问题。[②] 即使人们原则上可以在某个正义观上达成一致,我们还是可以问:既然正义的环境就是人们的需要得不到充分满足的环境,在日常交易中,人们为何还要按照正义原则来行动?毕竟,从"搭便车者"的观点来看,只要**偶尔**违背正义原则不会导致整个社会解体,反而对自己有利,采取这种行为对他来说就不是不合理的。这种可能性产生了罗尔斯极为关心的"稳定性问题"。他对这个问题的探究与他对正义的本质和目的的思考、他对共同体的本质及其在社会生活中的重要性的理解都具有重要联系。实际上,柯亨或墨菲的批评很大程度上无视了稳定性问题在罗尔斯的理论中所占据的核心地位。

罗尔斯自己认为,稳定性问题对其理论提出了最严重的挑战。两个正义原则是从一种**理想化**设施中选择出来的,而为了用一种符合罗尔斯对正

---

① Rawls (1993), p. 285. 亦可参见:Rawls (1999), p. 216; Rawls (2001), pp. 37-38。

② 对于从原初状态中选择出来的原则与正义的政治制度和经济秩序的关系,罗尔斯提出了一个四阶段论述。罗尔斯对非理想理论的探究主要是体现在这个论述中。参见 Rawls (1993), pp. 397-399; Rawls (1999), pp. 171-176; Rawls (2001), pp. 112-115, 172-174。

义的基本构想(即公平正义观)的方式将这些原则选择出来,罗尔斯假设原初状态中的各方已经具有他所设想的两种道德能力并且满足了互惠性要求。因此,他构想其正义观的方式本身就意味着,在实际世界中,个人未必都**愿意**遵循那两个原则。这就类似于具有道德知识的人们未必都有**道德**动机服从道德要求。但是,既然正义原则是要应用于社会基本结构,而基本结构具有罗尔斯赋予它的那种根本重要性,罗尔斯就需要处理一个关键问题:如何让人们尽可能服从正义原则,或者换句话说,如何让正义原则的应用在社会上变得持续稳定?当然,一个社会可以通过使用武力或刑事制裁让人们服从正义原则;但是,罗尔斯否认这种解决方案从建构理想理论的角度来看是合适的。[①] 在他看来,用这种方式来解决稳定性问题是某些其他的非理想理论要做的工作。但是,如果稳定性问题总是针对非理想理论提出的,它如何能够成为理想理论所要关心的问题?在罗尔斯的理想理论的情境中,这个问题之所以会出现,是因为在他所设想的社会中,尽管社会成员是为自己选择正义原则,但他们是在"无知之幕"背后来进行选择,这意味着他们并未意识到自己在社会中的具体位置及其对"好生活"的具体设想。原初状态内嵌的互惠性要求已经排除了各方将自己看作是自我利益导向的,也在逻辑上将罗尔斯赋予他们的那个康德式自我与实际自我分离开来。这样,一旦他们从原初状态中被"释放"出来并进入实际社会,罗尔斯就必须表明他们仍然有充分的理由认同他们在原初状态中做出的选择,也就是说,将他们在原初状态中选择出来的原则看作他们在实际社会中仍然应当遵循的原则,尽管他们现在具有特定身份以及对"好生活"的具体认识。若不能阐明这一点,就无法保证正义原则能够得到充分服从。

因此,稳定性问题不只是出现在价值多元的社会中(当然,在这种社会中,它会变得更加突出和紧迫),而是可以出现在任何一个受制于罗尔斯式的正义原则的社会中。不难设想,解决这个问题的最自然的方式就是通过表明,实际社会在适当条件下接近于理想理论所设想的社会,或者可以被合理地指望接近于后者,以便正义理想可以在实际社会中得到实现——用罗尔斯自己的话说,正义理想是一种"现实主义乌托邦"。[②] 更具体地说,他需

① Rawls (1999), pp. 211-212。

② Rawls (2001), p. 13.

要表明，他的两个正义原则提出的要求在适当条件下可以与个人对“好生活”的设想相契合，或者至少得到了后者的支持。[①] 在《正义论》第三部分，罗尔斯旨在从道德心理学的角度来阐明这一点。大致说来，他试图表明，在一个良序社会中，个人往往会通过一种社会化过程来发展一种正义感，因此就可以认同他的公平正义观。通过与功利主义和完善论相对比，罗尔斯进一步表明，对其正义原则的承诺可以更好地促进每个人的利益，因为这些原则不仅体现了平等尊重的要求，满足它们所规定的要求也有助于实现每个人理性地持有的生活计划。因此，只要社会成员理性地认识到服从正义原则本身就是“理性互利的”，他们就有动机遵守正义原则，哪怕这样做有时候会与自我利益相冲突。当然，我们或许可以进一步追问：究竟是什么东西说明了人们按照正义原则来行动的动机？罗尔斯对这个问题的回答立足于两个观察。第一，假若我们并不按照正义原则来行动，我们就是在不公正地对待那些已经在服从正义原则的人，因为正义的规则本质上是一种二阶规则——假若我们发现并确信其他人都在服从特定的正义原则，我们也应该服从。第二，若不按照正义的要求来行动，我们就无法具有某些道德情感，因此就会失去互相关怀和彼此信任的纽带。[②] 如果“一个社会是正义的，而且大家都知道它是正义的”，那么，当人们确信其他人愿意信任自己时，他们也会发展出对其他人的信任，因此就可以发展出一种正义感。假若一个人看到其他人在一个正义的体制中履行自己职责，看到自己以及自己所在乎的人们受益于正义的体制，他自己就会逐渐具有服从公共的正义原则的有效动机（参见 TJ §75）。在这里，罗尔斯的核心观念是，当我们看到其他人为了我们而约束自己时，我们就会产生一种互惠互利的倾向，并以类似的方式来行动。罗尔斯认为，这种倾向就是按照正义的要求来行动的倾向的根源。这意味着，一个稳定的正义体制关键地取决于如下事实：只要我们逐渐认识到自己的利益如何受到了其他人的影响，我们就会逐渐获得对其他人以及正义制度的忠诚。而且，正是在平等尊重的理想得到充分发展的社会

---

① 对这一点的详细论述，参见 Samuel Freeman, “Congruence and the Good of Justice”, in Freeman (2003), pp. 277-315。

② 对这两个观察的具体论述，参见 John Rawls (1963), “The Sense of Justice”, reprinted in Rawls, *Collected Papers*, pp. 96-116。

中，正义感才会获得完美的实现，因为我们是为了建立和维护“公民友爱的纽带”而提倡和贯彻这个理想。(TJ 5)

罗尔斯后来对稳定性问题的思考不是本质上不同于他在《正义论》中的思考。对他来说，我们仍然需要分两步来解决这个问题：一是要表明，在某些关于人类心理和人类生活条件的一般假定下，生活在正义制度下的人们如何能够获得一种正义感并效忠于正义制度；二是要表明，人们所持有的好生活的观念如何契合于罗尔斯提出的那种正义观。不过，罗尔斯现在认识到，他需要在一种多元主义背景下来处理稳定性问题。在他所说的“合理的多元主义”条件下，人们不可能直接通过自己持有的全面性学说来确认公共的正义原则。不过，罗尔斯假设合情合理的人们可以形成某种交叠共识，通过这种共识，一种政治性的正义观就可以得到他们所持有的全面性学说的支持。① 为了看到这是如何可能的，我们首先需要注意的是(正如罗尔斯自己强调的)，如果持有不同的全面性学说的人们能够达成某种交叠共识，而正是这种共识使得一种政治性的正义观可以持续稳定地应用于他们所生活的社会，那么这种共识就不可能只是一种权宜之计(modus vivendi)，即人们(或者人们构成的私人团体)为了发展自己利益通过力量的较量而彼此达成的临时妥协。它必须是一种真正具有道德内涵的东西，一种“在道德理由的基础上得到确认”的东西。② 罗尔斯仍然假设正义原则是从原初状态中选择出来的，但是，交叠共识现在被认为具有的道德内涵要按照合情合理的人们所持有的全面性学说与正义原则的关系来设想或界定。在这里，说一个人是合情合理的就是说，他应当适应正义的要求，用一种符合这种要求的方式来追求和实现个人目的。③ 原初状态的构想已经排除社会成员会持有一种与其所规定的正义观在根本上不一致的全面性学说。因此，一个全面性学说就只能与这种正义观具有三种可能联系：④第一，它所包含的价值观完全符合这种正义观，例如在一种康德式自由主义的情形中；第二，它所包含

① 关于罗尔斯自己的具体论述，参见 Rawls (1993), pp. 133-172。在这里，说一种正义观是“政治性的”就是说，其确立和辩护都不取决于人们所持有的任何一种全面性学说。

② Rawls (1993), p. 147.

③ 关于“合情合理”这个概念及其与“合理性”概念的区别，参见 Rawls (1993), pp. 48-54。

④ 参见 Rawls (1993), pp. 168-172。

的价值观比这种正义观更丰富，例如在一种价值多元论的情形中；第三，它所包含的价值观不如这种正义观丰富，例如在某些传统宗教学说的情形中。[①] 罗尔斯论证说，在这三种情形中，只要公民们经过反思可以确认他们所持有的全面性学说符合公共的正义观的基本精神，交叠共识就可以产生。

那么，罗尔斯究竟在什么意义上认为交叠共识并不只是提供了稳定性，而且是"出于正确的理由"提供了稳定性？[②] 或者更直接地说，究竟是什么东西使得持有全面性学说的社会成员决定接受一个用来制约公共生活的正义观，而且不是出于临时妥协而这样做？我们不可能直接用"他们已经是合情合理的"这一说法来回答这个问题，因为这样说意味着他们已经具有正义感。罗尔斯确实将一个良序社会描述为"由一个公共的正义观来有效地调节的社会"，并进一步认为这个观念具有三个含义：第一，人们彼此知道每个人都接受同一个公共的正义观；第二，人们也知道基本结构满足了正义原则的要求；第三，人们具有有效的正义感，从而能够理解和应用得到公共承认的正义原则。[③] 反过来说，只有当这三个要求得到满足时，一个社会才是"良序的"。在一个良序社会中，社会成员往往会按照正义感来行动并因此在罗尔斯的意义上是"合情合理的"。但是，稳定性问题之所以出现，恰好是因为至少某些社会成员还不是合情合理的（或者不是充分地合情合理的），因此就必须有一些更深层的东西让他们设法具有罗尔斯所要求的那种正义感，特别是，在合理的多元主义条件下，让他们具有能够形成交叠共识的愿望。罗尔斯指出，一方面，我们不能仅仅将稳定性看作一个"纯粹实践问题"，即认为"假如一种正义观未能是稳定的，尝试去实现它就是徒劳无益的"；另一方面，在理想理论的情形中，我们也不能用所谓"切实可行的制裁"迫使拒绝接受一种正义观的人们去分享它或者按照它来行动。[④] 对罗尔斯来说，假若一种政治性的正义观是稳定的，它"就必须自己产生可以为其自身提供支持的东西，至少在合理地有利的条件下，它所导致的制度必须自身

---

① 尽管这些学说强调理性权威具有更加深层的来源，但它们可能还是会认为，在政治领域中，实施宗教强迫不符合个人与宗教价值所具有的特殊关系。

② Rawls (1993), p. 394.

③ Rawls (2001), pp. 8-9.

④ Rawls (1993), pp. 142, 143.

就能得到落实”。[1] 换句话说，在一个良序社会中，或者在一个有望成为良序社会的社会中，公民们必须有一种**内在的愿望**获得他们所生活的社会所要求的正义感，唯有如此，“当他们通过生活在一种正义的基本结构下而形成自己的品格和兴趣时，他们才有足够强的正义感抵制不正义的趋势，才会愿意彼此采取正义行为”。因此，对罗尔斯来说，“稳定性是由在正义的制度下所获得的那种充分适当的动机来保证的”[2]。稳定性问题是由于人们并不具有充分有力的正义感而产生的，但又需要通过让人们具有充分的正义感来解决。由此可见，在罗尔斯这里，无论是社会合作本身，还是其稳定性，都需要按照某种更加深层的东西来说明，而不是**直接**按照正义感来说明，因为正义感的获得本身就需要得到说明。[3]

罗尔斯进一步指出，其正义观所要求的那种稳定性是一种“可以为自由而平等、既是理性的又是合情合理的公民所接受的观点”[4]。虽然罗尔斯在这里并未明确指出稳定性所要求的那种正义感究竟从何而来，但是，从他在这个主张中所使用的概念以及我们对其正义观的解释中不难看出，那个更加深层的东西就是基于自由平等观念的互惠性，或者说得具体一点，为了充分地实现和尊重每个人的自由而平等的道德人格所需的互惠性。我们已经看到，这个意义上的互惠性既是罗尔斯用来建构其公平正义观的基本出发点，也是按照这种正义观来设计的制度旨在实现的理想，同时还是社会成员应当用来引导行为和选择的核心观念。无论是在制度层面上，还是在个人选择中，这个互惠性观念以及它根据平等尊重原则提出的要求都是主导性的规范原则。因此，在罗尔斯这里，这个互惠性观念就可以被看作一种与柯亨所说的“平等主义风尚”相对应的东西，尽管罗尔斯自己并未使用这个说法。当罗尔斯声称天资的分布应当被当作一种“共同资产”来使用、以便让每一个人都获益时，他是在强调一种互惠性要求。因此，差别原则本身就表达了一个互惠性理想或要求，正如他所说，“既然差别原则应用于基本结构，

---

① Rawls (2001), pp. 125-126. 亦可参见 Rawls (2001), p. 186。

② Rawls (2001), p. 185.

③ 这是我拒斥某些作者[例如 M. G. Titelbaum (2008), “What Would a Rawlsian Ethos of Justice Look Like?”, *Philosophy and Public Affairs* 3：290-322]将正义感理解为罗尔斯所持有的一种“平等主义风尚”的主要理由，正如下面要进一步说明的。

④ Rawls (2001), p. 185.

其中就蕴含了一个更深的互惠性观念，即社会制度不要利用[道德上任意的]天资、初始的社会地位或者好运或厄运，除非这样做有益于每一个人，包括境遇最差的人”①。他也指出，“假如每一个人都总是用一种纯粹策略性的或博弈论的方式采取促进自我利益或某个群体利益的行为，政治与社会合作很快就会解体”②。如果基于自我利益的策略博弈也可以产生某种稳定状态，那么，当罗尔斯提出上述主张时，他也是在诉求关于互惠性的考虑——政治与社会合作并不是因为各方的议价力量达不到某种平衡而解体，而是因为不满足平等尊重和公平合作的要求而解体。同样，在一个多元主义社会中，如果公民们愿意让自己持有的全面性学说(或者其中所包含的价值观)服从于正义原则的审视，那么他们也是出于互惠性考虑而这样做："若非有益于他人，否则就不会为自己欲求更大利益"表达了差别原则所包含的互惠性要求。在合情合理的多元主义的情形中，罗尔斯同样可以认为，人们对包含在其全面性学说中的价值观的追求或实现也必须满足平等尊重的互惠性要求。实际上，他进一步论证说，一个用于公共生活领域的**稳定的**正义观所要求的那种道德心理是一种**互惠心理**，它要求具有两种道德能力的公民乐于履行并愿意履行他们在正义的制度安排下的职责(只要他们确信其他人也会这样做)，而当公民们怀着明确的意图来履行这种职责时，他们也会发展出相互信任和自信的倾向，而且，当这种互惠性倾向随着公平的社会合作变得越来越强、越来越完备时，用来保证他们的根本利益的制度在公共生活中就会更加坚定不移地得到承认。③

因此，罗尔斯确实能够有一个**贯穿于**制度设计和个人行为的“平等主义风尚”。然而，正是因为罗尔斯格外强调责任分工的重要性，他对正义所要求的那种共同体完全不同于柯亨在其一元论承诺下所设想的那种共同体。罗尔斯之所以强调责任分工，是因为他认识到**正义本身**要求尊重人们的个人选择，而且要**平等地**尊重人们的个人选择，只要他们的选择符合正义原则规定的基本要求以及日常的道德要求。正如我们已经看到的，对罗尔斯来说，正义并不是(或者并不只是)按照自然应得的概念来分配利益，或者补偿

① Rawls (2001), p. 124.

② Rawls (2001), p. 125.

③ Rawls (2001), pp. 195-196.

原生运气对人们的生活前景所产生的不利影响，正义也要**引导**人们形成或塑造自己的欲望和志向，以便他们能够在正义制度所提供的条件下来追求或实现自己作为自由平等的道德人的理想，并在此基础上成就自己更加丰富的个人生活。罗尔斯所说的"分工"是要向人们提供**在正义制度的框架内**来追求自己人生的自由。不管人们是否生活在一个多元主义社会中，这种自由都表达了对人们的自主选择的尊重。因此，罗尔斯的正义理论所要求的是一种**正义**的共同体，而不是一种用某个单一的主导性原则来支配人们的生活的**各个**方面的共同体，正如他所说，"如果政治共同体的理想指的是在某个全面性学说的基础上统一起来的政治社会，那么公平正义观确实放弃了这个理想"，但是，"如果一个共同体指的是这样一个社会，其成员分享了某些他们给予高度优先性的根本目的，那么一个政治社会就是一个共同体"。[①] 这些目的包括支持正义的制度、用合乎正义的方式对待彼此以及通过政治合作而必须分享和实现的其他目的。罗尔斯由此认为，按照他所设想的正义观来确立的政治社会在两个主要的方面是稳定的。第一，它赋予公民并承诺要加以实现的两种道德能力，可以让公民在一生中成为充分合作的社会成员，因此在实现社会正义的同时也提供了相互尊重和自尊的社会基础。这样一来，"在为平等的基本权利和自由以及公平的机会提供保障时，政治社会就保证了人们对其自由平等的地位的公共承认，而在为这些东西提供保障时，它也回应了人们的根本需求"[②]。第二，一个按照罗尔斯的正义观来组织的良序社会显然具有公民们可以分享的根本目的，这些目的是通过他们在彼此依赖和相互信任的环境中所采取的联合活动来实现的，因此，确立和成功地维护合理地正义的民主制度本身就是"一种重要的社会善"。这样一来，甚至在实现这种社会善的条件很不完美的情况下，公民们仍有信心采取行动来抵制不正义。这也是社会稳定性得到保证的一个重要方面，因为只要公民们越加认识到其政治社会对他们来说是好的，"他们就越少受到嫉妒和恶意之类的特殊态度、支配他人的意愿以及对他人行为不公的诱惑的驱使"[③]。

---

① Rawls (2001), pp. 198-200.

② Rawls (2001), p. 200.

③ Rawls (2001), p. 202.

五、“个人的就是政治的”:一个批评

总的来说,只要我们正确地认识到互惠性观念在罗尔斯对正义的构想中所发挥的那种具有基础地位的作用,我们就不难看到,罗尔斯确实相信正义在现实社会中的有效实现要求某种形式的平等主义风尚。柯亨指责说,罗尔斯对人类道德心理的让步使得其理想理论不能将一个“真正正义”的社会鉴定出来,他对所谓“现实主义”的关注使得他不能鉴定出真正根本的正义原则。[①] 但是,如果我们迄今对罗尔斯提出的解释是可靠的,那么这两个指责都是错误的,因为它们根本上是立足于对罗尔斯自己的正义观及其用来建构正义的方法论和心理假定的误解。在这里,特别值得指出的是,稳定性要求,正如我们已经看到的,本身就是罗尔斯的正义观的一个内在构成要素,而且,虽然它并未明确地出现在两个正义原则的**内容**中,但它已经出现在罗尔斯用来建构其正义原则的一套完整考虑中,因此并不是一种可以与正义及其合理实现分离开来的“实用”考虑。实际上,对罗尔斯来说,正如我们现在可以看到的,责任分工的观念和稳定性要求本身都是一个**理想**理论的构成要素,也就是说,是罗尔斯自己对理想正义的设想需要考虑的东西,就像互惠性要求一样,它们构成了罗尔斯所设想的那种可以在现实世界中合理地得到实现的正义观的基础。柯亨对罗尔斯的批评之所以不只是他所说的“内部批评”[②],本质上是因为二者对正义或正义原则的本质和目的持有截然不同的理解:柯亨持有一种运气平等主义立场,在将平等设想为正义的最高目标的同时倾向于用一种“道德化”的方式来实现正义;然而,在罗尔斯这里,社会正义的合理实现要求考虑一系列相关的价值及其错综复杂的关系,这些价值不仅包括某种意义上的平等分配(这是柯亨所强调的),也包括公平、效率、相互尊重和自我尊重的社会基础、社会稳定性等。既然柯亨和罗尔斯持有本质上不同的正义观,当柯亨对罗尔斯的理论发起攻击时,他

---

① 关于前一个指责,参见 Cohen (2000);关于后一个,参见 Cohen (2008)。

② 实际上,柯亨的批评根本就说不上是内部批评,除非在如下琐碎的意义上:柯亨认为他们两人都属于“平等主义阵营”。

就应当表明罗尔斯的理论的根本预设是站不住脚的。然而,在我看来,柯亨并未成功地表明这一点。在此前的论证中,我已经尝试说明何以如此;不过,结合我目前对稳定性和互惠性的论述,我将从两个方面来再次审视柯亨的批评:一个方面涉及差别原则,另一个方面关系到他提出的一个核心主张,即"个人的就是政治的"。我将最终表明罗尔斯无须接受这些批评。

按照柯亨自己的说法,他对差别原则的批评旨在表明,在一个罗尔斯式的社会中,即使基本结构在罗尔斯规定的意义上是正义的,社会也未必是正义的。柯亨进而声称,**社会**的正义要求人们将一种平等主义社会风尚来贯穿到其个人选择中。按照我在前面提出的解释,在罗尔斯那里,实际上有一种与柯亨所说的"平等主义风尚"相对应的东西,即基于平等尊重原则的互惠性要求。从罗尔斯对其正义观的建构来看,这个要求既贯穿了正义原则的选择和应用,也体现在制度设计和个人选择的层面上;它不仅是正义感的主要来源,也是人们在正义的制度下实现自己作为自由平等的道德人理想的基础。然而,按照柯亨自己的说法,如果罗尔斯的差别原则只是应用于制度层面,而不是用来制约和引导个人选择,那么,即使差别原则的要求在制度上得到满足,它仍然允许人们在个人生活中最大化自我利益,因此就会导致严重的不平等。然而,这个说法误解了罗尔斯的差别原则以及责任分工的观念。差别原则本身就体现了互惠性要求。而且,正如我们已经看到的,在罗尔斯那里,责任分工(特别是制度分工)根本就不是为了让人们具有最大化自我利益的自由,而是为了让人们在满足正义的制度所提出的要求的条件下能够促进和发展自己的理性生活计划,这体现了制度(或政府)对合情合理的人们的个人自主性的尊重。差别原则的制度应用并未免除人们在个人生活中需要承担的正义要求,它只是用一种尽量避免过度侵扰人们日常生活的方式让人们满足这方面的要求。

实际上,就像柯亨自己指出的,德沃金曾向他提出如下建议:"一个罗尔斯式的政府可以被认为负有在差别原则下去促进[一种鼓励平等主义的]社会风尚的责任。"[①]然而,柯亨论证说,德沃金对罗尔斯的解释提出了三个不相一致的论点:第一,差别原则是一个平等主义的分配正义原则;第二,差别原则向政府施加了一项促进平等主义风尚的责任;第三,差别原则并不是为

---

① Cohen (2008), p. 127.

了在社会上强化分配正义才去要求政府促进这种社会风尚。第一个论点当然表达了罗尔斯自己对差别原则的理解。第二个论点就是德沃金向柯亨提出的建议。如果我们认为以平等尊重原则为基础的互惠性观念类似于柯亨所说的"平等主义风尚",那么这个论点也是罗尔斯可以接受的——实际上,他强调政府有责任培养和发展公民的正义感,而互惠性观念是正义感的主要来源。但是,罗尔斯肯定不会接受第三个论点,这个论点其实表达了柯亨自己按照所谓"严格解释"和"宽松解释"的区分对差别原则的应用的理解,然而,正如我们已经看到的,当严格解释确实表达了差别原则的制度应用时,宽松解释并不忠实于罗尔斯对"分工"的设想——责任分工并不意味着差别原则根本就不应用于个人行为。因此,在罗尔斯对差别原则的论述中,并不存在柯亨所说的那种"不一致"。

柯亨认为,只要差别原则只是应用于制度,严重的不平等就会出现。很不幸,这是对罗尔斯的严重误解。在罗尔斯这里,差别原则并不是孤立地应用的:罗尔斯对其正义原则提出的"词序式排列"意味着差别原则的应用取决于其他正义原则(包括那个被无条件地给予所有公民的最低限度的社会供给)已经得到满足,而只要这些原则提出的要求得到满足,背景正义就可以有效地缓解道德上不可接受的不平等。我们对罗尔斯正义原则的应用提出的整体论解释进一步强化了这一点。此外,差别原则也不是用一种一劳永逸的方式来应用的——它所要调节的不平等并不是从一开始就被设定好了,不会随着社会与经济条件的变化而发生变化。哪怕是在制度分工的情形中,差别原则,作为一个用来维护和调节背景正义的主要原则,也要纠正和调节个人交易和协议所产生的累积效应(只要这种效应违背了根本的正义原则)。柯亨或许担心,在实际世界中,只要差别原则只是用于制度,而不是也用于个人选择,人们就会在追求自我利益方面为所欲为。这是一个自然的忧虑,但它同样表达了对罗尔斯的误解。正如我们已经看到的,罗尔斯强调制度在塑造人们的欲望、偏好或志向方面所发挥的重要作用。一个允许人们随心所欲地追求自我利益的社会在罗尔斯的意义上是不稳定的,更说不上满足了罗尔斯所说的互惠性要求。因此,罗尔斯不可能否认某种形式的平等主义观念应当被嵌入他所设想的社会中,例如通过各种形式的公民教育来培养人们的正义感,鼓励人们在社会生活的各个层面或各个方面满足互惠性要求。值得指出的是,在罗尔斯这里,互惠性概念在社会生活的不同层面上具有不同含义，或者会提出不同的要求。因此，罗尔斯大概不会像柯亨那样将平等看作一个单一的要求，他可能更倾向于同意迈克尔·瓦尔泽所说的“复杂平等”。

真正的问题并不在于一个罗尔斯式的社会**是否**需要一种平等主义风尚，而在于它可以要求一种**什么样**的平等主义风尚，更确切地说，什么样的平等主义风尚是可以**合理地**为人们所指望的？在通过制度来影响构成一种社会风尚的态度、偏好和情感时，我们需要从一种**整体论**的观点来思考施加这种影响是否有助于促进正义所要实现的根本目的。这种思考之所以必须是整体论的，是因为在罗尔斯这里，正义所要实现的目标并不是单一的。我们不可能以牺牲效率为代价来实现经济利益方面的绝对平等，我们大概也不能为了促进整个社会福祉而要求所有人都放弃自己的特殊关系和个人承诺。与此类似，我们不可能用一种根本上违背正义原则的方式让人们具有一种更加团结一致的社会风尚。① 对罗尔斯来说，如何通过施加制度影响而让人们具有一种更加符合正义要求的社会风尚，这是一个需要通过将理想与现实结合起来才能解决的问题。换句话说，为了解决这个问题，我们需要考虑如何用一种充分尊重人类的一般道德心理和人类生活的本质条件的方式来合理地实现理想理论所规定的目标。② 在社会生活中，维护背景正义具有根本的重要性，这是罗尔斯将正义原则主要应用于基本结构的原则性理由，因为只有通过构成基本结构的主要社会制度，才能切实有效地维护背景正义。当然，罗尔斯也指出：

> 两个正义原则并不强调实际分配在任何特定时刻都要符合任何可观察到的模式，例如平等的模式，或者要求从实际分配中计算出来的不平等的程度都要落在某个范围内，例如基尼系数的量值范围内。正义原则所要求的是，（可允许的）不平等应该对境遇最差的人们的期望做

① 约书亚·柯亨提出了类似观点，参见 Joshua Cohen (2002), “Taking People as They Are”, *Philosophy and Public Affairs* 4: 264-286。

② 同样，我们可以表明，墨菲提出的如下主张也是立足于对罗尔斯的误解（特别是在责任分工的观念以及罗尔斯对理想理论与非理想理论之关系的论述上）：“罗尔斯将规范领域划分为两套规则，一套规则制约着社会制度，另一套规则制约着人民，然而，任何接受这种划分的政治理论都会对人们在非理想情况下应该做什么提出一个不合理的说明。因此，我们应该坚决拒斥罗尔斯的那种二元论。”[Murphy (1998), p. 279]

出某种功能性贡献，在这里，这种功能性贡献来自公共制度中所确立的权益系统的运作。[1]

如果每个社会成员都在正义原则规定的制度框架下得到了公平考虑，那么他们可以正当地指望的东西，就是满足正义要求的制度规则承诺要给予他们的东西。既然正义的根本目的就在于实现人们作为自由平等的道德人的理想，我们就不能用一种有害于或不利于实现这个理想的方式来安排主要社会制度，来思考制度对个人行为(包括他们的动机和态度)的要求。差别原则之所以本身就表达了互惠性要求，是因为它将天资的分布看作公共资产，要求人们对其才能的运用要受益于每一个社会成员。不过，正如罗尔斯所强调的，这并不意味着人们无权拥有自己的自然能力以及他们通过参与公平的社会合作而有资格得到的东西。制度安排必须尊重这个事实，在此基础上鼓励人们用一种**建设性的**方式来参与社会合作。"建设性"这个说法至少包括两个含义：第一，人们所参与的社会合作在罗尔斯的意义上是公平的；第二，人们能够用一种满足互惠性要求的方式来维护长期稳定的社会合作。正义不可能仅仅通过分配手段就能得到有效落实，而是也要求通过各种形式的公民教育来培养和强化一个正义的共同体所要求的社会风尚。唯有如此，才能在正义所要实现的理想和公民们的合理期望之间实现一种正确的反思平衡。罗尔斯自己承认，为了让社会制度能够反映公民的正当诉求，就需要把一种**基于后果**的分析方法引入纯粹程序正义的概念中。[2] 因此，在强调其正义理论是一种"纯粹程序"理论时，罗尔斯不是在否认正义的实现要求考虑正义制度所要实现的目标，也不是在否认个人选择可以影响这样一个目标的实现。只要制度能够回应公民们的合理诉求并因此而恰当地调整自身，与人们单独采取行动相比，它们就更有可能成功地满足正义的要求。

---

① Rawls (1993), p. 283.

② 参见 Thomas Pogge, *Realizing Rawls* (Ithaca: Cornell University Press, 1989), pp. 36-47。在这里，我强调这种分析应该是"基于后果的"而不是严格"后果主义的"，是因为罗尔斯认为合理的最大化是有限制的。对这个区分的说明，参见 Amartya Sen (1982), "Rights and Agency," *Philosophy and Public Affairs* 1: 3-39。

一个例子足以说明制度和个人之间的这种互动。[①] 在罗尔斯的理论框架中，只要人们充分服从正义原则通过制度的公共规则提出的要求，只要制度运作严格地满足正义原则所规定的要求，道德上不可接受的不平等就可以得到有效缓解。但是，人们之间的个人交易和协议可以产生不利于正义目标的制度实现的累积效应。在这种情况下，罗尔斯要求对制度本身进行适当调整，以便消除或缓解这种累积效应。杰里·柯亨担心的当然就是这样一种可能性：在实际世界中，人们可能不会回应他所说的"平等主义风尚"或者罗尔斯所说的"互惠性要求"。如果这种可能性确实发生了，那么制度正义本身就不足以保证**社会**的正义。但是，与柯亨的理论不同，在罗尔斯的理论框架中，人们的偏好受到了两个限制：第一，他们对于彼此平等的观念的接受限制了他们所能持有的与其正当期望相联系的偏好；第二，他们对于相对优势(relative advantage)的偏好(例如一定要比其他人过得好的偏好，或者卢梭所说的"社会攀比"心态)所能发挥的作用是极为有限的，不仅因为正义原则的制度实现已经大大缩小了这种偏好所能采取的范围，更重要的是因为(至少按照罗尔斯自己的说法)自我尊重和相互尊重并不要求人们持有这种偏好的极端形式。而且，只要社会大力支持教育和训练，人们由此获得的知识和技能就可以有效地限制某些人因为具有罕见技能而要求不合理的高报酬的做法。因此，在制度正义得到充分实现的条件下，只要一个社会能够将教育和培养平等主义风尚与对人力资本的大力投入恰当地结合起来，它就可以避免柯亨所担心的那种极度不平等。罗尔斯的理论本身就提供了消除或缓解严重不平等的思想资源。当他强调制度正义的根本重要性时，他并没有把对制度的关注与对平等主义风尚的关注截然区分开来——他所要求的是一种能够让人们有望在实际世界中实现正义理想的社会风尚。

现在让我转到柯亨用来批评罗尔斯的另一个核心案例，即家庭。柯亨的批评开始于他所认同的一个女性主义口号，即"个人的就是政治的"。他指责罗尔斯对基本结构的规定具有一种"致命的模糊性"，并特别利用家庭的情形来阐明这一点。为了理解和回应他在这种特定情形中提出的批评，

---

① 下面我在这段话中提出的论述部分地受益于约书亚·柯亨的讨论，参见 Joshua Cohen (2002), pp. 380-384。

我们需要回想一下他为罗尔斯制造的那个"两难困境":一方面,如果基本结构被限制到制度的强制性方面,那么,就社会的非强制性方面(例如家庭)也能对人们的生活产生意义深远的影响而论,罗尔斯就不能按照强制性特征来界定构成基本结构的主要制度;另一方面,如果罗尔斯承认非强制性的实践也能对正义产生影响,那么他就必须放弃其核心主张,即正义原则只能应用于他所定义的基本结构。柯亨旨在利用这个两难困境来支持其一元论立场,而家庭以及社会对夫妻双方所持有的那种具有性别歧视的期望就构成了他用来阐明这一点的一个核心案例。[①] 柯亨刻意否认罗尔斯赋予基本结构的那种根本重要性。

此前我们已经表明,只要我们已经恰当地理解了罗尔斯的分工观念,我们就无须接受柯亨对罗尔斯的批评。然而,就罗尔斯将家庭的本质看作基本结构的一部分而论,家庭确实提出了某些一般问题,这些问题对于恰当地理解罗尔斯的正义理论来说具有某些重要性。以下我将简要表明,我们目前对罗尔斯提出的解释可以回应一些女性主义思想家对其理论提出的主要批评,特别是苏珊·奥金的批评。[②] 奥金论证说,罗尔斯一方面将家庭看作基本结构的一部分,另一方面又认为正义原则不应该**内在地**应用于家庭,因此他对家庭提出的看法是不一致的。[③] 罗尔斯后来在《作为公平的正义》中对家庭提出的论述实际上旨在澄清奥金的批评。但是,甚至在那里,罗尔斯仍然保留了他对"家庭"的基本看法:

---

① Cohen (2008), pp. 137-138.

② Susan Okin (1987), "Justice and Gender", *Philosophy and Public Affairs* 1: 42-72; Susan Okin, *Justice, Gender, and the Family* (New York: Basic Books, 1989), pp. 89-119; Susan Okin (2005), "'Forty Acres and a Mule' for Women: Rawls and Feminism", *Politics, Philosophy, and Economics* 2: 233-248. 在这里,我的目的不是全面讨论女性主义思想家对罗尔斯的批评或者其理论与女性主义的关联,只是表明罗尔斯在面对奥金的批评时仍然有理由维护其核心主张。此外,我之所以特别关注奥金的批评,不仅是因为她激发了女性主义思想家对罗尔斯的兴趣,更重要的是因为罗尔斯自己后来对家庭的论述是直接针对奥金的批评提出来的。

③ 参见 Okin (1987), pp. 47-52。不过,值得指出的是,奥金所要批评的不是罗尔斯对正义的一般探讨,而是他对待家庭的态度。实际上,她认为一个罗尔斯式的理论的**一致**应用可以为性别正义提供保障,而这个论点是某些其他女性主义思想家所不满的。参见如下文集中的相关讨论: Ruth Abbey (ed.), *Feminist Interpretations of John Rawls* (University Park, PA: The Pennsylvania State University Press, 2013)。

> 家庭是基本结构的一部分，因为它的一个本质作用就是要确立社会及其文化从一代到下一代的有序生产和繁衍。……生殖劳动是社会必需的一种劳动。只要我们承认这一点，用一种合理而有效的方式来抚养和照料孩子、确保他们在一种更加广泛的文化内在道德上得到发展和教育，这对于家庭的作用来说是必要的。公民必须具有一种支持正义的政治与社会制度的正义感和政治美德。……认为正义原则并不应用于家庭，因此不可能为女性和孩子的平等正义提供保障，这是一种错误观念。……正义的首要主体是社会基本结构，后者被理解为一种安排，即把社会的主要制度安排为一种在时间上统一起来的社会合作体制。政治正义的原则是要直接应用于这个结构，而不是**直接**应用于包括家庭在内的很多团体的**内部**生活。①

在这里，罗尔斯同时提出了两个主张：第一，家庭是基本结构的一部分；第二，他对正义的设想可以回应他所提到的那个错误观念（实际上就是奥金对他提出的批评）。但是，这两个主张的组合确实有点令人困惑（即使不是像奥金所说的那样是“不一致的”）。罗尔斯是由于家庭所具有的特殊**本质**而将它看作基本结构的一部分。家庭在两个方面满足了罗尔斯对“基本结构”的初步界定（即构成基本结构的东西是能够对人们的生活前景产生深远影响的东西）：一方面，家庭是社会合作的一个基础——家庭养育和培养未来的公民，部分地承担道德教育和公民教育的职能，以便让未来的公民具有正义感以及相应的政治美德；另一方面，家庭出身或家庭背景本身就会对社会正义产生重要影响。如果家庭确实是基本结构的一部分，而正义原则直接应用于基本结构，那么罗尔斯怎能认为政治正义的原则并不直接应用于家庭的内部生活？柯亨正是以此为把柄来批评罗尔斯——如果社会上对性别角色所持有的期望“在夫妻双方都在外工作的家庭中要求女性承担更多的家务负担，那么这种期望就是性别歧视的和不正义的”。② 如果正义原则根本就不应用于家庭内部，一个性别歧视的社会如何能够是正义的？由此我们不难理解女性主义思想家对罗尔斯的批评：假若罗尔斯认为没有任何

① Rawls (2001), pp. 162-163. 强调是我添加的。

② Cohen (2008), p. 137.

正义原则能够应用于家庭内部,那么,只要不正义确实存在于家庭内部,他的理论至少就是直观上不合理的。

这里的问题并不在于罗尔斯不能回答这个挑战,而在于他提出的回答在某些方面使得他对家庭与基本结构之关系的论述变得有点模糊。在声称家庭是基本结构的一部分的同时,罗尔斯在很多时候也将家庭与基本结构内部的其他团体(例如大学或教会)相提并论。正如我们已经看到的,尽管罗尔斯声称正义原则并不直接应用于这些出现在基本结构框架内的团体,但他强调正义原则在两个重要的方面对这些团体施加了约束:第一,只要个人或团体之间的交易和协议产生了不符合正义原则的累积效应,它们就受制于应用于基本结构的正义原则的调控;第二,平等自由原则和公平的机会平等原则不仅要应用于基本结构,也要应用于在基本结构的框架内运作的团体,例如企业、公司以及大学。在特别针对家庭的情形中,罗尔斯指出:

> 政治正义的原则并不直接应用于家庭的内部生活,但是它们确实对作为一种制度的家庭施加了本质约束,保证其所有成员的基本权利和自由以及公平的机会。它们这样做,是通过规定作为家庭成员的平等公民所持有的基本主张。作为基本结构的一部分,家庭不能侵犯自由。既然妻子和丈夫都同样是公民,她们就像丈夫那样具有同样的基本权利和自由以及公平的机会;加之其他正义原则的正确应用,这应该足以保证她们的平等与独立。[①]

显然,罗尔斯基本上是通过将家庭成员看作**公民**来应对女性主义批评。平等自由原则和公平的机会平等原则都属于罗尔斯所说的"宪政设计"的一部分,它们不仅要用来制约构成基本结构的主要制度的设计和运行,实际上也直接应用于基本结构框架内的准制度性组织,例如大学、教会以及家庭。罗尔斯始终强调,他所提出的正义观不是要充当一个**通用的**正义理论或者这样一个理论的基础。对于这些准制度性组织,"我们至多只能说,因为它们是基本结构内部的团体,它们就必须调整自身来适应基本结构为了确立背景正义而施加的要求"[②]。罗尔斯进一步指出,说正义原则并不直接应用

① Rawls (2001), p. 164.

② Rawls (1993), p. 261.

于这些准制度性组织内部的生活，“并不是要否认存在着某些可以直接应用于它们的合适的正义观”，只不过“这些正义观不是政治性的正义观”。[①] 在这里，罗尔斯进一步在应用于不同领域的正义原则之间做出了一种分工：基本结构仍然是要对维护整个社会生活的背景正义负责，但是，在基本结构内部的不同领域中，可以存在着适用于每一个领域的相对独立的正义原则，这些原则要按照它们所应用的特定领域的本质以及具体情境来确定。因此，如果确实还有一套制约家庭内部生活的正义原则，那么罗尔斯想要说的是，平等自由原则和公平的机会平等原则，加上应用于家庭内部的正义原则的正确应用，就足以保证女性的平等与独立。平等自由原则和公平的机会平等原则并不是不能直接应用于家庭内部，正如罗尔斯明确指出的，“父母肯定应当遵循某个正义观，在某些限度内恰当地尊重孩子，政治正义的原则并不禁止这一点”[②]。此外，“如果女性不平等的一个基本原因就在于，在传统分工中，她们在家庭内部承担了生育、养育和照料孩子的大部分责任，那么就需要采取步骤来平等分配她们承受的负担或者补偿她们”，例如，家庭法可以规定妻子有权享有配偶在婚内挣得的收入的平等份额。[③]

在我看来，罗尔斯对奥金(以及其他女性主义理论家)的回应是充分的。所有公民都应当严格遵守正义的制度所规定的公共规则，包括平等自由原则和公平的机会平等原则。这一点对家庭来说也不例外，因为女性跟男性一样是有权享有基本自由和公平机会的平等公民，而孩子是未来的公民。值得指出的是，当罗尔斯设想正义领域(或者应用于不同领域的正义原则)之间的分工时，他同样是秉承他用来提出制度分工和道德分工的精神——“作为公民，我们有理由把政治性的正义原则所规定的约束施加于团体，而作为团体成员，我们有理由[以某种方式]限制这些约束，以便为一种适宜于团体的自由而繁盛的内部生活留下余地”。[④] 这种限制的必要性就在于，当人们自愿形成某些特殊的个人关系或某种形式的团体时，一般来说，他们也会形成某些不能与关系或团体外的其他人分享的特殊义务和承诺，而在他

① Rawls (2001), p. 164.

② Rawls (2001), p. 165.

③ Rawls (2001), p. 167.

④ Rawls (2001), p. 165.

们对“好生活”的设想和追求中，这些义务和承诺具有特殊的重要性。制度是正义的首要主体，而从制度的观点来看，用于基本结构的正义原则必须严格不偏不倚地应用于每一个社会成员。不过，举个例说，我们不能合理地指望做父母的都会或者都应该一视同仁地对待自己孩子和别人家的孩子，正如我们不能合理地指望人们在任何时候都会或者都应该同等地关怀自己的亲朋好友和素不相识的人们。只要人们遵守正义制度所规定的基本规则、严格履行支持和维护正义制度的义务，他们在其他领域中的生活就应当被给予某种相对的自由。罗尔斯在应用于不同领域的正义原则之间所做的分工，并不对应于“公共领域”和“私人领域”之间的**传统**区分，正如他自己所说，“如果所谓的‘私人领域’是一个被认为免于正义要求的空间，那么这种东西根本就不存在”[①]。政治性的正义原则是要用一种不偏不倚的方式普遍地应用于作为**公民**的个人，在基本结构框架内的各个领域中，人们不仅需要服从局部的正义原则，也应当遵守一般的道德要求。就此而论，罗尔斯可以接受“个人的就是政治的”这一口号，但是，他显然不是在其极端的意义上接受它——在他对“政治的”这个概念的特定理解中，他实际上并不相信，在任何层面上或任何领域中（除了基本结构所界定的那个领域外），人们的生活都应当是“政治的”。

此前我们指出，罗尔斯将家庭与基本结构内的其他准制度性组织（例如教会或大学）并列起来的做法有点令人困惑。现在我们可以来澄清这个困惑。这些组织同样受制于基本的正义原则的要求，不过，家庭因其特有的本质而不同于其他形式的社会团体，因此就可以被看作基本结构的一部分。既然家庭属于基本结构，罗尔斯何以认为政治正义的原则并不直接应用于家庭的内部生活？如前所述，罗尔斯明确指出平等自由原则和公平的机会平等原则同样适用于从公民身份来看的家庭成员，他也相信家庭可以受制于与该领域相称的正义原则。因此，当柯亨或某些女性主义理论家以家庭为案例来批评罗尔斯时，他们想必要说的是，当罗尔斯否认差别原则可以直接应用于家庭的内部生活时，他是不一致的。然而，我们确实不是很清楚差别原则究竟如何应用于家庭的内部生活。当家庭成员**作为公民**在外工作时，其经济行为已经受制于差别原则的要求。当然，家庭内部可以存在某种

① Rawls (2001), p. 166.

分工合作。虽然这种分工合作在某种意义上可以用经济学的语言来描述，但是，只要它没有对家庭外部的总体社会经济结构产生影响，就没有理由将差别原则应用于家庭内部，特别是因为家庭内部实施的分工合作**可以**是家庭成员在充分知情和自愿选择的基础上形成的，并不表达一种不可接受的权力支配关系或性别歧视。[①] 诚然，就像相对于整个社会而论的家庭一样，家庭成员在天资或才能方面可能是有差别的。如果一个家庭的成员确实通过分工合作来生产某种家用产品，那么他们在相关利益的分配上就可以接受差别原则的要求。但是，甚至在这种情况下，认为差别原则必须用一种强制性的方式应用于他们显然是荒谬的。他们完全可以按照家庭特有的那种更加强健的团结友爱的精神来决定如何分配家庭内部的利益和负担，正如他们可以自行决定如何恰当地利用家庭收入来促进**共同**目的。当罗尔斯声称家庭是因其特殊的本质而应当被看作基本结构的一部分时，他不仅特别提到"**某种形式上**的家庭"，而且也强调基本结构要被理解为"主要的社会制度**嵌合为一个体制的方式**"。[②] 换句话说，在罗尔斯这里，基本结构本身就被设想为一种**结构化**的东西，构成它的主要社会制度是要用一种**互动的**和**集成性的**方式来维护背景正义，并通过根本的正义原则以及相关的公共规则来纠正或调整个人交易和协议中累积产生的违背正义原则的行为模式。因此，当家庭被看作基本结构的一部分时，它所要受制的正义要求不是**孤立地**来看待的。只是在这个意义上，罗尔斯才认为政治正义的原则并不直接应用于家庭的内部生活。

在前一章和本章中，我主要是按照柯亨对罗尔斯的批评来捍卫罗尔斯对社会正义的探讨。我已经尝试表明五个主要论点。第一，罗尔斯并不持有任何形式的运气平等主义观点，他的理论也显著地不同于德沃金的理论。第二，尽管罗尔斯否认日常意义上的自然应得，但他并不否认一种制度意义

① 这当然是对家庭内部的分工合作的一种理想描述，因为实际状况确实不是这样——不少社会都有明显的性别歧视观念，而在大多数传统社会中，社会习俗所形成的家庭内部分工显然是不公平的。不过，在这里我们需要记住的是，罗尔斯不仅强调女性和男性都应该被当作平等的公民来看待，而且他也不否认人们在家庭内部的行为是可以用正义的语言来描述和评价的。家庭是一个特殊的领域，尽管它也因为能够对人们的生活产生意义深远的影响而可以被看作基本结构的一部分。

② Rawls (2001), p. 10; Rawls (1993), p. 258. 强调是我添加的。

上的应得，即与人们在正义的制度下所具有的正当期望相对应的权益，而且，他并没有简单地否认人们有权拥有自己的天资或者在此基础上发展出来的才能或技能，只是强调天资的分布是道德上任意的，并因此而倡议将它们看作"共同资产"，这体现了他对互惠性的一种理解。第三，分工的观念在罗尔斯的理论中具有至关重要的意义，体现了他对社会正义及其合理实现的一种整体论构想，而且，分工本身就是正义的一个要求(尽管是一个高层次或元层次的要求)，正如他自己所说，分工的一个目的就是保证"公民对自由、机会和通用手段的要求不致受到其他人不合理的要求的侵犯"①。实际上，在罗尔斯的理论中，我们可以鉴定出来的三种分工，都旨在保证公民在满足制度正义的基本要求的条件下能够自由地发展和追求合情合理的生活计划(包括他们所具有的特殊承诺和特殊义务)，并由此充分实现自己作为自由平等的道德人的理想。第四，在罗尔斯这里，我们应当将互惠性要求设想为一种与柯亨所说的"平等主义社会风尚"相对应的东西。第五，假若我们将罗尔斯的理想理论与他对非理想理论的考虑结合起来，我们就不难发现，当他出于基本结构的根本重要性而将其设想为正义的首要主体时，他不是在否认在个人与制度之间、在正义所涉及的各个层面之间应该存在着某种合理互动，这实际上是其反思平衡方法的一个本质要求。罗尔斯的理论既是整体论的又是互动论的。

如果这些论点是可靠的，那么柯亨对罗尔斯的批评就缺乏充分合理的根据——实际上，正如我们已经看到的，柯亨的批评或是出于对罗尔斯的某些重要观点的误解，或者立足于罗尔斯自己并不接受的某些假定。在罗尔斯对其理论的建构中，他并不只是考虑某个单一的目标或价值，而是明确地认识到，甚至一个良序社会中，公民们也可以持有不同的生活观念。既然正义的根本目的就是实现公民作为自由平等的道德人的理想，一种合理的正义观原则上就必须得到全体公民的一致认同。而且，即使人们已经普遍地持有某种平等主义的道德观念，一个可以合理地实现的正义理想也必须考虑某些其他的重要价值。特别是，在罗尔斯这里，社会合作的稳定性并不是

---

① John Rawls (1982), "Social Unity and Primary Goods," in Rawls, *Collected Papers*, p. 371.

一种与公平正义观全然无关的东西，反而是这种正义观的一个本质要求。①当然，柯亨正确地指出，正义要求一个具有辩护作用的共同体。然而，甚至在罗尔斯的理想理论的情形中，辩护问题也比柯亨所设想的要复杂得多。柯亨论证说，当有才能的人们要求激励性报酬时，他们是在坚决否认他们与其他人享有一个共同体。然而，如果他们并未因为自己付出的艰苦劳动或者所承受的特殊负担而得到合理补偿，他们就可以问："我们为何要生活在一个得不到合理补偿的社会中？"如果差别原则的应用在罗尔斯的意义上是**客观上**必要的，那么有才能的人们就应当得到满足相应要求的合理补偿。一个正义的社会毕竟也应当是这样一个社会，在其中，人们的才能应该得到恰当的承认、欣赏和利用。互惠性要求、其他正义原则的有效落实以及差别原则的恰当应用限制了道德上不可接受的不平等。罗尔斯的正义理论并非不是在追求平等的理想，而是在人性的合理限度内来追求这样一个理想。

当然，我们对一个罗尔斯式的理论的捍卫到目前为止仍然说不上是完备的，因为我们只是考察了其**社会正义**理论，即应用于一个相对闭合的良序社会的正义理论。为了完成我们对一个罗尔斯式的正义理论的捍卫，我们至少还需要探究两个问题：一个问题涉及他的国际正义理论的恰当性，另一个问题关系到对其理想理论的某些其他批评。在下一章中，我们将来探究这两个具有重要联系的问题。

---

① 因此，在罗尔斯这里，似乎并不存在沃尔夫所说的平等尊重的理想与公平发生冲突的问题。参见 Jonathan Wolff (1998), "Fairness, Respect, and the Egalitarian Ethos", *Philosophy and Public Affairs* 2: 97-122。

第八章　在理想与现实之间

罗尔斯旨在构建一种在现实世界中可以得到合理实现的正义观，因此，其正义理论甚至在理想形态下也包括了对于人类道德心理和生活条件的考虑。然而，罗尔斯也在其理论中补充了一个“非理想的”部分来处理正义原则在实际社会中的应用。他对这两个部分之间的关系的处理不仅使得其理论变得更为格外复杂，也很容易招致误解和批评。除了杰里·柯亨特别针对差别原则的解释和应用提出的批评外，罗伯特·诺奇克的《无政府、国家与乌托邦》和迈克尔·桑德尔的《自由主义与正义的限度》都是为了特意回应罗尔斯的理论而撰写的，但其中不乏对罗尔斯的某些重要误解，尽管这并不意味着这些理论家在批评罗尔斯的同时没有提出重要见解。在罗尔斯的整个正义理论中，其国际正义学说所遭受的批评尤为强烈。不少批评者认为，罗尔斯对国际正义的看法过于保守，甚至退缩到了某种右翼自由主义立场。也有不少批评者指出，不论是在方法论上还是在基本起点上，罗尔斯对国际正义的论述都不同于其国内正义理论，因此其整个理论体系是不一致的。当然，罗尔斯确实有理由认为国内社会正义（特别是分配正义）**应当**不同于国际正义。在本章中，我将试图表明，这个见解是合理的且值得捍卫；而且，不管罗尔斯是在处理国内正义还是国际正义，他对建构主义方法论的应用是完全一致的。这对于适当地捍卫其国际正义学说已经是充分的。

不过，为了充分地捍卫一种罗尔斯式的国际正义理论，我将不得不采取一条迂回路线。对罗尔斯的国际正义理论的一个主要批评来自如下主张：罗尔斯并未在全球层面上采取第一章所说的“规范个体主义”，而是将“人民”看作国际正义的基本单位。按照某些批评者（典型地，阿玛蒂亚·森）的说法，这意味着罗尔斯在建构其正义理论时并未采纳所谓“开放的不偏不倚”（open impartiality）的观点。此外，某些批评者（例如玛莎·努斯鲍姆）也指责罗尔斯对古典社会契约模型的使用在其理论内部产生了一种张力。

在本章前两部分，我将批判性地考虑这两种批评，以便阐明罗尔斯的理想理论概念。在此基础上，在第三部分，我将首先引入某些世界主义者对罗尔斯的国际正义理论提出的核心批评，并尝试表明，只要我们恰当地理解了罗尔斯对正义的本质和目的的设想，并注意到他是在一种规范的意义上来使用“人民”这个概念，我们就可以有效地消除世界主义批评者对罗尔斯提出的批评。接下来，在第四部分，我将初步表明罗尔斯的国际正义理论在什么意义上能够是合理的。在第五部分，我将从罗尔斯的建构主义立场出发来进一步阐明理想理论与非理想理论的关系，并在此基础上进一步回应森对罗尔斯的批评。本章的目的不是全面论述罗尔斯的国际正义学说，只是从方法论的角度来表明罗尔斯对国际正义的设想究竟在什么意义上是合理的，并由此初步阐明政治哲学的本质及其与实践理性的关系。

一、“制度正义”与“比较正义”

若不考虑杰里·柯亨在其批评中对罗尔斯的误解，那么其批评本质上是要表明，若不在现实社会中培养和灌输一种平等主义的社会风尚，差别原则的制度应用就不会导致一个正义的**社会**。就此而论，柯亨的批评是对一种以制度为关注焦点的正义理论的批评。阿玛蒂亚·森对罗尔斯提出的激进批评在目标和结构上都类似于柯亨的批评[①]，尽管当森宣称我们必须抛弃他在罗尔斯那里鉴定出来的所谓“完全正义”(perfect justice)的观念时，柯亨自己相信一个正义理论的**内容**并不依赖于他所说的“事实”，因此在这个意义上持有一种柏拉图式的正义观。[②] 森对罗尔斯的批评之所以是激进

① Amartya Sen, *The Idea of Justice* (Cambridge, MA: Harvard University Press, 2009). 需要指出的是，在以下论述中，我对森的批评主要是针对他对罗尔斯的正义理论的某些误解，我将不否认他在其他方面对正义理论做出的重要贡献(尽管我对能力进路持有保留态度)。

② 关于柯亨在这方面的观点，参见 G. A. Cohen, *Rescuing Justice and Equality* (Cambridge, MA: Harvard University Press, 2008), pp. 229-273。

的，是因为他并不认为我们**必定**需要一个正义理论才能实现正义。[1] 在森看来，在我们所生活的世界中，有很多事情显然是严重不正义的，我们需要做而且应当做的，就是及时采取行动来消除这些东西，而只要我们能够在某个或某些方面对一个社会（或不同社会）的正义状况做出比较判断，我们就可以在实现正义方面取得进步：

> 一种比较性视角的利用……可以[在正义领域中]做出有益贡献。不管我们是在与压迫（例如奴隶制或者对女性的压制）作斗争，还是在对系统性的医疗忽视（在非洲或亚洲部分地区，这种忽视是由于缺乏医疗设施而产生的，而在包括美国在内的世界上大多数国家，这种忽视是由于缺乏全民医疗保险而产生的）提出抗议，抑或是在抛弃折磨是可允许的这一观念……或者拒绝接受忍受长期饥饿（例如在印度，即使饥荒在那里已经不复存在），我们都是在按照正义的进步来做出比较。我们大概都会承认，我们所寻求的某些改变（例如废除种族隔离政策）会降低不正义，但是，即使我们所承认的所有这些改变都成功地得到落实，我们也不会具有可以被称为"完全正义"的那种东西。实践关注，就像理论推理一样，似乎要求在对正义的分析上采取一种相当激进的转向。[2]

这段话的要点是，我们可以对正义做出一种比较判断并由此在正义的实现上取得进步，而不需要诉诸一个"完全正义"理论。当森将罗尔斯的理论看作"完全正义"理论的典范时，他论证说，在正义问题上，他与罗尔斯的根本分歧体现了现代政治思想史上两个主要传统之间的差别：罗尔斯的理论示范和体现了以霍布斯、洛克、卢梭以及康德为代表的古典社会契约传统，他自己对正义的设想则立足于亚当·斯密、孔多塞、边沁、玛丽·沃斯通克拉夫特、马克思、密尔的思想观念以及社会选择理论。[3] 森将前一种探讨称为"超验制度论"（transcendental institutionalism），认为它所关心的是设想某种"完全正义"的制度安排，并将符合这个要求的规则和制度鉴定出来。

---

① 当然，这个主张是否可靠取决于如何理解一个"理论"，尤其是罗尔斯所说的"理想理论"，正如我们即将看到的。

② Sen (2009), pp. xi-xii.

③ 参见 Sen (2009), pp. xvi, 5-8。

与此相比，他所偏爱的那种探讨（即所谓“将实现正义作为关注焦点的比较”）所要关注的是正义在现实世界中的实际实现，所要追问的不是“什么制度将是完全正义的”，而是“正义如何在现实世界中得到促进”。前一种探讨按照某些制度、条例和行为规则来设想正义，后一种探讨则把“如何实现正义”作为基本出发点。在森看来，超验制度论具有两个与众不同的特点：

> 首先，它所关注的是它鉴定为完全正义的东西，而不是对正义与不正义的相对比较。它只是尝试鉴定从正义的观点来看不可能被超越的东西，因此就不关心去比较可能都达不到完善理想的各个可行社会。这种探究旨在鉴定“正义的东西”的本质，而不是发现某个标准来确定一个取舍与另一个取舍相比是否“不太不正义”。其次，在寻求完善时，超验制度论主要是关心让制度恢复正常，而不是直接关注最终会出现的实际社会。①

在这里，“不可能被超越”这个说法暗示了一种完全正义的理想状态，一种无论如何都不可能再加以改进的状态。超验制度论之所以是“制度论的”，是因为这种正义理论将关注焦点完全放在制度上。因此，按照森对超验制度论的解释，只要**制度**正义已经完美地得到实现，就不会再有**社会**在其他方面是否正义的问题。然而，就像柯亨一样，森论证说，一个社会的正义状况不仅取决于制度安排和制度规则，而且也取决于非制度性特点，例如人们的实际行为及其社会互动。因此，森所倡导的那种比较进路将把“关注焦点放在正义在有关社会中的实际实现上，而不只是放在制度和规则上”②。按照这种理解，超验制度论就有两个重要缺陷：

> 首先，甚至在不偏不倚和无偏见地仔细考虑的严格条件下（例如在罗尔斯的“原初状态”所规定的条件下），人们也不可能对“正义的社会”的本质形成理性共识：这是发现一个取得一致同意的超验解决方案的**可行性**问题。其次，在通过行使实践理性来做出实际选择时，我们只需要一个在具有实际可行性的取舍之间做出选择的比较正义框架，而不需要去鉴定一种可能不可达成的完美状况：这是寻求一个超验解决方

① Sen (2009), pp. 5-6.

② Sen (2009), p. 9.

案的**多余性**问题。[①]

换句话说，按照森所理解的超验制度论，这种理论对于正义来说既不必要也不充分：一方面，如果正义已经可以通过某种比较评价而得到实现或取得进步，那么我们就不需要罗尔斯所设想的那种要求完全正义的理想理论；另一方面，如果罗尔斯的理论为了取得完全正义而要求人们对正义的本质达成共识，那么，在这种共识无法达成的情况下，正义就得不到实现。实际上，即使我们能够鉴定出一幅完美社会的图景，在我们对社会的正义状况的比较评价中，这样一个图景也不会有什么用处。用森的例子来说，为了在毕加索的某幅作品和梵·高的某幅作品之间做出选择，我们并不需要将《蒙拉丽莎》看作世界上最完美的绘画作品。[②] 同样，为了断言一个消除性别歧视的社会要比一个充满性别歧视的社会更正义，我们并不需要首先对"一个完全正义的社会"持有某些想法。[③]

森在超验制度论和他自己所倡导的"比较正义"进路之间所做的对比自然而然地导致了一个问题：如果一个社会在制度安排上已经是正义的，社会本身何以可能是不正义的？如果从某种理想情境（例如罗尔斯的"原初状态"）中选择出来的正义原则得不到充分服从，那么在正义的制度和正义的社会之间就会出现偏差，因为只要某些人不服从正义原则，其个人行为所产生的累积效应就会削弱制度对拟定的正义目标的实现。当然，在现实世界中，并非每个人都会严格遵守从理想情境中选择出来的正义原则，自觉服从社会合作的公平条款，正如并非每个人都会自觉遵守日常的道德原则。在这种情况下，假若制度安排本身并不敏感于人们在遵守理想的行为规则方面表现出来的差别，实际的社会状况很可能就是不正义的。罗尔斯**假设**，一旦正义原则已经从原初状态中被选择出来并应用于现实世界，人们就会把这些原则所要求的理性行为规则整合到实际行为中。因此，对罗尔斯来说，甚至在建构一个**理想**理论时，我们也必须考虑服从规则的成本，尽可能选择

---

① Sen (2009), p. 9.

② Sen (2009), pp. 16, 102.

③ 森预测到其类比论证会遭受一个异议并试图加以回答，参见 Sen (2009), p. 16。但是，他提出的回答并不令人满意。为了便于论证，我将在介绍完森对罗尔斯的批评后再来讨论这个异议。

人们在正常的心理条件下有望充分服从的正义原则。然而，森论证说，甚至这个假定也是不切实际的。[①]

森对罗尔斯的批评不只是停留在这个问题上。他进一步论证说，在以契约论为基础的探讨中，有一个假定很成问题，即理性个体可以从一种假设性的原始平等状况中，用一种全体一致的方式将一套**唯一的**正义原则选择出来。在任何实际情形中，对于什么样的行动或选择是正义的，人们会有不同想法，有不同的理由或考虑支持其想法。考虑森提到的一个例子：在一个家庭中，三个孩子在谁应该得到一支长笛的问题上争论不休，父母面临要如何分配这支长笛的问题。[②] 安妮声称自己应该得到这支长笛，因为只有她才会演奏长笛；鲍勃认为这支长笛应该属于他，因为只有他没有自己的玩具；克拉拉认为自己应该拥有这支长笛，因为那是她费了好几个月时间辛辛苦苦地制造出来的。设想这对父母对政治哲学有所了解。如果他们接受诺齐克的观点，他们会把长笛分给克拉拉，因为这样做满足了她对所有权的要求；如果他们持有功利主义立场，他们会把长笛分给鲍勃，因为这样做有助于促进他的福祉；如果他们认同对"应得"的某种理解，或者接受了某种完善论的观念，他们可能就会把长笛分给安妮。可想而知，不管他们做出什么决定，其他两个小孩都可以提出合理抱怨，因为他们三人都有理由辩护自己的主张。在这种情况下，若不存在他们都能分享的某种高层次理由，以便他们可以据此判定自己的主张，他们之间的分歧就得不到合理的解决。森进一步指出，三个小孩之间的分歧并不是体现在"什么东西构成他们各自的利益"这个问题上，因为他们显然都知道拥有这支长笛能给自己带来什么好处，而是体现在一些具有根本重要性的问题上，例如，什么原则应该制约资源的分配，应该如何做出社会安排，应该如何选择社会制度以及由此会产生什么样的社会实现，等等。在任何特定情形中，人们可以有不同的理由提出一个正义主张。当然，这并不意味着我们不能用某种方式来权衡有关理由的相对分量。不过，森想要强调的是，如果这种理由是多元的，那么我们至少就不清楚罗尔斯的原初状态如何可以产生一套**独一无二**的正义原则。森

---

① 罗尔斯确实明确地意识到这个问题。在下一部分，我将讨论他是否能够有效地处理这个问题。

② 参见 Sen (2009), pp. 12-15。

似乎认为，理由的多元性意味着罗尔斯的假定是错误的，或者至少是不切实际的。他对这个主张的论证来自两个相关的方面：一是社会选择理论，二是他对实践领域中的客观性概念以及公共推理的作用的思考。

我将首先回应森在第二个方面对罗尔斯的批评，不仅因为他对所谓"超验制度论"的主要指责（即这种理论既是实践上不可行的，又是多余的）实际上并不适用于罗尔斯①，更重要的是因为他按照上述案例对罗尔斯的批评在我看来是唯一有建设性的（尽管在很大程度上也是出于对罗尔斯的误解），确实揭示了理想理论与非理想理论的关系中一些值得关注的问题，而后者是本章的一个核心论题。不过，在回应森在这方面提出的批评之前，让我首先简要地指出，当他按照"超验制度论"指责罗尔斯的理论对于正义的实现来说既不必要又不充分时，他的主张为什么是误导性的。首先，如果我在前一章中对罗尔斯提出的解释是可靠的，那么罗尔斯自己的理论根本就不是森所说的"超验制度论"。森声称，他对正义所采取的那种"比较"进路在两个根本的方面不同于正义领域中长期占据主导地位的进路，即所谓"超验制度论"：首先，"比较"进路所要关注的是正义的实际实现或者在这方面取得的成就，而不是满足正义要求的制度安排以及相关的公共规则；第二，"比较"进路的目标不是（或者并不限于）对制度进行选择，也不是鉴定理想的社会安排，而是用一种切实可行的方式实现正义。如果"比较"进路能够成为对正义的一种独立探讨，那么其动机并非本质上不同于柯亨批评罗尔斯的基本动机，正如森自己所说：

> 人类的生活和体验及其所取得的成就的重要性不可能由关于现存制度和运行规则的信息来取代。制度和规则在影响实际上发生的事情方面当然极为重要，它们也是实际世界的一部分，但是得到实现的现实（realized actuality）超越了这个有组织的图景，包括了人们设法去过的

① 一些其他作者已经充分地回答了森所提出的这个主要指责，例如，参见：Pablo Gilabert（2012），"Comparative Assessment of Justice，Political Feasibility，and Ideal Theory"，*Ethical Theory and Moral Practice* 15：39-56；Alan Thomas（2014），"Sen on Rawls's 'Transcendental Institutionism'：An Analysis and Critique"，*European Journal of Political Theory* 3：241-263；Laura Valentini（2011），"A Paradigm Shift in Theorizing Justice? A Critique of Sen"，*Economics and Philosophy* 3：297-315。

生活。[1]

在这段话中，除了柯亨用来批评罗尔斯的那个核心主张（即正义的制度未必会导致正义的社会）外，我们当然还可以听到森自己对能力进路的强调，例如在他对罗尔斯和德沃金的资源平等理论的批评中，他所提出的那个主张——资源平等对于实现可行能力的平等或者“真实自由”来说是不够的。[2] 如果超验制度论只是关心设计或选择正义制度，从不关心正义的制度所要实现的目标如何或是否得到落实，那么罗尔斯的理论肯定不是超验制度论的一种形式。实际上，正如我们在前两章中已经看到的，罗尔斯的正义理论既是整体论的也是互动论的——他并非根本上不关心个人选择对制度运行（因此对制度旨在实现的目标）所产生的影响。罗尔斯的理论也不是诺奇克的那种模式化理论（对森来说，诺奇克的理论是“超验制度论”的另一个典型代表）。实际上，正如托马斯·博格已经有力地表明的，罗尔斯的理论包含了一个广泛意义上的后果主义要素。例如，罗尔斯认为，在我们所能得到的切实可行的经济制度方案中，我们应该按照每一个方案倾向于产生的总体模式来对它们做出比较评价；此外，基本的经济规则以及整个基本结构也要按照它们所产生的效应来评价，尽管并不只是按照这种效应来评价。[3] 森所倡导的比较进路本质上是后果主义的，尽管就像罗尔斯那样，他也将某些道义论约束嵌入他自己对广泛意义上的后果主义策略的设想中。[4] 因此，若不是出于对罗尔斯的某些误解，森本来就不该将罗尔斯对正义的探讨与他自己的探讨对立起来。实际上，尽管他声称制度在正义的追求或实现中只具有工具性的作用，但他对制度所要发挥的作用的描述并非

---

① Sen (2009), p. 18.

② 参见 Amartya Sen, *Commodities and Capabilities* (Oxford: Oxford University Press, 1999, originally published in 1987); Amartya Sen (1993), "Capability and Well-Being", in M. Nussbaum and A. Sen (eds.), *The Quality of Life* (Oxford: Oxford University Press, 1993), pp. 30-53。

③ 参见 Thomas Pogge, *Realizing Rawls* (Ithaca, NY: Cornell University Press, 1989), pp. 36-47, 251-252, 274-275。

④ Amartya Sen(1982), "Rights and Agency", *Philosophy and Public Affairs* 1: 3-39. 罗尔斯对差别原则的设想在广泛的意义上是后果主义的，但是，罗尔斯假设差别原则的应用首先需要满足平等自由原则和公平的机会平等原则。

不同于罗尔斯的描述：

> 在我所要提出的探讨中，正义原则不是按照制度来定义的，而是按照所涉及的人们的生活和自由来定义的，但是，在对正义的追求中，制度不得不发挥一种重大的工具作用。加上个人行为和社会行为的决定因素，对制度的恰当选择在增强正义的事业中有一个特别重要的地位。……制度可以直接为人们按照他们有理由看重的东西来追求的生活做出贡献。在促进我们审视自己所能考虑的价值和优先性的能力方面，制度也可以具有重要地位。[①]

不过，森确实没有提到罗尔斯所强调的一个方面，即制度可以塑造或重塑人们的欲望、偏好和志向，因此对于人们的道德个性的培养和发展就可以发挥一个构成性作用，就此而论，制度能够具有内在的重要性。森没有提到这个方面，大概是因为他将社会看作一种**既定的**东西，不是按照古典社会契约论理论家所设想的那种方式来形成的。他因此就忽视了这个传统做出的一个重要贡献：从自然状态到政治社会的转变是一种本质上的转变，其中不仅涉及政治制度的确立，也涉及通过制度的合理安排来塑造社会成员——通过从自然状态进入政治社会，人们的个性的发展及其对好生活的设想和追求都要受制于各种**规范**约束。换句话说，在康德式契约论的思想框架中，正义或正义的制度已经不再只是一种工具性的东西。罗尔斯对正义原则的界定明确地包含了对于人们的生活和自由的考虑；不过，更为重要的是，他按照平等尊重和互惠性的观念来约束每个人对其生活和自由的追求。因此，根本上说，罗尔斯并未忽视正义的根本目标是人，他反而始终都在强调这一点；与森和柯亨不同的是，他用一种更加复杂的方式来设想个人与制度的关系。

实际上，森对“超验制度论”的界定本身就很含糊，而一旦澄清这一点，我们就可以看到，将罗尔斯的理论看作一种超验制度论本身就是错误的。按照森的说法，“超验制度论”这个复合概念有两个基本含义：第一，它所诉求的是一套完美的正义原则，因此在这个意义上是“超验的”；第二，它将分配正义的场域限制到制度，因此在这个意义上是“制度论的”。当罗尔斯将

---

① Sen (2009), p. xii.

基本结构看作正义的**首要**主体时，他并不是在说正义只是制度所要关心的事情，与个人选择或个人生活无关。他所要强调的是，制度所要担当的责任是对背景正义的责任，其中包括纠正或调整个人之间的交易或协议累积产生的不符合正义要求的结果。就此而论，罗尔斯的理论并非在森所设想的意义上是纯粹"制度论的"。在用"完美的"这个概念来表征"超验制度论"的正义原则时，森所要说的是，这些原则必须对**所有**可能的社会结果提出一种满足社会选择理论所说的"传递性"要求的**完备**排列。如果所谓"完全正义"必须满足这个要求，那么设定这样一个理想的正义理论就很难说具有实际可行性，因为它暗示了这样一种图景：我们已经**预先**具有某个正义理想，然后再来考察对社会制度的所有可能安排，想象每一种安排产生的所有结果，对所有安排可能产生的所有结果进行比较和排列，在完备排列的基础上发现某个符合拟定的理想正义的结果，最终寻求实现这个结果的方式。在对"完全正义"的这种解释下，我们就不难理解森为什么会认为超验制度论既是不必要的也是实践上行不通的[①]；也不难理解他为何认为，罗尔斯只是假设在正义的制度和个人所持有的正义动机之间存在某种"预定和谐"，他对"充分服从"的考虑只是要说明这种和谐如何能够自发地出现。[②] 当然，森正确地指出，社会正义的实现既要考虑制度的特点，也要考虑人们的实际行为的特征以及能够对正义目标的社会实现产生影响的其他因素。他由此断言："罗尔斯对正义的探讨……涉及对一项巨大的、多层面的任务提出一种刻板的、极度简单化的处理，这项任务就是要将正义原则的运作与人们的实际行为结合起来，而这对于关于社会正义的实践推理来说至关重要。"[③]

然而，在罗尔斯这里，有一件事情是极为明显的：对制度正义的关注包含了培养和发展人们的正义感（或者换句话说，与正义相关的个人动机）以及为此提供必要的物质条件和社会基础。此外，罗尔斯也强调制度的另一项重要作用，即通过制度来调节人们的个人行为。在罗尔斯这里，说用来制约主要社会制度的正义原则并不直接应用于个人行为，并不是说这些原则

---

① 在森看来，关于长笛的案例表明，在不需要满足"完全正义"所要求的完备排列的条件下，我们就可以实现某种"比较正义"。

② 参见 Sen (2009), pp. 61-62, 68-69, 79-82。亦可参见 Thomas (2014), p. 243。

③ Sen (2009), p. 69.

不可能或不应当**通过制度**来调节个人行为。因此,即使罗尔斯在其理想理论的情形中强调充分服从条件,这也不意味着他只是在**规定**正义的制度在充分服从的条件下必定保证正义的社会,而不是在**说明**正义的制度如何导致正义的社会。诚然,在实际社会中,正如森所指出的,"一些人可能不总是'合情合理地'行动,……而这可能会影响所有社会安排的合适性"①。这不是罗尔斯没有注意到的一个事实,实际上,早在《正义论》中,在假设严格服从要求人们具有一种正义感并对此具有公共知识后,罗尔斯立即指出,"这个假定仍然允许考虑人们按照各种正义观来行动的能力"②。罗尔斯不是在**规定**严格服从的条件;相反,为了保证正义原则的稳定性,他指出,我们需要按照人类心理的一般事实和道德学习原则来设想要从原初状态中选择出来的正义原则,以便保证在面对竞争的正义观时,这些原则能够尽量得到服从。正义原则的选择必须考虑这个问题,而在把这些原则应用于实际社会中,更应该考虑这个问题,因为在实际社会中,人们的实际身份已经得到"恢复",因此,对从原初状态中选择出来的原则的充分服从就会面临更大挑战。换言之,在罗尔斯这里,充分服从条件实际上要在两个层面上来加以保证:一是在对正义原则的选择中,二是在正义原则的实际应用中。由此来看,在指责罗尔斯的理论并未考虑到人们有可能不总是合情合理地行动时,森不仅忽视了罗尔斯对服从条件的论述,也未能恰当把握罗尔斯对于理想理论与非理想理论之关系的论述,正如我们稍后就会看到的。

罗尔斯的理论旨在实现某种"现实主义乌托邦"。这表明他对正义的设想确实含有一个"理想"成分③,然而,这个理想不是按照森对"超验的"这个概念的理解来设想的。除了将这个概念与"完全正义"联系起来外,森并未对这个概念本身提出任何明确论述。按照他的说法,从超验制度论的观点来看,一个社会或是完全正义的,或是根本上不正义的,二者之间不允许有其他可能状态。在对超验制度论的这种理解下,除非我们已经知道一个"完

① Sen (2009), p. 90.

② John Rawls, *A Theory of Justice* (revised edition, Cambridge, MA: The Belknap Press of Harvard University Press, 1999), p. 125.

③ 稍后我将说明罗尔斯对理想理论的本质和目的的设想,尽管在前一章中,我们已经初步阐明了罗尔斯的理想理论的某些特点。

全正义”的社会究竟是什么样子，而且知道如何实现这样一个社会，否则我们就不能采取任何行动来消除或减少我们在社会世界中发现的任何严重的不正义，无论是各种形式的社会歧视，还是对基本人权的剥夺，抑或我们觉得不正义的任何其他事情，例如奴隶制或者不公正的全球经济秩序。对“超验制度论”的这种理解确实让所谓“比较正义”有了一种**通过定义**而获得的合理性。如果我们是从直观上感受到的不正义来开始追求正义事业，那么，只要我们消除或减少了那些被认为是不正义的事情，我们就在正义事业上取得了进步，并在这样做的时候无须完备地比较和排列所有相关的社会结果。

与此相比，按照森的说法，超验制度论则我们要求用一种“超验的”方式去鉴定一个完全正义的社会或者一种完全正义的社会安排。如果“超验鉴定”(transcendental identification)中的“超验”一词是在康德的意义上来使用的，即先验演绎中那些被认为能够对知性的运作提供规范引导作用的理性观念，那么罗尔斯的理论在如下意义上确实含有一个“超验的”要素：当罗尔斯按照某些假定(包括那个康德式的“人”的概念)从原初状态中推出其正义原则时，他确实是在从事一种准“先验演绎”意义上的实践推理，由此得出的正义原则也被假设要引导制度设计以及相关的个人行为。然而，既然罗尔斯已经将自由平等的道德人的理想看作从原初状态中推出正义原则的主要根据，其正义原则就不缺乏引导人们的行为和选择的能力，而森将缺乏这种能力看作超验制度论的一个主要缺陷。如果“超验鉴定”暗含的是一种柏拉图式的正义观，那么罗尔斯的理论显然不是这个意义上的“超验制度论”，不仅因为他明确拒斥任何形式的伦理直觉主义，而且因为反思平衡的观念始终贯穿在其建构主义认识论和方法论中。简要地说，不仅罗尔斯并未设定任何柏拉图式的正义观，例如一种柏拉图式的“完全正义”的理念，而且，在他那里，正义原则的建构及其实际应用都应当满足反思平衡的要求。实际上，罗尔斯自己并不认为，他从原初状态中推出的正义原则是实现一个所谓“完全正义的社会”的**唯一**原则，因为他明确认识到，我们可以从关于原初状态的不同假定中推出不同的正义原则，而且，哪一套正义原则更加合理，是要按照正义拟定实现的目标以及关于人类心理和生活条件的一般考虑来确定。此外，他也认为，甚至在一套特定的正义原则被选定后，正义的标准也要按照一个基本结构在它所组织的实际社会系统中倾向于产生的分配来评价这样一个基本结构。[①] 这意味着，在罗尔斯这里，对实际社会的正义状况的评价并不**只是**按照原初状态中选择出来的正义原则来进行的。在《作为公平的正义》中，他将两个问题明确地区分开来：一个问题是，一个政权的制度究竟是不是正当的和正义的；另一个问题是，一个政权的制度是否可以被有效地设计来实现拟定的目标和目的。罗尔斯允许一套特定的正义原则可以用不同的方式来实现，甚至可以通过不同的制度来实现——即使一个社会决定采纳一套特定的正义原则，如何合理地实现这套原则及其规定的目标，取决于它所特有的社会与经济条件及其公共的政治文化。[②] 既然罗尔斯将原则与原则的有效落实区分开来，那至少意味着，对他来说，正义的实现并不是不需要考虑现实条件。实际上，在他同时做出的另外两个区分中，他认为原则的落实也需要考虑人们服从正义原则的条件和能力。因此，将其理论看作一种形式的超验制度论纯属误导。

当然，一个合理的正义理论必须有一个主导性的正义观，以便它所设定的正义原则在理想情况下应当是一致的和相互支持的。罗尔斯的理论以公平作为其基本概念，但他用三个核心观念来充实这个概念的内容，即平等尊重、机会公平以及在差别原则中特别体现出来的互惠性。这三个观念体现了罗尔斯对正义的一套复杂设想，在应用于不同的层面或领域时彼此又有重要联系。例如，平等自由原则和公平的机会平等原则约束了差别原则的应用，差别原则的应用又转而促进了人们在社会与政治地位方面的平等。当然，在实际世界中，也需要考虑一个正义理论所指定的目标发生冲突的可能性。例如，在某些特殊情形中，在某个特定时刻**最大化**境遇最差的人们的期望利益可能会降低社会生产力，效率的降低会导致整个社会的福祉水平大幅度下降。在这种情况下，正义或许并不要求在那个特定时刻最大化境遇最差的群体的期望利益，只要求适当地改善他们目前的生活状况。罗尔斯所要强调的是，社会正义必须用一种满足平等尊重原则和互惠性要求的

---

① 参见 Valentini (2011), p. 304。瓦伦蒂尼在这里是在引用博格对罗尔斯的解释，参见 Thomas Pogge, "On the Site of Distributive Justice: Reflections on Cohen and Murphy", *Philosophy and Public Affairs* 29 (2): 137-169, at p. 165。

② 参见 John Rawls, *Justice as Fairness: A Restatement* (edited by Erin Kelly, Cambridge, MA: The Belknap Press of Harvard University Press, 2001), pp. 136-138。吉拉贝尔也指出了这一点，见 Gilabert (2012), p. 50-51。

方式来实现；这一方面为正义的实现提供了基本指南，另一方面又允许正义原则的具体落实具有某种灵活性，特别是在某些错综复杂的情形中。就像正义原则本身的建构一样，正义原则的实现也需要按照反思平衡方法来考量。正是对这一点的承诺使得罗尔斯的理论本质上是整体论的和语境主义的，因此并不受制于森对超验制度论提出的另一个主要指责，即罗尔斯式的理论本质上缺乏引导行动的能力。

森论证说，促进或实现正义并不要求对所有可能的社会结果做出一个完备排列，这是“比较正义”的一个重要优势。然而，承认这一点并不意味着不需要对“一个正义的社会究竟在于什么”具有某些基本设想，也就是说，并不意味着不需要一个多少具有系统性的正义理论，即使我们确实不知道“完全正义”究竟在于什么——当然，除非我们已经具有一种柏拉图式的正义理念，而且这个理念得到了所有人的一致认同。在大多数情形中，我们确实可以说一个机会公平的社会好于一个精英主义的社会，一个无性别歧视的社会比一个由男权主义观念来主导的社会更加正义。只要能够实现公平的机会平等或者消除性别歧视，那肯定是我们应当做的。但是，即使我们能够在某些情形中做出比较评价而无须诉诸某个“完全正义”的观念，那也不意味着我们不是在按照某些原则来做出这种评价。诚然，无须假设《蒙拉丽莎》是世界上“最完美”的绘画作品，毕加索的《格尔尼卡》也可以被认为好于达利的《记忆的永恒》。不过，这种比较评价仍然取决于人们的审美品味，后者接着取决于他们的审美原则。例如，你可能是因为《格尔尼卡》具有的那种震撼人心的象征力量而做出这个比较判断。对两个东西做出一个评价性的比较判断已经预设了用来评价它们的某个观点，不管这个观点是关系到构图，还是关系到色彩运用，抑或关系到艺术作品的表现力。但是，在采纳这样一个观点来做出比较判断时，只要判断必须是结论性的，那个观点就必须包括一个对于所要比较的事物来说是绝对的标准，即使这样一个标准无须是不可错的。实际上，如果我们能够按照某个标准对两个东西做出一个比较判断，那就意味着我们也可以按照那个标准在其中一个东西与某个其他东西之间做出一个比较判断，只要后者具有与该标准相关的性质。任何一个比较判断的可能性都不言而喻地假设任何其他类似的比较判断也是可能的。因此，只要判断不是（或者不是立足于）简单的偏好，用来做出比较判断的标准必定是一般性的。比较判断，作为一种形式的判断，必定是在权衡有关理由的基础上做出的判断。对正义做出的比较判断需要得到理由的支持，因为正义关系到社会生活中最重要的方面，因此，无论是促进某个正义目标，还是消除不正义，都需要得到人们在适当条件下能够合情合理地接受的理由的支持。

在森看来，对正义的"超验"探讨要求我们鉴定出一个"完全正义的社会"的理想，然后根据社会现状与这个理想的关系来判断它是否正义，或者在多大程度上是正义的（或不正义的）。假如我们无法鉴定出这样一个理想，或者这样一个理想根本上是不可得到的，我们就不可能开始追求或实现正义。与此相比，他所说的"比较"探讨无须做出这种形式的判断，例如在他所说的长笛的案例中。但是，罗尔斯的理论，正如我们已经看得到，并不是这个意义上的超验制度论：公平正义观确实鉴定出一个理想，但这个理想具有明确的内容；此外，罗尔斯不仅设想了一系列正义原则来实现这个理想，也不认为这个理想以及相关的正义原则是对"完全正义"的唯一界定或描述。进一步说，如果罗尔斯的理论也包含了一个对后果进行评价的要素，因此允许正义理想在各个层面上的实现发生互动并得到适当整合（这其实是反思平衡的一个本质要求），那么它实际上是森所说的"聚合"(conglomerate)理论的一种形式。① 森未能意识到罗尔斯的理论能够具有这个特点，因此就断言"罗尔斯的正义原则（这些原则鉴定出完全正义的制度）并不需要一个聚合理论，他也没有提供这样一个理论"。② 当然，森承认差别原则提供了足够的理由，让我们可以按照境遇最差的人们各自的有利条件或不利条件来排列其他可能的方案；但是，他否认我们可以从比较评价的角度来思考罗尔斯的其他原则的应用。因此，至少就平等自由原则和公平的机会平等原则的应用而论，"罗尔斯并没有向我们提供任何明确的指导"——他并未告诉我们如何对违背基本自由和机会平等的不同行为做出比较评价。③

然而，这个批评显然是出于对这两个原则的地位及其应用的误解。对

① 如果一个理论将森所说的"超验鉴定"与在任何一对可行方案之间做出的比较评价结合起来，那么它就是一个"聚合"理论，参见 Sen (2009), p. 16。

② Sen (2009), p. 97.

③ Sen (2009), p. 97.

罗尔斯来说,基本自由的平等是人们在道德人格和政治地位上的平等的本质要求,这种平等应当得到**绝对**保障。公平的机会平等原则旨在纠正或缓解道德上任意的因素对人们的生活前景所产生的差别影响,因此对于限制道德上不可接受的不平等(特别是社会与经济地位方面的不平等)来说也是绝对必要的。当然,如果差别原则必须在平等自由原则和公平的机会平等原则得到满足后才能应用,那么赫伯特·哈特在其对罗尔斯的早期批评中提出的一个忧虑就会出现,即"当正义原则在'宪政'、立法以及执法阶段得到应用时,在人们已经知道他们所生活的社会环境的情况下,没有任何令人满意的标准被提出来说明如何进一步规定和协调基本自由"①。森的批评其实与哈特的批评如出一辙;当然,他可能特别担心的是,如果基本自由的实现必须占据绝对优先性且可能会抢占用来实现差别原则的资源,那么境遇最差的人们的基本生活条件就得不到保障。但是,在罗尔斯后来对哈特的批评的回应中,他已经修改了原来在《正义论》提出的某些观点。大致说来,罗尔斯做出了三个重要修正。第一,他将平等自由原则重新表述为"每个人都有平等的权利享有一套充分适当的基本自由,只要这样做符合所有人对类似自由的享有"②。这个修正旨在强调所有人都有平等的权利享有基本自由以及**实现基本自由的条件**(包括物质条件和机会)。第二,他不再按照"理性互利"的观念来设想社会合作,而是采纳了一个更加广泛的"互惠性"概念,将社会合作理解为在自由平等的个体之间开展的合作。③ 这个修正意味着,社会合作应当充分保证人们在合作起点上就已经在基本的意义上是自由和平等的,并在合作过程中通过制度来纠正个人交易和协议累积产生的不符合正义要求的结果。第三,他还要求将某种最低限度的社会供给**无条件地**给予所有社会成员,以保证他们具有自尊的社会基础。④ 从这些修正中不难看出,罗尔斯并不是没有对如何处理侵犯基本自由的不同行

---

① John Rawls, *Political Liberalism* (New York: Columbia University Press, 1993), p. 290. 关于这个批评,参见 H. L. A. Hart, "Rawls on Liberty and Its Priority", reprinted in Norman Daniels (ed.), *Reading Rawls* (New York: Basic Books, 1975), pp. 230-252, especially pp. 249-252。《政治自由主义》整个第八讲旨在回应哈特的批评。

② Rawls (1993), pp. 5, 291.

③ 参见 Rawls (1993), pp. 48-54。

④ 参见 Rawls (1993), pp. 228-230。

为提出任何说法。例如，我们肯定不能通过剥夺某些人对最低限度的社会供给的享有来强化其他人对基本自由的享有或行使。人们所能得到或利用的机会在重要性程度上是有差别的，因此，我们也不能剥夺某些人的基本自由，以便让其他人在任何方面都具有公平的机会。举个例说，如果某个职位是一位女性在职业选择中所能获得的唯一职位，如果她与男性竞争者具有该职位所要求的同样能力以及从事该职业的同样动机，那么，在其余条件等同的情况下，对她予以优先考虑并不是不合理的，甚至也不是不正义的——特别是，假如她所生活的社会本身就是一个充满性别歧视的社会，我们就更有理由这样做。既然罗尔斯的正义理论本质上是整体论的和语境主义的，它在这方面就具有森所说的“比较探讨”探讨所不具有的优势。

罗尔斯对反思平衡方法的承诺及其对直觉主义的拒斥表明，他不可能设想一个正义理想而不考虑该理想如何在实际世界中得到实现，不管这个理想是不是用所谓“超验的”方式鉴定出来的。即使罗尔斯确实对社会正义持有一种总体设想，这种设想也是立足于他对人的平等尊严的理解和承诺以及他对人类生活条件和道德心理的一般认识，因此并不表达某种唯一的“完全正义”的观念。为了在正义问题上做出恰当的比较评价，我们显然需要这样一种整体设想。当我们说“A 比 B 更正义”或者“A 不是不如 B 正义”时，我们不是在简单地比较两个事态，而是**相对于某个其他东西**来比较两个事态。换句话说，我们用“比……更好”或者“比……更正义”之类的比较评价语言来做出的判断并不是简单的绝对判断。我们当然可以说一个消除了奴隶制的社会比一个实行奴隶制的社会更加正义；但是，我们需要说明何以如此。奴隶制可能是有效率的；如果存在着亚里士多德所说的那种“自然奴隶”，即那种唯有依靠他人才能生存的人类个体，那么奴隶制**在这个意义上**可能不是一件特别糟糕的事情。但是，奴隶制之所以是不正义的，本质上是因为它剥夺了人们自主地选择自己生活的机会和自由，它体现了一种在道德上不可接受的社会支配关系。只要一个**理论**对于恰当地做出比较评价来说是必要的，森就不能指责罗尔斯式的理论对于促进或实现正义来说是不必要的或多余的。如果罗尔斯自己的理论能够为在正义问题上做出比较判断提供思想资源，那么森就不能指责它是不充分的。森的批评可能适用于他自己所界定的那种超验制度论，然而，罗尔斯的理论并不是这种形式的超验制度论——实际上，根本就不是森所设想的超验制度论。

现在我们可以来考察森对罗尔斯提出的最具建设性的批评，尽管这个批评本身也是立足于对罗尔斯的某种误解，或者至少表达了森与罗尔斯在正义观上的根本分歧。不少批评者指出，罗尔斯在《正义论》中对国内社会正义提出的见解不太符合他后来在《万民法》中对国际正义的看法。例如，在国内正义的情形中，罗尔斯不仅采纳了一种平等主义观点，也把个体作为正义所要关注的根本对象；与此相比，在他对国际正义的思考中，他是否具有这些承诺至少是不清楚的。[①] 然而，为了公正地评价罗尔斯的观点，我们首先需要指出的是，在其思想的发展中，他就正义原则的建构和辩护提出的方法论考虑显然是一致的；甚至在某些实质性考虑上，其思想也是一致的，例如，正义作为公平的观念始终贯穿在他对一个正义理论的构想中。不管罗尔斯对"公平"的理解从某个其他观点来看是否恰当，他始终将互惠性设想为社会合作的一个本质基础。主要是出于这一考虑，在构想公平合作必须遵守的正义原则以及次一级的行为规则时，罗尔斯将一个社会设想为自足的。如何正确理解这个主张是我们在后面要探究的问题，目前只需指出，按照森的解释，这个主张至少意味着，在原初状态中参与选择正义原则的个体必须是一个社会的成员。此外，为了保证原初状态中的各方能够用一种全体一致的方式选择出一套正义原则，罗尔斯也假设他们并不完全知道自己的真实身份，只是对为了追求一个生活而需要的基本资源（包括能力条件）以及社会合作的基本条件具有某些一般的认识。这些假定旨在保证他们在实践慎思中采取一种不偏不倚的立场，从而满足"正义作为公平"这一观念的要求。

罗尔斯也认为，从他所设想的那种不偏不倚的观点中得出的正义原则，至少在如下意义上满足了实践领域中的客观性要求：原初状态和无知之幕消除了各方的既得利益和个人偏见的影响。森同意我们应该按照不偏不倚的概念来设想实践领域中的客观性。然而，他跟随亚当·斯密认为，假如我们确实能够用这种方式来设想实践领域中的客观性，所要求的那种不偏不倚的观点就不应该是"封闭的"，即只限于某个局部群体（例如一个主权国家

---

① 例如，参见 Thomas Pogge, "Do Rawls's Two Theories of Justice Fit Together?", in Rex Martin and David A. Reidy (eds.), *Rawls's Law of Peoples: A Realistic Utopia?* (Oxford: Blackwell, 2006), pp. 206-225。

或社会)，而应该是“开放的”，即不仅要考虑一个特定国家或社会的成员的观点和意见，也要尽可能考虑人类共同体的所有成员的观点和意见。换句话说，这样一个观点必须是斯密所设想的那种理想旁观者的观点，正如森所说：

> 罗尔斯好像将主要关注焦点放在个人利益和个人优先性的变化上，但是，亚当·斯密也关心这样一件事情：如果人们持有极度狭隘的价值观，他们可能就会忽视自己所不熟悉的某个文化的一些相关论证，因此，为了避免这种狭隘的价值观，我们就需要拓宽讨论。既然对公共讨论的诉求可以采取一种虚拟形式(“站在一定距离外的不偏不倚的旁观者会如何看待那件事情?”)，斯密的一个主要方法论考虑就是，我们需要诉求以世界各地的各式各样的经验为基础的一系列广泛的观点和看法，而不只是满足于面对生活在同一种文化、同一个社会环境中的其他人，满足于关于什么事情合理、什么事情不合理的同一种经验、偏见和习俗，甚至满足于关于什么实践行得通、什么实践行不通的信念。斯密认识到，[我们]不仅要审视既得利益的影响，也要审视根深蒂固的传统和习惯的冲击。因此他就强调我们也必须“远距离”地看待自己的情感。①

在正义领域中，诉求斯密所强调的那种观点可能是不切实际的，至少因为实际的人类个体很难将斯密所要求的那种同情性理解扩展到他自己所生活的圈子外，正如休谟在讨论正义的起源时已经指出的。② 在罗尔斯对正义的构想中，他在两个意义上接受了休谟的观点：第一，他接受了休谟对“正义的环境”的界定；第二，就像休谟那样，他也对人们服从正义原则的心理条件施加了一种“现实主义”约束。这是一个极为重要的考虑，因为与道德不同，正义不仅必须在某种意义上是可以强制实行的，其制度实现也必须具有某种稳定性和持续性。森可能会认为上述批评对他来说是不公正的，因为他并不认为自己是在试图建立一个理想理论，即为一个完全正义的社会在

---

① Sen (2009), pp. 44-45.

② 参见 David Hume, *A Treatise of Human Nature* (edited by David Fate Norton, Mary J. Norton, Oxford: Clarendon Press, 2007), Book 3, Part 2, Section 2。

制度上设计的理论；他反而提倡对正义采取一种比较探讨——在正义问题上，我们需要关注的不是设计完全正义的制度，而是一个社会在促进正义、消除不正义方面的相对表现。但是，这个回应不可能是充分的，不仅因为罗尔斯的理论原则上并不排除比较探讨的可能性（正如我们已经看到的，森对这一点的论证其实并不成功），而且也因为通过诉诸斯密的“理想旁观者”的观点来思考正义已经是在设想一种理想正义（即便不是森自己所说的“超验正义”），正如我们即将看到的。不过，在阐明这一点之前，我们首先需要考察一下森对罗尔斯的契约论设施提出的具体批评。

森论证说，罗尔斯按照原初状态对正义的探讨有一些明显缺陷。第一，原初状态把对正义原则的建构限制到某个“核心”群体，例如一个单一的国家或者一个封闭社会。因此，这种探讨不仅忽视了一个国家的成员和制度在行动和选择上对其他国家的成员和制度可能产生的影响，而且也不能系统地纠正任何社会都不可避免地具有的狭隘的价值观对其他社会的影响。森特别利用玛丽·沃斯通克拉夫特对爱德蒙·柏克的批评来说明这一点。[①] 柏克在批评法国革命的同时却肯定美国独立战争，但是，甚至在肯定美国独立革命的时候，他也不是在捍卫一般而论的自由和独立，只是在捍卫那些呼吁独立的“自由人”（那些本来就不是奴隶的人）的自由。但是，捍卫一种认为某些人的自由很重要、却将其他人的自由排除出去的人类自由显然是不一致的。这种武断的排除，就像其他形式的社会排除或社会歧视一样，不仅并不具有合理的根据，实际上也是不正义的。用森所引用的马丁·路德·金的话来说，在我们目前所生活的世界中，“任何地方的不正义都是对任何地方的正义的威胁”[②]。正因为如此，不去自觉纠正自己狭隘的价值观，不去平等考虑其他人和其他社会的观点和意见，可能已经是在造就（或者参与造就）一种不正义。第二，罗尔斯的理论也没有充分考虑如下可能性：甚至在正义原则已经被选择出来并用来制约一个社会的基本结构后，也总是会有一些人或一些制度不遵守这些原则和相关规则。因此，只要社会制度是在罗尔斯所设想的那种“封闭的不偏不倚”的观点下设计出来的，甚

① Sen (2009), pp. 114-116, 122.

② Sen (2009), p. 403.

至它们在时间上的稳定性和持续有效性也得不到保证。①

按照森的说法，罗尔斯的理论之所以具有这些缺陷，是因为罗尔斯预设了成员资格或公民身份在正义的理论和实践中的重要性。② 然而，在森看来，罗尔斯所看重的那种单一身份（即国民身份）纯属幻觉，因为我们实际上并不具有任何单一身份，也不会认为对某个单一身份的认同具有特殊的重要性。③ 我们确实可以具有一些“跨界”身份，例如，我们可以用不属于自己母语的语言说话，信仰某种外来宗教，将自己认定为西方古典音乐的爱好者。④ 但是，罗尔斯肯定不会认为这些多重身份在我们对正义（特别是分配正义）的构想中都具有同样的重要性。实际上，既然他已经认识到并强调合理的多元主义的重要性，在建构一个正义理论时，他就不可能不去考虑森所提出的那个关于身份的主张。森与罗尔斯的分歧想必并不在于他们是否认识到了多重身份的可能性和重要性，而在于如下问题：什么身份在正义理论的构想中具有根本重要性？当罗尔斯强调公民身份在国内社会正义中的重要性时，森显然是在强调一种“世界公民身份”的重要性，正如他自己所说：

> 就跨界责任和关切而论，将人们紧密结合在一起的那种纽带无须**通过**各国的集体主义来发挥作用。……甚至作为人的那种身份（这或许是我们的最基本的身份），在被充分把握的时候也可以具有扩展我们观点的作用。“我们可以与自己的人性相联系”这一律令可能不是以我们在某些更小的集体（例如特定的“人民”或“民族”）中的成员身份为中介。实际上，用“人性”或“人道”来引导[自己]的规范要求，是可以在我们作为人类而具有的成员资格的基础上建立起来的，与我们属于哪个

① 参见 Sen (2009), pp. 79-86。

② 尽管只是不言而喻地预设，或许是因为受到了如下传统观念的影响：当正义把某些权利赋予人们时，它也要求相应的义务或责任，而只有在一个特定的政治共同体内，才能明确地规定义务或责任的主体。正如我们即将看到的，这个观念也导致罗尔斯对在全球层面上实行平等主义分配正义的可行性持怀疑态度。

③ Sen (2009), pp. 128-130, 140-144。亦可参见森在如下著作中对这个问题的系统思考：Amartya Sen, *Identity and Violence*: *The Illusion of Destiny* (New York: W. W. Norton & Co., 2006)。

④ 参见 Sen (2009), pp. 129, 142。在这里，森更有可能是在谈论所谓的“文化世界主义”。但是，这种世界主义是否在根本上是融贯的，或者在多大程度上能被看作构成了我们的同一性，本身是一个有争议的问题。参见本书第十章中的讨论。

特定的民族、宗派或部落无关。[①]

森在这里实际上提出了一个**规范**主张：我们应当将我们“作为人”的本质身份看作在实践慎思中具有绝对的优先性，就好像只要我们接受和采纳了一个“开放的”不偏不倚的观点，我们就不仅能够认识到我们确实有一个“世界公民身份”，而且也能由此超越我们所具有的各种“当地身份”，并把这个认识贯穿到正义的理论和实践中。不难看到这个主张与亚当·斯密所倡导的那种“开放的不偏不倚”的观点的联系，因为按照斯密的说法，采纳这样一个观点本质上意味着“就像我们在想象任何其他不偏不倚的旁观者在审视我们的行为那样来努力审视自己的行为”。[②] 换句话说，我们必须设想每一个这样的旁观者都在观察我们的行为，若得不到其认同，我们就不能采取行动，而只有当**所有**这样的旁观者都确认我们的行动时，我们才能采取行动。[③]

森对罗尔斯的“建设性”批评本质上就是立足于这个主张，因为在他看来，“正是‘正义作为公平’的契约论框架使得罗尔斯将原初状态中的慎思限制到一个在政治上被隔离开来的群体，该群体的成员‘生来就属于他们要过自己生活的社会’”[④]。但是，一旦罗尔斯已经将理性慎思的主体限制到某个封闭群体，其理论就无法避免他们所持有的偏见对慎思结果（即所要选择的正义原则）的影响，因为即使他们能够在原初状态中进行反思，其反思也不是对全人类开放的。森进一步论证说，至少出于两个理由，关于正义的公共推理必须超越国界或社会边界：第一，一个社会的行动和选择可以对其他社会及其人民产生影响，因此它就必须考虑后者的利益，以免对他们采取偏颇的和不正义的态度；第二，其他社会及其成员的观点和意见对于我们探究

---

① Sen (2009), p. 142.

② Adam Smith, *The Theory of Moral Sentiments* (edited by Knud Haakonssen, Cambridge: Cambridge University Press, 2002), p. 129. 参见 Sen (2009), p. 123。

③ 对亚当·斯密来说，占据一个理想的、不偏不倚的旁观者的观点是我们成为有美德的行动者的一个必要条件，对于成就他在伦理生活中所倡导的那个斯多亚理想来说是绝对必要的。但是，我们至少不清楚这个理想是否也是罗尔斯的政治正义理论的一个要求。稍后我会讨论这一点。

④ Sen (2009), p. 127. 森在这里针对的是罗尔斯在 Rawls (1993) 第 23 页中就原初状态提出的一个说法。

和分析正义原则来说可能是相关的，因此就必须予以考虑，以免我们由于自己不加审视的狭隘观念和自行其是而对他们不公。因此，在正义问题上，从斯密所设想的那种开放的不偏不倚的观点来开展公共推理和辩论，不仅对于追求正义来说是不可或缺的，也是伦理客观性的一个必然要求，正如森所说：

> 开放的不偏不倚所具有的那种解放作用允许我们考虑各种无偏见的和不偏颇的视角，鼓励我们受益于处境不同的不偏不倚的旁观者提供的见识。在把这些见识放在一起来审视时，可能就会有某种共同的理解有力地突显出来，即使我们无须假设来自不同视角的一切差别都可以类似地得到解决。[①]

既然正义（或者正义原则的实施）能够对人们的生活产生意义深远的影响，我们就没有理由否认对正义的慎思应当考虑各方的观点和意见。正是在这个意义上，森按照"开放的不偏不倚"的主张对罗尔斯的批评可以是"建设性的"。不同于他在把罗尔斯的理论看作一种超验制度论时提出的那个主要指责（即罗尔斯式的理论对于实现正义来说既不必要也不充分），这个批评提出了一些真正值得重视的问题。现在的问题当然是，从罗尔斯建构其理论的观点来看，他是否有理由接受一个"开放的"不偏不倚的观点？与此相关，假若他并不接受这种观点，其理论是否在根本上是合理的？

为了回答这两个问题，我们首先需要考察一下罗尔斯在其理论中对待"不偏不倚"的态度。这个概念可以在两个意义上来理解：在第一个意义上，它与斯密的"不偏不倚的理想旁观者"的概念相联系；在第二个意义上，它与道德判断的要求相联系。我们需要将这两个意义区分开来，因为当森按照"开放的不偏不倚"这一要求来批评罗尔斯时，他并未明确地将二者区分开来，而罗尔斯自己确实将二者区分开来。[②] 在第一个意义上，也就是说，在斯密使用这个概念的原始意义上，"一个有理性的不偏不倚的和同情性的旁观者不仅假设自己处于一种其自身利益不受威胁的地位，而且具有所要求的一切信息和推理能力。因此他就可以平等地同情受到社会系统所影响的

① Sen (2009), p. 144.

② 参见 Rawls (1999), § 30。

每个人的欲望和满足"[1]。换句话说,他不仅在认知上占据了一种优势地位,因此能够公正地评价受到社会系统所影响的每个人的福祉,而且也能对他们采取一种完全利他主义的态度。如果功利主义的核心目标就是最大化整个社会的集聚福祉,那么我们就不难理解这种理论为什么会自然地采纳一个不偏不倚的理想旁观者的观点。罗尔斯并没有直接攻击功利主义在信息和实践推理方面所做出的极端要求,但是,他确实对功利主义提出了如下批评:功利主义对这样一个观点的采纳忽视了个人分离性,而后者是一个道德上重要的事实。尽管罗尔斯并不否认利他主义,但他相信完全的利他主义**在正义领域中**是一个简单化的或不切实际的观念,因为"只有当其他人都具有独立的一阶欲望时,一个完全的利他主义者才能满足自己的欲望"[2]。完全的利他主义假设一个人对自己欲望的满足不会对任何其他人的欲望的满足产生影响,而正是这个假设使得它不切实际,因为人们"必定具有可以发生冲突的分离利益"。[3] 我们不能将完全利他主义的观念植入原初状态假设中,因为按照罗尔斯对"正义的环境"的理解,正义本来就是要裁定和调解人们在利益方面的分歧,特别是公平地分配社会合作的利益和负担。如果所有社会成员都已经具有完全利他主义的动机,那么正义就变得不必要了。

罗尔斯并不否认道德判断是或者应当是不偏不倚的。但是,他论证说,道德判断所具有的这个特征不是要从一个同情性的理想旁观者的视角来定义,而是要从当事人的立场来定义——只要一个人是按照从原初状态中选择出来的原则做出一个判断,这个判断就是不偏不倚的。之所以如此,是因为罗尔斯假设原初状态本身就是按照一种公平的观念来设计的,因此从中选择出来的原则就表达了一种公平的立场。更直白地说,如果我们的行动符合这些原则,那么它就表达了平等尊重的要求。当然,罗尔斯有一个深层的理由来说明我们为什么应当用这种方式来理解不偏不倚的判断。人们的一阶欲望或利益会发生冲突,这是一个关于人类生活的基本事实。功利主义思想家当然倡导我们要爱人类、要采取普遍慈善的行为。但是,爱和慈善

① Rawls (1999), p. 163.

② Rawls (1999), p. 165.

③ Rawls (1999), p. 165.

在罗尔斯看来都属于“二阶”概念——“它们寻求促进被爱者的善，而后者已经是给定的”。[1] 因此，如果我们所爱的人们对自己的善持有冲突的主张，如果我们必须将他们作为分离的个体来看待，那么我们就不知道如何对他们行善。在森的长笛的例子中，三个小孩对长笛都可以持有合理的主张。我们显然无法完备地排列他们的主张；而且，森自己承认，从不同的政治哲学立场出发，我们都有理由满足其中任何一个小孩的主张——“这些不同的解决方案都可以得到严肃论证的支持，而且，若不采取某种武断做法，我们可能就无法将其中任何一个论证看作是必须胜出的论证”。[2] 他也正确地指出，三个小孩的辩护性论证“并不是表达了在什么东西构成了个人优势这个问题上的分歧”，而是关系到“应当用来制约资源分配的原则”，也就是说，关系到“应当如何做出社会安排，应当选择什么社会制度”。森显然想要用这个例子来表明“可能并不存在任何可以鉴定出来的完全正义的社会安排，在这种安排的基础上，不偏不倚的协议就会出现”[3]。

然而，如果我们必须设法解决三个小孩的主张之间的冲突，那么我们就只能采取两种可供取舍的策略：或是认同他们的辩护性论证各自采纳的政治哲学立场，从功利主义、经济平等主义以及诺奇克式的所有权理论当中进行选择，或是采取一种能够化解这三种理论之间的张力或冲突的理论或观点。但是，不管我们采取哪一个策略，就我们是在通过选择来消除冲突而论，我们都需要提出选择的根据。对罗尔斯来说，既然爱和慈善之类的高阶情感本身并不包括解决冲突的原则，我们就必须诉求其他原则来裁定冲突。在他看来，“一种希望维护个人区别、承认生活和经验的分离性的人类之爱，在它所珍惜的多种善发生冲突时，就会用两个正义原则来决定其目标”。[4] 简而言之，对罗尔斯来说，正是因为个人是分离的存在，具有自己的利益和主张，我们就不能按照普遍慈善的观点来设想正义，因为正义的一项主要职能就是调解人们在利益或主张方面可能发生的冲突。因此，我们也不能按照一个同情性的理想旁观者的观点来定义“不偏不倚”。为了使得社会正义

① Rawls (1999), p. 167.

② Sen (2009), p. 14.

③ Sen (2009), p. 15.

④ Rawls (1999), p. 167.

在根本上成为可能，我们就不能将一个合情合理的社会设想为或是由圣贤构成的，或是由自我中心的个体构成的。这样一个社会在根本的意义上必须是一个满足互惠性要求的社会，而互惠性"是一个介于不偏不倚的观念和互利观念之间的观念，前者是完全利他主义的（被普遍的善所驱动），后者则被理解为每个人相对于[任何其他人]目前的或预期的状况来说占据优势"①。正义不可能将每个人的既得利益看作根本出发点，其可能性在于社会成员在罗尔斯的意义上已经是合情合理的。

正如我们已经可以看到的，罗尔斯对"不偏不倚的理想旁观者"提出的说法无须与他对功利主义的批评（当功利主义被当作一种公共的社会-政治哲学来使用时）相联系，尽管古典功利主义确实预设了一个理想旁观者的观点。罗尔斯的要点是，从正义的目的或功能来看，我们不应当将一个同情性的理想观察者的观念嵌入原初状态中对正义的慎思中。因此，当森指责罗尔斯将不偏不倚的旁观者看作一个伪装的功利主义者，并认为罗尔斯"完全错误地"解释了亚当·斯密及其对"不偏不倚的旁观者"的利用时②，他并未公正地对待罗尔斯。事实上，当森利用所谓"开放的不偏不倚"来批评罗尔斯时，他并未充分地认识到，当斯密利用"不偏不倚的旁观者"这个概念来讨论道德判断时，其思想中其实暗含了一些复杂性。对这些复杂性的解释未必支持森在批评罗尔斯时提出的主张。为了阐明这一点，不妨简要地考察一下斯密如何利用不偏不倚的旁观者的观念来思考道德判断。

在西方伦理思想史上，正是斯密的老师弗朗西斯·哈钦森首先使用了"理想旁观者"这一概念。在哈钦森看来，认可（approval）就在于对行为所做出的一种令人愉快的反应，这种反应被认为来自对他人幸福的渴望和赞扬行动者的欲望。哈钦森也认为这种反应是人天性具有的，不是来自习俗或教育之类的东西。当一个人知道自己若不采取某个行动就不会被他人认

---

① Rawls (1993), pp. 54, 50. 罗尔斯在这里所说的"互利"实际上指的是霍布斯意义上的"理性互利"。

② 参见 Sen (2009), pp. 136-138。森批评罗尔斯对亚当·斯密毫不重视[参见 Sen (2009), p. 137, note]，但是，休谟对正义的论述不仅对罗尔斯产生了重要影响，而且，在《道德哲学史演讲录》中，罗尔斯也用了大量篇幅来讨论休谟，而尽管斯密自己认为他在道德哲学中的观点不同于休谟，但是，作为道德情感主义的代表人物，二者仍然分享了很多基本观念。

可、也会让自己不愉快时，他就感觉到了义务。这个事实说明了我们履行道德义务的动机。不过，这种道德意义上的认可或不认可需要从这样一个观察者的观点来看待——他对行动及其发生的情境具有精确的信息、在某种意义上是不偏不倚的。休谟进一步发展了这个思想，将认可与我们在自己或他人那里感觉到的有益品质联系起来，也就是说，将认可处理为对这样一个品质的回应。休谟也认识到，为了让这种回应变得恰当，就需要摆脱时间距离、空间距离以个人参与之类的因素对我们的影响。到了斯密这里，道德认可的心理变得更加复杂：对斯密来说，这种认可是来自一种同情性的情感反应，其对象是行动者采取某个行动的动机及其行动所产生的影响——首先是对他人的影响，但也可以包括对自己的影响，因为道德评价在斯密这里本质上是社会性的。与休谟不同，斯密不是简单地按照某个品质对理想观察者来说是否有益（或是否令人愉快）来讨论道德认可，而是引入了其道德理论特有的一个概念，即"合宜"（propriety）。按照斯密对这个概念最初提出的理解，如果我们在某个对象或原因的激发下所产生的情感与那个对象或原因"相称"，我们的情感反应就可以被认为是合宜的。[①] 在看待一个行动时，我们的评价是否恰当，我们的情感反应是否合宜，都取决于我们对行动的动机和效应的认识和理解。例如，如果我们发现某人并非有意伤害他人，我们对他的义愤可能就会减轻；如果我们发现某人是为了自己的名声或利益而帮助他人，我们可能就会撤销我们对他的好感。由此来看，斯密所说的"合宜"是一个与行动发生的具体情境相关的概念，要求一种整体论的考虑或判断。只有当每个旁观者都站在一种不偏不倚的立场对某个行动做出一致判断时，我们对这个行动的情感反应才是合宜的。

斯密之所以引入"不偏不倚的旁观者"的观念，本质上是说明我们如何恰当地或正确地做出道德判断。一个不偏不倚的旁观者是一个摒除对自己利益的考虑来"客观地"看待他人行为的观察者，例如，在评价某人行为时，他不会考虑他与那个人的特殊关系，也不会想象性地将自己放入那个人行动的情境中，以便看看后者的行动会对自己的利益产生什么影响。这就是说，他是冷静的和客观的，完全从一个"旁观者"的角度来看问题。但是，他在如下意义上是"同情性的"：当从一种客观的、旁观者的立场来看待某个行

① 参见 Smith (2002), p. 23。

动时，他会想象这个行动会对其他人和自己产生什么影响，并由此对它做出某种情感回应，在此基础上做出判断。他的不偏不倚只是表现在，他并不预先假设他与行动者的特殊关系以及相关行动与**他自己的利益**的特殊联系。作为行动者，只要我们愿意思考自己即将采取的行动的道德地位，我们也可以采纳不偏不倚的旁观者的视角。我们可以尝试从一种客观的或中立的观点来看待自己即将采取的行动，想象一个不偏不倚的旁观者将如何看待我们的行动。为了学会从这样一个观点来做出判断，我们就需要获得反思性的技能，逐渐克服我们对自己以及与我们具有特殊关系的人自然地表现出来的偏倚态度，摆脱我们在自己所生活的社会中由于社会化过程而认同的文化偏见。因此，对斯密来说，采纳或占据一种严格不偏不倚的立场对于正确地做出道德判断来说是必不可少的。只有当我们对自己的行动做出的情感反应或判断完全符合所有对我们的行动进行观察的不偏不倚的旁观者做出的情感反应或判断时，我们的判断才是正确的或恰当的。[①]

想象和同情在斯密的道德理论中具有特殊的重要性。斯密将想象活动理解为对世界中的秩序、规律性以及和谐的自发寻求。当我们通过想象力从杂乱无章的感觉资料中获得了某种秩序感或和谐感时，我们就会获得某种快感或满足。想象力既可以在自然界中发挥作用，也可以在人类生活的世界中发挥作用。在前一种情形中，想象力寻求秩序与规律，也可以说寻求某种意义上的美与和谐。当我们将想象力应用于人们的行动以及他们彼此间的交流时，想象力所要寻求的是某种一致(agreement)。这个意义上的想象力就是斯密所说的“同情”(sympathy)。在斯密这里，同情并不是一种直接和单纯的情感反应，而是一种以想象力为中介、伴随着某种情感回应并最终有可能形成某种判断或评价的复杂活动。斯密假设人天性不喜欢无序和冲突。但是，人们往往会出于偏见、成见或无知之类的因素而对他人做出不公正的判断或评价，不能设身处地考虑他们的生活状况或实际处境。[②] 因此，为了消除冲突、寻求一致，人们首先就得学会同情性地占据他人的观点，通过想象性的同情来预测他们彼此做出的评价是否充分合理。同情本身是一种在实践上被驱动的思想活动，实际上表达了如下基本要求：作为共同生

① 参见 Smith (2002), pp. 20, 88-89。

② 斯密指出，甚至哲学家也免不了犯这样的错误。参见 Smith (2002), pp. 246-247。

活在社会世界中的行动者，我们需要(至少有时候)彼此说明和辩护我们采取行动的根据。

斯密引入“不偏不倚的旁观者”的观念，主要是为了说明同情过程如何能够产生一致的评价或判断。同情是在行动者和某个旁观者之间展开的一种互动。在这个过程中，为了履行自己作为一个道德评判者的作用，旁观者不仅需要对行动者的处境具有尽可能完备的事实信息，也需要通过某种想象性的努力将自己置于行动者的处境中。之所以如此，是因为对斯密来说，从旁观者的角度来做出一个道德判断并不只是在于将行动者及其行动归结在某个一般的道德原则下，而是要首先通过想象力让自己占据行动者所占据的情境，并由此想象自己具有行动者在其特定情境中所具有的情感。当旁观者通过同情过程发现他与行动者之间有了某种情感契合时，他就获得了一种反思性的情感，即斯密所说的“同情性的情感”。这种情感之所以是反思性的，是因为它不是由旁观者对行动者的处境的知觉观察直接触发的，而是以想象活动为中介。具有这种情感对于做出道德判断来说是必要的，不过，斯密并不认为它是充分的，因为旁观者的想象力不仅取决于他所具有的人性，也取决于其评价习惯以及他在此前的社会化过程中所认同的社会规范和规则。当他依靠这些东西来进行想象并形成同情性的情感时，他可能并未考虑如下问题：他所依靠的那些标准是否在任何情况下都允许做出不偏不倚的道德判断？森对“开放的不偏不倚”的强调所要针对的正是这个问题。

但是，这种开放的不偏不倚究竟是如何可能的呢？这个问题不仅对斯密自己来说是一个难题，而且也成为一个解释争论的焦点。同情要求旁观者摆脱偏见和偏倚，能够充分冷静地看待行动者的处境及其对处境的回应。但是，偏见和偏倚往往出现在一个人自发的自私的欲望和激情中，因此，看来只有当旁观者的自身利益不会受到威胁时，他才有可能满足同情所要求的这两个基本条件。斯密需要说明一个人如何能够摆脱自己自私的欲望和激情，从一种不偏不倚的立场来看待他人行为。斯密不能直接通过假设旁观者已经占据了道德的观点来解决这个问题，因为他本来就是要按照同情过程来说明道德判断究竟是如何可能的。[1] 当然，对斯密来说，人本质上是社会性的，其幸福很大程度上取决于其他人对其行为的认可以及人们之间的和谐相处。[2] 不过，社会性并不是人性中唯一的方面，因为人同时也有自爱的自然欲望，而后者就是偏倚的根本来源。当一个人通过毫无约束的自私激情来行动时，其行动很可能得不到他人认可。如果其行动总是得不到他人认可，那么，只要他仍然与其他人生活在同一个共同体中，他就会承受很大的心理负担，其幸福感就会受到损害。因此，斯密假设与他人共同生活的愿望可以让一个人逐渐学会适应社会生活，因此就可以有意识地抑制自己的自私欲望和激情，正如他自己所说："当行为的一般规则通过习惯性反思而在我们的心灵中得以固定下来时，它们在纠正对自爱的错误表达方面就有很大用处。"[3]共同生活的愿望，或者更确切地说，让自己的行为得到他人认可的愿望，确实可以让一个人学会考虑他人感受，回应自己所生活的社会的规范或规则的要求。由此来看，不论是对旁观者来说，还是对行动者自己（就他有兴趣审视自己的行为而论）来说，不偏不倚的观点最有可能是在**同一个**共同体或文化群体中形成的，因为只有在这样一个共同体或群体中，人们才有可能最在乎其他人对自己行为的态度，并按照他们所分享的价值和习俗来判断自己的行为是否满足其他人的期望，因此他们就可以通过反思而逐渐形成和采纳一个不偏不倚的观点。[4]

然而，斯密自己似乎并不满足于以这种方式形成的不偏不倚的观点（即森所说的"封闭的不偏不倚"），因为他指出，当"我们学会在自己心灵中、在我们自己和与我们一道生活的其他人之间树立一个评判者"时，"我们设想自己是在一个极为公正和公平的人在场的情况下行动，这个人与我们没有任何特殊关系，其利益也不会受到我们行为的影响，他既不是父亲或兄弟，也不是我们的朋友或其他人的朋友，而只是一个**一般而论的人**，一个用我们

---

① 斯密在道德哲学中的计划本质上是一项道德心理学计划——他试图按照人性中的某些根本原则来说明人们究竟如何具有道德观念或道德意识（或者他自己所说的"良知"）。

② Smith (2002), p. 135.

③ Smith (2002), p. 186.

④ 关于这种解释，参见 Carola von Villiez, "Double Standard—Naturally! Smith and Rawls: A Comparison of Methods", in Leonidas Montes and Eric Schliesser (eds.), *New Voices on Adam Smith* (London: Routledge, 2006), pp. 115-139。

看待其他人的那种同样中立的立场来看待我们行为的不偏不倚的旁观者"。[①] 那么,如何设想这样一个"一般而论的人"呢?如果这个"一般而论的人"就是斯密所设想的**严格**不偏不倚的旁观者,那么他好像就超越了生活在同一个社会共同体中的人们可能形成的任何关系。他似乎已经具有一幅理想的道德蓝图,用它来评判某个特定社会中的行动者和旁观者。但是,假如他所使用的评判标准是一个社会中那些正在从事相互同情的人所能接受的,那就意味着后者已经原则上持有这些标准,或者至少已经对它们形成了某些想法。在这种情况下,他们已经能够按照道德原则来做出道德判断,因此斯密就不需要按照一种基于人性中的某些根本原则的同情过程来说明道德判断是如何可能的。[②] 当然,一旦人们已经获得了斯密所说的"良知",他们当然就能对自己的行为实施自我控制。但是,对斯密来说,良知本身是在相互同情的过程中获得的,特别是在行动者对自己行为的评价和旁观者对其行为的评价相契合的时候形成的。因此,从一种**道德实在论**的立场来解释斯密对同情过程的论述并不符合其道德心理学计划,因为他本来就想说明道德规范或道德观念是如何从人性中的某些根本原则以及社会化过程中产生出来的。[③] 如果生活在一个社会中的人们(包括行动者和旁观者)并不接受一个"一般而论的人"对其行为的评判(例如因为他们对后者持有的价值观毫无想法),那么我们就不知道他们如何设想这样一个严格不偏不倚的旁观者,因为一个人所做出的任何评价,无论是针对自己还是针对他人,必定是来自一个他在某种意义上能够理解的观点。

由此来看,斯密自己对"不偏不倚的旁观者"提出的说法本身就飘摇在两种理解之间,即森所说的"封闭的不偏不倚"和"开放的不偏不倚"。如果行动者和旁观者在评价态度上的契合是通过反思平衡方法获得的,那么双方都需要某些他们共同接受或可以分享的价值观才能实现这种契合。因此,确实只有生活在同一个共同体或文化群体中的人们才更有可能采纳和

---

① Smith (2002), p. 152. 这段话实际上是出现在《道德情感论》第二版至第五版中,强调是我添加的。

② 在这里,值得指出的是,人性中的这些原则还不是严格意义上的道德原则——斯密是要从道德心理学的角度来说明这些原则如何能够让我们逐渐获得道德良知。

③ 参见 Maria Carrasco (2011), "From Psychology to Moral Normativity", *The Adam Smith Review* Ⅵ: 9-29。

实现一种不偏不倚的评价立场,因为他们不仅熟悉他们所生活的社会的价值和规范,也会由于共同的价值承诺而更容易实现一种情感意义上的同情。为了做出严格不偏不倚的判断,一个人不仅需要超越自己所生活的社会的价值和规范,也需要全面把握相关信息。[①] 这两个要求都是一般的人类行动者很难满足的。按照对斯密在这方面的观点的一种"折中"解释,开放的不偏不倚只能被当作一个**美德的**理想来追求。[②] 为了在根本上采纳和占据一种开放的不偏不倚的观点,一个人首先需要将自己培养为有智慧、有美德的行动者——他不仅需要知道在什么情况下实施自我控制和自我把握是适当的,也愿意为了公共利益而牺牲自己的私人利益。[③] 换言之,他需要将自己转变为一个完全按照普遍慈善原则来引导自己生活的人。但是,斯密所倡导的这样一个斯多亚道德圣贤的理想,即便可以作为个人生活理想来推荐,也不能被合理地设想为一个正义的理想,因为这样做是在将慈善与正义混为一谈。

值得指出的是,从斯密自己的论述来看,实现开放的不偏不倚恰好要求一种与森所要反对的所谓"完全正义"相似的东西——完备的信息以及一种需要通过实践智慧来把握的完整的道德蓝图。然而,斯密自己承认对他人做出道德判断或道德评价的复杂性。第一,人们采取行动的动机并不是我们能够直接观察到的。只有通过观察行动及其效应,我们才有可能通过想象力去形成动机的观念。但是,人们的行动的实际展现及其可能产生的效应有时候会受到他们无法控制的外在因素的影响,这就使得我们按照行为后果对动机的推测变得困难。斯密很可能是出于这个考虑而认为,在对他人行为做出评价或判断时,我们需要采纳和占据一种同情性的立场,因此就需要考虑一个行动所发生的情境的特殊性。第二,如果我们不可能按照行动者采取行动的动机来做出判断,那么我们就只能按照行动的"效用"来进行判断。斯密对"效用"这个概念的理解不同于通常的理解。一般来说,我

---

① Smith (2002), pp. 134-135, 279.

② Christel Fricke, "Adam Smith: The Sympathetic Process and the Origin and Function of Conscience", in Christopher J. Berry, Maria P. Paganelli and Craig Smith (eds.), *The Oxford Handbook of Adam Smith* (Oxford: Oxford University Press, 2013), pp. 177-200.

③ Smith (2002), p. 227.

们是为了实现某个目的而采取一个行动;当行动被当作实现目的的手段时,其有效性就可以被看作一种“效用”。但是,斯密并不是在这个意义上来理解行动的效用,而是在一种“功能”的意义上来理解行动的效用。钟表零件对于钟表总体功能的运作是必不可少的,这样一个部件对钟表的正常功能做出的贡献就是斯密所说的“效用”。因此,斯密的道德理论并不是传统意义上的功利主义理论,而是一种倡导和要求实践智慧的美德伦理理论。对他来说,既然一个东西的效用是相对于它作为一个构成要素的那个功能系统的整体运作来界定的,我们就不能笼统地认为,比如说,只要一个慈善行为有助于促进整个人类福祉,它就必定是正确的,或者在斯密的意义上是“合宜的”。即使我们需要做出这种判断,我们也需要按照这个行为所发生的局部功能系统与整个人类福祉的关系来做出判断。因此,就斯密自己对道德评价或道德判断采取一种整体论的和情境主义的观点而论,我们至少不清楚其观点必定支持森**在正义领域中**所强调的那种“开放的不偏不倚”立场。

根本的问题并不在于我们在正义领域中**是否**要采纳一个不偏不倚的观点。因为从正义的本质功能来看,任何合理的正义观都必须在基本的意义上是不偏不倚的;问题在于我们应当采纳一个**什么样的**不偏不倚的观点,而这涉及如何合理地实现或促进正义。正如我们已经看到的,罗尔斯认为,只有当一种正义观已经确立后,才能判断人们的行为是否是不偏不倚的,正如只有当某个道德正确性标准已经确立后,才能说人们的行为是不是道德上正确的。这一点在正义领域中具有根本的重要性,因为正义涉及确立社会合作的公平条款,用合情合理的人们都能接受的方式来分配社会合作的利益和负担,而且,只要这种分配是由制度来强制实行的,制度就有义务向社会成员说明和辩护其分配方案。对罗尔斯来说,正是因为社会正义涉及人们在利益方面的一致和分歧,广泛地采纳和考虑各方的观点和意见并不意味着人们的任何主张都是合理地可接受的。在正义的领域中,甚至一个在道德上或伦理上具有分量的主张也未必是合理地可接受的,应该成为正义(尤其是分配正义)所要关注的对象。从正义的观点来看,充分的民主决策只是确立合理地可接受的正义原则的一个初步阶段,对正义原则的设想不得不涉及某些其他考虑,例如关于社会合作的稳定性和人们服从正义原则的动机的考虑。如果**分配**正义必须立足于关于公平合作的考虑,那么,即使开明的人们能够认识到采纳一个世界公民立场的重要性，有一件事情仍然是不清楚的，即人们实际上能够超越他们对公平合作的理性认识，彻底抛弃个人生活计划（包括他们由于具有某些特殊关系而具有的特殊义务），转而在正义问题上对所有人和每个人都采取一种严格不偏不倚的态度。[①] 不管我们如何理解“不偏不倚”，在正义领域中，它不可能意味着：不管一个人持有什么主张，其主张都应当得到考虑。当然，无须否认对正义原则的慎思首先应该倾听每个人的声音，罗尔斯显然没有否认这一点。不过，在把原初状态设想为建构正义原则的一种方法论设施时，他想要强调的是，对正义原则的合理设想不仅需要立足于实质性的道德考虑，也需要考虑人类一般的道德心理以及人类生活的本质条件，以便正义原则在实际世界中是合理地可实现的。

如果罗尔斯并不否认（实际上，他反而格外强调）公共推理在正义领域中的重要性，那么，当森将他所采取的那种“以实现正义为焦点”的比较探讨设想为正义领域中的一种“范式转变”时，他就夸大了他与罗尔斯之间的差别。森论证说，在与正义有关的行动和选择（包括对正义原则本身的选择）上，如果采纳开放的不偏不倚的观点本身就是正义的一项要求，我们就没有理由将实践慎思限制到任何一个特定社会或国家的成员（或者他们在原初状态中的代表），而即便是在受到这种限制的情形中，他们对其特定身份的知识也不是不相关的。当然，也没有理由假设他们具有充分完备的自我知识，因为自我认识并非在任何时候都是可靠的或可能的（亚当·斯密其实也承认这一点）。[②] 不过，森强调说，就正义问题进行的公共推理至少要求各方在现实的合理性条件和充分知情的情况下将其观点和意见表达出来，以便他们能够决定自己是否可以合理地接受或拒斥某个拟定原则。这个主张

---

① 参见下一章的讨论。值得指出的是，森和努斯鲍姆似乎都忽视了这个问题的重要性或严重性。特殊义务和国界的伦理含义是我在这里无法深入探究的问题。一些有关的讨论，参见：David Miller, *National Responsibility and Global Justice* (Oxford: Oxford University Press, 2007); D. K. Chatterjee (ed.), *The Ethics of Assistance: Morality and the Distant Needy* (Cambridge: Cambridge University Press, 2004)。

② 实际上，对自我知识的限度的认识是罗尔斯在思考正义问题时已经充分注意到的一个问题。就像康德一样，罗尔斯似乎认为，我们并不总是能够明确地认识到我们自己的欲望的本质。

在他对罗尔斯的批评中具有根本的重要性,因为在他看来,罗尔斯的正义观几乎完全聚焦于制度,但是,就算罗尔斯可以通过原初状态将正义原则选择出来,对这些原则的不充分服从也会导致一个不正义的社会,正如他所说:

> 即使我们承认,通过一种全体一致的协议对基本社会制度的选择会得出对"合理行为"(或者"正义"行为)的某种鉴定,但仍然有一个很大的问题:在每一个人的实际行为有可能充分符合、也有可能不充分符合鉴定出来的合理行为的世界中,选择出来的制度将如何运作?罗尔斯论证说,对正义原则的全体一致的选择已经为形成一种所有人都接受的"政治性的正义观"打下了深厚基础,但是,这种接受与在任何具有那些制度的实际社会中出现的实际行为模式相距甚远。[①]

森承认罗尔斯自己实际上意识到了这个问题。但是,他声称罗尔斯的那种以制度为关注焦点的正义理论无法处理这个问题,因为在一个社会中,实际上发生的事情是否正义不仅取决于制度特点,也取决于人们的实际行为模式。因此,我们就应该按照社会制度和公共的行为模式实际上产生的社会后果来评价一个社会的正义状况——我们不可能"在不考虑一个社会的'正义的制度'是如何随着实际行为而定的情况下就把正义的制度鉴定出来"[②]。

如果一个社会的正义状况也取决于人们的实际行为,那么我们当然就需要考虑实际行为模式如何影响拟定的正义目标的实现。罗尔斯自己并不是没有考虑到这个问题。他已经在两个层面上来试图缓解个人行为对正义所产生的不利影响:第一,就正义原则的选择而论,他对功利主义的批评旨在表明,我们应当选择在人类一般的心理条件下人们能够合理地接受的原则;第二,就正义原则的执行而论,他不仅强调社会应当尽力培养人们的正义感,也强调要通过背景正义来调节或纠正个人交易累积产生的不符合正义原则的结果。不过,按照森的说法,直接按照理想状况中选择出来的正义原则来重新设计或塑造人们的实际行为可能是不现实的,不仅因为人们行动的动机是多种多样的,受到了各种因素的影响(对正义的考虑只是其中的

① Sen (2009), p. 68.

② Sen (2009), p. 68.

一种因素),更重要的是因为:如果人们的实际行为偏离了理想状况中选择出来的正义原则的要求,那么用一种敏于后果评价的方式来改进社会的正义状况就变得格外重要。这种评价方式不仅要考虑某个行动或政策所产生的直接结果,也要考虑所要采取的行动的本质、所涉及的能动性以及所使用的过程——总而言之,需要考虑森称为"综合性结果"(comprehensive outcome)而不是"累积性结果"(culmination outcome)的那种东西。[①] 按照这种理解,比如说,在评价一个行动时,我们既不能像传统后果主义理论那样只考虑直接后果(或者甚至预期后果),也不能简单地认为,只要这个行动旨在取得一个道义论意义上的目标,它就是正当的或正确的。在森看来,如果我们在正义问题上必须采取这种评价方式,那么罗尔斯式的理论(即那种立足于理想状态、聚焦于制度的理论)既不能合理地引导人们的行为,也不能对现实世界中的正义状况做出充分恰当的评价,因为它缺乏这种评价所要求的那种对现实状况的敏感性和某种程度的灵活性。

森认为,这个批评不仅对于罗尔斯式的理论来说是致命的,而且也有力地支持了他自己对正义所采取的那种比较探讨。然而,这个"关键"批评对罗尔斯来说实际上并不公正。第一,如前所述,罗尔斯的理论并不是森所设想的那种"超验制度论",而且,罗尔斯实际上把一种基于后果评价的要素嵌入其理论的结构中。因此,没有充分的理由认为,当罗尔斯将其理想理论应用到现实世界时,他会抵制森所强调的那种"敏于后果"的评价方式。第二,原初状态是罗尔斯用来构想其理想理论的模型;尽管罗尔斯出于简化理性选择程序的考虑而对原初状态中的各方施加了一些实质性约束,但他所依据的考虑不仅是重要的,实际上也具有充分合理的根据。原初状态的核心基础是一种康德式的道德平等观念,罗尔斯所设定的两种道德能力也可以被理解为实现道德平等的基本条件。因此,不管他后来是否确实是出于对合理的多元主义的考虑而放弃了那个康德式的理想[②],康德对人的尊严和

---

① 关于这个区分,参见 Sen (2009), pp. 208-224。我将在后面讨论这个区分及其含义。

② 罗尔斯将康德的有关观点(特别是康德对于人的尊严的本质和平等尊重的看法)看作一种"全面性"学说的做法可能是不成熟的。关于这一点,参见 Thomas Pogge, "Is Kant's *Rechtslehre* Comprehensive Liberalism?", in Mark Timmons (ed.), *Kant's Metaphysics of Morals: Interpretative Essays* (Oxford: Oxford University Press, 2002), pp. 133-158。

平等尊重的理解其实是大多数平等主义理论的一个基本出发点，尽管具有不同思想倾向的理论家可以对康德提出不同的解释，例如，当诺奇克批评罗尔斯时，他也声称其正义理论是建基于康德的平等尊重概念。[①] 对罗尔斯来说，道德平等既不要求、也不意味着在**任何方面**都要把人处理为平等的，特别是，一旦人们具有了两种道德能力，一旦两个正义原则的要求已经得到满足，个人就要对选择自己的目的或生活计划负责。因此，在罗尔斯这里，并非人们所提出的一切主张都是正义所要关注或应当关注的。原初状态所设定的程序旨在鉴定出人们能够合理地对正义提出的基本主张。但是，当正义原则已经被选择出来并应用于实际社会时，人们也可以按照反思平衡方法及其所生活的社会的实际条件提出进一步的主张。

不过，森认为他有进一步的论证推进他对罗尔斯的批评。在他看来，如果在正义问题上的慎思和协商必须考虑即将提出的原则对可能涉及的所有人和有关制度的影响，那么通过公共推理和论辩来提出正义原则实际上就是一种形式的集体行动和社会选择问题。按照社会选择理论的有关结果，例如所谓"孔多塞悖论"或者"阿罗不可能性定理"，在满足某些基本的合理性条件的情况下，社会决策实际上不能对各方的利益或偏好得出一个完备排列。森认为这个结论具有这样一个含义：就社会判断和公共决策而论，试图从所有可能取舍中寻求一个最高的或者最完美的取舍是不切实际的，因此，那种为实际世界寻求"完全正义"的"超验探讨"也是行不通的。然而，仍然不太清楚这个批评如何应用于罗尔斯。在罗尔斯这里，一个"完全正义"的社会指的是一个严格服从正义原则的社会。尽管罗尔斯强调正义原则主要是要应用于社会制度，但是，他并不否认社会成员需要服从制度所规定的公共规则，更不用说，他们有自然义务支持和维护正义的制度，或者在合适的条件下建立正义的制度（或者对不满足正义要求的制度进行改革）。他只是说正义原则并不**直接**应用于个人或者由个人构成的私人团体，但这并不意味着一个社会是否正义与个人行为或选择无关。因此，如果正义原则以及相关的公共规则在与正义有关的各个层面上都得到充分服从，那么正义的制度就能为一个社会的正义提供基本保障，即使个人行为仍然会在二者

---

① Robert Nozick, *Anarchy, State and Utopia* (Oxford: Blackwell, 1980), pp. 183-231.

之间制造某种偏差。如果个人行为所产生的影响尚未达到使得整个社会合作解体的地步，那么，只要消除这种影响可能需要社会付出很大成本或者在某种意义上是心理上不现实的，这种影响就是可以容忍的。这种影响在什么意义上可以容忍，当然取决于一个正义理论所要实现的核心目标以及一个社会的伦理风尚。例如，如果一个社会并不具备均等地分配社会资源的伦理风尚，那么，按照人们对社会合作做出的贡献来给予经济报酬，或者通过某种激励来吸引人们从事社会上迫切需要的工作，就不是不合理的，甚至也说不上是不公正的，尽管这样做会允许某种程度的经济不平等。罗尔斯的理论确实包含了一个"理想的"成分，但它并不是"超验的"，因为在罗尔斯对正义原则的建构中，他已经考虑了一些关于人性和人类条件的经验事实。而且，正是因为其理想理论并未考虑**所有**这样的事实（实际上，没有任何正义理论能够做到这一点），他也不认为他的理论的实际应用旨在实现一个"完全正义"的社会——实际上，也没有任何正义理论能够做到这一点，不仅因为正义本质上是一种抱负性的理想，更重要的是因为：不论是在认识论上还是在方法论上，罗尔斯都不持有一种实在论的、柏拉图式的正义观。

森一再强调，他对正义的探讨由于利用了社会选择理论的技术性手段而未能在正义领域中得到应有关注。但是，罗尔斯不是没有意识到，在多元主义条件下，我们不可能合理地指望人们能够在其观点或主张上达到全体一致。换句话说，罗尔斯不是没有意识到森从社会选择理论中引出的那个结论，即对各方的利益或偏好的完备排列是不可能的。实际上，对于这个结论在正义领域中的含义，罗尔斯显然具有更深入的思考。政治建构主义以及一种政治性的正义观就是这些思考的结果，特别是，罗尔斯认为，在多元主义条件下，若不对人们的观点或主张的**本质**施加任何限制[①]，就不可能从公共选择的观点对它们做出一个完备排列。这种限制本身就是出于对正义的考虑而做出的限制。例如，在公平正义观下，罗尔斯利用公平的机会平等

① 例如，我们显然不能合理地认为，只要一个人的偏好是一致的，他对自己最偏好的东西提出的主张或要求就是正义应当考虑和落实的；比如说，昂贵的偏好或者反道德的偏好应该从分配正义的考虑中被排除，正如德沃金所论证的那样。不管一个社会选择理论如何精致，只要它不包含某些实质性的道德考虑，它就不可能为建构一个合理的正义理论提供任何有意义的东西。

原则和差别原则来限制天资和出身对人们生活前景所产生的差别影响。同样，在一个多元主义社会中，为了确保正义原则能够赢得人们的理性认同，在制度实现上具有基本的稳定性和持续性，罗尔斯限制了人们所持有的全面性学说对正义的建构可能产生的影响。对他来说，社会正义的首要任务是要保证背景正义，以便社会成员在满足正义原则的条件下可以自由地追求自己的生活计划。因此，当正义原则应当尽可能得到合情合理的人们的一致认同时，对人们的个人偏好进行排列并不是一个正义理论（或者实现正义原则的制度）所要做的事情，除非某些利益或偏好的满足本身就是正义所要关心的。但是，只要正义理论已经对人们的利益或偏好进行了筛选，将正义应当关心的利益或偏好鉴定出来，它当然就可以按照它所设定的目标对这些利益或偏好做出某种排列。例如，罗尔斯假设对社会成员的基本自由和权利的平等实现要优先于对机会平等的实现，这个主张旨在保证人们首先具有平等的政治地位，否则机会平等就不可能得到有效实现。他也假设差别原则要在平等自由原则和公平的机会平等原则得到满足后才能应用，其中的一个理由就在于，政治平等和机会平等是实现经济平等（或者，抑制道德上不可接受的经济不平等）的一个先决条件。我们确实可以按照罗尔斯规定的优先秩序来排列有关的利益或偏好。当然，这无须意味着这种排列是绝对的——在某些极为特殊的情形中，反思平衡允许我们对利益或偏好的排序进行调整。例如，当社会面临大规模的饥荒而社会资源又严重不足时，对社会成员拥有的资源进行某种再分配并不是不合理的；或者，优先动用医疗资源来挽救因病毒感染而面临生命威胁的人们并不是不合理的。在这些特殊情形中，当我们利用反思平衡方法来决定正义要求什么时，我们需要的是公共推理、民主慎思以及互惠性考虑。按照我们对正义及合理实现的某种**整体**设想来限制人们的偏好或主张，并不是在构造一个“超验的”正义理论，而只是要超越某些使得一种合理的正义观的建构和实现变得不可能的主张和态度。如果说罗尔斯的理论具有某种“超越性”，那么这种超越性只是体现在如下这个方面：他的理论并不把人们的欲望和偏好看作是既定的，就好像正义只在于让人们得到他们在一种前制度的“应得”意义上应得的东西，或者就像运气平等主义者所说的那样，只在于补偿原生运气给人们造成的不利条件。而是，对罗尔斯来说，正义也应当塑造人们的欲望和偏好，鼓励人们满足平等尊重和互惠性的要求。

因此，我们无须接受森强加于罗尔斯的那个批评：社会选择理论表明罗尔斯所采取的那种探讨是不可能的，或者至少是不切实际的。实际上，只要仔细分析森所提出的那种取舍，我们就会发现它实际上依赖于罗尔斯已经提出的一些关键思想。森相当明确地认为，即使社会选择理论排除了任何"超验探讨"的可能性，这也不意味着我们不可能对社会正义采取一种比较探讨。在关涉社会正义的诸多重大问题上，比如说，在饥荒、贫困、折磨、种族主义、女性的屈从地位、医疗资源的不公平分配等问题上，我们能够做出比较判断。换句话说，即使我们不能按照相关个体做出的评价来完备地排列有关取舍，我们仍然能够得出一种部分排列，从而做出一种比较判断。人们的观点、利益和理由的多元性确实排除了完备排列的可能性。然而，这是罗尔斯能够接受的一个事实，而且，罗尔斯的理论并不排除在正义问题上做出比较判断的可能性——他只是强调我们需要从一种整体论的、语境主义的立场来思考如何实现正义（或者与正义相关）的目标，特别是在我们做出的**个别的**比较判断发生冲突的时候。然而，森进一步论证说，即使原初状态中的各方能够就某种可能的社会安排做出一种完备排列，因此在这个阶段达到某种全体一致，但是，在进入所谓的"后契约社会"后，他们在有关的评价上也可以发生分歧或者出现差别，比如说，因为他们在原初状态中的既得利益和个人偏好被"无知之幕"过滤掉了。这样一来，他们在实际世界中做出的比较判断在某个方面就会偏离他们在原初状态下达成的一致。退一步说，在实际世界中，即使他们在有关问题上做出的排列是完备的，这些排列也不可能完全吻合，而即便在这些排列之间能够出现"交集"，即出现一种能够将他们所分享的观念或信念体现出来的东西，这种交集也只能产生一种部分排列。森强调说，评价的不完备性不仅是社会选择理论所能接受的，而且其存在为重新审视和评价有关的排列和决定留下了余地，因此就能激发进一步的公共推理和公共辩论。这一点对森来说极为重要，不仅因为他把听取和吸收各种可能的观点和意见视为正义的一项要求，而且也因为既定的制度设计和人们的实际行为之间存在着复杂的相互依赖和相互作用，而无视或忽视这种关系也可以成为一个与正义有关的问题，正如他在讨论民主与正义的关系时所说。①

---

① 参见 Sen (2009), Part Ⅳ。

在这里，森确实就正义的**实现**提出了一些重要见识。然而，只有当罗尔斯的理论原则上抵制或排斥这些见识时，森由此对罗尔斯提出的批评才能成立。实际上，森对其观点的论证在某些方面是模糊的。前面我们已经表明，罗尔斯的理论并没有排除对正义做出比较判断的可能性，而且，比较判断也预设了某个一般的标准，因为任何比较判断都意味着按照某种标准将某种差距鉴定出来。在正义领域中，这样一个标准无须与森所说的“超验正义”相联系，因为就正义的本质而论，我们只能按照自己对人类历史经验的认识和反思来设想一个正义的社会究竟是什么样的。在这个领域中，我们所能具有的标准很大程度上是通过利用反思平衡方法而获得的。反思平衡当然预设了我们已经对“何谓正义”有了某种初步认识；但是，在罗尔斯这里，这种认识是立足于人的平等尊严和平等尊重的概念，而后者无须在任何意义上是“超验的”。当我们在正义原则的应用中通过反思平衡对正义问题做出具体判断（包括森所说的“比较判断”）时，我们所要考虑的当然不只是累积性结果，也可以包括森所说的“综合性结果”——只要这种结果能够对正义的实现产生重要影响。

森正确地指出，只要一个人身处其决策能够对正义产生重大影响的地位，他就不能只是按照他被赋予的职责来做出决定，也需要考虑他如此做出的决定会对人们的生活产生什么影响。一个执政者或许认为自己即将发动的战争是正义的，因为这样做可以将敌方人民从水深火热之中解放出来，或者让他们彻底摆脱奴隶制。他可能认为发动正义的战争就是自己的职责所在，就像（按照森所引用的另一个例子）身为物理学家的奥本海默认为自己有责任将原子弹成功地研制出来。[①] 不过，他可能会寻思，尽管从严格道义论的观点来看，他确实有理由发动战争，但是，战争也会让双方损失惨重，并有可能剥夺很多无辜者的生命。因此，按照森的说法，当一个人试图做出道义论的责任要求他采取的行动时，他也需要考虑其行动可能产生的后果，并按照对后果的评价来决定是否要采取这样一个行动。既然他的行动或决定具有生死攸关的含义，他就不能无视实际上发生的事情。当然，作为执政者，他有自己所要承担的个人职责。但是，他不能仅仅出于这种道义论意义上的职责来行动而不考虑行动后果。即使他坚信自己打算发动的战争是正

① Sen (2009), pp. 211-212.

义的，而且也确信他能够打赢战争，但他可能也会想到那些与他具有特殊关系的人们可能会在战争中丧生。因此，按照森的说法，在对后果进行评价时，我们需要考虑的是那种将所采取的行动、所涉及的能动性、所使用的过程、所牵涉的关系都考虑在内的后果，即他所说的“综合性结果”，而不只是累积性结果，即一个行动在脱离过程、能动性和关系来看待时在世界上最终导致的事态。

我同意森由此得出的结论，即“敏于后果的推理对于在一种适当地广泛的意义上来理解责任(responsibility)的观念来说是必要的”①。如果一个人身处其行动或决定能够严重地影响人们命运的地位，那么慎重考虑其行动或决定可能产生的后果就是政治道德(或者更确切地说，关于政治责任的伦理意识)的一个本质要素。森似乎认为，罗尔斯所采纳的那种以制度为关注焦点的探讨无法考虑综合性结果，因此就在根本上忽视了正义的**实现**。这个批评在一种意义上是可理解的，在另一种意义上则是错误的(或者至少是立足于对罗尔斯的误解)。虽然正义原则主要是要通过制度来实现的，但制度是由人来管理的，因此，担当政治职责的人们对于正义原则的制度实现就负有特殊责任，罗尔斯并不否认这一点。实际上，正是因为综合性结果涉及很多复杂因素，对它们的评估或判断才需要动用制度性设施来处理。一般来说，这项工作不应该由普通公民来承担，不仅因为这本来就不是他们所能胜任的，更重要的是因为政府应当对其决定或选择承担集体责任。罗尔斯所倡导的制度分工本来就旨在将普通公民从**全方位地**承担正义责任的负担中解放出来，尽管他们也有支持和维护正义制度的自然义务。但是，既然罗尔斯已经将一个基于后果评价的视角整合到其理论的结构中，以制度为主要关注焦点的探讨并不是不能考虑综合性结果。真正的问题在于，既然综合性结果要求考虑行动、能动性、过程以及关系，人们针对某件事情在综合性结果方面做出的判断就有可能是不一致的。森自己承认这一点。② 这意味着，如果一切可以作为正义的主张提出来的东西原则上都必须得到社会成员的一致认可，那么并非任何综合性结果都应当是正义所要考虑的。这样一个结果是否可以成为正义所要考虑的对象，取决于全体社会成员通过

① Sen (2009), p. 218.

② Sen (2009), pp. 219-220.

公共推理和民主慎思对它提出的判断。实际上，综合性结果的概念恰好支持罗尔斯提出的一个基本主张——我们应当对正义及其实现采取一种整体论的探讨。

这种整体论的探讨意味着，在正义的实现中，我们需要采纳的是罗尔斯所说的“宽泛的反思平衡”方法。我们仍然对一个正义理论所要追求的目标（例如罗尔斯的自由平等的道德人的理想）持有某些基本想法，也提出了一些正义原则来尝试实现这样一个目标，不过，对于在具体情形中如何恰当地实现这个目标，我们并不具有充分明晰的认识；或者，在某些情形中，按照拟定的正义原则来行动不太符合某些根深蒂固的道德信念或者深思熟虑的道德判断。在这种情况下，就需要仔细思考既定的正义原则、道德信念或道德判断以及所面对的实际情境之间的关系，通过调整或修改其中某些要素而在它们之间取得某种融贯，由此得到的结果就对应于在特定情形中应当采取的行动或做出的决定。[①] 例如，我们或许可以用这种方式来决定通过基因技术来治疗某种遗传缺陷是否是道德上可允许的。反思平衡显然要求我们对道德上正确的事情或者正义具有某些基本想法，否则我们就不知道如何思考原则、道德信念（或者关于正义的信念）以及我们需要判定的具体情形之间的关系。森论证说，即使我们能够将某个“超验理想”鉴定出来，用它作为标准来判断一个社会的正义状况，但是，对这样一个理想的偏离可以发生在不同领域，而且是用各不相同的方式、在不同的程度上发生的。更严重的是，人们也可以用不同的方式来评价偏差的程度以及实际分配与正义原则所提出的要求之间的相对差距。这意味着不可能对这些评价提出某个完全一致的完备排列，也不可能用某个“理想正义”的观念来弥补这方面的“缺陷”。因此，如果只能在各个部分排列之间达到某种重叠（即森所说的“部分排列的交集”），那么就只能按照对这种重叠的认识来逐渐改善真实世界的正义状况。然而，这仍不足以达到一种“理想”正义，因为即使我们能够根据

① 我在这里所说的“宽泛的反思平衡”略微不同于罗尔斯在寻求一种政治性的正义观时对这个概念的应用，尽管在精神实质上是一样的。参见 Rawls (1993)，pp. 28，381，384 note，399。关于反思平衡方法及其在正义领域中的应用，参见 Norman Daniels，*Justice and Justification: Reflective Equilibrium in Theory and Practice* (Cambridge: Cambridge University Press，1996)，特别是第一部分。

这种认识提出某些正义原则，或者对既定原则之间的相对优先性形成一个共识，并按照这种认识和共识来设计制度或者实施制度改革，但人们随后的实际行为模式仍然会对由此形成的制度安排产生影响。为了改善一个社会的正义状况，我们首先需要认识到现实世界中某些严重不正义的状况或实践。社会正义的实现确实必须以这种认识为基础。但是，只有当制度安排和人们的实际行为模式之间的相互作用和相互依赖关系得到充分的认识和考虑后，我们才有可能合理地改善真实世界的正义状况。然而，这些思想不仅是罗尔斯乐于接受的，实际上也是他在自己的理论框架中能够发展出来的。例如，尽管罗尔斯并未使用社会选择理论的语言来讨论交叠共识及其可能性，但他极为明确地指出交叠共识的形成体现了公共理性（或者森所说的“公共推理”）的运用。然而，与森不同，罗尔斯也明确地意识到公共理性的限度，例如，他指出我们绝不应该把用全面性学说来表述的理由引入公共推理中。在公共推理和公共辩论中可以合法地使用的理由是由一种得到**独立**辩护的正义观来界定或限定的。[1] 公共推理和民主慎思对于正义的合理实现来说确实很重要，但其应用本身也受制于正义原则，因为从事公共推理和民主慎思的人们必须首先服从公共的正义原则的要求。

在罗尔斯对正义的思考中，有一点是最明确不过的，那就是：在社会正义领域，若不首先对“理想状况下的正义社会”具有某种基本设想，我们就不可能对任何现实社会的正义状况做出比较判断。罗尔斯通过原初状态设想出来的那个正义理论实际上是要充当一个标准，以便我们可以利用这个标准在正义问题上做出比较判断。他也反复强调制度应当被看作正义的首要主体。然而，假如我们迄今为止提出的论证和论述是可靠的，那么罗尔斯提出的这些主张根本就不意味着他的理论是一种形式的“超验制度论”。森对所谓“超验制度论”的批评旨在传达如下观念：若不考虑正义原则在制度上的实现与人们的实际行为模式之间的相互依赖和相互作用，就没有理由认为正义的制度也能产生正义的社会。这是一个重要见识，但显然不是罗尔斯原则上无法接受的见识，因为罗尔斯的理论不仅在结构上包括了森所强调的“后果评价”的要素，而且他也没有否认个人行为或个人选择对于实现社会正义的重要性，否则他就不会认为正义感以及相应美德的培养是正义

---

[1] 参见 Rawls (1993), pp. 247-254。

的一项主要内容和实现社会正义的一个必要条件，也不会强调正义原则的选择需要考虑人类道德心理的一般条件。对他来说，我们之所以需要一个理想理论，本质上是因为我们首先需要用一个初步地设想但又得到恰当辩护的理想来引导我们对社会正义的实现或促进。理想理论所要实现的并不是一个"完全正义"的社会——罗尔斯自己很清楚我们无法先验地设想这样一个社会，他也很清楚理想理论所指定的目标在实际世界中并不总是能够得到实现，需要按照一个社会的实际状况来调整或修改。正义原则涉及人们的生活（特别是他们的利益）的不同方面，处理在人类生活中必然会发生的各种冲突。因此，在复杂的情形中，我们只能按照我们对人类生活的实践判断来决定正义原则的具体应用。例如，甚至在一个满足了诺齐克式的程序正义的社会中，如果大多数人并非出于自己的过错而贫困潦倒，那么，即使人们的财产权得到严格的尊重和维护，这个社会仍然不够正义，因为在这种情况下，与尊重某些人的财产权相比，满足人们的基本需求在道德上更加重要，尽管财产权在正常情况下应当得到尊重和维护。[①] 在罗尔斯这里，理想理论提出的原则不仅要应用于制度设计，也要用来引导和调节人们的行为。总而言之，理想理论所要发挥的作用是引导性的和调节性的。但是，即使理想理论规定了正义所要实现的目标，它也不可能先验地规定实际世界中与正义的实现相关的所有条件。正是因为这个缘故，对罗尔斯来说，反思平衡方法不仅要应用于原初状态中对正义的慎思和选择，也要应用于实际世界中对正义的目标的调整和实现。正是反思平衡方法的利用使得罗尔斯的理论本质上是整体论和语境主义的。因此，将他对正义的探讨描述为一种"超验制度论"完全是错误的，这也意味着森对罗尔斯提出的大多数批评都是误导性的。毋宁说，罗尔斯的理论是一种"相对理想的"理论，因为对他来说，我们对"完全正义"或"理想正义"之类的概念的设想不可能超越人类的总体经验以及我们对这种经验的反思，正义在实际世界中的实现不可能达到理想理论所假设的那种严格服从正义原则的状态。就正义的实现而论，我们所能做到的，是从我们对正义及其要求的某些基本认识入手，尝试性地提出某些正义原则，然后在这些原则、其实际应用结果以及某些相关的

---

① 对一个类似思想的有力捍卫，参见 Eric A. Posner and Andrew Vermeule, *Terror in the Balance: Security, Liberty and the Courts* (Oxford: Oxford University Press, 2007)。

道德信念或道德判断之间实现某种反思平衡。唯有如此，才能避免任何“非现实主义”的乌托邦，包括一种将所有道德关怀都同化为正义的要求的做法，正如下面即将讨论的。

二、澄清罗尔斯的契约论模型

杰里·柯亨对罗尔斯的批评可以被认为是围绕“个人的就是政治的”这一口号展开的。与此类似，森对罗尔斯的批评，特别是他对“开放的不偏不倚”的强调，在某种意义上也是在迎合女性主义思想家对政治哲学中契约论模型的批评①，正如他自己所说：

> 甚至当罗尔斯的“无知之幕”有效地提出了一种需要（即需要消除所关注的群体内各个人的既得利益和个人偏向的影响）时，它还是放弃按照（用亚当·斯密的话说）“所有其他人的眼睛”来进行审视。为了提出这个问题，就不能只考虑在所关注的当地群体的边界内“锁定的身份”。就此而论，在公平正义观中，那个以封闭的不偏不倚为特征的程序设施就可以被认为在构想上是狭隘的。②

在森看来，不仅对正义的构造要求采纳一种“开放的不偏不倚”的观点，而且正义本身也要求采纳这种观点。如果罗尔斯正是因其对契约论模型的

---

① 女性主义思想家以及哈贝马斯对罗尔斯提出的一个重要批评是，罗尔斯将原初状态中的各方设想为只持有一种“单一的声音”的抽象推理者，因此就忽视了在正义原则的选择中按照各种各样的观点和经验来进行慎思的重要性。参见：Marilyn Friedman, *What Are Friends for? Feminist Perspectives on Personal Relationships and Moral Theory* (Ithaca, NY: Cornell University Press, 1993); Seyla Benhabib, “The Generalized and the Concrete Other: The Kohlberg-Gilligan Controversy and Moral Theory”, in Benhabib, *Situating the Self: Gender, Community and Postmodernism in Contemporary Ethics* (London: Routledge, 1992), pp. 148-177。关于罗尔斯自己对其观点的澄清及其对哈贝马斯的回答，参见《政治自由主义》第九讲；对这个争论的进一步讨论，参见：Todd Hedrick, *Rawls and Habermas: Reason, Pluralism, and the Claims of Political Philosophy* (Stanford, CA: Stanford University Press, 2010); James Gordon Finlayson, *The Habermas-Rawls Debate* (New York: Columbia University Press, 2019)。

② Sen (2009), p. 126.

承诺而采纳一种“封闭的不偏不倚”的观点，那么森在罗尔斯那里鉴定出来的问题想必就可以归结到那个模型。换句话说，对契约论模型的采纳导致罗尔斯将正义限制到某个在政治上被隔离出来的群体的成员或者某个主权国家的公民，因此其理论就无视了三个重要事实：第一，我们可以将自己认定为其他地方的其他人，而不只是认定为属于自己所生活的共同体；第二，我们的选择和行动可以影响世界各地其他人的生活；第三，不管其他人生活在何处、具有怎样的历史，他们从自己的视角看到的东西都有助于我们克服自己的狭隘。[①] 女性主义思想家经常指责契约论道德将不满足“理性互利”要求的个体排除在道德关怀的范围外。森同样论证说，以契约论为思想基础的正义理论也将某些人排除在正义的范围外。[②]

阿玛蒂亚·森和玛莎·努斯鲍姆对罗尔斯提出的批评是否可以恰当地应用于他，实际上是一个有争议的问题，因为这种批评不仅涉及我们对正义的本质、目的和场域的理解，也涉及正义与其他道德关怀之间的关系，或者说正义与道德的区别。在《正义论》中，罗尔斯已经很明确地指出，其正义理论在范围上是有限制的：他所关心的是社会正义的一种特殊情形，即如何设计用来制约基本结构的正义原则并按照这些原则来评价相关的社会制度。他也特别指出，我们需要把用来评价制度的正义标准与用来规定社会安排的其他美德原则区分开来。因此，尽管制度正义可能是正义领域中最重要的部分，但罗尔斯自己并不认为其正义观穷尽了整个正义领域。[③] 他对制度分工的确认和强调也意味着，他并不否认，除了制度方面的正义外，在其他领域中也存在正义问题。他也不否认我们可以在某种意义上谈论“国际正义”并采纳适当的正义原则来规范各国之间的关系。真正重要的问题是，

---

① 参见 Sen (2009), pp. 128-130。

② 除了下面要特别讨论的努斯鲍姆对罗尔斯的理论的批评外，一些其他作者也特别从女性主义视角来批评罗尔斯，例如，参见 Eva Feder Kittay, *Love's Labor: Essays on Women, Equality and Dependency* (London: Routledge, 1999)。对契约论道德的女性主义批评可以采取很多角度，不过，其中的一个核心主张是，契约论道德无视了人类生命和人类个体本质上的脆弱性，例如，参见 Catriona Mackenzie, Wendy Rogers, Susan Dodd (eds.), *Vulnerability: New Essays in Ethics and Feminist Philosophy* (Oxford: Oxford University Press, 2013)。

③ 参见 Rqwls (1999), §2。

与批评者倡导或持有的理论相比,罗尔斯自己对(国内)社会正义和国际正义的设想是否充分合理?

罗尔斯可以承认一种“开放的”不偏不倚对于实现正义理论所规定的目标来说是重要的。但是,即使一个不偏不倚的观点应该是“开放的”,采纳这样一个观点不可能只是意味着广泛考虑所有相关人士的主张和意见,不歧视他们或对他们持有偏见。开放的不偏不倚表达了民主慎思的一个要求或理想。对正义原则的思考和选择确实需要考虑这个意义上的民主慎思。然而,对一个不偏不倚的观点的采纳和占据必定已经预设和包含某些道德上重要的考虑,否则通过采纳这样一个观点、从民主协商程序中选择出来的正义原则就不可能得到全体公民的一致认同,也不可能在制度上稳定而持久地加以落实。用罗尔斯构想一种正义观的本质精神来说,正义是因为人们具有不同的利益或主张而变得必要,同时也是因为人们能够对如何合理地追求个人利益达成某种共识而变得可能。实际上,甚至斯密的“不偏不倚的理想旁观者的观点”也不可能是一种没有道德内容的东西,因为采纳这样一个观点意味着承认自己需要考虑其他人的感受,也就是说,承认社会生活要求人们彼此说明和辩护自己采取行动的根据。若不具有这种互惠意识,正义将是根本上不可能的。不过,正义所要求的那种互惠性也不能被理解为完全的利他主义或普遍慈善——假若人们已经是彻底利他主义的或普遍慈善的,正义就变得不必要了。每个人都是从自己特有的观点来看待生活的价值和意义,人们能够超越这个观点、采纳一种完全不偏不倚的观点的程度总是有限的。[1] 这是在构想一个合理的正义理论时必须考虑的一个基本事实。消除个人偏见的影响确实具有森所强调的那种重要性,但是,在建构一种正义观时,更重要的是要考虑能够取得共识的东西,因为正义原则是要应用于公共的政治领域,是要制约人类社会生活最重要的方面。

以上论述为我们恰当地评价努斯鲍姆对罗尔斯的批评提供了一个起

---

① 参见 Henry Sidgwick, *The Methods of Ethics* (seventh edition, Indianapolis: Hackett Publishing Company, 1981)。托马斯·内格尔把西季威克所鉴定出来的那种“实践理性的二元论”称为“观点的二元性”。参见:Thomas Nagel, *The View from Nowhere* (New York: Oxford University Press, 1986); Thomas Nagel, *Equality and Partiality* (New York: Oxford University Press, 1995)。

点。努斯鲍姆的批评在一些重要的方面类似于森的批评,二者都强调一种"开放的"不偏不倚的重要性,提倡从一个"更加全面"的视角来看待社会正义。不过,努斯鲍姆的批评更加关注罗尔斯在利用原初状态设施来建构正义理论时所采纳的某些实质性考虑。罗尔斯对正义的思考,特别是他对建构主义的理解和运用,在其思想历程中发生了一些转变。大致说来,在《正义论》中,他对原初状态提出了一种康德式解释,并认为从原初状态中构造出来的正义原则不只是适用于传统的西方自由主义社会;但是,从 1980 年发表的杜威演讲开始①,他采取了一种"政治自由主义"转向,对正义原则的辩护及其应用范围做出了一些限定。然而,他在两个方面仍然坚持自己的主张:第一,他始终认为正义原则只能从一种广泛意义上的康德式建构主义中构造出来;第二,他继续坚持"正义作为公平"的基本观念。努斯鲍姆的批评,就其理论根据而论,恰好集中在这两个方面。

按照努斯鲍姆的说法,在罗尔斯对正义理论的建构中,他首先继承了休谟对"正义的环境"的理解。在休谟看来,互利(mutual advantage)的观念对于正义的出现和维护是关键的:正是出于对互利的考虑,人们才会选择合作而不是不合作。物资资源的相对匮乏让合作变得必要:要是无须通过参与合作就能获得满足需求的充足资源,人们就没有必要选择合作了。假若人们拥有的能力和资源在很大程度上是不均等的,合作也不会变得可能,因为在这种情况下,至少对于能力强大、资源充足的人来说,按照公平条款来合作对他们没有什么好处。只要一个人发现自己可以万无一失地支配更加弱小的人,他就不需要与后者合作了,因为对互利的考虑排除了合作的可能性。因此,如果互利对正义来说是本质的,那么具有大致平等的能力也是正义得以可能的一个前提。罗尔斯对社会合作提出了类似的看法:通过参与互利合作,理性个体就能获得他们在缺乏合作的情况下得不到的东西。除了这个休谟式的观念外,罗尔斯也把古典社会契约论的一个主导观念引入他对正义的构想中,即原初状态中的各方应该是自由、平等和独立的。说他们是"自由的"就是说,没有任何人在某种意义上拥有他人,每个人都有平等

① John Rawls (1980), "Kantian Constructivism in Moral Theory", reprinted in John Rawls, *Collected Papers* (edited by Samuel Freeman, Cambridge: Harvard University Press, 1999), pp. 303-358.

的自由追求其生活计划；说他们是“平等的”，不仅是在说他们具有平等的道德地位，也是在说他们具有大致平等的能力和资源[①]；说他们是“独立的”就是说，没有任何人受到他人的支配，或者用一种不对称的方式依赖于他人。在罗尔斯这里，原初状态的理论设施不仅要让正义原则的选择在理性选择的意义上变得可能，更重要的是要体现那个康德式的自由平等的道德人的观念。如果他对正义原则的建构确实是立足于这两个基本观念，那么我们就不难理解他为什么会认为，只有当参与社会合作的人们都按照公共地达成的合作款项从中获益时，社会合作在他所指定的意义上才是正义的。如果互利就是社会合作的目标，那么至少从动机的角度来看，为了保证合作的公平和对合作成果的公平享有，参与社会合作的公民在上述意义上就应该是自由的和独立的，并且要具有大致平等的能力和资源，正如罗尔斯所说，正义原则就是“关心于促进自己利益的自由而理性的人们在初始的平等状况中将会接受的原则”[②]。尽管这个主张仍然可以被理解为《正义论》的一个主导思想，但是，当罗尔斯按照那个康德式的观念来设想原初状态中的各方时，他后来不再用“理性互利”来描述他们，而是使用了“互惠性”这个更加广泛的说法。

努斯鲍姆论证说，罗尔斯的这两个思想承诺有一种“混血儿”特征，因此就在其理论中产生了张力。[③] 一方面，罗尔斯明确认同康德在道德哲学中的基本立场，认为“每个人都拥有一种建立在正义之上的不可侵犯的地位，甚至整个社会的福祉也不能推翻这种地位”[④]。这个承诺意味着，不管罗尔

---

① 在《政治自由主义》中，罗尔斯进一步补充说，把公民说成是“自由的和平等的”也意味着，不管一个公民的宗教依附、哲学承诺和个人偏好如何，他都有平等的权利对社会制度提出某些主张，这些主张与其他公民提出的类似主张具有同样的有效性。

② Rawls (1999), p. 10.

③ Martha Nussbaum, *Frontiers of Justice: Disability, Nationality, Species Membership* (Cambridge, MA: The Belknap Press of Harvard University Press, 2006), pp. 57-69. 按照某种解释，康德自己的政治思想恰好在这个方面充满了矛盾：一方面，在其道德哲学中，他把人由于具有理性本质而具有的尊严看作最高价值，认为人因此而具有一种“不可侵犯”的道德地位，这种地位对于任何人类个体来说都是平等的；另一方面，在其政治理论中，他仍然受到了古典社会契约理论家（例如霍布斯）的重要影响，把所谓“积极公民”和“消极公民”区分开来，因此在政治社会的设想和建构中实际上并不赋予公民以平等的地位。

④ Rawls(1999), p. 3.

斯如何设想和建构其正义原则，如果他确实将自由平等的道德人的观念作为一个基本出发点，那么他就应该认为，在其正义原则所制约的社会中，每个人都应该作为平等的公民、作为“目的自身”得到尊重。尽管罗尔斯明确承诺了那个康德式的观念，并在某种意义上将其落实看作正义的一个根本目的，但是，在按照原初状态来构想正义原则时，他所依据的实际上是休谟的正义概念以及古典契约论思想家对“自由和平等”的理解，例如，他之所以利用无知之幕的设施，就是为了保证原初状态中的各方具有大致平等的能力和资源。与此相应，罗尔斯也假设他们对自己利益的设想只是立足于他们对“理性利益”的某种单薄理解。当然，罗尔斯认为，每个人都能理性地预料到，由于无法控制的偶然因素，他们会临时丧失公平合作所要求的能力和资源，因此就会要求在原初状态中考虑到这种可能性。罗尔斯将差别原则设想为纠正或弥补这种状况的一种措施。

然而，努斯鲍姆论证说，不管罗尔斯如何理解差别原则在其理论中的地位和作用，只要他已经强调具有大致平等的能力和资源是社会合作的一个必要条件，并按照这个要求来设想公平合作的条款以及相关的正义原则，他就会把不能满足这个要求的个体(例如精神上或身体上有残疾的人们)从社会正义的领域中排除出去。努斯鲍姆的意思是说，如果罗尔斯是按照他对休谟式的正义观的承诺以及古典契约论思想家对“自由和平等”的理解来设想其正义理论，那么其理论就不可能得出能够恰当地应用于**所有人**的原则，因为原初状态的设计已经把在这种理想状况中制定正义原则的人与真实世界中的其他人分离开来。努斯鲍姆并不否认原初状态中的各方可以通过自己的关心和承诺，用一种派生的方式将其他人的利益包括进来。但是，在她看来，既然罗尔斯已经把正义原则所要应用的对象鉴定为在原初状态中选择原则的那些人，将理想状况下的公平合作所要求的能力和资源赋予他们，他就已经把其他人从选择正义原则并按照这些原则来设计制度的那个群体中排除出去。于是，“社会契约传统就把两个原则上不同的问题混为一谈：一个问题是，社会的基本原则是**由谁**来设计的；另一个问题是，社会的基本原则是**为谁**而设计的”①。

努斯鲍姆的批评是否成立，显然取决于原初状态中选择正义原则的人

① Nussbaum (2006), p. 16. 强调是我添加的。

们是否能够充分表达这些原则所要应用的社会的所有成员的正当利益。尽管罗尔斯后来修改了他原来在《正义论》中提出的某些说法，但努斯鲍姆认为[①]，罗尔斯从未放弃他从社会契约传统中引来的那个核心观念：社会合作不仅涉及公平合作的观念，也涉及对每个参与者理性利益的考虑。公平合作的观念要求将各方设想为自由的、在资源和能力上大致平等的个体。既然如此，甚至在一个社会内部，精神上或身体上严重残疾的人们就不可能成为一个社会的"充分合作的成员"，因为他们并不具备"平等的"合作能力。然而，努斯鲍姆强调说，即使这些人在（比如说）创造经济利益方面并不具有平等的能力，他们当中很多人仍然能够充分参与政治选择。因此，在选择用来制约社会生活的基本原则时，排除他们的声音不仅是不恰当的，也是不正义的。

努斯鲍姆提出三个理由来支持其主张。[②] 第一，在成为具有充分合作能力的社会成员之前，每个人都是作为有依赖性的婴儿而开始生活的；此外，在生活中的某个时刻，例如在老年阶段，每个人都会因为疾病或身体机能的衰退而再次变成具有依赖性的人。第二，不管我们具有什么能力，我们所具有的能力在某个方面都是有缺陷的，因此我们就很难将"终身残疾"与"临时残疾"截然区分开来。第三，人类生活的一个本质特点就是关怀的普遍性：幼年时期需要父母的关心和照顾，患病时需要医生护士的关心和照顾，老年时期需要子女或社会的关心和照顾。人类生活所具有的这些本质特点表明，我们不应该按照契约论的思想框架来思考和设想正义，因为这个框架本质上歪曲了我们对人的理解，而罗尔斯的理论正是立足于这个思想框架。因此，**就利益的表达而论**，如果原初状态中慎思和选择正义原则的各方不是真实世界中的公民，那么，当正义原则被选择出来并用于实际社会时，就只能出现两个可能结果：不能满足原初状态的基本预设（例如平等的能力和资源）的公民要么不是这些原则所要应用的对象，要么其利益就只能被包含在具有充分合作能力的公民的承诺中，因此在这个意义上是派生的。无论是哪种可能性发生，在罗尔斯的理论框架中，正义的制度都未必会导致

---

① 在下面回应努斯鲍姆的批评时，我会讨论其中一些思想。

② 参见 Nussbaum (2006)，pp. 87-88，125-126，218-220。在这里，我将不讨论她在第 190-192 页中提出的那个理由：将所谓"正常人"和具有残疾的人区分开来是道德上错的。

正义的社会：一方面，如果那些人已经被排除在社会正义的范围外，那么，即使制度在罗尔斯的意义上已经是正义的，也不可能有一个正义的社会；另一方面，即使他们的利益可以由具有充分合作能力的公民来表达，仍有一个问题是不清楚的：用这种方式表达出来的要求在什么意义上可以被称为“正义的要求”？当然，罗尔斯认为，在一个良序社会中，只要公民们意识到其他公民在一生中也都是充分合作的社会成员，他们就会接受“承诺的负担”，也就是说，即使他们的实际境遇还不如他们在一个非平等主义社会中可能具有的生活前景，他们还是会出于正义的考虑而接受其境遇。然而，如果互利合作仍然是社会合作的本质方面，实际上也是社会合作的根本动机，那么他们就不会接受任何进一步的负担并把其承诺扩展到不具有类似生产能力的公民，即使其他的伦理美德要求他们这样做。只是在休谟提出的条件的限度内，他们才准备严格服从正义原则。努斯鲍姆由此断言：

> 罗尔斯的理论在这一点上呈现出一个很深的张力。一方面，他的理论的一个核心目的是要让正义问题优先于效率问题。每个人都是一个目的，这个观念处于其理论的核心。……另一方面，他对[原初状态中的]各方为什么偏爱合作而不是不合作、对他们所要追求的东西的说明，仍然是一种古典社会契约论的说明，再加上休谟对……正义的环境的论述。大致平等的结构特点和互利的目标仍然塑造了对如下问题的论述：谁要被包括在初始的选择状况中，每一方试图从合作中得到什么。若不质疑这些特点并因此而切断与古典社会契约传统的联系，我们就不可能把[人作为目的的地位不可侵犯]这一核心观念以及相关的互惠性观念扩展到身体上和精神上严重残疾的人们。①

在努斯鲍姆看来，为了彻底切断这种联系，我们就需要用一种亚里士多德式的“人的尊严”的概念来取代那种康德式的理解，将基本能力作为重新设想社会正义的基础。在这里，我无法全面处理她由此提出的见解，但我们可以尝试看看罗尔斯是否能够回应她提出的挑战。

努斯鲍姆对罗尔斯的批评关系到她在自己(以及阿玛蒂亚·森)所倡导的能力理论与罗尔斯的理论之间做出的一个对比。按照努斯鲍姆和森的说

① Nussbaum (2006), p. 119.

法，罗尔斯将基本善设想为平等主义分配正义的指标，但是，这种做法不能容纳一个正义理论需要考虑的某些个体差别，例如，怀孕期女性需要更多的营养，残疾人需要专用通道，某些儿童需要特殊教育。更一般地说，即使人们都被给予了同样的资源（例如同等的收入），由于个体差异，他们将资源转化为福祉的水平也是不一样的。对于森和努斯鲍姆来说，平等主义分配正义应当关注的是能力平等而不是资源平等。在第四章中，我已经尝试表明罗尔斯能够回应这方面的批评。不过，努斯鲍姆现在论证说："有残疾的公民们的特殊需求——对特殊教育的需求、对重新设计公共空间的需求（轮椅坡道、公交车的轮椅通道、触觉标识等）——似乎并没有被包括在对基本的政治原则进行选择的初始阶段。"[①]既然罗尔斯假设公民**终生**都是充分合作的社会成员，不把这些特殊需求包括在原初状态的设计中就是不合适的。罗尔斯对"充分合作"的理解确实排除了身患残疾的公民，尽管他也声称对这些公民的关怀是一个需要在基本的政治制度被设计出来后留在立法阶段来解决的问题。[②] 这个问题（以及其他类似问题，例如代际正义和国际正义）属于罗尔斯所说的"公平正义观的扩展应用"，也就是说，属于他所说的"非理想理论"。因此，一方面，他似乎认为，通过利用反思平衡方法并适当地扩展原初状态中选择出来的正义原则，这些问题大体上就可以得到处理。另一方面，他又认为："我们不应该指望公平正义观——或者对正义的任何论述——要涵盖对与错的所有情形。政治正义总是需要用其他美德来补充。"[③]这个说法可以被认为具有两个含义：第一，**政治**正义无须涵盖一切要求道德关怀的领域；第二，政治正义的有效实现需要一个充分行使伦理美德的社会环境。

不过，罗尔斯无须在努斯鲍姆提出的问题上采取如此审慎或谦逊的态度。正如前一章所表明的，对罗尔斯来说，家庭就其本质而论应当被处理为基本结构的一部分——孩子应该被当作未来的公民来看待，家庭中的女性成员也应当被看作具有完整公民资格的社会成员。因此，罗尔斯承认女性在家庭内部的劳动应当以某种合理的方式得到补偿。他大概也可以用类似

---

① Nussbaum (2006), p. 109.

② 参见 Rawls (1993), pp. 20-21。

③ Rawls (1993), p. 21.

的方式来处理应当如何对待有残疾的公民这一问题。他并不否认这些成员具有完整的公民身份，例如原则上仍然享有完整的政治权利，应当被赋予与其能力和兴趣相适应的平等机会。而且，只要他们在某种意义上属于处于不利地位的社会群体，社会就可以利用差别原则来改善其生活处境。罗尔斯已经将差别原则理解为一种在制度上与"博爱"相对应的东西，或者说，差别原则的制度实现在一种基本的意义上体现了"博爱"的精神。因此，如果一个社会具有充分有力的团结友爱精神，它大概就不应当拒斥用一种特殊的方式将差别原则应用于残疾人群体的做法，特别是因为(正如努斯鲍姆正确地指出的)每个人在一生中某个时期都有可能处于需要他人照顾和关心的状况。这个问题确实属于在立法阶段如何具体地应用从原初状态中选择出来的正义原则的范畴，因此是罗尔斯的非理想理论应当考虑的，正如他后来明确指出的，当社会的正常合作成员的能力暂时低于某个基本限度时，两个正义原则如何应用于这些成员的医疗需求和健康需求"是要在立法阶段而不是在原初状态中来决定"的问题，因为"这两个原则对这种情形的切实可行的应用部分地取决于关于各种疾病的流行程度及其严重性的信息，以及事故及其原因发生的频率等"[①]。罗尔斯现在已经将基本的医疗保障包括在一种要无条件地给予所有公民的最低限度的社会供给中，并认为这种供给"就像一般而论的基本善一样，是要满足作为自由平等的公民的[社会成员]的需要和要求"[②]，尽管如何确定这种供给的上限需要按照一个社会的具体条件、通过民主协商来解决。

由此来看，努斯鲍姆按照残疾人案例对罗尔斯提出的批评基本上是出于对罗尔斯理论的总体结构的一种误解。特别是，她忽视了一个重要事实：罗尔斯后来不再按照一种霍布斯式的"理性互利"观念来设想社会合作。实际上，只要我们恰当地理解了罗尔斯在《正义论》中的观点，甚至《正义论》中的社会合作概念也不是立足于那种霍布斯式的契约论模型。努斯鲍姆很可能是将某些女性主义思想家对**契约论道德**的批评直接放到了罗尔斯身上。然而，即使罗尔斯确实将互利设想为社会合作的一个基本动机，他所提出的正义原则也与公平合作的观念具有某种联系，但他显然没有把霍布斯意义

① Rawls (2001), p. 173.

② Rawls (2001), p. 174.

上的理想互利看作正义的**目的**。在他那里,自由平等的道德人的理想既是建构一个正义理论的出发点,也是正义的根本目的,正如他后来明确指出的,社会作为一种公平的社会合作体制的观念"包含了平等的观念(基本自由、权利以及公平的机会平等)和互惠的观念(差别原则就是其中一个例子)"。[①] 当他试图用"基本善"来描述社会正义的分配含义和目标时,在他对这个概念的设想中,基本善的拥有不仅要让个体具有理性地设想、修改和追求自己生活计划的基本能力,也要让他们具有一种正义感,以便可以有效地参与社会合作并保证其稳定性和持续性。"正义感"这个概念旨在把握如下思想:一旦我意识到其他社会成员都在遵守公平合作的条款,我也应该严格遵守,即使不这样做有时候可以促进我的自我利益。如果一个人具有这个认识并按照它来行动,他就是一个"合情合理的"社会成员。罗尔斯认为,通过诉诸"合情合理"这个概念,他就可以将"互利"与"互惠"区分开来。前者可以按照"一个自我的利益"的观念和某些程序合理性原则来说明,后者则主要体现了如下思想:社会合作的参与者并不把追求狭隘意义上的自我利益作为首要关注,并非只要条件许可就会采取掠夺他人利益的行为;而是,不管他们如何具体地设想自己的利益(例如,除了日常意义上的自我利益外,也可以包括他们在特殊关系中形成的情感和承诺),他们都能自觉遵守社会合作的公平条款并期望每个人都能受益于公平的社会合作。[②]

在罗尔斯这里,互惠性是一种介于完全利他主义和霍布斯式的理性互利之间的东西。他特别指出,这两个概念是不同的和彼此独立的,我们不能指望按照某种理性选择理论从理性互利的概念中将互惠性要求推导出来。[③] 由此看来,虽然罗尔斯的理论确实包含了一个契约论要素,但这个要素肯定不是他在构建其正义观时所要考虑的唯一因素,因为互惠性不仅是立足于他所强调的那个康德式的平等尊重理想,而且,当互惠性要求在与正义相关的各个层面上得到满足时,它本身就体现了那个理想。罗尔斯对公

---

① Rawls (2001), p. 96.

② 关于罗尔斯自己对这个区分的详细论述,参见 Rawls (1993), pp. 48-54。

③ 罗尔斯把戴维·高蒂尔看作这种尝试的一个典型例子,而努斯鲍姆对"互利"这个概念的理解主要是立足于高蒂尔的观点。参见 David Gauthier, *Morals by Agreement* (Oxford: Oxford University Press, 1986)。

平合作观念的强调只是旨在表明，只有在这样一种合作体制下，人们才能对正义提出有效主张。① 如果努斯鲍姆坚持认为罗尔斯的互惠互利观念仍不足以表达对正义的关切，并要求罗尔斯扩展正义的领域，使之包含日常用慈善、同情和关爱之类的道德情感来指称的各种人际关系，那么她大概就忽视了一个重要事实：不仅这些情感与正义是不同的，表达了人类生活的不同领域，而且正义因其与社会制度的本质联系而在社会生活中具有一种独特的重要性。②

以上论述或许不足以回答努斯鲍姆的批评。不过，需要记住的是，原初状态只是罗尔斯用来构想理想状况下的正义原则的一个观点。一个理想化的初始选择状况可以采用不同假定，从而得出不同的正义原则，例如功利主义原则或者诺齐克所设想的原则。作为一种理想化的初始选择状况，罗尔斯的原初状态包含了一系列与道德心理学密切相关的重要思想，例如同情、不偏不倚、平等、合理性、对幸福的自然关切以及慈善。如果努斯鲍姆称为"人类生活的本质特点"的那些东西确实涉及人类生活中某些持久而深刻的重要事实，它们就应该是一个罗尔斯式的初始选择状况所要考虑的。③ 实际上，罗尔斯不是没有考虑到努斯鲍姆提出的问题。例如，在《政治自由主义》中，他把社会设想为在时间上延续的公平合作体制，并用这个思想来取代他原来在《正义论》中对"社会"的描述——社会是人们为了互利而从事的一项事业。罗尔斯仍然按照公平合作的观念来设想社会，但他现在对"社会"所施加的那个限定条件（"在时间上延续"）能够具有一些重要含义，比如说如下含义：为了保证社会的公平合作能够持续下去，让参与合作的社会成员**终生**都具有正常的能力和适当的资源既是必要的也是重要的，正如他明确所说：

> 既然社会是一种公平合作体制，我们就假设作为公民的人具有一

---

① 在下一部分讨论罗尔斯的政治本体论时，我们会进一步看到这个思想在其理论中的重要含义。

② 关于罗尔斯自己的相关论述，特别参见 Rawls (1999)，§30,84,85。

③ 按照这个思想对罗尔斯的一个有限捍卫，参见 Henry Richardson (2006), "Rawlsian Social-Contract Theory and the Severely Disabled", *The Journal of Ethics* 4: 419-462。然而，我并不同意这篇文章的核心论点，即互惠性观念不是罗尔斯的契约论模型的一个独立的本质承诺。参见后面的讨论。

> 切使他们能够成为充分合作的社会成员的能力。这样做是为了对如下问题取得一个明确的看法：对我们来说，政治正义的根本问题是什么？也就是说，什么样的正义观是最合适的，以至于我们可以利用它来规定公民（他们被看作是自由和平等的，终生都是正常的和充分合作的社会成员）之间的社会合作条款？[①]

在这个论述中，罗尔斯并未偏离他一贯坚持的那个基本主张：自由和平等是公平合作的一个先决条件。不过，很明显，对他来说，为了让这个条件首先得到满足，社会不仅要首先消除人们在开始进行合作时由于历史原因而造成的不平等，也要设法保证社会成员终生具有参与充分的社会合作的基本能力。[②] 因此，罗尔斯至少可以认为，保证公民具有参与社会合作的基本能力也是正义的一项要求。他可能也会认为，只要社会合作的初始时刻可以被指定，只要社会有充足的资源让每个人都具有平等的能力，社会就应当这样做。进一步说，如果某些社会成员承受的不利条件（例如残疾）是由不公正的社会制度造成的，社会就有一个**正义的责任**对他们进行某种补偿，例如努力恢复其健康状况。当然，健康是任何正义理论都会面临的一个棘手问题，因为人们的健康状况不仅取决于遗传条件和生活环境，也与生活习惯和个人选择具有重要联系，而且，这三个方面的因素可以产生复杂的相互作用。因此，我们大概不应该指望一切健康问题都要（或者都应当）通过一种公共的正义观来解决——"政治正义总是需要用其他美德来补充"。[③] 即使某些社会成员由于严重残疾而不能**充分**参与社会合作，他们也应当被看作一个正义的社会所要关心和照顾的对象——即便不是用严格的经济分配正义所要求的那种方式，至少也是用一种能够将公民友爱和平等尊严的精神体现出来并满足社会合作的稳定性和持续性要求的方式。之所以如此，不仅因为他们曾经是（或者本有可能成为）社会合作的充分参与者，而且也

---

① Rawls (1993), p. 20, cf. p. 3.

② 罗尔斯对"基本善"的设想是否能够做到这一点，这是一个不同的问题。即使努斯鲍姆认为其能力进路在这个方面优越于罗尔斯的探讨，但并非所有理论家都同意其主张，例如，参见 Thomas Pogge (2004), "Can the Capability Approach be Justified?" in Martha Nussbaum and Chad Flanders (eds.), *Global Inequalities* (special issue of *Philosophical Topics*), pp. 167-228。

③ Rawls (1993), p. 21.

因为家庭本身对于社会合作来说是不可或缺的——家庭不仅本质上有资格成为基本结构的一部分,而且也是社会(因此,社会合作)得以延续下去的一个必要条件。①

当罗尔斯将制度看作正义的首要主体时,他所要强调的是,制度要对背景正义负责;背景正义显然是人们公平合理地追求自己的个人生活的基本条件。但是,罗尔斯不是没有意识到个人行为或个人选择能够对背景正义产生影响。如果某些社会成员因为不满足"充分合作"的要求而在社会上处于不利地位,甚至因此而受到支配或掠夺,那么这种状况就是正义所要关心的,因为它会影响背景正义,从而影响公平合作的基本条件。因此,虽然罗尔斯因为承诺了古典社会契约传统的一个基本观念而强调公平合作的重要性,但是,只要我们恰当地理解了其公平合作的观念,特别是公平合作与背景正义的本质联系以及他的正义观的核心目的(即实现那个康德式的自由平等的道德人理想),那么他的理论并非原则上不能回答努斯鲍姆的批评。

现在让我转到努斯鲍姆对罗尔斯国际正义学说的批评。② 罗尔斯假设,通过无知之幕的设施,原初状态中的各方在某种程度上超越了他们在广泛意义上的既得利益和个人目标。就此而论,他们满足了一个不偏不倚的观点的要求。然而,就像森一样,努斯鲍姆认为,罗尔斯在原初状态中所采纳的不偏不倚的观点是"封闭的":各方所持有的一些狭隘的价值观并未得到开放的讨论和审视,在这种情况下建构出来的原则在应用于实际社会时,甚至对一些公民来说很可能也是不公正的。在罗尔斯的《政治自由主义》中,这个问题似乎变得更严重,因为罗尔斯取消了他在《正义论》中对一个康德式的道德人的观念的承诺,认为这个观念表达了一种"全面性"观点,不应

① 罗尔斯在《正义论》第 44 节中对公平节省原则的论述与这一点具有直接联系。

② 努斯鲍姆对罗尔斯的批评也涉及如下问题:如何对待动物以及自然界的其他成员。出于两个理由,在这里我将不处理这个问题:第一,我认为这个问题并不具有其他两个问题所具有的那种实践迫切性(这个问题当然是理论上重要的,正如努斯鲍姆在《正义的前沿》第 6 章中充分论证的);第二,罗尔斯在这个问题上实际上是继承了康德的思想,不过,我们或许可以通过发展康德的观点来处理这个问题,或者至少处理努斯鲍姆在这个问题上对康德的批评。关于后面这种尝试,参见 Christine Korsgaard, *Fellow Creatures and Our Obligations to Other Animals* (Oxford: Oxford University Press, 2018)。

出现在政治正义原则的建构所要依据的那种“交叠共识”的领域中。[①] 在国内正义的情形中，尽管罗尔斯仍然是在按照契约论框架下的公平正义观来设想正义原则，但他也假设社会正义的一个目的在于培养公民的正义感。哪怕这样做可能只是为了维护公平合作的稳定性和持续性，它也提供了一个派生的理由，使得公民团结在某种程度上成为可能，因此就可以在公民之间产生某些与正义相关的道德情感。

与此相比，努斯鲍姆论证说，罗尔斯对国际正义的思考呈现出一个两难困境。不论是在《正义论》中，还是在后来的《万民法》中，罗尔斯都对国际正义采取了一种两阶段的探讨。在国际正义的情形中，罗尔斯被认为依然认同他在处理国内正义时所采纳的那个本质思想：社会契约是在具有大致平等的能力和资源的各方之间制定出来的，以便没有任何人能够支配其他人。在国内正义的情形中，这个思想反映了对公民的平等地位的尊重；在国际正义的情形中，它表达了对主权国家的平等尊重，但并未将个体看作正义所要关注的根本对象。换句话说，当罗尔斯同样按照一种原初状态来设想即将用来制约国际关系的政治正义原则时，他假设在这种原初状态中参与制定正义原则的各方是相关国家的代表。[②] 在古典社会契约传统中，主流思想家不仅认为自然状态涉及某些自然权利，而且认为在国际社会中的一切应得权利，包括国家主权，根本上都是来自人的尊严和社会性。实际上，对他们来说，正是因为人们的自然权利在自然状态中得不到有效保障，通过社会契约来建立一个政治社会才变得必要。然而，按照努斯鲍姆的说法，在罗尔斯对国际正义的设想中，当他就像康德那样仅仅把维护国际和平与安全鉴定为签订国际契约(第二阶段的契约)的根本目的时，他已经忽视或无视了社会契约传统固有的那个思想，只是把从国际原初状态中选择出来的根本原则应用于国家，而不是跨过国界将它们首先应用于个体。

---

① 然而，博格已经试图表明罗尔斯对这个康德式概念的理解是有问题的。见 Pogge (2002)。

② 罗尔斯当然也假设每个国家的代表都充分表达了其人民的利益，这被认为要求相关的国家已经实行了充分的民主制。但是，罗尔斯允许某些“得体的”但并不采纳西方式的自由民主制的国家参与制订国际正义原则。罗尔斯的某些批评者由此认为，他的国际正义理论是以国家而不是以个人作为关注焦点。但是，正如我将在后面表明的，罗尔斯有理由认为国际正义本质上不同于国内正义，因此他并不是不能回应有关批评。

罗尔斯一贯认为，正义原则首先要应用于社会基本结构，因为基本结构从一开始就对人们在社会上的初始地位和机会产生深刻影响，并继续对其生活条件产生实质性影响。在罗尔斯式的社会中，就制度设计而论，基本结构是由从原初状态中选择出来的正义原则来决定的。在国际原初状态中，各国代表所要选择的是用来制约国际关系的根本原则，因此他们就把其国内基本结构看作是固定的。在努斯鲍姆看来，这意味着罗尔斯将某种合法性赋予现实国家（大概除了所谓“法外国家”外）。她进而论证说，这个假定既不符合罗尔斯对基本结构的重要性的强调，也不符合当今世界的实际状况。如果基本结构能够对人们的生活前景产生重大影响，如果正义旨在改善人们的生活前景，那么，不管是在国内正义的情形中，还是在国际正义情形中，基本结构都应该是正义所要关注的对象。换句话说，如果正义根本上关注的是人类个体，就像罗尔斯在其国内正义理论中所强调的那样，那么他就应当认为，在国际契约中制定出来的原则也应该把一个国家的基本结构作为一个关注焦点。努斯鲍姆由此认为，即使现存国家的基本结构已经是固定的或被认为是固定的，也不能认为它们因此就具有了政治合法性。说一个国家的人民有权通过民主途径来决定其政治与经济安排，并不等同于说这个国家在现实状况上是合法的。如果一个国家尚未实现努斯鲍姆所强调的那种自由民主，那么，即使其人民**在未来**能够设法实现这种制度，这也不意味着这个国家**目前**就满足了由自由民主制度来界定的政治合法性要求。就此而论，努斯鲍姆提出的主张是正确的。但是，罗尔斯就国际正义提出的观点，正如我们即将看到的，并不受制于努斯鲍姆在这里提出的这种简单解释。例如，对罗尔斯来说，我们无法合理地设想国际社会如何能够**直接**决定一个国家的基本的制度安排——不仅国际社会本身缺乏这样做的正当权威，而且一个国家的人民也有权决定其社会-政治制度以及经济安排。国际社会所能做和应当做的，是用一种本身就能得到一国人民认同的方式来帮助他们实现与**基本人权**的满足相关的目标，而且在履行这项任务时还必须充分尊重他们的国家主权。只要一个国家的人民仍然坚持自我决定的权利，国际社会（或者任何能够主导国际秩序的国家）就不能随意侵犯这项权利，因为只要一个主权国家的人民仍然有兴趣维护国家独立和完整，平等尊重原则就同样适用于任何主权国家。

诚然，在罗尔斯对国内正义的构想中，他把一个社会［或者由一个“人民

(people)"构成的国家]看作是封闭的和自足的。这样做一方面为了要简化他对原初状态的设想,另一方面是为了强调他所坚持的那个基本主张,即社会合作应该确保公民在公平合作的条件下获得他们要不然就得不到的东西。在罗尔斯的国内正义理论中,这个动机上的考虑是关键的。不管是社会合作所能采取的形式,还是人们通过社会合作而期望得到的东西,都与一个社会的政治文化、历史传统以及社会条件具有本质联系。正是因为与社会合作相联系的分配正义具有这个特点,罗尔斯才假设其正义原则所要应用的社会是封闭的和自足的。然而,努斯鲍姆论证说,在国际正义的情形中,这个假设不仅不现实,也是道德上有缺陷的。在当今世界,任何一个国家的公民的生活前景都不可避免地受到全球市场、跨国公司以及全球政治-经济体制的广泛影响,首先是受到由某些强权国家来支配的全球政治-经济秩序的影响。"任何一个正义理论,"努斯鲍姆说,"[只要]旨在为所有人都能具有得体的生活机遇和生活机会提供一个基础,就必须承认每个国家内部的不平等和国家之间的不平等,就必须准备处理在一个全球相互联系不断加强的世界中、这些不平等之间的错综复杂的关系。"①因此,即使人们仍然不得不生活在某个国家,也没有理由认为他们所生活的社会是封闭和自足的。在这种情况下,如果罗尔斯继续认为,具有大致平等的资源和能力是通过一项国际契约将某些根本原则选择出来的一个必要条件,那么这项契约要么不可能在所有国家之间达成,要么就只能在某些势均力敌的国家之间达成,因此就会把弱势国家(尤其是贫困国家)排除在外。虽然国际正义只是旨在维护国际和平与安全,消除不正义的战争对全世界造成的威胁和伤害,但是,只要想想目前越演越烈的国际恐怖主义、触目惊心的贫富差距以及严重不平等所导致的暴力冲突,我们就可以看到,将一些国家排除在外根本就无助于达到罗尔斯所设想的国际正义旨在取得的目标。

努斯鲍姆进一步论证说,只是按照狭隘地解释的互利的观念来理解和探究国际合作也是成问题的,因为在现实条件下缺乏平等的资源和能力的国家显然不能满足这个要求。假若富裕国家不能通过罗尔斯所设想的那种国际合作中从贫困国家得到自己想要的东西,它们就不会把贫困国家看作在某种意义上是平等的。如果极度贫困和严重不平等可以成为大规模暴力

① Nussbaum (2006), p. 225.

冲突的一个根源，那么，哪怕只是为了保证和平、避免战争，对全球资源和财富实施某种再分配就不仅是这个目的的一个要求(或许作为一种手段)，也是正义的一项要求，因为全球贫困与各国之间的极度不平等，与强权国家对弱势国家的殖民统治及其对后者物质资源和人力资本的掠夺具有重大干系。因此，富裕国家至少就有义务补偿贫困国家。然而，罗尔斯的国际契约却被设计来"取消历史命运的偶然性和偏见"①，因此就等于无视历史因素所造成的事实上的全球不平等。这样一来，在罗尔斯对国际正义的设想中，他在国内正义的情形中如此强调的背景正义条件就得不到满足。

在努斯鲍姆看来，既然罗尔斯在《万民法》中对国际正义的设想仍然是立足于休谟对正义条件的描述和古典社会契约论，他的一些观点就偏离了其主导思想，并在其理论中产生了内部张力。在《万民法》中，通过利用《政治自由主义》中已经提出的一些考虑，罗尔斯试图将人权的观念整合到他对国际正义的思考中。就像在《正义论》中一样，在《万民法》中，国际原初状态的各方是国家的代表，不过，罗尔斯现在用"人民"来取代"国家"。努斯鲍姆认为，这种转变并没有得到充分辩护，因为罗尔斯对"人民"这个概念的使用仍然是含糊不清的，至少存在三个严重问题。第一，世界上很多国家并不具有将全体人民的利益充分表达出来的政府，在这种情况下，罗尔斯的代表设施是不确定的。如果原初状态中的代表所代表的是国家及其基本结构，那么他们很可能就不是代表普通人民的利益。甚至在罗尔斯的良序社会中，如果正义的制度未必会导致正义的社会，那么人民的利益也不能在基本结构中完整地表达出来。如果一个国家的基本结构本身就是不正义的，我们也很难设想代表人民的真实利益的代表怎么会突然间就出现。第二，与第一个问题相关，如果罗尔斯认为一个国家的基本结构已经是固定的，那么他就已经暗中将某种政治合法性赋予现存国家，甚至在这些国家不是在充分地对人民负责的时候。因此，与罗尔斯对国内正义的设想不同，他所设想的那种国际关系似乎就缺乏某种实质性的道德约束。当然，这并不意味着国际和平与安全不可能被设想为一个道德目标。问题只是在于，如果国际关系缺乏实质性的道德约束，国际和平与安全也有可能是立足于罗尔斯在《政治自由主义》中称为"权宜之计"的那种东西，即有关国家在权力角逐的基础

① Rawls (1999), p. 332.

上形成的一种临时妥协。第三,一旦罗尔斯把一个社会设想为一种与其他社会相隔离的封闭体系,他就无视了各种国际组织和全球秩序对人们的政治与经济生活的影响。

尽管罗尔斯强调国际原初状态中的各方所代表的是人民而不是国家,但是,如果一个社会的基本结构已被看作是固定的和封闭的,我们就不太清楚这个转变能够在他对国际正义的思考中带来多大进步。"人民"似乎不能只是被理解为一个享有某个全面性生活观念的群体,因为生活在大规模多元主义社会中的人们显然不满足这个定义。甚至在某个单一的文化或宗教传统占据支配地位的社会中,可能也有一些人不认同与该传统相关的全面性学说。当然,罗尔斯可以放松他对"人民"的理解,采取一个更弱的要求:一个人类群体不是因为分享某个全面性学说而成为一个人民,而是因为怀有某种"共同的同情"而成为一个人民。然而,努斯鲍姆认为这个理解也是成问题的,因为一个国家中的某些人或许也会出于某种共同的身份而同情其他国家中具有类似身份的人。用森的话说,在当今世界上,我们其实并不具有某种占据支配地位的单一身份,因此,按照这样一种身份来思考或设想人际关系和国际关系不仅是政治上危险的,也是道德上不可接受的。假若罗尔斯转而认为,愿意共同生活在同一套制度下是"成为一个人民"的必要条件,[①]那么他又会再次回到国家的概念。在这种情况下,按照努斯鲍姆的说法,用"人民"来取代"国家"就显得有点无缘无故。

实际情况是,罗尔斯所说的"国家"并不是我们在某种理想形态下鉴定出来的国家,例如按照某种单一的文化或某个共同的传统鉴定出来的国家,而是传统意义上的国家,即在历史上已经具有明确的地域界线并声称对这片地域具有主权的现存国家。这个意义上的国家被认为具有它们在历史上具有的某些权力,例如谋划和发动战争的权力。然而,当罗尔斯确实是从一种"现实主义"的角度出发来思考国际正义时,他也强调说,在一个良好地运作的国际社会中,传统意义上的国家不可能合法地声称它们具有这些权力,因此这些国家就不能成为一个国际正义理论的主体。换句话说,就像罗尔斯用无知之幕来"过滤掉"原初状态中参与选择国内正义原则的各方的某些身份特点一样,他也不认为用来选择国际正义原则的原初状态必须包括所

① 正如在下一部分中我们就可以看到的,这实际上就是罗尔斯在这个问题上的观点。

有国家的代表。但是，我们不能简单地认为，罗尔斯对这种原初状态的限定是要将某些国家排除在国际正义的领域外。必须承认，具有同一个文化传统的人们更有可能在如何管理自己、如何组织社会生活方面达成共识，因为政治并非与文化和传统毫无关系。当人们长期生活在同一个地方、分享和继承了某种文化传统时，他们更容易形成一种强健的共同体意识，更容易满足罗尔斯式的正义社会所要求的互惠性条件。如果我们无法合理地指望消除现存国界、形成一个单一的全球国家，那么罗尔斯的国际原初状态就只能将国家的代表设想为参与制定国际正义的根本原则的各方。但是，任何根本原则的形成取决于人们已经具有某些基本共识。例如，如果某个国家根本就不承认国际和平与安全的重要性，其在政治上的主导观念就是尽可能掠夺其他国家和人民，那么，将这样一个国家（或其代表）包括在国际原初状态中，显然就会导致无法达成任何国际正义原则的结果。罗尔斯是否能够对"人民"提出一个令人满意的定义当然是一个需要考虑的重要问题。在这里，值得指出的是，他要用这个概念来取代的显然是传统意义上的国家。换句话说，罗尔斯实际上已经意识到需要用某些道德标准来评价和规范国家行为，然后在此基础上设想用来制约公平正义的国际关系的根本原则。这个意识明确地出现在他对如何实现一个秩序良好的万民社会的设想中。而且，尽管他强调极度贫困可以通过合理的国内政策来消除，但他仍然相信国际社会有责任援助负担沉重的社会。

在国内正义的情形中，背景正义是社会成员在满足正义原则的条件下自由地开展自己生活的必要条件。国际正义在一种重要的意义上就类似于国内背景正义——国际正义是各个主权国家能够自由地开展自己的社会一政治生活的基本条件。对罗尔斯来说，二者的差别仅仅在于，与国内正义相比，国际正义的内容和目标都要"单薄"一些。就国内正义而言，罗尔斯假设，只要社会正义的本质条件已经得到满足，社会成员就要对形成和追求自己的生活计划负责，这既是平等尊重的要求，也是社会成员发展和维护自己尊严的一种重要方式。同样，在国际正义的情形中，罗尔斯假设，只要一个国家遵守国际正义的根本原则，它就值得平等尊重，就有权选择与其自身的历史传统和社会条件相适应的社会-政治制度和经济安排。在这两种情形中，罗尔斯都强调尊重自主性的重要性。不过，努斯鲍姆进一步问道：如果罗尔斯是基于对人权的考虑而认为国际社会有义务援助负担沉重的社会，那么同样的考虑为什么不也适用于世界各地被剥夺了基本人权的人们？罗尔斯对这个问题的回答，正如我们即将看到的，实际上很复杂。例如，他或许认为负担沉重的社会缺乏明晰可辨的文化与政治传统，因此不能切实担当自我管理的责任。① 与此相比，尽管某些社会并不信奉或采纳自由主义的价值观，它们还是可以实施某种有效的自我管理，能够选择用其他的方式来落实公民的基本人权。然而，努斯鲍姆依然坚持认为，一旦罗尔斯已经将基本人权的观念引入他对国际正义的思考中，其理论就会面临如下困境：

> 要么罗尔斯不得不承认，把各个社会集中起来、形成[国际]契约的原则和环境很不同于休谟所设想的情境，即只是关注大致的平等和互利，要么他仍然坚持这些条件。假若他偏离了休谟，放松大致平等的条件以及对[合作的]动机的那种相关理解，那么他就可以将所有国家都包含在内，即使它们之间有着令人惊奇的不平等。但是，这样一来，他就必须重新说明人们为什么要一起合作，因为那个契约不再被看作是以互利为目的的契约。……另一方面，如果罗尔斯仍然固执于休谟的观点和古典社会契约学说，他就应该说[贫穷国家]并不属于[国际]契约。②

就像柯亨和墨菲对罗尔斯的国内正义理论的批评一样，努斯鲍姆旨在表明罗尔斯的国际正义学说存在结构性缺陷。但是，正如我们已经初步看到的，无论是从罗尔斯用来设想正义的方法论程序来看，还是从他用来构想正义原则的实质性考虑来看，其国内正义理论和国际正义理论至少在结构上是严格类似的。③ 假若在国际层面上存在着任何正义问题，这些问题所产生的环境本质上仍然是休谟所设想的那种环境，即相对于各个国家或社会对其利益的不加限制的追求而论，整个地球资源总是处于适度欠缺的状

---

① 参见罗尔斯在如下地方的对比说明：John Rawls, *The Law of Peoples* (Cambridge: Harvard University Press, 1999), pp. 112-113。为了方便，下面在正文中对这部著作的引用将直接标注在引文后面，我用 LP 作为缩写。

② Nussbaum (2006), p. 249.

③ 实际上，正如罗尔斯的某些捍卫者已经指出的，他的国际正义学说也是逻辑上一致的。例如，参见 Samuel Freeman, *Justice and Social Contract* (Oxford: Oxford University Press, 2007), especially chapters 8-9。

态，各个国家或社会之间的同情或慈善也总是有限的。当然，这不是说国际正义只是关系到国家或社会之间的利益分配问题；如果各个国家及其人民都充分地意识到共同承担全人类命运的重要性，那么确实有一些具有根本重要性的问题是所有国家及其人民都要共同面对的，例如与整个地球的资源利用、生态环境以及世界和平有关的问题。这些问题以及相关问题之所以是全人类需要共同面对的，是因为它们可以对全人类以及人类的未来发展产生重大影响。罗尔斯不会否认这些问题是人类共同体需要用某种合理公平的方式来解决的。但是，就像他并不认为其国内正义理论涵盖了一切正义领域一样，他也对其国际正义理论提出了明确的限定，即限制到国际社会为了确保世界和平与安全而必须采纳的国际合作的公平条款以及相关原则。对罗尔斯来说，这个目标的实现首先要求所有人的基本人权能够得到充分保障，因为这方面的失败不仅会对世界和平与安全造成严重威胁，而且也是在尊重每个人的基本尊严方面的失败。正如我们即将看到的，在罗尔斯对国际正义的构想中，他能够持有一个最低限度的世界主义承诺，尽管他也强调这个承诺要在充分尊重主权国家的基础上来实现。

努斯鲍姆对罗尔斯的国际正义理论的批评显然忽视了这一点。不过，这还不是她的批评存在的唯一问题。努斯鲍姆正确地指出罗尔斯对正义的构想部分地立足于休谟对“正义的环境”的论述，但她未能充分地认识到，当罗尔斯利用古典社会契约论来构想一个正义理论时，他所利用的是**康德式**的契约论，而不是她自己赋予罗尔斯的那种霍布斯式的契约论。这个事实对于正确地理解罗尔斯的国际正义理论来说极为重要。在康德看来，道德行动的价值不是来自通过行动来取得的任何特定目的，而是来自激发行动的意愿的本质。[①] 康德由此认为，道德推理不是由对某些目的的追求来表征的，而是由包含在意愿的根本原则中的行动理由来表征的。罗尔斯接受了康德的这一看法，并由此发展出一种康德式建构主义。[②] 罗尔斯对这种建构主义的要点提出了如下说法：

> [康德式建构主义]把对个人的一种特定理解规定为一个合情合理

① Kant, *Groundwork of the Metaphysics of Morals* (translated and edited by Mary Gregor, Cambridge: Cambridge University Press, 1998), 4: 400.

② Rawls, “Kantian Constructivism in Moral Theory”.

的建构程序中的一个要素，这样一个建构程序的结果决定了正义的第一原则的内容。换句话说，这种观点设置了一种对某些合情合理的要求进行回应的建构程序，在这种程序中，被表征为进行建构的理性行动者的个人通过他们的协议明确规定了正义的第一原则。……按照这种康德式观点，只有当政治推理和政治理解的基础在一个公共文化中被确立起来时，我们才会具有为一种正义观进行辩护的条件。一种正义观的社会作用是要让所有社会成员都能彼此接受他们所分享的制度和社会安排，而这样做的方式就是通过引用被公共地承认为充分理由的东西，这种理由是由那种正义观来鉴定出来的。为了成功地这样做，一种正义观必须规定可允许的社会制度以及将它们安排成为一个体系的可能方式，以便它们对所有公民来说都可以得到辩护，不管他们的社会地位或者更加具体的利益如何。①

按照这种建构主义，道德原则或正义原则并不是独立于人们所生活的社会（特别是其公共的政治文化）而先验地存在的，而是为了满足他们的某些共同需要或者合情合理的要求被建构出来的。尽管康德在其政治哲学中往往被看作一位契约论理论家，但他是一位与众不同的契约论思想家，因为他将社会契约本身看作一个“理性的观念”，即理性自身所具有的一个观念。社会契约的观念为判断国家及其法律的正当性提供了一个标准。② 当康德将原始契约看作理性的一个观念时，他实际上是在说，为了实现人的自由平等的道德本质，理性要求人们通过一种假设性的社会契约进入一个政治社会——一种要求尊重个人的自由、平等与独立的共和政体。

康德在其社会契约理论中发展出理性同意的概念。罗尔斯相信按照这个概念来设想应用于公共领域的正义原则特别合适，因此就试图将一种康德式的道德建构主义与社会契约模型联系起来。在他这里，这种建构主义在正义领域中的应用立足于两个康德式的观念：第一，可接受的正义原则可

① Rawls，“Kantian Constructivism in Moral Theory”，pp. 304-305.

② 参见 Kant，“On the Common Saying”，in Kant，*Political Writings* (edited by H. S. Reiss，Cambridge：Cambridge University Press，1991)，pp. 61-92。关于康德在什么意义是可以被看作一位契约论思想家，参见 Patrick Riley，*Will and Political Legitimacy* (Cambridge，MA：Harvard University Press，1982)，pp. 125-162。

以被看作理性行动者在公平条件下的自愿协议的产物；第二，选择和确定正义原则的行动者必须被认为是自由和平等的。第一个观念表达了罗尔斯对一种建构主义契约论的承诺，第二个观念表达了一种康德式的“道德人”的概念。在康德那里，“自由”指的是每个人都可以用一种适合于自己的方式来追求幸福；“平等”指的是人们在彼此行使强迫性权利上都具有同等的权威；“独立”指的是人们在这种权威上是共同的立法者。罗尔斯大致采纳了康德对这些概念的理解，但将“独立”整合到自由的概念中——对他来说，自由指的是社会成员作为其主张的“自我原创的来源”的地位；平等指的是每个成员都“具有同样的权利和权力”；“作为独立的自由”指的是每个人在原初状态的信息约束下所具有的用来同意立法的根据。[①] 更为重要的是，罗尔斯将两个进一步的属性整合到他所采纳的那个康德式的“人”的概念中，即**合情合理地**行动和**理性地**行动的能力。[②] 如果实践理性的运用反映了愿意倾听和考虑其他人所提出的理由的倾向，那么这种运用就是合情合理的；如果实践理性的运用表达了每个社会合作的参与者对自己的理性利益的设想，那么这种运用就是理性的。[③] 这两个概念都旨在表达罗尔斯对社会合作的基本要素的理解：人们是出于理性地追求自己利益的动机而决定参与社会合作，但是，社会合作的可能性和稳定性要求人们用一种互惠互利的方式来遵循社会合作的公平条款。因此，罗尔斯在其对正义的建构中赋予个人的这四个道德属性是相互联系的，例如，当原创状态中的各方没有受到对其可允许的善观念进行限制的背景观点的约束时，他们就是自由的；当无知之幕阻止他们诉求他们在天资或社会地位方面的优越性来辩护即将提出的正义原则时，他们就是平等的；对“自由”或“平等”的这些理解显然预设了人们已经具有合情合理地和理性地行动的能力。因此，只要我们已经恰当地把握了罗尔斯的建构主义，我们就很容易看到，他根本就不是按照努斯鲍姆所设想的那种方式来看待原初状态中准备确定和选择正义原则的各方的自由和平等，特别是，他所说的“自由”不是一种毫无约束的自由，他所说的“平

① Rawls,“Kantian Constructivism in Moral Theory”, pp. 334-335.

② 这个区分大致对应于康德在实践理性的“纯粹”形式和“经验”形式之间的区分，正如在绝对命令和假言命令的区分上体现出来的。

③ 参见 Rawls,“Kantian Constructivism in Moral Theory”, p. 316。

等”也不是一种在体力、智力或权力方面的大致平等。之所以如此，恰好就是因为他对正义原则的建构很大程度上是立足于一种康德式的“道德人格”的概念，而不是那种霍布斯式的“自然人”的概念。因此，我们也没有理由认为，原初状态中**选择**正义原则的人们并未真正地表达正义原则**所要应用**的那些人；罗尔斯自己也不认为，从原初状态中选择出来的正义原则是被僵硬地应用于某个社会或任何社会，正如我们稍后就会看到的。

三、罗尔斯及其世界主义批评者

尽管努斯鲍姆试图表明罗尔斯的理论存在着一个内部张力，但她并没有进一步挖掘这个张力的深层根源。对罗尔斯的国际正义理论的批评主要是来自世界主义观念的倡导者；尽管他们之间仍然存在重要分歧，但他们都倾向于相信正义原则应当跨国界地加以应用。罗尔斯与这些批评者之间的根本分歧，在我看来，并不在于他本人并不（就像这些批评者所认为的那样）持有任何世界主义承诺，因为其国际正义理论确实包含了对世界主义道德观的承诺，而在于如何恰当地设想国际正义（或者批评者所说的全球正义）的目标及其合理的实现方式。在国内正义的情形中，罗尔斯已经强调说，正义的目标在能够引导社会进步的同时也应该是合理地可实现的，也就是说，在考虑到人们一般的道德心理及其政治文化传统的情况下是有望得到实现的。在国际正义的情形中，正义原则所要应用的对象（即相关国家或社会）实际上并不分享同一个公共的政治文化，因此正义原则就只能建基于他们之间所能达成的某些根本的共同关切。这些关切之所以是共同的，是因为它们是每个国家或社会在国际关系的公认准则下为了发展或促进自己的利益都必须考虑的；它们之所以是根本的，是因为它们在根本上关系到这样一些东西——若没有这些东西，就说不上有一个基本上公正的国际秩序。当然，这不是说用来制约国际关系和国际合作的根本原则在内容上必定比国内正义原则更加单薄，而是说这两种正义原则所要应用的领域及其旨在实现的目标具有重要差别。因此，在这两种原则之间实施一种分工并不意味着它们之间并不存在某些可理解的联系，正如罗尔斯在国内正义的情形中实施的制度分工并不意味着社会基本结构不应该间接地调节个人行为或个人选择。分工是为了合理地实现正义。例如,罗尔斯并不否认正义的一个根本目的就在于实现每个人作为人而被赋予的基本人权,不过,他倾向于将这项任务指定给人们所属的国家或社会,而把帮助负担沉重的国家或社会落实其公民的基本人权看作国际正义应当努力实现的一个目标。以下我将试图表明,只要我们恰当地理解了罗尔斯对正义的构想及其理论的基本结构,其国际正义理论就不仅是合理的(甚至比某些世界主义者对全球正义的构想更合理),而且也能回答某些持有世界主义观念的理论家(包括森和努斯鲍姆)提出的批评。通过这样做,我也试图缓和罗尔斯与某些罗尔斯式的世界主义者之间的对立。①

为此,我们首先需要澄清世界主义者提出的主张。② 世界主义或者世界公民观念不是一个单一的观点,而是由一些彼此相关的观点构成的学说。世界主义者大概都会分享如下核心主张:所有人都属于(或至少能够属于)人类共同体,这个共同体应当以某种方式得到发展。目前有三种主要的世界主义:道德的、政治的以及文化的。就其最一般的表述而论,道德世界主义只是说,所有人都受制于同一套道德法则——不管人们生活在世界上什么地方,他们都应该按照这套法则对待彼此。政治世界主义所说的是,只有当每个人都受制于有权强化这些法则的同一个政治权威时,人们才有可能按照道德法则来对待彼此。政治世界主义是否要求一个世界国家或政府,或者是否使之变得必要,这是一个有争议的问题。不过,大多数倡导全球正义的世界主义者并不认为,全球正义的落实必定要求一个世界国家或世界政府。因此,在这里我将不讨论政治世界主义。事实上,正如查尔斯·贝茨已经指出的,"道德世界主义根本上就不需要做出任何关于国际事务的最佳政治结构的假定。……道德世界主义与下面这种关于世界的观念是一致

① 在这里,所谓"罗尔斯式的世界主义者",我主要指贝茨和博格。参见:Charles Beitz, *Political Theory and International Relations* (Princeton: Princeton University Press, 1999);Charles Beitz (2000), "Rawls's Law of Peoples", *Ethics* 110 (4): 669-696; Charles Beitz (2005), "Cosmopolitanism and Global Justice", *The Journal of Ethics* 1-2: 11-27; Thomas Pogge, *World Poverty and Human Right* (second edition, Cambridge: Polity Press, 2002)。

② 在第十章中,我将进一步论述世界主义。

的：国家构成了人类社会-政治组织的主要形式"[①]。

不少理论家往往将全球正义与道德世界主义相联系。然而，我们并不是很清楚这种联系究竟是什么样的。道德世界主义所说的是，"每个人，作为道德关怀的根本单位，都有一个全球性的地位"[②]。这个说法只是意味着个人在任何形式的政治组织中（或者说，在政治组织的任何层面上）都具有根本的道德重要性。但是，将个人看作道德关怀的终极单位不仅预设了对人的道德地位的某种理解，而且也符合很多不同的道德立场，例如普遍功利主义、某种形式的康德伦理学、一种全球性的契约主义以及一种关于应当如何对待每个人的人权学说。[③] 对人的道德地位的任何合理解释都无须排除如下主张：人本质上是具有个人关系和社会关系的存在者。因此，道德世界主义至多只是与任何这样的观点相对立：这些观点将辩护的范围限制到某个特定群体的成员，不管该群体是按照其共享的政治价值来鉴定的，还是按照共同的历史或种族特征来鉴定的。由此来看，道德世界主义只是承诺了托马斯·博格所说的"规范个体主义"，即如下主张："[道德]关怀的根本单位是人，而不是（比如说）家族、部落、种族群体、文化或宗教团体、民族或国家。"[④]群体或团体可以因其成员而**间接地**成为道德关怀的对象，但其道德重要性是派生的。在这个解释下，道德世界主义的作用仅仅在于界定道德辩护的恰当范围，因为它声称所有人的利益都要得到平等考虑，不管他们出身于什么家庭、生活在哪个国家、具有什么政治或宗教信仰。[⑤] 但是，将个人看作是道德关怀的终极单位预设了一个问题及其答案，即个人在道德上究竟应当得到怎样的关怀。除了我们可以从对人的尊严的基本条件的理解中得出的东西外，跨越人们所生活的社会或共同体的界限来谈论道德关怀

---

① Charles Beitz, "Philosophy of International Relations", in E. Craig (ed.), *Routledge Encyclopedia of Philosophy* (London: Routledge, 1998) pp. Ⅳ, 831.

② Pogge (2002), p. 169.

③ 例如，参见 Beitz (2005), especially pp. 18-19; David Miller (2005), "Against Global Egalitarianism", *The Journal of Ethics* 9: 55-79, especially pp. 64-66。

④ Thomas Pogge, "Cosmopolitanism", in Robert Goodin, Philip Pettit and Thomas Pogge (eds.), *A Companion to Contemporary Political Philosophy* (Oxford: Blackwell, 2007), pp. 312-331, quoted at p. 316.

⑤ 参见 Pogge (2007), p. 313。

好像没有多大意义，因为至少某些重要的道德关怀取决于人们所生活的社会或共同体的本质。实际上，即使人类尊严的基本条件应当得到普遍关注，在全球正义的内容及其可能采取的形式上，道德世界主义也可以不表态，或者甚至持有不可知论的态度。因此，当一些世界主义的倡导者指责罗尔斯的国际正义理论"违背了"世界主义时，我们就必须弄清楚这个主张对罗尔斯来说是否成立，假若成立的话，罗尔斯为什么不接受他们所设想的那种世界主义的全球正义观。

鉴于我的关注焦点是罗尔斯的政治建构主义以及他由此对国际正义提出的设想，因此我将不全面考察其国际正义理论所遭受的批评；我将只是指出(而不详细讨论)主要的批评，然后将重点放在博格和努斯鲍姆提出的批评上。我之所以特别关注他们两人提出的批评，主要是因为他们都旨在表明罗尔斯的正义理论是不融贯或不一致的，存在所谓的"内部缺陷"。回想一下，世界主义者的核心主张是，我们应该将规范的个体主义直接应用到全球层面上——换句话说，如果在全球层面上存在着任何正义问题的话，那么所要关注的根本单位是人类个体，而不是(就像罗尔斯所说的那样)由他们所构成的人民或社会。早在《正义论》出版后不久，布莱恩·巴里就指出，如果原初状态中的各方试图通过最大化境遇最差的人们的期望利益来缓解各种偶然因素对其生活前景的影响，那么，在国际原初状态的情形中，他们也会提出类似的要求，即人们不应该因为出身或生活在贫困国家而致使其生活前景受到威胁或不利影响。巴里由此认为，在罗尔斯对国际原初状态的设想中，代表各国利益的各方应该同意接受一个与国内情形中的差别原则相似的原则。① 查尔斯·贝茨沿着类似的思想路线来批评罗尔斯并提出了两个论证：第一，既然自然资源提供了制度为了维护公民的需求而需要的财富，而自然资源的分布(或者对自然资源的原始占有)是偶然的，正义就要求对全球自然资源实施某种再分配；第二，各个国家或社会在全球层面上的相互依赖暗示了一种形式的合作，因此将原初状态扩展到全球层面上就是合理的，而这意味着在全球层面上采纳一个与差别原则相似的全球分配正义

① Brian Barry, *The Liberal Theory of Justice: Critical Examination of the Principal Doctrines in Theory of Justice by John Rawls* (Oxford: Clarendon Press, 1973), pp. 128-133.

原则。[①] 艾伦·布坎南进一步强化了贝茨的第二个论证——他论证说，全球层面上已经出现了一种与罗尔斯所说的社会基本结构相似的“全球基本结构”，因此罗尔斯就应当将差别原则和公平的机会平等原则直接应用于全球层面。[②] 总的来说，罗尔斯的世界主义批评者指责罗尔斯对国际正义的探讨或设想是“保守的”，甚至表达了一种“右翼自由主义”转向，而且，既然罗尔斯也是按照他用于国内社会正义的契约论模型来设想国际正义，他就应该彻底践行在前一种情形中所承诺的规范个体主义，直接按照个人而不是人民或社会来设想国际原初状态。[③]

就罗尔斯的国际正义学说而论，正如我们已经看到的，批评者也旨在表明他对契约论模型的承诺是不一致的。博格进一步论证说，罗尔斯的国际正义理论与其国内正义理论在某些基本承诺上不相一致，我们可以在其国际正义学说中发现一个“反世界主义”案例。[④] 大致说来，博格认为，罗尔斯在国内情形中认同了规范个体主义，但在国际情形中拒斥这个观点。这个事实在博格看来有三个含义。首先，罗尔斯在其国内正义理论中将个体的利益看作道德关怀（包括正义）的根本对象，而在其国际正义学说中，他却把人民看作道德关怀（包括正义）的根本单元，但个体的利益不能归结为他们所构成的集体的利益。其次，在罗尔斯的国际原初状态中，正是人民的代表，而不是个人的代表，要被看作将道德上最好的行为规则选择出来的各方，这些规则一旦被选择出来，就是国家应当尊重的。最后，在国内情形中，

---

① Beitz (1999), pp. 125-176.

② Allen Buchanan (2000), “Rawls's Law of Peoples: Rule for a Vanished Westphalian World”, *Ethics* 4: 697-721.

③ 关于这些批评以及类似的批评，参见：Simon Caney (2002), “Cosmopolitanism and the Law of Peoples”, *The Journal of Political Philosophy* 1: 95-123; Simon Caney, *Justice Beyond Borders: A Global Political Theory* (Oxford: Oxford University Press, 2004); Andrew Kuper (2004), “Rawlsian Global Justice: Beyond the Law of Peoples to a Cosmopolitan Law of Persons”, *Political Theory* 5: 640-674; Martha Nussbaum (2002), “Women and the Law of Peoples”, *Politics, Philosophy and Economics* 3: 283-306; Kok-Chor Tan, *Toleration, Diversity, and Global Justice* (University Park, PA: Pennsylvania State University Press, 2000); Kok-Chor Tan (2001), “Reasonable Disagreement and Distributive Justice”, *Journal of Value Inquiry* 35: 493-507。

④ Thomas Pogge(2004), “The Incoherence between Rawls's Theories of Justice”, *Fordham Law Review* 72: 1739-1759.

各方要采纳一个公共的正义标准来引导国内制度秩序的设计、改革和调整，而且是在复杂多变的自然、历史、文化以及经济-技术环境中这样做，与此相比，在国际情形中，各方则被要求**直接**认同特定的国际规则。博格据此认为，罗尔斯对规范个体主义的拒斥令其国际正义理论全然不可接受。

博格对其主张提出了如下论证。在罗尔斯看来，只要具有等级结构的得体社会承诺了对正义的一种良好的共同理解，即正义涉及努力“保护[这些社会]所代表的人民的人权和善、努力维护人民的安全与独立”(LP 69)，自由社会的人民就可以将它们接纳为一个合情合理的万民社会的成员。按照博格的解释，罗尔斯试图表明将这种社会纳入他所设想的万民社会是可取的，并以此来捍卫对个体利益的排除。博格认为这种尝试并不成功，其理由是，如果具有等级结构的得体社会已经显示了对个体利益的关怀，罗尔斯就没有理由不把某些共同得到承认的个体利益纳入国际原初状态。在这种情况下，他在国际原初状态中对规范个体主义的拒斥看来就毫无道理。如果个体利益在国际原初状态中并未得到考虑，个人无法对用来制约国际秩序的规则的运作施加影响，那么很多人的基本人权就不会在某种合理的限度上得到实现，例如当国际原初状态中的各方并没有真正地表达他们本应代表的人民的利益时。罗尔斯似乎承认(就像博格指出的那样)，无论是在国内情形还是在国际情形中，只要社会允许通过“自由议价”来塑造经济互动条款，背景正义就会受到威胁。在国内情形中，罗尔斯认为，通过用一种最小化困苦和不平等并维护背景正义的方式来设计和调节经济互动规则，这种威胁就可以消除。然而，博格论证说，即使罗尔斯明确承认并强调富裕国家有责任援助贫困国家，这项责任也“没有使得贫困国家在经济互动方面免受带有偏向性且日益恶化的国际条款的影响，这些条款是富裕国家通过其更大的、不对等的谈判力量强加给贫困国家的”。[①] 只要国际政治-经济秩序本身就是用这种方式来塑造的，就不能合理地指望它能够公平对待贫困国家或弱势国家。博格论证说，只有通过**直接**将规范个体主义扩展到全球层面，以它为依据来设计和调节全球制度秩序，每个人的基本人权才有望得到落实。博格的忧虑显然是，在真实世界中，参与国际原初状态的各方可能并未真正地表达他们本应代表的人民的利益，例如，他们可能是在代表某

① Pogge (2004), p. 1751.

个特权阶层的利益，而不是其社会在民主协商的基础上取得共识的人民的利益，在这种情况下制定出来的协议条款就会无视个人的利益和诉求。对博格来说，罗尔斯的理论之所以不连贯，就是因为他没有一致地将规范个体主义从国内情形扩展到国际情形，而在这两种情形中，我们都是出于同样的理由关注正义。

不难看出，努斯鲍姆对罗尔斯的核心批评本质上类似于博格的批评：二者都将矛头指向罗尔斯理论的契约论结构。回想一下，努斯鲍姆论证说，罗尔斯遵循休谟对正义环境的理解，认为互利的观念对正义来说是必不可少的。罗尔斯由此将古典社会契约论的一个主导观念引入其理论中，即原初状态中的各方应该是自由、平等和独立的。正是这个观念导致罗尔斯认为，只有当参与者按照公共达成的标准受益于社会合作时，社会合作才能是公平的。然而，在努斯鲍姆看来，不管罗尔斯如何理解差别原则在其理论中的地位和作用，只要他认为大致平等的能力和资源对于社会合作来说是必要的，并按照这个要求来设想公平合作的条款以及相关的正义原则，他就会把不能满足该要求的人们排除在正义领域外。既然罗尔斯对原初状态的设计已经将选择正义原则的人们与生活在实际世界中的所有其他人分离开来，其理论就不能得出适用于所有人的正义原则。另一方面，罗尔斯又明确认同康德伦理学的基本立场，把每个人都看作是神圣不可侵犯的。因此他就应当认为，在按照其正义原则来管理的社会中，每个人都应当得到平等的尊重和对待。这样一来，罗尔斯的理论就在结构上呈现出一种张力。按照努斯鲍姆的说法，这个张力在罗尔斯的国际正义理论中表现得尤为突出：在按照一个国际原初状态来设想即将用来制约国际关系的规则、将原初状态中的各方看作自足的和固定的国家或社会的代表时，罗尔斯未能给予个人以充分的道德关怀。然而，在当今世界，人们的生活前景受到了各种跨国因素的影响，罗尔斯的国际正义理论却无视这个根本事实，因此他就不仅将一种“既定的”合法性赋予现存国家，也未能认识到每个国家的内部不平等和各国之间的不平等。

如果罗尔斯通过国际原初状态制定出来的原则只是在政治力量的较量和妥协下形成的“权宜之计”，那么博格和努斯鲍姆的批评可能就切中了要害。然而，就像罗尔斯的国内原初状态本身并不是没有包含任何道德预设(例如那个康德式的自由平等的道德人理想)一样，罗尔斯也不太可能用一种纯粹霍布斯式的方式来设想国际原初状态。当然，罗尔斯确实只是把国际和平与安全设想为国际正义的根本目标，但是，既然基本人权在世界各地尚未得到落实就是导致动荡或战争的一个主要原因，他就有理由将基本人权的普遍实现设想为国际原初状态的设计应当遵守的一个道德约束，否则从国际原初状态中构造出来的原则就说不上是**正义**原则。实际上，在阐明自己提出万民法的基本动机时，罗尔斯指出：

> 两个主要的思想启动了万民法。一个思想是，人类历史上的可怕邪恶——不正义的战争和压迫，宗教迫害以及对良心自由的否认，饥饿与贫困，更不用说，种族屠杀与集体屠杀——都是来自政治不正义及其自身的冷酷无情。……另一个思想显然与第一个思想相联系，即只要最严重的政治不正义可以由追求正义的(或者至少得体的)社会政策、确立正义的(或者至少得体的)基本制度来消除，这些可怕的邪恶最终就会消失。(LP 6-7)

按照罗尔斯对"基本人权"的理解，人类历史上的可怕邪恶实际上都是对基本人权的恣意剥夺。假如罗尔斯确实是出于维护和实现基本人权而倡议确立万民法，他想必就应当将切实保障基本人权设想为其国际正义理论的起点和归宿，正如他将实现自由平等的道德人理想设想为其国内正义理论的起点和归宿。因此，至少在原则上说，罗尔斯并不是没有思想资源回答博格和努斯鲍姆的批评(或者任何类似的批评)。例如，虽然他确实将其正义观建立在公平合作观念的基础上，但他并没有因此就把互利看作正义的**目的**。伦理美德一开始可能是出于互利合作的需要而产生的，不过，随着社会的发展，它们可以变成一种具有内在价值的东西，例如可以成为一种经过启蒙的幸福观的构成要素。① 罗尔斯在类似的意义上认为，一旦正义的**制度**得以确立，它们就可以具有塑造人们的欲望和偏好的作用，而不只是为了满足人们的既定欲望或偏好。对他来说，让社会合作的成员具有两种基本道德能力不仅是正义得以可能的基本条件，也是正义的一个核心目的。

---

① 参见密尔在《功利主义》中对于美德的起源和发展提出的论述：J. S. Mill, *Utilitarianism and On Liberty* (edited by Mary Warnock, Oxford: Blackwell, 2003), pp. 211-213。

在罗尔斯的国内正义的情形中，这一点显然是真的。不过，罗尔斯对国际正义的设想实际上也利用了这个观念：不管国际原初状态中的代表是否充分地表达了他们假定要代表的人民的利益，只要他们并不希望最终达成的原则只是表达一种霍布斯式的权宜之计，他们就必须用某些道德考虑来约束他们之间的理性协商。罗尔斯已经对参与缔结万民法的成员做出了一些重要限定。例如，在他对“人民”的界定中，他指出，人民应当被看作独立的和自由的，在参与制定用来约束他们的原则方面应当被视为平等的，不仅要尊重人权，也要遵守互不干涉的责任，此外，人民也有责任援助生活在不利条件下、自身不能具有正义（或者某种得体的标准）的社会-政治制度的其他人民（LP 37）。假如通过国际原初状态参与制定万民法的人民或其代表的基本资格正是由这些限定来确立的，那么罗尔斯显然不可能（就像努斯鲍姆所说的那样）认为，具有大致平等的权力和资源是有资格参与制定万民法的一个必要条件。实际上，从罗尔斯对国际原初状态的第一阶段的构想来看，明显的是，他只是要求万民社会的成员要充分尊重他在国内正义的情形中所规定的基本权利和自由，在政治制度方面实施一种民主制。他在国内正义的情形中强调的互惠性标准同样适用于国际正义（尽管其内容在万民社会的情形中变得相对单薄[①]）：在万民社会中，“人民的利益是由他们的领土、他们的合理地正义的政治与社会制度以及自由的公民文化来规定的”（LP 18），各国人民必须彼此尊重这些利益。当然，在国内正义的情形中，罗尔斯确有可能假设人们在社会合作的起点上**应当**具有大致平等的能力和资源，以保证社会合作是公平的。不过，他也强调公平的社会合作首先要求消除背景不正义，而在一个单一的社会中，背景不正义可以通过公平的机会平等原则和差别原则来消除，或者至少有效地得到缓解。当然，罗尔斯并不认为这两个原则同样适用于全球层面，[②]因为对他来说，国际正义就其本质和目的来说不同于国内社会正义。不过，在这两种情形中，他都一致地持有其

---

① 罗尔斯指出，互惠性标准所要求的是，“在提出最合情合理的公平合作的条款时，提出它们的那些人必须认为，只要其他人是自由平等的公民，而不是受到支配或操控，或者因为他们所处的某种不利的社会或政治地位而承受压力，他们接受这些条款至少就是合情合理的”（LP 14）。

② 这个主张也是罗尔斯的国际正义学说备受争议或者遭受误解的一个主要原因。稍后我们会表明罗尔斯有理由捍卫这个主张。

正义理论的一个核心主张:制度秩序的正义在理论上和实践上都具有首要的重要性。如果国际正义的目标无须通过建立一个"全球国家"来实现,那么,当罗尔斯将国际正义理解为"现实主义乌托邦"时,他就有理由采纳那个卢梭式的策略,即从人民的本来面目出发来构想一个合理地正义的万民社会。[①] 只要罗尔斯能够充分合理地捍卫这个主张,指责其正义理论是不一致的或存在某种内部张力本身就是误导性的,除非批评者能够有力地表明,在国内社会正义和他们所说的全球正义之间不应当存在任何重要差别。

罗尔斯从未偏离他一贯持有的基本主张,即自由和平等是公平合作的一个先决条件。不过,对他来说,同样清楚的是,为了满足这个条件,除了确保公民具有公平合作所需的一切能力外,社会也应当尽力消除历史上积累下来的不平等。罗尔斯可能也认为,如果社会合作的起点可以精确地指定,那么,只要社会有充分的资源,它就应当确保公民具有公平合作所需的基本能力。不过,既然他也强调责任分工,他就不会把正义理解为一种涵盖人类生活的一切领域的东西,就像他明确指出的那样,"我们不应该指望作为公平的正义——或者对正义的任何论述——涵盖所有对与错的情形,政治正义总是需要用其他美德来补充"(LP 81)。[②] 罗尔斯之所以特别强调公平合作的观念,只是为了表明,唯有在这样一种公平合作的体制中,人们才能有效地(以及或许,正当地)提出他们对正义的主张。因此,努斯鲍姆在霍布斯式的契约论框架下所说的"互利",实际上并不是罗尔斯在其理论中用"互惠"这个概念来表达的东西。当然,努斯鲍姆可能认为,不管我们如何理解罗尔斯所说的"互惠"(或者她自己所说的"互利"),从这个观念或类似观念中构造出来的正义理论仍不足以表达或把握我们对正义的关切;而是,正义也应当包括人们日常用"慈善"、"人道"或"关爱"之类的措辞来指称的东西。假若她确实持有这种观点,她大概就无视了罗尔斯已经认识到并不断重申的一个重要事实:不仅这些人类情感不同于正义,代表了人类生活的不同领域,而且正义也因其与社会制度的本质联系而具有独特的重要性。

如果罗尔斯并不否认让世界上每个人的基本人权得到实现(或者至少

① 关于罗尔斯对"作为现实主义乌托邦的万民法"的解释,参见 LP 12-13。稍后我会讨论罗尔斯的观点。

② Rawls (1993),p. 21,

能够得到有效保障)是国际正义的一个核心目的,那么他与世界主义批评者之间的分歧究竟在哪里呢?二者的分歧不仅关系到如何在国际层面上、用在真实世界中合理地可行的方式来获得正义,也涉及如何理解世界主义关切。只要记住这一点,我们就可以看到,罗尔斯对国际正义的构想不仅是高度可理解的,而且大体上也是正确的。这个构想包括三个核心观念。第一,富裕社会有责任帮助其他社会摆脱压迫其身上的负担,以便为后者通过自身的制度建设来保障公民的基本人权提供一个必要条件。第二,人民有基本的生存权,因此,只要一个政府大规模侵犯了人民的基本权利,国际社会就可以**用道德上可接受的方式**对它实施某种干预。值得指出的是,罗尔斯自己充分认识到这个问题的复杂性。大规模侵犯人权的国家属于他所说的"法外国家",这些国家不仅对内侵犯其公民(特别是少数族裔或弱势群体)的人权,对外也不遵守根本的国际准则,例如为了统治集团的利益而恣意侵犯其他国家——不论是用战争的形式,还是通过践踏公认的国际准则。这些国家之所以不可容忍,是因为它们对世界和平与安全造成了严重威胁。"假如这些国家改变或者被迫改变其行为方式,所有人民都会更加安全稳妥,否则它们就会对权力和暴力的国际气候产生深刻影响"。[①] 对罗尔斯来说,国际干预之所以是一个需要慎重对待的问题,也是因为甚至基本人权的落实也是一个复杂问题。例如,具有不同的政治文化传统的国家可以采用不同的方式来实现公民的基本人权,而且,既然基本人权的实现在某些情况下也可以产生各种形式的冲突,如何实现基本人权,或者如何满足某些基本人权的优先性要求,就应当由社会通过合理的政治协商来决定。这一点极为重要,因为不少国际干预其实不是旨在促进被干预国家或社会的人民的基本人权,正如我们在现实世界中可以看到的。最终,经典文本中所表述的万民法是不完备的,需要补充一些原则,这些原则调节有组织的国际合作并确保"在一切合情合理的自由社会(以及得体社会)中,人民的基本需求得到满足"(LP 38,亦可参见 LP §15-16)。由此可见,对罗尔斯来说,国际正义的根本目的是确立一种能够让每个人的基本人权得到安全保障的国际秩序,或者为了满足这个要求而合理地改革目前的国际秩序。只有**正义的制度秩序**才能为正义提供切实有力的保障,这是罗尔斯的正义观的核心主张。

---

① 罗尔斯对这种干预的复杂性提出了一个补充说明:LP 93-94, note 6。

此外，他明确地将实现基本人权设想为对国家的政治合法性的一个本质约束。既然罗尔斯深信实现每个人的基本人权就是国际正义的根本关注，我们大概就可以认为，他实际上具有某种形式的**道德普遍主义**承诺，就像我们即将解释的那样。

如果罗尔斯确实认为每个人的基本人权（或者他们作为人的基本需求）都应当得到有效保障，那么其世界主义批评者还有什么理由批评他呢？罗尔斯并不否认援助的责任可以要求财富或资源的转移，但他也强调说，国家或政府对于实现人民的基本人权负有主要责任。这显然是一个合理的主张。批评者经常论证说，贫困国家的贫困与富裕国家在历史上对它们采取的不正义的行为有因果关系。倘若如此，罗尔斯就会认为富裕国家对贫困国家负有补偿正义或恢复正义的责任。批评者还可以论证说，目前的全球政治-经济秩序主要是由富裕国家或强权国家来控制的，它对全球贫困者施加了不公正的负担，而且继续施加这种负担，因此，对财富或资源实施某种形式的全球再分配就是道德上所要求的。[①] 罗尔斯确实不太愿意将援助负担沉重的社会看作一个全球**分配正义**问题，其主要理由是，一个国家的生活状况主要是取决于其政治文化，特别是其成员的政治美德和公民美德，而不是其资源水平（参见 LP 108-111）。这个主张，若被看作一个纯粹经验主张，当然是有争议的。例如，博格通过援引一些经验研究成果来表明，全球实践和全球规则对人们的生活及其权利保障产生了重大影响，特别是，它们对全球贫困者施加了严重不公正的负担，因此就对他们造成了伤害。然而，虽然博格已经提出一个很好的理由来表明，富裕国家和国际规则在导致全球贫困方面发挥了一个主要作用，但是，也有一些其他的因果变量影响一个国家或社会的富裕或贫困。例如，发展经济学、制度经济学或经济思想史中的某些研究表明，地缘因素在全球贫困的产生中也发挥了一个因果作用。[②] 此外，在发展中国家，政治制度和社会政策与其人权状况也有重要关联。当

① 关于这两个见解，参见 Pogge (2002)。

② 例如，参见：Paul Collier, *The Bottom Billion: Why the Poorest Countries Are Falling and What Can Be Done about It* (Oxford: Oxford University Press, 2007), chapter 4; Jeffrey Sachs, *Common Wealth: Economics for a Crowded Planet* (New York: Penguin, 2008), pp. 212-217。

然，博格并不否认人权滥用至少部分地来自腐败的政治精英和专制统治者之类的地方变量。他想强调的是，某些国际规则，例如国际借贷特权和国际资源特权，极大地造成了某些国家的贫困状况以及对基本人权的剥夺。①

如果国际秩序和国内秩序都是导致全球贫困的主要原因，那么真正的问题就在于：如何设计或改革这两种秩序，以便每个人的基本需求都能稳妥地得到满足？罗尔斯和世界主义批评者之间的分歧主要是体现在对这个问题的回答上。世界主义的全球正义观基本上是由博格所说的"规范个体主义"和全球贫困的事实激发起来的。世界主义者认为全球贫困至少是由目前的国际秩序产生的，因此就倾向于将规范个体主义推向全球层面。这是博格断言罗尔斯的两个正义理论不融贯的主要根据，也是努斯鲍姆提出如下指责的根本缘由："罗尔斯假设国家是固定的和终极性的，这个假定使得第二阶段契约采取了一种极为薄弱和格外有限的形式，排除了在富裕国家和贫困国家之间实行经济再分配的任何严肃考虑，甚至排除了富裕国家对贫困国家的实质性援助。"②博格和努斯鲍姆显然都夸大了他们对罗尔斯的批评，因为罗尔斯不仅并不否认援助的责任，反而将它看作万民社会的成员需要履行的一项义务。对他来说，问题显然不在于国际社会**是否**有义务援助负担沉重的社会，而在于**如何**履行这项义务。

在罗尔斯这里，援助负担沉重的社会是要帮助后者缓解或改善其公民的基本人权尚未得到充分落实的状况，使它们有能力通过自身的制度建设实现公民的基本人权，最终对其行为和选择承担集体责任。这就类似于一个社会中的公民在社会正义的基本要求得到满足后要对选择自己的生活计划负责。因此，严格地说，援助的责任并不只是出于日常意义上的人道主义考虑（尽管大多数国际援助是针对人道主义危机而采取的），而且本质上也是一项正义的责任。我们当然可以认为援助负担沉重的社会是出于人类的共同情感或情谊；但是，除非我们也假设人类需要**共同**承担其自身的命运，

---

① Thomas Pogge (2005), "Recognized and Violated by International Law: The Human Rights of the Global Poor", *Leiden Journal of International Law* 18: 717-745.

② Nussbaum (2006), p. 235. 在这里，所谓"第二阶段契约"，努斯鲍姆指的是各国代表在第二阶段的原初状态中所达成的契约。罗尔斯认为这个契约旨在取消历史命运的偶然性和偏见。

否则上述说法对罗尔斯来说也是不精确的，因为对他来说，援助的责任是实现一个合情合理的万民社会的一个构成要素，因此是他对国际正义的总体设想的一个不可或缺的成分。就此而论，援助的责任甚至不能只是按照某些“实用的”考虑来设想。例如，在罗尔斯为其万民法所设想的**理想**理论中，我们不能简单地认为，既然全球贫困可能是国际恐怖主义的一个来源，为了有效地防范国际恐怖主义，我们就需要援助贫困国家。援助的根本目的是**通过制度建设**让所有人的基本人权都能得到保障，而制度建设既涉及国际层面或全球层面，也涉及任何国家或社会的内部层面。罗尔斯显然将国际正义理解为各个国家或社会能够有效地实施国内正义（包括落实公民的基本人权以及实行与其政治文化和社会条件相称的分配正义）的背景正义——就像他在国内正义的情形中所采纳的制度分工一样，用来制约万民社会的根本的政治正义原则旨在调节各个国家或社会之间的国际交往和国际行为，而不是**直接**应用于一个国家或社会的内部行为或活动。罗尔斯在万民社会及其成员之间所实施的制度分工，用一句流行的话来说，旨在让每个社会在自身获得自由发展的同时实现全人类的共同繁荣和进步。[①] 因此，对于罗尔斯及其世界主义批评者来说，真正有意义的问题是，罗尔斯为何否认，在这个目标之外和之上，还应当存在着一个全球性的分配正义原则？为了回答这个问题，我们必须回到罗尔斯对分配正义的本质的理解以及他对如下主张的强调：我们应该从**制度**的角度来探讨正义。

罗尔斯将人权的观念引入他对国际正义的思考中——他不仅将基本人权的实现看作评价一个社会是否得体的一个标准，实际上也是按照他对基本人权的考虑来说明和论证援助的责任。然而，努斯鲍姆论证说，罗尔斯做出的这两个承诺是不一致的：按照人权的观念来设想国际合作不符合按照互利的观念来设想它——当然，除非罗尔斯已经在其契约论思想框架中对互利的概念提出了实质性的修改。罗尔斯自己并未明确表明他需要这样做，不过，他对“合理性”(rationality)和“合情合理”(reasonableness)这两个概念的区分以及他自己对这个区分的强调，实际上表明他甚至不愿意按照

① 贝茨认识到罗尔斯在国际共同体和国内社会之间做出的这种分工，但他指责说，罗尔斯将国内社会看作主要的道德主体的做法反映了一种“保守主义”倾向。参见 Beitz (2000), especially p. 678。

“理性的自我利益”之类的观念来设想努斯鲍姆所说的“互利”。例如，在讨论“国家”和“人民”这两个概念的区别时，他很明确地指出：

> 国家在多大程度上不同于人民，这取决于如何充实合理性、对权力的关注以及一个国家的基本利益。如果**合理性**排除了**合情合理**的东西(也就是说，如果一个国家在与其他社会打交道时是由它所具有的目的来驱动的，而且无视互惠性标准)，如果它对权力的关注占据支配地位，如果它的利益包括让其他社会皈依其宗教，扩展其统治权和赢得领土，获得王朝(或者帝国或国家)威望和荣耀，提高其相对的经济力量，那么国家和人民之间的差别就很大了。(LP 28)

在国内正义的情形中，如果“互利”指的是在正义感的引导下来追求理性的自我利益，那么在国际情形中，“互利”大概就是指，在跨越国界充分尊重基本人权的条件下，追求一个国家自己的利益。因此，在罗尔斯对国际正义的思考中，当他用“人民”来取代传统意义上的“国家”时，他至少是在做出两个举措。第一，他并没有把传统意义上的国家看作国际原初状态中的各方。他极为明确地指出，制定用来调节国际社会的规则的各方，必须是首先将国内正义原则确立起来的那些人，而在这些原则中，尊重基本人权已被设定为他们所生活的社会的政治合法性的一个基本要求。罗尔斯对用来制约万民社会的根本原则的构想实际上包含三个阶段：第一阶段是在所谓“自由民主社会”之间达成的，由此形成的原则满足他在《政治自由主义》中提出的“交叠共识”要求；第二阶段是在这些社会和所谓“得体社会”之间展开的，罗尔斯相信得体社会有理由认同在第一阶段达成的原则，这两个阶段构成了他所说的“理想理论”；在第三阶段，罗尔斯试图将这些原则扩展到其他社会，以便最终形成一个遵守理想理论提出的根本原则的万民社会。①

第二，在罗尔斯的理想理论中，他是在一种理想的和规范的意义上来使用“人民”这个概念。这至少具有两个含义：第一，一个人民会把在其社会中实现基本人权看作它应当努力争取的一个核心目标；第二，一个人民在组织其政治社会时，应当在其社会中实现对分配正义的一种合理构想。由此来

---

① 罗尔斯显然是在用一种建构主义的方式来构想一种“现实主义乌托邦”。稍后我会详细阐明这一点的含义。

看，努斯鲍姆的批评很大程度上是出于她自己对罗尔斯的建构主义方法论的误解。例如，她声称："在跨国情形中，罗尔斯忽视了[基本结构从一开始就普遍地塑造了人们的生活机遇]这一见识，因此允许某个当地传统用各种偏离正义的方式来广泛地塑造人们的生活机遇，即使对于那些并不认同这个学说的人来说，根本就不存在退出期限。"①这种解释之所以是误解，是因为万民法的根本原则并不是在现实世界中通过各国之间的单纯的政治力量的较量而形成的，其形成反而一开始就受制于某些道德约束，例如对基本人权的尊重。罗尔斯之所以将人民而不是传统意义上的国家设想为万民社会的成员，是因为在他这里，一个人民是一个有组织、有结构的群体，其成员不仅能够对公平合作的条款达成某种共识并按照这些条款来从事社会合作，而且，在跟其他社会打交道时，一个人民也能遵守人权的基本原则，即便这样做有时候可能不符合对其自身利益的追求。这其实是罗尔斯的互惠性要求在万民社会中的一种体现。因此，很明显，在国际正义的情形中，虽然罗尔斯只是把尊重和实现基本人权看作维护国际和平与安全的一个必要条件，但他对人权的诉求是有充分根据的：如果国际关系在万民法确立和应用之前就类似于霍布斯所说的自然状态，那么尊重和维护基本人权就可以被理解为各个人民进入万民社会的基本前提和动机，正如让自然权利得到有效保障是人们进入政治社会的基本前提和动机。因此，虽然罗尔斯用来设想国内正义的道德约束不同于他用来设想国际正义的道德约束，但他对契约论模型的使用是一致的——我们不能脱离其建构主义来理解他对契约论模型的运用，而这意味着他对契约论设施的应用在精神上可以是一致的，尽管契约论模型在不同的情形中的运用可以得出内容不同的原则。此外，罗尔斯也没有像努斯鲍姆声称的那样，偏离了普芬多夫和格劳秀斯在这个传统中所强调的那个本质思想：人在政治社会中所具有的权利来自人的尊严

① Nussbaum (2006), pp. 253-254.

和社会性。①

因此，罗尔斯与其世界主义批评者的差别，并不在于他们对国际正义的目的有着**根本上**不同的设想，而是集中地体现在如下问题上：在现实世界中，我们可以合理地指望用什么方式来实现国际正义的目的？或者更确切地说，在我们对现实世界的正确理解下，我们能够为国际正义设想什么样的目标，以便这些目标不仅可以**合理地**得到实现，而且其实现可以消除我们在世界上认识到的严重不正义及其后果？罗尔斯的世界主义批评者之所以认为其理论存在一种"内部张力"，不仅是因为他们强调规范的个体主义，也是因为他们否认在个体和人民之间存在着任何道德上重要的区别。因此，罗尔斯与其世界主义批评者之间的核心争论就可以归结为如下问题：罗尔斯为什么坚持认为，在全球层面上，正义所要直接关注的是"人民"，而不是生活在任何特定社会或国家中的个体？换句话说，既然他已经认识到尊重和落实基本人权的重要性和迫切性，而且将一种平等主义承诺嵌入其国内正义理论中，他为什么不**直接**在国际正义问题上倡导一种"世界主义"的平等主义？

我们可以借助于菲利浦·佩蒂特所说的"罗尔斯的政治本体论"（特别是罗尔斯对"基本结构"和"人民"的论述）来尝试回答这个问题。② 佩蒂特指出，"每一个政治理论都预设了对政治社会中的个体用来构成一个人民的那种关系和结构的一个说明"，即所谓"政治本体论"。③ 在罗尔斯的理论

① 参见 Nussbaum (2006), pp. 35-54。努斯鲍姆认为，在霍布斯和康德那里体现出来契约论思想偏离了格劳秀斯所强调的自然法理论。在这里，我无法详细讨论她对契约论传统的解释是否恰当。不过，有一点是明显的：尽管罗尔斯后来在《政治自由主义》中摒弃了那个康德式的人的概念，但他对政治正义的建构在很大程度上仍然受到了康德的影响，而康德的政治思想（尤其是在《法的形而上学原理》中体现出来的那些思想）显然受到了格劳秀斯的重要影响。对格劳秀斯的一个相关解释，参见 Stephen Darwall (2012), "Grotius at the Creation of Modern Moral Philosophy", *Archivfür Geschichte der Philosophie* 3: 296-325。

② Philip Pettit (2005), "Rawls's Political Ontology", *Politics, Philosophy & Economics* 2: 157-174；亦可参见 Philip Pettit, "Rawls's Peoples", in Rex Martin and D. A. Reidy (eds.), *Rawls's Law of Peoples* (Oxford: Blackwell, 2006), pp. 38-56。以下讨论得益于佩蒂特的分析。

③ Pettit (2005), p. 157.

中，人民既不是一个统一的行动者，或者具有某种统一的能动性的东西，也不是一种单纯的聚集体，其中没有任何有组织的联系。罗尔斯对前一种观点的拒斥与他对功利主义的批评具有重要联系，因为在功利主义的思想框架中，人民被设想为一种单一的行动者，宛如一个人，有自己的福祉需要得到实现，但是这个思想忽视了人的分离性。罗尔斯也不接受后一种观点（其典型代表就是诺齐克式的右翼自由主义理论），因为这种观点意味着社会参与和政治参与对于人们的基本主张或基本权利（他们在前契约阶段所具有的主张或权利）不会产生什么影响。罗尔斯认为这种观点是错误的，因为社会关系和政治关系确实会对人们的基本主张或基本权利产生重要影响，尤其是在分配正义问题上，正如他明确地指出的：

> 虽然一个社会是一种为了互利而结成的合作事业，但它不仅具有利益一致的典型特征，也具有利益冲突的典型特征。存在着利益一致之处，因为社会合作让所有人都有可能过上一种比他们仅凭自身的努力而过上的生活更好的生活。也有利益冲突之处，因为人们并非对如何分配其协作努力产生的更大利益无动于衷。之所以如此，是因为为了追求他们的目的，他们各自都喜欢选择较大份额而不是较小份额。因此就需要一套原则，以便在决定这种利益分配的各种社会安排之间进行选择，并为在恰当的分配份额上取得一致奠定基础。这些原则就是社会正义的原则：它们提供了一种在社会的基本结构中分配权利和责任的方法，规定了社会合作的利益和负担的适当分配。①

换句话说，正是因为存在着利益的一致和冲突，不仅将社会设想为一个统一的行动者是错误的，将社会简单地处理为个人的聚集体也是错误的。前一种观点忽视了利益冲突和个人分离性，后一种观点则无视如下事实：社会合作不仅是一种有组织有结构的活动，而且其中所产生的利益和负担的分配也不能仅仅用诺齐克所设想的那种方式来解决，因为社会合作不仅会对人们的基本主张或基本权利产生重要影响，也可以创造某些新的应得权利，即社会成员在满足了正义原则的条件下具有的正当期望。因此，一个政治社会实际上是由社会成员共同认同的假定和评价组织起来的；通过行使

---

① Rawls (1999), p. 4.

公共理性,他们在这些假定和评价上达成共识。正是因为这个缘故,罗尔斯才把一个组织良好的政治社会描绘为"由某个公共的(政治的)正义观有效地调节的社会,不管这个观念可能是什么"①。

对罗尔斯的政治本体论的这一简要概述足以让我们正确地理解他在《万民法》中提出的若干重要见解,澄清它们可能受到的误解。在现实世界中,我们日常称为"人民"的那样一个群体当然与其生活的领土、继承的文化具有某种联系。但是,对罗尔斯来说,这只是一个偶然事实,因为在根本上说,每一个人民都可以由不具有这些特征的自然人构成。不过,罗尔斯强调说,为了能够构成一个人民,人们就必须以这样一种方式联系起来,以至于我们可以断言其社会是一个良序社会。换句话说,他们必须生活在某种基本结构下,这样一个结构强化了公共理由的规则,要求政府辩护它对成员可能采取的强迫性公共行为。更具体地说,为了构成一个人民,一个群体至少必须满足三个条件。② 第一,必须存在某些他们要共同追求的目标;第二,对于在追求这些目标的过程中出现的问题,他们必须认同一套共同的判断;第三,在正常条件下,他们必须理性地形成其目标和判断,并按照这些判断来理性地行动。同样,在一个满足这些基本条件的人民当中,选举出来的代表也必须满足这些条件,不管他们是被选举来管理社会的内部事务,还是充当代表参与处理国际事务。罗尔斯大概是在这个意义上将满足这些条件的社会称为"自足的",因为社会成员已经生活在某种基本结构下,能够对其事务实施某种自我管理,因此既不同于一个统一的行动者,又不同于一种单纯的聚集体,从而具有了一种集体能动性。只要民选成员构成的政府能够恰当地发挥其代表作用,在国内事务和国际事务中都能恰当地表达人民的声音,人民就可以作为一个群体行动者而存在,就可以通过行使公共理性来实施自我管理。这样一个人民或者由他们构成的社会就具有了某种意义上的自主性,因此值得其他人民或社会的平等尊重。

罗尔斯进一步论证说,只有当一个政府自觉按照某个公共的正义观来约束自己在国内事务上的行为和决策时,它才算恰当地行动。换句话说,只要一个政府不听从或者有意识地背离这个正义观,它就不能被看作人民的

---

① Rawls (2001), p. 9.

② 参见 Pettit (2006),p. 46。

代表。因此，如果有一些规范告诉我们，政府在与其人民的关系中应当如何行动，那么这些规范就是构成性的而不是调节性的：它们**规定**了政府合法行为的限度，而不只是告诉我们政府要如何最好地追求其代表作用。按照一个公共的正义观来实施管理的思想为评价一个政府的政治合法性提供了基础和依据。罗尔斯论证说，为了满足合法性要求，一个社会的基本结构必须满足四个一般条件：承认基本人权，对领土内所有人真诚地施加有关的法律责任和义务，得到尽心尽职的管理，让公民在政治讨论中发挥应有作用（参见 LP 64-68，83-84）。只要一个社会满足了这四个条件，它就会被所有“得体的”人民所接受。因此，这四个条件就在合法性的根本规范内确立了**普遍的**合法性标准，为罗尔斯构想国际正义提供了一个基本框架。除了这些标准外，罗尔斯也指出，在任何一个特定社会中，合法的政治强迫必须符合所有公民都能理性地接受的原则。正如我们即将看到的，这个补充标准暗示了一个公共的政治文化在社会中的重要性。

能够形成和分享一种公共的政治文化不仅是构成一个人民的关键，也是如此构成的人民能够实施自我管理的基础。在罗尔斯看来，在国际正义的语境中，与一个公共的政治文化相等价的东西就是如下假定：人民的利益应当优先于个体的利益。之所以如此，是因为任何政治社会的形成都必须具有人们能够分享的某些价值。在一个具有自己文化和历史的社会中，这些价值向人们提供了用来合理地构想一个政治社会的基础；但是，在国际层面上，并不存在一种与任何单一社会的公共的政治文化相对应的东西。如果不同的社会有意愿就国际合作的基本条件达成某种共识，那么他们所能利用的就只要两个东西：一是每个社会自身的利益，包括平等尊重和自我尊重的基本条件方面的利益，二是全人类共同面临并会对每个社会都产生影响的重大问题。国际正义的可能性首先取决于对每个国家或社会的平等尊重。但是，既然不同的国家或社会可以因为其自身的文化传统和政治实践而形成不同的制度框架，既然这些制度框架并非原则上得不到人民的理性认同，就没有理由认为他们最终都应当采纳一种以个人主义为基本导向的“自由主义”的政治制度，正如列夫·维纳在解释罗尔斯的万民法学说时所说，在全球层面上“并不存在一种与一个自由民主社会所包含的自由、平等的公民观念相当的聚焦点。国际政治制度要看作平等和自由的东西是人民，而不是公民，因此，当罗尔斯发展其国际正义原则时，他认为自己需要利用的正是这些关于'人民'的观念"[①]。罗尔斯并非不关心基本人权的普遍实现，对他来说，真正重要的问题是：如何用一种充分尊重每一个人民或社会的方式来促进基本人权的普遍落实？他所要强调的是，国际正义根本上旨在营造一个有助于实现基本人权的国际环境和全球秩序，而只要援助的责任得到充分落实，就没有必要在全球层面上实施某种平等主义分配正义。下面我们就来考察他的这一重要主张。

四、基本人权与国际正义

罗尔斯对国际正义的设想大体上是立足于其政治本体论，特别是他对政治合法性的考虑以及他对基本结构和公共的政治文化在一个良序社会中的重要性的思考。对他来说，正义的义务根本上来自人们由于共同生活在一个良序体制下而具有的那种紧密联系，他们是因为参与和分享一种共同的生活而具有正义的主张，不只是由于他们的人性而具有这种主张。[②] 这并不意味着罗尔斯否认正义的主张与人权的观念具有重要联系。相反，对他来说，人权的观念具有三个重要作用：第一，一个社会的政治制度及其法律秩序，若要得体，就必须满足人权的基本要求；第二，只要一个国家或社会落实了人权的要求，或者采取行动来积极落实人权的要求，其他国家或社会就不能强制性地对其进行干预；第三，人权对于各国人民之间所能采取的多元主义施加了限制，例如，一个国家的人民不能强迫其他国家的人民采纳或接受他们自己信奉的某个全面性学说(LP 80)。罗尔斯想要强调的是，对于判断一个国家或社会的内部社会-政治制度是否得体来说，人权并不是充分的(至多只是必要的)，一个国家或社会对其公民应尽的义务超出了按照人权的观念来设想的东西。实际上，对罗尔斯来说，共同生活在一种基本结构

---

① Leif Wenar, "Contractualism and Global Economic Justice", in Thomas Pogge (ed.), *Global Justice* (Oxford: Blackwell, 2001), pp. 76-90, at p. 84.

② 当然，这不是否认，只要我们能够明确地界定出"共同的人性"这个概念的内容，对共同的人性的承认也可以产生某些道德考虑，这些考虑能够为建构一个合理的国际正义理论提供某些限制性要求。

和公共的政治文化下不仅是社会合作的一个本质方面，也是正义的主张能够得到**有效**落实的一个基础。这一点极为重要，因为人们能够对正义（特别是分配正义）提出的主张不只是来自他们在进入政治社会之前被认为具有的自然权利，也与他们在进入政治社会后通过社会合作而产生的利益和负担的分配有关。任何其他得体的社会或人民必须明确地承认这一点，这也是罗尔斯的公平正义观在应用于万民社会时必然产生和必须服从的一个要求。

与此相关的考虑是罗尔斯在其理论中始终坚持的责任分工的观念。当罗尔斯将基本结构设想为正义的首要主体时，他的意思是说，基本结构不仅要对公平分配社会合作所产生的利益和负担负责，也要对背景正义负责。只要基本结构已经满足这两个要求，公民就应该对理性地采纳和追求自己的生活计划负责。同样，在万民社会中，罗尔斯想要强调的是，每一个得体的社会都应当致力于满足对内切实履行人权、对外实施平等尊重的基本要求。只是对于因历史原因和现实状况而不能满足这些要求的社会，即所谓"负担沉重的社会"，国际共同体才有援助的责任——通过实施某种形式的援助，让它们开始具有建立一个良序社会的能力，以便最终被接纳进入万民社会。既然所谓"法外国家"在国际领域中拒不服从合情合理的万民法的要求，对内又不采取行动来落实公民的基本人权，甚至恣意践踏公民的基本人权，这些国家就不是万民社会所要宽容的对象。由此来看，不仅责任分工的观念仍然体现在罗尔斯对国际正义的设想中，而且援助负担沉重的社会的责任也不只是一种"人道主义"责任，因为援助旨在让这些国家有能力落实其人民的基本人权，从而促进国际和平与安全，而实现这个目标就是国际正义的一项基本要求，就像康德在谈到慈善与正义的关系时所认为的那样。[①]因此，不管罗尔斯对人权的理解是否完备，他已经把基本人权的落实理解为实现国际和平与安全的一个必要条件，因此也是国际关系必须接受的一个道德约束，正如他所说："[人权]是内在于万民法的，不管人权是否在当地得

① Kant, *Lectures on Ethics* (edited by Peter Heath and J. B. Schneewind, Cambridge: Cambridge University Press, 1996), 27: 416. 亦可参见 Kant, *The Metaphysics of Morals* (translated by Mary Gregor, Cambridge: Cambridge University Press, 1996), 6: 454。

到支持，人权都具有一个政治（道德）效应。也就是说，人权的政治（道德）力量扩展到所有社会，对一切人民和社会（包括非法国家）都具有约束力。”（LP 80-81）

从以上论述来看，有两个要点应该是清楚的。第一，对罗尔斯来说，基本人权的落实对**任何**国家或社会的政治合法性施加了一个本质约束。在把良序社会与其他类型的社会区分开来时，罗尔斯旨在表明后者尚未满足合法性的基本要求，不管是有意不满足，例如在法外国家的情形中，还是因为缺乏必要的条件，例如在负担沉重的社会的情形中。第二，对罗尔斯来说，正义要求良序社会以某种方式彼此联系、采取恰当的方式来援助贫困者或受压迫者。因此，就罗尔斯认为基本人权应当得到普遍落实而论，他显然认同并倡导一种关于基本人权的普遍主义，即使他对如何才能合理地实现基本人权持有自己的想法。即使一个具有普遍主义含义的观念是用离散的方式来实现的，比如说，是在有利的国际环境和国际合作条件下由各个国家或社会来实现的，这也不意味着它就不再具有普遍主义含义。那么，罗尔斯何以会否认其世界主义批评者所倡导的那种全球分配正义呢？

罗尔斯的政治本体论仍然是回答这个问题的关键。在阐明这一点之前，让我首先指出，援助负担沉重的社会的责任，或者就此而论，缓解或消除全球贫困的责任，是否算作正义的责任，乃是取决于如何理解正义的概念。对罗尔斯来说，即使富裕国家及其公民有理由支持旨在帮助贫困国家改善人民生活条件的政策，这些理由也不是**分配**正义的理由。当然，在这里我们仍然可以谈论一种意义上的分配正义：如果各个国家或社会对地球资源的原始占有完全是一件道德上偶然的事情，那么一个正义的国际社会就应当设法**补偿**资源贫乏的国家或社会。罗尔斯并不否认这一点，因为他不仅可以将这种补偿看作国际背景正义的一个基本要求，实际上也将它视为援助的责任的一部分。[①] 罗尔斯并不认为国际社会只应当出于慈善的考虑而援助负担沉重的社会。当一个社会因为自身的不利条件而背上了沉重负担时，即使它并不寻求对外扩张或侵略，它也会妨碍万民法得到充分服从。因此，对罗尔斯来说，援助的目的在于帮助负担沉重的社会通过其自身的制度建设逐渐转变为良序社会。对此，他进一步提出了两个观察：第一，按照某

① 参见 LP 115-119，在这里罗尔斯回答了贝茨和博格就这种分配提出的说法。

个分配正义原则来调节各个社会之间的社会与经济不平等并不是执行援助的责任的唯一方式，甚至可能也不是最好的方式；第二，一个社会是否是一个良序社会，固然与其资源和财富具有某些联系，但更重要的是取决于其政治传统、法律以及财产制度和阶级结构(LP 106)。不管这两个观察(特别是第二个观察)作为**经验观察**是否可靠，罗尔斯的要点是很清楚的：援助旨在帮助负担沉重的社会满足其公民的基本需求，以便他们有能力将自己所生活的社会转变为一个遵守万民法的基本原则的良序社会。

如果援助的责任在罗尔斯的意义上是一项正义的责任，那么在他对这项责任的理解与他对分配正义的设想之间就必定有一些本质差别。这种差别可以按照其政治本体论来说明。大致说来，对罗尔斯来说，正是因为一个人民生活在同一种基本结构以及与此相关的制度安排下，分享同一个公共的政治文化，他们之间才形成了如此紧密而深刻的联系，从而在某些重要的方面不同于另一个人民。在这个意义上说，生活在一个良序社会中的人民就有了自身的利益，例如保护领土完整和政治独立，保证公民的福祉和安全，维护自己的政治制度以及作为一个人民而具有的恰当自尊(参见 LP 34)。然而，即使一个人民有其自身的利益，但只要他们能够是合情合理的，他们也能认识到与其他人民和平共处的重要性，认识到在国际领域中出现利益冲突的时候，他们不能总是强调其自身利益的优先性，因此他们就准备“向其他人民提供政治合作和社会合作的公平条款”(LP 35)。由此可见，罗尔斯很明确地将平等尊重和促进人权在世界各地的落实设想为国际正义的基本原则和指导方针。不同于其世界主义批评者，罗尔斯既不相信也不愿承诺一种全球性分配正义。更具体地说，他并不认为，在援助的责任已经得到切实履行的情况下，在各国人民之间采纳某种分配正义原则(例如一种与国内差别原则相似的原则)是可取的和实际上可行的。之所以如此，并不完全是因为在超越了援助的目标后，“大多数这样的原则并不具有明确的目的、目标或切断点”(LP 106)。真正的理由是，在一个社会中，一旦成员的基本需求已经得到满足，或者其基本人权已经充分保障，他们就应当对自己的集体选择负责，就应当学会承担自身的命运。这不仅是一个人民的自尊的基本要求，也是他们有权从其他人民那里要求平等尊重的一个前提。当然，这样说并不是要否认，国际秩序或自然灾难之类的因素可以使得一个社会临时失去维护公民基本需求的条件，或者使得一个原本具有良好秩序的社会不再具有维护良好秩序的条件。因此，援助的责任总是存在，不过，承认这一点并不等于说应当存在一个全球性的分配正义原则。[①]

实际上，罗尔斯有更深的理由表明为什么国内社会正义本质上不同于国际正义，这个理由恰好与他对"人民"的理解具有本质联系。罗尔斯自己明确地指出，他所说的"人民"并不是在指传统意义上的国家。例如，他并不认为，任何国家在这个意义上已经满足他在谈论"人民"的时候为政治合法性指定的要求。不过，罗尔斯好像在某种程度上认同戴维·米勒对"民族"(nationality)提出的某些说法。米勒认为一个民族具有五个特点。[②] 第一，"民族共同体是由信念构成的：当其成员将彼此看作同胞、相信他们分享某种相关的特征时，民族就存在了"。第二，民族身份(national identity)"是一种体现了历史连续性的身份"。第三，民族身份"是一种积极身份"，因为"民族是一起做事、采取决定、取得结果等等的共同体"。第四，一个民族身份"将一群人与某个特定的地理位置联系起来"。第五，"一个民族身份要求分享它的人民应该有某些共同之处"，即一套可以被恰当地描述为"一个共同的公共文化"的那些特征。正是因为拥有这些特点，民族才成为一种具有伦理含义的东西，是我们在思考国际关系、构想恰当的国际正义理论时不能忽视的。特别是，正是因为一个民族具有一种将其历史连续性体现出来的身份、分享一个共同的公共文化，它才可以被认为显示了一种集体能动性，对自己在过去、现在和未来的所作所为负有集体责任。因此，一个民族就不能被完全看作其公民实现个人利益的工具。此外，只要一个民族的公共文化显著地不同于其他民族的公共文化，其人民对于一个**充分**繁盛的生活究竟在于什么的设想在某种程度上也不同于其他民族的设想。

从罗尔斯的有关论述来看，特别是从他对"社会合作"和"人民"论述来

---

① 如前所述，罗尔斯原则上可以同意一个正义的国际社会应该就原始资源的占有进行某种补偿。他已经将这种补偿理解为援助的责任的一个方面。然而，这个问题有进一步的复杂性，例如，我们很难设想占有资源而不以某种方式利用或使用资源的情形。资源的利用或使用产生了原始资源本身并不具有的附加价值。要求对这种具有附加价值的资源进行**无条件的**再分配显然是不合理的，甚至也不符合正义的要求。罗尔斯在 LP 117-119 中对两个案例的分析大概旨在说明这一点。

② David Miller, *On Nationality* (Oxford: Clarendon Press, 2002), pp. 22-25. 在下一章中我将讨论米勒的观点。

看,他所说的"人民"确实是一种**道德意义上**的共同体。按照安德鲁·梅森在总结关于"共同体"的讨论时提出的说法,日常意义上的共同体具有四个基本特征。第一,一个共同体的成员具有共同价值,因此,当他们通过共同行动来追求相关的目的或目标时,这些目的或目标不能被简单地归结为他们在个别行动时所具有的目的或目标,因为这些目的或目标体现了他们的**共同**利益。第二,他们彼此参与一套由规则来制约的实践,而假若一种生活方式可以被理解这样一套实践,他们就可以被认为享有一种生活方式,参与一种生活方式必然涉及合作性活动。第三,他们将自己认定为他们所构成的那个群体及其实践,这种认定通常涉及认同那个群体的实践并努力促进其利益,与此同时,每个成员也会认为自己的福祉与其所属的那个群体的繁荣具有密切联系。第四,他们将彼此看作共同体的成员,也就是说,他们都将彼此看作属于同一个群体,因此他们之间就有可能(但不一定)形成一种联合承诺(joint commitment)。不过,为了成为道德意义上的共同体,日常意义上的共同体还需要满足两个条件:第一,成员之间必须有一种团结,这种团结至少必须包含一个相互关心的要素,也就是说,共同体成员在其实践推理中必须彼此给予对方利益以某种非工具性的分量;第二,共同体内部必须不存在系统性的掠夺或不正义。[①] 当然,共同体可以在不同的程度上具有这些特征,正如它们可以出现在不同层面上或者具有不同的规模(例如政治共同体、在一个国家或社会内部出现的共同体以及国际共同体)。形成各种形式的共同体是人类生活的一个本质特征,因为人类个体不是自足的,而是本质上具有社会生活的需要;共同体不仅提供了个人在独自生活的情况下无法获得的目标和机会,从而极大地丰富了个人生活,而且在适当条件下也可以为个人生活提供一种归属感。换句话说,共同体对于个人生活来说不只是具有工具性的价值,在适当条件下也可以具有内在价值。如果一个共同体的成员所分享的生活方式本身就是由一套相互联系的思想传统和研究传统来形成和塑造的,那么他们也可以被认为享有一个公共文化。当然,这无须意味着一个共同体的成员不能对其所生活的文化进行任何反思,但

---

① 参见 Andrew Mason, *Community, Solidarity and Belonging: Levels of Community and Their Normative Significance* (Cambridge: Cambridge University Press, 2000), pp. 20-33。

是，任何理性反思都必须以某个或某些价值作为起点，而一个人自己所生活的文化至少为任何这样的反思提供了一个基础和背景。

当然，罗尔斯并不认为，在多元主义条件下，一个社会的成员能够形成一种强健的社会统一。不过，他显然认为，在交叠共识的基础上形成的一种公共的政治文化，对于稳定的社会合作和社会正义来说是必不可少的——实际上，在他看来，在合理的多元主义条件下，我们所能得到的社会统一是在最合情合理的交叠共识的基础上获得的。[①] 但是，由一个公共的政治文化构成的社会仍然是真正的共同体，不仅因为这种共同体具有上述意义上的共同体的四个特征，而且也因为罗尔斯将互惠性要求内在地嵌入他对公平的社会合作的设想中。一个满足罗尔斯所设想的正义原则的社会显然是一个道德意义上的共同体。但是，除了在某些特殊情形中外，比如说，在一个与任何其他国家都没有历史联系、也不存在领土纠纷的地方**人为地**建立的国家中，任何一个罗尔斯意义上的良序社会在历史上都有自己的文化传统以及相关的社会实践和生活方式。因此，它们用来建构自己的制度秩序的政治文化想必也是有差别的。对于分配正义的目的和内容，它们可能也有不同的理解或设想。[②] 因此，在思考全球正义及其原则时，就像米勒所说："我们就需要问，当我们在民族国家内部发现了某些人类联合(human association)的制度和方式，这些制度和方式形成了社会正义的观念在其中得以发展和应用的环境时，它们是否也可以在国际层面上发现？"[③]从罗尔斯的政治本体论的角度来看，这个问题其实也是他所要追问的。实际上，他想表明的是，在全球层面上，并不存在与应用于国内社会正义的分配正义原则严格类似的原则，不管各国之间如今有多么紧密和广泛的互动。正是因为一个人民生活在同一种基本结构和同一个公共的政治文化中，他们彼此能够提出的正义主张，他们在正义问题上能够对政府提出的正当要求，与他们对其他社会及其人民可能提出的类似主张或要求相比，不仅在道德上具

---

① 参见罗尔斯《政治自由主义》第四讲。

② 实际上，正如瓦尔泽所说，甚至在同一个社会或民族国家中，对于不同领域中的分配正义的内容和目的，人们可能也有不同看法。参见 Michael Walzer, *Spheres of Justice* (New York: Basic Books, 1983)。

③ David Miller, *National Responsibility and Global Justice* (Oxford: Oxford University Press, 2007), p. 14.

有更大分量，在内容上也更加丰富。如果分配正义与一个社会的基本结构具有内在联系，那么我们就不难理解这个主张。对罗尔斯来说，在一个良序社会中，每个公民的人权都应该首先在其所生活的社会中得到落实，这既体现了一个社会在政治上的自主性，也体现了政府对公民应尽的义务。更不用说，只要一个社会充分实现了公民的基本人权，它就有权决定自己的分配正义方案，因为**在满足那个要求的情况下**，它有权自主地决定其制度安排，这项权利是任何其他国家或社会都不能恣意干预的。[①]

罗尔斯之所以不愿谈论**全球分配正义**，主要是出于他自己对基本结构、公共的政治文化以及分配正义之间关系的思考，而不是因为（就像他的某些批评者所说的那样）他认为全球分配正义要求一个世界国家。[②] 当然，原则上说，如果全球层面上确实出现了一种与一个良序社会的基本结构严格相似的制度性秩序，能够形成和分享同一个公共的政治文化，其成员（不是以国家或社会的形式而存在的成员，而是作为个体的成员）之间存在着紧密互动，那么罗尔斯想必不会否认（实际上也不应该否认）一种全球性分配正义的条件已经出现。然而，从我们所面对的政治实在来看，这种设想属于罗尔斯所说的不能在人类生活世界中合理地得到实现的"乌托邦"，不仅因为我们实际上很难消除文化差别（抹除文化差别无异于消除文化多样性，这本身是道德上不可取的），因此很难在全球层面上形成一种可以普遍分享的政治文化，而且也因为基本人权的普遍落实可以用更合理的方式来实现，例如通过切实履行援助的责任。

实际上，罗尔斯并不相信在全球层面上采纳某种与国内情形中的差别原则和公平的机会平等原则严格类似的原则是道德上可取的和实践上可行的。如果国际社会已经充分履行援助的责任以及对各国人民平等尊重的要

---

① 在国际社会中，不乏有利用人权的观念来干预某国内政或对其进行国际制裁的做法。如果被干预的国家大规模地恣意侵犯人权，那么这种做法就可以得到辩护，但是，很不幸，不少这样的做法实际上是为了维护国家利益或由某些国家组成的集团的利益，而不是真正出于罗尔斯为国际正义所设想的目的。此外，正如我们在第三章中已经看到的，甚至基本人权的国内实现也有其自身的复杂性。正当的国际干预不仅需要既考虑到这些复杂性，而且也需要严格遵守国际正义的根本准则。

② 一些批评者已经论证说，罗尔斯对全球分配正义的拒斥与他对一个世界国家的忧虑有关。例如，参见：Pogge (2007), p. 317；Pogge (2004)，pp. 1755-1756。

求，从而使得每一个国家或社会都有能力满足其公民的基本需求或基本人权，那么每一个国家或社会就可以在此基础上按照自己的公共的政治文化来决定自己的发展道路，包括制定和落实与其自身的文化传统和社会条件相适应的分配方案。在这种情况下，只要各个国家出于自身的需要仍然允许各国人民的友好往来，包括各种形式的文化交流以及分享对于全人类的共同繁荣和发展来说至关重要的成果，在全球层面上采纳与差别原则和公平的机会平等原则严格相似的原则就变得没有必要。让每个人在基本人权得到尊重和落实的条件下能够充分享受他们所生活的文化（或者他们感兴趣的其他文化），参与他们所生活的社会的制度建设，从而获得一种真正的归属感，显然比生活在一个为了实施某种单一的绝对统治而抹除文化多元性的世界中在道德上更为可取。在谈到移民问题时，罗尔斯指出，国际移民的需要主要是由三个原因产生的：第一，对具有不同信仰或者在社会上并不占据主导地位的人们的迫害以及对其人权的否认；第二，各种形式的政治压迫；第三，自然灾害或人口压力导致的本国资源严重欠缺。由此来看，假若生活在任何社会中的人们的基本人权已经得到充分保障，那么国际移民的需要就会在根本上得到有效缓解（LP 8-9）。如果移民自己持有的文化和宗教信仰极为不同于所要移居的国家的主流文化和宗教信仰，那么国际移民就会产生格外棘手的文化整合问题，从而对移民国家的政治稳定性产生不利影响，而且，假若移民自己不能很快融入移民国家的主流文化，他们很可能就会遭受边缘化的危险。只要人们已经能够用各种方式了解或欣赏其他文化，有出国旅游的机会，他们更没有必要为了成为文化世界主义者而频繁地移居他国。[①] 因此，对罗尔斯来说，国际正义应当被设想为关系到为了充分实现国内社会正义而需要设立的背景正义条件。

对罗尔斯来说，基本人权的实现之所以特别重要，也是因为人权的观念不仅是评价一个社会的政治合法性的根本标准，而且也是驱使一个社会转变为良序社会的基本动力。基本人权在每一个社会中的实现就自然而然地成为实现国际和平与安全（在罗尔斯这里，这是国际正义的一个本质目的）的一种有效途径。也正是出于同样的考虑，罗尔斯认为，援助的责任要以推动负担沉重的社会在其社会中落实基本人权为目的。但是，这项任务的实

---

① 参见我在第十章中对文化世界主义与其他形式的世界主义之关系的讨论。

现**未必**要求在各个社会之间采纳一个调节经济与社会不平等的**分配正义**原则。这不是说在全球层面上根本就不存在与分配有关的正义问题。如果在各个国家及其人民之间已经存在广泛而深入的政治与经济互动,全球层面上已经存在一个能够为所有社会或人民合理地认同的公共政治文化,那么分配正义的问题大概就会出现。世界主义者倾向于认为第一个条件已经得到满足。然而,在罗尔斯看来,这本身不足以说明全球分配正义的可能性或必要性,因为分配正义也要求一种能够被分享的基本结构以及作为其基础的公共政治文化。罗尔斯已经论证说,价值多元论是一个关于人性和人类条件的永恒事实,在任何可预期的未来是不可能被合理地排除的。要求所有社会、所有人民都承诺一个全球性公共政治文化既是道德上不真实的,也是实践上行不通的,因为这样做至少意味着否认民族是一种能够具有伦理含义的东西。民族身份至少从两个方面来看是重要的:第一,它至少在一个人民对一种充分繁盛的人类生活的设想中发挥了一定作用;第二,它是一个人民用一种能够对其共同的历史、对现在和未来负责的方式来构成一个政治共同体的基础。只要一个良序社会或其政府努力落实和尊重其公民的基本人权,对其人民的未来认真负责,它就有权获得其他社会的平等尊重。在思考跨国正义问题、对某个国家的政治状况做出跨文化评价时,基本人权的观念大概就是我们所能利用的唯一东西,因为它最有可能得到所有人民的认同和支持。当然,罗尔斯在《万民法》中对人权的设想可能是不完备的,甚至在某些方面是有缺陷的。例如,在某些批评者看来,他并没有充分认识到言论自由和民主参与之类的权利对于保障生存权来说也是必要的,尽管这些权利之间的关系比这些批评者所设想的要复杂得多。然而,这并不足以反驳罗尔斯在其国际正义学说中所持有的核心主张,即基本人权的观念应当对任何国家的政治合法性施加本质约束,国际正义的根本目的是确保每个人的基本人权都得到实现。我们显然不能先验地断言,唯有通过采纳或移植某种特定的政治制度,一个社会才能落实其公民的基本人权。基本人权,特别是与生存和人身安全相关的权利,如何才能有效地得到落实是一个经验问题。对这个问题的有效探究至少需要考虑一个社会特有的政治文化及其社会-经济条件。①

① 参见本书第二章和第三章中的论述。

因此，对罗尔斯来说，即使在国际层面或全球层面上确实存在正义问题，其原则也不同于在国内情形中所设想的社会正义原则。事实上，如果当前的全球政治-经济秩序在某种意义上是不公正的，那么首先出现的问题就是背景正义问题。在罗尔斯自己的理论框架中，他有理由要求首先消除背景不正义，以便为公平的国际合作和正义的国际关系扫清障碍，[①]正如他在总结其观点时所说，只要人类历史上的重大邪恶"已经通过遵从公正的社会政策、确立正义的基本制度而得以消除，它们最终就会消失"(LP 126)。既然罗尔斯如此强调正义与制度的本质联系，我们就不难理解他为何如此强调排除背景不正义的重要性。正是因为制度正义是一切正义的先决条件，罗尔斯才把西方国家在历史上通过对其他国家实施殖民统治和经济掠夺而造成的经济不正义看作"人类历史上的重大邪恶"。因此，他应该承认(或者更确切地说，他思考正义的思想框架会导致他承认)，只要当前的全球政治-经济秩序确实是不公正的，它同样可以被看作"人类历史上的重大邪恶"，因此是背景正义首先要致力消除的。历史上通过实施殖民统治而在政治上和经济上取得优势地位的国家应当设法补偿其受害者，仍然利用这种优势在当前的全球经济体制中攫取不公正的经济利益的国家也应当设法补偿其他国家，以便共同创造一个更加公正的国际社会。[②]

从罗尔斯对非理想理论的论述(参见下一部分)中不难看出，他可以认为这些要求是补偿正义和矫正正义的要求，而不是严格意义上的分配正义要求。如果罗尔斯的世界主义批评者是在涉及补偿正义和矫正正义的意义

---

① 从罗尔斯对原初状态的设想中，不难看出他对背景正义的强调。在把原初状态理解为用来设想理想状况下的正义理论的一个观点时，罗尔斯写道："原初状态必须从社会世界的偶然性中抽象出来，不受这种偶然性的影响，因为在任何社会的背景制度内必定会有从累积的社会、文化和自然趋势中产生出来的协商优势，而为了让自由平等的公民在政治正义的原则上达成一项公正协议，就必须排除这些优势。政治正义的原则是要调节从现在进入未来的基本结构的制度，因此，过去所产生的这些偶然优势和偶然影响不应该影响在这些原则上所达成的一项协议。"[Rawls (1993), p. 23]

② 历史不正义(historical injustice)是一个高度复杂的论题。限于篇幅，在这里我将不讨论这个问题。一个相关的论述，参见 Daniel Butt, *Rectifying International Injustice* (Oxford: Oxford University Press, 2009)。

上来谈论资源和财富的再分配，那么他们与罗尔斯的分歧就不是实质性的[①]，因为某种形式的再分配也是满足这两种正义的要求的一种方式。为了让各个社会有公平的机会参与构建正义的国际秩序，建立一个能够让其成员的基本需求得到满足的经济体制，以便它们能够开始参与公平的国际合作，对资源或财富实施某种合理的再分配或转移不仅是实现各个社会的平等尊重的一个要求，而且从罗尔斯对援助的目的的设想来看也是实践上必要的。这种必要性就在于他称为"历史偶然性"或者"自然的限制"的那种东西，而为了让合作从一开始就是公平的，这些东西是在开始应用一个理想理论之前就必须处理的。因此，如果罗尔斯的世界主义批评者所倡导的正是这个意义上的再分配，那么，至少从背景正义的角度来看，罗尔斯与他们并没有实质性分歧。他所要反对的是，在背景不正义已被纠正、补偿正义已被落实后，还要在全球层面上推行一种全球性的差别原则。他不能接受这个提议，是因为在他看来，只要补偿正义和矫正正义的要求已经得到满足，援助负担沉重的社会的责任已经得到切实履行，那种做法就不符合公平正义观，也不符合平等地尊重各个社会的道德要求，正如他明确地指出的：

> 如果一个针对万民社会的全球分配正义原则是要应用于我们这样一个充满极端的不正义、极为有害的贫困和不平等的世界，那么其吸引力是可以理解的。但是，假如它要无目的地、连续不断地应用于一个在援助责任已经得到充分满足后的假想世界，其吸引力就值得询问了。(LP 117)

罗尔斯的意思是说，在国际领域中，一旦妨碍公平合作的因素已被消除，每一个社会都已经充分地落实其公民的基本人权，那么一个全球分配原则的应用就变得毫无要点，因为在他赋予"社会"这个概念的那个特定意义上，实际上不存在、也不可能存在一个"全球社会"之类的东西，因此也不可能有一个对"全球人民"实施管理的"世界政府"。罗尔斯当然不是在否认在国际层面上实行某种民主协商的必要性或可能性，因为他所设想的万民法的基本原则需要用这种方式被选择出来并得到认可。他可能也不会否认在

① 例如，参见罗尔斯在 LP 118-119 中对援助的责任与一个全球平等主义原则之差别的说明。

某种意义上存在着一个“全球基本结构”，例如在博格和努斯鲍姆等人所指出的那个意义上：在当今世界，各国之间不仅有密切的政治和经济往来，不仅有跨国公司和各种国际组织，而且也有一个占据支配地位、但被认为不公正的全球政治-经济秩序。他将这些全球性制度称为“万民社会的基本结构”而不是“全球基本结构”，并承认它们能够对各个社会产生影响。然而，他强调说，这些制度本质上不同于一个社会的基本结构。回想一下，一个社会的基本结构是能够对其人民的生活产生意义深远的影响的政治、社会和经济制度；这些制度不仅是使得**充分的**社会合作变得可能的东西，而且也是这样一种东西：由于它们与一个特定的公共政治文化的本质联系，它们也是把某种道德本质（包括某种适当的自豪感和荣誉感）赋予那个人民的东西。[①] 不管国际制度和组织能够对万民社会产生什么冲击或影响，它们所导致的效应要通过人权原则和平等尊重的原则、在国际关系中来协调和处理，并最终落实到每个社会。换句话说，只要罗尔斯已经把这两个原则设想为一个国家或社会的政治合法性的基础，并认为在国际关系中各个社会不仅应该遵守这些原则，也应该通过实施援助的责任来推进基本人权在任何社会中的落实，他就无须假设一个全球社会或者一个世界政府。[②] 国际正义的根本目的是用一种平等尊重各国人民的方式来致力于创造和维护国际和平与安全的条件，在**任何**社会中落实公民的基本人权就是实现这个目标的一个必要条件。这个目标的实现显然要求各种形式的国际合作，要求各国政府和人民明确地认识到全人类的共同发展和繁荣在道德上和政治上的重要性。但是，如果我们没有理由相信打破现存国界、建立一个世界国家是道德上可取的，那么国际正义根本上要关注的是基本人权的落实以及能够

---

① 参见 LP 61-62。对这个观念（或者一个本质上类似的观念）的详细论述，参见 Rogers M. Smith，*Stories of Peoplehood*：*The Politics and Morals of Political Memberships*（Cambridge：Cambridge University Press，2003）。

② 当然，罗尔斯有其他的理由否认一个“世界政府”的必要性和可行性。一个有关的论述，参见 Michael Black（2001），“Distributive Justice，State Coercion and Autonomy”，*Philosophy and Public Affairs* 3：257-296。此外，值得指出的是，即使罗尔斯拒斥了一个世界国家的观念，这也不意味着他会否认一个全球社会在如下有限的意义上是可能的：在理想条件下，只要国内民主已经得到充分实现，每一个良序社会都能代表其人民参与国际事务。

切实有效地实现该目标的制度安排,而不是各个国家及其个别成员在物质生活水平方面的相对差别。[①]

只要我们理解了基本人权在人类生活中的重要性,让自己的基本人权得到充分实现想必就属于每个人的最根本利益。例如,实现基本人权不仅是拥有人类尊严的一个必要条件,对于促进个人福祉也是关键的。罗尔斯不是没有注意到这个事实。但是,对他来说,国际正义根本上要关心的不是个人或社会福祉,而是基本人权的实现以及可以用来合理地取得这个目标的制度安排。他有充分的理由维护这个主张。在这里,我们仅仅指出与目前的讨论特别相关的两个理由。第一个理由来自责任划分的思想。罗尔斯的国内正义理论部分地立足于他对道德上任意的因素对于人们的生活前景的影响的思考。他也认同了一个关于个人道德的主张,大体上说即如下观点:社会没有义务去承担个人在充分知情、未受强制的情况下做出的选择对其产生的不利影响或有害结果。对罗尔斯来说,除了为公民提供两种道德能力的维护和发展所需的基本资源和公平机会外,社会的责任是要维护公正的背景条件,后者不仅对于个人决定如何引导自己的生活来说是重要的,也是他们能够对其行为和选择负责的一个基本条件。责任分工的观念在某些条件下同样适用于国际正义。但是,一些批评者已经论证说这个类比是错误的(LP 108)。这个批评的要点是,在国际正义的情形中,并不存在与在国内正义的情形中自主的个人选择相似的东西。例如,批评者论证说,全球层面上的政治与经济互动已经是如此普遍和具有决定性,以至于没有什么东西是一个国家或社会(特别是负担沉重或极度贫困的国家或社会)能够自主地控制的。然而,这个主张有点夸大其词,而且往往会助长一种政治上不负责任的态度。罗尔斯认为,无论是富裕还是贫困,都主要是由国内因素来决定的(LP 108);在提出这个主张的时候,他可能过于天真了。不过,必须承认,社会和政治文化、经济策略和人口政策之类的国内因素,尽管仍然受到国际因素的影响,在一个国家或社会的经济发展中仍然扮演了重要角色。

当然,这不是要否认国外因素或国际秩序确实会影响一个国家或社会在与其社会和经济条件相关的问题上做出自主决定的能力,特别是在缺乏

① 参见 LP 35-39,113-115。我相信本书第三章中的论述有助于表明为什么罗尔斯在这一点上是正确的。

适当的民主决策机制的情况下。假若一个国家用另一个国家无法理性地接受和自主地控制的方式对后者施加影响,结果就让后者的某些重要利益受到损害,那么它就已经对后者做了不正义的事情,因此对后者负有补偿正义或矫正正义的责任。罗尔斯固然强调国内因素在一个国家的社会和经济状况中的首要地位,但他不仅强调"援助的责任绝对没有受到削弱",而且也正确地指出,"单纯发放资金并不足以改正政治上和社会上基本的不正义状况"(LP 108)。在谈到国际层面上的责任分工时,罗尔斯实际上是在说,用一种保证公民的基本人权得到有效落实的方式来安排制度,从根本上说正是一个国家或社会的责任。援助的责任也要把促进基本人权的合理实现看作根本目标。如果某个国家并非因为自身的过错而未能取得这个目标,比如说,因为缺乏足够的资源满足人民的基本需求,那么罗尔斯的国际正义观就允许他说,国际社会有义务帮助这个社会满足其基本需求。如果一个社会已经用尽其领土资源,从而使得后代无法满足基本需求,那么它可以从其他社会或国际社会那里要求某种形式的援助。但是,在这些情形中,只要一个国家的贫困并不是不正义的国际秩序的结果,罗尔斯就不会认为援助它们的义务与正义问题有什么联系。不管其他社会或国际社会是出于人道主义考虑而援助这些国家,还是出于某些实用考虑而援助它们,援助并不是来自关于正义的考虑——除非我们认为一个国家要求援助的状况本身就是由国内不正义造成的,因此国际社会是为了帮助它们恢复国内正义而援助它们。实际上,即使一个国家在其领土上缺乏足够的自然资源,它也可以用其他方式来弥补自己的资源不足,例如通过发展高技术或者加工来自其他国家的原材料。如果国际秩序已经基本上是正义的,各国人民都充分认识到实现基本人权的重要性,那么对于一个在其领土上缺乏充分的自然资源的国家来说,只要它在政治上和经济上组织得当,它就无须陷入绝对贫困的状况。[①] 国际援助是为了帮助一个国家在政治上和经济上变得独立自主,从而能够切实履行它对其公民的义务,特别是保证他们的基本人权能够得到有效落实。

---

① 为了维护国际秩序的公平或正义,就有必要考虑个人和集体行为对万民法的制度含义的冲击,并采取某种方式来矫正不利影响。罗尔斯可以把这样一种基于后果的评价视角整合到其理论的非理想部分中。

值得指出的是，在罗尔斯这里，援助的义务绝不只是立足于某些关于审慎(prudence)的考虑。例如，极度贫困可能会导致社会或政治动乱，因此就会直接地或间接地危及国际和平与安全。这为消除全球贫困提供了一个很好的理由。然而，即使极度贫困尚未达到危及社会秩序或全球秩序的地步，它也会剥夺一个人的自尊感，使得一个人容易受到他人的支配。就此而论，极度贫困是一个本身就应当**在道德上**来消除的问题。世界主义者之所以关注全球正义，在一定程度上也是出于这个考虑。罗尔斯无须否认这种关切，他对国际正义的设想也不是不能容纳这种关切。当然，在设想其国际正义理论时，罗尔斯特别关心国际和平与安全。但是，这种关切本身就是立足于一个重要的、尽管不太容易获得的见识，即我们必须分享和承担全人类的共同命运。罗尔斯有可能就是按照“共同分享的人性”这个主张来理解援助的义务，虽然他并没有尝试阐明这个主张。① 他声称，在国际正义的情形中，正是人民要被看作道德关怀的基本单位。这个主张并不意味着个人不应当成为道德关怀的对象，因为罗尔斯强调每个人的基本人权都要得到保证，并将此作为任何合法的国家或政府都必须接受的一个本质约束。不过，从实际的人类历史来看，国家已经个别地存在，各国人民都因为历史的偶然性而生活在特定的文化传统中，形成了自己特有的生活方式，并在一定程度上看重在政治上实行自我决定和自我管理的能力。因此，从政治实践的角度来看，要求国家为了支持某种跨国政体或者一种世界政府而放弃其自主性，不仅在实践上是行不通的，在道德上也是不可取的。罗尔斯主要是出于这个考虑(或者某些类似的考虑)而认为，基本人权最好是通过各国政府、在各个社会中来实现，国际正义只是旨在支持和维护各个国家或社会为了实现其公民的基本人权而要求的国际背景正义。实际上，通过切实保障公民的基本人权，一个国家及其政府也可以体现和加强它对人民的责任；与此同时，只要一个国家或社会充分尊重人权原则并遵守万民法的基本条款，其自我决定的权利就应当得到其他国家或社会的充分尊重。

---

① 布莱恩·巴里在早期提出他对全球正义的看法时，已经很小心地将缓解或消除全球贫困的责任放在正义的责任和慈善的责任之间，并将后者表征为人道的责任。见 Brian Barry, “Humanity and Justice in Global Perspective”, in J. R. Pennock and J. W. Chapman (eds.), *Ethics*, *Economics and the Law* (New York: New York University Press, 1982)。

世界主义者对罗尔斯提出的另一个主要批评来自如下主张：一个人出生在哪个国家、属于哪个民族是一件道德上偶然的事情，其生活前景不应当受到这些因素的影响。在某种意义上说，这个主张是正确的，不过也只是部分正确，因为虽然一个人自己不能选择出生在哪个国家或者属于哪个民族，但是，在达到了成年时期后，他不是不能选择是否要参与或如何参与他所生活的国家的制度建设，除非他所生活的国家完全剥夺了这种可能性①，正如虽然一个人出生在哪个家庭是自己不能自愿选择的，但是，只要他所生活的社会在罗尔斯的意义上是正义的，出身本身就不可能完全决定其命运。一方面，如果一个国家在政治制度上已经到达了恣意剥夺公民基本人权的地步，它就属于罗尔斯所说的“法外国家”，国际社会**以该国人民的名义**对其政府实施某种干预就是道德上有辩护的。另一方面，如果这样一个国家只是因为缺乏能力或资源而不能落实公民的基本人权，它就属于罗尔斯所说的“负担沉重的社会”，在这种情况下可以要求国际社会的帮助。

在我看来，罗尔斯的责任分工学说可以有效地阻止从运气平等主义到平等主义的世界主义的论证。如前所述，世界主义者需要提出实质性的论证来表明如何从道德世界主义走向政治世界主义（或者至少关于正义的世界主义）。罗尔斯能够承认正义问题可以出现在全球层面上。他所反对的是，在背景不正义及其条件已被消除，历史不正义已被纠正，某种形式的补偿正义已被落实后，还应该在全球层面上实施平等主义分配正义。诚然，为了让这些条件得到满足，人类共同体还有漫长的路要走。在这种情况下，在国际层面上实施某种再分配，将其作为逐步满足这些要求、促进基本人权在世界各地得到实现的一种方式，不仅对于维护世界和平与安全来说是必要的，也应当成为人类共同体需要担当的一项道德使命。罗尔斯的国际正义学说不是原则上不能容纳这些观念。但是，对他来说，在任何良序社会中，社会正义的目标并不仅仅在于尊重和落实公民的基本人权，也涉及（比如说）按照公民所采取的社会合作形式以及社会-政治文化的其他相关特点来

① 如果一个人当前所生活的国家完全是压迫性的，不仅剥夺了一个公民在物质生活方面的基本条件和基本的政治权利，还因为该公民持有不同的政治观念或宗教信仰而对他进行惨无人道的迫害，从而使得他无法在这个国家有尊严地生活下去，那么这种情形就为接受国际移民提供了最有力的理由。

改进其生活条件，并帮助他们实现作为自由平等的道德人的理想。因此，在每个人的基本人权都得到保障后，再去实施一种全球平等主义分配正义好像就没有什么道理了，除非有强有力的理由表明实施这种分配正义的条件在全面层面上已经得到满足。[①] 只要每个人的基本人权都已经得到落实，让每个社会对其公民的生活条件负责，既是实践上重要的，又是道德上有益的，至少因为这样做会强化一个社会的政治责任，维护人类社会的文化多样性。当然，如果相对富裕的社会能够出于人类情谊帮助其他社会改善其生活状况，那就最好不过了。然而，这不应该被理解为正义的责任，正如人们彼此间采取的个人慈善不应该被理解为正义的责任。更重要的是，我们不应当将人(不管是人类个体还是人类群体)看作仅仅是受动者(patient)而不是能动者(agent)。[②] 人之所以具有其特有的尊严，主要是因为人是(或者能够是)道德上和政治上负责任的行动者。将任何具有正常能力的人单纯作为受动者来对待，不仅是对其个人自主性的侵犯，也是对他应当被赋予的人类尊严的冒犯。对于任何良序社会来说，面对人民以及整个世界来对其行动和决定承担责任，或者至少具有这种意识，是其自尊感的一个来源。

罗尔斯之所以不愿意谈论全球平等主义分配正义，其中的另一个主要理由与他对“合情合理的多元主义”的考虑有关。价值多元的现象在全球层面上比在国内层面上更加显著。一个人对“好生活在于什么”的设想不仅与其所生活和成长的文化有关，也与他可能持有的其他全面性学说有关。当然，价值多元论的存在并不意味着一切价值或价值承诺都是道德上可接受的，但它确实对如何合理地构造社会与政治生活施加了重要约束。因此，在合情合理的多元主义条件下，不论是在一个国家内部，还是在国际层面上，人们都只能通过行使公共理性来制定他们能够理性地认同的社会-政治生活原则。在多元主义民主社会中，不同的和合理的全面性学说可以在平等自由的观念下得到统一；不能用这种方式来统一的全面性学说违背了平等自由的基本原则，因此就不能在这样一个社会中得到宽容。在国际层面上，

---

① 参见 David Miller (2005)，“Against Global Egalitarianism”。在下一章我会进一步讨论这个问题。

② 戴维·米勒已经煞费苦心地表明，将人类看作既是受动者又是行动者对于恰当地设想全球正义来说极为重要。参见 Miller (2007)。

通过行使公共理性，不同社会所持有的全面性学说也可以在不违背万民法的基础上、在平等尊重的原则下得到某种程度的调和。罗尔斯并不像他的某些批评者所说的那样，认为在国际社会中任何不合理的全面性学说都是可宽容的，他也不认为宽容是无条件的，正如他明确地指出的：

> 我们承认一个自由社会要尊重其公民的全面性学说，……只要这些学说的追求符合对正义的一种合情合理的政治构想及其公共理性。同样，我们认为，只要一个非自由社会的基本制度满足政治正当和政治权利的某些特定条件，引导其人民尊重为万民社会确立的合理公正的法则，一个自由社会就要宽容和接受这个社会。(LP 59-60)

罗尔斯的要点是，一方面，既然在一个社会内部存在着原则上能够得到全体公民理性认同的强制性基本结构，当某个公民因为坚持自己的全面性学说而做出了违背平等自由原则的行为时，这种行为就是不可宽容的；另一方面，既然在全球层面上并不存在类似的基本结构，其他社会就应该按照平等尊重原则来看待某个社会所持有的全面性学说，只要他们并没有因为持有这样一个学说而在国际层面上采取违背万民法的行为。对罗尔斯来说，只要一个人民决心分享一个共同的历史和命运，能够按照基本人权的原则来实施自我管理，它在这个基本的意义上就值得尊重。因此，只要一个人民用本质上符合万民法的方式来追求其全面性学说，其自我决定的权利就应当得到尊重。但是，在现实世界中，在某些国家，占据统治地位的群体或许会因为其他社会成员不分享他们所认同(或者在政治生活中所采纳)的全面性学说，而不尊重或者甚至恣意剥夺后者的基本人权。面对这种情形，罗尔斯很明确地指出，对这种国家采取某种干预，敦促它们落实每个公民的基本人权，不仅是道德上有辩护的，也是国际社会的一项责任。然而，既然基本人权的落实需要在制度上来保障[①]，既然罗尔斯相信制度在正义的追求和落实中应当被赋予首要地位，我们就不难明白，他的如下主张为什么不仅是可理解的，也是高度合理的：基本人权主要是要通过一个公民所生活的社会**在制度上**来实现，国际正义的首要目的是维护国际背景正义，并帮助负担沉重的社会摆脱负担，让它们有能力**自己**实现可以满足基本人权的要求并与其公共的政治文化相适应的社会安排。这样一个目的，与罗尔斯的世界主义批评者所提倡的那种全球分配正义相比，不仅具有明确的目标，而且也有一个“切断点”。[②] 在国际层面上所实施的这种分工，就像罗尔斯在国内情形中提出的类似观点一样，具有同样的合理性，实际上体现了他对正义的目的和功能的一贯思考。

只要我们迄今为止对罗尔斯的国际正义学说提出的解释是正确的，它就能有效地回应努斯鲍姆的一个批评。努斯鲍姆说，“[罗尔斯认为]我们的跨国责任仅仅涉及战争与和平的问题，这个思想可以被质疑为既是不恰当的，可能也是不连贯的(因为对全球和平的追求肯定涉及经济再分配)”[③]。在罗尔斯这里，正如我们已经指出的，如果经济再分配对于满足背景正义条件来说是必要的，那么他原则上不会否认这种再分配的必要性。在现实世界中，如果背景正义的条件得不到满足(不管是始终得不到满足，还是偶然得不到满足)，那么，为了纠正对正义原则(或者国际合作的公正条款)的**不充分服从**所产生的效应，实施某种经济再分配也是可允许的。罗尔斯的思想框架应该允许他承认这种可能性。当然，当他断言极度贫困可以通过合

---

① 正如某些学者已经有力地论证的，任何权利都要求相关联的责任，它是否得到有效落实取决于相应责任的履行是否已经得到保证。人们可以对其他地方某些人的基本人权没有得到落实抱有同情态度，或者通过采取某种个人行为来促进后者人权的落实。但是，如果后者所生活的社会由于各种原因未能把落实每个公民的基本人权视为己任并在制度上来加以实现，那么这种个人努力并不能保证基本人权的充分落实。对权利与责任的关联的一个说明，见 Henry Shue, *Basic Rights* (Princeton: Princeton University Press, 2nd, 1996)。亦可参见本书第三章中的论述。

② 参见 LP 115-120。

③ Nussbaum(2006), p. 229.

理的国内政策来消除时[1]，他确有可能没有充分认识到，在当今世界，贫苦和富裕的根源并不是任何一个国家所能完全决定的。他可能低估了国际环境对一个国家的经济行为和经济发展的影响。然而，在努斯鲍姆的批评所针对的那段话（LP 108）中，我相信罗尔斯更想强调的是，一旦国际社会已经切实履行了援助的责任，一旦国际合作的条款已经是公正的并得到了相对充分的服从，一个社会或国家的经济发展水平及其人民的生活状况就重要地取决于其国内制度安排、公共政策以及政治文化。背景正义的概念仍然构成了罗尔斯提出这个主张的思想基础。

罗尔斯已经把基本人权及其落实作为一个**普遍的**道德标准来倡导，不仅将它们看作评价一个社会在处理内部事务上是否得体的一个基本依据，也将它们理解为任何社会在国际关系中所要遵循的一个根本原则。就此而论，罗尔斯至少承诺了一种**道德意义上**的世界主义观念，即便不是一种关于“社会正义”的世界主义[2]，因为他实际上已经把基本人权在每个人那里的落实看作平等尊重和平等尊严的核心基础和基本条件，即使他对如何合理地落实人权的设想显著地不同于一些世界主义者的设想。因此，在《政治自由主义》中，尽管罗尔斯出于某些考虑放弃了他在《正义论》中所承诺的那个康德式的道德人的概念，但是，既然他已经认识到基本人权的观念要以对人的平等尊严的某种理解为基础，他其实就无须认为那个概念表达了一种全面性学说。不管人们持有的目标是个体主义的还是社群主义的，他们都能同意，具有适当的能力、资源和自由来追求和实现这些目标是任何一种好生活的一个本质要素。罗尔斯对一个社会的基本结构与分配正义的关系的强调无须导致他否认这一点，否认森和努斯鲍姆所强调的那个主张：“是人”和“能够过上一个得体的人类生活”是我们的本性的核心要素。与他们不同的是，罗尔斯正确地认识到，我们不能仅仅按照这个要素来设想个人及其社会-政治联系。对于社会与政治生活中必然显现出来的那种多样性和差别，罗

---

① 参见 LP 108。罗尔斯认为，甚至资源贫乏的国家（例如日本）也可以通过合理的国内制度安排而在经济上取得巨大成就。不过，他似乎没有充分认识到，这些国家在经济上的成功重要地取决于它们在国际市场上占据的某种优势地位，而不只是取决于其国内政策。

② 关于这个区分以及对世界主义的一些其他区分，参见 Pogge（2007），“Cosmopolitanism”。

尔斯不仅具有更敏锐的认识，而且也有力地表明，在设想和构建一种切实可行的政治正义观时，对多样性和差别的考虑是必不可少的。实际上，一旦我们认识到背景正义的条件在现实世界中不仅尚未得到满足，而且因为历史条件和人性的实际限制在将来也不可能总是得到满足，罗尔斯与其世界主义批评者之间的分歧或许就不像后者所认为的那么大，因为他原则上允许如下可能性：只要正义原则在现实世界中只是得到部分服从，为了满足背景正义的要求而实施某种再分配总是可允许的和有辩护的。事实上，尽管罗尔斯的世界主义批评者提出了一些重要见识，但其中不少批评是出于对罗尔斯的整个理论（特别是其政治建构主义）的误解。下面我将进一步阐明这一点。

五、建构主义与"现实主义乌托邦"

正如我们已经看到的，罗尔斯与其世界主义批评者之间的主要分歧，并不在于前者在根本上否认在国际或全球层面上可以出现某些值得关注的正义问题，后者确认这一点；而在于如下问题：国际正义（或者批评者所说的"全球正义"）的恰当目标是什么以及如何合理地实现？当批评者声称罗尔斯并不确认或支持他们所设想的全球正义时，他们在很大程度上误解了他对正义的总体设想，特别是他在建构正义理论时在方法论和道德心理学方面的考虑。罗尔斯对正义的总体构想本质上包括两个部分，即理想理论和非理想理论。他并没有对二者之间的关系提出充分明确的论述[①]，因此就留下了受到批评的契机。但是，通过阐明罗尔斯将理想理论与非理想理论区分开来的根据，我们就可以消除某些主要批评。在《正义论》中，罗尔斯只是在讨论自由原则在实际世界中可能受到的限制时谈到了这个区分。为了便于讨论，我们需要充分引用这段论述：

> 直观的想法是将正义理论划分为两个部分。第一部分即理想的部

① 参见 A. John Simmons (2010), "Ideal and Nonideal Theory", *Philosophy and Public Affairs* 1: 5-36。我对这个问题的思考独立于西蒙斯的讨论，但受益于他的深入分析。

> 分假设了严格服从,提出在有利的环境下用来描绘一个良序社会的原则。这个部分发展了一个完全正义的基本结构的观念,以及个人在人类生活的固定约束下所要遵守的相应责任和义务。……非理想理论即第二部分是在一种理想的正义观被选择出来后才提出的;只有在这个时候,各方才去追问在不太幸运的条件下要采纳哪些原则。对正义理论的这种划分有两个很不相同的子部分。一个部分是由用来调节自然限制和历史偶然因素的原则构成的,另一个部分是由处理不正义问题的原则构成的。……理想的部分提出了在我们力所能及的情况下所要取得的一个正义社会的观念。现存制度要按照这个观念来判断,假若它们在没有充分理由的情况下偏离了这个观念,它们就被认为是不正义的。正义原则的词序式排列指定了这个理想的哪些要素相对来说更加紧迫,这种排列所暗示的优先性规则也要应用于非理想的情形。于是,在条件允许的范围内,我们就有一项消除任何不正义的自然责任,按照偏离完全正义的程度把最严重的不正义鉴定出来,从消除它们入手。①

为了恰当地理解这段话,首先需要指出的是,在罗尔斯对正义原则和正义社会的设想中,他极为重视人们的道德心理,认为拟定的正义原则必须满足人们实际上能够具有的道德心理的一般约束。② 甚至在原初状态中,当各方只是对人类心理具有一般知识时,他们所要提出的正义原则也必须满足如下要求:这些原则不能因为向各方施加了不可承受的负担而得不到一致认同。罗尔斯之所以批评功利主义,主要就是因为功利主义对人们提出的要求超越了人性的能力,特别是忽视了他所说的"个人分离性"。这个思想与他的另一个考虑密切相关:正义原则需要在公共领域中来推行,因此就必须满足稳定性要求。互惠性要求因此就成为罗尔斯设想正义原则的一个基本考虑。更为重要的是,他并没有把社会合作产生出来的那种互惠互利理解为正义的根本目的:对他来说,公平合作的目的是让公民具有自尊的社会基础以及追求自己生活计划的基本能力。此外,由于基本结构和公共的

① Rawls (1999), p. 216.

② 参见 Rawls (1999), § 29。

政治文化在人们生活中的重要性，罗尔斯也敏锐地认识到，要求任何社会的公民完全超越他们所生活的社会与文化、从纯粹“世界公民”的立场来看待所有人和所有社会可能是不现实的，正如要求人们完全放弃赋予其生活以某种意义的特殊关系、从严格不偏不倚的立场来促进一般福祉是心理上不现实的。

诚然，在当今世界中，我们很容易了解其他地方人民的生活状况。但是，显然并非每个人都能把休谟所说的那种“有限的同情”扩展到某种边界外。这不是说人们不可能采纳一种普遍同情的态度，因为人类道德心理的结构并不是原则上不可改变的。问题在于，任何这样的改变不仅会受到人类道德心理的其他要素的约束[①]，也会受到人们所生活的现实条件（包括内部条件和外部条件）的影响。假如我们不能发现某个占据支配地位的单一价值来完备地排列所有相关价值，我们就不能合理地指望人们实际的道德心理可以在某个获得一致认同的方向上发生变化。在一个多元主义社会中，更不用说，在一个“全球社会”中，对正义原则的设想和应用必须考虑道德心理的一般约束。因此，对罗尔斯来说，在用来安排社会基本结构的原则中，并不是所有的原则在激发人们的服从方面都能产生同样好的结果。比

① 一个相关的问题涉及森对所谓“承诺”的理解。在这里我无法详细处理这个问题，但可以提到一些相关思想。森认为，理性选择理论无法说明确实存在一种对待他人的利他主义态度。他把这种态度描述为对他人的承诺，并把它与利己主义和我们对待他人的另一种利他主义态度（“同情”）相对比。如果一个人旨在最大化自己福祉，并把“福祉”理解为完全取决于他自己享有的利益，那么他就是从（狭隘的）自我利益的动机来行动。只要一个人认识到其他人如何行动会影响自己的福祉，他可能也会在某种程度上考虑其他人的福祉，并因此从森所说的“同情的动机”来行动。在森看来，理性选择理论能够说明这两种类型的动机。然而，他认为一个人也可以从“承诺的动机”来行动，这种动机与一个人对自己福祉（不管如何广泛地解释）的考虑没有任何联系，因此是一种真正的利他主义态度，是理性选择理论无法说明的。森认为我们确实可以在人类行为中观察到这种动机，但他并未进一步说明这种动机的来源或者其理性根据。一些评论者已经论证说，只要我们深入理解了理性慎思的本质，森所说的“承诺”仍然可以在理性选择理论的框架内得到说明。在这里我将不考虑这个争论，不过，需要指出的是，罗尔斯的互惠性观念或许在某种意义上包含了承诺的动机。关于森自己的观点，见 Amartya Sen, *Rationality and Freedom* (Cambridge: Harvard University Press, 2002), especially chapter 4。对森的观点的批判性讨论，参见 F. Peter and H. B. Schmid (eds.), *Rationality and Commitment* (Oxford: Oxford University Press, 2007)。

如说，从某个特定观点来看，某些原则的采纳能够最有效地消除某些严重的不正义，但是，由于实际道德心理的限制，它们或许得不到充分服从，因此总体上就不如某些其他原则。只要消除不正义是一项自然责任，就必须考虑人们在履行这项责任方面所要承受的负担。由此可见，即使罗尔斯在其理想理论中是在设想一种"理想的"或"完全的"正义，他所采取的探讨也不像阿玛蒂亚·森所说的那样是"超验的"。①

在本章的第一部分，我们已经充分表明罗尔斯所说的"理想正义"为什么不是一种"超验正义"。在这里，为了进一步澄清罗尔斯的理想理论与非理想理论的关系，我们不妨再从一个不同的角度来审视森的批评。② 按照森对所谓"超验探讨"的理解，这种探讨具有两个本质特点：第一，它所关注的是"完全正义"，而不是对正义或不正义的比较评价；第二，它主要关心"让制度变得正确"，而不是直接关心最终会出现的实际社会。③然而，现在我们已经可以看到，罗尔斯的探讨其实并不满足森对"超验探讨"的定义。如前所述，他并不相信对一个正义理论的合理构想无须考虑关于人类道德心理的一般事实，尽管他对有关事实的设想和考虑可能不同于其他理论家的设想和考虑。如果"超验探讨"指的是完全不顾世界的现实状况而采纳某种"超验的"正义观，那么罗尔斯的理论显然不是这个意义上的"超验探讨"。罗尔斯确实在其理想理论中使用了"完全正义的社会"或"理想的制度"之类的表述，但是，他既不是在暗示、也不是在采纳这个意义上的超验探讨。他所要说的是，只要一个社会或者某种制度安排满足了**充分服从**原初状态中被选择出来的正义原则的要求，结果得到的那个社会就是"完全正义的"，那种制度安排就是"理想的"。换言之，"完全正义"指的是在充分服从条件下对一个正义理论的理想部分所指定的目标的实现或落实。

---

① 相反，正如一些学者已经充分地论证的，罗尔斯实际上对正义（尤其是国际正义）采取了一种"敏于实践的探讨"。例如，参见 Aaron James (2005), "Constructing Justice for Existing Practice: Rawls and the Status Quo", *Philosophy and Public Affairs* 3: 281-316。

② 亚历山大·考夫曼也对森提出了类似批评，不过，我的批评不仅是独立于其批评发展出来的（他的相关著作是在 2018 年才出版的），而且我对森的回应在某些方面也不同于他的回应。参见 Alexander Kaufman, *Rawls's Egalitarianism* (Cambridge: Cambridge University Press, 2018), pp. 218-231。

③ Sen (2009), pp. 5-6.

此外,罗尔斯既没有声称其正义学说是世界上所能得到的"唯一理论",也不认为其正义观涵盖一切正义领域——他并未将其正义理论看作描绘或表达了整个政治道德的蓝图。他对正义的目的的构想本质上是立足于康德对"自由平等的道德人"的理解。他明确地意识到这种构想不同于其他可能的构想,例如功利主义的构想,而这意味着他只是将其理论看作很多可能的正义理论中的一种,尽管他尝试表明其正义理论在这个"形而上学的基础"方面比其他理论更合理,因为那个康德式的"道德人"的概念更好地满足了深思熟虑的道德判断。此外,罗尔斯也很明确地认识到,即使他对原初状态的设想已经考虑了关于人类道德心理的一般事实,由此选择出来的正义原则在应用于现实社会时也不可能得到所有人的服从,不仅因为现实世界中的人们对其身份和利益具有更加丰富的认识,也因为(正如森正确地强调的)人们的实际行为可以对正义原则的制度实现产生影响和冲击。正是因为存在着这种可能性,也就是说,存在着对正义原则的不充分服从,罗尔斯才设想了一个非理想的部分来处理由此产生的不正义。

实际上,罗尔斯从一开始就意识到他对正义的设想也需要包含一个"非理想的"部分,正如他自己所说,他在《正义论》中的计划只是要尝试表述"这样一套正义原则,当我们将这套原则与我们关于环境的信念和知识结合起来时,只要我们慎重地和明智地应用这些原则,它们就会导致我们对[制度和行动]做出充分合理的判断"。① 理想理论只是提出了主要应用于制度设计和制度评价的原则,而原则只是旨在引导我们做出关于正义的判断或者为这种判断提供初步辩护,而且,只有当我们把原则与我们关于环境的信念和知识结合起来时,我们才能提出更加明确的规则来制定具体的正义实践并由此而调节我们的行为。② 同一套原则在不同环境条件下可以产生不同的实践,甚至也可以因为我们在知识和信息方面的状况而要求不同的实践,正如罗尔斯自己所说,即使他的正义理论要求民主的立法机构,这种立法机构也可以采取多种形式,例如一种议会制度或者某种形式的民主集中制。

---

① Rawls (1999), p. 41.

② 关于罗尔斯在原则与规则之间做出的区分以及他对"规则"的论述,参见 John Rawls (1951), "Outline of a Decision Procedure for Ethics", (1955) "Two Concepts of Rules", both reprinted in Rawls, *Collected Papers*, pp. 1-19, 20-46。

理想理论提出的正义原则本身在应用上是不确定的，需要按照一个社会的实际状况来充实其内容和确定具体的应用方式。但是，罗尔斯接着指出：

> 正义理论所具有的这种不确定性本身不是缺陷，而是我们应该期待的东西。如果作为公平的正义更多的是按照我们的深思熟虑的判断、而不是按照现存理论来界定正义的范围，如果它更加敏锐地挑出一个社会应该避免的更为严重的错误，那么它就证明自己是一种值得追求的理论。[①]

因此，罗尔斯从未忽视如下重要思想：除了确保正义原则在制度层面上得到落实外，我们也应该按照正义原则的不充分服从所产生的冲击或影响来评价和调节正义原则在现实世界中的落实。尽管他强调制度正义的根本重要性（在这一点上他显然是正确的），但其理论也包含了一个后果评价要素，即按照理想理论提出的正义原则实际上得到履行的情况来适当调整制度安排以及人们的行为模式。然而，对罗尔斯来说，调整人们的行为模式需要考虑他们一般的道德心理及其所生活的社会的实际状况，这种调整以及对正义原则的恰当修改或补充应当满足宽泛的反思平衡的要求。反思平衡需要某个恰当地设想的理想来引导，尽管任何这样的理想本身也可以通过反思平衡来调整或修改。难以设想任何有意义的反思根本上不以任何价值作为根据或基础，甚至想象力的自由发挥，正如康德所说，也需要达到某种“合目的”的自然状态。一个正义理论必须包含一个“理想的”部分，否则我们就不知道如何判断一个社会的现实状况是否符合正义，或者在多大程度上促进或偏离了正义，我们也无法用森所设想的那种方式来对不同社会的正义状况做出比较评价。罗尔斯的正义理论，从其所设定的正义的目的来看，本质上是康德式的，而在按照一种建构主义的契约论模型来构想其理论时，他主要是受到了卢梭和康德的影响。这两个方面当然都不是无可争议的，但是，将他对正义的探讨看作一种“超验探讨”完全是误解了他的理论的

---

① Rawls (1999), p. 176.

本质和结构以及他用来建构一种正义观的方法论考虑。[①]

罗尔斯指出，我们只能按照深思熟虑的判断来确定实际社会在多大程度上偏离了理想理论规定的正义。在他那里，深思熟虑的判断指的是"最有可能无歪曲地将我们的道德能力显示出来的判断"，它们"是在有利于行使正义感的条件下得出的"。[②] 更具体地说，如果一个人按照某些被广泛分享的道德信念来做出判断，如果这些判断从有利于慎思和一般而论的判断的条件的观点来看是可靠的，那么这种判断就是深思熟虑的。对罗尔斯来说，深思熟虑的判断构成了道德判断的原材料。在进行实践推理时，我们在某些根深蒂固的道德信念、第一原则以及我们所持有的具体判断之间形成某种反思平衡，由此而获得深思熟虑的判断。在罗尔斯这里，不仅正义原则本身是通过反思平衡方法选择出来的，而且我们对一个社会的正义状况做出的判断也需要满足反思平衡的要求，而这意味着我们不是仅仅按照理想理论提出的原则或标准来做出这种判断。当然，对罗尔斯来说，非理想理论的最终目标是通过运用反思平衡方法来获得一种"完全"正义，而不只是消除某些特定的或者显著的不正义。不过，所谓"完全正义"并不是指一种满足某个超验理想的正义，而是指我们在现实的人类条件下所能取得的总体上最好的正义状况。而且，我们并不是(也不可能)按照某个超验的标准来衡量这种状况，而是通过在社会正义的实践中采纳反思平衡方法来逐渐获得这种状况。因此，相对于获得这个意义上的"完全正义"的目标来说，制度安排和社会政策的合理性不是按照消除某些特定的不正义来设想的，而是按照逐步消除我们所认识到的所有严重的不正义来设想的。

因此，尽管比较判断可以成为非理想理论中的一个要素(因为我们需要按照这种判断来确定应该首先消除哪些严重的不正义)，但是，与比较判断相关的目标并不是非理想理论所要追求的**最终**目标。在某种特殊情形中，我们或许认为(比如说)消除极度贫困比维护某些人的财产权更重要，但我

---

① 实际上，只要我们充分理解了罗尔斯对其理论的应用所提出的"四阶段"构想(参见《正义论》)第 31 节)，我们就不可能将其理论看作一种对正义的"超验探讨"，更不用说他的建构主义方法论了。罗尔斯显然也不会认为(就像森所说的那样)他的理论旨在对正义提出一种"完备的"判断。

② Rawls (1999), p. 42.

们显然也必须认识到保证基本需求与维护财产权的关系。换句话说，社会正义的全面落实需要从一种**整体论**的观点来考虑与此相关的各个要素之间的复杂联系。当我们断言在某些情形中消除极度贫困比维护某些人的财产权更重要时，我们必须依靠这样一个观点，也就是说，依靠我们对什么样的社会是一个理想地公正的社会的设想。若没有这样一种设想，我们就不知道一种社会状况是否正义，与其他社会或者这个社会的某些阶段相比是否更加正义或更不正义。这并不意味着我们总是能够解决在有关的比较判断之间所发生的分歧。然而，若没有某个高层次的观点，以便我们可以通过诉诸其中的某个或某些要素来权衡有关的比较判断，所发生的分歧甚至在原则上也得不到解决。在森的长笛的例子中，三个小孩都可以从他们各自的观点对其主张提出一个辩护论证。但是，这并不意味着没有其他考虑可以让我们对其论证提出一个公正的或合理的裁决。比如说，假若与其他两个孩子相比，鲍勃有严重的身体残疾，那么这个事实就可以成为把长笛分配给他的一个额外理由；假若其他两个孩子都是合情合理的，他们想必就能接受这个理由。退一步说，即使他们的主张从他们各自采纳的观点来看都具有同样分量，但是，正如罗尔斯正确地认识到的，正义的要求并不是人类生活中唯一的规范要求。虽然正义原则被认为是要应用于公共领域，但在森的例子中，由于家庭内部的特殊联系，伦理方面的考虑并非在这种分配中毫无作用。同样，既然生活在同一个社会中的人们能够分享共同的文化，在一种基本结构下从事社会合作，并因此而形成某种更加紧密的联系（相较于他们与其他社会的成员的联系而论），我们就可以合理地认为，在某些特殊情形中，某些伦理考虑或许会影响他们对资源分配的考虑，即使在这种影响下形成的分配在某种程度上偏离了严格按照公平合作的条款来实施的分配。

因此，罗尔斯无须否认，在将原初状态中选择出来的正义原则应用于实际社会时，某些其他考虑（在原初状态中没有出现的考虑）不仅能够影响人们对社会的正义状况的评价，可能也会促使人们去思考原来提出的正义原则的恰当性。在这种情况下，反思平衡方法就允许人们重新思考原来提出的原则是否能够造就一个总体上正义的社会，从而可以通过行使公共理性来修正这些原则，或者提出某些补充性的规则。因此，一旦我们正确地理解了理想理论与非理想理论的关系，我们就无须接受森强加给罗尔斯的那个结论；我们甚至不清楚罗尔斯所假设的那个方法论设施能够产生一套唯一的正义原则。换句话说，即使罗尔斯对原初状态中的各方做出的假设是错误的或不完备的，但与其他可能的探讨（例如森和努斯鲍姆倡导的“能力进路”）相比，他对正义的探讨仍然处于正确轨道上。作为要应用于公共领域的原则，正义原则至少必须在很大程度上得到人们的理性认同和支持，为此，一个恰当的正义理论就必须考虑理性合作的动机，考虑关于人类的道德心理的一般事实对正义原则的充分服从可能产生的约束。因此，如果我们确实需要用某种标准来评价或衡量一个社会的正义状况，那么这些标准在上述意义上就不得不是理想的。但是，这并不意味着，当罗尔斯把他所设想的理想理论应用于现实世界时，他会拒绝考虑人们的实际行为模式对正义原则的制度实现所产生的影响和冲击。

罗尔斯对国际正义的思考很好地体现了他对理想理论如何过渡到非理想理论的设想。通过阐明这一点，我们可以进一步看到他如何能够避免某些持有世界主义观念的批评者（包括森和努斯鲍姆）提出的指责。罗尔斯对制约万民社会的根本原则的设想是以一种“自由主义”的正义观为模型，因此，在其理想理论中，这些原则只适用于自由的人民和所谓“得体的人民”。不过，他也明确指出，这样一个理想的万民法观念“[不仅]要在这些人民的相互行为上引导他们，在他们为了互利而设计共同的制度上引导他们，[而且也]要在他们如何与并不具有良好秩序的人民打交道上引导他们”。在提出这个主张时，他明确地意识到我们所生活的世界并不是一个充分服从这些原则的理想世界，而是充斥着“严重的不正义和广泛的社会邪恶”（LP 89）。即便如此，万民法的最终目的仍然是逐渐塑造一个和平与安全的国际秩序，以便让每个社会在充分保证其公民基本人权的情况下学会相互尊重、和平共处。因此，在与一个理想的万民法观念相对应的非理想理论中，罗尔斯必须提出与不具有良好秩序的人民打交道的指导原则。按照不服从万民法的根本原则的状况，他将这些人民主要分为两类：一方面，法外国家**有意**不服从这些原则，因此，为了让它们服从这些原则，国际社会就可以用**道德上可接受**的方式对它们实施某种干预；另一方面，负担沉重的社会只是因为其不利的历史、社会与经济条件而无法服从这些原则，对这些社会来说，良序社会的人民就有责任实施援助，以便帮助它们逐渐实现合理的制度安排并最终落实人民的基本人权。罗尔斯自己很清楚非理想理论预设了理想理论规定的目标，他也正确地指出：

> 虽然我们所生活的世界的具体条件……在任何时候都不决定那个理想的万民法观念,但是这些条件确实影响对非理想理论[所要解决]的问题的具体回答,因为这些问题就是转变问题,即如何从一个包含法外国家和蒙受不利条件的社会的世界中,将一个所有社会都逐渐接受和遵守万民法的世界造就出来。(LP 90)

这种转变显然不是按照一种纯粹乌托邦式的理想来强制性地安排社会秩序或全球秩序。它必须在我们所生活的真实世界中来实现,而且其实现不能以严重损害目前已经取得的整个世界的**总体正义状况**为代价,例如采取"彻底打破旧世界,造就一个新世界"的方式。罗尔斯指出,为了实现这种转变而采纳的政策和行动方案必须是道德上可接受的、政治上可能的和实践上有效的。在这里我们无须详细分析他提出的这些指导方针[①],指出两个相关的要点就足够了。第一,他提出的指导方针明确地表明,为了让所有人民最终都会接受和遵守万民法的根本原则,我们确实需要考虑现实世界的某些根本特征,例如,追溯一个社会不能服从这些原则的根本原因,并以在总体上实现这个目标为前提来设想如何促使这些社会逐渐遵守这些原则。第二,既然罗尔斯已经承认现实世界的具体条件影响我们"对非理想理论所要解决的问题的具体回答",他就应该承认,为了实现理想理论规定的目标,我们就需要考虑各个社会或人民的实际行为模式,包括他们对国内制度和国际秩序的回应。因此,尽管罗尔斯正确地(虽然也很容易遭受误解)强调国内制度安排对于落实一个人民的基本人权来说是关键的,但是,如果正是历史上的严重不正义以及由此产生的背景不正义妨碍了这个目标的有效实现,那么罗尔斯就有理由认为,消除这些不正义是实现这个目标的一个必要条件。当然,罗尔斯并没有明确指出负担沉重的社会在现实世界中的处境与历史上的不正义的关系。但是,只要有证据揭示了这种关联,他的理论框架原则上就允许(或者甚至要求)消除这种不正义。实际上,既然现实世界中总是存在不充分服从万民法的根本原则的可能性,按照理想的目标来纠正不正义的社会结构(包括出现在全球层面上的政治-经济秩序)也是理想理论的一个要求,即使罗尔斯对如何这样做有自己独特的考虑,正如下

① 对这些指导方针的详细说明,参见 Simmons (2010), pp. 18-25。

面即将指出的。

在康德那里，超验论证被设想来寻求让经验变得可能和可理解的必要条件。在康德由此寻找出来的超验观念中，有一些观念(例如所谓"理性的观念")具有引导经验认知的作用。如果我们可以在这个意义上来理解"超验的"这个概念，那么罗尔斯的理想理论在这个意义上确实是超验的，因为它旨在为在现实世界中追求和实现正义确立一个目标，因此也确立一个用来评价现实世界的正义状况的标准。然而，罗尔斯对这样一个目标和标准的设想不是无源之见，并非与他对人类的历史经验和现实状况的反思毫无关系。当然，他确实出于某些慎重的道德考虑而认为，他原来在《正义论》中对正义的构想只适用于自由主义社会。但是，我们无须认为这个构想背后的主要理念(例如自由平等的观念)不是其他社会的人民能够接受和愿意分享的。他在《万民法》中对"国家"和"人民"的区分实际上具有意味深长的含义：一方面，如果国家指的是现实地存在于世界中、具有明确的地域界限、对某个人民实施管理的权力制度，那么并非所有国家都能满足按照基本人权的原则来设想的政治合法性标准；另一方面，在让自己的基本人权得到有效保障这件事情上，人民有自己的呼声和要求，这种呼声和要求能够对实际上或名义上管理他们的政府施加压力，在基本人权得不到保障的情况下要求实施制度改革。因此，一旦罗尔斯已经把尊重和保障基本人权设想为合法的政治秩序(不论是国内秩序还是国际秩序)的一个标准，他就有理由认为，无论是在国内层面上，还是在国际层面上，人们都应该通过行使公共理性来逐渐实现让基本人权得到尊重和保障的制度安排。

当然，这个问题在国际层面上变得更加复杂，不仅因为在现实世界中，每个国家都有其国家利益，而国际关系历来都是由现实主义考虑来支配的，而且也因为它们具有很不相同的政治与文化传统，而在罗尔斯看来，在一个社会中，与基本结构相关联的公共政治文化在公民的政治生活中具有至关重要的意义。此外，对罗尔斯来说，对基本人权的尊重和落实需要在制度上得到保障：既然在国际层面上并不存在与一个社会的基本结构相对应的东西，而在任何实际社会中，权利的**充分**落实也与分配正义具有重要联系[①]，因此，基本人权就应当在国际背景正义得到保证的条件下通过国内制度安排来落实。[②] 这不是说国际社会对人权的落实没有任何义务——国际社会，特别是罗尔斯所说的良序社会，确实有责任援助负担沉重的社会和参与纠正不公平的国际秩序。实际上，一些社会并不是没有足够的资源来落实其人民的基本人权——在这样一些社会中，主要是因为不合理或不公正的制度安排，一些人的基本人权才得不到落实，或者甚至受到剥夺，正如森对贫困的经验研究有力地表明的。[③] 因此，如果人权的落实与制度安排具有罗尔斯所强调的那种紧密联系，如果平等尊重在国际关系中具有特别的重要性，那么他就有理由认为，在国际正义的情形中，需要首要关注的是社会及其制度安排，而不是生活在每个社会中的个体。在罗尔斯那里，平等尊重根本上是对一个国家或社会的人民的尊重，尤其是对他们通过某种合理地可行的方法来选择和决定其制度安排的权利的尊重，而不是对传统意义上的国家的尊重。由此来看，当努斯鲍姆指责罗尔斯的理论并没有给予个人以充分的关注时，她显然误解了罗尔斯的观点，或者至少忽视了他对基本人权的**制度实现**的强调。

以上论述有助于我们评价森和努斯鲍姆对罗尔斯提出的那个一般批评：即使罗尔斯在他对原初状态的设想中采取了一个不偏不倚的观点，这样一个观点也是封闭的而不是开放的。对罗尔斯来说，社会正义原则应该能

---

① 所有人权（包括所谓“消极意义上的权利”，例如人身安全的权利和自由的权利）的落实都需要利用某些资源。在资源有限的情况下，一个社会不仅需要考虑哪些人权应该得到优先落实，甚至在同一种基本人权（例如基本需要的权利）的落实中，在某些特殊情况下，对分配正义的考虑也是相关的。

② 这个思想与罗尔斯对功利主义的批评不无关系。按照对功利主义的一个经典批评，功利主义要求人们从一个严格不偏不倚的观点来促进总体福祉，因此就对人们提出了他们在日常道德心理的限度内无法承受的要求，尤其是在道德规则没有得到充分服从的情况下。缓解道德要求的一种方式是实施某种责任分工，例如让制度来分担原来被划分在“慈善的义务”下的某些道德要求。对这个思想的一些相关讨论，参见：Liam Murphy, *Moral Demands in Nonideal Theory* (Oxford: Oxford University Press, 2000); Samuel Scheffler, *Human Morality* (Oxford: Oxford University Press, 1993)。

③ 罗尔斯特别强调这一点，而且主要是以此为根据来断言国内制度在落实人权中的首要重要性。参见 LP 109-110。

够赢得公民的充分服从，并在具体落实中保持某种稳定性和持续性。因此，正义原则的设想就需要考虑关于人类道德心理的一般事实，尤其是人们服从正义原则的基本动机。只要反思一下就不难发现，满足基本需求、有适当的能力和自由追求自己的生活计划的愿望是一个关于人类生活的基本事实。尽管罗尔斯的原初状态只是一种理想的表达设施，但它恰当地把握了这个思想，不仅对人们服从正义原则的动机提出了直观上合理的说明，也为设想和应用正义原则提供了有力指南。作为一种理想的表达设施，原初状态不可能把人们实际上具有的任何利益和诉求都看作正义所要关注的东西，因为罗尔斯并不相信人类生活的任何方面都是正义要关注的。因此，他对这样一种方法论设施的利用并不意味着他在原初状态中所采纳的那个观点是"封闭的"——那个观点仅仅是一个理想的观点，虽然它体现了罗尔斯对正义及其动机的基本理解。此外，从罗尔斯对反思平衡方法的承诺及其对理想理论与非理想理论之关系的论述来看，他原则上不会否认，在把从原初状态中选择出来的正义原则应用于实际社会时，我们应该考虑各方面的声音，只要这些声音确实与设想、确立和应用一个政治性的正义观有关。理想理论只是为正义原则的应用规定了一个基本框架，让我们可以初步判断一个社会的正义状况，评价不同社会(或者一个社会的不同阶段)对正义的落实。然而，从罗尔斯的方法论承诺中可以看出，即使我们需要一个理想理论来规定正义的目标，这也不意味着这样一个目标在现实世界中是不可更改的，或者原则上不能加以丰富和发展。

为了进一步阐明这一点，我们需要转到罗尔斯的政治建构主义及其对"实践理性"的理解。我们已经看到，罗尔斯在其杜威讲座中将人设想为具有两种道德能力的自由平等的个体，并将这个概念看作他用来建构正义原则的程序的一个本质要素。罗尔斯的建构主义的另一个本质要素就是契约论设施。具有两种道德能力的自由平等的个人被置于原初状态中，在无知之幕背后来选择即将用来制约社会合作的正义原则。建构主义可以被理解为一种用来选择和辩护道德原则或正义原则的实践推理程序。罗尔斯特别提到康德式建构主义与理性直觉主义的区别。二者的根本差别在于：第一，理性直觉主义，作为一种形式的道德实在论，假设根本的道德原则和道德判断是对一个独立存在的道德价值秩序的真实描述，康德式建构主义则认为道德原则和道德观念本身不是独立于我们而存在的；第二，理性直觉主义认为根本的道德原则是通过理论理性（例如一种直接把握客观事实的知觉能力或理智直观）而被认识到的，康德式建构主义则认为根本的道德原则是通过实践理性构造出来的；第三，既然理性直觉主义完全按照理论理性来说明道德知识和道德动机，它就不需要对"个人"提出一种更加复杂的理解，只需将"个人"设想为具有理智能力的抽象自我，而在罗尔斯这里，个人被理解为具有某种善观念和正义感的自由平等的个体。[①] 在罗尔斯的"政治自由主义"阶段，他本质上仍然是按照建构主义的基本观念来设想和辩护正义原则；但是，他现在对合情合理的多元主义的承诺迫使他放弃用"康德式的"这个概念来描述其建构主义，转而将它称为"**政治**建构主义"。这个转向的根本缘由在于，罗尔斯现在认为，康德式建构主义本身表达了一种"全面性"的道德观点，属于一种"全面性"的自由主义，其所设定的自主性理想对于所有人的生活具有一个调节作用，但是，在多元主义的社会条件下，这个观念是不可应用的。在这样一个社会中，政治性正义原则的建构要立足于人们在其合情合理的全面性学说的基础上达成的交叠共识。

然而，我们并不是特别清楚，多元主义的社会现状如何使得一种"康德式的"建构主义不再适用于正义原则的建构和辩护。在《正义论》中，人们仍然持有不同的善观念，对幸福或好生活具有不同的理解；罗尔斯使用无知之幕的设施来"过滤了"人们对自己完整身份的认识，以便他们不能利用自己在初始时刻的优越地位来思考对正义原则的选择，从而导致不公平的结果。由此可见，在慎思和选择正义原则的原初状态中，罗尔斯已经在利用一种公平的观念，即使这个观念并不具有特别丰富的内容——公平正义观的具体内容是由选择出来的正义原则初步确定的，并在这些原则应用于特定的社会实践时得到进一步充实。康德式建构主义与罗尔斯后来倡导的政治建构主义的差别仅仅在于，在《正义论》中，人们被认为普遍地相信康德所持有的那种全面性自由主义，而在罗尔斯的政治建构主义时期，这种全面性自由主义只是社会成员所持有的各种全面性学说中的一种。然而，交叠共识的观念本质上仍然类似于《正义论》中的一个基本思想，即通过无知之幕来适当地过滤掉人们对自己所持有的相对完整的善观念。如果我们需要追问，在慎思和选择正义原则的时候，人们为什么愿意暂时不考虑自己的善观念或

① Rawls (1993), pp. 90-99.

者其合情合理的全面性学说中的某些要素，那么答案的关键就在于罗尔斯所说的“合情合理”这一概念。这个概念不仅被用来描述慎思和选择正义原则的个人，也被用来描述社会合作中已经生活在正义原则下的人们，还被用来描述他们对自己所持有的观点或立场的态度。按照罗尔斯在《政治自由主义》中的说法，说个人“是合情合理的”，就是说他们“愿意提出和服从在平等的个体之间所开展的社会合作的公平条款，承认[他们做出的]判断的负担的后果并愿意接受这些后果”。[①] 换句话说，他们愿意将彼此作为平等的个体来看待并在社会合作的各个层面(包括慎思和选择正义原则的层面)上努力满足互惠性要求。

在罗尔斯这里，互惠性概念显然不同于“理性互利”的概念(尽管后者可以作为一个要素包含在前者中)，被赋予了一定的道德内容或内涵，例如平等尊重和平等尊严的思想。因此，将互惠性理解为一个广泛意义上的康德式概念并不是原则上不合理的，特别是从罗尔斯的思想的康德来源来看。实际上，罗尔斯强调说，当他使用建构主义方法来构造正义原则时，他并不认为所有东西都是被构造出来的，特别是，实践理性的观念以及原初状态的设施是用来构造正义原则的基础，其本身不是被构造出来的，正如他自己所说：“不是一切东西都是被构造出来的；我们必须有某些作为起点的材料。更确切地说，只有规定政治正当和政治正义之内容的实质性原则才是被构造出来的。”[②]对罗尔斯来说，就像在康德那里一样，原始契约、自由平等的道德人以及社会都属于实践理性的观念，它们为构造实质性正义原则提供了基础和框架。一旦我们具有了这些基本观念，我们就可以按照一个社会的生活实践和社会条件来构造适用于这个社会的正义原则。这个基本观念既可以应用于一个具有单一的政治文化的社会，例如一个完全接受罗尔斯所说的“康德式自由主义”的社会；也可以应用于一个多元文化的社会，例如通过交叠共识；还可以应用于愿意接受互惠性要求和基本人权原则的万民社会，例如首先通过在所谓“自由的社会”中形成万民法的根本原则，再将这些原则扩展到所谓“得体的社会”，最终在适当条件下扩展到整个人类社会。

① Rawls (1993), p. 94.

② Rawls (1993), p. 104. 这个说法当然产生了建构主义的本质及其与道德实在论的关系问题，这个问题不是我们目前所要关注的。

当然，在这三种情形中，被构造出来的正义原则的**内容**会逐渐变得不太丰富。不过，这不是说其重要性变得逐渐衰减，而是说不同领域都具有与其相称的正义原则，或者说，正义原则的运用需要在不同层次上实施某种分工。因此，罗尔斯实际上无须强调政治建构主义全然不同于一种康德式的道德建构主义，因为二者在基本预设和方法论上都是同样的，或者至少本质上是类似的。

然而，罗尔斯确实在一个方面不同于康德。在他看来，在正义领域中，实践理性的运用及其所能得到的结果，都是相对于一个特定的政治文化而论的。罗尔斯遵循康德在实践理性和理论理性之间做出的区分，认为"实践理性是关系到按照[我们对]对象(例如被看作政治努力的目标的某种正义的"宪政"体制)的某种设想来产生这些对象，理论理性则关系到对于既定对象的知识"[①]。因此，实践理性旨在按照理性自身被认为具有(或者能够产生)的观念来引导我们的行动和选择，特别是，在政治领域中，引导我们提出与我们的生活实践和社会条件相称、满足我们的合理诉求的正义原则以及设计相应的社会-政治制度和经济安排。由此我们不难理解罗尔斯的如下主张："[建构正义原则的]程序体现了实践理性的一切相关要求，并表明正义原则如何来自实践理性的原则加上对社会和个人的具体设想，而后者本身就是理性的观念。"[②]但是，说"社会和个人是理性的观念"只是说理性自身就含有这些观念，而不是说这些观念的**具体内容**已经先验地和完备地包含在理性当中。理性只是告诉我们，个人必须被看作自由的和平等的，对个人利益的合理追求要求公平的社会合作。但是，理性并未先验地包含对自由或平等的内涵和条件的具体理解，也没有先验地表明公平的社会合作所能采取的形式。这些东西要通过实践理性的根本原则以及"对个人和社会的具体设想"来落实，而用来具体地设想个人和社会的原材料就来自人们所生活的公共政治文化。正是在这个意义上，罗尔斯认为实践理性的运用及其所能得到的结果是相对于一个社会特定的政治文化而论的。这无须意味着他的政治建构主义必然导致一种关于正义的**极端**相对主义，因为实践理性的根本原则和基本观念都是我们所能分享的，差别仅仅在于对这些观念

---

① Rawls (1993), p. 93.

② Rawls (1993), p. 90.

的具体设想、由此得到的正义原则的具体内容以及实现正义的方式。对罗尔斯来说，政治正义的原则（也就是说，政治正义的内容）可以被表达为一种建构程序的结果，但是，“程序本身是通过把对社会和个人的基本设想、实践理性的原则以及一种公共的正义观当作起点而提出的”①。只要参与制定正义原则的各方是充分理性的和合情合理的，具有必要的信息和知识，遵循正确的程序合理性原则并在其理性慎思中满足宽泛的反思平衡要求，他们就能提出正确的正义原则。② 然而，从建构主义的观点来看，参与制定原则的各方提出的原则并不是因为符合一种**独立存在**的价值秩序而是正确的——这些原则是正确的，是因为它们符合实践理性的根本原则并满足建构主义程序所规定的理性慎思要求，特别是，他们用来确认正义原则的理由原则上得到了他们所生活的社会中所有充分理性和合情合理的人们的认可。

因此，举个例说，建构主义者并不认为，奴隶制（或者暴政、掠夺、宗教迫害等）之所以不正义，是因为存在着某个实在论意义上的道德事实或规范事实使得它是道德上错误的。对建构主义者来说，奴隶制（或者暴政、掠夺、宗教迫害等）之所以不正义，是因为“它违反了自由平等的人们的代表在原初状态中同意达成的原则”③。这与道德实在论立场具有本质差别：道德实在论的根本困难并不在于我们如何能够认识到一个独立存在的客观的道德秩序（尽管这也是它面临的一个难题），而在于这种认识如何能够对我们产生动机影响。与此相比，在建构主义这里，我们用来确认正义原则的理由是真正意义上的实践理由，对这种理由的认识和承诺在适当条件下能够对我们产生动机影响。不过，建构主义者强调说，实践理由是相对于一个社会所采纳和从事的实践而论的，而且在某种意义上是内在于这种实践的，虽然人们也可以通过分享某些实践而享有某些实践理由，因此实践理由就可以在普遍性程度上有所差别。对个人利益的合理追求确实是人们参与社会合作的根本动机，但是，社会合作的可能性和持续性取决于人们能够按照自己可以合情合理地接受的原则来从事合作；什么样的公平合作条款是人们可以合

---

① Rawls (1993), p. 104.

② 参见 Rawls (1993), p. 119。

③ Rawls (1993), p. 124.

情合理地接受的，本身取决于他们在什么意义和什么程度上能够是合情合理的。后面这个问题显然与人们所生活的社会的**本质**有关。因此，即使所有人都由于享有共同的人性而可以具有理性的基本观念，也不可能合理地指望每个社会都持有完全一样的正义原则。即便有某些可以**在理论上**分享的正义原则，那也是各个社会在交叠共识的基础上达成的结果。但是，交叠共识的可能性不仅取决于各个社会所能分享的基本观念，也取决于它们彼此在什么程度上能够是合情合理的。

建构主义有助于我们进一步理解罗尔斯对理想理论与非理想理论之关系的论述。正如我们已经看到的，在谈到一个"理想理论"时，罗尔斯主要是指在有利条件下提出并得到充分服从的理论。充分服从指的是每一个人(或者几乎每一个人)都严格遵守正义原则并参与维护正义的制度，有利条件主要是指正义原则能够得到顺利实现的条件，其中不仅涉及妨碍实现正义原则的严重的不正义已被消除，也涉及公民们已经具有充分的教育水平和相对充足的经济资源。非理想理论是相对于理想理论来界定的——一个正义理论的非理想部分是要处理"在不太幸运的条件下究竟要采纳哪些原则"这一问题。[①]换言之，非理想理论是要处理在非理想条件下如何面对现实来实现理想理论规定的正义目标或者在必要时调整这些目标，以便实现一个总体上相对正义的社会。简而言之，理想理论假设，一个社会的广泛的社会、文化和经济条件已经使得其公民能够维护一个完全正义的社会(只要他们愿意并努力这样做)，而非理想理论则致力于处理不利于实现或维护完全正义的社会-经济条件。[②]然而，值得指出的是，在罗尔斯这里，"完全正义"这个说法只是指理想理论规定的目标完全地或完备地得到实现，或者甚至只是总体上得到了实现，而不是指一种**超验的**正义目标在根本上得到了实现。罗尔斯自己极为明确地指出，从原初状态中选择出来的正义原则的实现首先要求确立一个良序社会。一个良序社会在基本的意义上是这样一个社会，在其中，公民们都接受同样的正义观，主要的社会-经济制度都符合

---

① Rawls (1999), p. 216.

② 参见 Zofia Stemplowska and Adam Swift, "Rawls on Ideal and Nonideal Theory", in Jon Mandle and David A. Reidy (eds.), *A Companion to Rawls* (Oxford: Blackwell, 2014), pp. 112-127, at p. 113。

这个正义观，而且这两个事实都是众所周知的。罗尔斯在后来的论著中进一步充实了这个概念。大致说来，良序社会具有三个基本特征：第一，每个人都接受并知道任何其他人接受同样的正义原则，这项知识是一项得到相互承认的知识；第二，公民们对社会基本结构具有公共知识，而且有充分的理由相信基本结构满足了正义原则的要求；第三，公民们具有一种通常有效的正义感，因此就能理解和应用得到公共承认的正义原则并在很大程度上按照这些原则来行动。[①]当罗尔斯将社会理解为一种在时间上持续的社会合作体制时，良序社会的观念就指定了一种正义观在社会中所要发挥的作用。例如，这个观念不仅排除了任何不能成为公共知识的正义观，也要求人们享有一套与政治正义相关的信念，从而就可以通过理想慎思和实践推理在某些正义问题上取得具有基本共识的结果。更重要的是，按照某种正义观来组织的社会必须是稳定的，这也是良序社会的一个本质要求。但是，只有当人们在其社会所要采纳和应用的正义原则方面普遍地具有一种正义感时，正义原则以及相关的制度安排和社会实践才有可能是稳定的，正如罗尔斯自己所说："如果一种正义观倾向于产生的正义感强于破坏性倾向而且更可能推翻这种倾向，如果它所允许的制度产生了更弱的行事不公的冲动和诱惑，那么这种正义观就比另一种正义观更稳定。"[②]良序社会显然是实现一个理想理论规定的正义目标的必要条件：当一个社会是一个良序社会时，社会成员不仅能够充分服从正义原则和进一步的公共规则，也能按照社会合作的公平条款来实现长期稳定的合作。

然而，良序社会本身是一项成就——并非任何实际社会从一开始就满足了罗尔斯为良序社会指定的要求。对罗尔斯来说，正义理论的理想部分不仅是要按照实践理性的基本观念和原则、结合人们所生活的社会的本质(包括其公共的政治文化)、通过利用反思平衡方法来选择正义原则并确立一个正义理论所要实现的目标，而且也要为逐渐建构一个良序社会提供指南，进而为在现实世界中实现正义提供指导方针。表面上看，罗尔斯是按照严格服从和部分服从来区分理想理论和非理想理论，并认为后者主要是"研究用来指导我们要如何处理不正义的原则，[因此就]包括惩罚理论、正义战

① 参见：Rawls (1993), p. 35; Rawls (2001), pp. 8-9。

② Rawls (1999), p. 398.

争学说、辩护用来反对不正义体制的各种方式等论题……以及补偿正义和权衡不同形式的制度不正义的问题”[①]。不过，明显的是，理想理论不仅是非理想理论的基础，而且也为其实际落实提供了基本导向。因此，罗尔斯主要是出于两个考虑而将关注焦点放在理想理论上：第一，他想知道一个总体上正义（或者接近于完全正义）的社会究竟是什么样子；第二，在他看来，若没有理想理论，我们就不知道如何处理现实世界的不正义，如何对正义或不正义做出比较评价。

从建构主义的观点来看，理想理论的建构实际上已经容纳了某些相关的“现实”考虑，其中最重要的是关于正义原则及其实施的稳定性的考虑。当罗尔斯声称正义原则必须赢得其自身的支持时，他所要说的是，一套切实可行的正义原则必须得到合情合理的人们的充分认同和服从，因此，我们就必须按照拟定原则在假设得到充分服从的情况下“对它们的公共承认和普遍应用的一般后果”来评价原则。[②]为此，首先就需要考虑合情合理的人们在理想条件下（例如在罗尔斯所设想的原初状态中）所能接受的正义原则以及接受这些原则的本质条件。罗尔斯特别指出，一个正义理论的规范凭据取决于其原则是否超出了人性的能力。正是因为这个缘故，在理想条件下选择正义原则的人们就必须“知道关于人类社会的一般事实，……理解政治事务和经济理论原则，并且知道社会组织的基础以及人类心理规律”。[③] 这个说法显然不是在降低充分服从的要求，以至于允许任何理由都可以成为服从或不服从正义原则的理由，因为原初状态并不是没有任何道德内容的东西——正如我们已经表明的，罗尔斯本质上是按照一种康德式的道德人格的概念来建构原初状态，将实践理性的根本原则和基本观念看作建构原初状态的原材料。这个思想始终贯穿在他一生对正义（包括国际正义）的思考中。切实可行的正义原则必须在人类的一般动机结构中获得支持，由此我们就不难理解罗尔斯为什么将“理性互利”设想为人们参与社会合作的**初始**动机。但是，实现理性互利并不是正义的根本目的——对罗尔斯来说，国内正义的根本目的是实现康德式的道德人格理想、实施实质上公平的分配

① Rawls (1999), p. 8.

② Rawls (1999), p. 119.

③ Rawls (1999), p. 119.

并让人们能够自由地发展和追求其生活计划，国际正义的根本目标则在于实现康德意义上的永久和平并让每个人民或社会都能获得自由而平等的繁荣和发展。这些目标都蕴含了一种康德式的道德理想，但是需要从我们所面对的**真实世界**入手才能得到合理实现。这就是罗尔斯的建构主义所要完成的任务——建构主义方法论既规定了一个可以合理地实现的理想，又兼顾了我们所面对的政治实在，特别是对一个社会的政治文化和社会实践的考虑。

由此我们可以看到，杰里·柯亨对罗尔斯提出的另一个主要批评为什么**本质上**是错误的。[①] 柯亨说："按照建构主义，正义的根本原则是来自正确的程序如何将正义原则产生出来的判断(这些判断本身并不反映正义原则)以及关于人性和人类社会的事实。"[②]按照他的说法，建构主义者是在试图从"并不反映正义的内容的考虑"中推导出正义原则，因此就删除了对所谓"纯粹正义"的考虑。[③]为了理解柯亨的批评，我们首先需要看看他对"事实"和"原则"的区分。柯亨指出，"一个规范原则是告诉行动者(应当或不应当)做什么的一个一般指令，而一个事实是某人可以合理地认为支持一个原则的任何真理，或者对应于这样的真理"[④]。假如这个区分确实成立，那就意味着柯亨采纳了一个摩尔式的论点，也就是说，他认为我们不可能从任何纯粹描述性事实中推出任何关于"应当"的结论。[⑤] 柯亨由此提出了如下论点："一个原则能够回应一个事实(也就是说，在一个事实中有其根据)，只是

---

① G. A. Cohen, *Rescuing Justice and Equality* (Cambridge, MA: Harvard University Press, 2008), Part Ⅱ. 我之所以强调柯亨的批评本质上是错误的，是因为他的批评根本上误解(或者至少无视了)罗尔斯的建构主义，但这不是要完全否认他在其批评中提出的某些想法。

② Cohen (2008), p. 281.

③ Cohen (2008), pp. 281, 283.

④ Cohen (2008), p. 229.

⑤ 尽管柯亨声称他即将提出的论点既与这个休谟式的或摩尔式的论点无关，也不能被理解为一个因果论点或心理论点，但是，如果他在"事实"和"原则"之间的区分是可靠的，他必须持有这个休谟式的或摩尔式的论点，或者要不然他就是没有看到，罗尔斯所说的关于人性和人类社会的事实实际上或多或少地包含了规范的要素。柯亨在他对罗尔斯发起的攻击中谈到了一些元伦理问题，然而，很不幸，他几乎对相关的元伦理问题缺乏深入的了解，例如，他并未讨论伦理自然主义的各种形式及其可能性。这就使得他按照自己提出的论点对罗尔斯的批评缺乏充分合理的根据。

因为它也是对一个更为根本的原则的回应，而后面这个原则不是对一个事实的回应。”[①]如果原则对事实的回应总是取决于某个进一步的原则，那么按照柯亨的说法，就必须存在某个不能按照“回应事实”来理解的终极原则。因此，在他看来，建构主义者错误地相信所有关于正义的原则都是“敏于事实”(fact-sensitive)的。罗尔斯的建构主义正是犯了这样的错误，因为他试图从“与纯粹正义无关”事实和依赖于事实的原则中推出正义原则。柯亨进一步论证说，罗尔斯对其正义原则的推导不仅利用了关于人性和人类社会的事实(或者对这些事实的考虑)，而且也利用了某些依赖于事实的原则，例如帕累托原则、公共性原则和稳定性原则。[②]

在这里，我将不质疑柯亨提出的那个关于事实与原则之关系的论点，尽管这个论点本身是可疑的，因为其可靠性取决于一系列有争议的问题，例如摩尔所说的“自然主义谬误”以及各种形式的伦理自然主义的可能性。不过，当柯亨声称罗尔斯利用了所谓“依赖于事实的原则”来构想其建构主义论证时，他显然严重误解了建构主义本身以及罗尔斯对它的利用。[③] 第一，极为明显的是，罗尔斯在《正义论》第 3 章中对差别原则的正式论证根本就没有使用帕累托原则，只是在第 2 章中对其正义原则提出一种直观上可理解的说明时，罗尔斯才指出“差别原则符合效率原则”，因为“当差别原则得到充分满足时，我们实际上不可能使得一个代表的状况更好而不使得另一个代表的状况更差”。[④] 当然，罗尔斯确实认为，**在差别原则得到满足的情况下**，我们可以将满足帕累托优化原则的状态**定义为**正义的状态。但是，他也明确指出，差别原则的应用受制于其他两个正义原则，即平等自由原则和公平的机会平等原则，而这意味着差别原则的应用无须总是满足帕累托优化原则的要求。因此，罗尔斯在原初状态设施中对差别原则的**辩护**根本就

---

① Cohen (2008), p. 229.

② 参见 Cohen (2008), pp. 315-330。

③ 考夫曼提出了类似观点，参见 Kaufman (2018), pp. 86-91。

④ Rawls (1999), p. 69.

没有考虑帕累托原则[①]，实际上也无须考虑这个原则，因为他对差别原则及其辩护的设想本来就不同于帕累托论证的根据，正如他自己所说：

> 差别原则不仅假设了其他原则的实行，而且也预设了某种社会制度理论。特别是……它依赖于如下观念：在具有开放阶级体系（无论有没有私有制）的竞争经济中，极度的不平等将是不常见的。在自然资质的分布和动机法则的条件下，悬殊的等级差别将不会持久。在此要强调的是，对于首要原则的选择是基于经济学和心理学的一般事实。……原初状态中的各方被假设知道关于人类社会的一般事实。既然这项知识进入了他们的慎思的前提中，他们对原则的选择就是相对于这些事实而论的。[②]

很明显，在这段话中，罗尔斯已经假设了对平等的某种理解并且将他所理解的平等设想为从原初状态中推出差别原则的一个前提。关于人性和人类社会的事实只是为我们设想道德上可接受的不平等提供了慎思的材料，并约束我们对可能的正义原则的**选择**。

第二，柯亨从公共性原则和稳定性原则对罗尔斯提出的批评更加暴露了他对罗尔斯的建构主义的误解，因为公共性要求和稳定性要求其实都是罗尔斯对可以被合情合理地接受、在实际应用中具有可行性的正义原则提出的**形式**约束。公共性要求所说的是，人们对应用于社会合作的正义原则必须具有公共知识。这个要求内在于罗尔斯对"社会"的理解的，因为他将社会定义为"为了互利而从事的一种合作事业"。他所设想的社会合作并不

① 实际上，在柯亨自己对帕累托论证的讨论中，他几乎一开始就指出："我所说的帕累托论证不是罗尔斯对差别原则的正式论证，因为这个论证免除了原初状态设施。"[Cohen (2008), p. 88]。也就是说，要是罗尔斯已经能够直接按照帕累托原则来论证差别原则，他就不需要利用原初状态的设施了。然而，差别原则的含义以及罗尔斯论证差别原则的方式本质上不同于柯亨所说的"帕累托论证"。当柯亨在后来指责罗尔斯按照帕累托原则之类的"依赖于事实"的原则来论证其正义原则时，他似乎完全忘记了自己在前面提出的评论。柯亨的忽视大概是可理解的，因为《拯救正义与平等》本身就是由他在不同时期撰写的论文构成的，尽管有一件事情仍然有点令人困惑：在柯亨对罗尔斯的批评中，帕累托论证实际上不止出现了一次，例如，这个论证本来就已经出现在他按照差别原则对罗尔斯提出的批评中。考夫曼也注意到了这一点，见 Kaufman (2018), pp. 88-89。

② Rawls (1999), p. 137.

是(或者不仅仅是)彼此没有利害关系的个体之间的行为协调,而是涉及对社会合作的利益和负担的公平分配,因此,用来制约分配的正义原则就必须是社会成员所具有的一项公共知识。为了满足这个要求,应用于公共领域的正义原则当然就必须考虑关于人性和人类社会的一般事实,例如,我们不可能将一种只有某些"特选人士"才能认识到的正义原则应用于一个社会。然而,这些事实只是对从一系列可供取舍的正义原则中选出某个或某一套原则施加了形式约束。尽管它们充当了正义原则的选择的"边界约束",但这并不意味着正义原则的**内容**本身就是完全由这些事实来决定的,正如当我们按照对某些事实的考虑来决定要去何处发展自己职业时,我们的职业目标的内容并不完全是由这些事实来决定的。

对于稳定性要求,我们也可以提出类似的说法,因为在罗尔斯这里,公共性要求实际上是稳定性要求的一个本质要素。回想一下,稳定性问题的核心就是如下问题:一种正义观是否能够产生对其自身的支持?对罗尔斯来说,只有在如下条件下,一个良序社会及其所采纳的正义原则才是稳定的:在这个社会中成长起来的人们"获得了一种充分有力和有效的正义感,并因此而通常服从正义的安排,不是在社会嫉妒和怨恨或者支配他人的意志或屈从于他人的倾向的驱使下采取不正义行为"[①]。由此可见,稳定性是正义原则有可能得到充分服从的一个必要条件。任何正义理论都必须假设充分服从条件,否则我们就无法对一个社会的正义状况做出评价,也无法为改善社会正义确立任何切实可行的目标。因此,稳定性要求同样为正义原则的选择施加了一个形式约束。关于稳定性的考虑确实**部分地**决定了一个社会即将采纳的正义原则,但是,这些考虑并未完全决定正义原则的内容。事实上,正如我们多次强调的,罗尔斯对原初状态的构想本质上是立足于一系列康德式的观念,这种构想在程序上采纳了康德式的道德建构主义,但是,正如罗尔斯自己明确地指出的,某些东西不是被构造出来的,而是必须作为原材料嵌入原初状态中,其中就包括实践理性的根本原则和基本观念,特别是自由平等的道德人的观念。换句话说,罗尔斯根本就不像柯亨所指责的那样,是从纯粹的事实和依赖于事实的原则中推出和辩护其正义原则。罗尔斯的建构主义本质上是一种康德式建构主义,对他来说,原初状态从一

① Rawls (2001), p. 181.

开始就是一种**规范的**东西。他对柯亨所说的“事实”的诉求只是为了提出合情合理、切实可行的正义原则，这种诉求体现的是对正义及其实现的一种整体论考虑。然而，说一种观点是整体论的或语境主义的，并不是说它根本上缺乏任何规范内容——至少柯亨并未成功地表明这一点。

人性本身就含有对社会生活的合理诉求和对平等尊重的渴望，这些东西确实可以被理解为实践理性的基本观念，是我们在构造政治正义时可以利用且必须利用的原材料。因此，当罗尔斯试图从关于人性和人类社会的一般事实中推出正义原则时，他的尝试不仅不是不可理解的，反而是根本上合理的。如果我们所要构造的是一种用于人类生活并且与人类生活相适应的正义观，那么我们就不清楚除了利用这些事实外，我们还能利用什么。我们显然不可能利用一种与人类生活的基本形式全然无关的关于善的理念来为人类设想和构造一种正义，因为只要这样一种理念完全脱离了人类的总体经验，它对我们来说就是全然不可理喻的。一旦我们脱离了人类经验，特别是对人性和人类社会的根本理解，我们就不知道如何从一系列可能的正义原则中做出选择，不管这些原则是如何出现的。罗尔斯自己对这一点具有极为明确的认识，正如他所说：

> 一些道德哲学家认为，伦理学的第一原则应该不依赖于一切偶然假定，而且，除了逻辑真理以及其他可以通过概念分析得出的真理外，它们不应当理所当然地采纳任何其他真理。这种观点使得道德哲学成为对创化伦理(the ethics of creation)的一种研究：对于一个全能的神在决定哪一个世界是最好的可能世界时所持有的反思的考察。哪怕是对一般的自然事实也要做出选择。我们肯定对创化伦理有一种自然的宗教兴趣。但是，这种兴趣看来超越了人类的领悟力。从契约论的观点来看，它等于说原初状态中的人们对于他们自己或者他们所生活的世界茫然无知。然而，倘若如此，他们怎么可能做出一个决定呢？[①]

柯亨自己部分地引用了这段话[②]，但他声称罗尔斯的观点是自相矛盾

---

① Rawls (1999), pp. 137-138.

② Cohen (2008), p. 261. 值得指出的是，柯亨引用的这段话出现在上一个引文的下一段话中。

的,其理由是,罗尔斯一方面断言“哪怕是对一般的自然事实也要做出选择”,另一方面又认为所有原则都必须按照事实来选择。然而,只要我们充分理解了罗尔斯的理论,特别是其建构主义,我们就不难看出,罗尔斯在这里根本就没有任何自相矛盾:罗尔斯并没有说所有原则都要**完全**按照事实来选择——关于人性和人类生活的事实只是对选择用于实际社会的原则施加了形式约束;而且,对自然事实的选择恰好是要按照那些作为原材料而被嵌入原初状态中的康德式实践理性的原则和观念来进行。罗尔斯所要反对的正是柯亨自己所倡导的那种“纯粹正义”——那种以规范的形而上学实在论为根据、完全不考虑关于人性和人类生活的一般事实以及特定的社会实践的正义观。罗尔斯拒斥这种观点,是因为它属于一种“非现实主义乌托邦”(unrealistic utopia)。

政治是为人而造就的,而非人是被造就出来为政治服务的。一种合情合理且切实可行的政治实践必须充分尊重关于人性和人类生活的根本事实,必须充分尊重一个社会能够合理地持有的公共的政治文化。这是罗尔斯的政治哲学为我们所贡献出来的一个重要见识。在罗尔斯对其理想理论的建构中,他已经充分考虑了这些事实,要求我们在将理想理论应用于一个社会时也要充分考虑其政治文化和社会条件。就此而论,罗尔斯的正义理论旨在实现一种“现实主义乌托邦”。他也竭力反对那种以所谓“反道德主义”为基础的政治现实主义。① 在罗尔斯看来,当政治哲学家试图构想一个政治理论并将它应用于社会现实时,他们既不能完全立足于乌托邦式的考虑,也不能完全屈从于现实考虑,而是需要持有一个适度地超越于社会现实、但又可以在实际世界中得到合理实现的正义理想,正如他所说:

> 当政治哲学对日常被认为是实际的政治可能性之限度的那种东西进行扩展时,它就是现实主义乌托邦。我们对未来的希望取决于如下

① 雷蒙德·高斯在一系列论著中倡导和发展这种形式的政治现实主义,其中包括:Raymond Geuss, *Philosophy and Real Politics* (Princeton: Princeton University Press, 2008); Raymond Geuss, *Politics and the Imagination* (Princeton: Princeton University Press, 2010)。对于政治哲学中的“乌托邦主义”或者“反乌托邦主义”的一个系统论述,参见 David Estlund, *Utopophobia: On the Limits (if any) of Political Philosophy* (Princeton: Princeton University Press, 2020)。

> 信念:我们的社会世界的各种可能性允许一个合理地公正的"宪政"民主社会作为一个合理地公正的万民社会的成员来生活。为了与我们所生活的社会世界相调和,就必须把这样一个万民社会看作是实际上可能的。(LP 124)

这显然是一个康德式的思想,因为康德认为,实践意义上的自由预设了超验自由,即使超验自由不是我们在经验世界中所能把握的,但是,只要我们对它保持信仰,我们就可以逐渐进入目的王国。与康德有所不同的是,当罗尔斯同样认为我们必须坚持他所提到的那个信念时,他对这个信念如何将我们领入一个合理地正义的社会(包括万民社会)的思考是立足于一系列关于人性、人类条件以及具体的社会实践的考虑。罗尔斯无须为他持有这样一种正义观而道歉。在我看来,他对正义的探讨仍然是迄今最为深思熟虑的探讨,即使他的理论在某些细节上并不是免于批评、改进和充实的,正如他在自己一生的哲学生涯中不断尝试去做的那样。就像康德一样,罗尔斯相信政治必须为道德清除障碍,也正是因为这个缘故,道德就必须为政治理论和政治实践施加实质性约束。

第九章　关系与责任

在前一章中，我主要是从方法论的角度来捍卫罗尔斯对正义的探讨。我已经尝试表明，罗尔斯对国际正义的探讨不仅是合理的，而且也严格遵循他用来思考和建构正义理论的方法论，其中包括建构主义和反思平衡方法。对罗尔斯来说，国际正义的根本目的是维护全球背景正义，通过援助的责任以及纠正正义或补偿正义让负担沉重的国家摆脱负担，最终通过其自身的制度建设来实现公民的基本人权。因此，只要我们澄清了罗尔斯的国际正义学说，我们就可以看到，他不仅对于实现基本人权持有一种普遍主义的道德承诺，而且他与其世界主义批评者之间的差距也不像后者所设想的那么大。不过，罗尔斯确实反对将（在他看来）仅仅适用于国内情形的平等主义分配正义原则扩展到全球层面，他也因此而遭受如下指责：罗尔斯的国际正义理论不仅与他对国内正义的探讨“不相一致”，而且在规范的意义上也是成问题的。在某种意义上说，这个批评对罗尔斯来说仍然是不公平的，因为他确实有理由认为国内正义与国际正义具有不同的目的。就像在国内正义的情形中一样，罗尔斯认为，在全球层面上，也应当在正义的落实方面实施分工——将国际社会或国际秩序设想为要对国际合作和国际关系的背景正义负责，确保每个人民或社会在国际事务上都能得到平等尊重，将落实公民的基本人权以及充分实现国内分配正义的职责交给已经满足“良序社会”要求的社会或国家。罗尔斯的正义观本质上是一种以社会合作和互惠互利为基础的正义观。但是，社会合作可以具有不同的规模，在人类生活的不同层面上展开，与此相关，互惠性要求在社会合作的不同层面上也具有不同内容，这与社会合作的本质以及支撑社会合作的公共政治文化有关。强调正义与文化的本质联系是罗尔斯的正义理论的一个基本特征。如果他在这方面提出的主张是可靠的，那么他对国际正义的看法就可以具有合理根据。

本章的论证结构如下。在第一部分，我将考察全球不平等在全球正义领域中所引发的一个核心争论，即是否应当在全球层面上实行一种平等主义分配正义，以便为后面的讨论提供一个基础或背景。为了恰当地处理这个问题，我们不仅需要考虑民族主义与世界主义的关系，也需要理解特殊的个人关系或社会关系所产生的特殊义务的本质及其与普遍义务之间的关系。在第二部分，我将批判性地考察一种尝试处理二者关系的方案，这种方案试图按照强制性地施加的规则或规范体系与自主性的关系来说明平等主义正义为什么是特殊的，因此不能推广到全球层面。然而，这种方案不足以表明全球制度背景不可能产生平等主义的分配正义要求。为了反驳将平等主义分配正义扩展到全球层面的倡议，就需要进一步表明国家内部的公民关系的特殊性，因此，我将尝试按照互惠性要求来说明平等主义分配正义的特殊地位。在第三部分，我将考察两个尝试处理特殊义务和普遍义务之关系的提议。一个提议认为，特殊义务在某种意义上可以归结为普遍义务，即可以被理解为实现普遍义务的一种有效方式；另一个提议认为，特殊关系本身具有内在价值，它们所产生的义务不能从普遍主义角度来说明。然而，这两种理解在我看来都是成问题的，我将尝试按照戴维·米勒等人对民族身份及其伦理含义的论述来进一步说明公民身份所产生的特殊义务的本质。为了充实我的论述，在第四部分，我将主要从伦理学的角度来进一步分析特殊关系的本质及其根据，以表明特殊关系既不能完全按照它们所体现的一般价值来说明，也不能完全按照关系双方的个人特点来说明，而是需要将二者结合起来。在第五部分，通过整合前面的讨论所得到的结果，我将试图对责任分派提出一种理解，并进一步阐明全球正义问题的复杂性。

一、全球平等主义：支持与反对

全球正义是从对全球贫困和严重不平等的关注中产生出来的。在第一章中，我们已经概述了一些关于全球贫困的经验事实。当然，正如戴维·米勒所指出的，“我们不能仅仅因为全球不平等是不平等就自动地认为它是不正义的"[①]，因为某种形式的不平等是否正义，取决于我们对平等和正义的理解以及不平等产生的原因。例如，假设某个群体在开始建立政治社会时就平等分配它所拥有的资源，并制定了对社会合作成果进行分配的规则，这些规则得到所有成员的一致同意。在这种情况下，如果某些社会成员由于自愿选择的结果而在几年后不如其他成员拥有更多财富，那么他们之间的不平等可能就不是不正义的。当然，严重不平等仍然是一件值得关切的事情，这可以从两个方面来说明。一方面，不管我们如何具体地理解平等，假若我们认为所有人都应当具有人所特有的尊严，而某种意义上的平等不仅是人的尊严的一个本质标志，也是实现人的尊严的一个基本条件，那么严重不平等可能就会削弱乃至摧毁人的尊严。人的尊严并不是一种不需要任何东西来支撑的地位，例如，生活在绝对贫困线以下的人们很难说具有尊严。更重要的是，人的尊严是一种需要在人们所生活的**社会**世界中得到承认和尊重的东西。如果一个社会区别对待其成员，例如按照出身、财富或者社会地位来区别对待他们，但又提不出强有力的理由来辩解这种做法，那么它就没有充分尊重其公民的内在尊严。另一方面，平等之所以在道德上重要，还不只是因为某种形式的平等与维护和尊重人的尊严具有本质联系，也是因为严重的不平等会产生一系列道德上不可接受的社会后果。

罗尔斯指出了在一个民主社会中降低不平等的三个主要理由：第一，缓解贫困者的艰难困苦；第二，通过缩小贫富差距来逐渐消除破坏自尊的社会条件的因素；第三，维护公平的社会合作（包括国际合作）的基本条件，让个人或人民能够摆脱系统性的歧视，在社会合作中获得实质上公平的机会。[②]托马斯·斯坎伦也论证说，我们实际上是出于某些其他考虑而关心实质性的不平等。[③] 第一，我们有理由关心严重不平等，因为这向我们提供了一个机会，让我们可以在不让其他人遭受类似命运的情况下来消除或缓解某些人的苦难。换句话说，如果一个社会能够在充分尊重他人正当利益的情况

---

① David Miller, *National Responsibility and Global Justice* (Oxford: Oxford University Press, 2007), p. 75.

② John Rawls, *The Law of Peoples* (Cambridge, MA: Harvard University Press, 1999), pp. 114-115.

③ T. M. Scanlon, "The Diversity of Objections to Inequality", in Scanlon, *The Difficulty of Tolerance* (Cambridge: Cambridge University Press, 2003), pp. 202-218.

下满足某些人在基本需求方面的主张，那么它至少有人道主义的理由这样做。第二，如果一个社会将所有成员都看作彼此平等的，例如在社会生活的某些重要方面拥有平等的资格，那么它就有理由消除人们在物质福祉方面的巨大差距，因为当某些人拥有的生活方式被设定为社会生活的规范时，物质福祉方面的巨大差别会让生活每况愈下的人们感到低人一等和羞耻。按照斯坎伦的说法，消除物质福祉方面的巨大差别体现了一种平等主义关怀。第三，在人类社会中，物质福祉方面的不平等可以转化为权力不平等，一些人会迫于生计而将其生活和命运置于其他人的支配或控制下，从而导致不可接受的权力支配。第四，某些形式的平等是程序公平的先决条件，例如，一个社会的成员应当有平等的资格参与那些与其切身利益相关的政治活动，例如在政治选举和民主决策方面，但是，既然物质福祉方面的不平等可以转化为权力不平等，可想而知，某些在社会上处于不利地位的人可能就会在政治参与方面受到不公正的排挤，甚至会因为其自身的地位而被迫接受不公正的社会政策或公共政策。既然严重的不平等会削弱重要的社会-政治制度的公正性，一个正义的社会就应当致力消除或缓解这种不平等。第五，就像程序不公正可以导致结果或机会的不公正一样，程序公正有时也可以为结果或机会的平等提供支持。因此，只要社会成员在进入社会的时候在某些方面有初步的主张要求平等对待，社会在制度安排上就应该保证程序公正。总而言之，按照斯坎伦的说法，即便不考虑"平等到底有没有**内在**价值"这一复杂问题，也有派生性的理由关心严重不平等。

罗尔斯和斯坎伦对不平等提出的说法也可以应用于全球层面。[①] 我们至少可以从几个方面来说明全球层面上的不平等为什么是不正义的一个间接来源。[②] 第一，广泛地设想的物质或财富不平等可以自然地转化为权力不平等，后者接着会成为不断加剧的全球不平等的一个主要来源。当前的全球政治-经济秩序主要是由经济发达的国家来主导的，当贫困国家为了加入世界贸易组织或国际货币基金会之类的国际机构而与富裕国家进行协商

---

① 例如，参见：Charles Beitz, "Does Global Inequality Matters?", in Thomas Pogge (ed.), *Global Justice* (Oxford: Blackwell, 2001), pp. 106-122; Darrel Moellendorf, *Global Inequality Matters* (London: Palgrave Macmillan, 2009), pp. 1-18。

② 参见 Miller (2007), pp. 75-76。

或谈判时，后者往往会为了维护其国家利益而将不平等的条款或条约强加给前者。[①] 由于全球化进程，加入这些组织固然会让贫困国家在经济状况上有所改善，但是，由于有关规则本身就是不公正的，富裕国家在某种意义上仍然继续支配或剥夺贫困国家。第二，由于财富和权力方面的巨大不平等，实现人类社会为了获得持续发展而需要的国际公平合作条款就变得举步维艰。例如，气候变化是人类共同面临的问题，直接影响人类未来的生存状况。然而，在大多数富裕国家，二氧化碳排放主要是与所谓"奢侈排放"有关，而不是与为了基本生存需要而进行的排放有关。[②] 按照世界银行 2009 年的一项统计资料，全球二氧化碳排放是严重不平等的，例如，在美国，每人每年的碳排放量是 20.6 千克，而在非洲塞拉利昂，每人每年的碳排放量只有 0.2 千克。如果大气圈吸收二氧化碳的能力极为有限，那么，为了生存和发展，人类就必须合理地制定一个关于碳排放的公平分配的标准。然而，实际情况是，在制定相关协议时，成本和利益的分配主要是由各方的相对谈判实力来决定的，美国甚至为了维护国家利益而拒绝签署《京都议定书》。这种做法导致了对贫困国家极不公正的结果，进一步恶化了其生存状况。第三，只要贫困国家出于基本生计而不得不屈从于不公正的国际政治-经济秩序，它们就无法合理地规划自己看重的发展目标，其自决权就会被严重削弱。

全球不平等产生了斯坎伦所描述的那种恶果：它导致贫困国家人民在物质生活方面受到严重剥夺，使得他们丧失了过一个基本上得体的生活的基本条件，因此不仅剥夺了他们本应享有的人类尊严及其条件，也极大地削弱了其自由选择的空间以及对能动性的有效行使。建立一种更加公平合理

---

① 例如，参见 Thomas Pogge, "Why Inequality Matters", in David Held and Ayse Kaya (eds.), *Global Inequality* (Cambridge: Polity Press, 2007), pp. 132-147。在阿玛蒂亚·森对贫困的著名研究中，他令人信服地表明，饥荒并不是因为粮食短缺而发生的，而是因为购买力不足而发生的，也就是说，是因为收入不平等所导致的剥夺而发生的。对全球收入不平等及其后果的一个经验分析，见 Branko Milanovic, *Global Inequality: A New Approach for the Age of Globalization* (Cambridge, MA: Harvard University Press, 2016)。

② Henry Shue, *Climate Justice: Vulnerability and Protection* (Oxford: Oxford University Press, 2014), pp. 47-67.

的全球秩序确实是当务之急。不少关心全球不平等及其后果的理论家都具有这个共识,但是,他们对全球不平等的原因和全球正义的目的持有不同看法,因此他们之间就自然地产生了一个重要分歧:什么正义原则可以用于我们对全球正义的构想?特别是,全球正义是否要求我们将平等主义分配正义扩展到全球层面?这个问题不仅涉及对全球正义的合理构想,也关系到如何恰当地理解人们因为属于同一个国家或社会而对自己同胞负有的特殊义务与实现全球正义的普遍义务(对待国界外其他人的义务)的关系。这就是我们在这里所要探究的关键问题。

需要指出的是,导致全球不平等的原因是高度复杂的。为了便于论证,让我首先承认一个经验事实:某些全球性制度和机构确实对全球贫困和不平等产生了重要影响。例如,世界贸易组织往往向申请加入它的弱势国家施加不公正的条款,因此就在经济上对后者造成了严重伤害①;当今国际法所承认的国际借贷特权和国际资源特权为某些国家的统治者提供了腐败动机,因此不仅在这些国家造成了严重的社会与政治动荡,也严重危害了其人民的基本人权②;世界银行在向贫困国家提供贷款时,可能会附加某些对后者来说并不公平、但出于现实考虑而被迫接受的条件。假若我们了解这些事实,我们大概就不能把全球贫困仅仅理解为一个人道主义援助问题,即使一个国家的社会-经济状况也与国内因素有关。如果富裕国家主导的全球秩序确实以某种方式对全球贫困者造成了伤害,那么前者至少就具有两项与**正义**相关的责任:一是对其造成的伤害进行补偿的责任③,二是创建一个更加公平的国际秩序的责任。这两种正义大概都可以在恢复正义(restorative justice)的意义上得到理解:如果 A 对 B 造成了不公平的伤害,那么 A 不仅有义务设法补偿对 B 造成的伤害,也有义务将他们之间的状况恢复到公平或正义的状况。一个简单的例子足以说明这一点。假设两个村

---

① Thomas Pogge, *World Poverty and Human Rights* (Cambridge: Polity Press, 2002), pp. 15-20.

② Thomas Pogge, "'Assisting'the Global Poor", reprinted in Thomas Pogge and Darrel Moellendorf (eds.), *Global Justice: Seminal Essays* Vol. Ⅱ (St. Paul, MN: Paragon House, 2008), pp. 531-563.

③ 关于国际补偿正义和修复正义,参见 Janna Thompson, *Taking Responsibility for the Past: Reparationand Historical Injustice* (Cambridge: Polity, 2002)。

庄A和B都依靠附近河流中的水源来生活(特别是作为饮用水),他们对此具有共同的知识。A位于上游,村民在离村庄更上游的50米处提取饮用水,B位于10千米外的下游,两个村庄之间无人居住。在B毫不知情的情况下,A将村办工厂的污水排入河中,从而致使B的居民在几年后患上了严重疾病,其中某些人甚至因此而死去。现在,如果我们假设两个村庄的人民都有生命和健康方面的**自然**权利,而且彼此承认这一点,那么A就有义务补偿B,也有义务立即停止将污水排到河中的做法并修复二者原来享有的生态环境。

在这个案例中,我之所以特意使用"自然权利"这个概念,是因为我假设这两个村庄并不属于同一个国家或社会,那条河流是一条跨境河流——实际上,我们可以假设他们是地球上仅有的两个群体,彼此间没有任何政治联系或社会关系。如果他们属于同一个国家或社会,他们之间的纠纷就可以通过诉诸国家的有关法律来解决。但是,在我们目前设想的情形中,我们需要使用自然权利的概念来说明A对B所负有的责任在什么意义上是一项"正义"的责任,或者说与正义有关的责任。当我们声称A有责任设法补偿对B造成的伤害时,这个主张的合理性至少取决于三个进一步的主张:第一,每个人都有权维护自己的生命和身体完整;第二,无故伤害他人是道德上错的;第三,不伤害他人是一项普遍的道德义务。我们之所以将第一个主张中所说的权利设想为一项自然权利,是为了保证不伤害他人的义务在如下意义上是普遍的:这项义务的有效性不要求人们要具有某种特殊关系。因此,即使那两个村庄之间缺乏任何有意义的社会或政治关系,A仍然有义务补偿和修复它所造成的伤害。就此而论,这项义务是严格意义上的**道德**义务。然而,如果富裕国家以类似的方式对贫困国家及其人民造成了伤害,例如同样是出于自我利益的考虑,那么它们所要承担的义务似乎就不仅仅是一项道德意义上的义务,因为与我们所设想的情形不同,它们是通过确立和施加不公平的世界秩序而对贫困国家及其人民造成了伤害——它们所要承担的补偿和修复的义务可以被理解为一项与正义有关的义务。

我们现在面临的问题是:与全球正义相关的责任是否不仅仅是因为确立和施加不公正的世界秩序而要对所导致的伤害进行补偿和修复的责任?或者更具体地说,假如全球背景制度已经是基本上公正的,每个主权国家的公民的基本人权也都得到了保障,那么各国在经济发展水平或生活质量上的不平等是否在某种意义上仍然是一个正义问题，因此要求对全球资源和财富实行某种平等主义再分配？正如我们已经看到的，对罗尔斯的一个主要批评就在于，他被认为否定了这个意义上的再分配。不过，需要立即指出的是，全球背景制度是否公正，或者在什么意义上是正义的，可以是一个错综复杂的问题，因为这个问题确实取决于我们对正义的本质和目的以及实现正义的合理方式的理解。例如，如果广泛地设想的财富不平等可以转化为权力不平等，那么，除非人类心理能够向道德上有利的方向转变，否则国家之间就会由于权力不平等而产生道德上不可接受的支配关系，从而破坏在既定时刻形成的公正的全球背景制度。因此，尽管斯坎伦已经指出，平等主义的道德观本身并不具有强健的内容，因为只有通过其他更加具体的价值（与自由、自主性以及能动性的有效行使相关的价值），平等考虑的观念才能将我们引向实质性的平等主义结果，但是，从严重不平等可能导致的恶果来看，我们好像也有理由支持一种平等主义分配正义。在一个有界限的社会或国家内部，平等主义分配正义或许可以成为一个值得考虑和追求的理想。然而，在一些理论家看来，将这个理想扩展到全球层面上可能会违背我们对正义的直观认识。为了阐明这一点，考虑如下假想案例[①]：

> 有两个在物理上分离的区位单位（不妨称之为“国家”），它们在描述上是同样的，而且一开始具有同等数量的居民，这些人也具有同样的潜在能力。直到我们所要考虑的那个历史时期为止，两国居民之间没有跨界的经济来往。每个单位都是自给自足地存在的。过了一段时间后，两国当中的一个国家A或是通过没有得到充分理解的演化过程，或是通过对“宪政”约束的有意设计和建设，最终其社会组织和经济安排就具有了这样一个特点：它不仅在经济方面倡导高水平的生产和消费，而且也不断促进自己的经济发展水平。与此相比，另一个国家B尽

① James Buchanan, “A Two-country Parable”, in Warren F. Schwartz (ed.), *Justice in Immigration* (Cambridge: Cambridge University Press, 1995), pp. 63-66, quoted at p. 63.布莱克在如下文献中发展了这个案例并提出了适度的分析：Michael Blake (2001), “Distributive Justice, State Coercion, and Autonomy”, *Philosophy and Public Affairs* 3: 257-296, especially pp. 289-292。在戴维·米勒反对全球平等主义的论证中，他也提出了类似案例，参见 Miller (2007), pp. 70-73。值得指出的是，罗尔斯也用类似的案例来反对实行全球平等主义分配正义，参见 Rawls (1999), pp. 117-118。

管一开始具有同样的天资，但并未经历类似的演化，并未经历一种成功地设计和建设"宪政"参量的过程（这些参量，若按照促进经济价值的生产和增长潜力来衡量，是有效的）。由于这些不同的历史，B的经济体制产生了从其居民的偏好来看相对低的价值水平，而且，即使这个水平随着时间有所提高，也提高得相对缓慢。更简单地说，不管一个居民在一个国家中居于何处，其生活水平在这两个分离的国家之间有着实质性的差别。A国人民相对"富裕"，B国人民则相对"贫困"。在这种情况下，对于很多B国人民来说，只要有机会移民到A国，他们就想这样做。现在，关键的问题是：那些自认为是A国居民的人有任何基于正义原则的义务允许那些寻求签证成为该国成员的人吗？

假若B国人民的进入既不会提高也不会削弱A国人民的经济福祉，那么后者似乎就没有理由不允许前者进入。然而，正如布坎南指出的，问题不是这么简单。一个国家的经济秩序不是独立于其社会、政治和法律秩序而发挥作用的。如果B国移民的进入必然会影响A国总体秩序的结构，致使其原来的参量受到修改，那么A国的"宪政"稳定和民主参与就会受到威胁。布坎南由此认为，一个现代民主国家应当慎重考虑移民政策。

现在，为了推进我们的论证，不妨假设地球上的资源在某种意义上是被共同拥有的，例如，当人类首次出现在地球上的时候，各个人类群体只是偶然占有了某片土地并使用当地资源，他们之间也不存在任何形式的往来——每个群体都是在自己一开始占据的土地上自给自足地生活，而且，在每一个独立生活的群体中，所有成员都有充足的食物过上正常生活，不会陷入饥饿或一贫如洗的状态。一系列难以攀越的山脉将其中两个群体A和B隔离开来，就像在布坎南的案例中那样，这两个群体或是因为经历了不同的演化、或是因为选择了不同的发展模式而在富裕程度上有所差别：从旁观者的角度来看，A相对富裕，B相对贫困。有一天，B群体中一些冒险家跨越那些山脉来到A群体所生活的地方，发现后者的生活在某种意义上比他们好得多，因此要求A群体对其资源进行再分配以提高他们的物质生活水平。如果A群体的相对富裕是其自身努力的结果，不完全是来自他们一开始占据的原始资源，那么他们显然有理由拒绝B群体提出的要求。不过，不妨假设A群体之所以相对富裕，完全是因为他们一开始就占有相对丰富的物质资源，或因为生活在温暖湿润、易于耕作的自然环境中。换句话说，他们完全是出于运气而变得相对富裕。在这种情况下，他们能够合理地拒斥B群体提出的要求吗？

这个问题或许有两个可供取舍的答案。既然这两个群体都满足了某种基本上得体的生活标准，例如都不是生活在绝对贫困的状态，B群体在物质上的相对贫困似乎就不能成为他们要求A群体对其资源或财富进行再分配的理由。他们的要求直观上说并不是一个与正义有关的要求，尽管A群体可以出于慈善向他们提供某种程度的援助。B群体的代表或许论证说，人们的生活前景不应当受到道德上任意的因素的影响，而且，既然一个群体完全是偶然地占有原始资源，而地球上的原始资源应当属于全人类，资源丰富的群体（或社会）就应当对其资源进行再分配，或者以某种方式重新分配他们由于占有丰富的资源而取得的成果。[①] 如果一个人生活在哪个群体或社会中同样是一个偶然事实，那么其命运怎能不是一件**在道德上**值得关切的事情呢？如果我们将这个问题与道德意义上的世界主义联系起来，我们就不难理解为什么某些世界主义者会倡议一种全球性的平等主义分配正义。如果每一个人都是道德关怀的平等对象，而正义原则就是平等对待的原则（也就是说，不应当因为出身、性别、种族、国籍、信仰之类的道德上无关的因素而区别对待人们），那么平等原则就应当应用于全球范围。特别是，面对全球严重不平等及其道德上不可接受的后果，我们应当在全球层面上实施平等主义分配正义。

这个主张提出了一些值得讨论的问题，其中有两个问题对于我们合理地设想全球正义特别重要：第一，如果民族国家不仅因为历史的偶然性和人类心理条件而必然存在，而且是一种具有伦理含义的实体，那么如何处理人们由于共同的民族身份对同胞负有的特殊义务和履行全球正义的义务（不管如何设想这种义务）的关系？第二，平等关怀的道德理想，不管如何具体地加以理解，是否**必须**被设想为全球正义的根本目的，或者必须通过实施全球平等主义来实现？为了便于论证，在探究这些问题之前，让我首先考察一

① 关于从这个角度对全球正义的探讨，参见 Mathias Risse, *On Global Justice* (Princeton: Princeton University Press, 2012)。

下戴维·米勒对全球平等主义提出的批评。[①]

首先需要指出的是，在尝试批评全球平等主义时，米勒不是在反对全球正义。米勒承认，如果发达国家在历史上已经对其他国家实施掠夺或剥夺，例如通过殖民统治，那么它们对贫困国家的贫困就负有一定责任。他也承认，如果目前的全球秩序是由发达国家来主导并以不公正的方式强加于贫困国家的，那么发达国家就有义务补偿贫困国家并立即纠正其不公正行为。他甚至认为，如果我们是在道德意义上来理解世界主义（即认为每个人都值得平等尊重和关怀，不管他们生活在什么地方、性别如何、持有什么宗教信仰或文化依恋），那么"我们现在都是世界主义者"。他所要做的，"是要破除全球平等主义对于我们思考全球正义的束缚"。倡导全球平等主义的理论家认为，"既然正义要求社会内部的平等，它必定也要求社会（或生活在不同社会中的人民）之间的平等"[②]。但是，米勒声称全球平等主义是不可接受的。他提出两个论证来支持其主张：第一个论证旨在表明，若不考虑分配所发生的具体环境，就不能富有成效地界定正义的要求[③]；第二个论证试图表明，将平等主义扩展到全球范围不仅在实践上行不通，而且也不是实现全球正义的正确方式。正如我们即将看到的，这两个论证是紧密相连、互相支持的。

先来考察第一个论证。[④] 倡导全球平等主义的理论家持有米勒所说的"强式世界主义"论点，即认为所有人都应该得到**平等对待**（equal treatment），而不只是得到平等关怀，换句话说，我们有义务**不偏不倚**地考

① David Miller (2007), chapter 3; David Miller (2005), "Against Global Egalitarianism", *The Journal of Ethics* 9: 55-79。这两个文献在内容上大体上是相同的。

② 上述引文分别出现在 Miller (2007), pp. 28, 53。

③ Miller (2007), chapter 1; David Miller, *Principles of Social Justice* (Cambridge, MA: Harvard University Press, 1999), especially chapter 4.

④ 米勒对于民族身份及其规范含义的考虑在其整个论证中具有重要地位，这些考虑将在下文中得到讨论。

虑每个人对我们提出的主张。[①] 这两个主张的差别在于,平等关怀只要求我们用同样的方式来考虑每个人的处境,例如发生在他们身上的各种好事或坏事;平等对待则要求我们从严格不偏不倚的角度、用某种实质性的方式来考虑人们对我们提出的要求。举个例说,不论是生活在本国偏远山区的贫困者,还是生活在非洲的贫困者,都值得我平等地关怀。然而,在米勒看来,这并不意味着我应该给予他们以同样的对待,特别是在资源有限或者义务发生冲突的情况下。假设两个地区的贫困者都需要帮助,帮扶方式是家庭为单位的直接资金援助,例如每月给需要帮扶的家庭 100 元。我自己并不富有,每月只有 4000 元的正常收入,其中一半还要用来付房租。因此,如果我每月捐助 200 元,我目前的生活就会受到严重影响。但是,我自己就来自贫困山区,因此,如果我仍然决定捐助,那么显然我有理由优先考虑那里的乡亲,即使他们的生活状况比非洲贫困者还要好一点。[②] 不过,既然我们承诺了弱式的世界主义论点,在资源有限或义务发生冲突的情况下,当我们优先考虑与我们具有特殊关系的人们时,这样做仍然受制于一个条件,即我们不能通过自己的行动侵犯其他人(例如在某种意义上与我们没有特殊关系的人们)的基本权益,特别是他们的基本人权,正如我们不能为了通过器官移植来拯救五个跟我们有特殊关系的人而有意杀死一个陌生人。如果特殊关系在人类生活中确实具有特殊的重要性,其所产生的义务在某些条件下应当得到优先考虑,或者与普遍义务相比具有更大分量,那么,要求我们从一个严格不偏不倚的观点来平等地对待所有人,就不仅是心理上不现实

---

① 米勒认为查尔斯·贝茨和托马斯·博格等人都持有这种观点:Charles Beitz, "Cosmopolitanism and Global Justice", in G. Brock and D. Moellendorf (eds.), *Current Debates in Global Justice* (Dordrecht: Springer, 2005), p. 17; Thomas Pogge, *World Poverty and Human Rights* (Cambridge:Polity Press, 2002), pp. 169-170; Kok-Chor Tan, *Justice without Borders: Cosmopolitanism, Nationalism, and Patriotism* (Cambridge: Cambridge University Press, 2004), pp. 1, 94。

② 出于论证上的考虑,我将在第四部分表明为什么特殊关系能够具有内在价值,它们所产生的特殊义务为什么在某些条件下能够具有优先性。

的，在伦理上可能也是成问题的。①

全球平等主义的倡导者或许反驳说：既然每个人都值得平等尊重和关怀，既然人们生活在哪里、具有什么样的民族身份或公民身份完全是一件**道德上任意的**事情，平等关怀和平等尊重原则如何不能（或不应当）扩展到全球范围，从而产生平等地对待所有人的要求？不难看出，为了能够有效地提出这一问题，这些理论家至少需要表明：第一，为什么"道德上任意"的东西不仅不能在根本上得到辩护，而且也不能为义务提供任何根据；第二，为什么我们应当成为超越国界或甚至废除国家的世界主义者？米勒认为，我们可以从两个意义上来理解"道德上任意的"这个说法。② 一方面，说一个人具有的某个特点是"道德上任意的"大概是说，他不对自己具有这个特点负有道德责任。在这个意义上说，天生的长相可以被认为是道德上任意的，甚至一个人生来属于哪个国家或民族也可以被认为是道德上任意的。另一方面，如果一个特点在决定一个人应该如何被对待的时候并不算数，它就是道德上任意的。就此而论，在决定社会合作成果的分配时，如果眼睛的颜色在这当中并不发挥任何作用，那么一个人的眼睛是蓝色的还是黑色的就是一个道德上任意的或无关的因素。相比较而论，某些与社会合作相关的因素或条件，例如个人努力或天生残疾，就不能被看作是道德上任意的。即使一个人是由于遗传因素而残疾，但是，当他所生活的社会在决定资源配置或福利分配时，这个特点可以是道德上相关的。因此，即使一个人具有的某个属性或特点在第一个意义上是道德上任意的，这也不意味着这个属性或特点（或者某些相关的东西）不具有任何道德或伦理含义。一个人确实不能自愿选择出生于哪对父母，因此其出身可以被认为是道德上任意的，但这显然不

① 一个合理的道德应该充分考虑和尊重人类动机的一般条件，否则它所提出的要求就很难获得普遍服从，因此只能算是一种乌托邦式的理想。限于篇幅，在这里我将不详细讨论这个问题。一些相关的论述，参见：Deen K. Chatterjee (ed.), *The Ethics of Assistance: Morality and the Distant Needy* (Cambridge: Cambridge University Press, 2004); David Miller, "'Are They are My Poor?': The Problem of Altruism in a World of Strangers", in David Miller, *Justice for Earthlings* (Cambridge: Cambridge University Press 2013), pp. 183-205; Judith Lichtenberg, *Distant Strangers: Ethics, Psychology and Global Poverty* (Cambridge: Cambridge University Press, 2014); Dale Dorsey, *The Limits of Moral Authority* (Oxford: Oxford University Press, 2016)。

② 参见：Miller (2007), pp. 32-34; Miller (2013), pp. 148-150。

意味着他与自己父母的关系不具有任何道德或伦理含义——实际上,这种关系或者类似的关系(例如夫妻关系或朋友关系)不仅具有伦理含义,而且也可以产生某些伦理义务。同样,即使一个人的民族身份在第一个意义上是道德上任意的,这也不意味着民族身份是一种根本上缺乏伦理含义的东西,正如即使一个东西**在来源上**是偶然的或任意的,这本身也不意味着它不具有任何重要性——它是否重要取决于它所承载或具有的某些其他性质。我偶然从二手书店发现了一本期待已久的书,其偶然来源并不意味着它对我来说没有任何重要性——它对我来说可能极为重要,例如因为它是一本绝版书,或者是我目前的研究迫切需要的。

如果我们不能仅仅按照某个东西的来源来判断它是否具有道德含义,或者在我们对分配正义的考虑中是否具有重要性,那么倡导全球平等主义的理论家就"必须对民族身份在道德上的无关性提出一个实质性论证,而不只是一个按照'任意性'这个含糊其辞的说法来提出的形式论证"。[①] 他们或许要求一种无国界的正义,但这取决于他们能够成功地表明国界或民族身份不仅在道德上不重要,反而是实现全球正义的根本障碍。不过,我们无须认为世界主义和承诺了自由主义立场的民族主义必定是水火不相容的。[②] 要求破除国界来发展一种全球平等主义实际上等于倡导一种关于政治的世界主义。这种世界主义至少面临三个严重问题。[③] 第一,这种世界主义一方面仍然利用了公民身份的概念,即所谓"世界公民"的观念,另一方面又试图消除传统的公民身份概念被认为具有的各种偶然性,因此就使得其公民观变得极不稳定。实际上,如果人们因为与特定的传统或文化的联系而很难消除他们对自己身份的设想或理解,那么,同时要求他们要成为只

① Miller (2007), p. 33.

② 谭浩研对这一点提出了详细论证,因此在这里我没有必要重复论述。参见 Tan (2004)。实际上,米勒自己也同意这一点,见 Miller (2007), pp. 43-50。

③ 参见 Miller (2007), pp. 24-27。对关于政治的世界主义的系统阐述,参见:David Held, *Cosmopolitanism: Ideals and Realities* (Cambridge: Polity Press, 2010); Andrew Kuper, *Democracy beyond Borders: Justice and Representation in Global Institutions* (Oxford: Oxford University Press, 2004)。对这种世界主义的批判性讨论,参见:Stan van Hooft and Wim Vandekerckhove (eds.), *Questioning Cosmopolitanism* (Springer, 2010); Angela Taraborrelli, *Contemporary Cosmopolitanism* (London: Bloomsbury, 2015), Part Ⅱ。

具有"普遍"义务的世界公民,就会在其心理结构和动机条件上造成严重张力。第二,这种世界主义要求在全球层面上实施一种单一的政治管理和法律制度,因此,在无法合理地解决全球性民主参与问题的情况下,很有可能会造就一种在道德上不可接受的全球专制主义。第三,如果文化多样性本身就是一个重要的人类价值,而特定的公共政治文化,正如罗尔斯所强调的,确实与民主参与和分配正义具有重要联系,那么一个单一的世界政府的观念不仅不符合对这个价值的维护,也会因为对民主参与和分配正义造成巨大障碍而在全球层面上产生进一步的纠纷和冲突。通过维护民族国家的存在来实现每个人的基本人权和消除全球层面上的不公正的支配和剥夺,反而有可能是实现全球正义的更好途径。

对米勒来说,民族身份和民族认同之所以重要,是因为它们体现了某些本身就具有内在价值的特殊关系,进而产生了深层的特殊义务。不同于人们出于个人兴趣或偏好而偶然加入的组织或团体,例如古典音乐爱好者协会或街舞俱乐部,民族身份所产生的依恋在某种意义上更像友谊:人们没有义务确保他们偶然加入的组织持续存在,他们对属于同一组织的其他成员所负有的义务也不会超出这种特殊关系,但是,"友谊却产生了支持和帮助自己朋友、通过相互交往而维持这种关系的持久义务;这些东西的根据就在于,这些义务若得不到承认和履行,一种有价值的关系就会丧失"[①]。换句话说,只有当从友谊之类的特殊关系中产生出来的义务得到普遍承认和履行时,这种关系才能以其特有的形式存在,就此而论,这些义务是这种关系的不可分离的构成要素。从民族身份中产生出来的义务也具有类似特征。因此,否认从民族身份中产生出来的特殊义务,无异于否认民族身份就像友谊那样本身具有内在价值。

不过,需要立即指出的是,米勒并不一般地否认平等主义正义,他只是反对将这种正义的主张扩展到全球层面,也就是说,他认为我们应当将国家内部的社会正义与全球正义区分开来。[②] 有些人会自然地认为,既然正义是一个普遍价值,它必定就可以按照同样的原则来把握,因此全球正义和社

---

① Miller (2007), p. 35.

② 参见 David Miller, "Social Justice versus Global Justice", in Miller (2013), pp. 142-164。

会正义就是概念上同样的，只是在应用范围上有所差别。米勒反对这个同一性论点。例如，分配正义是随着具体情境而变化的；即使我们接受一种平等主义正义，但在不同领域中，什么样的分配是正义的能够有不同的答案。例如，在经济领域中，我们或许按照人们对某个共同结果做出的贡献来判断他们应当得到什么奖励，在医疗领域中，我们或许按照人们的需要的迫切性来做出判断。在某些其他的领域中，我们的判断甚至会受到文化、习俗之类的因素以及具体情境的影响。社会正义的复杂性就在于，其原则所要应用的社会和分配领域是复杂的，不能用一种单一的或统一的方式来合理地处理。① 米勒进一步指出，出于四个基本理由，我们可以把民族国家看作正义的特定场域。② 首先，民族国家是一种经济合作体制，其成员为了互利而发生互动，而且，不论是在规模上还是在深度上，他们之间的互动都远远大于和强于他们与"局外人"的互动。其次，民族国家是一种政治强制系统，在其中，成员们同意通过遵守强制实行的法律，以各种方式来限制自己的自由，因此这种强制就需要按照他们都有理由接受的原则来辩护。③ 再次，民族国家的成员承认一个共同的民族身份，享有一道生活的个人意志，因此他们就彼此产生了特殊义务，即不对其他地方的人负有的义务。在这个意义上说，民族国家是一种真正的政治共同体。最后，当社会正义的观念在一个民族国家已经变得根深蒂固时，这样一个国家往往也是一个民主的政治共同体，其成员对各项法规的制定承担集体责任，并由此而决定利益和负担的分配。

只要一个国家具有了这四个基本特征，社会正义的观念迟早就会在其中出现。实际上，我们不难看到，这四个特征大体上对应于罗尔斯用"社会基本结构"这个概念来把握的东西。假若我们认为全球正义的根本目的就在于实现和保护每个人的基本人权，创造和维护公平合理的全球秩序（这两个方面当然是密切相关的），那么，平等主义正义是否可以被扩展到全球范

---

① 关于复杂平等的概念，参见：Michael Walzer, *Spheres of Justice: A Defense of Pluralism and Equality* (New York: Basic Books, 1983)；Michael Walzer, *Politics and Passion: Toward a More Egalitarian Liberalism* (New Haven: Yale University Press, 2008)。

② Miller (2013), pp. 170-171.

③ 下一部分会详细讨论这一点对于分配正义的含义。

围,显然就取决于全球制度背景是否已经具有米勒所描述的这四个基本特征,或者具有一种罗尔斯意义上的全球基本结构。在下一部分我们就会看到,这实际上是一个有争议的问题。无须否认,随着全球化进程,各国之间已经有了紧密的经济互动和经济合作。但是,到目前为止,全球层面上并不存在由享有共同的民族身份的民主制和共同体来确立的强制性法律体系。当然,说这种体系实际上并不存在并不是说它**不应当**存在。我们或许应当确立某种全球性的制度框架来处理人类共同面临的重大问题,例如自然资源、国际贸易、气候变化以及移民。但是,这是否必定**要求**一个具有强制性力量的世界政府,至少是一个有待进一步探究的问题。在全球背景制度已经是基本上正义的情况下,如果全球民主可以在各个主权国家之间得到实现,那么我们显然就不需要这样一种世界政府。如果在全球制度背景和民族国家的制度背景之间确实存在着道德上有意义上的重要差别,那么我们大概就应该在全球正义和国内社会正义之间实现一种分工。

米勒正好要表明的是,如果在全球正义和社会正义之间确实存在着重要差别,那么将平等主义分配正义扩展到全球范围就是实践上不可行的和道德上不合理的。他提出两个论证来反对实施全球平等主义①,二者分别对应于他所说的"度量标准问题"和"动力问题":前者关系到如何确立一个用来测度资源或机会的全球标准,以便我们可以按照这个标准来决定两个人是否事实上具有平等的资源或机会;后者指的是如下事实给全球平等主义提出的问题:人们都属于独立的政治共同体,这些共同体做出的决策会影响他们在未来能够获得哪些资源或机会。即使不考虑人们对自己所占有的资源的积极利用(即洛克所说的"掺和了自己的劳动"的利用),资源对人们的生活前景所产生的影响是显而易见的。例如,某些国家之所以贫困,很大程度上是因为它们缺乏足够的资源来发展经济,特别是在它们与其他国家或社会没有经济往来的情况下。各个人类群体一开始对资源的占有可能完全是一件偶然的事情:我们可以设想,他们一开始只是偶然来到他们所生活的地方,而且,由于在社群或部落之间缺乏就资源的公平分配和利用进行民主协商的渠道,他们一开始对资源的占有说不上满足了公平正义的要求。倘若如此,就像全球平等主义的倡导者所说的那样,我们就有理由认为每个

① Miller (2007), pp. 56-75.

人都有资格平等地享有地球上未经开采的自然资源。[1] 在当前的情况下，尽管各个主权国家已经通过占有特定地域而拥有其中的资源，我们还是可以将它们占有的资源全部累加起来，算出地球上的总体资源，要求资源占有量高于全球平均水平的国家提供某种形式的全球资源基金，资源低于平均水平的国家可以从这种基金中支取部分份额。然而，米勒怀疑这个想法具有实际可行性，因为对"原始"资源的价值的估算并不只是取决于某种特定资源的物理特征，例如，它是可以用来开采石油，还是可以用来种植葡萄以生产葡萄酒。米勒指出，除了资源本来具有的物理特征外，有三种因素影响了对资源价值的估算。首先，用来确认一片土地得以被占有的规则和条件可以对其价值产生重要影响，例如，即使一片土地适宜于种植葡萄，但是，假若当地禁止生产葡萄酒，这片土地大概就没有什么价值。其次，资源的价值也可以受到人们的能力和偏好的影响，例如，即使一片土地适宜于种植用来生产高质量葡萄酒的葡萄，但是，如果找不到有技能的葡萄园艺师或酿酒师（例如，由于某些极为偶然的因素，没有人愿意去那个地方工作），又或者没有愿意喝葡萄酒的消费者（或者，同样是因为某些极为偶然的因素，那个地方生产的葡萄酒缺乏消费市场），那么这片土地大概也不会有什么价值。简而言之，文化和制度可以对原始资源的价值产生重要影响。最后，一片土地的价值也会受到临近的相关因素的影响，例如，如果一块有待开发的土地靠近地铁，那么其价值就不同于一块具有同样面积但交通极为不便的土地的价值。总的来说，由于各个国家在文化和制度方面的多样性和差别，我们似乎很难找到一个统一的标准来衡量原始资源的价值，因此就无法决定资源的分配在什么条件下算是一种事实上平等的分配。

当然，对于倡导全球平等主义的理论家来说，这说不上是一个决定性的异议。如果每个人都有权享有地球上原始资源的某个平等份额，那么，即便找不到标准来衡量这些资源的价值，这也不意味着它们不应当以某种方式

---

① 参见：Charles Beitz, *Political Theory and International Relations* (Princeton: Princeton University Press, 2nd, 1999), pp. 136-148; Brian Barry (1982), "Humanity and Justice in Global Perspective", reprinted in Thomas Pogge and Darrel Moellendorf (eds.), *Global Justice: Seminal Essays* Vol. Ⅰ (St. Paul, MN: Paragon House, 2008), pp. 179-210, especially pp. 192-197。

被享有。也许我们可以用其他方式来设想对资源的某种公平分配。例如，博格论证说，发达国家的政府和公民通过与贫困国家的统治精英合作，利用国际资源特权剥夺了贫困国家的公民对其资源的公平享有，因此他们就有义务弥补对后者的剥夺。实现这种弥补的一种方式就是按照某个比率对自然资源进行征税，利用所得到的资金来改善贫困国家人民的生活状况。① 博格的提议是立足于他用来探讨全球正义的一个基本想法，即如果一个行动者(个人、国家或社会等)以某种方式参与维护和施加一个不正义的全球秩序，那么它就有义务弥补和修复由此对其他人(其他国家或社会)造成的伤害，并建立一种更加公正的全球秩序。在米勒看来，这项提议本质上不是平等主义的，也就是说，并不试图使人们拥有平等的自然资源，而只是在满足补偿正义和恢复正义的要求。博格的提议是温和的，因为它只是假设人们有权公平地分享他们在特定地域共同拥有的自然资源。② 如果原始资源所具有的价值不仅取决于米勒所说的那些因素，也与人们对资源的开发利用及其投入的努力有关，那么，要求按照资源的价值、在全球范围平等地分配资源，就不仅是实践上不可行的，也会在道德上招致异议，正如在国内社会正义的情形中，我们不可能无视人们的努力和贡献而平均分配他们通过利用原始资源取得的成果，即使这种成果也是通过某种合作取得的。

现在我们可以转向米勒反对全球平等主义的第二个主要论证。正如我们在第四章中已经看到的，就平等主义正义而论，关键的问题是什么东西应当被平等地分配。与福祉(welfare)、优势(advantage)、能力(capacity)相比，或者甚至与资源相比，机会平等大概是最不容易引起非议的。按照罗尔斯对"公平的机会平等"的理解，机会平等仅仅要求具有类似才能和类似动机的人拥有相同的生活机会，例如有同等的机会接受某种教育或申请某个社会职位，不管他们原来出身于什么社会阶层。因此，机会平等可以被看作一个形式原则，其本身并不保证人们在其他方面也是实质上平等的。例如，即使所有高中毕业生都有平等的机会参加高考，他们是否被录取，或者被什

① 参见 Thomas Pogge, "Eradicating Systemic Poverty: Brief for a Global Resources Dividend", in Pogge (2002), pp. 196-215。

② 对博格的提议的一个修正和改进，参见 Leaf Wenar (2008), "Property and the Resource Curse", *Philosophy and Public Affairs* 1: 2-32。

么高校录取，显然也取决于他们平时的努力和高考成绩；此外，即使某些人都被同一所高校的同一个专业录取，其个人表现最终仍然是有差别的，这接着会影响他们未来的生活前景。机会平等只是平等主义的一个最低限度理想，但它具有根本的道德重要性。例如，经验研究表明，人们的生活前景（比如说收入）不仅会受到他们出身的家庭的影响，也会受到他们所生活的国家的影响。[①] 全球平等主义的倡导者由此认为，在国内情形中，如果人们不应因为家庭出身而在生活前景上受到影响，那么，从全球层面来看，人们也不应因为自己出生在哪个国家而在生活前景上受到影响，就此而论，一个人的公民身份资格从道德的观点来看是无关的。如果每个人都值得平等的尊重和关怀，如果一个人原来的公民身份确实是道德上无关的，那么有什么理由不在全球层面上实行机会平等呢？米勒认为，在全球层面上实现机会平等会碰到两个严重问题[②]：第一，鉴于各个国家在文化价值和政治价值方面具有重大差别，我们不可能找到某个单一的、得到一致认同的标准来判断两组机会究竟是不是平等的或等价的，因此全球机会平等并不具有实际可行性；第二，除非我们已经生活在一个无国界的“全球”世界，否则在全球层面上实现机会平等就会要求无限制的移民权以及不受限制地获得公民身份的权利，因此就会对民族国家的自决权产生严重威胁。[③] 这两个问题实际上是紧密相关的，正如我们即将看到的。

按照机会平等原则，具有同样才能和动机的人们应当在某个指定的方面拥有平等的机会。全球平等主义的倡导者认为，人们的生活前景不应当受到家庭出身和国籍的影响。因此，如果全球机会平等得到实现，那么，一个生活在莫桑比克农村的小孩，在成年后就有可能像一位瑞士银行首席执

① 参见 Branko Milanovic (2015), “Global Inequality of Opportunity: How Much of Our Income Is Determined by Where We Live?”, *Review of Economics and Statistics* 2: 452-460。

② Miller (2005), pp. 59-64; Miller (2007), pp. 63-75. 除了米勒外，某种其他作者也提出了类似的论证，例如 Bernard Boxill (1987), “Global Equality of Opportunity and National Integrity”, *Social Philosophy and Policy* 5: 143-168。

③ 关于米勒对移民问题的详细论述，参见 David Miller, *Strangers in Our Midst: The Political Philosophy of Immigration* (Cambridge, MA: Harvard University Press, 2016)。

行官的小孩那样获得银行高管的职位。[1] 但是，为了让这种可能性变为现实，他必须首先获得相关能力，例如接受财金方面的高等教育并会流利地使用德语或法语。这些条件都是他在当地得不到的，因此，为了有平等的机会成为瑞士银行高管，他应当可以无限制地出入能够向他提供这些能力条件的国家并享有与当地公民一样的待遇。如果这个要求是不可接受的（稍后我们会考虑米勒提出的理由），那么全球平等主义的倡导者就必须寻求其他方式来说明在全球层面上实现机会平等究竟意味着什么。或许他们不是在谈论严格意义上的同样的机会，而是**等价的**机会：只要那个莫桑比克小孩能够拥有相同的机会在某个地方（例如当地）获得具有相当薪酬的银行高管职位，机会平等原则就算得到了实现。然而，米勒论证说，我们实际上找不到适当的标准来判断两组机会究竟是不是等价的。吉利安·布鲁克将这个问题表述为一个两难困境：一方面，如果我们采取一种粗略的标准，那么我们对机会平等提出的说明就不太符合文化差别；另一方面，如果我们采取一种精细的标准，那么我们对机会平等提出的说明可能就无法排除一些仍然是道德上任意的根据。[2] 机会平等的概念总是与人们在生活中看重的东西相联系，但是，对于哪些东西在生活中具有根本的重要性，不同文化可能具有不同的看法。例如，传统中国社会很看重学者的地位，传统印度社会很看重僧侣的地位，现代商业社会很看重商人的地位，当今的信息社会则很看重人工智能和信息技术的地位。如果当今世界仍然存在这些文化差别，那么，在判断两组机会是否等价时，在无法达成共识的情况下，采纳一个标准而不是另一个标准可能就是不公平的和武断的。

米勒并不否认这个问题在某些情况下是可以解决的。例如，在两个相对隔绝、具有大致同样的规模和人员构成的村庄中，如果一个村庄拥有足球场但没有网球场，另一个村庄则相反，那么我们大概不会认为其中任何一个村庄由于缺乏某种运动设施而受到了剥夺，因为二者都可以被认为在运动设施方面具有了平等的机会。但是，假若一个村庄拥有教堂却没有学校，另

---

① 这个例子原来来自 Darrel Moellendorf, *Cosmopolitan Justice* (Boulder, CO: Westview, 2002), p. 49。

② 参见 Gillian Brock, *Global Justice: A Cosmopolitan Account* (Oxford: Oxford University Press, 2009), pp. 58-63。

一个村庄则相反，我们就不能用“他们都拥有‘教化设施’”这一说法来表明他们在这方面具有同样的机会，因为宗教信仰和文化教育是两种不同的东西，因此我们就不能认为，没有学校的村庄由于拥有教堂而得到了补偿，或者被剥夺了宗教权利的村庄由于拥有教育而得到了补偿。在具有某个单一文化或主流文化的民族国家中，对于哪些东西具有根本的重要性，公民们或多或少可以达到共同的理解和认识，因此就可以大致判断两组机会的等价性。但是，“当我们试图对跨国机会进行比较时，我们就不再能够依靠一组共同的文化理解来告诉我们，使用哪一个或哪一些衡量标准才是合适的”①。用罗尔斯的话说，如果公正的国际秩序已经使得每个国家或社会能够落实和保证其公民的基本人权，那么每个国家或社会就有权采纳自己的分配正义方案，特别是因为分配正义与一个国家或社会的公共政治文化紧密相关。

全球平等主义的倡导者可以对米勒的论证提出两个质疑。② 他们可以否认，甚至在国内情形中，对文化理解的诉求总是可以解决机会比较问题。我们可以设想一个多元主义社会(例如美国社会)，在其中，某些亚文化群体(例如持有某种特定的宗教信仰的群体)对待教育的态度不同于主流文化的态度，比如说，他们相信男人的使命就在于挣钱养家并参与公共政治活动，女人的使命则在于料理家务和照看孩子，因此，只要男孩和女孩的教育都让他们/她们满足了实现各自使命的基本条件，教育方面的平等机会就算实现了。但是，政府或主流文化不同意他们的观点。在这种情况下，机会平等或机会等价的标准就变成了一个有争议的问题。当然，我们可以同意批评者的说法：“社会政策方面的道德进步并不是在毫无争议的情况下做出的。”③然而，这说不上是对米勒的观点的有力反驳。对米勒来说，“民族国家”这个说法旨在表明公民们享有(或者原则上能够享有)某个单一的文化并保持对该文化的认同或忠诚。这显然是一个理想化的假定，但是，从建构规范理论的目的来看，它是合理的或可理解的。此外，如果一个社会具有多元文化并且在罗尔斯的意义上是稳定的，那么它已经对其中的少数民族文化实现了

① Miller (2007), p. 66.

② 参见 Moellendorf (2009), pp. 77-85。

③ Moellendorf (2009), p. 79.

某种程度的宽容,例如允许某个亚文化群体在某些方面自愿做出与主流文化的标准不同的选择并尊重后者的选择。然而,它不太可能允许一个亚文化群体持有与其根本的政治价值截然不同乃至对立的价值,例如不宽容或者根本上否认平等尊重原则。如果这样一个多元社会的政治稳定性取决于社会成员在尊重基本的政治价值的基础上进行的民族协商,那么它仍然可以在大多数基本善的机会平等上达成共识,但这仍然与全球层面上的文化多元主义具有重要差别。

当然,批评者可以退一步论证说,即使一种**广泛意义**的机会平等在全球层面上难以实现,我们仍然可以设想一种罗尔斯式的全球原初状态,按照这种设想将一种应用全球范围的基本善选择出来,在此基础上,我们就可以确定全球机会平等的标准。对这些批评者来说,这个建议的可行性取决于两个"事实":第一,人具有内在尊严,这个主张在为制度设计提出了道德约束的同时,也为我们合理地设想和发展"基本善"的观念提供了基础;第二,全球经济体制影响了人们的经济利益,因此就产生了一个重要的机会平等范畴,即在雇佣和收入方面的机会平等,后者接着要求在某些相关能力(例如教育和健康)上的机会平等。很不幸,这个提议仍不足以反驳米勒的观点。我们当然可以同意人具有内在尊严,而尊严要求一系列基本条件才能得到实际体现。但是,这些条件未必要用全球机会平等的方式来落实。只要一个人的基本人权已经得到有效保障,他大概不会因为没有机会担任瑞士银行高管就失去了尊严。换句话说,在全球多元主义的文化背景下,如果我们能够通过全球原初状态选择出一套得到一致认同的基本善,那么实现这些基本善就可以被理解为每一个得体的社会为了满足政治合法性要求而必须做的事情。实际上,如此鉴定出来的基本善不会比罗尔斯在国内正义的情形中所设想的基本善具有更加丰富的内容。因此,**如果每个社会都已经满足了实现公民的基本人权的要求**,那么全球机会平等对于保证人的尊严来说就不是必要的,很可能也不是充分的。如果人们仍然必须生活在某个特定社会或国家中,或者进一步说,如果一个世界国家的观念不仅是实践上不可行的,也是道德上不可取的,那么一个人是否具有充分的尊严更多地取决于如下事实:与生活在他周围、属于同一个文化和政治体制的其他人相比,他在多大程度上受到了剥夺。在一个人的基本需求已经得到满足后,尊严的概念是与应得的概念相联系的。但是,只有相对于一个人所生活和参与的社会、政治与经济制度,"一个人应当得到什么"这个问题才具有实质性含义并可以得到相对明确的回答。因此,实现全球机会平等很可能不是实现人的充分尊严的最佳方式。无须否认,经济全球化和一体化可能会让每一个人的经济利益都受到影响。但是,正如下一部分即将表明的,目前全球化的经济往来是否产生了机会平等之类的强健的分配正义要求,仍然是一个有争议的问题。我们很难设想人们**只是**出于经济利益方面的考虑而不断地进行移民。实际上,假若确实存在这样一些人,我们就有理由怀疑他们能够对任何政治文化以及相关的制度保持忠诚,因为他们只不过是受纯粹物欲驱动的机会主义者。成为文化意义上的"世界公民"实际上也不要求消除国界并建立一个世界国家,因为这个要求反而会使得一个人难以成为文化意义上的"世界公民",正如下一章即将表明的。

现在我们可以回到米勒所说的"动力问题"。秉承罗尔斯将政治哲学理解为"现实主义乌托邦"的建议,我相信一切重要的政治变革都应当充分尊重我们在人类生活中鉴定出来的一切道德上或伦理上有价值的东西。米勒自己相信,民族国家是一种伦理上有意义的实体,而且,只要一个民族国家不论是在其国内事务上还是在国际关系中都充分尊重基本人权,其自决权就应该得到尊重。[①] 在这个假定下,让我们来看看将平等主义扩展到全球层面会产生什么直观上不可接受的结果。米勒对这一点的说明取决于我们一开始提到的那种思想实验。[②] 假设两个国家一开始具有平等的资源,但是,A 国(丰裕社会)为了支持一种高消费的生活方式决定迅速用完其资源禀赋,B 国(生态社会)则为了实现严格的可持续发展而选择保护资源。可想而知,在经过一段时间的发展后,它们不再享有同等的优势。进一步假设,它们各自享有的优势都是由国内因素决定的,特别是由它们决定实施的政策来决定的。在这种情况下,当 A 国人民以他们缺乏足够的资源来生活和发展为由,要求在 A 国和 B 国之间对资源实施平等的再分配时,他们的要求至少就不能被合理地理解为在正义方面提出的要求。如果 A 国人民由于其资源消耗殆尽而陷入**绝对**贫困的状况,那么 B 国人民可以出于人道

① David Miller, *On Nationality* (Oxford: Clarendon Press, 1995); David Miller, *Citizenship and National Identity* (Cambridge: Polity, 2000).

② 参见 Miller (2007), pp. 68-75。

主义考虑而给予他们部分援助，但是，这项责任并不是严格意义上的正义的义务。如果全球平等主义的倡导者认为，在这种情况下，**正义**要求对B国资源实施再分配，他们必须将自己一半的资源以某种方式转移给A国，那么这种做法就会产生两个道德上不可接受的结果。第一，它削弱了一个国家按照自己的理性考虑来决定其发展道路的动机，因此实际上削弱了一个国家对其领土和其他集体财产所承担的责任。假若不论一个国家做什么，其最终命运都不是由自己来决定的，在某种意义上也不是由自己来承担的，那么国家就没有必要实行自治和自我管理了。第二，这种做法实际上也是不公正的：如果B国人民已经为了其长远发展、为了为子孙后代留下充足资源而决定牺牲自己的部分福祉，例如尽可能减少使用天然气，放弃使用私人汽车或出国旅游，那么，当A国人民由于无节制地使用资源而享受了高消费的乐趣并在某种意义上享有更好的生活标准时，要求B国对他们挥霍殆尽的资源进行补偿显然是不公正的。

全球平等主义的倡导者可能会争辩说：当然，我们可以允许各国在资源保护和人口控制等重要领域做出自主的决策，但是，从目前的全球贫困状况来看，相对富裕的国家**必须**开放边界以接纳想要加入其中的人。且不论开放移民是否能够在根本上解决打算移民的那些人原来所生活的国家自身存在的诸多根本问题——实际上，在目前的国际秩序中，发达国家的移民政策往往偏向于投资移民和技术移民，这种做法会不断架空和破坏贫困国家本来就不够充分的经济基础和技术力量。对米勒来说，无条件地开放边界和接受移民也会破坏东道国的自决权，因为一个国家接纳公民的政策与它在其他方面的考虑不可分离，例如，它将不得不考虑无限制的移民政策所带来的文化整合和政治稳定问题。批评者或许回答说，既然一个人出生在哪个国家是一个道德上偶然的事实，而这个事实能够对人们的生活前景产生重要影响，一个国家（或任何国家）就没有权利限制移民。然而，如果这个主张中所说的"权利"指的是一个国家经过充分的民主协商制定出来的一项关于移民的权威决定，那么它就是假的：一个国家在这个意义上确实有权制定自己接受移民的政策。一个人原来具有什么民族身份或许是道德上偶然的，但是，一个人由于具有这样一个身份而应当享有的权利和承担的义务，在这个意义上并不是道德上任意的。在一个承诺了平等主义正义的社会中，如果**平等对待**取决于与公民身份相关的制度条件，那么一个社会成员有权拥有什么或应当得到什么,实际上也取决于这些条件。接下来就让我们考察一下**实质性**的分配正义与制度的本质联系。

二、国家强制与分配正义

以上论述并不是要否认在全球层面上可以存在着正义问题。正如我们已经看到的,只要某些国家在历史上剥夺了其他国家,它们就有义务对后者进行某种补偿,正如只要你有意伤害他人,你就有义务以某种方式补偿后者,或者自己接受某种处罚。同样,如果某些国家参与制定不公正的全球秩序,将这个秩序强加给其他国家并从中获益,那么它们不仅有义务修复自己对后者造成的伤害,也有罗尔斯意义上的自然义务建立一个更加公正的全球秩序。真正的问题在于,在一个相对正义的全球背景制度已经确立,每个主权国家都已经充分落实其人民的基本人权的情况下,在全球层面上是否仍然存在(或应当存在)某种平等主义分配正义?我已经试图表明,只要这个理想的状态已经达到,分配正义,作为一种更加丰富或更为严格的正义要求,就应当由每个主权国家来实现。这既体现了主权国家对其公民应尽的义务及其自身命运的担当,也体现了各国之间的平等尊重。

当然,有人立即会指出,我提出问题的方式本身就很可疑:当今世界不仅充斥着严重不平等与极度贫困,而且目前的全球秩序本身就不公正。在这种情况下,假如机会平等原则,作为平等主义正义的一个基本原则,能够在国家内部得到实施,它为什么就不能或不应当在全球层面上来推行呢?从以上论述中可以看出,反对全球机会平等的一个主要根据是,即使全球层面上已经存在某些制度性因素,但全球背景制度与国内分配正义所要满足的制度条件仍然具有重要差别,因此,如果包括机会平等在内的分配正义问题是在特定的制度条件下才出现的,如果人们对分配正义(即什么东西要被平等分配)的理解取决于他们所分享的政治与文化价值,那么就无法将分配正义原则(例如罗尔斯的差别原则和公平的机会平等原则)扩展到全球层面。全球制度背景是否满足了分配正义所要求的条件在某种意义上当然是一个经验问题。不过,我们也可以从**规范的**角度来看看分配正义究竟要求什么样的制度条件,更确切地说,分配正义的主张究竟是在什么条件下产生的,这些条件又与制度性因素具有什么联系。只有当我们已经对这个问题有了相对明确的回答后,我们才能恰当地设想全球正义的目标及其合理的实现途径。

现在,为了便于论证,让我们先来回想一下米勒对待全球正义的态度。米勒并不否认某些在全球层面上运行的规则和制度(资本投资和贸易模式、自然资源的所有权、环境政策、发展援助资金的流向等)影响了人们的生活前景,因此,他也不否认全球背景制度的运行可以按照某些正义原则来评判。不过,他强调说,为了正确地"理解全球正义,我们就必须进一步理解正义的义务的本质与要求"①,特别是参与制度的运行和管理的人们的责任和义务,因为不论是国内制度,还是具有全球影响力的国际机构,都是人为地设计或构建出来的。因此,在前面提到的例子中,假若那个丰裕社会完全是因为其自身的民主决策而消耗完自己的资源禀赋,那么他们就要承受其集体决定所导致的后果,他们不能理所当然地要求将其他社会的部分资源转移给他们。相比较而论,如果一个社会之所以变得贫困,本质上是因为其统治者按照国际资源特权将国家资源出售给其他国家,并将出售资源所得的收入归为己有,那么,鉴于这个国家根本上缺乏民主决策机制,鉴于国际资源特权本身就是不正义的,该国人民就不能对其贫困负有充分责任。因此,只有当我们已经可以明确地界定出不平等或贫困的真实原因时,我们才有可能判断正义原则是否可以用于解决人们所面临的贫困或不平等问题。从最一般的意义上说,分配正义问题是在人们为了发展个人利益而采取社会合作的情况下产生的。这种合作的必要性和可能性都是来自休谟提到的两个基本条件:第一,人们生活在物质资源适度欠缺的条件下;第二,人们彼此间的同情或友爱极为有限,因此他们的利益主张就总有可能发生冲突。②然而,大规模的社会合作涉及一系列相关制度,例如财产法和契约法、劳动组织、税收体系、公共服务的供给等。分配是作为这些社会制度运行的结果而出现的,因此就不仅涉及物质利益(或者资源、收入、医疗保健条件之类的

---

① Miller (2007), p. 11.

② David Hume, *A Treatise of Human Nature*, book 3, part 2, section 2. 参见 John Rawls, *A Theory of Justice* (revised edition, Cambridge, MA: The Belknap Press of Harvard University Press, 1999), pp. 109-112。

东西)的分配,也涉及权利和机会的分配。简而言之,只有当人们进入了某种特殊的**联系**时,分配正义的要求才有可能出现。因此,为了弄清楚全球正义究竟向我们提出了什么要求,我们至少需要解决两个问题:第一,这种联系的什么特点产生了分配正义要求?第二,产生这种要求的那些特点是否已经出现在全球层面上,从而使得全球分配正义变得必要和可能?

在开始处理第一个问题之前,我需要简要提及一种与分配正义的"标准"观点相对立的观点,有时也被称为"非关系性观点"(non-relational view)。按照这种观点,人具有内在尊严,人所具有的这种地位并不取决于一个人可能具有的各种关系,而且,人类个体有权拥有人的尊严所要求的基本条件(不管我们如何设想这些条件)。人的尊严,或者更确切地说,保护人的尊严的需要,本身就能触发对分配正义的关注:一旦我们发现,在某个人那里,其尊严的条件尚未得到满足或者受到了剥夺,我们就有义务帮助他获得这些条件,不管他与我们具有什么关系,或者甚至有没有关系。[①] 然而,这种观点会产生一个令人困惑的问题:当我们可以合理地认为人们有不要伤害他人的普遍义务时,我们并不是很清楚帮助他人的**积极**义务在什么意义上属于**正义**的义务。当然,帮助他人确实可以被看作一项道德义务,但是,按照西方伦理传统的主流看法,消极义务和积极义务是不对称的。此外,如果人的尊严需要按照基本人权是否得到了实现来设想,那么把实现每个人的基本人权设想为一项积极的**道德**义务就无法保证基本人权能够得到有效落实。实际上,非关系观点也会产生一些不符合道德直觉的结果,例如在前面讨论的丰裕社会和生态社会的例子中。分配正义问题至少是在人们具有某种互动的情况下产生的。然而,并非人们之间发生的一切互动(或者人们所进入的一切社会关系或个人关系)都会产生分配正义问题。例如,我们**通常**并不按照正义的观念来设想亲情或友情,尽管正义问题有时也会出现在这种社会关系中,例如当存在着非自愿的支配关系或者家庭财产分配不公时。因此我们就必须追问一个问题:与人们所能进入的很多关系或社会组织相比,为什么国家被认为特别产生了分配正义问题?按照托马斯·

---

① 按照这种观点来探讨全球正义的一个典型例子,见 Simon Caney, *Justice Beyond Borders: A Global Political Theory* (Oxford: Oxford University Press, 2005)。

内格尔的解释[1]，至少从霍布斯式的契约论观点来看，这个问题并不难回答：当人们从自然状态进入"公民社会"时，他们将自己在自然状态下所持有的自我保存的权利转让给最高主权者，同时也放弃了他们在自然状态下具有的自然自由；在霍布斯所设想的"公民社会"中，人们之所以愿意服从正义原则，本质上是因为国家在法律上强制实行的和平、安全与经济秩序的规则有利于促进他们的自我利益；但是，既然他们是通过放弃自己的自然自由而决定生活在法律上强制实行的制度条件下，他们就有权要求相关的规则对他们来说可以合理地得到辩护，正如安东尼·阿皮亚更明确地指出的：

> 国家之所以在道德上本来就要紧，不是因为人们在乎国家，而是因为国家通过各种形式的强制来调控我们的生活，而强制总是要求道德辩护。国家制度之所以要紧，是因为它们对于我们现在所持有的如此之多的目的来说是必要的，同时也是因为它们有如此之大的潜力被滥用。正如霍布斯所看到的，为了履行职责，国家就必须对某些形式的经过授权的强制有所垄断，而对这种权威的行使就要求辩护。[2]

与非关系性观点相比，这种观点明确认为分配正义要求是以某些强制性实践为中介的。因此，它并没有先验地否认分配正义问题有可能会出现在全球层面上，正如内格尔所承认的，如果我们所生活的世界已经通过某种历史发展而最终由一个统一的主权来管理，那么分配正义要求就适用于这样一个世界。[3] 不过，鉴于某些倡导全球正义的理论家认为全球背景制度实际上已经具有强制性特征，我们就需要进一步澄清两个问题：第一，强制究竟意味着什么？第二，为什么国家强制特别产生了分配正义要求，或者更一般地说，究竟是国家制度的哪些特征特别产生了分配正义要求？

按照迈克尔·布莱克的说法，强制之所以要求辩护，是因为它违背了人们的自主性，即人们按照自己理性地认同的目的和计划来管理自己生活的

---

① Thomas Nagel (2005), "The Problem of Global Justice", *Philosophy and Public Affairs* 2: 113-147.

② Anthony Appiah, "Constitutional Patriots", in Joshua Cohen (ed.), *For Love of Country* (Boston: Beacon Press, 1996), pp. 21-29, quoted at pp. 28-29.

③ Nagel (2005), p. 121.

能力和条件。[①] 当然，强制未必意味着一个人可得到的选项的范围或数量受到了限制，或者甚至在根本上受到了剥夺。甚至受到武力威胁的行动者也还是有选择的余地，只是他所能做出的选择在某种意义上不是他自愿采纳的。强制是用某种方式让行动者的意志屈从于他人的意志，因此在这个意义上违背了其自主性。因此，如果自主性是一个重要的人类价值，或者用布莱克自己的话说，如果"所有人都拥有作为自主的行动者而存在的道德资格，因此有资格要求让这件事变得可能的环境和条件"[②]，那么，当人们不得不生活在某种强制性的实践或制度下时，这些实践或制度就必须得到一种特殊的辩护。满足这个辩护负担的一种方式就在于表明，假若受到影响的人们是完全合理的，这样一个实践或制度就能得到他们的同意。例如，我们可以通过一种假设性的契约论设施来表明，即使强制会违背人们的自主性，人们也可以出于某些重要考虑而允许国家在某些条件下限制他们对自主性的行使，例如当一个人侵犯了其他人的正当权益或者违背了某个社会合作规则（例如不履行与其他人自愿签订的契约条款）时。布莱克还特意指出，自主性并不要求我们具有尽可能多的选项，只要求我们具有适当数量的选项（相对于某个基准来说是适当的）。

这个主张对分配正义具有重要含义：绝对剥夺之所以在道德上不可接受，是因为它使得人们彻底丧失了自主性的能力和条件。不过，只要人们具有了适当数量的选项，他们就可以有效地行使自己的自主性，就此而论，人们在选择空间或范围上的差别或不平等就未必是道德上成问题的——我们至少需要按照具体情境来判断相对剥夺是不是道德上可接受的。举个例说，假设成为一位哲学家是我能够现实地获得的最佳选项，我可以在自己所生活的社会中实现这个选择。不过，我突然间改变了主意，想要成为一位蜘蛛侠式的超级英雄，而我所生活的社会并不允许我实现这一抱负。在这种

---

① Michael Blake (2001), "Distributive Justice, State Coercion, and Autonomy", *Philosophy and Public Affairs* 3: 257-296. 布莱克大体上是按照拉兹的自主性概念来理解自主性(Blake 2001: 266-267)。在拉兹看来，自主性要求三个基本条件：第一，自主的行动者必须具有适当的精神能力；第二，他所具有的选项必须是适当的，例如相对于其选择能力来说是可能的；第三，自主性不符合强制的存在。关于拉兹对自主性的论述，见 Joseph Raz, *The Morality of Freedom* (Oxford: Clarendon Press, 1986), pp. 376-378。

② Blake (2001), p. 267.

情况下，我的自主性就说不上受到了侵犯。与此相比，假设成为一位哲学家之所以是我所能现实地获得的最佳选项，只是因为其他人使得其他选择对我来说变得不可能或难以追求。在这种情况下，我的自主性就受到了侵犯。或者用前面提到的例子来说，假设成为当地银行高管、拥有与瑞士银行高管同样的薪酬，就是那个莫桑比克乡村男孩在成年后能够现实地获得的选择。在这种情况下，当他因为某些因素而未能成为瑞士银行高管时，其自主性就说不上就受到了侵犯。当然，由于极度贫困、支配性的社会结构、在社会生活中彻底被边缘化之类的因素，人们的自主性可能会受到绝对剥夺。但是，在处理分配正义问题时，我们必须将相对剥夺与绝对剥夺区分开来。

既然强制就在于以某种方式让一个人的意志屈从于他人的意志，它就严重地违背了人的自主性。在布莱克看来，国家强制之所以特别需要辩护，是因为它所施加的强制性力量对公民生活的各个方面产生了深入而持久的影响：各种主要的国家制度，大到国家层面的法律和税收，小到某些特定的规章条例，都是强制性的。当然，强制也会发生在个别行动者之间，不过，对这种强制的辩护有时候是作为某种同意的结果出现的。例如，如果我同意取消我在某个特定领域中的自主性，例如在某个特定时期滴酒不沾，那么我所受到的强制看来就不会在道德上对我造成伤害。以某种方式**自愿**受到强制，这其实也是对个人自主性的一种行使。相比较而论，布莱克认为，国家强制往往是用一种没有经过公民自愿同意的方式发生的，尽管正当的强制原则上应该得到公民的同意。按照罗尔斯对正当性的理解，只有当一个国家按照所有公民都能合情合理地接受的原则来行使政治权力时，它对政治权力的行使才可以得到辩护，在这个意义上才是正当的。[①] 我们可以假设，这个第一层次的辩护，即对政治正当性的原则性辩护，是由全体公民的假设性同意来完成的。但是，人们的自我利益并不总是符合正义的要求，或者国家机构在实行强制时可以偏离正义的要求，这就产生了第二层次的辩护问题，也就是说，如果国家对某些政策的实行涉及强制性因素，而且在某种程度上偏离了公民们在第一层次的辩护程序中接受的原则，那么国家就有义务辩护这些政策的实施。例如，只要一个国家承诺了平等尊重原则，它就必

① 参见 John Rawls, *Political Liberalism* (New York: Columbia University Press, 1993), p. 217。

须说明，在某些情形中，它为什么对公民们采取了区别对待的做法，例如在国内发生大规模饥荒、国家财政收入又不足以缓解饥荒的情况下，为了从国外购买粮食而提高富裕阶层的税收。在这种情况下，富裕阶层的人们可能会出于爱国主义精神或者其他考虑(例如，他们的富裕至少部分地是全社会合作的结果)而愿意接受对他们提高税收的政策。因此，某些类型的强制实践之所以能够得到辩护，不仅是因为公民们生活在他们已经原则上同意的制度框架下，也是因为他们在长期的社会合作中彼此形成了他们与其他人并不具有的特殊联系。鉴于所有公民都是生活在一个单一的强制性制度框架下，因此，只要他们所生活的国家已经承诺给予他们以平等尊重，国家就要向他们说明他们之间可能存在的相对剥夺。分配正义问题就是在这种特殊的情境下出现的。

布莱克想要表明的是，分配正义要求与国家特有的强制性具有本质联系，因此，在全球层面上就不存在那种要求适当调整相对剥夺的分配正义。不过，批评者可以论证说，强制性因素同样出现在了全球层面上。很多国际实践和制度都是强制性的，例如，世界贸易组织要求申请加入该组织的国家修改某些国内法律。当然，一个国家可以不接受这个要求，但它也会因此而失去加入世贸组织所能享受的好处。有人或许认为，在“两害相权取其轻”的情况下，假若一个国家最终仍然决定加入世贸组织，它就是“自愿”加入该组织。然而，按照某些作者的说法，即使一个国家**因为没有更好的选择**而决定加入世贸组织，这也不会改变如下事实：世贸组织以及其他类似的国际组织依然是强制性的。[①] 如果布莱克确实只是按照“以某种方式让一个行动者的意志屈从于其他行动者的意志”来定义强制，那么这些国际组织看来就确实是强制性的。因此，为了维护其论证结论，即分配正义是具有特定制度结构的国家特有的，布莱克就需要设法表明，在国家和强制性的国际组织之间仍然存在本质差别。他承认“国际实践实际上可以是强制性的——我们或许可以在这个标题下来理解某些剥夺性的贸易关系”；不过，他立即指出：

---

① Joshua Cohen and Charles Sabel (2006), “Extra Rempublicam Nulla Justitia?”, *Philosophy and Public Affairs* 2: 147-175, especially pp. 164-175. 该文旨在批评下面要讨论的内格尔的观点。此外，值得指出的是，这里提到的选择情形类似于亚里士多德所说的“混合行动”。

“只有**共同的公民身份关系**才是一种通过关心分配领域中的平等而具有潜在辩护力量的关系。”[①]这个说法意味着，对布莱克来说，分配正义要求之所以产生，不只是因为人们受到了强制(不管我们如何具体地理解强制)，更重要的是因为人们分享了共同的公民身份。国家对其事实上的法律权威的行使之所以要求特殊辩护，很可能是因为受制于国家的法律在某种**最强的**意义上是不自愿的。如果世界被划分为不同的政治单元是人类生活的一个持久事实，如果我们需要把世界的现实状况看作政治分析的原材料，那么我们就必须承认，与一个国家是否决定要加入某个国际组织相比，人们对自己所生活的国家的政治生活的涉入，在某种更强的意义上，并不是他们自愿选择的结果。进一步说，如果国界并不是可以随便跨越的，那么，一般来说，人们有更强的动机参与本国的制度建设。因此，我们需要说明的是，在公民与一个制度框架的关系中，除了受到强制外，究竟还有什么东西与分配正义的内容、范围和辩护具有规范联系。

这个问题是托马斯·内格尔在一篇重要论文中的核心关注。回想一下，前面对布莱克的观点提出的主要异议是，如果正是强制触发了分配正义要求，那么，就某些国际组织也含有强制性因素而论，全球分配正义就不是原则上不可能的。然而，在我看来，在谈到国内社会正义与全球正义的差别时，布莱克对共同的公民身份关系的强调实际上已经暗示了回答这个异议的基本线索。即使某些国际组织确实具有某种意义上的强制性，但是，在这个方面，它们似乎介于国家和人们**自愿**参与的某些组织之间。当一个人自愿参加音乐爱好者协会之类的组织时，他将受制于该组织提出的规则，例如每周参加一次活动，或者向该组织捐赠唱片。如果他觉得这些规则将他置于一种不利地位，例如，他被要求捐出的唱片恰好是他最喜欢的，或者对他来说具有某种纪念意义，那么他确实可以向该组织要求一个辩护。辩护这些规则的标准显然不需要像辩护国家所施加的规则的标准那么严厉。既然他一开始就是在充分知情的条件下自愿加入该组织，当他按照规则捐出自己最喜欢的唱片时，也很难说他就受到了不公正的对待。该组织的其他成员可以对他说，假如他不想捐出自己最喜欢的唱片，他可以选择退出。因此，如果仍然存在对他来说具有相当价值的取舍，或者甚至更好的取舍，例

---

① Blake (2001), p. 265. 强调是我添加的。

如某个其他的音乐协会，那么按照布莱克的说法，其自主性仍然没有受到侵犯。

然而，当国家将一种不利地位强加于你时，情况似乎就很不同了：如果你对于是否要服从没有其他可行的取舍（例如因为你不可能随意成为其他国家的公民），或者你发现自己在某个方面受到的对待完全不符合你应当得到的待遇（比如说，你为研发病毒疫苗做出了更大的贡献），那么你所承受的不利条件就必须得到一种更加严格的特殊辩护。当国家将其规则和制度施加于公民时，原则上说，它必须向每个公民表明，只要他们是合情合理的，他们就没有理由不服从这些规则和制度的要求。之所以如此，按照内格尔的说法，恰好是因为国家是一种非自愿的联合体，也就是说，一个国家的公民是不自愿地受制于它强制性地施加的规则和制度以及由此产生的标准和义务。不过，即使国家确实具有这两个特征（强制性地施加规则和制度，公民对有关标准和义务的服从是不自愿的），这仍不足以表明分配正义问题不可能出现在全球层面上，因为全球背景制度好像也具有这两个特征，就像某些作者强调的那样。不过，内格尔认为国家还有第三个重要特征：在某种意义上说，一个国家的公民可以被看作它强制性地施加的规则和制度的**共同作者**。不管一个国家在历史上是如何建立的，它之所以是一个国家，就是因为已经有一个特定的群体生活在特定土地上，形成了特定的传统和文化，并学会对自身的未来和命运承担集体责任。正是因为一个国家的公民拥有这样一种具有紧密关系的共同生活、彼此形成了其他人并不分享的特殊联系，平等的观念在其生活中才会占据一个特殊地位并变得格外敏感，用内格尔自己的话说：

> 主权国家不只是一种为了互利而形成的协作事业。决定其基本结构的社会规则是强制性地施加的：主权国家不是一种自愿联合体。我们既是那个被强制性地施加的体制的假定的共同作者，又受制于其标准，也就是说，甚至在集体决定偏离我们的个人偏好时，我们仍被指望接受这些标准的权威。在我看来，正是这个复杂的事实产生了反对那个体制不平等地对待我们的放肆行为。[1]

---

① Nagel (2005), pp. 128-129.

因此，在内格尔看来，也正是第三个特征说明了一个国家为什么有义务对其公民满足在正义原则中体现出来的**平等对待**的要求，包括政治平等、机会平等以及分配正义。如果公民在某种意义上本身就是强制性地施加于他们的规则和制度的共同作者，对规则的服从和制度的运行负有集体责任，那么国家就有义务用他们的名义公正地分配通过规则和制度而产生的利益和负担，并对可能出现的不平等提出说明或辩护。这些活动都要求公民意志的积极参与。因此，虽然我们有普遍的义务不要伤害他人，但是，通过每个公民的积极参与从一种强制性地施加的制度框架(包括法律、政治、经济等方面)中产生出来的权利和义务，并不是一种在任何条件下都可以与局外人分享的东西——“平等主义要求并不是建立在实际的选择、同意或契约的基础上，而是建立在不自愿的成员身份的基础上”。[①] 如果国家对其成员的意志提出了独特要求，或者成员通过国家制度彼此提出了特殊的要求，那么，他们在特定制度框架下产生出来的关于正义的积极义务，就确实具有了消极的普遍义务所不具有的特殊特征。

内格尔并不否认对贫困国家实施人道主义援助的责任，也不否认世贸组织、国际货币基金会、世界银行之类的国际组织在某种意义上是强制性的。但是，他强调这些组织并不具有主权国家所具有的三个基本特征：第一，当前的国际规则和制度“不是以生活受到其影响的所有个体的名义集体地颁布和强制性地施加的”；第二，它们并不要求我们在主权国家的情形中所看到的那种个人授权；第三，这种授权“自身就含有在某种意义上平等地对待所有[公民]的责任意识”。[②] 这些规则和制度是某些国家为了发展其自我利益，通过讨价还价设立的，而不是以个人名义设立的。当然，如果在国际上占据主导地位的国家将这些规则和制度不公正地施加于其他社会或人民，那么在国际层面上就确实出现了正义问题。但是，严格地说，这种问题并不是在具有那三个特征的主权国家内部才会产生的**分配正义**问题，因为这个意义上的正义“要求一种集体地施加的社会框架，后者是以其所管理的所有人的名义来颁布的，而且旨在要求他们接受其权威，甚至在他们不同

---

① Nagel (2005), p. 128.

② Nagel (2005), p. 138.

意其决定的内容时也是如此”。[1] 然而，这种可能性不仅取决于他们分享和承诺了某些价值，也取决于他们由于共同的历史而彼此形成了一种紧密的情感依恋。换句话说，在内格尔看来，除非我们所生活的世界已经成为一个单一的世界国家，否则我们就不能在严格的意义上谈论“全球分配正义”。

布莱克-内格尔的论证路线说明了我们对分配正义的一些直观认识。他们与批评者的分歧不仅在于双方对正义概念持有不同理解，而且也在于双方对全球背景制度是否满足了分配正义的条件持有不同看法。布莱克和内格尔的正义概念不仅是关系性的，在罗尔斯的意义上也是政治性的。用内格尔自己的话说：“主权国家并不只是实现在人类那里先于制度而存在的正义价值的工具。毋宁说，它们的存在恰好是给予正义的价值以其应用的东西，这样做是通过将一个主权国家的公民同胞置于一种他们并不与其他人具有的关系中，即一种必须用关于公平和平等的特定标准来评价的关系，而正是这些标准充实了正义的内容。”[2]这种观点显然在罗尔斯的意义上是政治性的，不仅因为它将正义看作一种专属于政治的特殊价值，是社会制度的首要美德，而且也因为它承认主权国家在政治实践中的先在地位，因此要求主权国家因其对公民实施了政治统治而要对整个社会的正义状况负责。布莱克和内格尔的正义概念因此都属于罗尔斯式的传统，就此而论，我们无须认为他们会在根本上否认我们对人类同胞负有某些义务。毋宁说，就像戴维·米勒一样，他们希望将社会正义和全球正义区分开来，在这两种形式的正义之间实施一种分工。他们的论证旨在表明，如果分配正义的要求是由某些条件触发的，这些条件在国家内部得到了满足，在国际层面上则没有得到满足（或者至少尚未得到满足），那么这两种情形就是不类比的。这个论证包含了两个前提：经验前提所说的是，有一些关于国内制度框架的事实将国内制度与国际制度区分开来，例如受制于国家法律是不自愿的，受制于非国家性的规章条例则不是；规范前提所说的是，必定有一些理由说明了这些事实与如何具体地设想一种分配平等的观念具有特殊关联。

然而，批评者指出，即使我们承认规范前提，经验前提也不成立，因此布

① Nagel (2005), p. 140.

② Nagel (2005), p. 120.

莱克-内格尔的论证路线并不成功。[①] 具体来说，如果全球制度秩序在某种意义上也是强制性的，因此其成员资格也可以被合理地看作是不自愿的，那么，既然内格尔承认不自愿的联合体对受到影响的人们的生活机遇产生了冲击，他就应该出于一致性而承认全球秩序也需要平等地考虑这些人。正如我们已经看到的，内格尔实际上否认这个主张。对他来说，即使确实存在某些为了经济互利而建立的国际组织，即使这些组织在某种意义上是强制性的，单纯的经济互动也不可能触发高标准的分配正义要求。对于分配正义来说，真正关键的是强制性地施加的集体权威以及对所要服从的规则和制度的共同制作权(joint authorship)，而全球背景制度并不具有这个特点。

内格尔自己预料到批评者会继续提出一个异议：这种将正义限制到民族国家的做法“不现实地假设，就能动性、授权和权威而言，在主权国家和现今的全球制度之间存在截然分明的界限”[②]。在他们看来，在一系列嵌套的或有时候重叠的管理制度中，共同的成员身份在程度上是连续渐变的，参与者们可以在不同程度上对这些结构共同负责和服从它们，因此，在他们之间产生的平等主义的正义要求也只是在程度上有所差别：同一个国家的公民彼此负有最强的分配正义义务，不过，如果你和我都是世贸组织成员国的公民，如果从我们两人对该组织的共同参与中产生出来的不平等是道德上任意的，那么分配正义要求也会出现在你和我之间。从前面的论述来看，我们不难设想内格尔对这个异议的回答：他继续否认这些国际组织与主权国家本质上是类似的，因为它们缺乏集体地授权的最高权威。假设A和B都是世贸组织成员国，A是该组织发起者，B是新加入的弱势国家。如果A通过世贸组织向B施加了不公正的条款，那么它就确实招致了对B进行补偿并纠正其不公正行为的义务。如果A的成员从中获益，那么，就他们参与维护和施加不公正的秩序而论，他们就有间接的义务补偿或修复他们自己的国家对B国人民造成的伤害。但是，内格尔并不认为这项义务是分配正义的义务，正如他用反问的方式所说：“如果那些国际制度不是用所有相关个体的名义来行动的，而只是通过它们所代表的政府或政府部门的代理人，由

---

① 关于这个批评，参见：Cohen and Sobel (2006)；A. J. Julius (2006), “Nagel's Atlas”, *Philosophy and Public Affairs* 2：176-192。

② Nagel (2005), p. 140.

那些个体来维护的,那么究竟是什么特征让它们产生了正义的义务以及要求平等地考虑所有那些个体的假定?"①

内格尔的回答显然取决于他对"共同制作权"条件的强调。但是,批评者认为,他们可以在这方面为内格尔制造一个两难困境。② 一方面,内格尔认为个人的积极参与对于"共同制作权"来说是必要的,因此对于应用正义的要求来说也是必要的。但是,甚至在一个国家内部,也不是所有公民都会积极参与建设国家的规章制度,某些公民(例如身体上或精神上严重残疾的公民)实际上无法积极参与。从内格尔的标准来看,这些公民似乎就要被排除在分配正义的领域外。另一方面,假若我们认为,内格尔所说的"共同制作权"并不要求积极参与制定规章制度,只要求人们承认有关的规章制度是为了所有相关个体的利益而颁布的,那么在国内制度和国际制度之间就有了一种连续性。比如说,有关国家的成员无须积极参与确立某个国际组织的规章制度,它们只是派代表去参与协商和制定规章制度,但它们承认由此确立的规章制度。简言之,如果内格尔对"共同制作权"采取一种强的理解,那么他就会将某些公民排除在分配正义的领域外;如果他采取一种弱的理解,那么他就应该承认,共同的成员身份,而不只是民族身份,也可以触发分配正义要求。

然而,我并不认为这个"两难困境"构成了对内格尔的有力反驳。一方面,正如我在前面已经表明的,正是因为人们拥有共同的公民身份,对国家制度的确立和建设负有共同责任,并由此而形成了一种特殊的情感联系,他们才会将正义扩展到他们所生活的整个社会,即使其中一些人并不满足契约论框架所要求的"互利"条件。认为共同的成员身份本身就可以产生分配正义要求的观点,不仅不太符合我们对正义的直观认识(抑或某种深思熟虑的认识),实际上也是含糊的。例如,即使我们都属于人类,因此可以被认为都是人类共同体的成员,但是,直观上说,我们并不认为我们对每一个人都负有同样的义务和责任,不管他们与我们关系如何。当然,批评者可以争辩说,我们本来就应当将自己看作**人类共同体**的成员,共同承担对人类命运的

① Nagel (2005), p. 142.

② Chris Armstrong (2009), "Coercion, Reciprocity, and Equality Beyond the State", *Journal of Social Philosophy* 3: 297-316, especially pp. 301-303.

责任。然而，为了持有这个主张，批评者至少需要解决两个进一步的问题：第一，为什么特殊关系及其所产生的特殊义务在人类生活中并不具有根本的道德重要性？第二，我们如何能够在动机心理上实现一种根本转变，学会摆脱任何差别而平等地对待每一个人？[①] 当然，这样说并不意味着否认如下合理的主张：既然我们都是人类个体，我们就应当以某种方式恰当地对待其他人。就像罗尔斯一样，内格尔并不否认我们对人类同胞负有人道主义援助的责任，这项责任或许属于道德义务的范畴。但是，他对正义采取了一种“政治性”的理解。与世界主义的正义观不同，按照正义的政治概念，“唯一普遍的平等要求在形式上是有条件的：对于与我们一道加入一个强制性地施加的、强有力的政治共同体的每个人，我们必须给予他们以平等的资格”[②]。

诚然，每一个人在道德上都应当得到平等关怀；但是，在人类历史上，人们碰巧进入了某种特定的联合体，发展出特定的政治制度与文化形式，形成了特定的国家，因此，“我们的道德关系就有选择性地跃迁到一个新层次，更多的目的和责任是在这个层次上被分享的”[③]。在思考正义问题时，我们不可能无视人类历史的偶然性所造就的政治现实，因为即使某个东西一开始是偶然的，也未必就意味着它随后产生的所有结果都是偶然的——事实上并非如此，正如我们与谁成为朋友可能是一件很偶然的事情，但这并不意味着，只要我们与某人进入了这种特殊关系，我们在其中发展出来的东西都是偶然的。实际上，既然主权国家的存在已经是我们所生活的政治实在的一部分，既然每一个主权国家都有自己特定的政治和文化并在其公民之间形成了其他人所不分享（至少不能完全分享）的特殊联系，对更加严格的正义

① 在柏拉图的理想城邦中，孩子一生下来就被共同抚养，父母们不知道谁是自己的孩子。但是，甚至在这样一个城邦中，公民本身按照城邦的需要分为三类，他们之间不允许自由流动，因此我们至少不太清楚公民在什么意义上得到了平等对待。亚里士多德指出，在柏拉图的理想城邦中，尽管公民们被要求平等地关心所有公民，但他们实际上谁也关心不了，因为关心是在具有更强烈的情感依恋的小群体中学会的。参见 Aristotle, *Politics* (translated by C. D. C. Reeve, Indianapolis: Hackett Publishing Company, 1998), 1261a16-1262b35 (Book Ⅱ, chapters 3-4)。

② Nagel (2005), p. 133.

③ Nagel (2005), p. 133.

要求的实现就应当成为每一个主权国家应尽的义务。由此我们才能理解内格尔的一个否则就易于招致误解的主张,即“每一个人都有权生活在一个公正的社会中,但是我们没有义务与每一个人生活在一个公正的社会中”。[①]很明显,就像罗尔斯和米勒一样,内格尔也倡导在正义问题上实施一种责任分工。这个主张实际上是合理的和理性的,正如我们在下一部分将进一步表明的。

由此看来,在将分配正义的概念与主权国家联系起来时,内格尔实际上想要强调的是对一套社会规则的共同制定和施加。公民有可能确实是不自愿地受制于这样一套规则,但是,这套规则是不是被强制性地施加的,看来与分配正义的要求并没有本质联系。这一点并不难说明。假设有两个原来彼此隔绝的群体 A 和 B(或许是两个原始部落),他们逐渐认识到,只有通过开展大规模的经济往来,他们才能更有效地满足各自的需要,并显著地提高各自的生活水平。于是,在经过充分协商后,他们决定开展大规模的经济合作,并制定出两个群体的成员都一致认可和接受的合作条款。在这种情况下,相关的规章制度似乎并不是强制性地施加给他们的,但是,如果两个群体的人民在经济合作上已经达到了相当紧密的程度,以至于开始发展出一些与经济活动配套的政治制度,从而形成了一种原始意义上的国家,那么他们之间就开始产生了分配正义要求。因此,正是通过共同参与对规则和制度的制定,在此基础上形成一个国家,人们才进入了一种他们与局外人(国界外的人)并不具有的特殊关系,彼此产生了他们与其他人并不分享的义务和责任,这些义务和责任不仅在形式上更加严厉,在内容上也更为丰富。分配正义要求就是从这种由于生活在共同创立的制度下而彼此负有的互惠关系中产生出来的。[②]

从社会契约论的观点来看,人们之所以建立国家,是为了让自己的人身安全(包括维护基本的生存需要的条件)能够得到有效保障。但是,随着文明的发展,人们不再只是满足于让人身安全得到保障——他们会产生更多的需求,并决定通过各种形式的社会合作来满足这些需求。为此,他们也会

① Nagel (2005), p. 132.

② Andrea Sangiovanni (2006), “Global Justice, Reciprocity and the State”, *Philosophy and Public Affairs* 1: 3-39.

发展出一些超越了最低限度的国家的规章制度。这一切都取决于他们特有的政治文化以及他们在充分协商的基础上制定出来的发展目标。因此,对于什么东西要平等地分配、平等对待究竟意味着什么,他们的理解可能是独特的,也就是说,不是其他国家可以无条件地分享的。但是,一旦他们已经对国家所要提供的集体善达成共识,为了支持和维护国家提供集体善的能力,他们就需要恰当地分配社会合作的利益和负担。正是这种以制度为基础和中介的交互关系触发了分配正义要求。相比较而言,全球秩序被认为在两个关键的方面不同于国家制度。① 一方面,虽然全球秩序也是通过服从、信任、资源和参与来维护的,但它所能行使的权威在范围上很有限。另一方面,全球秩序预设了国家的存在——"若没有国家,全球秩序就会丧失在其管辖权内管理和调控授权区域的能力"。② 既然全球秩序在某些重要的方面不同于国家秩序,二者至少在正义的范围上就应当有所不同。

然而,这个提议被认为存在三个问题:第一个问题关系到谁可以被合适地看作平等主义正义的主体;第二个问题涉及集体利益的清单,这些利益的供给触发了平等主义的分配义务;第三个问题就是前面提到的连续性问题。③ 让我首先考察第一个批评。按照互惠关系对平等主义正义的论述意味着,只有对集体利益的供给共同做出贡献的个体才能成为平等主义正义的主体。但是,如果某些公民实际上并没有做出这样的贡献(例如因为缺乏所要求的能力),那么他们就被排除在平等主义正义的范围外。如果实际上居住在一个国家的某些非公民做出了这样的贡献,那么他们就有资格成为平等主义正义的主体。由此来看,**公民身份**本身不能被看作是触发平等主义正义的条件。然而,这个批评的第一个方面并不是无法回答的。例如,我们可以认为,虽然某些公民因为缺乏足够的能力而不能有效地参与生产公共的物质利益,但他们能够用其他方式对维护物质生产的背景制度做出贡献。即使他们完全残疾,与他们具有亲密关系的人们也可以是社会合作的正常成员,因此,出于社会团结方面的考虑,他们应当以某种方式得到照顾。实际上,我们无须在一种狭窄的意义上来理解"互惠性"这个概念,例如认为

---

① Sangiovanni (2006), pp. 21-22.

② Sangiovanni (2006), p. 21.

③ 参见 Armstrong (2009), pp. 304-312。

它只是涉及人们在经济利益方面的关系。退一步说，即使我们对生活在同一个社会中的残疾者所负有的责任不是严格意义上的分配正义的义务，我们也可以在一种广泛的互惠关系的意义上将他们看作道德关怀的对象：一方面，我们有理由关怀他们，恰好是因为他们与我们生活在同一个制度框架下，因此就与我们形成了我们并不与其他国家的人们所分享的特殊关系。[①]另一方面，如果生活在一个国家中的外来者确实参与了该国的经济建设并遵守有关规则，那么他们就有资格获得他们在经济合作中应得的东西。但是，他们实际上并不具有完整的公民身份，例如因为他们并不完全认同该国的政治制度和公共文化。既然他们不能或不愿意完整地分享或认同该国的制度框架，他们作为参与者的身份就只能被看作是临时的。在这里我们只需记住，平等主义分配正义并不只是关系到经济利益的分配，也包括对政治权利和义务的分配。

第二个批评乃是针对集体善。正如我已经指出的，一个国家把什么算作要被生产和促进的集体善，很大程度上取决于它对一种好生活的设想以及它为自己规定的发展目标，而这些东西都与其政治文化和政治环境具有重要联系。换句话说，一个国家所能提供的集体善的清单无须是固定不变的。例如，在满足每个公民的基本需求后，一个国家可以将绿色发展列入集体善的范畴。因此，我们确实不能认为，只有人身安全和个人财产方面的基本权利才是国内分配正义所要考虑的。现在，批评者声称，如果我们超越了对集体善的这种简单规定，那么，在全球层面上，各国在经济和环境方面的相互依赖也可以被看作一种交互关系，因此就可以触发分配正义的义务。无须否认，在这些方面的相互依赖确实产生了某些需要共同处理的问题，例如全球的政治-经济秩序是否公正或者某些国家的二氧化碳排放是否对其他国家造成了伤害的问题。不过，如前所述，这些问题是否是严格意义上的分配正义问题仍然是有争议的。如果批评者认为与这些方面相联系的交互关系触发了分配正义，那么他就是在用需要论证的结论作为论证前提。实际上，正如马赛厄斯·里斯指出的，在一个国家中，公民之所以彼此负有特殊的责任和义务，是因为他们与国家的关系在两个重要的方面是**直接的**：第一，国家的法律实施对他们产生直接而普遍的影响；第二，他们的基本权利

① 在下一部分我将表明，这种特殊关系可以被认为具有内在的伦理价值。

是直接通过国家所提供的环境来实现的。[①] 当今的全球秩序对个人生活的影响仍然是以国家为中介来产生的，但是，在国家和公民之间并不存在任何其他根本上具有法律权威的组织。如果里斯的观点是正确的，那就表明，我们实际上不可能脱离一种共同制定和承受的制度框架来设想那种能够触发分配正义要求的交互关系。

由此我们不难回答第三个批评。回想一下，这个批评旨在表明从国内到全球层面的平等主义分配正义是连续的，因为二者在制度上具有某些类似的、即便不是严格等同的特征。但是，如果我们迄今提出的论证是可靠的，那么就有理由认为国家秩序在某些重要的方面本质上不同于全球秩序。当然，批评者会说，各国之间不仅已经在经济上相互依赖，而且国家内部稳定的市场体制也取决于一些国际共识，例如，国内财产权取决于稳定的领土边界，后者又取决于各国对领土边界的彼此承认——若没有这种承认，个别国家的财产制度就会受到严重威胁。但是，这些说法至多只是表明，我们确实需要一种相对公正的国际秩序，以便各个国家不仅能够在适当条件下得到尊重，各国之间的经济往来也可以在某种意义上是公平的。但是，它们并没有表明全球层面上已经出现(或者甚至应当存在)一种与国内平等主义分配正义相当的分配正义。

内格尔声称："每一个人都有权生活在一个公正的社会中，但是，我们没有义务与每一个人生活在一个公正的社会中。"[②]按照以上论述，这个主张并不意味着内格尔会否认前面所说的"温和的世界主义"立场。事实上，他并不否认我们有人道主义义务援助绝对贫困的人们，他大概也不会否认全球制度背景应该在某种意义上是正义的。然而，当我们在谈论"全球正义"的时候，我们所生活的世界已经是一个由各个主权国家构成的世界。每一个人都出生在某个特定国家，背负着特定的文化价值和情感承诺，与同胞具有某些不能与其他人分享的特殊关系。当内格尔提到"我们"时，这个"我们"已经是具有这些特征的"我们"，这个"我们"有义务与自己的同胞建立一个正义的社会。但是，鉴于文化价值的多样性，鉴于每一个"我们"都已经生

---

① Mathias Risse (2006), "What to Say about the State", *Social Theory and Policy* 4: 671-698.

② Nagel (2005), p. 132.

活在特定的制度框架下并具有自己特有的历史条件，这个"我们"确实没有义务与每一个人生活在一个**要求平等主义分配正义**的社会中。他们所负有的义务首先是与自己同胞创建一个正义的社会秩序的义务，通过自己的国家来参与实现一个更加公平的全球秩序的义务，以及尽自己所能实施人道主义援助的义务。他们所负有的更加严格和更为丰富的平等主义分配正义的义务是在国内制度框架下来实现的。这种义务能够与他们负有的其他两种义务产生张力或发生冲突。因此他们就面临如何缓解张力或消除冲突的问题。不过，在探究这个问题之前，我们还需要看看特殊关系所产生的义务究竟在什么意义上是特殊的。

三、特殊关系与特殊义务

正义可以被理解为旨在从一种不偏不倚的立场、为每一个人提供追求自己理想地认同的好生活的基本条件。因此，不管我们如何具体地设想正义，我们都可以认为正义与不偏不倚的观点具有某种重要联系。[①] 罗尔斯所倡导的公平正义观其实也是按照"公平"来理解"不偏不倚"。[②] 但是，如果我们可以这样来理解正义的目的，那么一个合理的正义理论就不应当是自我挫败的，也就是说，它提出的正义原则反而以某种方式妨碍或破坏了人们在平等尊重的基础上对自己理性地设想的好生活的追求。[③] 如何理解"好生活"或者"人类的好生活"是一个极为复杂的问题。但是，只要一个哲

---

① 例如，布莱恩・巴里直接将正义与不偏不倚联系起来。参见 Brian Barry, *Justice as Impartiality* (Oxford: Oxford University Press, 1995)。

② Rawls, *A Theory of Justice*, § 30.

③ 规范伦理学中有一个类似的问题，即如何理解道德与好生活的关系，特别是，如何理解道德自身所采纳的观点以及道德要求的本质。如果道德被认为采纳了一个严格不偏不倚的观点，那么有一个问题就会自然而然地出现，即道德如何容纳某些显然具有偏倚性的个人关系，而这种关系被认为是好生活的一个构成要素。在这里以及在下一部分，我的目的不是处理道德与好生活的一般关系，因此，我将不讨论这个实际上密切相关的问题。对这个问题感兴趣的读者可以参见如下重要文集：Brian Feltham and John Cottingham (eds.), *Partiality and Impartiality: Morality, Special Relationships, and Wider World* (Oxford: Oxford University Press, 2010)。

学家愿意像亚里士多德那样将人理解为"有理性的社会动物",他就不应当否认某些特殊的个人关系或社会关系是好生活的一个构成要素。人们可以因为彼此产生了特殊的联系而负有某些责任或义务,这几乎是一个道德上无可争议的事实。[①] 例如,血缘、婚姻和友爱都可以产生不具有这些关系的人所不具有的义务。而且,即使这些关系在来源上可能是偶然的(例如在如下意义上:它们并不是一个人自愿选择的结果),其偶然性也并不意味着它们本身没有内在价值。这些关系不仅能够向我们提供了行动者相对的(agent-relative)的理由[②],而且,在我们对自我的设想以及我们对生活的价值和意义的理解中,它们也能占据一个重要地位——它们所产生的特殊义务在个人生活中具有相当大的分量。[③] 在论及美德与我们作为有依赖性的理性动物的关系时,阿拉斯戴尔·麦金泰尔论证说,与我们具有特殊关系的人们对于我们塑造自己独立的实践推理能力做出了必不可少的贡献。[④] 按照这种理解,甚至自主的能动性在某个阶段也是由我们与某些人的特殊关系来塑造的。因此,在实践慎思中,我们有理由给予特殊关系以某种独特的重要性。

然而,有人可能会反驳说,虽然特殊的个人关系在我们的生活中确实具有某种重要性,但是,我们由于共同的公民身份而与其他公民的关系,仍然不同于我们在个人生活中与某些人的特殊关系,而且,这两种关系实际上也可以发生冲突,正如民族主义立场可以与世界主义立场发生冲突,比如说,

---

① 这些义务往往被统称为"关联义务"(associative duty),它们大体上可以被分为三类:由人们之间的某种自然关系(例如亲缘关系)产生的义务(自然义务);通过许诺、契约或协议产生的义务(契约义务);因为伤害或不公正地对待其他人而招致的义务(修复义务),以及因为从其他人那里得到了特别的好处而负有的义务(感激的义务)。最后这两种义务可以被归为一类,因为它们都涉及特定个体之间的伤害或受惠关系。参见 Samuel Scheffler, *Boundaries and Allegiances* (Oxford: Oxford University Press, 2001), pp. 49-50。

② 参见下一部分的论述,亦可参见 Diane Jeske, *Rationality and Moral Theory: How Intimacy Generates Reasons* (London: Routledge, 2008)。

③ 例如,参见 Bennett W. Helm, *Love, Friendship and the Self: Intimacy, Identification, and the Social Nature of Persons* (Oxford: Oxford University Press, 2009)。

④ Alasdair MacIntyre, *Dependent Rational Animals: Why Human Beings Need the Virtues* (Chicago: Open Court, 1999), p. 82.

我们对亲朋好友的偏爱可能会违背正义的要求。因此，如果共同的公民身份确实产生了特殊义务，那么，为了恰当地处理这种义务与我们对其他人的一般义务的关系，我们就需要首先解决一个问题：究竟是什么东西使得我们与自己同胞的关系变得特殊？

为了便于论证，我将首先考察罗伯特·古丁对这个问题的分析。[①] 从上一部分的讨论中不难看出，如果人们共同参与制定某个制度框架并受制于它，那么他们之间就有了他们并不与其他人分享的责任和义务。换句话说，人们所进入的特殊关系允许或者甚至要求他们用与对待其他人不同的方式来对待彼此。这个要求可以被恰当地理解为伦理要求。古丁指出，国际法文本普遍地确认这一点。[②] 例如，按照某些国际法条款，我们（同一个国家的公民）可以出于公共目的征用同胞公民的财产，只要我们事后给予他们适当补偿，但是，我们不可以对外国人做这种事情；又如，我们可以允许厂矿排放将对本国公民造成伤害的有害气体，但不可以跨界将有害气体排放到其他国家。这些例子表明，有时候我们对待同胞的方式比对待外国人的方式更严厉。当然，在某些情形中，我们也有义务更好地对待同胞而不是外国人，例如，我们有义务保护同胞的财产免受攻击，即便他们长期生活在国外，但是，一般来说，我们对外国人并不具有这种义务。古丁认为，这种现象可以用一种方式来解释：特殊关系"放大"和"增加"了预先存在的道德义务——特殊关系不仅将人们在一种弱的意义上彼此负有的不完全义务转化为"完全义务"，让它们变得更为严厉，而且也在我们日常对世界上任何人所具有的一般义务的基础上创造出新的义务。例如，就前一个方面而论，如果让任何人挨饿是道德上错的，那么让同胞挨饿更是错上加错；就后一个方面而论，假如两个人出于某个目的签订了一份契约，他们之间就产生了一种新的义务。只要我们与某些人具有了特殊关系，这种关系或是会强化我们对世界上任何人所负有的积极义务，或是会产生我们只是对这些人负有的新的积极义务。

不管特殊关系是"放大"还是"增加"了义务，这种关系似乎是一种**双向**

① Robert E. Goodin (1988), "What Is So Special about Our Fellow Countrymen?", *Ethics* 98: 663-686.

② 参见 Goodin (1988), pp. 667-671。

的事情,不仅对双方都产生了约束,而且,当一方从对方以某种方式受到约束这一事实中得到某种好处时,另一方在类似的意义上也是如此。例如,在朋友关系中,双方都会认为自己在对方有困难的时候应当施以援手;在一个国家,公民们也可以尽力缓解其他公民所遭受的苦难,例如自然灾害所导致的苦难。之所以如此,是因为权利和义务在特殊关系中往往是相伴而生、不可分离的。人们在特殊关系中所招致的义务会以某种互惠互利的方式得到“补偿”。这种理解特殊关系及其所产生的义务的方式就是所谓的“互利模型”(mutual-benefit model),其核心观念是,只要某个正面利益可以从对某些人施加的不利条件中产生出来,只要承受不利条件的那些人原则上同意按照社会条款来生活并可以得到相当的补偿,对他们施加不利条件就是可允许的。[①] 当然,利益和负担的分配原则上应当得到所有当事人的理性同意,或者是各方都不能合情合理地拒斥的。[②] 古丁指出,如果我们认为国界限定了这种互利社会,那么我们在某些国际法条款中发现的那种指向同胞和外国人的广泛的义务模式就变得完全可理解:“在与一般而论的其他人往来时,基本指令是‘避免伤害’:我们不应当让我们的互利社会外面的那些人承受我们的任何负担;但是,对于我们通过自我牺牲为自己生产出来的任何利益,他们也没有任何主张。”[③]换句话说,强的分配正义要求是在国家内部来实现的。然而,古丁认为这个模型也会面临一个主要问题,即“决定谁在社团内、谁不在社团内”。在上一部分,我们实际上已经触及这个问题。一方面,有一些居住在本国的外国人对社会做出积极贡献,却没有平等地获得完整的利益,例如不具有政治参与的权利;另一方面,有一些本国出生的公民由于某些原因(例如严重残疾)而继续消耗资源,在没有对社会生产做出积极贡献的同时仍然保留了公民资格。因此,如果对国家的道德辩护必须

---

① Goodin (1988), p. 675. 为了便于论证,我已经修改了古丁原来的表述。

② 正如罗尔斯对“合情合理”(reasonable)这一概念的使用所表明的,这个概念甚至不能完全按照“理性的自我利益”的概念来把握。例如,社会成员之所以彼此是合情合理的,或许不只是因为他们已经具有某些道德承诺或具有正义感,可能也是因为他们由于生活在同一个共同体中、分享了共同的历史而彼此形成了特殊的情感联系,因此在某些情况下愿意为了其他同胞而做出某种牺牲。关于罗尔斯对这个概念的说明,参见 Rawls, *Political Liberalism* (New York: Columbia University Press, 1993), pp. 48-53。

③ Goodin (1988), p. 676.

按照互利逻辑来设想，那么看来正是前者应该被给予公民身份，后者应该被否决公民资格。这个结论显然不太符合我们对公民身份的一般理解。例如，即使某些社会成员缺乏契约论框架所设想的社会合作的充分能力，我们仍然有理由承认其公民身份。① 古丁正确地指出，社会并不是按照互利逻辑来运作的。

古丁论证说，解释特殊责任的这三种方式（放大、增加以及互利）都将它们处理为好像具有一种独立的存在或者一种独立的道德力量，而这不可能是正确的。他试图表明，一切特殊义务，就其存在和道德力量而论，都是从一般义务派生出来的，实际上都只是为了更有效地实现一般义务而采纳的工具或措施，其本身并不具有内在价值。这就是古丁自己所采纳的所谓"分派责任模型"（assigned responsibility model）。他对这个模型的根据提出了如下说明：我们每个人之所以具有某些特殊义务，是因为其他人依赖于我们，很容易受到我们的行动和选择的影响，因此，只要我们的行动和选择对其他人产生了负面影响，我们就对他们的处境负有特殊责任。当然，古丁并不否认特殊义务也可以通过自愿承诺而产生，但他强调说："这些义务仍然是因为自愿承诺所产生的脆弱性而具有道德约束力；这些脆弱性只是我们在道德上应当回应的诸多脆弱性的一种形式。"②在这里，我将不争辩他对义务的分析是否充分合理，也就是说，是否一切义务都可以按照脆弱性概念来分析。③ 他假设我们所有人彼此都具有某些一般义务（包括积极义务和消极义务），并进一步论证说："通过将特殊责任（responsibility）指派给某些特殊的行动者，我们对人们所具有的一般义务有时候就会更有效地得到落实。"④例如，每个人都有义务救助海边游泳的溺水者，但是，既然并非每个人都有良好的游泳技能，或者所有人都参加救助行动反而不利于有效的救助，因此我们就可以设置专业救助人员，后者就有了从一般义务中派生出来

---

① 在以上论述中我已经指出了一些理由，另一些理由将在下面加以阐述。

② Robert E. Goodin, *Protecting the Vulnerable*: *A Reanalysis of Our Social Responsibilities* (Chicago: University of Chicago Press, 1985), pp. 35-36.

③ 正如我在本书第四章中已经指出的，我们不可能只是将人类行动者理解为只是消极地接受影响的存在者。特别是，在正义问题上，我们也必须重视如下事实：人在适当条件是能够其对行动和选择及其所导致的后果负责的。

④ Goodin (1988), p. 681.

的特殊责任。对古丁来说，国界履行的是差不多同样的职能："国家对其公民负有的义务并非在任何深层的意义上都是特殊的。它们归根到底只是每个人对世界上任何其他人所具有的一般义务。"[①]换句话说，国家之所以得以确立并具有正当性，只是因为国家是一种可以更有效地保护和促进某些人（即所谓"国民"）的利益的行政设施。因此，国家的特殊义务只是来自人人彼此负有的一般义务。

不难看出，古丁对"特殊义务"的理解完全来自亨利·西季威克等古典功利主义思想家为了缓解对功利主义的一个重要批评而提出的建议，即所谓"间接后果主义策略"：与每个人都从严格不偏不倚的观点来关心他人福祉相比，假若每个人都只是关心周围与自己具有特殊关系或比较了解的人，甚至给予他们的福祉以某种特殊考虑，那么总体效用反而能够有效地得到促进。[②] 功利主义者将行动者设想为客观价值的载体，认为道德上正确的行动就在于用各种可能的方式来促进效用的最大化，其中就包括在实践慎思中给予特殊关系以某种特殊考虑。因此，对功利主义者来说，并不存在严格意义上的行动者相对的价值，特别是，特殊关系似乎并没有内在价值——人们之所以履行特殊关系所产生的义务，只是因为这样做是实现某些一般价值的一种有效方式。

这种说明或辩护特殊义务的策略显然不能令人满意，在这里我只指出三个主要缺陷。第一，它不符合我们对特殊关系的直观认识，即特殊关系是有内在价值的，尽管其实现仍然需要满足某些一般的道德约束，例如，我们对亲情或友情的特殊考虑不应当损害其他人的正当权益，特别是不受伤害的权利。第二，它对"民族国家"所采取的理解不符合我们同样具有的一个直观认识，即民族国家**能够**是一种具有伦理含义的东西。国家不仅能够在某种意义上赢得公民的情感认同，而且，当一个公民被指派了某种责任并因此而承受一定负担时，他完全可以正当地问道"我为什么要承受这样的负担?"如果特殊义务只是来自每个人对任何其他人所负有的一般义务，那么

---

① Goodin (1988), p. 681.

② 参见 Henry Sidgwick, *Methods of Ethics* (Indianapolis: Hackett Publishing Company, seventh edition, 1981)。也见古丁在 Goodin (1985)第三章中对西季威克的观点的讨论。

他就不能有意义地问这个问题,因为在提出这个问题时,他是在要求自己所属的国家对分派给他的责任以及所要承受的负担提出一个说明或辩护,而这个要求是他不能对其他国家或其他人提出的。事实上,如果国家就像古丁所设想的那样,只是一种有效地分派责任的行政设施,那么如下问题就变得毫无意义:为什么一个国家的人民正是用这种方式而不是那种方式彼此指派责任?不同国家为什么可以赋予公民不同的责任?最终,古丁的模型也不能回答如下问题:当一个国家的人民只是比全球绝对贫困者具有略好一点的平均生活水平时,它为什么有理由优先考虑国内的相对剥夺,从而以这种方式对履行全球正义的义务(假如确实有这样一个义务的话)施加限制?如果我们可以把这个考虑称为"爱国主义情感",那么我们就必须说明这种情感究竟是如何产生的。古丁的模型显然无法解决这个问题。实际上,这个模型或是要求我们将自己设想为一种抽象意义上的"人",不具任何特殊关系和特殊承诺,或是要求我们将自己看作能够拥有一切公民身份所包含的内容。这两种设想显然都是不合理的,因为它们不仅简单化了我们对"人性"的理解,也未能充分考虑个人究竟是如何构成的。

因此,我们必须换个角度来思考特殊关系(在目前的语境中,由于共同的公民身份而具有的关系)为什么能够产生一些与一般义务不同的责任和义务。限于篇幅,在这里我将主要通过戴维·米勒对民族身份的论述来阐明这个重要问题。① 对米勒来说,为了表明共同的民族身份能够产生具有**内在价值**的特殊关系,因此可以产生属于同一个民族国家的公民对其他人并不负有的特殊义务,我们就必须表明两件事情。第一,民族是一种能够具

① 此外,我将不考虑一些与我的核心论点没有直接关系的问题,例如政治义务的根据、国家主权的本质以及民族自决权的限度等。对这些问题的一些特别相关的讨论,除了上面提到的米勒的著作外,参见:Allen Buchanan, *Justice, Legitimacy, and Self-Determination: Moral Foundations of International Laws* (Oxford: Oxford University Press, 2007); Margaret Gilbert, *A Theory of Political Obligation: Membership, Community, and the Bonds of Society* (Oxford: Clarendon, 2006); Robert McKim and Jeff McMahan (eds.), *The Morality of Nationalism* (Oxford: Oxford University Press, 1997); Bernard Yack, *Nationalism and the Moral Psychology of Community* (Chicago: University of Chicago Press, 2012)。

有伦理含义的共同体,尽管在某种意义上可能是一种"被想象的共同体"。[①] 说一个民族可能是一个"被想象的共同体"并不是说它完全是一种虚构,而是说其存在取决于一种集体想象活动,这些活动通过各种形式的媒体而得到表达。对于并不具有(或尚不具有)领土主权的民族(例如后来在以色列土地上复国的犹太民族)来说,显然就是这样。第二,只有从一种特殊主义(particularism)的伦理观点出发,我们才能恰当地说明同胞彼此负有的特殊义务。米勒主要是出于两个考虑而选择使用"民族身份"而不是"民族主义"(nationalism)这个说法。"民族主义"这个概念并不具有确定的内涵,在与政治实践相联系时会产生一些不受欢迎的含义,而通过使用"爱国主义"或"民族意识"之类的其他术语,我们就可以避免这些含义。[②] 例如,对于约翰·戈特弗雷德·赫尔德之类的德国浪漫派思想家来说,"民族主义"这一概念旨在传递如下主张:民族是一种具有自身的内在目的和精神气质的有机整体,具有一种基于历史、语言、文学、宗教、艺术以及科学的文化统一性,这种统一性构成了作为一个个体的人民,后者就像是一个具有自身的灵魂、官能和力量的单一身体,而且,一个民族可以正当地使用武力来促进其民族利益。[③] 在这种解释下,"民族主义"这个概念就可以在文化上与相对主义相联系,在政治上与极权主义或专制主义相联系。米勒自己对"民族"的理解更接近约翰·斯图尔特·密尔的观点。按照密尔的说法,在谈到"民族身份的原则"时,"我们指的是一种同情而不是敌意的原则;一种联合而不是分裂的原则。我们指的是生活在同一个政府下、被包含在同一个自然边界或历

---

① "被想象的共同体"这个说法来自本尼迪克特·安德森,参见 Benedict Anderson, *Imagined Communities* (London: Verso, 1991)。

② 维罗里从思想史的角度对于"爱国主义"这个概念及其与民族主义的区别做出了一个有益的澄清: Maurizio Viroli, *For Love of Country: An Essay on Patriotism and Nationalism* (Oxford: Clarendon, 1995)。对于爱国主义及其与世界主义的关系的一个当代讨论,参见 Joshua Cohen (2002)。

③ 关于赫尔德的民族主义观点,参见: F. M. Barnard, *Herder on Nationality, Humanity, and History* (Montreal: McGill-Queen's University Press, 2003); Sonia Sikka, *Herder on Humanity and Cultural Difference: Enlightened Relativism* (Cambridge: Cambridge University Press, 2011)。

史边界内的人们所具有的一种共同利益感”。[1] 米勒认为，“民族主义”这个概念掩盖了我们为了恰当地理解“民族身份”而应当做出的一些重要区分。[2] 例如，尽管民族身份是个人身份的一个本质要素，但具有民族身份并不意味着一个人就不可能具有其他类型的集体身份。此外，只有在特定领土上形成了一个民族共同体的人们才能合理地声称政治上的自我决定。这些关于民族身份的主张可以具有内在联系，但是，在思考共同的民族身份所产生的特殊义务的本质及其与一般义务的关系时，将它们区分开来具有至关重要的意义。

特别值得关注的问题是，民族究竟在什么意义是一种**伦理**共同体？回答这个问题的关键在于鉴定民族身份所具有的本质特点。按照米勒的说法，民族身份具有五个重要特征。[3] 第一，一个民族的存在取决于其成员的共同归宿感和继续共同生活的愿望，因此取决于其相互承认。就此而论，民族并不是由体质特征区别开来的聚集体，甚至也不只是由文化特征区别开来的聚集体，而是一个民族在某种意义上具有将其成员紧密联系起来的情感和承诺。第二，民族身份是一种能够将某种历史连续性体现出来的东西。我们称为“一个民族”的那种东西不仅具有共同的历史记忆，其历史经验和历史记忆对于塑造民族意识来说也具有特殊的重要性。一个民族的成员可以因为其共同分享的历史而具有一种他们并不与其他人分享的民族忠诚，并由此而彼此负有某些特殊义务。这种义务感可以驱使一个民族的成员用一种与众不同的方式来继续自己的历史，也使得一个民族共同体本质上不同于人们可能形成的其他群体或联合体。第三，不同于人们可能具有的其他身份，甚至也不同于人们实际上具有的民族身份，民族身份在如下意义上是一种积极身份：民族是通过某种共同的承诺和情感联系而共同行事、共同采取决定、共同取得结果并能够宣称对其所作所为负责任的共同体。第四，民族身份往往与特定的地理区域相联系——一个民族在有利条件下可以形

① John Stuart Mill, *A System of Logic* (*Collected Works of John Stuart Mill*, Vol. Ⅷ) (Toronto: University of Toronto Pres, 1981), p. 923. 对于密尔的民族身份观点的论述，参见 Georgios Varouxakis, *Mill on Nationality* (London: Routledge, 2002)。

② Miller (1995), pp. 10-16.

③ 参见：Miller (1995), pp. 23-27；Miller (2000), pp. 27-31。

成一个政治共同体并可以声称对那个区域具有合法权威。因此，当民族身份通过一个民族的成员实际上生活的地域与国家身份相联系时，它也不同于一个人可能具有的其他身份，例如种族身份或宗教身份。最后，既然民族是一种具有特定的历史和文化的共同体，一个民族就具有一种与众不同的公共文化，即德国浪漫派思想家有时称为“民族性”或“国民性”的那种东西。

一个民族的成员之所以具有一种归属感和继续共同生活的愿望，是由于他们享有某些共同特征。正是通过这种以共同的语言、文化和历史为基础的纽带，通过共同生活和共同承担命运的愿望，一个民族的成员彼此形成了其自身特有的团结和友爱。从民族具有的这些本质特征中，我们不难理解一个民族为什么能够成为一种具有丰富含义的伦理共同体，民族国家何以不同于纯粹为了互利而结成的联合体。换句话说，正是一个共同的公共文化首先使得一群人成为一个民族，并由此而具有一种与众不同的生活方式。因此，当一个民族用道德上可接受的方式形成一个政治共同体并建立了一个民族国家时，其正当权益就应当得到尊重，一个民族国家也有权以人民的名义决定其社会政策和发展目标。

如果米勒的论述是可靠的，那么对民族身份的承诺未必与自由主义的基本精神相对立。正如一些作者已经表明的，正是在民族文化的场域中，个人自主、社会正义以及民主之类的自由主义核心价值得到了最好的实现①，共同的民族身份所提供的“责任共同体”也为实现公民之间对社会正义的承诺提供了坚实的基础和保障。② 如果民族身份只是个人身份的一个核心要素，那么对前者的承诺未必会导致排他性结果。民族身份的想象性方面也允许具有不同政治倾向的人们在经过理性考虑后决定分享将他们结为一体的政治忠诚，并在适当条件下对持有不同价值观或宗教信仰的群体采取宽容态度。更为重要的是，一旦一种广泛而深入的团结和友爱精神已经在同胞当中形成，他们“就会觉得自己是一个首要的共同体的成员，就会具有一

① 例如，参见：Will Kymlicka, *Politics in the Vernacular* (Oxford: Oxford University Press, 2001), pp. 224-229; Yael Tamir, *Liberal Nationalism* (Princeton: Princeton University Press, 1992)。

② Miller (1995), pp. 83-84.

种为了共同体的共同善而行动的社会责任,并在其他成员有需要时给予援助”。[①] 他们更有可能超越那种只是着眼于经济利益的互利模型。只要我们把这一点与前一部分中的论述结合起来,我们就可以进一步明白,为什么国内分配正义仍然不同于全球正义,不管全球背景制度是不是强制性的。

不过,为了恰当地理解或阐明人们由于共同的公民身份而彼此负有的特殊义务与他们可能具有的一般义务(对待国界外其他人的义务)的关系,我们需要表明特殊义务在什么意义上可以得到道德辩护。道德义务可以从两种立场得到说明或辩护:普遍主义立场和特殊主义立场。普遍主义者认为,我们只能从关于人类个体的一般事实中来寻求义务的根据,而且,在考虑相关事实时,必须将个人从他们所具有的深厚身份和特定处境中抽象出来。例如,人类个体在很多方面的脆弱性产生了互助的义务,或者一个人正在经受痛苦这个事实本身就向我们提供了帮助他的一个理由。[②] 按照这种理解,在说明和指定义务时,我们与某些人所处的特殊关系是道德上无关的——我们至多只是用一种具体的方式体现或例示了某些具有一般价值的关系,正如古丁在其“分派责任模型”中所说的那样。我们碰巧与某些人进入了某些类型的关系,而只要这些关系具有一般的价值,我们就有理由维护和促进它们——与我们具有特殊关系的那人究竟是谁,这个问题是道德上无关的。因此,普遍主义立场倾向于将一切价值都设想为行动者中立的。假若我们接受了普遍主义立场,我们似乎就无望说明或辩护特殊关系的特殊价值及其所产生的特殊义务的特殊地位。相比较而论,特殊主义立场则从对立的方向来设想人们能够彼此负有的义务。用米勒自己的话说,特殊主义立场“所援引的是一种不同的伦理宇宙图景,在这个图景中,行动者已经背负着一系列与某些特定的行动者或者某些特定的群体或集体的联系以及对后者的承诺,而且是从这些承诺出发而开始进行伦理推理”。[③] 对特殊主义者来说,“他是我兄弟”之类的事实本身就向我提供了一个基本的行动

① Miller (2000), p. 32.

② 这是内格尔的经典案例,内格尔试图以此来说明行动者中立的理由的可能性。参见 Thomas Nagel, *The Possibility of Altruism* (Princeton: Princeton University Press, 1979), chapter 9。

③ Miller (1995), p. 50.

理由，而对普遍主义者来说，我之所以具有以某种方式对待兄弟的理由，至多只是因为我认识到兄弟关系具有一般价值。在普遍主义框架下，"你""我""他/她"之类的所有指称都会失去其应有的特质，变成了一般的价值关系中单纯的角色占据者。我们之所以具有某个义务，或是因为我们碰巧能够有效地履行这个义务，就像古丁所设想的那样，或是因为我们自愿对某人做出了许诺或与某人签订了契约，就像阿兰·格维茨所认为的那样。[①] 总而言之，按照普遍主义立场，"人们之所以有道德力量将自己约束到某些有伦理内容的特殊关系中"，本质上是因为"这样做从一个普遍的观点来看是有价值的"。[②]

为了能够从特殊主义立场来说明和辩护特殊义务，我们必须澄清对伦理特殊主义的两个误解：第一，伦理特殊主义不可能产生普遍义务；第二，伦理特殊主义者相信偏倚(partiality)。伦理普遍主义和伦理特殊主义的区分是在伦理理论的结构上做出的区分，也就是说，二者的差别在于它们说明和辩护义务和权利的方式，而不是体现在实质性的伦理内容上。我们确实可以从某些关于人类和人类条件的**关系性**事实出发，得出某些具有普遍含义的伦理结论。例如，假若我认识到，由于共同的人性，由于共同分享一个单一的世界，我与所有其他人都具有某种关系，那么我就可以承认我对所有人都具有某种义务。此外，认为这两种伦理立场的区分对应于在不偏不倚和偏倚之间的区分也是错误的。正如米勒所指出的，"'不偏不倚'这一概念总是从特定语境中获得其意义，大概指的是'用一种一致的方式来应用与特定语境相适应的规则和标准，尤其是不允许个人偏见或利益的干扰'"。[③] 例如，父母应当不偏不倚地对待自己孩子，但这并不要求他们也要**同等地**对待别人家的孩子。伦理特殊主义者可以承认，伦理行为在这个意义上应当是不偏不倚的；但是，他们否认不偏不倚就在于采取一种普遍主义视角，即通过消除一切特殊关系来无差别地对待每一个人。如果特殊关系本身就是有

---

① Alan Gewirth (1988), "Ethical Universalism and Particularism", *Journal of Philosophy* 85: 283-302. 值得指出的是，格维茨大体上也是按照类似的思路来发展他自己对权利的系统论述，见 Alan Gewirth, *The Community of Rights* (Chicago: University of Chicago Press, 1994)。

② Miller (1995), p. 53.

③ Miller (1995), p. 54.

价值的，那么人们完全有正当的理由履行特殊关系所产生的义务，而且，在义务发生冲突的情况下，也可以适当地优先考虑特殊义务。如果我们确认特殊关系能够具有一般价值，那么，当人们履行特殊义务时，他们不是在做日常所说的“偏袒”之事，因为日常意义上的“偏袒”指的是**违背道德要求**来做对自己(或者与自己具有特殊关系的人)有利的事情，不管与这些要求相对应的价值是行动者中立的还是行动者相对的。

米勒承认伦理普遍主义和伦理特殊主义各自都有吸引力：一方面，我们觉得我们对所有其他人都负有某种责任，特别是不要伤害他人；另一方面，在日常生活中，在决定如何行动和选择时，我们主要是考虑我们与其他人的关系以及我们在某些群体中的成员身份对我们提出的要求。无须否认，随着各国人民之间的紧密往来和相互了解的加深，随着我们对人类共同面临的问题的深入认识，我们所要承担的义务的范围可以得到进一步扩展，正如休谟早就指出的。但是，秉承休谟的精神，我们也可以强调说，一切道德义务都必须有某些自然情感作为基础，否则它们就不可能对我们产生动机影响①，正如米勒所说，“对大多数人来说，伦理生活必定是一种社会制度，其原则必须容纳指向亲戚、同事等具有特殊关系的人们的自然情感，这样一种制度必须依靠一系列复杂动机——爱、自豪、羞耻以及纯粹的理性信念之类的动机——来让人们服从其要求”②。如果道德哲学和政治哲学必须设法容纳我们所具有的自然情感，那么普遍主义模型就有一个严重缺陷：通过对我们的道德能动性和个人同一性进行抽象，它是在用一种错误的乃至歪曲的方式来描绘人类的道德能动性，而且，通过将道德义务的根据完全置于所谓“纯粹理性考虑”中，它也将道德义务与广泛意义上的伦理义务以及其他人类价值截然分离开来。③ 由于这种抽象，从普遍主义立场提出的道德要求就在动机上超出了普通人的能力，要求一个人“不是作为父母、农夫、橄榄球队中的四分位来回应道德要求，而是作为将自己从一切社会特质中抽象

① 参见 David Hume, *A Treatise of Human Nature* (edited by David Fate Norton and Mary J. Norton, Oxford: Clarendon Press, 2007), 3.2.2。

② Miller (1995), p. 58.

③ 这当然就是伯纳德·威廉斯对康德伦理学和功利主义的经典批评，见 Bernard Williams, *Moral Luck* (Cambridge: Cambridge University Press, 1981), especially chapters 1-3。

出来的理性行动者来回应道德要求”[①]，因此就要求人们抛弃特殊关系和特殊承诺，将自己转变为世界公民。然而，问题恰好在于，从人类生活的基本条件以及实际的人类历史来看，我们并非天生就是世界公民。我们至少一开始是在某些特殊关系中发现价值，对某些特定个体做出承诺。特殊关系和特殊承诺在真正的意义上成为我们在适当条件下学会关心他人的基本出发点，正如玛莎·努斯鲍姆在反思爱国主义与世界主义的关系时所说：

> 同情是从当地开始的。但是，如果我们的道德本性和情感本性就是要生活在任何类型的和谐中，那么我们就必须发现一种设施，用它来将我们的强烈情感、我们想象他人处境的能力扩展到整个人类生活世界。既然同情含有思想，它就可以通过教育来培养。……我们可以将[9·11事件]作为扩展我们的伦理视域的契机。既然我们已经看到我们伟大的祖国是多么脆弱，就这种脆弱性而论，我们就能学会一些所有人都能分享的东西。[②]

这段话的要点是，通过教育，人们就可以扩展休谟所说的那种自然的情感联系并由此扩展伦理关怀的范围。但是，这种扩展之所以可能，不仅是因为人们在适当条件下能够认识到进行这种扩展的必要性，也是因为人们已经在他们所生活的共同体中具有了相应的伦理关怀及其情感基础。因此，从道德价值和道德义务的发生或来源来看，更恰当的说法是，普遍价值是人们在学会从一种普遍主义立场来看待问题时所能分享的价值，它们来自人

---

① A. MacIntyre (1984), “Is Patriotism a Virtue?”, Lindley Lecture, University of Kansas, 1984. 转引自 Miller (1995), p. 57。

② Martha Nussbaum, “Introduction”, in Cohen (2002), pp. xiii-xiv. 在后来出版的一部著作中，努斯鲍姆论证说，为了成就和维护一个“得体的”自由社会，即一个渴望为所有公民谋求正义、保证机会平等，并在某些特殊情况下鼓励他们为了共同善而牺牲自己某些利益的社会，就需要在公民当中发展以爱为根基的公共情感。不难看出，努斯鲍姆在这里所要倡导的是一种公民共和主义或者维罗里所说的“共和主义的爱国主义”的政治理念[参见 Viroli (1995)]。见 Martha Nussbaum, *Political Emotions: Why Love Matters for Justice* (Cambridge: Harvard University Pres, 2013)。

们在适当条件下可以分享的理由。①

在以上论述的基础上，我们可以更好地理解民族身份的伦理含义以及从共同的民族身份中产生出来的特殊义务的本质。如果具有一个民族身份意味着将自己视为一个历史共同体的一部分，那么从前面提到的那两种普遍主义立场来设想特殊义务的做法就不可能是正确的。如果一个人确实不能将自己从其所承载的特殊关系中抽象出来，用一种原子主义的方式来看待自己，那么民族身份或公民身份所产生的特殊义务大概就不是通过自愿选择产生的。民族或民族国家不同于我们出于个人兴趣或偏好而自愿加入的其他群体或组织，这一点与我们在上一部分对分配正义的政治性概念的强调具有重要联系。批评者或许反驳说，一个人可以宣布放弃自己原来的国籍，自愿成为其他国家的公民，因此就有了某些权利和义务，正如一个人可以通过自愿签订某个契约而招致某些义务、具有某些权利。当然，人们确实可以出于某些考虑而移民他国，但是，这已经预设了国家的存在，而且，移民是否能够充分融入当地的主流文化，这历来都是移民所面临的一个重大问题，也是一个有多元文化的国家在"宪政"设计方面不得不正视的一个问题。诚然，人们可以出于互利，用一种准契约的方式自愿加入某个共同体，因此在尊重公平竞争原则的基础上具有了某些权利和义务。但是，米勒并不认为这样一种合作体制（不管是政治的还是经济的）可以被扩展来说明人们由于共同的民族身份而具有的特殊义务，因为这样一种探讨只能产生**有条件**的义务。这种模型所说的是，**如果**你受益于这样一种合作体制，那么你就应该为了维护该体制而承担相应职责。但是，它既没有表明国家这样的共同体应当存在，也没有说明具有共同的民族身份对人们来说为什么会具有某种特殊的重要性。同一个民族国家的公民显然并不只是感觉到了公平竞争的要求。

古丁的模型在类似的意义上也是成问题的。首先，古丁并未说明为什

① 当然，这个说法提出了一些我在这里无法处理的元伦理问题，尽管我相信它得到了道德直觉的更多支持，例如，相较于一种认为普遍价值不仅存在而且原则上不依赖于人类而存在的观点。"可分享的理由"这个概念预设或暗含了一种关于实践理性的建构主义，参见 Christine Korsgaard，"The Reason We Can Share"，in Korsgaard，*Creating the Kingdom of Ends*（Cambridge：Cambridge University Press，1996），pp. 275-310。

么正是一个国家要特别对其公民的权利和福祉负责。如果国家是为了有效地指派责任而确立的,那么人们为什么不干脆出于有效性考虑而建立某种超国家或亚国家的政治组织?假若国家是人们由于生活在临近土地上而形成的,那么很多现存国家显然都不满足有效地指派责任的要求。实际上,不论是管理的便利,还是地理上的临近,都与民族身份没有内在联系,因此也无法说明民族国家所具有的一些特征。当我们从全球角度来思考问题时,古丁的模型也会产生直观上不可接受的结果。如果古丁承认国家目前的现实地位,那么,既然国家已被看作指派责任的基本政治单元,每个国家就都只对其成员的需求负责,不管其处境如何。但是,如果我们对绝对贫困者确实负有人道主义援助的责任,那么这个结论就不是合理的。因此,假若我们一方面采纳了一种休谟式的方法论准则(大致说来,即我们的日常信念和情感应当得到尊重,除非有强有力的理由表明它们是不可接受的)[①],另一方面又出于一种"英雄式的"普遍主义而无视或否认国界的内在重要性,那么,当我们打算从特殊主义立场来说明特殊义务的本质时,我们首先就需要表明,民族忠诚未必是一种非理性情感。

无论是采取普遍主义立场还是特殊主义立场,让我们假设亲情、爱情和友情之类的亲密的个人关系本身就是有价值的[②],其中体现出来的忠诚和义务往往也是交互性的。不过,这种交互关系与我们通过契约或准契约而进入的关系仍有重要差别:后者一般来说要求一种严格的互惠性,即一种由公平竞争原则来限定的互惠关系;与此相比,在更加亲密的个人关系中,双方并不需要按照物质利益方面的互惠互利来设想和维系这种关系,尽管当一方不再以某种恰当的方式与对方保持紧密交往时,这种关系就会失去它应有的特殊价值和意义。亲密的个人关系取决于双方持有和分享某些共同的价值观,能够在某种程度上将对方的目标和计划看作自己的目标和计划的一部分,例如在亚里士多德所设想的第三种形式的友爱中。[③] 换句话说,

---

① Miller (2000), p. 25.

② 参见下一部分的论述。

③ Aristotle, *Nicomachean Ethics* (translated by Terence Irwin, Indianapolis: Hackett Publishing Company, 1999),1156b5-32. 对亚里士多德的友爱概念及其社会一政治含义的一个解释,参见 Lorraine Smith Pangle, *Aristotle and the Philosophy of Friendship* (Cambridge: Cambridge University Press, 2003), especially chapters 3-4。

这种关系取决于双方享有共同的精神气质(ethos),因此,不同于通过契约或准契约进入的关系,这种关系并不只是工具性的。人们由于共同的民族身份而具有的联系在某些重要方面就类似于亲密的个人关系:他们是因为具有共同的公共文化(即一套关于他们所属的共同体的核心观念)而具有某些共同的目标和信念,因此就可以(尽管不是无条件地)将共同体中每个成员的目标和计划看作自己的目标和计划的一部分。他们可以在其他成员有需要的时候给予帮助,但并不指望在未来得到**同等的**回报。这并不意味着他们在个人利益方面的界限就被彻底抹除了;但是,既然他们属于同一个民族,他们之间由此而产生的特殊的情感纽带就可以缓解他们在物质利益方面可能存在的冲突。因此,在由某个单一民族构成的国家中,在某些特殊条件下实施再分配就变得相对容易,即使这种分配从某些其他观点来看是不允许的,例如从一种诺奇克式的观点,或者甚至从一种强调理性互利的霍布斯式的观点。因此,如果民族身份确实是一种具有伦理含义的东西,从中产生出来的民族忠诚就**无须**是一种非理性情感。①

实际上,正如米勒指出的,民族身份的伦理含义在两个重要的方面不同于亲密的个人关系或者某种更小的共同体所具有的伦理含义。② 一方面,当我们将民族身份看作个人身份的一个重要来源时,我们能够强烈地感受到它所产生的义务,甚至愿意为了同胞而做出牺牲,而在其他群体或社团的情形中,这一点是很罕见的。另一方面,我们在特殊的个人关系中所具有的义务,或者我们由于具有某种成员资格而具有的义务,是可以相对明确地界定的,而民族身份所产生的义务在内容上是不确定的。民族是一种具有历史维度和公共文化的共同体。尽管一个民族可以具有某些核心价值观,但是,就像任何其他文化一样,其公共文化是可以随着时间和环境而发生变化的。实际上,正是因为这个缘故,民族在很大程度上是一种"被想象的共同

① 在这里,我强调"无须",是因为民族忠诚在某些特定的历史条件或社会条件下确有可能会导致一种不受欢迎的民粹主义。不过,我在这里的论证只要求一个温和的结论,即民族忠诚未必会导致民粹主义。民族身份只是在某些特殊的条件下才会导致一种排他性的民族主义。从政治思想史的角度对这个问题的一个有趣分析,见 Anthony W. Marx, *Faith in Nation: Exclusionary Origins of Nationalism* (Oxford: Oxford University Press, 2003)。

② Miller (1995), pp. 70-72.

体"——一个民族在特定时刻的具体轮廓取决于成员对它的想象,历史和记忆只是为这种想象提供了部分原材料,其他的材料来自共同体成员在当下的经验和信念以及他们的期望和要求。因此,一个民族的成员对彼此有什么义务,他们的义务具有什么内容,是由他们之间所能具有的公共协商或政治辩论来决定的。他们可以理性地反思隐含在其公共文化中的东西,可以按照生活条件以及未来的生活目标来设想他们彼此负有的义务及其内容。因此,只要他们心胸开阔,能够对其他民族采取平等尊重的态度,他们对自己民族的忠诚就可以是理性的,在某些条件下,他们也有理由优先考虑他们之间彼此负有的义务。

四、特殊关系与特殊理由

在以上论述中,我主要是按照特殊的个人关系来理解民族身份的本质及其伦理重要性。亲情和友情之类的特殊关系似乎具有两个本质特征:第一,一般来说,当我们具有和珍惜这样的关系时,我们的生活就会变得更好,就此而论,这种关系对我们来说是有价值的,甚至在某种意义上具有内在价值;第二,这种关系往往会产生特殊责任(responsibility)或义务,或者至少会产生期望和承诺——若没有这个特征,这种关系就不可能存在。共同的民族身份至少在一定程度上类似于亲密的个人关系:不同于纯粹为了互利而自愿进入的经济与政治关系,人们会由于具有共同的民族身份而在情感上相互依恋,并由此而形成一种与其他人并不分享的公民友爱或团结。因此,从共同的公民身份中产生出来的特殊义务或责任就可以具有一种独特分量。共同的民族身份和对公共的政治文化的承诺,会在属于同一个民族共同体的成员之间形成一条纽带,让他们彼此产生一种特殊的亲和力和联系,并由此而产生一种爱国主义偏倚,即一种优先考虑自己同胞的情感和态度。当然,既然消极义务因其独特的重要性而被认为具有规范的优先性并且是普遍的,当我们将特殊义务设想为一种积极义务时,对特殊义务的履行也不能以违背一般的消极义务为代价,不管消极义务的对象是自己的同胞还是外国人。如果我没有时间和精力同时或在同等程度上关心自己指导的学生和其他学生,那么一般来说我应当给予前者某种优先性;但是,我不应当做的是违背学术标准在评选学生优秀论文时偏袒自己的学生。米勒指出，既然共同的民族身份能够具有伦理含义，适当地优先考虑自己的同胞就算不上是日常意义上的“偏袒”。他也明确承认这种优先考虑必须受制于道德约束，例如，他不仅确认消极义务一般来说要优先于积极义务，也承认缓解全球绝对贫困在某些情况下应当优先于缓解共同体内部的相对贫困。[①]但是，既然特殊责任所具有的那种特殊地位或分量不能从普遍主义立场得到恰当的说明和辩护，而特殊义务在某些情况下可以与普遍义务发生冲突，为了恰当地理解和处理二者之间的关系，我们就需要进一步澄清特殊义务的本质和限度。

为此，让我们再简要回顾一下从普遍主义立场来说明或辩护特殊责任的策略。罗伯特·古丁认为，按照民族亲和力来鉴定和区分义务，是协调和指定我们本来就具有的普遍义务的一种有效方式。玛莎·努斯鲍姆同样认为，对同胞所持有的偏倚是实现善的一种有效方式。[②] 如果特殊义务完全是用这种方式从普遍义务中衍生出来的，那么，当对同胞的偏倚违背了更为根本的普遍原则时，这种偏倚就丧失了其道德根据，甚至会变得“更为有害”。[③] 然而，米勒论证说，这种看待关系性纽带及其所产生的义务的方式是错误的，因为它未能认识到或承认这种纽带本身就具有伦理价值。为了理解和评价米勒的主张，我们需要看看特殊关系究竟在什么意义上“本身”就是有价值的，也就是说，其价值并不取决于它们与普遍价值的关系。我们将从两个著名案例入手来探究这个问题[④]，它们旨在表明，在特殊的个人关系中，按照严格不偏不倚的道德要求来行动会产生一些直观上不可接受的结果。

设想有两个人失足落水，其中一个是你妻子，另一个是陌生人，时间和

---

① 例如参见 Miller (2007)，chapter 7。

② 参见 Martha Nussbaum, “Patriotism and Cosmopolitanism”, in Cohen (2002), pp. 3-20。值得注意的是，努斯鲍姆并不赞成一种关于政治或制度的世界主义，尽管她也认为“我对平等的人性的承认确实约束了我对待其他人的行为”[Cohen (2002), p. 136]。

③ Goodin (1985), p. 1.

④ Bernard Williams, “Persons, Character, and Morality”, in Williams (1981), pp. 1-19; Michael Stocker (1976), “The Schizophrenia of Modern Moral Philosophy”, *Journal of Philosophy* 14: 453-466.

精力都不允许你同时救助二者。假设你决定救妻子,是因为你认为"那是我妻子,而假如每个人都更加看重与自己具有亲密关系的人们的利益,世界就会变得更好"[①],或者因为你认为"那是我妻子,道德规则要求我在这种情况下偏袒自己妻子"。那么,按照威廉斯的说法,你就多虑了。"那是我妻子"这个事实,或者对这个事实的直接认识,应当成为你采取相应行动(救助妻子)的理由或动机——你根本就不需要把对一般效用或道德规则的考虑设想为你采取行动的理由或动机,实际上也不应当这样做。同样,假设你的朋友住院治疗,觉得孤独和忧伤,因此就给你发了个短信,希望你有空去医院看她。周末你穿过城区去医院看她,你俩聊得很尽兴,在离开之际,朋友对你说:"你这么忙还来看我,真是让我太高兴了。"如果你回答说,"我之所以来看你,是因为这样做会促进人类福祉(或者是因为道德要求人们去探望病中的朋友)",那么你的回答就显得很怪异,因为她会觉得你实际上不是真正出于友谊去看她。

我们之所以觉得这种回答很怪异,大概是因为爱和友谊之类的个人关系**直接**向我们提供了特殊的理由或动机。这种理由或动机既不是可以从严格不偏不倚的道德观点来把握的,也不要求从这样的观点来说明或辩护。换句话说,只要我们与某人处于友谊或爱情之类的关系中并对这种关系有所承诺,这种关系本质上就要求我们用某种特殊的方式来考虑对方——一般来说,我们并不给予其他人(与我们没有特殊关系的人们)以这种特殊的对待。按照这种观点,如果特殊关系的确向我们提供了以某种方式行动的理由,这种理由就不能从一种严格不偏不倚的观点来说明——它们本质上是偏倚性的。现在,假设我们认为,每个人在道德上都具有平等的重要性,没有谁会因为碰巧与某人具有特殊关系而在道德上比其他人更重要或更有价值,那么我们就会面临一个问题:如何说明特殊关系所产生的理由的特殊地位?很明显,假若我们认为,爱和友谊之类的关系是普遍有价值的,而且,不管一个人是否进入或拥有这样一种关系,他都应当从严格不偏不倚的观点来看待和促进这些价值,那么我们就无法说明特殊关系所产生的理由的

---

① 正如我们已经可以看到的,这个说法体现了功利主义思想家说明或容纳特殊责任的一种方式,例如,参见 Frank Jackson (1991),"Decision-Theoretic Consequentialism and the Nearest and Dearest Objection",*Ethics* 3:461-482。

特殊性。为了说明这种理由的特殊性，看来就需要将这种理由设想为**行动者相对的**，而不是行动者中立的(agent-neutral)。[①] 大体上说，行动者相对的理由是本质上需要提到某个特定个体才能完整地指定的理由，行动者中立的理由则不需要具有这个特征。[②] 例如，每一个目睹一场车祸发生的人都有理由叫救护车，这样一个理由是行动者中立的。与此相比，假设我已经决定参加一个会议并承诺提交论文，论文只剩下最后一部分需要完成，那么我有理由完成论文；即使你认为你能够帮助我完成论文，我完成我的论文的理由并不是你帮我完成论文的理由——这个理由只是特别适用于我，在这个意义上是行动者相对的。说一个理由是行动者相对的，并不是说它不是普遍的或者不是普遍可分享的，甚至也不是说它只是主观的，而是说它只是相对于某个特定行动者才具有有效性——它是这个行动者特有的理由，是他由于进入了某种特殊情境或占据了某个特殊地位而具有的理由，例如对某人做出了承诺，与某人形成了友谊，或者是某个孩子的父亲。就此而论，只要特殊关系能够产生行动理由，这种理由就必定是行动者相对的——当你与某人分享了某种特殊关系时，你有理由为对方做某些事情，用某些特殊的方式来对待对方，这样一个理由不是你对其他人持有的，正如你对自己孩子的义务不是对别人家的孩子的义务。

现在需要说明的是，特殊关系所产生的理由对于行动者来说为什么具有独特的重要性或分量？比如说，即使你能够照顾我母亲并愿意帮忙，为什么我照顾自己母亲的理由不是你帮我照顾我母亲的理由？只要我们将特殊关系所产生的理由看作行动者相对的，我们就不难回答这个问题。因此，关键是要说明特殊关系为什么不只是产生了理由，而是产生了行动者相对的理由。我将简要考察探究这个问题的三种观点，然后捍卫和发展其中一种

① 哲学家们对于如何理解这个区分持有不同看法。对这个区分及其根据的总结性论述，参见 Michael Ridge，"Reasons for Action: Agent-Neutral vs. Agent-Relative"，*Stanford Encyclopedia of Philosophy*，accessed July 3，2019。

② 在这里我采取菲利普·佩蒂特的说法，见 Philip Pettit (1987)，"Universality Without Utilitarianism"，*Mind* 72: 74-82，especially p. 75。

观点。[①]

首先，按照所谓的“计划观点”(project's view)，一个人有特殊的、行动者相对的理由追求自己根本的生活计划，因为这种计划向一个人的生活提供了基本导向，塑造了他在生活中所要追求的目标，让其生活变得有意义或有价值，甚至在某种意义上是其自我认同的一个本质要素。[②] 每个理性行动者都具有自己的生活计划，而如果其中某些计划构成或塑造了其生活的总体框架或轮廓，具有引导其生活的作用，那么它们就可以被看作根本计划。进一步说，只要一个人的个性或人格是部分地通过他所持有的根本计划来塑造或重塑的，他对这些计划的承诺就构成了其同一性的一个重要部分，这些计划所产生的理由显然是行动者相对的。根本计划取决于一个人在自己生活中设定的有价值的目的或目标，它们可以是单方面地自我认定的，例如当一个人把哲学研究当作自己的一项根本计划时；也可以是用一种关系性的方式形成的，例如当一个人确认某种特殊关系在其生活中的重要性并承诺要发展和维护这种关系时。实际上，对于爱情和友谊之类的亲密关系来说，若不把对这种关系的承诺发展为根本计划的一部分，它们就不可能得到适当的维护和发展，正如塞缪尔·谢弗勒所说，“如果一个人非工具性地看重自己与另一个人的关系，他就会认为自己有理由特别关注这个人的需要和利益；同样，如果一个人非工具性地看重自己的某项个人计划，他就会认为自己有理由特别关注这项计划的兴旺发展”[③]。根本计划或特殊关系所产生的理由都具有反最大化和反后果主义的含义，其来源都与最大化集聚价值无关。[④] 不过，这两种理由也有一些重要差别，例如，特殊关系通常会产生相关联的义务或责任，也就是说，它们所产生的理由是我们在道

---

① 关于这三种观点，参见 Simon Keller, *Partiality* (Princeton: Princeton University Press, 2013)。正如我将表明的，我实际上反对西蒙·凯勒提出的“个人观点”，在他所说的“关系观点”的基础上捍卫和发展一种复杂的关系观点。

② 参见 Williams (1981), pp. 12-15。

③ Samuel Scheffler, "Projects, Relationships, and Reasons", in R. Jay Wallace, Philip Pettit, Samuel Scheffler, and Michael Smith (eds.), *Reason and Value: Themes from the Moral Philosophy of Joseph Raz* (Oxford: Oxford University Press, 2004), pp. 247-269, quoted at p. 257.

④ Joseph Raz, *Value, Respect and Attachment* (Cambridge: Cambridge University Press, 2001), pp. 4-8.

德上被要求以某种方式行动的理由；相比较，一般来说，根本计划不会产生责任或义务——“我们并不认为我们有义务按照根本计划所产生的理由来行动，而只是认为我们被允许或有资格这样做”。①

鉴于根本计划在生活中的重要性，它们就可以与谢弗勒所说的“行动者中心的特权”(agent-centered prerogative)相联系：我们**不被要求**为了最大化某个后果主义目标而牺牲自己的根本计划。② 不过，只要我们愿意，我们也可以为了促进这样一个目标而放弃或牺牲某个根本计划或者其中的某个部分。例如，购买一台钢琴对于发展我的音乐兴趣(我的一个根本计划)来说很重要，但是，鉴于我的个人收入很有限，如果我不得不在购买钢琴和给灾区人民捐款之间做出选择，那么我既可以选择购买钢琴，也可以选择捐款。与此相比，当我们进入了某些特殊的个人关系时，我们就有了来自这种关系的责任或义务，就有理由特别关心对方的需要和利益。因此，在不存在冲突理由的情况下，如果我们未能按照特殊关系所产生的理由去行动，我们就错了，或者至少会在道德上招致非议。特殊关系之所以具有这个特点，本质上是因为：不管特殊关系是不是我们自愿选择的③，只要我们已经进入了这样一种关系并积极参与，它就可以产生相关联的义务或责任，或者至少可以产生某些期望和承诺。亲情、爱情和友情之类的亲密关系不仅是互惠性的，往往也承载着彼此间的深厚期望；即使我们不一定要用道德义务的语言来描述这种关系，彼此间的期望和承诺也会产生某些责任。因此，即使**一般而论**的特殊关系(例如亲情和友情)是普遍有价值的，或者更确切地说，其价值是可以被一般地分享的，例如可以在不同的个体那里体现出来，但是，我与某人处于某种特殊关系这一事实对我来说是特殊的——正是某个特定的个体，而不是任何其他人，与我处于这种特殊关系中。当我看重与我具有特殊关系的某人时，我也看重我与他/她的关系，二者实际上是不可分离的。④

① Scheffler (2004), p. 258.

② Samuel Scheffler, *The Rejection of Consequentialism* (Oxford: Clarendon, revised edition, 1982).

③ 某些“自然”关系例如父子(母子)关系或兄弟关系并不是我们自愿选择的，通过契约或许诺形成的关系可以是自愿的，而某些其他的关系例如朋友关系或同事关系或许介于二者之间。

④ 正如我们即将看到的，这个事实对于我在下面批评凯勒的观点很重要。

正是特殊关系的这种双重特征使之特别成为行动者相对的，正如谢弗勒所说：

> 关系的价值可以是同样的，或者可以被看作是同样的。但是它们会用不同的方式影响一个人认识到的行动理由。如果我看重我所参与的某个关系，我就会认为这个关系向我提出了理由，这些理由不同于我不是参与者的同一类型的其他关系所产生的理由。当然，那些其他关系的参与者也会对我自己的关系及其所产生的理由采取一种对等的看法。因此，一般来说，一个人会将自己的关系看作产生了其他关系并不产生的行动理由。这就是在看重一个人自己的关系时所涉及的。①

如果一种**抽象地**描述的关系（例如亲情或爱情）可以被认为具有同样的价值，那么，正是一个人与某个特定的人所具有的关系使得这样一个关系对他来说具有特殊的重要性。因此，对一个**具体地体现出来**的关系的考虑就可以在一个人的实践慎思中具有某种特殊分量，不仅因为亲密的个人关系本身就具有伦理含义，而且也因为对这种关系的承诺可以成为一个人的根本计划，具有引导生活和赋予其生活意义的功能。按照根本计划的概念对人们为什么能够具有行动者相对的理由的说明只是不完备的，而不是根本上错误的，因为计划观点确实不能说明一些与特殊关系密切相关的规范特点。相比较而言，按照我们已经初步提出的关系观点（relationship's view），特殊关系本身就具有伦理含义，正是这种含义说明了特殊关系为什么可以成为特殊理由的来源。关系观点是目前对具有伦理含义的偏倚态度提出的最流行的观点。不过，它也很容易遭受误解。因此，为了进一步澄清和捍卫这种观点，让我首先考察一下西蒙·凯勒对它提出的批评。

凯勒实际上是通过简单化计划观点和关系观点来提出他所说的“个人观点”（individual's view），即如下主张：“我们应该区别对待与我们分享特殊关系的人们，以此作为对他们自身就具有的价值的一种回应”②，更确切地说，“在特殊关系中，我们特殊对待与我们分享这些关系的那些人的理由，

---

① Scheffler (2004), p. 249.

② Keller (2013), p. viii.

是来自关于他们的伦理含义的事实”①。简而言之，我们之所以特别关心某些人的需要和利益，是因为他们对我们来说本身就具有某种价值或伦理重要性。当我们在这个意义上来理解所谓“个人观点”时，它实际上依赖于或预设了某种形式的关系观点，正如我将表明的。不过，我们不难理解凯勒提出这种观点的动机：他试图通过强调特定个体自身就具有的价值来迎合我们对某些案例的直观认识。例如，按照他的说法，在威廉斯的例子中，你之所以应当救自己妻子，既不是因为这样做有助于促进某个一般价值（例如夫妻关系的价值），甚至也不是因为你妻子是**你的**生活计划的一部分，而是因为那是你妻子。换句话说，如果你确实有理由救自己妻子，那么这样一个理由既不是由你自己的承诺产生的，也不是由某种抽象地考虑的关系（例如夫妻关系）产生的，而是由与你分享了某种特殊关系的那个人的价值产生的。而且，即使实际上作为你妻子的那人“并没有与你分享某种特殊关系”，那个价值依然“存在于那里”。②

凯勒的主张旨在强调某个特定个体在某个方面所具有的独特性。但是，它显得有点怪异：任何人在某个方面或许都是独特的，但我们并不因此就与他们进入了某种特殊关系。从日常的观点来看，不管我们是不是自愿选择进入某种关系，我们对与自己具有特殊关系的人们的重视似乎是不能与我们对这种关系的价值的认识分离开来的。例如，尽管爱情本身涉及人的某些生物学方面，但我还是可以按照自己对爱情的设想，去寻找那个满足了我对爱情的想象和期望、对我来说特别有价值的人。当然，那人确实是由于具有了某些独特的性质而值得我特别看重，但是，她之所以值得我特别看重，也是因为她与我分享了我们称为“爱情”的那种特殊关系。一个人可能会认为自己的父亲在某些方面很糟糕，但在某些场合，他还是可以出于亲情而采取优先考虑父亲的行为。因此，我们似乎不能脱离对特殊关系的考虑，只是在与我们分享了某种关系的那人所具有的价值那里去寻求行动者相对的理由。倘若如此，凯勒有什么理由拒斥关系观点呢？他提出了三个主张来反驳如下观点：特殊关系被认为具有的内在价值向我们提供了行动者相对的理由。第一，这种观点无法保证有价值的特殊关系产生责任或义务；第

① Keller (2013), p. 14.

② Keller (2013), p. 13.

二，甚至在某些并不具有价值的关系中，也可以有行动者相对的理由；第三，关系根本就不具有内在价值，或者至少不是在内在价值能够产生特殊理由的意义上具有内在价值。我将逐一考察他的论证。

谢弗勒认为，当我们非工具性地看重某个关系时，我们也把它看作特殊理由的一个来源。“人际关系不可能发挥它们在人类生活中确实具有的那种基础作用，除非人们将自己所具有的关系看作行动理由的一个独立来源”①，也就是说，这种理由并不是来自行动者中立的价值。从以上论述中我们不难理解这一点。然而，凯勒论证说，具有内在价值的关系未必会产生相应义务。在他用来论证这一点的一个例子中，两个人彼此站在一起看起来很美，美的东西是内在地有价值的，但是，他们显然没有义务维护他们站在一起创造出来的那种美感。此外，当我们在一种广泛的和松散的意义上来理解“关系”这个概念时，具有一个关系也未必会产生义务。假设我经常去附近街区一家咖啡馆喝咖啡并因此而结识咖啡馆老板。老板对音乐和绘画都很感兴趣，我们两人在这方面的每次闲聊都很尽兴，因此就成为极为随意的朋友。这种友谊确实在我们之间产生了某些特殊理由，例如，我有理由常去光顾他的咖啡馆，他有理由在举办一些有趣的活动时请我参加。但是，这种友谊似乎并没有在我们之间产生义务：即使我不再去那家咖啡馆，我也说不上失职；即使咖啡店老板在没有提前告诉我的情况下就关闭了咖啡馆，他也说不上失职。然而，凯勒利用这种案例对关系观点的批评不可能是结论性的。关系观点实际上并不认为任何关系都能产生义务或责任，它所要强调的是，只有某些因为具有了**伦理含义**而特别深厚的关系才能产生义务或责任。审美关系显然不属于伦理上有价值的关系，因此一般来说不会产生责任或义务——即使我特别喜欢透纳的作品，那也说不上我就有义务专程去上海看他的画展。正如前面已经指出的，亲密的个人关系无须产生严格意义上的义务。为了能够产生特殊理由，特殊关系只需产生相互期望和承诺。

凯勒试图通过两个文学例子来表明，即使两人之间并不存在有价值的

① Samuel Scheffler, *Boundaries and Allegiances* (Oxford: Oxford University Press, 2001), p. 121.

关系，他们可能也有以某种特殊的方式对待彼此的理由。[①] 在马丁·艾米斯的小说《黄狗》(*Yellow Dog*)中，亨利九世国王和维多利亚公主很信任一个名叫戈登的管家。戈登与他们的关系其实是一种从属关系，不过，他很效忠国王和公主，尽力帮助他们摆脱困境。按照凯勒的解释，戈登其实并不看重他与两位主人的关系，更不会认为这种关系具有内在价值，但他仍然认为这种关系涉及特殊的理由。同样，在伯比·法莱利执导的电影《情迷玛丽》(*There's Something about Mary*)中，尽管泰德并不认为他与玛丽的关系具有内在价值，他还是真心爱着玛丽，甚至愿意为了成全玛丽的幸福而终止两人关系。凯勒论证说，这两个例子表明，在把某个关系看作具有内在价值和认为这个关系产生了义务或特殊理由之间，并不存在谢弗勒所声称的那种概念联系。然而，我们可以对这两个案例提出另外的解释：在第一个案例中，戈登对主人的忠心耿耿实际上并不是来自他与国王和公主在形式上具有的那种主奴关系，或者至少不是来自对这种关系的约定理解；在第二个案例中，泰德最终显然意识到两人因性格不合而难成眷属，但是，正是因为他依然真心爱玛丽，他最终才会决定摆脱玛丽的生活——他如此行动的理由或动机并不是来自他与玛丽的那种形式上的关系。实际上，我们很难设想，当一个人真正地看重某个关系并对之产生了深深的依恋时，这种关系不会产生合理期望和特殊理由。

凯勒的第三个论证较为复杂，大体上说有两个部分。第一个部分旨在表明关系并不具有内在价值，只具有外在价值——其价值是来源于其他更为根本的价值；第二个部分旨在表明，如果特殊关系确实产生了特殊理由，那么这些理由并不是来源于所谓的"内在价值"。为了表明第一点，凯勒首先提醒我们，我们在某些人之间看到的某些关系，实际上缺乏它们被认为所属的那种类型的关系通常具有的外在价值。例如，友谊往往被认为是幸福、理解、承认、兴盛和安全的一个来源，但是，一些友谊并不具有这个特点，正如一些家庭关系只会产生嫉妒、竞争和不安全感。如果一个关系本身就具有内在价值，那么它似乎就没有好坏之别，正如假若一切快乐都是内在地有价值的，我们就不应该认为某些快乐是糟糕的。为了进一步表明关系并不具有内在价值，凯勒模仿柏拉图设想了这样一个社会，在其中，孩子被共同

① 参见 Keller (2013), pp. 52-54。

抚养,孩子和父母之间并不存在我们在日常的社会中所看到的那种爱的纽带。凯勒进一步假设,这个想象的社会在功能运作上与日常的社会一样成功,其成员与日常社会中的成员一样幸福,一样具有美德,一样感到安全,一样受到尊重等等。现在,如果我们认为关系具有内在价值,那么,在那个社会中,既然父母和小孩之间缺乏爱的纽带,我们就会认为它有点令人遗憾,它有理由重新安排社会,以便恢复那种爱的纽带。然而,凯勒声称这个主张是不合理的——"那个社会的安排是好是坏,是否有理由改变其安排,都取决于那个社会中的人民过得如何,而不是取决于他们所参与的关系的单纯结构"。[①]

很不幸,凯勒的论证并不完全合理。首先,不管一种关系是否具有内在价值,我们通常不会把一个没有满足某些特征的关系称为(比如说)友谊或爱情。[②] 换句话说,一种关系是由它被认为具有的某些特征来个体化的。假若一种关系根本上缺乏爱和关切,我们大概就不会将它称为友谊或爱情。当然,这并不意味着,为了有资格被称为友谊或爱情,一个关系需要在最**完全或最充分**的程度上满足某些特征,因为同一种类型的关系在不同个体那里可以具有程度上的差别。但是,只要它们满足了某些合理地指定的基本要求,它们就算得上是某种关系。此外,当谢弗勒谈到"非工具性地看重某个关系"时,他指的是"并不只是把这个关系作为实现某个独立指定的目的的手段来看重",[③]例如将友谊仅仅看作实现个人抱负的手段,或者将亲情只是看作经济支持的一个来源。正是因为我们能够非工具性地看重特殊关系,我们才有可能用一种特殊的方式来对待与我们分享特殊关系的人们,后者也才有可能对我们提出特殊的期望或要求。因此,在谢弗勒这里,说我们"非工具性地"看重某个关系不过是说,我们不会把这个关系仅仅看作实现个人目的的手段,特别是当与我们具有特殊关系的人们不能理性地分享或确认我们的个人目的时。也就是说,谢弗勒是在康德的"尊重人"的意义上来理解一个关系的内在价值。他对这个概念的使用并不排除如下可能性:一个关系是因为与某些其他的价值相联系而具有价值。但是,某些特殊关

---

① Keller (2013), p. 59.

② 凯勒自己实际上意识到了这一点,但并未加以正视。

③ Scheffler (2001), p. 100.

系**就其本身而论**也是有价值的,例如,即使两个人彼此间的关心和牵挂不会提高各自的物质福祉,也不会帮助他们促进某些个人生活目标,但是,这种情感联系以及对它的分享本身可以是有价值的。由此来看,在凯勒所设想的那个社会中,即使那些人从未体验过爱,因而不会具有唯有具有这种情感联系的人们才会具有的幸福感,但是,只要爱本身就是人类幸福的一个构成要素,只要他们仍然将自己看作是人,他们就有理由改变其社会安排。

现在我们可以来考虑凯勒的论证的第二部分。凯勒首先指出,在判断一个关系是否有价值,或者是不是特殊理由的一个来源时,我们并没有尝试把这个关系与其他东西(例如其环境和结果)分离开来。例如,在判断我是否有理由以某种方式区别对待我的两个侄子时,我确实不能**抽象地**按照伯侄关系来做出判断;我需要考虑两人的个性、需求、生活环境等。但是,按照我们刚才对"内在价值"提出的解释,这并不意味着这种特殊的亲情对我来说没有内在价值,只是意味着特殊关系所能产生的特殊理由是依赖于语境的,不只是取决于一个关系在被抽象地看待时所具有的价值。凯勒进一步论证说,我们在特殊关系中所具有的理由并不只是"培养和改进这些关系的理由",有时候也是"终止一个关系的理由"。① 而且,这样一个理由可以是特殊的或行动者相对的——它是特别针对你、你的关系以及与你分享关系的那个人。凯勒说,我们很难明白这样一个理由"怎么可能是由一个关系的内在价值产生的"②。换句话说,在凯勒看来,我们可以具有不是由一个关系的**内在价值**所产生的特殊理由。然而,他对"终止一个关系的理由"提出的解释是误导性的。假若我决定终止与某人的友谊,那很可能是因为我们两人之间的关系不再满足我自己对理想的友谊的设想。我的理由部分地来自我对友谊及其价值的一般理解,部分地来自我对我们两人之间那个曾被描述为"友谊"的实际关系的观察和审视。因此,如果内在价值的概念与"我们所能分享的理由"的观念相联系③,那么我决定终止一个关系的理由至少部分地包括了我对一个**理想的**(而不是实际的)关系的内在价值的考虑。

总的来说,凯勒用来支持其第二个论点的两个论证都是有缺陷的。不

① Keller (2013), p. 61.

② Keller (2013), p. 62.

③ 对这一点的进一步论述,参见 Korsgaard, "The Reasons We can Share"。

过，与这两个论证相比，最后一个论证需要认真对待，因为它与凯勒对其正面论点（即所谓“个人观点”）的论证具有重要联系。这个论证旨在表明，计划观点和关系观点都不能恰当地把握我们在偏倚地对待某人时所具有的现象学经验。假设你父母住在离你办公地点不远的地方，在听到他们居住的楼房失火后，你赶紧冲出办公室。按照凯勒的说法，如果“你那时想到的是你父母对**你的**生活来说多么重要，或者你在他们身上付出了多少心血”，那么你还说不上真正关心自己父母，因为在这种情况下，你的行动的理由或动机是来自你对自己生活计划的重要性的考虑，而不是来自你对父母的直接关心。同样，如果你采取行动的理由或动机是来自你对一个关系及其价值的明确考虑，例如“若不赶紧去那里，我与我父母的关系就会受到损害”之类的想法，那么你也不是在真正关心自己父母，正如威廉斯在其著名案例中试图表明的。凯勒由此断言，“当我们在特殊关系中恰当地行动时，我们所回应的并不是我们的关系的价值”——如果一个人是因为想到了他所具有的某个关系的价值而采取行动，那么他就还没有“准确地看到理由”。凯勒进而认为，在一个关系中，为了具有真正特殊的、行动者相对的理由，我们就必须**直接**出于对于对方的考虑去行动。因此，在他所设想的救助落水朋友唐纳德的例子中，他指出，“就你的动机而论，你抛出救生圈的理由，并不是要阻止你很在乎的某件事情的丧失，也不是要扮演你在一个友谊中的角色。你所认识到的抛出救生圈的理由是，通过这样做，你就会挽救唐纳德”。总而言之，“在特别对待与我们分享了特殊关系的人时，正是某些关于那个人的想法吸引了我们”[①]。

凯勒的观点显然是立足于如下主张：在特殊关系中，正确的做法是出于**直接**关心对方而行动，而不是出于对自己个人计划或关系的考虑而行动。这个主张可以是合理的，但是，既然它完全是立足于我们在特殊关系中通常具有的现象学经验，它也掩盖了一些复杂性。“出于直接关心对方而行动”这个说法，其实是旨在强调我们对亲密的个人关系的一个基本认识：这种关系在谢弗勒的意义上是有内在价值的，不只是我们用来实现个人目的（特别是对方并不分享的目的）的手段。不过，为了维护这个主张，我们并不需要把行动者对于一个抽象地看待的关系及其价值的认识与他对于对方的价值

① 这段话中对凯莱的引用分别出现在 Keller (2013)，pp. 42，63，64，93。

的认识截然分离开来，二者实际上也不可能分离开来。在把某人看作自己的父母、爱人、朋友、同事时，我们不仅已经预设了一种特殊关系的存在，而且对这样一个关系的认识已经隐含在我们的动机条件中。凯勒说："就偏倚的动机而论，我们采取偏倚态度的理由本质上提到了明确指定的特定个体。为了完整地表达我们偏倚某人的理由，……我们需要提到那些与我们分享了特殊关系的人。"[①]这个说法当然是正确的；但是，对这样一个人的提及只是表达了我们对一种**具体地体现出来**的特殊关系的承诺以及对于对方在我们心目中的地位的确认。假设罗伯特与我挚爱的朋友唐纳德具有完全一样的内在品质和价值，但并不是我的朋友(我们只是在学校召开的会议上见过一面)。假设他们两人在学校组织的一次郊游活动中都掉在水中。在这种情况下，当游轮上层的一个同事对我喊道，"唐纳德和罗伯特掉在水中了，快抛救生圈"时，假若我只有一个救生圈，我大概就不会把救生圈抛向罗伯特。这个事实表明，我对一个特殊关系的认识和承诺已经出现在我的背景动机条件中。而且，正是因为一个特殊关系能够具有内在价值(也就是说，其价值并不完全取决于与我分享了特殊关系的那人自身的价值)，我才会优先考虑与我具有特殊关系的人。我优先考虑救唐纳德，不仅是因为他体现了我所珍视的那种友情，而且也是因为**正是他**与我分享了一个特殊关系，因此我们彼此就有了特殊的期望和责任。当我们与一个人有了某种特殊关系时，后者就对我们产生了特殊的期望和要求，这些期望和要求是特别针对我们而提出的。因此，当我们未能满足这些期望和要求而又提不出合理辩护时，对方就会感到失望并在这种关系中变得脆弱。[②]

因此，特殊关系确实在一种广泛的意义上产生了期望、要求和责任，这些东西要特别由分享了特殊关系的双方来落实，不仅因为他们是这种关系的参与者，也因为他们从中享受到了独特的好处。一般而论的特殊关系(特别是深厚和亲密的个人关系)是有价值的，其价值也是可以普遍分享的。但是，当人们**具体地**分享某种一般而论的特殊关系时，他们之间的关系对他们

① Keller (2013), p. 94.

② 维勒曼特别针对爱的情形具体地阐明了这一点：J. David Velleman (1999), "Love as a Moral Education", *Ethics* 2: 338-374。相关的论述，亦可参见 Troy Jollimore, *Love's Vision* (Princeton: Princeton University Press, 2011)。

来说就具有了特殊的价值，产生了只有他们才会具有的期望、承诺和责任。在具有重要的伦理含义的特殊关系中，一个人对某种关系的承诺就可以成为其根本生活计划的一部分。因此，我们无须将上述三种观点僵硬地割裂开来——从特殊关系中产生出来的特殊理由对我们来说之所以具有特殊的分量或重要性，不仅是因为特殊关系本身就是有价值的，也是因为我们对它们有所承诺，并通过这种承诺而特别看重与我们分享了特殊关系的人们，正如谢弗勒所说：

> 我们人类是社会动物，也是具有价值观的动物。我们彼此间的关系属于我们所看重的东西。但是，看重自己与他人的关系，就是将之视为一种独特的行动理由的来源，实际上是要认为自己对于与自己具有特殊关系的那个人负有特殊责任。因此，就我们有充分的理由看重我们的人际关系而论，我们也有充分的理由将自己看作具有特殊的责任。[①]

这种能够产生特殊的理由和责任的特殊关系，是不能用一种还原论的方式来完整地说明的。例如，它不能被简单地归结为人们为了实现某些个人目的而与其他人自愿结成的某些关系，比如说通过许诺或契约产生的关系，或者通过跨国经济互动产生的关系，即使这种关系也可以产生某些责任或义务。这种关系似乎也不能完全归结为关系双方所具有的某些个人特征。尽管各种个人关系和社会关系确实是由人类的某些根本需要产生的，但是，对于任何一个个体来说，关系具有一种本体论上在先的地位，例如，我们或是生来就处于某些关系中，或是通过认识到某些关系的价值而拥有或发展这些关系，即使我们在动机结构中可能已经具有接受这些关系的潜力或条件。当然，这并不意味着我们不能理性地反思我们所进入或具有的关系，但是，不可否认的是，某些关系对我们来说是构成性的。此外，既然我们所能具有的某些特殊关系并不完全是自愿选择的结果，作为特殊关系的参与者，当我们在一个关系中享受到了局外人享受不到的某些好处时（尽管同时也承受了局外人并不承受的某些负担），我们确实就需要认真考虑一个问题：当我们优先考虑那些与我们一道分享了特殊关系的人时，这种优先性究

---

① Scheffler (2001), p. 103.

竟有没有限度？这个问题不仅关系到我们对社会正义的理解，也与如何恰当地设想全球正义的本质和目的具有重要联系。

五、责任指派与全球正义

以上我已经试图表明，如果特殊关系在某种意义上确实具有内在价值，那么这种关系就会产生特殊的理由和责任，从而允许我们适当地优先考虑与我们具有特殊关系的人们。对特殊关系的这种理解也符合一些道德直觉，例如，我们要特别对自己所做的事情负责，而不是对我们未能阻止但不是由我们直接导致的事情负责；我们对某些人的责任强于我们对其他人的责任。这些直觉暗示了对能动性的一种理解，即我们每个人特有的生活计划和特殊关系在某种程度上限制了我们对自己能动性的行使。如果我们每个人都能切实对自己负责、对与我们分享了特殊关系的人们负责，那么，与我们没有用这种方式来落实责任相比，我们所生活的世界可能就会变得更好。正如我们已经看到的，这实际上是某些具有后果主义倾向的理论家用来说明和辩护特殊责任的一种方式。然而，如果某些具有伦理含义的特殊关系确实具有不能完全从严格不偏不倚的观点来把握的内在价值，那么用这种方式来理解特殊关系及其所产生的责任也是错误的，或者至少是不完备的。这就产生了一个亟待处理的问题：一方面，我们具有某些特殊关系，这种关系向我们提出了特殊的责任和要求；另一方面，从道德的观点来看，不论是我们自己，还是与我们具有特殊关系的人们，都不比其他人更重要；因此，如果我们对不与我们分享任何特殊关系的人们也负有一定的义务或责任，那么，当特殊义务与普遍义务发生冲突时，如何协调或解决这种冲突？[①] 为了有效地阐明和探究这个问题，让我首先考察一下对特殊关系提出的一个重要异议，即谢弗勒所说的“分配异议”(distributive objection)。[②]

---

① 当然，我们可以认为，将每个人都处理为**道德上平等**的并不意味着给予他们**平等对待**。但是，即便我们采纳这个观点，在某些情况下，这两种责任之间也有可能发生冲突或产生张力。

② 这个异议是谢弗勒的一个主要关注，参见 Scheffler (2001), chapters 4 and 6。

这个异议是由对关联性责任持有一种唯意志论(voluntarism)观点的理论家提出的。正如我们已经看到的,特殊关系在为享有这种关系的人们带来某些好处的同时,也可以产生某些义务或负担。之所以如此,是因为某些关系不是人们自愿进入的,或者不是其自愿选择的结果。共同的民族身份是其中的一个典型例子。不管是否愿意,人们都因为某种历史偶然性而生来就属于某个特定民族,分享了它所特有的文化和信念。如果社会身份大体上是由主要的社会角色和社会关系来决定的,例如,这些角色和关系大致决定了人们看待彼此的方式,那么,只要这些角色和关系不是人们自愿选择的,由此产生的责任和期望似乎也不是人们能够自愿选择的。如果人们所承载的社会关系的含义不是由他们自己来决定的,他们似乎就被锁定在不是由他们自己来选择的社会身份上。因此,当他们因为自己承载的社会关系而背上了沉重负担时,他们似乎也不能自由地选择卸下负担。对于某些具有自由主义倾向的理论家来说,这意味着人们无法自主地控制自己的生活。因此他们就强调说,如果某种关系确实会对人们产生相应的义务和要求,那么它必须是人们自愿选择的。不过,这还说不上是对特殊关系的异议,因为人类确实生活在某些并非自愿选择的关系中,其中某些关系不仅本身就具有伦理含义,在正常条件下还可以为人们带来某些要不然就得不到的好处。例如,某些并非自愿选择的关系是由于人类生活的脆弱性而产生的。分配异议所要说的是,关联性责任要求个人优先考虑与其分享了特殊关系的人们的需要和利益,因此就可以对其他人产生不公平或不正义的影响。

一个简单的例子足以说明这一点。[①] 假设爱丽丝、贝丝和克拉拉一开始彼此并不具有任何特殊关系,因此也不负有任何特殊责任。不过,即使她们之间并不存在特殊关系所产生的特殊责任,爱丽丝和贝丝偶尔也会为克拉拉做点事。现在,在爱丽丝和贝丝之间有了某种特殊关系,由此就产生了某些特殊主张和要求,三人之间一开始具有的那种平等的责任分配就被打破了,例如,克拉拉再也得不到她此前可以从爱丽丝或贝丝那里获得的帮助。然而,当我们在这种抽象的形式上来谈论这个异议时,我们其实并不清楚特殊关系为什么**必定**是道德上成问题的。如果爱丽丝和贝丝因为志趣相

① Scheffler (2001), pp. 56-59, 83-86.

投而成为好友,并格外看重两人的友情,将之视为各自的自我认同的一部分,那么她们就有理由给予对方以某种特殊考虑。只有当她们之间的特殊关系以某种方式损害了克拉拉的**正当**利益时,克拉拉才有理由抱怨自己受到了不公正的对待。我们可以进一步假设,爱丽丝、贝丝以及克拉拉孤独生活在一座岛上,她们必须靠自己的努力生存下来。在爱丽丝和贝丝尚未形成特殊关系之前,她们会迫于生计而偶尔互相帮助、共渡难关。但是,既然爱丽丝和贝丝现在有了特殊关系,两人的合作就让她们各自的生活水平与以前相比有了很大提高;假如两人生活水平的提高并没有以任何方式危害克拉拉此前的生活水平,克拉拉似乎也没有理由抱怨。如果她们两人是用一种危害克拉拉此前的生活状况的方式提高其生活水平,例如从三人原来用于灌溉的河流中开一个口,将大部分水流引向自己耕作的土地,从而使得克拉拉耕种的土地因缺水而歉收,那么她们确实就对克拉拉做了不公正的事情,并因此有责任补偿克拉拉。但是,如果爱丽丝和贝丝并没有这样做,克拉拉是因为自己无力耕作而陷入绝对贫困的状况,那么爱丽丝和贝丝对克拉拉目前的生活状况负有责任吗?答案显然取决于如何设想三人之间的关系。爱丽丝和贝丝可能出于对三人实际生活处境的考虑而决定帮助克拉拉。例如,尽管她们之间一开始没有任何特殊关系,不过,既然她们都共同生活在孤岛上,她们在心理上就形成了一种特殊的依恋。爱丽丝和贝丝甚至也会出于同情或人道主义考虑而决定帮助克拉拉。然而,在这种情况下,她们对贝丝负有的责任就不是严格意义上的正义责任。

在这里我想说明的是,不管特殊关系是不是人们自愿选择的,如果只有通过参与某种特殊关系,人们才有可能获得某些要不然就得不到的好处(尽管也因此要承受某些负担),那么,对于人们在特殊关系中彼此给予对方的那种优先考虑,就不存在**一般而论**的伦理异议。换句话说,特殊关系是否产生了道德上不可接受的结果,取决于我们在具体情况下对具有这些关系的人们的行为和态度的分析。正如我们已经多次强调的,也正如上述例子所表明的,特殊关系应当受制于某些一般的道德约束,例如,在一个特殊关系中给予对方的优先考虑不应当以损害他人的正当利益为代价。一个村庄不应当为了节省成本、提高村民收入而将村办工厂的废水排入河流中,从而对下游人民造成伤害。这个一般的道德约束既适用于个人关系,也适用于不同集体(例如不同国家或社会)之间的关系:不伤害他人毕竟是我们都能认同的一个普遍原则。如果我们能够鉴定出这种普遍的道德约束，那么任何特殊关系都应当遵循和尊重这种约束。然而，特殊关系之所以特殊，就是因为它们具有（或能够具有）不能完全按照普遍价值来说明的伦理含义。因此，即使我们认为每个人在道德上都值得平等尊重，这也不表明我们应当取消民族身份之类的特殊关系，让自己成为政治意义上的世界主义者。我们现在就来说明**政治上**的世界公民身份为什么既是伦理上成问题的，也是实践上行不通的。

公民身份是一种比民族身份更复杂、更不确定的东西：不仅一个国家可以由不同的民族构成，而且公民身份的概念也可以与一个国家所实施的社会-政治制度相联系。这样一来，如果公民将自己认同为他们所生活的国家的社会-政治制度以及相应的政治信念和价值观，那么显然并不是一切公民身份都是道德上有价值的，或者甚至是道德上可接受的。不过，戴维·米勒论证说，既然世界公民身份或跨国公民身份的倡导者是因为受到了共和主义公民身份的鼓舞而倡导废除或取消国界，我们就可以将后者作为理想原型来考察公民身份的价值。① 共和主义的公民身份观往往被看作自由主义的公民身份观的主要竞争对手，就像后者一样，它强调具有公民身份就在于具有一系列权利和义务，不过，它也在一个重要的方面不同于后者：它强调积极公民（active citizen）的观念，要求公民培养公民美德，通过政治辩论积极参与社会建设，并用这种方式与其他公民一道不仅对他们当前所生活的社会负责，也对社会的未来发展负责。② 因此，对于具有共和主义公民身份的公民来说，他们不仅愿意用各种正式的或非正式的方式积极参与政治活动，以此来监督政府行为，而且也愿意采取积极步骤来捍卫共同体其他成员

① David Miller, *Citizenship and National Identity* (Cambridge: Polity Press, 2000), chapter 4.

② 在近代，卢梭系统地阐述了一种共和主义的公民身份概念，一些自由主义理论家也认为，我们应该通过培养公民美德来成就一种共和主义的自由主义。关于前者，例如参见 Joshua Cohen, *Rousseau: A Free Community of Equals* (Cambridge: Cambridge University Press, 2010)；关于后者，例如参见 Richard Dagger, *Civic Virtues: Rights, Citizenship, and Republican Liberalism* (Oxford: Oxford University Press, 1997)。对于自由主义政治共同体与共和主义政治共同体的比较论述，参见 Andrew Mason, *Community, Solidarity and Belonging* (Cambridge: Cambridge University Press, 2000), chapters 3-4。

的权利,在此基础上促进共同体的共同利益。公民美德的培养对于共和主义公民身份来说之所以具有独特的重要性,就是因为具有这种公民身份不仅要求用合法的方式来发展个人利益,也要求必要时为了维护共同体的自由和繁荣而放弃部分个人利益。这种动机的可能性取决于将共同体的共同利益和公民团结置于某种重要地位,并非在任何时候都强调个人利益的绝对地位。

然而,共和主义公民身份的这两个条件,即动机和责任,有时候也会产生张力,正如米勒所说,"愿意不计个人代价来从事公共服务的人,也可以是一个固执于某个特定理想或利益、因此在某种意义上不负责任的人"①。他们不太容易从其他人的观点来看问题,不太容易在他们自以为正确的事情上达成妥协。责任也涉及集体行动:"为了作为一个负责任的公民来行动,你必须合理地确信大多数公民同胞也会做同样的事情。"②共和主义公民身份因此就对公民提出了更高的要求:他们不仅需要通过采取积极行动来防止政府腐败,也需要通过培养和行使公民美德来学会分享其他人的利益并形成共同的意愿,并由此而形成强有力的社会纽带。共和主义公民身份要求在道德心理方面的某种转变,因此实际上可以被看作一个有待于实现的理想。不过,对米勒来说,民族身份至少为成就这个理想提供了基础,因为共同的民族身份可以让人们分享公共的政治文化、承载共同的历史联系,可能也会让他们具有其他人并不分享的情感依恋,因此他们就更有可能满足共和主义公民身份所要求的基本条件。当然,这并不意味着在民族身份的基础上形成的公民身份是绝对排外的:只要一个人能够真正地或真诚地接受其他国家的民族文化,他原则上就可以成为那个国家的成员。但是,多元主义文化确实会为发展和实现共和主义公民身份带来一些困难。

不管共和主义公民身份是否能够得到合理实现,从人类的现实条件来看(尽管不是从政治学中的现实主义观点来看),我们都需要尊重现代世界的一个基本事实——我们目前具有或所能具有的公民身份本质上被限制在某个国界内。如前所述,不管是从民族身份对我们具有的伦理含义来看,还是从能够有效地指派和落实责任的观点来看,民族国家都应该被理解为保

---

① Miller (2000), pp. 85-86.

② Miller (2000), p. 86.

障基本人权和实现社会正义的基本政治单元。因此，面对世界公民身份或跨国公民身份的倡导者[①]，我们只需表明，即使全球层面上确实出现了一些与正义相关的问题，我们也无须为了解决这些问题而彻底抹除国家公民身份——实际上，我们不应当用这种方式来解决问题。正如此前所表明的，即使全球层面上出现了大规模的经济互动，这也未必会触发实质性的分配正义要求。进一步说，如果某些国家的贫困状况或是由它们在历史上所遭受的不公正的殖民统治导致的，或是在某种程度上是由目前不公正的全球政治-经济秩序引起的，那么，在前一种情形中，实行殖民统治的国家就有义务补偿受其剥夺的国家，在后一种情形中，参与制定当前全球秩序并从中获益的国家就有义务补救贫困国家，还有责任重新设计全球秩序，以便让所有国家（特别是贫困国家）都能获得更加公平的发展机会。[②] 这些责任的落实确实要求在全球层面上采取某种形式的民主协商。

但是，如果相关问题并未涉及（或者并不要求）在全球层面上实施一种平等主义分配正义，那么我们就不清楚全球性的民主协商为什么**必定**要通过消除人们的国民身份来实现。用一个极端的例子来说，某个国家的大多数人民都因政府腐败而陷入绝对贫困的状况，但是，只要他们仍然不愿意放弃自己的民族身份，我们就必须寻求其他的方式来解决他们所面临的绝对贫困问题，而不是采取让他们移居他国或者彻底解散其国家的做法。例如，如果他们的绝对贫困确实是由腐败的国内制度引起的，那么，为了在根本上改变其贫困状况，国际社会在提供人道主义援助的同时，也可以设法让他们认识到改变其国内制度的重要性。这当然会产生一些棘手问题，例如有关人道主义干预和民族自决的问题。但是，这些问题不会比完全"抹除"人们

① 其中的代表人物的作品包括：David Held, *Democracy and the Global Order* (Cambridge: Polity Press, 1995); Richard Falk, *On Humane Governance* (Cambridge: Polity Press, 1995); Richard Falk, *(Re) Imagining Humane Governance* (London: Routledge, 2014); Andrew Kuper, *Democracy beyond Borders: Justice and Representation in Global Institutions* (Oxford: Oxford University Press, 2004)。

② 这些涉及正义的责任是托马斯·博格所强调的，实际上也是米勒所承认的。参见：Pogge (2002); Thomas Pogge, "Human Rights and Human Responsibilities", in Andrew Kuper (ed.), *Global Responsibilities: Who Must Deliver on Human Rights?* (London: Routledge, 2005), pp. 3-36; Miller (2007), chapter 9。

的民族身份，将他们彻底转变为“世界公民”所产生的问题更严重，不仅因为民族身份对他们来说是一种具有（或能够具有）伦理含义的东西，也因为充分的民主协商和民主决策取决于人们所能分享的政治文化及其所蕴含的价值和信念。如果任何政治实践都需要相应的政治文化来支撑，那么要求人们放弃对他们来说具有深厚伦理含义的东西，将自己转变为政治意义上的世界公民，无异于要求他们将自己从可以为其生活提供更加丰富的价值和意义的东西中抽象出来，变成一种纯粹为了政治管理的有效性而存在的东西。只要我们确实珍惜人类生活的多样性及其独特价值，我们就不应当将自己转变为完全丧失独特身份的“世界公民”——只要我们依然能够寻求其他方式来保证每个人的基本人权而不放弃民族身份，我们就不应当这样做。这当然取决于一个基本共识，即正义的国际秩序应当努力让每个人的基本人权得到有效保障，让每个民族或人民得到平等尊重。

那么，在论及全球层面上出现的正义和责任时，那个“我们”究竟指谁呢？为了更好地探究这个问题，让我先简要地说明民族为什么可以被处理为在合适条件下要对自己命运负责的行为主体。一个明显的事实是，假若一个民族要求自决权，它首先就必须将自己看作负责任的主体，因为我们无法设想一个不能对自己行为承担责任的行动者怎么能够具有权利，即使该行动者可能具有某些利益。在个人的情形中，如果一个人具有正常的行为能力，能够对其所生活的世界形成某些价值观和信念，能够出于自己的目的或意图采取行动，能够认识到其行动可能产生的直接后果，那么他就可以被认为要对自己的行为负责。按照戴维·米勒的说法，民族因为具有一些基本特征而可以被认为要对其行动承担集体责任。① 这些特征包括：第一，一个民族是由彼此具有归属感的人们构成的；第二，他们之所以具有归属感，是因为他们拥有共同的公共文化，即一系列关于他们应当如何共同生活的信念和约定；第三，民族成员彼此负有特殊责任；第四，民族成员将民族的持

① 对民族责任的深入探究当然要求我们表明，能够存在着真正意义上的集体行动者，即其行为和责任都不是完全可以按照构成它的个体的个别特征来说明的集体。对这一点的相关论述，参见 Christian List and Philip Pettit, *Group Agency: The Possibility, Design, and Status of Corporate Agents* (Oxford: Oxford University Press, 2011)。

续存在看作一种有价值的东西；第五，一般来说，民族有对政治自决权的渴求。[①] 因此，民族至少在一定程度上类似于个别行动者。不过，与个别行动者的情形相比，民族责任的归属会变得更加复杂：一方面，民族是一种特殊的集体，其责任归属会涉及一些在个别行动者的情形中不会出现的问题，例如如何确定个别成员的责任；另一方面，当一个民族形成一个国家时，在民族责任和国家责任之间就产生了一些错综复杂的联系，例如，政府所做的事情未必是构成这个国家的民族所要承担责任的。[②]

米勒提出了两种理解集体责任的模型，建议我们按照它们的某些特征来理解民族责任。按照所谓"志趣相投群体模型"（like-minded group model），只要一个群体出于**共同的**态度采取集体行动，他们就要对该行动所导致的后果负责，即使每一个参与者在参与该行动时可能具有不同的动机。例如，某些新纳粹分子出于对外来移民的仇视，对移民居住的街区采取暴力行为；参与者持有不同的具体动机：有些人纯粹是为了表达自己的政治立场，有些人是因为移民冲击了自己的工作机会或生活条件而心怀不满，另一些人则完全是出于个人私利。他们在暴力行为中也扮演了不同的角色。但是，只要他们都是因为享有共同的目标或观点、持有相似的理念而采取暴力行为并协作完成暴力行为，他们就对由此造成的伤害负有集体责任。与此相比，合作实践模型（cooperative practice model）并不要求参与者具有共同的身份或享有共同的目的或理念，而是认为，只要人们参与了某个实践并从中获益，他们就要以某种方式分担该实践所导致的结果。例如，在前面提到的乡村企业的例子中，只要所有村民都从村办工厂中获得某种好处，他们就要分担由于将废水排入河流而对下游人民所造成的伤害的责任。由此可见，如果存在着民族责任的话，它确实具有这两种模型所暗示的一些特征。

但是，在试图按照这两种模型来理解民族责任时，也会产生一些复杂问题，其中一个问题值得特别关注，即集体责任与成员的个别责任的关系。在

---

① Miller (2007), pp. 124-127.

② 例如，一些学者论证说，我们需要从一个国家的国民品格、它所处的状况及其社会结构这三个方面来探究作恶的集体责任。参见 Arne Johan Vetlesen, *Evil and Human Agency: Understanding Collective Evildoing* (Cambridge: Cambridge University Press, 2005)。

上述例子中，我们可以设想，某些村民已经意识到将废水直接排入河流中是不合适的，他们将自己的想法告诉村委会，要求立即停止这种做法，但其建议并未得到采纳。现在的问题是，在追究对下游人民进行赔偿或补偿的集体责任时，这些有良知的村民也应当分担责任吗？如果他们在抗议失败后也拒绝领取村办工厂的福利分红，那么看来他们就可以避免承担责任，因为他们不仅没有参与这种做法，也拒绝从中获益。假若在他们的建议不被采纳后，他们迫于社会压力（包括来自家庭内部其他成员的压力）而依然接受分红，那又如何？按照米勒的说法，在这种情况下，他们是否应当分担集体责任，在很大程度上就取决于他们反抗一项集体决议的代价究竟有多大。如果他们需要承担的代价是普通人不能被合理地指望承受的，那么他们大概不应被认为要分担集体责任。例如，在一个本来就很贫困的乡村中，如果他们的坚持会导致全家因为得不到红利而失去基本的生存条件，而且他们也没有其他办法改善家庭的生活状况，那么他们大概会迫不得已而不再出声。①

合作实践模型涉及一项责任的公平分配的要素，与此相比，志趣相投模型并不依赖于这样的要素。只要某些人因为志趣相投而构成了一个群体，其集体责任就不取决于权利、地位或其他利益在该群体成员当中是如何分配的。因此，即使一个人已经移民到其他国家，他也要因为民族身份所具有的那种历史联系而分担民族责任，即使他无须用一种特别具有实质性内容的方式这样做，例如，他大概只需特别关心媒体对战后犹太人生活状况的报道。

当我们转向民族身份与公民身份的关系时，民族责任就呈现出另一种形式的复杂性。甚至在由单一民族所构成的国家中，如果政府并未充分表达人民的意愿，例如，各种政策并不是在充分的民主协商的基础上形成的，那么人民就未必能够对国家行为及其后果负责。例如，在一个实行专制统治的国家，如果大部分公民是因为权力阶层通过出卖国家资源而陷入极度贫困的状况，那么贫困的责任至少并不完全在于公民自身。而在一个由多民族所构成的国家中，如果少数族裔处于受到统治阶层排挤、剥夺或压制的

① 在这里我将不考虑他们或整个村庄实际上所处的状况是否本身就是由某些不公正的条件造成的，例如，政府腐败导致公民的基本生存条件得不到满足。

状态，他们大概就说不上要对国家行为及其后果承担责任。一般来说，在一个国家中，民主化程度越高，成员越多地具有他们自己所能认同的价值观和政治信念，民族责任也就越强。

一旦我们已经澄清了民族身份和民族责任的概念，我们就可以看到，民族身份确实就像米勒所说的那样是一把“双刃剑”。① 共同的民族身份使得具有该身份的人们彼此形成了特殊的责任或义务，愿意为了共同体的共同利益和其他同胞的利益而牺牲自己的部分利益，他们共同创造了其他人并不分享的公民友爱和团结，因此就能为实施某种平等主义再分配提供基础和起点，对公共的政治文化的分享也可以让他们明确地确定这种分配正义的目的和内容。既然民族身份造就了要对集体行动负责的共同体，一个民族的成员就要对他们集体地采取的行动及其后果负责，其中包括由于在历史上对其他民族采取了不公正行为（例如实施殖民统治并掠夺被殖民国家的资源和劳动力）而补偿后者的责任，也包括由于参与制定和维护不公正的世界秩序而对其他民族造成伤害的责任。正如米勒所说，“民族责任可以被用来辩护某种形式的全球不平等，也可以被用来辩护某种制度变革，例如一种要求富裕国家对贫困国家实行某种资源转移的制度变革”②——只要后者的贫困状况事实上是由前者造成的。

然而，贫困可以是由多重因素引起的，因此，在处理对于全球贫困者的责任时，我们也应该充分认识到责任指派的复杂性。从大的方面来说，贫困可以是天灾的结果，也可以是人为的产物，而且，在当今世界，人类实际上有能力消除主要按照经济指标来界定的极度贫困。③ 因此，这两种主要因素之间就可以存在复杂联系。例如，按照阿玛蒂亚·森的著名研究，甚至在一个国家发生大规模饥荒的情况下，贫困也未必就是饥荒所导致的——人们因为受到剥夺而缺乏购买力也是贫困发生的一个主要原因。④ 换句话说，假若发生饥荒的国家本来就可以采取更加合理和公正的制度安排，本来就

---

① Miller (2007), pp. 265-266.

② Miller (2007), p. 266.

③ 只要贫困或富裕确实与制度的本质具有重要联系，在根本上消除贫困就并非易事，大概也不是一件一劳永逸的事情。

④ Amartya Sen, *Poverty and Famines: An Essay on Entitlement and Deprivation* (Oxford: Clarendon Press, 1981).

可以明确地认识到保障人民基本权益的重要性,那么很多人就不会仅仅因为饥荒而死去。如果贫困并不是由无法明确地界定的**人为**因素造成的,或者,即使能够发现某些人为因素,但对其本质或来源也有强烈的争议,那么有能力缓解贫困的国家或人民就需要承担**人道主义**援助的责任。例如,我们可以设想,某个社会本来就生活在贫瘠的土地上,不仅缺乏满足基本需求的当地资源,也缺乏现代生活所要求的基本教育和技能,而且与其他国家或社会长期隔绝,因此甚至无法将稀缺的自然资源转变为能够换取生活必需品的物质产品。进一步假设这一切都不是他们自身的过失。有人或许认为,既然人们在历史上只是偶然占有某片土地,因此,只要地球上的原始资源属于全人类,就应该对现存的原始资源进行再分配,以满足资源匮乏的人民的基本需求。正如前面所指出的,尽管这个建议并不是原则上不可行的,但其实际实施会产生很多有争议的问题。在这种情况下,国际社会(特别是富裕国家)就应当对这样一个社会实行人道主义援助,不管这样做是出于人类彼此具有的自然情感(尽管这种情感的本质和来源不是很容易得到说明),还是出于某些实用的考虑(例如,甚至自然原因造成的绝对贫困也可以对全世界产生不利影响),抑或二者。

或者,也可以这样设想,这个社会目前之所以缺乏满足基本需求的资源,并不是因为它本来就缺乏充足的自然资源,而是因为其前几代已经决定发展一个奢侈型消费社会,因此就迅速地耗尽了它本来还算充足的资源。如果这种决定当时是在充分的协商下形成的并被继续采纳(或许因为奢侈消费已成为该社会的一种风尚),那么该社会目前的社会成员大概就没有理由要求其他社会向他们转移资源,甚至将此视为正义的要求。或者,尽管这个社会缺乏满足日常需要的常规资源,但它具有一种其他国家迫切需要的稀有资源,例如生产电子元件器件必需的某种元素。不过,该社会的人民缺乏将这种元素提纯的知识和技能,而且是由于自身的过错而缺乏这种知识和技能,例如,其公共文化拒绝一切现代科技,也拒绝以某种方式出售自己土地上的任何资源。在这种情况下,国际社会可以出于人道主义考虑而援助他们,但是,国际社会更有理由让他们认识到设法改变其公共文化(至少改变其中某些导致贫困的要素)的重要性。正如米勒正确地指出的,我们不能将贫困者简单地看作纯粹消极的受动者(patient),同时也应当将他们看作“能够对自己做出的抉择负责的行动者”——“我们总是需要从一种双重视角来对我们的人类伙伴做出回应”，将他们看作“既是有能力对其行动所导致的后果负责的行动者，又是在没有他人帮助的情况下就不能过上得体生活的脆弱而贫困的存在者”。[①] 人类需要合作才能过上繁盛生活，但是，既然人们已经生活在特定的公共文化和价值观念下，因此就会对“如何生活才是有价值或有意义的”形成不同的理解，并且强调自主的选择或决定在这种生活中的重要性，那么，对于他们自己的行动和选择及其可能产生的后果，他们首先就应该具有明确的责任意识。

我们确实应该在这种双重视角下来看待与贫困相关的责任的指派和分配，因为不管我们是出于何种考虑而决定缓解或消除全球贫困，这样做都是为了在造就一种更加合理公平的全球秩序的同时，塑造每个社会对其人民、对其他社会的责任意识。这不是要否认某个国家或人民的贫困或许是由他们不能负责（或者不能完全负责）的因素引起的。然而，鉴于贫困的根本原因在于制度，消除或缓解贫困的最重要的方式也在于制度变革（包括调整产业结构和经济政策），我们就需要按照贫困发生的具体原因来考虑责任的指派或分配。假设我们试图理解某个国家的儿童所遭受的困苦，例如营养不良、缺乏基本的医疗条件、为了生计而做童工等，我们或许认为，这种情况是该国首脑及其追随者所导致的，因为他们为了维护自己的统治而将大部分财政支出用于军事开支；又或许要归因于某些国家对该国实施的经济制裁；也许甚至要归咎于该国人民，因为每个民族都有责任照顾自己的孩子。但是，即便我们正确地鉴定出这些原因，也还有一个如何正确地指派或分配责任的问题，因为不仅每一个原因都可以用不同的方式促成这种状况，而且它们之间也可以存在一些复杂联系。

在这里，我们不妨以补救责任（remedial responsibility）为例来阐明责任的具体指派的复杂性。让我们首先假设，当人们（某个人，某个人民）并非出于自身的过错而受到伤害时，他们应当得到某种补救。我们暂不追究这种责任的本质，不过，显然至少有一些补救责任属于正义的责任。例如，如果 A 为了自己（或与自己具有特殊关系的人）的利益而采取了侵犯 B 的正当权益的行动，那么 A 就有对 B 受到的伤害进行补救的责任；或者，如果富裕国家的人民参与施加不公正的全球秩序并从中获益，从而使得某些国家

① Miller (2007), p. 237.

的人民变得更加贫困，那么他们就对后者负有补救责任。然而，在某些情形中，补救责任未必是正义的责任。如果某些人完全是因为自然灾害而变得贫困，那么，不论补救责任要由谁来承担，这项责任显然不是正义的责任，而是人道主义援助的责任。但是，不管我们如何设想补救责任的本质，都会存在一个问题：补救责任究竟应当由谁来承担？我们不难设想一些关于责任指派的原则。[①] 最明显的是，如果 A 对 B 的伤害满足了道德责任(moral responsibility)的基本条件[②]，例如 A 有意伤害 B，他不仅明白自己采取的行动可能导致的后果及其本质，也能自主地控制其行动，例如，A 不是在受到外在强迫或内在强制的情况下采取行动，那么他就要对其所造成的伤害负责。在这个意义上，某些国际组织要对其所造成的伤害承担道德责任。例如，某些申请加入世贸组织的国家不得不接受一些对它们来说显然不公平的条款，而世贸组织不仅明确地知道这一点，实际上也想这样做，以便促进或维护某些成员国的利益。甚至因果责任(causal responsibility)也可以产生补救责任。假设在一个下雪天，我因路滑而撞倒了你。我并非有意要撞倒你——实际上，我根本就无法控制自己的行为。不过，我仍然要为此向你道歉，并在你受到伤害的情况下用某种方式赔偿或弥补你受到的伤害。

然而，在这两种情形中，即使责任主体是可以明显地鉴定出来的，责任的具体指派也还是有进一步的复杂性。假设某些国家决定对某个国家实施经济制裁，结果就进一步恶化了该国儿童的生活状况。我们或许认为，该国政府以及对它实施经济制裁的那些国家都对那些儿童的困境负有因果责任。但是，如果这些国家是因为那个国家的政府对邻国造成了严重威胁而不得不对其采取制裁措施，那么它们大概只是预测到了该国儿童会因为制裁而陷入困境，而不是有意将他们置于困境。因此，甚至在按照因果责任原则来确定如何指派补救责任时，我们也需要考虑某些规范要素。我们也可以发现补救责任与道德责任并不完全匹配的情形。例如，假设阿尔伯特、贝

---

① 参见 David Miller，"Distributing Responsibilities"，reprinted in Kuper (2004)，pp. 95-116；Miller (2007)，chapters 4 and 9。

② 如何理解道德责任及其条件是一个有争议的问题，在这里，我对道德责任的条件的理解大致遵循亚里士多德的说法。对亚里士多德的道德责任概念的一个有益讨论，参见 Javier Echeñique，*Aristotle's Ethics and Moral Responsibility* (Cambridge：Cambridge University Press，2012)。

利和克拉克在山间旅行，三人原来互不相识，但贝利不小心摔成重伤，为了尽快挽救贝利的生命，阿尔伯特只能从克拉克那里窃取某种药物——之所以要窃取，是因为克拉克自己也受了伤（尽管伤势不重），也需要那种药物来缓解伤势。阿尔伯特显然要对窃取药物承担**道德**责任，因为他是有意地、自愿地和自由地这样做；不过，在我们所设想的情形中，他也是唯一能够对克拉克承担补救责任的人。这个例子表明，补救责任并非总是与道德责任相吻合。

就责任的指派而言，最困难的情形莫过于需要补救的状况并不是由任何明确的人类行动者造成的。纯粹的自然灾害可能会导致这种状况，但也有一些更为复杂的情形。例如，某个国家由于在历史上受到掠夺而失去了大部分自然资源，因此当今的人民不对其缺乏足够的生存资源负有责任。但是，掠夺者后来在历史上离奇地消失了，不曾留下子孙后代或者与他们曾经具有紧密关系的人。在这种情况下，难道就没有谁需要或应当承担补救责任吗？如果我们想到自己也有可能处于这种状况或类似状况，或者更一般地说，如果我们假设互助和合作是人类生活的一个基本条件，那么坐视不管显然不可能是正确的选择。我们或许出于上述考虑或人道主义考虑而决定帮助陷入这种状况的人们。但是，责任应当由谁来落实呢？不难想到两个原则：第一，一切有能力提供帮助的人；第二，与需要补救的对象具有特殊关系的人们。在个别行动的情形中，第一个原则似乎是直观上合理的。如果一个小孩落水了，附近正好有一位职业游泳队员，那么，鉴于他最有能力提供补救或者最能有效地提供补救，营救小孩就是他的责任。但是，只要需要救助的状况并不是有能力的人们所导致的，这个原则就会招致行为后果主义所遭受的异议。有能力履行补救责任的行动者或许有自己的生活计划，包括他们对某些特定个体负有的特殊责任，因此，要求他们在任何情况下都提供帮助就会侵犯他们的正当权益。第二个原则的根据是，如果一个行动者是**通过共同体的纽带**而与需要补救的对象发生联系，那么，鉴于共同体的成员彼此负有特殊责任，需要援助的人就只能指望与他们生活在同一个共同体中的其他有能力的行动者。例如，如果一栋房屋因为森林火灾而被摧毁，火灾完全是由自然原因造成的，那么当地社区的成员出于共同的情谊就有责任帮助受灾居民。这个原则也可以扩展到不同群体。例如，如果两个社会长期具有紧密往来，那么，当其中一个社会遭受自然灾害时，与其他并不与他们具有特殊联系的社会相比，另一个社会就有更多的责任帮助那个社会，正如米勒所说，"当人们因为特殊的纽带而结为一体时，不管这种纽带是来自共同分享的活动和承诺，还是来自共同的身份、历史或其他来源，他们有理由认为他们彼此也负有特殊责任，这种责任要大于他们对其他人负有的责任"①。但是，这个原则也有两个主要缺陷：第一，它不能说明补救责任为什么也可以出现在并不存在这种特殊联系的情形中；第二，它并未明确指出责任在共同体内部要如何分配。

在这里，我的目的不是提出一个补救责任理论，也不是说明这些关于补救责任的原则或根据究竟具有什么联系，因此可以被整合为某个单一的原则或根据。我只是要表明，在讨论和处理与全球贫困相关的责任时，责任的指派和分配可以是一个极为复杂的问题，要按照贫困发生的具体原因来分析。例如，我们不能笼统地认为，与全球贫困相关的补救责任必定要由有能力的社会来承担，或者要由与贫困社会具有特殊关系的社会来承担。如果一个社会的贫困本身就是由这个社会及其成员所能负责的因素造成的，那么我们就没有理由免除他们应当承担的集体责任。当然，不管贫困究竟是如何发生的，消除或缓解绝对贫困确实是人类应当共同承担的义务，不仅因为绝对贫困剥夺了人的尊严及其基本条件，也因为绝对贫困会对整个人类社会产生很多不利影响，例如会导致各种形式的民族对立和冲突，破坏世界和平的基本条件，甚至会成为国际恐怖主义的一个来源。全球政治-经济秩序应当尽可能公正，特别是要给予贫困国家以更大的发展空间和机会，以便在制度上为落实这些国家的人民的基本人权提供有效保障。除了纠正历史上的不正义并对受到侵害的国家和人民进行某种补偿外，建立更加公平合理的全球背景制度也是全球正义的一项基本使命。但是，如果我们到目前为止提出的论述和论证是可靠的，那么我们实际上没有理由（也没有责任）为了消除或缓解全球贫困而在全球层面上实施一种平等主义分配正义，不仅因为从人性和人类生活的本质条件来看，这样做在理论上和实践上都是行不通的，而且也因为一个充分民主的国家有权决定自己的公共政策和发展道路，其中包括它对分配正义的目的和内容的设想。例如，只要一个国家已经对消除全球绝对贫困做出了积极贡献，它就有权优先考虑国内相对贫

---

① Miller (2004), p. 103.

困状况。从分配正义的本质和目的来看，我们没有理由将整个世界看作一个产生了平等主义分配正义要求的单一共同体，或者一个“世界国家”，正如米勒所说：

> 一个支持平等主义正义原则的共同体……至少有如下三个基本特点。成员必须具有一个共享的身份，即这样一种意识：他们身上有一些独特的东西将他们结为一体；必须有一些共同的理解或目的，它们向该共同体提供了它所特有的伦理风尚；必须有一种代表共同体来行动的制度结构，特别是在监督成员之间的资源配置方面。在目前看来，在当今世界，尽管全球层面上显然有某些形式的互动和合作……但它们并不足以构成一个世界共同体。它们本身并不产生一种共享的身份感或者一种共同的伦理风尚。最重要的是，并不存在一种共同的制度结构，让我们有理由将不均等的结果描述为各种形式的不平等待遇。[①]

全球贫困当然不是人类共同面临的唯一问题。还有一些重大问题也是人类需要共同面对的，例如气候变化、全球公共健康、生物多样性的流失以及瞬息万变的国际紧张局势。如果我们看重每个人类个体的尊严、关心人类未来，那么这些问题都需要在平等地尊重各国人民的基础上，经过充分的民主协商，由各种国际组织和地区组织来设法解决。但是，我们并不需要为此而消除民族身份和国界并建立一个“世界国家”。历史的偶然性使得人们成为具有特定的民族身份、价值观念和文化认同的存在者。这无须意味着他们根本上不能对这些东西进行批判反思，但是，任何恰当的反思也不能完全没有这些东西。而且，他们对生活的价值和意义的理解取决于这种总是具有语境特征的反思认同。因此，总的来说，全球正义的根本使命只在于保证全球性背景制度的公平合理，维护世界和平和保证人类的持续发展。消除全球贫困及其制度原因确实是目前最为迫切的一项任务。平等主义分配正义要求，正如我们已经论证的，最好是在国家内部来落实；这不仅是源于分配正义的本质和目的，而且也是促使一个国家对其命运和发展负责的最重要

---

① David Miller, "Justice and Inequality", in Andrew Hurrell and Ngaire Woods (eds.), *Inequality, Globalization, and World Politics* (Oxford: Oxford University Press, 2002), pp. 197-210, quoted at p. 190.

的方式。最终，值得指出的是，我们无须把我们因为同属于人类而具有的人道主义责任同化为正义的要求，特别是平等主义的分配正义要求。正义确实需要以道德为依托，但是我们不能反过来说，我们在道德上或伦理上应当做的事情也必定是正义所要求的——无论是在国家内部还是在国际层面上，我们称为“正义”的那种东西都具有最为根本的规范重要性，然而，也正是因为这个缘故，我们就不能将一切道德要求都同化为正义的要求，正如我们不能用权利的语言来描述一切伦理关怀和个人关系。[①]

① 对一些与此相关的论点的论述，参见：Michael Walzer, *Thick and Thin: Moral Argument at Home and Abroad* (Notre Dame, Indian: University of Notre Dame Pres, 1994)；Michael Walzer, *Nation and Universe*, *The Tanner Lectures on Human Values*, (Oxford University, 1989)。

第十章　世界主义的未来

我在本书中的论述可能会让读者产生这样一个印象：我根本上反对世界主义观念。然而，这不是我希望留下的印象。正如我从一开始就试图表明的，不管我们如何具体地设想或界定基本人权，基本人权都可以被理解为自我尊重和平等尊严的一个必要条件，应当被赋予每一个人和所有人。我不会否认这个基本观念，因为我已经将它理解为既是正义的一个根本前提，也是正义旨在实现的一个目标。就人权而论，我只是在试图论证两个要点：第一，人权的观念本身需要辩护，因为其根据和复杂性需要澄清；第二，就人权及其制度实现而论，我们应当从一种整体论的和语境主义的角度来看待人权及其落实。我之所以特别捍卫一种罗尔斯式的正义观，主要是因为在我看来，当罗尔斯将政治哲学设想为一种"现实主义乌托邦"时，他对正义及其实现提出了迄今最为合理和成熟的设想。正如我已经尝试表明的，罗尔斯不仅不反对一种关于基本人权的普遍主义观念，反而对基本人权及其与社会正义和全球正义的关系提出了充分合理的论述，因此他可以被理解为分享了一种最低限度的世界主义承诺。但是，他也正确地指出，正义与一个社会的政治文化具有本质联系。他之所以持有这个基本论点，是因为互惠性要求是其公平正义观的本质基础，构成和塑造了杰里·柯亨所说的"平等主义的社会风尚"。互惠性要求可以在与正义相关的各个层面上以不同的形式体现出来。但是，如果这个要求的实现确实与人们所生活的社会及其文化具有重要联系，那么，不论是正义的内容或目标，还是正义原则的合理实现，都与一个社会特有的公共的政治文化密不可分。

从罗尔斯对其正义理论的建构来看，他原则上并不反对如下可能性：如果在国际层面上已经出现了一种与一个社会的基本结构严格相似的全球性基本结构，那么他为国内社会正义所设想的原则同样可以应用于全球层面。但是，关键在于，罗尔斯并不认为将会存在一种全球性基本结构。这个结论不只是来自他对我们所生活的世界的**经验观察**，也是立足于一种**规范分析**，正如我已经尝试按照戴维·米勒等人的观点来表明的。文化多样性是一个重要的人类价值，人们在理想条件下对于自己所生活的社会和文化具有一种归属感和认同感，这对于合理地确立和实现正义的目标也具有至关重要的意义。对各国人民的尊重本质上是对他们自己理性地认同的社会实践和文化传统的尊重，是对他们在规划社会制度和制定发展目标方面所做出的自我决定的尊重。罗尔斯充分地认识到这一点，并且将尊重和实现基本人权设想为对国家的政治合法性和国际正义的一个本质约束。他所要反对的不是一种以尊重和实现每个人的基本人权为要旨的道德意义上的世界主义观念，而是那种倡导建立一个"全球国家"的政治上的世界主义观念。对他来说，后面这种观念恰好表达了他所说的"非现实主义乌托邦"。无论是在精神实质上，还是在方法论上，罗尔斯的正义理论本质上都是一种康德式的理论，而康德自己对于世界主义具有清醒的认识和判断。因此，为了进一步澄清我在本书中已经提出和发展的基本立场，在结束本书之际，我需要对世界主义提出一个必要反思，反思的焦点就是康德自己对世界主义的看法。

一、世界公民的观念

"世界主义"这个概念来自"世界公民"，世界公民的观念最早是由希腊化时期的斯多亚主义者提出的。据说，当锡诺普的犬儒派哲学家第欧根尼被问及他来自何处时，他回答说："我是一个世界公民。"还有一个关于他的传说。有一天，当亚历山大大帝从市集上走过来，对第欧根尼说道："你想要什么，尽管说。"第欧根尼回答说："别挡我道。"第一个传说用一种负面的方式描述了世界主义：一个世界公民并不承认他与任何特定的城邦或国家具有任何特殊联系——他捍卫一种极端的个体主义态度，无视任何社会习俗。第二个传说暗示了一个正面认识，即人的尊严并不取决于一个人在社会上的地位,也与其出身、民族、国籍、信仰等无关。[①] 换言之,每个人都是因为享有某种抽象地设想的人性而具有尊严、值得尊重。这个正面认识产生了托马斯·博格所说的"规范个体主义",这个观点不仅将个人看作道德关怀的终极单元,也要求从一种严格不偏不倚的观点来看待每个人的命运或遭遇,将所有人都包括在道德关怀的范围内。[②] 如果规范个体主义可以被理解为道德意义上的世界主义的基础,那么这种世界主义的核心观念就是:每个人作为"世界公民"都值得平等的尊重和关怀。这个主张**似乎**否认国界在伦理上具有根本的重要性,即使它可以承认国界可能具有策略上的重要性或者工具性的价值,例如,主权国家的存在可以被看作实现每个人的平等尊严的条件的一种有效方式。如果我们在这种最强的意义上来理解世界主义,那么世界主义就意味着,一个人对自己生来所属的文化传统或国家的忠诚在道德上并不具有根本的重要性。

然而,在回过头来反思这种世界主义观念时,我们发现它有点令人困惑,或者说提出了一些令人困惑的问题。在我们日常的理解中,"公民"不同于一般而论的"人":一个公民被认为是与某种政治框架(即通常所说的"政府")相联系、被赋予了某些权利和责任的个体,一个人可以因为某个缘故而被剥夺完整的公民资格,例如在犯罪的情形中;或者失去原来具有的公民资格,例如在移民的情形中。如果我们将关注焦点放在"世界公民"中的"公民"这个概念上,那么这个概念的可理解性就取决于存在着一个根本上消除了国界的全球国家或世界政府。这立即提出了两个密切相关的问题:第一,如果世界公民理想只能通过一个全球国家或世界政府来实现,那么这样一个国家或政府在实际世界中是否能够合理地得到实现;第二,如果全球国家或世界政府没有现实可行性,那么我们为什么要倡导世界主义观念——这个观念对我们来说究竟具有什么吸引力?

---

① 关于世界主义观念的斯多亚来源,参见 Martha Nussbaum (1997), "Kant and Stoic Cosmopolitanism", *Journal of Political Philosophy* 5: 1-25;对于早期斯多亚学派的政治理念及其与世界主义之关系的论述,参见 Katja Maria Vogt, *Law, Reason, and the Cosmic City: Political Philosophy in the Early Stoa* (Oxford: Oxford University Press, 2008)。

② Thomas Pogge, "Cosmopolitanism", in Robert E. Goodin, Philip Pettit and Thomas Pogge (eds.), *A Companion to Contemporary Political Philosophy* (Oxford: Blackwell, 2007), pp. 312-331。亦可参见本书第一章中的相关论述。

为了理解这两个问题究竟是如何产生的，对于我们评价世界主义观念又具有什么含义，我们可以从权利与法的概念开始探讨。权利概念在人类历史上很早就出现了，自然法的概念据说甚至可以在亚里士多德那里找到其思想根源[①]，并在中世纪晚期衍生出自然权利的观念，在16世纪晚期，自然法和自然权利这两个观念得到了系统的发展，进而在古典社会契约理论家那里在政治上得到了切实应用，最终催生了1789年法国革命。但是，自然法和自然权利的观念的这段历史发展有几个特点。首先，在很长一段时间里，权利只是被赋予在社会中具有特殊地位或资格的公民——权利不是被平等地和普遍地享有的，即平等地属于所有人。其次，权利在如下意义上是不对称的：与资格相联系的权利（包括被赋予某些公民的政治参与权）以及负面地设想的权利（例如不受干扰的消极自由权以及保护私人财产不被剥夺的权利）一般来说得到了强调，而拥有基本生存资源的权利则没有得到普遍承认（美国宪法典型地体现了这种不对称性）。洛克认为，既然每个人都是上帝按照自己的形象制作出来的，每个人在上帝面前就都是平等的，因此，就资源的占有和使用而论，一个人应该留下足够多同样好的东西给其他人。然而，这个思想从来就没有被认真看作一项积极权利。最后，自然权利被认为是人"生而具有"的权利，这个主张在法国催生了"人的权利"这一观念。尽管后者仍然不同于当今所说的"人权"，但它成为法国革命的主要思想来源。法国革命受到了所谓"保守主义"思想家的批评，其中包括爱德蒙·柏克、大卫·休谟以及杰里米·边沁。这些批评者之所以被看作"保守主义者"，是因为他们强调权利的概念并不能脱离人们所生活的文化、实践和传统而得到应用。对边沁来说，一切权利都是我们现在所说的"法定权利"，而制度及其实现依赖于一个社会特有的传统和实践。在《论犹太人问题》中，马克思也从一个不同的角度来批评所谓"启蒙运动的人权计划"。在他看来，18—19世纪所宣扬的"人的权利"的观念仍然将权利持有者设想为利己主义个体，权利持有者因此就会强调自己有资格获得某些好处，并由此而忽视人们彼此负有的责任。权利概念是利己主义个体为了自身的利益发明出来的，因此就会将人们彼此孤立开来，妨碍人们形成一个政治共同体，但权利又需要在政治共同体中来实现，因此这个概念本身就会产生一个悖论。

---

① 例如，参见 Tony Burns, *Aristotle and Natural Law* (Continuum, 2011)。

保守主义思想家不仅是在强调权利就其实现而论必须与一个社会特有的文化或传统相联系，也是在强调一个重要观点：如果权利要求相关联的义务或责任[①]，那么相应的义务或责任的承担者或是一个人所属的政府，或是以某种方式与他具有特殊关系的其他人。我们可以设想任何人都有权要求自己的身体完整或人身安全不受侵犯，但是，我们是否能够设想任何人都可以对任何其他人声称自己有权拥有生存的基本条件，甚至有权拥有一个好的生活，不管他们之间具有什么联系，或者根本上有没有联系？当然，我们可以说一个人在道德上有义务帮助他人，但是，在康德这里，这项义务也是一种不完全的义务，而且，对康德来说，道德与法律的一个本质差别就在于，道德不是一种要通过制度来强制实行的东西。当康德宣称政治必须为道德清除障碍时，他不是在说我们必须将一切道德要求同化为法权，而是在说我们必须在政治上构建一个适宜于实现道德理想的社会环境，例如首先通过正义来消除人们之间的强制、剥夺和支配关系。

人显然不能脱离政治共同体来生活，不管他们所生活的共同体是否正义或公正（这是另一个不同的问题）。这是我们在考察或分析任何社会与政治问题时必须尊重的一个基本事实。因此，当普遍人权的观念在第二次世界大战结束后开始出现并得到大肆强调时，按照汉娜·阿伦特的说法，这个观念是**无家可归**的人们的**最终诉求**——人们丧失了自己所能依靠的国家或政治共同体，无依无靠，只能通过诉求自己在失去了任何共同体之后所能具有的唯一身份来保护自己。这种极为单薄的身份只能在“人作为人”的抽象观念中体现出来，是一个人在被剥夺了任何更加具体的身份后剩下来的唯一东西。在这种情况下，人权的观念之所以重要，是因为一个失去政治共同体的人只能通过诉求这种极为抽象的身份来证明自己的合法存在。阿伦特对人权的理解因此就提出了一个重要问题：生活在一个没有任何深厚身份的世界国家，从道德或伦理的观点来看，是否真正可取？[②] 对这个问题的回

---

① 没有义务或责任的权利显然是空洞的，因为只要一个人声称自己有权拥有某个东西，那就意味着某个其他行动者有义务或责任满足其权利的要求，也就是说，让其权利对象得到落实。

② 对阿伦特的人权观的一个有趣论述，参见 Serena Parekh, *Hannah Arendt and the Challenge of Modernity: A Phenomenology of Human Rights* (London: Routledge, 2008)。特别参见该书第一章对人权悖论的论述。

答在很大程度上决定了我们对世界主义的理解和评价。

为了探究世界主义观念的合理性及其在制度实现方面的可行性，我们首先需要做两个基本工作：第一，弄清楚世界主义观念究竟意味着什么，又具有什么吸引力；第二，世界主义可以采取很多不同的形式，不同形式的世界主义在合理性程度上是不同的，当我们在最根本的层面上将世界主义分为关于文化的世界主义和关于正义的世界主义时，我们需要弄清楚这两种世界主义之间的关系，因为这对于我们评价不同形式的世界主义极为重要。

当斯多亚主义者首次提出“世界公民”这个概念时，他们主要是将一种文化含义赋予这个概念——“当人们试图理解和尊重异域文化，四处旅行，能够与来自很多社会的人们友好交往时，他们就被称为世界公民”。[①] 换句话说，将一个人称为“世界主义者”是在描述他所特有的一种生活方式，一种并不限于他所生活的本土文化、对外来文化保持开放并加以吸收的生活方式。在这个意义上，是一个“世界公民”意味着不再持有如下信念：自己生来就继承的文化具有独特的重要性，应当成为自己终身忠诚的对象，与其他文化相比在自己对生活的意义和价值的理解中占据了一个特殊地位。当代保守主义思想家罗吉尔·斯克拉顿将世界主义者描绘为“寄生虫”——一个世界主义者随心所欲地依附于自己偶然感兴趣的任何文化，不再对**任何一种**文化具有深刻认同并将之视为其身份的一个本质要素。[②] 这个意义上的世界主义者尽管声称对一切文化都感兴趣，但实际上并不认同任何一种特定文化。夸梅·阿皮亚描述了这样一个可能的世界主义者理查德·弗朗西斯·伯顿爵士，一位生活在19世纪的英国探险家。伯顿在童年时代就与家人经常在欧洲旅行，结识了很多吉卜赛人，因此被认为适应了吉卜赛人的生活方式，其旅行经历让他学会了很多欧洲语言和方言，在牛津大学学习期间，他还学习了古典希腊文和拉丁文。在21岁被派到东印度公司工作后，他进一步学习了东方世界的各种古老语言。其杰出的语言天赋让他可以娴

① Pogge (2007), p. 312.

② 奎迈·安东尼·阿皮亚著，苗华建译，《世界主义：陌生人世界里的道德规范》(北京：中央编译出版社，2012年)，第9—10页。这里引用的译文参照英文版做了适当修改：Kwame Anthony Appiah, *Cosmopolitanism: Ethics in a World of Strangers* (New York: W. W. Norton, 2006)。

熟而流畅地翻译世界各国古典文学作品，其中包括梵语本的《爱经》和阿拉伯语的《一千零一夜》。阿皮亚写道：

> 伯顿贪婪地吸收世界各地的宗教、文学和风俗，这使他成为一个痴迷于整个人类发明以及各种生活方式和思想方式的人。尽管他从不假装要平心静气地看待一切，但他所拥有的知识让他认识到，他可以从不同视角来看待世界，而这些视角与他得以成长的境界相去甚远。世界主义对世界保持开放，这种态度完全符合在你所寻求的选项中进行挑选的生活方式。①

我们会很自然地指望伯顿将会受益于他对世界各地文化的深入认识和理解，因此学会平等地尊重他所了解的一切社会及其文化。然而，事实会让我们失望：伯顿不仅无数次地漠视他本来可以利用的缓解人类痛苦的机会，而且对某些民族充满了蔑视，甚至肆无忌惮地购买奴隶来帮自己做事。按照阿皮亚的说法，伯顿的例子表明，"你可以真正地投入(engaged with)其他社会的生活方式而不去赞成"②。如何理解这个有点似是而非的说法呢？尽管伯顿展示了他对世界各地文化的痴迷，但是，他或是根本就不认同任何一种文化，或是从自小养育他的那种文化的视角来看待其他文化。他对其他文化中的人们的实际态度表明，后面这种情形对他来说更有可能是真的。但是，如果他持有的是前一种态度，那么他实际上是一个无根的世界主义者——他对异域文化的兴趣只不过是一种兴趣而已，从来就不会对其实际生活产生任何影响。如果他宣称自己并不认同任何一种特定文化，那么他在某种意义上更接近虚无主义，因为他似乎只是在用一个万花筒来看世界，在满足自己的好奇心的同时却不从自己的观察和认识中做出任何承诺，甚至不会去反思他所观察到的其他社会中的人们的艰难困境。

---

① 奎迈·安东尼·阿皮亚 著，苗华建 译，《世界主义：陌生人世界里的道德规范》(北京：中央编译出版社，2012 年)，第 9—10 页。这里引用的译文参照英文版做了适当修改：Kwame Anthony Appiah, *Cosmopolitanism: Ethics in a World of Strangers* (New York: W. W. Norton, 2006)。

② 阿皮亚著，《世界主义：陌生人世界里的道德规范》，第 13 页。这里引用的译文参照英文版做了适当修改。

二、文化与公民

我们需要思考一下成为这个意义上的世界主义者究竟是否可能或如何可能——一个人可以不依赖于任何承诺来认同某个东西(例如某种文化)吗?有一个类似的问题,即一个人不需要利用任何价值观念就可以批评或认同某个价值吗?如果我们认为对后面这个问题的回答是否定的,那么对前面那个问题的回答同样是否定的,不仅因为后者只是前者的一种特例,而且也因为任何承诺都取决于对所要承诺的东西的价值的认识。不过,文化认同的情形比较复杂,因为它涉及如何思考或理解文化的本质。世界主义观念的倡导者经常将文化理解为一种不断变化的东西。人们在商贸、旅行方面的往来促进了文化交流和文化融合;不论是个人还是社会,也会为了生存而不断地回应和适应环境变化,而文化适应就是其中最重要的一个方面。在这个意义上说,文化确实不是固定不变的。不过,说文化不是固定不变的,并不是说一个文化没有自身的独特性。一般来说,我们所生活的文化并不是我们每个人自愿选择的结果,但我们所生活的社会或共同体至少部分地是由我们所生活的文化构成的,在人类生活中,前者是某些重要的个人关系和群体归属的来源或根据。[①] 当然,虽然我们所生活的文化是被给予我们的,而不是我们自愿选择的结果,但是,甚至在我们生来就属于的文化中,只要我们保持开放的精神,具有适当的理性反思能力,在适当的社会与政治条件下,我们仍然可以反思性地认同或接受其中的某些要素,拒绝接受或抛弃某些其他的要素。杰里米·沃尔德伦论证说,这个事实意味着,假若说文化能够有一个本质的话,那么其本质并不在于其独特性,而在于其中的某些实践、惯例、习俗等,这些东西在人们**所能分享的生活方式**中占据了一定地位,因此就构成了一个文化。[②] 在追问一个社会中的某种实践是否适当时,我们很可能不是按照它在社会上是否流行来做出判断,而是按照它在一个

---

① 谢弗勒已经充分地论证了这一点,参见 Samuel Scheffter, *Boundaries and Allegiances* (Oxtord: Oxford University Press, 2001)。

② Waldron (2000).

社会中得以存在的理由来做出判断。假如我们问一个人:“你为什么遵循一夫一妻制而不是一夫多妻制?”他可能就会向我们讲述一个故事,其中涉及互惠与平等在爱情和婚姻中为什么极为重要,一夫多妻制为什么不能恰当地满足这种需要。在听完故事后,我们可能会接受他对一夫一妻制的合理性提出的说明。但是,如果他对我们说,世上只有一个太阳和月亮,因此人们之间也只能有一夫一妻制,那么我们大概就不会接受他提出的说明。沃尔德伦希望用这个例子来说明,文化认同和文化选择取决于理由,因此,只要我们发现自己有理由选择和采纳某些原本不属于“本土文化”的东西,例如某些价值观或生活方式,那么我们就不能认为文化的本质就在于其独特性,也不能认为对自己生来所属的文化的忠诚是无条件的或绝对的。

然而,沃尔德伦用来表明文化并不具有独特性的论证其实有点可疑:上述例子所表明的是,我们有某些共同的理由(或者至少可以分享的理由)认同包含在某个文化实践中的某些东西。例如,当我们现在倾向于反对一夫多妻制、赞成一夫一妻制时,我们的理由可能来自我们对平等尊重的重要性的理解,而即便我们所有人**现在**都接受了平等尊重的观念,这也不意味着包含这个观念的文化并不具有任何独特性,因为文化并不是一堆互不相干的东西的聚集体,而是一种具有某种程度的统一性和生命力的东西——即便我们在世界上发现的所有文化都分享了某些共同的价值观念,这也不意味着文化没有独特性,正如即使每个人都认同和接受平等尊重的观念,这也不意味着个体没有独特性。假若我们了解桑德尔在《自由主义与正义的限度》中的观点①,我们可能会认为沃尔德伦对文化的看法恰好就是桑德尔所要批评的。桑德尔将批评的矛头指向罗尔斯,认为罗尔斯将原初状态中选择正义原则的个体设想为原子式的个体,一种既没有任何社会关系也没有任何形式的集体忠诚的“无拘无束”的个体。但是,不管桑德尔对罗尔斯的批评是否可靠,沃尔德伦对文化的理解实际上有点复杂——他所要反对的当然就是桑德尔自己认同的那种社群主义观点,即认为文化是一个人的身份的本质要素,而且无论如何都不是一个人能够自愿选择的。

沃尔德伦之所以试图表明我们应当成为文化意义上的世界公民,是因

① Michael Sandel, *Liberalism and the Limits of Justice* (second edition, Cambridge: Cambridge University Press, 1998).

为在他看来，对任何单一文化的认同和依恋都会妨碍我们成为关于正义的世界主义者。实际上，他将自己对文化世界主义的理解与康德在《永久和平论》中的观点结合起来讨论。正如我们下面就会看到的，康德的政治哲学与其道德哲学具有重要联系。不过，在罗尔斯后来将政治哲学理解为"现实主义乌托邦"的意义上，康德对政治的理解实际上是"现实主义"导向的——他的政治立场**在实践的方面**更接近霍布斯的观点，尽管他肯定会反对霍布斯的"绝对主权者"的概念。按照沃尔德伦对康德的解读，康德的政治见解与他对文化的看法具有重要联系。康德采纳了一种自然目的论来表明，地球表层的资源是被造就来供人类共同利用的，人类的自然性情使他们倾向于好奇和探险，不断地寻求新的区域来满足生存需要。一个民族或群体一开始生活在某个地方是一个极为偶然的事实。随着环境的变化和生存资源的欠缺，人们必然要开拓新的疆域，掠夺和侵略其他人或其他群体，甚至实施奴役和种族屠杀。文化在广泛的意义上说本来就是人们为了生存需要而发明的，因此，当人们彼此接近时，文化交融就成为一件不可避免的事情。这是沃尔德伦声称文化并不是固定不变的主要理由：一方面，文化让人们具有了社会属性，或者说塑造了人们的社会属性；另一方面，人类在任何特定时期都不具有充分的社会性，因为人们为了生存总是在不断地寻求资源，不断地掠夺和侵犯他人。在康德这里，正是这种不完全社会化的社会性产生了他所说的对"世界公民法权"(cosmopolitan right)的需要，即需要寻求一套约束来制约人们在与陌生人相处的过程中自认为自己有资格得到的东西，或者当陌生人接近他们时陌生人自认为自己有资格得到的东西。康德认为，只要人类已经在其生活历程中充分地认识到自己经受的苦难，他们迟早会认识到在世界上确立永久和平的重要性和必要性。为此，人们就需要彼此妥协，就如何划分和利用地球上的资源达成某种协议。对康德来说，文化或民族的形成和融合在历史上完全是偶然的，因此人们就不能合理地声称对某个特定区域的占据就是"我们的"。地球表层的资源都是人类共同拥有的，康德所说的"世界公民法权"其实就是人类为了生存发展而共同拥有地球资源的权利。如果人们不可避免地与他人"肩并肩"地生存，那么就需要有一套原则来制约所有人对有限的地球资源的分配和利用。

在这里，我们特别需要关注的是沃尔德伦对文化的看法与他对康德的观点的阐述之间的关系。在总结他自己对康德的解释时，沃尔德伦提出了如下说法：

> 我们与其他人享有地球，他们的行为方式可能不同于我们的，也许是我们很少能理解的，他们可能出于合作和克制而对我们提出某些要求，这些要求可能不同于我们准备服从的要求。我们倾向于跨过一个有界限的区域的表面，或者在其周围游荡。结果，就无法辨别哪个人或哪个群体是我们可能会发现的邻居，就无法辨别我们是按照什么条款与他人合作，或者我们需要适应什么实践。①

这段话暗示了两个要点：第一，如果文化是人们为了生存需要而发明的，那么文化不可能是固定不变的，因此我们就不能有意义地说一种文化的本质就在于其独特性；第二，如果任何一种文化都不是固定不变的，或者至少并不具有某些相对稳定的核心内容，那么我们好像就不能认为，文化是人们的本质身份的一个构成要素，作为一种具有规范含义的东西而要求无条件的忠诚。倘若如此，当人们不可避免地肩并肩生活时，好像也不能**从文化中**挖掘出某些共同的东西，以此作为人们彼此妥协、达成协议的基础或根据。为了实现和维护共同生活的愿望，就只有确立某种共同的**法律**框架，用一种在法律上具有约束力的方式来管理和分配地球资源。

沃尔德伦显然认为，既然文化只是人们为了生存需要而发明出来的，既然人们为了生存需要可以觊觎和抢夺其他人的生存资源，破除这个困境的唯一方式就是通过一种法律框架来确立一种世界国家，从这个目的来看，文化认同也不应当被认为具有任何根本的或独特的重要性。然而，正如我们即将看到的，康德自己恰好对这种做法持怀疑态度。康德确实有理由怀疑，因为任何文化都不仅仅是人们为了生存需要（特别是沃尔德伦在一种霍布斯式的图景下所描述的生存需要）而发明出来的纯粹工具性手段，尽管它可以充当这种手段。如果文化只是这样一种手段，那么人类文明的更加高级的形式（例如各种形式的艺术）就不可能发展出来，可能也无须被发展出来。在当今世界，即使我们仍然倾向于将各种技术发明看作拓展人类需要的工具，但是，我们不仅具有更加纯粹的理论科学，其目的旨在满足我们的好奇心，特别是帮助理解人在宇宙中的地位，而且也需要在道德上反思各种新技

---

① Waldron (2010), p. 238.

术及其应用，而这种反思及其可能性本身就暗示了人类具有超越纯粹物质需求的一面。当然，在关于文化的世界主义和关于正义的世界主义之间确实存在着错综复杂的联系。即使我们确实有理由将正义的观念从有边界的社会扩展到全球层面，我们似乎也没有理由简单化文化与正义的重要联系。实际上，假若存在着地外文明的话，这样一个文明可能就会持有与人类截然不同的正义观，因为其文化根本上不同于人类文化，正如蝙蝠的感知方式不同于人类的感知方式。文化构成了我们用来看待世界的一种视角，因此是让世界向我们呈现出某种意义的一种方式。当然，这并不意味着通过文化呈现出来的东西总是正确的或可靠的，正如我们用来看待世界的任何其他视角也可能会产生错误结果一样。然而，只要我们试图让自己的生活变得有意义，文化就是一种不可或缺的东西。

当塞缪尔·谢弗勒将关于正义的世界主义表征为一种既与社群主义或民族主义相对立、也与罗尔斯式的社会正义观相对立的立场时，也就是说，当他按照博格所说的“规范个体主义”来界定关于正义的世界主义时，他对关于文化的世界主义也提出了如下对比性说法：“关于文化和自我的世界主义与任何这样的建议相对立，这种建议认为，个人的福祉、他们的身份、他们拥有反思性的人类能动性的能力，往往取决于他们在某个确定的文化群体中的成员身份，而该文化群体的边界是合理地清楚的，其稳定性和凝聚力也是合理地有保障的。”[①]这种负面的描述意味着，关于文化或自我的世界主义否认文化是固定不变的(即具有明确的界限或独特性)，因此否认在一个文化中的成员身份具有任何道德重要性。如果文化本身对于一个社会来说是构成性的，如果人们所能形成的个人关系和社会关系以及由此产生的权利和责任及其内容并非与他们所生活的社会毫无关系，那么，我们就不能简单地断言，一个人生来属于哪一个文化与他应当被给予的伦理关怀无关。极端的世界主义者往往认为，文化、国籍、出身之类的东西不是人们自愿选择的结果，因此都是道德上任意的，而道德上任意的东西不应该决定人们在道德上应当得到的考虑。然而，这个抽象的说法本身就掩盖了很多道德上重要的东西。正如我们在前一章中已经指出的，即使某个东西在来源上是

① Scheffler, “Conceptions of Cosmopolitanism”, in Scheffler (2001), pp. 111-130, quoted at p. 112.

道德上任意的，这也不意味着它所产生出来的任何东西也都是道德上任意的，正如人类只是偶然地出现在地球上并不意味着人不具有道德重要性。当然，只要极端的世界主义者将他们所说的这些“道德上任意的东西”从一个人那里剥离掉，一个人似乎就只剩下作为人而存在的抽象身份。这样一种抽象地存在的人究竟是一种什么“东西”呢？在生物学上被称为“智人”的那个物种的成员？抑或世界主义者所说的“世界公民”？纯粹的生物学事实本身显然不能产生任何道德上有意义的结论。但是，我们又该如何设想那个被剥夺了具体身份的“世界公民”的道德地位呢？当然，就像我们在讨论人权的根据时所说，我们可以像康德那样将理性能动性看作人的一个本质标志，但是，我们其实也可以将理性能动性看作人作为社会性动物而逐渐具有的一项成就，其拥有和培养取决于社会的存在，其有效行使也取决于社会目标和社会条件。由此我们不难理解，谢弗勒为什么会认为在世界公民的观念中存在一种模糊性，这种模糊性也会转移到关于文化和关于正义的世界主义上：

> 一旦一个人被看作世界公民，在我们用来理解其特定的人际关系和群体归属的规范地位的方式上，就会存在模糊之处。更确切地说，这里的问题是，既然一个人已经是世界公民，他还能有什么理由特别关注与自己具有某种特殊关系的那些人——这种关系要么本质上是个人的，要么在于在某个更大的群体中的共同成员身份。①

当然，有两种方式解释世界公民身份与一个人所能具有的更加具体的身份之间的关系：第一，世界公民的身份是根本的，更加具体的身份是次要的或从属性的；第二，除了人们在特定社会或共同体中所具有的特殊关系和归属关系外，一个人也可以与一般而论的其他人处于伦理上重要的关系中。我们可以将前一种解释称为“主从关系解释”，它得出了谢弗勒所说的“极端的世界主义”，将后一种解释称为“并列关系解释”，它得出了“温和的世界主义”。但是，这两种形式的世界主义都会面临各自的问题：极端的世界主义意味着，特殊的个人关系和群体归属并不产生独立的行动理由；实际上，就像罗伯特·古丁所认为的那样，它们的存在可能只是人们履行普遍义务的

① Scheffler (2001), p. 114.

一种有效方式,因此充其量只具有工具价值。但是,这似乎不太符合我们对特殊的个人关系以及我们与社会共同体的关系的直观理解——个人关系能够是内在地有价值的,而假如我们确实认同自己所生活的社会(当然,这种认同并不意味着我们根本上不能批判自己所生活的社会),我们就会认为我们与它的关系并不只是工具性的。温和的世界主义同样会面临一个棘手问题:当两种身份所产生的义务发生冲突时,如何解决冲突?换言之,这种世界主义面临任何一种多元主义价值论都会面临的问题。我不是在说任何价值冲突都是可以解决的,然而,同样重要的是,无论是个人还是社会,都不可能总是生活在价值冲突的状态。只要我们试图解决冲突,我们或是需要按照某些东西来权衡发生冲突的价值,或是需要为了生活本身而达成某种妥协,例如在宗教信仰发生冲突的某些情形中。

关于文化的世界主义也存在类似的模糊性。我们大概可以在两种意义上来理解这种世界主义主张:第一,个人无须生活在某个单一的文化传统中就能过上繁盛生活;第二,生活在单一文化传统中的个人不可能过上繁盛生活。第一种理解产生了所谓"温和的文化世界主义",第二种理解得出了所谓"极端的文化世界主义"。前一个主张只是说,为了过上一种充分繁盛的生活,一个人并不一定需要生活在某个特定的文化中。这种世界主义在这个意义上是"温和的"。后一个主张之所以是"极端的",是因为它否认对一个特定共同体的价值和传统的忠诚根本上表达了一种可行的生活方式,并倾向于否认个人与特定文化共同体的关系是特殊责任的一个潜在来源。这两个主张是否可靠,首先取决于如何理解"繁盛生活"这个概念。如果"繁盛生活"并不只是指一种满足了动物性的基本需求的生活,那么它显然就必须包括文化的要素。我们的生活的丰富多彩得益于我们对世界各地文化的了解,而且,这种了解不只是为了增添日常生活的乐趣或者满足纯粹的好奇心,也是为了学会与其他社会友好相处。当我们透彻地理解了一个文化的特异性及其历史源流时,我们至少就可以学会尊重合理的差异,而不是持有一种文化帝国主义心态或者一种缺乏合理辩护的文化优越感。这些都会让我们的生活变得更为繁盛,变得更像一种真正意义上的人类生活——一种能够平等相待、尊重差异的生活。如果关于文化的世界主义指的是对所有其他文化保持开放的态度,那么它就可以是一个合理的主张。然而,在这种理解下,关于文化的世界主义首先取决于存在着各种不同的人类文化——

为了让其主张变得有意义，它首先必须确认任何一种特定的人类文化包含了某些值得去了解或欣赏的东西，当然也会有一些值得批评的东西，因为至少对于生活在一种文化中的个体来说，文化是一种既定的、非反思性的东西。就此而论，这两种形式的文化世界主义实际上都是成问题的，因为任何一种文化都在一定程度上塑造了生活在其中的人们特有的生活方式。

直观上说，正义在于用一种公平合理的方式让人们过上得体的人类生活，或者至少拥有追求这样一个生活的基本条件和机会。因此，如果人们对"好生活"的设想本来就是文化上相关的，那么人们对正义的理解同样也是文化上相关的。因此，我们可以将谢弗勒对文化世界主义的分析转化为如下问题：从文化上说，一种世界主义的生活方式究竟在什么意义上好于一种沉浸于某个单一的、有凝聚力的文化的生活方式？如果一种世界主义的生活方式要求一种文化折中，又是什么东西使得这种折中成为可能？在尝试回答这些问题时，我们需要注意的是，就像沃尔德伦一样，谢弗勒并不否认文化选择或者对某个文化中的某些要素的认同是一种基于理由的活动，而不是一种无理由的盲目信奉或被动接受。甚至选择一种世界主义的生活方式也是需要理由的，例如通过认识到多元文化是有价值的生活的一个来源。但是，如果一个人根本上不能脱离文化来生活，那么，只要他已经生活在某种文化中，他就不能避免内在于文化的特殊关系和群体归属，不管他所生活的文化是单一的或统一的，还是多元的或混杂的。他不能避免的是某种形式的文化认同，但是，我们总是需要用一些东西来认同另一些东西，正如我们总是需要按照某些东西来反思其他东西，否则我们的认同或反思就是无根的，从而会陷入一种根本上就说不上是理性认同或反思的状态。当然，有人或许会说，理性本身就向我们提供了认同或反思事物的能力。但是，如果认同或反思所涉及的是生活实践本身，那么它需要使用的是实践理性而不是理论理性。就实践理性必定具有规范内容而论，它在认同或反思中需要利用的是具有实践含义的规范、原则和理由，这些东西是不能脱离我们所能设想的任何一种社会来设想的，否则我们对理性的运用就不是实践意义上的运用，即使实践理性的运用可以具有某种程度的超越性，例如得出某种在各方的观点中原来都不存在（至少不是明显地存在）的共识。康德需要采纳某些关于人性和人类条件的经验假设，才能从其可普遍化原则中推出实质性的道德义务[①]，而且，在这样做时，他还必须假设人因为潜在地具有道德能力而是平等的，或者应当被看作是平等的。

如果一种“世界主义文化”只是一堆缺乏内在统一性和凝聚力的杂合体，它就不可能向生活提供深层的价值和意义，因为能够具有这个作用的东西必定是一个人具有深刻承诺的东西。在前面提及的伯顿的例子中，我们很难想象伯顿对其所“投入”的文化具有真正的承诺，因为文化对他来说至多只是满足某种好奇心的工具，或者是他将自己看作一个文化意义上的吉卜赛人的象征。伯顿是谢弗勒所说的“随心所欲的文化世界主义者”的典范，而这样一个人在某种意义上就类似于哈里·法兰克福所说的“漫无准则的人”(wanton)[②]，一个对自己的生活没有任何理性规划、随心所欲地满足出现在自己身上的任何欲望的人——假若他有资源和能力满足这些欲望的话。这样一个人说不上有一个真正的自我。在这里，值得指出的是，对自己所生活的文化具有某种依恋感和归属感，并不意味着不可能有选择地接受外来文化中的某些要素。因此，谢弗勒正确地指出，即使我们承认文化是流动的，这也不意味着没有任何文化具有自身的独特性。如果我们只能采取理性认同和批判反思的方式来接受和塑造某个文化，那么一个人生来所属的文化就在本体论和认识论上具有某种优先性，因为他首先是利用这个文化来形成一个看待世界和他人的观点。因此，极端的文化世界主义看来不可能是一个合理的选项。假若我们接受温和的文化世界主义，我们就会碰到在关于正义的温和的世界主义的情形中所碰到的类似问题，即如何调和两种价值之间的关系：一种价值是与对所有人的平等尊重相联系的平等和正义的价值，另一种价值是与特殊的个人关系和群体归属相联系的价值。这两种价值都是我们在现实生活中必须面对的和需要考虑的。玛莎·努斯鲍姆认为，我们在这里面临一个两难困境：如果我们有义务平等地尊重每一个人和所有人，也有义务履行特殊关系所产生的特殊责任，那么，在二者发

---

① 参见 Kant, *Groundwork for the Metaphysics of Morals* (translated and edited by Mary Gregor, Cambridge: Cambridge University Press, 1998), 4: 421-424。

② Harry Frankfurt (1971), "Freedom of the Will and the Concept of a Person", *Journal of Philosophy* 1: 5-20.

生冲突时，我们如何选择？[①] 谢弗勒将这个困境表述如下：

> 要么我们必须表明，特别关心与我们具有特殊关系的人们是造益于全人类的一种有效方式，要么我们必须假设，那些人只是值得比其他人多一点关注而已。我们无法做到的是确认所有人都值得平等对待，同时又坚持认为我们与某些特定的人的特殊关系要求我们特别关注他们，不管这样做会不会促进全人类的利益。换言之，努斯鲍姆的两难困境意味着，为了将特殊关系和群体归属处理为理由和责任的独立来源，就要付出代价，这个代价就是，我们必须否认人们值得平等对待。[②]

在谢弗勒看来，努斯鲍姆鉴定出来的困境实际上并不是一个“真实”困境。谢弗勒的论证关键地取决于他在其他著作中发展出来的一个基本主张，即我们不可能将特殊关系理解为仅仅具有工具价值。将亲情、友情和爱情之类的特殊关系看作只是实现个人目的的手段，不仅有悖于我们对这些关系的直观认识，而且也是一种病态的做法。[③] 如果谢弗勒的论证是可靠的，那就意味着特殊关系所产生的义务并不是来自我们对待其他人的普遍义务。特殊关系产生了内在于这种关系的特殊理由，若不按照这种理由和相应的要求来行动，我们就说不上拥有这种关系。当然，我们对特殊义务的履行不应当违反我们对待其他人的消极义务，例如不要伤害他人的身体完整或人身安全的义务，不要妨碍他人自由的义务。但是，就积极义务而论，在资源、能力或机会有限的情况下，我们可以正当地选择优先考虑与我们具有特殊关系的人。换句话说，特殊关系提供了偏离普遍的平等要求的正当理由，允许我们在不违背对于他人的消极义务的条件下，用一种不平等的方式来对待与我们具有特殊关系的人们。当然，我们也可以补充说，特殊关系

① Martha C. Nussbaum, “Patriotism and Cosmopolitanism”, in Martha C. Nussbaum and Joshua Cohen (eds.), *For Love of Country*? (Boston: Beacon Press, 2002), pp. 3-20. 这个困境其实就是麦金泰尔所说的“在自由主义的无人格性的道德和爱国主义道德之间的根本对立”。参见 Alasdair MacIntyre, “Is Patriotism A Virtue?”, The Lindley Lecture delivered at the University of Kansas, March 26, 1984。

② Scheffler (2001), p. 115.

③ 例如：Samuel Scheffler, *The Rejection of Consequentialism* (revised edition, Oxford: Oxford University Press, 1994); Samuel Scheffler, *Human Morality* (Oxford: Oxford University Press, 1993)。

不应当违背程序公正和机会平等的原则。总而言之，我们不能将特殊关系所产生的义务和责任归结为普遍义务和责任。努斯鲍姆所说的“两难困境”之所以并不真实，是因为特殊的个人关系和群体归属提供了责任的“基础结构”。谢弗勒对这种基础结构的重要性提出了如下论述：

> 共同体往往提供了一种制度性框架以及一套相当复杂的心理机制，在这种框架内，特殊关系所产生的责任可以得到履行，那套机制则有助于培养和支持个人为了可靠地履行职责而必须具有的动机。简而言之，共同体往往向个人提供了对其责任的合理地清楚的阐述，鼓励他们发展将会导致他们履行这些责任的动机。共同体向他们提供了可以被称为“责任的基础结构”的那种东西。与此相比，过一种随心所欲的世界公民生活的人们，已经切断了将他们与特定的共同体和传统联系起来的纽带，因此就失去了这样一个共同体所提供的基础结构。实际上，个人之所以往往受到一种世界公民的生活方式的吸引，正好是因为他们觉得一个特定的共同体的基础结构过于狭窄或过于沉重，因此就试图疏离它。这样一来，问题就在于，世界公民的生活可能并不具有一个用来替代这种基础结构的现存方案。①

如果特殊关系对于个人生活来说极为重要，而为了维护这种关系，人们就需要确实履行它所产生的责任，或者满足彼此间的合理期望，那么谢弗勒所说的那种基础结构和心理机制就是必不可少的。当然，谢弗勒并没有明确断言一种世界公民的生活方式不可能具有所需的那种基础结构和心理机制，但是，只要世界主义者并不深刻地认同和承诺任何一种特定文化，我们就有理由怀疑他们能够具有真正有价值的个人关系——事实上，假若他们正是因为感觉到了特殊关系和传统的重负而决定成为所谓的“世界主义者”，他们根本就不可能培养和发展任何有价值的特殊关系和群体归属。由此看来，极端的世界主义确实缺乏充分合理的根据。由此我们不难理解阿伦特提出的一个主张：当一个人被迫切断与任何共同体的联系时，他最终只能诉求人权的观念来证明自己的存在。但是，被活生生地切断这种联系确实不是也不应当成为人类生活的常态。而只要我们恰当地理解了特殊关系

① Scheffler (2001), p. 125.

的本质和来源，温和的世界主义呈现出来的那个两难困境也未必是一个真实困境。这个结论对于我们理解世界主义观念的制度实现及其与民族主义或社群主义的关系显然具有重要含义。

如果我们不能将自己转变为彻底的心理利他主义者，并用一种严格不偏不倚的方式来看待和对待所有人和每一个人（不管他们与我们有没有特殊联系），那么我们就需要一个正义理论来协调特殊关系和群体归属的价值和平等地尊重所有人的价值之间的关系，特别是当二者发生冲突时。世界主义的正义观既可以应用于个人，也可以应用于制度，也就是说，个人和制度都要严格遵守平等地尊重所有人的要求。正如我们在第三章中已经指出的，尊重是一个复杂的概念，平等尊重也未必要求平等对待。如果特殊关系确实具有不能按照"平等地对待所有人"的原则来衡量的独特价值，那么它们至少就应当在个人生活中占据一种特殊地位。这个要求实际上可以被看作一个合理的道德的要求，不管我们如何解释"'应当'蕴含'能够'"这个元层次原则。因此，我们应当放弃博格所说的"伦理世界主义"，即如下主张：无论是个体行动者，还是国家或制度之类的集体行动者，都要严格遵守平等地尊重所有人的要求，致力于实现平等尊重的条件。当这个要求被用作评价个人行为和制度行为的**单一**标准时，它产生了所谓"一元论的世界主义"。[①] 这种形式的世界主义旨在将世界主义的核心观念当作一个纯粹的**伦理**标准，用它来评价个人行为或制度表现。然而，在第七章中，我们已经表明，通过任何一元论立场将正义与道德混为一谈并不可取，甚至在正义问题上，我们也应当实施罗尔斯意义上的制度分工或责任分工。在道德生活的领域中，行为功利主义之类的一元论观点会产生过分严厉的道德要求，采纳一元论的世界主义也会产生本质上类似的问题，因为这种观点要求我们放弃特殊的个人关系和群体归属。如果我们必然要生活在某个共同体中，如果分配正义本身就与任何社会的公共的政治文化具有紧密联系，那么一元论的世界主义对我们来说就不可能成为一个合理取舍，因为其落实不仅要求我们放弃特殊关系和个人承诺，也要求一种彻底抹除各个文化的特异性及其差异的"世界文化"，但是，我们并不清楚这样一种文化究竟是什么样

① 关于这两个概念，参见 Pogge (2007), pp. 312-313, 321-330。博格自己对伦理世界主义或一元论的世界主义持批评态度。

子。就像罗尔斯的正义观所暗示的,我们能够合理地做的,是在充分尊重所有个体和所有人民(包括他们自己认同的文化)的前提下,参与确立和维护各种正义制度,参与纠正和修复各种形式的不正义。当我们将各种形式的制度设想为正义的首要主体并自觉遵守相关的公共规则时,我们仍然为自己留下了自由地追求个人生活目标(包括特殊关系、个人承诺以及对某个群体的理性忠诚)的空间。我们不可能在文化上成为随心所欲的世界公民,与此同时,我们也无须成为**政治意义**上的世界公民,不仅因为我们既不可能也不应当确立一个单一的世界国家,更重要的是因为,只要各种形式的制度得到合理而公正的设计,我们本来就可以在基本的意义上实现平等尊重的理想,而无须放弃我们自己对特定文化和特定传统的忠诚。

三、康德论政治社会与永久和平

以上论述为我们理解康德自己对待世界主义的态度设定了一个基本背景和议程。康德的世界主义观念与他对政治哲学和历史哲学的总体设想相联系。在这里,限于篇幅,我只是重点关注三个方面:第一,康德的政治思想的主要来源;第二,他的政治哲学的基本观念,特别是他对政治与道德之关系的论述;第三,他的世界主义观念。前两个方面旨在为恰当地理解第三个方面提供一个基础。①

大致说来,康德的政治哲学一方面是他对自己所生活的时代的政治状况和政治条件进行反思的结果,另一方面则与他对人类的历史命运和道德进步的思考具有重要联系。就第二个方面而论,康德的政治哲学可以被看作他对人类道德进步的可能性提出的一套政治构想。换句话说,康德对政治的思考本质上立足于其道德哲学的基本理念。因此,理解康德的政治哲学的一个关键,就是要审视政治学在其批判哲学(特别是道德哲学和历史哲学)中的地位。普遍的共和主义与永久和平是康德政治哲学的两个核心论

① 以下论述部分地利用了我在如下文章中的材料。徐向东:《康德与现代政治思想》,载高全喜主编:《从古典思想到现代政制——西方法政思想演讲录》(北京:法律出版社,2008年)。

题。康德认为,普遍的共和主义和永久和平应当存在,因为它们有助于实现人类道德进步,或者更确切地说,是实现人类道德进步的必要的政治条件。康德论证说,假若整个世界成为一种以非强制性的美德规则为基础的普遍的伦理联邦,人类在道德上就会更好。在这样一个伦理联邦中,人们普遍地从一个道德上好的意志来行动,普遍地将人作为目的本身来对待。但是,在现实世界中,人类并不是普遍地处于这种状况:由于各种各样的原因,人们并不总是将彼此作为目的本身来看待。因此,康德就将共和主义和永久和平设想为可以通过法律动机在政治上来追求的**道德**目的。这些目的之所以需要在政治上来追求,就是因为人们并不普遍地具有一个道德上好的意志。

康德的政治思想在实践上受益于他对自己所生活的时代的反思,在理论上则具有复杂的来源。他批判性地吸收历史上很多重要思想家的政治思想,其中包括斯多亚主义、奥古斯丁、格劳秀斯、霍布斯、莱布尼茨、卢梭以及亚当·斯密。[①] 他从斯多亚主义那里接受了一种自然目的论,特别是如下主张:大自然不会做徒劳无益的事情,而是在其功能组织中让每个事物都各司其职;他从奥古斯丁的学说中发展出如下思想:人类的对抗性努力会在人类历史中让某些渺茫的希望得到实现;他继承了格劳秀斯的自然法观念,但将上帝从自然法的基础中剔除,并坚持认为人并非像格劳秀斯认为的那样天生就具有社会性;他接受了古典社会契约理论并加以适当改造;就像莱布尼茨和斯密一样,他认为在人类追求自我利益的活动下面,存在着一种隐藏的模式可以让这些活动变得和谐;就像卢梭一样,他并不相信社会情感可以为理性道德提供可靠的来源,但是,与卢梭不同,他并没有将卢梭所设想的"宪政"组织限制到小型政体,而是提出了一种世界主义的政治组织的主张;然而,在这方面,他又不同于莱布尼茨,并不认为这种宇宙和谐(cosmic harmony)是通过神的力量而获得的,而是将它看作人类历史的产物。康德对于一种世界主义联邦及其可能性的设想,正如我们即将看到的,就是来自他对这些思想来源的批判性统合。

---

① Amélie Rorty and James Schmidt, "Introduction: History as Philosophy", in Amélie Rorty and James Schmidt (eds.), *Kant's Ideas for a Universal History with a Cosmopolitan Aim* (Cambridge: Cambridge University Press, 2009), pp. 1-7, especially pp. 1-2.

社会契约的观念仍然构成了康德的政治思想的基本框架。但是,在古典契约论思想家当中,只有霍布斯被康德单独挑出来批评,尽管他们两人实际上都被同一个基本问题所占据,即如何设想一个公民国家的本质及其政治合法性的根据。霍布斯相信人性是自私的,维护自己的生命和财产是每个人的根本动机。霍布斯试图在这个关于人性的心理假设的基础上,通过社会契约设施来建立一套政治理论。但是,霍布斯由此得到的结论却让康德很不满意,因为他将最高主权者设想为绝对的,从而就产生了专制主义嫌疑。[①] 尽管康德分享了霍布斯的一个核心关注,即如何将"人人彼此为敌"的状态转变成为一个有秩序的和平状态,但他不喜欢霍布斯的结论,不仅因为他厌恶专制主义,更重要的是因为他无法从其道德理论的观点来接受霍布斯的理论的基础。在霍布斯那里,自然状态中的人被描绘为不受任何义务和职责所约束,只是按照自己对如何才能最大化自我利益的判断来行动,而康德则反对将日常意义上的幸福设想为道德的基础,即使他并不否认追求幸福是人的一个自然动机。康德的实际观点是,只要我们将利益(不管是私人利益还是公共利益)看作权利的基础,我们就无法给予权利以一种我们需要认真对待的优先性,从而就无法实现自由意识以及对人的尊重,而这两个东西恰好是其政治哲学的奠基石。

康德更多的是从自然法理论家那里吸取了思想营养。普芬多夫也试图按照社会契约理论来捍卫皇家权力。不过,他在很多方面对霍布斯持批评的态度,例如,在他看来,在按照社会契约来设定主权国家时,人们期望自己得到保护,因此就首先必须有一个契约来确立共同体,然后在共同体和统治者之间再订立第二个契约,以便让自己的利益在社会中能够得到有效保障。康德对古典契约论理论的塑造就在于他把社会契约设想为理性的观念。大致说来,一个理性的观念是一个独立于经验却能够对经验进行调节的东西,这样一个观念本身涉及对一种完备性或绝对总体性的考虑。将社会契约设

① 当然,有些评论者并不同意对霍布斯的这种解释。相关的讨论,例如,参见:Quentin Skinner, *Hobbes and Republican Liberty* (Cambridge: Cambridge University Press, 2008); Susanne Sreedhar, *Hobbes on Resistance: Defying the Leviathan* (Cambridge: Cambridge University Press, 2010); Vickie B. Sullivan, *Machiavelli, Hobbes, and the Formation of a Liberal Republicanism in England* (Cambridge: Cambridge University Press, 2004)。

想为理性的观念符合康德批判哲学的基本精神。在理论领域中，批判哲学是要确立感性和知性**应当**服从的原则，在实践领域中，则是要确立行动**应当**服从的原则。而在康德看来，这些原则必须是普遍有效的，其根据不能从经验中来寻求。康德也对政治学提出了一种类似理解。对他来说，一个政治理论必然是一个道德形而上学的一部分，因为它所要处理的是在社会和政治环境中人们**应当**做什么的问题，也就是说，它关系到确立人们能够用来解决利益或观念的政治冲突的标准。普遍性原则要求社会与政治关系应该用一种普遍的方式来管理，公共冲突应该用一种普遍的方式来解决。因此，一种关于法权的形而上学应该提出先验的理性原则，按照这些原则来评价任何既定的法律体系和判断政治行动可以采取的形式。

卢梭是康德的政治思想的另一个重要来源。卢梭试图构造一种假设性的自然状态来说明目前的人类状况，这个说明采取了一种哲学人类学的形式，提出一个关于人性的学说以及一系列关于社会组织的主张。按照卢梭的说法，人一开始还彼此具有一种自然同情心，然而，随着语言和理性的发展，人与自然或本性逐渐疏远，劳动分工产生了私人财产，也因此产生了阶级划分，最终导致人们彼此疏远。人不可能回到他们在历史上曾经拥有的"黄金岁月"，既然如此，就需要确立一个好的政府来解决在个人和公民、现实与道德、特殊性和普遍性之间的冲突。卢梭论证说，通过自由地同意一个社会契约，将自己的自然权利转让给共同体，人们就可以获得建立在这种契约之上的政治自由和政治平等。因此，唯有通过成为有美德的公民，个人才能充分地实现自己的自由，行使自己的道德权利和责任。对于卢梭来说，社会必须进化到这个阶段，因为在自然状态中，即使人天生善良，他仍然需要时刻提防受到他人支配或者自己支配他人。卢梭由此认为，他自己发现了一个解决个人自由和个人利益问题的方案，其核心观念就是"普遍意志"。在意愿一个人自己的利益时，作为公民，一个人同时也是在意愿对于共同体来说是好的东西。这样，普遍性和特殊性就被统一起来，一个人的自我实现同时也是对所有人利益的实现。①

① 这实际上是德国古典哲学的一个核心论题，对这个论题的一个系统阐述，参见 Allen W. Wood, *The Free Development of Each: Studies on Freedom, Right and Ethics in Classical German Philosophy* (Oxford: Oxford University Press, 2014)。

康德发现卢梭对政治问题的解决很有启示。不过，他也认为卢梭的方案中有很多模糊不清的地方，而且，他对自然状态和普遍意志的解释也很不同于卢梭的解释。二者的差别主要体现在他们各自的自由学说上。对康德来说，政治自由似乎有一个悖论，这个悖论在霍布斯的理论中已经浮现出来。霍布斯论证说，既然自然状态是人人彼此为敌的战争状态，人们就应该通过社会契约进入"公民社会"，以便自然权利（包括自由的自然权利）能够得到保障。在霍布斯所设想的"公民社会"中，唯有通过服从国家制定的法律，一个人的自由才能得到充分保证。但是，法律总是强迫性的，因此就会妨碍个人自由。卢梭认识到了这个悖论并因此而谴责社会。就像卢梭一样，康德也认识到这种强迫行为是人进入"公民社会"的一个必然结果。不过，与卢梭不同，康德认为，为了解决这个悖论，我们只能将它看作文化的一个必要条件。更具体地说，只要我们服从的是自己将会同意的法律，我们就是自由的。这种自由本质上就在于我们所服从的法律是自我施加的——只要我们服从的是自己理性地制定的法律，我们就仍然是自由的。康德并不认为自然状态是一种天真无邪的状态，而是用一种霍布斯式的方式来设想自然状态。他也相信人并非因为进入了社会就被社会所腐化，反而强调说，社会向人提供了文明化的条件。最终，通过自我立法的观念，康德将卢梭的普遍意志转变为一个理性意志。这个意志既不是所有人的统一意志，也不是大多数人的意志，而是一个由理性的观念揭示出来的意志，其目的是向政府授权行使政治权力，强迫其他人遵守普遍法则。

在《道德形而上学基础》以及《实践理性批判》中，康德系统地阐明其实践理性的自我立法学说，并通过这个学说提出了一个崭新的实践辩护概念。在康德之前，实践哲学的基础和第一原则被认为要在客观的观念、宇宙的规范构成或者上帝的意志中来寻求，而即便是在人性中来寻求，所要依靠的也不过是对自我利益的审慎考虑。但是，对康德来说，这些起点都不足以为无条件的实践法则提供一个基础；而是，人类理性只能承认绝对的实践必然性以及通过自我立法而确立的规范。人类能够而且必须服从自己的理性，这既是人的尊严所在，也是人的道德使命。在《道德形而上学》中，康德进一步发展了实践理性的自我立法学说，将理性的自我立法分为法权和伦理两个领域，前者处理私人权利和公共权利的原则，后者处理人的理性目的。对他来说，人性和人类历史构成了道德原则和权利原则在经验上所要运用的领域：通过研究人性和人类历史，我们可以发现这些原则得以应用的条件以及它们所设定的目标得以实现的条件。

康德的道德哲学的基础归根到底就是尊重人的观念，人被认为是作为“目的本身”而存在的。对康德来说，在地球上创造一个作为目的本身而存在的人的王国就是其道德理论的终极目的，在某种意义上也是其政治学说的根本目标。因此，就道德与政治的关系而论，生活在道德法则下的人性就对政治上可允许的东西施加了一个限制性条件，这个条件应该以某种方式对政治产生影响。那么，道德应该如何限制和支配政治实践呢？诚然，康德极为明确地指出，政治若不首先对道德致以敬意，就寸步难行。他的意思是说，从道德的观点来看，人必须被处理为目的本身，因此，如果某种政治实践只是把人处理为实现某些相对目的的手段，那么它就缺乏道德辩护，因此也缺乏政治合法性。但是，政治社会的一个本质特征就是政治制度对**强迫性**手段的使用。这为康德的实践哲学提出了一个非常棘手的问题，因为他将自由看作其实践哲学的奠基石，而如果政治社会使用强迫性手段来强制某些行动，那么生活在政治社会中人们如何能够是自由的呢？换句话说，应该如何设想个人自由在政治社会中的实现呢？

为了回答这个问题，康德需要首先说明政治社会为什么既是可能的又是必然的。康德本质上仍然是按照社会契约模型来设想政治社会，不过，他对“人性”的理解显著地不同于其他契约论理论家的理解。康德既不像格劳秀斯那样认为人天生就具有社会性，为了维护自己的生存和发展而渴望生活在社会中，也不像霍布斯那样认为生活在自然状态中的人们只有自我保存的欲望。他对“人性”的理解更接近于卢梭的观点（尽管他并不同意卢梭的一个主张，即在语言和理性发明之前，人类曾经生活在一种天真无邪的状态），将对抗性（在卢梭那里，人的虚荣心和相互攀比的欲望）看作人类生活的一个本质特征。他用“不合群的社会性”（unsociable society）这个概念来表征人类生活的根本条件：一方面，人渴望与其他人发生交往、相互依赖；另一方面，人也倾向于与他人竞争并由此而变得彼此疏离。[①] 按照康德自己

① 下面对“不合群的社会性”这个概念的分析部分地受益于伍德的论述，参见 Allen Wood, “Kant’s Fourth Proposition: the Unsociable Sociability of Human Nature”, in Rorty and Schmidt (2009), pp. 112-128。

的说法，人所具有的这种禀赋就在于人的本性：

> 人有一种倾向变得社会化，因为在这种情况下他觉得自己更像一个人，也就是说，觉得自己能够发展其自然能力。但是，人也有一种强烈的倾向作为个体来生活，将自己孤立开来，因为他也具有一种对社会不友好的特征，即想要按照自己的想法来支配一切。因此他就期望四处抵抗，正如他自己知道他为了自己而倾向于抵抗他人。正是这种抵抗唤醒了人的一切力量，促使他克服自己的懒散倾向，并通过对荣誉、权力和财产的欲望而驱使他在其他人当中寻求某种地位，而其他人既不是他所能忍受的，也不是他可以弃之不顾的。[①]

康德详细地描述了人性中所存在的这两种对立倾向。一方面，我们渴望与他人交往和一道生活，这种渴望产生了爱和同情之类的"自然"情感，这些情感属于他所说的"自爱原则"，因为在他看来，只是对于那些其品质或行动有益于我们或者让我们能够具有更好的自我感觉的人，我们才会去爱，才会去同情，而只要某人对我们的自尊产生了威胁，我们就不会去爱或同情那人。我们的爱或同情的对象必定是那些在某个方面或者在某种意义上不如我们的人或事物，因为唯有如此我们才会觉得自己的自尊不会受到威胁。不过，尽管康德认为爱和同情之类的情感属于自爱原则，但他并不否认这些情感在适当条件下有益于道德，因此，对他来说，培养这些情感就是我们的一项责任。另一方面，我们不仅不会满足于自然或本性直接给予我们的东西，也试图寻求一种比其他人更高的自我价值。正是这种对抗和竞争推动了人类文化的发展以及对理性的技术性运用，即寻求一切可能的手段或发明来超越自然或本性直接给予我们的东西，以便占据一种比其他人更高的地位[②]，正如康德接着指出的：

> 这些不合群的品质远远说不上和蔼可亲，它们产生了每个个体在促进自己自私的伪装时都必然会碰到的抵抗；若没有这些品质，人就会

① Kant, "Idea for a Universal History with a Cosmopolitan Purpose", in Kant, *Political Writings* (edited by H. S. Reiss, Cambridge: Cambridge University Press, 1991), pp. 41-54, at p. 44.

② 康德将文化理解为一切能够使我们超越自然或本性的东西，因此，他只是在一种纯粹描述的意义上用"文化"这个概念来广泛地指称人类生活的一种无止境的发展的可能性。

生活在一种田园牧歌式的完全和谐、自给自足、相互关爱的存在状态。但是,所有人的才能也都会永远隐藏在一种休眠状态,人就会像他们所照料的绵羊一样性情温厚,几乎不会让自己的存在比这些动物的存在更有价值。他们为此而被创造出来的目的,即他们的理性本质,就会白白浪费。自然培养了社会不睦、嫉妒性的竞争虚荣、对财产乃至权力贪得无厌的欲望并因此而应当受到感激。若没有这些欲望,所有人的卓越的自然才能就永远不会被焕发出来并得到发展。人希望和睦,但是自然更了解什么东西有益于它所创造出来的物种,因此就希望不和睦。人希望过着安逸快乐的生活,但是自然想要人放弃慵懒以及怠惰的自足,想要人颠沛流离、辛苦劳作,以便人可以通过自身的机敏而发现接下来将自己从这些东西中解放出来的手段。自然的冲动——人的非社会性和连续不断的对抗的来源——让这变得可能,但是,它们在引起如此之多的恶的同时,也激励人不断地行使其能力,进一步发展其自然才能。①

在《具有一个世界主义目的的普遍历史的观念》中,康德是在诉诸一种自然目的论来说明人类文明和理性能力的发展究竟是如何可能的。他所利用的这种自然目的论并不意味着大自然本身就是有目的、有意图的,而只是他用来理解人类历史的一个调节性观念,正如他在《判断力批判》中也使用目的论观念来说明我们对自然的系统认识是如何可能的。对康德来说,一个人类存在者的自然能力,就像其他被造物的自然能力一样,迟早都会得到完备的发展,就好像大自然已经为人类能力的发展设定了一个预定目的。康德试图按照他对生物学的认识来辩护这个主张。在他看来,我们在生命有机体中发现的各个器官都有其目的,而当我们把人类看作自然界的一个部分时,在自然界呈现出来的整个模式中,我们也可以发现,人类也具有一个有待于实现的目的,即人被给予的自然能力的全面发展。然而,为了理解这个思想,我们不得不回到康德在《判断力批判》对反思判断的可能性的论述。在《纯粹理性批判》中,康德已经论证了知性范畴的可能性,而且,他也通过先验演绎确立了作为调节原则的"理性的观念"。但是,《纯粹理性批

① Kant (1991), p. 45.

判》尚未解决概念是如何可能的问题,康德后来对"反思判断"的分析旨在解决这个问题。康德论证说,为了让我们对自然的经验研究取得富有成效的成就,我们就必须假设,我们所发现的各个特殊的自然规律在自然的根本层次上具有某种统一性,就好像自然本身已经呈现出某种目的性,让我们可以通过经验研究来把握其本来面目。不过,尽管我们在自然产物那里发现的那种"自然的合目的性概念对于我们在自然方面的判断力是必不可少的",但这个概念"不是关系到对客体本身进行规定,而是理性对判断力提出的一条主观原则,作为一条调节性原则,它对我们人类的判断力来说是必然有效的,因此就好像是一条客观原则"①。这就是"无目的的目的性"这一思想的基本含义,也就是说,自然界本身实际上是无目的的,不过,为了对它进行系统探究,我们就必须假设它是有目的的。

《普遍历史的观念》可以被理解为康德对其历史哲学的概述,而理解其历史哲学的关键就在于理解从"自然目的论"到"历史目的论"的转变,因为他试图表明人类历史总体上说(即从整个人类历史发展的视角来看)是有目的的。对康德来说,正是这个**信念**,作为一个调节性原则,引导着人类进步,并最终在地球上实现永久和平。康德用两个基本观念来说明这种转变。第一个观念所说的是,在人这里,以理性的使用为目的的自然能力,必须被看作是在整个人类那里,而不是在人类个体那里,才能得到充分发展。人类个体诚然可以通过利用自己的理性来了解到自己应该做什么。但是,在这样做时,我们对自己的生活状况的把握就会远远地超越我们的经验能力。理性不可能一夜之间就改变世界。理性必须不断地尝试和实践,才能逐渐实现自己从一个阶段到下一个阶段的进步。这样,个人为了完善自己所具有的自然能力,就不得不过一个相当漫长的生活,但是每个个体的生命都是有限的。康德由此认为,自然不会徒劳无故地将思想和推理的能力赋予我们。换句话说,自然不会已经将理性能力赋予我们,除非它本来就意图人类最终生活在一个和平与和谐的世界,以便他们可以在最充分的意义上发展和利用自己的理性。因此,人类历史上的一切事件都不是徒劳无益地发生的——无论好坏,它们都是要让人类吸取某些教训,以便他们能够正确地运

① Kant, *Critique of the Power of Judgment* (edited by Paul Guyer, translated by Paul Guyer and Eric Matthews, Cambridge: Cambridge University Press, 2000), 5: 404.

用自己的理性。康德的第二个基本观念就是人的“不合群的社会性”。一方面，人类个体在很多方面都不是自足的，例如，不论是在尝试满足基本需要时，还是在渴求关心和爱护时，他们都彼此依赖，因此必然要与他人交往并形成某些社会关系；另一方面，自然也会让人彼此竞争，为了实现某种形式的自足而迫使人发展自然潜力。因此，人性中一方面有对合作和依赖的渴望，另一方面也有一种不合群的倾向。正是二者之间的张力驱使人进入社会，因为唯有生活在社会中，人才有可能获得一种彼此相容的最大自由。康德由此认为，正是自然帮助人类解决了个别的人类理性无法解决的问题。

按照康德的说法，人与其他动物的本质差别就在于人具有理性本质，因此不像其他动物那样只是本能地行动。但是，康德也相信人类理性在任何一个人类个体的一生中都不可能获得充分的发展，因为在人类具有的那种“不合群的社会性”中，社会性的方面只不过是人类原始的动物性禀赋的一种更改，本质上与人类幸存和繁衍的本能相联系，而不合群的那个方面恰好与人性的禀赋相联系。这种理性禀赋就在于，作为**自由的**存在者，我们能够为自己设定目的，寻求手段来实现目的，并以幸福的名义将各个目的组合为一个整体。换句话说，与我们的人性相联系的理性能力，就是采取必要手段来实现目的的工具理性能力以及谋求幸福的审慎理性能力。这种理性能力属于康德所说的“自爱”，在与“要高人一等”的欲望相结合时就会导致社会竞争和社会不睦，尽管同时也推动了人类文化的发展。如果人类仅仅满足于其动物本能将他们置于的那种满足、懒散的状态，那么人的理性本质的尊严就永远得不到实现。在康德看来，正是人性中的那个没有被完全社会化的方面让我们超越了这种状况，就好像大自然已经为人类设定了一个目的，要求人类为了实现这个目的而超越单纯的动物性。但是，理性能力的工具性和技术性的运用和发展不仅不是人类生活的终极目的，反而产生了一系列新问题，因为这种运用和发展本质上是由对荣誉、权力和财产的欲望来推动的，因此不仅会导致严重的人类不平等，就像卢梭敏锐地认识到并强调的那样，也会妨碍道德平等的实现，而人的道德平等是康德竭力倡导和格外珍惜的一个理想。他希望借助于一种自然目的论来说明这个理想如何能够得到实现——人如何能够超越自爱的倾向，将其他人看作与自己在道德上平等的个体。

然而，任何人类个体在一生中都不可能完全实现这种自我超越，因为自爱仍然是个体生命最根本的动机原则——甚至当一个人寻求某人的陪伴时,他也是出于自爱的动机而这样做,而一旦他发现这个人在这方面没有用处,他就会弃之不顾,转而寻求其他在他看来对自己有益的人。正是这种态度使得人不可能被充分地社会化。卢梭意识到了这个问题并由此认为,为了解决这个问题,就需要用政治来塑造社会并由此实现对人性的转变。在卢梭看来,在人性的原始构成中,与社会性最接近的东西就是一种对遭受不幸的人进行怜悯或同情的倾向,但是这种未经培养的倾向不会普遍地产生我们所期望的那种社会性。如果人们所生活的社会本身就是腐败的,就不能指望他们能够真正地关心他人利益。只有通过形成一个将人们结为一体的普遍意志,才有可能指望人们将自己和他人都作为自由平等的公民来对待。康德接受了卢梭提出的这种"政治"解决方案,但是,在他看来,人类的不合群的社会性在心理结构及其动力学方面都比卢梭所设想的要更加复杂,因为甚至在社会得到改进的时候,我们的非社会性冲动也绝不会消失。人类的社会进步首先要求人们对这种进步的可能性持有一个信念,或者说持有某种希望。在《普遍历史的观念》中,康德希望利用一种自然目的论来表明,即使人的不合群的那个方面产生了竞争与不睦,它也使得人类超越了其纯粹动物性的存在,发明了各种构成人类文化的东西,因此就为人类完善提供了必要的基础和准备。甚至在人类理性能力只是在工具性的或技术性的意义上得到发展时,人类也能够意识到社会生活的必要性和重要性。因此,康德在其自然目的论的预设下,用一种卢梭式的风格说道:

> 对人类来说,自然的最高目的,即所有自然能力的发展,只有在社会中才能得到实现,自然想要人通过自身的努力来实现这个目的,实际上实现所有被赋予人的目的。这个目的只有在这样一个社会中才能得到实现——这个社会不仅具有最大的自由,因此具有其成员之间的一种连续不断的对抗,而且也具有对这种自由的最明确的规定和维护,以便它能够与其他人的自由相共存。因此,自然为人类设立的最高任务必定就在于确立这样一个社会,在其中,外在法律下的自由能够在最大的可能程度上与不可抵抗的强力相结合;换句话说,这项任务就在于确立一部完全正义的公民宪法,因为只有通过落实这项任务,自然才会实现它为我们物种设定的其他目的。人因为其自身的需要而被迫进入这

> 种约束状况,否则人就会持有一种不受约束的自由。这种需要实际上是所有需要中最严厉的,因为它是人施加于自身的,否则他们的倾向就会让他们无法在一种野蛮的自由状态中长期相处。但是,一旦被封闭在一种公民联盟之类的管辖区,同样的倾向就具有最有益的效果。……一切为人类添光加彩的文化和艺术以及人所创造出来的最精美的社会秩序,都是这些不合群的倾向的结果,因为人正是通过自己的本性而被迫训练自己,从而通过从其本性中压榨出来的技艺而完整地发展自然所嵌入的胚芽。①

我之所以完整地引用这段话,是因为康德在这里所要阐明的那个命题不仅是其论证的关键,而且对于理解他的整个政治思想也极为重要。这个命题所说的是,"自然强迫人类物种要去寻求解决的最大问题,就是获得一个能够普遍地实行正义的社会"。对康德来说,自由是人的天性,人的不合群的倾向本身就是来自人的自然自由。实际上,康德在其道德学说中认为,我们对自己能动性的行使必然要**预设**自由,因为只要我们渴望满足自己的欲望或实现自己的目标,我们就会自然地假设,我们的欲望原则上是可以满足的,我们的目标原则上是可以实现的,而只要我们对能动性的行使受到妨碍,我们就无法满足自己的欲望或实现自己的目标。而且,也正是通过自由及其所产生的社会对抗,人类文化才能得到无止境的发展。

然而,人不可能总是恣意行使自己的自然自由,因为一旦这样做妨碍了其他人的自由,我们的行动就会受到抵抗,我们就无法实现自己的既定目的。康德认为,社会对抗实际上也是推动一个人发展自己能力的力量,只不过自然最终会教会人要设法约束自己对自然自由的行使。这个意识并不是人一开始就自发地具有的,因此,康德指出:"如果人是与其物种的其他成员一道生活,人就是一个需要主人的动物,因为在他与其他人的关系中,他肯定会滥用自己的自由。即使作为有理性的存在者,他也渴望用法律来限制所有人的自由,但他仍然会在其自私的动物倾向的错误引导下,自己尽可能摆脱法律的约束。"②如果人尚不具备康德所说的"道德上好的意志",从而

---

① Kant (1991), pp. 45-46.

② Kant (1991), p. 46.

能够自觉地将所有其他人都作为目的本身来对待,那么这个描述对于所有人来说都成立。在这种情况下,人所需要的那个主人就不可能是另一个人。实际上,康德认为,人性中某些固有的倾向使得人容易作恶,这是一个关于人类的基本事实。在《单纯理性限度内的宗教》中,康德将人性中恶的倾向描述为意志的一个根本准则,也就是说,人的意志倾向于让自爱原则胜过道德原则,而人之所以这样做,恰好就是因为人所能具有的社会性在任何时候都不可能是完全的。既然人性中恶的倾向本身就具有社会起源,是随着工具理性的发展而导致的嫉妒、专制、贪婪之类的激情产生出来的,它就不是个人仅凭自身的努力就能根除的,其根除要求人类最终建立一个伦理共同体,在其中,每个人都将自己看作同一个家庭的成员,并在追求有意识地分享的道德目的的过程中结为一体。[①] 但是,自然只是教会人们用一种外在的方式来约束自己对自然自由的行使,也就是说,学会让自己对自由的行使外在地(也就是说,在行动方面)符合任何其他人对同样自由的行使。人所需要的那个主人不是另一个人,而是公共的法律正义——它"打破了人倔强的意志,驱使他去服从一个普遍有效的意志,以便每一个人都能够是自由的"[②]。

然而,对康德来说,甚至取得一个完全正义的公共法律体系也并非易事,因为"没有什么笔直的东西能够从构成人的那种扭曲的木材中构造出来"[③]。康德的意思是说,既然人类个体从来都不可能充分地社会化,他们

① 参见 Kant, *Religion within the Boundaries of Mere Reason and Other Writings* (translated and edited by Allen Wood and George di Giovanni, Cambridge: Cambridge University Press, 1998), 6: 94-100。关于康德对"根本恶"及其道德与政治含义的论述,参见:James Di Censo, *Kant, Religion, and Politics* (Cambridge: Cambridge University Press, 2011); George di Giovanni, *Freedom and Religion in Kant and His Immediate Successors: The Vocation of Humankind*, 1774-1800 (Cambridge: Cambridge University Press, 2005); Gordon E. Michalson, *Fallen Freedom: Kant on Radical Evil and Moral Regeneration* (Cambridge: Cambridge University Press, 1990); Philip J. Rossi, *The Social Authority of Reason: Kant's Critique, Radical Evil, and the Destiny of Humankind* (New York: State University of New York Press, 2005); Allen W. Wood, *Kant's Moral Religion* (Ithaca: Cornell University Press, 1970)。

② Kant (1991), p. 46.

③ Kant (1991), p. 46.

往往就生活在“既不能忍受他人，又不能弃之不顾”的状态。在人的自然生活历程中，必须有一个契机让他们开始意识到他们必须约束自己的自由任性，让他们能够挣脱自己的天性而看到为什么每个人都值得平等尊重。只有在人们已经普遍地具有康德意义上的道德理性时，这个认识才会出现。在达到人类历史的这个终极目标之前，人们首先需要学会在公共的法律正义下与他人和平共处。在康德这里，这个目标的实现需要两个条件。首先，人们必须设法意识到永久和平对每个人和每个民族都有好处，哪怕这种意识是通过战争或暴力冲突而产生的，也就是说，是人类在其自身的痛苦经验中逐渐获得的结果，正如康德所说：

> 战争、紧张和不懈的军事准备，以及每一个国家最终在其内部感受到的危难……都是自然驱使各个民族做出一开始并不完美的尝试的手段，但是，在诸多毁灭、剧变以及甚至内部力量完全耗尽后，甚至不需要过多的悲哀体验，这些东西最终就会采取理性可能已经向他们暗示的步骤，即放弃一种目无法纪的野蛮状态，进入各个人民的一种联盟，在这种联盟中，每一个国家，哪怕是最小的国家，都能指望获得自己的安全和权利，但不是从其自身的力量或者自己的法律判断中，而只是从这个伟大的联盟中，从一种统一的权力和一个统一的意志的合法决定中。[①]

康德大致是按照一种霍布斯式的社会契约模型来说明个人如何放弃自然状态而进入政治社会，尽管他将社会契约的观念看作理性自身所能具有的一个观念——也就是说，只要人们理性地反思一下自己的生存状态，特别是他们对自然自由的行使及其行动取得成功的条件，他们就会具有这个观念，而只要有了这个观念，他们就会设立一种由公共的法律体系来管理的社会。同样，康德认为国家就类似于生活在自然状态中的个人，因此，在人类发展的历程中，自然也会驱使各个国家逐渐摆脱自然状态，进入一种由公共的法律体系来管理的“人民的联盟”。他进一步指出：“即使人民不是因为内

① Kant (1991), p. 47.

在不一致而服从公共法律的强制,战争也会从外面产生同样的结果。"①就像个人一样,当一个民族发现自己的自由受到威胁时,为了能够有效地行使自己的自由,他们在适当条件下就能与其他人民一道缔结一部让每个人民的自由都能得到有效保障的宪法。因此,无论是对个人来说,还是对由个人构成的民族国家或社会来说,实现永久和平都是人们能够有效地行使自由的基本前提。真正值得向往的自由不可能是一种任性的自然自由,而是一种让每个人或每个人民的自由都能得到平等尊重和充分实现的自由。

不过,自然只是为人类意识到和平的重要性提供了一个契机,也就是说,自然只是"将人的不合群的倾向……作为一种通过他们不可避免的社会对抗而达到平静和安全的状况的一种手段"②。自然本身,或者说人的自然本性,并不包含任何康德意义上的道德律令。因此,尽管自然通过各种形式的社会对抗发展了人类的原始能力,但这些对抗本身不会产生任何理性的东西。因此,"我们就不可能预测,对于我们物种来说如此自然的不睦,究竟是不是在为压倒我们的邪恶地狱铺平道路,……从而有可能再次摧毁我们已经取得的文明状态以及迄今所获得的一切文化进步"③。如果和平条约完全是由各方力量的临时妥协达成的,那么和平显然就不可能长久,因为一旦某一方又开始占据优势地位,摆脱了力量的临时平衡,它很可能就会为了自身的利益而发动战争,或者对其他各方进行掠夺。为了使得永久和平在根本上变得可能,"人们就需要通过引入一种统一的权力体制,因此引入一种关于普遍的政治安全的世界主义体制来强化平衡法则"④。但是这还不够,因为只要个人或国家都仍然将自爱原则置于首要地位,我们就不太可能指望和平是永久的。人们还必须设法具有平等尊重的道德意识,在这个意识下怀抱永久和平的信念来逐渐促进和实现永久和平的条件。换句话说,我们必须**相信**,我们能够通过自己的努力在实现永久和平方面取得进步。因此,在康德看来,我们通过公共法律体系在这方面取得的成就至多只是对

① Kant, "Perpetual Peace: A Philosophical Sketch", in Kant (1991), pp. 93-130, quoted at pp. 102, 112.

② Kant (1991), p. 47.

③ Kant (1991), p. 48.

④ Kant (1991), p. 49.

这个理想的接近，而不是对它的充分实现。

对于康德来说，并非任何形式的政治制度都有助于实现永久和平的理想。康德论证说，共和政体是在三个根本原则的基础上建立的政体：第一，所有社会成员作为人都是自由的；第二，每个人都是某种共同立法的成员，因此在这个意义上都是自立的（self-dependent）；第三，每个人作为公民在法律上都是平等的。[①] 不难看出，在这三个原则中，自由的原则是最为根本的：一方面，只要所有个体都是自由的，他们就必定是平等地自由的，他们的自由只能由他们共同制定的法律来平等地加以限制；另一方面，既然每个成员都是出于共同的意愿而参与共同立法，由此制定出来的法律在康德的意义上就是自我施加的，当他们按照法律的要求来行动时，他们不是在屈从于他人的意志，不是在受制于不恰当的约束，就此而论，他们是自律的，因此是自立的。换句话说，平等自由原则是共和制政体的核心。我们可以把康德对共和政体的设想理解为解决霍布斯在政治权威方面所造就的一个悖论的一种方式。霍布斯所说的"主权者"在逻辑上必须具有绝对的权威——主权者对于公民在权利或利益方面所产生的争端的裁决必须是终极性的，因为若非如此，就需要设立更高的主权者来对其裁决做出判断，这样一来就会导致无穷后退，实际上等于废除了主权者的概念，从而挫败了人们进入社会的目的。当然，霍布斯的绝对权威的悖论并不是无法消除的。对康德来说，共和制政体一方面可以维护政治权威，另一方面可以对执法权施加限制，因为一个理想的共和国就是由公民构成的这样一种共同体：公民们通过其代表为自己制定法律，确立了与立法权相分离的执法权和司法权。换句话说，一个共和国的公民是为了集体的自我立法而统一起来的政治共同体的成员，自由、平等以及共同服从自我施加的法律就是公民身份的理想。在一个理想的共和国中，不仅公民们具有自由平等的地位，甚至主权者或他们所代表的国家也必须将自己看作与其所管辖的公民具有同样的地位，绝不能僭越他们被赋予的政治权威。由此我们不难理解康德为什么会认为，唯有共和政体才有可能为和平提供保障，并为实现人类永久和平提供基础或创造条件，正如他所指出的：

---

① 参见 Kant (1991), pp. 99-102。

> 共和制“宪政”不仅在其起源上是纯粹的(因为它来自权利的纯粹概念),而且也为获得永久和平提供了希望……因为在这种“宪政”安排下,如果在决定是否要宣战时必然要取得公民们的同意,那么他们在开始着手做如此危险的事情时就会很犹豫不决。因为开战意味着他们要承受战争带来的一切灾难,例如自己投身战场,从自己的资源中提供战争开支,痛苦地赔偿最终导致的毁灭,而且还不得不背上债务的负担(这对他们来说是最糟糕的事情),而这不仅会使得和平自身蒙难,还会因为不断产生的战争威胁而绝不可能偿还和平。①

生活在共和国的公民不希望发动战争,并不只是因为战争所带来的灾难和痛苦,更重要的是因为战争构成了对人类自由的最大威胁——不正义的战争显然是在赤裸裸地剥夺被侵略国家人民的自由,而所谓“正义的战争”也会严重地破坏自由的基础或条件。共和政体至少为阻止一切可能的战争提供了政治保障,因为在一个理想的共和国中,一切政治决定都需要得到公民的同意和确认,不太可能出现统治者为了自身的利益而发动战争的情形。按照这个逻辑,只有当所有国家都已经成为康德意义上的理想共和国时,才有可能在地球上实现永久和平。但是,在能够实现这个政治上的根本目标之前,各个国家或人民必须首先尝试建立一个联盟,按照公共的法律体系来约束自己行为。只有随着人类理性的发展和进步,特别是道德意识的发展和成熟,永久和平才有望得到实现,因为实现永久和平的关键,就在于每个人都认识到其他人值得平等尊重,每个国家或人民都认识到其他国家或人民值得平等尊重。因此,除了废除一切常规武装、确立共和政体以及建立各民族的联盟外,康德特意指出,永久和平的实现也要求任何国家都不应当强制干预其他国家的“宪政”或管理,国家要被认为在其内部事务上具有主权——“强制干预将是一种主动冒犯,会使得其他国家的自治变得不安全”。②

那么,永久和平的实现究竟是要求一种“松散的”各国联盟,还是要求一种真正意义上的世界国家?康德对这个问题的回答经历了一种转变。康德

① Kant (1991), p. 100.

② Kant (1991), p. 96.

始终认为，个人离开自然状态的情形与国家离开一种国际自然状态的情形在结构上是相似的：个人和国家都应当摆脱自然状态，寻求一种用公共法律体系来管理的文明状态。在1784年出版的《普遍历史的观念》中，康德论证说，人们彼此间所经受的那种苦难也“必定会强使国家做出人们做出的同样决定”，离开野蛮状态而进入一种用统一的权力来强制实行的世界公民状况，这种状况就类似于一种公民联盟。[①] 尽管康德并没有明确断言永久和平要求建立一个世界国家，但“统一的权力”之类的说法似乎暗示了他倡导一种与国家相似、具有立法权威和执法权威的联邦。然而，在1795年发表的《论永久和平》中，他指出：

> 已经将自己聚集为民族国家的人民，同样可以被判断为独立于外在法律而生活在自然状态中的个人，因为他们由于比邻而居而不断地相互冒犯。为了自身的安全，每个民族都能够和应当要求其他民族一道参与建立一部与公民宪法相似的宪法，在其中每个民族的权利都能得到保障。这将意味着建立一种由各民族构成的联邦。但是，这样一种联邦不会等同于一个国际国家。之所以如此，是因为：既然每一个国家都涉及在某个上级（立法者）和某个下级（服从法律的人民）之间的一种关系，而形成一个国家的若干民族都会构成一个单一的民族，一个国际国家的观念就是矛盾的。[②]

为了恰当地理解康德的这一转变，我们首先需要看看他对政治与道德之关系的理解，因为在我看来，正是这种理解本质上决定了其世界主义观念的基本面貌。

从康德政治学的基本立场来看，他相信人们首先是为了发展自我利益（即满足自爱原则的要求）而寻求进入一种由公共法律体系来管理的政治社会。公共法律体系充当了一种用来约束和训诫人们的自然自由的手段。但是，当公共法律体系强制性地约束人们的自然自由时，它本身不可能为永久和平提供充分保障，因为在人类的历史发展中，人的不合群是人性中的一个基本事实，不能被指望很快就会消失。对康德来说，永久和平是人类在政治

---

① Kant (1991), pp. 47, 48.

② Kant (1991), p. 102.

上所要追求的根本目标，但它依然不是人类生活的最终目的。人类生活的最终目的是实现一种伦理共同体，或者康德在《道德形而上学基础》中所说的“目的王国”，在其中不仅每个人的自由都能按照自由的相互相容原则得到保证，而且每个人或每个人民也都能够在最完整的意义上作为目的本身得到平等尊重。这个理想当然不是一蹴而就的，而是首先要求人们反思人类苦难的根源，在此基础上学会具有平等尊重的意识，并按照这个意识来塑造自己的生活以及自己所生活的社会的制度建设，从而学会摆脱总是将自爱原则置于首要地位的动机。

既然人并不是一开始就能摆脱自爱原则对自己的支配，公共的法律正义也可以充当用来实现或促进某些道德目的的手段。具有康德所说的“道德上好的意志”意味着尊重作为目的本身而存在的人，因此，如果公共的法律正义能够促使人们服从（若不是尊重的话）某些道德目的，那么它就可以被认为部分地实现了在每个人都具有道德上好的意志的情形中将会发生的事情。换句话说，康德把一种符合法律正义的政治安排看作实现一个目的王国的初步阶段。他经常暗示说，通过阻止某些政治恶的出现，例如通过消除受到他人支配的恐惧，法律正义就为人们开始具有道德上好的意志创造了条件。因此，对他来说，公共的法律正义就成为人类学事实和绝对命令之间的一种交集。尽管目的王国在地球上的实现仍然是一件很遥远的事情，我们还是可以合理地指望一个比目前的任何政治安排都更接近道德的法律秩序。因此，政治社会对于生活在现实人类条件下的人们来说总是必要的。而且，既然遵守道德原则的动机不同于服从法律的动机，我们就需要用道德来塑造政治，并由此将道德与公共的法律正义联系起来。在康德这里，公共的法律正义用两种方式与道德发生了有目的的联系：在一种比较弱的意义上，通过消除行动的外在障碍，为人们按照道德法则来实现积极自由创造条件，公共的法律正义就为一个道德上好的意志的行使创造了法律条件；在一种更强的意义上，甚至在缺乏道德上好的意志、只有法律动机的地方，公共的法律正义也可以通过法律手段来强制实行**应当**存在和**应当**发生的事情。在这两种意义上，公共的法律正义都只是道德的工具，但它必须存在，因为在现实世界中不是每个人都具有道德上好的意志。

从康德对道德与政治之关系的论述中，不难看出他为什么会认为权利构成了政治学的“限制性条件”。对他来说，道德的最高使命是自由，受到法律保障的各种自由则构成了一种能够让人们有效地从事道德活动的环境。人们有责任进入一个由法律来制约的政治社会，因为道德自由既涉及意志的消极自由，又涉及意志的积极自由——前者指的是意志不受感性冲动所决定（实际上，对自然自由的一种否定），后者指的是意志通过理性（即通过“应当”的观念）来决定自己（即康德意义上的道德自主性）。消极自由因此是积极自由的工具或条件。在康德看来，有很多东西可以通过感性冲动对人的意志产生影响，因此，如果公共的法律正义能够消除或限制某些这样的东西，例如控制人们对暴力或支配的恐惧，那么政治就对道德提供了支持，因为它促进了消极自由。在《从实用的观点来看的人类学》和《普遍历史的观念》等著作中，康德论证说，支配他人的狂热欲望本来就是不正义的，这种欲望一旦出现，就会激起每一个人的反对，而它本身又是起源于那种害怕受到他人支配的心理。作为一种利用他人来服务于自己目的的手段，支配既是轻率的又是不正义的：轻率，因为它会激起其他人的反对，因此往往得不偿失；不正义，因为它违背了法律之下的自由，而每个人都有权享有这种自由。这样，通过提供受到法律保护的自由，政府就能控制这种支配心理。通过创造一个在其中唯有法律才能进行强制的法律正义体系，政府就能缓解人们由于害怕受到支配而支配他人的欲望。因此，不论是支配还是对支配的恐惧，都可以由公共的法律正义来缓解。这样一来，人们更有可能拥有和行使一个道德上好的意志，尊重其他人作为目的本身的尊严。因此，当政治不再成为人类苦难之类的不道德行为的原因时，通过将一部分“应当”转变为现实的存在，通过为一个道德上好的意志创造和平的条件，政治就能为道德事业提供支持。不论是采取哪一种方式，公共的法律正义都可以为人们拥有和行使一个道德上好的意志提供有益的条件。

自由是康德实践哲学的核心观念：道德旨在实现内在自由，法律旨在实现外在自由，而且，当公共的法律正义能够为实现内在自由清除外在障碍时，道德也可以或者应当为设计公共的法律正义体系提供指南。就外在自由而论，在康德这里，自由的特权是由各种具体权利来保证的。只要一个人有了这些权利，他就可以正当地约束他人行为，从而既消除了道德行动的障碍，又允许自己自由地运用道德并不禁止的东西。在这里，关键的是，一个人对外在自由的行使必须按照一个普遍法则与其他人对同样自由的行使相和谐。在试图提出一个**普遍的**权利原则时，康德对权利的界定就是按照**相**

互相容的外在自由的思想来提出的。这个原则告诉我们，如果自由必须按照权利来限定，如果正义需要得到普遍实现，那么自由就必须符合普遍权利原则。用这种方式来限制自由并不意味干涉一个人的自由，而只是确立了其外在自由的条件。自由只能按照这个原则来限制，用任何其他的方式来限制自由不仅是错误的，也是自我挫败的，因为这样做不仅会侵犯其他人的自由，也会滥用自己的自由，将我们再次拉回人人彼此为敌的自然状态。此外，既然外在自由的实现就是实现道德进步的一个必要条件，其他人就可以强制我们履行我们在社会中必须承担的责任。因此，对康德来说，普遍权利原则也充当了一个用来衡量政治制度的标准：一个好的政府应该依法赋予公民最大可能的自由，法律则为落实相互相容的自由原则提供了保障。政治自由的问题就是要保证每个人在法律体制下享有平等的自由，而一个人之所以还能在政治社会中维护自己的自由，就是因为他是自己所要服从的法律的共同作者。政治自由的关键就在于不受他人意志所强迫，不管那人是谁。因此，如果自由就是公民在政治社会中的第一个首要权利，那么平等就是第二个首要权利。人必须在法律面前平等，而无论是立法本身，还是法律条令的具体落实，都要尽量不产生例外。康德并没有过多地讨论经济平等问题，不过，他还是强调说，经济独立是公民积极参与政治事务的一个先决条件。一旦公民享有平等的自由权和政治参与权，他就获得了一种独立性。由此我们不难看出康德为什么倡导共和政体，因为只有这种政体才能满足其政治哲学的三个根本原则，即自由、平等与独立。这些原则是所有人类社会都应当遵循的。康德预言，当整个人类变得越来越文明时，它就会逐渐将现存的政治结构转变为共和制。这不仅意味着每个国家都将其公民处理为自由、自主以及法律上平等的，也意味着每个国家都将其他国家作为自由平等的社会来看待。

对康德来说，自由的观念是人类凭借自身的理性就能分享的，自由是全人类的共同使命，不只是个人需要履行的任务，因为只有当每个人的自由都在总体层面上得到保证时，个人才能是充分自由的。因此，康德的自由概念并不是某些理论家所倡导的那种个体主义的自由概念，而是一种摆脱武断支配的共和主义的自由概念。正如我们已经看到的，在康德这里，外在自由的概念是按照普遍正义原则来界定的。在强调外在自由只是消极意义上的自由时，康德也持有一个**积极**自由的概念，而且从其政治哲学的观点来看，这个概念对他来说更加重要。说康德的自由概念本质上是共和主义的至少是在说：第一，自由主要在于不受他人或者任何权威的支配；第二，人类自由的真正可能性在于康德所说的“共和政体”在世界范围内的实现。自由当然必须落实到特定个体，但是，对康德来说，自由并不只是个人**选择**的自由。他明确地认识到，胁迫或强制对于满足普遍正义原则来说是必要的，卢梭所说的“强迫自由”并不是一个矛盾——只有当康德的自由概念被看作一种自由主义的个人自由概念时，这个说法才是一个矛盾。然而，康德自己并不持有这种观点。相反，对他来说，任何胁迫，只要是为了满足普遍正义原则的要求，并非与自由不相容。此外，康德从来就不认为一个人对其目标的追求是不受限制的，因为正当的行为至少必须满足普遍正义原则的要求。

四、康德的世界主义立场

以上论述有助于我们更好地理解康德的世界主义立场，或者说他对待世界主义的态度。当康德将自由看作其实践哲学的核心观念时，他首先是在确认所有人(实际上，所有理性存在者)在一个全面的道德共同体中的成员身份，他们由于具有理性本质而值得平等尊重，因此必定享有同等的自由。就此而论，康德显然是一个道德意义的世界主义者。但是，正如我们已经初步看到的，他对**政治意义上**的世界主义(或者说成为世界公民的理想)持有一种复杂态度。康德相信，个人自由取决于所有人的自由，也就是说，只有当所有人的自由都同步得到实现时，个人自由才能得到最充分的实现。他同样认为，只有当每个国家都通过自己的制度建设变成理想共和国时，才有望实现人类的永久和平。康德已经论证说，为了实现和保护每个人的自由，所有人都必须首先离开自然状态，建立一个正义的国家。换句话说，只要任何国家仍然与其他国家处于自然状态，和平与安全就会受到威胁，无论是个人自由还是人民的自由就不可能得到有效保障。康德确实认为各个国家应当离开国际自然状态，进入他所说的“世界公民状况”。但是，这个主张需要慎重解释。实际上，对于康德所说的“世界公民状况”究竟意味着什么或要求什么，评论者们有不同的解释，这些解释大概可以被分为两类。

按照第一种解释，世界公民状况要求确立一种与国家相似的联邦。[①]然而，这不可能是康德自己**最终**持有的观点，尽管他在《普遍历史的观念》中确实提到了"具有统一权力的公民联盟"这一说法。我们至少可以从两个方面来理解康德为什么不可能持有这种观点。一方面，在《论永久和平》中，康德已经极为明确地指出，相对于人性和人类条件来说，一个世界国家的观念不仅是不现实的，实际上也是道德上不可取的，因为"随着政府扩展其管理范围，法律就会逐渐丧失其力量，在善意的种子被完全消除后，一种没有灵魂的专制统治最终就会蜕变为无政府状态"[②]。康德不只是在说一个世界国家是政治上不现实的，例如因为缺乏行政效率而最终陷入无政府状态，尽管这也是他所要强调的。在这里，关键的是他提出这个主张的**道德**根据。康德自己充分认识到人不可能完全摆脱自爱的倾向，而抑制这种倾向的恣意发展和运用的一种有效方式，就是确立公共的法律正义，用法律来管束人们的外在行为。但是，既然人们不可能彻底根除其社会性中不合群的一面（当然，除非他们已经具有普遍的道德意识，但这是一个比取得永久和平更遥远的目标），公共的法律正义就不可能是直接由人们的道德态度确立起来的，而是通过所谓"自然的狡诈"(the cunning of nature)来确立的，也就是说，当各种形式的社会对抗使得人的理性能力得到发展，从而让他们意识到和平共处的重要性时，人们才有可能离开自然状态，建立一个由公共的法律体系来管理的政治社会。康德指出：

> 共和政体……也是最难取得的，甚至更难维护，因此很多人都会认为，只有在一个由天使构成的国家中，共和政体才是可能的，因为人的自私倾向不能让他们去追随一种如此崇高的政治安排。然而，事实上，自然会帮助普遍的和理性的人类意志（其本身如此令人钦佩但在实践中如此无力），并为了这样做而正好利用追逐自利的倾向。人只需要为国家创造一种良好的组织（这是他们能够做到的），用这样一种方式来

---

① 参见 Jürgen Habermas, "Kant's Idea of Perpetual Peace, with the Benefit of Two Hundred Years' Hindsight", in James Bohman and Mattias Lutz-Bachmann (eds.), *Perpetual Peace: Essays on Kant's Cosmopolitan Ideal* (Cambridge, MA: The MIT Press, 1997), pp. 113-153。

② Kant (1991), p. 113.

> 安排它,以至于他们追逐自利的精力彼此对立,每一份精力因此都抵消或排除其他精力的毁灭性效应。就理性而论,结果都是同样的,就好像人的自私倾向并不存在,因此,即使人本身并不是道德上好的,人还是可以被迫成为一个好公民。不管确立一个国家的问题多么艰难,但甚至一个由恶魔构成的民族也可以解决这个问题(只要他们具有理解力)。解决方案可以被阐述如下:为了将一群有理性的存在者组织起来(他们为了生存而共同要求普遍律法,但每个分离的个体往往又都暗中让自己不遵守这些律法),政体就必须这样来设计,以至于尽管公民们在其私人态度上彼此反对,但他们的对抗性观点也可以相互抑制,结果其公共行为就仍然是一样的,就仿佛他们并不具有这种邪恶的态度。这样一个问题必定是可以解决的,因为这样一项任务并不涉及人的道德改进,而只是意味着用这样一种方式来发现自然的机制如何应用于人,以至于他们的敌意态度的对抗会让他们彼此服从强制性法律,因此就产生了一种这些法律在其中能够被强制实行的和平条件。[1]

这段话看似复杂,但其要点并不难理解:每个人都有追逐自利的自然倾向,并希望自己在这方面的努力能够取得成功,但是,如果每个人都恣意追求自我利益而毫不顾及他人,那么他们就不可能总是取得成功;因此,只要他们具有基本的理解力,自然就会教会他们去算计在什么情况下、用什么方式去追求自我利益是合适的,他们最终就会逐渐认识到,为了取得成功,他们就必须用一种符合其他人的类似自由的方式来行使自己的外在自由,并最终希望确立一种公共的法律体系来确保对自由权的平等行使。政治社会的确立是人们的不合群的社会性的必然结果,尽管人们可能需要经过漫长的历程才能普遍地认识到和平共处的重要性。康德进一步指出:“我们不可能指望人们的道德态度产生一种良好的政治安排;恰恰相反,只有通过一种良好的政治安排,人们才能被指望获得一种良好的道德文化水平。”[2]换句话说,只有当人们相互对立的自私倾向,通过自然的机制让他们认识到确立公共的法律体系来保护自己正当利益的必要性时,他们由此建立的政治社

---

① Kant (1991), pp. 112-113.

② Kant (1991), p. 113.

会才会在适当条件下促进其道德意识的成长和道德能力的发展。实际上，要是人们都普遍地有了道德意识，他们大概就不需要用公共的法律体系来约束其外在自由了。

另一方面，在康德所生活的时代，他已经意识到各国之间频繁的商贸往来，以至于认为"世界上某个地方对权利的侵犯在任何地方都会被感觉到"①。然而，他并不认为这已经为创立一个世界国家提供了基础或条件。实际上，甚至在《普遍历史的观念》中，他就已经指出："国家之间的相互关系已经是如此复杂，以至于没有任何一个国家能够无视其内部文化而又不会在与其他国家的关系中丧失权力和影响。"②在康德这里，人类理性能力的发展本身就与文化紧密相关——实际上，社会对抗都是二者的一个根本来源，因此它们就可以被认为在这个意义上是"同源的"。当康德谈到尊重的根据或来源时，他所说的是，人是因为具有为自己设定目的和规划自己生活的能力而值得尊重，而不是因为（或者至少不只是因为）具有**道德**理性而值得尊重。因此，康德所说的尊重也意味着尊重一个人民（或者任何人民）自己所认同的、用来塑造他们自己的生活方式的文化。民族或民族国家的存在是人类历史的一个既定事实，在某种意义上说也是人类的一个结果。正是因为这个缘故，用一种合理的方式来创造一种"世界公民状况"才变得必要。但是，只是在永久和平已经得到实现后，康德所设想的那种将每一个理性存在者都作为目的本身来尊重的道德共同体才有可能实现。因此，我们就不能合理地指望一个世界国家不会因为其统治者追逐自利的倾向而最终陷入无政府状态。如果一个世界国家仍然是由具有不同文化和历史来源的民族或人民构成的，那么，与任何单一的民族国家相比，这种状况就更有可能发生，正如在我们当今所生活的世界中，联合国无法有效地阻挡某些国家的政府为了其国家利益或个人利益而恣意破坏公认的国际秩序，或者制定并强制实施有利于自己的国际准则。在这种情况下，康德意义上的各国之间的社会对抗仍然是阻止或缓解极端的政治霸权主义的一种有效方式，特别是当各个国家或社会都已经在相对公平的国际秩序下获得了自由发展的权利和机会时。因此，康德所说的"世界公民状况"不可能是指在我们目前

① Kant (1991), p. 118.

② Kant (1991), p. 50.

所认识到的人性和人类条件下来设想的一个世界国家或世界政府。在他对“世界公民状况”的设想中，他确实提到了一种“世界公民权利”，但是，他很慎重地将这项权利限制到所谓的“普遍友善”条件并提出了如下说法：

> 我们在这里所关心的不是博爱，而是权利。在这个情境中，友善指的是一个陌生人在进入其他人的地域时不受敌意对待的权利。他实际上可以不被允许入内，假若这样做不会让他死去的话，但是，只要他在他碰巧进入的地方表现得和平安详，他就不应受到敌意对待。……但是，这项关于友善的自然权利，即外来到达者的权利，只是关系到尝试与原住民进行交流的可能性。这样，世界上遥远的地方就可以和平地彼此建立关系，这种关系最终会由公共法律来调节，因此最终就会让人类日益接近一种世界主义的政治安排。①

康德也指出，若不通过协议得到允许，就没有任何人有权定居在另一个人民的土地上。因此，他显然将他所说的“世界公民权利”设想为一种消极权利：不管一个人生活在什么地方、来到何处，只要他不是抱着侵犯或掠夺他人的意图而来，而是为了尝试与他人进行交流和沟通而来，他就不应受到敌意对待。这种和平交往的方式可以促进世界和平，而在经过充分的交流和协商后，各个民族或人民就可以通过制定公共法律来约束彼此间的行为。因此，康德所说的“世界主义的政治安排”只能是指一种维护和促进世界和平的政治安排，其根据就在于，只要一个人或一个人民对和平有所承诺，这个人或这个人民就不应当受到其他人或其他人民的敌意对待。在谈到一个国家内部的政治结构时，康德指出，即使政府执法者不是其主权的来源，而是本身就受制于政府的法律，但是公民们也不能使用强制性力量来反对他而不致使政府本身受到破坏。② 对康德来说，革命或政治暴力之类的极端行为无疑会摧毁和平的基础或条件，使得人们再次陷入自然状态或无政府状态，因此是道德上不可取的。同样，在他看来，哪怕是为了和平，也不能通过强制性手段迫使一个国家或人民进入某种世界联盟，除非他们自己意识

---

① Kant (1991), pp. 105-106.

② 参见 Kant, *The Metaphysics of Morals* (translated by Mary Gregor, Cambridge: Cambridge University Press, 1991), 6: 306-307。

到自己有理由这样做。因此，在康德看来，为了促进永久和平的条件而确立的那种"世界共和国"只能是一种人们自愿加入的联盟——它更像是人们怀着永久和平的道德信念而建立的一种国际联盟，而不是、也不应当是一种严格意义上的世界国家，其目的是通过一种得到一致认可的国际法来维护世界和平的基础和条件。

由此来看，对康德来说，永久和平的实现和维护只要求在国际层面上具有一种以某种形式的仲裁法庭为核心的自愿联盟。这就是第二种解释的要点。[①] 我相信这种解释符合康德自己对这个问题的成熟思考。实际上，康德已经表明，当我们将共和国设想为一种与专制统治相对立的政体时，唯有这种政体才倾向于产生和平，而自然迟早也会导致满足这种政体要求的政治安排。自由只有在公共的法律正义下才能得到有效保障，因此，在一个已经具有法律正义体系的国家或社会中，强制人们的外在行为符合这种体系的要求并非与自由不相容，反而是实现平等自由的唯一途径。而只有在一个人们已经普遍具有道德意识的社会中，人们的道德自主性（即人们的内在自由）才有可能得到实现。如果每个人都已经自觉地按照康德的绝对命令来生活，那么就不会有通过法律手段来强化外在自由的问题。但是，康德认为这种理想状态只有在永久和平得到实现后才有可能得到实现。在这个理想状态得到实现之前，永久和平仍然是人类要致力取得的根本目标。如果世界上每个社会都已经实现了康德意义上的共和政体，那么他们都会自愿加入一种确保和平的联盟——尽管他们仍然具有自己的社会利益或国家利益，他们也都能理性地认识到和平是保证每个社会或国家的自由、独立和发展的根本前提。然而，如果某些社会或国家尚未采纳符合共和政体的基本要求的政治制度，那么对它们采取某种强制措施可能会导致适得其反的结果，正如我们在当今世界上可以看到的，例如在以"人权"的名义对它们实施军事打击或经济制裁的时候。康德不是在说人们不应当认识到和平的重要性；但是，对他来说，这种认识并不是一蹴而就的，而是一方面要求深入反思

① 对这种解释的一个详细论述，参见 Arthur Ripstein, *Force and Freedom: Kant's Legal and Political Philosophy* (Cambridge, MA: Harvard University Press, 2009), pp. 225-231。罗尔斯在《万民法》中实际上持有类似观点，参见 John Rawls, *The Law of Peoples* (Cambridge, MA: Harvard University Press, 1999), pp. 44-54。

人类苦难的根源,另一方面要求充分认识到**平等**尊重每个人和每个社会的重要性。换句话说,它要求人类普遍地发展理性能力、培养道德意识以及在人类生活的各个方面取得真正的道德进步。当永久和平的可能性取决于各个国家都成为理想的共和国时,问题的复杂性就部分地在于,一个社会所能采取的政治组织的形式在很大程度上也取决于其自身的文化和传统。因此,正如康德一再强调的,在现实世界中,我们所能做的,就是怀抱永久和平的**信仰**来抑制自己追逐利益的倾向,充分认识到每个人、每个民族都应当是独立的和自由的,应当享有公平合理的发展机会。只有在这个信仰和这种认识的驱动下,人类才有望实现永久和平,并最终实现一个真正意义上的道德共同体,即康德所说的"目的王国"。①

因此,康德对世界主义的承诺其实是对一种道德意义上的世界主义的承诺,也就是说,他坚信每个人以及由个人在历史上构成的民族或人民都应当得到平等尊重。他也相信持有这个道德信念对于促进和实现人类的永久和平来说是不可缺少的,即使他也认为人类需要经历漫长的历程才能实现永久和平。总体上说,康德并不持有一种政治意义上的世界主义立场,特别是,他对人性和人类条件的系统观察和研究让他相信一个世界国家是道德上不可取的,不仅因为它是政治上不现实的,更重要的是因为文化多样性本身就是一个重要的人类价值,而政治制度的合理建构必定与一个社会的文化及其传统具有本质联系。康德由此就在其实践哲学中将理想与现实恰当地结合起来,或者说,将道德信念与对人类现实条件的考虑恰当地结合起来,而这也是罗尔斯从康德那里继承下来的最重要的思想遗产。在当代的世界主义倡导者那里,这种看待国际关系和人类未来的视角并不多见,因为他们的理论或是缺乏对人性的系统探究,或者缺乏将道德与政治恰当地联系起来的思想资源,抑或缺乏二者。对康德来说,普遍正义原则只不过是其实践哲学中的那个最高原则的外化,即平等地尊重在每个人那里体现出来

① 在《普遍历史的观念》和《论永久和平》中,康德对其所说的"世界公民状况"提出了看似不同的说法,一些评论者由此认为,康德在这方面的见解实际上经历了一种转变。在这里我将不讨论这种解释,因为这种解释实际上符合上述第二种解释得出的主要结论。关于这种解释,参见 Pauline Kleingeld (2004), "Approaching Perpetual Peace: Kant's Defence of a League of States and His Ideal of a World Federation", *European Journal of Philosophy* 12: 304-325。

的人性。但是,康德也清醒地指出,我们不可能仅凭道德信仰来建构或改造世界——当政治正义为道德理想的实现清除障碍时,政治正义的进一步实现和完善也需要道德信念。进一步说,如果康德并不倡导一种政治意义上的世界主义,那么他对道德意义上的世界主义的承诺,或者他所设想的"世界公民状况",至少本质上就与一种爱国主义相容,即他所说的"公民爱国主义"(civic patriotism),因为这种爱国主义体现了共和主义的自由、平等与独立的基本精神,正如康德自己在《理论与实践》中所说:

> 对于能够具有权利的人来说,即使其统治者不是仁慈的,唯一可设想的政府也不是一种家长式政府,而是一种爱国政府。一种爱国态度就是这样一种态度:国家的每一个成员,包括其首脑,都将国民整体看作哺育自己的母亲,或者将他们所生活的土地看作父辈的土地,他们在那片土地上生生不息。每个成员都会认为自己有权按照普遍意志的法则来保护国民整体,但又不随心所欲地让国民整体屈从于自己的个人利益。只要每个成员都是一个能够拥有权利的存在者,自由的权利就属于国民整体的每个成员。①

正如我们已经看到的,在康德这里,平等和独立的原则根本上都是来自自由原则。公民爱国主义因此要求每个公民将自己看作为国家共同制定法律的成员,他们在自己制定的法律下享有自由平等的地位,国家也应当用同样的方式来对待公民,执政者绝不可以为了自己的私利而僭越法律,而只能将自己看作是为了所有公民的共同利益服务。与此同时,公民们也应当积极参与政治事务,看看政府是否确实是按照自由平等的原则来对待他们并切实履行相应职责的。在这样一个理想的共和国中,每个人对自己正当权益的实现也同时是对所有人的正当权益的实现。当然,这并不意味着他们所生活的公共法律体系已经是完全正义的,不过,共和政体允许他们用合理的方式来完善社会正义的要求。因此,爱国主义实际上是他们的一项义务,或者是他们参与公共的政治生活的一种体现。正是因为这种爱国主义是以自由、平等和独立的原则为根据的,它本质上就符合康德所承诺的那种道德

---

① Kant (1991), p. 74.

意义上的世界主义。[①] 用毛里齐奥·维诺里的话说：

> 共和主义的爱国者将对国家的爱表现为一种理性的爱，即理性驱使我们去培养并将之保持在适当限度内的一种爱。理性推荐我们爱自由，因为自由对人来说是最大的善：为了爱共同的自由并成为真正的爱国者，我们必须学会按照公共理性来思考，学会将理性的规则置于自爱和对亲朋好友的爱之类的自然倾向之上。总而言之，我们必须经受一种由理性来引导的道德训练，因为一个人并非自然而然就成为一个具有公民意识的公民。[②]

由此我们可以进一步理解康德的一个主张，即永久和平取决于人类理性总体上的进步。这个主张本身就具有世界主义含义。对康德来说，人类历史本质上是开放的：在面临人类历史中种种不可预测的事情时，人类不应该消极地等待历史进程的“自然”展现，并以此来取代他们应当承担的职责和使命。在现实世界中，当人类不可能被指望具有自觉的道德意识来实现永久和平时，由于人性中某些固有的倾向，自然就会向人类揭示出永久和平的重要性。因此，人类的历史进步是从两个方向来进行的：一方面，我们必须从人类历史中吸取经验教训，逐渐认识到只有一个康德意义上的共和国联盟才能保证每个人和每个人民的自由、平等与独立；另一方面，我们必须自觉地在人类的历史进程中注入永久和平的理想，用它来引导和规范人类的生活和行为，并承担全人类共同发展的使命。为了实现全人类的共同繁荣和发展而摒弃国家利益至上的原则(更不用说，任何形式的霸权主义)，坚持和平发展和倡导多边合作，尊重文化多样性，才是一种真正有价值的世界主义在当前的国际社会和国际环境中需要努力的目标，实际上也是康德的世界主义观念留给我们的一项宝贵遗产。

---

① 对康德的爱国主义观点的进一步论述，参见 Pauline Kleingeld (2000), “Kant's Patriotism”, *Philosophy and Public Affairs* 4: 313-341。亦可参见 Pauline Kleingeld, *Kant and Cosmopolitanism: The Philosophical Ideal of World Citizenship* (Cambridge: Cambridge University Press, 2012), pp. 13-39。

② Viroli (1995), p. 124.

参考文献

Abbey, R. (ed.), *Feminist Interpretations of John Rawls* (University Park, PA: The Pennsylvania State University Press, 2013).

American Anthropological Association (1947), "Statement on Human Rights", in Morton E. Winston (ed.), *The Philosophy of Human Rights* (Belmont, CA: Wadsworth Publishing Company, 1989).

Anderson, B., *Imagined Community* (London: Verso, revised edition, 1991).

Anderson, E. (1999), "What is the Point of Equality", *Ethics* 109: 287-337.

Anderson, E. (2008), "How Should Egalitarians Cope with Market Risks?", *Theoretic Economics* 1: 239-270.

Anderson, E., "Equality", in David Estlund (ed.), *The Oxford Handbook of Political Philosophy* (Oxford: Oxford University Press, 2012).

Angle, S. C., *Human Rights and Chinese Thought: A Cross-Cultural Inquiry* (Cambridge: Cambridge University Press, 2002).

Appiah, K. A., "Constitutional Patriots", in Joshua Cohen (ed.), *For Love of Country* (Boston: Beacon Press, 1996).

Appiah, K. A., *Cosmopolitanism: Ethics in a World of Strangers* (New York: W. W. Norton & Company, 2006).

Appiah, K. A., *The Honor Code: How Moral Revolution Happens* (New York: W. W. Norton & Company, 2010).

Arendt, H., *The Origins of Totalitarianism* (New York: HarcourtInc., 1973).

Aristotle, *Politics* (translated by C. D. C. Reeve, Indianapolis: Hackett Publishing Company, 1998).

Aristotle, *Nicomachean Ethics* (translated by Terence Irwin, Indianapolis: Hackett Publishing Company, 1999).

Armstrong, C. (2009), "Coercion, Reciprocity, and Equality Beyond the State", *Journal of Social Philosophy* 3: 297-316.

Arneson, R. (1989), "Equality and Equal Opportunity for Welfare", *Philosophical Studies* 56: 77-93.

Arneson, R. (1999), "Egalitarianism and Responsibility", *The Journal of Ethics* 3: 225-247.

Arneson, R., "The Smart Theory of Moral Responsibility and Desert", in Olsaretti (2003).

Arneson, R. (2000), "Luck Egalitarianism and Prioritatianism", *Ethics* 110: 228-241.

Arneson, R. (2004), "Luck Egalitarianism Interpreted and Defended", *Philosophical Topic* 10: 1-20.

Arneson, R., "Discrimination and Harm", in Lippert-Rasmussen (2018).

Atkins, J. W., *Cicero on Politics and the Limits of Reason: The Republic and Laws* (Cambridge: Cambridge University Press, 2013).

Austin, J. (1832), *The Province of Jurisprudence Determined* (edited by Wilfred E. Rumble, Cambridge: Cambridge University Press, 1995).

Baker, J. (ed.), *Group Rights* (Toronto: University of Toronto Press, 1994).

Baker, R., *Capitalism's Achilles Heel* (New York: John Wiley and Sons, 2005).

Ball, H., *At Liberty to Die: The Battle for Death with Dignity in America* (New York: New York University Press, 2012).

Barry, B. (1973), "John Rawls and the Priority of Liberty", *Philosophy and Public Affairs* 3: 274-290.

Barry, B., *The Liberal Theory of Justice: Critical Examination of the Principal Doctrines in Theory of Justice by John Rawls* (Oxford:

Clarendon Press, 1973).

Barry, B., "Humanity and Justice in Global Perspective", reprinted in Thomas Pogge and Darrel Moellendorf (eds.), *Global Justice: Seminal Essays* Vol. Ⅰ (St. Paul, MN: Paragon House, 2008).

Barry, B., "Chance, Choice and Luck", in Barry, *Liberty and Justice: Essays on Political Theory* (Oxford: Clarendon Press, 1991).

Barry, B., *Justice as Impartiality* (Oxford: Oxford University Press, 1995).

Barry, N. (2006), "Defending Luck Egalitarianism", *Journal of Applied Philosophy* 1: 89-107.

Bauman, R. A., *Human Rights in Ancient Rome* (London: Routledge, 2000).

Beitz, C., "Philosophy of International Relations", in E. Craig (ed.), *Routledge Encyclopedia of Philosophy* (London: Routledge, 1998).

Beitz, C., *Political Theory and International Relations* (Princeton: Princeton University Press, 2nd, 1999).

Beitz, C. (1999), "International Liberalism and Distributive Justice: A Survey of Recent Thought", *World Politics* 51: 269-296.

Beitz, C. (2000), "Rawls's Law of Peoples", *Ethics* 4: 669-696.

Beitz, C., "Does Global Inequality Matters?", in Thomas Pogge (ed.), *Global Justice* (Oxford: Blackwell, 2001).

Beitz, C. (2003), "What Human Rights Mean", *Daedalus* 1: 36-46.

Beitz, C., "Cosmopolitanism and Global Justice", in G. Brock and D. Moellendorf (eds.), *Current Debates in Global Justice* (Dordrecht: Springer, 2005).

Beitz, C. (2005), "Cosmopolitanism and Global Justice", *The Journal of Ethics* 1-2: 11-27.

Beitz, C., *The Idea of Human Rights* (Oxford: Oxford University Press, 2009).

Bellamy, R., *Liberalism and Pluralism: Towards a Politics of Compromise* (London: Routledge, 1999).

Bentham, J., "Anarchical Fallacies", in Waldron (1987).

Beyleveld, D., *The Dialectical Necessity of Morality: An Analysis and Defense of Alan Gerwith's Argument for the Principle of Generic Consistency* (Chicago: The University of Chicago Press, 1991).

Black, M. (2001), "Distributive Justice, State Coercion and Autonomy", *Philosophy and Public Affairs* 3: 257-296.

Bourdieu, P., *Pascalian Meditations* (Stanford: Stanford University Press, 2000).

Boxill, B. (1987), "Global Equality of Opportunity and National Integrity", *Social Philosophy and Policy* 5: 143-168.

Braybrooke, D., *Meeting Needs* (Princeton: Princeton University Press, 1987).

Brock, B. and Michael Blake, *Debating Brain Drain: May Governments Restrict Emigration?* (Oxford: Oxford University Press, 2015).

Brock, G. (1998), "Morally Important Needs", *Philosophia* 26: 165-178.

Brock, G. (ed.), *Necessary Goods: Our Responsibilities to Meet Other's Needs* (Lanham, Maryland: Rowman & Littlefield, 1998).

Brock, G., *Global Justice: A Cosmopolitan Account* (Oxford: Oxford University Press, 2009).

Broome, J., *Weighing Lives* (Oxford: Oxford University Press, 2004).

Brown, A., *Dworkin's Theory of Equality: Domestic and Global Perspectives* (London: Palgrave Macmillan, 2009).

Brown, E., "Hellenistic Cosmopolitanism", in Mary Louise Gill and Pierre Pellegrin (eds.), *A Companion to Ancient Philosophy* (Oxford: Blackwell, 2006).

Buchanan, A. (2000), "Rawls's Law of Peoples: Rule for a Vanished Westphalian World", *Ethics* 4: 697-721.

Buchanan, A., *Justice, Legitimacy, and Self-Determination: Moral Foundations of International Laws* (Oxford: Oxford University Press, 2007).

Buchanan, A., *The Heart of Human Rights* (Oxford: Oxford University

Press, 2013).

Buchanan, A., "The Egalitarianism of Human Rights', in Crisp (2014).

Buchanan, A., "Why International Legal Human Rights?" in Cruft, Liao, and Renzo (2015).

Buchanan, J., "A Two-country Parable", in Warren F. Schwartz (ed.), *Justice in Immigration* (Cambridge: Cambridge University Press, 1995).

Burke, E. (1790), *Reflections on the Revolution in France* (edited by Frank M. Turner, New Haven: Yale University Press, 2003).

Butt, D., *Rectifying International Injustice* (Oxford: Oxford University Press, 2009).

Caney, S. (2002), "Cosmopolitanism and the Law of Peoples", *The Journal of Political Philosophy* 1: 95-123.

Caney, S., *Justice Beyond Borders: A Global Political Theory* (Oxford: Oxford University Press, 2005).

Carrasco, M. (2011), "From Psychology to Moral Normativity", *The Adam Smith Review* Ⅵ: 9-29.

Casals, N. T. (ed.), *Group Rights as Human Rights: A Liberal Approach to Multiculturalism* (Springer, 2006).

Chang, R. (ed.), *Incommensurability, Incomparability, and Practical Reason* (Cambridge, MA: Harvard University Press, 1997).

Chatterjee, D. K. (ed.), *The Ethics of Assistance: Morality and the Distant Needy* (Cambridge: Cambridge University Press, 2004).

Christman, J., *The Politics of Persons: Individual Autonomy and Socio-historical Selves* (Cambridge: Cambridge University Press, 2009).

Christman, J. and Joel Anderson (eds.), *Autonomy and the Challenges to Liberalism: New Essays* (Cambridge: Cambridge University Press, 2005).

Cicero, *On Duties* (edited by M. T. Griffin and E. M. Atkins, Cambridge: Cambridge University Press, 1990).

Cicero, *On the Commonwealth and On the Laws* (edited by E. G. Zetzel,

Cambridge: Cambridge University Press, 1999).

Cimadamore, A. D., Gabriele Koehler and Thomas Pogge (eds.), *Poverty and the Millennium Development Goals: A Critical Look Forward* (London: Zed Books, 2016).

Clapham, A., *Human Rights: A Very Short Introduction* (second edition, Oxford: Oxford University Press, 2015).

Cochrane, A. (2010), "Undignified Bioethics", *Bioethics* 5: 234-241.

Coffman, E. J., *Luck: Its Nature and Significance for Human Knowledge and Agency* (London: Palgrave, 2005).

Cohen, A. (ed.), *Kant on Emotion and Value* (London: Palgrave Macmillan, 2014).

Cohen, G. A. (1989), "On the Currency of Egalitarian Justice", *Ethics* 99: 906-944.

Cohen, G. A., "Incentives, Inequality, and Community", in G. B. Petersen (ed.), *The Tanner Lectures on Human Values*, Volume Thirteen (Salt Lake City: University of Utah Press, 1992).

Cohen, G. A. (1995), "The Pareto Argument for Inequality", *Social Philosophy and Policy* 12: 160-180.

Cohen, G. A. (1998), "Where the Action Is: On the Site of Distributive Justice", *Philosophy and Publics Affairs* 1: 3-30.

Cohen, G. A., *If You're an Egalitarian, How Come You're So Rich* (Cambridge: Harvard University Press, 2000).

Cohen, G. A. (2003), "Facts and Principles", *Philosophy and Public Affairs* 3: 211-145.

Cohen, G. A., *Recusing Justice and Equality* (Cambridge, MA: Harvard University Press, 2008).

Cohen, G. A., *On the Currency of Egalitarian Justice and Other Essays in Political Philosophy* (edited by Michael Otsuka, Princeton: Princeton University Press, 2011).

Cohen, J. (2002), "Taking People as They Are", *Philosophy and Public Affairs* 4: 264-286.

Cohen, J. and Charles Sabel (2006), "Extra Rempublicam Nulla Justitia?", *Philosophy and Public Affairs* 2: 147-175.

Cohen, J., *Rousseau: A Free Community of Equals* (Cambridge: Cambridge University Press, 2010).

Cohen, J., "The Original Position and Scanlon's Contractualism", in Timothy Hinton (ed.), *The Original Position* (Cambridge: Cambridge University Press 2015).

Cohen, M., Thomas Nagel and Thomas Scanlon (eds.), *Marx, Justice and History* (Princeton: Princeton University Press, 1980).

Collier, P., *The Bottom Billion: Why the Poorest Countries Are Falling and What Can Be Done about It* (Oxford: Oxford University Press, 2007).

Cooper, L. D., *Rousseau, Nature, and the Problem of the Good Life* (University Park, Pennsylvania: The Pennsylvania State University Press, 1999).

Conly, S., *Against Autonomy: Justifying Coercive Paternalism* (Cambridge: Cambridge University Press, 2013).

Copenhaver, B., "Dignity, Vile Bodies, and Nakedness", in Debes (2017).

Crisp, R., "Equality, Priority, and Compassion", *Ethics* 113 (2003): 745-763.

Crisp, R. (2004), "Egalitarianism and Compassion", *Ethics* 114: 119-126.

Crisp, R. (ed.), *Griffin on Human Rights* (Oxford: Oxford University Press, 2014)

Cruft, R., S. Matthew Liao and Massimo Renzo (eds.), *Philosophical Foundations of Human Rights* (Oxford: Oxford University Press, 2015).

Cupit, G. (1996), "Desert and Responsibility", *Canadian Journal of Philosophy* 26: 83-100.

Dagger, R., *Civic Virtues: Rights, Citizenship, and Republican*

Liberalism (Oxford: Oxford University Press, 1997).

Dan-Cohen, M., *Harmful Thoughts: Essays on Law, Self, and Morality* (Princeton: Princeton University Press, 2002).

Daniels, N., "Equal Liberty and Unequal Worth of Liberty", in Norman Daniels (ed.), *Reading Rawls* (New York: Basic Books, 1989).

Daniels, N., *Justice and Justification: Reflective Equilibrium in Theory and Practice* (Cambridge: Cambridge University Press, 1996).

Daniels, N., "Democratic Equality: Rawls's Complex Egalitarianism", in Freeman (2003).

Daniels, N., *Just Health: Meeting Health Needs Fairly* (New York: Cambridge University Press, 2008).

Darwall, S. (1977), "Two Kinds of Respect", *Ethics* 88: 36-49.

Darwall, S. *The Second-Person Standpoint: Morality, Respect, and Accountability* (Cambridge, MA: Harvard University Press, 2006).

Darwall, S. (2012), "Pufendorf on Morality, Sociability, and Moral Powers", *Journal of the History of Philosophy* 2: 213-238.

Darwall (2012), "Grotius at the Creation of Modern Moral Philosophy", *Archivfür Geschichte der Philosophie* 3: 296-325.

Darwall, S., "Equal Dignity and Rights", in Debes (2017).

Debes, R. (ed.), *Dignity: A History* (Oxford: Oxford University Press, 2017).

Debes, R., "Human Dignity Before Kant: Denis Diderot's Passionate Person", in Debes (2017).

DeGooyer, S., Alastair Hunt, Lida Maxwell, and Samuel Moyn, *The Right to Have Rights* (New York: Verso, 2018).

Deligiorgi, K., *The Scope of Autonomy: Kant and the Morality of Freedom* (Oxford: Oxford University Press, 2012).

DeMartino, G., *Global Economy, Global Justice: Theoretical Objections and Policy Alternatives to Neoliberalism* (London: Routledge, 2000).

Dennett, D., *Elbow Room: The Varieties of Free Will Worth Wanting*

(Cambridge, MA: MIT Press, 1984).

Deneys-Tunney, A. and Yves Charles Zarka (eds.), *Rousseau Between Nature and Culture* (Boston: Walter de Gruyter, 2016).

Diamond, J., *Guns, Germs and Steel: The Fates of Human Societies* (New York: Norton, 1999).

DiCenso, J., *Kant, Religion, and Politics* (Cambridge: Cambridge University Press, 2011).

Diderot, D., *Political Writings* (edited by John Hope Mason and Robert Wokler, Cambridge: Cambridge University Press, 1992).

Donnelly, J. (1994), "Post-Cold War Reflection on the Study of International Human Rights", *Ethics and International Affairs* 8: 97-117.

Donnelly, J., *Universal Human Rights in Theory and Practice* (Third edition, Ithaca: Cornell University Press, 2013).

Dorsey, D., *The Basic Minimum: A Welfarist Approach* (Cambridge: Cambridge University Press, 2012).

Dorsey, D., *The Limits of Moral Authority* (Oxford: Oxford University Press, 2016).

Douzinas, C., *The End of Human Rights: Critical Legal Thought at the Turn of the Century* (Oxford: Hart Publishing, 2000).

Douzinas, C. *Human Rights and Empire: The Political Philosophy of Cosmopolitanism* (London: Routledge, 2007).

Douzinas, C. and Conor Gearty (eds.), *The Meanings of Rights: The Philosophy and Social Theory of Human Rights* (Cambridge: Cambridge University Press, 2014).

Dworkin, R., "Rights as Trumps", in Jeremy Waldron (ed.), *Theories of Rights* (Oxford: Oxford University Press, 1984).

Dworkin, R., *Taking Rights Seriously* (Cambridge, MA: Harvard University Press, 1978).

Dworkin, R., *Sovereign Virtue: The Theory of Practice of Equality* (Cambridge, MA: Harvard University Press, 2000).

Dworkin, R. (2002), "Sovereign Virtue Revisited", *Ethics* 1: 106-143.

Dworkin, R. (2003), "Equality, Luck and Hierarchy", *Philosophy and Public Affairs* 31: 190-198.

Dworkin, R., *Is Democracy Possible Here?* (Princeton: Princeton University Press, 2006).

Echeñique, J., *Aristotle's Ethics and Moral Responsibility* (Cambridge: Cambridge University Press, 2012)

Edelstein, D., *The Terror of Natural Right: Republicanism, the Cult of Nature, and the French* (Chicago: The University of Chicago Press, 2009).

Edmonds, D., *Caste Wars: A Philosophy of Discrimination* (London: Routledge, 2006).

Edmundson, W. A., *John Rawls: Reticent Socialist* (Cambridge: Cambridge University Press, 2017).

Eidelson, B., *Discrimination and Disrespect* (Oxford: Oxford University Press, 2015).

Ekstrom, L. W., "Autonomy and Personal Integration", in Taylor (2005).

Elster, J. and John E. Roemer (eds.), *Interpersonal Comparisons of Well-Being* (Cambridge: Cambridge University Press, 1993).

Emon, A. M., Matthew Levering, and David Novak, *Natural Law: A Jewish, Christian, and Islamic Trialogue* (Oxford: Oxford University Press, 2014).

Etinson, A. (ed.), *Human Rights: Moral or Political?* (Oxford: Oxford University Press, 2018).

Estlund, D., *Utopophobia: On the Limits (if any) of Political Philosophy* (Princeton: Princeton University Press, 2020).

Eyal, N. (2007), "Egalitarian Justice and Innocent Choice", *Journal of Ethics and Social Philosophy* 2: 1-18.

Fabre, C., *Whose Body Is It Anyway? Justice and the Integrity of the Person* (Oxford: Clarendon Press, 2006).

Falk, R., *On Humane Governance* (Cambridge: Polity Press, 1995).

Falk, R., *(Re)Imagining Humane Governance* (London: Routledge, 2014).

Fassin, D., *Humanitarian Reason: A Moral History of the Present* (Berkeley: University of California Press, 2012).

Feinberg, J. (1970), "The Nature and Value of Rights", *The Journal of Value Inquiry* 4: 243-257.

Feinberg, J., *Doing and Deserving: Essays on the Theory of Responsibility* (Princeton: Princeton University Press, 1970).

Feinberg, J., "Justice and Personal Desert", reprinted in Louis P. Pojman and Owen McLeod (eds.), *What Do We Deserve?: A Reader on Justice and Desert* (New York: Oxford University Press, 1999).

Feldman, F. (1995), "Desert: Reconsideration of Some Received Wisdom", *Mind* 104: 63-77.

Feldman, F. (1996), "Responsibility as a Condition for Desert", *Mind* 105: 165-168.

Feltham, B. and John Cottingham (eds.), *Partiality and Impartiality: Morality, Special Relationships, and Wider World* (Oxford: Oxford University Press, 2010).

Finlayson, J. G., *The Habermas-Rawls Debate* (New York: Columbia University Press, 2019).

Finnis, J., *Natural Law & Natural Rights* (second edition, Oxford: Oxford University Press, 2011).

Fischer, J. M. and Mark Ravizza, *Responsibility and Control: A Theory of Moral Responsibility* (Cambridge: Cambridge University Press, 1998).

Fischer, J. M., *My Way: Essays on Moral Responsibility* (Oxford: Oxford University Press, 2006).

Fischer, J. M., *Deep Control: A Theory of Moral Responsibility* (Oxford: Oxford University Press, 2011).

Fishkin, J. S., *Justice, Equal Opportunity and the Family* (New

Haven: Yale University Press, 1984).

Fishkin, J., *Bottlenecks: A New Theory of Equal Opportunity* (Oxford: Oxford University Press, 2014).

Fleurbaey, M. (1995), "Equal Opportunity or Equal Social Outcome", *Economics and Philosophy* 11: 22-55.

Fleurbaey, M. (2002), "Equality of Resources Revisited", *Ethics* 1: 82-105.

Fleurbaey, M., *Fairness, Responsibility, and Welfare* (Oxford: Oxford University Press, 2008).

Fourie, C. and Annette Rid (eds.), *What Is Enough?: Sufficiency, Justice, and Health* (New York: Oxford University Press, 2016).

Forst, R., *Toleration in Conflict: Past and Present* (Cambridge: Cambridge University Press, 2003).

Forster, G., *Locke's Politics of Moral Consensus* (Cambridge: Cambridge University Press, 2005).

Frankfurt, H. (1987), "Equality as a Moral Ideal", *Ethics* 98: 21-42.

Frankfurt, H., "Freedom of the Will and the Concept of a Person", reprinted in Frankfurt, *The Importance of What We Care About* (Cambridge: Cambridge University Press, 1998).

Frankel, J. and David Roemer (1999), "Does Trade Cause Growth?", *American Economic Review* 89: 379-399.

Fraser, N., *Justice Interruptus: Critical Reflections on the "Postsocialist" Condition* (London: Routledge, 1997).

Fraser, N. and Axel Honneth, *Redistribution or Recognition?* (New York: Verso, 2003).

Freeman, S. (1994), "Utilitarianism, Deontology, and the Priority of Right", *Philosophy and Public Affairs* 4: 313-349.

Freeman, S., "Rawls and Luck Egalitarianism", in Freeman, *Justice and Social Contract: Essays on Rawlsian Political Philosophy* (Oxford: Oxford University Press, 2007).

Fricke, C., "Adam Smith: The Sympathetic Process and the Origin and

Function of Conscience", in Christopher J. Berry, Maria P. Paganelli and Craig Smith (eds.), *The Oxford Handbook of Adam Smith* (Oxford: Oxford University Press, 2013).

Fukuyama, F., *Our Posthuman Future: Consequences of the Biotechnology Revolution* (New York: Farrar, Straus and Giroux, 2002).

Galeotti, A. E., *Toleration as Recognition* (Cambridge: Cambridge University Press, 2002).

Gilabert, P. (2012), "Comparative Assessment of Justice, Political Feasibility, and Ideal Theory", *Ethical Theory and Moral Practice* 15: 39-56.

Gardiner, S. M., Simon Caney, Dale Jamieson, and Henry Shue (eds.), *Climate Ethics: Essential Readings* (Oxford: Oxford University Press, 2010).

Gardiner, S. M., *A Perfect Moral Storm: The Ethical Tragedy of Climate Change* (Oxford: Oxford University Press, 2011).

Gallup, J., Jeffery Sachs and Anthony Mellinger (2002), "Geography and Economic Development", *International Regional Science Review* 22: 179-232.

Gauthier, D., *Morals by Agreement* (Oxford: Oxford University Press, 1987).

Geuss, R., *History and Illusion in Politics* (Cambridge: Cambridge University Press, 2001).

Geuss, R., *Philosophy and Real Politics* (Princeton: Princeton University Press, 2008).

Geuss, R., *Politics and the Imagination* (Princeton: Princeton University Press, 2010).

Gewirth, A., *Reason and Morality* (Chicago: The University of Chicago Press, 1978).

Gewirth, A. (1984), "The Epistemology of Human Rights", *Social Philosophy and Policy* 2: 1-24.

Gewirth, A. (1988), "Ethical Universalism and Particularism", *Journal of Philosophy* 85: 283-302.

Gewirth, A., *The Community of Rights* (Chicago: The University of Chicago Press, 1996).

Gilbert, M., *A Theory of Political Obligation: Membership, Community, and the Bonds of Society* (Oxford: Clarendon, 2006).

Gilabert, P. (2011), "Humanist and Political Perspectives on Human Rights", *Political Theory* 4: 439-467.

Gilbert, P., *Cultural Identity and Political Ethics* (Edinburgh: Edinburgh University Press, 2010).

Gilens, M., *Affluence and Influence: Economic Inequality and Political Power in America* (Princeton: Princeton University Press, 2012).

Giovanni, G., *Freedom and Religion in Kant and His Immediate Successors: The Vocation of Humankind*, 1774-1800 (Cambridge: Cambridge University Press, 2005).

Glendon, M. A., *Rights Talk: The Impoverishment of Political Discourse* (New York: The Free Press, 1991).

Glover, J., *Humanity: A Moral History of the Twentieth Century* (second edition, New Haven: Yale University Press, 2012).

Goodale, M. (ed.), *Letters to the Contrary: A Curated History of the UNESCO Human Rights Survey* (Stanford: Stanford University Press, 2018).

Goodin, R. E., *Protecting the Vulnerable: A Reanalysis of Our Social Responsibilities* (Chicago: University of Chicago Press, 1985).

Goodin, R. E. (1988), "What is So Special about Our Fellow Countrymen?", *Ethics* 98: 663-686.

Goodin, R. E., Philip Pettit and Thomas Pogge (eds.), *A Companion to Contemporary Political Philosophy* (Oxford: Blackwell, 2007).

Griffin, J., *Homer on Life and Death* (Oxford: Clarendon Press, 1980).

Griffin, J., *Well-Being: Its Meaning, Measurement and Moral Importance* (Oxford: Clarendon Press, 1986).

Griffin, J., *Value Judgement: Improving Our Ethical Beliefs* (Oxford: Oxford University Press, 1998).

Griffin, J., *On Human Rights* (New York: Oxford University Press, 2008).

Griffin, M., "Dignity in Roman and Stoic Thought", in Debes (2017).

Gray, J., *Mill on Liberty: A Defence* (second edition, London: Routledge, 1996).

Grotius, H., *The Rights of War and Peace*, 3 Vols, (edited by Richard Tuck, Indianapolis: Liberty Fund, 2005).

Guiora, A. N., *Tolerating Intolerance: The Price of Protecting Extremism* (Oxford: Oxford University Press, 2014).

Habermas, J., "Kant's Idea of Perpetual Peace, with the Benefit of Two Hundred Years' Hindsight", in James Bohman and Mattias Lutz-Bachmann (eds.), *Perpetual Peace: Essays on Kant's Cosmopolitan Ideal* (Cambridge, MA: The MIT Press, 1997).

Hamilton, L. A., *The Political Philosophy of Needs* (Cambridge: Cambridge University Press, 2003).

Harcourt, B. E., *The Illusion of Free Markets: Punishment and the Myth of Natural Order* (Cambridge, MA: Harvard University Press, 2011).

Harman, G. and Judith Thomson, *Moral Relativism and Moral Objectivity* (Oxford: Blackwell, 1996).

Hart, H. L. A., "Bentham on Legal Rights", in *Oxford Essays in Jurisprudence*, second series (edited by A. W. B. Simpson, Oxford: Clarendon Press, 1973).

Hart, H. L. A., *Essays on Bentham: Jurisprudence and Political Theory* (Oxford: Clarendon Press, 1982).

Hart, H. L. A., "Are There Any Natural Rights?", reprinted in Jeremy Waldron (ed.), *Theories of Rights* (Oxford: Oxford University Press, 1984).

Hart, H. L. A. (1989), "Rawls on Liberty and Its Priority", reprinted in

Daniels (1989).

Hausman, D. M. , *Preference, Value, Choice, and Welfare* (Cambridge: Cambridge University Press, 2011).

Hedrick, T. , *Rawls and Habermas: Reason, Pluralism, and the Claims of Political Philosophy* (Stanford, CA: Stanford University Press, 2010).

Held, D. , *Democracy and the Global Order* (Cambridge: Polity Press, 1995).

Held, D. , *Cosmopolitanism: Ideals and Realities* (Cambridge: Polity Press, 2010)

Hellman, D. , *When Is Discrimination Wrong?* (Cambridge, MA: Harvard University Press, 2008).

Helm, B. H. , *Love, Friendship and the Self: Intimacy, Identification, and the Social Nature of Persons* (Oxford: Oxford University Press, 2009).

Herman, B. , "Mutual Aid and Respect for Persons", in Herman, *The Practice of Moral Judgment* (Cambridge, MA: Harvard University Press, 1996).

Heyward, C. and Dominic Roser (eds.), *Climate Justice in a Non-Ideal World* (Oxford: Oxford University Press 2016).

Hild, M. and A. Voorhoeve (2004), "Equal Opportunity and Opportunity Dominance", *Economics and Philosophy* 1: 117-145.

Hobbes, T. , *Leviathan* (edited by Richard Tuck, Cambridge: Cambridge University Press, 1996).

Hoffmann, S-L. (ed.), *Human Rights in the Twentieth Century* (Cambridge: Cambridge University Press, 2011).

Hohfeld, W. N. , *Fundamental Legal Conceptions as Applied in Judicial Reasoning* (edited by Walter Wheeler Cook, Westport, CT: Greenwood Press, 1964).

Holtug, N. (2007), "Prioritarianism", in Nils Holtug and K. Lippert-Rasmussen (eds.), *Egalitarianism: New Essays on the Nature and*

Value of Equality (Oxford: Clarendon Press, 2007).

Honneth, A., *The Struggle for Recognition: The Moral Grammar of Social Conflicts* (Cambridge, MA: The MIT Press, 1995).

Horton, J. and S. Mendus (eds.), *John Locke: A Letter Concerning Toleration in Focus* (London and New York: Routledge, 1991).

Hume, D., *A Treatise of Human Nature* (edited by David Fate Norton, Mary J. Norton, Oxford: Clarendon Press, 2007).

Hunt, L., *Inventing Human Rights: A History* (New York: W. W. Norton & Company, 2007).

Hurka, T., "Desert: Individualistic and Holistic", in Olsaretti (2003).

Hurley, S. (2001), "Luck and Equality", *Proceedings of the Aristotelian Society, supplementary volume* 75: 51-72.

Hurley, S., *Justice, Luck and Knowledge* (Cambridge, MA: Harvard University Press, 2003).

Hyman, J., *Action, Knowledge and Will* (Oxford: Oxford University Press, 2015).

Ishay, M. R., *The History of Human Rights: From Ancient Times to the Globalization Era* (Berkeley, CA: The University of California Press, 2008).

Israel, J. I., *Radical Enlightenment: Philosophy and the Making of Modernity* 1650-1750 (Oxford: Oxford University Press, 2001).

Jackson, F. (1991), "Decision-Theoretic Consequentialism and the Nearest and Dearest Objection", *Ethics* 3: 461-482.

James, A. (2005), "Constructing Justice for Existing Practice: Rawls and the Status Quo", *Philosophy and Public Affairs* 3: 281-316.

James, D., *Rousseau and German Idealism: Freedom, Dependency, and Necessity* (Cambridge: Cambridge University Press, 2013).

Jensen, K. (2003), "What Is the Difference Between (Moderate) Egalitarianism and Prioritarianism", *Economics and Philosophy* 1: 89-109.

Jolley, N., *Toleration and Understanding in Locke* (Oxford: Oxford

University Press, 2016).

Jollimore, T., *Love's Vision* (Princeton: Princeton University Press, 2011).

Julius, A. J. (2003), "Basic Structure and the Value of Equality", *Philosophy and Public Affairs* 4: 321-355.

Julius, A. J. (2006), "Nagel's Atlas", *Philosophy and Public Affairs* 2: 176-192.

Kagan, S., *The Geometry of Desert* (Oxford: Oxford University Press, 2012).

Kamm, F. M., *Intricate Ethics: Rights, Responsibilities, and Permissible Harm* (Oxford: Oxford University Press, 2007).

Kane, R. *The Significance of Free Will* (Oxford: Oxford University Press, 1998).

Kant, I., *Political Writings* (edited by H. S. Reiss, Cambridge: Cambridge University Press, 1991).

Kant, I., *The Metaphysics of Morals* (translated by Mary Gregor, Cambridge: Cambridge University Press, 1991).

Kant, I., *Lectures on Ethics* (edited by Peter Heath and J. B. Schneewind, Cambridge: Cambridge University Press, 1997).

Kant, I., *Groundwork of the Metaphysics of Morals* (translated and edited by Mary Gregor, Cambridge: Cambridge University Press, 1998).

Kant, I., *Religion within the Boundaries of Mere Reason and Other Writings* (translated and edited by Allen Wood and George di Giovanni, Cambridge: Cambridge University Press, 1998).

Kant, I., *Critique of the Power of Judgment* (edited by Paul Guyer, translated by Paul Guyer and Eric Matthews, Cambridge: Cambridge University Press, 2000).

Kass, L. R., *Life, Liberty and the Defense of Dignity: The Challenge for Bioethics* (San Francisco, CA: Encounter Books, 2002).

Kateb, G., *Human Dignity* (Cambridge, MA: Harvard University

Press, 2011).

Kaufman, A. (ed.), *Distributive Justice and Access to Advantage*: *G. A. Cohen's Egalitarianism* (Cambridge: Cambridge University Press, 2015).

Kaufman, A., *Rawls's Egalitarianism* (Cambridge: Cambridge University Press, 2018).

Keller, S., *Partiality* (Princeton: Princeton University Press, 2013).

Kent, B., "In the Image of God: Human Dignity after the Fall", in Debes (2017).

Killmister, S. (2010), "Dignity: Not Such a Useless Concept", *Journal of Medical Ethics* 36: 160-164.

Kittay, E. F., *Love's Labor*: *Essays on Women*, *Equality and Dependency* (London: Routledge, 1999).

Klein, J., "Stoic Eudaimonism and the Natural Law Tradition", in Jonathan A. Jacobs (ed.), *Reason*, *Religion*, *and Natural Law*: *From Plato to Spinoza* (Oxford: Oxford University Press, 2012).

Kleingeld, P. (2000), "Kant's Patriotism", *Philosophy and Public Affairs* 4: 313-341.

Kleingeld, P. (2004), "Approaching Perpetual Peace: Kant's Defence of a League of States and His Ideal of a World Federation", *European Journal of Philosophy* 12: 304-325.

Kleingeld, P., *Kant and Cosmopolitanism*: *The Philosophical Ideal of World Citizenship* (Cambridge: Cambridge University Press, 2012).

Korsgaard, C., "The Reason We Can Share", in Christine Korsgaard, *Creating the Kingdom of Ends* (Cambridge: Cambridge University Press, 1996).

Korsgaard, C., *Fellow Creatures and Our Obligations to Other Animals* (Oxford: Oxford University Press, 2018).

Kramer, M. H., N. E. Simmonds and Hillel Steiner, *A Debate over Rights*: *Philosophical Enquiries* (Oxford: Clarendon, 1998).

Kraut, R., *What Is Good and Why*: *The Ethics of Well-Being*

(Cambridge, MA: Harvard University Press, 2007).

Kuper, A., *Democracy beyond Borders: Justice and Representation in Global Institutions* (Oxford: Oxford University Press, 2004).

Kuper, A. (2004), "Rawlsian Global Justice: Beyond the Law of Peoples to a Cosmopolitan Law of Persons", *Political Theory* 5: 640-674.

Kurtulmus, A. F. (2009), "Rawls and Cohen on Facts and Principles", *Utilitas* 4:489-505.

Kymlicka, W., *Liberalism, Community and Culture* (Oxford: Oxford University Press, 1989).

Kymlicka, W., *Multicultural Citizenship: A Liberal Theory of Minority Rights* (Oxford: Oxford University Press, 1995).

Kymlicka, W., *Politics in the Vernacular* (Oxford: Oxford University Press, 2001).

Kymlicka, W., *Contemporary Political Philosophy: An Introduction* (second edition, Oxford: Oxford University Press, 2002).

Landes, D., *The Wealth and Poverty of Nations* (New York: Norton, 1998).

Lamb, R., *Thomas Paine and the Idea of Human Rights* (Cambridge: Cambridge University Press, 2015).

Langford, M., Andy Sumner, and Alicia Ely Yamin (eds.), *The Millennium Development Goals and Human Rights: Past, Present and Future* (Cambridge: Cambridge University Press, 2013).

Leopold, D., *The Young Karl Marx: German Philosophy, Modern Politics and Human Flourishing* (Cambridge: Cambridge University Press, 2007).

Levy, N., *Hard Luck: How Luck Undermines Free Will and Moral Responsibility* (Oxford: Oxford University Press, 2011).

Liao, S. M. (2010), "Agency and Human Rights", *Journal of Applied Philosophy* 1: 15-25.

Lichtenberg, J., *Distant Strangers: Ethics, Psychology and Global Poverty* (Cambridge:Cambridge University Press, 2014).

Lippert-Rasmussen, K. (2003), "Identification and Responsibility", *Ethical Theory and Moral Practice* 6: 349-376.

Lippert-Rasmussen, K. (2001), "Egalitarianism, Option Luck and Responsibility", *Ethics* 111: 548-579.

Lippert-Rasmussen, K., *Born Free and Equal?: A Philosophical Inquiry into the Nature of Discrimination* (Oxford: Oxford University Press, 2014).

Lippert-Rasmussen, K., *Luck Egalitarianism* (London: Bloomsbury, 2016).

Lippert-Rasmussen, K., *Relational Egalitarianism: Living as Equals* (Cambridge: Cambridge University Press, 2018).

List, C. and Philip Pettit, *Group Agency: The Possibility, Design, and Status of Corporate Agents* (Oxford: Oxford University Press, 2011).

Little, D., *Essays on Religion and Human Rights: Ground to Stand On* (Cambridge: Cambridge University Press, 2015).

Locke, J., *Two Treatise of Government* (edited by Peter Laslett, Cambridge: Cambridge University Press, 2003).

Long, A. A. (2008), "The Concept of the Cosmopolitan in Greek & Roman Thought", *Dædalus* 137: 50-58.

Louden, R. B., *Kant's Impure Ethics: From Rational Beings to Human Beings* (Oxford: Oxford University Press, 2000).

McCarthy, G. E., *Marx and Social Justice: Ethics and Natural Law in the Critique of Political Economy* (Leiden: Brill, 2018).

MacIntyre, A. (1984), "Is Patriotism a Virtue?", Lindley Lecture, University of Kansas, 1984.

MacIntyre, A., *Dependent Rational Animals: Why Human Beings Need Virtues* (Chicago: Open Court, 1999).

MacIntyre, A., *After Virtue: A Study in Moral Theory* (third edition, Notre Dame, Indiana: University of Notre Dame Press, 2007).

Mackie, J., "Rights, Utility and Universalization", in R. G. Frey (ed.),

Utility and Rights (Minneapolis: University of Minnesota Press, 1984).

MacKinnon, C. A., *Are Women Human?* (Cambridge, MA: The Belknap Press of Harvard University Press, 2007).

Mackenzie, C., Wendy Rogers, Susan Dodd (eds.), *Vulnerability: New Essays in Ethics and Feminist Philosophy* (Oxford: Oxford University Press, 2013).

Macklin, R. (2003), "Editorial: Dignity Is a Useless Concept", *British Medical Journal* 327: 1419-1420.

Macleod, C., *Liberalism, Justice, and Markets* (Oxford: Oxford University Press, 1998).

Margalit, A., *The Decent Society* (Cambridge, MA: Harvard University Press, 1996).

Margalit, A. (1997), "Decent Equality and Freedom: A Postscript", *Social Research* 64: 147-160.

Maritain, J., *The Person and the Common Good* (Notre Dame, Indiana: The University of Notre Dame Press, 1966).

Marx, A. W., *Faith in Nation: Exclusionary Origins of Nationalism* (Oxford: Oxford University Press, 2003).

Marx, K., "Economic and Philosophical Manuscripts of 1844", in Jon Elster (ed.), *Karl Marx: A Reader* (Cambridge: Cambridge University Press, 1986).

Mason, A., *Community, Solidarity and Belonging: Levels of Community and Their Normative Significance* (Cambridge: Cambridge University Press, 2000).

McCarthy, G. E., *Marx and the Ancients: Classical Ethics, Social Justice, and Nineteenth-Century Political Economics* (Rowman & Littlefield Publishers, 1990).

McCarthy, G. E. (ed.), *Marx and Aristotle: Nineteenth-Century German Social Theory and Classical Antiquity* (Rowman & Littlefield Publishers, 1992).

McCrudden, C. (2008), "Human Dignity and the Juridical Interpretation of Human Rights", *The European Journal of International Law* 4: 655-724.

McDonald, C. and Stanley Hoffmann (eds.), *Rousseau and Freedom* (Cambridge: Cambridge University Press, 2010).

McKim, R. and Jeff McMahan (eds.), *The Morality of Nationalism* (Oxford: Oxford University Press, 1997.

McLeod, O., "Desert and Institutions", in Pojman and McLeod (1999).

Meister, R., *After Evil: A Politics of Human Rights* (New York: Columbia University Press, 2011).

Mele, A. R., *Free Will and Luck* (Oxford: Oxford University Press, 2006).

Michalson, G. E., *Fallen Freedom: Kant on Radical Evil and Moral Regeneration* (Cambridge: Cambridge University Press, 1990).

Milanovic, B. (2015), "Global Inequality of Opportunity: How Much of Our Income Is Determined by Where We Live?", *Review of Economics and Statistics* 2: 452-460.

Milanovic, B., *Global Inequality: A New Approach for the Age of Globalization* (Cambridge, MA: Harvard University Press, 2016).

Mill, J. S., *A System of Logic* (*Collected Works of John Stuart Mill*, Vol. Ⅷ) (Toronto: University of Toronto Pres, 1981).

Mill, J. S., *Utilitarianism and On Liberty* (edited by Mary Warnock, Oxford: Blackwell, 2003).

Miller, D. (1982), "Arguments for Equality", *Midwest Studies in Philosophy* 7: 73-88.

Miller, D., *On Nationality* (Oxford: Oxford University Press, 1995).

Miller, D. (1997), "Equality and Justice", *Ratio* 3: 222-237.

Miller, D., "Equality and Justice", in Andrew Mason (ed.), *Ideals of Equality* (Oxford: Blackwell, 1998).

Miller, D., *Principles of Social Justice* (Cambridge, MA: Harvard University Press, 1999).

Miller, D. , "Deserts", in Pojman and McLeod (1999).

Miller, D. , *Citizenship and National Identity* (Cambridge: Polity Press, 2000).

Miller, D. , "Justice and Inequality", in Andrew Hurrell and Ngaire Woods (eds.), *Inequality, Globalization, and World Politics* (Oxford: Oxford University Press, 2002).

Miller, D. , "Comparative Desert and Noncomparative Desert", in Serena Olsaretti (ed.), *Desert and Justice* (Oxford: Clarendon Press, 2003).

Miller, D. , "Distributing Responsibilities", reprinted in Kuper (2004).

Miller, D. (2005), "Reasonably Partiality towards Compatriots", *Ethical Theory and Moral Practice* 1-2: 63-81.

Miller, D. (2005), "Against Global Egalitarianism", *The Journal of Ethics* 1-2: 55-79.

Miller, D. , *Citizenship and National Identity* (Cambridge: Polity Press, 2000).

Miller, D. , *National Responsibility and Global Justice* (Oxford: Oxford University Press, 2007).

Miller, D. , *Justice for Earthlings* (Cambridge: Cambridge University Press 2013).

Miller, D. , "Personhood versus Human Needs as Grounds for Human Rights", in Crisp (2014).

Miller, D. , *Strangers in Our Midst: The Political Philosophy of Immigration* (Cambridge, MA: Harvard University Press, 2016).

Miller, D. and Michael Walzer (eds.), *Pluralism, Justice, and Equality* (Oxford: Oxford University Press, 1995).

Miller, S. C. , *The Ethics of Need: Agency, Dignity and Obligation* (London: Routledge, 2012).

Mirandola, P. , *On the Dignity of Man* (translated by Charles Glenn Wallis, Paul J. W. Miller and Douglas Carmichael, Indianapolis: Hackett Publishing Company, 1998).

Moellendorf, D. , *Cosmopolitan Justice* (Boulder, CO: Westview Press,

2002).

Moellendorf, D., *Global Inequality Matters* (London: Palgrave Macmillan, 2009).

Moles, A., "Discrimination and Desert", in Kasper Lippert-Rasmussen (ed.), *The Routledge Handbook of the Ethics of Discrimination* (London: Routledge, 2018).

Moon, J. D., *Constructing Community: Moral Pluralism and Tragic Conflict* (Princ eton: Princeton University Press, 1993).

Moreau, S., "Discrimination and Freedom", in Lippert-Rasmussen (2018).

Morgenthau, D., *Cosmopolitan Justice* (Boulder CO: Westview Press, 2002).

Moriarty, J. (2002), "Desert and Justice in *A Theory of Justice*", *Journal of Social Philosophy* 1: 131-143.

Moser, P. K. and Thomas L. Carson (eds.), *Moral Relativism: A Reader* (Oxford: Oxford University Press, 2001).

Morsink, J., *The Universal Declaration of Human Rights: Origins, Drafting, and Intent* (Philadelphia: University of Pennsylvania Press, 1999).

Moyn, S., *The Last Utopia: Human Rights in History* (Cambridge, MA: The Belknap Press of Harvard University Press, 2010).

Moyn, S., "Jacques Maritain, Christian New Order, and the Birth of *Human Rights*", in Luigi Bonanante, Roberto Papini, and William Sweet (eds.), *Intercultural Dialogue and Human Rights* (Washington, DC: Council for Research in Values and Philosophy, 2013).

Moyn, S., *Not Enough: Human Rights in an Unequal World* (Cambridge, MA: The Belknap Press of Harvard University Press, 2018).

Muller, H. J., *Freedom in the Ancient World* (New York: Harper, 1961).

Murphy, L. (1998), "Institutions and the Demands of Justice", *Philosophy and Public Affairs* 4: 251-291.

Murphy, L., *Moral Demands in Nonideal Theory* (Oxford: Oxford University Press, 2000).

Murphy, T., *Health and Human Rights* (Oxford: Hart Publishing, 2013).

Mutua, M., *Human Rights: A Political and Cultural Critique* (Philadelphia, PENN: University of Pennsylvania Press, 2002).

Nagel, T., *The Possibility of Altruism* (Princeton: Princeton University Press, 1979).

Nagel, T., "Moral Luck", in Nagel, *Mortal Questions* (New York: Cambridge University Press, 1979).

Nagel, T., *The View from Nowhere* (New York: Oxford University Press, 1986).

Nagel, T., *Equality and Partiality* (New York: Oxford University Press, 1995).

Nagel, T., "Personal Rights and Public Space", in Nagel, *Concealment and Exposure* (Oxford: Oxford University Press, 2002).

Nagel, T. (2005), "The Problem of Global Justice", *Philosophy and Public Affairs* 2: 113-147.

Nath, R. (2011), "Equal Standing in the Global Community", *Monist* 4: 539-614.

Nielsen, K. (1974), "On the Diversity of Moral Beliefs", *Cultural Hermeneutics* 2: 281-303.

Noggle, R., "Autonomy and the Paradox of Self-Creation: Infinite Regresses, Finite Selves, and the Limits of Authenticity", in Taylor (2005).

North, D., *Institutions, Institution Change and Economic Performance* (Cambridge: Cambridge University Press, 1990).

Nozick, R., *Anarchy, State and Utopia* (Oxford: Blackwell, 1980).

Novak, D., *The Sanctity of Human Life* (Washington, DC: Georgetown

University Press, 2007).

Nussbaum, M. (1988), "Nature, Function, and Capability", *Oxford Studies in Ancient Philosophy*, suppl. vol. 1: 145-184.

Nussbaum, M., "Aristotle on Human Nature and the Foundations of Ethics", in J. E. J. Altham and Ross Harrison (eds.), *World, Mind, and Ethics: Essays on the Philosophy of Bernard Williams* (Cambridge: Cambridge University Press, 1995).

Nussbaum, M. (1997), "Kant and Stoic Cosmopolitanism", *Journal of Political Philosophy* 5: 1-25.

Nussbaum, M. (1997), "Capabilities and Human Rights," *Fordham Law Review* 66 (2): 273-300.

Nussbaum, *Women and Human Development: The Capabilities Approach* (Cambridge: Cambridge University Press, 2000).

Nussbaum, M. (2002), "Women and the Law of Peoples", *Politics, Philosophy and Economics* 3: 283-306.

Nussbaum, M., "Patriotism and Cosmopolitanism", in Martha C. Nussbaum and Joshua Cohen (eds.), *For Love of Country*? (Boston: Beacon Press, 2002).

Nussbaum, M. (2003), "Capabilities as Fundamental Entitlements: Sen and Social Justice", *Feminist Economics* 2-3: 33-59.

Nussbaum, M., *Frontiers of Justice: Disability, Nationality, Species Membership* (Cambridge, MA: Belknap Press, 2006).

Nussbaum, M., *Creating Capabilities: The Human Development Approach* (Cambridge, MA: The Belknap Press of Harvard University Press, 2011).

Nussbaum, M., *Political Emotions: Why Love Matters for Justice* (Cambridge: Harvard University Pres, 2013).

Nussbaum, M., *The Cosmopolitan Tradition: A Noble but Flawed Ideal* (Cambridge, MA: The Belknap Press of Harvard University Press, 2019).

Okin, S. (1987), "Justice and Gender", *Philosophy and Public Affairs*

1: 42-72.

Okin, S., *Justice, Gender, and the Family* (New York: Basic Books, 1989).

Okin, S. (2005), "'Forty Acres and a Mule' for Women: Rawls and Feminism", *Politics, Philosophy, and Economics* 2: 233-248.

Olsaretti, S. (ed.), *Preferences and Well-Being* (Cambridge: Cambridge University Press, 2006).

Olsaretti, S. (2009), "Responsibility and the Consequences of Choice", *Proceedings of the Aristotelian Society* 109: 165-188.

Orwin, C. and Thomas Pangle, "The Philosophical Foundation of Human Rights", in Mark F. Plattner (ed.), *Human Rights in Our Time: Essays in Memory of Victor Baras* (Boulder, CO: Westview Press, 1984).

Otsuka, O. (2002), "Luck, Insurance and Equality", *Ethics* 113: 40-54.

Osiatyński, W., *Human Rights and Their Limits* (Cambridge: Cambridge University Press, 2009).

Pangle, L. S., *Aristotle and the Philosophy of Friendship* (Cambridge: Cambridge University Press, 2003).

Pangle, T. L. (1998), "Socratic Cosmopolitanism: Cicero's Critique and Transformation of the Stoic Ideal", *Canadian Journal of Political Science* 2: 235-262.

Parekh, S., *Hannah Arendt and the Challenge of Modernity: A Phenomenology of Human Rights* (London: Routledge, 2008).

Parfit, D., *Reasons and Persons* (Oxford: Clarendon Press, 1984).

Parfit, D. (1991), *Equality or Priority*? The Lindley Lecture (Lawrence: University of Kansas).

Parijs, P., "Difference Principle", in Samuel Freeman (ed.), *The Cambridge Companion to Rawls* (Cambridge: Cambridge University Press, 2003).

Pateman, C., *The Sexual Contract* (Stanford, CA: Stanford University Press, 1988).

Perry, M. J., *The Idea of Human Rights: Four Inquiries* (Oxford: Oxford University Press, 1998).

Perry, M. J., *Toward a Theory of Human Rights: Religion, Law, Courts* (Cambridge: Cambridge University Press, 2007).

Pettit, P. (1987), "Universality Without Utilitarianism", *Mind* 72: 74-82.

Pettit, P., *Republicanism: A Theory of Freedom and Government* (Oxford: Clarendon Press, 1997).

Pettit, P. (2005), "Rawls's Political Ontology", *Politics, Philosophy & Economics* 2: 157-174.

Pettit, P., "Rawls's Peoples", in Rex Martin and D. A. Reidy (eds.), *Rawls's Law of Peoples* (Oxford: Blackwell, 2006).

Pevnick, R., *Immigration and the Constraints of Justice: Between Open Borders and Absolute Sovereignty* (Cambridge: Cambridge University Press, 2011).

Phillips, A., *Our Bodies, Whose Property?* (Princeton: Princeton University Press, 2013).

Pinker, S. (2008), "The Stupidity of Dignity", *New Republic*, May 28, 2008.

Pogge, T., *Realizing Rawls* (Ithaca: Cornell University Press, 1989).

Pogge, T., (1994), "An Egalitarian Law of Peoples", *Philosophy and Public Affairs* 3: 195-224.

Pogge, T. (2000), "On the Site of Distributive Justice: Reflections on Cohen and Murphy", *Philosophy and Public Affairs* 2: 137-169.

Pogge, T., "Priorities of Global Justice", in Thomas Pogge (ed.), *Global Justice* (Oxford: Blackwell, 2001).

Pogge, T. (2002), "Can the Capacity Approach be Justified?", *Philosophical Topics* 2: 167-228.

Pogge, T., *World Poverty and Human Rights* (Cambridge: Polity Press, 2002).

Pogge, T., "Is Kant's *Rechtslehre* Comprehensive Liberalism?", in Mark

Timmons (ed.), *Kant's Metaphysics of Morals: Interpretative Essays* (Oxford: Oxford University Press, 2002).

Pogge, T. (2004), "The Incoherence between Rawls's Theories of Justice", *Fordham Law Review* Vol. 72: 1739-1759.

Pogge, T., "Human Rights and Human Responsibilities", in Andrew Kuper (ed.), *Global Responsibilities: Who Must Deliver on Human Rights?* (London: Routledge, 2005).

Pogge, T. (2005), "Recognized and Violated by International Law: The Human Rights of the Global Poor", *Leiden Journal of International Law* 18: 717-745.

Pogge, T. "Do Rawls's Two Theories of Justice Fit Together?", in Rex Martin and David A. Reidy (eds.), *Rawls's Law of Peoples: A Realistic Utopia?* (Oxford: Blackwell, 2006).

Pogge, T., "Why Inequality Matters", in David Held and Ayse Kaya (eds.), *Global Inequality* (Cambridge: Polity Press, 2007).

Pogge, T., "'Assisting' the Global Poor", reprinted in Thomas Pogge and Darrel Moellendorf (eds.), *Global Justice: Seminal Essays* Vol. Ⅱ (St. Paul, MN: Paragon House, 2008).

Pogge, T., "Shue on Rights and Duties", in Charles R. Beitz and Robert E. Goodin (eds.), *Global Basic Rights* (Oxford: Oxford University Press, 2009).

Pogge, T., "A Critique of the Capability Approach", in Harry Brighouse and Ingrid Robeyns (eds.), *Measuring Justice: Primary Goods and Capacities* (Cambridge: Cambridge University Press, 2010).

Posner, E. A. and Andrew Vermeule, *Terror in the Balance: Security, Liberty and the Courts* (Oxford: Oxford University Press, 2007).

President's Council on Bioethics, *Human Cloning and Human Dignity: An Ethical Inquiry* (Washington, DC, July 2002).

President's Council on Bioethics, *Human Dignity and Bioethics: Essays Commissioned by the President's Council on Bioethics* (Washington, DC, March, 2008).

Pritchard, D. and Lee John Whittington (eds.), *The Philosophy of Luck* (Oxford: Blackwell, 2015).

Rakowski, E., *Equal Justice* (Oxford: Clarendon Press, 1993).

Rankine, P., "Dignity in Homer and Classical Greece", in Debes (2017).

Rawls, J., *A Theory of Justice* (Cambridge, MA: Harvard University Press, 1971).

Rawls, J., *A Theory of Justice* (revised edition, Cambridge, MA: The Belknap Press of Harvard University Press, 1999).

Rawls, J., *Political Liberalism* (New York: Columbia University Press, 1993).

Rawls, J., *Collected Papers* (edited by Samuel Freeman, Cambridge, MA: Harvard University Press, 1999).

Rawls, J., *The Law of Peoples* (Cambridge: Harvard University Press, 1999).

Rawls, J., *Justice as Fairness: A Restatement* (Cambridge, MA: The Belknap Press of Harvard University Press, 2001).

Raz, J. (1984), "On the Nature of Rights", *Mind* 93: 194-214.

Raz, J., *The Morality of Freedom* (Oxford: Clarendon Press, 1988).

Raz, J., *Practical Reason and Norms* (New York: Oxford University Press, 1999).

Raz, J., *Value, Respect and Attachment* (Cambridge: Cambridge University Press, 2001).

Raz, J. (2010), "Human Rights in the Emerging World Order", *Transnational Legal Theory* 1: 31-47.

Raz, J., "Human Rights Without Foundations", in Cruft, Liao and Renzo (2015).

Reader, S., *Needs and Moral Necessity* (London: Routledge, 2007).

Reath, R., *Agency and Autonomy in Kant's Moral Theory: Selected Essays* (Oxford: Oxford University Press, 2006).

Reath, A., "The 'Kantian' Root of the Original Position", in Hinton (2015).

Reiman, J., *As Free and as Just as Possible: The Theory of Marxian Liberalism* (Oxford: Blackwell, 2012).

Reus-Smit, C., "On Rights and Institutions", in Charles Beitz and Robert Goodin (eds.), *Global Basic Rights* (Oxford University Press, 2009).

Richards, N. (1986), "Luck and Desert", *Mind* 378: 198-209.

Richardson, H. (2006), "Rawlsian Social-Contract Theory and the Severely Disabled", *The Journal of Ethics* 4: 419-462.

Richerson, P. J. and Robert Boyd, *Not by Genes Alone: How Culture Transformed Human Evolution* (Chicago: The University of Chicago Press, 2005).

Ricoeur, P., "Narrative Identity", in David Wood (ed.), *On Paul Ricoeur: Narrative and Interpretation* (London: Routledge, 1991).

Riley, J., "Rawls, Mill and Utilitarianism", in Jon Mandle and David A. Reidy (eds.), *A Companion to Rawls* (Oxford: Blackwell, 2014).

Riley, P., *Will and Political Legitimacy* (Cambridge, MA: Harvard University Press, 1982).

Riley, P., *The General Will before Rousseau: The Transformation of the Divine into the Civic* (Princeton: Princeton University Press, 1986).

Ripstein, A., *Force and Freedom: Kant's Legal and Political Philosophy* (Cambridge, MA: Harvard University Press, 2009).

Risse, M. (2006), "What to Say about the State", *Social Theory and Policy* 4: 671-698.

Risse, M., *On Global Justice* (Princeton: Princeton University Press, 2012).

Robertson, D., *A Dictionary of Human Rights* (second edition, London: Europa Publications, 2004).

Roemer, J. E. (1993), "A Pragmatic Theory of Responsibility for the Egalitarian Planer", *Philosophy and Public Affairs* 22: 146-166.

Rorty, R., *Contingency, Irony, and Solidarity* (Cambridge: Cambridge University Press, 1989).

Rorty, R., *Objectivity, Relativism, and Truth* (Cambridge: Cambridge

University Press, 1991).

Rorty, R., "Human Rights, Rationality and Sentimentality", in Stephen Shute and Susan Hurley (eds.), *On Human Rights: The Oxford Amnesty Lectures* (New York: Basic Books, 1993).

Rorty, R., *Philosophy and Social Hope* (New York: Penguin, 1999).

Rorty, A. and James Schmidt, "Introduction: History as Philosophy", in Amélie Rorty and James Schmidt (eds.), *Kant's Ideas for a Universal History with a Cosmopolitan Aim* (Cambridge: Cambridge University Press, 2009).

Rosen, M., *Dignity: Its History and Meaning* (Cambridge, MA: Harvard University Press, 2012).

Rossi, P. J., *The Social Authority of Reason: Kant's Critique, Radical Evil, and the Destiny of Humankind* (New York: State University of New York Press, 2005).

Rousseau, J.-J., *The Social Contract and Other Later Political Writings* (edited and translated by Victor Gourevitch, Cambridge University Press, 1997).

Rousseau, J.-J., *The Social Contract and The First and Second Discourses* (edited by Susan Dunn, New Haven: Yale University Press, 2002).

Sachs, J., *Common Wealth: Economics for a Crowded Planet* (New York: Penguin, 2008).

Sadurski, W., *Giving Desert Its Due: Social Justice and Legal Theory* (Boston: D. Reidel Publishing Company, 1985).

Sandel, M., *Liberalism and the Limits of Justice* (Cambridge: Cambridge University Press, 2nd, 1999).

Sandel, M., *The Case against Perfection: Ethics in the Age of Genetic Engineering* (Cambridge, MA: The Belknap Press of Harvard University Press, 2007).

Sandel, M., *What Money Can't Buy: The Moral Limits of Markets* (London: Allen Lane, 2012).

Sangiovanni, A. (2006), "Global Justice, Reciprocity and the State", *Philosophy and Public Affairs* 1: 3-39.

Sanyal, S. (2012), "A Defense of Democratic Egalitarianism", *Journal of Philosophy* 7: 413-434.

Satz, D., *Why Some Things Should not be For Sale: The Moral Limits of Markets* (Oxford: Oxford University Press, 2010).

Scanlon, T. M., "Rights, Goals, and Fairness", in Waldron (1984).

Scanlon, T. M. (1986), "Equality of Resources and Equality of Welfare: A Forced Marriage?", *Ethics* 97: 111-118.

Scanlon, T. M., *What We Owe to Each Other* (Cambridge, MA: Harvard University Press, 1998).

Scanlon, T. M., "The Diversity of Objections to Inequality", in Matthew Clayton and Andrew Williams (eds.), *The Ideal of Equality* (London: Macmillan, 2000).

Scanlon, T. M., *The Difficulty of Tolerance* (Cambridge: Cambridge University Press, 2003).

Scanlon, T. M., *Why Does Inequality Matters* (Oxford: Oxford University Press, 2018).

Scarry, E., *The Body in Pain: The Making and Unmaking of the World* (New York: Oxford University Press, 1985).

Schaffer, K. and Sidonie Smith, *Human Rights and Narrated Lives: The Ethics of Recognition* (London: Palgrave Macmillan, 2004).

Scheffler, S., *Human Morality* (Oxford: Oxford University Press, 1993).

Scheffler, S., *The Rejection of Consequentialism* (Oxford: Oxford University Press, 1994).

Scheffler, S., *Boundaries and Allegiance: Problems of Justice and Responsibility in Liberal Thought* (Oxford: Oxford University Press, 2001).

Scheffler, S., "Projects, Relationships, and Reasons", in R. Jay Wallace, Philip Pettit, Samuel Scheffler, and Michael Smith (eds.), *Reason and Value: Themes from the Moral Philosophy of Joseph Raz* (Oxford: Oxford University Press, 2004).

Scheffler, S., *Equality and Tradition: Questions of Value in Moral and Political Philosophy* (Oxford: Oxford University Press, 2010).

Scheffler, S., "The Nature of Social Equality", in Carina Fourie, Fabian Schuppert, and Ivo Wallimann-Helmer (eds.), *Social Equality: On What It Means to Be Equals* (Oxford: Oxford University Press 2015).

Schemmel, C. (2012), "Luck Egalitarianism as Democratic Reciprocity: A Response to Tan", *Journal of Philosophy* 7: 435-448.

Schemmel, C. (2011), "Why Relational Egalitarians Should Care About Distribution", *Social Theory and Practice* 3: 365-390.

Schofield, M., *The Stoic Idea of the City* (Chicago: University of Chicago Press, 1999).

Schneewind, J. B., *The Invention of Autonomy: A History of Modern Moral Philosophy* (Cambridge: Cambridge University Press, 1998).

Segall, S. (2007), "In Solidarity with the Imprudent: A Defense of Luck Egalitarianism", *Social Theory and Practice* 2: 177-198.

Segall, S., *Luck, Health, and Justice* (Princeton: Princeton University Press, 2010).

Sen, A., *Collective Welfare and Social Choice* (San Francisco: Holden-Day, 1970).

Sen, A., *Poverty and Famines: An Essay on Entitlement and Deprivation* (Oxford: Clarendon Press, 1981).

Sen, A. (1982), "Rights and Agency," *Philosophy and Public Affairs* 1: 3-39.

Sen, A. (1985), "Well-being, Agency and Freedom", *Journal of Philosophy* 4: 169-221.

Sen, A., *Commodities and Capabilities* (New Delhi: Oxford University Press, 1987)

Sen, A. (1993), "Capability and Well-Being", in M. Nussbaum and A. Sen (eds.), *The Quality of Life* (Oxford: Oxford University Press,

1993).

Sen, A., *Development as Freedom* (Oxford: Oxford University Pres, 1999).

Sen, A., *Rationality and Freedom* (Cambridge: Harvard University Press, 2002).

Sen, A., *Identity and Violence: The Illusion of Destiny* (New York: W. W. Norton & Co., 2006).

Sen, A., *The Idea of Justice* (Cambridge, MA: Belknap Press of Harvard University Press, 2009).

Sensen, O. (ed.), *Kant on Moral Autonomy* (Cambridge: Cambridge University Press, 2013).

Sensen, O., "Dignity: Kant's Revolutionary Conception", in Debes (2017).

Shapiro, I. and Jane E. Calvert (eds.), *Selected Writings of Thomas Paine* (New Haven: Yale University Press, 2014).

Sher, G., *Desert* (Princeton: Princeton University Press, 1989).

Sher, G., *Approximate Justice: Justice in Non-Ideal Theory* (Lanham, Maryland: Rowman & Littlefield, 1997).

Sher, G., "Effort and Imagination", in Pojman and McLeod (1999).

Sherman, N., *Making a Necessity of Virtue: Aristotle and Kant on Virtue* (Cambridge: Cambridge University Press, 1997).

Shershow, S. C., *Deconstructing Dignity: A Critique of the Right-to-Die Debate* (Chicago: The University of Chicago Press, 2014).

Shue, H. (1975), "Liberty and Self-Respect", *Ethics* 3: 195-203.

Shue, H. (1988), "Mediating Duties", *Ethics* 4: 687-704.

Shue, H., *Basic Rights: Subsistence, Affluence, and U. S. Foreign Policy* (second edition, Princeton: Princeton University Press, 1996).

Shue, H., *Climate Justice: Vulnerability and Protection* (Oxford: Oxford University Press, 2014).

Sidgwick, H., *The Methods of Ethics* (seventh edition, Indianapolis: Hackett Publishing Company, 1981).

Simmons, A. J., *Justification and Legitimacy: Essays on Rights and Obligations* (Cambridge: Cambridge University Press, 2001).

Simmons, A. J. (2010), "Ideal and Nonideal Theory", *Philosophy and Public Affairs* 1: 5-36.

Sinclair, N. (ed.), *The Naturalistic Fallacy* (Cambridge: Cambridge University Press, 2019).

Skinner, Q., *Hobbes and Republican Liberty* (Cambridge: Cambridge University Press, 2008).

Slone, R. D. (2001), "Outrelativizing Relativism: A Liberal Defense of the Universality of International Human Rights", *Vanderbilt Journal of Transnational Law* 34: 527-595.

Smart, J. J. C. (1961), "Free-Will, Praise and Blame", *Mind* 70: 291-306.

Smith, A., *An Inquiry into the Nature and Causes of the Wealth of Nations* (Indianapolis: Liberty Fund, 1979).

Smith, A., *The Theory of Moral Sentiments* (edited by Knud Haakonssen, Cambridge: Cambridge University Press, 2004).

Smith, C., *What Is a Person? Rethinking Humanity, Social Life, and the Moral Good from the Person Up* (Chicago: The University of Chicago Press, 2010).

Smith, R. M., *Stories of Peoplehood: The Politics and Morals of Political Memberships* (Cambridge: Cambridge University Press, 2003).

Sreedhar, S., *Hobbes on Resistance: Defying the Leviathan* (Cambridge: Cambridge University Press, 2010).

Sreenivasan, G., *The Limits of Lockean Rights in Property* (New York: Oxford University Press, 1995).

Steenbekkers, P., "Human Dignity in Renaissance Humanism", in Marcus Düwell, etal. (eds.), *The Cambridge Handbook of Human Dignity* (Cambridge: Cambridge University Press, 2014).

Stemplowska, Z. (2013), "Rescuing Luck Egalitarianism", *Journal of*

Social Philosophy 4: 402-419.

Stemplowska, Z. and Adam Swift, "Rawls on Ideal and Nonideal Theory", in Jon Mandle and David A. Reidy (eds.), *A Companion to Rawls* (Oxford: Blackwell, 2014).

Stocker, M. (1976), "The Schizophrenia of Modern Moral Philosophy", *Journal of Philosophy* 14: 453-466.

Strawson, G., "The Impossibility of Moral Responsibility", reprinted in Pojman and McLeod (1999).

Strawson, P. F., *Skepticism and Naturalism: Some Varieties* (London: Routledge, 1985).

Strawson, P. F., "Freedom and Resentment", in P. F. Strawson, *Freedom and Resentment and Other Essays* (London: Routledge, 2008).

Sullivan, V. B., *Machiavelli, Hobbes, and the Formation of a Liberal Republicanism in England* (Cambridge: Cambridge University Press, 2004).

Sumner, L. W., *Welfare, Happiness, and Ethics* (Oxford: Oxford University Press, 1999).

Sumner, L. W., *The Moral Foundations of Rights* (Oxford: Clarendon Press, 1987).

Sunstein, C. R., *Why Nudge?: The Politics of Libertarian Paternalism* (New Haven: Yale University Press, 2014).

Sussman, D. (2005), "What's Wrong with Torture?", *Philosophy & Public Affairs* 1: 1-33.

Talbott, W. J., *Which Rights Should Be Universal?* (Oxford: Oxford University Press, 2005).

Talbott, W. J., *Human Rights and Human Well-Being* (Oxford: Oxford University Press, 2010).

Tamir, Y., *Liberal Nationalism* (Princeton: Princeton University Press, 1992).

Tan, K.-C., *Toleration, Diversity, and Global Justice* (University Park,

PA: Pennsylvania State University Press, 2000).

Tan, K.-C. (2001), "Reasonable Disagreement and Distributive Justice", *Journal of Value Inquiry* 35: 493-507.

Tan, K.-C., *Justice without Borders: Cosmopolitanism, Nationalism, and Patriotism* (Cambridge: Cambridge University Press, 2004).

Tan, K.-C. (2008), "A Defense of Luck Egalitarianism", *Journal of Philosophy* 11: 665-690.

Tan, K.-C., *Justice, Institutions, and Luck* (Oxford: Oxford University Press, 2012).

Taraborrelli, A., *Contemporary Cosmopolitanism* (London: Bloomsbury, 2015).

Tasioulas, J. (2002), "Human Rights, Universality and the Values of Personhood: Retracting Griffin's Steps", *European Journal of Philosophy* 1: 79-100.

Tasioulas, J. (2010), "Taking Rights out of Human Rights", *Ethics* 120: 647-678.

Tasioulas, J., "On the Foundations of Human Rights", in Cruft, Liao and Renzo (2015).

Taylor, C., *Multiculturalism: Examining the Politics of Recognition* (Princeton: Princeton University Press, 1994).

Taylor, C. et al., *Multiculturalism: Examining the Politics of Recognition* (Princeton: Princeton University Press, 1994).

Taylor, J. S. (ed.), *Personal Autonomy: New Essays on Personal Autonomy and Its Role in Contemporary Moral Philosophy* (Cambridge: Cambridge University Press, 2005).

Taylor, R. S., "The Priority of Liberty", in Jon Mandle and David A. Reidy (eds.), *A Companion to Rawls* (Oxford: Blackwell, 2014).

Temkin, S. (2003), "Equality, Priority or What?" *Economics and Philosophy* 1: 61-87.

Ten, C. L. (ed.), *Mill's On Liberty: A Critical Guide* (Cambridge: Cambridge University Press 2008).

Thompson, J., *Taking Responsibility for the Past: Reparation and Historical Injustice* (Cambridge: Polity, 2002).

Thomas, A. (2014), "Sen on Rawls's 'Transcendental Institutionism': An Analysis and Critique", *European Journal of Political Theory* 3: 241-263.

Thomson, G., *Needs* (London: Routledge, 1987).

Titelbaum, M. G. (2008), "What Would a Rawlsian Ethos of Justice Look Like?", *Philosophy and Public Affairs* 3: 290-322.

Tuck, R., *Natural Rights Theories: Their Origin and Development* (Cambridge: Cambridge University Press, 1979).

van Hooft, S. and Wim Vandekerckhove (eds.), *Questioning Cosmopolitanism* (Springer, 2010).

Valentini, L. (2011), "A Paradigm Shift in Theorizing Justice? A Critique of Sen", *Economics and Philosophy* 3: 297-315.

Vallentyne, P. (2002), "Brute Luck, Option Luck, and Equality of Initial Opportunities", *Ethics* 3: 529-557.

Varouxakis, G., *Mill on Nationality* (London: Routledge, 2002).

Vasek, K. (1977), "A 30-Year Struggle: The Sustained Effort to Give Force of Law to the Universal Declaration of Human Rights", *Unesco Courier* 10: 29-30.

Velleman, J. D. (1999), "Love as a Moral Education", *Ethics* 2: 338-374.

Velleman, J. D., *Foundations for Moral Relativism* (Open Book Publishers, 2016).

Venezia, L., *Hobbes on Legal Authority and Political Obligation* (London: Palgrave Macmillan, 2015).

Vernon, R. (ed.), *Locke on Toleration* (Cambridge: Cambridge University Press, 2010).

Vetlesen, A. J., *Evil and Human Agency: Understanding Collective Evildoing* (Cambridge: Cambridge University Press, 2005).

Villiez, C., "Double Standard—Naturally! Smith and Rawls: A

Comparison of Methods", in Leonidas Montes and Eric Schliesser (eds.), *New Voices on Adam Smith* (London: Routledge, 2006).

Viroli, M., *For Love of Country: An Essay on Patriotism and Nationalism* (Oxford: Clarendon, 1995).

Vogt, K. M., *Law, Reason, and the Cosmic City: Political Philosophy in the Early Stoa* (Oxford: Oxford University Press, 2008).

Waldron, J., *Nonsense Upon Stilts: Bentham, Burke, and Marx on the Rights of Man* (London: Methuen, 1987).

Waldron, J. (2000), "What is Cosmopolitan?", *The Journal of Political Philosophy* 2: 227-243.

Waldron, J., *God, Lock, and Equality: Christian Foundations in Locke's Political Thought* (Cambridge: Cambridge University Press, 2002).

Waldron, J., *Dignity, Rank, and Rights* (Oxford: Oxford University Press, 2009).

Waldron, J. "Is Dignity the Foundation of Human Rights?", in Cruft, et al. (2015).

Wallace, R. J., *Responsibility and the Moral Sentiments* (Cambridge, MA: Harvard University Press, 1994).

Walzer, M. (1980), "The Moral Standing of States", *Philosophy and Public Affairs* 3: 209-229.

Walzer, M., *Spheres of Justice: A Defense of Pluralism and Equality* (New York: Basic Books, 1983).

Walzer, M., *Nation and Universe*, The Tanner Lectures on Human Values, Oxford University, 1989.

Walzer, M., *Thick and Thin: Moral Argument at Home and Abroad* (Notre Dame, Indian: University of Notre Dame Pres, 1994).

Walzer, M., *Politics and Passion: Toward a More Egalitarian Liberalism* (New Haven: Yale University Press, 2008).

Warrender, H., *The Political Philosophy of Hobbes: His Theory of Obligation* (Oxford: Clarendon Press, 1955).

Watson, G., "Responsibility and the Limits of Evil: Variations on a

Strawsonian Theme', in Ferdinand Schoeman (ed.), *Responsibility, Character and the Emotions* (Cambridge: Cambridge University Press, 1988).

Wellman, C., *A Theory of Rights: Persons Under Laws, Institutions, and Morals* (Totowa, NJ: Rowman & Allanheld, 1985).

Wellman, C., *The Moral Dimensions of Human Rights* (Oxford: Oxford University Press, 2011).

Wenar, L., "Contractualism and Global Economic Justice", in Thomas Pogge (ed.), *Global Justice* (Oxford: Blackwell, 2001).

Wenar, L. (2008), "Property and the Resource Curse", *Philosophy and Public Affairs* 1: 2-32.

Wiggins, D., *Needs, Values and Truth* (third edition, Oxford: Oxford University Press, 2002).

Williams, A. (1998), "Incentives, Inequality and Publicity", *Philosophy and Public Affairs* 3: 225-247.

Williams, B., *Moral Luck* (Cambridge: Cambridge University Press, 1981).

Williams, B., "Toleration: An Impossible Virtue?", in David Heyd, *Toleration: An Elusive Virtue* (Princeton: Princeton University Press, 1998).

Williams, B., "The Human Prejudice", in Williams, *Philosophy as a Humanistic Discipline* (Princeton: Princeton University Press, 2006).

Williamson, D., *Kant's Theory of Emotion: Emotional Universalism* (London: Palgrave Macmillan, 2015).

Wilkinson, R., *Unhealthy Societies: The Afflictions of Inequality* (London: Routledge, 1996).

Winston, M. E. (ed.), *The Philosophy of Human Rights* (Belmont, CA: Wadsworth Publishing Company, 1989).

Wolff, J. (1998), "Fairness, Respect, and the Egalitarian Ethos", *Philosophy and Public Affairs* 2: 97-122.

Wood, W., *Kant's Moral Religion* (Ithaca: Cornell University Press, 1970).

Wood, A., "Kant's Fourth Proposition: the Unsociable Sociability of Human Nature", in Rorty and Schmidt (2009).

Wood, A., *The Free Development of Each: Studies on Freedom, Right and Ethics in Classical German Philosophy* (Oxford: Oxford University Press, 2014).

Yack, B., *Nationalism and the Moral Psychology of Community* (Chicago: University of Chicago Press, 2012).

Young, I. M., *Justice and the Politics of Difference* (Princeton: Princeton University Press, 1990).

Ypi, L., "Facts, Principles, and the Third Man", in Kaufman (2015).

Zaithik, A. (1977), "On Deserving to Deserve", *Philosophy and Public Affairs* 6: 370-388.

Zimmerman, M. J. (1993), "Luck and Moral Responsibility", in D. Statman (ed.), *Moral Luck* (Albany: State University of New York Press, 1993).

奎迈·安东尼·阿皮亚著,苗华建译,《世界主义:陌生人世界里的道德规范》(北京:中央编译出版社,2012 年)。

托马斯·博格著,刘莘、徐向东等译:《康德、罗尔斯与全球正义》(上海:上海译文出版社,2010 年)。

迈克尔·桑德尔著,邓正来译:《金钱不能买什么:金钱与公正的正面交锋》(北京:中信出版社,2012 年)。

徐向东:《康德与现代政治思想》,载高全喜主编:《从古典思想到现代政制——西方法政思想演讲录》(北京:法律出版社,2008 年)。